KB201405

누가복음 주해

철학 박사 김수홍 지음

도서 출판 언약

Exposition
of
Luke

by

Rev. Soo Heung Kim, S.T.M., Ph.D.

Published by
Eonyak Publishing Company
Suwon, Korea
2024

"성경의 원어를 읽든지 혹은 우리 번역문을 읽든지,
성경을 읽는 것은 성부 하나님, 성자 예수님, 성령 하나님을 읽는 것이고,
본문을 아는 것이 하나님을 아는 것이며,
성경 본문을 붙잡는 것이 하나님을 붙잡는 것이고,
성경본문을 연구하는 것이 하나님을 연구하는 것(신학)이다".

■ 머리말

필자가 청년 시절에는 학구적(學究的)으로 성경주해(exposition of the Bible)를 쓰고 싶었다. 그러나 신학을 공부하고 또 목회경력을 쌓아가는 동안 학구적으로 쓰기보다는 누구든지 쉽게 접할 수 있고 또 은혜를 받을 수 있도록 평이하게 써야겠다는 생각으로 바뀌게 되었다.

그런데 막상 주해를 써야 할 시기가 점점 다가오고 있을 때 주해의 길이를 어떻게 하느냐를 두고 고심하게 되었다. 아주 짧게 써야 좋을는지 아니면 많은 분량을 쓰는 것이 좋을지 고심하게 되었다. 그러나 목회의 연륜이 쌓여가는 동안 짧게 써야 한다는 생각으로 바뀌게 되었다. 전도자나 일반 성도들이나 너무 세상에 지쳐있을 뿐 아니라 또 정보화시대를 맞이하여 모두가 정보로 가득 차 있기에 될 수 있는 한 짧게 그리고 깊이 있게 써야 하겠다는 생각으로 굳어지게 되었다.

필자가 주해를 쓰기 위하여 책상 앞에 앉으니 자신의 부족함을 절감하지 않을 수 없게 되었고 성경을 해석하기 위하여 쌓아놓은 여러 지식도 별 것 아닌 것으로 느껴졌다. 그 때 주님께서 필자의 고민 속으로 들어오셔서 번개처럼 순식간에 말씀을 주셨다. 그것은 누가복음 24장의 말씀이었다. 예수님께서 부활하시던 날 엠마오로 가는 두 제자에게 나타나셔서 성경을 풀어주실 때 그들의 마음이 뜨거웠다는 말씀(눅 24:32)이었다. 세상에 여러 해석법을 시도해야 하지만, 필자는 예수님께서 풀어주시는 것 이상의 좋은 주해가 없다는 생각으로 주님께 기도하면서 성경을 풀어가기 시작했다. 필자는 오늘도 주님께 기도하면서 한 절한 절 성경을 풀어가고 있다.

필자가 내놓은 주해서가 벌써 여러 권이다. 마가복음 주해, 요한복음 주해, 사도행전주해, 로마서주해, 갈라디아서주해, 옥중서신 주해, 살전후-

딤전후-디도서 주해, 공동서신 주해를 펴내면서 하나님의 무한대(無限大)하심과 필자의 무한소(無限小)를 더욱 절감하면서 몸부림치게 되었다. 이제 이 부족한 누가복음주해를 세상에 내 놓으면서 다시 한 번 자신의 부족함을 절규하는 바이다.

지금은 참으로 위태로운 때이다. 신학사상이 혼탁하고 민족의 윤리가 땅에 떨어졌다. 너무 어두워졌고 너무 음란해졌으며 무엇이 옳고 무엇이 그른가를 판가름하기 힘든 시대를 맞이했다. 안상무신(眼上無神), 안하무인의 시대가 되어 한 치 앞을 분간하기 힘든 때를 만났다. 이때를 당하여 필자는 하루도 쉴 사이 없이 이 땅의 교회들과 민족을 염려하며 성경주해를 써 내 놓는다. 이 성경주해가 세상에 나가서 어둠을 밝혔으면 하는 일념(一念)뿐이다. 주님이시여, 이 나라의 교계와 민족을 살려주옵소서!

2011년 3월
수원 원천동 우거에서
저자 김수홍

▌ 일러두기
: 본 주해를 쓰면서 주력한 것

1. 성경을 성경으로 해석해야 한다는 원리를 따랐다. 따라서 외경이나 위경에서는 인용하지 않았다.

2. 본 주해를 집필함에 있어 문법적 해석, 역사적 해석, 정경적 해석의 원리를 따랐다. 성경을 많이 읽는 중에 문단의 양식과 구조와 배경을 파악해냈다.

3. 문맥을 살펴 주해하는 일에 심혈을 기울였다.

4. 매절마다 빼놓지 않고 주해하였다. 난해 구절도 모두 해결하느라 노력했다.

5. 매절을 주해하면서도 군더더기 글이 되지 않도록 노력했다. 군더더기 글은 오히려 성경을 더 복잡하게 만들어 놓기 때문이다.

6. 절이 바뀔 때마다 독자의 편의를 위하여 한 줄씩 떼어놓아 눈의 피로를 덜도록 했다.

7. 본 주해를 집필하는 데 취한 순서는 먼저 개요를 쓰고, 다음 한절 한절을 주해했다. 그리고 실생활을 위하여 적용을 시도했다.

8. 매절(every verse)을 주해할 때 히브리어 원어의 어순을 따르지 않고 한글 개역개정판 성경의 어순(語順)을 따랐다. 이유는 우리의 독자들을 위해야 했기 때문이다.

9. 구약 원어 히브리어는 주해에 필요한 때에만 인용했다.

10. 소위 자유주의자의 주석이나 주해 또는 강해는 개혁주의 입장에 맞는 것만 참고했다.

11. 주해의 흐름을 거스르는 말은 각주(footnote)로 처리했다.

12. 본 주해는 성경학자들과 목회자를 위하여 집필했지만 일반 성도들도 얼마든지 이해할 수 있도록 평이하게 집필했다. 특히 남북통일이 되는 날 북한 주민들도 읽고 이해할 수 있도록 가능한 쉽게 집필했다.

13. 영어 번역이 필요할 경우는 English Standard Version(ESV)을 인용했다. 그러나 때로는 RSV(1946-52년의 개정표준역)나 NIV(new international version)나 다른 번역판들(NASB 등)을 인용하기도 했다.

14. 틀린 듯이 보이는 다른 학자의 주석을 반박할 때는 "혹자는"이라고 말했고 그 학자의 이름은 기재하지 않았다. 그러나 단지 필자와 다른 견해를 제시하는 학자의 이름은 기재했다.

15. 성경 본문에서 벗어난 해석들이나 주장들을 반박할 때는 간단히 했다. 너무 많은 지면을 쓰는 것은 바람직하지 않고 독자들을 피곤하게 만들기 때문이다.

16. 성경 장절(Bible references)을 빨리 알아볼 수 있도록 매절마다 장절을 표기했다(예: 창 1:1; 출 1:1; 레 1:1; 민 1:1 등).

17. 가능한 한 성경 장절을 많이 넣어 주해 사용자들의 편의를 도모했다.

18. 필자가 주해하고 있는 성경 책명 약자는 기재하지 않았다(예: 1:1; 출 1:1; 막 1:1; 눅 1:1; 요 1:1; 롬 1:1 등). 제일 앞의 1:1은 욥기 1장 1절이란 뜻이다.

19. 신구약 성경을 지칭할 때는 '성서'라는 낱말을 사용하지 않고 줄곧 '성경'이라는 용어를 사용했다. '성서'라는 용어는 다른 경건 서적에도 붙일 수 있는 용어이므로 반드시 '성경'이라는 용어를 사용했다.

20. 목회자들의 성경공부 준비와 설교 작성을 염두에 두고 집필했다.

21. QT에도 적절하게 사용할 수 있도록 주해했다.

22. 가정 예배의 교재로 사용할 수 있도록 쉽게 집필했다.

23. 오늘날 믿음을 잃은 수많은 젊은이들이 주님 앞으로 돌아오기를 바라면서 주해를 집필하고 있다.

누가복음 주해
Exposition of Luke

■ 총 론

누가복음의 저자는 누구인가

누가복음은 바울 사도에게 사랑을 받던 의원 누가(골 4:14)[1]에 의해
기록되었다. 그의 이름은 헬라어로 루카스(Λουκᾶς)였다. 그러나 혹자는 바울
사도에 의해 사랑을 받았던 의원 누가(골 4:14)가 제 3복음서 기자라는 사실을
확인할 수가 없다고 말하기도 한다. 그러나 바울 사도의 사랑을 받던 누가가
본서의 저자가 아니라고 주장하는 사람들의 견해보다 오히려 바로 그 사람이
본서의 저자라고 주장하는 사람들의 견해가 더 믿을만한 것으로 보인다.
누가복음의 저자가 누가라고 주장하는데 내증도 있고 외증도 탄탄하다.

【내증】:

1) 누가란 이름이 성경에 오직 세 번만 나타나는데(골 4:14; 딤후 4:11;
몬 1:24), 골로새서 4:14에 보면 바울은 누가를 할례당과 구별하고 있다(골
4:11과 비교해 볼 것). 다시 말해 누가는 할례 당이 아니다. 누가복음과 사도행
전의 어법이 교육을 받은 헬라인의 어법이라는 것을 감안할 때 누가와 잘
어울린다(William Hendriksen).

2) 누가복음의 서문은 사도행전의 서문과 공통점이 너무 많다. 1:1-3을
보면 "우리 중에 이루어진 사실에 대하여...그 모든 일을 근원부터 자세히
미루어 살핀 나도 데오빌로 각하에게 차례대로 써 보내는 것이 좋은 줄

---

1) 누가는 1) 수리아의 안디옥 사람이었다. 누가가 안디옥 사람이라는 것에 대해서는 많은
학자들이 동의하고 있다. 그를 안디옥 사람이라고 하는 이유는 안디옥에 대해 상세하게 전한다
는 점 때문이다(행 11:19-27; 13:1-3; 14:26; 15:22, 35; 18:22). 2) 그는 헬라인으로 개종한 사람이었
다(골 4:10-11, 14). 3) 누가는 친절하고 동정적인 사람이었다. 4) 누가는 바울의 전도 여행의
동료였다.

알았다"고 말하고, 행 1:1-2을 보면 "데오빌로여 내가 먼저 쓴 글에는 무릇 예수께서 행하시며 가르치시기를 시작하심부터 그가 택하신 사도들에게 성령으로 명하시고 승천하신 날까지의 일을 기록하였노라"고 말한다. 이 두 책은 다 같이 데오빌로 각하에게 보내는 책이라는 것을 말하고 있다. 다시 말해 누가복음은 전편이고 사도행전은 후편이다.

3) 두 책은 사상의 현저한 공통점을 지니고 있다. (1) 성령을 강조하는 장절들이 많이 있다(1:15, 35; 2:25-27; 3:22; 4:1, 18; 10:21; 24:49과 행 1:2; 2:1-4, 38; 8:15-17, 29, 39; 10:44-47; 13:2, 4, 9; 15:28; 16:7; 19:1-7). (2) 기도를 강조하는 말들이 많이 나온다(11:5-13; 18:1-7; 22:39-46과 행 1:24-25; 2:42; 4:31; 6:6; 10:2, 9; 12:12; 13:3; 16:25; 21:5). (3) 부자들을 경계하는 말들이 많이 나온다(1:53; 6:24; 12:13-21; 16:14과 행 8:18-24). (4) 부녀자들이 봉사한 점을 많이 강조하고 있다(2:36-38; 7:37-50; 23:27-29과 행 9:36-43; 12:12-13; 16:13-15; 18:2; 24:24; 25:13). (5) 로마 관헌에 대한 호의를 보이고 있다(20:20-26, 23:4과 행 13:7; 16:35-40 등).

4) 본서에는 의학 술어가 빈번하게 사용되고 있다(3:7; 9:18, 33; 13:11). 이런 사실은 본서가 의사인 누가가 기록하였음을 암시하고 있다(골 4:14; 딤후 4:11; 몬 1:24).

5) 본서에는 저자가 바울의 전도여행에 동참하였다는 것을 보여주는 말들이 많이 나온다. 특히 "우리"라고 쓴 부분(We-Section, 16:10-17; 20:5-21; 21:1-18; 27:1-28:16)은 누군가가 바울과 동행하고 있었음을 암시하고 있다. 그렇다면 바울 주위에 바울과 동행할만한 사람이 누가(Luke) 이외에 또 없는 것으로 보인다. 누가가 바울의 2차, 3차 여행과 예루살렘 입성 및 로마 호송에 동행했던 사실을 알 수 있다(행 16:10; 20:6; 21:17; 27:1-28:16).

6) 골로새서 4:14; 디모데후서 4:11; 빌레몬서 1:24을 보면 누가는 의사였고 바울의 동역 자였으며 끝까지 바울을 떠나지 않았던 사람이다. 그렇다면 "우리부분"에서 바울과 동행한 사람은 누가 이외에 다른 사람일 수는 없다고 보아야 한다.

【외증】 :

1) 이레니우스(Irenaeus, AD 130-220)는 그의 저술에서 누가복음으로부터 많은 것을 인용했다. 그는 사도 요한을 직접 알았던 폴리갑의 제자였다. 그는 말하기를 "바울의 동료인 누가 역시 자신이 선포한 복음을 한권의 책으로 기록했다"(Against Heresies III. i. 1; Ibid, III. xiv. 1)고 말하고 있다.

2) 무라토리단편(The Muratorian Fragment)도 역시 누가복음은 누가에 의해 기록되었다고 말한다. 이 단편은 밀란의 암브로시아 도서관에서 발견한 L. A. 무라토리(1672-1750년) 추기경으로부터 이 이름이 생겼다. 이 단편은 주후 180-200년경의 것으로 추정된다. 이 단편은 말하기를 "복음서들 중의 제 3복음서는 누가에 의한 것이다. 유명한 의사인 누가는 이것을 자신의 이름으로 썼으며 그리스도의 승천 이후에 믿음으로 쓴 것이다. 이 때 바울은 정확성에 대해 매우 관심을 쏟는 그와 동역하였다. 누가는 주님께서 육신으로 계셨던 동안에는 주님을 보지 못했지만 그러한 사실들을 확인하였으므로 그의 기사를 요한의 출생부터 시작할 수 있었다"고 말하고 있다(William Hendriksen).

3) 터툴리안(Tertullian, AD 150-220/240)도 누가복음을 누가의 저작이라고 말하고 있다. "그러므로 사도들 중 요한과 마태가 먼저 우리에게 믿음을 불러 일으켜주고 사도적인 사람들인 누가와 마가가 그것을 후에 새롭게 하여 준다"(Against Marcion IV. ii)고 했다. 터툴리안이 누가를 사도적인 사람으로 말하고 있다는 점을 유의해야 할 것이다.

4) 오리겐(Origen, 185년경-254년경, 알렉산드리아 신학자)도 역시 누가복음의 저자를 누가라고 말하고 있다. "...그리고 제 3복음서는 누가에 의하여 기록되었다. 그는 바울이 격찬했던 복음을 믿기 위해 이방에서 온 사람들을 위해 기록했다"고 말했다.

5) 주후 4세기 초 교회 사학자 유세비우스는 다음과 같이 기록하고 있다. "안디옥 태생이자 직업적인 의원이었던 누가는 바울의 오랜 동료였으며 그 외 사도들과도 일시적인 면식 이상의 친분을 가지고 있었다. 하나님에

의해 영감된 두 책, 즉 제 3복음서와 사도행전에서 그는 우리에게 그가 그들에게서 배웠던 영혼치료의 의술의 예를 남겼다"고 말했다(*Ecclesiastical History* III. iv. 6). 유세비우스가 누가를 안디옥 태생이라고 말한 것은 누가가 쓴 사도행전에 안디옥에 대한 언급이 많이 나타나고 또 상세하게 나타나기 때문이다(행 11:19-26; 13:1이하).

6) 제롬(Jerome, 345년경-420년경)도 역시 누가가 바울이 전해준 복음을 썼다고 말한다. "안디옥 출신의 의원 누가는 헬라어에 무지하지 않았다. 그는 바울의 모든 전도 여행에 있어 그의 수행원이자 동료였으며 그 복음을 썼다"고 말한다. 아무튼 누가가 누가복음을 기록했다는 학설은 튼튼하다.

누가는 언제 본서를 기록했는가?

누가복음 19:41-44; 21:20-28에 예수님께서 "가까이 오사 성을 보시고 우시며 이르시되 너도 오늘 평화에 관한 일을 알았더라면 좋을 뻔하였거니와 지금 네 눈에 숨겨졌도다. 날이 이를지라 네 원수들이 토둔을 쌓고 너를 둘러 사면으로 가두고 또 너와 및 그 가운데 있는 네 자식들을 땅에 메어치며 돌 하나도 돌 위에 남기지 아니하리니 이는 네가 보살핌 받는 날을 알지 못함으로 인함이라"고 하신다. 대개의 보수주의자들은 이 말씀이 예루살렘의 멸망(AD 70년)에 대한 예언이라고 믿고 있다.[2] 특별히 누가복음 21:20-28은 예루살렘이 멸망하기 전에 기록된 것이지 결코 멸망이 있은 후에 기록되었다고 볼 수는 없다.

여기서 한 가지 주의해야 할 사항이 있다. 그것은 AD 64년 7월 18일에서 19일 사이의 밤에 로마에 무서운 불이 났다는 것이다. 로마의 화재는 그 도시의 14개의 구역 중에서 10개의 구역을 형체조차 찾아볼 수 없는 잿더미로 바꾸어 놓았다. 네로는 그 화재의 원인을 기독교인들에게 뒤집어씌웠다.

---

2) 자유주의자들은 이 구문이 예루살렘 멸망을 예언한 것이지만 그러나 이 예언이 기록된 것은 실제로 예루살렘 멸망이 일어난 후에 기록된 것이라고 본다. 그들은 누가복음과 사도행전의 기록시기를 AD 70년 이후로 잡고 있다.

그 결과 그리스도인들에 대한 잔학한 박해와 로마를 피로 물들인 대학살, 로마 정부의 기독교에 대한 극도의 적개심이 뒤 따랐다. 그런데 사도행전에는 로마 화재에 대해서 전혀 일언반구 언급이 없다. 누가는 오히려 로마의 관헌에 대해서 호의적으로 기록하고 있음을 볼 수 있다(20:20-26, 23:4과 행 13:7; 16:35-40 등).

따라서 누가는 사도행전을 AD 63년쯤 썼을 것으로 보인다. 그리고 누가가 먼저 쓴 글("내가 먼저 쓴 글에는"이라고 말한다) 누가복음은 AD 61년부터 63년 어느 시기에 썼을 것으로 말할 수 있을 것이다.

누가는 본서를 어디서 기록했는가?

누가는 본서를 팔레스틴에서 기록하지 않은 것으로 보인다(1:26; 2:4; 4:31; 8:26; 23:51; 24:13). 누가는 본서를 이방인을 위해서 이방의 땅에서 기술한 것으로 보인다. 그는 바울이 예루살렘에 함께 올라갔을 때 그리고 바울이 가이사랴에서 옥중 생활을 할 때 자료를 수집하여 로마에 도착하여 바울이 옥중에 있을 때 기록했을 것이다.

누가가 본서를 집필하게 된 동기는 무엇인가?

누가는 데오빌로 각하가 "알고 있는 바를 더 확실하게 하려고" 본서를 저술했다. 데오빌로는 로마의 고관으로 이미 그리스도에 대한 지식을 가지고 있었는데 누가는 데오빌로로 하여금 더 확실하게 알게 하기 위해서 본서를 집필했다. 누가는 유대인들과 이방인들에 의해서 비난받고 곡해되어 있는 복음을 변증하여 데오빌로에게 영적인 복을 더하려고 본서를 기록한 것이 확실하다.

그리고 누가는 데오빌로만 아니라 데오빌로를 통하여 더 넓게 영향을 끼치기를 소원했을 것이다. 소위 부수적인 목적을 가지고 이 복음을 기록했을 것이다. 다시 말해 "기독교의 진리를 성실하게 이해하고자 하는 자들을 교화시키려고...그리고 헬라어를 말하는 로마 세계에서 모여들었거나 모여 들고 있는 자들과 이교도로부터 개종한 자들의 믿음을 강화시켜 주기 위해서"(William Hendriksen) 복음을 썼을 것이다. 누가는 기독교의 진리를 성실하게 이해하려는 자들과 초신자들을 생각하고 본서를 썼다고 볼 수 있다. 누가는 모든 민족이 예수 그리스도 앞으로 나아오기를 간절히 소원하는 마음으로 이 복음을 썼다(2:32; 3:6; 4:25-27; 9:51-56; 10:25-37; 17:11-19; 24:47).

누가복음의 특징은 무엇인가?

1) 누가복음은 문학적으로 보아도 손색없이 아름답게 엮어진 책이다. 누가는 그가 소유하고 있는 많은 단어를 자유롭게 구사하는 문학인의 필치로 말씀을 엮었다. 그는 글을 쓸 때 그림을 그리듯 썼다. 예수님 탄생을 알리는 천사의 고지(1장), 목자들의 방문(2장), 나인성 과부의 외아들 이야기(7장), 바리새인 시몬의 집에 초대받지도 않고 찾아온 죄 많은 여인 이야기(7장), 탕자비유(15장), 엠마오 도상의 두 제자들을 만나시는 그리스도의 모습(24장) 등에서는 그림을 그리듯 아름답게 기록했다. 또 누가는 찬송가 가사를 쓰듯 글을 썼다. 마리아의 노래(1:46-55), 사가랴의 노래(1:68-79), 천군천사의 노래(2:14), 시므온의 노래(2:29-32) 등은 말 그대로 노래이다.

2) 누가복음은 완전한 역사책이다.

누가는 그의 복음서를 질서정연하게 조목조목 배열했다. 1:5, 26, 36, 56, 59; 2:42; 3:23; 9:28, 37, 51, 22:1, 7절 등에는 때를 알리는 말들이 있다. 누가는 세례 요한의 탄생과 그리스도의 탄생 기사를 전한 다음(1장-2장) 3:1-2에서는 놀라운 역사가의 필치로 그의 복음서를 써 나가는 것을 볼 수 있다.

3) 누가복음은 그리스도의 완전한 인성을 손색없이 드러냈다. 누가는 그리스도를 드러낼 때 사람의 아들로 드러냈다. 마태는 그리스도를 드러낼 때 유대인의 왕으로, 마가는 종으로, 요한은 하나님의 아들로 묘사한 반면 누가는 예수님의 인성을 분명하게 드러냈다. 누가는 예수님이 지혜와 키가

자라시는 사람으로 드러냈고(2:52), 족보를 기록할 때 아담에까지 연결시켰
으며(3:38), 예수님께서 우리와 똑 같이 식사하시는 분으로 드러냈고(7:36-50;
10:38-42; 11:37-52; 24:41-43) 눈물이 있는 분으로(19:41), 또 하나님께 간곡
히 기도를 드리신 분으로(22:44), 죽으시는 분으로 기록했다(23:46). 따라서
누가는 예수님이 우리를 위한 대속물 되심을 드러내고 있다(1:68; 2:38; 21:28;
24:21).

4) 누가복음은 이방인을 품는 복음임을 잘 드러내고 있다.

누가는 바울과 마찬가지로 구원은 국적, 민족, 성, 연령, 사회적 지위에
관계없이 모든 인간에게 주어진다고 말한다(2:30-32; 4:18-19, 25-27; 6:17-19;
7:9, 19, 22-23, 36-50; 9:48; 10:1, 10-16, 30-37; 13:29; 14:23; 15:11-32;
17:11-19; 19:10). 누가는 그리스도의 족보를 기록할 때 아브라함까지만 기록
하지 않고 더 올라가 아담에까지 소급하여 예수님은 온 인류의 구주이심을
알리고 있다. 누가복음의 수신자는 이방인 데오빌로였고 또 이방인은 정죄의
대상이   아니라   칭찬의   대상으로   부각되었다(4:25-27;   7:9;   10:30-37;
17:11-19).

5) 누가복음은 소외된 자를 위한 복음이다.

누가복음은 죄 많은 여인(7:36-50), 혈루증을 앓던 여인(8:43-48), 탕자
(15:11-32), 세리장 삭개오(19:1-10), 예수님의 십자가 옆의 한편 강도
(23:39-43)가 구원에 동참하는 것을 드러내고 있다. 그리고 비유에 있어서도
선한 사마리아인의 비유가 나온다(17:11-19).

6) 누가복음은 여자에게 관심을 많이 보이고 있다.

사가랴의 부인 엘리사벳(1:13), 안나(2:36), 나인성의 과부(7:11-17), 시몬
의 집에 초대받지도 않고 들어온 죄 많은 여인(7:36-50), 주님께 물질봉사를
많이 한 여인들(8:1-3), 혈루증을 앓던 여인(8:43-48), 18년 동안 꼬부라졌던
여인(13:11-17), 은전을 잃은 여인(15:8-10), 불의한 재판장 앞에 계속해서
나왔던 여인(18:1-8), 두 렙돈을 바친 여인(21:2-3), 예수님의 뒤를 따라가며
울던 여인들(23:28-31), 십자가 아래에 있었던 여인들(23:55) 등 많은 여인들

이 등장하고 있다.

7) 누가복음은 다른 복음서들보다 예수님이 주님이시라는 것을 강조한다.

마태복음(마 7:21, 22; 22:45)이나 마가복음(막 11:3)보다도 누가복음은 예수님이 주님이시라는 사실을 유독이 강조한다(2:11; 5:8; 6:5, 46; 7:13; 10:1 등).

8) 누가복음은 성령의 역사를 강조한 복음이다.

예수님은 성령과 물로 세례를 베푸시는 분이시고(3:16-17), 성령의 충만하심으로 역사하시는 분이셨으며(4:1), 성령으로 기도하시는 분이시다(10:21). 또 예수님은 기도 응답으로 받는 것이 "성령"이라 하셨고(11:13, 마태복음의 경우 "좋은 것"이란 말로 표현되었다-마 7:11), 세례 요한이나(1:15), 예수님의 어머니 마리아(1:35), 엘리사벳(1:41), 사가랴(1:67), 시므온(2:27) 등도 모두 성령이 충만한 사람들이었다. 그리고 3:22; 4:14, 18 등도 역시 성령을 강조하고 있다.

9) 누가복음은 기도의 필요를 강조하는 복음이다.

공관복음에 예수님께서 기도하신 기사가 15차례 나타나는데 그 중에 11차례나 본서에 나타나고 있다(마태에는 3회, 마가에는 4회, 요한에는 4회가 나타난다). 예수님은 세례를 받으실 때(3:21), 유대교권주의자들과 첫 번 충돌하시기 전(5:16), 12제자들을 택하시기 전(6:12), 십자가 수난을 첫 번 예고하시기 전(9:18), 변모하셨을 때(9:29), 주님의 기도를 제자들에게 가르쳐 주시기 전(11:1), 베드로가 시험을 받을 때 믿음이 떨어지지 않기를 위해(22:32), 그리고 십자가 위에서(23:34, 46) 친히 기도하셨다.

그리고 예수님은 사람들에게 간절한 기도를 드릴 것을 교훈하셨다. 밤중에 찾아온 친구 비유에서(11:5-13), 불의한 법관과 과부의 비유에서(18:1-8), 바리새인과 세리의 기도에서(18:10-14) 교훈하신다. 누가는 기도를 많이 강조하고 있음을 다음 구절들에서 발견할 수 있다(1:10, 13; 2:37; 6:12, 28; 10:2; 19:46; 21:36; 22:40-46).

공관복음 중에서 누가복음에만 있는 자료는 무엇인가

누가복음에는 마태복음이나 마가복음에는 없는 내용들이 많이 들어있다. 사가랴와 엘리사벳이 세례 요한을 잉태하여 출산한 이야기(1:5-25, 57-80), 마리아가 성령으로 예수님을 잉태하여 출산한 이야기(1:26-56; 2:1-20),[3] 예수님께서 할례와 결례를 받으신 이야기(2:21-40), 예수님께서 12세 때 성전에 올라오셨다가 혼자 떨어져서 선생들과 대화하신 이야기(2:41-52), 나인성 과부의 아들을 살리신 이야기(7:11-17), 죄 많은 여인이 예수님의 발에 기름 부은 이야기(7:36-50), 부녀들이 예수님께 봉사한 이야기(8:1-3), 사마리아 사람들로부터 배척받으신 이야기(9:51-56), 70인 전도 대를 파송하신 일(10:1-24), 선한 사마리아인의 비유(10:25-37), 베다니 마을의 마르다와 마리아를 심방하신 일(10:38-42), 기도 훈(11:1-3), 영안을 밝혀야 한다고 교훈하신 일(11:33-36), 바리새인을 책망하신 일(11:37-54), 세상을 두려워하지 말라고 교훈하신 일(12:1-12), 미련한 부자 이야기(12:13-21), 깨어있으라고 교훈하신 일(12:35-48), 분쟁케 하려고 오셨다는 말씀(12:49-53), 때의 징조를 보고 회개하라는 말씀(12:54-59), 회개를 독촉하시는 말씀(13:1-9), 귀신들렸던 여인을 고치신 일(13:10-17), 구원받는 자들이 적다고 교훈하신 말씀(13:22-32), 바리새인 지도자의 집에서 교육하신 일(14:1-24), 각오하고 주님을 따르라고 교훈하신 일(14:25-35), 잃은 자를 도로 찾으면 기쁘다는 이야기(15:1-32), 불의한 청지기 비유(16:1-18), 부자와 나사로 이야기(16:19-31), 죄를 짓게 말 것과 형제의 죄를 끝까지 용서하라는 교훈(17:1-4), 책임을 이행한 후에 겸손 하라는 교훈(17:5-10), 열 명의 나병환자를 고치신 일(17:11-19), 천국 이야기(17:20-37), 간절히 기도하라는 교훈(18:1-14), 삭개오 이야기(19:1-10), 므나 비유(19:11-27), 누가 크냐 하는 다툼 이야기(22:24-30), 예수님께서 헤롯에게 심문을 받으신 일(23:8-12), 예수님의 옆에 달렸다가 회개하고 그날로 낙원에 간 강도이야기(23:40-43), 예수님께서 부활하신 날 엠마오

---

3) 마태는 예수님의 성령 잉태를 아주 간략하게 전하고 있다(마 1:18).

로 가는 두 제자에게 나타나신 이야기(24:13-35) 등은 누가복음에만 독특하게 나타나고 있다.

누가복음의 자료는 무엇인가?

제 3복음의 저자 누가는 여러 곳에서 그의 복음서의 자료를 취했음을 시사하고 있다. "우리 중에 이루어진 사실에 대하여 처음부터 목격자와 말씀의 일꾼 된 자들이 전하여 준 그대로 내력을 저술하려고 붓을 든 사람이 많은지라 그 모든 일을 근원부터 자세히 미루어 살핀 나도 데오빌로 각하에게 차례대로 써 보내는 것이 좋은 줄 알았다"고 말한다(1:1-3). 이 본문은 누가의 자료가 처음부터 목격자와 말씀의 일꾼 된 자들로부터 왔음을 말하고 있다. 그러니까 누가는 처음부터 관찰한 목격자가 아니었고 처음부터 말씀을 전한 일꾼이 아니었음을 인정하고 있다. 그렇다면 그는 누구로부터 그리고 어느 자료를 사용해서 그의 복음서를 쓴 것일까. 물론 누가가 다른 자료를 사용했다고 해서 오류가 있다는 말은 아니다. 그도 역시 수집한 자료를 "근원부터 자세히 미루어 살폈다"고 말한다. 자세히 살피는 중 성령님의 간섭이 함께 하신 것을 우리는 믿어야 한다(벧후 1:21).

그런데 누가가 어떤 자료를 썼을까. 그리스바하(J. J. Griesbach, 1745년-1812년)가 마태, 마가, 누가 세 복음서의 공통점과 차이점을 대조한 소위 "공관복음대조표"(Synopsis)를 발표했는데 최근의 연구에 의하면 마가복음의 661절 가운데 600절이 마태와 같고 누가와는 350절이 일치한다고 한다. 그리고 마태의 235절이 누가와 일치하나 350절은 마태에만 나온다고 한다. 그리고 누가의 235절은 마태와 일치하나 548절이 누가에만 나온다는 것이다. 각 복음서의 같은 점과 차이점이 어떻게 생겼는지를 설명하기 위하여 많은 학설이 생겼다.

1) "원 복음서설"(The Ur-Evangelium Theory): 이 원 복음서설은 독일의 렛싱(G. E. Lessing)과 아익혼(J. G. Eichhorn)이 주창한 학설인데 공관복음 저자들이 이 원 복음에서 자료들을 가져다가 썼다는 것이다. 더구나 히브리어

로 기록된 원 마태복음설과 원 마가복음설이 유력하다고 할 수 있다. 그러나 세 개의 복음서들은 개성이 뚜렷해서 원복음서로부터 그냥 베꼈다고 볼 수가 없다.

2) 상호 의존설(The Interdependence Theory): 상호 의존설은 하나의 "구전"(Oral Tradition)을 전제하고 있는데 세 복음서 가운데 하나가 먼저 기록되었고 다음에 또 하나를 기록하고 그 다음에 또 다른 하나가 앞 선 것들을 이용하여 기록했다는 학설이다. 이 학설은 화란의 법률가 그로티우스(Grotius, 1583년-1645년)가 내 세웠다. 이 학설이 내세운 복음서들의 저작순서는 여러 가지를 예상한다. 그러나 서로 간에 일치한 점이 있으면서도 또 서로 간에 차이가 생긴 점에 대해서 설명을 하지 못한다.

3) "단편설"(The Fragmentary Theory): 이 단편설의 주장자는 독일의 슐라이에르막헤르(Schleiermacher, 1768-1834)였는데 그는 "모든 문서의 기초는 구전도 아니고 복음서도 아니고 수많은 단편 문서들이다"라고 말했다. 이 학설은 오늘의 양식비평(Form-Criticism)을 만들어냈는데 "두 문서설"(The Two Document Theory)과 통하는 학설로서 두 문서설의 주장은 공관복음이 결국은 두 가지 문서에서 나왔다고 주장한다. 두 문서란 "원-마가"와 "Q-문서"인데 마태복음과 누가복음이 바로 이 두 문서에서 나왔다는 것이다. 그런데 이 두 문서 설은 입증되지 않은 학설이고 추측에 불과한 학설이다. 마태나 누가가 두 문서만 기초해서 복음서를 기록했다고 주장하는 것은 잘 못된 말이다.

4) 구전설(The Oral Tradition Theory): 이 학설은 1818년에 기슬러(Giesler)에 의하여 시작되었다. 그는 사도들이 예루살렘에 오래 머물면서 성도들을 가르쳐야 했으므로(행 1:1-8:4), 모든 사람들이 거의 똑 같은 방법으로 그것을 반복해서 사용했다고 주장했다. 그러나 구전설이 공관복음이 생겨난 이유를 다 설명하지 못한다. 공관복음의 어떤 부분에서 너무 정확한 것을 볼 수 있는데 구전설이 그것을 온전히 설명해주지 못한다.

누가는 비(非) 사도로서 어떻게 해서 그의 복음서를 기록할 수 있었을까.

1) 누가가 복음을 쓸 당시 입에서 입으로 전해지는 교훈(The Oral Teaching)이 있었다고 보아야 한다. 구전해 내려오는 교훈이 없었다고 보는 것은 거의 불가능하다. 누가가 예수님을 눈으로 보고 귀로 들은 많은 증인들이 아직 살아있을 때에(고전 15:6) 바울의 제 3차 전도여행으로 예루살렘을 향해 가는 도중에 가이사랴의 전도자 빌립의 집에 며칠 간 머물 때에 예수님에 대해서 들었을 것이다(행 21:8). 그리고 누가는 바울이 가이사랴의 옥에 갇혀 있을 때 초기의 여러 증인들로부터 많은 것을 들었을 것이다. 그리고 헨드릭슨은 "헤롯의 청지기인 구사의 아내 요안나가 헤롯에 대한 사실들에 관한 소식을 누가에게 전했으리라는 것은 가능하다고 생각된다(8:2-3; 23:56-24:10). 이 요안나는 오직 누가에 의해서만 언급된다. 누가는 요안나를 알고 있었을 뿐 아니라 그녀와 접촉했을 것이다. 바로 이러한 사실이 그리스도께서 헤롯 앞에 나타났다는 이야기가 오직 누가복음에만 나온다는 사실(23:6-12)을 설명해 주지 않을까?"라고 말한다.

2) 누가 당시에 아주 짧은 문헌들이 존재해 있었을 것이라고 보아야 한다. 사도들은 말씀의 일꾼들로서 아직 완성되지는 않았지만 짧은 문헌들을 가지고 복음을 전했음을 알 수 있다. 누가는 그것을 근원부터 자세히 미루어 살펴서(1:1-2) 복음서를 썼다.

3) 누가는 또 바울 사도의 영향을 크게 받아서 누가 복음을 기록한 것으로 보아야 한다. 이레니우스(Irenaeus, 130년-220년)는 "바울의 동료인 누가도 역시 바울이 전파한 복음을 한 책으로 기록했다"(*Against Heresies*, III. i. 1)고 했다. 터툴리안(Tertullianus, 150년-220년/240년)은 "누가의 복음을 사람들은 일반적으로 바울 사도에 의한 것이라고 말하고 있었다"(*Storm*. I. 21)고 하였다. 헨드릭슨(William Hendriksen)은 "제 3복음서가 기록되기 이전에 벌써 누가와 바울이 긴밀한 교제를 하고 있었다는 것에 대해 침묵으로 지나쳐서는 안 된다. 누가가 개종하기 전후에 바울은 초기의 증인들과 접촉하고 있었다"고 말한다(행 9:1이하; 고전 15:1-8; 갈 1:18; 2:9).

4) 누가가 그의 복음서를 쓰는데 성령의 역사가 있었다고 말해야 하는

것은 당연하다(벧후 1:21; 딤후 3:16-17). 누가복음은 성령의 역사를 강조한 복음으로 누가가 그의 복음서를 기록할 때 성령의 역사를 전적으로 의지하였다고 해야 할 것이다. 헬만 바빙크(H. Bavinck)는 "신교도들은 엄격한 영감설에 경의를 표하지 않을 수 없다. 왜냐하면 만일 이러한 설을 부정해버리면 모든 것이 허물어지기 때문이다"라고 했다.

■ 내용분해

■ 참고도서

1.박윤선. *공관복음*, 성경주석. 서울: 영음사, 2003.

2.이상근. *누가복음*, 신약주해. 대한예수교 총회교육부, 1981.

3.이순환. *누가복음서강해*. 서울: 한국기독교교육연구원, 1995.

4.라일, 존. *누가복음서강해*, 존 라일 강해 시리즈 (3), 이용태역. 서울: 기독교
　　문서선교회, 1985.

5.＿＿＿＿. *누가복음서 강해*, 존 라일 강해 시리즈 (4), 정중은역. 서울: 기독교
　　문서선교회, 1986.

6.렌스키, R. C. H. *누가복음* (상), 성경주석, 진연섭역. 서울: 백합출판사,
　　1977.

7.＿＿＿＿＿＿. *누가복음* (하), 성경주석, 진연섭역. 서울: 백합출판사,
　　1978.

8.놀랜드, 존. *누가복음 1:1-9:20*, 35 (상), WBC. Dallas: Word Books,
　　Publisher, 2003.

9.놀랜드, 존. *누가복음 9:21-18:34*, 35 (중), WBC. Dallas: Word Books,
　　Publisher, 2003.

10.말틴 존 A. *누가복음*, 두란노강해시리즈 21, The Bible Knowledge
　　Commentary, 이명준 옮김. 서울: 두란노서원, 1983.

11.바톤, 부르스 B외 2인. *적용을 도와주는 누가복음*, Life Application Bible
　　Commentary, 김진선옮김. 서울: 성서유니온선교회, 2003.

12.반즈, 알버트. *누가복음*, 반즈노트/신구약성경주석, 정중은역. 서울: 크리

스챤서적, 1988.

13.헨드릭슨, 윌렴. *마태복음* (중), 헨드릭슨 성경주석, 이정웅옮김. 서울: 아가페 출판사, 1984.

14.헨드릭슨, 윌렴. *누가복음* (상), 헨드릭슨 성경주석, 김유배옮김. 서울: 아가페출판사, 1983.

15._____. *누가복음* (중), 헨드릭슨 성경주석, 김유배옮김. 서울: 아가페출판사, 1984.

16._____. *누가복음* (하), 헨드릭슨 성경주석, 김유배옮김. 서울: 아가페출판사, 1984.

17.옥스포드 원어 성경대전, *누가복음 제 1장-8장,* The Oxford Bible Interpreter on Luke ch. 1-8. 서울: 제자원, 2000.

18.옥스포드 원어 성경대전, *누가복음 제 9장-17a장,* The Oxford Bible Interpreter on Luke ch. 9-17a. 서울: 제자원, 2000.

19.옥스포드 원어 성경대전, *누가복음 제 17b장-24장,* The Oxford Bible Interpreter on Luke ch. 17b-24장. 서울: 제자원, 2000.

20.김수홍. *마가복음주해.* 신약성경주해시리즈 02. 서울: 기독교 연합신문사, 2008.

21.Arndt, William F. and Gingrich, F. Wilbur. *A Greek-English Lexicon of the New Testament and Other Early Christian Literature.* Second Edition. Chicago and London: The University of Chicago Press, 1958.

22.Barclay, William. *The Gospel of Luke.* Philadelphia: Westminster Press, 1956.

23.Baxter, J. Sidlow. *Explore the Book: A Survey and Study of Each Book from Genesis to Revelation.* Grand Rapids: Zondervan Publishing House, 1960.

24.Bengel, A. *Bengel's New Testament Commentary*. Grand Rapids: Kregel Publication, 1981.

25.Borland, James A. "Gospel of Luke," in *King James Bible Commentary*. Nashville: Thomas Nelson Publishers, 1999.

26.Brown, David. *A Commentary, Critical, Experimental, and Practical on the Old and New Testaments*, v. 3. pt. 1, *Matthew-John*. Grand Rapids: Eerdmans Printing Company, 1989.

27.Calvin, John. *Commentary on A Harmony of the Evangelists, Matthew, Mark, and Luke, trans. by William Pringle*, vol. 3. Grand Rapids: Baker Book House, 1979.

28.Conzelmann, Hans. *The Theology of St. Luke*. London: SCM Press Ltd, 1982.

29.Dibelius M. From *Tradition to Gospel,* trans. B. L. Woolf. Cambridge: James Clark, 1971.

30.Earle, Ralph. *Word Meanings in the New Testament*. Missouri: Beacon Hill Press of Kansas City, 1980.

31.Ederheim, A. *The Life and Times of Jesus the Messiah*, 2 vols. Grand Rapids: William B. Eerdmans Publishing Company, 1943.

32.Ellis, E. Earle. *The Gospel of Luke*, The New Century Bible Commentary, ed. Matthew Black. Grand Rapids: Wm. B. Eerdmans Publ. Co., 1974.

33.Fitzmyer, Joseph A. *The Gospel According to Luke I-IX,* vol. 28. New York: Doubleday & Company, 1979.

34._____. *The Gospel According to Luke X-XXIV,* vol. 29. New York: Doubleday & Company, 1983.

35.The Great Texts of the Bible, St. Luke, ed by J. Hastings, Edinburgh:

T. & T. Clark, 1952.

36.Godet, F. *Commentary on the Gospel of Luke.* Edinburg: Clark, 1957.

37.Jensen I. L. *Life of Christ.* Chicago: Moody Press, 1969.

38.Green, Joel B. *The Gospel of Luke,* NICNT. Grand Rapids: William B. Eerdmans Publishing Company, 1997.

39.Geldenhuys, Norval. *Commentary on the Gospel of Luke.* Grand Rapids: William B. Eerdmans Publishing Company, 1979.

40.Henry, Matthew. *A Commentary on the Holy Bible.* London: Marshall Bros., n.d.

41.Ironside, H. A. *Address on the Gospel of Luke.* vol. 2. New York: Loizeaux Brothers, 1946.

42.Lange, J. P. *The Gospel According to Luke.* Grand Rapids: Zondervan, 1951.

43.Marshall, I Howard. "Luke" in *New Bible Commentary,* 3rd edition, Grand Rapids: William B. Eerdmans Publishing Company, 1983.

44.Morgan, G. Campbell. *The Gospel According to St. Luke.* New York: Fleming H. Revell Co., 1931.

45.Morris, L. *The Gospel According to St. Luke.* Grand Rapids: William B. Eerdmans Publishing Company, 1974.

46.Plummer, Alfred. *The Gospel According to St. Luke.* The International Critical Commentary. Edinburgh: T. & T. Clark, 1981.

47.Moulton & Milligan. *The Vocabulary of th Greek Testament.* Grand Rapids: Wm. B. Eerdmans Publishing Co., 1982.

48.Ramsay, W. M. *Luke the physician.* Grand Rapids: Baker, 1956.

49.Robertson, A. T. *The Word Pictures in the New Testament.* London:

SCM, 1957.

50.Stonehouse, N. B. *The Witness of Luke to Christ.* Grand Rapids: Eerdmans, 1961.

51.Summers, R. *Commentary on Luke.* Waco: Word, 1972.

52.Tenney. Merrill C. "The Gospel According to Luke," in *The Wycliffe Bible Commentary,* ed., Everett F. Harrison. Chicago: Moody Press, 1981.

53.Thomas, W. H. Griffith. *Outline Studies in the Gospel of Luke.* Grand Rapids: William B. Eerdmans Publishing Company, 1950.

54.Vincent, Marvin R. *Word Studies in the New Testament*, Vol. I. Grand Rapids: Wm. B. Eerdmans Pub., 1946.

55.Wilcock Michael. *The Message of Luke, The Bible Speaks Today*, ed. by R. W. Stott(NT). Downers Grove, Ill.: InterVarsity Press, 1973.

제 1 장
예수님 탄생 이전 이야기들

I. 누가복음을 기록한 목적 1:1-4

누가가 그의 복음서를 쓰는 이유를 밝힌다. 누가는 그리스도를 중심하여 이루어진 사실을 써서 데오빌로각하에게 보내어 데오빌로로 하여금 더 확실하게 기독교를 알게 하려고 복음서를 쓴다고 말한다.

눅 1:1-2. 우리 중에 이루어진 사실에 대하여 처음부터 목격자와 말씀의 일꾼 된 자들이 전하여 준 그대로 내력을 저술하려고 붓을 든 사람이 많은지라.

누가는 자기 혼자만 붓을 들어 복음서를 쓴다고 말하지 않고 "우리 중에...붓을 든 사람이 많다"고 말한다. 누가는 분명히 다른 사람들을 인정하고 있다. 본문의 "우리 중에"란 말은 '그리스도를 영접하고 믿은 사람들, 다시 말해 12사도들과 또 예수님의 십자가와 부활을 친히 경험한 사람들, 그리고 사도들이나 최초의 목격자들로부터 그리스도에 대해 전해 들어 알고 있었던 사람들 중에'란 뜻이다.

누가는 우리 중에 "이루어진 사실"(τῶν πεπληροφορημένων), 즉 '세례 요한의 탄생,4) 예수님의 탄생, 예수님의 성장,5) 세례 요한의 활동, 예수님께서 세례 받으신 일, 시험받으신 일, 갈릴리에서 전도하신 일, 베레아에서 전도하신 일, 예루살렘에서 전도하신 일, 예수님의 십자가 고난과 부활 승천 등'에 대하여 "처음부터 목격자와 말씀의 일꾼 된 자들이 전하여 준 그대로

---

4) 세례 요한의 탄생에 대해서 전해준 사람은 분명히 요한의 부모였을 것이다.
5) 예수님의 탄생과 성장에 대해서 전해준 사람은 분명히 성모 마리아였을 것이다. 그 때 열두 사도들은 아직 택함 받지 않았었다.

내력을 저술하려고 붓을 든 사람이 많다”고 말한다(히 2:3; 벧전 5:1; 벧후 1:16; 요일 1:1). “처음부터 목격자”였던 사람들(요 15:27; 요일 1:1)은 ‘열두 사도와 바울 사도, 예수님의 어머니 마리아와 주님의 형제들, 그리고 처음부터 예수님을 시중들었던 여인들(8:2-3; 행 1:14), 70인 전도대원들’을 지칭하는데 이들 모두가 동시에 “말씀의 일꾼들”이 되었다. “말씀의 일꾼들”이란 말은 ‘복음의 일꾼들’이란 뜻으로 그들은 처음부터 목격한 모든 것들을 전해주려고 했다.[6] 복음의 일꾼들, 즉 종들은 그 모든 것을 전하는 일꾼들로서 수고했다. 그러니까 목격자와 말씀의 일꾼들은 똑 같은 사람들을 지칭하는 말이다.

그런데 누가는 자신이 최초의 목격자와 말씀의 일꾼들 중에 “그대로 내력을 저술하려고 붓을 들 사람”들 부류에 자신을 끼워 넣는다. 누가는 겸손한 사람이었다. 본문의 “붓을 든 사람이 많다”는 말 때문에 혹시 그 많은 사람들의 글이 다 성경에 기록되었어야 했다고 주장할 필요는 없다. 사도들의 글을 제외하고는 다른 저자는 성경에 약간 명만 있는 것을 감안하면 성령의 감동하심을 받은 사람들의 글만 성경에 기록된 것으로 보아야 할 것이다.

눅 1:3. 그 모든 일을 근원부터 자세히 미루어 살핀 나도 데오빌로 각하에게 차례대로 써 보내는 것이 좋은 줄 알았노니.

누가는 1-2절에서 복음을 처음부터 목격한 자와 그 복음(말씀)을 구두로 전해주는 대로 붓을 든 사람이 많은 것을 말했고 이제 본 절과 다음 절은 자신이 행한 일이 무엇임을 말한다. 누가는 자신이 “그 모든 일을 근원부터 자세히 미루어 살폈다”고 말한다. 다시 말해 “그 모든 일을 근원부터,” 즉 ‘세례 요한의 잉태와 탄생, 그리스도의 잉태와 탄생부터 그리스도의 십자가

---

6) 혹자는 본문의 “말씀”을 ‘육신을 입으신 그리스도’(요 1:1, 14)로 해석하기도 하나 그저 ‘기록된 말씀’으로 해석하는 것이 바람직하다. 이유는 요한 사도 이외에는 아무도 “말씀”을 육신을 입으신 예수 그리스도로 말하는 저자가 없다는 점 때문이다. 그러니까 본문의 “말씀”은 ‘발언된 말씀,’ ‘기록된 말씀’으로 보아야 할 것이다.

수난과 부활 승천 등의 일들을 근원부터' "자세하게 미루어 살폈다"는 것이다. 즉 '모든 일의 기사 하나하나를 완전하게 이해했다'는 뜻이다. 물론 이런 작업을 위해서 성령님께서 역사하셨다(벧전 1:21). 누가는 모든 사건의 하나하나를 완전하게 살폈다.

여기 "근원부터"라는 말을 두고 문자적으로는 '위로부터'라는 뜻이 있기 때문에(요 3:31; 19:11; 약 1:17; 3:15, 17) 혹자는 '성령의 감동하심을 받은 것'을 지칭한다고 주장한다. 그런고로 누가는 위로부터 주시는 성령님의 감동하심과 가르치심을 따라 모든 일을 정확하게 살폈음을 뜻한다고 주장한다(John C. Ryle). 일리 있는 해설이긴 하나 문맥으로 보아 '처음부터'라고 해석하는 것이 더 바람직한 것으로 보인다. 이유는 누가가 세례 요한의 잉태, 출생부터 살핀 것을 보면 다른 복음서들보다 더 근원부터 살핀 것이 아닌가.

이렇게 세례 요한의 잉태 사건부터 시작하여 근원부터 완전하게 살핀 누가가 "데오빌로 각하에게 차례대로 써 보내는 것이 좋은 줄 알았다"고 말한다. "데오빌로 각하"(행 1:1)가 누구인가를 두고 여러 가지 추측을 하고 있으나 "각하"라는 칭호를 쓴 것으로 보아 실제 인물이고 누가가 생존했던 당시의 로마의 고관이었던 것으로 보인다. 누가는 "데오빌로 각하"에게만 본 복음서를 보낸 것은 아니고 복음서 내용으로 보아 당시의 헬라문화가 지배하는 사회에 기독교를 알리기 위해 복음을 써서 보낸 것이고 또 모든 교회에 보낸 것으로 보인다.

누가는 수신자에게 복음서를 써서 보낼 때 "차례대로 써 보냈다"(행 11:4). "차례대로" 썼다는 말은 반드시 역사적인 순서로 썼다는 말이 아니라 '질서정연하게' 써서 보냈다는 뜻이다. 다시 말해 조목조목 써서 이해하기 쉽게 썼다는 뜻이다. 누가는 아무렇게나 배열해서 쓰지 않고 그 어떤 제목을 내 놓았을 때 그 제목에 합당하게 글들을 나열해서 쓰고 또 다른 제목 아래에서 글을 쓸 때는 바로 그에 해당하는 글을 썼다는 뜻으로 받아드려야 한다. 누가는 때로 연대기를 어기고 글을 쓰기도 했다. 마 4:3-11과 눅 4:3-14에서는 예수님께서 시험받으신 순서가 다르다. 마 13:54-58; 막 6:1-6에서는 예수님께

서 배척당하신 것을 늦게 기술했고, 눅 4:16-30에서는 초기에 기록하고 있다
(윌럼 헨드릭슨). 역사를 순서대로 쓴다고 해서 들쭉날쭉 쓰는 것보다는
조목조목 쓰는 것은 지혜로운 일이다.

눅 1:4. 이는 각하가 알고 있는 바를 더 확실하게 하려 함이로다.
누가가 데오빌로에게 복음서를 써서 보내는 목적은 "각하가 알고 있는 바를
더 확실하게 하려 함이라"고 말한다(요 20:31). 데오빌로가 이미 알고 있는
복음에 대한 진리(예수님에 대해서 이미 알고 있는 것)를 더 확실하게 해서
신앙이 흔들리지 않고 분명히 구원에 이르게 하기 위해서라는 것이다. 진리를
안다는 것만큼 중요한 것은 없다(요 16:13; 17:17, 19; 갈 2:5; 엡 1:13; 살후
2:12-13; 딤전 2:4; 딤후 2:15; 벧후 1:12). 게다가 더 확실하게 안다는 것은
더욱 중요하다. 우리가 설교를 하고 혹은 글을 쓰는 이유는 다른 이들로
하여금 더 확실한 지식을 가지게 함이다. 설교를 하고 혹은 글을 써서 보낸
결과 사람들을 흔들리게 만든다면 참으로 불행한 일이다.

II.예수님이 출현할 것을 예고하다 1:5-2:52
　　누가는 데오빌로 각하에게 복음서를 써서 보내는 이유를 말한(1-4절)
다음 예수님께서 출현하실 것을 예고한다. 즉 누가는 예수님께서 출현하시기
전에 천사 가브리엘이 사가랴에게 세례 요한이 태어날 것을 알린 것을 기록하
고(5-25절) 또 마리아에게 하나님의 아들이 잉태되실 것을 알린 것을 말하며
(26-38절), 엘리사벳이 마리아의 방문을 받고 찬미한 것을 기록하고(39-45절)
또 마리아가 찬미한 것(46-56절), 세례 요한이 탄생한 사실(57-80절), 예수님
이 탄생하신 일(2:1-20), 예수님이 성전에 나타나신 일(2:21-40)과 예수님이
예루살렘을 방문하신 일(2:41-52)을 기록한다.

　　A.사가랴에게 고지하다 1:5-25
　　누가는 천사 가브리엘이 사가랴에게 나타나 앞으로 요한이 태어날 것을

예언한 것을 기록한다. 누가는 먼저 사가랴와 그의 가정을 소개하고(5-7절) 가브리엘이 사가랴 부부에게 아들이 잉태될 것을 예언한 것을 전하고(8-23절) 엘리사벳이 잉태한 사실을 말한다(24-25절). 여기서 한 가지 주목할 것은 누가가 근원부터 전한다고 하면서 세례 요한의 잉태와 출산부터 전하는 것은 세례 요한의 사역이 그리스도의 복음사역과 밀접하게 연관되어 있기 때문이다. 막 1:2-3절에 말한 바와 같이 세례 요한과 더불어 예수님의 복음이 시작되었다고 보기 때문이다.

눅 1:5. 유대 왕 헤롯 때에 아비야 반열에 제사장 한 사람이 있었으니 이름은 사가랴요 그 아내는 아론의 자손이니 이름은 엘리사벳이라.

　누가는 데오빌로에게 복음서를 써 보내는 목적을 말한(1-4절) 다음 이제는 "처음부터 목격자와 말씀의 일꾼 된 자들이 전하여 그 준대로 내력을 저술하려고 붓을 든 사람이 많은" 중에 "그 모든 일을 근원부터 자세히 살핀" 누가도 이제 드디어 "근원," 즉 "유대 왕 헤롯 때에 아비야 반열에 제사장 한 사람이 있었다"고 말한다. "유대 왕 헤롯"(마 2:1)은 에돔 자손으로 '대 헤롯'(헤롯 1세)을 지칭하며 BC 37년-4년 유대를 통치한 유명한 폭군이었다. 이 헤롯에 대해서는 본 절과 마 2:1-22에만 기록되었을 뿐이다. 헤롯대왕은 지략이 있었으며 간교하였고 잔인하였다.

　잔인한 폭군이 다스리던 당시 정반대의 사람, 즉 "아비야 반열에 제사장 한 사람이 있었다." 아비야 반열은 다윗 왕 때 아론의 두 아들 엘르아살과 이다말의 자손을 24개의 반열로 구분하여 봉사하게 했는데(대상 24:7-19) 그 중에 여덟 번째 반열이었다(대상 24:10). 이 반열들은 솔로몬에 의해서 재정비되었다(대하 8:14). 바벨론 포로 이후 4개의 반열만이 귀환했는데(스 2:36-39) 그들이 돌아온 후 다시 에스라에 의해 24반열로 재편되어 옛 이름이 붙여졌다. 각 반열은 1년에 두 번 봉사했는데 한 번의 봉사 기간은 한 주간이었다(윌렴 헨드릭슨). 이 사람의 이름은 사가랴였다. 그리고 "그 아내는 아론의 자손이니 이름은 엘리사벳"이었다. 사가랴의 아내는 아론의 자손이었다.

제사장이 제사장의 가문에 속한 여인과 결혼했다는 것을 보여준다. 엘리사벳은 결혼 전에 처녀였음이 틀림없었다. 이유는 제사장은 반드시 처녀와 결혼해야 한다는 조항(레 21:14)에 따라 엘리사벳은 처녀였음이 틀림없다. 이런 사람들을 대 헤롯이 다스린다는 것은 어울리지 않는 일이지만 때로는 세상에 흔히 있는 일이다. 성도는 고난 중에 주님을 의지하고 사는 것을 연습해야 하는 사람들이기 때문에 폭군의 다스림을 받고 살기도 한다.

눅 1:6. 이 두 사람이 하나님 앞에 의인이니 주의 모든 계명과 규례대로 흠이 없이 행하더라.

누가는 앞 절(5절)에서 사가랴와 엘리사벳 양가의 가문(家門)을 말했고 본 절에서는 그들의 삶을 말한다. 누가는 "이 두 사람이 하나님 앞에 의인이니 주의 모든 계명과 규례대로 흠이 없이 행했다"고 말한다. 부부가 하나님 앞에 의인이었다는 것이다. 구약 시대의 의인들은 이들만 아니라 여러 명 있었다(창 6:9; 7:1; 17:1; 18:23, 28; 왕상 9:4; 왕하 20:3; 욥 1:1; 시 37:37; 겔 18:5-26; 행 23:1; 24:16; 빌 3:6). 이들 부부가 의인이라고 말할만한 이유는 그들이 "주의 모든 계명과 규례대로 흠이 없이 행했기" 때문이었다. 여기 "계명과 규례"란 말은 동의어로 사용되었다. 혹자는 "계명"을 '하나님께서 주신 도덕적인 명령'이라고 하고 "규례"를 '의식적인 규례'(히 9:1)라고 정의하고 있으나 히브리인들이 무엇을 강조하고자 할 때 사용하는 동의어로 보는 것이 옳은 것 같다(Bruce. Plummer). 그들은 구약 시대에 율법을 지키는 데 있어서 별로 흠이 없는 사람들이었다.

눅 1:7. 엘리사벳이 잉태를 못하므로 그들에게 자식이 없고 두 사람의 나이가 많더라.

부부는 훌륭한 가문 출신들이었고(5절) 또 구약의 법으로 보아 별로 흠이 없는 삶을 살았지만(6절) 안타깝게도 "엘리사벳이 잉태를 못하므로 그들에게 자식이 없고 두 사람의 나이가 많았다"는 것이다. 안타까운 점은 두 가지였다.

하나는 엘리사벳이 아이를 잉태하지 못해 그들에게 자식이 없었다는 것이었
고, 또 하나는 두 사람의 나이가 많아서 자식을 낳는다는 것은 아주 불가능해
졌다는 것이다. 하나님은 이런 불가능 중에서 모든 것이 가능하게 해주셨다.
마치 아브라함의 가정의 경우와 같다(창 15:2). 이들에게서 하나님의 하시는
일을 나타내고자 하나님께서 이런 불행을 주셨다(요 9:3). 성도의 경우 불행은
하나님의 간섭에 의해 행복으로 바뀔 수 있다.

**눅 1:8. 마침 사가랴가 그 반열의 차례대로 하나님 앞에서 제사장의 직무를
행할 새.**
누가는 본 절부터 23절까지 천사 가브리엘이 사가랴에게 나타나 사가랴의
아내가 아들을 잉태할 것을 예고한다. 이렇게 하나님께서 사가랴의 가정에
아들을 주시는 이유는 사가랴가 기도했기 때문이었다(13절).

그런데 천사 가브리엘이 사가랴에게 나타난 것은 "마침 사가랴가 그
반열의 차례대로 하나님 앞에서 제사장의 직무를 행할 때"였다. 본문의 "그
반열의 차례대로"란 말에 대해서는 5절 주해를 참조할 것. 예수님께서 안드레
와 베드로, 그리고 야고보와 요한을 부르신 것도 그들이 열심히 일을 할
때였다(마 4:18-22).

눅 1:9. 제사장의 전례를 따라 제비를 뽑아 주의 성전에 들어가 분향하고.
누가는 사가랴가 제사장의 직무를 어떻게 행했는지(8절)를 본 절에서 말한다.
사가랴는 제사장의 오랜 전통을 따라 제비를 뽑아 하나님의 성전에 들어가
분향하고 있었다(출 30:7-8; 삼상 2:28; 대상 23:13; 대하 29:11). 제사장의
일은 제비뽑기를 해서 직무가 결정되었는데 직무 중에 분향하는 직무가
가장 성스러운 직무였다. 그런데 분향하는 직무는 제사장이 일생에 한번
돌아갈까 말까하는 영광에 속하는 일이었다고 한다. 아마도 하나님께서 사가
랴를 긍휼히 여기셨기에 분향하는 일이 맡겨진 것 같다. 분향은 하루에 두
번(아침과 오후) 실행되었는데(윌럼 헨드릭슨) 사가랴는 아침에 향을 피웠는

지 혹은 오후에 향을 피웠는지는 알 수 없다. 혹자는 사가랴가 분향하는 동안에 백성이 밖에서 기도한 것을 보아 오후에 분향했을 것이라고 말한다. 그러나 언제 분향했는지 정확히 알 수는 없다. 그런데 분향하던 시간에 천사가 나타나서 하나님의 뜻을 전달해주었다.

눅 1:10. 모든 백성은 그 분향하는 시간에 밖에서 기도하더니.
모든 백성들은 사가랴가 분향하는 시간에 밖에서(이스라엘 뜰) 기도했다(레 16:17; 계 8:3-4). 이 날이 언제냐를 두고 여러 설이 있다. 혹은 속죄일이었을 것이라고 하기도 하고 혹은 안식일이었을 것이라고 하기도 하나 평일의 기도 시간으로 보는 것이 자연스러울 것이다(Bruce). 만일 어떤 절기였다면 누가가 어떤 절기라고 말했을 것이다.

눅 1:11. 주의 사자가 그에게 나타나 향단 우편에 선지라.
사가랴가 분향하는 시간에 마침 하나님께서 보내신 사자("사자"는 본서에 많이 나타난다-1:26; 2:9, 13, 21, 12:8; 15:10; 16:22; 22:43; 24:4, 23) 가브리엘이 사가랴에게 나타나 "향단 우편에 섰다"(출 30:1). 아무도 없는 성소에서 사가랴는 심히 놀랐을 것이다.

눅 1:12. 사가랴가 보고 놀라며 무서워하니.
사가랴는 천사를 보고 심히 놀라며 무서워했다(29절; 2:9; 삿 6:22; 13:22; 단 10:8; 행 10:4; 계 1:17). 연약한 인간이 갑자기 천사를 보고 놀라는 것은 자연스러운 일이었다(삿 6:22; 13:21-22 참조). 고넬료도 역시 천사가 나타났을 때 놀랐다(행 10:4).

눅 1:13. 천사가 그에게 이르되 사가랴여 무서워하지 말라 너의 간구함이 들린지라 네 아내 엘리사벳이 네게 아들을 낳아 주리니 그 이름을 요한이라 하라.

사가랴가 가브리엘 천사를 보고 놀라며 무서워했을 때(앞 절) 천사가 사가랴에게 세 가지를 말한다. 첫째, "사가랴여 무서워하지 말라"고 말한다. 무서워하고 있는 사가랴에게 얼마나 큰 위로의 말씀이었겠는가. 하나님은 성경을 통하여 우리에게 "무서워하지 말라" 혹은 "두려워하지 말라"는 말씀을 365번이나 하신다(5:10; 창 15:1; 26:24; 출 14:13-14; 수 1:9; 삿 6:23; 왕하 19:6-7; 대상 28:20; 느 4:14; 시 91:5-6; 사 10:24; 단 10:19; 슥 8:13; 마 14:27; 막 5:36; 행 18:9; 히 13:6; 벧전 3:14; 계 1:17 참조). 하나님의 자녀들은 두려워하지 말고 살아야 한다.

둘째, "너의 간구함이 들렸다"고 말한다. '네 간절한 기도(δέησίς), 특별한 기도(δέησίς)가 하나님께 상달했다'는 뜻이다. 사가랴가 무엇을 특별히 기도했는가. 천사가 말하기를 사가랴의 간구함이 "들린지라"(είσηκούσθη)고 부정(단순)과거 시제로 말한 것을 보면 사가랴의 간절한 기도가 '이미 상달되었다'는 뜻인데 사가랴는 무엇을 위해 간절히 기도했는가. 1) 이스라엘의 구원을 위해 간구했다(Meyer, Plummer, 박윤선, 이상근). 2) 자기의 몸이 아기를 가질 수 있을 때에는 아들을 구했지만 이제 불가능한 것을 깨닫고는 이스라엘의 구원을 위해 간구했다(Lenski, 이순한). 3) 아들을 얻기 위해 간구했다(Alford, Bengel, Albert Barnes, William Hendriksen, Merrill C. Tenney). 위의 세 해석 중에 마지막 해석이 가장 바른 해석으로 보인다. 그러나 사가랴가 아들을 구한 것은 바로 이스라엘의 구원을 위해 간구한 것과 똑 같은 고로 1번의 해석도 바른 해석으로 보아야 한다. 이유는 아들 요한이 구원 운동을 했기 때문이다. 누가가 복음이 무엇인가를 말하기 시작할 때 5절의 세례 요한의 잉태와 탄생부터 시작하고 있는 것을 주의해야 한다. 그리고 마가도 막 1:2-3에서 복음의 시작을 세례 요한부터 시작하는 것을 보면 사가랴가 아들을 구한 것은 바로 하나님 보시기에는 이스라엘의 구원을 위하여 기도한 것과 동일한 것으로 간주하신다. 그러니까 사가랴가 아들을 구한 것은 그저 자기 집안의 아들을 위해서 기도한 것만이 아니라 이스라엘의 구원을 위해 간구한 셈이다. 하나님은 우리의 간구를 들으시는 분이시다. 절대로 묵살하시는 일이 없으시다.

셋째, "네 아내 엘리사벳이 네게 아들을 낳아 주리니 그 이름을 요한이라 하라"는 말을 했다. 사가랴는 자기 아내와의 사이에 아이를 임신하기 전에 천사는 사가랴의 아이의 성별을 가르쳐주었다. 아들을 낳을 것이라고 한다. 부부가 아이를 임신할 때 하나님께서 정하신다는 것을 보여준다. 천사는 사가랴의 아이의 이름까지 미리 지어 주었다(일반 사람들은 아이를 출산한 후에 이름을 짓는다). 천사의 지시를 따라 사가랴는 아이의 이름을 "요한"이라고 했다(60절, 63절). "요한"이란 이름은 '여호와의 총애,' '여호와는 사랑이시다'라는 뜻이다. 성경에 보면 하나님께서 친히 이름을 지어 주신 경우가 더러 있다(창 16:11; 17:19; 호 1:4, 6, 9; 마 1:21). 하나님은 이름을 주신대로 그 사람을 통하여 일을 하신다. 하나님은 오늘 우리를 통하여 그 무엇인가를 이루기 원하신다.

눅 1:14. 너도 기뻐하고 즐거워할 것이요 많은 사람도 그의 태어남을 기뻐하리니.

천사 가브리엘은 사가랴 집안에 세례 요한의 출생 때문에 "너(사가랴)도 기뻐하고 즐거워할 것이요 많은 사람도 그의 태어남을 기뻐하리라"고 말한다. 여기 "즐거워할 것이요"(ἀγαλλίασις)란 말은 '기뻐 날뜀,' '극도의 기쁨'이란 뜻으로 사가랴와 엘리사벳이 기뻐서 견딜 수 없을 것을 표현한 말이다. 사가랴와 엘리사벳도 기뻐서 어쩔 수 없는 정도로 될 뿐 아니라 많은 사람들, 곧 이스라엘 사람들도 요한의 태어남을 보고 기뻐할 것이라는 말이다. 이는 마치 아브라함의 가정에 이삭이 태어났을 때와 같다는 것이다(창 21:6). 실제로 "엘리사벳이 해산할 기한이 차서 아들을 낳으니 이웃과 친족이 주께서 그를 크게 긍휼히 여기심을 듣고 함께 즐거워하더라"고 했다(57-58절). 그런데 이들의 기쁨은 한 순간에 그친 기쁨이 아니라 오래 지속되었다. 그리고 다음 절들(15-17절)에 보면 훗날에도 많은 사람들은 세례 요한의 사역의 열매를 보고 하나님께 감사했다. 많은 사람들은 세례 요한의 사역을 통하여 어둠에서 빛으로 돌아와서 기뻐할 것이었다.

눅 1:15. 이는 그가 주 앞에 큰 자가 되며 포도주나 독한 술을 마시지 아니하며 모태로부터 성령의 충만함을 받아.

천사 가브리엘은 사가랴 부부와 이스라엘 민족이 세례 요한이 탄생한 것을 기뻐해야 할 이유를 본 절부터 17절까지 말한다. 기뻐해야 할 이유는 세례 요한이 "주 앞에 큰 자가 될 것이기"("For he shall be great in the sight of the Lord") 때문이라고 한다. 예수님은 세례 요한이 큰 자였던 것을 인정하셨다. 마태복음 11:11에서 예수님은 "내가 진실로 너희에게 말하노니 여자가 낳은 자 중에 세례 요한보다 큰 이가 일어남이 없도다"라고 하셨다. 요한은 친히 예수님 앞에서 자신에 관하여 말하기를 "그는 흥하여야 하겠고 나는 쇠하여야 하리라"고 하였다(요 3:30). 세례 요한은 사람들이 예수님 앞으로 모여드는 것이 마땅하고 자신의 주위에서는 물러가는 것이 마땅하다고 말했다. 그는 참으로 겸손한 점에서 위대한 사람이었다(7:6, 9; 9:46-48; 마 8:8, 10; 18:1-5; 막 9:33-37). 그는 사람들로 하여금 예수님을 믿도록 하기 위해서 이 땅에 온 사람이다(요 1:29). 그런 점에서도 그는 위대했다. 누구든지 겸손히 예수님을 바라보고 또 사람들로 하여금 예수님 앞으로 모여들게 해야 한다.

천사 가브리엘은 세례 요한이 위대하게 되는 과정에서 꼭 필요한 것이 무엇임을 전한다. 곧 "포도주나 독한 술을 마시지 아니하며 모태로부터 성령의 충만함을 받을" 것을 말한다(7:33; 민 6:3; 삿 13:4). '소극적으로는 포도주나 독한 술(포도 아닌 재료로 만든 취하게 하는 술)을 마시지 아니하며, 적극적으로는 성령의 충만함을 받는 것'이 중요하다는 것이다(행 2:15-17; 엡 5:18).

세례 요한이 나실인이냐 혹은 아니냐 하는 논쟁이 있으나 평생 나실인으로 보는 것이 옳을 것이다. 그는 삼손이나(삿 13:5, 7; 16:17) 사무엘처럼(삼상 1:11) 평생 나실이었다. 그는 그리스도의 선구자로서 평생 나실인으로 살다가 갔다. 그는 메뚜기와 석청을 먹으며 검소하게 살았다(마 3:4).

세례 요한이 "모태로부터 성령의 충만함을 받았다"는 말을 해석하기에 난해함을 느끼는 해석자가 있으나 요한이 모태로부터(렘 1:5; 갈 1:15) 성령의 충만함을 받았다는 말은 단순히 '모태로부터 성령의 지배를 받았다'는 뜻으로 알아야 한다. 그는 모태로부터 성령의 지배를 받아서 사람들로 하여금 회개하게 하여 그리스도를 믿도록 역사했다. 누가는 성령을 강조하는 복음전도자로 누가복음과 사도행전에 55회(복음서에는 12회)나 사용하고 있다. 우리가 성령의 충만함을 받지 않고는 사람들을 그리스도 앞으로 인도하지 못한다.

눅 1:16. 이스라엘 자손을 주 곧 그들의 하나님께로 많이 돌아오게 하겠음이라.

천사 가브리엘은 세례 요한이 어떤 사역을 할 것인가를 본 절과 다음 절에서 말한다. 가브리엘은 요한이 "이스라엘 자손을 주 곧 그들의 하나님께로 많이 돌아오게 할 것"이라고 말한다(말 4:5-6). 세례 요한이 모태로부터 성령의 충만함을 입고 평생 성령의 충만을 받아 사역할 것이기에 '이스라엘 자손을 주 곧 그들의 하나님께로 많이 돌아오게 할 것'이라고 한다. 여기 "돌아오게"(ἐπιστρέψει)라는 말은 '회전하게 하다,' '회심하게 하다,' 'U-turn하게 하다'라는 뜻으로 요한이 이스라엘 자손들에게 회개하라고 외쳐서 많이 하나님께로 돌아가게 할 것이라는 뜻이다(22:32). 요한은 실제로 이 일을 이루었다(렘 3:7, 10, 14; 18:8; 겔 3:19 참조).

눅 1:17. 그가 또 엘리야의 심령과 능력으로 주 앞에 먼저 와서 아버지의 마음을 자식에게, 거스르는 자를 의인의 슬기에 돌아오게 하고 주를 위하여 세운 백성을 예비하리라.

천사 가브리엘은 세례 요한의 사역을 본 절에서 더 말한다. 앞 절에서는 천사가 요한이 사람들로 하여금 하나님께로 돌아가게 할 것이라고 했는데(앞절), 본 절에서는 세례 요한이 인간관계를 회복하게 해놓을 것을 말한다.

천사 가브리엘은 요한이 "그가 또 엘리야의 심령과 능력으로 주 앞에 먼저 와서" 사역하리라고 말한다(말 4:5; 마 11:14; 막 9:12). 이 말씀은 세례 요한이 문자 그대로 엘리야라는 말은 아니다. 세례 요한은 분명히 자신이 엘리야는 아니라고 말했다(요 1:21). 그러나 예수님은 세례 요한이 엘리야라고 하셨다 (마 11:13-14; 17:12; 막 9:12-13 참조). 마 11:14에서 예수님은 세례 요한이 어떤 사람임을 말씀하셨다. 곧 "만일 너희가 즐겨 받을진대 오리라 한 엘리야 가 곧 이 사람이라"고 하신다. 다시 말해 세례 요한이 "엘리야의 심령과 능력으로 주 앞에 먼저 올 것"이란 뜻이다. 요한은 엘리야의 심령과 능력을 연출할 것이라는 뜻이다(왕상 18:18과 마 14:4를 대조해 볼 것). 세례 요한은 힘이 없는 사람이 아니었다. 그는 성령이 충만한 사람이었으며(15절), 엘리야 의 담대함을 가지고 회개를 외치는 사람이 될 것이었다.

천사 가브리엘은 세례 요한이 엘리야가 가졌던 심령과 능력을 가지고 예수님보다 먼저 와서 사람들로 하여금 예수님을 잘 영접하도록 "아버지의 마음을 자식에게, 거스르는 자를 의인의 슬기에 돌아오게 할 것"이라고 말한 다. "아버지의 마음을 자식에게"라는 말은 가족관계를 올바로 회복하게 만들 것이라는 뜻이다. 가브리엘의 이 말은 말라기 4:6에 예언된바 "그가(세례 요한) 아버지의 마음을 자녀에게로 돌이키게 하고 자녀들의 마음을 그들의 아버지에게로 돌이키게 하리라"는 말의 앞부분이다. 세례 요한의 사역은 부모와 자식 간의 관계를 바르게 고쳐놓는 일이라는 것이다. 그래야 예수님을 영접할 수 있게 된다.

가브리엘은 요한이 "거스르는 자를 의인의 슬기에 돌아오게 할 것"이라고 말한다. 여기 "거스르는 자"를 두고 몇 가지 해석이 가해졌으나 "의인"과 반대 개념으로 보는 것이 옳을 것이다. 그러니까 "거스르는 자"는 '의롭지 못한 자,' '신앙을 떠난 자'를 지칭한다. 혹자는 여기 "거스르는 자"를 바로 앞에 나온 "아버지"와 동의어라고 말하나 좀 지나친 해석으로 보인다. 요한의 사역은 신앙을 떠나 의롭지 못하게 사는 자들을 의인들이 가지는 슬기로운 마음으로 돌아오게 할 것이라는 것이다.

가브리엘은 요한의 사역이 "주를 위하여 세운 백성을 예비하는 것"(to make ready a people prepared for the Lord)이라고 말한다. 여기 "주를 위하여 세운 백성"이란 말은 '앞으로 주님을 믿을 백성,' '주를 위하여 구별되어진 백성'이란 뜻으로 만세 전에 택함 받은 백성으로서 주님께서 오시면 주님을 믿을 백성들을 지칭한다. 세례 요한은 메시아를 믿을 백성으로 하여금 예수님을 바라보도록 예비시키는 역할을 한다는 것이다. 그러니까 요한은 사람들을 신자로 만들지는 못하지만 신자가 되도록 준비시키는 일을 할 것이라는 뜻이다. 다시 말해 사람들로 하여금 예수님을 믿도록 회개시키는 일을 한다는 뜻이다. 요한이 아버지의 마음을 자식에게 가게 하고 혹은 불 순종자를 의인의 슬기에 돌아오게 하는 것도 바로 그것 자체가 목적이 아니라 그렇게 만들어서 그들로 하여금 예수님을 믿도록 만들어주는 역할을 할 것이다. 오늘 전도자들은 사람들로 하여금 예수님을 바라보게 하여 그리스도의 재림을 예비하게 해야 할 것이다.

눅 1:18. 사가랴가 천사에게 이르되 내가 이것을 어떻게 알리요 내가 늙고 아내도 나이가 많으니이다.

천사의 말을 사가랴는 도저히 받을 수 없다고 말한다(창 17:17). 이유는 두 사람의 나이가 많기 때문이라고 한다. 두 사람의 나이가 많은데 어떻게 아들을 낳을 것이며(13절), 게다가 그 아이가 위대한 자가 되어 위대한 사역을 할 것인지(15-17절) 어떻게 알 수 있는 것이냐고 반문한다. 우리는 하나님께서 하시는 일이라면 절대로 불 신앙적 반응을 보여서는 안 될 것이다.

눅 1:19. 천사가 대답하여 이르되 나는 하나님 앞에 서 있는 가브리엘이라 이 좋은 소식을 전하여 네게 말하라고 보내심을 받았노라.

천사는 본 절과 다음 절에서 사가랴의 불 신앙적 반응(앞 절)에 대하여 대답한다. 첫째, "나는 하나님 앞에 서 있는 가브리엘이라 이 좋은 소식을 전하여 네게 말하라고 보내심을 받았노라"고 말한다. 그는 "나는 하나님 앞에 서 있는 가브리엘7)이라"고 자신의 정체를 밝힌다(마 18:10; 히 1:14). "하나님 앞에 서 있다"는 말은 '하나님의 총애(사랑)를 받는다'는 뜻이고 또 '하나님 앞에서 그 어떤 특권을 가지고 있다'는 뜻이다(왕상 10:8; 12:6;; 17:1; 잠 22:29). 그리고 가브리엘은 "이 좋은 소식을 전하여 네게 말하라고 보내심을 받았다"고 말한다. '이 좋은 소식, 즉 요한의 출생은 가정에 좋은 소식이고 이스라엘에게 좋은 소식이며 인류에게 좋은 소식인데 이 소식을 전하여 사가랴에게 말하라고 보내심을 받았다'고 말한다. 다시 말해 가브리엘은 하나님의 특사자격으로 세례 요한의 잉태와 출생을 전하라고 보내심을 받았다는 뜻이다.

눅 1:20. 보라 이 일이 되는 날까지 네가 말 못하는 자가 되어 능히 말을 못하리니 이는 네가 내 말을 믿지 아니함이거니와 때가 이르면 내 말이 이루어지리라 하더라.

둘째, "보라 이 일이 되는 날까지 네가 말 못하는 자가 되어 능히 말을 못할 것"이라고 선언한다(겔 3:26; 24:27). 하나님을 불신앙한 벌을 받을 것이란 뜻이다. 벌은 "이 일이 되는 날까지" 계속된다고 한다. '아이를 출생하여 이름을 짓는 날까지'라는 말이다(63-64절). 그리고 벌은 "네가 말 못하는 자가 되어 능히 말을 못할 것"이라고 한다. '말 못하는 자가 된다'는 것이다. 사가랴가 입을 잘 못 놀렸기에 말을 못하게 된 것이다(윌럼 헨드릭슨). 성도는 때로는 세상에서 이런 벌을 받고 또 얼마의 시간이 지난 후 해벌을 받는 일이 있다. 하나님의 엄위함이 드러나게 하기 위한 것이다. 사가랴에게 그런 벌이 임하는 이유는 "이는 네가 내 말을 믿지 아니함이거니와 때가 이르면 내 말이 이루어지리라"고 말한다. 하나님의 말씀을 믿지 아니하는 것은 너무나 큰 죄이다. 합당한 벌을 받아야 한다. 벌을 받을 때 하나님이 계심을

---

7) "가브리엘"이란 말은 '하나님의 사람,' '하나님의 능력 있는 사람'이란 뜻이다. 가브리엘은 때로는 성경에서 하나님의 계시를 전달하고(1:26-38; 단 8:16), 때로는 계시를 해석해주었다(단 9:21-23).

더욱 실감하게 되기도 하며 하나님의 말씀의 엄위함이 입증되기도 한다. 아무리 사가랴가 믿지 않아도 가브리엘은 "때가 이르면 내 말이 이루어지리라"고 말한다. "때가 이르면"(εἰς τὸν καιρόν), 즉 막연한 때가 아니라 '하나님께서 지정하신 정확한 때가 이르면' 천사의 말이 이루어지리라는 것이다. 하나님은 때를 정하시고 일하신다. 하나님은 그리스도의 재림의 때도 정하셨다. 다만 우리가 모를 뿐이다. 사람들이 믿든지 안 믿든지 하나님은 그의 계획을 실행해 나가신다.

눅 1:21. 백성들이 사가랴를 기다리며 그가 성전 안에서 지체함을 이상히 여기더라.

사가랴가 분향을 하고 나왔어야 했는데 얼른 나오지 않으니 "백성들이 사가랴를 기다리며 그가 성전 안에서 지체함을 이상히 여겼다." 제사장은 "성소 안에서"(ἐν τῷ ναῷ) 30분 이상을 머물지 않는 것이 관례였다고 하는데(알버트 반스) 사가랴는 너무 오랜 동안 지체하여 밖에서 기도하던 백성들이 그가 성소 안에서 무슨 실수를 하여 혹시 나답과 아비후처럼(레 10:1-2) 죽임을 당하지는 않았는가하고 이상히 여기게 되었다.

눅 1:22. 그가 나와서 그들에게 말을 못하니 백성들이 그가 성전 안에서 환상을 본 줄 알았더라 그가 몸짓으로 뜻을 표시하며 그냥 말 못하는 대로 있더니.

사가랴가 드디어 성소에서 나오기는 했다. 그러나 그가 나와서 백성들에게 "말을 못하니 백성들이 그가 성전 안에서 환상을 본 줄 알았다." 사가랴는 천사가 말한 대로 벌써 벌을 받기 시작해서 말을 하지 못하게 되었다. 그래서 백성들이 그가 성소 안에서 환상을 본 줄 알게 되었다(행 26:19; 고후 12:1 참조). 그가 성소 안에서 환상을 보기는 보았으나 환상을 보았기 때문에 말을 못하게 된 것이 아니라 불신앙 때문에 벌을 받아 말을 못하게 되었다.

사가랴는 말을 할 수 없어서 "그가 몸짓으로 뜻을 표시하며 그냥 말 못하는 대로 있었다." 그가 손짓, 고갯짓, 발짓으로 뜻을 표시했다. 다시 말해 자기가 당한 일을 몸짓으로 표시했다. 그가 일생 처음으로 해보는 몸짓이었을 것이다. 그는 자기가 당한 일을 사람들에게 알게 한 후 그냥 말 못하는 대로 있었다. 얼른 집으로 돌아가지 않고 자기의 직무의 날(한 주간의 기간)이 찰 때까지 그냥 있었다. 그는 두려워서 함부로 행동하지 못했다.

눅 1:23. 그 직무의 날이 다 되매 집으로 돌아가니라.

사가랴는 제사장의 직무의 날 즉 한 주간이 다 된 후에 집으로 돌아갔다. 제사장의 직무의 날은 안식일 저녁부터 다음 안식일 아침까지였다(왕하 11:5; 대상 9:25). 사가랴의 집은 예루살렘의 오펠(Ophel)구에 있지 않고 유대의 한 동네 산골에 있었다(39절). 사가랴는 아이가 생긴다는 기쁜 소식을 듣고 가면서 한편은 좋았고 또 한편은 말을 못하니 부끄러웠을 것이며 또 한편 하나님의 엄위하심에 몸을 떨었을 것이다.

눅 1:24. 이후에 그의 아내 엘리사벳이 잉태하고 다섯 달 동안 숨어 있으며 이르되.

사가랴가 집으로 돌아온(앞 절) 후 아내와 함께 지내는 중 "그의 아내 엘리사벳이 잉태했다." 두 사람의 나이가 많았지만(18절) 사가랴도 아내로 하여금 잉태시킬 힘을 얻게 되었고 또 아내도 불구의 사람인 듯 보였지만(7절) 요한을 잉태하게 되었다. 두 사람에게는 이적이 일어난 것이었다. 이는 마치 아브라함에게와 그의 아내 사라에게 이삭이 잉태한 것이나 마찬가지로 이적이었다 (창 21:1-2; 롬 4:19-21; 히 11:11-12).

엘리사벳이 잉태한 후 "다섯 달 동안 숨어 있었다." 다섯 달 동안 숨어있었던 이유에 대하여는 여러 가지 추측이 있다. 혹자는 수치감 때문에, 혹자는 감격스러워서, 혹자는 근신하기 위해, 혹자는 기도하기 위해, 혹자는 불필요한 풍문을 피하기 위해 숨어 있었다고 말한다. 그러나 다섯 달 동안 숨어 지낸 이유에 대하여 추측하기 보다는 다음 절에 있는 말씀에 비추어 해석해야 할 것이다. 즉 아이가 없는 것은 부끄러움이었는데 이제 임신하였으니 부끄러움이 없어진 것이었다. 그러나 아직은 엘리사벳이 임신한 것을 사람들이 알 수 있는 달(月)수가 되지 않아서 몸에 표시가 나기까지 다섯 달 동안 아무 말도 하지 아니하고 숨어 있었던 것으로 보인다. 당시는 오늘날처럼 초음파 시설이 있는 것도 아니어서 대략 2개월쯤 지나서 얼른 임신 사실을 알 수 있는 형편이 못되었다. 5개월이 지나면 사람들의 육안에도 완전히 표가 남으로 그런 표가 나기까지 숨어 있다가 다섯 달이 지나서 친척들과 동네 사람들에게 말하게 되었다. 엘리사벳이 말한 내용은 다음 절에 나온다.

눅 1:25. 주께서 나를 돌보시는 날에 사람들 앞에서 내 부끄러움을 없게 하시려고 이렇게 행하심이라 하더라.

엘리사벳은 임신하고 다섯 달이 지난 후 친척들과 주위 사람들에게 "주께서 나를 돌보시는 날에 사람들 앞에서 내 부끄러움을 없게 하시려고 이렇게 행하심이라"고 말했다(창 30:23; 사 4:1; 54:1, 4). 엘리사벳은 사람들에게 '하나님께서 나를 돌아보시는 날들에 사람들 앞에서 내 부끄러움을 없게 하시려고 이렇게 잉태하게 하셨다'고 말했다. "하나님께서 나를 돌아보시는 날"이란 말은 '하나님께서 나를 돌아보시는 날들(복수)에'란 뜻으로 사가랴가 성소 안에서 가브리엘을 만나서 하나님의 계시를 받고 난 이후 엘리사벳이 잉태해서 세례 요한이 복중에서 크고 있는 때를 지칭하는 말이다. 하나님께서 엘리사벳을 돌보신 것은 어느 한 날만 아니라 계속해서 돌보고 계셨다. 하나님은 우리를 돌보시는 분이시다. 우리가 어찌할 수 없는 때에 우리를 돌보신다. 하나님께서 엘리사벳을 돌보신 목적은 사람들 앞에서 사가랴와 엘리사벳의 아이 없는 부끄러움(삼상 1:6)을 없게 하시려는 것이었다. 그 부끄러움을 없게 하기 위해서 하나님께서 엘리사벳으로 하여금 잉태하게 하신 것이다. 여기 "행하심이라"(πεποίηκεν)는 말은 현재완료형으로 하나님께서 엘리사벳으로 하여금 잉태하게 하셔서 지금 그 결과를 보이고 계신다는 뜻이다.

B.마리아에게 고지하다   1:26-38

가브리엘은 사가랴의 아내 엘리사벳이 잉태하여 여섯 달이 지났을 때 마리아에게 나타나 하나님의 아들이 성령으로 잉태할 것을 알려주었다. 천사 가브리엘은 요셉과 약혼한 처녀 마리아에게 임하여 하나님의 아들이 잉태될 것을 알려 주었다. 성령의 역사에 의해서 처녀의 몸에서 하나님의 아들이 탄생한다는 말씀은 바로 이곳과 마 1:18-25에 기록되었다(34절).

눅 1:26-27. 여섯째 달에 천사 가브리엘이 하나님의 보내심을 받아 갈릴리 나사렛이란 동네에 가서 다윗의 자손 요셉이라 하는 사람과 약혼한 처녀에게 이르니 그 처녀의 이름은 마리아라.

세례 요한이 잉태하고 난 후 "여섯째 달에 천사 가브리엘이 하나님의 보내심을 받아 갈릴리 나사렛이란 동네에 갔다." 본문은 세례 요한이 6개월 연상이라는 것을 알리는 유일한 말씀이다. 여섯째 달이 지난 후 천사 가브리엘이 하나님의 파송을 받아 갈릴리 나사렛이란 동네에 간 것이다. 세례 요한의 잉태나 예수님의 잉태에 똑 같이 가브리엘이 나타난 것은 두 사건(두 잉태)이 똑 같은 구원운동에 속한 것이기 때문이다. 두 잉태에 각각 다른 천사가 나타났더라면 세례 요한의 운동과 예수님의 복음 운동이 서로 다른 운동으로 이해되었을 수도 있었을 것이다. 6개월 전에 사가랴에게 나타났던 가브리엘은 "하나님의 보내심을 받아 갈릴리 나사렛이란 동네에 갔다." 누가가 "갈릴리8) 나사렛9)이란 동네"라고 표현한 것은 누가가 이 지역을 잘 알지 못하는

---

8) "갈릴리"(Galilee)는 팔레스틴의 가장 북쪽에 있는 지방인데, 히브리어로는 '주변,' '지역'을 의미하며, 산지 둘레에 성읍이 배치되어 있었기 때문에 이런 지방명이 생긴 것 같다. 위치와 범위: 갈릴리는 초기에는 팔레스틴 북부의 납달리 영의 산지 뿐이었으며, 그 경계도 확실하지 않았다. 후에 이 지방은 남쪽으로 확장하여 마카비아 시대에는 에스드라엘론(Esdraelon) 평야가 자연의 경계로서 사마리아에 연접하고 있었다. 동쪽은 요단강과 갈릴리바다의 서안으로 구획되고, 그 넓이는 남북 약 75㎞, 동서 약40㎞이다.

9) "나사렛"은 히브리어 (nasar)에서 파생한 말인데, '감시'라는 뜻이다. 갈릴리의 성읍인데, 예수께서 자란 곳이다(4:16; 막 1:9). 또 예수의 양친 요셉과 마리아의 거주지이기도 하다(1:28; 2:4, 39, 41; 마 2:23). 예수께서는 고향 나사렛 회당에서 가르치려고 하셨으나(4:28-31; 마 4:23; 13:54-58; 막 6:1-6), 그들은 받아들이지 않았다. 예수님은 이 곳 출신이기 때문에 '나사렛 예수'(행 10:38)라고도 불리었다. 나사렛은 현재 '엔 나시라'(en-Nasirah)라고 하는데, 이스라엘 공화국에

이방이었다는 것을 보여준다. 천사가 이렇게 이 지방으로 간 것은 구약 성경 이사야 9:1-2을 성취하기 위해서였다.

여기서 한 가지 언급할 것은 갈릴리 나사렛 동네는 참으로 보잘것없는 촌락이었다는 것이다. 하나님은 이렇게 보잘것없는 동네를 찾아서 만왕의 왕, 만주의 주가 나게 하신 것이다(계 19:16). 하나님은 지금 한국을 택하셔서 복음을 세계에 전하고 계신다.

가브리엘은 갈릴리 나사렛 동네로 간 후 정확하게 "다윗의 자손 요셉이라 하는 사람과 약혼한 처녀에게 이르렀다"(2:4-5; 마 1:18). 천사가 다윗의 자손 요셉이라 하는 사람과 약혼한 처녀에게 이른 것은 순식간에 된 일이었다. 천사들은 하나님의 명령에 즉시 순종하는 피조물들이다(시 103:21; 148:2; 사 6:1-4). 그런데 처녀 마리아만 다윗의 자손이 아니라 요셉도 역시 다윗의 자손이었다(2:4). 하나님은 다윗의 자손을 택하여 구주를 탄생하게 하셨다.

눅 1:28. 그에게 들어가 이르되 은혜를 받은 자여 평안할지어다 주께서 너와 함께 하시도다 하니.

천사 가브리엘은 처녀 마리아의 집에 들어가서 인사한다. "은혜를 받은 자여 평안할지어다 주께서 너와 함께 하시도다"라고 인사한다(삿 6:12). "은혜"란 '하나님께서 거저 주시는 호의'(好意)를 지칭하는데 천사가 마리아에게 "은혜를 받은 자여"(κεχαριτωμένη)라고 선언한 것은 마리아에게 성령님이 임하시고(35절; 단 9:23; 10:19) 하나님의 아들이 잉태될 것(31-33절)이기 때문이었다. 사실 마리아처럼 은혜를 받은 여자는 구약 시대에 일찍이 없었다. 그런데 로마 캐돌릭 교회에서는 이 낱말로부터 '다른 사람에게 충만한 은혜를 베풀 자' 혹은 '많은 은혜를 베풀 자'라는 뜻을 발췌해 내서 마리아는 우리의 기도를 받을 자라고 말하나 남에게 은혜를 베푼다는 뜻은 없고 이 낱말이 현재완료형 수동태 분사인고로 "은혜를 받은 자여"라는 뜻밖에 없다. 마리아

속해 있다.

는 큰 은혜를 받은 여자이지 은혜를 남에게 베푸는 여자는 아니었다. 물론 은혜를 받으면 은혜를 끼칠 수 있는 것은 사실이지만 사람들로부터 기도를 받아 응답할 수 있는 것은 아니다.

천사는 마리아에게 "평안할지어다"(Χαῖρε)라고 말한다. 헬라어에서는 "평안할지어다"라는 낱말이 "은혜를 받은 자여"라는 낱말보다 앞 서 있다. 그러니까 평안할 만한 이유는 마리아가 은혜를 받은 것이고 또 하나님께서 함께 할 것이기 때문이다. 다시 말해 은혜를 받은 자이니 평안하게 살라는 것이다. 바울은 각 교회에 편지할 때 "은혜와 평강이 있을지어다"고 기원했 다. 하나님의 호의가 임하고 또 마음에 평안이 있기를 바란다는 뜻이다. 우리는 은혜를 받아야 마음에 평안(기쁨)이 있게 된다. 그런고로 우리는 은혜를 사모해야 한다.

그리고 천사는 마리아에게 "주께서 너와 함께 하시도다"(ὁ κύριος μετὰ σου)라고 말한다. 혹자는 이 말이 천사의 기원이라고 해석하나 그렇게까지 해석하지 않아도 앞에 나온 말씀과의 관계에서 이 말은 이제 마리아가 하나님 의 아들을 잉태하였으니 하나님께서 함께 하신다는 것이다. 즉 하나님께서 보호해주시고 도우신다는 뜻이다. 마리아가 하나님의 아들을 잉태하였으니 하나님께서 그만큼 함께 하셔서 모든 위험으로부터 보호하시고 도우시는 일도 엄청나다는 뜻으로 보아야 한다. 오늘 우리 역시 하나님으로부터 큰 은혜를 받았으니 이 은혜가 헛되지 않도록 함께해 주실 것이다(마 28:20).

눅 1:29. 처녀가 그 말을 듣고 놀라 이런 인사가 어찌함인고 생각하매. 마리아는 천사의 인사말(앞 절)을 듣고 놀랐다(12절). 마리아는 자기가 얼마 나 비천한 인간임을 알았다(48절, 52절). 참으로 보잘 것 없는 여종이라는 것을 알고 있었는데 하나님의 아들을 잉태할 것이라는 천사의 말을 듣고 이런 인사가 어찌된 것인가 하고 생각하게 되었다. 물론 마리아는 천사의 모습을 보았을 것이다. 혹자는 본문에 마리아가 천사의 모습을 보았다는 말이 없는 것을 보고 마리아는 천사의 모습을 못 보았을 것이라고 추측하나 그렇다면 마리아는 더욱 놀랐을 것이다. 본서의 저자 누가가 자세하게 쓰지는 않았지만 마리아는 천사의 모습도 보고 음성을 들었을 것으로 보인다.

눅 1:30. 천사가 이르되 마리아여 무서워하지 말라 네가 하나님께 은혜를 입었느니라.

마리아가 천사의 인사를 받고(28절) 놀란데(앞 절) 대해 천사는 "마리아여 무서워하지 말라"고 위로한다. "무서워하지 말라"는 말씀에 대해서는 13절 주해를 참조하라. 무서워하지 않아야 할 이유는 "네가 하나님께 은혜를 입었기" 때문이라는 것이다. 그 은혜의 내용은 다음 절들(31-33절)에 나온다. 곧 '성령이 마리아에게 임해서 하나님의 아들을 잉태하게 되었기' 때문에 전혀 두려워 할 필요가 없다는 것이다. 오늘 우리도 은혜를 받은 사람들, 다시 말해 그리스도를 영접하고 따르는 사람들이 되었으니 전혀 두려워할 필요가 없다. 예수님은 말씀하시기를 "세상에서는 너희가 환난을 당하나 담대하라 내가 세상을 이기었노라"고 하신다(요 16:33).

눅 1:31. 보라 네가 잉태하여 아들을 낳으리니 그 이름을 예수라 하라.

마리아가 받은 은혜가 무엇인가를 구체적으로 밝힌다. 마리아가 받은 은혜는 "잉태하여 아들을 낳는 것"이라고 한다(사 7:14; 마 1:21). 천사는 마리아가 아들을 낳을 것이라고 말한 다음 아들 이름까지 지어준다. 아들 이름을 "예수"(Ἰησοῦν)라고 하라고 말한다(2:21). "예수"란 말은 히브리어 "여호수아"에 대한 헬라 음으로 "여호수아"라는 히브리어나 "예수"라고 하는 헬라어나 똑 같이 '여호와는 구원이시다'(마 1:21 참조)는 뜻이다. 예수님은 만민을 구원하실 분으로 태어나신다는 것이다. 예수님이 무슨 일을 하실 것인가에 대해서는 성경 여러 곳에 기록되어 있다(19:10; 마 11:27-30; 요 3:16; 14:6; 행 4:12; 5:31; 13:23, 38; 롬 5:1-2; 고후 5:21; 히 7:25; 계 1:5).

눅 1:32. 그가 큰 자가 되고 지극히 높으신 이의 아들이라 일컬어질 것이요

주 하나님께서 그 조상 다윗의 왕위를 그에게 주시리니.

천사는 마리아에게 아들에 대해 앞 절보다 좀 더 자세하게 설명한다. 첫째, 아들이 "큰 자가 된다"고 말한다. 예수님께서 큰 자가 되시는 정도는 세례 요한이 큰 자가 되는 것(15절)과는 비교도 되지 않을 정도로 크게 되시는 것을 뜻한다. 구약 성경에는 메시아께서 크신 분으로 예언되어 있다(시 110:1-2; 118:22-23; 사 9:6-7; 61:1-3). 그리고 신약성경에도 많이 기록되어 있다(4:32, 36; 8:25; 49-56; 마 7:28-29; 9:33; 14:33; 요 20:30; 행 4:12; 롬 9:5; 엡 1:20-23; 빌 2:9-11; 골 2:9; 딤전 3:16; 계 1:5-7; 17:14; 19:16). 둘째, "지극히 높으신 이의 아들이라 일컬어질 것이라"고 말한다(막 5:7). "지극히 높으신 이"란 말은 하나님을 지칭하는 말이다. 천사는 마리아에게 예수님은 하나님의 아들이요 또 하나님의 아들이라고 부름을 받을 것이라고 말한다(35절, 76절; 8:28). 사 53:12; 마 11:27-30; 28:18-20 참조. 하나님의 "아들"이란 말은 메시아의 별칭이다(마 16:16). 셋째, 주 하나님께서 아들에게 "그 조상 다윗의 왕위를 그에게 주실 것"이라고 한다(삼하 7:11-12; 계 3:7). 예수님이 다윗의 왕위를 계승한다는 말은 예수님께서 구약의 다윗 왕국을 계승한다는 것을 뜻한다. 메시아께서 다윗의 왕위를 계승한다는 예언은 구약에 많이 있다(시 89:4, 29, 35-37; 132:11; 사 9:6-7; 16:5; 렘 23:5-6). 그리고 계 5:5에도 메시아가 다윗의 왕위를 계승하셨음을 말하고 있다.

눅 1:33. 영원히 야곱의 집을 왕으로 다스리실 것이며 그 나라가 무궁하리라.

천사는 마리아가 잉태할 하나님의 아들 예수님께서 어떤 분이심을 말한 다음(앞 절) 이제 본문에서는 더욱 앞 절의 내용을 강조하고 있다. 즉 천사는 예수님께서 "영원히 야곱의 집을 왕으로 다스리실 것이라"고 말한다(단 2:44; 7:14, 27; 옵 1:21; 미 4:7; 요 12:34; 히 1:8). 예수님은 영원히 야곱의 집, 곧 신약시대의 영적인 이스라엘(롬 9:6-7; 갈 6:16, 그리스도를 통하여 하나님을 믿는 자들의 총체)과 종말 후에 있을 "새 하늘과 새 땅"(요 18:33-37; 고전 15:24-28; 계 22:1-5)을 다스리실 것이다. 이에 비해 유대인들은 메시아가 현세적인 국가를 다스리는 것으로 기대했으나 신약은 예수님께서 영원히 영적 이스라엘을 다스리신다고 말씀한다. 지금 예수님은 우리의 마음과 삶 전체를 다스리고 계신다. 말씀으로 통치하시고 또 성령으로 통치하신다. 우리는 그리스도에게 전적으로 순종해야 한다. 그리고 본문에 천사는 예수님이 다스리실 왕국은 "무궁하리라"고 말한다. 세상 국가는 흥망성쇠가 있으나 그리스도의 왕국은 영원하다. 우리는 이미 그 왕국의 시민이 되어 영생을 살고 있다.

눅 1:34. 마리아가 천사에게 말하되 나는 남자를 알지 못하니 어찌 이 일이 있으리이까.

천사의 선언을 들은 마리아는 하나님의 아들을 낳으려면 남자를 알아야 하는데 마리아는 그런 경험이 전혀 없음을 고백한다. "나는 남자를 알지 못하니 어찌 이 일이 있으리이까"라고 반문한다. 마리아는 '나는 남자와 교제한 일이 없는데 어찌 하나님의 아들을 잉태하고 출산할 수 있겠느냐'고 반문한다. 다시 말해 마리아는 남자와 성적인 교제를 한 일이 없는데 어떻게 그런 일이 있을 것인가 하고 말한다(창 4:1; 19:8). 마리아의 반문은 사가랴의 의문과는 다르다. 사가랴는 나이 늙은 부부가 어찌 아이를 가질 수 있느냐고 의문했지만(18절) 마리아는 천사의 메시지를 믿긴 했으나(45절) 어떻게 천사의 말이 이루어질 것인가 하고 물은 것이다. 다시 말해 방법을 물은 것이다.

눅 1:35. 천사가 대답하여 이르되 성령이 네게 임하시고 지극히 높으신 이의 능력이 너를 덮으시리니 이러므로 나실 바 거룩한 이는 하나님의 아들이라 일컬어지리라.

마리아의 반문(앞 절)에 대하여 천사는 친절하게 대답해준다. "성령이 네게 임하시고(마 1:18, 20) 지극히 높으신 이의 능력이 너를 덮으시리라"고 대답한다. 본문의 "성령이 네게 임하시고"라는 말과 "지극히 높으신 이의 능력이 너를 덮으시리니"라는 말은 같은 뜻을 나타내는 동의절(同意節)이다. 그러니까 성령님께서 능력을 발휘하셔서 마리아의 태중에서 하나님의 아들을 잉태하게 하실 것이라는 뜻이다. 성령님께서 마리아에게 능력을 발휘하셔서 아들이 잉태되기 때문에 "나실 바 거룩한 이는 하나님의 아들이라 일컬어지리라"고 천사는 말한다(마 14:33; 26:63-64; 막 1:1; 요 1:34; 20:31; 행 8:37; 롬 1:4). 본문의 "거룩한 이"는 그리스도를 지칭하는 말인데 그리스도께서 "거룩하시다"는 말씀은 구별되신다는 뜻으로 사용된 말이다. 그는 피조물과 구별되신다.

눅 1:36. 보라 네 친족 엘리사벳도 늙어서 아들을 배었느니라 본래 임신하지 못한다고 알려진 이가 이미 여섯 달이 되었나니.

천사는 마리아에게 확신을 주기 위하여 하나의 실화(實話) 곧 엘리사벳이 늙어서 아들을 잉태한 사건을 들려준다. 천사는 "보라 네 친족 엘리사벳도 늙어서 아들을 배었느니라"고 말한다. 천사는 마리아에게 "네 친족 엘리사벳도 늙어서 아들을 배었다"고 말한 것을 두고 혹자는 엘리사벳이 아론의 후손이요 제사장의 딸이었으니(5절) 마리아도 아론의 후손이라고 주장하며 결코 다윗의 후손이 아니라고 말하나 렌스키는 그 말을 반박하여 말하기를 "한 제사장의 딸은 제사장 계열에 전혀 속하지 않는 다수의 친척을 가질 수 있었다. 예수가 실제로 다윗의 후손이라는 것을 논박하는 것은 헛된 일이다"라고 했다(렌스키). 레위인도 다른 족속과 결혼할 수 있었으므로(출 6:23; 삿 17:7) 엘리사벳이 결혼관계에 의하여 마리아와 친족이 될 수 있었다. 아무튼 마리아는 아론의 후손이 아니고 다윗의 후손이었다.

천사 가브리엘은 마리아에게 "본래 임신하지 못한다고 알려진 이가 이미 여섯 달이 되었다"고 말한다. '늙어서 본래 임신하지 못한다고 알려졌던 엘리사벳이 이미 임신한지 여섯 달이 되었다'고 확신을 준다. 사실은 천사가 이런 실화를 들려주지 않아도 하나님의 말씀은 능하지 못함이 없으므로 마리아에게 확신을 주지만 천사는 그래도 마리아로 하여금 확신을 가지고 살도록 이런 이야기를 들려주었다. 그리고 천사의 이 말은 마리아로 하여금 늙은 엘리사벳을 방문하여 대화를 나누도록 한 것으로 보인다.

눅 1:37. 대저 하나님의 모든 말씀은 능하지 못하심이 없느니라.

천사는 자신이 말한 것이 분명히 이루어질 것이라고 결론을 내린다. 천사의 말은 결국 하나님께서 내신 말씀인즉 반드시 이루어질 것이라고 말한다. 이유는 "하나님의 모든 말씀은 능하지 못하심이 없기" 때문이라고 한다 (18:27; 창 18:14; 렘 32:17; 슥 8:6; 마 19:26; 막 1:27; 롬 4:21). "하나님의 모든 말씀"(παρὰ τοῦ θεοῦ πᾶν ῥῆμα), 곧 '하나님의 입으로 내신 모든 말씀'은 능하게 일을 이루신다는 것이다. 하나님께서 원하셔서 입으로 내신 것은 다 이루어진다(18:27; 창 18:14; 시 115:3; 렘 32:17; 단 4:35; 마 19:26; 막 10:27; 엡 1:19; 3:20). 하나님께서 사가랴 부부에게 하고자 원하셔서 잉태하게 하신 것처럼 마리아에게도 하나님의 아들을 잉태하게 하실 수 있으셨다. 하나님은 오늘 우리에게도 하시기를 원하시는 것을 하실 수 있으시다. 우리는 하나님의 전능을 믿으며 살아야 한다.

눅 1:38. 마리아가 이르되 주의 여종이오니 말씀대로 내게 이루어지이다 하매 천사가 떠나가니라.

천사 가브리엘이 마리아에게 하나님께서 하실 일을 설명한 다음 마리아가 믿겠다고 응답한 후 천사가 마리아의 집을 떠났다는 이야기이다. 마리아는 "주의 여종이오니 말씀대로 내게 이루어지이다"라고 말한다. 마리아는 자신이 "주의 여종"이라고 고백한다. 곧 '하나님을 믿는 여종'이라는 뜻이다. 마리아는 하나님을 믿는다는 고백을 한 것이고 또 하나님 앞에서 계속해서 종노릇하겠다는 고백을 한 한 것이다. "마리아는 우선 놀라고, 앞으로 당할 일도 너무 벅찼으나 조용히 주께 순종함으로 마음을 정리한 것이다"(이상근). 하나님은 믿는 사람을 쓰시고 또 겸손한 사람을 쓰신다. 마리아는 천사가 말한 하나님의 말씀이 모두 "내게 이루어지다"라고 말한다. 다시 말해 하나님의 아들이 잉태되기를 바란다는 것이다. 이런 고백을 하기까지는 얼마나 힘이 들었을까. 마리아는 앞으로 당할 사회적인 비웃음을 각오하고 이런 고백을 했다. 우리는 어떤 비웃음과 어려움을 예상하고서라도 순종하겠다는 고백을 해야 한다. 이런 고백을 들은 천사는 "떠나갔다." 천사는 더 머무를 필요가 없었다. 그의 사명을 완수했으니 떠나간 것이다.

C.엘리사벳이 마리아의 방문을 받고 찬미하다 1:39-45

천사 가브리엘이 요셉과 약혼한 처녀 마리에게 임하여 하나님의 아들이 잉태될 것을 알려주자(26-38절) 마리아는 엘리사벳을 방문한다. 마리아의 방문을 받은 엘리사벳은 성령의 충만함을 받고 하나님을 찬미한다.

눅 1:39-40. 이때에 마리아가 일어나 빨리 산골로 가서 유대 한 동네에 이르러 사가랴의 집에 들어가 엘리사벳에게 문안하니.

"이 때에"(ἐν ταῖς ἡμέραις ταύταις)란 말은 '이 날들에'라는 뜻으로 누가가 즐겨 쓰는 관용구이다(1:5; 2:1; 4:2, 25; 5:35; 6:12; 9:36; 행 1:15; 2:18; 5:37). 마리아가 '천사로부터 하나님의 말씀을 들은 후'를 지칭하는 말로 그 때가 정확하게 어느 때인지 알 수는 없으나 아마도 천사로부터 메시지를 받은 후 1개월쯤 지났을 때였을 것으로 보인다(Farrar).

마리아가 엘리사벳을 방문하고자 하는 이유는 천사가 엘리사벳에게 준 메시지(36-37절)와 또 마리아 자신에게 준 메시지(31-35절) 때문이었는데 특히 마리아는 이제 자기에게 임한 임신의 징후를 깨닫고 엘리사벳을 방문하고자 한 것이다. 마리아는 임신의 징후를 감지한 후 "일어나 빨리 산골로 가서 유대 한 동네에 이르렀다." 즉 마리아는 "일어나," 즉 '여행 준비를 하고'(누가는 "일어나"라는 동사를 즐겨 사용했는데 그의 글에 60회나 사용한다. 15:18, 20; 행 10:20 등) "빨리 산골로 가서 유대 한 동네에 이르렀다"(수 21:9-11). 여기 "빨리 산골로 갔다"는 말은 방문하고자 마음먹은 후 지체하지 않고 빨리 갔다는 뜻이다. 마리아는 "산골로 가서 유대 한 동네에 이르렀다"고 했는데 "유대 한 동네"가 어디인지에 대해서 누가는 밝히지 않는다. 다시

말해 누가는 사가랴 부부가 살던 곳, 레위인들이 모여 사는 곳(5절)이 어디인
지 정확하게 밝히지 않는다. 그러나 성경해석자들 중에 많은 학자들은 유다
지파에게 분깃으로 주어졌던 팔레스틴 남부 지방 중에 헤브론으로부터 약
13km 남쪽의 웃다(Juttah, 수 15:55; 21:16)라는 곳을 지목한다(Reland, Alford,
Plummer, Farrar, Lenski). 이곳은 나사렛으로부터 150km나 떨어진 곳이기에
학자들은 마리아가 먼 곳을 찾았다는 것에 대해 의문을 품는다. 그러나 마리
아가 중대한 문제를 가지고 엘리사벳과 대화하고 싶어 그곳을 찾아간 것으로
보인다.

　마리아는 멀리 사가랴의 집에 도착해서 "엘리사벳에게 문안한다." 마리
아는 나이 많은 친척을 만나자 문안한 것이다. 마리아의 문안은 보통 문안이
아니라 이미 천사로부터 엘리사벳에 대하여 들은 것이 있기에 그리고 자신이
하나님의 아들을 잉태했다는 것 때문에 따뜻한 포옹으로 이루어졌을 것이다.
더욱이 이들의 만남에는 성령의 역사가 함께 하였기에 뜨거운 인사를 하였을
것으로 추측할 수가 있다.

**눅 1:41. 엘리사벳이 마리아의 문안함을 들으매 아이가 복중에서 뛰노는지라
엘리사벳이 성령의 충만함을 받아.**
엘리사벳은 마리아의 문안하는 소리를 듣자 "아이가 복중에서 뛰놀았다"고
말한다. '세례 요한이 엘리사벳의 뱃속에서 뛰놀았다'는 뜻이다(창 25:22
참조). 성령님께서 복중에 있는 아이 요한을 주장하여 그리스도를 환영한
것이다. 성령님은 요한으로 하여금 마리아의 태중에 계신 메시아를 알아보게
하고 또 환영하게 한 것이다. 그리고 엘리사벳은 "성령의 충만함을 받아"
다음 절들(42-45절)과 같이 마리아와 태중의 예수님을 환영하는 말을 했다.

1:42-45. 누가는 42절부터 45절까지 엘리사벳이 예수님의 모친 마리아와
또 예수님의 정체를 알고 찬미한 것을 기록한다. 찬미의 내용은 2부로 되어
있고, 각부는 네 줄로 되어 있다.[10]

여자 중에 네가 복이 있으며(42a)

네 태중의 아이도 복이 있도다(42b)

내 주의 어머니가 내게 나아오니(43a)_원문에서는 이것이 4째 줄에 있음.

이 어찌 된 일인가(43b)_원문에서는 이것이 3째 줄에 있음.

보라 네 문안하는 소리가 내 귀에 들릴 때에(44a)

아이가 내 복중에서 기쁨으로 뛰놀았도다(44b)

주께서 하신 말씀이 반드시 이루어지리라(45a)___원문에는 4째 줄.

믿은 그 여자에게 복이 있도다(45b)_원문에서는 이것이 3째 줄.

눅 1:42. 큰 소리로 불러 이르되 여자 중에 네가 복이 있으며 네 태중의 아이도 복이 있도다.

엘리사벳은 "큰 소리로 불러 말했다"(ἀνεφώνησεν κραυγῇ μεγάλῃ). 직역하면 '큰 부르짖음으로 외쳤다'는 뜻이다. 엘리사벳은 자신을 억제 할 수가 없어서 큰 소리로 외쳐 찬미한 것이다. 사람은 억제할 수 없을 때 큰 소리로 외치며 찬미한다. 엘리사벳이 찬미한 내용은 첫째, "여자 중에 네가 복이 있으며 네 태중의 아이도 복이 있도다"는 것이다(28절; 삿 5:24). "여자 중에 네가 복이 있도다"라는 표현은 히브리식, 아람어식 표현방법으로 최상의 것을 나타낼 때 쓰이는 말이다(윌렴 헨드릭슨). 그러니까 이 말은 '마리아여 세상에 있는 모든 여자 중에 네가 가장 큰 복을 받은 자로다!'라는 뜻이다. 마리아가 가장 큰 복을 받았다고 할 수 있는 것은 그가 하나님의 아들을 잉태하였기 때문이다. 이런 여자가 어디 있겠는가. 그러나 예수님은 예수님의 모친만 아니라 하나님의 말씀을 듣고 행하는 자들이 복이 있다고 하신다(막 3:31-36).

그리고 엘리사벳은 "네 태중의 아이도 복이 있도다"라고 찬미한다. 곧 '마리아의 태중의 아이 예수님도 복이 있도다'라고 찬미한다. 예수님이 복되

---

10) Alfred Plummer, *St. Luke*, The International Critical Commentary, ed. S. R. Drivers (Edinburgh: T. & T. Clark, 1981), p. 27.

시다고 하는 이유는 하나님께서 예수님을 기뻐하시기 때문이다. 하나님은 예수님의 지상(地上) 사역을 보시고 크게 기뻐하셨다(마 3:17; 12:18; 17:5; 요 12:28; 17:24). 최고 복된 자는 바로 하나님의 뜻을 이루는 자이다.

눅 1:43. 내 주의 어머니가 내게 나아오니 이 어찌 된 일인가.
엘리사벳은 자기보다 나이 젊은 마리아를 보고 "내 주의 어머니가 내게 나아오니 이 어찌 된 일인가"라고 찬미한다. '내 예수님의 어머니가 내게 나아오니 이 어찌 된 일인가'라고 한다. 엘리사벳은 성령의 감동으로 마리아의 태중에 계신 예수님을 메시아로 알아보고 "내 주"라고 말한다. 다윗은 성령에 감동하여(마 22:43-44; 막 12:36) 앞으로 세상에 오시는 메시아를 "내 주"라고 하였다. 엘리사벳은 자신의 주님의 어머니가 자기에게 나아와서 문안하는 것을 보고 너무 감격하여 이 어찌 된 일인가하고 견딜 수 없는 기쁨을 표현한다. 오늘 우리도 역시 성령으로 예수님을 주님이라고 고백하고 (고전 12:3) 기뻐해야 한다.

눅 1:44. 보라 네 문안하는 소리가 내 귀에 들릴 때에 아이가 내 복중에서 기쁨으로 뛰놀았도다.
본 절 초두에 있는 이유접속사(γὰρ)는 엘리사벳이 마리아의 문안을 받고 감격하는(앞 절) 이유를 진술한다. 엘리사벳이 그렇게까지 감격하는 이유가 본 절에 기록되어 있다. 엘리사벳이 기뻐하고 감격하는 이유는 마리아의 "문안하는 소리가 내 귀에 들릴 때에 아이가 내 복중에서 기쁨으로 뛰놀았기" 때문이라고 한다. 마리아가 문안하는 소리를 듣고 엘리사벳의 태중에 있는 아이(세례 요한)가 기쁨으로 뛰놀았기 때문에 엘리사벳이 감격했다는 것이다.

태중에 있는 6개월 된 아이 세례 요한이 "기쁨으로 뛰놀았다"는 말을 해석함에 있어 학자들은 다소 어려움을 호소하고 있다. 이것을 어떤 현상으로 받아드려야 할 것인가를 고민하는 것이다. 그러나 우리는 15절에 기록된 대로 성령님의 역사로만 받아드려야 한다. 성령님께서 요한으로 하여금 기쁨으로 뛰놀게 한 것으로 보아야 할 것이다. 본문의 해석을 시도하기 위해서 혹자는 6개월 된 아이에게 그 어떤 선천적인 종교적 지식이 있었을 것이라고까지 해석을 시도하는 것은 별로 바람직스러운 해석이 아닌 것으로 보인다. 다만 성령님께서 성령님의 방법으로 요한의 심령 속에 활동하셨다고 보는 것이 가장 바람직할 것이다.

눅 1:45. 주께서 하신 말씀이 반드시 이루어지리라고 믿은 그 여자에게 복이 있도다(καὶ μακαρία ἡ πιστεύσασα ὅτι ἔσται τελείωσις τοῖς λελαλημένοις αὐτῇ παρὰ κυρίου).

본 절의 헬라어 원문은 두 가지로 번역할 수가 있다. 첫째, 본문처럼 해석할 수가 있다(Moffat, Berkeley, Bengel, Godet, N.A.S. Jerusalem Bible, RSV, NEB, NIV). 둘째, "믿은 그 여자에게 복이 있도다 왜냐 하면 주님께서 그 여자에게 말씀하신 내용들이 이루어질 것이기 때문이다"(AV, ARV. Luther, Alford, Plummer, Williams, Norlie, Lenski). 첫째의 해석(개역개정판해석)은 "호티"(ὅτι)라는 접속사를 연결접속사(that...)로 해석했고, 둘째 해석은 "호티"(ὅτι)라는 접속사를 이유접속사(for...)로 해석한 것인데, 둘 다 가능한 해석이다. 그러나 어느 것이 더 바른 것이냐 하는 것은 문맥에 의하여 결정해야 하는데, 둘째 번역이 더 문맥에 맞는 번역으로 보인다. 이유는, 1) "믿은 그 여자"(ἡ πιστεύσασα)라는 말이 부정(단순)과거인고로 마리아는 이미 믿었다는 것을 보여준다. 마리아는 천사가 자기에게 한 말이 이루어질 것을 이미 믿었다(38절). 그런데 다시 "주께서 하신 말씀이 반드시 이루어지리라고 믿은 그 여자"라고 우리의 본문처럼 해석하면 사리에 덜 맞는다. 그런고로 "호티"(ὅτι)라는 접속사를 이유접속사(for...)로 해석해야 더 타당하다. 2) 그리고 "에스타이 텔레이오시스"(ἔσται τελείωσις)란 말이 미래형인고로 "미래에 이루어지리라"고 번역이 되는데 하나님께서 마리아에게 말씀한 것들이 미래에 이루어질 것이기 *때문에* 마리아가 지극히 복되다고 말해야 옳은

것이다. 그런고로 "호티"(ὅτι)라는 접속사를 이유접속사(for...)로 해석해야
더 타당하다. 엘리사벳은 마리아의 믿음을 크게 평가했다. 천사의 계시를
이미 믿은 마리아는 복되고 또 복되다고 말한다. 이유는 천사가 말한 모든
것들이 앞으로 이루어질 것이기 때문이라는 것이다. 오늘 우리도 믿으면
복이 크다. 이유는 믿으면 이루어지기 때문이다. 예수님도 믿은 대로 이루어
진다고 자주 말씀하셨다(마 8:13; 9:29).

D.마리아가 찬미하다   1:46-56

누가는 엘리사벳이 마리아의 방문을 받고 찬미한(39-45절) 것을 기록한
다음 이제는 마리아가 찬미한 내용을 기록한다(46-55절). 마리아가 찬미한
이 부분(46-56절)을 래틴어의 첫 글자를 따서 "매그너피캩"(Magnificat, 성모
의 찬미)이라 부른다.11) "매그너피캩"은 내용으로 보아 4구분으로 나눌 수
있다. 먼저 마리아는 자신에게 임한 은혜를 감사하고(46-48절), 자신이 받은
은혜가 일반 사람들에게도 임하기를 바라며(49-50절), 높은 자를 낮추시고
낮은 자를 높이시는 하나님의 공의를 공포한 후(51-53절) 하나님의 약속은
반드시 성취될 것을 확인한다(54-55절).

마리아의 노래(46-55절)는 한나의 기도(삼상 2:1-10)와 흡사하다. 두 사람
이 말한 찬양의 표현들 사이에도 어느 정도 비슷한 점이 있다. "두 사람
모두 신앙심 깊은 유대인 여인이기 때문이다"(윌럼 헨드릭슨). 성령님은
한나에게 임하여 놀라운 찬양을 주었고 또 마리아에게 임하여 놀라운 찬양을
남기게 했다.

눅 1:46. 마리아가 이르되 내 영혼이 주를 찬양하며.

마리아는 찬양하기를 "내 영혼이 주를 찬양한다"고 한다(삼상 2:1; 시 34:2-3;

---

11) Magnificat(성모 마리아의 송가)라는 명칭은 이 구절의 첫머리에 나오는 라틴어
"Magnificat anima mea Dominum"(My soul doth magnify the Lord)를 따서 불린 말이다. 507년
성 캐서리어서(St. Caesarius fo Arles)가 처음 저작하여 1천년 이상 찬미의 최고의 위치를
유지해 왔다.

35:9; 합 3:18). 마리아는 자신의 영혼이 하나님을 찬양한다고 말한다. 여기 "영혼"(ἡ ψυχή, soul)이란 말과 다음 절에 나오는 "마음"(τὸ πνεῦμά, spirit)이 란 말이 다르기 때문에 우리의 인격이 3가지로 되어 있다고 주장하는 사람들 이 있다. 다시 말해 3분설(trichotomy)을 주장하는 사람들이 있다. 그러나 성경 전체를 살필 때 사람은 비(非) 물질적인 요소(영혼)와 물질적인 요소(신 체)로 되어 있다는 것(2분설, dichotomy)을 인정해야 할 것이다.

마리아는 자기의 영혼이 "주," 곧 '천사를 통하여 자기에게 큰 은혜를 입혀주신 하나님'을 찬양한다고 말한다. "찬양하다"(Μεγαλύνει)는 말은 '크 게 하다,' '크게 나타내다'라는 뜻이다. 하나님을 본연의 하나님으로 나타낸다 는 뜻이다. 사람들은 죄로 말미암아 하나님을 안 계시다고도 하고 혹은 하나 님을 별 것 아닌 분으로 여기기도 하지만 은혜를 받은 사람들은 참으로 하나님을 알아보고 하나님을 위대하신 분, 상상할 수 없이 큰 분으로 알게 된다. 마리아는 천사를 통하여 하나님의 긍휼과 자비를 경험하고 또 하나 님은 약속을 성취하시는 분으로 알고 하나님을 크게 나타내고 있다. 다시 말해 하나님을 위대하신 분으로 높이고 있다. 우리는 항상 하나님을 찬양 하는 사람들, 하나님의 위대하심을 높이는 사람들, 노래하는 사람들이 되어야 한다.

눅 1:47. 내 마음이 하나님 내 구주를 기뻐하였음은.
마리아는 "내 마음이 하나님 내 구주를 기뻐한다"고 찬양한다. 앞 절에서는 "내 영혼"이 하나님을 찬양한다고 했는데 본 절에서는 "내 마음"이라는 단어 로 바꾸어 말한다. 두 낱말은 동의어로 쓰였다. 마리아는 "하나님"을 자기의 "구주"로 묘사하고 있다. 하나님이 자기의 구주가 되신다고 찬양한 이유는 자기가 잉태한 아기가 하나님의 아들이요 왕이시라(31-35절)는 사실에서 알아차렸다. 마리아는 하나님께서 그 아이를 통하여 자신을 구원하는 것으로 알았다(마 1:21). 그는 성령의 감동으로 하나님을 찬양하고 있는데 성령의 감동하심을 입은 사람으로서 자신이 죄인이라는 사실을 모르는 사람은 없다.

마리아는 죄인으로서 아들을 통하여 구원을 받을 것을 알고 그렇게 일이 되게 하신 하나님을 구주라고 찬양한다(사 1:18; 12:2-3; 사 53:1-12; 단 9:8-9, 19; 미 7:19 참조). 또 마리아는 아들을 잉태하고 난 후 자기의 처지 곧 "여종의 비천함"으로부터 "만세에 복이 있는" 여자로 변신된 것을 생각하고 하나님을 구주라고 부르고 있다. 하나님은 사람을 죄로부터 구원하실 뿐 아니라 비천함으로부터 구원하시고 병으로부터 구원하시며 적으로부터 구 원하시고 모든 불행으로부터 구원하신다(삼상 11:13; 대하 20:17; 시 22:21; 106:21; 116:8 참조).

본문의 "기뻐하였다"(ἠγαλλίασεν)는 말은 부정(단순)과거 시제로 '참으로 기뻐한다,' '진정으로 기뻐한다,' '기뻐 날뛰다'는 뜻이다.12) 마리아는 하나님께서 구주로서 자기를 죄로부터 구원해주시고 비천함으로부터 구원하여 주시며 또 하나님께서 교만한 자를 물리치시고 낮은 자를 높여주시는 것을 생각하고 하나님을 진심으로 찬양하고 있다. 오늘도 우리는 하나님께서 그리스도를 통하여 우리를 구원하시고 비천한데서부터 건져주시는 것을 알고 놀랍게 찬양하고 하나님을 드러내야 할 것이다.

눅 1:48. 그의 여종의 비천함을 돌보셨음이라 보라 이제 후로는 만세에 나를 복이 있다 일컬으리로다.
마리아가 하나님을 기뻐하는 이유를 말한다. 곧 하나님께서 "그의 여종의 비천함을 돌보셨기" 때문에 기뻐한다고 말한다(삼상 1:11; 시 138:6). 마리아는 자신을 표현하여 "그의 여종"이라고 말한다. 다시 말해 '하나님의 여노예'라고 말한다. 그는 자신이 죄인임을 알았고 또 목수의 집에 시집갈 사람(마 1:20)이라는 것을 알았다. 그런데 하나님께서 비천한 자신을 돌보아 주셨다는 것을 알았다(창 16:11; 삼상 1:11). 우리가 비천함을 인식할 때 은혜가 임한다(사 57:15 참조).

---

12) 동사를 부정(단순)과거 시제로 쓰면 동사 자체가 강조된다. 그런 경우 과거의 뜻은 없고 동사만 강조된다.

마리아는 "이제 후로는 만세에 나를 복이 있다 일컬을 것"이라고 말한다 (11:27; 말 3:12). 즉 '이제 앞으로는 영원히 사람들이 마리아를 복이 있는 여인이라고 칭할 것이라'는 뜻이다. 다시 말해 비천함을 알았던 마리아가 복이 있는 사람이 되었다고 일컬음 받을 것이라는 뜻이다. 마리아는 참으로 복이 있는 여인이었다. 그는 자신이 죄인임을 알았고 또 사회적으로도 비천함을 알았는데 하나님께서 돌보셨으니 참으로 복이 있는 여자였다. 그러나 마리아는 기도의 대상은 아니었다. 그는 자신이 "하이퍼둘리아"(ηψπερ-δυλια, 동정녀 마리아를 가장 신성한 창조물로 숭배하는 것)의 대상이 되거나 혹은 "메디아트릭스"(mediatrix, 중개인)로 여겨지기를 원하지 않았다. 그저 단지 자기같이 비천한 사람이 하나님으로부터 은혜를 크게 받았다는 사실을 후세 사람들이 알고 하나님을 찬양하기를 원했을 뿐이다.

눅 1:49. 능하신 이가 큰일을 내게 행하셨으니 그 이름이 거룩하시며.
마리아는 본 절과 다음 절에서 자신이 받은 은혜가 일반 사람들에게도 임하기를 바라고 있다. 마리아는 "능하신 이가 큰일을 내게 행하셨으니 그 이름이 거룩하시다"고 찬양한다(시 71:19; 126:2-3). 마리아는 '능하신 하나님께서 큰 일, 곧 하나님의 아들을 잉태하게 하신 일, 왕을 잉태하게 하신 일을 행하게 하셨으니'(창 17:1; 욥 5:17; 8:3 참조) "그 이름이 거룩하시다"고 말한다(시 119:9). '하나님이 거룩하시다'는 말은 하나님께서 피조물과 완전히 구별되신 분이라는 뜻이다(레 19:2; 시 111:9; 계 15:4). 다른 말로 '하나님은 위대하시다'는 뜻이다. 능력이 무한하신 하나님은 오늘도 큰일을 행하시니 위대하기 형언할 길이 없다.

눅 1:50. 긍휼하심이 두려워하는 자에게 대대로 이르는도다.
마리아는 자신이 복 받은 예를 일반인들에게 적용한다. "긍휼하심이 두려워하는 자에게 대대로 이른다"고 말한다(출 20:6; 시 103:17-18). 하나님의 긍휼히 여기심(신 7:9; 시 103:11, 17; 145:8; 행 10:2, 22; 계 14:7; 15:4)이 하나님을 두려워하는 마리아 자신에게만 임하는 것이 아니라 두려워하는 자들 누구에게나 임한다고 말한다. 우리는 하나님을 두려워하는 성도들, 하나님을 경외하는 성도들이 되어 긍휼히 여김을 받으며 살아야 할 것이다.

눅 1:51. 그의 팔로 힘을 보이사 마음의 생각이 교만한 자들을 흩으셨고.
마리아는 이제 본 절부터 53절까지 마음이 높은 자를 낮추시고 낮은 자를 높이시는 하나님의 공의를 찬양한다. 마리아는 하나님께서 "그의 팔로 힘을 보이사 마음의 생각이 교만한 자들을 흩으셨다"고 찬양한다(시 98:1; 118:15; 사 40:10; 51:9; 52:10). 마리아는 하나님께서 "그의 팔로 힘을 보이신다"고 말한다. 마리아는 하나님을 의인화(擬人化)하여 표현하고 있다.[13] 사람들이 팔로 힘을 보이듯이 하나님께서 힘을 보이셔서 일을 하신다는 것이다. "하나님의 팔로 힘을 보이신다"는 표현을 해설하면서 휫트비(Whitby)의 설명은 흥미가 있다. "하나님의 큰 능력은 그의 손가락으로 표현되었고, 그보다 더 큰 능력은 그의 손으로, 그리고 가장 큰 능력은 그의 팔로 상징되었다. 애굽에서 내린 이(사람의 의복에 번식하여 피를 빨아먹는 이과의 곤충) 재앙은 하나님의 손가락으로 내린 재앙이었다(출 8:19). 그 밖의 다른 재앙들은 그의 손으로 내리셨다(출 3:20). 하지만 바로와 그의 군대를 홍해 바다 속에 수장시키는 일은 그의 팔로 하신 것이다"(출 15:6)라고 말했다.

마리아는 하나님께서 그의 팔로 "마음의 생각이 교만한 자들을 흩으셨다"(욥 5:12-14; 시 33:10; 벧전 5:5; 고전 1:26-29)고 찬양한다. 마리아는 인간 사회에서 하나님께서 계속해서 마음이 높은 자들을 내리치셨으며 쫓아내셨고 재산을 빼앗으셨다고 말한다. 앞으로도 그러실 것을 알고 찬양하는 것이다.

---

13) 구약성경에는 의인법(擬人法)을 사용하여 하나님을 묘사하고 있다. 하나님의 팔과 손(신 4:34; 시 44:3; 89:13), 하나님의 눈과 귀(시 34:15), 손가락(출 31:18; 신 9:10), 얼굴(시 27:8-9; 143:7), 코(출 15:8; 사 65:5)를 언급하고 있다.

눅 1:52. 권세있는 자를 그 위에서 내리치셨으며 비천한 자를 높이셨고.
마리아는 하나님께서 "권세 있는 자를 그 위에서 내리치신 것"을 알고 찬양한
다(삼상 2:6; 욥 5:11). 사회에서 권세가 있어 교만한 자를 내리치셨다는
뜻이다. 마리아는 또 하나님께서 사회적으로 "비천한 자를 높이셨다"고 찬양
한다(47-48절; 시 113:6-8). 비천하면서도 겸손한 자를 높이셨다는 뜻이다.

눅 1:53. 주리는 자를 좋은 것으로 배불리셨으며 부자는 빈손으로 보내셨도다.
마리아는 하나님께서 "주리는 자를 좋은 것으로 배불리셨으며 부자는 빈손으
로 보내셨도다"라고 찬양한다(삼상 2:5; 시 34:10). 마리아는 하나님께서
"주리는 자를 좋은 것으로 배불리시는 것"을 높이 찬양한다(시 103:5; 107:9;
사 65:13). 주리면서도 하나님을 두려워하는 자를 하나님께서 좋은 것을
주셔서 만족하게 하신다는 것이다. 특히 신구약 성경은 영적인 배고픔을
언급하고 있다. 하나님은 영적인 기갈을 채워주신다고 말씀한다(사 55:1-2;
마 5:6; 요 6:35). 우리는 항상 은혜를 갈망하는 사람들이 되어야 한다.
　그리고 마리아는 하나님께서 "부자는 빈손으로 보내셨도다"라고 찬양한
다. 부자를 가난하게 되게 하신다는 뜻이다(12:16-21; 16:19-31). 물론 부자가
교만한 경우를 말하는 것이다. 하나님은 교만한 부자를 가난하게 하신다.

**눅 1:54-55. 그 종 이스라엘을 도우사 긍휼히 여기시고 기억하시되 우리
조상에게 말씀하신 것과 같이 아브라함과 및 그 자손에게 영원히 하시리로다
하니라**(ἀντελάβετο Ἰσραὴλ παιδὸς αὐτοῦ, μνησθῆναι ἐλέους, καθὼς ἐ-
λάλησεν πρὸς τοὺς πατέρας ἡμῶν, τῷ Ἀβραὰμ καὶ τῷ σπέρματι αὐτοῦ
εἰς τὸν αἰῶνα). (여기에 헬라어를 써 놓은 것은 우리말 번역만 가지고는
뜻을 확실하게 파악하기가 좀 힘들기 때문이다).
마리아는 하나님께서 이스라엘을 긍휼히 여기신 것 때문에 찬양한다. 마리아
는 하나님께서 "그 종 이스라엘을 도우사 긍휼히 여기시고 기억하셨다"고
말한다(시 98:3; 렘 31:3, 20). 마리아는 하나님께서 "그 종 이스라엘을 도우셨

다"고 찬양했는데 여기 "도우셨다"는 말은 뒤따라오는 문맥에 의하여 하나님께서 그 종 이스라엘을 '긍휼히 여기셨다'는 뜻이다. 그냥 무엇을 조금 도우신 것이 아니라 이스라엘의 불행을 보시고 크게 긍휼히 여기신 것을 지칭한다.

그런데 여기 우리가 주의할 것은 마리아가 "그 종 이스라엘"이라고 말할 때에 그저 유대민족을 뜻하는 말이 아님을 알 수 있다. "그 종"이라는 말이 붙어있는 것을 유의해야 한다. 다시 말해 육적인 이스라엘을 지칭하는 말이 아니라 하나님의 종노릇하는 이스라엘 사람들을 지칭하는 말이다(Lenski). 성경은 말하기를 "이스라엘에게서 난 그들이 다 이스라엘이 아니라"(롬 9:6)고 말한다. 이스라엘의 피를 받았다고 해서 다 이스라엘이 아니라 하나님의 종노릇 하는 신령한 이스라엘이 참 이스라엘인 것이다. 하나님의 언약을 지키는 이스라엘이 참 이스라엘이다.

그리고 마리아는 하나님께서 이스라엘을 "긍휼히 여기시고 기억하셨다"고 말한다. 이 말은 '긍휼을 기억하셨다'(in remembrance of his mercy)는 뜻인데 좀더 구체적으로 말하면 하나님께서 긍휼히 여기시겠다고 약속하신 것처럼 잊지 않으시고 이스라엘을 긍휼히 여기셨다는 뜻이다. 하나님은 언약을 지키시는 이스라엘 사람들을 향하여 계속해서 불쌍히 여기셨다. 마리아가 이 말을 하는 것은 하나님께서 마리아 자신을 불쌍히 여기셔서 하나님의 아들을 잉태하게 하셨다는 것을 함의(含意)하고 있다.

마리아는 하나님께서 그 종 이스라엘을 긍휼히 여기시고 기억하시되 "우리 조상에게 말씀하신(약속하신) 것과 같이 아브라함과 및 그 자손에게 영원히 하시리로다"라고 찬양한다(창 17:19; 시 132:11; 롬 11:28; 갈 3:16). 이 본문 중에 "우리 조상에게 말씀하신(약속하신) 것과 같이"란 말(καθὼς ἐλάλησεν πρὸς τοὺς πατέρας ἡμῶν)은 앞 절(54절-"그 종 이스라엘을 도우사 긍휼히 여기시고 기억하시되")과 뒤 문장("아브라함과 및 그 자손에게 영원히 하시리로다") 사이에 끼어있는 하나의 삽입문이다(Lenski, Hendriksen). 삽입 문장이라고 말할 수 있는 이유는 두 가지이다. 하나는 문맥에 의한 것이고 또 하나는 "우리 조상들에게"(πρὸς τοὺς πατέρας ἡμῶν)란 말은 전치사구이고 뒤에 나오는 "아브라함과 및 그 자손에게"(τῷ 'Αβραὰμ καὶ τῷ σπέρματι αὐτου)란 말은 여격이기 때문이다. 다시 말해 "우리 조상에게"라는 말과 "아브라함과 및 그 자손에게"(τῷ 'Αβραὰμ καὶ τῷ σπέρματι αὐτου)라는 말은 동격이 아닌 고로 "우리 조상에게 말씀하신(약속하신) 것과 같이"란 말은 중간에 든 삽입 문이다. 마리아는 하나님께서 "우리 조상에게 말씀하신(언약하신) 것과 같이" 즉 '아브라함 이삭 야곱에게 이스라엘 민족을 불쌍히 여기시겠다고 언약하신 것과 같이'(창 12:3; 18:18; 22:18; 28:14; 출 2:24) "아브라함과 및 그 자손에게 영원히 하시리로다'라고 찬양한다. 하나님은 이스라엘의 조상에게 언약하신대로 아브라함에게 복을 주셨고 그리고 그의 후손에게 영원히 복을 주신다는 것이다. "이 약속은 율법을 주심으로써(갈 3:17), 또 그리스도가 탄생하심으로써(갈 3:9, 29) 폐기된 것은 아니었다. 그 자비는 영원히 은혜의 보좌로부터 계속 흘러내린다. 그 언약은 계속 유효하다(참조 1:72-73). 신앙을 지닌 부모들이 자식들에게 세례를 받게 했던 것(행 2:38-39)은 바로 이 약속에 근거하고 있다"(윌럼 헨드릭슨). 마리아는 하나님께서 그 종 이스라엘을 긍휼히 여기신 것을 생각하고 진정으로 찬양하고 있는데 하나님의 긍휼은 영원할 것이라고 말한다. 오늘 우리도 예수님을 통하여 하나님의 긍휼을 계속해서 받아야 할 것이다.

눅 1:56. 마리아가 석 달쯤 함께 있다가 집으로 돌아가니라.
마리아가 엘리사벳과 석 달쯤 함께 있다가, 즉 엘리사벳이 잉태한지 9개월째(36절 참조) 되던 때에 마리아가 집으로 돌아갔다(Bengel, Dodet, Ellicott, Lenski, Hendriksen). 그런데 혹자는 마리아가 엘리사벳의 해산을 보고 떠났다고 주장한다. 그러나 요한이 탄생했을 때 마리아가 엘리사벳과 함께 있었다는 아무런 증거도 없는 것을 보아 해산 전에 떠난 것으로 보아야 할 것이다. 그리고 엘리사벳이 해산했을 때 엘리사벳의 집으로 몰려올 많은 사람들(58절, "이웃과 친족들")을 피하려고 엘리사벳이 해산하기 전에 그 집을 떠났을 것이다. 마리아는 나사렛으로 돌아갔다(마 1:18-20 참조). 마리아는 나사렛으

로 돌아갔다가 다시 호적을 하기 위해 베들레헴으로 갔을 것이다. 먼 여행을
두 번이나 한 것이다.

　E.세례 요한이 탄생하다　1:57-66
　마리아가 엘리사벳의 집에서 석달 쯤 함께 지내다가 나사렛 집으로 돌아
간 후 엘리사벳은 세례 요한을 출산한다. 세례 요한을 출산한 후 8일이 되어
할례를 행하고 이름을 요한이라 짓는다.

눅 1:57. 엘리사벳이 해산할 기한이 차서 아들을 낳으니.
엘리사벳은 임신한(24절) 후 해산할 기한이 차서(1:23; 2:6, 21, 23 참조)
천사가 예고한 대로(13절, 19절) 아들을 낳았다. 인간사(人間事)의 모든 일은
하나님께서 말씀하신 대로 된다(시 115:3; 135:6; 단 4:35).

눅 1:58. 이웃과 친족이 주께서 그를 크게 긍휼히 여기심을 듣고 함께 즐거워하더라.
엘리사벳이 세례 요한을 낳았을 때 이웃들과 친족(혈족)들은 "주께서 그를
크게 긍휼히 여기심을 듣게" 되었다.14) 그들은 하나님께서 엘리사벳에게
큰 자비를 베푸신 사실(50절, 54-55절, 72절, 78절; 창 19:19; 삼상 12:24
참조)을 듣게 된 것이다. 혹자는 이웃들과 친족들이 하나님께서 엘리사벳을
크게 긍휼히 여기신 것은 그녀를 불임상태에서 벗어나게 하신 것과는 무관한
것으로 말하나 관련이 있는 것으로 보아야 할 것이다. 이유는 하나님께서
긍휼히 여기셨다는 말씀은 그 어떤 불행과 관련이 있는 말씀이기 때문이다.
긍휼이란 불행을 제거하는 것이 아닌가. 만약 엘리사벳이 젊은 여성으로서
다른 젊은 여인들처럼 아들을 낳았다고 하면 "주께서 그를 크게 긍휼이
여기셨다"고 말하지 않았을 것이다. 하나님은 엘리사벳의 불행을 보시고

---

14) 몇몇 학자들은 이 표현이 셈어(히브리어, 아람어)의 것이므로 누가가 자료를 사용할
때 셈어 자료들을 사용했다고 주장한다(Hendriksen).

불쌍히 여기셔서 아들을 주셨다. 이웃들과 친족(혈족)들은 엘리사벳이 아들을 낳은 소식을 듣고 "함께 즐거워 했다"(14절). 천사가 말하기를 엘리사벳도 즐거워할 것이고 이웃과 친족들도 즐거워하게 될 것이라고 예언했는데(14절, "너도 기뻐하고 즐거워할 것이요 많은 사람도 그의 태어남을 기뻐하리니") 엘리사벳이 즐거워할 때 많은 사람도 즐거움에 동참했다. 성경은 다른 이의 즐거움에 동참하라고 말한다(롬 12:15; 고전 12:26).

눅 1:59. 팔 일이 되매 아이를 할례 하러 와서 그 아버지의 이름을 따라 사가랴라 하고자 하더니.

누가는 본 절부터 63절까지 사람들과 사가랴 부부가 세례 요한의 이름을 짓는 과정을 설명한다. 이웃 사람들과 친족들 중에서 얼마의 사람들이 아이가 난 지 "팔 일이 되매 아이를 할례 하러 와서 그 아버지의 이름을 따라 사가랴라 하고자 했다"(창 17:12; 레 12:3). 그들은 모세의 법을 따라 요한이 탄생한지 8일 만에 할례를 행했다(창 17:12; 레 12:3). 한 사람이 맡아서 할례를 행했고 다른 사람들은 증인역할을 했을 것이다.

그들은 요한에게 할례만 행한 것이 아니라 이름을 지으려고 노력했다. "그 아버지의 이름을 따라 사가랴라 하고자 했다." "아버지의 이름의 근거위에서" 아들의 이름을 짓는 것은 아주 옛날부터 내려온 관습이었다(Josephus, Plummer, Lenski). 그들은 사가랴의 이름을 따라 아이의 이름을 사가랴라고 하고자 했다. 여기 "하고자 했다"(ἐκάλουν)는 말은 미완료 과거 시제로 '계속 아이의 이름을 사가랴라고 하고자 시도했다'는 뜻이다. 그들은 천사가 아이의 이름을 지어 준 사실(13절)을 알지 못하여 계속해서 자기들이 원하는 대로 지으려고 했다. 사람들은 하나님의 뜻을 모를 때 계속해서 자기들의 뜻을 관철하려고 노력한다.

눅 1:60. 그 어머니가 대답하여 이르되 아니라 요한이라 할 것이라 하매.

사람들이 아이의 이름을 사가랴라 하고자 했을 때 엘리사벳이 "아니라 요한이라 할 것이라"고 말했다(13절). 남편 사가랴를 통해서 아이의 이름을 천사가 말한 대로 요한이라고 해야 한다는 것을 들었을 것이다. 남편은 말을 할 수 없어서 아마도 서판(書板)에다가 "요한"이라고 써서 알려주었을 것이다. 부부는 보통 모든 것을 서로 알고 지낸다(행 5:2).

눅 1:61. 그들이 이르되 네 친족 중에 이 이름으로 이름한 이가 없다 하고. 이웃 사람들과 친족들이 말하기를 "네 친족 중에 이 이름으로 이름한 이가 없다"고 말해준다. 다시 말해 '사가랴의 가문 중에서 이름을 취해야 하는데 사가랴 가문, 곧 아론의 제사장 가문 중에는 요한이라고 이름한 자가 없으니 되겠느냐'는 말이다. 아무리 가문에 있는 이름을 따라 이름을 지어야 한다는 전승이 있지만 하나님께서 천사를 통하여 지어준 이름이 있는데 가문의 이름을 따라 아이의 이름을 지을 수는 없었다. 인간 전통보다는 하나님께서 지어준 것이 더 중요했다.

눅 1:62. 그의 아버지께 몸짓하여 무엇으로 이름을 지으려 하는가 물으니. 이웃 사람들과 친족들은 엘리사벳에게 항의하는 일(앞 절)을 중단하고 이제는 새로 탄생한 아이의 아버지께 "몸짓하여 무엇으로 이름을 지으려 하는가 물었다." 사람들이 몸짓으로 사가랴에게 물은 것을 두고 혹자는 사가랴가 말도 못하지만 듣지 못하니 몸짓으로 물은 것이라고 한다. 보통은 말 못하는 사람은 듣지도 못하는 것이 상례이지만 사가랴의 경우 하나님의 특별하신 징계로 그런 현상이 나타났으니(20절) 말만 못하는 것으로 보아야 할 것이다. 사람들은 말 못하는 사가랴에게 몸짓을 해가면서 아이의 이름을 무엇으로 할 작정이냐고 물었다.

눅 1:63. 저가 서판을 달라 하여 그 이름을 요한이라 쓰매 다 놀랍게 여기더라. 말을 못하는 사가랴가 서판(書板-글을 쓸 수 있는 판)을 달라 하여 "그 이름을 요한이라 쓰매 다 놀랍게 여겼다"(13절). 사가랴는 천사가 말해준 대로(13절)

"그 이름을 요한이라"고 썼다. 사가랴는 이번에는 얼른 순종했다. 10개월 전 천사가 사가랴 가정에 아들이 탄생할 것이라고 예고했을 때는 사가랴가 얼른 믿지 못했다(18절). 이제 사가랴는 순종의 사람이 되었다. 우리는 인간만사에서 하나님께 순종해야 한다.

사가랴가 아이 이름을 요한이라고 썼더니 사람들이 "다 놀랍게 여겼다." 사람들이 다 놀랍게 여긴 이유가 무엇인가. 부부가 조금도 머뭇거림이 없이 요한이라고 썼기 때문이다. 부부 중에 한 사람만 요한이라고 말했으면 모르지만 어떻게 부부가 조금도 지체하지 않고 요한이라고 이름을 지었으니 놀라운 일이었다. 이것이야 말로 신기한 일이었다. "요한"이란 이름은 '여호와는 은혜로우시다'는 뜻이다. 요한은 사람들로 하여금 회개하도록 외쳤는데 회개하면 은혜로우신 하나님께 돌아올 것이므로(16절) 천사는 아이의 이름을 요한이라고 하라고 했다.

눅 1:64. 이에 그 입이 곧 열리고 혀가 풀리며 말을 하여 하나님을 찬송하니.
아이의 이름을 요한이라고 짓자마자 사가랴의 "입이 곧 열리고 혀가 풀리며 말을 하여 하나님을 찬송했다"(20절). 하나님께서 징계를 거두셨다(20절). 입이 열린 것과 혀가 풀린 것은 동시에 되었다. 혀가 풀리니 입이 열린 것이다. 혀가 풀리고 입이 열리자 사가랴는 말을 하여 하나님을 찬송했다. 여기 "찬송했다"는 말은 '하나님께 감사했다'는 뜻이다. 그는 지금까지 말을 못해서 답답했었던 것에 대해서 하나님을 원망하지도 않고 혹은 아내와 이웃 사람들 그리고 친족들에게 기쁘다는 말, 감사하다는 말을 한 것이 아니라 하나님을 찬송했다. 우리는 무슨 일을 당하든지 하나님께 감사해야 하고 또 하루 일을 시작하기 전에 하나님께 감사부터 해야 한다.

눅 1:65. 그 근처에 사는 자가 다 두려워하고 이 모든 말이 온 유대 산골에 두루 퍼지매.
사가랴의 입이 열리고 혀가 풀려서 말을 하자 "그 근처에 사는 자가 다 두려워했다." 즉 유대 한 동네 사가랴의 집 근처에 사는 사람들이 다 두려워한 것이다. 하나님께서 임재하시고 역사하신 것을 인하여 하나님을 두려워했다. 거룩한 두려움이었다. 사가랴 부부에게서 일어난 기적 같은 모든 일(1:5-25, 39-64)은 더욱 멀리 "온 유대 산골에 두루 퍼져 나갔다"(39절). 사가랴가 제사장으로 봉사하고 있던 성전에서 갑자기 천사가 나타난 일, 사가랴가 얼른 천사의 말을 믿지 않았을 때 벙어리가 된 사실, 사가랴가 성전에서 나와서 사람들을 만났으나 말을 하지 못한 일, 사가랴의 부인 엘리사벳이 잉태한 일, 마리아가 방문한 일, 요한이 출생한 일, 부모들이 요한의 이름을 주위의 반대를 무릅쓰고 요한이라고 지은 사실, 사가랴의 입이 갑자기 열린 일, 그리고 사가랴 하나님을 찬양한 일들이 점점 멀리 퍼져나가고 있었다. 이런 화제들은 온 유대 산골에서 큰 화제 거리로 되어 있었다. 본문의 헬라어 "퍼졌다"(διελαλεῖτο)는 말은 미완료 과거 시제로 '한 동안 계속해서 퍼져 나갔다'는 뜻이다.

눅 1:66. 듣는 사람이 다 이 말을 마음에 두며 이르되 이 아이가 장차 어찌 될까 하니 이는 주의 손이 그와 함께 하심이러라.
사가랴 부부에게서 이루어진 일들이 퍼져나갔을 때 "듣는 사람이 다 이 말들을 마음에 두었다"(2:19, 50). 평범한 사건이 아니니까 마음에 간직한 것이다. 그리고 그들은 말하기를 "이 아이가 장차 어찌 될까"하고 말하게 되었다. 이렇게 굉장한 사건을 동반하면서 태어난 아이가 장차 나라를 위해서 무슨 일을 할 것인가 하고 서로 말들을 하게 되었다. 이유는 "주의 손이 그와 함께 하고 있었기" 때문이었다. 다시 말해 "주의 손"(창 39:2; 시 80:17; 89:21; 104:28; 145:16; 사 49:2; 50:2; 62:3; 요 10:28; 행 11:21; 계 1:7), 곧 '하나님의 능력'이 요한을 도우셨으며 은혜를 베푸셨기 때문이었다. 그런데 문제되는 것은 그 당시 사람들이 이 말을 한 것인지(Zahn, Barclay, Schurmann, Kuinoel, Albert Barnes, James A. Borland) 아니면 누가가 덧붙인 논평인지(Meyer, Alford, Plummer, Hendriksen, Marshall, Joel, B. Green,

이상근, 이순한) 분변하기가 어렵다는 것이다. 우리는 "주의 손이 그와 함께 하시고 있었다"는 말을 누가가 덧붙인 논평이라기보다는 차라리 당시 사람 들이 요한의 할례 일(日)을 훨씬 지난 후 옛 일을 회고하면서 "주님의 손이 그와 함께 있었다"고 말한 것으로 본다. "이는 또한"(καὶ γὰρ-"왜냐하면 또한"이라고도 번역할 수 있다)이란 말이 당시 사람들이 직접 말한 것으로 판단하게 한다.

F. 사가랴가 찬미하다   1:67-79

사가랴는 요한에게 할례를 행하는 날 이름을 지은 다음 하나님으로부터 받은 은혜를 생각하며 하나님을 찬미한다. 사가랴는 먼저 하나님께서 이스라 엘을 구원하신 것을 인하여 하나님을 찬미하며(68-75절), 새로 태어난 아이가 장차 행할 사명을 예언한다(76-79절). 이 아이의 사명은 메시아의 길을 예비하 는 것이라고 말한다.

이 부분은 사가랴의 찬미로 라틴어의 첫 글자를 따서 "베네딕터 스"(Benedictus)라고 한다(Benedictus esto Dominus Deus Israelis-"찬송하리 로다. 주 이스라엘의 하나님이시여"). 사가랴의 찬미는 매그너피캩 (Magnificat)과 더불어 초대교회로부터 그리스도의 찬미로 사용되었다. 매그 너피캩(Magnificat)은 구약 시편의 색채가 강하고, "베네딕터스"(Benedictus) 는 예언서 색채가 강하다.

눅 1:67. 그 부친 사가랴가 성령의 충만함을 받아 예언하여 이르되.
세례 요한의 부친 사가랴는 아들의 이름을 짓자마자 입이 열렸는데 입이 열리자 맨 처음 하나님을 찬미했다. 누가는 요한의 "부친 사가랴가 성령의 충만함을 받아 예언했다"고 말한다(욜 2:28). "성령의 충만함"이란 '성령의 지배함'이란 뜻이다. 사가랴는 엘리사벳과 같이(41절) 성령의 지배를 받아 예언했다. 사가랴는 하나님을 찬미하고 있지만 그리스도의 구원사역과 요한 의 장래를 "예언"하고 있다. 다음 구절부터 나오는 찬송은 예언이지만 이미 이루어진 것이나 다름없는 것이므로 과거동사로 기록되어 있다.

눅 1:68. 찬송하리로다 주 이스라엘의 하나님이여 그 백성을 돌아보사 속량하시며.

사가랴는 "주 이스라엘의 하나님"을 찬송한다고 말한다(왕상 1:48; 시 41:13; 72:18; 106:48). "주 이스라엘의 하나님"을 꼭 찬송해야 할 이유는 하나님께서 "그 백성을 돌아보사 속량하셨기" 때문이다. 하나님께서 이스라엘 백성들을 돌아보셨고 또 속량하셨기 때문에 찬양한다는 것이다. 본문의 "돌보셨다"는 말은 '찾아오셨다'는 뜻이고(7:16; 출 3:16; 4:31; 시 111:9; 마 25:36) "속량하셨다"는 말은 '구원하셨다' 혹은 '속전을 지불하셨다'는 뜻이다. 속전은 전쟁에서 포로된 사람을 구출하기 위하여 지불되는 몸값으로 앞으로 예수 그리스도께서 대속의 죽음을 죽어주실 것을 미리 내다보고 사가랴는 하나님을 찬양한다.

사가랴는 하나님께서 이스라엘 민족을 구원하실 것을 알고 하나님을 찬양했는데 구원의 내용은 문맥에 안에서 여러 방면으로 표현되고 있다. 구원이란 하나님께서 이스라엘을 미워하는 모든 사람으로부터 구원하실 것(71절), 하나님 앞에서 성결과 의로 두려움이 없이 섬기게 하실 것(75절), 죄로부터 구원하실 것(77절), 이스라엘의 발을 평강으로 인도하실 것(79절)을 지칭한다. 이런 것들은 미래에 될 일이지만 너무 확실하니 과거 동사로 표현하였다. 하나님은 지금 예수 그리스도의 십자가를 통하여 우리를 죄에서 구원하시고 또 우리의 현세적인 곤경에서 구원하여 주신다. 우리는 하나님을 찬송해야 한다.

눅 1:69. 우리를 위하여 구원의 뿔을 그 종 다윗의 집에 일으키셨으니.

사가랴는 하나님께서 우리를 위하여 "구원의 뿔을 그 종 다윗의 집에 일으키셨다"고 말한다(시 132:17). 여기 "구원의 뿔"이란 '구원하는 힘'을 상징하는 말이다. "뿔"이란 말은 '수양의 뿔, 소의 뿔 곧 황소의 뿔'이란 말에서 왔는데

(왕상 22:11; 시 22:21; 75:5; 단 8:5-7) 사가랴는 하나님께서 이스라엘을 구원하시기에 넉넉하신 힘을 가지신 예수님을 "그 종 다윗의 집에 일으키셨다"고 말한다. 사가랴는 레위 계통의 제사장으로 메시야가 레위 계통에서 나오지 않고 다윗 계통에서 나온다고 말하며 찬양한다. 마리아는 다윗 계통의 사람이었다(27절, 32절 참조).

눅 1:70. 이것은 주께서 예로부터 거룩한 선지자의 입으로 말씀하신 바와 같이.

이스라엘을 위한 구원의 뿔을 다윗 집에 일으키신다는 것(앞 절)은 "예로부터 거룩한 선지자의 입으로 말씀하신 바와 같다"고 사가랴는 말한다(렘 23:5-6; 30:10; 단 9:24; 행 3:21; 롬 1:2). 하나님은 구원의 뿔을 아무 예언도 하시지 않고 주시는 것이 아니라 "예로부터," 즉 '세상이 창조된 후로부터' 구별된 선지자들의 입으로 말씀하신 바와 같이 주신다는 것이다. 구원의 뿔, 곧 예수님을 보내신다는 예언은 구약 전체의 선지자들의 입으로 예언해 주셨다. 모세(신 18:15, 18), 다윗(시 110:1; 16:10), 이사야(사 7:14; 8:8; 9:6; 53:1-12), 예레미야(렘 23:6; 33:15), 에스겔(겔 34:23), 다니엘(단 7:13-14), 미가(미 5:2), 스가랴(3:8; 6:12-13; 13:7), 말라기(3:1b) 등 예언들자들이 예수님이 이 땅위에 오실 것을 예언했다. 하나님은 미리 말씀하시고 구원의 뿔을 다윗 집에 일으키셨다.

눅 1:71. 우리 원수에게서와 우리를 미워하는 모든 자의 손에서 구원하시는 일이라.

사가랴는 하나님께서 구원의 뿔(메시아)을 이스라엘을 위하여 주신 이유는 이스라엘을 구원하시기 위함이라고 말한다. 사가랴는 구원이 무엇인지를 본 절부터 75절에 말씀하고 있다. 첫째, "우리 원수에게서와 우리를 미워하는 모든 자의 손에서 구원하시는 일이라"고 말한다(창 26:31; 출 14:13; 15:2; 삼하 19:2; 대하 20:17). "원수"에게서 구원받는 것과 "미워하는 모든 자의 손에서 구원" 받는 것이라고 말한다. 본 절에서 원수와 우리를 미워하는 자는 동일시되고 있다. 하나님은 우리를 원수(마귀)에게서 구원하여 주신다. 우리가 그리스도로 말미암아 마귀에게서 구원받으면 원수에게서도 구원을 받는다.

본문은 구약의 이스라엘 사람들이 구원받는 것에 대해 언급하는 것이 아니라 예수님께서 이 땅에 오신 이후의 일을 말하는 것이니 정치적인 구원이라든지 혹은 육신적인 구원을 지칭하는 것이 아니라 영적인 구원을 말하는 것이다.

눅 1:72-73. 우리 조상을 긍휼히 여기시며 그 거룩한 언약을 기억하셨으니 곧 우리 조상 아브라함에게 하신 맹세라(ποιῆσαι ἔλεος μετὰ τῶν πατέρων ἡμῶν καὶ μνησθῆναι διαθήκης ἁγίας αὐτοῦ, ὅρκον ὃν ὤμοσεν πρὸς Ἀβραὰμ τὸν πατέρα ἡμῶν, τοῦ δοῦναι ἡμῖν-To περφορμ της μερχψ προμισεδ το ουρ φατηερσ, ανδ το ρεμεμβερ ηισ ηολψ χόεναντ Τηε οατη ωηιχη ηε σωαρε το ουρ φατηερ Αβρααμ).

하나님께서 메시아를 통하여 이스라엘을 구원해 주시는 구원 행위(71절)는 "우리 조상을 긍휼히 여기시며 그 거룩한 언약을 기억하신 것"이라고 사가랴는 말한다(54절; 레 26:42; 시 98:3; 105:8-9; 106:45; 겔 16:60). 본문의 "긍휼"이란 말과 "언약"이란 말은 구약에서 함께 언급되고 있고(신 7:9; 시 89:28; 사 55:3) 또 본문에서 동의어로 사용되었다. 그러니까 "긍휼"이란 하나님께서 이스라엘에게 긍휼을 베푸시겠다고 약속하신 것을 지칭하고, "언약"이란 하나님께서 이스라엘 민족을 메시아를 통해 구원해 주시겠다고 약속하신 것을 뜻한다.15) 하나님께서 메시아를 통하여 구원해 주시는 것(71절)은 과거에 이스라엘의 조상들에게 긍휼을 베푸시겠다고 약속하신 것을 참으로

---

15) 본문의 "여기시며"라는 말은 헬라어에서 부정(단순)과거 시제로 '참으로 불쌍히 여기신 것,' '진정으로 긍휼히 여기셨다는 것'을 뜻하고 "기억하셨으니"란 말도 부정(단순)과거 시제로 '참으로 기억하신 것,' '진정으로 기억하셨다는 것'을 뜻한다.

성취하신 것이고 하나님의 거룩하신 언약을 진정으로 기억하신 것이다.[16)

    그리고 하나님께서 이스라엘을 구원해 주시는 것은 하나님께서 언약을 맺으셨던 과거의 조상들에게도 긍휼을 베풀어주신 것이다. 다시 말해 하나님께서 긍휼을 베푸시겠다고 약속하신 것은 후대의 이스라엘에게만 긍휼이 아니라 조상들을 긍휼히 여기는 면도 있다는 것이다(54-55절). 쉽게 말해 조상들에게 약속하신 것을 하나님께서 이루어주시는 것은 바로 조상들을 긍휼히 여기시는 일도 된다는 것이다. "하나님은 조상들과의 신의를 지키시고 계시다"(윌럼 헨드릭슨).

    하나님께서 거룩한 언약을 맺으신 조상들 중에 대표는 아브라함이라고 사가랴는 말한다(창 12:3; 17:4; 22:16-18; 히 6:13, 17 참조). 사가랴는 "곧 우리 조상 아브라함에게 하신 맹세라"고 말한다. 언약을 맹세라고 표현한 것은 하나님께서 언약하실 때 맹세하면서 하셨기 때문이다(창 22:16). 하나님께 맹세로 하신 언약을 잊으실 리가 없다.

눅 1:74-75. 우리가 원수의 손에서 건지심을 입고 종신토록 주의 앞에서 성결과 의로 두려움이 없이 섬기게 하리라 하셨도다.

구원이란 둘째, "우리가 원수의 손에서 건지심을 입고 종신토록 주의 앞에서 성결과 의로 두려움이 없이 섬기게"되는 것이다(롬 6:18, 22; 히 9:14). "우리가 원수의 손에서 건지심을 입을 것이라"는 말씀은 메시아가 이 땅에 오시면 우리는 원수의 손, 곧 사탄의 손에서 구원받는다는 뜻이다. 이 말을 여기 다시 말한 이유는 바로 75절과 합하여 하나님을 섬기는 문제를 말하기 위함이다. 원수 즉 마귀로부터 구원을 받아야 하나님을 섬길 수 있다는 말이다(75절).

    사가랴가 말한 구원이란 셋째, "종신토록 주의 앞에서 성결과 의로 두려움

16) Marshall은 72절을 번역할 때 "조상들에게 긍휼을 보여주셨다"고 번역하기(대부분의 번역자들이 이렇게 번역한다)보다는 차라리 "우리의 조상들에게 약속하신 긍휼"이라고 번역하고 있다.

이 없이 섬기는" 것이다(렘 32:39-40; 엡 4:24; 살후 2:13; 딤후 1:9; 딛 2:12; 벧전 1:15; 벧후 1:4). 우리의 한 생애 동안 하나님 앞에서 "성결과 의로 두려움이 없이 하나님을 섬기는" 것이 구원이다. 여기 "성결"이란 '하나님 앞에서의 거룩'을 지칭하고 "의"란 '인간관계에서 옳게 행하는 것'을 뜻한다. 하나님 앞에서 점과 흠이 없이 살고 또 인간관계에서 바르게 살아서 결국 두려움이 없이 하나님을 섬기는 것이 구원이다. 그 어떤 위태로운 지경에서 빠져나오는 것만 구원이 아니라 성결하게 그리고 의롭게 살아서 전혀 두려움이 없이 하나님을 경배하면서 사는 것이야 말로 참된 구원이라고 할 수 있다. 성결과 의는 성경에서 함께 나타나는 때가 많다(엡 4:24; 살전 2:10; 딛 1:8). 예수님은 우리들로 하여금 거룩하게 살 수 있도록 성령을 주셨고 또 의롭게 살 수 있도록 성령을 주셨다. 성령을 받으면 성령님이 주시는 힘으로 하나님 앞에서 점과 흠이 없이 살 수 있고 인간관계에서 바르게 살 수 있으며 하나님을 경배할 수 있다. 구원이란 우리의 압박으로부터 해방 되는 것이지만 궁극적으로 하나님을 섬기는 것임을 알 수 있다.

눅 1:76. 이 아이여 네가 지극히 높으신 이의 선지자라 일컬음을 받고 주 앞에 앞서 가서 그 길을 준비하여.
사가랴는 본 절부터 79절까지 세례 요한의 사명을 예언한다. 세례 요한의 사명은 첫째, "지극히 높으신 이의 선지자" 역할을 하는 것이다. 세례 요한은 지극히 높으신 하나님의 선지자 역할을 할 때 하나님께서 시키시는 일이면 무엇이든지 해야 했다. 그런데 세례 요한은 실제로 그 일을 해냈다(7:26이하; 마 11:9이하; 21:26).

둘째, "주 앞에 앞서 가서 그 길을 준비하는" 일이었다(17절; 사 40:3; 말 3:1; 4:5; 마 11:10). 요한은 예수님 앞서 일하는 선구자였는데, 예수님이 행차하셔야 하는 길을 예비하는 것이 사명이었다(3:3-6; 마 3:1-3). 예수님이 가시고자 하는 곳은 사람들의 마음속이었는데 세례 요한은 사람들의 마음을 깨끗이 닦아놓는 것이었다. 다시 말해 회개를 외치는 것이었다(17절).

눅 1:77. 주의 백성에게 그 죄 사함으로 말미암는 구원을 알게 하리니.
셋째, 요한의 사명은 "주의 백성에게 그 죄 사함으로 말미암는 구원을 알게
하는" 것이었다(3:3; 렘 31:34; 33:8; 미 7:18; 막 1:4). 세례 요한의 사명은
그리스도의 백성에게 죄 사함을 받게 하여 구원을 알게 하는 것이었다. "죄
사함"이란 '죄를 깨끗이 씻는 것'을 말한다. 세례 요한은 사람들에게 회개를
외쳐 죄를 사함 받게 해서 구원이 무엇인지를 알게 했다. 예수님은 구원을
주시는 분이고(69, 71절) 요한은 죄 사함 받게 하고 그리스도를 바라보게
하여 구원을 알게 했다. 오늘 우리는 사람들로 하여금 죄를 고백하라고 외쳐
야 하고 또 사람들로 하여금 그리스도를 알게 해야 한다.

눅 1:78. 이는 우리 하나님의 긍휼로 인함이라 이로써 돋는 해가 위로부터
우리에게 임하여(Through the tender mercy of our God; whereby the day-
spring from on high hath visited us-KJV).
앞 절(77절)에 말한 구원은 "우리 하나님의 긍휼로 인함이라"고 한다. 여기
"긍휼"(σπλάγχνα ἐλέους)이란 말은 '지극히 불쌍히 여기는 심정,' '진정으로
불쌍히 여기는 마음'이란 뜻이다. 하나님의 긍휼을 통하여 우리에게 구원이
임한다.

그리고 사가랴는 하나님의 긍휼에 의하여 "돋는 해가 위로부터 우리에게
임한다"고 말한다. 여기 "돋는 해"란 예수 그리스도를 지칭하는 말인데 예수
님은 돋는 해가 되셔서 우리에게 "임하셨다"고 사가랴는 말한다. "임하셨다"
는 말은 '찾아오셨다,' '돌보셨다'는 뜻이다. 예수님은 성육신하셔서 이 땅에
오셔서 하나님의 말씀을 전하시므로 이 땅을 돌보신다. 예수님은 세상을
비추는 빛이시다(요 8:12). 예수님은 돋는 해가 되셔서 위로부터 우리들에게
빛을 비추어 우리를 구원해 주신다. 사가랴의 입장에서 보면 예수님께서
오실 일은 미래이지만 너무 확실하니 부정(단순)과거 시제를 사용하여 표현
했다. 이것을 예언적 과거(prophetic perfect)라고 말한다. 예수님은 '의로운
해'이시고(말 4:2), '샛별'이시며(벧후 1:19), '광명한 새벽별'이시다(계

22:16). 돋는 해가 떠 있는 한 우리는 어둠속에서, 절망 속에서, 불행 속에서 살 이유가 없다. 이 해는 우리 앞에서 영원히 지지 않으니 얼마나 행복한지 이루 말로 다 할 수 없다.

눅 1:79. 어둠과 죽음의 그늘에 앉은 자에게 비치고 우리 발을 평강의 길로 인도하시리로다 하니라.

사가랴는 돋는 해이신 예수님께서 떠오르신 이후에 하시는 사역을 말한다. 하나는 "어둠과 죽음의 그늘에 앉은 자에게 비치는" 것이라고 한다(사 9:2; 42:7; 49:9; 마 4:16; 행 26:18). 영적으로 죽어서(엡 2:1) 절망과 공포와 두려움과 탄식하고 있는 자들에게 생명의 빛을 비추시는 것이다(사 9:1-2; 마 4:16). 예수님은 실제로 이 땅에 오셔서 무수한 사람들에게 새 생명을 주셨고 또 기쁨도 주셨다.

또 하나는 "우리 발을 평강의 길로 인도하시는" 것이다. 예수님께서 오셔서 하시는 일 중에 또 하나는 우리의 심령을 평강으로 인도하시는 것이라고 한다(시 29:1; 렘 14:13; 요 8:12). 다시 말해 평강을 주시는 일을 하신다. 바로 상반 절에 예수님께서 "어둠과 죽음의 그늘에 앉은 자에게 비치시기" 위하여 이 땅에 오신다고 했는데 예수님은 우리에게 오셔서 비추어주시므로 큰 은혜를 경험하게 하시고 그 결과 평강을 주신다. 바울은 그의 서신에서 "은혜와 평강이 있기를" 기원했다. 누구든지 그리스도로부터 은혜를 받으면 평강에 이르게 된다. 우리의 마음이 은혜를 받으니 평안하고 안정 상태에 이르게 마련이다. 세상 사람들은 마음먹기에 따라 행복이 온다고 하는데 마음을 아무리 잘 먹으려고 해도 잘되지 않는다. 이유는 마음속에 죄가 있기 때문이다. 성경은 "만물보다 거짓되고 심히 부패한 것은 마음이라"(렘 17:9)고 말한다. 그런고로 마음에 은혜가 임해야 평강에 이르게 된다.

G. 세례 요한의 성장과정 1:80

눅 1:80. 아이가 자라며 심령이 강하여지며 이스라엘에게 나타나는 날까지

빈 들에 있으니라.

누가는 본 절에서 세례 요한의 성장과정에 대해서 말하고 또 요한이 이스라엘에 나타나는 날까지 지냈던 장소에 대해 언급한다. 먼저 "아이가 자랐다"고 말한다(2:40). '육신이 성장했다'는 뜻이다. 그리고 누가는 요한의 "심령이 강하여져갔다"고 말한다. 심령이 강하여져갔다는 말은 건강한 심령으로 성장했다는 뜻이다. 요한의 심령이 병들지 않고 건강한 심령으로 성장한 것은 성령님의 간섭이 크게 작용했기 때문이다(15절, 41절 참조).

그리고 누가는 요한이 "이스라엘에게 나타나는 날까지 빈들에 있었다"고 말한다(마 3:1; 11:7). 광야에서 성장했다는 뜻이다. 이런 기록 때문에 세례 요한은 엣세네 파(Essences)에 속했을 것이라는 추측이 힘을 얻고 있다. 엣세네 파는 이스라엘의 유력한 종파의 하나로서 광야에 거점을 두고 은둔생활을 했다. 본문의 "광야"(ταῖς ἐρήμοις)라는 말에 관사(ταῖς)가 있어 이 광야는 유대인들에게 잘 알려진 유대 남방, 사해 서편의 광야였을 것으로 보인다(3:2 참조, Plummer, Godet). 즉 엣세네 파의 본거지(本據地)였던 사해 동굴이었던 것으로 추측된다. 그러나 세례 요한이 엣세네 파에 속했었다는 기록은 성경에 없다.

광야는 사람을 키우는 곳이다. 외로운 곳이기 때문에 하나님만 상대하고 살아야 하고 또 외로운 곳이기 때문에 사람을 단순하게 만든다. 구약의 인물들(모세, 엘리야)도 광야에서 살았다. 오늘 우리는 이 땅을 광야로 알고 하나님만 바라보는 삶을 살아야 한다.

제 2 장
예수님의 탄생과 그의 유년 시절에 있었던 일들

H.예수님이 탄생하시다   2:1-20

누가는 1장에서 복음을 기록한 목적(1:1-4), 천사 가브리엘이 사가랴에게 아들이 태어날 것을 고지하는 내용(1:5-25), 마리아에게 하나님의 아들이 태어날 것을 고지하는 내용(1:26-38), 엘리사벳이 마리아의 방문을 받고 찬미한 일(1:39-45), 마리아의 찬미(1:46-56), 세례 요한의 탄생(1:57-66), 사가랴의 찬미(1:67-79)와 세례 요한의 성장과정(1:80)을 말한 다음 이제 예수님이 탄생한 기사를 기록한다(2:1-20).

누가는 예수님께서 베들레헴의 구유에서 탄생하셨으며(1-7절), 예수님께서 탄생하신 후 천군천사가 나타나 찬송하고(8-14절), 밤에 목자들이 찾아와 경배한 사건(15-20절)을 기록한다.[17] "그리스도의 탄생이 이 세상에 가져다 준 축복은 말로 다 형언할 수 없을 정도다. 그로 말미암아 사람이 영생에로 들어갈 수 있는 문이 열리게 된 것이다"(존 라일).

1.예수님께서 구유에서 탄생하시다   2:1-7

---

17) 본문(2:1-20)에 해당하는 외증에 문제가 있어 아직도 미해결로 남아 있는 것들이 있다. 첫째, 아구스도 황제 때 호적을 한 기록이 역사에는 없다는 것, 둘째, 요세푸스의 역사에는 구레뇨가 수리아의 총독이 된 것은 본문의 것보다 10년 후라는 것들이다. 이렇게 본문에 대한 역사적 기록이 없다고 해도 본문이 바로 역사적인 기록이라는 것에 대해서는 많은 학자들이 운호하고 있다. 즉 1) 구레뇨가 수리아의 총독 직을 두 번 수행했는데 본문의 것은 구레뇨의 첫 번째 총독 재직 시에 시행한 호적을 지칭하고, 두 번째의 호적은 요세푸스의 역사(Antiquities, 18. 1. 1)와 또 사도행전 5:37과 동일한 것이라고 주장하는 학자들이 있다 (Ramsay. Zumpt, Farrar). 2) 몸젠(Mommsen)의 비석에 구레뇨에 대한 언급으로 믿어지는 문구가 있다는 것이다. 3) 순교자 유스티노의 기록에 의하면 호적에 대한 언급이 있다(Justin Martyr, Apol. i. 34:46: Dial. Trypho, 78).

눅 2:1. 그 때에 가이사 아구스도가 영을 내려 천하로 다 호적하라 하였으니.
누가는 "그 때에," 곧 '유대 왕 헤롯 때에'(윌렴 헨드릭슨)[18] 가이사 아구스
도가[19] "영을 내려 천하로 다 호적하라 하였다"고 말한다. 여기 "호적하
라"(ἀπογράφεσθαι)는 말은 현재시제로 쓰여 있어 계속해서 호적 하라는
뜻을 암시하고 있다. 14년마다 계속해서 세금 징수를 위해 등록하라는 것을
암시한다. 로마 황제는 '명령을 내려 로마 제국 전체(행 11:28; 17:6) 사람들로
하여금 다 등록하라'고 명령하였다. 세금을 내게 하기 위해서 이름, 직업,
재산, 가족관계 등을 등록(기록)하라는 것이었다. 가이사 아구스도가 이런
명령을 내렸기에 예수님이 베들레헴에서 탄생하시게 되었다(미 5:2). 아구스
도도 역시 하나님의 섭리 안에서 움직이고 있었다. 성경은 "왕의 마음이
여호와의 손에 있음이 마치 봇물과 같아서 그가 임의로 인도하시느니라"고
말씀한다(잠 21:1).

---

18) 인구조사는 단 한번만 있었던 것이 아니라 14년 마다 한 번 씩 있었다는 보고서가
발견되었다. 즉 이 보고서는 인구조사가 AD 34, 62, 90, 104, 118, 132, 146, 174, 188, 202,
216, 230에 실시된 것이 분명하다(윌렴 헨드릭슨, 누가복음 -상- 김유배옮김, 서울: 아가페출판
사, 1983, p. 203). 또한 이 보고서에는 AD 20, 48년에도 인구조사가 실시되었다는 간접적인
증언이 있다. AD 20에서 14년을 빼면 AD 6년에 인구조사를 한 것이 분명하다. AD 6년에서
14년을 빼면 BC 8년에 인구조사가 있었던 것이 확실하다. 그렇다고 인구조사가 헤롯이 다스리
던 BC 8년에 실시된 것은 아니다. 헨드릭슨(Hendriksen)은 다윗의 인구조사(삼하 24장)로 말미
암아 이스라엘 사람들 사이에는 인구조사에 대한 혐오감이 있어 이스라엘에서는 국내 사정으
로 호적이 늦어졌다는 것이다. 그렇다고 가이사 아구스도가 명령한 것을 아주 폐기하지는
않고 대략 BC 5년 혹은 그 무렵(그 후를 지칭하는 것임)에 실행되었거나 완성된 것으로 본다.
세속 역사가들은 누가의 역사적인 기록에 오류가 있다고 공격하지만 시간이 가면 갈수록
그의 기록의 정확성이 드러나고 있다.
19) 아구스도 황제의 본명은 가이우스 옥타비우스(Caius Octavius)였다. 생애의 전반시기
(BC 63-27)에 그는 옥타비안(Octavian)으로 불려졌다. 아구스도란 칭호는 로마 초대황제
가이우스 율리우스 카에사르 옥타비아누스(GaiusJulius Casesar Octavianus, B.C. 31-후 14
재위)에게 로마 원로원이 준 칭호로 존칭어(尊稱語)였다. 따라서 황제 아구스도(가이사
아구스도)로 불리웠다. 라틴어 [아우구스투스]는 [존엄자] [숭경할만 하다]를 뜻하는 말로서
그 후 로마황제 11인에게 이 칭호가 계승되고, 아구스도의 칭호는 권력의 상징으로 씌어졌
다. 그는 군인으로서도, 정치가로서도, 현저한 치적을 올리고, 로마제국을 잘 통치하여,
로마의 평화[Pax, Romana]를 확립했다. 누가복음에 의하면, 예수 그리스도께서 탄생하신
무렵에 행해진 세금징수를 위한 인구조사는 이 로마 최대의 황제 아구스도의 칙령에
의한 것이었다(2:1). 그는 알렉산드로스 대왕과 나폴레옹 1세와 함께, 세계 3대 정복자로
일컬어진다.

눅 2:2. 이 호적은 구레뇨가 수리아 총독 되었을 때에 처음 한 것이라.
누가는 가이사 아구스도가 호적하라는 명령을 내린 이 호적은 "구레뇨가
수리아 총독 되었을 때에 처음 한 것이라"고 말한다(행 5:37). 구레뇨
(Quirinius)가 수리아의 총독을 두 번 역임했는데 구레뇨가 첫 번 총독으로
재직할 때 호적명령을 내린 것을 지칭한다. 구레뇨가 두 번째 총독이 되어
호적하라고 명령한 것은 AD 7년에 행한 것으로 로마역사와 요세푸스의
역사에 기록되어 있고 사도행전 5:37절에 기록되었다.

눅 2:3. 모든 사람이 호적하러 각각 고향으로 돌아가매.
로마의 통치를 받고 있던 지역의 "모든 사람이 호적하러 각각 고향으로
돌아갔다." 모든 사람들은 로마 황제의 칙령을 외면할 수 없었다. 그래서
등록하러 각각 고향으로 돌아갔다. 이 모든 사람들 속에는 요셉과 마리아가
포함되어 있었다. 본문의 "돌아가매"(ἐπορεύοντο)라는 말은 미완료과거 시
제로 '계속해서 돌아가고 있었다'는 뜻이다.

**눅 2:4-5. 요셉도 다윗의 집 족속이므로 갈릴리 나사렛 동네에서 유대를
향하여 베들레헴이라 하는 다윗의 동네로 그 약혼한 마리아와 함께 호적하러
올라가니 마리아가 이미 잉태하였더라.**
누가는 이 부분에서 요셉이 마리아와 함께 베들레헴이라는 동네로 올라갔다
는 내용을 말하고 있고 또 특히 마리아가 이미 잉태된 사실을 말한다. 누가는
"요셉도 다윗의 집 족속이므로"라고 말한다(1:27; 마 1:16). 즉 '요셉도 다윗
집 족속이기 때문에'라는 뜻이다. "요셉도"란 말은 마리아가 다윗의 자손인데
(1:27) 요셉도 역시 다윗의 자손이라는 것을 지칭하는 말이다. 마 1:6, 16에
보면 요셉은 다윗 집 족속이었다. 본문에 누가가 "집 족속"을 언급하는 것은
호적에 필요한 것이 "집"과 "족속"이기 때문이다. 호적할 때는 지파와 족속과
집을 따져야 했다(수 7:16-18 참조).
　　누가는 요셉이 다윗의 집 족속이므로 "갈릴리 나사렛 동네에서 유대를

향하여 베들레헴이라 하는 다윗의 동네로 그 약혼한 마리아와 함께 호적하
러 올라갔다"고 말한다(1:27; 마 1:16). 요셉은 갈릴리 나사렛 동네를 떠나
유대를 향하여 다윗의 동네 베들레헴[20]으로 올라가야 했다. 베들레헴은
다윗이 나서 자란 곳으로(삼상 16:1, 4; 20:6; 삼하 23:15; 요 7:42) "다윗의
동네"라고 불린다.

요셉이 "그 약혼한 마리아와 함께 호적하러 올라갔다." 마리아와 함께
올라가지 않아도 되었는데 함께 올라갔으므로 예수님이 베들레헴에서 나서
야 한다는 성경의 예언을 이루게 되었다(미 5:2). 함께 올라갈 필요가 없었던
이유는 당시 여자는 인두세만 내면 되었고 호적 하러 갈 필요까지는 없었다
(Plummer). 더욱이 베들레헴은 해발 800m나 되어 힘들었을 터인데 함께
올라갔다. 그러나 헨드릭슨의 주장에 의하면 마리아가 요셉과 함께 올라가지
않았다면 신변에 위협을 느꼈을 것이라고 말한다. 이유는 마리아는 아이를
잉태하여 비방을 받고 있는 상태였기 때문이라고 한다. 하나님은 예언 성취를
위하여 약혼한 요셉 부부(마 1:24)의 마음을 움직이셨다. 그리고 누가는 "마리
아가 이미 잉태하였더라"고 말한다. 마리아는 잉태된 입장이었기에 몸이
심히 무거웠지만 베들레헴에서 탄생해야 한다는 주님의 뜻을 이루는데 사용
된 것이다.

**눅 2:6-7. 거기 있을 그 때에 해산할 날이 차서 첫아들을 낳아 강보로 싸서
구유에 뉘었으니 이는 여관에 있을 곳이 없음이러라.**

누가는 요셉과 마리아가 베들레헴에서 며칠 간 머물고 있을 그 때에 해산할
날이 차서 "첫 아들을 낳았다"고 말한다(마 1:25). 마리아가 "첫 아들"을

---

20) 베들레헴은 다윗의 출생지로서 또 예수 그리스도 탄생의 성읍으로서 무한히 마음을
끄는 지명이다. 오늘날의 아랍 이름은 '베잇 라함'(Beit Lah ^m)인데, 예루살렘의 서남쪽 10㎞
지점 유대 산지의 분수령에서 동쪽으로 뻗은 산등성이(표고 833m) 위에 건설된 아름다운 성읍이
다. 유대의 가장 비옥한 지대의 하나인데, 북쪽 구릉의 중복에는 올리브가 우거지고, 동쪽의
완만한 사면 단구(段丘)는 소맥의 풍작지이다. 창세기 35:19, 48:7에 보면 라헬은 베들레헴에
가는 도중 급사하여 여기 장사되었다.

낳았다는 말은 다음 아들들을 낳은 것을 암시한다. 예수님에게는 여러 형제와 자매가 있었다(8:19-20; 마 12:46-47; 13:56; 막 3:31-32; 요 2:12; 7:3, 5, 10; 행 1:14).

누가는 마리아가 첫 아들을 낳아 "강보로 싸서 구유에 뉘었다"고 말한다. '천(swaddling clothes-포대기)으로 아기를 쌓아서 구유에 뉘었다'는 뜻이다. 본문의 "구유"(φάτνη)란 말에 대해서 성경 해석 가들은 많은 연구를 했으나 해답은 예부터 있었던 해답을 넘지 못하고 있다. 여관에 아기를 널 곳이 없어 구유에 뉘었다고 했으니 해답은 여관방(객실-22:11; 막 14:14)보다는 좋지 않은 곳, 나쁜 장소임을 알 수 있다. 결국 "구유"란 '가축에게 꼴을 먹이는 그릇,' '여물통,' '마구간'(13:15)을 뜻한다. 혹시 '동굴 벽 움푹 들어간 곳에 짐승들이 먹이를 먹도록 만들어진 통'을 지칭할 수도 있다. 로벌슨(A. T. Robertson)은 "마구간들은 사각형인 여관의 한쪽 벽 밖으로 나와 있다"고 말한다. 로벌슨은 아기가 누어있던 구유는 한 쪽은 마구간으로 통하고 다른 한쪽은 여관으로 통해 있었다고 말한다. 예수님이 말구유에 뉘어 있는 동안 요셉과 마리아는 헛간에서 잠을 잤을 것이다.

그리스도의 구유 탄생은 우리에게 시사(示唆)하는 바가 크다. 첫째, 이는 그리스도의 자기 비하를 뜻한다(빌 2:6-8). 예수님은 실제로 제자들에게 끊임 없이 겸손할 것을 가르치셨다(22:24-30). 겸손하지 않으면 큰 손해를 본다. 이유는 겸손하지 않으면 그리스도를 따를 수가 없고 또 겸손하지 않으면 큰 은혜도 받을 수가 없기 때문이다. 둘째, 구유탄생은 그리스도께서 냄새나는 인생, 냄새나는 가정, 냄새나는 사회를 찾아오셨다는 것을 뜻한다. 나는 죄인이 아나라고 말하는 것처럼 어리석은 일은 없다. 누구든지 자신이 죄인임을 고백해야 한다(딤전 1:15; 요일 1:9-9). 그럴 때 그리스도께서는 그 사람에게 더욱 은혜를 베푸신다(롬 6:1).

2.천군천사가 찬송하다 2:8-14

눅 2:8. 그 지역에 목자들이 밤에 밖에서 자기 양 떼를 지키더니.

누가는 그리스도께서 베들레헴의 어느 여관의 마구간에서 탄생하여 구유에 뉘어져계실 때 베들레헴 "지역에 목자들이 밤에 밖에서 자기 양 떼를 지키고" 있는 중에 천군 천사가 나타나 찬양한 사실을 소개한다. 그 지역(주변지역)은 옛날에 다윗이 양을 치던 들로서(삼상 17:34) 현재 베들레헴 입구의 "목자의 들"로 알려진 곳으로 믿어진다.

그 지방의 "목자들"이 제일 먼저 예수님께서 탄생하신 것을 목격한 것은 예수님께서 사회적으로 비천한 자를 찾으시는 분이라는 것을 보여준다. 예수님께서는 사회적으로 높은 자들, 권세 있는 자들, 부자들을 먼저 찾아가시지 않고 낮은 자, 천대받는 자(세리, 죄인, 병자)를 찾아오신다. 우리의 마음은 무한히 낮아질 필요가 있다.

목자들은 "밤에 밖에서 자기 양 떼를 지키고 있었다." 목자들은 낮에도 양떼를 지키지만 밤이 되어도 편히 쉬지 못하고 자기들의 양떼를 지켜야 했다. 밤이 되면 들짐승들과 도둑들로부터 자기의 양떼를 지키기 위해 밖에서 추위에 떨어야 했다. 그들은 순번대로 자기들의 양떼를 계속해서 지켰다. 하나님은 이렇게 일하는 사람들을 귀중히 보시고 그리스도를 목격하게 하시고 또 그리스도로부터 사역자로 부르심을 받기도 한다(마 4:18-22 참조).

바로 이 날이 언제인지에 대해서는 정확하게 알 수가 없다. 다시 말해 어느 날이 성탄절인지는 정확하게 알 수가 없다. 12월 25일이 성탄절일지 혹은 동방교회가 지키는 1월 6일이 성탄절일지 또 혹은 다른 날이 옳은지는 부정도 긍정도 할 수가 없다. 우리는 전통적으로 지켜오던 12월 25일을 지키는 것뿐이다. 그 날이 아닐 것이라고 하여 그냥 지나치는 것보다는 그날 예수님의 성육신의 의의를 되새기며 축하하면 큰 은혜를 받는다.

눅 2:9. 주의 사자가 곁에 서고 주의 영광이 그들을 두루 비추매 크게 무서워 하는지라.

누가는 밤에 밖에서 양떼를 지키던 목자들이 "주의 사자가 곁에 서고 주의 영광이 그들을 두루 비추매 크게 무서워했다"고 말한다(1:12). 즉 '하나님께서 보내신 거룩하고 능력 있는 천사가 갑자기 목자들의 곁에 서고 또 하나님의 임재와 능력을 알려주는 하나님의 영광(출 24:16; 왕상 8:10; 사 6:1-3; 행 7:55)이 그들을 환하게 두루 비추니 그들은 크게 무서워하게 되었다.' 이렇게 갑자기 천사가 곁에 서고 또 놀라운 하늘의 빛이 나타났을 때 죄인들로서 두려워하지 않을 사람이 어디 있겠는가.

눅 2:10. 천사가 이르되 무서워하지 말라 보라 내가 온 백성에게 미칠 큰 기쁨의 좋은 소식을 너희에게 전하노라.

목자들이 여러 명이었지만 천사가 갑자기 나타났을 때 무서워하고 있었는데 천사가 말하기를 "무서워하지 말라"고 한다(1:13; 1:30). 천사가 나타난 것은 무서워하게 하려는 것이 아니라 좋은 소식을 전하러 온 것이니 무서워하지 말라고 부탁한 것이다. 그리고 천사는 "보라 내가 온 백성에게 미칠 큰 기쁨의 좋은 소식을 너희에게 전한다"고 말한다(31-32절; 24:47; 창 12:3; 마 28:19; 막 1:15; 골 1:23). 천사는 "온 백성에게" 관련된 좋은 소식을 전한다고 말한다. 여기 "온 백성"($\tau\hat{\omega}$ $\lambda\alpha\hat{\omega}$)이란 말에 관사가 붙어 있어 천사의 마음속에 그 한정된 백성을 지칭하는 것임에 틀림없다. 다시 말해 14절에 말한 "하나님이 기뻐하신 사람들"을 지칭하는 말이다. 다시 말해 '하나님이 택하신 사람들 전체'를 뜻한다. 하나님께서 만세 전에 택하신 사람들은 결국 예수님을 믿게 된다(살전 1:2-10). 천사는 하나님께서 택하신 사람들 전체에게 미칠 큰 기쁨을 주는 좋은 소식을 목자들에게 전하러 왔다고 말한 것이다. 이 온 백성 속에는 목자들도 포함되어 있었다. 하나님께서 택하신 사람이라면 누구든지 다 포함하는 말이다. 이스라엘 사람들도 들어 있고 이방인들도 들어 있다. 그리고 본문의 "좋은 소식"이란 '복음'을 가리킨다(1:19; 3:18; 4:18, 43; 7:22; 8:1; 9:6; 16:16; 20:1). 이 복음은 "큰 기쁨"을 주는 소식이다. 이 큰 기쁨을 주는 복음을 받은 자마다 기쁨을 금할 길 없다. 세상의 기쁨은 작은 것들이고 한시적인 것들이다. 돈을 벌었다든지 혹은 지위가 올라갔다든지 혹은 자식을 낳았다든지 하는 소식들은 작은 기쁨만을 주지만 그리스도의 대속의 죽음과 부활의 소식은 큰 기쁨을 준다. 천사가 기쁨을 전하는 메신저 역할을 한 것같이 오늘 우리들도 이웃들에게 그리고 전 국민들에게 기쁨을 전해주는 사람들이 되어야 할 것이다.

눅 2:11. 오늘 다윗의 동네에 너희를 위하여 구주가 나셨으니 곧 그리스도 주시니라.

본 절 초두에는 이유접속사(ὅτι)가 있어 본 절이 앞 절 말씀의 이유를 제공한다. "큰 기쁨의 좋은 소식"(앞 절)이라고 말한 이유는 "오늘 다윗의 동네에 너희를 위하여 구주가 나셨기" 때문이다. "다윗의 동네"란 말은 '베들레헴'을 지칭하는 말로 좀 더 시적이고 예언적인 표현으로 볼 수 있다(4절; 사 9:6). 목자들과 온 백성이 크게 기뻐해야 할 이유는 베들레헴에 구주가 나셨기 때문이다. "구주"(σωτὴρ-Σάιορ)란 말은 히브리어로는 '메시아'라고 하는데 '기름부음을 받은 자'라는 뜻이다(마 1:21). 구약 시대에 왕과 선지자와 제사장이 기름 부음을 받았는데 예수님은 한 분으로서 왕이시고 선지자이시며 제사장의 직분을 감당하시도록 기름 부음을 받으셨다. 공관복음에는 "구주"란 표현이 없고 요한복음 4:42에 한번 나타나고 있다(행 13:23; 엡 5:23; 빌 3:20 참조). 그리고 누가는 본문에서 구주를 "그리스도 주"라고 표현한다(1:43; 마 1:16; 16:16; 행 2:36; 10:36; 빌 2:11). "주"란 표현은 때로는 단순한 존칭으로도 사용되지만 본문에서는 신성의 대명사로 사용되었다(롬 1:4). 천사는 예수님을 삼중의 칭호로 부르고 있다.

눅 2:12. 너희가 가서 강보에 싸여 구유에 뉘어 있는 아기를 보리니 이것이 너희에게 표적이니라 하더니.

천사는 예수님께서 탄생하신 것을 전하고는 이제 목자들에게 해야 할 일을 전한다. 목자들이 강보에 쌓여 구유에 뉘어 있는 아기를 볼 수 있을 터인데 그것이 목자들이 아기를 찾을 수 있는 표적(sign)이라는 것이다. 그냥 강보에 쌓여 있는 것만 가지고는 찾을 수가 없다. 이유는 베들레헴 근방에 이제

막 태어나서 강보에 쌓여있는 아이가 여러 명 있을 수가 있다. 그러니 포대기에 쌓여있을 뿐 아니라 짐승의 여물통에 뉘어 있는 아이를 찾아야 하는 것이다. "이 표적이 확실하면서도 아기를 찾는데 도움이 될 만한 것이었다"(윌럼 헨드릭슨). 오늘도 예수님께서 십자가에 달리신 것이 우리에게 표적이 된다. 누가 의인을 위하여 죽었다고 해서, 선인을 위하여 죽었다고 해서 우리의 구주가 되는 것은 아니다. 반드시 십자가에 대신 달리신 분이어야 우리의 구주이시다(롬 5:7-8).

눅 2:13. 홀연히 수많은 천군이 그 천사와 함께 하나님을 찬송하여 이르되. 한 천사가 큰 기쁨의 좋은 소식을 전하였을 때 갑자기 "수많은 천군이 그 천사와 함께 하나님을 찬송하여 말했다"(창 28:12; 32:1-2; 시 103:20-21; 148:2; 단 7:10; 히 1:14; 계 5:11). "천군"(στρατιᾶς οὐρανίου-the heavenly host)이란 '하늘에 있는 군대'를 지칭한다. 하늘에는 수많은 군대가 있다(단 7:10; 계 5:11-12). 수많은 군대가 그 천사와 함께 하나님을 찬송했다. 이유는 하나님의 아들이 이 땅에 탄생하셨기 때문이었다. 우리는 지금도 천사와 그리고 하늘의 수많은 군대들과 함께 하나님을 찬송하고 있다. 수많은 천군이 천사와 함께 찬송한 내용은 다음 절에 있다.

눅 2:14. 지극히 높은 곳에서는 하나님께 영광이요 땅에서는 하나님이 기뻐하신 사람들 중에 평화로다 하나라.
수많은 천군이 목자들 곁에 있던 그 천사와 함께 본 절의 찬송을 불렀는데 본 절을 세 구분으로 나눌 수도 있고 두 구분으로 나눌 수도 있다(F. F. Bruce). 세 구분해보면 '지극히 높은 곳에서는 하나님께 영광, 땅에서는 평화, 사람들에게는 기쁨'으로 나눌 수 있다(KJV, Luther). 그러나 성경 해석 가들은 대체적으로 두 구분으로 나눈다. 1) 지극히 높은 곳에 계시는 하나님께 영광이 돌아가고, 2) 땅에서는 하나님께 기뻐하심을 입은 사람들 중에 평화가 이루어진다는 것이다.

하늘 공간을 메울 정도의 수많은 천사들은 그 천사와 함께 사회적으로
보잘 것 없는 목자들을 찾아와 하나님을 찬송하였다. "지극히 높은 곳에서는
하나님께 영광이요"라고 찬송하였다(19:38; 엡 1:6; 3:10, 21; 계 5:13). 하나님
은 하늘에 계신 분이시다(대하 2:6; 욥 16:19; 시 148:1; 엡 1:3). 천사들은
하늘에 계신 하나님께 영광을 돌린다. 하나님께서 아들을 보내서서 사람들을
대속하시니 하나님의 사랑과 공의가 완성될 것인 고로 하나님 앞에 영광이
돌아가야 한다는 것이다.

그리고 천군들은 천사와 함께 "땅에서는 하나님이 기뻐하신 사람들 중에
평화로다"라고 찬송한다(1:79; 요 3:16; 사 57:19; 롬 5:1; 엡 2:4, 7, 17; 골
1:20; 살후 2:16; 요일 4:9-10). 땅에 있는 사람들, 곧 하나님께서 기뻐하셔서
선택한 사람들에게는 평화가 임할 것이니 하나님을 찬송해야 한다는 것이다.
"진실되고도 영속되는 평화는 하나님께서 은혜로이 선택한 사람들, 오직
이 사람들만의 것이다(이사야 26:3, 12; 32:17; 48:22(=57:21); 학개 2:9; 스가
랴 9:10; 누가복음 1:78-79; 요한복음 14:27; 16:33; 로마서 5:1; 에베소서
2:14, 17; 골로새서 1:20)"(윌럼 헨드릭슨).[21] 우리는 하나님께서 구주를 보내
서서 대속하신 일 때문에 하나님의 사랑과 공의가 이루어졌으니 하나님께만
영광이 돌아가야 한다고 말해야 하며 또 하나님께서 우리를 구원하신 일로
우리에게 평화가 임했으니 하나님을 찬송해야 할 것이다.

3. 밤에 목자들이 찾아와 경배하다 2:15-20
**눅 2:15. 천사들이 떠나 하늘로 올라가니 목자가 서로 말하되 이제 베들레헴으
로 가서 주께서 우리에게 알리신 바 이 이루어진 일을 보자하고.**
누가는 본 절부터 17절까지 목자들이 천사의 말대로 행한 일을 말한다. 본
절은 목자들이 천사가 말한 내용을 두고 서로 대화한 내용이다. 누가는 "천사
들이 떠나 하늘로 올라갔다"고 말한다. 천사들은 자기들이 행할 일을 행한

21) 윌럼 헨드릭슨, 누가복음 (상), p. 228.

다음에는 즉시 그 자리를 떠났다. 천사들이 찬송한 다음 그 자리를 떠나자 "목자가 서로 말하되 이제 베들레헴으로 가서 주께서 우리에게 알리신 바 이 이루어진 일을 보자"고 말한다. 목자들은 베들레헴으로 가자고 한다. 그리고 하나님께서 천사들을 통하여 자기들에게 알려주신바 이루어진 일, 곧 아기가 탄생하여 구유에 누어 계신 일을 보자고 의론한다. 본문의 서로 "말하되"(ἐλάλουν)란 말은 미완료 과거 시제로 '서로 계속해서 말한 것'을 지칭한다. 목자들은 천사들이 하늘로 올라간 순간부터 계속해서 서로 의론하여 이제 "베들레헴으로 가서 주께서 우리에게 알리신 바 이 이루어진 일을 보자"고 말한다. 그들은 그냥 지나칠 수 없는 입장이었다. 그리고 본문의 "가서"(διέλθωμεν)란 말은 '통과하여 목적지까지 찾아들어가다'라는 뜻으로 목자들이 예수님이 계신 곳까지 찾아들어 가자고 말한 것을 뜻한다. 아마도 그곳까지는 꽤 거리가 되었던 것으로 보인다.

눅 2:16-17. 빨리 가서 마리아와 요셉과 구유에 누인 아기를 찾아서 보고 천사가 자기들에게 이 아기에 대하여 말한 것을 전하니.
바로 앞 절에서는 목자들이 서로 의론한 사실을 기록했고, 이제 본 절에서는 실제로 행동한 것을 말한다. 목자들은 "빨리 갔다." 천사들이 빨리 움직이듯이 목자들도 빨리 행동했다. 한국인들이 빨리빨리 행동하는 민족으로 세계적으로 이름이 나 있다. 어떤 점에서는 나쁜 것이 아닐 것이다. 목자들은 빠른 동작으로 가서 "마리아와 요셉과 구유에 누인 아기를 찾았다." 목자들은 베들레헴의 집집을 찾았다. 그래서 결국은 어머니와 요셉 그리고 구유에 누인 아기를 찾았다. 누구든지 찾고 찾으면 만난다(잠 8:17).

그리고 목자들이 마리아와 요셉, 그리고 구유에 누인 아기를 찾은 다음 그들은 "천사가 자기들에게 이 아기에 대하여 말한 것을 전했다." 이 아기가 구주라는 것, 그리스도라는 것, 주님이라는 것, 그래서 온 백성에게 미칠 좋은 소식이라는 것 등을 전했다. 우리도 성경이 말씀하는 대로 전해야 할 것이다. 더하지도 말고 빼지도 말고 전해야 한다(계 22:19).

눅 2:18 듣는 자가 다 목자들이 그들에게 말하는 것들을 놀랍게 여기되.
천사가 말한 말, 즉 목자들이 전해준 말 "듣는 자가 다 목자들이 그들에게 말하는 것들을 놀랍게 여겼다." 우선 마리아와 요셉이 목자들이 그들에게 전해주는 말들을 놀랍게 여겼다. 마리아와 요셉은 아들을 낳아서 강보에 쌓아 구유에 뉘어 놓고 나사렛으로 돌아갈 것을 생각하고 있었을 터인데 목자들이 와서 이 아이가 구주, 그리스도, 주님이라고 전해주는 말, 그리고 이 아이의 탄생이 온 백성에게 기쁨이 된다는 말을 들으면서 소스라치게 놀랐을 것이다. 그리고 부모들만 아니라 목자들의 말을 듣는 베들레헴 사람들도 놀랐을 것이고 뿐 아니라 목자들이 다른 곳으로 일을 보러 가서 아기 예수님에 대해 말할 때 듣는 사람마다 기이하게 여겼다. 그들의 말은 오늘 우리에게도 놀라운 소식이다.

눅 2:19. 마리아는 이 모든 말을 마음에 새기어 생각하니라.
마리아는 요셉보다 더 목자들이 전해주는 말을 마음에 새기어 생각했다(51절; 1:66; 창 37:11). 아기에 대한 어머니의 관심은 그 누구보다 크다. 그리고 마리아는 주님의 여종이라고 고백한 만큼 신앙심이 깊은 여성으로서 천사가 말한 것을 마음 속 깊이 새겼다. 본문의 "새기어"(συνετήρει)라는 말은 미완료 과거 시제로 '확실하게 마음에 새기고 새겼다,' '안전하게 마음에 지키고 있었다'는 뜻이다. 목자들이 전해주는 말을 놓치기 싫어 마음 판에 계속해서 새기고 또 새겼다. 우리 역시 성경이 말씀하는 것을 깊이 새겨야 한다. 예수님이 구주, 그리스도, 주님(세 가지 언어는 거의 같은 뜻이다)이라는 말씀을 마리아처럼 우리의 심령 깊은 곳에 간직해야 한다(51절 참조; 히 3:1).
그리고 마리아는 목자들이 전해주고 간 말씀(아기가 구주요, 그리스도이시며 주님이라는 말씀)을 그들이 전해줄 때와 또 전해주고 간 후에도 자꾸 생각했다. 여기 "생각하다"(συμβάλλουσα)는 말은 현재 시제로 당시만 아니라 앞으로도 '계속해서 숙고하고 있다'는 것이다. 목자들이 전해준 말씀의 뜻이 무엇인지 계속해서 생각하며 지내고 있다는 뜻이다. 마리아는 목자들이 전해준 이야기만 마음에 새기고 숙고한 것은 아니다. 앞 서 있었던 일까지(가브리엘 천사가 자기에게 말한 것, 엘리사벳이 자기에게 말한 것, 양치는 목자들이 전해준 말들) 곰곰이 생각했다. 마리아는 사려 깊은 여인이었다. 우리는 하나님의 계시의 말씀을 곰곰이 생각하는 사람들이 되어야 하고 예수님의 재림에 대해서도 곰곰이 깊이 생각하고 준비해야 할 것이다.

눅 2:20. 목자들은 자기들에게 이르던 바와 같이 듣고 본 그 모든 것으로 인하여 하나님께 영광을 돌리고 찬송하며 돌아가니라.
목자들은 자기들에게 천사들이 말해주던 것을 다 듣고 또 실제로 그들이 베들레헴에 찾아가서 보니 모든 것이 사실임을 알고 "하나님께 영광을 돌렸다." 하나님께서 자기들 같은 비천한 사람들에게 천사를 보내어 구주 탄생을 알려주시고 또 실제로 가서 보니 모든 것이 사실임을 알고 전적으로 하나님께 영광을 돌렸다. 이런 영광이 어디 있겠는가. 그러나 그 모든 영광이 하나님께서 온 것이니 하나님에게만 영광을 돌렸다. 목자들은 아기 예수님이 구유에 뉘어 있던 것 때문에 구주께서 어찌 이런 곳에서 탄생하셨을까하고 의아하게 생각하지 않고 천사가 말한 대로 된 것을 보고 영광을 돌렸다(윌럼 헨드릭슨).
　　그리고 목자들은 "찬송하며 돌아갔다." 일단 큰 은혜를 경험한 목자들은 마음으로 찬양하고 입으로 찬송하며 자기들의 일터로 돌아갔다. 비천한 목자들은 바리새인들처럼 전문적인 종교인들도 아니었는데 갑작스럽게 제일 먼저 이런 경사를 체험하는 사람들이 되었으니 얼마나 감회가 새로웠을까. 그러나 그들은 그 영광을 가로채는 사람들이 아니었다. 모든 영광을 하나님께 돌렸고 또 찬송하면서(14절의 찬송, 천사와 천군이 불렀던 찬송이었을 것이다) 일터를 향하여 돌아갔다.

　　I.예수님이 성전에 나타나시다   2:21-40
　　누가는 예수님이 탄생하신 사실을 기록하고(1-7절), 또 천사가 예수님의 탄생 사실을 목자들에게 알린 것을 기록한(8-20절) 다음 이제 모세의 율법을

따라 예수님이 탄생하신 지 8일 만에 할례를 받으시고(21절), 탄생 후의
모든 의식을 지키시며(22-38절), 나사렛에 돌아가신 것(39절)과 유년기에
어떻게 성장하셨는지에 대해 기록한다(40절).

1.예수님이 할례를 받으시고 이름을 받으시다 2:21

**눅 2:21. 할례할 팔 일이 되매 그 이름을 예수라 하니 곧 잉태하기 전에
천사가 일컬은 바러라.**

예수님은 모세의 율법을 따라(창 17:12; 레 12:3) 탄생하신지 8일 만에 할례를
받으셨고 그날 이름도 받으셨다(1:59 참조). 이스라엘의 남자 아이는 난지
8일 만에 할례를 받았고 또 이름도 받았다. 여자 아이는 탄생하면 곧 이름을
받았다. 예수님은 죄를 제거하는 예식인 할례를 받으실 필요가 전혀 없었지만
(사 53:9b; 요 8:46; 고후 5:21) 그러나 백성들의 죄를 대신하기 위하여 오셨으
므로 할례를 받으셨다(사 53:4-6, 8, 10-12). 그리고 예수님은 율법을 이루시기
위해서 오셨으므로 할례를 받으셔야 했다(롬 15:8).

또 부모가 그 아기 이름을 "예수"라고 했는데(1:31; 마 1:21, 25) "잉태하기
전에 천사가 일컬은 바였다"(마 1:21). 요셉과 마리아(1:31)는 아기 이름을
"예수"라고 짓도록 미리 지시를 받았다. "예수"라는 이름은 '자기 백성을
죄에서 구원할 자'라는 뜻으로 매우 중요한 이름이다(마 1:21).

2.예수님이 탄생하신 후 모든 의식(儀式)을 가지시다 2:22-38

**눅 2:22. 모세의 법대로 정결예식의 날이 차매 아기를 데리고 예루살렘에
올라가니.**

모세의 법에 따르면 어머니가 남자 아기를 낳으면 40일 동안, 여자 아기를
낳으면 80일 동안 집에서 머물러야 했다. 그 정결의 날들이 차기 전에는
산모가 성전에 올라가거나 종교집회에 참석할 수가 없었다(레 12:2-4, 6).
예수님의 어머니는 예수님을 출산하고 40일이 지나자 "아기를 데리고 예루살
렘에 올라갔다." 베들레헴에서 예루살렘에 간 것을 두고 "올라갔다"는 표현

을 쓰는 이유는 예루살렘에 하나님의 집이 있었기 때문이었다(2:49). 예수님
의 부모가 예루살렘에 올라간 이유는 23절 이하의 행사를 가지기 위함이었다.

그런데 문제가 되는 표현은 헬라어 원문에 "그들의 정결예식의 날들"
(αἱ ἡμέραι τοῦ καθαρισμοῦ αὐτῶν)이란 말이 있다는 것이다. 정결의 날들이
차는 것은 여자에게만 해당되는 것인데 "그들의"라는 복수가 붙은 이유는,
1) 마리아의 불결은 아기의 출산과 관련되었기 때문에 아기도 역시 불결에
포함되어 있다. 그래서 정결예식이란 말에 "그들의"라는 말이 붙여졌다
(Geldenhuys). 그러나 "누가가 산모와 아이 둘 다 결례를 행해야 한다고
생각했을 것 같지는 않다"(존 놀랜드). 2) 누가가 마리아의 정결과 아기 예수
를 드리는 일(offering)을 혼합해서 한 행동으로 섞어서 복수로 썼다(Schmid,
Schurmann, Marshall, 옥스퍼드원어성경대전). 그러나 마리아의 정결과 아기
를 하나님께 드리는 일은 전혀 다른 차원의 것이니 이 학설은 받기가 어려워
보인다. 3) '유대인들의 결례'라는 뜻으로 복수로 썼다(Edersheim, 존 놀랜드).
4) 요셉이 마리아와 접촉해 있었으므로 요셉도 역시 불결해졌으니 요셉에게
도 결례의 날이 필요했다(J. J. Van Oosterzee, Godet, Meyer, Plummer, 이상
근). 5) 요셉은 가장으로서 제사를 드려야 했으니 "그들의 결례의 날들"이라
고 했다(Fitzmyer, Lenski, Hendriksen). 마지막 세 학설에 답이 있을 것으로
보인다.

눅 2:23. 이는 주의 율법에 쓴 바 첫 태에 처음 난 남자마다 주의 거룩한 자라 하리라 한 대로 아기를 주께 드리고.

예수님의 부모가 아기 예수님을 데리고 예루살렘에 올라간(앞 절) 목적은
"아기를 주께 드리기 위해서였다"(παραστῆσαι τῷ κυρίῳ). 본문은 헬라어
원어에서 22절에 속해 있다. 예수님의 부모가 예루살렘에 올라간 이유는
'아기를 하나님께 드리기 위해서였다.' 아기를 하나님께 드려야 하는 이유는
"주의 율법에" 그렇게 기록되어 있기 때문이었다(출 13:11-15). 이스라엘
민족은 "첫 태에 처음 난 남자마다 주의 거룩한 자"로 드려야 한다는 율법을

가지고 있다(출 13:2; 22:29; 34:19; 민 3:13; 8:17; 18:5). 여기 "첫 태에 처음 난 남자"란 말은 '태를 열고 나온 남자'란 뜻으로 '첫 아들'을 뜻한다. 이스라엘 사람들은 장자를 하나님께 구별해드려야 한다는 법 아래에 있었다. 이스라엘 백성이 출애굽할 때 애굽의 장자들이 죽는 재앙에서 이스라엘 사람들이 구원을 받았으므로 이스라엘의 장자들도 하나님께 바쳐야 한다는 것이었다

눅 2:24. 또 주의 율법에 말씀하신 대로 산비둘기 한 쌍이나 혹은 어린 집비둘기 둘로 제사하려 함이더라.

예수님의 부모가 예루살렘에 올라간 또 하나의 목적은 "주의 율법에 말씀하신 대로 산비둘기 한 쌍이나 혹은 어린 집비둘기 둘로 제사하려 함이었다"(레 12:2, 6, 8). "산비둘기 한 쌍이나 혹은 어린 집비둘기 둘로 제사하는" 것은 가난한 자를 위한 제물이었다. 레 12:8에 보면 "그 여인이 어린 양을 바치기에 힘이 미치지 못하면 산비둘기 두 마리나 집비둘기 새끼 두 마리를 가져다가 하나는 번제물로 하나는 속죄 제물로 삼을 것이요 제사장은 그를 위하여 속죄할지니 그가 정결하리라"고 말씀한다. 가난하지 않은 일반 사람들이 드리는 제물은 1년 된 어린 양이었다(레 12:6-7). 정결예식은 제사를 드리므로 끝난다. 요셉과 마리아는 정결예식을 마치기 위하여 제사를 드린 것이다.

예수님은 율법 아래 나셨다(갈 4:4). 율법 아래 나신 것은 율법 아래에 있는 자들을 구원하시기 위함이었다. 예수님은 죄가 없으신 분이지만 세상 죄를 지시기 위하여 이 땅에 오셨다(사 53:4-6; 요 1:29).

눅 2:25. 예루살렘에 시므온이라 하는 사람이 있으니 이 사람은 의롭고 경건하여 이스라엘의 위로를 기다리는 자라 성령이 그 위에 계시더라.

누가는 본 절부터 35절까지 시므온이 축복한 것을 기록한다. 먼저 본 절은 누가가 시므온이 어떤 사람인지에 대해 말한다. 첫째, 그는 예루살렘에서 거주했다. "예루살렘에 시므온이라 하는 사람이 있으니." 시므온은 어떤

전문적인 종교가는 아니었고 평신도였다(윌럼 헨드릭슨). 그러나 "시므온은 그리스도가 오셨다고 전한 첫 선지자였다"(Bengel). 그가 선지자로 부름을 받은 것이 아니라 성령으로 예수님을 알아보고 예수님을 전하였으니 선지자 역할을 한 것이었다. 둘째, 그는 "의로운" 사람이었다. 다시 말해 인간관계에 있어서 의롭게 산 사람이었다. 마리아의 남편도 의로운 사람이었고(마 1:19), 세례 요한의 부모도 의로운 사람이었다(1:6). 다시 말해 대인관계에 있어 점과 흠이 없었다는 것이다. 셋째, 그는 "경건하였다"(행 2:5; 8:2; 22:12). 시므온은 하나님을 경외하는 사람이었다. 넷째, 그는 "이스라엘의 위로를 기다리는 자"였다(38절; 사 40:1; 막 15:43). 시므온은 이스라엘의 암울한 시기(이스라엘은 로마의 지배하에 있었고 종교는 형식화되어 있었으며 하나님의 음성이 없었던 시대였다)에 이스라엘을 위로할 자를 기다리고 있었다. 기다리는 자는 반드시 위로자를 만난다. 시므온은 위로자 예수님을 만나는 복을 받았다. 우리는 그리스도로부터 큰 위로를 기대해야 한다. 다섯째, 그는 "성령이 그 위에 계셨다." 성령님의 지배를 받고 살았다. 오순절 성령 강림 전에도 이처럼 성령의 지배를 받고 사는 사람이 있었다. 성령님이 시므온 위에 계셨기에 다음 절과 같은 일이 일어날 수 있었다.

눅 2:26. 그가 주의 그리스도를 보기 전에는 죽지 아니하리라 하는 성령의 지시를 받았더니.

시므온 위에 계셨던 성령님으로부터 "그(시므온)가 주의 그리스도를 보기 전에는 죽지 아니하리라 하는 성령의 지시를 받았다"(시 89:48; 히 11:5). '시므온이 하나님께서 보내시는 그리스도를 보기 전에 죽지 아니하리라 하는 성령님의 지시를 받고 그리스도를 기다렸다.' 이스라엘의 위로를 기다리며 기도하던 시므온에게 성령님께서 죽기 전에(시므온이 꽤 나이가 많았던 것으로 보인다) 그리스도를 볼 것이라는 지시를 주셨다. 시므온이 성령의 지시를 받았다는 말은 시므온이 심령 속에 깊은 깨달았음을 받았다는 말일 수도 있다.

눅 2:27. 성령의 감동으로 성전에 들어가매 마침 부모가 율법의 관례대로 행하고자 하여 그 아기 예수를 데리고 오는지라.

예루살렘에 살고 있던 시므온은 성령님의 감동으로 예루살렘 성전에 들어갔다. "성령의 감동으로"란 말은 '성령 안에서'란 뜻이다(마 4:1; 계 1:10; 4:2; 17:3; 21:10). 시므온은 성령 안에서 살았고 또 성령 안에서 성전에 들어갔다. 그는 성령의 사람이었다(고전 12:3). 본문의 "성전"이란 말은 성전 구내를 지칭한다. 시므온이 성전구내에 들어갔을 때 때마침 예수님의 부모가 "율법의 관례대로 행하고자 하여 그 아기 예수를 데리고 왔다." "율법의 관례대로 행하고자" 했던 것은 다름 아니라 예수님을 하나님께 드리는 예식을 행하려던 것이었다(23절).

눅 2:28. 시므온이 아기를 안고 하나님을 찬송하여 이르되.

시므온은 성령의 지시로 예수님을 알아보고 "아기를 안고 하나님을 찬송하였다." 그는 자신이 기다리던 아기를 안았으니 마음의 감격은 형언할 길이 없었다. 그는 벅찬 감격으로 "하나님을 찬송하면서" 아래와 같이 말을 했다.

눅 2:29. 주재여 이제는 말씀하신 대로 종을 평안히 놓아 주시는도다.

누가는 본 절부터 32절까지 시므온이 찬송한 내용을 기록한다. 시므온의 찬송의 이름은 Vulgate역의 첫말을 따서 Nunc Dimittis라 한다. 이 찬송은 5세기 이후 저녁 예배 때 불렀고 또 임종을 당하는 사람들을 위해서 불렀다.

먼저 시므온은 "주재여 이제는 말씀하신 대로 종을 평안히 놓아 주시는도다"라고 말한다(창 46:30; 빌 1:23). '하나님이시여. 이제는 당신께서 말씀하신 대로 종을 평안히 세상을 떠나도록 놓아주시네요'라는 뜻이다. 본문의 "놓아 주시는도다"(ἀπολύεις)라는 말은 '해방시켜 주신다'는 뜻이다. 시므온은 예수님을 안고 이제 하나님께서 예수님을 통하여 구원하시는 것을 보았으니 더 바랄 것이 없다는 심정으로 한 생애의 길고 긴 임무로부터 해방시켜주시는 것을 알고 찬송하고 있다. 우리가 예수님을 알고 죽는다면 우리의 죽음은

육신으로부터의 해방이고 죄로부터의 해방이며 기나긴 임무로부터의 해방
을 뜻한다.

눅 2:30. 내 눈이 주의 구원을 보았사오니.
시므온은 "내 눈이 주의 구원을 보았다"고 찬송한다(3:6; 사 52:10; 행 28:28;
엡 6:17). '내 두 눈들로써 분명히 하나님께서 자신을 구원하심을 보았다'고
찬송한다. 여기 "구원"(τὸ σωτήριόν)이란 말은 중성명사로서 '구원을 주시는
것,' '구원하시는 것'이란 뜻으로 시므온은 하나님께서 예수님을 통하여 구원
하시는 것을 보았다고 찬송한다.

눅 2:31. 이는 만민 앞에 예비하신 것이요.
하나님의 구원하심(앞 절)은 하나님께서 "만민," 곧 '이스라엘에게나 이방인
에게나' 차별 없이 예비하신 것이라고 시므온은 찬송한다. 시므온은 성령께
서 주시는 깨달음으로 기독교는 세계종교가 될 것을 알아서 찬송한다. 하나님
께서 구원하시는 것은 이스라엘 사람들만 위한 것이 아니라 하나님의 택함
받은 사람이라면 누구에게든지 임하는 것이다(시 108:2-3; 사 52:10).

눅 2:32. 이방을 비추는 빛이요 주의 백성 이스라엘의 영광이니이다 하니.
시므온은 아기 예수님이 바로 "이방을 비추는 빛이요 주의 백성 이스라엘의
영광이니이다"라고 찬송한다. 시므온은 예수님이 "이방을 비추는 빛이라"고
말한다(사 9:2; 42:6; 49:6; 60:1-3; 마 4:16; 행 13:47; 28:28). 시므온은 성령으
로 말미암아 아기 예수님이 앞으로 이방 사람들을 훤히 비추실 빛이시라고
찬송한다. 예수님께서 흑암에 쌓여있는 이방 사람들을 훤히 비추실 것이라고
한다(요 8:12). 예수님은 이방사람들에게 하나님께서 어떤 분이신가를 알려
주어 이방인들의 마음을 훤히 비추실 것이고 또 예수님 자신이 '길이시고
진리이시고 생명이신 사실'(요 14:6)을 알려주어 이방인들의 마음을 환하게
비추어 주실 것이며 또 예수님께서 십자가에서 피를 흘려 이방인들의 죄를

씻어주어 마음을 환하게 하실 것이다. 아무튼 예수님은 자신이 구원하시는 분임을 알려주어 이방 사람들로 하여금 흑암으로부터 생명으로 들어가게 하실 것이다(행 26:17-18). 시므온은 예수님이 이방을 비추는 빛이시라고 찬송한다.

그리고 시므온은 예수님이 "주의 백성 이스라엘의 영광이니이다"라고 찬송한다. 혹자는 예수님이 이방을 비추는 빛이시기에 주의 백성 이스라엘에게 영광이 된다고 말하고 있다. 그러나 예수님이 이방을 비추는 빛이시기에 이스라엘에게는 영광(자랑거리)이 된다는 해석은 문맥을 놓친 해석으로 보인다. 이유는 본문에서 "영광"이란 말은 바로 앞 절에 나오는 "빛"이란 말과 동의어라는 것을 감안하면 "영광"이란 말도 '구원'이라는 뜻으로 해석해야 할 것이다. 다시 말해 예수님이 "주의 백성 이스라엘의 영광이라"는 말은 예수님이 이스라엘의 구원을 위한 존재라는 뜻이다. 즉 예수님은 이스라엘에게 구원의 영광을 주는 분이라는 뜻으로 해석해야 할 것이다. 예수님은 하나님의 백성들에게 한량없는 영광을 주시는 분이시다. 그는 이스라엘 백성들에게 구원을 주시고 영원한 기업을 주시는 분이시다.

여기서 한 가지 주의해야 할 해석은 이스라엘이란 말이 영적인 이스라엘이 아니라 육적인 이스라엘이라는 것이다. 34절에 보면 이스라엘이란 말이 육적인 이스라엘을 지칭하고 있는 것을 보면 확실하다. 예수님은 이스라엘 모두에게 엄청난 구원을 안겨주실 수 있으시다. 그리고 예수님은 우리들 모두에게 엄청난 구원을 안겨주신다. 우리는 예수님 때문에 구원을 받을 입장에 있다.

눅 2:33. 그의 부모가 그에 대한 말들을 놀랍게 여기더라.

요셉과 마리아는 시므온이 예수님을 안고 예수님에 대해 말하는 말들을 듣고 아주 놀랍게 여기고 있었다. 본문의 "놀랍게 여기더라" (ἦν...θαυμάζοντες)는 말은 미완료 과거 시제와 현재분사가 합한 형태로 '놀랍게 여기고 있었다'는 뜻이다. 시므온이 아기의 장래에 대해 말하고

있을 때 요셉과 마리아는 놀랍게 여기고 있었다는 것이다. 아기 예수님의
먼 장래에까지 말하는 것을 듣고 놀라지 않을 수 없었다. 가브리엘 역시
아기 예수에 대해서 놀라운 말을 했고(1:31-33), 천사와 천군이 말한 것을
목자들이 요셉과 마리아에게 전해주었을 때 그것도 놀라운 내용이었다
(2:8-14). 그러나 이 말씀들 속에는 예수님의 먼 장래에 대해 말한 것은 없었다.
그러나 시므온은 이방인과 이스라엘을 위하여 앞으로 구원을 베푸실 것을
말했다. 참 놀라운 말씀이었다.

**눅 2:34. 시므온이 그들에게 축복하고 그의 어머니 마리아에게 말하여 이르되
보라 이는 이스라엘 중 많은 사람을 패하거나 흥하게 하며 비방을 받는
표적이 되기 위하여 세움을 받았고.**
누가는 시므온이 본 절과 다음 절에서 요셉과 마리아에게 축복한 사실을
기록했고 또 어머니 마리아에게 예언한 내용을 기록하고 있다. "시므온이
그들에게 축복했다"는 말은 '복을 빌어 주었다'는 뜻이다. 이미 복을 받은
사람들에게 또 복을 빌어 주었다. 우리 역시 다른 사람들을 축복하는 사람들
이 되어야 한다.
　그리고 시므온은 마리아에게 예언을 한다. 예언의 내용은 예수님의 성역
전체를 포함하고 있다. 첫째, "보라 이는 이스라엘 중 많은 사람을 패하거나
흥하게 하며 비방을 받는 표적이 되기 위하여 세움을 받았다"고 말한다.
곧 '이 아이는 이스라엘 중 많은 사람의 패함과 흥함을 위하여 세움을 받았고
또 비방을 받는 표적(σημείον)이 되기 위하여 지명되었다'는 뜻이다(사 8:14;
호 14:9; 고후 2:16; 벧전 2:7-8). 예수님은 많은 대적 자들에게는 거치는
돌이 되셨고(롬 9:32-33; 고전 1:23-24) 또 한편 믿는 사람에게는 보배로운
모퉁이 돌이 되셨다. 다시 말해 예수님은 그를 믿는 자들에게는 구원의 근원
이 되시고 믿지 않고 등을 돌리는 사람들에게는 저주(멸망)의 원인이 되신다
는 것이다(13:28-29; 16:25; 18:9-14; 마 7:24-27; 10:32-33, 39; 11:25-26;
13:11-12; 18:5-6; 21:28-32; 24:45-51; 25:1-13, 31-46). 예수님께서 이렇게

많은 사람들에게 구원을 주시고 또 많은 사람들을 멸망하게 만드시는 것은 예수님께서 하나님이시기 때문이다. 어떻게 보통 사람이 다른 사람을 구원하고 또 멸망시킬 수 있을 것인가.

시므온은 예수님께서 대적자들의 비방의 대상이 되도록 지명을 받으셨다고 말한다(4:28-29; 마 27:63; 요 6:41, 52; 8:31-59; 행 28:22). 예수님은 시므온이 예언한 바와 같이 바리새인들과 사두개인들과 또 유대인들의 비방의 표적이 되셨다. 예수님만 아니라 복음을 가지고 당시 세 차례 전도 여행을 했던 바울은 어디를 가든지 비방의 대상이 되었다. 오늘 우리도 역시 그리스도를 전할 때 비방을 받는 표적이 된다. 예수님은 제자들에게 말씀하시기를 "사람들이 나를 박해하였은즉 너희도 박해할 것이라"고 하셨다(요 15:20). 예수님은 비방의 표적이 되셨다. 그런데 제자들인 우리가 비방을 피하려고 해서는 안 된다.

눅 2:35. 또 칼이 네 마음을 찌르듯 하리니 이는 여러 사람의 마음의 생각을 드러내려 함이니라 하더라.

둘째, "또 칼이 네 마음을 찌르듯 할 것이라"고 한다(시 42:10; 요 19:25). '예수님께서 비방의 표적이 되기 때문에 그 모친 마리아의 마음에는 칼이 찌르는 듯 하는 아픔이 있을 것이라'는 말씀이다. 마리아는 예수님께서 많은 사람들로부터 비방을 받으실 때 그 마음에 칼이 꽂히는 아픔(견딜 수 없는 아픔)을 받았고 드디어 예수님께서 십자가에 달리실 때는 말할 수 없는 아픔을 경험했다(요 19:25-27). 마리아가 시므온으로부터 이런 예언의 말씀을 받지 않았더라면 실제로 아들 예수님이 십자가의 죽음을 맞이했을 때 견디기가 더욱 힘들었을 것이다.

그리고 누가는 목적을 나타내는 접속사(ὅπως)를 사용하여 본 절 하반 절(대부분의 해석자들은 본 절 상반 절을 삽입절로 본다)이 34절 하반 절의 목적임을 드러낸다. 즉 본 절 하반 절의 말씀 "이는 여러 사람의 마음의 생각을 드러내려 함이니라"는 말씀이 34절 하반 절의 목적절이다. 다시 말해 예수님은 "비방을 받는 표적이 되기 위하여 세움을 받으셨"(34b)는데 그 목적은 "여러 사람의 마음의 생각을 드러내기 위해서"(35b)라는 것이다. 더 쉽게 말해 예수님은 비방을 받는 표적이 되도록 세움을 받았는데 그렇게 비방을 받는 표적이 된 것은 여러 사람의 마음의 생각을 밝히 드러내려 하기 위해서라는 것이다. 예수님께서 수많은 사람들의 생각을 드러내려면 비방을 받는 표적이 되시는 수밖에 없다. 비방을 받으시는 표적(sign, mark)이 되지 않고는 많은 사람들의 속을 드러내실 수가 없다. 예수님께서 공생애를 아직 시작하시지 않았을 때 곧 성장하시는 중에는 하나님과 사람에게 더욱 사랑스러워 가셨다(2:52).

눅 2:36-37a. 또 아셀 지파 바누엘의 딸 안나라 하는 선지자가 있어 나이가 매우 많았더라 그가 결혼한 후 일곱 해 동안 남편과 함께 살다가 과부가 되고 팔십사 세가 되었더라.

누가는 아기 예수를 드러낸 또 한 사람 안나(은혜라는 뜻)의 정체에 대해서 이 부분(36-37b)에서 말한다. 안나는 첫째, "아셀 지파"에 속해 있었다고 한다. "아셀"은 야곱의 부인 레아의 여종 실바의 둘째 아들이었다. 아셀이 태어남으로 레아를 기쁘게 하였기에 아셀(기쁨이라는 뜻)이라는 이름이 붙여졌다. 야곱의 아들들 중에 아셀은 여덟째 아들이었다(창 29:31-30:24; 35:16-20, 22-26 참조). 아셀 지파는 바벨론 포로에서 돌아오지 않은 지파였는데 개인적으로 돌아온 사람이 있었던 것으로 보인다. 그리고 둘째, 안나는 "선지자"였다. 그는 여선지자(προφῆτις)였다. 구약 시대의 미리암, 드보라, 훌다, 그리고 신약 시대의 빌립의 딸들과 같이 여선지자였다. 선지자는 하나님의 말씀을 받아 백성들에게 선포했고 백성들을 위해 기도하는 사람이었다(신 18:18). 셋째, "나이가 매우 많았고...결혼한 후 일곱 해 동안 남편과 함께 살다가 과부가 되고 팔십사 세가 된" 사람이라고 말한다. 안나는 여러 해를 산 사람이었다. 안나는 결혼한 지 7년 동안 남편과 함께 살다가 과부가 되었는데 누가가 안나에 대해서 말할 때 안나의 나이는 84세였다(χήρα ἕως

ἐτῶν ὀγδοήκοντα τεσσάρων-KJV, NSA, RSV, Jerusalem Bible, William
Hendriksen). 그러나 혹자들은 안나의 나이가 대략 105세쯤 되었을 것이라고
추정하는 학자들도 있다. 그렇게 주장하는 이유는 헬라어 사본 중에 그렇게
번역할 수 있는 사본이 있기 때문이다(χήρα ὡς ἐτῶν ὀγδοήκοντα τεσ-
σάρων-"과부된 지 84년이라").22) 그러나 사본상 권위로 볼 때 "84세까지
과부였다"는 사본이 더 권위적이고 또 내용으로 볼 때도 84세까지 과부였다
는 해석이 더 옳은 것으로 보인다. 105세가 되어서 안나처럼 행동하기는
쉽지 않다고 할 수 있기 때문이다(William Hendriksen). 84세쯤 되어야 다음
절에서 볼 수 있는 활동을 할 수 있을 것이다. 우리는 나이가 많다고 아무
일도 안하고 지내서는 안 된다. 예배 생활도 열심히 해야 하고 기도도 하고
또 찬양도 하며 그리스도를 선전하면서 살아야 한다(37b, 38절).

**눅 2:37b. 이 사람이 성전을 떠나지 아니하고 주야로 금식하며 기도함으로
섬기더니.**

안나의 활동은 첫째, "성전을 떠나지 아니했다." 이 말씀은 안나가 성전
안에서 산다는 뜻이 아니라 성전에서 이루어지는 모든 행사에 철저하게
참석한다는 뜻이다. 주일 예배, 주중(週中)의 모든 행사에 전적으로 참석한다
는 뜻이다. 둘째, 안나는 "주야로 금식하며 기도함으로 섬겼다"(행 26:7;
딤전 5:5). "주야로"란 말은 헬라어 원어 성경에 "밤 낮"이라고 기록되었다
(νύκτα καὶ ἡμέραν). "밤"이란 말이 먼저 기록된 것은 유대인의 날짜는 저녁
해질 때부터 바뀌는 고로 밤이란 말이 먼저 기록되었다. 안나는 밤에도 하나
님을 섬겼고(=예배했고) 낮에도 하나님께 예배했다. 그렇게 주야로 예배를
드리면서 금식도 자주 하고(18:12; 마 6:16) 또 기도도 했다(마 6:5, 7).

---

22) 안나의 나이가 84세라는 것을 반대하는 학자들이 많이 있다. 이유는 원문의 해석에서
안나가 과부된 지 84년이라고 번역할 수도 있기 때문이다. 그러니까 안나가 14세에 결혼했다면
남편과 함께 산 나이 7년을 더하면 안나의 나이는 105세가 된다. 이 견해를 지지하는 학자들은
Lenski, Danker, Greijdanus, Stoeger 등이다. 105세라고 말해도 틀린 말은 아니다.

눅 2:38. 마침 이 때에 나아와서 하나님께 감사하고 예루살렘의 속량을 바라는 모든 사람에게 그에 대하여 말하니라.

누가는 안나의 두 가지 행동을 기록한다. 첫째, "마침 이 때에 나아와서 하나님께 감사했다." 여기 "마침 이 때에"란 말은 '마침 이 틈을 타서,' '마침 이 순간을 놓치지 않고'란 뜻으로 예수님의 부모가 아기를 데리고 아직 성전 구내에 머무르고 있을 때 그리고 시므온이 아기 예수님을 안고 찬송하며 아기 예수님에 대해 예언할 때를 지칭하는 말이다. 여선지 안나는 마침 그 순간에 아기 예수님께 나아와서 시므온의 찬양도 듣고 아기 예수님과 마리아의 장래에 대해 예언할 때 그 아기가 바로 이스라엘 사람들을 위한 속량자로 알고 하나님께 감사하고 또 감사했다. 본문의 "감사하고"(ἀνθωμολογεῖτο)란 말은 미완료과거 시제로 '감사하고 또 감사했다'는 뜻이다. 우리는 그리스도가 구원자라는 것을 생각하면서 천만번 감사해도 다 감사하지 못할 것이다.

그리고 둘째, "예루살렘의 속량을 바라는 모든 사람에게 그에 대하여 말했다"(25절; 24:21; 막 15:43). 안나는 예루살렘의 속량을 바라는 모든 사람에게 그 아기가 바로 속량 자라고 계속해서 말했다. "예루살렘의 속량"이란 말은 '이스라엘의 구속'이란 뜻과 같은 말이다(25절 참조). 이유는 예루살렘이 이스라엘의 수도이기 때문에 예루살렘이 이스라엘을 대표하고 있기 때문이다. 서울이 한국을 대표하고 도꾜가 일본을 대표하는 것과 같다. 안나는 아기 예수님이 구원자라는 것을 알고 구원을 바라는 모든 사람에게 바로 아기 예수님이 구원자라고 계속해서 말했다. 본문의 "말하니라"(ἐλάλει)는 말은 미완료과거 시제로 '계속해서 말했다'는 뜻이다. 누가든지 그리스도를 아는 사람들은 그리스도가 우리의 영육을 구원하실 분이라고 계속해서 선전해야 한다.

3.예수님이 갈릴리로 돌아가시다   2:39

눅 2:39. 주의 율법을 따라 모든 일을 마치고 갈릴리로 돌아가 본 동네 나사렛에 이르니라.

예수님이 탄생하신 지 40일이 되어 예수님의 부모는 예루살렘 성전에 올라와서 율법이 요구하는 것을 모두 마치고 "갈릴리로 돌아가 본 동네 나사렛에 이르렀다." 그런데 누가는 여기서 요셉과 마리아가 예루살렘에서 율법이 요구하는 일을 모두 마치고 즉시로 돌아갔다고 말하지 않는다. 성경해석학자들은 이구동성으로 예루살렘에서 율법이 요구하는 바를 모두 마친 후 갈릴리로 돌아가기 전 누가는 두 가지 사항을 생략했음을 말한다. 하나는 동방박사들이 아기 예수님을 방문한 사실과 또 하나는 애굽으로 피신한 사실을 기록하지 않았다는 것이다. 그러나 누가가 왜 이 두 사실을 빠뜨렸을까 하는 이유에 대해서는 학자마다 다른 이유를 내 놓는다. 1) 누가가 그 사건을 알지 못해서 빠뜨렸다(Plummer, 이상근). 2) 누가는 자기가 넣고 싶지 않은 사건을 그냥 넘어간 것이다(Calvin). 3) 누가는 이른 시기에 생긴 일들로서 마태 2장의 내용과 다른 사건들은 생략하고 다만 예수님께서 자라나신 일만을 우리에게 전해주었다(Lenski). 4) 누가는 "차례대로"(1:3) 이야기를 서술해 나가고 있는데 누가복음은 이스라엘 지경 안에서 된 일을 주로 기록하고 사도행전은 예루살렘과 사마리아와 땅 끝까지 이르는(행 1:8) 사역을 기술한다는 누가의 계획대로 누가복음에서는 동방에서 온 박사들의 방문과 요셉 가족의 "애굽" 체류 등을 생략한 것이다(옥스퍼드원어성경대전, Hendriksen). 5) 누가가 마 2:1-21에서 말하는 사건에 대해서 아는 바가 없기 때문이 아니라, 오히려 그것들을 기록하도록 성령께서 감동해 주시지 않았기 때문일 것이다(J. C. Ryle). 해답은 4, 5번에 있을 것으로 보인다. 예수님의 부모는 예루살렘에서 율법이 요구하는 것들을 모두 마치고 베들레헴으로 돌아가 동방박사들의 방문을 받은 후 애굽으로 피신했다가(이 동안에 헤롯은 베들레헴 근방의 두 살짜리 이하 아이들을 무참히 학살했다) 나사렛으로 돌아갔다.

4.예수님의 성장과정 2:40

눅 **2:40.** 아기가 자라며 강하여지고 지혜가 충만하며 하나님의 은혜가 그의 위에 있더라.

누가는 예수님이 성장하는 과정에서 보인 몇 가지를 기록한다. 첫째, "자랐다"(ηὔξανεν)고 말한다. 예수님이 육체적으로 성장하고 있었다는 뜻이다. 예수님은 사람들과 똑같이 육체적으로 성장하셨다(52절; 1:80; 8:45; 마 24:36; 막 5:32; 11:13; 히 5:8참조). 가현설을 주장하는 사람들은 "자라며"라는 말을 설명할 수 없을 것이다. 둘째, "강하여져갔다"(ἐκραταιοῦτο)고 말한다. "강하여져갔다"는 말은 미완료과거 시제로 '정신적으로 그리고 영적으로 계속해서 강건하여져 갔다'는 표현으로 보아야 할 것이다. 예수님은 육신적으로 그리고 영적으로 건강하게 성장하셨다. 셋째, "지혜가 충만했다"고 말한다. "지혜"란 지식과 사물을 하나님의 목적에 맞게 활용하는 능력을 지칭한다. 예수님의 지혜는 점점 성장해가고 있었다. "충만하다"(πληρούμε-νον)는 낱말이 현재분사형인 것은 지혜가 점점 충만해갔다는 것을 말하려는 것이다. 다시 말해 예수님은 하나님의 지혜로 점점 지배를 받으며 사셨다는 뜻이다. 넷째, "하나님의 은혜가 그의 위에 있었다"고 말한다. "은혜"란 본래 죄인들에게 주시는 하나님의 무조건적 호의라고 해석되지만 예수님에게는 죄가 없으시니 여기서 말하는 "은혜"란 좀 더 넓은 의미에서 하나님의 사랑, 하나님의 복을 지칭한다. 예수님께서 정상적으로 성장하시는 것을 보고 누가는 하나님의 은혜가 아기 예수 위에 있었다고 말한다.

J.예수님이 예루살렘을 방문하시다 2:41-52

예수님의 부모가 아기 예수님을 데리고 예루살렘에서 율법이 요구하는 것을 다 마치시고 또 베들레헴으로 갔다가 동방박사들의 방문을 받으시고 애굽으로 피신하신 후 얼마의 세월이 지나자 나사렛으로 돌아가신 후 오랜 세월을 나사렛에서 지내시고 이제 12세가 되어 예루살렘을 방문하신다. 유월절에 예루살렘을 방문한 예수님의 부모는 유월절을 지난 다음 다시 나사렛으로 돌아갈 때 소년 예수님은 예루살렘에 남아서 선생들과 문답한 내용을 누가가 기록한다. 이는 누가의 독특한 자료에 의한 것으로 예수님의 신성과 인성을 볼 수 있는 자료이고 또 기독교 교육의 중요한 지침을 보여주는 자료이다.

눅 2:41. 그의 부모가 해마다 유월절이 되면 예루살렘으로 가더니.

예수님의 부모는 경건하여 해마다 유월절이 되면 예루살렘에 올라가 유월절을 지켰다(출 23:15, 17; 34:23; 신 16:1, 16). 사실은 유대인들의 남자는 매년 세 번(유월절, 오순절, 장막절) 예루살렘에 올라가 절기를 지키도록 명령을 받았지만 바벨론 포로기 이후에는 사람들이 예루살렘으로부터 멀리 떨어져 살아서 세 번 다 올라가지 못하고 한번 정도 올라가는 것으로 되어 버렸다. 그런데 요셉만 올라가지 아니하고 마리아도 예루살렘에 올라간 것을 보면 그 부부가 경건했음을 알 수 있다(삼상 1:7; 2:19 참조).

눅 2:42. 예수께서 열두 살 되었을 때에 그들이 이 절기의 관례를 따라 올라 갔다가.

누가는 바로 앞 절에서 예수님의 부모가 해마다 예루살렘에 올라간 것을 말했는데 본 절에서는 "예수께서 열두 살 되었을 때에 그들이 이 절기의 관례를 따라 올라간" 것을 기록한다. 남자 아이 12세는 유대나라에서 "율법의 아들"(성년)이 되는 해인데 누가는 예수님께서 12세 때에 예루살렘에 올라갔다가 거기서 된 일을 기록한다. 남자가 12세가 되어 율법의 아들이 되면 절기도 지켜야 하고 또 금식도 해야 하며 율법이 말하는 법규를 지켜야 했다. 예수님은 아마도 12세가 되어 처음으로 예루살렘에 올라가셨을 것으로 보는 것이 학자들의 대체적인 견해이다. 예수님의 부모는 매년 올라갔었는데 예수님께서 12세가 되시는 해에도 역시 늘 하던 대로 예루살렘에 올라간 것이다.

눅 2:43. 그 날들을 마치고 돌아갈 때에 아이 예수는 예루살렘에 머무셨더라 그 부모는 이를 알지 못하고.

예수님의 부모는 유월절을 지키는데 필요한 한 주간 7일(출 12:15-16; 23:15;

레 23:6; 신 16:3)을 지나고 돌아갈 때에 예수님은 함께 떠나시지 않고 예루살렘에 그냥 머무셨다. 그런데 부모는 예수님이 그냥 예루살렘에 머무신 줄 미처 알지 못했다. 부모는 아들 예수님을 철석같이 신임해서 별로 신경을 쓰지 않았다. 요셉은 예수님이 마리아와 함께 나사렛으로 앞서 내려가려니 했고 마리아는 예수님이 요셉과 함께 남자들끼리 나사렛을 향해서 뒤에 따라오려니 했다(당시 사람들은 절기를 마치고 집으로 갈 때 여자들은 앞서 진행했고 남자들은 뒤에 따라왔다). 이유는 예수님이 이제 율법의 아들(성인)이 되었기 때문에 자신의 행동에 대해서 자신이 책임을 질 것으로 알았다. 그래서 부모는 예수님이 그냥 예루살렘에 머무시는 줄 몰랐다. 저녁이 되어서야 가족끼리 모여 숙소에 들려고 했을 때 예수님이 그 현장에 없는 것을 발견하였다.

눅 2:44-45. 동행중에 있는 줄로 생각하고 하룻길을 간 후 친족과 아는 자 중에서 찾되 만나지 못하매 찾으면서 예루살렘에 돌아갔더니.
예수님의 부모는 예수님이 동행중에 있거니 하고 하룻길을 간 후 저녁이 되어 숙소에 들려고 했을 때 예수님이 보이지 않자 친척들과 친지들 사이를 돌아다니며 찾았으나 결국 찾지 못했다. 그래서 계속해서 찾으면서 부모는 예루살렘에 돌아가는 수밖에 없었다.

눅 2:46-47. 사흘 후에 성전에서 만난즉 그가 선생들 중에 앉으사 그들에게 듣기도 하시며 묻기도 하시니 듣는 자가 다 그 지혜와 대답을 놀랍게 여기더라.
드디어 부모는 "사흘 후에 성전에서 만났다." "사흘 후"라는 말을 두고 로법슨(Robertson)은 말하기를 '하루는 예루살렘에서 나갔고 하루는 예루살렘을 향하여 되돌아갔고 하루는 그를 찾았다'고 했다. 예루살렘에 100만 명이나 모였던 사람들이 거의 다 돌아갔지만 아직도 사람들이 다 돌아가지 않아서 예루살렘에서 찾는데도 시간이 걸렸다.

그런데 찾고 보니 예수님은 아주 넓은 성전의 현관(막 12:41-44; 눅 19:47)
에서 "선생들 중에 앉으사 그들에게 듣기도 하시며 묻기도 하며" 시간을
보내고 계셨다. 당시 유대의 선생들은 듣기도 하고 묻기도 하는 교육방식을
사용했다. 이런 식을 사용하는 이유는 흥미를 일으키기 위해서였고 또 명확한
대답에 이르도록 하기 위한 것이었다(윌럼 헨드릭슨). 그런데 예수님께서
"듣기도 하시며 묻기도 하셨다." 예수님께서 유대 선생들의 말을 듣기도
하시며 또 그들에게 묻기도 하셨다. 그런데 예수님께서 사람들에게 묻기도
하실 때 듣는 사람이 다 "그 지혜와 대답을 놀랍게 여겼다"(4:22, 32; 마
7:28; 막 1:22; 요 7:15, 46). 사람들이 예수님의 지혜와 대답을 심히 놀랍게
여기게 되었다는 것이다. 이유는 예수님의 질문과 대답에는 남달리 하나님께
서 주시는 특유한 통찰력이 깃들어 있었기 때문이었다. 예수님께서 12세
때 이런 면모를 보여주신 것은 훗날 공생애 시절을 만나서 놀라운 지혜를
보여주실 예조였다.

눅 2:48. 그의 부모가 보고 놀라며 그의 어머니는 이르되 아이야 어찌하여
우리에게 이렇게 하였느냐 보라 네 아버지와 내가 근심하여 너를 찾았노라.
문장 초두(헬라어 원문)에 주어가 없어 누가 주어인지 얼른 알기 어려우나
동사("놀라며")가 복수인 점을 감안하면 주어가 예수님의 부모라는 것을
알 수 있고 또 문맥으로 보아도 부모가 주어이다. 예수님의 부모는 예수님을
보자 아주 놀랐다. 그리고 부모 중에 어머니인 마리아가 예수님을 향하여
"아이야 어찌하여 우리에게 이렇게 하였느냐"고 말한다. '어찌하여 우리를
그렇게까지 멀리 가게하고 사람을 찾지 못하여 근심 중에 예루살렘으로
다시 돌아오게 하였느냐'는 말이다. 다시 말해 '왜 이렇게 우리를 당황하게
만들었느냐?'는 꾸짖음이었다. 마리아는 계속해서 말하기를 "보라 네 아버지
와 내가 근심하여 너를 찾았노라"고 말한다.23) '왜 이렇게 우리가 너를 근심하

---

23) 예수님이 유년시절에는 친히 요셉을 아버지라 불렀다고 해도 훗날에는 그를 아버지라
부르지 않았다(Alford).

면서 찾게 만들었느냐?'고 꾸짖는다. 마리아는 잠시 가브리엘 천사가 말한
것을 잊었기에(1:30-35) 이렇게까지 근심했다. 그 말씀을 잊지 않았더라면
그렇게까지 근심하지 않았을 것이다.

**눅 2:49. 예수께서 이르시되 어찌하여 나를 찾으셨나이까 내가 내 아버지
집에 있어야 될 줄을 알지 못하셨나이까 하시니.**

근심하는 어머니 마리아를 향하여 예수님은 "어찌하여 나를 찾으셨나이까
내가 내 아버지 집에 있어야 될 줄을 알지 못하셨나이까"라고 대답하신다(요
2:16). 예수님은 그의 부모가 근심하면서 자신을 찾으신 것을 두고 "어찌하여
나를 찾으셨나이까"라고 놀라움을 표현하신데 대해 혹자는 예수님께서 어머
니 마리아를 향하여 하나님께서 계속해서 아들을 보호하시고 계셔서 아주
안전한데 그 사실을 믿지 못하고 염려하며 찾았느냐고 놀라움을 표현했다고
주장하나, 문맥에 어긋난 해석으로 보인다. 예수님께서 "왜 그렇게 근심하면
서 나를 찾으셨나이까"라고 말씀하신 것은 바로 그 다음 구절과 연결하여
해석해야 한다. 즉 예수님의 의중은 어머니를 향하여 "내가 내 아버지 집에
있어야 될 줄을 알지 못하시고" 그렇게까지 찾으셨느냐고 놀라움을 표현하신
것으로 보아야 한다. 예수님은 어머니 마리아를 향하여 내가 내 아버지의
집에 있어야 될 줄을 육신의 부모님이 아셨어야 했는데 아시지 못한 것에
대해 놀라움을 표현한 것이다. 예수님의 어머니 마리아는 예수님께서 하늘
아버지의 집(즉 예루살렘 성전을 지칭하는 말)에 계셔야 할 것을 천사 가브리
엘의 계시를 통하여(1:31-35) 알았어야 했다는 것이다. 마리아가 천사의 계시
를 받고도 알지 못하니 예수님은 놀라움을 표시한 것이다.

그런데 한 가지 주목할 것은 "내 아버지 집에"(ἐν τοῖς τοῦ πατρός μου)란
말을 "내 아버지의 일에 관하여"(about my Father's business)로 번역할 수
있다는 것이다(AV번역판). 그러나 교정표준번역판(RSV)과 미국 신표준번
역판(NASB), 그리고 신국제번역판(NIV)은 우리 번역처럼 "내 아버지 집에"
라고 번역했다. 마리아와 요셉이 열심히 예수님을 찾았으니 "내 아버지의

집에 있어야 될 줄을 알지 못하셨나이까"고 대답하는 것이 옳을 것이다. 그러나 우리는 "내 아버지의 일에 관하여"라고 번역할 수도 있다는 것을 부정할 수는 없다. 그렇다면 "내 아버지의 일에 관하여"(AV번역판)라는 말은 예수님께서 예루살렘 성전에서 유대의 선생들과 함께 계시면서 "듣기도 하시며 묻기도 하시는"(46절) 일을 지칭할 것이다. 예수님은 앞으로 18년 후에 공생애 기간을 맞이하여 아버지의 일에 열중하실 것을 미리 보여주셨다.

여기 또 한 가지 주목할 것은 예수님은 하나님을 "내 아버지"로 호칭하고 계시다는 것이다. 예수님께서 하나님을 "내 아버지"로 부르신 것은 생래적인 지식에서 비롯된 것이고 우리는 예수 그리스도를 통하여 하나님을 아버지라고 부르게 되었다(롬 8:15; 갈 4:5-6).

예수님은 어머니 마리아에게 하나님 아버지에 대한 대단한 의무감을 보이셨다. 예수님은 내가 내 아버지 집에 "있어야"(δεῖ εἶναι) 한다'고 말씀하신다. 예수님은 반드시 아버지의 집에 있어야 했고 반드시 아버지의 일에 전념하셔야 했으며 반드시 십자가를 지셔야 했다(4:43; 9:22; 13:33; 19:5; 24:7, 26; 24:44). 예수님은 하나님의 율법을 다 이루셔야 했던 필연 가운데서 우리를 구원하셨다.

눅 2:50. 그 부모가 그가 하신 말씀을 깨닫지 못하더라.
예수님의 부모님은 예수님의 말씀(앞 절)을 듣고 예수님이 "하신 말씀을 깨닫지 못했다"(9:45; 18:34). 오순절 성령 강림 이후 그들은 예수님의 말씀을 깨달았을 것이다. 성령의 깨우침이 아니고는 오늘 우리도 한 가지도 깨닫지 못한다. 성령의 도움을 구하는 것이 아주 필요하다.

눅 2:51. 예수께서 함께 내려가사 나사렛에 이르러 순종하여 받드시더라 그 어머니는 이 모든 말을 마음에 두니라.
누가는 예수님의 부모에 대한 순종을 특필한다. 예수님은 부모와 함께 내려가셨다. "내려갔다"는 표현은 예루살렘이 수도이니까 예루살렘을 떠나 다른 지역으로 갈 때는 아무리 북쪽 지방으로 올라가더라도 "내려간다"는 표현을 쓴다. 예수님은 "나사렛에 이르러 순종하여 받드셨다." "순종하여 받드셨다"($\hat{\eta}\nu$ $\dot{\upsilon}\pi o\tau\alpha\sigma\sigma\acute{o}\mu\epsilon\nu o s$)는 말은 미완료 과거 시제 + 현재분사 중간태로 구성되어 있어 계속되는 동작을 표현하므로 '계속해서 순종하셨다'는 뜻이다. 그리고 "순종하다"($\dot{\upsilon}\pi o\tau\alpha\sigma\sigma\acute{o}\mu\epsilon\nu o s$)라는 말이 중간태로 되어 있어 자발적으로 순종하신 것을 나타낸다. 예수님은 30세까지 자발적으로 계속해서 부모에게 순종하셨다. 부모가 깨닫지 못하는 것이 많이 있었어도 계속해서 순종하셨다. 우리는 부모가 무식하다고 해도 부모의 권위 아래 자신을 복종시켜야 한다. 권위를 무시하는 시대에 예수님의 순종은 우리에게 큰 교훈을 준다.

누가는 본 절에서 또 한 가지를 말한다. 그것은 "그 어머니는 이 모든 말을 마음에 두었다"는 말이다(19절; 49절; 단 7:28). 어머니 마리아는 예수님께서 하신 모든 말씀을 마음에 간직했다는 뜻이다. "두었다"($\delta\iota\epsilon\tau\acute{\eta}\rho\epsilon\iota$)는 말은 미완료과거 시제로 '계속해서 철저하게 두고 있었다,' '깨어서 간직하고 있었다'는 뜻이다. 하나님의 말씀을 철저하게 마음에 간직하고 있는 사람이 보수주의자이다.

눅 2:52. 예수는 지혜와 키가 자라가며 하나님과 사람에게 더욱 사랑스러워 가시더라.

예수님은 두 가지 방면, 즉 지혜가 성장해가셨으며 키가 점점 성장하셨다(40절; 삼상 2:21, 26; 잠 3:4 참조). 예수님께서 지혜가 성장해가시면서 그리고 키가 성장해가시면서 "하나님과 사람에게 더욱 사랑스러워 가셨다." 여기 "사랑스러워 가시니라"($\chi\acute{\alpha}\rho\iota\tau\iota$)이란 말은 '총애 안에 있었다'는 뜻으로 예수님께서 하나님과 사람들에게 점점 총애를 받으셨다는 것이다. 예수님께서 공생애로 나서신 후에는 사람들의 문제점을 지적하시니 사람으로부터 많은 비방도 받으셔야 했지만 공생애로 들어가시기 전에는 총애를 받으셨다. 오늘 성도들은 하나님으로부터 사랑을 받아야 하고 또 사람 사이에서도 총애를

받고 살아야 한다. 우리는 사회로부터 거부당해서는 안 된다. 소위 반사회적
이 되어서는 안 된다. 물론 전도하는 중에 사회에서 미움을 받는 것은 성경이
지지한다. 우리가 경건하게 살려고 할 때 크게 어려움을 당하는 것은 사실이
다(막 10:30; 딤후 3:12).

제 3 장
세례 요한의 등장과 예수님의 세례 및 족보

III.예수님이 세상에 나타나시다   3:1-4:13

　예수님의 유년 시기에 대해서 말한(2:40-52) 저자는 이제 그리스도께서 공생애로 접어들기 전에 진행된 몇 가지를 전한다. 먼저 세례 요한의 활동을 전하고(3:1-20), 그리스도께서 세례 받으신 일(3:21-22), 예수님의 족보(3:23-38), 또 예수님께서 시험 받으신 일(4:1-13)을 전한다.

　A.세례 요한이 사역을 시작하다   3:1-20

　누가도 역시 다른 공관복음서 저자들(마 3:1이하; 막 1:1이하)과 마찬가지로 세례 요한의 출현부터 전한다. 누가는 이미 세례 요한의 탄생을 전한 것(1:5-80) 외에 본 장에서는 세례 요한의 출현(1-6절), 회개의 세례를 베푼 일(7-14절), 그리스도를 증언한 일(15-17절), 그리고 투옥된 일(18-20절)을 전한다.

눅 3:1-2. 디베료 황제가 통치한 지 열다섯 해 곧 본디오 빌라도가 유대의 총독으로, 헤롯이 갈릴리의 분봉 왕으로, 그 동생 빌립이 이두래와 드라고닛 지방의 분봉 왕으로, 루사니아가 아빌레네의 분봉 왕으로 안나스와 가야바가 대제사장으로 있을 때에 하나님의 말씀이 빈들에서 사가랴의 아들 요한에게 임한지라.

누가는 이 부분(1-2절)에서 "하나님의 말씀이 빈들에서 사가랴의 아들 요한에게 임한" 시기를 드러내고 있다. 누가는 역사가였으므로 세례 요한에게 하나님의 말씀이 임한 때를 말하기 위하여 6개의 연대기적 항목을 나열한다. 누가는 당시에 요한에게 하나님의 말씀이 임한 시기를 정확하게 말하려고 6개의 항목을 말했지만 오늘에 이르러서는 6개의 항목을 가지고도 정확하게 요한이 하나님의 말씀을 받은 때를 측정하기는 힘 든다. 오늘 대체적으로 두 학설이 도출되었는데 하나는 AD 26년이고 다른 하나의 학설은 AD 28-29년이다. 그러나 이 두 학설 중에 어느 것이 정확하냐 하는 것을 말하기가 어렵다. 위에 말한 연대기적 항목 중에서 첫 번째를 빼고는 모두 정확한 연대를 말하는 것은 아니고 다만 그들이 현직에 있을 때에 요한이 하나님의 말씀을 받았다고 말한다. 다시 말해 "디베료 황제가 통치한 지 열다섯 해"가 되는 때에 요한에게 하나님의 말씀이 임했다고 말하고, 나머지 5개의 항목, 즉 "본디오 빌라도"(AD 26-AD 36년 통치)가 유대의 총독으로 있을 때, "헤롯"(헤롯 대왕의 아들 헤롯 안디바스를 지칭, BC 4년-AD 39년 통치)이 갈릴리의 분봉왕으로 있을 때, "빌립"(헤롯 대왕과 예루살렘 부인 크레오파트라 사이의 아들, BC 4년-AD 34년 통치)이 이두래와 드라고닛 지방의 분봉왕으로 있을 때에, "루사니아"(별로 알려진 것이 없다)가 아빌레네의 분봉왕으로 있을 때에, "안나스와 가야바"(안나스의 사위 가야바가 대제사장으로 재직하고 있을 때 안나스는 대제사장이 아니었지만 실권을 가지고 있었다. 가야바는 AD 18년-AD 36년 재직)가 대제사장으로 있을 때 하나님의 말씀이 요한에게 임했다고 말한다(요 11:49, 51; 18:13; 행 4:6). 그러니까 결정적인 연대는 "디베료 황제가 통치한 지 열다섯 해"가 서력기원 몇 년에 해당하느냐 하는데서 요한이 말씀 받은 연대가 결정된다. 그런데 로마 황제 디베료가 초대 황제 아구스도를 이어 황제가 되었는데 가이사 아구스도는 AD 14년 8월 19일에 사망했으므로 디베료의 통치 15년째는 AD 28년이 된다. 그렇다면 요한이 하나님의 말씀을 받은 연대가 AD 28년이 되는데 그렇게 되면 3:23의 말씀("예수께서 가르치심을 시작할 때에 삼십 세쯤 되시니라")과 맞지 않는다. 예수님께서 탄생하신 때가 실제로는 BC 5년이니까 예수님께서 가르치시기를 시작하신 때는 AD 26년의 후반기로 보아야 할 것이고 세례

요한은 6개월 빠르므로 요한이 말씀을 받은 것은 AD 26년 전반기로 보아야
할 것이다. 물론 이 추정도 100% 정확한 것은 아닐 것이다.

누가는 AD 26년 초반 "하나님의 말씀이 빈들에서 사가랴의 아들 요한에
게 임했다"고 말한다. 구약 말라기 선지자 이후 400년간 임하지 않았던 하나
님의 말씀이 빈들에서 사가랴의 아들 세례 요한에게 임했다. 구약 시대 아브
라함에게(창 15:1), 사무엘에게(삼상 15:10), 나단에게(삼하 7:4), 엘리야에게
(왕상 17:2; 18:1), 예레미야에게(렘 1:1-2) 하나님의 말씀이 임했던 것처럼
광야24)에서 세례 요한에게 임했다. 암흑한 시대에 하나님께서 긍휼을 베푸셔
서 인류에게 말씀을 주신 것이다.

눅 3:3. 요한이 요단 강 부근 각처에 와서 죄 사함을 받게 하는 회개의 세례를 전파하니.

누가는 세례 요한이 활동하던 지역을 소개한다. 누가는 요한이 "요단 강
부근 각처에 와서 죄 사함을 받게 하는 회개의 세례를 전파했다"고 말한다.
"요단 강 부근 각처"는 '요단강의 전 지역'을 지칭한다(마 3:1; 막 1:4). 세례를
베풀어야 함으로 강을 택한 것이다. 그는 어떤 한 장소를 고정적으로 택해서
일하지 않고 요단강의 위쪽이나 아래쪽, 그리고 좌우 쪽에서 활동했다.

그는 하나님의 말씀을 받았기 때문에(2절) "죄 사함을 받게 하는 회개의
세례를 전파했다"(1:77). "죄 사함"이란 '죄를 말끔히 씻는 것,' '죄의 세력으
로부터 해방시키는 것'을 지칭한다. 요한은 죄 사함을 얻게 하는 회개의
세례를 베풀었다. 세례를 베풀기 전에 죄 사함에 이르게 하는 회개를 외쳤다.
요한은 회개한 다음에 세례를 받으라고 외쳤다. "회개"란 '진정으로 죄를
뉘우치고 죄를 미워하는 것'을 말하며 또 '열매를 맺는 것까지'를 포함한다

---

24) 본문에서 말하는 "빈들"은 "서쪽으로는 유대의 산지와 동쪽으로는 사해와 요단의 저지대
사이에 있는 기복이 심한 황무지를 지칭하는데 북으로는 얍복강이 요단강과 합류하는 지점까지
길게 뻗쳐 있다. 그곳은 참으로 황량한 곳으로서 메마른 석회질의 땅이 넓게 기복을 이루고
있으며 그 위에는 자갈과 깨어진 암석조각들이 쌓여있다. 곳곳에 잡목들이 자라고 있고 그
밑에는 독사들이 기어 다니고 있다(7절을 보라)"(윌럼 헨드릭슨, 누가복음 -상-, p. 287).

(8-9절). 비록 아브라함의 자손이라 할지라도 아브라함이 행한 것처럼 열매를 맺혀야 했다(요 8:39-40 참조). 이렇게 회개한 사람만이 세례를 받을 수 있다고 전파했다. 아무나 세례를 받아서는 안 되었다. 반드시 자신의 죄를 깊이 뉘우치며 죄를 끊으며 또 열매를 맺는 삶을 사는 사람이라야 세례를 받을 수 있다고 외친 것이다. 아브라함의 자손이라 할지라도 죄를 회개한 다음에 물로 세례를 받을 수 있는 것이다. 회개는 사람으로 하여금 죄를 사함 받게 만들어준다. 그렇게 죄를 사함 받은 사람은 세례를 받아야 한다고 요한은 외쳤다. 중요한 것은 회개이다. 요한은 요단강에서 "죄 사함을 받게 하는 회개의 세례"의 필요성을 전파했다. 여기 "전파했다"는 말은 '고지하다,' '알리다'라는 뜻이다. 요한은 광야에서 회개하라고 외쳤고 또 회개한 다음에 세례를 받으라고 외쳤다.

눅 3:4. 선지자 이사야의 책에 쓴 바 광야에서 외치는 자의 소리가 있어 이르되 너희는 주의 길을 준비하라 그의 오실 길을 곧게 하라.
요한이 요단 부근에서 "죄 사함을 받게 하는 회개의 세례를 전파하게" 된 이유는 이사야의 예언을 이루기 위함이었다. 이사야의 예언이 이루어지게 하기 위해서 하나님께서 요한에게 빈들에서 말씀을 주셨다.

누가는 본 절부터 6절까지 "선지자 이사야의 책에" 요한의 사역에 대해 예언한 것을 기록하고 있다(사 40:3-5). 이사야는 "광야에서 외치는 자의 소리가 있을" 것이라고 예언한다(마 3:3; 막 1:3; 요 1:23). 그 소리는 다른 사람의 소리가 아니라 요한의 소리라고 말한다. 그 소리의 내용은 "너희는 주의 길을 준비하라 그의 오실 길을 곧게 하라"는 내용이다. 여기 "주의 길"과 "그의 오실 길"이란 말은 동의어로 예수님께서 각 사람의 마음속에 들어가실 길을 지칭한다. 요한은 그 마음의 대로를 평탄하게 만들어 놓으라고 외쳤다. 고대 왕들의 행차에서 선구자가 앞서 가면서 왕이 지금 행차하신다고 외치면서 주민들을 모아 왕이 행하실 도로를 평평하게 했던 일을 가리키는데, 요한은 메시아를 맞이할 사람들에게 마음의 대로를 평평하게 해야 한다고 외쳤다. 마음의 대로를 평탄하게 하는 것은 중요했다.

눅 3:5. 모든 골짜기가 메워지고 모든 산과 작은 산이 낮아지고 굽은 것이 곧아지고 험한 길이 평탄하여 질 것이요.
누가는 이사야의 글을 옮기면서 주님이 가시지 않을 다섯 가지의 길, 곧 "골짜기," "모든 산," "작은 산," "굽은 것," "험한 길"을 나열한다. 아마도 더 많은 길들을 예로 들 수 있을 것이다. 디모데후서 1:2-5에 "사람들이 자기를 사랑하며 돈을 사랑하며 자랑하며 교만하며 비방하며 부모를 거역하며 감사하지 아니하며 거룩하지 아니하며 무정하며 원통함을 풀지 아니하며 모함하며 절제하지 못하며 사나우며 선한 것을 좋아하지 아니하며 배신하며 조급하며 자만하며 쾌락을 사랑하기를 하나님 사랑하는 것보다 더하며 경건의 모양은 있으나 경건의 능력은 부인하는" 사람들을 들 수 있다. 우리는 이 모든 더러운 마음으로부터 깨끗해져야 한다. 그래서 예수님께서 우리 마음의 왕좌를 차지하시게 해야 할 것이다.

눅 3:6. 모든 육체가 하나님의 구원하심을 보리라 함과 같으니라.
회개하고 예수님을 심령에 모시고 세례를 받으면 "모든 육체가 하나님의 구원하심을 볼 것이라"는 것이다(2:10; 시 98:2; 사 52:10). 회개하고 구주를 모시는 "모든 육체"(마 24:22; 벧전 1:24) 곧 '회개하고 주님을 모시는 모든 사람'이 구원에 이른다는 뜻이다. 인종을 가리지 않고 유대인이나 이방인이나 회개하고 주님을 바라보기만 하만 하면 죄 사함을 받게 된다.
  오늘의 본문("모든 육체가 하나님의 구원하심을 보리라")은 이사야 40:5의 히브리 원문("여호와의 영광이 나타나고 모든 육체가 그것을 함께 보리라 대저 여호와의 입이 말씀하셨느니라")과 또 70인 역("여호와의 영광이 나타나고 모든 육체가 하나님의 구원을 볼 것이라. 대저 여호와께서 말씀하셨느니라")과 약간 차이가 있다. 누가가 인용한 본문에는 "여호와의 영광이 나타나고"란 말이 빠져있고 "모든 육체가 하나님의 구원을 볼 것이라"는 말씀을

70인 역에서 인용하여 썼다. 그러나 뜻에는 차이가 없다.

눅 3:7. 요한이 세례 받으러 나아오는 무리에게 이르되 독사의 자식들아 누가 너희에게 일러 장차 올 진노를 피하라 하더냐.

요한이 죄 사함을 받게 하는 회개의 세례의 필요성을 외치고 또 실제로 세례를 베풀고 있을 때(3절) "세례 받으러 나아오는 무리" 중에 "독사의 자식들," 즉 '바리새인들과 사두개인들'(마 3:7)이 있었고 또 '죄에 물들고 외식에 빠져 있는 일반 유대인들'(본 절)이 있었다. 요한은 그런 사람들에게 "독사의 자식들아"라고 외친다(마 23:33 참조). 그들은 '독사의 성품을 가진 자들이었고 사탄의 지배를 받고 사는 사람들'이었다. 요한은 "누가 너희에게 일러 장차 올 진노를 피하라 하더냐"고 소리친다(욥 2:31; 사 13:9; 말 3:2; 4:1). '장차 올 하나님의 심판을 피하라 하더냐'고 말한다(10:14; 마 11:22; 롬 1:18). 회개하지 않고 예수님을 구주로 믿지 않는 사람들, 독사의 성품을 그냥 품고 사는 사람들은 아무리 세례를 받아도 장차 올 진노 곧 하나님의 심판을 받는다는 것이다. 우리가 장차 올 진노를 피하는 길은 예수님을 향하여 나아가서 예수님을 구주로 영접하는 길밖에 없다.

눅 3:8. 그러므로 회개에 합당한 열매를 맺고 속으로 아브라함이 우리 조상이라 말하지 말라 내가 너희에게 이르노니 하나님이 능히 이 돌들로도 아브라함의 자손이 되게 하시리라.

세례 요한은 회개하지 않은 독사의 자식들은 아무리 세례를 받아보아도 아무 소용이 없으니(앞 절) 무엇보다 "회개에 합당한 열매를 맺으라"고 외친다. "회개에 합당한 열매"란 말은 '회개하면 반드시 맺게 되는 열매'란 뜻으로 10-14절에서도 요한은 네 가지 열매를 제시하고 있다. 즉 '옷 두벌 있는 자는 옷이 없는 자에게 나누어 주는 것'(10-11절), '세리들은 부과된 세금 이외에는 부과하지 않는 것'(12-13절), '군인들은 강탈하지 않는 것과 거짓으로 고발하지 않는 것'(14a), 또 '받는 요를 족한 줄로 아는 것'(14b) 등을 들고 있다. 열매를 맺으라는 말은 성경에 무수하게 나온다. 갈 5:22-23("사랑과 희락과 화평과 오래 참음과 자비와 양선과 충성과 온유와 절제")이 대표적인 구절이다.

요한은 바리새인들과 사두개인들 그리고 일반 유대인들이 아브라함의 후손이라는 신분을 구원의 보장으로 아는 것을 두고 견딜 수 없어 "속으로 아브라함이 우리 조상이라 말하지 말라"고 강하게 외친다. '마음속으로 아브라함이 우리 조상이니 구원을 받을 것이라고 자랑하지 말라'는 것이다.

요한은 "내가 너희에게 이르노니 하나님이 능히 이 돌들로도 아브라함의 자손이 되게 하시리라"고 말한다. 요한은 지금 광야의 돌들을 가리키면서 하나님께서 "능히 이 돌들로도 아브라함의 자손이 되게 하실 수 있다"고 말한다. 즉 '아브라함의 자손들인 유대인들이 진정으로 회개하지 않는다면 구원에 참여하지 못하게 될 것인데 그렇다고 해서 아브라함의 자손이 다 없어지는 것이 아니고 하나님께서는 이방인들로 하여금 회개하고 구주를 영접하게 하여 아브라함의 자손이 되게 하실 것이라는 뜻이다. 하나님에게는 불가능이 없으시다. 유대인들은 실제로 그리스도를 영접하지 않아서 그리스도의 복음은 이방으로 넘어가서 이방 사람들이 영적으로 아브라함의 자손이 되었다. 하나님은 실제로 돌들로 아브라함의 자손이 되게 하셨다.

눅 3:9. 이미 도끼가 나무뿌리에 놓였으니 좋은 열매 맺지 아니하는 나무마다 찍혀 불에 던져지리라.

세례 요한은 세례 받으러 나아오는 독사의 자식들(바리새인들, 사두개인들, 유대인들)에게 회개를 독촉한(앞 절) 다음 "이미 도끼가 나무뿌리에 놓였으니 좋은 열매 맺지 아니하는 나무마다 찍혀 불에 던져지리라"고 말한다(13:6-9; 마 3:10; 막 11:13). 이미 심판의 도구인 도끼가 독사의 자식들 위에(unto, at) 놓였다고 말하면서 마지막 심정으로 한 번 더 회개를 재촉한다. 즉 "좋은 열매 맺지 아니하는 나무마다 찍혀 불에 던져지리라"고 말한다(마 7:19). '좋은 열매(8절에서 말한 여러 가지 열매들) 맺지 아니하는 사람마다 다 찍혀 불에 던져지리라'는 것이다. 다시 말해 깊이 회개하지 않아서 열매를 맺을 수 없는 사람들은 장래에 불에 던져진다는 것이다. 여기 "불"은 심판을 상징하는 말이다. 역사적인 심판, 지옥 심판 등 모든 심판을 지칭하는 말이다.

눅 3:10. 무리가 물어 이르되 그러하면 우리가 무엇을 하리이까.
요한으로부터 무서운 선언을 들은 유대인들은 요한에게 계속해서 물었다. "물어 이르되"(ἐπηρώτων)란 말은 미완료과거 시제로 '계속해서 질문했다'는 뜻이다. "그러하면 우리가 무엇을 하리이까"라고 자꾸 물었다(행 2:37; 16:30; 22:10). 무리는 어떻게 해야 우리가 회개의 열매를 맺는 것인지 물었다. 누구든지 모르면 알기 위하여 그리스도에게 계속해서 여쭈어야 한다.

눅 3:11. 대답하여 이르되 옷 두 벌 있는 자는 옷 없는 자에게 나눠 줄 것이요 먹을 것이 있는 자도 그렇게 할 것이니라 하고.
요한은 어떻게 하는 것이 열매 맺는 일이냐고 묻는 무리에게 "옷 두 벌 있는 자는 옷 없는 자에게 나눠 줄 것이요 먹을 것이 있는 자도 그렇게 할 것이니라"고 대답한다(11:41; 고후 8:14; 약 2:15-16; 요일 3:17; 4:20). 이 열매들은 모든 사람이 맺어야 할 열매들이다. 요한은 옷과 먹을 것이 있는 사람들은 없는 사람들과 나눌 것을 권고한다. 요한은 강제적인 나눔을 말한 것이 아니라 자발적으로 나누라고 말한다. 우리는 먹을 것과 입을 것이 있은즉 족한 줄로 알고(딤전 6:8; 히 13:5) 아주 없는 사람들을 배려해야 할 것이다.

눅 3:12-13. 세리들도 세례를 받고자 하여 와서 이르되 선생이여 우리는 무엇을 하리이까 하매 이르되 부가된 것 외에는 거두지 말라 하고.
다음은 세리들이 세례를 받고자 하여 와서 질문한다(7:29; 마 21:32). 세리들까지 세례를 받으러 온 것을 보면 요한이 회개의 세례의 필요성을 대단히 강하게 전파했던 것으로 보인다. 세리들은 질문하기를 "선생이여 우리는 무엇을 하리이까"라고 했다. 이 질문에 대하여 요한은 "부가된 것 외에는 거두지 말라"고 권고한다(19:8; 마 5:29-30; 18:8-9). 당시 세리들은 부과된 세금 이외에 더 많은 것을 거두어 치부했다. 각 가정에 매겨져야 할 세금 액수보다 더 많은 세금을 거두어 세리가 착복해서는 안 된다는 것이다. 오늘 도 관리들이 남의 것을 빼앗고 혹은 나라의 돈을 도적질해서는 안 된다. 한 가지 집고 넘어가야 할 것은 요한은 결코 세리가 되어서는 안 된다고 말하지 않았고 세리로 일할 때에도 정직하게 하라고 권고하고 있는 점을 유의해야 한다.

눅 3:14. 군병들도 물어 이르되 우리는 무엇을 하리이까 하매 이르되 사람에게 서 강탈하지 말며 거짓으로 고발하지 말고 받는 급료를 족한 줄로 알라 하니라.

세 번째 집단으로 군병들이 세례 받으러 나와서 "우리는 무엇을 하리이까"라 고 질문한다. 이 질문을 받고 요한은 "사람에게서 강탈하지 말며 거짓으로 고발하지 말고 받는 급료를 족한 줄로 알라"고 가르쳐 준다(출 23:1; 레 19:11). 요한은 두 가지를 말한다. 하나는 "사람에게서 강탈하지 말라"고 말한다. 군인들 중에는 세리를 돕는 군인들이 있었는데 그들은 백성을 위협하 여 뇌물을 징수했다. 그래서 요한은 강제로 빼앗지 말라고 말한다. 오늘도 교묘한 수단으로 남의 것을 빼앗는 사람들이 있다. 남의 것을 빼앗는 일은 절대로 있을 수 없는 일이다.

그리고 또 하나는 "거짓으로 고발하지 말고 받는 급료를 족한 줄로 알라" 고 권고한다. 군인들이 그 어떤 사람의 재산이 탐나서 남을 허위로 고발하여 돈을 빼앗는 일이 있어서는 안 된다는 것이다. 그리고 힘을 사용하여 급료를 올려서 받으려고 할 것이 아니라 자신이 현재 받는 급료를 족한 줄로 알아야 한다는 것이다.   요한은 군인의 직업을 정죄하지 않는다. 군인의 직업을 가지고 일을 보면서 공갈을 그쳐야 하고 또 국가로부터 받는 것을 족한 줄로 알라고 말한다. 사실 군인들만 아니라 모든 직업은 받는 것을 족한 줄로 알아야 한다.

눅 3:15. 백성들이 바라고 기다리므로 모든 사람들이 요한을 혹 그리스도신가 심중에 생각하니.

누가는 본 절부터 17절까지 세례 요한이 그리스도를 증거한 일에 대해 기록한다. 본 절은 백성들이 예수님을 바라고 기다렸기 때문에, 그리고 모든 사람들이 세례 요한을 혹 그리스도이신지도 모른다는 생각을 했기 때문에 요한이 다음 절(16-17절)처럼 단호하게 자기가 그리스도가 아니라고 대답하게 된 이유를 진술한다.

당시 유대인들은 메시아를 기다리고 있었다(1:76-79; 2:25-26, 38). 게다가 요한이 갑자기 나타나 엄격하게 자기를 부인하며 백성들에게 회개하고 세례를 받아야 한다고 강하게 회개의 필요성을 말하였기에 모든 사람들은 요한이 혹시 그리스도인지도 모른다는 생각을 하기까지 이르렀다. 아무튼 예루살렘 산헤드린 공의회조차 요한이 혹시 그리스도인지도 모른다는 생각에서 대표자를 파견하여 세례 요한에게 찾아와서 "네가 누구냐?...그러면 누구냐 네가 엘리야냐 이르되 나는 아니라 또 묻되 네가 그 선지자냐 대답하되 아니라 또 말하되 누구냐 우리를 보낸 이들에게 대답하게 하라 너는 네게 대하여 무엇이라 하느냐'라고 질문하기까지 했다(요 1:19-25). 이처럼 유대백성들이 요한에 대해서 의혹이 생겼을 때 보통 사람 같았으면 '내가 바로 메시아'라고 주장했을 법 한데 요한은 다음 절들(16-17절)에 말한 것처럼 단호하게 아니라고 말한다.

눅 3:16. 요한이 모든 사람에게 대답하여 이르되 나는 물로 너희에게 세례를 베풀거니와 나보다 능력이 많으신 이가 오시나니 나는 그의 신발 끈을 풀기도 감당하지 못하겠노라 그는 성령과 불로 너희에게 세례를 베푸실 것이요.

세례 요한은 자신과 예수님과는 비교할 수 없는 차이가 있다고 말한다. 요한은 자신이 모든 사람들에게 "물로 세례를 베푸는" 사람일 뿐이라고 말한다(마

3:11-12). 그리고 요한은 예수님이 신분적으로 엄청나게 위대하신 분이라고 말한다. 예수님은 요한 자신보다 "능력이 많으신 분이라"는 것이다. 요한은 "나는 그의 신발 끈을 풀기도 감당하지 못하겠다"고 말한다. 요한은 자신이 예수님의 신발 끈을 풀어드리기도 감당하지 못할 정도라고 말한다. 다시 말해 능력이 무한하신 예수님의 종노릇도 하지 못할 형편이라는 것이다. 신발 끈을 푸는 것은 종들이 하는 일인데 자신은 예수님의 신발 끈을 풀지도 못할 정도라고 확실하게 드러낸다. 마태는 "나(세례 요한)는 그(예수님)의 신을 들기도 감당하지 못하겠노라"고 표현했다(마 3:11).

그리고 요한은 자신이 베푸는 물세례에 비하면 예수님의 사역은 두 가지 면에서 위대하다고 말한다. 하나는 본 절에 기록되어 있고 또 하나는 다음 절에 기록되어 있는데, 본 절에 기록된 예수님의 사역은 현세에서 이루시는 것이고 다음 절(17절)에 기록된 사역은 예수님께서 재림하셔서 이루실 사역이다.

요한은 예수님께서 "성령과 불로 너희에게 세례를 베푸실 것이라"고 말한다. 요한이 예언한대로 예수님께서 십자가에 죽으시고 부활하사 40일 만에 승천 하신 후 성령을 보내주셔서 제자들과 성도들에게 성령으로 세례를 베푸셨다(행 2:1-4, 8:17; 10:44; 19:6). 예수님께서 오순절에 성령으로 세례를 베푸실 때 "불"의 역사도 나타났는데, 행 2:3에 보면 "불의 혀처럼 갈라지는 것들이 그들에게 보여 각 사람 위에 하나씩 임하여 있었다"고 말한다. 여기 "불의 혀처럼 갈라지는 것들"이란 말은 '불처럼 갈라진 혀들'이란 뜻으로, 무엇이 불에 탈 때 그 불 끝이 갈라지는 것처럼 그런 현상이 각 사람위에 하나씩 임했다는 뜻이다. 다시 말해 각 사람 위에 불의 혀 같은 것이 하나씩 임했다는 뜻이다. 그러니까 120명쯤의 성도들에게 120개쯤의 불의 혀 같은 것이 임한 것을 지칭한다. 각 사람위에 임한 불의 혀 같은 것은 하나님의 놀라운 임재를 상징한다(출 3:2이하; 19:16-20). 120명의 성도들은 불의 혀 같은 것이 하나씩 임했을 때 하나님의 놀라운 임재를 느꼈다. 그 불의 혀 같은 것은 성화를 상징한다. 불은 태우는 것으로 각 사람을 성화시킨다(겔

1:4, 13; 말 3:2). 120명의 성도들은 불의 혀 같은 것이 임했을 때 성화되었다. 다시 말해 그들은 오순절에 성령님으로 세례를 받을 때(성령으로 세례 받는다는 말은 성령 안으로 들어가는 것을 뜻한다) 불의 역사(=성화)를 경험했다. 주의해야 할 것은 성령과 불이 서로 다른 것을 지칭하는 말이 아니라 성령으로 세례를 베푸실 때 성화의 역사가 있을 것이란 뜻이다. 이는 마치 요 3:5에서 예수님께서 "사람이 물과 성령으로 나야"한다는 말씀에서 "물"이 성화의 역사를 지칭하는 것과 같다. 결코 물 따로 성령 따로 역사하시는 것이 아니라 성령께서 사람을 거듭나게 하실 때 성화의 역사를 하시는 것을 지칭하는 것과 같다.

눅 3:17. 손에 키를 들고 자기의 타작마당을 정하게 하사 알곡은 모아 곳간에 들이고 쭉정이는 꺼지지 않는 불에 태우시리라.
요한은 예수님께서 하시는 또 하나의 역사를 말한다. 요한의 사역은 물로 세례를 베푸는 일이었는데 예수님의 또 하나의 사역은 "손에 키를 들고 자기의 타작 마당을 정하게 하사 알곡은 모아 곳간에 들이고 쭉정이는 꺼지지 않는 불에 태우시는 것이라"고 한다(미 4:12; 마 13:30). 예수님께서 재림하신 후 성도(성령으로 세례를 받은 자들)와 불신자를 분리하신 다음 참 성도는 천국으로 들어가게 하시고 불신자는 지옥 불에 들어가게 하실 것이라고 하신다. 그 진리를 설명하기 위하여 요한은 예수님께서 "손에 키를 들고 자기의 타작마당을 정하게 하실 것"이라는 비유를 사용한다. 곡식을 베어 넓은 마당에 가져와 타작할 때는 곡식 줄기로부터 모든 열매를 턴 다음 키25)로 까불러서 알곡과 쭉정이를 분리시킨다. 예수님께서 믿는 자들과 믿지 않는 자들을 분리시키신 다음 "알곡은 모아 곳간에 들이고 쭉정이는 꺼지지 않는 불에 태우실 것이다." 참 성도는 천국으로 들어가게 하시고(벧후 3:13) 불신자는 꺼지지 않는 지옥 불에 태우실 것이다. 지옥에

---

25) "키"란 탈곡한 곡물을 왕겨나 쭉정이로부터 분리시키는데 쓰는 농기구를 지칭한다.

서는 구더기도 죽지 않는다(막 9:48; 계 14:9-11 참조).26) 본문에서 말하는 "불"은 진노를 상징한다. 16절에서 말하는 불은 정화의 불이었지만 본문에서 말하는 지옥 불은 하나님의 진노의 불이다(마 5:22; 히 10:27; 12:29; 벧후 3:7; 계 14:10-11; 15:2). 알곡이 된다는 것, 예수님을 참으로 믿는다는 것만큼 중요한 것은 없다.

눅 3:18. 또 그밖에 여러 가지로 권하여 백성에게 좋은 소식을 전하였으나.
누가는 본 절부터 20절까지 세례 요한이 사명을 완수하고 옥에 갇힌 사실에 대해 말한다. 요한은 "그 밖에," 즉 '위에 기록된 말씀들(17-18절) 이외에' "여러 가지로 권하여 백성에게 좋은 소식을 전하였으나" 다음 절들(19-20절)에 말씀한 바와 같이 분봉왕 헤롯은 요한으로부터 은혜를 받거나 감화를 받기는커녕 오히려 요한을 옥에 가두는 악을 범했다. 악을 행하는 사람은 선을 행하는 사람 옆에 있어도 여전히 악을 행한다.

눅 3:19. 분봉 왕 헤롯은 그의 동생의 아내 헤로디아의 일과 또 자기가 행한 모든 악한 일로 말미암아 요한에게 책망을 받고.
누가는 본 절에서 분봉왕 헤롯이 행한 두 가지 악을 전한다. 첫째, 분봉왕 헤롯 안디파스는 "그의 동생의 아내 헤로디아의 일," 즉 '동생 빌립(3:1의 빌립 왕이 아님)27)의 아내 헤로디아를 자기 아내로 취한 일' 때문에 요한에게 책망을 들었다(마 14:3; 막 6:17). 세례 요한이 헤롯 안디파스를 책망한 이유는

---

26) 지옥의 삶은 고통 받는 곳(눅 16:28), 어두운 곳(마 8:12), 불타는 곳(마 13:50; 눅 16:24), 물을 구할 수 없는 곳(눅 16:24), 구더기가 들끓는 더러운 곳(막 9:48), 슬피 우는 곳(마 24:51; 25:30), 따라서 너무 고통이 심하여 계속해서 이를 가는 곳(마 8:12; 13:42; 13:50; 22:13; 24:51; 25:30)이라고 말한다(마 11:23; 16:18; 눅 10:15 참조).

27) "빌립"은 헤롯 대왕의 아들이다. 헤로디아의 첫 남편, 헤롯 안디파스의 형제, 혹은 이복(異腹) 형제이다(마 14:3, 눅 3:19). 이 빌립은 분봉왕이라고 불리우지 않았으므로 헤롯 안디파스의 이복형제로서 분봉왕이었던 빌립과는 다른 빌립이라는 설이 성립된다. 요세푸스에 의하면, 헤로디아의 맨 첫 남편은 분봉왕 빌립과는 별도의 인물이다. 이것은 복음서 기자들의 기술하는 바와 일치한다. 즉, 복음서는 헤로디아의 첫 남편은 분봉왕 헤롯 안디바의 형제였다고 기술하고 있는데, 그를 빌립과 동일시하고 있지는 않다(눅 3:1).

헤롯이 동생의 아내를 취한 불륜 때문이었다. 동생의 아내를 취하는 일은 불륜이었고 간음이었다(롬 7:2-3). 둘째, "자기(헤롯 안디파스)가 행한 모든 악한 일로 말미암아 요한에게 책망을 받았다." 마태(마 14:4)와 마가(막 6:18) 는 헤롯 안디파스가 동생의 아내를 취한 일 이외에는 더 말하지 아니한다. 그러나 누가는 헤롯 안디파스의 모든 악한 일까지 언급한다. 헤롯 안디파스는 참으로 악한 왕이었다.

눅 3:20. 그 위에 한 가지 악을 더하여 요한을 옥에 가두니라.
헤롯 안디파스는 위에 말한 숱한 악에 한 가지 악을 더해서 요한을 옥에 가두었다. 요한을 옥에 가두는 악(마 14:6-12)은 악의 절정이었다. 악을 행하는 사람이 회개하지 않으면 결국 악의 절정에 올라가고야 만다. 요한이 갇힌 옥은 성경해석학자들이 이구동성으로 사해 동편에 있던 어둡고 깊은 지하 감옥 마케루스(Machaerus)라고 말한다. "헤롯은 요한을 옥에 가둠으로써 자신을 훨씬 무서운 감옥에 집어넣었다"(윌럼 헨드릭슨).

B.예수님께서 세례를 받으시다 3:21-22
앞 절(20절)에서는 세례 요한이 옥에 갇혔다고 말하고 이 부분(21-22절)에 서는 예수님께서 요한에게 세례를 받았다고 말하는 것은 앞뒤가 맞지 않는 것을 볼 수 있다. 누가는 역사상에 일어났던 일들을 질서정연하게(1:3) 전하기 위해서 세례 요한에 대해 말하다가 아예 요한이 옥에 갇힌 것까지를 덧붙여 기록해놓았다. 사실은 예수님께서 세례를 받으실 때는 요한은 아직 갇히지 않은 때였다. 요한과 예수님은 대략 1년간쯤 함께 지상에서 사역했다(요한은 AD 26년 사역 시작-AD 27년 투옥, 예수님은 AD 26년 말 사역 시작하심).
예수님은 요한에게 세례를 받으신 후 사역을 시작하신다. 누가가 예수님께서 세례 받으신 일을 기록함에 있어 마태나 마가와 다른 점은 백성이 다 세례를 받은 후 예수님께서 세례를 받으셨다는 것과 또 예수님께서 세례를 받으신 후 기도하셨다는 것을 기록한 점이다.

눅 3:21. 백성이 다 세례를 받을 새 예수도 세례를 받으시고 기도하실 때에 하늘이 열리며.

누가는 "백성이 다 세례를 받을 새 예수도 세례를 받으셨다"고 말한다(마 3:13; 요 1:32). 즉 '백성이 다 세례를 받을 때 예수님께서도 세례를 받으셨다'는 뜻이다. 결코 예수님께서 기다리셨다가 세례를 받으신 것이 아니라 백성들이 한참 세례를 받을 때 예수님도 함께 세례를 받으셨다는 뜻이다. 다시 말해 백성들 중 하나같이 세례를 받으셨다.

누가는 예수님께서 세례를 받으신 장소나 이유에 대해 침묵한다. 누가에 있어 중요한 것은 예수님께서 기도하셨다는 것과 또 다음 절(22절)에 언급한 바와 같이 예수님에게 성령님이 임하셨다는 것이다.

예수님은 세례를 받으신 다음 기도하셨다. 예수님은 세례 받으실 때만 기도하신 것이 아니라 많은 경우 기도하셨다(5:15-16; 6:12; 9:28; 10:21; 11:1; 22:32, 42; 23:34; 23:46; 24:30; 마 11:25, 30; 26:39, 42, 44; 27:46; 막 6:41, 46; 14:32, 35, 36, 39; 15:34; 요 11:41-42; 17:1-26). 알버트 반스는 "다른 복음서 기자들은 이 구절을 생략하였다. 여기서 우리는 몇 가지 사실들을 발견할 수가 있다. 첫째, 예수님은 기도하시는 것이 습관화되어 있다는 것이다. 둘째, 성례를 거행할 때에는 특별 기도를 드리는 것이 적합하다는 것이다. 셋째, 수많은 사람들이 운집한 군중 들 속에서도 은밀한 기도를 드릴 수 있다는 것이다"라고 말한다.

예수님은 왜 세례를 받으셨을까. 그 이유에 대해 여러 가지 주장이 있다. 여러 학설이 있으나 간단히 말해서 주님의 세례는 주님께서 메시아로서의 공적 일을 시작하기 위해서라고 주장한다(Greijdanus, 윌렴 헨드릭슨). 다시 말해 예수님께서 세례를 받으신 것은 예수님의 메시아적 직무에 들어간다는 신호였다. 이제 예수님은 그의 백성들을 위해서 대속의 죽음을 죽으실 준비를 하신다는 뜻으로 세례를 받으신 것이다(요 1:29, 36).

그리고 누가는 예수님께서 기도하실 때 "하늘이 열렸다"고 말한다. 여기 "열렸다"(ἀνεῳχθῆναι)는 말은 부정(단순)과거 시제로 '참으로 열린 것'을 뜻한다.28) 결코 환상을 말하는 것도 아니고 예수님의 마음속에서 일어났던 하나의 생각을 말함이 아니라 실제로 하늘이 열렸던 것을 지칭한다(막 1:10 참조). 에스겔은 하늘이 열린 것을 보았고(겔 1:10), 신약의 스데반도 하늘이 열린 것을 보았다(행 7:56). 렌스키는 "에스겔과 스데반의 경우에서 우리가 들었던 것처럼 하늘이 갑자기 열렸을 때에 무엇을 볼 수 있게 되었는가는 말해지고 있지 않다. 그러나 우리는 하늘의 영광이 보일 수 있었고 요한과 거기 있었던 다른 사람들이 그 광채를 보았다고 말할 수 있을 것이다"라고 말한다. "하늘이 열렸다는 것은 하나님의 계시가 이제 막 시작한다는 것을 암시하는 것이다"(I. Howard Marshall).29) "하늘이 열린 것은 별개의 사건이 아니라 그 다음(22절)에 나오는 성령 강림사건과 하늘로부터의 소리를 위한 필수적인 전제다...누가의 관심은 성령강림의 현실성과 하늘에서 들려온 소리의 진실성에 있다"(존 놀랜드).30)

눅 3:22. 성령이 비둘기 같은 형체로 그의 위에 강림하시더니 하늘로부터 소리가 나기를 너는 내 사랑하는 아들이라 내가 너를 기뻐하노라 하시니라.
누가는 앞 절에서 예수님께서 세례 받으시고 기도하실 때 하늘이 열린 것을 말한 다음 이제 본 절에서는 성령이 임하신 것과 소리(a voice)가 하늘로부터 임한 것을 말한다. 누가는 "성령이 비둘기 같은 형체로 그의 위에 강림하셨다"고 말한다. 예수님에게 성령님이 임하신 것은 구속 사역의 완성을 위함이다. 사 61:1에 "주 여호와의 영이 내게 내리셨으니 이는 여호와께서 내게 기름을 부으사 가난한 자에게 아름다운 소식을 전하게 하려 하심이라 나를 보내사 마음이 상한 자를 고치며 포로된 자에게 자유를, 갇힌 자에게 놓임을 선포하기" 위함이었다(시 45:7 참조). 예수님께서 성령을 받으셨기에 이제 왕으로, 제사장으로, 선지자로서 취임하신 것이다.

28) 부정(단순)과거는 동사자체를 강조한다. 참으로 있었던 일, 진정으로 일어난 일을 말한다.
29) I. Howard Marshall, *Commentary on Luke,* New International Greek Testament Commentary (Grand Rapids: William B. Eerdmans Publishing Company, 1983), p. 152.
30) 존 놀랜드, *누가복음 1:1-9:20,* Word Biblical Commentary 35 (상), p. 346.

또 성령님이 아무 형체 없이 임하신 것이 아니라 "비둘기 같은 형체로 그의 위에 강림하셨다"는 것이다. 성령께서 비둘기 모양을 하고 임하신 것은 성령님의 사역이 순결하시고 온유하시다는 것을 보여준다(시 68:13; 아 2:14; 5:2; 마 10:16 참조). 비둘기 같은 형체를 한 성령님을 받으신 예수님께서도 역시 순결하시고 온유하게 사역하실 것을 보여준다.31) 예수님은 우리의 죄를 대속하시기 위하여 그 자신이 순결하셔야 했고 또 예수님께서 구원사역을 감당하시기 위해 온유하셔야 했다. 그리고 예수님은 제자들에게도 순결과 온유를 실천하도록 권하셨다(마 11:29-30; 12:19; 21:4-5; 눅 23:34). 누구든지 예수님을 전하려는 사람은 순결하고 온유해야 한다.

예수님께서 세례를 받으시고 또 성령을 받으신 후 하늘에서 소리가 났다. 구체적으로 누구의 음성이란 말은 본문의 언어("내 사랑하는 아들"이라는 표현)로 보아 하나님의 음성임에 틀림없다. 하나님은 예수님에게 "너는 내 사랑하는 아들이라 내가 너를 기뻐하노라"고 말씀하신다. 예수님께서 세례를 받으셨고 또 성령을 받으셨기에 만백성을 구원하실 준비가 다 되었으니 하나님은 예수님을 지극히 사랑하시는 대상으로 부르신 것이다(요 1:14; 3:16; 10:17; 17:23). 하나님의 일을 감당하실 아들을 향하여 하나님은 "내 사랑하는 아들이라 내가 너를 기뻐하노라"고 하신 것이다. "성부의 성자에 대한 사랑보다 더 고귀한 사랑은 있을 수 없다"(윌럼 헨드릭슨).

그리고 하나님은 예수님에게 "내가 너를 기뻐하노라"(σοὶ εὐδόκησα)고 하신다. "기뻐하노라"(εὐδόκησα)는 말은 부정(단순)과거 시제로 '참으로 기뻐하다'는 뜻이다. 혹자는 이 시제가 부정과거인 점을 생각하여 순전히 과거에 이루어진 것으로만 해석하려고 하나 부정과거는 동사자체를 강조하는 시제라는 것을 감안할 때 하나님께서 말씀하시는 그 순간에도 예수님을 참으로 기뻐하신다는 뜻으로 보는 것이 더 나을 것이다. 다시 말해 혹자가

---

31) 루터는 왜 성령님께서 비둘기의 형체를 선택했느냐에 대해 이렇게 말한다. "비둘기가 상냥하고 화를 내지 않고 모질지 않으며 성령이 우리에게 아무런 노여움을 가지고 있지 않고 우리가 경건해지고 구원받을 수 있도록 도우려고 하기 때문이라"고 했다.

말하는 대로 하나님께서 이미 예수님을 구속자로 선택하신 때 기뻐하셨다는 뜻으로만 볼 것이 아니라 구속의 역사를 이루시려는 요단강 가의 시점에서도 하나님께서 예수님을 기뻐하신다는 뜻으로 보아야 할 것이다.

하나님께서 또 예수님을 향하여 "너는 내 사랑하는 아들이라 내가 너를 기뻐하노라"고 하신 것은 예수님을 둘러서서 지켜본 무리를 위해서였다. 하나님은 예수님을 둘러선 무리들로 하여금 그리스도에게 순종하도록 하기 위해서 본문의 말씀을 하신 것이다. 예수님의 변화산상에서도 역시 하나님의 사랑의 음성이 들려왔는데 그 때에도 하나님은 제자들을 향한 당부의 말씀으로 순종을 권면하셨다. 마 17:5에 "홀연히 빛난 구름이 그들을 덮으며 구름 속에서 소리가 나서 이르시되 이는 내 사랑하는 아들이요 내 기뻐하는 자니 너희는 그의 말을 들으라"고 하셨다. 그러니까 본문의 하나님의 말씀은 예수님을 향한 말씀일 뿐 아니라 요단강변에 있던 무리들을 위하여 주신 말씀이었다.

C.예수님의 족보   3:23-38

마태는 복음서를 쓸 때에 맨 처음에 예수님의 족보를 기록했는데 누가는 예수님께서 공생애 준비를 완료하신 것을 기록한 다음 족보를 기록했다. 누가의 족보는 마태의 족보와 비교하면 큰 차이가 있기에 해석에 큰 어려움이 있다. 그 차이를 살펴보면, 1) 마태는 아브라함부터 밑으로 기록해 내려갔고 (하향식) 누가는 예수님으로부터 위로 올라가면서(상향식) 족보를 기록했다. 2) 마태는 아브라함으로부터 시작하나 누가는 아브라함을 지나 아담까지 거슬러 올라가고 더 나아가 하나님에게까지 올라간다. 3) 마태의 것과는 달리 누가의 족보는 구약의 족보들과 대체로 부합한다(창 5:1-32; 11:10-26; 대상 1:1-4, 24-27). 4) 마태는 유대인을 위해 족보를 기록했고 누가는 이방인들(전 세계인들)을 위해 아담까지 거슬러 올라가며 기록했다. 결국 누가는 예수님을 둘째 아담으로 묘사했다. 5) 마태는 족보에 여자의 이름을 네 명이나 기록한 반면 누가는 전혀 기록하고 있지 않다. 6) 마태가 기록한 족보와 누가가 기록한 족보를 살펴보면 아브라함부터 다윗까지는 대체로 일치하나 (14명) 그 이후부터는 전혀 다르다. 공통되는 부분은 스룹바벨과 스알디엘 뿐이다(27절; 마 1:12). 마태는 다윗 다음으로 솔로몬 계통을 기록했고 누가는 다윗 다음으로 나단 계통을 기록했다. 7) 마태가 기록한 족보와 누가가 기록한 족보 가운데 요셉으로부터 다윗까지의 가계가 크게 다르다. 다윗으로부터 요셉에 이르기까지는 거의 전적으로 다르다.

위와 같은 난점을 해결하기 위해 많은 학자들은 여러 해결책을 내놓았으나 아직 완전한 해결에는 도달하지 못했다. 그 해결책을 살펴보면, 1) 마태가 말하는 요셉의 아버지 야곱은 생부이고, 누가가 말하는 헬리는 양부일 것이다. 혹은 야곱과 헬리는 아버지가 다르고 어머니는 같은 형제일 것이다. 2) 마태복음과 누가복음 간에 이름과 수가 맞지 않는 것은 마태가 각 시대를 14대씩 만들기 위해 적어도 세 사람의 이름을 생략했으므로 생긴 것이다. 누가는 족보를 기록함에 있어 마태의 것을 의존하지 않은 것이 분명하다. 3) 마태는 요셉의 족보를 기록했고 누가는 마리아의 족보를 기록한 것이다. 다시 말해 헬리는 마리아의 아버지요 요셉의 장인이다(Bengel, Olshausen, Ebrard, Clarke, Ellicott, Ryle, Hendriksen).[32] 이상 여러 학설 중에서 마태는 요셉의 족보를, 누가는 마리아의 족보를 기록했다는 학설이 제일 나은 것으로 보인다. 이런 결론에 도달하게 한 것은 23절("사람들이 아는 대로는 요셉의 아들이니 요셉의 위는 헬리요")에 대한 여러 학자들의 번역에 근거한 것이다 (윌렴 헨드릭슨). 23절에 대한 여러 학자들의 번역:

*렌스키(Lenski)-"30세쯤에 사역을 시작하신 예수는 법적으로는 요셉의 아들이지만 사실은 헬리의 아들이요..."

*크레이다너스(Greijdanus)-"예수는 30세쯤 시작하시니라. 그는 법적으로는 요셉의 아들이나 헬리의 아들이요..."

---

32) "헬리가 요셉을 낳았다는 기록이 없다. 헬라어를 살필 때 '그의 아들'이란 의미가 전혀 없다. 그러므로 누가가 기록한 것은 요셉의 족보가 아니라 마리아의 족보이며 또 마태가 서술한 것은 마리아의 계보가 아니라 요셉의 족보라는 결론을 내릴 수 있다. 물론 이 설명에도 문제점이 전혀 없는 것은 아니다. 하지만 다른 설명보다는 큰 문제점이 없다는 사실이다"(존 라일).

*바클레이(Barclay)-"요셉의 아들이라 생각되는 예수는 30세 쯤 그 사역을 시작하시니라. 예수는 바로 헬리의 자손이요..."

*윌럼 헨드릭슨(William Hendriksen)-"요셉의 아들이라 생각되는 예수는 30세쯤 되어 (그의 사역을) 시작하시니라. 그는 바로 헬리의 아들이요..." 사실은 23절에 대한 여러 학자들의 번역뿐만 아니라 또 1:32, 69의 말씀에 근거하여 누가는 마리아의 족보를 기록한 것으로 보는 것이 가장 합리적일 것이다. 만약 요셉 족보설을 따른다면 요셉의 아버지가 둘이 된다. 마 1:16에 요셉의 부친이 야곱이고 우리의 본문 23절에 헬리가 요셉의 부친이 되니 요셉의 아버지가 둘이 되는 셈이다. 그런고로 마태는 요셉의 족보를, 누가는 마리아편의 족보를 기록했다고 보는 것이 가장 문제를 단순화하는 것이 될 것이다.

눅 3:23-37. 예수께서 가르치심을 시작할 때에 삼십 세쯤 되시니라 사람들이 아는 대로는 요셉의 아들이니 요셉의 위는 헬리요. 그 위는 맛닷이요 그 위는 레위요 그 위는 멜기요 그 위는 얀나요 그 위는 요셉이요. 그 위는 맛다디아요 그 위는 아모스요 그 위는 나훔이요 그 위는 에슬리요 그 위는 낙개요.
누가는 "예수께서 가르치심을 시작할 때에 삼십 세쯤 되셨다"고 말한다(민 4:3, 35, 39, 43, 47). 요셉이 애굽의 국무총리가 된 것도 30세였고(창 41:46) 다윗이 이스라엘 왕이 된 것도 30세였다(삼하 5:4). 30세쯤이면 사역을 시작하실 때라고 인정된다. 예수님은 완전히 성년이 되셔서 사역을 시작하신 셈이다(민 4:47).

예수님께서 30세쯤 되신 때는 주후 26년경이다. 이유는 예수님을 죽이려던 헤롯 대왕이 BC 4년에 죽었으니 AD 26년경은 예수님의 30세쯤 되는 해이다. 예수님께서 성역을 시작하신 연대를 알려준 유일한 저자가 바로 누가이다.

그리고 누가는 "사람들이 아는 대로는 요셉의 아들"이라고 말한 것은

일반적으로 사람들의 상식대로 말하자면 예수님은 요셉의 아들이란 뜻이다
(마 13:55; 요 6:42). 그러나 실제로는 그렇지 않다는 의미를 가지고 있다.

**눅 3:38. 그 위는 에노스요 그 위는 셋이요 그 위는 아담이요 그 위는 하나님이
시니라.**

누가는 족보를 기록할 때 아담까지 올라가고 더 나아가 하나님에게까지
올라간다. 누가는 예수님의 조상을 강조하기 위하여 인류의 최초의 조상
아담에게까지 거슬러 올라갔고, 마태는 언약의 머리, 즉 아브라함(창 12:3)으
로부터 족보를 시작했다. 누가는 아담의 조상이 하나님이라는 뜻으로 기록한
것이 아니라 아담이 하나님의 피조물이라는 뜻으로 하나님을 기록한 것이다.
"이 족보는 예수님께서 인간에게 매우 가까우심을 가르쳐 줄뿐 아니라 어떤
의미에서는 사람이 하나님께 매우 가까이 있다는 사실도 가르쳐 준다"(윌렴
헨드릭슨). 예수님의 족보가 아담을 포함하고 있으니 예수님은 아담으로부터
시작된 인류의 모든 범죄를 해결하신다는 것을 보여준다. 예수님은 둘째
아담으로 새로운 아담이시다. 그는 실패한 첫째 아담과는 달리 새로운 아담으
로 인류를 회복하신다.

제 4 장
그리스도께서 출현하시다

D.예수님께서 시험을 받으시다 4:1-13

예수님은 공생애에 들어가시기 전에 마귀로부터 시험을 받으셨다. 첫째 아담이 마귀의 시험에 실패하여 그 후손들이 마귀의 시험에 계속해서 실패하는 삶을 사는 것을 보신 둘째 아담 되신 그리스도께서 마귀의 시험을 이기는 법을 알려주시기 위하여 시험을 받으셨다. 예수님께서 보여주신바 마귀의 시험을 물리치는 비결은 성령에게 이끌리는 삶을 사는 것과 또 성경 말씀으로 물리쳐야 한다. 예수님은 마귀의 시험을 세 번 받으셨을 때 세 번 다 신명기의 말씀으로 물리치셨다. 누가의 이 기사는 마태와 거의 일치한다(마 4:1-11). 다른 점은 마태가 기록하고 있는바 예수님께서 받으신 두 번째 시험과 세 번째 시험을 누가가 뒤 바꾸었다는 점이다.

눅 4:1. 예수께서 성령의 충만함을 입어 요단강에서 돌아 오사 광야에서 사십 일 동안 성령에게 이끌리시며.

누가는 "예수께서 성령의 충만함을 입어 요단강에서 돌아 오셨다"고 말한다. '예수님께서 성령의 지배를 받으시고 인도를 받으시면서 요단강에서 돌아오셨다'는 뜻이다. 예수님은 세례 받으실 때 성령께서 비둘기 형체로 임하셨는데(3:21-22) 그 성령님은 계속해서 예수님을 주장하시고 인도하셨다. "성령의 충만함을 입어"(마 4:1; 막 1:12)란 말은 '성령님의 주장, 성령님의 지배, 성령님의 인도를 받고 계셨다는 것'을 지칭한다.

누가는 예수님께서 광야로 돌아오신 후 "광야에서 사십 일 동안 성령에게 이끌리셨다"고 말한다(14절; 2:27). '광야[33])에서 40일간 계시면서 여전히 성령님에게 인도를 받으셨다'는 뜻이다(롬 8:14; 갈 5:18). 예수님은 홀로 계신 것이 아니라 성령님과 함께 계셨다.

눅 4:2. 마귀에게 시험을 받으시더라 이 모든 날에 아무 것도 잡수시지 아니하시니 날 수가 다하매 주리신지라.

누가는 예수님께서 "마귀에게 시험을 받으셨다"고 말한다. 앞 절(1절) 끝 부분과 합해보면(ἤγετο ἐν τῷ πνεύματι ἐν τῇ ἐρήμῳ ἡμέρας τεσσεράκοντα πειραζόμενος ὑπὸ τοῦ διαβόλου) 예수님께서 "광야에서 사십 일 동안 성령에게 이끌리시며 마귀에게 시험을 받으셨다"는 뜻이다. 이 말씀은 예수님께서 광야에 계시는 중에 성령의 지배를 받으시면서 마귀에게 시험을 받으셨다는 뜻이다(Lenski, Albert Barnes, John Nolland). 마가는 "광야에서 사십 일을 계시면서 사탄에게 시험을 받으시며 들짐승과 함께 계셨다"고 말한다(막 1:13). 예수님은 40일 동안 성령에게 이끌리시며 시험을 받으셨다. 40일 동안 무슨 시험을 받았는지에 대해서 알 길은 없다. 예수님은 광야에서 시험을 계속해서 받으시다가 40일을 금식하신 후 세 가지 시험을 받으셨다. 이 말씀에 대한 다른 해석은 예수님께서 광야에서 계속해서 시험을 받으신 것이 아니라 40일의 금식기간이 끝난 후 마귀의 시험을 받으셨다고 하는 해석이다 (윌렴 헨드릭슨).[34])

예수님께서 마귀에게 시험을 받으셨다는 말씀은 마귀의 시험이 성도들에

---

33) 이 광야가 어딘가를 확실히 말하기는 어렵다. 혹자는 이스라엘 민족이 출애굽 당시에 40년간 여행했던 시내광야라고 하기도 하고 혹자는 세례 요한이 사역을 시작할 때에 머물렀던 유대광야라고 하기도 한다. 후자의 가능성이 더 크다.

34) 윌렴 헨드릭슨은 전통적인 번역을 반대하지는 않는다. 즉 "40일 동안 광야에 계셨고 광야에서 시험을 받으시니라." 혹은 "광야에 40일 동안 계시며 내내 사단에게 시험을 받으시더라"는 번역을 반대하지는 않는다. 그러나 헨드릭슨은 "...40일 동안 광야에서 성령에게 이끌리신지라 사단에게 시험을 받으시더라"고 번역한 굳스피드(Goodspeed)의 번역을 지지하였고 또 "성령에 이끌려 40일 동안 광야에 계시니라 광야에서 사단에게 시험을 받으시니라"고 번역한 필립스의 번역을 지지하고 있다. 그리고 헨드릭슨 자신은 "40일 동안 성령에 이끌려 광야에 계시니라 광야에서 사단에게 시험을 받으시셨다"로 번역했다.

게 끊임없이 있을 것을 보여주는 말씀이다. 예수님에게까지 접근하여 예수님을 시험한 마귀는 성도들에게 접근하여 계속해서 시험한다는 것을 보여준다. 그런데 예수님께서 시험을 받으실 때 성령에게 이끌리시면서 받으셨다(앞절). 다시 말해 성령의 주장을 받으시면서 시험을 받으셨다. 우리도 역시 성령에 이끌리면서(인도를 받으면서) 살아야 마귀의 시험에서 승리할 수 있다. 그런고로 성령의 충만을 계속해서 구해야 한다(엡 5:18).

누가는 예수님께서 "이 모든 날에 아무 것도 잡수시지 아니하시니 날 수가 다하매 주리신지라"고 말한다(출 34:28; 왕상 19:8). 예수님은 어떤 날 금식하신 것이 아니라 "이 모든 날," 즉 '40일 동안' 아무 것도 잡수시지 아니하셨다. 그런데 날 수가 다 끝나매 주리셨다. 사탄은 이때를 틈타 예수님에게 다가와서 시험하였다. 시험의 내용은 다음 절부터 전개된다.

눅 4:3. 마귀가 이르되 네가 만일 하나님의 아들이어든 이 돌들에게 명하여 떡이 되게 하라.

마귀가 예수님에게 말하기를 "네가 만일 하나님의 아들이어든 이 돌에게 명하여 떡이 되게 하라"고 한다. 마귀가 예수님에게 "네가 만일 하나님의 아들이라면"이라고 말한 것은 예수님께서 세례를 받으실 때 하나님께서 하늘에서 들려준 말씀을 반영한 말일 것이다. 하나님께서 예수님에게 "너는 내 사랑하는 아들이라 내가 너를 기뻐하노라"고 말씀하셨는데 마귀가 하나님의 말씀을 듣고 예수님에게 "네가 만일 하나님의 아들이어든"이라고 말했을 것이다. 마귀는 예수님을 향하여 조롱 섞인 어조로 이 말을 했을 것이다. 마귀는 예수님에게 네가 하나님의 아들이라고 하니 굶고 있을 필요가 없다. 너는 이 돌(λίθῳ-단수)에게 명령하여 떡이 되게 해서 먹고 굶주림을 해결하는 것이 좋을 것이라고 권했다. 사탄은 아담을 시험하여 넘어뜨렸는데 이제 둘째 아담 되시는 예수님도 물질 시험으로 넘어뜨리려고 했다. 사탄은 항상 약점을 알고 그 약한 부분을 파고든다.

눅 4:4. 예수께서 대답하시되 기록된바 사람이 떡으로만 살 것이 아니라 하였느니라.

예수님은 사탄이 시험하는 말을 들으신 다음 "기록된" 구약 성경말씀으로 대답하신다. 예수님은 신명기 8:3의 말씀("사람이 떡으로만 사는 것이 아니요")의 말씀으로 대답하신다. 마귀가 시험할 때 물리치는 방법은 하나님의 말씀을 들려주는 것이다. 우리의 지혜나 능력으로 물리칠 수 없는 것을 알고 마귀가 무서워하는 하나님의 말씀(명령)을 들려주어야 한다.

그리고 예수님께서 말씀하신바 "사람이 떡으로만 살 것이 아니라"는 말씀은 떡 말고도 다른 더 중요한 것이 있다는 것을 말씀하신 것이다. 누가는 예수님께서 인용하신 신 8:3을 다 기록하지 않았다. 즉 신 8:3의 후반부("여호와의 입에서 나오는 모든 말씀으로 사는 줄을 네가 알게 하려 하심이니라")를 기록하지 않았는데 마태는 기록하고 있다. 마 4:4에 의하면 사람은 "하나님의 입으로 나오는 모든 말씀으로 살 것이라"고 기록한다. 예수님은 40일을 금식하셔서 배가 심히 고프실 때 "하나님의 입에서 나오는 말씀으로 살 것이라"고 하신다. 그러니까 하나님의 입에서 나오는 말씀은 떡을 산출하고 모든 것을 산출할 수 있다는 것을 시사(示唆)한다. 우리가 가장 중요하다고 생각하는 떡보다도 하나님의 말씀으로 우리의 영육이 사는 것임을 알아야 한다. 이 우주는 하나님의 말씀으로 지음을 받았고(창 1:3-25) 또 존재하고 있다(히 1:3). 우리는 하나님의 말씀을 가장 귀하게 여겨야 한다(24:25-27, 44-47; 요 5:39; 10:35).

그리고 예수님께서 말씀하신바 "사람이 떡으로만 살 것이 아니라"는 말씀은 떡도 필요하다는 것을 암시한다. 사람이 떡으로만 사는 것은 아니지만 떡도 필요하다는 말씀을 포함하고 있다. 떡도 필요하기에 하나님은 떡도 만드셨다. 다시 말해 물질도 만드셨다. 그러나 정작 필요한 것은 하나님의 입으로부터 나오는 모든 말씀이다. 말씀은 영육을 살린다.

눅 4:5. 마귀가 또 예수를 이끌고 올라가서 순식간에 천하만국을 보이며.

누가는 마귀가 "예수를 이끌고 올라가서 순식간에 천하만국을 보였다"고 말한다(누가는 이 시험을 두 번째라고 하고 마태는 세 번째라고 한다). 누가가 이렇게 마태가 말하는바 세 번 째 시험을 두 번째로 바꾼 것을 두고 혹자는 장소의 순서(첫째 시험은 광야에서, 둘째 시험은 산에서, 셋째 시험은 성전 꼭대기에서)를 따른 것이라고 주장한다. 광야에서 성전꼭대기로 왔다가 다시 산으로 올라가는 순서는 불합리한 고로 광야에서 산꼭대기로 갔다가 성전꼭대기로 오는 순서를 택했다는 것이다. 또 혹자는 누가가 예루살렘이 나오는 대목을 절정으로 삼고 싶었기 때문에 마지막으로 돌렸다고 말하기도 한다. 그러나 우리는 누가가 그렇게 한 이유를 알 수 없다. 헨드릭슨은 예수님께서 시험을 받으신 기사를 연대기적으로 기록한 것은 마태복음뿐이라고 말한다. 그는 마 4:1-11에 나오는 부사에 초점을 맞추고 있다. "그 때에...후에...이에... 또...이에...이에." 마태는 첫 번째 일어난 시험은 무엇이고 그 후에 어떤 일이 있었고 두 번째 시험은 무엇이며 어떻게 마무리 되었는가를 서로 관련시켜 말한다고 주장했다. 그러면서 헨드릭슨은 누가는 그러한 데에 전혀 신경을 쓰지 않았다. 그러면서 누가복음 4:5, 9를 보라고 말한다. 그의 기사는 연대기적으로 정리된 기사가 아니라고 말한다.35)

본문에 마귀는 예수님을 이끌고 "순식간에" 천하만국을 보여주었다. "순식간에"란 말은 '눈 깜짝할 사이에'라는 뜻으로 시간을 별로 쓰지 않았음을 뜻하는 말인데 그 시험이 이적임을 보여주는 말이다.

그리고 본문에 마귀가 "예수를 이끌고 올라갔다"는 말은 마태에 의하면 "지극히 높은 산으로 갔다"는 뜻이다(마 4:8). 마귀가 예수님을 데리고 지극히 높은 산으로 올라가서 "순식간에 천하만국을 보였다"는 말은 실제적으로는 있을 수 없는 시험이었다. 이유는 광야 근처에 천하만국을 볼만큼 높은 산이 없기 때문이다. 그런고로 마귀의 시험을 두고 혹자는 예수님의 마음과 생각 속에서 된 일이라고 주장한다. 그러나 이런 주장은 예수님의 마음속에서

---

35) 윌렴 헨드릭슨, 누가복음 (상), p. 331.

사탄이 시험을 연출했다는 주장이 되어 받아드릴 수 없는 해석으로 보인다.
예수님의 마음속에서 사탄이 그런 시험을 연출한다는 것은 있을 수 없는
일이다.

사탄의 이 시험은 환상 중에 된 시험이라고 보아야 할 것이다(Calvin,
De Wette, Hendriksen). 환상 중에 사탄은 예수님을 이끌고 높은 산에 올라가
천하만국을 보여주며 그에게 절을 하라고 권하며 절을 하는 경우 천하만국의
영광을 다 주겠다고 한 것이다(겔 40:2; 계 21:10 참조). 세 번째 시험도
역시 환상 중에 된 일이다.

**눅 4:6-7. 이르되 이 모든 권위와 그 영광을 내가 네게 주리라 이것은 내게
넘겨 준 것이므로 내가 원하는 자에게 주노라 그러므로 네가 만일 내게
절하면 다 네 것이 되리라.**

마귀는 환상 중에 예수님에게 천하만국을 보여주며(앞 절) 말하기를 "이
모든 권위와 그 영광을 내가 네게 주리라 이것은 내게 넘겨 준 것이므로
내가 원하는 자에게 주노라. 그러므로 네가 만일 내게 절하면 다 네 것이
되리라"고 말한다. 사탄은 이 부분(6-7절)에서 두 가지 거짓말을 한다. 하나는
"이 모든 권위와 그 영광을 내가 네게 주리라 이것은 내게 넘겨 준 것이므로
내가 원하는 자에게 주노라"고 거짓말을 한다(요 12:31; 14:30; 계 13:2, 7).
천하만국의 '모든 권위"란 말은 천하만국의 '일체의 권위와 또 그 권위를
행사하는 능력'을 지칭하고 "영광"이란 말은 '천하만국이 보유하고 있는
장엄함과 영예'를 지칭한다. 마귀가 예수님에게 천하만국의 권세와 영광을
주겠다는 말은 순전히 거짓말이다. 성경에서 종종 표현하고 있는 말씀들
중에 사탄이 세상의 임금이라든가(요 12:31; 14:30) 혹은 어두움의 세상 주관
자라든가(엡 6:12) 혹은 공중의 권세 잡은 자라는 표현 등(엡 2:2)은 그리스도
를 믿지 않고 어두운 삶을 사는 사람들을 주관한다는 뜻이지 참으로 천하만국
을 주장한다는 말은 아니다. 천하만국은 어디까지나 하나님께서 창조하신
피조물이고 하나님께서 섭리하고 계신다(출 9:29; 19:5; 신 10:14; 욥 41:11;

시 24:1; 50:12; 89:11; 고전 10:26). 마귀는 거짓말쟁이다(요 8:44). 그리고 마귀가 말한바 "이것은 내게 넘겨 준 것이라"라는 말도 거짓말이다. 하나님께서 천하만국을 넘겨주신 일이 없으시다. 그리고 "내가 원하는 자에게 주겠다"는 말도 거짓말이다. 자기 것이 없는데 무엇을 넘겨준단 말인가. 사탄이 하는 말은 모두 거짓말일 뿐이다. 그래서 사탄의 지배하에 들어간 사람들은 항상 거짓말만 한다. 거짓말을 밥 먹듯 하는 사람들을 평하여 '숨 쉬는 것을 제외하고는 모두 거짓말만 내뱉는다'는 표현을 쓰면서 평한다.

또 하나의 거짓말은 "그러므로 네가 만일 내게 절하면 다 네 것이 되리라"는 말이다. 여기 "절하면"이란 말은 다음 절에 있는 "경배한다"는 말과 같은 낱말이므로 "네가 만일 내게 엎드려 경배하면"이란 뜻이다. 사탄은 그리스도에게 사탄경배를 강요한다. 가령 천하만국의 권세와 영광이 돌아온다 할지라도 예수님께서 사탄을 향하여 엎드려 경배하시겠는가? 비록 십자가를 지시지 않아도 마귀에게 한번만 경배하면 천하만국의 권세와 영광을 예수님께서 한 몸에 가지실 수 있다하더라도 예수님께서 마귀에게 경배를 하시겠는가. 마귀의 시험은 대단한 시험이었다. 예수님으로 하여금 쉽게 영광을 가지도록 권한 시험이니 말이다. 오늘 우리는 그리스도 안에서만 영광을 바라보아야 한다. 결코 사탄의 말을 들을 것이 아니다.

눅 4:8. 예수께서 대답하여 이르시되 기록된 바 주 너의 하나님께 경배하고 다만 그를 섬기라 하였느니라.
마귀가 예수님에게 경배하라고 했을 때 예수님은 역시 기록된 말씀을 인용하여 물리치신다. 신 6:13을 자유롭게 인용하신다. 예수님은 "너의 하나님께 경배하고 다만 그를 섬기라"는 말씀으로 물리치신다(신 6:13; 10:20). 마태에는 "사탄아, 물러가라"(마 4:10)라는 말씀을 기록하고 있다. 우리는 항상 하나님께 경배하고 하나님께 종노릇하며 살아야 한다(요 5:30; 6:38 참조).

눅 4:9. 또 이끌고 예루살렘으로 가서 성전 꼭대기에 세우고 이르되 네가

만일 하나님의 아들이어든 여기서 뛰어내리라.

예수님을 성전 꼭대기에 세우고 뛰어내리라는 시험(누가는 이 시험을 세 번째 시험으로 말하고, 마태는 두 번째 시험으로 말한다)도 역시 환상 중에 된 일로 보아야 한다. 이유는 실제로 마귀가 예수님을 "이끌고 예루살렘으로 가서 성전 꼭대기에 세웠겠는가?" 환상 중에 마귀는 예수님을 이끌고 예루살렘으로 가서 성전 꼭대기에 세우고(마 4:5) 말하기를 "네가 만일 하나님의 아들이어든 여기서 뛰어내리라"고 하였다. 역사가 요세푸스는 성전 꼭대기에 대해 설명하기를 "밑을 내려다 볼 때 어지러움과 현기증을 일으키지 않고서는 감히 내려다 볼 수 없을 정도로 높은 곳"이라고 했다. 요세푸스의 글에 의하면 성전 꼭대기에서 기드론 골짜기까지는 135m에 이른다고 한다. 혹자는 "성전 꼭대기"를 '외벽에 있는 첨탑,' 혹자는 '성전의 남쪽 망대'라 표현하기도 한다.

마귀가 시험할 때 "네가 만일 하나님의 아들이어든"이란 말을 덧붙인다(3절). 마귀가 예수님에게 "네가 만일 하나님의 아들이라면"이라고 말한 것은 예수님께서 세례를 받으실 때 하나님께서 하늘에서 들려준 말씀을 반영한 말일 것이다. 하나님께서 예수님에게 "너는 내 사랑하는 아들이라 내가 너를 기뻐하노라"고 말씀하셨는데 마귀가 하나님의 말씀을 듣고 예수님에게 "네가 만일 하나님의 아들이여든"이라고 말했을 것이다. 마귀는 예수님을 향하여 조롱 섞인 어조로 이 말을 했을 것이다. 마귀는 예수님에게 네가 하나님의 아들이라고 하니 여기서 뛰어내리는 것쯤이야 문제가 될 것이 있겠느냐? 한번 뛰어내려 보라고 했을 것이다. 더욱이 다음 절과 같이 성경말씀에도 너의 안전을 보장하는 말씀이 있지 않은가. 그런고로 안심하고 뛰어내려 보라고 한 것이다.

눅 4:10-11. 기록되었으되 하나님이 너를 위하여 그 사자들을 명하사 너를 지키게 하시리라 하였고 또한 그들이 손으로 너를 받들어 네 발이 돌에 부딪치지 않게 하시리라 하였느니라.

마귀도 하나님의 말씀을 인용한다. 마귀는 70인경의 말씀을 인용하고 있다. 10절과 11절의 말씀은 마귀가 인용한 성경 구절로 시 91:11-12절의 말씀이다 ("그가 너를 위하여 그의 천사들을 명령하사 네 모든 길에서 너를 지키게 하심이라 그들이 그들의 손으로 너를 붙들어 발이 돌에 부딪히지 아니하게 하리로다"). 10절의 말씀은 하나님이 천사들을 명하셔서 예수를 지키시리라 는 말씀이고, 11절은 좀 더 구체적인 말씀으로 천사들이 손으로 예수를 붙들 어 예수의 발이 돌에 부딪치지 않게 하실 것이라는 말씀이다. 예수님은 사탄 이 인용한 말씀을 믿고 뛰어내릴 법하셨는데 성경 전체의 말씀을 조직적으로 아셨기에 예수님은 다음 절에서 다른 성경말씀을 대신다. 우리는 성경을 한부분만 알 것이 아니라 전체적으로 알아야 할 것이다.

눅 4:12. 예수께서 대답하여 이르시되 주 너의 하나님을 시험하지 말라 하였느니라.

예수님은 사탄의 요구(10-11절)를 들으시고 구약 신 6:16의 말씀을 인용하신 다. 즉 "주 너의 하나님을 시험하지 말라"고 하신다. 사탄은 10절-11절에서 하나님께서 천사들을 동원하여 예수를 도우실테니 한번 성전꼭대기에서 뛰어내려보라고 했다. 사탄의 이 말씀은 하나님을 시험하는 말씀이다. 하나님 께서 살아계셔서 도와주시나 보자고 행하는 일들은 하나님을 시험하는 행위이다. 다시 말해 망동을 하면서 하나님께서 도와주실 것이라고 맹신하는 것은 하나님을 시험하는 일이다. 우리는 반드시 필요한 것을 위해서 기도하고 간구해야 한다. 그러지 않고 하나님의 사랑을 알아보기 위하여, 하나님의 능력을 알아보기 위하여, 하나님의 지혜를 알아보기 위하여 무슨 일을 경영하 는 것은 하나님을 시험하는 일이다.

영혼 구원을 위해서 기도하면서도 예배에 참석하지 않고 성경 공부에도 참석하지 않고 성례에도 참석하지 않는 것, 건강의 법칙을 무시하면서 건강을 위해서 기도하는 일, 공부는 전혀 하지 않으면서 성적을 올려달라고 기도하는 일, 경건하게 살기를 소원하는 기도를 하면서도 인터넷 사이트에서 음란물을 찾아보고 혹은 음란영화를 보러 가는 일 등은 하나님을 시험하는 일이다. 오늘 우리 주위에 하나님을 시험하는 사람들이 많이 있다. 예수님은 그런 사람들에게 하나님을 시험하지 말라고 말씀하신다.

눅 4:13. 마귀가 모든 시험을 다 한 후에 얼마 동안 떠나니라.
마귀는 광야에서 예수님을 시험하는 일을 마친 후에 얼마동안 떠났다. 마귀는 광야에서 예수님을 시험하는 일에 완전히 패배하고 얼마동안 떠난 것이다. 우리는 그리스도 안에 있을 때 마귀의 시험을 이길 수 있다. 그리스도와 연합되어 하나로 살 때 마귀의 시험을 물리칠 수가 있다. 우리는 항상 예수님을 믿으면서 성령의 충만을 구하여 성령의 주장을 받으며 인도를 받아야 한다.

그런데 마귀는 영원히 떠난 것이 아니라 "얼마동안" 떠난 것이다(요 14:30; 히 4:15). '한 동안' 떠났다는 뜻이다. 그 후 마귀는 예수님에게 가까이 와서 예수님께서 사역하시는 동안 여러 모로 예수님을 괴롭혔다. 때로는 베드로를 통하여 예수님의 십자가에의 길을 방해하려고 했고(마 16:23; 막 8:32), 혹은 군중들을 동원하여 예수님으로 하여금 세상 왕이 되도록 권유하기도 했다(요 6:15).

IV.예수님께서 본격적으로 갈릴리에서 전도하시다 4:14-9:50
누가는 예수님께서 시험 받으신 것(4:1-13)을 기록한 다음 드디어 이제부터 예수님의 갈릴리 사역을 기술한다. 누가는 예수님께서 시험받으신 사건과 갈릴리 사역 사이에 진행되었던 유대 사역(요 1:19-4:42)을 생략하고 넘어간다. 마태나 마가는 세례 요한의 투옥 후 예수님께서 공생애를 시작한 것으로 말하나(마 4:12; 막 1:14) 누가는 예수님께서 시험 받으신 후에 공생애를 시작하신 것으로 말한다. 누가는 이 부분(4:14-9:50)에서 예수님께서 갈릴리 사역에 종사하신 일(4:14-44), 베드로를 부르신 일(5:1-11), 병자들을 고치신 일(5:12-26), 레위를 부르신 일(5:27-32), 언제 금식해야 할지를 가르쳐주시고

(5:33-39), 안식일의 주관자가 누구인지를 가르쳐주시며(6:1-5), 오른 손 마른 사람을 고치신 일(6:6-11), 12사도를 선택하신 일(6:12-19), 여러 가지 교훈을 주신 일(6:20-49), 백부장의 종을 고치신 일(7:1-10), 과부의 죽은 아들을 일으키신 일(7:11-17), 세례 요한의 질문에 답변하신 일(7:18-35), 죄 많은 여인에게 은혜를 베푸신 일(7:36-50), 순회전도 하신 일(8:1-56), 갈릴리 전도를 마감하시는 여러 사역(9:1-50)을 진술한다.

A.예수님의 갈릴리 사역을 개괄하다   4:14-15

누가는 예수님께서 세례 받으실 때 성령으로 충만하시다는 사실을 기록한 후 예수님께서 역시 성령에 이끌리셨기에 시험을 이기신 사실을 기록했고 이제 성령의 능력으로 갈릴리에 돌아가셔서 성령으로 사역하셔서 뭇 사람에게 칭송을 받으신 사실을 말한다. 이 부분은 마 4:12-16; 막 1:14-15과 병행한다.

눅 4:14. 예수께서 성령의 능력으로 갈릴리에 돌아가시니 그 소문이 사방에 퍼졌고.

누가는 "예수께서 성령의 능력으로 갈릴리에 돌아가셨다"고 말한다. 누가는 예수님께서 성령으로 잉태되신 것을 말했고(1:35), 세례 받으실 때에도 역시 성령님이 강림하신 것을 말했으며(3:22), 시험을 받으실 때에도 성령에 이끌리셨음을 말했고(4:1-13), 이제는 성령의 능력으로(1절) 갈릴리36)로 돌아가

---

36) "갈릴리"(Galilee)는 팔레스틴의 가장 북쪽에 있는 지방인데, 히브리어로는 '고리,' '주변' 이라는 뜻이며 산지 둘레에 성읍이 배치되어 있었기 때문에 이런 지방명이 생긴 것 같다. 마키비아 시대에 이 이름은 보다 일반적으로 되고, 헤롯 시대에는 '사마리아,' '유대'와 맞먹는 행정 구역 명으로 되었다.
(1) 위치와 범위: 갈릴리는 초기에는 팔레스틴 북부의 납달리 영의 산지뿐이었으며, 그 경계도 확실하지 않았다. 후에 이 지방은 남쪽으로 확장하여 마카비아 시대에는 에스드라엘론 (Esdraelon) 평야가 자연의 경계로서 사마리아에 연접하고 있었다. 동쪽은 요단강과 갈릴리바다의 서안으로 구획되고, 그 넓이는 남북 약 75㎞, 동 서 약40㎞이다.
(2) 역사: 왕국 분열 후 이 지방은 북 왕국 이스라엘 최북단의 땅으로서, 북쪽으로부터의 적의 공격을 몇 번인가 받았다. 다메섹의 벤하닷 I세(왕상 15:20)의 공격을 받아 하사엘에게 유린되었다(왕하 12:17-18). 그 영토는 여로보암 II세에 의해 일단 회복되었으나, 앗수르의

신 것(본 절)을 말한다(마 4:12; 요 4:43). 능력으로 충만하신 예수님께서 갈릴리에 오셔서 성령의 능력으로 사역하시니 "그 소문이 사방에 퍼졌다." 여기 "사방"이란 말은 '갈릴리를 중심한 사방'을 지칭하는데 마태는 갈릴리와 데가볼리와 예루살렘과 유대와 요단강 건너편이라고 말하고(마 4:24-25), 마가는 유대와 예루살렘과 이두매와 요단강 건너편과 두로와 시돈 근처라고 표현한다(막 3:7-8). 예수님의 소문이 참으로 넓은 범위에 퍼져나갔다. 오늘 우리의 사역도 성령의 능력이 동반한다면 사방으로 퍼지기 마련일 것이다.

눅 4:15. 친히 그 여러 회당에서 가르치시매 뭇 사람에게 칭송을 받으시더라. 예수님께서 친히 갈릴리 지역의 "여러 회당에서 가르치시매 뭇 사람에게 칭송을 받으셨다." 예수님께서는 성령의 능력을 힘입어 여러 회당에서 가르치신 결과 많은 사람들에게 칭송을 받으셨다. 많은 사람들에게 칭송을 받으신 이유는 예수님의 교훈에는 성령의 크신 능력이 함께 하여 생동력, 권위, 위로, 권면 등이 충만하였기(4:31-32; 마 7:28-29 참조) 때문이었다. 여기 "가르치시매"(ejdivdasken)란 말은 미완료과거 시제로 여러 회당에서 '계속해서 가르치셨다'는 뜻이다. 예수님을 칭송하던 군중들은 얼마 후부터는 예수님의 교훈이 그들의 입맛에 덜 맞는다고 싫어하기 시작했다. 특별히 바리새인들과 사두개인들에게는 예수님의 교훈이 찌르는 가시 같아서 충돌이 일어나기 시작했다.

디글랏 빌레셀 Ⅲ세는 BC 732년 갈릴리 지방을 병합하고 주민을 사로잡아 갔다(왕하 15:29). 그 후 약 6세기동안에 이 지방은 바벨론, 바사, 마게도냐, 애굽, 수리아에 이어 정복되고, 주민의 포로와 타민족의 이주가 되풀이 되어 여기에 일종의 혼합 인종과 혼합 문화를 낳았고, 유대인으로부터 '이방의 갈릴리'(사 9:1,마 4:15)라고 멸시 받게 되었다. 사람들은 갈릴리에서는 결코 선지자가 나지 못한다고 생각하였다(요 7:41,52). 그렇지만 예수의 제자들은 거의 갈릴리 출신이었으며, 예수님 자신도 거기서 성장했으며, 그 곳을 전도의 주요 무대로 하여 그 동쪽 지경, 갈릴리 바닷가, 또는 그 곳 동리, 고라신, 벳새다, 가버나움, 나인, 가나 및 나사렛 등에서 활동했다. 예수님의 이 전도 활동이야말로 갈릴리의 역사 중에서 가장 의의가 있는 중대한 사건이었다. 그런데, 헤롯 아그립바의 사후 전체 팔레스틴은 로마의 행정구로 되고, AD 66-73년, 132-135년의 유대인의 반란도 실패하여 유대는 멸망했다. 1948년 건국한 현재의 이스라엘은 전 갈릴리를 포함하고 있다.

B.예수님께서 나사렛에서 전도하시다   4:16-30

예수님은 고향 나사렛에 가셔서 복음을 전하신다. 먼저 회당에 들어가셔서 이사야의 글을 가지고 자신이 누구임을 증언하셨고(16-23절), 나사렛에서 배척 받으실 것을 예언하셨으며(24-27절) 또 실제로 누가는 예수님께서 배척받으신 사건을 진술한다(28-30절). 이 부분은 누가복음에만 기록된 독특한 기사로 보이지만 마 13:53-58; 막 6:1-6과 병행 절로 보아야 할 것이다. 이유는 내용(말씀의 골자와 거부당하심의 내용)이 같기 때문이다. 다만 누가가 갈릴리 전도 사역 초두에 예수님께서 배척받으실 것을 예언하고 또 실제로 배척받으신 것을 기록했기에 의아하긴 하나 아마도 누가는 예수님의 갈릴리 사역은 거부당하심의 역사인 것을 부각시키기 위해서 이렇게 일찍이 기록한 것으로 보인다(윌럼 헨드릭슨). 23절("가버나움에서 행한 일을 네 고향 여기서도 행하라")을 보면 이 부분 말씀이 어느 정도 세월이 지난 때의 일이라는 것을 알 수 있다.

눅 4:16. 예수께서 그 자라나신 곳 나사렛에 이르사 안식일에 늘 하시던대로 회당에 들어가사 성경을 읽으려고 서시매.

예수님은 성장하신 고향 나사렛(2:39-40, 51-52; 마 2:23; 13:54; 막 6:1)에 가셔서 "안식일에 늘 하시던 대로 회당에 들어가셨다." 여기 "늘 하시던 대로"란 말은 예수님께서 15절에 밝힌 대로 '여러 회당에서 하시던 대로 회당에 들어가셔서 가르치시던 대로 하신 것'을 지칭한다(행 13:14; 17:2; Lenski). 대부분의 해석 가들은 예수님께서 유년 시절부터 회당에 출입하시던 대로 지금 나사렛 회당에 들어가신 것을 지칭한다고 하나 본 절은 예수님께서 사역을 시작하신 후 갈릴리 지역에서 벌써 오랜 동안 회당에 들어가서 가르치시던 대로 하신 것을 지칭하는 것으로 보아야 한다. 문맥이 그것을 지적한다. 즉 예수님께서 회당에 들어가신 것은 "성경을 읽으시고" 가르치시기 위함이었다. 예수님은 회당에 들어가셔서 "성경을 읽으려고 서셨다." 여기 "서셨다"는 말은 성경을 읽을 때는 서서 읽는 관습을 보여주고 있다.

예수님은 서서 성경을 읽으신 후 앉으셨다(20절).

눅 4:17. 선지자 이사야의 글을 드리거늘 책을 펴서 이렇게 기록된 데를 찾으시니 곧.
예수님께서 회당에서 성경을 읽으려고 서셨을 때 한 사환이 "선지자 이사야의 글을 드렸다." '선지자 이사야의 글을 기록한 두루마리를 드렸다'는 뜻이다. 여러 선지자의 두루마리 중에서 선지자 이사야의 글이 기록된 두루마리를 드린 것은 하나님의 섭리였다. 이사야서에 예수 그리스도에 대한 내용이 더 많이 더 분명하게 기록되어 있는데 이 책을 드린 것은 하나님께서 간섭하신 것으로 보인다. 예수님은 책을 받으신 후 "책을 펴서 이렇게 기록된 데를 찾으셨다." '이사야의 두루마리를 펴서 예수님께서 친히 아래와 같이(18-19절) 기록된 곳을 찾으셨다'는 뜻이다. 예수님께서 이사야서의 두루마리를 펴셨을 때 우연히 이사야 61:1-2이 나온 것이 아니라 예수님께서 그 곳을 찾으신 것이다.

눅 4:18. 주의 성령이 내게 임하셨으니 이는 가난한 자에게 복음을 전하게 하시려고 내게 기름을 부으시고 나를 보내사 포로된 자에게 자유를, 눈먼 자에게 다시 보게 함을 전파하며 눌린 자를 자유롭게 하고.
본 절은 이사야 61:1-2의 70인 역의 자유로운 인용이다. 예수님은 사람들 앞에서 히브리 원문을 읽으셨을 것이지만 누가는 70인 역에서 자유롭게 인용했을 것이다. 예수님은 자신이 읽으신 이사야 성경 말씀(사 61:1-2)이 예수님 자신에게 응했다고 하신다.

　　예수님은 "주의 성령이 내게 임하셨다"고 말씀하신다. 예수님께서 세례를 받으실 때 성령님께서 예수님 위에 임하신 것을 지칭한다(3:21-22). 성령이 예수님에게 임한 이유는 이 아래(19절까지) 다섯 가지로 기록되어 있다. 첫째, "가난한 자에게 복음을 전하게 하시려고 내게 기름을 부으셨다"고 말씀하신다. 여기 "가난한 자"란 '영적으로 가난한 자,' 곧 '영적으로 거룩함이 없고 의로움이 없으며 선함이 없는 상태'를 지칭한다. 바꾸어 말해 '영적으로 좋은 것들은 없고 죄만 있는 상태'를 뜻한다(6:20; 마 5:3). 예수님은 자신이 영적으로 가난한자들에게 복음을 전하게 하시려고 기름을 부음 받았다고 하신다. 복음을 전하여 가난한 자들로 하여금 영적으로 부요하게 하시려고 하나님께서 기름을 부으셨다는 뜻이다. 복음을 전하여 부요하게 하신다는 말은 의롭게 하고 거룩하게 하며 선하게 하며 위로가 있게 하고 기쁨을 얻게 한다는 말과 같다. 이 사역을 위하여 하나님께서 예수님에게 기름을 부으셨다. 하나님께서 구약 시대에 선지자들과 제사장들과 왕들에게 기름을 부으신 것처럼 예수님에게 기름을 부으셔서 메시아 사역을 감당하게 하셨다.

둘째, "포로된 자에게 자유를" 주시려고 하나님께서 예수님에게 기름을 부으셨다는 것이다. 여기 "포로된 자"란 말은 '죄에 사로잡혀 꼼짝 못하는 자'를 가리킨다. 죄는 사람으로 하여금 선한 일을 못하**도록** 꼼짝 못하게 한다. 예수님께서 십자가에서 대속의 죽음을 죽으셔서 사람들로 하여금 죄를 벗어나서 자유의 몸이 되게 하시려고(13:16; 요 8:31b-36) 예수님께서 기름을 받으셨다. 예수님은 메시아로서 우리를 죄 가운데서 구원하신다. 사람이 죄 가운데서 그리스도로 말미암아 풀려나면 다른 속박으로부터도 풀려나게 된다.

셋째, "눈먼 자에게 다시 보게 함을 전파하도록" 예수님께서 메시아가 되셨다는 것이다. 여기 "눈먼 자"란 '영적으로 눈 먼자'란 뜻으로 죄 때문에 영안이 어두워진 사람들에게 다시 보게 함을 얻게 하기 위해서 예수님께서 기름 부으심을 받으셨다. 예수님은 이 땅에 오셔서 육신적으로 눈이 먼 사람들에게 시력을 회복시켜 주셨고(7:21-22; 요 9:1-7) 또 영적으로 눈이 먼 사람들에게 영안을 회복시켜 주셨다(요 9:39). 앞으로도 계속해서 그런 일이 발생할 것이다.

넷째, 예수님은 "눌린 자를 자유롭게 하도록" 기름부음을 받으셨다. 예수님은 죄에 눌린 자, 사탄에게 눌린 자를 자유롭게 하신다(마 11:28-30).

이 본문은 이사야 61:1-2에 없다. 이 구절은 아마도 앞 절에 대한 해석일 것이다(사 58:6 참조).

눅 4:19. 주의 은혜의 해를 전파하게 하려 하심이라 하였더라.

다섯째, 예수님은 "주의 은혜의 해를 전파하게 하려고" 기름 부으심을 받으셨다. 예수님은 '50년마다 맞이하는 희년(은혜의 해), 곧 노예를 해방시키고, 팔려간 토지는 원주인에게 돌아가게 하고, 빚을 졌던 사람들은 빚에서 놓이도록 제사장들이 희년의 첫날에 돌아다니면서 나팔을 불어 희년(은혜의 해)을 선포하여 모든 사람들을 해방시켰던 것처럼(레 25:8-13) 예수님은 죄에 속박된 사람들로 하여금 자유를 얻도록 은혜를 전파하기 위해서' 오셨다는 것이다. 구약 시대의 희년은 그리스도께서 은혜를 베푸실 일에 대한 하나의 예표였다. 구약 시대에는 50년 마다 한번 은혜의 해가 닥쳤지만 예수님께서 오신 이후로는 매년, 매달, 매일, 매시 은혜의 시간이다. 누구든지 예수 그리스도에게 나아가면 모든 것이 해결된다. 오늘도 우리는 우리의 죄를 인정하고 그리스도에게 나아와서 우리의 죄를 자백하면 저는 미쁘시고 의로우사 우리의 모든 죄를 사하시고 자유를 주신다(요일 1:9).

눅 4:20. 책을 덮어 그 맡은 자에게 주시고 앉으시니 회당에 있는 자들이 다 주목하여 보더라.

예수님은 구약 성경을 가지고 자신을 증언하신 다음 이사야서 두루마리를 말아서 "그 맡은 자에게 주시고 앉으셨다." "맡은 자"(tw'/ uJphrevth)란 말은 '성경 두루마리를 관리하는 사람,' '두루마리를 궤에서 꺼내고 또 도로 넣는 일을 맡아서 하는 사람이며 또 어린이들 교육까지 맡아서 하는 관리인'(사환)을 지칭한다. 예수님은 오늘날 전도자들이 하는 것처럼 성경을 펴놓으시고 설교를 하신 것이 아니라 말으셔서 사환에게 건넨 후에 앉으셔서(5:3; 마 5:1) 설교를 하기 시작하셨다(다음 절부터). 예수님께서 앉으시니 "회당에 있는 자들이 다 주목하여 보았다." 여기 "주목하여"(ἀτενίζοντες)란 말은 분사로 '계속해서 주목하여 본 것'을 뜻한다. 예수님께서 무슨 말씀을 하실 것인지 궁금하여 계속해서 주목하여 보았을 것이다.

눅 4:21. 이에 예수께서 그들에게 말씀하시되 이 글이 오늘 너희 귀에 응하였느니라 하시니.

예수님은 그 회당에 있는 동향인들에게 말씀하시기를 "이 글이 오늘 너희 귀에 응하였느니라"고 하신다. 이사야 61:1-2의 말씀이 너희가 귀로 듣는 지금 응했다고 하신다. 예수님께서 지금 영적으로 가난한 자들에게 복음을 전하셔서 사람들의 마음에 부요함을 주셨고, 죄에 눌린 자들을 자유하게 하셨고, 영안이 어두운 사람들에게 영안을 밝혀주셨으며, 죄 때문에 눌린 자들에게 자유를 주셨으며, 복음을 듣는 모든 사람들에게 자유를 선포하셨다고 하신다. 그리고 앞으로도 이런 일들이 계속해서 일어날 것이라고 하신다. 아마도 함께 성장하고 함께 활동하던 동향인들은 깜짝 놀랐을 것이다. 예수님은 구약의 모든 말씀을 이루셨다. 앞으로도 계속해서 이루실 것이다.

눅 4:22. 그들이 다 그를 증언하고 그 입으로 나오는바 은혜로운 말을 놀랍게 여겨 이르되 이 사람이 요셉의 아들이 아니냐.

나사렛 회당의 청중들은 모두 "그를 증언하고 그 입으로 나오는바 은혜로운 말을 놀랍게 여겨 말했다"(2:47; 시 45:2; 마 13:54; 막 6:2). 본문에 있는 세 단어 즉 "증언하고"(ἐμαρτύρουν) "놀랍게 여겨"(ἐθαύμαζον) "이르되"(ἔλεγον)는 모두 미완료 과거 시제로 '계속해서 증언했고' 또 '계속해서 놀랍게 여겼고' 또 '계속해서 말했다'는 뜻이다. 회당에 있었던 사람들은 예수님을 계속해서 증언했고 또 그 입으로 나오는바 은혜로운 말 때문에 계속해서 놀랍게 여겼으며 또 계속해서 서로 예수님에 대해서 시기심이 가득해서 말했다. 그들이 계속해서 예수님을 증언했다는 말은 예수께서 말씀하신 진리와 또 그 진리의 정확성과 합리성을 부인할 수 없어 인정했다는 뜻이다(John Ryle). 그리고 회당에 있었던 사람들은 예수님의 입으로부터 나오는바 은혜로운 말씀(말씀의 신선함, 권위, 인자함)을 듣고 놀랍게 여기고 있었다. 그리고 그들은 계속해서 말하기를 "이 사람이 요셉의 아들이 아니냐"고 갸우뚱 거렸다(요 6:42). 그들은 자기들과 함께 성장한 사람이 이렇게까지 놀라운 말씀, 은혜로운 말씀(그들이 은혜를 크게 받아서 이 말을 하는 것이 아니라 예수님의 말씀의 표현이 아주 아름다운 점에 놀란 것 때문에 이렇게 말한 것으로 보인다)을 하는 것을 듣고 도무지 시기가 나서 견딜 수 없어 계속해서 말하기를 '이 사람이 요셉의 아들이 아니냐'고 말한다. 그들은 시기심이 가득차서 예수님을 큰 인물로 인정할 수 없어서 "요셉의 아들" 운운한 것이다. 그들은 내심 예수님을 거부하고 있었다. 사람은 시기심을 버리지 않고는 사실을 정확하게 볼 수 없다.

눅 4:23. 예수께서 그들에게 이르시되 너희가 반드시 의사야 너 자신을 고치라 하는 속담을 인용하여 내게 말하기를 우리가 들은 바 가버나움에서 행한 일을 네 고향 여기서도 행하라 하리라.

그들이 예수님을 마음으로 거부하고 있음을 아신 예수님은 그들에게 말씀하시기를 "너희가 반드시 의사야 너 자신을 고치라 하는 속담을 인용하여 내게 말하기를 우리가 들은 바 가버나움에서 행한 일을 네 고향 여기서도 행하라 하리라"고 하신다. 예수님께서 속담을 인용하여 이런 말씀을 하신 것은 나사렛 사람들이 예수님에게 좋은 뜻을 가지고 이런 말을 할 사람들이 아니고 예수님을 거부하고 비웃는 뜻으로 이런 말을 할 것이라는 뜻으로 하신 것이다. 예수님께서 구약성경 이사야 61:1-2의 말씀이 예수님에게 이루어졌다고 말씀하셨을 때(18-21절) 나사렛 사람들은 속으로 예수님을 별 것 아닌 인물로 보고 예수님을 거부하고 있었다. 나사렛 사람들이 예수님을 거부하고 있다는 예수님의 증언이 22-27절에 연달아 나오고 있다. 그런고로 문맥을 보아 본 절의 예수님의 말씀은 나사렛 사람들이 예수님을 거부하는 말씀, 빈정거리는 말씀이다.

예수님은 당시에 유행했던 속담 하나를 인용하신다. 예수님은 "너희가 반드시 의사야 너 자신을 고치라 하는 속담을 인용하여 내게 말할 것이다'라는 속담을 인용하신다. 의사는 자신을 먼저 고치고 다른 사람들을 고쳐야 한다는 말씀이다. 의사가 자신의 병은 고치지 않은 채 어떻게 남의 병을 고치겠다고 나설 수 있느냐는 뜻에서 이 속담이 유행되고 있었다. 예수님은 나사렛 사람들이 이 속담을 인용해서 예수님을 비웃고 거부할 것이라는 것을 잘 아셨다. 예수님은 사람들의 깊은 속을 항상 꿰뚫고 계신다(5:22; 6:8; 7:40; 9:47; 11:17; 20:23). 본문의 내게 "말할 것이다"(ἐρεῖτε)라는 말은 시제로는 미래형이지만 '너희가 말하려고 하고 있다'는 뜻으로 이해해야 한다(존 놀랜드).

예수님은 나사렛 사람들이 바로 위에 말한 속담을 인용하여 "우리가 들은 바 가버나움에서 행한 일을 네 고향 여기서도 행하라"는 말을 할 것을 아셨다(마 4:13; 11:23). 나사렛 사람들이 친히 들었든지 혹은 다른 사람들을 통하여 들었든지 예수님께서 가버나움에서 행한 기적들, 치유의 이적들을 나사렛에서도 행하라고 말하려 하고 있다는 것을 아셨다. 그들은 예수님을 거부하는 생각으로 이 말을 할 것을 예수님께서 아셨다. 그들은 예수님을 비웃는 생각으로 이 말을 할 것을 예수님은 아신 것이다. 나사렛 사람들은 예수님을 향하여 가버나움에서만 그런 일을 하지 말고 의사가 자기를 먼저 고치는 것처럼 고향 나사렛에서(마 13:54; 막 6:1) 먼저 기적을 베풀어보라고 말할 것이라는 것을 예수님은 아셨다. 나사렛 사람들뿐 아니고 훗날 예수님께서 십자가에 달리셨을 때 관원들은 예수님을 비웃는 뜻으로 23:35에 "저가 남을 구원하였으니 만일 하나님이 택하신 자 그리스도이면 자신도 구원할지어다"라고 말했다. 남을 구원하겠다고 왔다는 그리스도가 자신도 구원하지 못하니 그게 말이 되느냐는 것이다.

그런데 본문에 예수님께서 "가버나움에서 행한 일"에 대한 역사적 기록이 누가복음에 없다고 주장하는 해석가가 있으나 역사적 기록이 누가복음에 나와 있다(14-15절). 예수님께서 갈릴리(갈릴리는 가버나움을 포함하고 있다-31절을 보라)에서 행한 일들을 비교적 가까이 있는 나사렛 사람들이 직접 목격했거나 아니면 사람들을 통해서 들었을 것이다.

눅 4:24. 또 이르시되 내가 진실로 너희에게 이르노니 선지자가 고향에서는 환영을 받는 자가 없느니라.

예수님은 나사렛 사람들이 예수님을 거부하고 있음을 앞에서(22-23절) 말씀 하셨고 또 본 절에서도 말씀하신다. "선지자가 고향에서는 환영을 받는 자가 없다"고 하신다(마 13:57; 막 6:4; 요 4:44). 아무리 위대한 사람도 고향에서는 환영을 받지 못한다는 격언인데 예부터 인용되어 온 격언이다. 예수님께서 하나님의 아들이신데도 불구하고 고향 사람들은 예수님의 부모 와 또 예수님의 직업, 그리고 예수님의 동생들을 잘 안다는 이유로 예수님을 별것 아닌 분으로 알게 되어 결국 예수님을 배척하게 되었다(마 13:57). 예수님은 "선지자가 고향에서는 환영을 받는 자가 없다"는 말씀을 하시기 위해서 "내가 진실로 너희에게 이른다"고 하신다. 예수님을 배척하는 일은 심각한 일이라는 것을 말씀하시기 위해 "진실로 너희에게 이른다"고 하신 것이다(12:37; 18:17, 29; 21:32; 23:43). 마태복음에는 이런 어투가 31회, 마가복음에는 13회, 요한복음에는 25회 사용되었다. 사람이 사람을 배척하 는 경우는 두 가지인데 하나는 잘 알기 때문에 무슨 단점이 보여서 배척하고 또 하나는 다른 사람이 나 자신보다 우월한 점이 싫어서 배척한다. 나사렛 사람들은 예수님에 대한 시기심 때문에 결국 배척하고 말았다. 불행한 일이 다. 오늘의 교회에도 환영을 받을 수 있는 일꾼들이 종종 함께 신앙생활을 하는 사람들에 의해 배척받는 수가 얼마나 많은가. 많은 교회들은 목사를 청빙할 때 잘 아는 사람을 피한다. 멀리서 모르는 사람을 초청해야 한다고 하여 초청했다가 낭패를 당하는 수가 얼마나 많은가. 불행스러운 일이다.

눅 4:25-26. 내가 참으로 너희에게 이르노니 엘리야 시대에 하늘이 삼 년 육개월간 닫히어 온 땅에 큰 흉년이 들었을 때에 이스라엘에 많은 과부가 있었으되 엘리야가 그 중 한 사람에게도 보내심을 받지 않고 오직 시돈

땅에 있는 사렙다의 한 과부에게 뿐이었으며.

예수님은 고향 나사렛에서 환영을 받지 못하시고 이방 땅에서 환영받으실 것을 설명하시기 위하여 25-27절에서 구약 성경의 두 가지 사례를 들어 설명하신다. 하나는 엘리야가 이스라엘 땅에서 환영을 받지 못하고 시돈 땅에 있는 사렙다 과부에게 보내심을 받았다고 말씀하신다. 예수님은 "내가 참으로 너희에게 이르노니"라고 말씀하시면서 귀한 진리를 알려주신다.

예수님은 "엘리야 시대에 하늘이 삼 년 육 개월 간 닫히어 온 땅에 큰 흉년이 들었을 때"가 있었다고 하신다. 3년 6개월 동안 온 땅에 큰 흉년이 든 때가 있었다고 하신다(왕상 17:1-24). 여기 3년 6개월의 기간에 대한 말이 왕상 17:1("수년"이란 말뿐)이나 18:1("제 3년에"라는 말뿐)에는 정확하게 나타나지 않았으나 구전으로 내려오는 것을 주님의 동생 야고보가 취하여 그의 야고보서(5:17, "삼년 육 개월 동안")에 정확하게 표현했다.

그런데 예수님은 그 때에 "이스라엘에 많은 과부가 있었으되 엘리야가 그 중 한 사람에게도 보내심을 받지 않았다"고 하신다(왕상 17:9; 18:1; 약 5:17). 당시 이스라엘 사람들은 신앙이 많이 퇴색되어 있어서(왕상 19:10, 14) 엘리야를 환영하지 않았다. 참으로 신앙이 있는 사람만이 선지자를 환영하는데 이스라엘 사회는 하나님을 믿는 믿음이 약하여 선지자를 귀하게 여기지 않았다. "오직 시돈 땅에 있는 사렙다의 한 과부만" 엘리야를 받아드렸다. 사렙다[37]의 과부는 신앙이 있는 여인이었다(왕상 17:12, 16, 18, 24). 신앙을 가지고 살면 큰 복을 받는다.

눅 4:27. 또 선지자 엘리사 때에 이스라엘에 많은 나병환자가 있었으되 그 중의 한 사람도 깨끗함을 얻지 못하고 오직 수리아 사람 나아만 뿐이었느니라.

---

37) "사렙다"는 구약 사르밧의 헬라음으로 표기한 말이다. "사렙다"는 뵈니게의 한 고을이며 시돈과 두로 중간의 해변에 있다. 시돈 땅에 있는 이 사렙다 과부는 신앙으로 선지자 엘리야로부터 도움을 얻었다(눅 4:26).

또 하나의 실례는 엘리사 시대에 이스라엘의 많은 나병환자들이 깨끗함을 받지 못하고 오직 이스라엘 사람이 아닌 수리아(이스라엘의 북쪽에 있었던 나라) 사람 나아만 장군이 깨끗함을 받았다고 예수님은 말씀하신다(왕하 5:1-14). 나아만 장군은 믿는 사람은 아니었지만 그는 선지자 엘리사의 말을 순종하여 나병으로부터 치유를 받았다.

예수님께서 이 두 개의 사례(25-26절, 본 절)를 든 것은 바로 예수님께서 나사렛 사람들의 거부로 말미암아 은혜를 끼치지 못하시고 이방 사람들에게 은혜를 끼치실 것을 예언하신 것이다.

눅 4:28. 회당에 있는 자들이 이것을 듣고 다 크게 화가 나서.
누가는 나사렛 "회당에 있는 자들이 이것을 듣고 다 크게 화가 났다"고 말한다. 나사렛 회당에 있었던 사람들이 예수님의 두 가지 사례, 곧 하나님의 자비가 이방인들에게 임하고 유대인들은 하나님의 은혜로부터 제외되었다는 말씀을 듣고 크게 화가 난 것이다. 이들이 화가 난 것은 유대인들이 하나님의 은혜로부터 제외되었다는 예수님의 말씀 때문이었다. 그런데 이들이 정작 화가 났던 것은 예수가 은혜를 끼칠만한 사람이 아니면서 유대인들을 제외시켰다는 이유였을 것이다. 만약 예수가 참으로 은혜를 끼칠 수 있는 사람이라고 믿었다면 그들은 잠잠하고 순종했을 것이다. 그러나 그들은 예수님의 부모를 보거나 예수님의 직업을 보거나 혹은 예수님의 동생들을 볼 때 별 볼일 없는 사람으로 여기고 있었는데 유대인들을 은혜로부터 제외시키는 것을 듣고 예수님을 사기꾼 정도로 취급하여 크게 화를 낸 것으로 보인다. 예수님을 믿지 않는다는 것은 영 육간 불행을 초래한다.

눅 4:29. 일어나 동네 밖으로 쫓아내어 그 동네가 건설된 산 낭떠러지까지 끌고 가서 밀쳐 떨어뜨리고자 하되.
나사렛 회당의 청중들은 "일어나 동네 밖으로 쫓아내어 그 동네가 건설된 산 낭떠러지까지 끌고 가서 밀쳐 떨어뜨리고자 했다." 그들은 직접 예수님을 무기로 죽일 수는 없었고 죽이는 방법을 달리 강구했다. 동네 밖으로 쫓아내어 그 동네가 건설된 산 낭떠러지까지 끌고 가서 그 낭떠러지 아래로 떨어뜨려 죽이려 했다. 낭떠러지에는 난간도 없어서 떨어뜨리기만 하면 별수 없이 사람이 죽게 마련이었다. 나사렛 동네는 산 중턱에 건설된 동네로서 몇 군데 낭떠러지(절벽)들이 있다.

눅 4:30. 예수께서 그들 가운데로 지나서 가시니라.
나사렛 사람들이 예수님을 산 낭떠러지 아래로 떨어뜨려 죽이려 했지만 "예수께서 그들 가운데로 지나서 가셨다"(요 8:59; 10:39). 예수님께서 산 낭떠러지에 노출되어 있었고 나사렛의 많은 사람들은 예수님의 뒤에 있었는데 예수님께서 그 여러 사람들 가운데로 유유히 지나서 가셨기에 죽지 않으셨다. 기적적인 탈출이었다. 예수님은 거기서 탈출하셔서 가버나움으로 가셨다(다음 절). 나사렛 사람들의 거부는 그냥 싫은 정도가 아니었고 아주 죽여 없애자는 정도의 지독한 거부였다. 예수님은 어차피 죽으시기 위해서 오셨지만 낭떠러지에서 떨어져 죽기를 원치 않으셔서 거기서 죽는 것을 피하셨다.

C.예수님께서 가버나움에서 전도하시다 4:31-44
나사렛 사람들의 배척을 받으신(16-30절) 예수님은 갈릴리 가버나움 동네에 오셔서 전도하신다. 예수님은 가버나움 전도에 돌입하셔서 권능 있게 가르치셨고 또 귀신들린 사람을 고치셨으며(31-37절), 베드로의 장모의 열병을 고치셨고(38-39절), 각색 병든 자들을 고쳐주셨다(40-44절).

1.귀신들린 자를 고치시다 4:31-37
예수님은 가버나움에 오셔서 안식일에 회당에서(33절, 38절) 가르치시고 귀신들린 자를 고쳐주신다. 막 1:21-28과 병행한다.
눅 4:31-32. 갈릴리의 가버나움 동네에 내려오사 안식일에 가르치시매 그들

이 그 가르치심에 놀라니 이는 그 말씀이 권위가 있음이러라.

예수님은 나사렛 사람들의 배척을 받으시고 "갈릴리의 가버나움 동네에 내려오셨다"(마 4:13; 막 1:21). 여기 "내려오셨다"는 표현은 나사렛이 고지대이고 가버나움이 낮은 지대이기 때문에 생긴 표현이다(갈릴리 바다는 지중해보다 해발 대략 200m나 낮은 곳이다). 예수님은 가버나움[38] 회당에서 "안식일에 가르치셨다." 예수님의 사역의 중심은 가르치심이었다. 혹자는 예수님의 사역의 중심은 병 치유라고 말하나 진리를 가르치시는 일을 주로 하셨다. 먼저 가르치신 다음 이적을 행하셨다.

그런데 예수님은 "안식일"에 가르치셨다. 안식일에 가르치시고 사람들을 고쳐주셨다. 안식일에 가르치시고 병을 고쳐주시는 것은 안식일 준수에 절대로 어긋나는 일이 아니었다. 사람이 안식일에라도 얼마든지 긍휼을 베푸는 일을 할 수 있었기 때문이었다. 예수님은 서기관들과 바리새인들이 안식일을 준수했던 형식주의를 따르지 않으시고 성경에 기록된 대로(사 58:13-14) 안식일을 준수하셨다(4:31-37, 38-41; 6:6-11; 13:10-17; 14:1-6).

예수님께서 가르치셨을 때 가버나움 회당에 안식일에 모였던 사람들이

---

38) "가버나움"(Capernaum)은 예수님의 갈릴리 전도의 중심지였는데(마 9:1), 갈릴리 바다 북서안의 성읍이다. 가버나움은 복음서에서, 특히 예수님의 갈릴리 전도에 있어서 가장 중요한 성읍의 하나이다. 가버나움에는 세관이 있었으며(마 2:14) 로마 군대의 주둔지였다(막 8:5-8; 눅 7:1-10). 예수께서는 전도의 초기에 나사렛을 떠나 "스불론과 납달리 지경 해변에 있는 가버나움에 가서 사셨다"(마 4:13). 베드로와 안드레는 제자로서 부름받기 전에 여기서 살았으며, 예수님을 종종 맞았다(마 8:14; 막 1:29; 눅 4:38). 예수께서는 여기서 중풍병 걸린 백부장의 하인(마 8:5-13; 눅 7:1-10), 열병으로 앓아누운 베드로의 장모(마 8:14-17; 막 1:29-31), 더러운 귀신 들린 사람(막 1:21-28; 눅4:31-37), 네 사람에게 메워 온 중풍병자(마 9:1-8), 그 밖의 많은 병자(마 8:16-17; 막 1:32,34; 눅 4:23, 40-41)를 고치셨다. 예수께서는 또 여기 있는 회당에서 가르치기도 하셨다. 이 회당은 예수께서 그의 믿음을 보시고 놀라 그의 소원을 들어주신 백부장이 세웠다고 한다(마 8:5-13; 눅 7:4,5). 예수께서는 여기서 또 설교하셨고(요 6:16-59), 또 여기 있던 왕의 신하의 아들을 가나에서 고쳐주셨다(요 4:46-54). 5천 명에게 먹을 것을 준 기사에 이어 요한복음 6:24-71에 기재된 설교나, 많은 다른 가르침은 가버나움의 회당이나, 또는 이 성읍 어디선가에서 행해졌다(막 9:33-50). 예수께서는 여기서 세관에 앉아 있는 알패오의 아들 레위를 제자로 삼으셨다(마 9:9-13; 막 2:14-17; 눅 5:27-32). 예수님의 가르침과 행사에도 불구하고 이 성읍 사람들은 회개하지 않았음으로 예수께서는 이 성읍이 완전히 멸망될 것을 예언하셨다(마 11:23-24; 눅 10:15).

"그 가르치심에 놀랐다." 놀란 이유는 "그 말씀이 권위가 있었기" 때문이었
다(마 6:28-29; 딛 2:15). 예수님의 가르침에는 성령님의 놀라운 역사가
함께 하였기 때문에 힘이 있었고 사람들의 가슴을 흔들어놓았다. 사람들은
은혜를 받았고 생수를 얻었다. 오늘 우리가 성령을 힘입어 말씀을 전하면
듣는 자들이 힘을 얻고 생기를 얻는다.

눅 4:33. 회당에 더러운 귀신 들린 사람이 있어 크게 소리 질러 이르되.
예수님께서 회당에서 가르치고 계실 때 "더러운 귀신 들린 사람이 있어 크게
소리 질러 말했다"(막 1:23). 여기 "귀신 들린"(ἔχων πνεῦμα δαιμονίου)이란
말은 '귀신에 의해 지배를 받는,' '귀신의 인도를 받는'이란 뜻이다. 더러운
귀신에 의해 지배를 받으며 살던 사람은 예수님의 가르침을 견딜 수 없어
크게 소리를 질렀다. 귀신들은 예수님이나 예수님의 메시지를 듣고 견디지
못한다. 귀신을 "더럽다"고 표현한 것은 귀신의 속성을 말한 것이다.[39]
깨끗한 귀신이 따로 있다는 뜻이 아니다. 귀신들린 사람들은 오늘도 역시
크게 소리를 지른다.

**눅 4:34. 아 나사렛 예수여 우리가 당신과 무슨 상관이 있나이까 우리를
멸하러 왔나이까 나는 당신이 누구인 줄 아노니 하나님의 거룩한 자니이다.**
누가는 귀신의 떠드는 소리를 여기 기록했다. 귀신의 큰 소리는 세 마디로
분류된다. 첫째, "아, 나사렛 예수여 우리가 당신과 무슨 상관이 있나이
까"(41절). 예수님의 메시지를 듣고 귀신은 실망감을 감추지 못하고 "아"라
고 말한다. 귀신은 예수님이 계시지 않은 곳에서 살아야 하는데 예수님을
만난 것이다. 그리고 귀신은 예수님을 정확하게 "나사렛 예수"라고 부른다.

---

39) 마태에 "귀신"이란 말이 10회 사용되었고 "더러운 영"이란 말은 2회 사용되었으며,
마가에는 "귀신"이란 말이 13회 사용되었고 "더러운 귀신"이란 말이 11회 사용되었다. 그리고
본서에는 "귀신"이란 말이 23회 사용되었고 "더러운 귀신"이란 말이 본 절에만 나타나고 있다.
"더러운 귀신"이란 표현이 사용된 것은 귀신의 속성이 더럽기 때문이며 또한 귀신이 더럽다는
것을 알려주기 위함이었다.

'나사렛 사람 예수여'라는 뜻이다. 그리고 또 귀신은 "우리가 당신과 무슨 상관이 있나이까"(τί ἡμῖν καὶ σοι)라고 말한다. 즉 '우리 귀신들과 당신과는 아무 관련이 없는데 왜 왔습니까'라는 뜻이다. '도대체 무엇 때문에 왔습니까?'라는 뜻이다.

둘째, "우리를 멸하러 왔나이까"고 큰 소리를 친다. '당신은 우리를 괴롭게 하려고 하늘에서 오셨습니까?'라는 뜻이다(마 8:29; 막 1:24; 5:7). 귀신은 예수님께서 하늘에서 이 땅에 오신 것을 아주 싫어하여 도대체 왜 왔는지 야속하게 생각한다. 귀신은 예수님께서 자기들을 멸하는 분으로 알았다. 귀신은 언제인가 자기들을 멸망시킬 것을 알고 있었다. 무저갱에 넣을 것을 알고 있었다.

셋째, 귀신은 "나는 당신이 누구인 줄 아노니 하나님의 거룩한 자니이다"라고 크게 떠든다(1:35; 시 16:10; 단 9:24). 귀신은 외치기를 '나는 당신이 누구인 줄 알고 있는데 하나님께서 거룩하게 구별하신 분이라는 사실을 알고 있다'고 말한다. 귀신은 예수님이 어떤 분임을 알기에 떤다(약 2:19). 귀신은 예수님이 하나님께서 거룩하게 구별하여 세우신 분, 곧 하나님께서 구별하여 구세주가 되게 하신 분으로 알고 있다(사 61:1-3; 막 1:24; 눅 4:18-19; 19:10; 요 6:69; 계 3:7). 이런 정도의 지식도 없는 사람들이 세상에는 부지기수이다. 귀신은 예수님에 대한 신앙고백을 하지 않을 뿐, 정확한 지식을 가지고 있다.

눅 4:35. 예수께서 꾸짖어 이르시되 잠잠하고 그 사람에게서 나오라 하시니 귀신이 그 사람을 무리 중에 넘어뜨리고 나오되 그 사람은 상하지 아니한지라.

귀신이 예수님을 정확하게 알아보았을 때 예수님은 귀신을 "꾸짖어 이르시되 잠잠하고 그 사람에게서 나오라 하셨다." 예수님은 귀신이 큰 소리로 떠드는 것을 허락하지 않으시고 그 사람을 지배하지 말고 나오라고 하신다. 예수님은 모든 사람들의 마음속으로부터 귀신들이 모두 나오기를 원하신

다. 예수님은 오늘도 귀신들이 모든 현대인들의 심령 속으로부터 나오기를
원하신다.

예수님의 명령을 듣고 "귀신이 그 사람을 무리 중에 넘어뜨리고 나왔다."
귀신은 그냥 나오는 법이 없이 반드시 최후 발악을 하고 나온다. 귀신이
나올 때 요동치고 나왔다. 귀신이 예수님의 명령을 듣고 사람에게서 나올
때는 모든 경우에 반드시 사람을 혼란시키고 혼이 나가게 하고 나온다.
예수님 재림하실 때에도 세상은 귀신의 발악으로 말미암아 지극히 혼란할
것이다.

그런데 다행히도 "그 사람은 상하지 아니했다." 의사인 누가가 그 상황
을 자세히 알아보았을 것이다. 귀신이 나갈 때는 사람을 곤경에 빠뜨리고
나오는데 그러나 사람은 한 사람도 상하지 아니했다는 것이 성경의 증언이
다. 왜 상하지 아니했을까? 그것은 예수님의 이적으로 나왔기 때문이었다.
예수님께서 일단 일을 시작하신 이상 사람을 상하게 하지 않게 하신다.
잠시 동안 귀신이 야단하지만 예수님께서 이적으로 붙드시니 사람이 상하
지 않는다.

**눅 4:36. 다 놀라 서로 말하여 이르되 이 어떠한 말씀인고 권위와 능력으로
더러운 귀신을 명하매 나가는도다 하더라.**
예수님께서 귀신 내쫓으시는 것을 보고 가버나움 회당 안에 모여 있던
사람들의 반응이 나타났다. "다 놀라 서로 말하여 이르되 이 어떠한 말씀인
고 권위와 능력으로 더러운 귀신을 명하매 나가는도다"라고 감탄한다. 예수
님께서 귀신을 명하여 내쫓으시는 것을 보고 다 놀라서 서로 말했다. 혹자는
여기 "다 놀라 서로 말했다"는 표현을 예수님의 일반적인 교훈과 연계시키나
차라리 귀신을 쫓아내신 예수님의 말씀과 연계시키는 것이 바른 것으로
보인다. 누가는 벌써 예수님의 교훈이 권세가 있음을 앞에서 말했다. 그런고
로 본 절에서는 사람들이 놀라서 말한 것을 예수님의 귀신 쫓아낸 말씀과
결부시켜야 할 것이다. 회당에 있는 사람들은 귀신을 내쫓으신 예수님의

명령을 보고 다 놀라 서로 말했다. 그러면서 그들은 "이 어떠한 말씀인고 권위와 능력으로 더러운 귀신을 명하매 나가는도다"("τίς ὁ λόγος οὗτος ὅτι ἐν ἐξουσίᾳ καὶ δυνάμει ἐπιτάσσει τοῖς ἀκαθάρτοις πνεύμασιν καὶ ἐξέρχονται")라고 놀라며 말했다. 곧 '도대체 이 어떠한 명령이기에 귀신이 나갔는가. 이유는 권위와 능력으로 더러운 귀신을 명하매 나가니'라고 놀라며 말했다. 문장 중간에 나오는 접속사(ὅτι)는 이유를 말하는 접속사로 회당 사람들이 "이 어떠한 말씀인고"라고 감탄한 이유를 설명하기 위하여 사용된 접속사(ὅτι-because)이다(KJV, RSV, ARV, NASB). 아무튼 그들은 예수님께서 귀신에게 명령하신 명령이 어떤 말씀이기에 귀신이 꼼짝 못하고 나갔을까하고 놀랐다.

눅 4:37. 이에 예수의 소문이 그 근처 사방에 퍼지니라.
예수님께서 귀신을 쫓아내신 소문이 계속해서 갈릴리 사방에 퍼져나갔다(14절 참조). 예수님께서 행한 이적은 너무 좋고 충격적이어 사람들은 가만히 있을 수가 없었다. 입에서 입으로 퍼져 나갔다. 오늘 교회의 좋은 소문도 사방에 퍼져 나가야 할 것이다.

2.베드로의 장모를 고치시다 4:38-39

누가는 예수님께서 가버나움 회당에서 귀신의 지배를 받고 있는 사람으로부터 귀신을 쫓아내신 다음 시몬 베드로의 집에 들어가서서 시몬의 장모의 중한 열병을 고쳐주신 사건을 기록한다. 이 기사는 마 8:14-15; 막 1:29-31과 병행한다.

눅 4:38. 예수께서 일어나 회당에서 나가사 시몬의 집에 들어가시니 시몬의 장모가 중한 열병을 앓고 있는지라 사람들이 그를 위하여 예수께 구하니.
누가는 "예수께서 일어나 회당에서 나가사 시몬의 집에 들어가셨다"고 말한다(마 8:14; 막 1:29). 마가에 의하면 예수님께서 회당에서 나오신 후 시몬과 안드레가 사는 집으로 가셨다고 말한다. 이때에 야고보와 요한도 예수님과 동행했다고 마가는 말한다(막 1:29). 요한에 의하면 시몬과 안드레는 벳새다 사람이다(요 1:44). 예수님께서 어느 집에 들어가신다는 것은 그 집에 복이 임한다는 것을 뜻한다.

예수님께서 시몬 베드로의 집에 들어 가셨을 때 "시몬의 장모가 중한 열병을 앓고 있었다." 본문은 시몬이 결혼을 해서 부인이 있었고(고전 9:5) 장모가 있었음을 말해준다. 천주교의 사제 독신주의는 사도의 전통을 따른 것이 아님을 알 수 있다. 누구든지 주님을 위하여 독신으로 살 수는 있으나 (마 19:11-12) 독신주의를 교리화해서는 안 될 것이다.

시몬의 장모는 중한 열병을 계속해서 앓고 있었다. 여기 "앓고 있는지라"(ἦν συνεχομένη)는 말은 '계속해서 앓고 있었다,' '계속해서 붙들려 있었다,' '계속해서 사로잡혀 있었다'는 뜻이다. 시몬이 예수님과 야고보와 요한을 초청한 것이 식사를 위한 초대였는지 혹은 장모의 병 치유를 위함이 었는지는 본문에서는 밝혀낼 수는 없다. 아무튼 예수님이 오셨을 때 시몬의 장모는 중한 열병으로 오래 앓고 있었음을 본문에서 알 수 있다. 열병에는 두 가지가 있었는데 하나는 중한 열병이었고 하나는 가벼운 열병이었다. 누가는 의사로 시몬의 장모가 앓고 있는 열병이 중한 편에 속해 있었다는 것을 얼른 알 수 있었다. 사람들은 장모의 치유를 위하여 예수님께 요청했다. 그들은 예수님의 치유의 능력을 알고 있었다(33-37절).

눅 4:39. 예수께서 가까이 서서 열병을 꾸짖으신대 병이 떠나고 여자가 곧 일어나 그들에게 수종드니라.
사람들의 요청을 받고 예수님은 시몬의 장모가 누어있는 침상 가까이 서서 "열병을 꾸짖으셨다." 예수님께서 열병을 꾸짖으셨다는 말을 두고 혹자는 그 열병의 배후에 있는 사탄을 꾸짖으셨다고 주장하기도 하고 혹자는 귀신이 그 배후에 있기에 꾸짖으셨다고 말하기도 하나 문맥을 보아 병을 향하여 나가라고 명령하신 것을 지칭할 것이다("병이 떠나고"란 말을 보아).

시몬의 장모는 오래 동안 열병에 시달렸는데 예수님의 명령 한마디에 병이 떠나고 "곧 일어나 그들에게 수종들었다." 중한 열병은 간데없이 사라지고 회복기간도 필요 없이 새 힘을 얻어 예수님과 베드로, 안드레, 야고보와 요한을 수종들었다. 참으로 놀라운 치유였다. 보통 의사들의 병 치료와는 천양의 차이가 있다.

3.많은 병자들을 고치시고 전도하시다   4:40-44

누가는 예수님께서 귀신들린 자를 고치시고(33-37절) 또 시몬의 장모의 열병을 고치신(38-39절) 다음 많은 병자들을 고치신 것을 기록한다(40-41절). 그런 다음 예수님은 갈릴리 여러 회당에서 전도하신 사실을 말한다(42-43절). 이 부분 기사는 마 8:16-17; 막 1:32-34과 병행한다.

눅 4:40. 해 질 무렵에 사람들이 온갖 병자들을 데리고 나아오매 예수께서 일일이 그 위에 손을 얹으사 고치시니.

안식일(31절)의 "해질 무렵에 사람들이 온갖 병자들을 데리고 나아왔다"(마 8:16; 막 1:32). 안식일(금요일 해질 때부터 토요일 해질 때까지의 기간)에는 물건을 옮기면 안 된다는 규정 때문에 토요일 안식일이 지나고 해질 무렵에 사람들은 온갖 병자들을 데리고 예수님께 나아왔다(막 1:33 참조). 그 때에 예수님은 "일일이 그 위에 손을 얹으사 고쳐주셨다." 예수님은 한 사람 한 사람 위에 손을 얹으시고 고쳐주셨다. 예수님은 많은 사람들을 모아놓고 기도하시는 형식으로 하지 않으셨다. 예수님은 지금도 우리 한 사람 한 사람을 사랑하신다. 그는 우리 한 사람 한 사람을 위해 죽으셨다.

눅 4:41. 여러 사람에게서 귀신들이 나가며 소리 질러 이르되 당신은 하나님의 아들이니이다 예수께서 꾸짖으사 그들이 말함을 허락하지 아니하시니 이는 자기를 그리스도인 줄 앎이러라.

안식일 해질 무렵에 데리고 온 환자들 중에는 온갖 병자들(앞 절)뿐 만 아니라 귀신들린 자들도 여럿 있었다. 마태와 마가의 병행 구절들(마 8:16; 막 1:32)에 의하면 일반 병자들과 귀신들린 자들을 구별하고 있다. 누가는 "여러 사람에게서 귀신들이 나가며 소리 질렀다"고 말한다(막 1:34; 3:11). 여러 사람에게서 귀신들이 나간 것은 예수님께서 귀신들을 향하여 "꾸짖으셨기" 때문이었다(본 절). 그러나 마태에 의하면 예수님께서 "말씀으로 귀신들을 쫓아내셨기" 때문이었다고 말한다(마 8:16). 그러니까 예수님께서 말씀으로 귀신들을 꾸짖으신 것으로 보아야 한다.

귀신들은 소리 지르는 특징을 가지고 있는데(마 14:30; 막 1:23; 5:5; 눅 4:33) 그들이 지르는 소리의 내용은 예수님을 향하여 "당신은 하나님의 아들이니이다"라는 소리였다. 귀신은 예수님을 잘 알아본다. 귀신은 예수님을 "하나님의 거룩한 자"(34절), "하나님의 아들," "그리스도"로 얼른 알아보았다. 그러나 예수님은 귀신의 고백을 달갑게 받지 않으시고 "꾸짖으사 그들이 말함을 허락하지 아니하셨다"(34-35절; 막 1:25, 34). 예수님은 회개한 사람들의 고백을 기쁘게 받으시지 결코 귀신의 고백을 원하시지는 않는다. 예수님께서 귀신들이 떠드는 소리를 원하지 않으신 이유는 "자기를 그리스도인 줄 알았기" 때문이었다. 귀신들이 예수님을 그리스도로 알아보아 떠들면 예수님의 사역에 지장을 주기 때문에 함구령을 내리신 것이다. 예수님께서 십자가에서 대속의 죽음을 죽으시기까지 예수님은 자기가 그리스도이신 것을 귀신들이 알아서 떠들기를 원하지 않으셨다. 그리고 실제로 예수님께서 이 땅에 오신 것은 귀신들을 구원하러 오신 것이 아니기 때문에 귀신들이 그리스도를 알아서 떠드는 것을 원하지 않으셨다. 오늘 우리는 그리스도를 알아서 그리스도를 사방에 광포해야 한다.

눅 4:42. 날이 밝으매 예수께서 나오사 한적한 곳에 가시니 무리가 찾다가 만나서 자기들에게서 떠나시지 못하게 만류하려 하매.
안식일이 지나고 "날이 밝으매 예수께서 나오사 한적한 곳에 가셨다"(막 1:35). 누가는 "날이 밝으매"라고 표현했고, 마가는 "새벽 아직도 밝기 전에”(막 1:35)라고 표현한다. 예수님은 새벽 일찍이 기도하시기 위해 한적한 곳에 가셨다. 새벽 한적한 곳을 찾아 기도하신 예수님의 모범은 우리의 승리 생활의 모범이 된다. 이 생활 없이 무슨 신앙생활을 하며 무슨 승리를 꿈꿀 수 있겠는가.

무리들(시몬과 및 그와 함께 있는 사람들-막 1:36)은 예수님께서 주무신 곳(아마도 베드로의 집이거나 가버나움의 선교본부였을 것이다)에서 예수님을 만나려고 했으나 예수님께서 벌써 한적한 곳으로 가셨으니 무리가 이곳저곳을 다니며 “찾았다.” 여기 “찾다가”(ἐπεζήτουν)라는 말은 미완료 과거 시제로 ‘계속해서 찾고 찾았다’는 뜻이다. 무리가 예수님을 계속해서 찾다가 예수님을 “만나서 자기들에게서 떠나시지 못하게 만류하려 했다.” 무리가 예수님을 찾은 후 이제는 예수님을 한 곳에 매어두려고 했다. 병 고침 받는 것이 좋아서였다. 무리들은 예수님에게 절대로 다른 곳에 가시지 말고 자기들과 함께 지내자고 했다. 변화산상에 올라갔던 베드로 야고보 요한도 산상에 있는 것이 좋다고 산에서 함께 살자고 제안했었다(마 17:4).

눅 4:43. 예수께서 이르시되 내가 다른 동네들에서도 하나님의 나라 복음을 전하여야 하리니 나는 이 일을 위해 보내심을 받았노라 하시고.

무리들이 예수님에게 다른 곳에 가시지 말고 자기들과 함께 지내자고 제안했을 때 예수님은 말씀하시기를 “내가 다른 동네들에서도 하나님의 나라 복음을 전하여야 하리니(I must preach the kingdom of God to other cities also) 나는 이 일을 위해 보내심을 받았노라”고 하신다. 예수님은 이곳 가버나움에서도 하나님의 나라 복음을 전하셨듯이 다른 동네에서도 하나님의 나라 복음을 전하여야 하리라고 말씀하신다. 예수님은 이곳 가버나움에서 안식일에 가르치셨고(31절), 더러운 귀신들린 사람에게서 귀신을 쫓아내셨으며(33-36절), 시몬의 장모의 열병을 꾸짖어 낫게 하셨고(38-39절), 온갖 병자들을 고쳐 주셨으며 귀신들린 자들에게서 귀신을 내쫓아주셨다(40-41 절). 예수님은 가버나움에서 사람들에게 가르치시고 또 귀신을 쫓아내주셔서 하나님의 나라가 그 심령 속에 임하게 해주셨다. 예수님은 다른 동네에 가서도 역시 가르치시고 또 사람들의 심령 속에서 귀신들을 내쫓으셔서 사람들의 심령 속에 하나님의 나라가 임하게 하시겠다고 하신다.

본문의 "하나님의 나라"(τὴν βασιλείαν τοῦ θεου)란 말은 '하나님의 통치'라는 뜻으로 현세에서 사람들의 심령 속에 먼저 임하고 예수님의 재림 후에 온전한 하나님의 나라에 들어가게 된다(13:29; 21:31). 본문의 "하나님 의 나라"란 말은 누가복음에 32회에 걸쳐 기록된 "하나님 나라"란 말의 최초의 언급이다. "하나님의 나라"란 말은 누가복음 다른 곳에 많이 기록되어 있다(8:1; 9:2, 60; 16:16 등). 마가도 "하나님의 나라"란 말을 많이 사용하고 있지만 마태는 주로 "천국"이란 단어를 사용한다. 이유는 마태복음은 유대인 상대로 기록해야 했던 고로 감히 "하나님"이란 말을 쓰기가 두려워(유대인들이 "하나님"이란 말을 쓰기를 두려워했다) "하늘나라," 혹은 "천국"이란 단어를 사용했다.

예수님은 "나는 이 일을 위해 보내심을 받았노라"라고 말씀하신다. 하나님의 나라를 전파하러 보내심을 받았다고 하신다. 다시 말해 하나님의 메시지를 전하시고 또 귀신들을 쫓아내시며 병자들을 고치시기 위해서 오셨다고 하신다. 사람들의 심령 속에 하나님의 통치가 임하게 하시기 위해서 오셨다는 뜻이다.

눅 4:44. 갈릴리 여러 회당에서 전도하시더라.

예수님은 가버나움에서만 아니라 무리들에게 다른 동네에서도 하나님의 나라 복음을 전하시겠다고 말씀하신 것처럼(앞 절) "갈릴리 여러 회당에서 전도하셨다"(막 1:39). 그런데 여기 "갈릴리"라고 쓴 사본들도 있고 (ADKX) "유대"라고 기록된 사본들(시내산 사본, 바티칸 사본, 에브라임 사본)도 있다. 권위로 보아 "유대"로 되어 있는 사본들이 권위적이다. 좁은 의미의 유대라고 하면 갈릴리가 들어가지 않지만 넓은 의미로 쓰이면 갈릴리를 포함하여 유대인이 사는 유대 전 지역을 포함하므로 유대로 보는 것이 옳을 것이다(Lenski, 7:17; 23:5).

예수님은 유대 온 지역의 "여러 회당에서 전도하셨다." 여기 "전도하시더라"(ἦν κηρύσσων)란 말은 미완료 과거(ἦν)와 현재분사(κηρύσσων)가 합쳐져서 '계속해서 전도하셨다'는 뜻이다. 예수님은 사람들의 심령 속에 하나님의 통치가 임하기까지 계속해서 복음을 전하시곤 했다.

제 5 장

네(四) 제자를 부르심, 병자들을 치유하심,
마태를 부르심, 금식논쟁

D.예수님께서 처음 네(四) 제자를 부르시다   5:1-11

누가는 예수님께서 네 제자(베드로, 안드레, 야고보, 요한)를 부르신 사건을 그림같이 묘사하고 있다. 본 기사가 마 4:18-22; 막 1:16-20과 병행한다고 주장하는 학자들(Godet, Alford, A. T. Robertson)은 기사 내용에 차이가 있음을 지적한다. 1) 마태나 마가에는 안드레의 이름이 나타나나 누가에는 나타나지 않고, 2) 마태나 마가에는 고기 잡은 기사가 없으나 누가에는 이적으로 고기 잡은 기사가 있으며, 3) 마태와 마가의 기사는 예수님께서 처음 네 제자를 부르신 것이 베드로의 장모가 고침 받기 이전에 된 것으로 말하나, 누가는 고침 받은 이후로 말하며, 4) 마태나 마가에는 예수님 주위로 몰려든 군중이 없으나 누가는 갈릴리 바닷가로 군중이 몰려들었다고 말한다. 그럼에도 불구하고 누가의 기사는 마태나 마가와 병행하는 구절이라고 말한다. 그러나 다른 한편 본 기사는 누가 독특한 것으로 마태, 마가와는 완전히 다른 기사로 보는 편이 있다(렌스키, 윌럼 헨드릭슨). 이렇게 주장하는 학자들은 마태, 마가의 기사와 누가의 기사는 서로 조화시킬 수 없을 만큼 다르다는 이유를 들어 본 기사는 누가 독특한 기사로 처리하고 있다. 본 기사는 마 4:18-22과 막 1:16-20과는 완전히 다른 기사로 보아야 한다. 마 4:18-22과 막 1:16-20은 본 기사보다 일찍이 진행되었던 사건이다. 그리고 요 21:1-14의 기사와도 완전히 다른 사건을 다룬 내용이다. 이 견해가 바른 견해인 것으로 보인다.

눅 5:1. 무리가 몰려와서 하나님의 말씀을 들을 새 예수는 게네사렛 호숫가에 서서.

누가는 '무리가 하나님의 말씀을 들으려고 몰려왔을 때 예수님은 게네사렛 호숫가에 계속해서 서서 계셨다'고 말한다. 하나님의 말씀을 들으려고 몰려오는 사람들은 복이 있는 사람들이다. 오늘도 교회로 몰려오는 사람들, 부흥집회장소로 몰려오는 사람들, 성경 공부 반(class)으로 몰려드는 사람들은 복된 사람들이다.

　　본문의 "게네사렛 호수"라는 곳은 '갈릴리 바다'를 지칭한다(마 4:17; 막 1:16). 구약 시대에는 '긴네렛 못'이라고도 불렸고(민 34:11; 수 12:3), 요한복음에서는 '디베랴 바다'로 불리고 있다(요 6:1; 21:1). '디베랴 바다'란 말은 로마식 이름인데 헤롯 안디파스가 로마의 디베랴 황제를 기념하기 위해 호수의 서편에 디베랴의 이름을 딴 도시를 건설한데서 비롯된 이름이다 (마태나 마가는 바다라고 불렀으나 누가만이 호수라고 부른다). 본문의 "서서"(ἦν ἑστὼς)란 말은 미완료+현재완료 분사로 '계속해서 서서 계셨다'는 뜻이다. 예수님은 호숫가에 서서 계셨으나 너무 많은 사람들이 몰려와서 결국은 군중들과 떨어져서 말씀을 가르치기 위하여 배에 오르시는 수밖에 없었다(다음)

눅 5:2. 호숫가에 배 두 척이 있는 것을 보시니 어부들은 배에서 나와서 그물을 씻는지라 예수께서 한 배에 오르시니 그 배는 시몬의 배라 육지에서 조금 떼기를 청하시고 앉으사 배에서 무리를 가르치시더니.

무리가 몰려와서 밀었기에 예수님은 더 이상 호숫가에 서서 계실 수가 없었다(1 절). 예수님은 "호숫가에 배 두 척이 있는 것을 보셨다." 예수님은 시몬 베드로의 형제의 배와 야고보 형제의 배를 보신 것이다. 때 마침 어부들은 두 배에서 나와서 그물을 씻고 있었다. 그들은 밤새도록 고기를 낚으려고 그물을 던졌지만 헛수고만 하고 이제는 허탈한 마음을 가지고 그물을 씻고 있는 중이었다.

예수님은 배 두 척 중에 한배에 오르셨다. 예수님은 호숫가에 모여 있는 사람들에게 하나님의 말씀을 가르치시려고 배에 오르신 것이다. 예수님은 그 어디나 장소를 가리시지 않고 하나님의 말씀을 가르치셨다. 때로는 회당에서도(눅 4:15-16), 산에서도(마 5:1), 집에서도(5:17-24), 광야에서도(막 8:1, 4), 유대성전에서도(마 26:55) 가르치셨다. 오늘 우리는 편리하기에 교회당에서 설교를 하는 것이지 그 어디서라도 설교하고 전도할 수 있음을 알아야 할 것이다.

예수님께서 올라타신 배는 "시몬의 배"였다. 예수님은 특별히 시몬의 배를 택하셨다. 더욱 훈련을 시키시려는 의도에서였다. 예수님은 이미 시몬을 불러주셨고(막 1:16-18; 요 1:42), 지금도 또 시몬의 배를 지목하신 것이다. 예수님은 또 시몬의 집을 심방하기도 하셨고 장모의 열병을 고쳐주기도 하셨다(4:38-39). 예수님께서 가까이 하시는 사람, 예수님께서 일을 시키시는 사람은 복이 있는 사람이다. 오늘 교회에서 봉사자로 택함 받는 사람은 복이 있을 것을 알고 사양해서는 안 된다.

예수님은 "육지에서 조금 떼기를 청하시고 앉으사 배에서 무리를 가르치셨다." 예수님께서 "육지에서 조금 떼기를 청하신" 것은 가르치시기 좋은 거리를 유지하시기 위함이었다. 그리고 예수님은 "앉으사 배에서 무리를 가르치셨다." 예수님은 통상적으로 앉으셔서 무리를 가르치셨다(마 5:1; 13:1-2; 15:29; 26:55).

눅 5:4. 말씀을 마치시고 시몬에게 이르시되 깊은 데로 가서 그물을 내려 고기를 잡으라.

예수님은 "말씀을 마치신" 후에 이적을 행하셨다. 오늘날 이적을 우선시(優先視) 하는 사람들은 예수님께서 먼저 가르치시고 다음으로 이적을 행하신 것을 기억해야 할 것이다. 예수님은 시몬에게 명령하시기를 "깊은 데로 가서 그물을 내려 고기를 잡으라"고 하신다(요 21:6). 깊은 데로 "가서"(ἐ-πανάγαγε)란 말은 부정(단순)과거 단수 명령형으로 베드로 개인에게 주신 명령이고, 그물을 "내려"(χαλάσατε)란 말은 부정(단순)과거 복수 명령형으로 베드로와 함께 일하는 동료를 포함해서 모두에게 내린 명령이다. 예수님은 베드로 혼자 그물을 내려 고기를 잡는 일이 쉽지 않을 것을 이미 아시고 동료의 협력을 얻으라고 하신다. 오늘 우리 역시 많은 사람들의 협력을 얻어 전도하고 하나님 나라 확장에 주력해야 할 것이다. 이 배에는 안드레가 타고 있었을 것이며(막 1:16 참조) 다른 삯군들도 타고 있었을 것이다(7절, 9절; 막 1:20 참조).

예수님께서 "깊은 데로 가서 그물을 내려 고기를 잡으라"고 하신다. "깊은 데로 가서 그물을 내리라"는 명령을 두고 학자들 간에 많은 영해가 가해졌고 또 오늘의 강단에서도 많은 영해가 가해진다. 그러나 예수님의 이 명령에 대해 우리는 예수님께서 바다 가운데를 염두에 두고 말씀하신 것으로 받아드려야 한다. 예수님은 바다의 깊은 곳에 고기가 있는 것을 아셨다. 예수님은 모든 것을 아신다. 예수님은 베드로에게 세금을 내라고 하시면서 바다에 가서 낚시를 던져 먼저 잡히는 고기의 입을 열면 예수님과 베드로의 세금 낼 돈이 될 것이라고 하셨다(마 17:27). 그리고 예수님은 세상 사람들이 지금 어디에서 무엇을 하는지도 훤히 알고 계셨고(막 14:13), 사람이 무슨 생각을 하고 있는지도 다 아셨다(요 1:47-49). 예수님은 우주 안의 모든 것을 주장하시는 분으로 바다의 고기가 잘 잡히도록 하실 수 있으셨다. 예수님은 전지하신 분이시다.

시몬 베드로는 예수님으로부터 이 명령을 받고 마음에 갈등했을 것이다. 자기는 갈릴리 바다에서 뼈가 굵은 사람인고로 고기잡이에는 전문가인데 목수이자 또 고기잡이에 대해서는 문외한이신 예수님이 깊은 데로 가서 고기를 잡으라고 하시니 왜 갈등하지 않았겠는가. 베드로만인가. 호숫가에서 말씀을 들었던 사람들도 역시 마음에 심한 갈등에 허덕였을 것이다. 고기가 잡히지 않는 대낮에(아마도 이 때는 한 낮이 되었을 것이다. 예수님께서 오래 교육을 하셨으니 많은 시간이 흘러 대낮이 되었을 것으로 보인다) 고기가 잡힐 것이라고 생각했겠는가. 고기잡이에 능숙한 전문가들이 밤사이에 깊은 곳에는 가지 않았겠는가. 그러나 베드로와 동업자들은 자기들의 생각을 온전히 부인하고 예수님을 따랐다. 우리는 그리스도 앞에서는 우리의 생각을 부인해야 한다(마 16:24).

눅 5:5. 시몬이 대답하여 이르되 선생님 우리들이 밤이 새도록 수고하였으되 잡은 것이 없지마는 말씀에 의지하여 내가 그물을 내리리이다 하고.
시몬은 마음의 갈등을 억누르고 예수님에게 "선생님 우리들이 밤이 새도록 수고하였으되 잡은 것이 없지마는 말씀에 의지하여 내가 그물을 내리리이다"라고 아뢴다. 베드로는 자신의 경험을 포기하고 예수님의 말씀을 순종한다는 말씀을 드린다. 베드로는 먼저 "우리들이 밤이 새도록 수고하였으되 잡은 것이 없었다"고 말한다. 베드로의 이 말은 예수님 없이 하는 모든 일은 열매가 없음을 보여준다. 그리고 베드로는 "말씀에 의지하여 내가 그물(들)을 내리겠다"고 말씀한다. 이것이 믿음이다. 자신의 경험과 생각을 포기하고 그리스도의 말씀을 따르는 것이 믿음이다. 우리는 그리스도의 명령을 따라 행동해야 한다. 우리는 모든 방면에 우리의 생각과 경험을 주장해서는 안 된다. 그리스도의 말씀으로 우리의 심령을 채워야 하고(골 3:16) 그리스도의 말씀이 주장하시도록 해야 한다.

눅 5:6. 그렇게 하니 고기를 잡은 것이 심히 많아 그물이 찢어지는지라.
깊은 곳에 가서 예수님의 말씀에 의지하여 그물을 내렸더니(앞 절) "고기를 잡은 것이 심히 많아 그물이 찢어지고 있었다." '너무 많이 잡아서 그물이 찢어지기 시작한 것이다.' 예수님의 명령에 순종하면 큰 열매가 있다는 것을 보여준다. 예수님은 후히 주시는 분이시다. 본문의 "그물"(τὰ δίκτυα αὐτῶν)이란 말은 복수로서 '그들의 그물들'이란 뜻으로 그물이 하나가 아님을 알 수 있다. 그리고 "찢어지는지라"(διερρήσσετο)는 말은 미완료과 거 수동태로 '계속해서 찢어지고 있었다'는 뜻이다. 그렇다고 그물들이 찢어져서 고기가 다 빠져나갔다는 뜻은 아니다. 그물 이곳저곳이 터지기 시작했다는 뜻이다.

눅 5:7. 이에 다른 배에 있는 동무들에게 손짓하여 와서 도와 달라 하니 그들이 와서 두 배에 채우매 잠기게 되었더라.

한 그물만 아니라 최소한 두 개 이상의 그물에 많은 고기가 잡혀 그물이 찢어지기 시작하자 한 배에 다 고기를 실을 수가 없어 "다른 배에 있는 동무들에게 손짓하여 와서 도와 달라 했다." 멀리 있는 야고보와 요한 (Grejdanus, Robetson, Hendriksen, 이상근)의 배에 있는 동무들(10절)에게 손짓하여 와서 도와 달라고 한 것이다. 시몬의 배에 있었던 사람들이 소리를 지르지 않고 손짓해서 동무들을 부른 이유는 그 거리가 너무 멀었기 때문이었다(Plummer). 소리를 질러도 들리지 않으니 손짓하여 부른 것이다.[40] 시몬 베드로의 배는 깊은 데로 와서 고기를 잡는 동안 야고보와 요한은 아직 호숫가에 있었던 것으로 보인다. 손짓으로 부름을 받은 동무들이 와서 "두 배에 채우매 잠기게 되었다." 베드로가 예수님의 말씀에 순종했더니 결국 고기를 잡은 것이 심히 많아 다른 배에까지 채우게 되었다. 예수님의 말씀에 순종하면 다른 사람에게까지 좋은 영향을 끼치는 것을 알 수 있다. 예수님의 말씀에 순종하면 다른 사람들에게까지 유익을 끼칠 수 있다. 우리는 우리의 심령에 큰 은혜를 받고 다른 사람에게 유익을 끼치기 위해서는 예수님의 명령에 순종해야 한다.

　　고기를 두 배에 채웠더니 배들이 "잠기게 되었다." '잠기게 되었다'는

---

40) 혹자들은 주위에 있는 고기를 멀리 쫓지 않기 위해서 소리를 지르지 않고 손짓을 했다고 주장한다. 그러나 현재 잡힌 고기가 너무 많은 것을 감안하면 고기들을 쫓아버리는 것을 큰 문제시하지 않았을 것이다. 그런고로 고기를 쫓을까 보아 소리를 지르지 않았다는 주장이 설득력이 약한 것 같다. 그리고 또 다른 학자들은 잡힌 고기가 너무 많아 심리적으로 놀라서 소리를 지르지 못하고 손짓으로 동무를 불렀다고 주장한다. 그러나 이 주장도 설득력이 약해 보인다. 이유는 이렇게 좋은 충격을 받았을 때는 오히려 더 큰 소리를 지를 수 있지 않을까. 또 혹자들은 예수님이 그 배에 계셨으므로 소리를 지르지 않고 손짓으로 불렀다고 주장한다. 가능한 해석으로 보인다. 그러나 베드로의 배가 깊은 데로 가서 고기를 잡았기에 멀리 바닷가에 있었던 배에 있는 동무들에게 소리를 질러도 들리지 않으니 손짓해서 오게 했다고 말하는 것이 가장 타당한 해석일 것이다.

말은 아주 잠기게 되었다는 말이 아니라 잠기기 시작했다는 뜻이다. 배들이 잠기기 시작해서 겨우 물위에 떠서 바닷가로 갈 지경이 되었다는 뜻이다. 예수님께서 물고기를 많이 잡히게 하시되 배가 아주 잠겨버리도록 하시지는 않으셨다. 예수님은 풍성하게 주시되 결코 배가 가라앉도록 주시지는 않으셨다. 예수님은 우리에게 풍성하게 주신다(마 14:20-21; 15:37-38; 요 1:36; 약 1:5). 우리는 풍성하게 주시는 하나님을 찬양해야 한다.

눅 5:8. **시몬 베드로가 이를 보고 예수의 무릎 아래에 엎드려 이르되 주여 나를 떠나소서 나는 죄인이로소이다 하니.**

시몬 베드로는[41] "이를 보고 예수의 무릎 아래에 엎드렸다." 즉 '고기가 상상할 수 없이 많이 잡힌 것을 보았을 때 예수님의 무릎 아래에 엎드렸다.' 베드로는 노를 저어 배를 바닷가로 옮겨 배 밖으로 나오기 전에 자신의 배 안에서 예수님의 무릎 아래에 엎드리지 않을 수 없었다. 예수님의 위대하심에 놀란 것이다. 베드로는 예수님의 전지하심(고기가 어디에 많이 있는 것을 아시는 전지하심)과 위대하심을 생각할 때 그 무릎 앞에 엎드리지 않을 수 없었다. 그는 배 안에서 예수님께 경배한 것이다. 우리 역시 예수님 앞에 항상 경배해야 한다.

베드로는 예수님 앞에 엎드려 "주여 나를 떠나소서 나는 죄인이로소이다"라고 고백한다(삼하 6:9; 왕상 17:18). 베드로는 예수님을 "주"라고 부른다. 베드로는 고기를 잡기 전에는 "선생님"이라고 불렀는데(5절) 이제 고기를 잡은 후에는 너무 놀라서 "주여"라고 부른다. 최고의 존경을 표시한다. 우리는 항상 "주님"이라고 불러야 한다. 베드로는 주님을 부른 후 "나를 떠나소서"라고 말씀한다. 이 말씀은 베드로가 예수님을 향하여 장소적으로

---

41) 누가가 시몬이라는 이름과 훗날 주님께서 붙여주신 베드로(마 16:16)라는 이름을 합쳐서 사용한 예는 본서와 사도행전 합해서 이곳에만 나타난다. 다시 말해 누가의 글에서 이곳에만 나타난다는 뜻이다. 그리고 마태복음 16:16에서 나타난다. 누가나 마태가 이렇게 두 이름을 합쳐서 쓴 때는 베드로가 예수님의 위대하심을 깨닫고 예수님 앞에 온전히 엎드린 때였다. 베드로는 이제 예수님이 하나님이심을 점점 깨달아가고 있었다.

떠나주십시는 뜻이 아니다. 다시 말해 배 안에 계시지 말고 배 밖으로 나가주시라는 뜻이 아니다. 예수님 앞에서 자기를 생각하니 너무 추하고 죄가 큼을 표시한 말이다. 전지하시고 전능하시며 거룩하신 예수님 앞에서 자기는 죄인이고 자기는 또 부족하고 부족한 사람이라는 것을 나타낸 말이다. 우리가 이렇게 우리 자신이 죄인임을 고백할 때 우리는 의롭다 함을 받는다 (눅 18:9-14).

눅 5:9-10a. 이는 자기 및 자기와 함께 있는 모든 사람이 고기 잡힌 것으로 말미암아 놀라고 세베대의 아들로서 시몬의 동업자인 야고보와 요한도 놀랐음이라.

베드로가 예수님 무릎 앞에 엎드려 "주여 나를 떠나소서 나는 죄인이로소이다"라고 고백한 이유는 "자기 및 자기와 함께 있는 모든 사람이 고기 잡힌 것으로 말미암아 놀랐기" 때문이었다. 베드로와 또 베드로와 함께 있는 모든 사람(베드로 자신과 또 베드로의 배에 있었던 모든 사람들-4절 주해 참조)이 놀랐다. 베드로는 예수님이 어부도 아니신데 이렇게 자기들로 하여금 고기를 엄청나게 많이 잡게 하신 것을 생각할 때에 완전히 놀라고 만 것이다.

그리고 놀라기는 세베대의 아들로서 시몬의 동업자인 야고보와 요한도 마찬가지였다. 바닷가에 있었던 시몬의 동업자인 야고보와 요한도 와서 고기가 상상을 초월하게 많이 잡혀 고기 무게 때문에 배가 점점 가라앉는 것을 보고 놀랐다. 그러니까 두 배에 탔던 모든 사람들은 놀라고 말았다.42) 우리는 그리스도의 전지하심과 위대하심에 계속해서 놀라며 산다.

눅 5:10b. 예수께서 시몬에게 이르시되 무서워하지 말라 이제 후로는 네가

---

42) 성경에 보면 하나님의 위대하심을 발견한 다음 자신들이 작은 존재임을 발견하고 놀란 사람들이 많이 있다. 아브라함이 놀랐고(창 18:27), 마노아와 그의 부인이 놀랐으며(삿 13:20), 욥이 놀랐고(욥 42:5-6), 이사야가 놀랐으며(사 6:5), 요한 사도도 놀랐다(계 1:17).

사람을 취하리라 하시니.
예수님의 위대하심을 깨닫고 놀란 베드로에게 예수님께서 말씀하시기를 "무서워하지 말라 이제 후로는 네가 사람을 취하리라"고 하신다(마 4:19; 막 1:17). 예수님은 베드로에게 다른 말씀을 하시기 전에 무엇보다도 무서워하지 말라고 하신다(1:13주해 참조). 평안한 마음을 가지라는 말씀이다. 베드로는 위대하신 예수님을 더욱 알아가는 입장에 있었기에 이제부터 더욱 마음에 평안을 가져야 할 것이었다.

예수님은 베드로를 향해 무서워말라고 하신 후 "이제 후로는 네가 사람을 취하리라"고 하신다(마 4:19; 막 1:17 참조). 여기 사람을 "취하리라"(ἔση ζωγρῶν)는 말씀은 사람을 '사로잡으리라,' '산채로 잡으리라,' '포로로 잡으리라'는 말로 번역될 수 있는 말씀이다. 베드로는 지금까지 고기를 잡았지만 이제부터는 직업이 바뀌어 예수님의 말씀으로 사람을 생포해야 할 것이라는 뜻이다. 베드로는 예수님의 말씀대로 오순절 성령 강림절 이후에 사람을 무수하게 생포해서 천국창고의 알곡으로 만들었다. 오늘 우리 역시 영적으로 죽은 사람들에게 그리스도의 복음을 전하여 살려야 할 것이다.

눅 5:11. 그들이 배들을 육지에 대고 모든 것을 버려두고 예수를 따르니라.
"그들," 곧 '베드로 야고보 요한'이 배들을 육지에 댄 다음 "모든 것을 버려두고 예수를 따랐다"(18:28; 마 4:20; 19:27; 막 1:18). 여기 "모든 것"은 '배, 그물, 가족들, 집, 일꾼들, 고기들'을 지칭한다. 고기들을 버렸다고 하는 말은 고기들을 바닷가에 버렸다는 뜻이 아니라 고기들을 많은 사람들에게 나누어주기도 하고 혹은 판매해서 가족들의 생계에 도움을 주었다는 뜻이다. 베드로는 훗날 예수님께 "보소서 우리가 모든 것을 버리고 주를 따랐나이다"라고 고백했다(막 10:28). 베드로가 이 고백을 드렸을 때 예수님은 대단한 보상을 말씀하셨다(막 10:30). 바울 사도도 모든 것을 배설물로 여기고 주님을 알기를 힘썼다고 말했다(빌 3:8). 우리가 모든 것을 배설물로 여기고 주님을 따를 때 엄청난 복을 받는다. 마가복음에 있는 대로 100배나 받는다. 100배란 말은 여러 배를 받는다는 말이다. 복을 받을 뿐 아니라 바울 사도가 말한 대로 예수님을 소유하게 된다. 이것이야 말로 최상의 보상이다.

E.나병환자를 고치시다   5:12-16

누가는 예수님께서 게네사렛 호수에서 베드로와 또 함께 일하는 일꾼들로 하여금 고기를 많이 잡게 하신 다음 베드로와 야고보, 또 요한을 부르시고 (1-11절) 또 나병환자를 고치신 사실(12-16절)을 기록한다. 이 부분은 마 8:1-4; 막 1:40-44과 병행한다.

눅 5:12. 예수께서 한 동네에 계실 때에 온 몸에 나병 들린 사람이 있어 예수를 보고 엎드려 구하여 이르되 주여 원하시면 나를 깨끗하게 하실 수 있나이다 하니.

누가는 "예수께서 한 동네에 계실 때에 온 몸에 나병 들린 사람이" 예수님께 나아온 사실을 말한다(마 8:2; 막 1:40). 여기 "한 동네"라는 곳은 마태에 의하면 산상 수훈을 말씀하신 산 밑의 동네이다(마 8:1). "온 몸에 나병 들린 사람"이란 표현은 의사인 누가의 표현이다. 마태나 마가는 그저 "한 문둥병자"(마 8:2; 막 1:40)라고 표현했는데 누가만이 "온 몸"이라는 표현을 덧붙였다. 온 몸에 나병 들린 사람의 형편은 비참했다(레 13:1-14:57). 나병 환자는 옷을 찢고 머리를 밀고 손으로 입술을 가리고 자기가 부정하다고 외치며 정상인들에게 가까이 다가가지 못했다. 나병은 고칠 수 없는 병으로 집과 가족을 떠나서 살아야 했다. 이 사람이 예수님께 나아와서 예수를 보고 "엎드려 구하였다." 나병환자가 사람 가까이 온 것은 놀라운 일이었다. 아마도 예수님은 자기를 받아주시리라 믿은 것이다. 그는 예수님께 아주 가까이 접근하여 '경배하면서 간청했다.' 그가 간청하기를 "원하시면 나를 깨끗하게 하실 수 있나이다"라고 했다. 그는 먼저 "원하시면"이라는 말을 한다. 자기의 병을 고치시는 것을 원하시는지 여쭈어보았다. 혹시 원하시지 않으실 수도 있으니 예수님께서 원하시는지를 여쭈어본 것이다. 우리 역시 범사에 예수님께서 원하시는 것인지 확인해야 한다. 예수님은 자신이 십자가를 지시는 것을 하나님께서 소원하시는지 여쭈어보았다(마 26:39, "나의 원대로 마옵시고 아버지의 원대로 하옵소서"). 예수님은 십자가를 지시는 것을 원하시지 않았지만 하나님께서 원하신다면 십자가를 지시겠다는 뜻으로 여쭈어본 것이다. 우리의 병을 예수님께서 고치시기를 원하지 않는 것도 있을 수 있다. 하나님은 바울 사도로 하여금 항상 낮은 자세를 가지고 살도록 한 가지 병을 주셨는데 바울 사도는 그 병을 고쳐달라고 세 번 기도한 후 하나님께서 고쳐주시기를 원하시지 않는 것을 확인한 후에는 더 이상 기도하지 않았다(고후 12:7-9). 이처럼 하나님께서 고치기를 원하지 않으시는 병이 있다.

나병환자는 예수님께서 원하시기만 한다면 "나를 깨끗하게 하실 수 있나이다"라고 아뢴다. 주님께서 나병을 고치시기를 원하시기만 한다면 고치시는 것은 문제가 없다고 아뢴 것이다. 그는 예수님의 무한 능력을 믿었다. 그는 예수님의 능력에 제한이 있다고는 말씀하지 않고 얼마든지 고치실 수 있다고 했다. 우리는 예수님의 만능을 믿어야 한다(막 9:23).

눅 5:13. 예수께서 손을 내밀어 그에게 대시며 이르시되 내가 원하노니 깨끗함을 받으라 하신대 나병이 곧 떠나니라.

예수님은 "손을 내밀어 그에게 대셨다"(7:14; 22:51 참조). 그 나병환자가 예수님께 아주 가까이 왔었기에 예수님께서 손을 내밀어 안수하실 수가 있었다. 예수님께서 그에게 안수하신 것을 보면 예수님은 무한한 사랑을 가지고 계셨음을 알 수 있다. 예수님은 손을 대시며 두 가지를 말씀하신다. 하나는 "내가 원한다"고 말씀하신다. 나병을 고치시는 것을 원하신다는 것이다. 예수님께서 고치시기를 원하지 않는 병은 없다. 예수님은 우리의 모든 병을 고치시기를 원하신다. 그리고 또 하나는 예수님께서 "깨끗함을

받으라”고 하신다. 예수님은 고쳐지라고 하시지 않고 깨끗함을 받으라고
명령하신다. 예수님은 우리의 무슨 병이라도 깨끗하게 고치실 수 있으시다.
우리의 영혼도 깨끗하게 하실 수 있으시다(요 15:3). 예수님께서 명령하시자
“나병이 곧 떠났다.” 안 떠날 질병이 있는가. 모두 떠난다. 본문의 “곧”이란
말은 우리에게 큰 희망을 주는 말이다. 예수님의 깨끗하게 하심은 오래
지체되었다가 이루어지는 것이 아니라 예수님께서 깨끗하게 하시기를 원하
시는 즉시 이루어진다(4:38-39; 5:17-26; 6:6-11; 7:11-17; 8:26-39, 43-48,
49-56).

**눅 5:14. 예수께서 그를 경고하시되 아무에게도 이르지 말고 가서 제사장에
게 네 몸을 보이고 또 네가 깨끗하게 됨으로 인하여 모세가 명한 대로
예물을 드려 그들에게 입증하라 하셨더니.**
예수님은 전신 나병환자를 고치신 다음에 세 가지를 경고하신다. 첫째,
“아무에게도 이르지 말라”고 하신다(마 8:4). 예수님께서 나병환자에게 함
구령을 내리신 것을 두고 여러 해석이 주어졌으나 여기저기 선전하면 사람들
이 너무 많이 모여들어 예수님의 사역에 지장이 있을 것이기 때문에 아무에
게도 이르지 말라고 하신 것이다. 예수님의 이 말씀을 보면 예수님께서
이 땅에 오신 것이 육신의 병을 치료하기 위해서 오신 것이 아님을 알
수 있다. 예수님은 우리의 죄를 대속하시기 위해 십자가에서 죽으시러 오셨
다. 둘째, “가서 제사장에게 네 몸을 보이라”고 하신다. 제사장에게 보이고(=
진찰받고) 나음을 얻었음을 확인받아서 정상인의 대열에서 평안히 살라고
하신다. 셋째, “네가 깨끗하게 됨으로 인하여 모세가 명한 대로 예물을
드려 그들에게 입증하라”고 하신다. 모세가 명한대로의 예물(레 14:4, 10,
21-22)은 살아있는 두 마리의 새였다. 그 중에 한 마리는 죽여야 했고 또
한 마리는 죽인 새의 피를 찍어 놓아주어야 했다. 그리고 죽인 새의 피는
또 깨끗함을 받은 자에게 일곱 번 뿌려야 했다. 그런 후에 제사장의 정결
선언이 있게 된다. 예수님은 율법을 완전히 지키시는 분이었다. 우리는

십자가에서 율법을 완전히 지키신 예수님만 믿으면 우리 역시 율법을 온전히 지키는 사람들이 되어 구원을 얻게 된다. 우리가 지금 구약 율법을 하나하나 지키려면 불가능하다. 율법을 완성하신 예수님을 믿으면 우리는 구원에 이른다.

눅 5:15-16. 예수의 소문이 더욱 퍼지매 수많은 무리가 말씀도 듣고 자기 병도 고침을 받고자 하여 모여 오되 예수는 물러가사 한적한 곳에서 기도하시니라.

깨끗함을 받은 나병환자는 온전히 예수님의 함구령을 지키지 못해서(막 1:45 참조) "예수의 소문이 더욱 퍼졌다." 병에서 깨끗함을 받은 사람은 너무 기뻐서 그냥 입을 다물고 지낼 수가 없었다. 그래서 "수많은 무리가 말씀도 듣고 자기 병도 고침을 받고자 하여 모여 왔다"(마 4:25; 막 3:7; 요 6:2). 한 두 사람이 아니라 수많은 무리가 두 가지(말씀도 듣고 또 병도 고침 받는 것)를 위해서 몰려들었다. 본문의 "모여오되"란(συνήρχοντο) 말은 미완료 과거 시제로 '계속해서 모여 온 것'을 지칭한다. 사람들이 너무 많이 모여와서 예수님께서 제자들을 교육하시는 일이 지장을 받으셨다. 불건전한 열심에 대해서 예수님은 환영하시지 않으셨기에 "예수는 물러가사 한적한 곳에서 기도하셨다"(마 14:23; 막 6:46). 예수님은 기도 생활에 열심하셨다(3:21; 6:12; 9:18; 11:1). 오늘 우리도 기도에 열심을 다해야 한다. 더욱이 많은 사람들이 우리 주위에서 우리를 높일 때 한적한 곳으로 가서 하나님과 교제의 시간을 가져야 한다. 그러지 않으면 사람들 틈에 싸여서 영광을 받다가 실수한다.

F.중풍환자를 고치시다 5:17-26

예수님은 제자들을 부르시고(1-11절) 또 나병환자를 깨끗하게 하신(12-16절) 후 이제 중풍환자를 고치신다(17-26절). 이 부분은 마 9:1-8; 막 2:1-12과 병행한다. 예수님께서 행하신 이 이적을 통하여 사람들의 열정적인 믿음과 협동심은 칭찬받을 일이라는 것, 그리고 예수님에게 사죄권이 있음을 확인하는 기회가 되었다.

눅 5:17. 하루는 가르치실 때에 갈릴리의 각 마을과 유대와 예루살렘에서 온 바리새인과 율법교사들이 앉았는데 병을 고치는 주의 능력이 예수와 함께 하더라.

누가는 어떤 "하루"에 된 일을 소개한다. 예수님께서 "가르치실 때에" 된 일이었다. 본문에 장소도 기록되지 않았다. 마태와 마가에 의하면 가버나움 지방에서 된 일이었는데 아마도 베드로의 집에서 된 일이었을 것이다 (Farrar).

누가는 예수님께서 한참 가르치고 계실 때 "갈릴리의 각 마을과 유대와 예루살렘에서 온 바리새인과 율법 교사들이 앉았는데 병을 고치는 주의 능력이 예수와 함께 했다"고 말한다. 크게 나누어 세 지역(갈릴리의 각 마을, 유대 각 마을, 예루살렘)에서 온 두 부류의 사람들(바리새인들-분리주의자들, 율법교사들-구약성경을 보관하고 가르치는 사람들)이 함께 앉아 있었는데 병을 고치는 하나님의 능력이 예수님과 함께 하셨다. 병을 고치는 하나님의 능력이란 영혼의 병과 육신의 병을 고치는 능력을 지칭한다(20절, 24-25절). 이들이 예수님과 함께 앉아있었던 이유는 예수님에게 자기들의 교리와 다른 이상한 것이 있지 않나 하는 의구심 때문이었다. 이들은 예수님의 주위에 많은 사람들이 모여드는 것을 시기하였다. 이들은 자기들만 온전한 사람들인 줄 알았다. 이 두 부류의 사람들은 자주 함께 언급된다(5:21, 30; 6:7; 11:53; 15:2).

눅 5:18-19. 한 중풍병자를 사람들이 침상에 메고 와서 예수 앞에 들여놓고자 하였으나 무리 때문에 메고 들어갈 길을 얻지 못한지라 지붕에 올라가 기와를 벗기고 병자를 침상째 무리 가운데로 예수 앞에 달아내리니.

"한 중풍병자를 사람들이 침상에 메고 왔다"(마 9:2). 즉 '네 사람(막 2:3)이

한 사람의 중풍병자를 침상에 메고 예수님 계신 곳으로 왔다.' 이 환자는
자기 힘으로 기동이 불가능한 환자였다. 전적으로 다른 사람들의 도움으로
만 살아야 했던 환자였다. 네 사람은 그 환자를 "예수 앞에 들여놓고자
하였으나 무리 때문에 메고 들어갈 길을 얻지 못했다." 그들의 길은 일단
막힌 것이다. 그러나 그들은 멈추지 않았다. 그들은 "지붕에 올라가 기와를
벗기고 병자를 침상 째 무리 가운데로 예수 앞에 달아 내렸다." 즉 '유대나라
의 평평한 지붕위로 침상을 가지고 올라가 지붕의 제일 겉에 있는 기와를
벗기고 기와 아래에 있는 나뭇가지들을 걷어내고 또 그 밑에 있는 서까래를
치우고 구멍을 내서 환자를 아래로 달아 내렸다.' 그들은 예수님께서 앉아계
신 바로 앞에 환자가 내려지도록 계산해서 환자를 내릴 수 있도록 큰 구멍을
냈다. 이들은 도무지 멈출 줄 모르는 사람들이었다. 오늘도 우리가 예수님
앞으로 나아가는 운동이 멈추지 않아야 한다. 멈출 줄 모르는 성경 읽기,
묵상하기, 연구하기가 계속되어야 할 것이며 예수님께 기도하는 삶이 계속
되어야 할 것이다.

**눅 5:20. 예수께서 그들의 믿음을 보시고 이르시되 이 사람아 네 죄 사함을
받았느니라 하시니.**
예수님은 지붕을 뜯어 예수님 앞으로 환자를 달아 내리는 네 사람의 적극적
인 활동에서 "그들의 믿음을 보셨다." 어떻든지 예수님 앞으로 환자를 내려
놓겠다는 생각으로 행동했던 네 사람들의 믿음을 보셨다. 예수님 앞에만
가면 환자가 낳으리라는 믿음을 보시고 또 환자 자신의 믿음을 보셨다.
만약 환자가 반대했다면 네 사람이 환자를 예수님 앞으로 데리고 가지
않았을 것이다.
　　예수님은 다섯 사람들의 믿음을 보시고 "이 사람아 네 죄 사함을 받았느
니라"고 하신다. 예수님은 환자의 병을 낫게 해주시기 전에 먼저 죄를 사해
주신다. 죄를 사한다는 말은 죄를 말끔히 씻어주신다는 뜻이다. 예수님은
그 환자의 죄를 자신이 짊어지셨다. 그는 그 죄를 떠맡으시고 십자가에서

죽으시기를 결심하셨다. 예수님은 오늘 우리가 예수님 앞으로 나아갈 때 우리의 모든 죄도 맡아주신다. 우리의 죄는 예수님께 전가되고 예수님의 의는 우리에게 전가되어 우리는 온전히 용서를 받은 자가 된다. 예수님은 오늘 우리의 믿음을 보신다(7:9-10; 8:48, 50; 17:19; 18:42).

예수님께서 그 다섯 사람의 믿음을 보시고 환자의 병을 치유해 주시기 전에 죄를 사해주신 것을 두고 학자들은 크게 둘로 나누인다. 하나는 죄와 병 사이에는 아무 관련이 없다는 측(많은 학자들이 주장한다)과 다른 편은 병의 원인이 죄였기에 먼저 죄를 사해주셨다는 측(Leon Morris, Geldenhuys, Marshall, 박윤선, 이순환)으로 나누인다. 죄와 병은 전혀 관련이 없다는 주장을 펴는 학자들은 13:1-5; 요 9:2에 근거하여 주장한다. 그리고 병의 원인은 죄라고 주장하는 편은 요 5:14에 근거를 둔다(마 12:45; 요 8:11). 그렇다면 어느 설이 옳은가. 병의 원인은 죄라고 보는 것이 옳은 견해이다. 전혀 관련이 없다고 주장하는 학자들이 내세운 13:1-5은 갈릴리 사람들이 해를 받은 것은 그 사람들이 죄가 더 있어서 망한 것이 아니라 누구든지 죄를 회개하지 않으면 다 망한다는 것을 강조한 구절이고 실로암 망대가 무너져 죽은 사람들도 특별히 죄가 더 있어서 그렇게 된 것이 아니라 누구든지 회개하지 않으면 다 망한다는 것을 말씀하는 구절이다. 그러니까 이 두 곳의 구절들은 사람이 망한 것과 죄와는 무관하다는 것을 주장하는 구절이 아니라 누구든지 회개하지 않으면 망할 수 있다는 것을 주장하는 구절들이다. 또 요 9:2의 말씀은 병이라는 것이 죄와 관련이 없다는 것을 주장하는 구절이 아니라 특별히 하나님께서 그 사람에게서 나타나시기 위해서 그 사람에게 어려움을 주셨다는 것을 강조하는 구절이다. 그러니까 모든 병의 원인을 죄에 돌려서는 안 되는 것은 사실이지만 죄가 병의 원인이라는 것을 부인해서는 안 될 것이다. 본문이 말하는 병도 죄 때문인 것으로 알아야 할 것이다. 그러니까 13:1-5이나 요 9:2의 경우를 본 절에 적용시켜서는 안 된다.

눅 5:21. 서기관과 바리새인들이 생각하여 이르되 이 신성 모독 하는 자가 누구냐 오직 하나님 외에 누가 능히 죄를 사하겠느냐.

"서기관과 바리새인들"은 예수님께서 죄를 사하시는 것을 보고 "이 신성 모독 하는 자가 누구냐 오직 하나님 외에 누가 능히 죄를 사하겠느냐"고 속으로 예수님을 정죄하고 있었다(마 9:3; 막 2:6-7). 곧 '하나님을 모독하는 사람이 누구냐 오직 하나님 한분 외에는 누가 감히 죄를 사할 수 있느냐'고 마음으로 공격했다(시 32:5; 사 43:25). 그들은 하나님께서 가지신 사죄권을 예수님도 가지고 계신 사실을 몰랐다. 그들은 예수님이 바로 하나님이신 줄 알지 못하여 이렇게 예수님을 향하여 반항했다. 우리가 예수님에게 사죄하실 수 있는 권한이 있다는 것을 아는 것이 얼마나 복된 일인지 알 수 없다.

눅 5:22. 예수께서 그 생각을 아시고 대답하여 이르시되 너희 마음에 무슨 생각을 하느냐.

예수님께서 중풍환자에게 사죄 선언을 하시는 것을 들은 바리새인들과 율법 교사들은 마음속으로 예수님을 향하여 하나님을 모독하는 자로 정죄했는데(앞 절) 예수님은 그들의 마음속 "생각을 아시고 너희 마음에 무슨 생각을 하느냐"고 물으신다. 여기 "아시고"(ἐπιγνοὺς)란 말은 부정(단순)과거 분사로 '정확하게 알다,' '깊이 알다'라는 뜻으로 예수님은 전지하시다는 뜻이다(마 17:25; 요 1:45, 48; 2:25; 21:17; 롬 1:32; 빌 1:9 참조). 예수님은 사람들의 마음속을 다 아신다. 예수님은 우리의 모든 것을 아신다. 예수님은 밧모 섬에 정배 갔던 요한 사도를 통하여 소아시아 일곱 교회에 편지하라고 하셨을 때에도 예수님은 일곱 교회의 형편을 하나하나 정확하게 아신다고 하셨다(계 2:2, 9, 13, 19; 3:1, 8, 15). 예수님은 바리새인들과 율법 교사들의 마음을 다 아시고 그냥 지나치시지 않고 물으신다. "너희 마음에 무슨 생각을 하느냐"고 책망하신다. 예수님은 오늘도 우리가 하나님을 원망하며 이웃을 정죄할 때 "너희 마음에 무슨 생각을 하느냐"고 하신다. 쓸데없는 생각을 중단하라는 말씀이시다.

눅 5:23. 네 죄 사함을 받았느니라 하는 말과 일어나 걸어가라 하는 말이 어느 것이 쉽겠느냐.

예수님은 죄를 사하시는 권세가 있음을 보여주시기 위하여 바리새인들과 율법 교사들에게 "네 죄 사함을 받았느니라 하는 말과 일어나 걸어가라 하는 말이 어느 것이 쉽겠느냐"고 물으신다. 예수님은 바리새인들과 율법 교사들에게 "일어나 걸어가라 하는 말"보다는 "네(중풍병자의) 죄 사함을 받았느니라" 하는 말이 더 쉽다는 것을 분명하게 각인시키신다. 그것은 누가 보아도 분명하다. 중풍병자가 "일어나 걸어가라"는 것은 사람들의 보기에 굉장히 어렵다. 그러나 예수님께서 죄를 사하시는 일은 사람들의 보기에 아주 쉬운 일이다. 이유는 예수님께서 죄를 사하셨는지 혹은 죄를 사하지 않으셨는지 사람의 눈에 보이지 않기 때문이다. 다시 말해 사람들의 눈으로 보기에 예수님께서 죄를 사하셨는지 혹은 사하지 않으셨는지 가시적으로 나타나지 않으니 예수님께서 죄를 사했다고 선언하는 것이 훨씬 쉽다는 것이다.

눅 5:24. 그러나 인자가 땅에서 죄를 사하는 권세가 있는 줄을 너희로 알게 하리라 하시고 중풍병자에게 말씀하시되 내가 네게 이르노니 일어나 네 침상을 가지고 집으로 가라 하시매.

본 절 초두의 "그러나"(δέ)라는 말은 앞 절(23절)의 결론을 뒤집기 위해 사용하신 단어이다. 앞에서 예수님은 사람들 보기에 예수님께서 죄를 사하시는 일이 더 쉽게 보이지만 그러나 예수님은 죄를 사하시는 권세가 있는 것을 보이시겠다는 뜻으로 "그러나"라는 말씀을 사용하신다. 만약 앞 절의 내용을 뒤집는 것이 아니면 "그러나"라는 단어를 사용하지 않으셨을 것이다. 예수님은 "그러나"라는 말을 사용하시면서 사람들 보기에는 쉬운 일로 보이지만 예수님으로서는 대단히 중요한 사항인고로 예수님께 죄를 사하시는 권세가 있음을 보이시겠다고 하신다.

예수님은 말씀하시기를 "인자가 땅에서 죄를 사하는 권세가 있는 줄을 너희로 알게 하리라" 하신다. 여기 예수님은 자칭(自稱)호 "인자"라는 단어를 사용하신다. "인자"라는 말의 글자 뜻은 '사람의 아들'이지만 실제의 내용은 '메시아'(구주)라는 뜻이다. 다시 말해 "인자"라는 명칭은 고난을 받으시는 그리스도를 지칭할 때 사용된 명칭이다(막 2:10, 28; 눅 12:8). 예수님은 "인자," 즉 '메시아'의 입장에서 "땅에서 죄를 사하는 권세가 있는 줄을 너희로 알게 하리라"고 하신다. 예수님께서 땅에서 반드시 죄를 용서하시는 권세가 있는 줄을 알게 하셔야 하는 이유는 누구든지 예수님에게 나아와서 죄를 사함 받아야 하기 때문이다. 바리새인들과 율법 교사들 그리고 오늘 우리 모두가 예수님께서 땅에서 죄를 사하는 권세를 가지고 계심을 알아야 한다(마 9:5 참조). 바로 예수님께 나아가는 자마다 모두 죄를 용서받을 수 있다는 것을 알고 예수님께 나아가야 한다. 그 이상 더 큰 복이 어디 있겠는가.

예수님에게 사죄권이 있는 것을 알리시기 위해서 예수님은 사람들 보기에 더 어려운 일, 즉 병을 고치시겠다고 하신다. 그래서 예수님은 "내가 네게 이르노니 일어나 네 침상을 가지고 집으로 가라"고 하신다. 예수님은 사람 보기에 더 어려운 일, 즉 병 고치는 일을 하셔서 쉬운 일, 즉 죄를 사하시는 권세를 가지고 계심을 증명해 보이신다. 누워서 생활하던 중풍병자가 일어나는 일, 침상을 가지고 집으로 가는 일이야말로 사람 보기에 참으로 어려운 일이다.

눅 5:25. 그 사람이 그들 앞에서 곧 일어나 그 누웠던 것을 가지고 하나님께 영광을 돌리며 자기 집으로 돌아가니.

예수님의 명령 한마디에 "그 사람이 그들 앞에서 곧 일어나 그 누웠던 것을 가지고 하나님께 영광을 돌리며 자기 집으로 돌아갔다." 즉 '그 환자가 예수님 주위에 있었던 사람들(바리새인들과 율법교사들 포함) 앞에서 곧 일어나서 자기가 누웠던 침상을 가지고 하나님께 영광을 돌리며 자기 집으로 돌아갔다.' 사람들 보기에 엄청나게 어려운 일이 이루어졌으니 예수님의 사죄권이 입증된 것이다. 환자는 병이 나은 즉시 침상을 가지고 갈 수 있는 힘까지도 받아서 침상을 번쩍 들고 집으로 갔다. 기나긴 회복기간도 필요 없었다. "일어나"와 "그 누웠던 것을 가지고"라는 말은 이중기적을 보여주는 말이다. 주님은 이적을 행하시는 분이시다.

눅 5:26. 모든 사람이 놀라 하나님께 영광을 돌리며 심히 두려워하여 이르되 오늘날 우리가 놀라운 일을 보았다 하나라.

"모든 사람," 곧 '입추의 여지없이 예수님 주위에 모여 있었던 사람들'이 "놀라 하나님께 영광을 돌리며 심히 두려워하여 이르되 오늘날 우리가 놀라운 일을 보았다"고 말했다. 모든 사람들은 중풍환자가 갑자기 일어나서 침상을 들고 가는 것을 보고 놀랐다. 이런 때에 놀라지 않을 사람이 있겠는가. 마태는 "두려워했다"고 기록했고 마가는 "그들이 다 놀랐다"고 기록한다. 그리고 모든 사람은 "하나님께 영광을 돌렸다." 바리새인들과 율법 교사를 제외한 모든 사람들은 하나님께서 예수님을 통하여 놀라운 이적을 행하신 것을 보고 하나님께 영광을 돌렸다. 바리새인들과 율법 교사들은 하나님께 영광을 돌리지 않았을 것은 분명한 일이다(5:30; 6:7, 11; 11:15, 53; 13:17; 15:1-2; 19:47). 그러나 그 외의 사람들은 하나님께서 행하신 "놀라운 일을 보고" 하나님께 영광을 돌렸다. 오늘 우리는 주야로 하나님께 영광을 돌려야 할 것이다.

G.레위를 부르시다 5:27-32

누가는 예수님께서 갈릴리에서 복음을 증거하시는 중에 베드로를 부르시고(1-11절) 또 나병환자(12-16절)와 중풍환자를 고치신 것(17-26절)을 기록한 다음 레위를 부르신 사건을 기록한다(27-32절). 누가는 먼저 레위(마태)가 부르심 받은 것(27-28절)을 기록하고 다음으로 레위가 자기 집에서 잔치한 것을 기록한다(29-32절). 이 기사는 마태복음 9:9-13과 마가복음 2:13-17과 병행한다.

눅 5:27. 그 후에 예수께서 나가사 레위라 하는 세리가 세관에 앉아 있는 것을 보시고 나를 따르라 하시니.

예수님께서 중풍환자를 고치신 "후에" 베드로의 집으로부터(17절 주해 참조) 나가서서 바닷가에서 큰 무리를 가르치신 후(막 2:13) 지나가시다가(막 2:14) "레위라 하는 세리가 세관에 앉아 있는 것을 보시고" 레위(마태)를 부르셨다(마 9:9; 막 2:13-14). 여기 "레위"라는 이름은 마가와 누가가 부르는 이름이고, 마태는 자기의 이름을 "마태"라고 부른다. 이 두 이름(레위, 마태)은 같은 사람을 지칭하는데 "레위"는 예수님으로부터 부름 받기 전의 이름이고(창 29:34 참조) "마태"라는 이름은 부른 받은 후의 이름으로 보인다(마 9:9). 이유는 사도들의 명단에 마태라고 기록되어 있기 때문이다(마 10:3; 막 3:18; 눅 6:15; 행 1:13). 그런데 누가는 레위의 직업이 "세리"였다고 말한다. 이 사람은 세금 징수원이었는데 세리들은 당시에 멸시를 받았다(5:30; 7:34; 15:1; 19:7; 마 9:10-11; 11:19; 21:31-32; 막 2:15-16).

예수님은 세관에 앉아 있는 레위를 보시고 "나를 따르라"고 하신다(9:59; 마 4:19, 21; 8:22; 요 1:43). 사회적으로 아주 멸시와 천대를 받는 사람을 부르신다. 예수님은 죄인을 불러 회개시키러 오셨기에 이런 사람을 부르셨다. 오늘 우리도 세리보다 나은 것이 없는 사람들이다.

눅 5:28. 그가 모든 것을 버리고 일어나 따르니라.

레위는 "모든 것을 버리고 일어나 따랐다." 그는 급료를 많이 받는 직장을 버리고 예수님을 따랐다. 예수님께서 다 보상해주시리라고 예상하고 따랐을 것이다. 레위의 희생은 네 사람의 어부(막 1:18, 20)의 희생보다 더 컸다. 어부들의 직업은 돈이 많이 벌리는 직업은 아니었다. 오늘 우리 역시 모든 것을 버리고 따라야 한다. 예수님은 100배로 주실 수 있으신 분이시다(막

10:28-30). 본문의 "따르니라"(ἠκολούθει)는 말은 미완료과거 시제로 '계속
해서 따른 것'을 지칭한다. 레위는 예수님을 따르기 시작한 후 계속해서
따랐다.

**눅 5:29. 레위가 예수를 위하여 자기 집에서 큰 잔치를 하니 세리와 다른
사람이 많이 함께 앉아 있는지라.**
예수님의 제자로 부름 받은 레위는 과거에 세관에서 근무하던 시절에 비하면
비교가 되지 않을 만큼 기쁨이 백배나 더했다. 과거에는 남의 등을 쳐서
먹고 살았기에 음울하고 기쁨 없이 살았다. 이제 그리스도의 부름을 받은
후 성령의 감동아래에서 살 수 있게 되어 너무 기뻐서 "예수를 위하여
자기 집에서 큰 잔치를" 배설했다(마 9:10; 막 2:15). 예수님을 환영하는
뜻으로, 그리고 존경하는 뜻으로 큰 잔치를 배설했다. 그는 돈이 많은 부자이
기에 잔치를 크게 베풀었다.

　　그런데 그는 예수님만 초청한 것이 아니라 "세리와 다른 사람"을 많이
초청했다(15:1). 본문의 "다른 사람"이란 말은 다음 절에 언급된 대로 사회
적으로 버림 당한 "죄인"들이었다. 그러면 레위가 세리와 죄인들을 식사에
초대한 이유가 무엇인가. 혹자는 레위가 자기의 옛 친구들과 마지막으로
송별하는 뜻으로 초청했다고 주장하나 성경적인 근거가 없다. 만약에 송별
하는 뜻으로 세리와 죄인들을 초청했다면 예수님을 모시지 않은 다른 때에
초청해서 대접했을 것이다. 레위는 오히려 자기를 초청해주신 예수님을
자랑하고 싶었을 것이고 또 그들도 자기처럼 예수님을 따르기를 소원하는
뜻에서 초청했다고 보아야 할 것이다. 그래서 그들은 벌써 예수님에 의해서
부름을 받은 자로 그리고 회개한 자로 묘사되고 있지 않은가(31-32절).
레위는 자기와 같은 입장에 있었던 사람들을 예수님 앞으로 불러 행복한
자로 만들었다.

눅 5:30. 바리새인과 그들의 서기관들이 그 제자들을 비방하여 이르되 너희

가 어찌하여 세리와 죄인과 함께 먹고 마시느냐.

레위의 집에서 잔치가 벌어지고 있을 때 "바리새인과 그들의 서기관들이 그 제자들을 비방했다." 즉 '바리새인들과 서기관들, 곧 율법 교사들(17절)은 예수님의 제자들을 비방했다.' 본문의 "그들의"라는 말은 서기관들이 바리새인들에 속해있는 사람들이었다는 뜻이다(사두개인들에게 속해 있었던 서기관들도 있었으니 말이다). 이 두 그룹의 사람들은 연회에 초청을 받지도 않고 연회에 참여하여 예수님의 제자들에게 접근하여 "너희가 어찌하여 세리와 죄인과 함께 먹고 마시느냐"고 따져 물었다. 사실 이들의 목표는 예수님의 제자들이 아니라 예수님이었다(마 9:11). 바리새인들과 서기관들은 불결한 사람들과 함께 식사를 하지 않고 불결한 사람들과 접촉하지도 않는다는 규칙을 가지고 있었다. 그들로서는 예수님의 제자들의 행위를 도무지 이해할 수 없었다. 그래서 따져 물은 것이다. 그들은 예수님께서 죄인을 부르러 오신 줄을 전혀 깨닫지 못하고 비난했다. 사람을 비방하고 정죄한다는 것은 참으로 불행한 일이다.

눅 5:31. 예수께서 대답하여 이르시되 건강한 자에게는 의사가 쓸 데 없고 병든 자에게라야 쓸 데 있나니.

예수님은 바리새인들과 서기관들의 비난을 들으시고 대답하신다. "건강한 자에게는 의사가 쓸 데 없고 병든 자에게라야 쓸 데 있다"고 하신다. 즉 '건강한 자라고 자처하는 바리새인들과 서기관들에게는 영혼의 병을 치료하시는 의사이신 예수님이 쓸데가 없고 병든 자에 해당하는 세리와 죄인들에게 병을 치료하시는 의사이신 예수님이 쓸데 있다'고 하신다. 세리와 죄인들은 의사가 필요하니 함께 식사도 하시고 교제도 하신다는 것이다.

눅 5:32. 내가 의인을 부르러 온 것이 아니요 죄인을 불러 회개시키러 왔노라.

예수님은 바리새인들과 서기관들이 예수님의 제자들과 예수님을 비난한 것을 두고 "내가 의인을 부르러 온 것이 아니요 죄인을 불러 회개시키러 왔다"고 하신다(마 9:13; 딤전 1:15). 즉 '스스로 의롭다고 믿는 의인을 부르러 온 것이 아니라 죄가 커서 얼굴을 들고 기도까지도 드리지 못할 죄인들을 불러 회개시키러 왔다'고 하신다(18:9-14). 여기 "회개"란 말은 '돌아서는 것,' 'U-turn 하는 것'을 지칭한다. 레위가 자기 집에 초대한 세리와 죄인들은 부름을 받아 벌써 회개한자들이 된 것으로 보아야 한다.

H.금식에 대한 질문에 예수님께서 답하시다 5:33-39

혹자는 33절의 금식에 대한 질문이 예수님과 제자들이 레위(마태)의 집에서 잔치를 끝내고 막 나올 무렵에 있었을 것이라고 말하기도 하나, 레위(마태) 집에서의 잔치(27-32절)와 이 부분의 금식문제에 대한 질문(33절) 사이에는 시간적인 연속성이 없을 수도 있다고 볼 수 있다. 세 복음서가 주장하는 것을 보면,

마태-"그 때에 요한의 제자들이 예수께 나아와 이르되 우리와 바리새인들은 금식하는데 어찌하여 당신의 제자들은 금식하지 아니하나이까"(9:14).

마가-"요한의 제자들과 바리새인들이 금식하고 있는지라 사람들이 예수께 와서 말하되 요한의 제자들과 바리세인의 제자들은 금식하는데 어찌하여 당신의 제자들은 금식하지 아니하나이까"(2:18).

누가-"그들이 예수께 말하되 요한의 제자는 자주 금식하며 기도하고 바리새인의 제자들도 또한 그리하되 당신의 제자들은 먹고 마시나이다"(5:33).

세 복음서가 주장하는 중요한 것은, 1) 요한의 제자들과 바리새인들이 금식하고 있을 때 이런 질문이 있었다는 것, 2) 마침 그 때에 예수님과 제자들, 그리고 세리들과 죄인들은 금식하지 않고 먹고 마시고 있었던 고로 모두들 이상하게 여겼다는 것, 3) 마침 금식하던 사람들 중에 요한의 제자들이 예수님께 나아와서 어찌하여 예수님의 제자들은 금식하지 아니하는가 하고 질문했다. 그러니까 중요한 것은 요한의 제자들과 바리새인들이 금식

하고 있을 때라는 것이다. 예수님의 제자들은 언제든지 먹고 마셨으니 아무 때라도 요한의 제자들과 바리새인들이 금식하는 때에 나아왔다고 해야 할 것이다. 마 9:14-17; 막 2:18-22과 병행한다.

눅 5:33. 그들이 예수께 말하되 요한의 제자는 자주 금식하며 기도하고 바리새인의 제자들도 또한 그리하되 당신의 제자들은 먹고 마시나이다. 본문 초두의 "그들"은 누구인가. 30절에 언급된 "바리새인과 그들의 서기관들"일수도 있으나, 마 9:14, 막 2:18을 보면 '요한의 제자들'이라고 말해야 할 것이고, 바리새인들도 금식하고 있었으니 바리새인들도 끼어 있었을 것이다. 요한의 제자들과 바리새인들은 "예수께 말하되 요한의 제자는 자주 금식하며 기도하고 바리새인의 제자들도 또한 그리하되 당신의 제자들은 먹고 마시나이다"라고 질문했다(마 9:14; 막 2:18). 요한의 제자들은 예수님께 두 그룹(요한의 제자와 바리새인들의 제자들) 사람들이 자주 금식하며 또 지금도 금식하고 있는데(막 2:18) 어찌하여 예수님의 제자들은 금식하지 않고 먹고 마시느냐고 따져 물었다.

구약 사람들은 참으로 많이 금식했다. 원래는 대 속죄일(유대력 7월 10일-레 16:29-34; 23:26-32; 민 29:7-11)에만 금식하도록 되어 있었으나 금식하는 날을 많이 늘렸다. 하루 종일 금식을 자주 했고(삿 20:26; 삼상 14:24; 삼하 1:12; 3:35), 7일 금식(삼상 31:13), 3주 금식(단 10:3), 40일 금식(출 34:28; 신 9:9, 18; 왕상 19:8), 5월과 7월의 금식(슥 7:3-5), 일주에 두 번 금식(눅 18:12)도 했다. 이렇게 많이 금식했어도 바리새인들이 그리스도를 몰랐던 이유는 스스로 의롭다 하는, 완고한 마음 때문이었다.

눅 5:34-35. 예수께서 그들에게 이르시되 혼인 집 손님들이 신랑과 함께 있을 때에 너희가 그 손님으로 금식하게 할 수 있느냐 그러나 그 날에 이르러 그들이 신랑을 빼앗기리니 그 날에는 금식할 것이니라. 요한의 제자들의 질문을 받으신 예수님은 세 가지로 대답하신다. 첫째,

"혼인 집 손님들이 신랑과 함께 있을 때에 너희가 그 손님으로 금식하게 할 수" 없다고 하신다. 즉 '혼인 집 손님들이 신랑과 함께 있는 동안에는 혼인 집 손님들이 기뻐해야지 금식하지 않는다'고 하신다. 다시 말해 혼인집의 손님들 즉 신랑의 수종자들이 먹지 않는다는 것은 말도 되지 않는다는 것이다.

그러나 예수님은 금식할 때가 있다고 말씀하신다. "그러나 그 날에 이르러 그들이 신랑을 빼앗기리니 그 날에는 금식할 것이니라"고 하신다. 그날, 즉 신랑을 빼앗기는 날(마 9:15; 막 2:20)에는 금식해야 할 것이라고 하신다. 다시 말해 예수님께서 십자가에 달리시는 때에는 예수님의 제자들이 금식해야 한다고 하신다. 신랑 되신 예수께서 십자가에서 살해되는 날 신부인 제자들은 슬픔을 앉고 금식해야 할 것이다.

눅 5:36. 또 비유하여 이르시되 새 옷에서 한 조각을 찢어 낡은 옷에 붙이는 자가 없나니 만일 그렇게 하면 새 옷을 찢을 뿐이요 또 새 옷에서 찢은 조각이 낡은 것에 어울리지 아니하리라.

둘째, 예수님은 "새 옷에서 한 조각을 찢어 낡은 옷에 붙이는 자가 없다"고 하신다. 본문의 "새 옷에서 한 조각"이란 말을 마태(9:16)와 마가(2:21)는 "생베 조각"으로 표현했다. 똑 같은 뜻이다. 새 옷에서 찢은 한 조각이 바로 생베 조각이다. 상식적으로 생각해도 새 옷에서 한 조각을 찢어 낡은 옷에 붙이는 사람은 없다. 기독교의 복음을 버리고 유대교의 유전(traditions)을 따를 수는 없다는 뜻이다.

만일 새 옷에서 한 조각을 찢어 낡은 옷에 붙이면, 1) "새 옷을 찢을 뿐이라"고 하신다. 새 옷을 찢어버리는 어리석은 일만 할 뿐이라는 뜻이다. 2) "새 옷에서 찢은 조각이 낡은 것에 어울리지 아니하게" 된다고 하신다. 새 옷에서 찢은 천 조각이 낡은 옷에 전혀 어울리지 않는다는 뜻이다. 아주 우스운 부조화만 낳는다는 것이다. 새 것과 옛 것을 섞으려고 할 것이 아니라는 말씀이다. 기독교의 복음을 유대교의 전통과 섞으려고 시도할 것이 아니

다. 복음으로 말미암아 구원을 받고 기쁨으로 사는 사람들이 유대교의 전통
으로 돌아가서 그것을 따를 수는 없다는 뜻이다. 오늘 그리스도를 따르는
사람들은 복된 사람들이다.

**눅 5:37. 새 포도주를 낡은 가죽 부대에 넣는 자가 없나니 만일 그렇게
하면 새 포도주가 부대를 터뜨려 포도주가 쏟아지고 부대도 못쓰게 되리라.**
셋째, "새 포도주를 낡은 가죽 부대에 넣는 자가 없다"는 비유로 답하신다.
여기 "새 포도주"는 발효가 잘되는 강한 새 포도주를 지칭한다. 그리고
"낡은 가죽부대"란 오래된 가죽부대로서 발효가 잘되는 강한 새 포도주를
감당하지 못하는 부대를 가리킨다. "부대"란 염소나 양의 가죽으로 만들어
진 그릇을 말하는데, 윌럼 헨드릭슨은 "부대는 보통 염소나 양의 가죽으로
만들어졌다. 먼저 벗겨낸 가죽을 무두질한 후에 털을 짧게 깎고 가죽의
안팎을 뒤집는다. 그렇게 되면 자연히 짐승의 목 부분이 '부대'의 주둥이가
된다. 다리와 꼬리의 다른 주둥이는 끈으로 묶여 있다"고 말한다.43) 낡은
가죽부대는 아직도 발효하고 있는 새 포도주를 담을 수는 없다. 이유는
"만일 그렇게 하면 새 포도주가 부대를 터뜨려 포도주가 쏟아지고 부대도
못쓰게 되기" 때문이다. 새 포도주를 낡은 가죽 부대에 넣으면 두 가지
결과가 발생한다. 하나는 발효가 잘되는 강한 새 포도주가 부대를 터뜨려
포도주가 쏟아지고, 또 하나는 부대도 못쓰게 된다. 낡은 가죽 부대는 발효력
이 약한 포도주라도 넣고 쓸 수 있는 것이었는데 발효가 심한 포도주를
넣으면 결국 부대가 터져 부대가 못쓰게 된다.

눅 5:38. 새 포도주는 새 부대에 넣어야 할 것이니라(ajlla; oi\non nevon
eij" ajskou;" kainou;" blhtevon).
"새 포도주"라는 말의 "새"(νέον)라는 글자는 '시간적으로 새로운'이라는

---

43) 윌럼 헨드릭슨, *누가복음* (상), p. 443.

뜻으로 "새 포도주"란 '시간적으로 새롭게 만들어진 포도주'를 지칭한다. 그리고 "새 부대"란 말의 "새"(καινοὺς)라는 말은 '질적으로 새로운'이란 뜻으로 "새 부대"란 '질적으로 새로운 부대'를 지칭한다(마 9:17 참조). 새로 만들어진 포도주는 새롭게 생겨난 질 좋은 부대에 넣어야 한다는 뜻이다. 기독교의 복음은 새로운 형식으로 유지해야지 묵은 형식, 즉 바리새인들이나 세례 요한이 주장했던 금식 같은 것으로 유지할 수는 없다는 것이다. 세리나 죄인들도 다 예수님 앞에만 나오면 구원을 받는 기독교의 복음은 새 부대, 즉 "감사와 자유와 하나님의 영광을 위한 자발적인 봉사를 하는, 튼튼하고 새로운 가죽 부대에 담아야 하는 것이다"(윌럼 헨드릭슨). 기독교의 복음 운동과 바리새주의는 서로 용납할 수 없다. 거리가 너무 멀다. 오늘 우리는 옛날의 바리새주의로 돌아가서는 안 된다. 바리새주의식 안식일 준수, 바리새주의식 금식일 준수 등을 고집해서는 안 되고 예수님께서 지키셨던 안식일 준수(오늘날은 주일을 지킨다), 예수님께서 말씀하신 새로운 계명을 따라야 한다.

눅 5:39. 묵은 포도주를 마시고 새 것을 원하는 자가 없나니 이는 묵은 것이 좋다 함이니라.

세례 요한의 제자들과 바리새인들은 "묵은 포도주를 마시고 새 것을 원하지" 않는다. 옛날 하던 습관대로 금식하고 옛날 방식대로 안식일 지키고 옛날 묵은 방식 그대로 따르기를 좋아한다. 이유는 묵은 것에 적응된 사람들은 묵은 것을 더 낫게 여기기 때문이다. 우리는 예수 안에서 새로운 은혜를 받으며 살아야 한다. 우리는 예수 안에서 기쁨의 삶, 감사의 삶, 소망의 삶을 살아야 한다.

제 6 장

안식일 논쟁과 12제자 임명 및
예수님의 치유사역과 평지교훈

I.안식일의 주관자가 누구인지를 가르치시다   6:1-5

예수님과 유대지도자들 간의 긴장이 점점 더 심해지고 있다. 안식일
논쟁(1-11절)이 금식논쟁(5:33-39) 뒤에 생겼는지는 연대기적으로 확신할
수는 없으나 논쟁의 심도를 고려할 때 논쟁이 점점 더 깊어간다는 것은
확실하다. 안식일 때문에 생겨진 논쟁은 두 가지이다. 하나는 안식일에
밀 이삭을 잘라 먹을 수 있느냐는 것이었고(1-5절), 또 하나는 안식일에
병을 고칠 수 있느냐는 것이었다(6-11절). 유대지도자들은 안식일이 어떤
날인지 깊이 알지 못하여 예수님에게 시비를 건 것이다. 이 부분은 마
12:1-8; 막 2;23-28과 병행한다.

**눅 6:1. 안식일에 예수께서 밀밭 사이로 지나가실 새 제자들이 이삭을 잘라
손으로 비비어 먹으니.**

유대지도자들과 예수님 사이에 일어난 안식일 논쟁 중 첫 번째 사례는
안식일에 예수님께서 밀밭 사이로 지나가실 때 생겼다. 여기 "안식일"이란
낱말 대신 "둘째 첫 안식일"("Second first")로 되어 있는 사본들
(ACDEHKMS)이 있어 문제가 되나 더 권위 있는 사본들(aBLW)은 우리
개역개정판 성경처럼 "안식일"이란 말로 기록하고 있다(마 12:1; 막 2:23).
예수께서 "밀밭 사이로 지나가셨다"는 말씀은 두 밀밭 사이의 좁은 길을
통해 지나가셨다는 말일 수도 있고 혹은 어떤 한 밀밭 사이의 고랑과 고랑

사이를 통과해서 지나가셨다는 뜻일 수도 있다.

그런데 문제는 예수님께서 밀밭 사이로 가실 때에 "제자들이 이삭을 잘라 손으로 비비어 먹었다"는 것이다. 사실은 이것은 아무 문제도 되지 않는 것이었는데(신 23:25-"네 이웃의 곡식밭에 들어갈 때에는 네가 손으로 그 이삭을 따도 되느니라") 어디서 엿보고 있었는지 한군데에서 엿보고 있었던 바리새인들이 달려와서 예수님에게 항의하는 소동이 벌어졌다.

눅 6:2. 어떤 바리새인들이 말하되 어찌하여 안식일에 하지 못할 일을 하느냐.

두 사람 이상의 바리새인들이 나타나서 말하기를 "어찌하여 안식일에 하지 못할 일을 하느냐"고 따져 묻는다(출 20:10). 그들이 만들어 놓은 규정에 의하면 안식일에 하지 못할 일이 39가지였는데 "이삭을 잘라 손으로 비비어 먹는 것"(1절)이 금지되어 있었다. 이삭을 자른 것은 추수한 것이고 비빈 것은 타작한 것이었다. 유대인들은 자기들의 유전(전통)을 하나님의 말씀보다 위에 올려놓고 생활했다(11:37-52; 20:45-47; 마 15:3, 6; 23:23-24; 막 7:7-8, 12-13; 12:38-40). 오늘도 많은 규정을 가지고 형제들을 정죄하면서 그리스도의 사랑을 실천하지 않고 사는 사람들이 있다.

눅 6:3-4. 예수께서 대답하여 이르시되 다윗이 자기와 및 함께 한 자들이 시장할 때에 한 일을 읽지 못하였느냐 그가 하나님의 전에 들어가서 다만 제사장 외에는 먹어서는 안 되는 진설병을 먹고 함께한 자들에게도 주지 아니하였느냐.

바리새인들의 항의(앞 절)에 예수님은 다윗의 행적, 즉 "다윗이 자기와 및 함께 한 자들이 시장할 때에 한 일"을 읽지 못하였느냐고 반문하신다(삼상 21:6). 예수님은 랍비들이 만들어낸 전통을 주장할 것이 아니라 성경을 읽으면 안식일에 밀 이삭을 따서 비비어 먹는 것은 아무 죄가 되지 않는다고 하신다. 예수님은 다윗이 "하나님의 전에 들어가서 다만 제사장 외에는 먹어서는 안 되는 진설병을 먹고 함께한 자들에게도 주지 아니하였느냐"고 말씀하신다(레 24:9). 삼상 21:1-6에 보면 다윗이 놉 땅에 갔을 때 하나님의 전에 들어가서 다만 제사장 외에는 먹어서는 안 되는 진설병을 먹고 또 동행한자들에게도 먹도록 준 일이 있었는데 그것이 안식일에 된 일이었다. 안식일이란 말은 구약 본문에 없으나 제사장이 진설병을 물려내는 날이 안식일이었다(삼상 21:6). 다윗이 사울의 박해를 피하여 도망생활을 하고 있을 때 놉 땅에 가서 아비아달 대 제사장으로부터 진설병을 얻어서 자기도 먹고 함께 간 자들에게도 먹게 했는데 그것을 하나님께서 죄로 여기지 않으셨다는 것이 요점이다. 랍비들의 안식일 규정들은 성경을 보면서 만들었는데도 너무 엉터리로 만들어 사람을 얽어매었다. 오늘도 이런 일은 많이 있다.

눅 6:5. 또 이르시되 인자는 안식일의 주인이니라 하시더라.
예수님은 결론적으로 "인자는 안식일의 주인이라"고 하신다. "인자"란 말에 대해서는 5:24주해를 참조하라. "인자," 곧 '메시아'는 안식일을 주장하시는 분이라고 하신다. 예수님은 안식일만 주장하시는 분이 아니라 우주를 주장하시는 분이시니 사람들로 하여금 안식일을 어떻게 사용해야 할지를 말씀하신다.

예수님은 "안식일이 사람을 위하여 있는 것이요 사람이 안식일을 위하여 있는 것이 아니라"고 하신다(막 2:27). 안식일에라도 시장한 문제를 해결하는 것, 병을 고치는 문제, 위급한 상황을 해결하는 것 등은 얼마든지 할 수 있다고 하신다. 안식일이 사람을 매어서야 되겠는가.

J.오른 손 마른 사람을 고치시다 6:6-11
안식일에 있었던 두 번째의 충돌 사건으로 예수님께서 안식일에 오른쪽 손 마른 사람을 고치셨다고 바리새인들이 들고 나온다. 예수님은 안식일에 이런 환자를 얼마든지 고칠 수 있다고 하신다. 이 부분은 마 12:9-14;

막 3:1-6과 병행한다.

눅 6:6-7. 또 다른 안식일에 예수께서 회당에 들어가사 가르치실 새 거기 오른손 마른 사람이 있는지라 서기관과 바리새인들이 예수를 고발할 증거를 찾으려 하여 안식일에 병을 고치시는가 엿보니.

예수님의 제자들이 손으로 밀 이삭을 잘라 비비어 먹던 안식일 말고 다른 안식일에(꼭 그 다음 안식일이 아닐 수도 있다) 예수님께서 자주 다니시던 회당(τὴν συναγωγὴν)에 들어가셔서 가르치고 계실 때(마 12:9; 막 3:1; 14:3; 요 9:16) 그 피교육자 중에 "오른손 마른 사람이 있었다." 이 사람이 오른 손이 말랐다고 말하는 것은 누가뿐이다. 의사였던 누가는 의사답게 말했다. 거기에 환자가 있었기에 예수님과 바리새인들 사이에 충돌이 빚어졌다. 충돌이 안 일어날 수 없었다. 예수님은 그 환자를 보시고 긍휼히 여기셔서 고쳐주셨고 바리새인들과 율법 교사들은 안식일에 그 환자를 고쳐서는 안 된다고 주장했다.

   "서기관과 바리새인들이 예수를 고발할 증거를 찾으려 하여 안식일에 병을 고치시는가 엿보았다." '서기관과 바리새인들'은 예수님을 고발할 증거를 찾기 위해 혈안이 되어 있었다. 무슨 일이든지 고발할 수만 있다면 고발할 증거를 찾으려 하여 안식일에 병을 고치시는가 엿보았다. 본문의 "엿보니"(παρετηροῦντο)란 말은 미완료과거 시제로 '측면에서 관찰하고 있었다.' '정확하게 관찰하고 있었다'는 뜻이다. 그들은 예수님께서 안식일에 병을 고치시는가를 면밀하게 관찰하고 있었다. 오늘도 예수님을 믿는 성도들을 비판하려고 면밀하게 관찰하는 사람들이 있다.

눅 6:8. 예수께서 그들의 생각을 아시고 손 마른 사람에게 이르시되 일어나 한가운데 서라 하시니 그가 일어나서거늘.

예수님은 서기관과 바리새인들의 생각을 잘 아시고 병 고치려는 계획을 포기하시지 않고 오히려 "손 마른 사람에게 이르시되 일어나 한가운데 서라"

고 하신다. 예수님은 정정당당하셨다. "일어나 한가운데 서라"는 말은 모든
사람들이 볼 수 있는 한 가운데 서라는 뜻이다. 이제는 나을 수 있을 테니
모든 사람들이 다 볼 수 있는 한 가운데 서라고 명령하신 것이다. 그런데
그 환자는 예수님의 말씀에 순종하여 "일어나 섰다." 우리는 세상 사람들의
눈치를 볼 것 없이 정정당당하게 예수님의 명령에 순종해야 한다.

**눅 6:9. 예수께서 그들에게 이르시되 내가 너희에게 묻노니 안식일에 선을
행하는 것과 악을 행하는 것, 생명을 구하는 것과 죽이는 것, 어느 것이
옳으냐 하시며.**
예수님은 오른 손 마른 사람을 고치시기 전에 그들에게 도전적으로 물으시기
를 "안식일에 선을 행하는 것과 악을 행하는 것, 생명을 구하는 것과 죽이는
것, 어느 것이 옳으냐"고 물으신다. 안식일에 환자에게 선을 행하려는 그리
스도와 바리새인들의 전통을 따라 안식일에 환자에게 아무 것도 해주기를
원하지 않아서 결국은 악을 행하는 바리새인들과 또 환자의 육신생명을
구하고 영혼까지 구해주는 그리스도와 환자의 영 육간의 생명을 말살하려는
바리새인들 중에 어느 편이 옳으냐고 물으신다. 예수님은 안식일에 무슨
일을 할 수 있느냐 혹은 아니냐를 말씀하시기 보다는 선을 행하고 생명을
구하는 것과 악을 행하고 생명을 죽이는 것 중에 어느 것이 옳고 그르냐고
물으신다. 바리새인들은 근본적으로 악을 행하고 생명을 죽이고 있는 사람
들이었다. 그런 반면 그리스도는 선을 행하시는 분이었고 생명을 구하시는
분이었다.

**눅 6:10. 무리를 둘러보시고 그 사람에게 이르시되 네 손을 내밀라 하시니
그가 그리하매 그 손이 회복된지라.**
예수님은 대적하는 모든 사람들을 둘러보시고 손을 내밀 수 없는 그 환자에
게 명령하시기를 "네 손을 내밀라"고 하신다. 예수님은 환자로서는 도무지
불가능한 일을 해보라고 하신다. 오늘도 불가능한 일을 해보라고 하신다.

명령을 받은 그 환자는 "그리했다." '명령에 순종했다.' 그랬더니 "그 손이 회복되었다." 오른 손이 힘을 얻어 내밀 수 있었다. 예수님께서 환자에게 손을 내밀라고 명령하실 때 손을 내밀 수 있는 힘을 주었다. 이 때 손목뼈와 팔 굽에 힘이 들어가면서 순간적으로 뚝 소리가 나자 손이 펴졌다. 예수님의 명령에는 항상 그 명령을 실행할 수 있는 힘이 동반한다. 예수님의 명령에는 항상 명령에 순종할 수 있도록 성령님이 역사하신다.

눅 6:11. 그들은 노기가 가득하여 예수를 어떻게 할까 하고 서로 의논하니라. 반대자들은 예수님께서 하신 일에 찬사를 돌리지 않고 반대로 "노기가 가득 하여 예수를 어떻게 할까 하고 서로 의논했다." "노기가 가득했 다"(ἐπλήσθησαν ἀνοίας-filled with madness)는 말은 '어리석음으로 가득 찼다,' '미친 마음으로 가득찼다'는 뜻으로 바리새인들이 아주 이성을 잃은 상태가 되었다는 뜻이다. 그들은 어찌할 줄 몰라 예수를 어떻게 할까하고 서로 의논했다. 마태와 마가는 예수님을 죽이려고 의논했다고 표현하고 있다. 환자는 예수님의 명령에 순종하여 생명을 얻고 기쁨이 충만했는데 그들은 예수님의 능력을 목격하고 순종하는 대신 제 정신들을 잃고 예수님을 죽이려고 의논하기에 이르렀다. 말할 수 없이 어리석은 자들이었다.

K.12사도를 선택하시다   6:12-19
누가는 안식일에 진행된 두 가지 사건을 다룬 다음 이제 갈릴리 전도의 중반기에 접어들어 예수님께서 12제자를 선택하신 일을 진술한다. 예수님은 12사도를 선택하셔서 훈련 시키셨다. 마가는 예수님께서 12사도를 택하신 목적을 "자기와 함께 있게 하시고 또 보내사 전도도 하며 귀신을 내쫓는 권능도 가지게 하려 하시기" 위함이라고 했다(막 3:14-15). 이 부분은 마 10:1-4; 막 3:13-19와 병행한다.

눅 6:12. 이 때에 예수께서 기도하시러 산으로 가사 밤이 새도록 하나님께

기도하시고.

예수님은 12사도를 선택하시기 전에 "기도하시러 산으로 가사 밤이 새도록 하나님께 기도하셨다"(마 14:23). 본문에 나오는 "이 때에"(ἐν ταῖς ἡμέραις ταύταις)란 말은 '그 날들 동안에'라고 번역되는데 '예수님의 사역 중에 어느 한 날에'란 뜻일 수도 있으나 아마도 '안식일 논쟁이 지난 후에'란 뜻일 것이다. 그리고 예수님께서 기도하시러 올라가신 "산"(τὸ ὄρος)은 "산"이란 말 앞에 관사가 있는 것을 보아 당시에 자주 가시던 산이었다. 예수님은 그 산에 올라가셔서 밤이 새도록 하나님께 기도하셨다. 가장 기도 하실 필요가 없으신 예수님께서 밤이 새도록 하나님께 기도하신 후 사도들을 택하셨다. 우리는 참으로 기도해야 할 필요가 있는 사람들이니 쉬지 말고 기도하여 일을 처리해야 한다. 예수님께서 밤이 새도록 기도하신 후에 선택 하신 사도 중에 가룟 유다가 있었다는 것은 신기한 섭리에 속한다.

눅 6:13. 밝으매 그 제자들을 부르사 그 중에서 열둘을 택하여 사도라 칭하셨 으니.

밤이 새도록 하나님께 기도하신(앞 절) 후 "밝으매 그 제자들을 부르사 그 중에서 열둘을 택하여 사도라 칭하셨다"(마 10:1). "밝으매"란 말과 "날이 새매"란 말(4:42; 22:66; 행 12:18; 16:35; 23:12; 27:29, 33, 39)은 누가의 애용어이다. 날이 밝았을 때 예수님은 그 제자들을 부르셔서 그 중에서 열둘을 택하여 사도라 칭하셨다. 예수님께서 제자들을 부르셨다는 말은 추종자들, 혹은 신자들을 부르셨다는 뜻이다. 예수님은 예수님의 추종 자들 중에서 열둘을 택하여 사도라 일컬으셨다. 열둘이란 숫자는 아마도 이스라엘의 새로운 12지파와 관련된 숫자일 것이다(마 19:28). 그리고 본문 의 "사도"란 말은 '보냄을 받은 자'란 뜻으로 예수님에 의해 세상에 보냄을 받은 자라는 뜻이다(6:13; 9:10; 11:49; 17:5; 22:14; 24:10). 그들은 이제 세상에 보냄을 받은 자로서 행동해야 했다.

눅 6:14. 곧 베드로라고도 이름을 주신 시몬과 그의 동생 안드레와 야고보와 요한과 빌립과 바돌로매와.

신약에서 12사도의 명단은 이곳과 마 10:2-4; 막 3:16-18; 행 1:13에 나타난다. "베드로"의 이름은 12사도의 명단에 항상 첫 번째로 나타난다. "베드로"란 이름은 '반석'이란 뜻이고(마 16:18) 아람어로는 '게바'에 해당한다. 그의 본명은 "시몬"('들음'이란 뜻)이었다. 베드로는 요한의 아들이었고 안드레와 함께 벳새다 출신이었고(요 1:44) 가버나움에서 살았던 적이 있었다(막 1:21, 29). 요 1:42주해 참조. 베드로는 훗날 베드로전후서의 저자가 되었다. "안드레"는 베드로의 동생이었고 그 이름의 뜻은 '남자'라는 뜻이다. 안드레는 베드로를 예수님에게 인도한 점에서 큰일을 했다(요 1:40-41). 막 1:16-17, 29을 참조할 것.

"야고보와 요한"은 세배대의 아들들이었다(5:10; 8:51; 9:28, 54 참조). 야고보라는 이름의 뜻은 '발꿈치를 잡음'이란 뜻이고 '요한'이란 이름의 뜻은 '여호와는 자비하시다'라는 뜻이다. 이 두 형제는 변화되기 전에는 성격이 불같은 '우레의 아들'이라는 별명을 가지고 있었다(막 3:17; 9:54-56). 누구든지 불같은 성격이 성령으로 변할 수 있다. 야고보는 12사도 중에 가장 일찍 순교한 사도였다(행 12:2). 그런 반면에 야고보의 형제 요한은 지상에 가장 오래도록 남아서 목양하고 또 성경 다섯 권(요한복음, 요한 1, 2, 3서, 요한계시록)을 집필하였다.

"빌립"은 헬라어 이름이다. 그 이름의 뜻은 '말(馬)'을 사랑하는 자'라는 뜻이다. 빌립은 베드로 및 안드레와 동향 사람이다(요 1:44). 빌립이 예수님으로부터 부름을 받은 후 나다나엘을 만나 그에게 말하기를 "모세가 율법에 기록하였고 여러 선지자가 기록한 그이를 우리가 만났으니 요셉의 아들 나사렛 예수니라"고 알려주었다(요 1:45). 또 빌립은 예수님께서 오병이어로 5,000명 이상의 사람들에게 먹이려고 하실 때 예수님으로부터 "우리가 어디서 떡을 사서 이 사람들을 먹이겠느냐"는 시험을 받았는데 빌립은 "각 사람으로 조금씩 받게 할지라도 이백 데나리온의 떡이 부족하리이다"라고 대답했다(요 6:5, 7). 빌립은 예수님의 무한하신 능력을 까마득히 잊어버리고 순전히 인간적으로 계산해서 대답했다.

"바돌로매"는 히브리어 이름으로 '돌로매의 아들'이란 뜻이다. 바돌로매는 요한복음에 나타난 '나다나엘'과 동일인이다(1:45-49; 21:2). 나다나엘은 빌립에게 "나사렛에서 무슨 선한 것이 날 수 있느냐"고 대답했을 때 빌립이 말하기를 "와서 보라"고 했다(요 1:46). 예수님께서 나다나엘이 자기에게 오는 것을 보시고 "그를 가리켜 이르시되 보라 이는 참으로 이스라엘 사람이라 그 속에 간사한 것이 없도다"라고 하셨다(요 1:47).

눅 6:15. 마태와 도마와 알패오의 아들 야고보와 셀롯이라는 시몬과.
"마태"라는 이름은 사도가 된 후의 이름으로 보이고(마 9:9 참조) 레위라는 이름은 사도로 부름받기 전의 이름으로 보인다(5:27절 참조). 마태에 대한 상세한 설명을 위하여 5:27-32주해를 참조하라. "도마"라는 이름은 히브리어 이름으로 '쌍둥이'라는 뜻이다. 마 10:3 참조. 도마는 예수님을 잃을까 보아 항상 조마조마한 사도였다. 그러나 예수님께서 부활하신 후 자신에게 예수님의 상처 난 곳을 보여주셨을 때 도마는 "나의 주님이시며 나의 하나님이시니이다"라고 외쳤다(요 20:28). 요 11:16; 14:5; 20:24-28; 21:2; 행 1:13주해를 참조하라. 알패오의 아들 "야고보"라는 이름은 세배대의 아들 야고보와 구별되어야 하며 "작은 야고보"로 불린다(마 27:56; 막 15:40). 작은 야고보의 어머니는 십자가 밑에까지 따라갔던 마리아일 것이다. 요 19:25 참조. 셀롯이라는 "시몬"은 히브리어로 된 이름으로 '들음'이란 뜻이고, "셀롯"이란 말은 '열심가,' '열광자'라는 뜻이다. 시몬은 세금을 많이 요구했던 로마 정부를 반항하여 열심당이 결성되었었는데 시몬이 이 열심당에 가입했기에 셀롯이라는 말이 그의 이름에 붙었을 것이다.

눅 6:16. 야고보의 아들 유다와 예수를 파는 자 될 가룟 유다라.
야고보의 아들 "유다"는 마태나 마가가 말하는 "다대오"와 동일인이다(마

10:3; 막 3:18). 그는 요 14:22에 기록되어 있는 "가룟인 아닌 유다"일 것이다(윌럼 헨드릭슨). 그는 예수님께서 세상에 나타나시기를 소원했던 것으로 보인다. 그리고 예수를 파는 자가 될 "가룟 유다"는 언제나 사도들의 명단 제일 마지막에 나타난다. 그는 차라리 나지 않았더라면 좋았을 뻔한 사람이었다(마 26:14, 25, 47; 27:3; 막 14:10, 43; 눅 22:3, 47-48; 요 6:71; 12:4; 13:2, 26, 29; 18:2-5). 유다는 마귀의 도구로 사용된 사람이었고 (요 6:70-71) 물건을 훔치는 도적이었다. 그는 완전히 이기심으로 뭉쳐있던 비극적인 사람이었기에 그리스도를 팔아넘겼다.

눅 6:17. 예수께서 그들과 함께 내려오사 평지에 서시니 그 제자의 많은 무리와 예수의 말씀도 듣고 병 고침을 받으려고 유대 사방과 예루살렘과 두로와 시돈의 해안으로부터 온 많은 백성도 있더라.

누가는 본 절부터 19절까지 예수님께서 평지에 내려오셔서 사역하신 것을 말한다. 누가는 "예수께서 그들과 함께 내려오사 평지에 서셨다." 예수님께서 기도하시러 산으로 가사 밤이 새도록 하나님께 기도하신 후(12절) 열두 사도를 택하신 다음 제자들(사도들 포함)과 함께 내려오시는 도중 평지에 서신 것이다. 여기 "평지"라는 말에 어떤 관사도 붙지 않은 것을 보면 어떤 저지대를 말하는 것이 아니라 산에서 내려오시는 중에 평평한 곳에 오신 것으로 보인다.

여기서 우리는 마태가 말한 산상보훈과 누가가 말하는 평지복음이 같은 것이냐 혹은 다른 것이냐를 잠시 말해야 한다. 다시 말해 "산"과 "평지"가 같은 장소를 말하느냐 아니면 다른 곳을 지칭하는 것이냐를 말해야 한다. 혹자는 다른 곳을 지칭한다고 말한다. 그러나 똑 같은 곳을 말한다고 볼 수 있다. 누가복음이 말하는 평지가 아주 산 밑의 낮은 지대가 아니라 산에서 내려오다가 많은 사람들이 서거나 앉을 수 있는 평평한 곳을 지칭한다고 볼 수 있다(Bengel, Plummer, Bruce, Farrar, Barnes,[44] Lenski,[45] Hendriksen,[46] 이순환).

예수님은 "그 제자의 많은 무리와 예수의 말씀도 듣고 병 고침을 받으려
고 유대 사방과 예루살렘과 두로와 시돈의 해안으로부터 온 많은 백성도
있었다"(마 4:25; 막 3:7). 예수님은 산에서 함께 내려오신 추종자들의 많은
무리와 또 예수님의 말씀도 들을 겸 병 고침을 받으려고 유대 사방, 예루살렘,
두로와 시돈의 해안으로부터 온 많은 백성들이 함께 하고 있었다(5:17 참
조). 그들은 말씀을 들으려고 왔다가 놀랍게도 그곳에서 놀라운 보훈을
들을 수 있었다. 그들은 20-49절의 말씀을 들을 수 있었다. 말씀을 사모하는
사람들은 이처럼 놀라운 복된 말씀, 지혜의 말씀, 능력의 말씀을 들을 수
있는 법이다. 그리고 그들은 병 고침을 받을 수 있었다(18-19절).

눅 6:18. 더러운 귀신에게 고난 받는 자들도 고침을 받은지라.

누가는 일반적인 환자(다음 절)와 "더러운 귀신에게 고난 받는 자들"(본
절)을 구별하고 있다. 의사의 입장에서 볼 때 일반적인 환자(4:40; 5:15)와

---

44) 반스(Albert Barnes)는 눅 6:20-49과 마 5장, 6장, 7장이 동일한 말씀이라고 생각되는
이유를 세 가지로 말한다. 첫째, 처음과 끝이 일치하고 있다는 점, 둘째, 내용이 동일하다는
점, 셋째, 예수님께서 말씀을 마치신 후에 가버나움으로 가셔서 백부장의 종을 낫게 하여주셨다
는 기록이 서로 일치하는 점(마 8:5-13; 눅 7:1-10)을 들고 있다.

45) 렌스키(Lenski)는 "마 5:1과 누가의 기사는 서로 간에 모순되는 것이 아니다. 누가는
수많은 군중에 대하여 언급해야 하기 때문에 평지라는 말을 썼다. 마태는 무리들에 대하여
무어라고 말했는가? 그들이 산비탈에 앉거나 서 있었다고 하는가? 그러므로 예수께서도 마태가
전한대로 산에 오르셨거나 누가가 전한대로 그가 오르셨던 산으로부터 내려오신 것이다. 이것은
모순이 아니라 둘 다 사실이다. 누가는 예수께서 산에 오르셨다고 12절에서 말하고 이제는
그가 내려오셨다고 하며, 그것은 큰 무리가 예수께서 가르치는 말씀을 들을 수 있도록 얼마간
평평한 곳으로 내려오신 것 뿐이라"고 하였다.

46) 윌렴 헨드릭슨(William Hendriksen)은 눅 6:20-49에 기록되어 있는 것이 마 5장-7장에서
마태가 기록한 것과 모순되는 점이 없다고 말한다. 첫째, 누가복음의 "평지"는 마태복음의
"산"의 일부분이다. 둘째, 누가복음 6:20은 "그 때에(한글 개역개정판에는 표현되지 않았다)
예수께서 눈을 들어 제자들을 보시고 이르시되..."로 되어 있고 마태복음 5:1은 "입을 열어
가르쳐 이르시되..."로 되어 있어 서두가 똑 같다. 셋째, 끝맺는 말이 서로 같다. 눅 7:1에 "예수께
서 모든 말씀을 백성에게 들려주시기를 마치신 후에..."는 말씀과 마 7:28에 "예수께서 이 말씀을
마치시매..."라는 말씀이 서로 같다. 넷째, 눅 6:20-49과 마 5장-7장의 내용이 동일하다. 다섯째,
누가와 마태는 각자 자신들의 특별한 목적에 부합하게 기록했다. 마태는 유대인을 위하여
복음을 기록했고 누가는 이방인들을 위해 기록할 때 자기의 목적에 부합하게 기록했다. 게다가
헨드릭슨은 하나를 더 첨가한다. "산상설교에서 발견되는 많은 교훈의 말씀들이 예수께서
여러 곳으로 여행하실 때 반복하셨다는 것은 가능할 뿐 아니라 매우 개연적인 것"이라고 했다.

더러운 귀신에게 고난 받는 자들(4:33)을 구별해야 할 필요가 있다는 것을 말하기 위한 것으로 보인다. 그러니까 모든 병자들이 다 귀신에게 고난 받는 것은 아니라는 것을 알 수 있다. 이 두 종류의 환자를 같은 종류의 환자로 취급해서는 안 될 것이다. 예수님은 귀신에게 고난 받는 사람들을 고쳐주셨다. 말씀으로 내쫓으시기도 하고 혹은 안수하여 내쫓으시기도 했다. 예수님 계신 곳에 귀신이 공존하지 못한다.

눅 6:19. 온 무리가 예수를 만지려고 힘쓰니 이는 능력이 예수께로부터 나와서 모든 사람을 낫게 함이러라.

예수님은 더러운 귀신들린 사람들만 고치신 것이 아니라 다른 환자들도 고치셨다(4:40; 5:15 참조). 그런데 일반 환자들은 제 정신이 있는 사람들인 고로 "예수를 만지려고 힘썼다"(마 14:36). 이유는 "능력이 예수께로부터 나왔기" 때문이었다(8:46; 막 5:30). 예수님의 능력은 이때만 나온 것이 아니라, 8:46에 보면 열두 해를 혈루중으로 고생하던 여인이 예수님의 옷 가장자리를 만졌을 때 예수님에게서 능력이 나와서 순식간에 고침을 받았다(막 5:30주해 참조).

예수님으로부터 나온 능력은 "모든 사람을 낫게 했다." 그러니까 예수님을 만지려고 힘쓴 "온 무리"가 다 나음을 얻은 것이다. 오늘 우리도 믿음으로 예수님을 만져야 한다. 다시 말해 믿음으로 예수님과 연합되어야 한다(요 15:3; 엡 5:26). 그리고 기도하여 그리스도의 능력으로 병이 물러가게 해야 한다(약 5:15).

L.예수님의 교훈의 요점　6:20-49

이 부분(20-49절)에 수록된 예수님의 교훈 집은 마 5장-7장의 내용과 동일하다. 마태복음에 기록한 산상보훈은 누가복음에서는 이곳(20-49절)에만 기록된 것이 아니라 다른 곳들(11:2-4, 9-13, 33-36; 12:22-31, 33-34, 58; 13:24, 26-27; 14:34-35; 16:13, 17-18)에서도 발견된다. 마태의 보훈이나 누가의 보훈은 다 같이 복에서 시작하고 원수에 대한 사랑을 강조하며 다 같이 두 가지 종류의 나무와 두 가지 집의 비유로 끝을 맺고 있다.

이 두 교훈 집은 1) 길이에 있어 차이가 있다. 누가복음의 경우 여기저기 산재해 있는 교훈까지 합해도 마태복음에 기록되어 있는 것보다 짧다. 2) 마태는 영적인 면에 중점을 둔데 비하여 누가는 그것을 밝히지 않았으며, 3) 마태는 율법적인 요소를 강하게 풍긴데 비해 누가는 그렇지 않고 복음적이다. 이런 현상을 두고 플러머(Plummer)가 종합한 것을 보면, 1) 두 설교는 비슷하지만 시간, 장소, 환경이 다른 곳에서 전하신 두 설교의 직접 또는 간접 보도이다(Auger, Creswell, Osiander, Patritius, Plumptre, Sadler). 2) 이것들은 예수님께서 같은 날 전하신 두 설교로서, 마태의 것은 산에서 12제자에게만, 누가의 것은 산 중턱 평지에서 많은 무리와 함께 제자들에게 전하신 것이다(Augustine, Lange). 3) 두 교훈 집은 한 가지의 똑 같은 설교에 대하여 제각기 두 가지 다른 보고 내용들을 각각 첨가하고 삭제하여 수정한 것들이다(Schleiermacher). 4) 이것들은 똑 같은 보도를 각기 수정한 것인데, 마태는 다른 자료들로부터 자료를 보충하였고 누가는 그것들을 아마도 축소했을 것이다(B. Weiss). 5) 마태는 예수님께서 여러 경우에 말씀하신 것들을 하나로 정리했는데 누가는 그 중에 얼마를 보훈 집에 수록하였다(Bleek, Calvin, Godet, Holtzmann, Keim, Kuinoel, Neander, Pott, Semler, Weizsaecker, Wieseler). 6) 이 두 설교는 분산된 설교를 혼합하여 하나의 금언집처럼 만든 것이다(Straus, Baur). 7) 뒷부분의 네 학자들 외에 대부분의 성경 해석가들은 마태와 누가가 각기 전한 내용의 중요한 부분들은 하나의 똑 같은 설교를 나타낸다는 견해를 채택하고 있다(Bengel, Bucer, Calovius, Caspari, Chemnitz, Chrysostom, De Wette, Ebrard, Edersheim, Ellicott, Ewald, Farrar, Fritzche, Grotius, Hilgenfield, Keim, Lewin, Luther, McClellan, Meyer, Milman, Olshausen, Oosterzee, Origen, Robinson, Schanz, Schneckenburger, Sieffert, Stroud, Tholuck, Tischendorf, Wordsworth).[47] 위에 열거한 7가

지 견해 중에서 마지막 견해가 가장 바람직한 견해로 보이고 두 번째 견해도
무난한 견해로 받을 수 있을 것이다.

이 부분(20-49절)에 수록된 보훈은 네 가지 복과 네 가지 화(20-26절),
참 사랑의 정의(27-36절), 비판하지 말고 용서할 것(37-42절), 나무와 열매
비유(39-45절), 두 가지 집 비유(46-49절)에 대해 말씀한다.

1.누가 복 있는 자인가   6:20-26

마태의 보훈 집이나 누가의 보훈 집은 똑 같이 누가 복 있는 자인가라는
것으로 시작한다. 그러나 마태의 보훈 집은 8복을 말한데 비해 누가는 4복
(20-23절)과 4화(24-26절)로 구성되어 있다. 그리스도께서 말씀하신 복은
세상 사람들이 말하는 복이 아니라 온전히 영적인 복이다.

**눅 6:20. 예수께서 눈을 들어 제자들을 보시고 이르시되 너희 가난한 자는
복이 있나니 하나님의 나라가 너희 것임이요.**

누가는 "예수께서 눈을 들어 제자들을 보셨다"고 말한다. 그에 비해 마태는
"입을 열어"라고 말한다(마 5:2). 예수님은 보훈을 말씀하시기 위하여 눈을
들어 제자들(17절)을 보셨다. 말씀을 전하는 사람들은 눈을 들어 성도들을
보아야 한다. 눈 접촉이 있어야 한다(eye contact).

예수님은 눈을 들어 제자들을 보시면서 "가난한 자는 복이 있나니 하나
님의 나라가 너희 것임이라"고 하신다(마 5:3; 11:5; 약 2:5). 영적으로
"가난한 자"는 복이 있다는 말씀이다. 마태가 전하는 것을 보면 "심령이
가난한 자는 복이 있나니 천국이 그들의 것임이요"라고 전한다. 두 보훈
집의 내용에 차이가 없다. 그런데 우리의 성경과 달리 헬라어성경에서는
"복이 있나니"(μακάριοι)란 말이 초두에 나와 강조되고 있다. 그러니까 가난
한 자는 참으로 복되다는 뜻이다.

---

47) Alfred Plummer, *St. Luke,* The International Critical Commentary, pp. 176-77.

　그러면 "가난한 자"라는 말의 뜻이 무엇인가. "가난한 자(들)"(οἱ πτωχοί)이란 말은 '구걸할 수밖에 없는 절대 가난한 자들'을 가리킨다. 다시 말해 '자신의 부족함을 인정하고 하나님의 돌보심과 인도하심이 없이는 한시도 살 수 없음을 고백하고 하나님을 의지하는 자들'을 지칭한다. 가난한 자들이란 말을 해석함에 있어 예수님의 제자들과 같이 모든 것을 버리고 예수님을 좇기 때문에 세상 물질을 하나도 가지지 않은 사람들을 지칭한다고 해석하는 학자가 있으나 그렇다면 세상에서도 아예 아무 것도 없는 사람들을 복이 있다고 말할 수 있는가. 세상에서 아무것도 가진 것 없이 사는 사람들도 복이 없는 사람들이 많이 있다. 그런고로 가난한 자들이란 말은 영적으로 자신의 심령에는 좋은 것들이 전혀 없어(죄만 있는 것을 안다) 하나님이 아니면 의(義)도 없고 지혜도 없으며 능력도 없고 선(善)도 없으며 평화도 없고 거룩도 없으며 기쁨도 없고 소망도 없으며 그 어떤 좋은 것들이 전혀 없음을 깨닫고 하나님만 의지하는 사람들을 가리킨다고 보아야 한다.

　그리고 영적으로 가난한 자들은 복이 있다고 예수님께서 말씀하셨는데 무슨 복인가. 그것은 세상적인 복이 아니라 "하나님의 나라가 너희 것이라"고 하신다. 곧 '하나님의 통치를 받게 된다'는 뜻이다. 그런데 마태는 "천국이 너희 것임이요"라고 말한다. 마태는 유대인들에게 복음을 전하는 입장이었던 고로 감히 "하나님의 나라"란 단어를 사용하지 못하고 단어를 바꾸어 "천국"이란 말로 바꾸어 썼다. 그러나 누가는 이방인들을 상대하여 복음을 기록하고 있기 때문에 "하나님의 나라"라는 단어를 쓰고 있다. 영적으로 완전히 궁핍을 느끼고 하나님만을 바라는 사람들은 하나님의 현재적인 통치가 있으며 또 내세에 하나님 나라에 가는 복이 있게 된다는 것이다.

눅 6:21. 지금 주린 자는 복이 있나니 너희가 배부름을 얻을 것임이요 지금 우는 자는 복이 있나니 너희가 웃을 것임이요.

　예수님은 두 번째 복, "지금 주린 자는 복이 있나니 너희가 배부름을 얻을 것이라"고 하신다(사 55:1; 65:13; 마 5:6). 현재 영적으로 주린 자는 복이 있다고 하신다. 마태는 "의에 주리고 목마른 자는 복이 있나니 그들이 배부를 것이라"고 표현한다(마 5:6). 지금 영적으로 "주린 자들"(οἱ πεινῶντες)이란 말은 현재분사로 되어 있어 '계속해서 영적으로 주리고 있는 자들'을 지칭하는데, 좀 더 구체적으로 말해 '심령에 의도 없고 선도 없으며 평화도 없고 거룩도 없으며 기쁨도 없고 소망도 없고 그 어떤 좋은 것들이 없어 계속해서 의와 선과 평화와 거룩, 그리고 기쁨과 소망의 원천이신 그리스도를 소유하기를 흠모하는 사람들'을 지칭한다. 그러니까 영적으로 주린 자들은 앞 절에 나온 가난한 자들과 똑 같은 사람들이다.

예수님은 예수님 자신을 소유하기를 흠모하면 "배부름을 얻을 것이라"고 말씀하신다. 다시 말해 그리스도를 소유하면 영적으로 아주 큰 만족에 도달한다. 이유는 그리스도는 모든 것의 원천이기 때문이다. 그리스도께서는 모든 것을 채워주실 수 있으신 분이시다.

예수님은 세 번째 복, "지금 우는 자는 복이 있나니 너희가 웃을 것이라"고 하신다(사 61:3; 마 5:4). 곧 '지금 죄 때문에 애통하는 자들은 복이 있나니 너희가 웃을 것이라'고 하신다. 마태는 "애통하는 자는 복이 있나니 그들이 위로를 받을 것임이요"라고 전한다(마 5:4). 자신이 지은 죄를 생각하고 그 죄 때문에 마음 아파하면서 자복하는 사람들은 위로가 충만하게 된다는 것이다(요일 1:9). 우리는 내 자신의 죄와 나라의 죄(겔 9:4; 단 9:1-20; 합 1:4; 딤후 3:12)를 생각하며 많이 아파하고 자복하여 큰 위로를 체험해야 한다. 지금 울면 앞으로 큰 위로를 체험한다.

눅 6:22. 인자로 말미암아 사람들이 너희를 미워하며 멀리하고 욕하고 너희 이름을 악하다 하여 버릴 때에는 너희에게 복이 있도다.
예수님은 네 번째 복, "인자로 말미암아 사람들이 너희를 미워하며 멀리하고 욕하고 너희 이름을 악하다 하여 버릴 때에는 너희에게 복이 있다"고 하신다(마 5:11; 요 16:2; 벧전 2:19; 3:14; 4:14). 즉 '예수님을 믿는 일 때문에 그리고 전하는 일 때문에 사람들이 우리들을 미워하고 멀리하고 욕하고 우리의 이름을 악하다고 하여 버릴 때에는 우리에게 복이 있다'고 하신다. 마태복음에서는 예수님께서 "나로 말미암아 너희를 욕하고 박해하고 거짓으로 너희를 거슬러 모든 악한 말을 할 때에는 너희에게 복이 있다"고 하신다(마 5:10-11). 똑 같은 내용이다. 누가는 예수님을 믿고 전하는 신자들이 당하는 박해를 다섯 가지로 말한다. 박해가 점점 심화되어 가는 양상을 보이고 있다. 예수님을 믿고 전하는 신자들은 세상 박해자들로부터 마음으로 미움 받고 멀리함을 당하며 욕을 먹고 또 악행자라는 이름을 붙이며 사회에서 버림당한다는 것이다. 참으로 기가 막힌 일을 만난다. 그럴 때는 다음과 같은 복을 받는다.

눅 6:23. 그 날에 기뻐하고 뛰놀라 하늘에서 너희 상이 큼이라 그들의 조상들이 선지자들에게 이와 같이 하였느니라.
예수님은 박해를 받는 성도들에게 "그 날에 기뻐하고 뛰놀라"고 하신다(마 5:12; 행 5:41; 골 1:24; 약 1:2). 박해를 받는 그날에 뛰놀라고 하신다. 세월이 지나기 전, 바로 박해를 받기 시작하는 날에 기뻐하고 뛰놀라는 것이다. 마태복음에서는 "기뻐하고 즐거워하라"고 말씀하고 있다(마 5:12). 누가복음의 표현이 더 강렬하다. 예수님을 박해하던 사람들(마 27:29-30, 39-40)은 또한 제자들에게도 똑같이 박해할 것이었다(요 16:33; 행 21:28: 24:5). 그런 박해는 오늘 우리에게도 그대로 임한다. 이유는 우리가 예수님과 연합되어 있기 때문이다.

우리가 기뻐하고 뛰놀아야 할 이유는 "하늘에서 너희 상이 크기" 때문이다. 브루스는 "주의 제자들이 지상에서 박해를 받는 일은 하늘에서 상당한 보상을 받는 법이다. 이 소망이 현세에서는 약하나 원시교회에서는 아주 강했다. 이 소망은 많은 순교자들과 고백자들을 낳게 하였다"고 했다. 칼빈은 "부당한 욕을 당하고도 기뻐해야 할 이유를 주께서 말씀해 주셨다. 우리의 마음이 하늘을 향하여 들려 올라가면 끝없는 기쁨과 즐거움이 하늘문을 열고 우리에게 다가와서 우리가 당하는 모든 슬픔을 삼켜버린다"고 했다. 우리는 우리가 당하는 박해보다도 형언할 길 없는 정도의 큰 상을 받게 될 것이기에 지금 기뻐하고 뛰놀아야 한다.

우리가 박해를 당할 때 우리만 당한다고 생각할 것이 아니다. 구약 시대의 선지자들도 이스라엘의 조상들로부터 박해를 받았다는 것을 기억해야 한다고 하신다. "그들의 조상들이 선지자들에게 이와 같이 하였느니라"고 하신다(행 7:51). 우리는 박해를 받을 때 눈물을 흘릴 것이 아니라 기뻐하고 뛰놀아야 한다.

눅 6:24. 그러나 화 있을진저 너희 부요한 자여 너희는 너희의 위로를 이미 받았도다.

앞에서(20-22절) 네 가지 복을 말씀하신 예수님은 "그러나 화 있을진저 너희 부요한 자여 너희는 너희의 위로를 이미 받았도다"라고 말씀하신다 (12:21; 16:25; 암 6:1; 마 6:2, 5, 16; 약 5:1). 여기 "부요한 자"란 '심적으로 부요한 자들'을 지칭한다. 이 첫 번 화(禍)는 바로 복(福)중에 제일 첫 번 복("가난한 자는 복이 있나니")의 반대를 지칭하는 말이다. 세상에는 마음의 부자들이 많이 있다. 자기가 의롭다고 생각하고 선을 많이 행한다고 생각하며 평안도 있다고 하며 하나님 앞에서나 사람 앞에서 별로 부족함이 없다고 생각하는 사람들이 있다. 성전에 올라간 바리새인은 다른 사람들 하고 비교해보아도 자기가 괜찮은 사람이라고 생각했고 하나님 앞에서도 금식 기도하고 십일조도 잘 하는 사람으로 말했다(18:10-12).

이런 사람들은 "위로를 이미 받았기"에 다른 무슨 복을 기대할 일이 없어 화가 있는 사람이다. 그런 사람은 불행한 사람이다. 부요한 자들의 마음속에 쌓여있는 모든 것들은 실제로 하나의 거품에 지나지 않는데도 그들은 마음 든든하게 살아가며 회개하지 않는다. 그들은 현세를 잘 지내고 있으나 앞으로 화가 기다리고 있다.

눅 6:25. 화 있을진저 너희 지금 배부른 자여 너희는 주리리로다 화 있을진저 너희 지금 웃는 자여 너희가 애통하며 울리로다.

예수님은 두 번 째로 "화 있을진저 너희 지금 배부른 자여 너희는 주리리로 다"라고 말씀하신다(사 65:13). "지금 배부른 자들"은 앞으로 "주릴 것"이라 고 하신다. "지금 배부른 자들"이란 '현세에서 자기들이 가진 물질 때문에 만족하고 명예 때문에 뿌듯해하며 소유하고 있는 학식 때문에 뿌듯해하고 쾌락에 도취해 사느라 만족해하며 현세의 것으로 만족하다고 하는 사람들' 을 지칭한다. 이런 사람들은 영적으로 배고픔을 모르는 중에 살다가 영원의 문턱에 들어서는 순간 자신이 온전히 비렁뱅이라는 것을 깨닫게 될 것이다. 눅 16:19-31의 부자는 세상에서 사는 동안 나사로가 믿는 예수님을 믿지 않고 자기는 나사로보다 훨씬 나은 삶을 영위하는 줄로 알았으나 영원 세계로 들어설 때 지옥으로 갔다. 지옥에 간 후로 그는 얼마나 주렸는가. 물 한 모금을 구걸해도 구할 수가 없었다(눅 16:24-26). 우리는 지금 혹시 우리가 현세의 것으로 만족하고 사는지 살펴야 할 것이다.

예수님은 세 번째로 "화 있을진저 너희 지금 웃는 자여 너희가 애통하며 울리라"고 말씀하신다(잠 14:13). "지금 웃는 자들"은 훗날 "애통하며 울리 라"고 하신다. "지금 웃는 자들," 곧 '현세에서 죽도록 즐기면서 살기를 원하여 즐길 거리를 찾는 사람들, 환락을 찾아 밤낮으로 헤매는 사람들'을 지칭한다. 오늘날 흥청망청 세월을 보내며 인터넷 채팅을 즐기며 음란 사이 트(site)를 찾아 한시적인 즐거움을 즐기는 사람들은 참으로 끔찍한 삶을 사는 것이다. 그들은 훗날 영원의 문턱에 들어서자 영원히 애통하며 울 것이다. 그래서 야고보는 약 4:9에 "슬퍼하며 애통하며 울지어다 너희 웃음 을 애통으로, 너희 즐거움을 근심으로 바꿀지어다"라고 말한다. 지금 이 시대는 회개에 전심을 기울여야 할 시대이다.

눅 6:26. 모든 사람이 너희를 칭찬하면 화가 있도다 그들의 조상들이 거짓 선지자들에게 이와 같이 하였느니라.

예수님은 네 번째로 "모든 사람이 너희를 칭찬하면 화가 있다"고 하신다
(요 15:19; 요일 4:5). 모든 사람들로부터 칭찬을 받는 것은 위험한 일이다.
예수님을 믿고 예수님을 전하는 삶에는 박해가 따르는 법인데(딤후 3:12)
그 삶을 저버리고 자기의 영예와 영광만을 구하고 모든 사람들에게 아부하
기에 전심을 다하면 결국은 비참하게 되는 것이다. 옛날 거짓 선지자들이
그렇게 살았다. 옛날의 거짓 선지자들이 진실을 저버리고 정권에 아부하고
모든 사람들에게 비위 맞추기에만 열심을 다했다. 우리는 "세상과 벗된
것이 하나님의 원수임"을 알아야 한다(약 4:4). 우리는 모든 사람들로부터
칭찬 받을 생각을 하지 말고 그리스도를 나타내기에 전력해야 할 것이다.
세례 요한은 "그(예수님)는 흥하여야 하겠고 나는 쇠하여야 하리라"고
했다(요 3:30). 오늘 우리는 아부 꾼이 되어서는 안 된다. 아부 꾼으로
사느라 그리스도를 드러내지 않으면 영원 세계로 들어갈 때 지옥으로
갈 수밖에 없다.

2.네 원수를 사랑하라   6:27-36

누가 복 있는 자인가 그리고 누가 훗날 화를 만날 것인가(20-26절)를
말씀하신 예수님은 원수를 사랑하라고 말씀하신다(27-36절). 원수 사랑을
능가할 사랑은 없다. 이 사랑은 세상에서는 찾아볼 수 없다. 이 부분은
마 5:38-48과 병행한다.

**눅 6:27. 그러나 너희 듣는 자에게 내가 이르노니 너희 원수를 사랑하며
너희를 미워하는 자를 선대하며.**
본 절 초두에 나오는 "그러나"(ἀλλα)라는 말은 앞에 나온 문단의 내용(24-26
절)과 본 절 이하의 내용(27-36절)이 대조를 이루기 때문에 사용된 말이다.
다시 말해 앞에 나온 문단 내용 즉 세상 것으로 부요한 삶을 살고 있는
사람들은 훗날 비참하게 될 터인데(앞의 내용) 예수님은 제자들로 하여금
그런 삶을 살지 말고 원수를 사랑하는 삶을 살라는 말씀을 하시기 위해서

"그러나"라는 낱말을 사용하신다. 혹자는 "그러나"라는 단어가 앞에 나온 문단의 주제와 병행하는 또 다른 주제를 소개하기 위하여 사용된 것이라 하고 '더욱이'라는 말로 번역해야 한다고 주장한다. 그렇다면 앞에 나온 세상적인 부요한 삶 위에다가 원수를 사랑하라는 삶을 살라고 예수님께서 말씀하셨다고 보는 것이다. 논리적으로 맞지 않는다. 앞에 나온 문단의 내용과 뒤에 나오는 문단의 내용은 병렬이 아니라 대조로 보아야 할 것이다.

예수님은 제자들을 향하여 "너희 듣는 자에게 내가 이르노니 너희 원수를 사랑하며 너희를 미워하는 자를 선대하라"고 말씀하신다(35절; 출 23:4; 잠 25:2; 마 5:44; 롬 12:20). 예수님은 "원수를 사랑하라"고 하시고 우리의 원수가 누구인가를 뒤이 말씀으로 밝혀주신다. "원수"란 다른 사람이 아니라 "너희를 미워하는 자"(본 절), "너희를 저주하는 자"(다음 절), "너희를 모욕하는 자"(다음 절), "너의 뺨을 치는 자"(29절), "네 겉옷을 빼앗는 자"(29절)이다. 그러니까 성도들의 개인적인 원수, 성도들을 미워하는 자, 성도들을 박해하는 자, 성도들을 괴롭히는 자등이 원수이다. 예수님은 결코 하나님의 원수를 사랑하라고 하시지는 않는다. 시편에 보면 다윗은 하나님의 원수가 자기의 원수라고 했다(시 69:1-28). 세상에는 하나님의 원수들이 많이 있다.

예수님은 제자들을 향하여 "원수를 사랑하며 너희를 미워하는 자를 선대하라"고 하신다. 구약의 율법도 사랑을 강조했다. 레 19:18에 "원수를 갚지 말며 동포를 원망하지 말며 네 이웃 사랑하기를 네 자신과 같이 사랑하라 나는 여호와이니라"고 했다. 예수님 당시의 서기관들은 "네 이웃을 사랑하고 네 원수를 미워하라"고 잘못 가르쳤다(마 5:43). 우리는 우리의 개인적인 원수와 우리를 미워하는 자를 사랑하고 선대해야 한다.

그리고 예수님은 "원수를 사랑하라"고 하시고 상대방의 형편 따라 여러 가지로 대처하라고 하신다. 우리를 미워하는 사람들을 "선대하라"(본 절) 하시고, 우리를 저주하는 자를 위하여 "축복하라"(28절) 하시고, 우리를 모욕하는 자를 위하여 "기도하라"(28절) 하시며, 우리의 한편 뺨을 치는 자에게 다른 "뺨도 돌려대라"(29절) 하시고, 우리의 겉옷을 빼앗는 자에게 "속옷도 거절하지 말라"(29절)고 하신다. 그리고 일괄해서 말씀하시기를 우리가 남에게 대접을 받고자 하는 대로 우리도 "남을 대접하라"(31절)고 하신다. 우리는 남에게 어떻게 대접받고 싶은 줄을 잘 안다. 바로 그처럼 우리도 원수를 대접해야 한다.

눅 6:28. 너희를 저주하는 자를 위하여 축복하며 너희를 모욕하는 자를 위하여 기도하라.

예수님은 제자들에게(그리고 우리들에게) "너희를 저주하는 자를 위하여 축복하며 너희를 모욕하는 자를 위하여 기도하라"고 말씀하신다(23:34; 마 5:44; 행 7:60). 우리는 우리를 저주하는 자를 저주로 대해서는 안 되고 축복해주어야 한다. 그리고 우리는 우리를 "모욕하는 자"를 위하여 기도해 주어야 한다. 우리에게 욕하는 자를 위하여 기도해준다는 것은 쉽지 않은 일이지만 우리는 이 말씀을 그대로 실천해야 한다. 그렇게 하면 우리는 하나님으로부터 큰 상을 얻게 되고 또 세상에서 하나님의 아들로 인정될 것이다(35절).

눅 6:29. 너의 이 뺨을 치는 자에게 저 뺨도 돌려대며 네 겉옷을 빼앗는 자에게 속옷도 거절하지 말라.

"이 뺨을 치는 자에게 저 뺨도 돌려대며 네 겉옷을 빼앗는 자에게 속옷도 거절하지 말라"(마 5:39-40; 고전 6:7)고 하신 예수님의 말씀은 문자적으로 실천하라는 뜻이 아니라(요 18:22-23 참조), 대항하지 말라는 뜻으로 받아드려야 한다. 다시 말해 무저항주의를 가르치신 것이다. 우리는 상대방이 어떻게 우리를 대하든 저항하지 말고 사랑으로 대해야 한다. 롬 12:19-21은 우리가 우리에게 해를 끼친 사람들에게 복수하지 말고 하나님께 판단을 맡긴 다음 사랑으로 대하라고 말씀한다.

눅 6:30. 네게 구하는 자에게 주며 네 것을 가져가는 자에게 다시 달라 하지 말며.

예수님은 우리에게 "구하는 자에게 주라"고 하신다. 가난한 자가 우리에게 요구할 때 우리는 그 요구를 물리치지 말고 주어야 한다(레 25:35; 신 15:7-8, 10; 잠 19:17; 21:26; 마 5:42). 사랑은 다른 것이 아니라 우리에게 구하는 자에게 주는 것이다. 희생적으로 주는 것이 사랑이다.

그리고 주님은 우리의 것을 "가져가는 자에게 다시 달라 하지 말라"고 권고하신다. 우리의 것을 강제로 가져가는 자에게 다시 달라 하지 말라고 하신다. 상반절의 "구하는" 것보다는 하반 절의 강제로 "가져가는"은 분명 더 강제적이다. 우리로부터 강제적으로 가져가는 자에게 우리는 되돌려 달라는 말을 하지 않아야 한다. 이 말씀은 도둑이나 강도들을 그냥 방치하라는 뜻이 아니라 예수님께서 제자들과 성도들을 보호하시려는 의도로 주신 것으로 보인다. 다시 달라고 하다가 제자들이 상처를 받을 가능성이 있으므로 악한들이 가져간 것을 다시 달라고 하지 말라고 하신 것이다. 우리는 절대로 복수를 해서는 안 될 것이다. 우리는 강탈자가 가져간 물건을 그냥 가지게 두는 것이 더 좋은 때가 있다(고전 6:7; 벧전 2:21-24). 우리는 "차라리 불의를 당하는 것이 낫고 차라리 속는 것이 낫다"(고전 6:7b). 당한 후에는 하나님으로부터 복이 임한다.

눅 6:31. 남에게 대접을 받고자 하는 대로 너희도 남을 대접하라.

예수님께서 희생적인 사랑을 가르치시면서 사랑의 황금 율을 말씀하신다(마 7:12 참조). 마태복음에는 "이것이 율법이요 선지자니라"고 말씀한다(마 7:12b). "남에게 대접을 받고자 하는 대로 너희도 남을 대접하라"는 말씀이 구약의 율법이 말하는 총 요점이고 선지자들이 말하는 총 요점이라는 뜻이다. 다시 말해 구약이 말하는 것이 바로 우리가 남에게 대접을 받고자 하는 대로 남을 대접하라는 것이다.

예수님께서 말씀하신 황금율과 세상 사람들이 말하는 황금율이 비슷한

접이 있다. 유대인 랍비 힐렐(Hillel)도 "네게 싫은 것을 네 이웃에게 하지 말라"는 말을 했다. 세상 사람들은 인간의 힘으로 그런 말들을 실천할 것처럼 말했으나 예수님은 "남에게 대접을 받고자 하는 대로 너희도 남을 대접하는" 것을 성령의 힘으로 가능하다고 말씀하셨다. 예수님께서 말씀하신 무슨 윤리라도 성령님의 힘이 아니고는 하나라도 바로 실천할 수 없다(1:15; 11:13; 12:12 참조). 우리는 내 자신의 힘으로 할 수 있는 것처럼 덤벼서는 안 되고 범사에 성령님의 힘을 구해야 한다.

눅 6:32. 너희가 만일 너희를 사랑하는 자만을 사랑하면 칭찬 받을 것이 무엇이냐 죄인들도 사랑하는 자는 사랑하느니라.
예수님은 본 절부터 34절까지 우리의 원수사랑은 죄인들이 서로 사랑하는 수준을 넘어야 한다고 말씀하신다(마 5:46). 죄인들도 서로 사랑할 줄 안다. 그러나 죄인들은 자기를 사랑하는 자만을 사랑한다. 아주 저급하고 이기적인 사랑이어서 유치하다. 본문의 "죄인들"이란 회개하지 않은 사람들이고 또 사회에서도 마땅히 냉대를 받아야 하는 사람들을 지칭한다. 오늘도 역시 자기들끼리만 사랑하는 사람들이 있다. 우리는 그런 사람들이 서로 사랑하는 사랑의 정도를 넘어 희생적으로 원수를 사랑해야 한다. 우리가 희생적으로 원수를 사랑할 때 하나님으로부터 복을 받는다.

눅 6:33. 너희가 만일 선대하는 자만을 선대하면 칭찬 받을 것이 무엇이냐 죄인들도 이렇게 하느니라.
예수님은 우리가 만일 우리를 선대하는 사람만을 선대하고 우리를 사랑하는 사람들만을 사랑하면 하나님으로부터 칭찬받을 일이 없다고 하신다. 그런 정도의 사랑을 베푸는 것은 세상의 죄인들도 얼마든지 가능하다고 하신다. 우리는 죄인들의 수준을 넘어서 원수를 사랑해야 하나님으로부터 칭찬을 받을 수 있다. 우리는 하나님의 칭찬을 생각하고 윤리를 실행하는 사람이어야 한다. 마 5:47 참조.

눅 6:34. 너희가 받기를 바라고 사람들에게 꾸어 주면 칭찬 받을 것이 무엇이냐 죄인들도 그만큼 받고자 하여 죄인에게 꾸어 주느니라.

본 절도 역시 예수님을 믿는 성도들은 죄인들의 수준을 넘어야 한다고 예수님께서 말씀하신다(마 5:42). 죄인들도 다른 죄인들에게 꾸어준다. 그들은 철저히 받을 것을 예상하고 꾸어준다. 그렇게 꾸어주는 것은 하나님으로부터 칭찬을 받을 것이 못된다. 우리는 받지 못할지라도 꾸어주어야 한다. 우리는 다른 사람들을 이용하려는 심리로 꾸어주어서는 안 된다. 마 5:42; 잠 19:17 참조.

눅 6:35. 오직 너희는 원수를 사랑하고 선대하며 아무 것도 바라지 말고 꾸어 주라 그리하면 너희 상이 클 것이요 또 지극히 높으신 이의 아들이 되리니 그는 은혜를 모르는 자와 악한 자에게도 인자하시니라.

예수님은 27절부터 31절까지 말씀하신 것을 본 절에서 요약하신다(물론 32-34절도 포함되는 말이다). 즉 "오직 너희는 원수를 사랑하고 선대하며 아무 것도 바라지 말고 꾸어 주라"고 하신다(27절; 30절; 시 37:26). 우리는 우리를 박해하고 괴롭히며 못살게 구는 사람을 사랑하고 잘 대해주며 아무 것도 바라지 말고 궁핍을 채워주어야 한다. "아무 것도 바라지 말고 꾸어 주라"는 말씀은 물질적으로 큰 희생을 하라는 말씀이다.

큰 희생을 각오하고 원수를 사랑하고 이웃을 선대하고 아무 것도 바라지 말고 꾸어줄 때 우리의 "상이 클 것이요 또 지극히 높으신 이의 아들이 되리라"고 예수님께서 말씀하신다(마 5:45). 우리에게 임하는 "상"은 현세에서도 임하고 내세에서도 임한다. 현세에서는 기쁨(희락)과 평강이 넘치고(갈 5:22), 물질적으로도 여러 배로 받게 된다(막 10:29-30). 그리고 내세에서는 놀라운 복들을 얻게 된다(시 62:12; 잠 24:12; 렘 17:10; 32:19; 마 16:27; 롬 2:6; 고전 3:8; 고후 5:10; 벧전 1:17; 계 2:23; 22:12).

무엇보다도 중요한 것은 우리가 "지극히 높으신 이의 아들이 되리라"는 것이다. 예수님의 명령을 순종하면 우리는 '지극히 높으신 하나님의 아들로 입증된다'는 뜻이다. 예수님을 믿는 사람들이 성령으로 하나님의 양자가 되었을지라도(롬 8:15) 예수님의 명령에 순종하지 않으면 세상에서 하나님의 아들로 인정되지 못한 채 살아가게 되는데 원수를 사랑하고 선대하며 아무 것도 바라지 말고 꾸어줄 때 하나님의 자녀의 형상을 드러내게 되어 하나님의 아들들이라고 입증되는 것이다(고후 3:18; 요일 3:2 참조).

우리가 하나님의 아들로 입증되는 이유는 "그(하나님)는 은혜를 모르는 자와 악한 자에게도 인자하시기" 때문이다(for he is kind unto the unthankful and [to] the evil). "우리의 동료 인간들에 대한 사랑 따위는 우리를 지극히 높으신 이의 아들로 만들지 못하나 우리가 참으로 성격과 행위에 있어서 그(하나님)와 같다는 것을 드러냄으로써 우리가 그의 아들들임을 입증한다"(렌스키). 우리가 하나님의 아들로 입증되어 "지극히 높으신 이"와 비슷해지는 것보다 더 큰 영광이 우리에게 또 있겠는가? 하나님은 "은혜를 모르는 자," '곧 감사가 없는 자'(눅 17:11-19)와 더 나아가 아주 모지고 악질적인 사람에게까지도 은혜로우신데 우리가 그러하신 하나님을 본받는 것은 놀라운 일이다. 본문에서 누가는 "지극히 높으신 이"라고 표현한 반면 마태는 "하늘에 계신 너희 아버지"라고 표현하고 있다(마 5:45 참조).

눅 6:36. 너희 아버지의 자비로우심 같이 너희도 자비로운 자가 되라.
예수님은 예수님의 설교를 듣는 자들과 오늘 우리들에게 "너희 아버지의 자비로우심 같이 너희도 자비로운 자가 되라"고 분부하신다(마 5:48). 우리가 자비로운 자가 되어 원수를 사랑하고 선대하며 아무 것도 바라지 말고 꾸어주는 사람들이 되라고 하신다. 여기 "자비"란 '말이나 행동에 있어서 동정심으로 충만하며 또 실제에 있어 동정적인 친절로 충만한 것'을 지칭한다. 하나님은 자비로우셔서 독생자를 우리들에게 주셨다(요 3:16; 롬 5:8; 8:32). 예수님은 지상에 계실 때 항상 자비로 충만하셨다(35절; 7:13; 마 9:36).

우리는 하나님께서 자비하심같이 그 자비하심을 닮아 자비로운 자가 되어야 한다(마 11:29; 요 13:15, 34; 15:12; 롬 15:2-3, 5, 7; 고전 11:1; 고후 8:7-9; 10:1; 엡 4:32-5:2; 5:25; 빌 2:3-8; 골 3:13; 히 3:1; 12:2; 벧전 2:21-24; 요일 3:16; 4:10-11). 다시 말해 우리는 남을 불쌍히 여기는 마음으로 충만해야 한다.

3.비판하지 말라 6:37-42

지금까지 원수를 사랑하라고 하신 예수님은 이제 이 부분(37-42절)에서는 사랑을 떠나 이웃을 비판하지 말라고 하신다. 예수님은 이 부분에서도 역시 사랑의 정신에 서야 할 것을 말씀하신다. 자신을 희생해야 하는 그리스도인들에게 남을 비판하는 일은 있을 수 없는 일이다. 이 부분은 마 7:1-5과 병행한다.

눅 6:37. 비판치 말라 그리하면 너희가 비판을 받지 않을 것이요 정죄하지 말라 그리하면 너희가 정죄를 받지 않을 것이요 용서하라 그리하면 너희가 용서를 받을 것이요.

예수님은 본 절에서 세 가지를 말씀하신다. 첫째, "비판하지 말라"고 하신다 (마 7:1). "비판"이란 41-42절에서 말씀하는바와 같이 '우리의 눈 속에 있는 들보는 보지 못하면서 형제의 눈 속에 있는 티를 빼보려고 하는 행위'를 뜻한다. 그러니까 "비판하지 말라"는 말씀은 '우리의 눈 속에 엄청난 죄를 그냥 가지고 있으면서 형제의 눈 속에 있는 작은 죄에 대해서는 견디지 못하여 마구 험담하지 말라'는 것이다. "식별하고 비판하는 것은 필요한 것이다. 그러나 혹평하는 것은 잘 못된 것이다. 사람은 진실하지 않은 말(출 23:1)과 불필요한 말(잠 11:13)과 불친절한 말(잠 18:8)을 피해야 한다"(윌렴 헨드릭슨). 우리는 형제의 약점을 보고 비판하지 말아야 한다. "비판하지 말라"는 말은 "인물 채용과 관련된 인격비판의 언론을 금함도 아니고 건덕상 유효한 인물비판(비방이 아님)을 금함도 아니다. 이것은 바리새인처럼 자기

가 재판장 격이 되어 남을 폄론 혹은 정죄하는 것을 금하시는 말씀이다"(박
윤선).48)

우리가 우리의 눈에 있는 들보를 보고 깨달으면서 남을 비판하지 않으면
예수님께서 "너희가 비판을 받지 않을 것이라"고 하신다. 여기 "비판을
받지 않을 것이라"고 하신 말씀은 사람으로부터도 비판을 받지 않으리라는
말씀이고 또 특히 하나님으로부터 비판을 받지 않으리라는 말씀이다(마
6:14-15; 18:23-35).

둘째, "정죄하지 말라 그리하면 너희가 정죄를 받지 않을 것이라"고
하신다. 이 두 번째의 말씀은 첫 번째의 말씀에 대한 부언이다. "정죄"란
'죄를 정하는 것'을 뜻한다. "바리새인들은 다른 사람들을 정죄하고 자신들
을 용서하기 위하여 비판했다. 이것이 언제나 자연인이 하기 좋아하는 것이
다"(렌스키). 우리가 정죄하지 않으면 우리 자신들은 "정죄를 받지 않을
것이다." 사람으로부터 정죄를 받지 않고 하나님으로부터 정죄를 받지 않을
것이다. 여기 하나님으로부터 정죄를 받지 않는다는 말씀은 현세에서 정죄
를 받지 않는다는 뜻이다. 우리 믿는 자들은 예수님께서 재림하셔서 심판하
실 때에는 정죄 심판을 받지 않으니 본 절에서 우리가 정죄를 받지 않는다는
말씀은 현세에서 정죄를 받지 않는다는 말씀이다. 남을 정죄한 사람들은
현세에서 하나님으로부터 징계를 받고 많이 고생한다. 고후 5:10; 벧전
4:17 참조.

셋째, "용서하라 그리하면 너희가 용서를 받을 것이라"고 하신다. 비판하
지 않고 정죄하지 않는 정도를 넘어 용서해야 한다는 말씀이다(마 6:12,
14-15; 18:21-35 참조). 남의 눈에 있는 티를 보고 그냥 지나가야 한다는
말씀이다. 용서하면 우리가 하나님으로부터 용서를 받을 것이다. 하나님으
로부터 죄 없이 함을 받을 것이란 뜻이다(11:4 참조). 우리가 우리의 죄를
용서받기 위해서는 남의 죄를 용서해야 한다. 우리는 남의 죄를 용서하는

---

48) 박윤선, 공관복음, 성경주석(서울: 영음사, 2003년), p. 220.

것으로 다 된 것이 아니라 남들에게 주어야 한다는 말씀을 다음 절에서 접하게 된다.

눅 6:38. 주라 그리하면 너희에게 줄 것이니 곧 후히 되어 누르고 흔들어 넘치도록 하여 너희에게 안겨 주리라 너희의 헤아리는 그 헤아림으로 너희도 헤아림을 도로 받을 것이니라.

사람을 용서하는 것을 넘어 "주는"데까지 이르러야 한다(잠 19:17). 남에게 풍성하게 주면 하나님께서 사람을 통하여 "너희에게 줄 것이니 곧 후히 되어 누르고 흔들어 넘치도록 하여 너희에게 안겨 주리라 너희의 헤아리는 그 헤아림으로 너희도 헤아림을 도로 받을 것이니라"고 하신다(마 7:2; 막 4:24; 약 2:13). 우리가 사람들에게 주면 하나님은 우리에게 주실 것인데 곧 후하게 되어 눌러 주실 것이고 흔들어 넘치도록 하여 우리에게 안겨주실 것이다.

우리는 우리가 "헤아리는 그 헤아림으로 헤아림을 도로 받을 것이다." 우리가 얼마나 풍성하게 주느냐에 따라 우리도 그만큼 풍성하게 받을 것이다(고후 9:6 참조). 윌럼 헨드릭슨은 인색하게 준 결과와 후하게 준 결과를 성경에서 발췌하여 발표했다. 먼저 인색하게 줌과 슬픈 결과들에 대한 예들: 롯(창 13:10-11; 14:11-12), 나발(삼상 25:10-11, 37-38), 학개시대(학 1:6, 9)와 말라기 시대(말 1:6-8)의 이스라엘, 사도시대의 부자들(행 5:1-5). 후하게 줌과 보상에 대한 예들: 아브라함(창 13:7-9; 15:1, 18-21; 17:1-8), 유다(창 44:18-34; 49:8-10), 룻(룻 1:16-17; 4:13-22), 한나(삼상 1:11, 19-20; 3:19), 다윗(삼하 7:1-3; 8:17), 수넴 여인(왕하 4:8-10, 36-37; 8:1-6), 에벳멜렉(렘 38:7-13; 39:15-18), 베다니의 마리아(마 26:6-7, 10-13; 요 12:1-3), 열두 사도(마 19:27-30), 바울 사도(빌 3:7; 딤후 4:8).

눅 6:39. 또 비유로 말씀하시되 맹인이 맹인을 인도할 수 있느냐 둘 다 구덩이에 빠지지 아니하겠느냐.

예수님은 원수를 사랑하고 아무 것도 바라지 말고 꾸어주라 하시고는(27-36절), 이제 이 부분(37-42절)에서는 비판하지 말고 용서하며 나아가 풍성하게 주라고 가르치시는 중에 본 절에 와서는 "맹인들," 즉 '맹인 인도자들'을 따르지 말 것을 경고하신다. 맹인 인도자들을 따르면 둘 다 구덩이(지옥)에 빠질 것이라고 하신다.

예수님은 당시에 흔하던 비유(격언)를 인용하여 "맹인이 맹인을 인도할 수 있느냐"고 물으신다(마 15:14). 이렇게 물으신 다음 예수님은 "둘 다 구덩이에 빠지지 아니하겠느냐"고 말씀하신다. 예수님은 예수님을 믿는 제자들에게와 성도들에게 당시의 서기관들과 바리새인들의 인도를 따르면 안 된다고 경고하신다. 그들은 자기의 눈에 들보(41-42절)를 그냥 가지고 남들을 마구 비난했는데 예수님은 제자들에게 그런 풍조에 빠져서는 안 된다고 하신다. 그런 풍조에 빠지는 사람마다 역시 남을 사정없이 비판하는 사람이 된다.

예수님께서 이 비유를 말씀하신 이유는 그 당시 이스라엘에 구덩이가 아주 많았기 때문이었다(시 40:2; 57:6; 잠 23:27; 28:10; 전 10:8; 마 12:11; 눅 14:5). 예수님은 당시 제자들에게 그리고 예수님을 믿는 성도들에게 구덩이 비유를 말씀하시면 제자들이 잘 깨달을 것이기에 이 비유를 말씀하셨다. 사람들과 가축들이 구덩이나 함정에 빠지면 큰 상처를 입었다.

서기관들과 바리새인들은 눈에 엄청난 들보가 있었는데 그것들을 빼지 않고 다른 사람들을 지도하고 있었다. 그들의 영안은 밝음을 싫어하고 어둠을 택하였다(요 3:19). 그들은 보지 못하면서도 교만하게도 본다고 큰 소리를 쳤다(요 9:40-41). 오늘날도 많은 사람들은 자기들이 유식계급이라고 자처하면서 대중들의 인도자라고 큰 소리를 친다. 그들을 따라가는 사람들은 누구든지 구덩이(지옥)에 빠지게 되어 있다. 우리는 소위 종교인이라는 사람들과 유식 계급이라고 하는 사람들을 조심해야 한다. 아무리 그들을 조심하고 경계해도 부족하다.

눅 6:40. 제자가 그 선생보다 높지 못하나 무릇 온전하게 된 자는 그 선생과 같으리라.

예수님께서 본문의 말씀을 이 자리에 인용하신 이유가 무엇인지 분명하지가 않다. 본문을 다루지 않은 주석가도 많이 있을 뿐 아니라 본문의 뜻이 무엇인지에 대해서도 세 가지 견해가 있다. 1) 혹자는 예수님께서 본문을 통하여 아마도 예수님의 제자들이 다른 사람들을 아주 조심스럽게 교육해야 한다는 것을 가르치시기 위하여 말씀하신 것으로 본다. 이유는 거짓 교훈은 다분히 다른 사람들에게 아주 안 좋은 결과를 초래하기 때문이다(Thromas R. Schreiner, Albert Barnes). 이 해설은 당시 바리새인들이나 혹은 예수님과의 관계에 대해서는 별로 언급하지 않고 예수님의 제자들이 조심스럽게 교육하지 않으면 안 된다는 면만 강조한 점에서 받기가 어려워 보인다. 2) 제자 맹인은 스승 맹인보다 못할 것이고, 바리새인들에게 인도되는 사람은 온전하게 되어 바리새인 같을 것이다. 따라서 바리새인들의 교훈을 따르지 말 것을 경고하신 것으로 본다(Brentius, Bullinger, Gualter, Steller, J. C. Ryle, 이상근). 3) 예수님의 제자들은 예수님과 같이 되어 예수님을 잘 드러내야 하고 예수님의 제자들은 예수님을 닮는 것을 목표로 삼아야 한다는 것을 가르치는 말씀으로 본다. 제자들은 예수님을 꼭 닮아야 하고 결코 달리 행동해서는 안 되며 예수님보다 높아지려고 해서도 안 된다는 뜻으로 해석한다(렌스키, 윌럼 헨드릭슨, John Nolland, Bruce B. Barton, Dave Veerman, Linda K. Taylor, Marshall, 이순한). 위의 세 가지 해석 중에 3번이 문맥(27-38절이 말하는 사랑, 41-42절이 말하는 겸손, 43-45절이 말하는 선행)을 가장 잘 반영한 것으로 보인다. 우리는 예수님을 그대로 세상에 드러내야 할 것이다. 렌스키(Lenski)는 39절과 40절을 다 해석한 후에 이렇게 말했다. "하나의 위험이 있다. 전혀 보지 못하는 것과 그래서 웃음거리와 재난이 되는 것이다. 둘째 위험은 이것이다. 선생만큼 되려하지 않고 선생보다 높아지려고 하는 것이 그것이다"라고 말한다.

눅 6:41-42. 어찌하여 형제의 눈 속에 있는 티는 보고 네 눈 속에 있는 들보는 깨닫지 못하느냐 너는 네 눈 속에 있는 들보를 보지 못하면서 어찌하여 형제에게 말하기를 형제여 나로 네 눈 속에 있는 티를 **빼게 하라 할 수 있느냐 외식하는 자여 먼저 네 눈 속에서 들보를 빼라 그 후에야 네가 밝히 보고 형제의 눈 속에 있는 티를 빼리라.**

예수님은 우리들의 눈 속에 있는 들보를 그냥 둔 채 형제의 눈 속에 있는 티를 빼려고 할 것이 아니라 먼저 우리들의 눈 속에서 들보를 빼면 결국 형제의 눈 속에 있는 티를 뺄 수 있다고 하신다.

예수님은 "어찌하여 형제의 눈 속에 있는 티는 보고 네 눈 속에 있는 들보는 깨닫지 못하느냐"고 말씀하신다(마 7:3). 형제의 눈 속에 있는 티와 우리의 눈 속에 있는 들보[49]는 그 크기가 비교도 안될 만큼 하나는 작고 하나는 크다. 엄청나게 큰 우리 자신의 약점은 발견하지 못하면서(=깨닫지 못하면서) 형제의 조그마한 약점은 잘 보고 지적하는(=깨닫고 지적하는) 것은 세상에서는 과장법이라고 지적되기도 하지만 신앙인의 눈으로 보기에는 과장이 아니라 현실이다. 사람이 자기가 의롭다(自己 義)고 믿으면 다른 이의 약점이 많이 보이는 법이다. 바리새인들은 자기들이 의롭다고 믿었기에 자기들의 약점은 전혀 볼 수 없었고 남의 약점만 말하면서 살았다(눅 18:1-12). 자기의 의(義)를 내세우는 사람들은 자기 눈 속에 있는 들보를 전혀 볼 수 없고 남의 눈에 있는 티를 빼기를 아주 재미있게 여긴다.

예수님은 자기의 의(義)를 내세우는 사람들을 향하여 "너는 네 눈 속에 있는 들보를 보지 못하면서 어찌하여 형제에게 말하기를 형제여 나로 네 눈 속에 있는 티를 빼게 하라 할 수 있느냐"고 질책하신다. 자기만 의롭다고 생각하고 자기의 약점은 전혀 없다고 생각하는 사람들에게 예수님은 '어찌하여 형제에게 말하기를 나로 하여금 네 눈 속에 있는 티를 빼려고 시도하느

---

49) "들보"란 지붕을 받치기 위해 벽 위에 건너지른 커다란 목재(대하 3:7; 아 1:17)를 지칭한다. 신약에서는 대소의 대비에 관하여 씌어져 있다(마 7:3-5; 눅 6:41-42). 남의 흠은 크게 보고, 자기의 결점은 가볍게 넘겨 버리는 인간의 위선적인 결점 및 사랑의 결핍이 예수님에 의해 지적되었다(마7:1-5; 눅 6:37-42).

냐'고 질책하신다.

예수님은 자기의 약점은 깨닫지 못하면서 남의 약점이나 지적하는 사람들을 향하여 "외식하는 자여"라고 부르신다(12:56; 13:15). 그들이 외식자라고 부름 받아야 할 이유는 속에는 큰 약점이 있으면서도 그 약점을 발견하지 못하고 남의 약점이나 지적하니 외식자이다. 외식자는 속에는 악과 더러움을 품고 있으면서 겉으로는 선한 체 한다. 속에는 교만으로 가득 차 있으면서도 겉으로는 겸손하고 온유한 체 한다.

그런고로 예수님은 그런 사람들에게 "먼저 네 눈 속에서 들보를 빼라"고 지적하신다. 우리는 우리의 눈 속에서 먼저 들보를 빼야 한다. 들보를 빼는 방법은 먼저 내 눈에 들보가 있음을 발견해야 한다. 친구의 도움을 받거나 아니면 성경을 읽어서 우리의 심령이 밝아져 눈 속에 있는 들보를 발견해야 한다. 성경은 우리를 위한 거울이라 하였다(고전 10:6). 또 기도를 많이 하는 중에 성령의 도움으로 우리의 눈에 있는 들보를 발견해야 한다. 이처럼 친구의 도움으로, 성경 봉독으로, 성령의 도움으로 우리의 약점을 발견한 다음에는 그것을 빼기 위하여 그 약점 자체를 예수님께 고백해야 한다. 많이 고백하면(요일 1:9) 우리의 약점들은 고쳐지고 빠지게 된다.

예수님은 우리가 우리의 약점을 발견하고 뺀 후에는 형제의 약점을 고칠 수 있다고 말씀한다. "그 후에야 네가 밝히 보고 형제의 눈 속에 있는 티를 빼리라." 참으로 자기의 약점 때문에 아픈 마음을 가지고 많이 자복한 종들은 수많은 사람들에게 하나님의 말씀을 전하여 고쳐주었다. 역사상 큰 종들은 수많은 사람들에게 그리스도의 피를 전하여 무수한 사람들의 죄를 씻어주었다.

4.나무는 그 열매로 알 수 있다 6:43-45

예수님은 나무가 무슨 열매를 맺는가를 보아 그 나무가 어떤 나무인지 알 수 있는 것처럼 사람도 그가 맺는 열매로 그 사람이 어떤 사람인가를 알 수 있다고 하신다. 이 부분은 마 7:16-18과 병행한다.

눅 6:43-44. 못된 열매 맺는 좋은 나무가 없고 또 좋은 열매 맺는 못된 나무가 없느니라 나무는 각각 그 열매로 아나니 가시나무에서 무화과를, 또는 찔레에서 포도를 따지 못하느니라.

예수님은 "못된 열매를 맺는 좋은 나무가 없다"고 하신다(마 7:16-17). 또 반대로 "좋은 열매 맺는 못된 나무가 없다"고 하신다. 못된 열매는 못된 나무가 맺고, 좋은 열매는 좋은 나무가 맺는다고 하신다. 마 7:18 참조.

　　예수님은 나무가 좋은 나무냐 혹은 좋지 않은 나무냐 하는 것은 그 열매를 보아서 알 수 있다고 하신다(마 12:33). "가시나무에서 무화과를, 또는 찔레에서 포도를 따지 못한다"고 하신다. 마태복음 7:16에는 "가시나무에서 포도를, 또는 엉겅퀴에서 무화과를 따겠느냐"고 되어 있다. 예수님은 일단 자연 현상을 말씀하신 다음 그 원리가 사람에게도 그대로 적용된다고 하신다(다음 절).

눅 6:45. 선한 사람은 마음의 쌓은 선에서 선을 내고 악한 자는 그 쌓은 악에서 악을 내나니 이는 마음에 가득한 것을 입으로 말함이라.

선한 사람은 선(善)한 행실을 맺고 악한 사람은 악(惡)한 행실을 맺는데, 다 각각 마음에 쌓은 선을 내거나 혹은 마음에 쌓은 악을 내는 것이라고 하신다(마 12:34-35). 문제는 마음에 무엇이 쌓여있느냐가 문제이다. 우리는 마음에서 악을 제거하고 선을 쌓아야 한다. 다시 말해 우리의 마음을 하나님 말씀으로 가득히 쌓아야 하고(골 3:16) 성령으로 지배를 받고 인도를 받아야 한다(엡 5:18). 그러면 선한 행실(선한 말, 선한 태도, 선한 행동)을 맺을 수가 있다. 예수님은 누구나 "마음에 가득한 것을 입으로 말하게" 되어 있다고 하신다(딛 1:9-12; 히 13:9). 혹자는 우리 속에 선(善)이 쌓여 있는데 그것을 밖으로 내야 한다고 주장한다. 그러나 우리는 우리의 마음에 선을 쌓아야 한다. 그래야 그것을 밖으로 내놓을 수가 있다.

　　5.듣고 행하는 자가 되라   6:46-49

예수님은 나무 비유를 말씀하신(43-45절) 다음 이제 이 부분(46-49절)에서는 집과 주추 비유를 말씀하시면서 말씀을 들은 대로 실행하라고 하신다. 이 부분은 산상설교의 결론 부분에 해당한다. 이 부분은 앞부분(43-45절)과 마찬가지로 열매를 맺어야 할 것을 말씀하신다. 만일 말씀을 행하지 않으면 망한다고 하신다. 많은 사람들이 열매를 맺지 못하고 살아가고 있다. 마 7:21, 24-27 참조.

눅 6:46. 너희는 나를 불러 주여 주여 하면서도 어찌하여 내가 말하는 것을 행하지 아니하느냐.

예수님은 "너희는 나를 불러 주여 주여 하면서도 어찌하여 내가 말하는 것을 행하지 아니하느냐"고 탄식하신다(13:25; 말 1:6; 마 7:21; 25:11). '입으로는 예수님을 "주여" "주여"라고 부르면서도 마음에 말씀이 쌓이지 않고 성령으로 충만하지 아니하여 예수님께서 말씀하신 것을 행하지 못하고 있다'고 하신다. 많은 사람들은 예수님을 입으로는 부르면서도 순종을 하지 못한다. 마음에 말씀이 없어 순종하지 못하고 성령으로 지배를 받지 않아서 (=성령 충만함이 없어) 순종하지 못한다.

눅 6:47-48. 내게 나아와 내 말을 듣고 행하는 자마다 누구와 같은 것을 너희에게 보이리라 집을 짓되 깊이 파고 주추를 반석 위에 놓은 사람과 같으니 큰 물이 나서 탁류가 그 집에 부딪치되 잘 지었기 때문에 능히 요동하지 못하게 하였거니와.

예수님은 이 부분(47-48절)에서 예수님의 말씀에 순종하는 사람의 복에 대해 말씀하신다. 예수님께 "나아와 내(예수님) 말을 듣고 행하는 자"는 복된 자라고 하신다(마 7:24). 여기 "내게 나아와"(ὁ ἐρχόμενος πρός με)란 말은 현재분사로 '내게 계속해서 나아와'라는 뜻이다. 우리는 매일 주님께 나아가야 한다. 그리고 "내 말을 듣고"(ἀκούων μου τῶν λόγων)란 말도 역시 현재분사로 '예수님의 말씀을 계속해서 듣고'란 뜻이다. 우리는 매일 주님의 말씀을 들어야 한다. 그리고 "행하는 자"(ποιῶν αὐτούς)란 말도 역시 현재분사로 '계속해서 행하는 사람'을 지칭한다. 우리는 계속해서 예수님의 말씀을 순종해야 한다.

예수님은 계속해서 예수님을 믿고 또 말씀을 들으며 또 말씀을 순종하는 사람은 "집을 짓되 깊이 파고 주추를 반석 위에 놓은 사람과 같다"고 하신다. '집을 지을 때 우선 깊이 파고 또 다음 주추(기둥 밑에 괴는 돌멩이)를 반석 위에 놓은 건축자와 같다'고 하신다. 그런 건축가가 지은 집은 "큰물이 나서 탁류가 그 집에 부딪치되 잘 지었기 때문에 능히 요동하지 못한다"고 하신다(마 7:24 참조). 아무리 "큰물이 나서," 즉 '우기(雨期)가 시작되어 비가 와서 큰 산, 작은 산들로부터 물이 몰려와서 "탁류가 그 집에 부딪힐지라도" 그 집은 잘 지었기 때문에 능히 그 집을 흔들지 못하고 탁류는 그냥 지나가게 된다. 그리스도를 신뢰하는 자들도 때로는 탁류(환난)를 만나는 때가 있으나 그리스도를 계속해서 믿고 말씀을 들으며 또 말씀을 순종하는 사람은 흔들리지 않는다. 아무리 어려운 시험이 오고 기가 막힌 수렁을 만나도 주님이 그를 붙들고 계시기에 흔들리지 않는다. 윌럼 헨드릭슨은 "그런 믿음의 사람은 심판 날까지도 승리의 날이 될 것이다"라고 말한다.

눅 6:49. 들고 행하지 아니하는 자는 주추 없이 흙 위에 집 지은 사람과 같으니 탁류가 부딪치매 집이 곧 무너져 파괴됨이 심하니라 하시니라. 예수님은 "들고 행하지 아니하는 자"는 불행한 자라고 하신다. 여기 "들고"(ἀκούσας)란 말은 부정(단순)과거 시제로 '참으로 듣기는 듣고'라는 뜻이다. 그리고 "행하지 아니했다"(μὴ ποιήσας)는 말도 역시 부정(단순)과거 시제로(부정과거 시제는 동사를 강조함) '참으로 행하지 아니했다'는 뜻이다. 말씀을 듣기는 들었으나 행하지 아니하는 자는 "주추 없이 흙 위에 집 지은 사람과 같다"고 하신다. '주추를 반석 위에 놓지 않고 그냥 흙 위에 집을 지은 사람과 같다'고 하신다. 예수님은 주추 없이 흙 위에 집을 짓는 사람은 "탁류가 부딪치매 집이 곧 무너져 파괴됨이 심하다"고 하신다.

'우기가 와서 비가 내려 큰 산, 작은 산으로부터 물이 내려와 탁류가 그 집에 부딪칠 때 집이 곧 무너져 비참하게 파괴되어 물에 떠내려가고 만다'고 하신다. 마 7:27 참조. 예수님의 말씀을 듣기는 들으나 실천이 도무지 없어 시험이 닥쳐 올 때 맥없이 무너져버리고 만다. 그러면서 하나님만 원망한다. 어찌 나에게 이런 일이 생기느냐고 말한다. 우리는 더욱 잘 믿고 더욱 말씀을 잘 듣고 순종하는 삶을 살아야 할 것이다. 우리는 매일 매시 순종의 삶을 살아서 무슨 시험이 와도 무너지지 않아야 한다.

제 7 장

메시아의 복된 소식

M.백부장의 종을 고치시다   7:1-10

예수님은 평지보훈(7:20-49)을 마치신 다음 가버나움으로 들어오셔서 백부장의 종을 고치신다(1-10절). 이 부분은 마 8:5-13과 병행한다. 마태복음에는 백부장의 종을 고치신 사건보다 앞서 전신 나병환자를 고치신 사건이 기록되어 있다. 그러나 전신 나병환자를 고치신 기사는 본서에서는 평지보훈(=산상보훈) 이전에 기록되어 있다(5:12-16).

눅 7:1. 예수께서 모든 말씀을 백성에게 들려주시기를 마치신 후에 가버나움으로 들어가시니라.

예수님은 산 중턱의 평평한 곳에서 평지보훈(=산상보훈)을 모두 마치신 후에 그의 선교본부가 있던 가버나움으로 들어가셨다(마 8:5). 예수님께서 가버나움에 들어가신 것은 가버나움에 선교본부가 있었기 때문이라기보다는 가버나움에서 하실 일이 있으셨기 때문이었다. 즉 가버나움에서 백부장의 종을 고치셔야 했기 때문이었다. 예수님은 백부장의 믿음을 높이 평가하셔서 널리 알리시기를 원하셨다.

눅 7:2. 어떤 백부장의 사랑하는 종이 병들어 죽게 되었더니.

누가는 백부장들 중에 "어떤 백부장의 사랑하는 종이 병들어 죽게 되었다"고 말한다.[50] 이 백부장은 군인 백 명을 거느리는 군인으로 십부장과 천부장

---

50) 여기 백부장의 이야기를 요 4:46-54과 혼동하는 수가 있으나 서로 다른 기사이다. 첫째,

사이의 지휘관이었다. 그리고 그는 문맥에 의하면(9절) 유대인은 아니었다. 그는 헤롯 안티파스의 용병이었고(Plummer, Bruce, Cilmour, Lenski, Hendriksen, 이상근) 유대교로 개종한 자로 보인다(Lenski). 이유는 장로들과 가까운 것을 보면 짐작할 수 있고 유대인의 장로들이 그를 극구 칭찬한 것을 보면 짐작이 가능하다.

본문의 "백부장의 사랑하는 종"(a certain centurion's servant, who was dear unto him)이란 말은 백부장과 종 사이의 관계를 잘 묘사하고 있다. 백부장은 종을 사랑하고 있었고 또 종(δοῦλος)은 백부장에게 순종하는 종이었다. 우리가 윗사람이라면 아랫사람을 사랑해야 하고 우리가 아랫사람이라면 윗사람에게 순종해야 한다. 그런데 문제가 그 "종이 병들어 죽게 되었다." 마태는 이 종의 병이 "중풍병"이라고 표현한다(마 8:6). 이렇게 심각한 때에 백부장이 어떻게 대처했느냐 하는 것은 중요하다. 이유는 그 대처는 바로 백부장의 인격을 보여주는 것이기 때문이다.

눅 7:3. 예수의 소문을 듣고 유대인의 장로 몇 사람을 예수께 보내어 오셔서 그 종을 구해 주시기를 청한지라.
백부장은 예수님에 대한 "소문을 들었다." 예수님께서 사람들을 고치신다는 소문을 들은 것이다. 바로 그 때에 성령님께서 역사하셔서 백부장은 믿음을 얻을 수 있었다. 성령으로 아니하고는 믿을 수가 없다(마 16:17; 고전 12:3; 고후 3:5).

백부장은 "유대인의 장로 몇 사람을 예수께 보내어 오셔서 그 종을 구해 주시기를 청했다." 백부장은 자기가 직접 나아오지 아니하고 유대인의 장로 몇 사람을 예수님을 초청하도록 심부름을 보냈다. 마태에 의하면 백부

본문의 것은 백부장의 종에 관한 기사이고 요한복음의 것은 왕의 신하의 아들에 관한 기사이다. 둘째, 본문의 것은 예수님께서 가버나움에서 행하신 기사이고 요한복음의 것은 가나에서 행하신 기사이다. 셋째, 본문의 백부장은 예수님의 치유의 능력을 분명하게 믿었으나 요한복음에 나오는 왕의 신하는 예수님의 병 고치시는 능력을 믿기는 하였으나 확신이 없었다. 다시 말해 자기의 아이가 죽은 후에는 예수님께서 못 고실 것으로 생각했다.

장이 직접 나아왔다고 말한다. 심부름꾼을 보내는 것이나 직접 나아온 것이나 결국 같은 것이다. 마태는 간단하게 전했고 누가는 자세하게 전했기에 이런 차이가 났을 수도 있다.

백부장은 장로들을 통하여 예수님께 부탁하기를 오셔서 자기의 종을 고쳐주시기를 원했다. 백부장은 예수님께 자기의 종을 구해주시기를 청한 것이다. 백부장은 예수님을 구주로 알았던 것이다. 이런 것을 보아 백부장에게는 성령님이 역사하고 계셨던 것이 분명하다.

눅 7:4. 이에 그들이 예수께 나아와 간절히 구하여 이르되 이 일을 하시는 것이 이 사람에게는 합당하니이다.
백부장이 보낸 유대인의 장로 몇 사람이 "예수께 나아와 간절히 구했다." 그들은 백부장한테 떠밀려서 억지로 나온 것도 아니고 또 나아온 후에도 형식적으로 예수님께 구한 것도 아니다. "간절히 구했다." 그들은 감심으로, 진심으로 예수님께 부탁했다. 진지한 마음으로 하는 부탁에 대해서 예수님께서 어떻게 외면하시겠는가. 우리가 예수님께 기도할 때 진심을 다하여 기도하면 예수님께서 외면하시지 않는다. 본문의 "구하여"(παρεκάλουν)란 말은 미완료과거 시제로 '계속해서 구했다'는 뜻이다. 한 사람의 장로가 계속해서 예수님께 구한 것이 아니라, 한 사람이 구하고 또 다른 사람이 구한 것을 지칭할 것이다. 돌아가면서 구한 것을 말할 것이다.

장로들은 예수님께 이구동성으로 "이 일을 하시는 것이 이 사람에게는 합당하다"고 아뢰었다. 예수님께서 백부장의 종을 고쳐주시는 것이 백부장에게는 아주 합당한 일이라고 장로들이 말씀드린다. 그들은 백부장의 인격과 공로를 생각할 때 백부장을 위해서 예수님께서 백부장의 사랑하는 종을 고쳐주시는 것이 아주 합당하다고 말씀드린 것이다. 장로들은 백부장을 참으로 존경하고 있었고 또 백부장의 공로를 크게 생각하고 이런 말을 했다.

그러나 예수님은 백부장의 인격이나 공로를 생각해서 장로들을 따라서 그 집을 향해 가신 것은 아니고 백부장이 장로들을 통하여 간절히 구했기 때문에 고쳐주셨다. 만약 인격이나 공로를 보시고 예수님께서 은혜를 베푸신다면 사람들 중에 몇 사람이나 은혜를 받고 누리겠는가. 예수님은 사람에게 인격이 없고 공로가 없어도 예수님께 나아온 믿음을 보시고 그리고 간절히 구하는 것을 보시고 은혜를 베푸신다. 우리는 간절히 구해야 한다 (약 5:17).

눅 7:5. 저가 우리 민족을 사랑하고 또한 우리를 위하여 회당을 지었나이 다 하니.

본 절 초두에는 "왜냐하면"(γὰρ)이란 접속사가 있어 백부장이 은총을 받기에 합당한 사람이라는 이유를 설명하고 있다. 장로들은 백부장의 인격과 공로를 예수님께 말씀드린다. 장로들은 백부장이 "우리 민족을 사랑하고 또한 우리를 위하여 회당을 지었다"고 말씀드린다. '우리 유대민족을 사랑하고 또 유대나라를 위하여 회당을 지었다'고 말씀드렸다. 외국인으로서 유대민족을 사랑하고 또 회당을 지은 것을 보면 그는 유대교로 개종한 것으로 보인다. 그의 마음은 여유로웠고 또 그의 가정 경제도 여유가 있었던 사람이었다.

눅 7:6. 예수께서 함께 가실 새 이에 그 집이 멀지 아니하여 백부장이 벗들을 보내어 이르되 주여 수고하시지 마옵소서 내 집에 들어오심을 나는 감당하지 못하겠나이다.

예수님은 백부장이 보낸 장로들의 간곡한 부탁을 받고 "함께 가고 계셨다." 예수님은 백부장의 종이 무슨 병에 걸렸느냐고 묻지도 않고 따라 가셨다. 예수님께서 백부장의 집에 거의 가까이 오셨을 때 백부장은 "벗들을 보내어 이르되 주여 수고하시지 마옵소서 내 집에 들어오심을 나는 감당하지 못하겠다"고 했다. 백부장은 1차로 장로들을 보냈고 이제는 2차로 예수님께 벗들을 보냈다. 그리고 예수님께 종을 고치시기 위해서 자기 집까지 오시는 수고를 하지 마시라고 말씀드린다. 이유는 "내 집에 들어오심을 나는 감당하지 못하겠다"는 것이었다. 예수님은 너무 위대하시고 자기는 너무 작고 보잘것 없는 사람이라 예수님을 감히 맞이할 수가 없다고 한 것이다. 그는 백부장 즉 백 명의 군인을 지휘 하는 당당한 지휘관이었음에도 예수님과 자신을 비교할 때 도무지 감당하지 못할 줄을 알았다. 그는 예수님에 대한 소문을 들었을 때로부터 성령님의 역사로 말미암아 예수님의 위대하심을 알았고 또 예수님의 말씀에도 무한한 능력이 있음을 알았다. 오늘 우리는 예수님을 감당할 수 없는 줄 알아야 한다.

눅 7:7. 그러므로 내가 주께 나아가기도 감당하지 못할 줄을 알았나이다 말씀만 하사 내 하인을 낫게 하소서.

"그러므로," 곧 '예수님께서 워낙 위대하심으로' 백부장은 "내가 주께 나아가기도 감당하지 못할 줄을 알았나이다"라고 말씀드린다. 백부장 자신이 예수님께 나아가서 뵙기도 감당하지 못할 줄을 알았다고 말씀한다. 그러니까 예수님께서 너무 위대하신 분인 고로 백부장 자신의 집에 오시는 것도 감당하지 못하겠고 또 백부장 자신이 친히 예수님께 나아가서 뵙기도 감당하지 못하겠다는 것이었다. 장로들은 백부장의 인격을 높이 평가하고 또 회당을 지은 공로를 높이 평가했지만 백부장 자신은 아무리 보아도 자기는 '예수님을 자신의 집에 모실만한 사람이 못된다'고 고백한다. 베드로도 예수님의 명령으로 깊은 데로 가서 그물을 내려 고기를 많이 잡았을 때 예수님을 향하여 "나를 떠나소서. 나는 죄인이로소이다"라고 했다(5:8). 예수님의 위대하심을 깨닫고 예수님을 감당하지 못하겠다고 고백한 사람마다 역시 위대한 인물이 되었다. 우리는 예수님 앞에서 불합당한 사람이라고 고백해야 한다.

백부장은 예수님을 감당할 수 없어서 벗들을 통하여 예수님께 "말씀만 하사 내 하인을 낫게 하소서"라고 아뢴다. 다시 말해 '명령만 하사 내 하인을 낫게 하소서'라고 했다. 백부장은 종의 병을 향하여 예수님께서 '물러갈지어다,' '떠나갈지어다,' '나을지어다'라는 명령만 하시면 즉시 병이 물러갈 줄 알았다. 예수님께서 친히 그 현장에 나타나시지 않고 명령만 한마디 하셔도 병 같은 것은 꼼짝없이 물러가리라는 확신이 있었다.

눅 7:8. 나도 남의 수하에 든 사람이요 내 아래에도 병사가 있으니 이더러 가라 하면 가고 저더러 오라 하면 오고 제 종더러 이것을 하라 하면 하나이다. 본 절 초두에는 "왜냐하면"(γὰρ)이란 접속사가 나와 있다. 예수님께서 병을 향하여 떠나라고 명령만 하시면 병이 떠나갈 이유를 백부장은 본 절에서 말씀한다. 백부장은 벗들을 통하여 예수님께서 한 마디 명령만 하시면 병이 물러갈 이유를 말씀 드리기 위해 자기 주변에서 일어나는 일을 예를 들어 말씀드린다. 곧 "나도 남의 수하에 든 사람이요 내 아래에도 병사가 있으니 이더러 가라 하면 가고 저더러 오라 하면 오고 제 종더러 이것을 하라 하면 하나이다"라고 말씀한다(마 8:9 참조).

백부장은 군사 100명을 거느리는 지휘관인고로 자기 위에도 천부장이 있다는 뜻으로 "나도 남의 수하에 든 사람이라"고 말씀드린다. 그리고 백부장은 "내 아래에도 병사가 있다"고 말씀드린다. 자기 아래에도 100명의 군사가 있어 자기의 명령에 순종한다고 말한다. 백부장은 "이더러 가라 하면 가고 저더러 오라 하면 오고 제 종더러 이것을 하라 하면 한다"고 말씀드린다. 백부장은 종을 향하여 명령하는 대로 순종한다고 말씀드린다. 그런고로 백부장은 예수님께서 병을 향하여 떠나라고 하면 떠난다고 믿었다. 백부장은 예수님의 명령 한마디면 병이 구체적으로 순종할 것이라고 믿은 것이다. 예수님의 명령 한마디면 오늘도 우주 안에 안 움직일 것이 없다.

눅 7:9. 예수께서 들으시고 그를 놀랍게 여겨 돌이키사 따르는 무리에게 이르시되 내가 너희에게 이르노니 이스라엘 중에서도 이만한 믿음은 만나보지 못하였노라 하시더라.

예수님께서 벗들을 통하여 백부장의 말을 들으시고 놀랍게 여기셨다. 그리고 몸을 돌이키셔서 따라오는 무리들(예수님의 제자들, 백부장이 보낸 장로들, 종들, 그리고 일반 사람들)에게 말씀하시기를 "내가 너희에게 이르노니 이스라엘 중에서도 이만한 믿음은 만나보지 못하였노라"고 하신다(마 8:10 참조). 구약에 능통하고 또 메시아를 기다리던 이스라엘 사람들 중에서도 백부장이 가지고 있는 믿음만한 믿음을 만나보지 못했다고 하신다. 백부장의 믿음은 위대한 믿음이라는 뜻이다. 예수님의 위대하심(전능하심, 위엄, 거룩하심)을 알았고 또 예수님의 명령은 우주를 움직인다는 사실을 믿었으니 그 믿음은 지금까지 예수님께서 만나보신 이스라엘 사람들에게서 없었다는 것이다. 심지어 제자들에게서도 없었다는 뜻이다. 제자들은 아마도 이때 큰 충격을 받았을 것이다. 제자들은 오랜 동안 믿음이 적다고 책망을 들었었고 또 이스라엘 사람들의 믿음이라는 것도 아주 보잘 것 없다고 말씀을 들은 것에 비하면 이 백부장이야 말로 엄청난 믿음의 소유자였다. 오늘 우리의 믿음은 어느 정도인가.

눅 7:10. 보내었던 사람들이 집으로 돌아가 보매 종이 이미 나아있었더라. "보내었던 사람들," 즉 '백부장이 예수님께 보냈던 장로들, 벗들'이 집으로 돌아가 본즉 종이 이미 나아있었다. 그러니까 중풍병이 순식간에 나은 것이다. 그 사람들이 어디 딴 곳에서 머물다가 가지 않았다면 곧 백부장의 집에 도착했을 것이다. 이유는 백부장의 벗들이 백부장의 집을 떠날 때 백부장의 집은 벗들이 예수님을 만난 곳에서 멀지 않은 곳이었다(6절). 거의 죽게 되었던 종이 아주 순식간에 나은 것이다. 종이 건강을 얻는 데는 시간이 별로 필요하지 않았다. 아마도 그 종은 회복기간도 필요 없이 활동했을 것이다(4:39 참조).

N.과부의 죽은 아들을 일으키시다 7:11-17
예수님은 가바나움에서 백부장의 종을 고치신(1-10절) 다음 나이성으로 들어가시던 도중 나인성 과부의 죽은 외아들을 살리신다. 이 기사는 누가만이 기록하고 있는 독특한 기사이다. 성경에는 예수님께서 죽은 자를 살리신 기사를 세 번 싣고 있다. 첫째는 야이로의 죽은 딸 살리신 기사(8:49-56), 둘째는 나인성 과부의 죽은 외아들 살리신 기사(본문), 세 번째는 나사로 살리신 기사(요 11:1-44)이다. 예수님은 야이로의 죽은 딸을 금방 살리셨고 나사로가 죽은 지 4일이 지나서 살리셨으며 본문의 나인성 과부의 독자 청년의 경우 매장하기 위해서 성문을 나갈 때 살리셨다. 예수님은 죽은 자들을 불쌍히 여기셨고 또 죽은 자들 주위에 있는 유족들을 불쌍히 여기셔서 살려 주셨다.

눅 7:11. 그 후에 예수께서 나인이란 성으로 가실 새 제자와 많은 무리가 동행하더니.

예수님은 "그 후에," 곧 '백부장의 종을 살리신(1-10절) 후에' "나인이란 성으로 가시고 계셨다." 예수님은 나인성으로 가시는 도중 나인성의 과부의 죽은 외아들을 살리기 위해 가고 계셨다. 예수님은 나인성 과부의 죽은 독자를 살려 예수님 자신이 하나님 아들이라는 것을 드러내기 원하셨다. 예수님은 오늘 우리가정, 우리 사회, 우리나라에도 하실 일이 있으셔서 오셨다. 본문의 "나인성"51)이란 곳은 성경에 다시 나오지 않는다. 이곳은 나사렛으로부터 남동쪽으로 10km 떨어진 곳, 가버나움으로부터 서남쪽으로 40km 떨어진 곳이다. 예수님은 나인성으로 가실 때 "제자와 많은 무리가 동행하고" 있었다. 제자들도 그리고 많은 무리도 예수님께서 하시는 큰일을 보기를 원해서 동행하고 있었다.

---

51) "나인"(Nain)이란 지명은 "귀여운, 즐거운"이란 뜻이다. 나사렛의 동남쪽 10㎞ 지점에 있는 모레(Moreh) 구릉 북쪽에 있는 네인(Nein)으로 추정된다. 고적의 동쪽에는 바위를 판 무덤이 있다. 북쪽에는 마감 시르나 이사(Maqam Sidna Isa=우리 주 예수의 곳)라 불리는 조그마한 성소가 있다. 동리 서쪽에는 샘이 있다. 이 부근에서는 이스라엘 시대와 로마 시대의 토기가 출토되었다. 고대에는 상당히 중요한 성읍이었으나, 현재는 한 촌에 불과하다.

눅 7:12. 성문에 가까이 이르실 때에 사람들이 한 죽은 자를 메고 나오니 이는 한 어머니의 독자요 그의 어머니는 과부라 그 성의 많은 사람도 그와 함께 나오거늘.

예수님께서 제자와 또 많은 무리와 함께 "성문에 가까이 이르실 때에 사람들이 한 죽은 자를 메고 나오고" 있었다. 예수님은 동네 사람들이 과부의 죽은 자를 당일(유대인은 사람이 죽으면 당일에 매장했다)에 매장하기 바로 전에 만나기 위하여 정확한 시간에 나인성 문에 가까이 이르셨다. 이것은 우연한 일이 아니라 하나님의 섭리였다. 죽은 자는 "한 어머니의 독자요 그의 어머니는 과부였다." 그러니까 죽은 자는 어머니의 독자였다. 외아들로 살다가 죽었다. 또 독자의 어머니는 과부로 살던 처지였다. 과부의 남편은 언제인가 이 나인성 문을 통하여 상여꾼들에 의해 실려서 매장된 때가 있었다. 여자는 그 후 계속해서 과부로 살면서 이 외아들을 소망하고 살고 있었는데 이제는 외아들마저 죽어서 상여에 실려 성문을 나서고 있었다. 이런 비참한 형편을 생각하여 나인성의 "많은 사람도 그와 함께 나오고" 있었다. "한편은 죽은 자를 멘 상여를 중심하여 슬픔에 잠긴 그의 어머니와 그녀를 동정하는 많은 성 사람들의 행렬이 성에서 나오고 있었고, 또 한편은 예수와 그의 제자의 행렬이 밖에서 성으로 들어가고 있었다. 하나는 죽은 자의 행렬, 하나는 그 죽은 자를 살리는 자의 행렬이었다. 두 행렬이 성문 부근에서 만났다. 구원의 아름다운 그림이었다"(이상근).

눅 7:13. 주께서 과부를 보시고 불쌍히 여기사 울지 말라 하시고.

주님(10:1, 39, 41)은 계속해서 울고 있는 "과부를 보시고 불쌍히 여기사 울지 말라 하셨다." 주님은 과부를 보시자 불쌍히 여기셨다. 주님께서 과부를 보시고 불쌍히 여기신 것이 바로 이적을 행하신 원동력이 되었다. 주님이야 말로 과부를 보시고 불쌍히 여기실 수 있는 긍휼을 가지고 계셨다. 이런 긍휼이 없으셨다면 그 과부에게 이적을 행하실 수 없었을 것이다. 주님께서 사람을 불쌍히 여기셨기에 이적을 베푸신 사례는 성경 여기저기에 표현되어 있다(마 9:36; 14:14; 15:32; 20:34; 막 1:41; 8:2).

주님은 과부를 보시고 불쌍히 여기서서 "울지 말라"고 하셨는데 주님에게는 과부로 하여금 울지 않게 하실 수 있는 능력이 있으셨다. 능력이 없어도 울지 말라고 할 수는 있지만 그런 정도의 위로는 사람에게 큰 위로가 되지 못한다. 인간들의 위로는 대체로 큰 위로가 되지 못한다. 이유는 인간들에게는 다른 사람의 불쌍한 처지를 변경시켜 줄 수 있는 능력이 없기 때문이다. 오늘 우리가 다른 사람을 위로하기 위해서는 최소한 기도라도 해주면서 해야 할 것이다. 기도 없이 하는 위로는 빈껍데기의 위로일 수밖에 없다. 오늘날 울고 있는 사람들이 얼마나 많은가. 그들을 향하여 울지 말라고 할 수 있으려면 그리스도를 전해주어야 할 것이고 또 기도해 주어야 할 것이다.

눅 7:14. 가까이 가서 그 관에 손을 대시니 멘 자들이 서는지라 예수께서 이르시되 청년아 내가 네게 말하노니 일어나라 하시매.

주님께서 과부를 보시고 울지 말라 하시고는(앞 절) 이적을 행하시기 위하여 "가까이 가서 그 관에 손을 대셨다." 죽은 사람의 관에 손을 대는 것은 율법에 부정한 것으로 규정되어 있었으나(레 22:4-7; 민 19:14-19) 주님은 그 관에 손을 대셨다. 주님께서 손을 대실 때 주님이 시체로 말미암아 더러워지는 것이 아니라 주님 때문에 더러운 것들이 깨끗함을 얻게 되었다.

주님께서 그 관에 손을 대신 것은 이적을 행하시기 위해서였다. 주님은 오늘도 우리 개인과 가정과 사회와 나라와 민족위에 손을 대시기를 원하신다. 이적을 행하시기 위해서이다. 상여를 "멘 자들이 섰다." 상여를 멘 자들이 예수님의 손에 상여 안에 누워있는 청년을 맡긴 것이다. 주님에게 우리의 모든 문제(자녀문제, 가정문제, 나라와 민족의 문제, 세계 문제)를 맡겨야 한다.

관에 손을 대신 주님은 "청년아 내가 네게 말하노니 일어나라"고 하신다(8절; 요 11:43; 행 9:40; 롬 4:17). 주님은 먼저 "청년아"라고 부르신다.

주님은 이적을 행하실 때 꼭 그 사람을 부르셨다(8:54; 요 11:43). 주님은 그 청년이 아직 죽어서는 안 되는 청년임을 암시하신다. 아직 일을 많이 해야 하는 청년임을 상기시키신다.

주님은 그 청년을 향하여 "내가 네가 말하노니 일어나라"고 하신다. 여기 "내가 네게 말하노니"라는 말씀은 아주 중요한 선언이다. 이 말씀은 이제부터 "내가 네게 말하는" 명령에 순종하라는 뜻이다. 무슨 말씀을 하시든지 그대로 순종하도록 "내가 네게 말한다"고 말씀하신다. 오늘 우리는 주님께서 무슨 말씀을 하시든지 순종해야 한다.

주님은 그 죽은 청년을 향하여 "일어나라"고 하신다. 시체를 향하여 "일어나라"고 명령하신다. 듣지도 못하고 그리고 아무 느낌도 없는 시체를 향하여 "일어나라"고 하신다. 주님은 시체를 향하여 명령하실 수도 있으셨고(본문) 병을 향하여 꾸짖으실 수도 있으셨으며(4:39) 바람을 향하여 명령하실 수도 있으셨다(8:24; 마 8:26; 막 4:39). 우주의 모든 것을 향하여 명령하실 수 있으시다. 주님의 명령은 그대로 통하는 명령이다. 청년이 일어나 앉았다(다음 절). 어느 것 하나라도 불순종할 수 없었다. 주님의 명령에는 그 명령에 순종할 수 있는 힘이 있으시다. 한 편 손 마른 사람은 예수님의 "내밀라"는 명령에 손을 내밀 수 있는 힘을 받아 내밀었다. 죽은 청년은 죽은 가운데서 일어날 수 있는 힘을 받아 일어난 것이다. 주님은 훗날 재림하실 때 우리를 향하여 일어나라고 명령하실 것이다(살전 4:16). 우리는 그대로 일어나지 않을 수 없을 것이다.

우리는 주님께서 행하신 이적과 다른 이적의 차이점을 알아야 한다. 엘리야가 행한 이적(왕상 17:21), 엘리사가 행한 이적(왕하 4:35), 베드로가 행한 이적(행 9:40), 바울이 행한 이적(행 20:10) 등은 모두 하나님을 의지하여 행한 이적이었고 예수님의 이적은 친히 행하신 이적이었다. 예수님께서 바로 하나님이시라는 것을 보여주셨다. 그리고 그들이 사람을 살리는 이적을 행할 때는 하나님께 기도하느라 많이 힘을 썼으나 예수님은 힘을 쓰시지 않고 순식간에 이적을 행하셨다. 예수님은 자신이 우주를 주장하시고 명하실 수 있으신 하나님이심을 보여주셨다.

눅 7:15. 죽었던 자가 일어나 앉고 말도 하거늘 예수께서 그를 어머니에게 주시니.

주님의 "일어나라"는 명령으로 "죽었던 자가 일어나 앉고 말도 했다." 여기는 두 가지 활동만 말했으나(일어나 앉은 것, 말한 것) 성경에 기록되지 않은 활동이 더 많이 있었던 것은 불을 보듯 환한 일이다. 그는 제 발로 걸어 나인성을 들어갔을 것이다. 혹시 춤을 추면서 들어갔을 것이다. 그리고 자기 어머니를 끼어 앉고 얼마나 좋아했을까. 그리고 훗날까지 그 도시 사람들에게 예수님을 얼마나 전했을까를 알 수 있을 것이다.

주님은 살아난 청년을 "어머니에게 주셨다." 이야말로 최고의 위로가 아니겠는가. 주님은 죽은 아들을 살려서 어머니에게 주셨다. 최고의 선물이었다. 주님은 사람을 살려서 가족에게 주셨다. 야이로의 딸을 살려 부모에게 주셨으며 나사로를 살려 두 자매에게 주셨다. 주님은 오늘도 우리 주위의 것을 변화시켜 우리에게 주신다.

눅 7:16. 모든 사람이 두려워하며 하나님께 영광을 돌려 이르되 큰 선지자가 우리 가운데 일어나셨다 하고 또 하나님께서 자기 백성을 돌아보셨다 하더라.

다시 살아난 청년의 어머니뿐 아니라 모든 사람도 "두려워하며 하나님께 영광을 돌렸다"(1:65). 그들은 젊은 청년이 죽어서 매장될 찰나에 예수님께서 살리신 것을 보고 두려움에 휩싸였다. 그리고 하나님께서 그 일을 행하신 것으로 알고 하나님께 영광을 돌렸다. 그들은 어떤 말을 하면서 하나님께 영광을 돌렸는가. 첫째, "큰 선지자가 우리 가운데 일어나셨다"고 했다(24:19; 요 4:19; 6:14; 9:17). 엘리야나 예레미야와 같은 큰 선지자를 하나님께서 일으키신 것으로 생각했다. 그들은 아직 예수님이 하나님이신 줄은 알지 못했다(9:20). 그리고 둘째, 그들은 "하나님께서 자기 백성을 돌아보셨다"고 말했다(1:68; 룻 1:6; 삼상 2:21; 약 1:27). 하나님께서 그 선지자를 통해서 백성을 다시 찾아오신 것으로 알았다. 이스라엘 민족은 말라기 이후 오랜 동안 하나님의 음성도 듣지 못한 형편이었는데 이제 선지자를 통해서 하나님께서 다시 찾아오셔서 위로하신 것으로 알게 되었다.

눅 7:17. 예수께 대한 이 소문이 온 유대와 사방에 두루 퍼지니라.
예수님께서 나인성 과부의 죽은 외아들을 살렸다는 소문이 "온 유대와 사방에 두루 퍼지게" 되었다. 온 이스라엘 전체에 퍼지게 되었다는 뜻이다. 이렇게 소문이 퍼졌으니 다 예수님을 믿었어야 했는데 바리새인들과 서기관들은 믿지 않았고 오히려 마음이 더 강퍅해져서 예수님을 핍박하고 죽음으로 내 몰았다. 예수님에 대한 시기 질투는 결국 예수님을 십자가에서 살해하는 일로까지 이어졌다.

오늘까지도 예수에 대한 소문이 퍼지고 있다. 그러나 역시 예수님을 하나님으로 믿는 자들이 있고 또 한편 여전히 믿지 않는 자들이 있다. 강퍅한 자들은 오늘도 여전히 믿지 않고 기독교를 대적하고 있다.

O.세례 요한의 질문과 예수님의 답변   7:18-35
예수님께서 과부의 죽은 외아들을 살리신 이적 등 예수님께서 행하신 많은 사역들을 마케루스 감옥에 갇혀 있는 세례 요한에게 알렸을 때 세례 요한은 제자 중 두 사람을 예수님께 보내어 질문한다(18-23절). 질문한 두 사람이 떠난 후 예수님은 세례 요한에 대하여 말씀하신다(24-35절). 이 부분은 마 11:2-19과 병행한다. 마가복음에는 이 부분의 말씀이 없다.

눅 7:18. 요한의 제자들이 이 모든 일을 그에게 알리니.
누가는 본 절부터 23절까지 세례 요한의 제자들이 예수님께 나아와서 질문한 것을 기록한다. 누가는 "요한의 제자들이 이 모든 일을 그에게 알렸다"고 말한다(마 11:2). 세례 요한의 제자들은 예수님께서 행하신 이적들과 사역들을 마케루스(Machaerus)[52] 감옥에 있는 세례 요한(3:20)에게 알려주었다. 본문의 "이 모든 일"이란 말은 예수님께서 백부장의 종을 치유하신 일이나 혹은 나인성과부의 죽은 독자를 살리신 이적 등 예수님께서 행하신 이적들과 사역들을 지칭한다.

눅 7:19-20. 요한이 그 제자 중 둘을 불러 주께 보내어 이르되 오실 그이가 당신이오니이까 우리가 다른 이를 기다리오리이까 하라 하매 그들이 예수께 나아가 이르되 세례 요한이 우리를 보내어 당신께 여쭈어 보라고 하기를 오실 그이가 당신이오니이까 우리가 다른 이를 기다리오리이까 하더이다 하니.

세례 요한은 그 감옥에서 제자들이 전해주는 예수님에 대한 소식을 듣고 "그 제자 중 둘을 불러 주께 보내어" "오실 그이가 당신이오니이까 우리가 다른 이를 기다리오리이까"라고 질문하게 했다. 다시 말해 "오실 그이," 곧 '메시야'(3:16; 시 40:7; 118:26; 단 7:13; 마 3:11; 막 1:7; 요 1:27)가 예수님이신지 혹은 우리가 다른 이(다른 메시야)를 기다려야 하는 것인지에 대해 질문하려고 제자들을 보냈다.

　요한이 예수님께 왜 이런 질문을 했는지에 대하여 몇 가지 해석이 있다. 1) 세례 요한의 믿음이 약해져서 이런 질문을 한 것이 아니라 정보를 얻고 싶은 마음에서 이런 질문을 했다는 해석이 있다. 그러나 이 해석은 받기가 어렵다. 이유는 요한은 비록 감옥에 있었지만 정보를 가질 만큼 가지고 있었다. 이미 자기가 사역하는 동안 예수님에 대한 정보를 얻었었고 또 제자들이 가져다 준 정보를 통해 상당한 정보를 가지고 있었다. 2) 세례 요한은 믿음이 떨어진 것이 아니라 인내의 한계를 느껴서 이런 질문을 했을 것이라는 해석이 있다(Hase). 요한의 마음속에는 예수님의 사역이

---

52) 세례 요한은 당시 마케루스 감옥에 갇혀 있었다. 이 감옥은 사해 동쪽 8km지점, 사해 북쪽 끝으로부터 남쪽 약 24km 떨어진 곳에 위치해 있었다. 세례 요한은 헤롯 안티파스의 잘 못을 지적해서 감옥에 갇히게 되었다.

빨리빨리 전진해야 하는데 너무 느려 보여서 그런 질문을 했다는 것이다. 그러나 이런 해석도 받기가 어렵다. 이유는 문맥(24-30절)을 살필 때 예수님께서 요한의 인격을 의심한 정황이 없으시다(24-30절). 문맥은 세례 요한이 인내의 한계를 느꼈다는 내용이 없다. 다시 말해 요한이 예수님께 그런 마음, 즉 예수님이 너무 느리시다는 생각을 품은 적이 없다. 3) 요한 자신에게 예수님의 사역에 대한 의심이 생겨서 질문을 했다는 해석이 있다(Tertullian, Bruce, Gilmour, Lenski, Norval Geldenhuys, Plummer, Hendriksen, Joel B. Green, Bruce B. Barton, Dave Veerman, Linda K. Taylor, 이상근, 이순한). 렌스키(Lenski)는 "요한의 의심은 그의 신앙이 부딪힌 어려움에 의해서 발생하였다. 그것은 신앙에 기인한 의심이었다. 하나님은 예수가 메시아라는 것을 지적해주었었다(요 1:33-34). 예수는 메시아적인 모든 활동, 즉 첫째는 은혜의 활동(3:3-6), 둘째는 심판의 활동을 행할 수 있었다. 그래서 요한은 믿고 전파했고 기대했다. 그러나 예수가 그의 활동을 계속했을 때 이것은 심판에 대한 하나의 신호적 행위조차 없는, 은혜에 지나지 않는 것처럼 보였다. 이것은 세례 요한이 예수가 행하고 있었던 것을 모두 들었을 때 그를 당황케 한 것이었다. 심판의 활동, 타작기의 휘두름, 도끼의 사용은 어디에 있었는가? 그것들은 없었다. 이것은 어떻게 설명되어야 할까? 이러한 심판의 활동을 수행할 다른 이가 뒤따라 올 것인가"라고 의아해 했다.[53] 그러나 세례 요한은 결코 예수님께서 자신을 구하여주지 않는다고 해서 예수님의 사역에 대해 그런 의심은 하지 않았을 것이다. 요한은 자기는 쇠하여야 한다고 말한 적이 있었는데(요 3:30) 지금 자기가 감옥에 갇힌 것이 바로 자기가 쇠하여 가는 한 과정으로 생각했을 것이다. 그리고 윌럼 헨드릭슨(William Hendriksen)은 "세례 요한은 '만일 예수께서 그처럼 능력이 많으시다면 왜 그는 내 투옥에 대해서 손을 쓰지 않으셨는가?'라고 의아하게 여겼을 것이다. 그러나 특히 요한이 볼 때에는 구주의 입으로부터

---

53) 렌스키(Lenski), 누가복음 (상), 주석성경, pp. 351-52.

나왔던 은혜로운 말씀과 그가 행하셨던 자비로운 이적들이, 세례자인 자기가 그 분을 공중 앞에 공포했던 방법과는 일치하지 않았다. 그는 그 분을, 벌을 주고 소멸시키기 위해서 오신 분으로 설명했었다(마 3:7, 10; 눅 3:7, 9)"고 말한다.54) 그러나 렌스키나 윌럼 헨드릭슨의 해석은 세례 요한의 심리를 추론하는 데는 크게 기여하고 있지만 문맥을 살피는 데는 미흡한 것 같다. 예수님은 세례 요한의 신앙에 요동이 없었던 것으로 말씀하신다(24-25절). 세례 요한은 예수님께서 세례를 받으실 때 성령을 통하여 예수님이 메시아이신 것을 이미 알았던(마 3:13-17) 고로 예수님에 대한 믿음이 흔들렸다고 보기는 어려울 것이다. 세례 요한은 여전한 신앙을 가지고 있었던 것으로 보아야 할 것이다. 4) 자기 제자들의 신앙을 굳게 하기 위해서라는 해석이 있다(Chrysostom, Hilary, Augustine, Luther, Calvin, Beza, Grotius, Ryle, Bengel, 박윤선). 요한은 아직도 자기의 제자들 중에서 예수님을 믿지 않는 사람이 있어 예수님을 믿게 하기 위해 그런 질문을 했을 것이다. 세례 요한은 자기의 제자들이 하루 빨리 예수님에게로 나아가야 하는데 아직도 나아가지 않고 세례 요한을 의지하고 혹은 가까이 따르는 사람들이 있어(18절) 제자들의 신앙을 위해 예수님께 질문하도록 만들었다. 이것은 세례 요한으로서 당연한 처세였다. 만약 세례 요한의 신앙이 흔들려서 이런 질문을 했다면 예수님께서 세례 요한을 칭찬하지 않고 책망하셨을 것이다. 예수님은 세례 요한을 크게 칭찬하셨다(24-28절). 더욱이 19절과 20절의 질문자가 세례 요한과 함께 "우리"로 되어 있는 것은 제자들의 신앙 교육을 위해 이 질문이 기획된 것으로 보인다. 전체적인 문맥을 살필 때 마지막 해석을 택하는 것이 타당할 것으로 보인다.

눅 7:21. 마침 그 때에 예수께서 질병과 고통과 및 악귀 들린 자를 많이 고치시며 또 많은 맹인을 보게 하신지라.

54) 헨드릭슨(Hendriksen), *누가복음* (중), 헨드릭슨 성경주석, p. 43.

세례 요한의 제자들이 예수님께 와서 질문하던 시기에 예수님께서 "질병과
고통과 및 악귀 들린 자를 많이 고치시며 또 많은 맹인을 보게 하셨다."
여기 "질병"이란 '모든 병들'을 총칭하고 "고통"이란 '각 종 질병에 의한
아픔'을 지칭한다. 그리고 "악귀 들린 자"란 말은 '악귀의 지배를 받는
자'를 가리키고, 누가는 "맹인"(앞을 못 보는 장애인)에 대해서는 "질병"
속에 포함시키지 않고 따로 기록하고 있다(4:18; 6:39; 14:13, 21;
18:35-43). 이유는 예수님은 "질병"은 그저 '고치셨지만'(ἐθεράπευσεν) "맹
인"은 헬라어 원어에 의하면 '은혜로 보게 하셨기'(ἐχαρίσατο βλέπειν)
때문이다. 예수님은 맹인에 대해서는 특별히 '은혜까지 베풀어 고쳐주셨기'
때문에 누가는 맹인에 대해서 별도로 취급한 것으로 보인다.

눅 7:22. 예수께서 대답하여 이르시되 너희가 가서 보고 들은 것을 요한에
게 알리되 맹인이 보며 못 걷는 사람이 걸으며 나병환자가 깨끗함을
받으며 귀먹은 사람이 들으며 죽은 자가 살아나며 가난한 자에게 복음이
전파된다 하라.
예수님은 실제로 자신이 행하신 이적을 근거하고 말씀하시기를 "너희가
가서 보고 들은 것을 요한에게 알리라"고 하신다(마 11:5). 본문의 "죽은
자가 살아나며"란 말은 '나이성 과부의 독자가 살아난 것'을 지칭한다.
그리고 죽은 자가 살아나는 것보다 더 큰 이적이 바로 "가난한 자에게
복음이 전파되는" 것이었다(4:18). 즉 '영적인 걸인들, 다시 말해 영적으로
의와 선, 거룩, 평화, 기쁨이 없는 가난뱅이들에게 그리스도의 복음이 전파되
어 의롭게 되고 선하게 되며 거룩하게 되고 평화하게 되며 기쁨이 충만해진
다고 말하라고 하신다. 이 모든 것들을 요한에게 알려서 요한으로 하여금
제자들의 신앙교육에 유익을 주라는 내용이었다. 세례 요한은 예수님께서
세례를 받으실 때 성령을 통하여 예수님이 메시아이신 것을 이미 믿었으니
(마 3:13-17) 예수님께서 전해주시는 말씀을 근거하여 제자들을 교육하라는
것이다. 예수님은 요한에게 "맹인이 보며 못 걷는 사람이 걸으며 나병환자가

깨끗함을 받으며 귀먹은 사람이 들으며 죽은 자가 살아나며 가난한 자에게 복음이 전파된다"고 하라고 말씀하신다. 이 모든 이적들은 구약에 예언된 대로(사 35:5-6; 61:1)의 이적인고로 예수님이 바로 메시아라는 것이다.

눅 7:23. 누구든지 나를 인하여 실족하지 아니하는 자는 복이 있도다 하시니라.

예수님은 역시 요한의 제자들에게 "누구든지 나를 인하여 실족하지 아니하는 자는 복이 있다"(And blessed is [he], whosoever shall not be offended in me)고 하신다. 그리고 이 말씀은 요한에게만 주신 것이 아니라 누구든지 복을 받기 원하는 자에게 주신다. 복을 받기 원하는 자는 누구든지 "나를 인하여"(in Me) 즉 '예수님 안에서' 실족하지 아니해야 한다는 것이다. 다시 말해 예수님을 믿는 믿음에서 떨어져 나가서는 안 된다는 뜻이다. 오늘도 누구든지 예수님을 믿는 믿음에서 떨어져 나가지 않으면 구원을 받는다. 요한은 이 메시지를 받고 자기의 제자들을 교육시켜야 했다.

눅 7:24. 요한이 보낸 자가 떠난 후에 예수께서 무리에게 요한에 대하여 말씀하시되 너희가 무엇을 보려고 광야에 나갔더냐 바람에 흔들리는 갈대냐.

예수님은 본 절부터 28절까지 세례 요한을 칭찬하시는 말씀을 하신다. 예수님은 세례 요한이 보낸 두 사람이 떠난 후에 요한에 대하여 칭찬하신다(마 11:7). 예수님은 "너희가 무엇을 보려고 광야에 나갔더냐 바람에 흔들리는 갈대냐"고 말씀하신다. 여기 "너희"란 여러 계층의 사람들을 지칭할 것이다(모든 백성, 세리들, 바리새인들, 율법교사들). 예수님은 모든 계층의 사람들을 향하여 무엇을 보려고 광야에 나갔었느냐고 물으신다. "바람에 흔들리는 갈대" 곧 '줏대가 없이 시대의 조류에 따라 흔들리는 사람'을 보려고 광야에 나갔던 것이냐고 물으신다. 예수님은 요한이 그런 사람은 절대 아니라고 말씀하신다. 우리는 우리의 신앙이 시대의 조류를 따라 변질하는 신앙이어서는 안 된다.

눅 7:25. 그러면 너희가 무엇을 보려고 나갔더냐 부드러운 옷 입은 사람이냐 보라 화려한 옷을 입고 사치하게 지내는 자는 왕궁에 있느니라.

예수님은 청중들을 향하여 두 번째 질문을 하신다. "그러면 너희가 무엇을 보려고 나갔더냐"고 물으신다. 그러시면서 구체적으로 예수님은 "부드러운 옷 입은 사람" 곧 "화려한 옷을 입고 사치하게 지내는 자"를 보려고 광야에 나갔었느냐고 물으신다. 예수님은 화려한 옷을 입고 사치하게 지내는 사람은 광야에 있지 아니하고 "왕궁에 있다"고 하신다. 여기 "사치하게 지내는 사람들"은 벧후 2:13에 의하면 '육신적인 쾌락을 즐기는 사람'을 지칭한다. 다시 말해 화려하게 사는 사람들, 세상 쾌락이나 즐기는 사람들은 왕궁에 있다고 말씀하신다. 예수님은 요한이 세상의 부유층의 생활방식을 따라 사는 사람, 쾌락을 좇아 사는 사람, 육신적으로 사는 사람, 진리를 굳게 지킬 줄 모르고 좌왕우왕하는 사람은 아니라고 하신다. 세례 요한은 부드러운 옷을 입은 사람이 아니라 낙타털 옷을 입고 허리에 가죽 띠를 띠고 메뚜기와 석청을 먹고 살았다(막 1:6). 세례 요한은 많은 사람들이 따라가는 세상의 호화로운 삶을 영위하는 사람이 아니라 의지가 굳은 사람이었다. 그는 감옥에 있으면서도 역시 광야에서 있었던 때처럼 굳은 신앙의 사람이었다.

눅 7:26. 그러면 너희가 무엇을 보려고 나갔더냐 선지자냐 옳다 내가 너희에게 이르노니 선지자보다도 훌륭한 자니라.

예수님은 청중을 향하여 세 번째 질문을 하신다. "그러면 너희가 무엇을 보려고 나갔더냐"고 하신다. 이 세 번째 질문에서는 예수님은 다른 것을 더 말씀하시지 않고 요한에 대해 직접 말씀하시기를 "옳다 내가 너희에게 이르노니 선지자보다도 훌륭한 자니라"고 하신다. 세례 요한은 "선지자보다도 훌륭한 자"라고 하신다. 여기 "선지자"란 말은 '구약 시대에 등장했던 모든 선지자'를 지칭하는 말이다. 이유는 예수님께서 세례 요한을 칭찬하실 때 구약의 모든 인물 들 중에서 가장 위대한 자라고 말씀하시기 때문이다(28 절). 칼빈은 지적하기를 구약의 모든 예언자들은 미래에 오실 메시아를 믿음으로 내다보며 예언했으나 세례 요한은 메시아의 선구자가 되어 메시아를 보면서 활동했으니 구약의 모든 선지자보다 더 훌륭한 자라고 하였다.

눅 7:27. 기록된바 보라 내가 내 사자를 네 앞에 보내노니 그가 네 앞에서 네 길을 준비하리라 한 것이 이 사람에 대한 말씀이라.
예수님은 본 절과 다음 절(28절)에서 세례 요한이 훌륭한 자라고 칭찬하신다. 예수님은 세례 요한이 하나님께서 구약의 말라기 선지자를 통하여 예언하신 사람이라고 하신다.

예수님은 구약 말라기 3:1의 말씀, "보라 내가 내 사자를 네 앞에 보내노니 그가 네 앞에서 네 길을 준비하리라"(말 3:1)는 말씀을 인용하신다. 즉 '보라 내(하나님)가 내(하나님) 사자(요한)를 네(예수) 앞에 보내노니 그(요한)가 네(예수) 앞에서 네(예수) 길을 준비하리라'는 구약의 말씀을 인용하신다. 예수님은 하나님께서 세례 요한을 예수님 앞에 보내시겠다고 예언하셨는데 하나님의 예언이 바로 "이 사람에 대한 말씀이라," 곧 '이 사람에 대한 예언이라'고 하신다(마 11:10 참조). 구약의 그 어떤 예언이 예수님을 제외한 한 개인을 두고 예언한 일이 있는가. 없다. 그만큼 세례 요한은 훌륭한 사람이다. 구약의 예언이 예수님의 12제자나 70인 전도대를 목표하고 예언한 구절이 있는가. 구약이 세례 요한에 대해서 예언한 것이 유일하다.[55] 예수님은 본 절의 말씀을 인용하실 때 70인 경을 자유롭게

---

55) 바울 사도는 구약이 자신을 두고 예언한 것처럼 성구를 들고 있다. 그러나 그것은 자신이 예수님의 종이니 자기에게 적용한 것뿐이다. 바울은 "내가 너를 이방의 빛으로 삼아 너로 땅 끝까지 구원하게 하리라" 하신 말씀을 들려주었다(사 42:6; 49:6; 눅 2:32). 바울은 이사야 49:6을 자신들에게 적용한다. 바울과 바나바는 사 49:6을 근거하여 자신들이 멀리 이방으로 갈 수밖에 없다고 말한다. 이사야는 예수님을 두고 예언했지만 예수님의 종들도 그리스도 안에서 그리스도의 빛을 받아 전하는 사도들이니 이 예언의 말씀을 사도들에게 적용할 수 있었다.

인용하셨다.

예수님은 본 절에서 세례 요한의 사명에 대해 언급하셨다. 세례 요한이 한 일은 예수님 앞에서 예수님의 길을 예비하는 것이었다고 하신다. 사람들로 하여금 예수님을 잘 믿도록 준비시켜 주는 사명을 했다고 하신다. 세례 요한은 각종 사람들에게 예수님을 준비하는 방법을 가르쳐주는 사람이었다. 예수님의 선구자로서 예수님보다 먼저 와서 예수님의 길을 준비할 것이라고 예언된 사람이 바로 요한이었다.

눅 7:28. 내가 너희에게 말하노니 여자가 낳은 자 중에 요한보다 큰 자가 없도다 그러나 하나님의 나라에서는 극히 작은 자라도 그보다 크니라 하시니.

예수님은 본 절에서 두 가지 진리를 말씀하신다. 하나는 "여자가 낳은 자 중에 요한보다 큰 자가 없다"고 하신다. '구약 선지자들 중에 세례 요한 보다 더 큰 선지자가 없다'는 말씀이다. 요한은 구약 선지자들 중에 가장 위대한 선지자였고 또 마지막 선지자였다. 그가 구약 선지자들 중에 가장 큰 선지자라고 할 수 있는 이유는 말라기 이전의 모든 선지자들은 메시아의 초림을 멀리서 예언했지만 세례 요한은 이미 와 계신 예수님을 보고 예언했기 때문이었다. 그는 예수님께서 지나다니시는 것을 보고 자기의 제자들에게 "보라 세상 죄를 지고 가는 하나님의 어린 양이로다"라고 선전했고(요 1:29, 36), 또 예수님을 영접하도록 사람들로 하여금 회개하도록 권면했으며(마 3:2; 눅 1:76-77), 또 많은 사람들에게 자기는 역사의 무대에서 사라져야 하고 자기의 제자들은 예수님에게로 가는 것이 당연하다고 말씀했다(요 3:30)는 점에서 그는 가장 위대한 선지자였다. 다시 말해 그는 자기를 따르고 지지하는 사람이 자기 주위에서 머뭇 거릴 것이 아니고 예수 그리스도에게로 가야 한다고 말한 점에서 훌륭했다. 그는 그리스도 앞에서 겸손한 종으로 그리스도만 높인 점에서 그는 구약의 모든 선지자보다 가장 위대한 선지자였다.

그러니까 누가 크고 누가 작으냐 하는 것은 돈이 많고 적음에 달려 있는 것도 아니고 명예가 있느냐 없느냐에 달려 있는 것도 아니며 학위가 있느냐 없느냐에 달려 있는 것이 아니라 예수님을 얼마나 가까이 모시고 섬겼느냐에 달려 있다. 다시 말해 예수님 앞에서 얼마나 겸손하게 믿고 기도했느냐에 달려 있다(마 8:5-10; 15:21-28).

그리고 또 하나는 "그러나 하나님의 나라에서는 극히 작은 자라도 그보다 크니라"고 하신다. 즉 '신약 시대에서는 극히 작은 제자나 성도라도 세례 요한보다 크다'고 하신다. 여기 "하나님의 나라"란 다름 아니라 예수님으로 말미암아 오고 있는 하나님 나라를 지칭한다. 예수님은 사람들로 하여금 "회개하라. 천국이 가까웠느니라"고 말씀 하셨는데(마 4:17; 10:7) 이제 예수님의 복음 운동으로 말미암아 하나님의 통치가 임하고 있었다. 세례 요한이 감옥에 갇혀있는 동안 예수님은 계속해서 사역하고 계셔서 하나님의 나라가 오고 있었다. 세례 요한도 역시 하나님의 나라에 속해 있었으나 예수님으로 말미암아 오고 있던 하나님의 나라에 속해 있었던 다른 제자들이나 성도들보다는 예수님의 계시를 덜 접하게 되었다. 다시 말해 세례 요한은 예수님의 복음 운동에 덜 참여하게 되었다. 따라서 복음 운동에 덜 접하게 된 요한은 예수님의 계시에 더 접하게 된 신약 시대의 사도들이나 성도들보다는 덜 위대하다는 것이다.

"하나님의 나라에서 극히 작은 자"가 누구인가를 규명하는데 있어서 많은 해석이 주어졌다. 1) 혹자들은 '가장 작은 천사'라고 해석한다. 그러나 세례 요한을 사람이 아닌 천사와 비교하는 것은 받아드리기 어려운 해석이다. 2) 혹자들은 '예수님 자신'을 지칭하는 것으로 해석한다. 그러나 세례 요한을 예수님과 비교하는 것은 문맥에 맞지 않는다. 3) '그리스도의 십자가와 부활, 그리고 오순 절 성령 강림을 경험한 지극히 작은 사역자(성도)'라고 해석하는 것이 바른 해석일 것이다(Calvin, Ryle, Hendriksen, Merrill C. Tenney, 박윤선). 세례 요한은 예수님의 십자가와 부활 그리고 오순절을 경험하지 못한 선지자이니 그 모든 것을 경험하면서 예수님을 믿었던 신약의

성도들보다도 작다는 것이다. 세례 요한은 예수님의 초림과 또 초기 사역을
예언한 선지자로서 구약시대의 그 어떤 선지자보다도 큰 선지자였지만 그는
신약시대의 사역자(성도 포함), 곧 예수님의 대속의 십자가와 부활을 경험하
고 오순절에 성령을 체험한 성도들에 비하면 작다는 내용이다. 예수님을
더 안다는 것, 예수님을 더 가까이 섬긴다는 것은 참으로 엄청난 사건이다.
그리스도의 계시를 접한다는 것은 참으로 위대한 일이다. 사람의 크고 작음
은 그리스도를 얼마나 경험했느냐에 달려 있다. 구약 시대에 멀리 그리스도
를 바라본 선지자들보다 요한이 더 가까이 대했기에 더 컸고 또 요한보다는
그리스도의 계시를 충분히 경험했던 사도나 성도들이 더 컸다. 겸손히 그리
스도를 모셨던 사도들이나 성도들이 그렇지 못했던 성도들보다 더 크다는
칭찬을 들었다. 우리가 그리스도로 충만하고 그리스도로 옷 입고 산다면
우리는 그 누구보다도 더 클 수가 있다는 것을 알아야 할 것이다. 꼭 같은
시대를 살고 또 똑같은 기간을 살아도 예수님을 얼마나 더 경험하느냐
하는 정도에 따라 크기에 차이가 생긴다고 할 수 있다.

눅 7:29-30. 모든 백성과 세리들은 이미 요한의 세례를 받은지라 이 말씀을
듣고 하나님을 의롭다 하되 바리새인과 율법교사들은 그의 세례를 받지
아니하므로 그들 자신을 위한 하나님의 뜻을 저버리니라.
이 부분(29-30절)의 말씀이 누구의 말씀이냐를 먼저 규명하는 것이 필요하
다. 예수님께서 이 두절을 말씀하셨느냐, 아니면 누가가 삽입한 것이냐.
몇 몇 학자들은 누가의 삽입으로 본다(J. C. Ryle, Merrill C. Tenney,
Thomas R. Schreiner, John Noland, 이상근, 개역판, 개역개정판). 이렇게
보는 학자들은 앞 절(28절)에서 예수님께서 요한을 칭찬하시고 누가가 이
부분(29-30절)을 삽입하고, 다음으로 예수님은 31절부터 말씀을 계속하셨
다는 것이다. 그러나 또 몇몇 학자들, 곧 암브로우스(Ambrose), 베다(Beda),
유디미우스, 켐니티우스, 렌스키, 알버트 반스(Albert Barnes), 리온 모리스
(Leon Morris), 윌럼 헨드릭슨 등은 이 부분의 말씀을 예수님께서 하신

말씀이라고 주장한다. 렌스키는 "이 구절과 다음 구절은 뒤따라 와야 할 놀라운 예증을 위해 준비한다. 예수가 아직도 말하고 있고, 누가는 두 구절 속에 그 자신의 어떤 것을 삽입하고 있지 않다는 사실은 아무런 증명이 필요하지 않은 정도로 분명하다"고 말한다.[56] 이 학설이 더 바람직한 학설인 것으로 보인다. 이유는 이 두 절속에 누가의 말이라고 보이는 것들이 보이지 않는다. 그리고 31절 초두에 "그리고," "또"("οὖν"-"그럼으로"라고도 번역될 수 있음)라는 접속사가 있는 것을 보면 31절이 바로 앞 절을 연결하는 말씀인 것을 알 수 있다. 그러니까 29-30절은 31절과 마찬가지로 예수님의 말씀이라고 보는 것이 옳을 것이다.

예수님은 앞 절에서 세례 요한을 칭찬하시고는 이 부분(29-30절)에 와서도 역시 세례 요한에 대해 말씀하시는데 세례 요한을 두고 두 가지의 반응을 말씀하신다. 이렇게 두 반응을 말씀하신 다음 31절 이하를 말씀하신다. 예수님은 "모든 백성과 세리들은 이미 요한의 세례를 받았다"고 말씀하신다 (3:12; 마 3:5-6). 여기 "세리들"은 "모든 백성" 속에 포함된 사람들이지만 워낙 죄가 컸던 사람들이기에 따로 취급하신다. 그러니까 '세리들까지도'라는 뜻을 가지고 있다(렌스키). 그러나 넓은 의미에서 세리들도 모든 백성 속에 포함되는 것은 사실이다.

예수님은 모든 백성과 세리들이 "이 말씀을 듣고 하나님을 의롭다"는 말씀을 하신다. 모든 백성과 세리들이 '세례 요한의 설교를 듣고 하나님을 옳다'고 평가했다는 뜻이다. 그들은 하나님께서 요한에게 주신 설교(명령)를 듣고 하나님의 말씀이 바르다는 것을 인정했다. 그래서 그들은 요한의 설교 말씀을 따라 세례도 받는 자리에까지 나왔다. 그들은 세례를 받는 것으로써 세례 요한을 통해서 주신 하나님의 말씀이 옳다는 것을 증명해 보였다는 것이다. 예수님은 예수님만 세례 요한을 칭찬한 것(28절)이 아니라 모든 백성과 세리들까지도 세례를 받음으로써 세례 요한을 옳다고 인정했다고

---

56) 렌스키, *누가복음* (상), 진연섭역, p. 360.

하신다. 세례 요한은 예수님으로부터 칭찬 받고 백성들로부터도 역시 정당
하고 하는 평판을 받았다.

그러나 예수님은 "바리새인과 율법교사들은 그의 세례를 받지 아니하므
로 그들 자신을 위한 하나님의 뜻을 저버렸다"고 하신다(행 20:27). 예수님
은 '바리새인들과 율법 교사들(5:17; 7:30; 10:25; 11:45-46, 52-53; 14:3)은
요한이 베푸는 세례를 받지 않아서 결국은 하나님의 뜻을 버리고 말았다'고
하신다. 하나님의 뜻은 바리새인들과 율법 교사들까지도 요한이 베푸는
회개의 세례를 받고 그리스도를 믿으라는 것이었는데 그들은 세례를 받지
않아 하나님의 뜻을 그만 저버리고 말았다.

눅 7:31-32. 또 이르시되 이 세대의 사람을 무엇으로 비유할까 무엇과 같은
가 비유하건대 아이들이 장터에 앉아 서로 불러 이르되 우리가 너희를
향하여 피리를 불어도 너희가 춤추지 않고 우리가 곡하여도 너희가 울지
아니하였다 함과 같도다.

예수님은 본 절부터 35절까지 유대인의 완고함을 책망하신다. 예수님은
"이 세대의 사람," 즉 '바리새인들과 율법 교사들 그리고 그들에게 동조하는
사람들'의 행동을 무엇으로 비유하면 좋을까하고 말씀하신다(마 11:16).

예수님은 얼른 그 시대 사람들이 잘 알 수 있는 비유를 찾으셔서 이렇게
말씀하신다. 곧 "비유하건대 아이들이 장터에 앉아 서로 불러 이르되 우리가
너희를 향하여 피리를 불어도 너희가 춤추지 않고 우리가 곡하여도 너희가
울지 아니하였다 함과 같다"고 하신다. '아이들이 장터에 앉아 서로 불러
말하기를 우리가 너희를 향하여 피리를 불어도(결혼식 흉내) 너희가 춤추지
않고 우리가 슬프게 울어보아도(장례식 흉내) 너희가 울지 않는 것과 같다'
고 하신다. 좋아서 춤을 추어야 할 때 춤도 안 추고 또 슬퍼해야 할 때
슬퍼하지도 않는다고 탄식하신다. 예수님은 당대의 바리새인과 율법교사들
그리고 그들을 지지하는 사람들은 세례 요한의 세례도 받지 않고 그렇다고
하여 또 예수님의 말씀에도 찬동하지 않는다고 하신다. 바리새들과 율법

교사들은 이것도 싫다 저것도 싫다는 반응을 보이고 있다는 것이다. 오늘도 예수님에 대해 비평만하고 따르지 않는 사람들이 있다. 택함 받지 않은 사람들은 아무리 좋다는 것이 있어도 감동이 없다.

눅 7:33. 세례 요한이 와서 떡도 먹지 아니하며 포도주도 마시지 아니하매 너희 말이 귀신이 들렸다 하더니.

예수님은 앞부분(31-32절)에서 당대의 바리새인과 율법교사들 그리고 그들을 지지하는 사람들이 세례 요한의 세례도 받지 않고 그렇다고 하여 또 예수님의 말씀에도 찬동하지 않는다고 꼬집으신 후 본 절에서는 그들이 세례 요한에 대한 반응을 구체적으로 들으신다. 세례 요한이 역사상에 나타나서 밥도 잘 먹지 아니하며 음료수도 마시지 아니한 채 금식생활을 많이 하는 것(1:15; 7:33; 마 3:4; 막 1:6)을 두고 요한에 대하여 평하기를 "귀신이 들렸다"고 평했다는 것이다. 세례 요한이 '귀신에 사로잡혀서' 식생활을 제대로 하지 않는다고 평한 것이다(요 7:20; 10:20 참조). 바리새인들과 율법 교사들과 또 그들에게 동조하는 유대인들은 세례 요한과 그 제자들을 보고 교훈을 받았어야 했는데 거꾸로 말했다.

눅 7:34. 인자는 와서 먹고 마시매 너희 말이 보라 먹기를 탐하고 포도주를 즐기는 사람이요 세리와 죄인의 친구로다 하니.

바리새인들과 율법 교사들 그리고 그들의 동조자들은 예수님께서 음식을 잡수시는 것을 보고 악평하기를 "보라 먹기를 탐하고 포도주를 즐기는 사람이요 세리와 죄인의 친구로다"라고 했다. 바리새인들과 율법 교사들 그리고 그들의 동조자들은 예수님께서 마태가 개설한 큰 잔치에 참석하셔서 음식을 잡수시고 포도주를 드시는 것(5:29-30; 마 9:10-11; 막 2:15)을 보고 세례 요한에게 퍼부었던 악평과는 반대의 악평을 퍼 부었다. 곧 '예수는 먹기를 밝히는 사람이요 포도주를 아주 즐기는 사람이며 또 세리와 죄인의 친구'라고 했다. 사람들은 대체적으로 악평에 빨라서 이러면 이렇다하고 저러면 저렇다고 한다. 그래서 예수님은 다음절과 같이 말씀하신다.

눅 7:35. 지혜는 자기의 모든 자녀로 인하여 옳다 함을 얻느니라.
예수님은 유대인들의 악평을 청취하신(33-34절) 다음 "지혜," 곧 '세례
요한이나 예수님'이 "자기의 모든 자녀로 인하여," 즉 '요한의 지지자들과
또 예수님을 믿은 사람들로 인하여' 옳다는 평가를 받을 것이란 뜻이다(마
11:19). 여기 "자기의 모든 자녀"란 말 대신 마 11:19에서는 '그 행한 일'이
란 말로 바뀌어 나온다. 똑 같은 내용이다. 세례 요한이나 예수님은 악평을
받으셔야 할 분들이 아니라 옳다하는 평을 받으셔야 할 분들인데 바리새인들
이나 율법 교사들, 그리고 그들의 동조자들에 의해서는 옳다는 평을 받지
못하셨다. 그러나 그 제자들, 그를 따르는 자들, 믿는 자들에 의해서 옳다는
평을 받을 것이라고 하신다. 예수님은 벌써 세리와 죄인들이 예수님을 따르
면서 예수님을 주님으로 모시고 찬양하게 되었으니 자녀들이 생긴 셈이다.
오늘도 옳은 일을 하는 사람들은 그 추종자들로 말미암아 옳다는 평을
받게 된다. 세상에는 항상 악평하는 사람들이 있기 마련인데 지혜롭게 행한
사람들은 그 지혜를 알아보는 사람들로 말미암아 옳다고 하는 평을 받게
되어 있다.

　P.죄 많은 여인의 믿음 7:36-50
　이 부분(36-50절)에 나오는 여인이 예수님에게 기름 부은 사건은 누가복
음에만 있는 독특한 사건이다. 혹자들은 이 사건과 마 26:6-13; 막 14:3-9;
요 12:1-8과 똑 같은 사건으로 보나 독특한 사건으로 보아야 한다. 마
26:6-13; 막 14:3-9; 요 12:1-8에 여인이 예수님께 기름 부은 사건은 베다니
에서 된 일이고 누가복음의 것은 가버나움에서 된 일로 보인다. 또 혹자들은
누가복음에 기록된 기름 부은 여인이 막달라 마리아라고 주장하나 만일
막달라 마리아였다면 누가가 그 이름을 기록했을 것이다. 누가는 막달라
마리아의 이름을 8:2에 기록했고 24:10에 기록하고 있다.

눅 7:36. 한 바리새인이 예수께 자기와 함께 잡수시기를 청하니 이에 바리새인의 집에 들어가 앉으셨을 때에.

다른 바리새인들이 주님을 대적하고 있었던 시기(30절)에 "한 바리새인이 예수께 자기와 함께 잡수시기를 청했다"(마 26:6; 막 14:3; 요 11:2). 눈치를 살피지 않은 용감한 태도였다. 그러나 그 바리새인도 역시 그 사회의 분위기를 완전히 뛰어 넘지는 못했다. 예수님께 대한 대접이 참으로 소홀했다(44-46절). 그는 예수님으로부터 무슨 꼬투리라도 잡으려는 심산으로 예수님을 초청했거나 아니면 자기 이름을 내려는 생각으로 초청했던 것 같다. 어떤 의도로 예수님을 초청했든 예수님은 초청에 응하셔서 "바리새인의 집에 들어가 앉으셨다." 누가는 예수님께서 이번만 아니라 다른 경우에도 또 바리새인의 초청에 응하신 사건을 기록하고 있다(11:37; 14:1). 본문의 "앉으셨다"는 말은 식사 때의 자세로 왼쪽 손으로 머리를 베고 비스듬히 눕는 자세였다. 바로 그 때에 다음 절 이하와 같은 일이 벌어졌다.

눅 7:37. (보라ἰδοὺ) 그 동네에 죄를 지은 한 여자가 있어 예수께서 바리새인의 집에 앉아 계심을 알고 향유 담은 옥합을 가지고 와서.

우리 한글 번역에는 생략된 "보라"(ἰδοὺ)란 말이 헬라어 문장 초두에 나타나 있다. 예수님께서 초대되어 식사하시는 자리에 엉뚱한 사건이 벌어지고 있다는 뜻이다. 죄인 여자가 갑자기 나타난 것은 누가 보더라도 이상한 현상이었다.

　　"그 동네," 곧 '누가가 구체적으로 말하기를 원하지 않는 동네'에 사는 "죄를 지은 한 여자가 있어" 바리새인의 초청을 받지도 않고 "예수께서 바리새인의 집에 앉아 계심을 알고 향유 담은 옥합을 가지고 왔다." 이 여인은 죄가 얼마나 크던지 이름을 밝히지 않고 "죄를 지은 한 여자'라고만 말해도 그 사람이 누구인지 다 알 수 있는 정도로 현저히 죄를 지은 여인이었다. 이 여인은 예수님께서 바리새인의 집에 앉아 계심을 알고 향유 담은 옥합을 가지고 왔다. 그 여인은 예수님 앞에 나아오기 전에 그리스도의 복음을 듣고 벌써 죄 사함을 받아서(48절) 감사의 표시로 향유를 부어드리려고 왔다. 죄 사함을 받지 않았으면 어찌 예수님께 향유를 부으려고 나왔겠는가. 혹자들은 여기 죄를 지은 여인이 막달라 마리아라고 주장하기도 하나 근거가 없다. 만일 이 문장의 여인이 막달라 마리아였다면 누가는 막달라 마리아라고 기록했을 것이다. 8장에도 그리고 24장에도 막달라 마리아의 이름이 기록되어 있으니 이 문장에도 그 이름을 기록할 수 있었을 것이다.

눅 7:38. 예수의 뒤로 그 발 곁에 서서 울며 눈물로 그 발을 적시고 자기 머리털로 닦고 그 발에 입맞추고 향유를 부으니.

그 여인은 식사하시는 예수님의 뒤로 그 발 곁에 서서 있었다. 예수님께서 식사하시기 위해서 왼손으로 머리를 괴시고 비스듬히 누우셨고 발은 식탁으로부터 멀리 펴신 채 계셨는데 여인은 예수님의 뒤로 와서 발 곁에 섰다. 그리고는 지난날 저질렀던 자신의 무수한 죄를 사해주신 예수님께 대한 상상할 수 없는 감사함 때문에 한없이 흐르는 눈물로 예수님의 두 발을 적셨다. 두 발을 다 적시기 위해서는 아마도 최소한 반 컵 정도의 눈물을 흘렸으리라. 그런 다음 그 여인은 몸을 굽혀 자기의 머리털을 풀어 머리털로 예수님의 두 발을 다 닦았다. 여인이 머리를 푼 것은 헌신을 뜻한다. 여인의 머리털은 참으로 그 이상 더 중요할 수가 없다. 귀하게 간직해왔고 지금도 매만지고 있던 그 머리털을 가지고 예수님의 두 발을 닦았다는 것은 예수님에 대한 최대의 헌신을 보여드린 것이다. 그리고 그 여인은 예수님의 발에 입을 맞추었다. 이 여인은 예수님의 발에 입 맞추기를 그치지 않았다고 예수님은 칭찬하셨다(45절). 아마도 한 곳에 계속해서 입 맞춘 것이 아니라 발전체에 걸쳐 입을 맞추었을 것이다. 그런 다음 그가 가지고 온 향유(감람유보다는 비교도 되지 않을 정도로 비싼 것이다)를 예수님의 발에 부어드렸다. 향유를 부은 것은 모든 물질을 아낌없이 드린 것을 뜻한다. 예수님께 향한 헌금은 결코 낭비가 아니다(눅 21:1-4).

눅 7:39. 예수를 청한 바리새인이 이것을 보고 마음에 이르되 이 사람이 만일 선지자더면 자기를 만지는 이 여자가 누구며 어떠한 자 곧 죄인인 줄을 알았으리라 하거늘.

예수님을 초청한 바리새인이 여인의 행동을 보고 마음속으로 "이 사람이 만일 선지자더면 자기를 만지는 이 여자가 누구며 어떠한 자 곧 죄인인 줄을 알았으리라"고 생각했다(15:2). 바리새인 시몬은 예수님을 "선지자" 정도로도 여기지 않았다. 시몬은 만일 예수님이 선지자만 된다고 해도 "자기를 만지는 이 여자가 누구며 어떠한 자 곧 죄인인 줄을 알았을" 터인데 아마도 선지자도 되지 못하는 것 아니냐고 생각했다. 랍비의 교훈에는 여자가 남자 가까이에 올 수가 없었는데 이 여인이 예수님을 만지는 것을 그냥 허용하시니 바리새인은 예수님을 바라보면서 예수님을 멸시하고 있었고 또 식사 시간에 찾아온 여인을 죄인이라고 멸시하고 있었다. 만약 예수님께서 이 여자를 그 식사 자리에서 쫓아냈다면 바리새인은 예수님을 선지자로 추앙했을 것이다. 바리새인은 예수님께서 이 여인을 용서한 줄 몰랐고 또 이 여인이 사죄 받은 감격으로 이렇게 행동하는 줄 전혀 알지 못했다. 율법적이었던 바리새인은 복음적인 이 여인의 행동을 이해했을 수가 없었다.

눅 7:40. 예수께서 대답하여 이르시되 시몬아 내가 네게 이를 말이 있다 하시니 그가 이르되 선생님 말씀하소서.

예수님은 본 절부터 42절까지 예수님에 대해서 의아해 하던 바리새인의 의구심을 풀어주신다. 예수님은 두 빚진 사람의 비유를 통하여 해명하신다. 예수님은 시몬이 묻지도 않고 마음으로만 생각하고 있었던 것을 아시고 "대답하여 이르신다." 예수님은 묻기 전에 아신다. 그래서 대답하신다. "내가 네게 이를 말이 있다 하신다." 예수님의 이 말씀에 대하여 바리새인은 "선생님 말씀하소서"라고 말씀드린다.

눅 7:41-42. 이르시되 빚 주는 사람에게 빚진 자가 둘이 있어 하나는 오백

데나리온을 졌고 하나는 오십 데나리온을 졌는데 갚을 것이 없으므로 둘
다 탕감하여 주었으니 둘 중에 누가 그를 더 사랑하겠느냐.

예수님은 시몬이 "선생님 말씀하소서"라는 말씀을 들으시고 한 채권자에게
두 사람의 빚 진자가 있었다는 비유를 들으신다. "빚 주는 사람에게 빚진
자가 둘이 있었다"고 말씀하신다. 한 채권자에게 두 채무자가 생겼다고
하신다. 그런데 그 액수가 다르다고 하신다. 한 사람은 "500데나리온,"
즉 '한 사람의 노동자가 500일간 벌어야 하는 돈' 만큼 많은 빚을 졌고,
또 한 사람은 "오십 데나리온," 즉 '한 사람의 노동자가 50일간 벌어야
하는 돈' 만큼의 빚을 졌다고 하신다. 첫 번째 채무자가 지은 빚은 두 번째
채무자가 지은 빚의 10배가 된다.

그런데 예수님은 두 채무자 모두 똑같이 "갚을 것이 없었다"고 하신다.
우리 인생의 형편을 따라 설명하신 말씀이다. 우리는 우리 스스로 우리의
죄 값을 갚을 수 없었다. 누가 죄 값을 다 갚는단 말인가. 이런 형편에
있는 두 채무자를 불쌍히 여기서서 채권자되시는 예수님께서 두 사람의
빚을 다 탕감하여 주셨다고 말씀하신다. 예수님은 그의 긍휼로 죄를 다
씻어주셨다. 그리스도께서는 그가 흘리신 보혈로 모두 씻어주셨다. 예수님
은 시몬에게 둘 중에 누가 채권자이신 예수님을 더 사랑하겠느냐고 물으신
다. 죄를 더 많이 지었던 여인이 더 사랑하겠느냐 아니면 죄를 조금 지었다고
하는 사람이 예수님을 더 사랑하겠느냐고 물으신다.

눅 7:43. 시몬이 대답하여 이르되 내 생각에는 많이 탕감함을 받은 자니이다
이르시되 네 판단이 옳다 하시고.

"둘 중에 누가 그를 더 사랑하겠느냐"는 예수님의 쉬운 질문(앞 절)에 시몬이
대답하기를 "내 생각에는 많이 탕감함을 받은 자니이다"라고 대답한다.
즉 '500데나리온의 돈을 탕감함을 받은 자니이다'라고 대답한다. 예수님의
쉬운 질문에 대하여 아무리 둔한 사람이라도 잘 대답할 수 있는 문제이다.
정신병자만 아니라면 다 대답할 수 있는 문제였다.

　　예수님은 시몬의 대답을 들으시고 "네 판단이 옳다 하신다." 시몬의 판단이 옳았기에 옳은 대답을 했다고 말씀하신다. 이제 시몬은 예수님에게 걸려들었다. 그렇게 대답을 해놓았으니 좌로나 우로나 비켜갈 수 없게 되었다. 그래서 이제 예수님은 다음 44절부터 47절까지 시몬의 행동과 그 여인의 행동을 비교하시면서 시몬을 변박하신다.

눅 7:44. 그 여자를 돌아보시며 시몬에게 이르시되 이 여자를 보느냐 내가 네 집에 들어올 때 너는 내게 발 씻을 물도 주지 아니하였으되 이 여자는 눈물로 내 발을 적시고 그 머리털로 닦았으며.

　　예수님은 "그 여자를 돌아보시며 시몬에게 이르신다." 예수님은 예수님의 뒤에서 향유를 부은 여자를 돌아보시면서 시몬에게 말씀하시기를 "이 여자를 보느냐"고 물으신다. 시몬이 여자를 보고 있었지만 예수님은 시몬에게 말씀하시기 위하여 시몬에게 그 여자에게 주목하게 하기 위해서 '이 여자를 보느냐'고 말씀하신다. 예수님은 시몬에게 말씀하시기를 "내가 네 집에 들어올 때 너는 내게 발 씻을 물도 주지 아니하였으되 이 여자는 눈물로 내 발을 적시고 그 머리털로 닦았다"고 하신다. 다시 말해 시몬은 예수님에게 발 씻을 물도 드리지 아니한데 비해 여자는 눈물을 흘려 발을 적셨고 또 머리털로 닦았다고 하신다. 한 사람은 물도 드리지 않았는데 여인은 물보다 귀한 눈물로 발을 적셨고 머리털로 닦았다고 하신다. 시몬은 할 말이 없게 되었다. 변명의 여지가 없게 된 것이다. 오늘 우리가 성의 없이 그리스도를 대하지 말고 최선을 다해서 그리스도를 대해야 할 것이다.

눅 7:45. 너는 내게 입맞추지 아니하였으되 그는 내가 들어올 때로부터 내 발에 입맞추기를 그치지 아니하였으며.

　　예수님은 시몬을 향하여 계속해서 책망하시면서 여인을 향한 찬사를 아끼지 않으신다. 예수님은 시몬에게 "너는 내게 입 맞추지 아니하였으되 그는 내가 들어올 때로부터 내 발에 입 맞추기를 그치지 아니하였다"고 하신다.

예수님은 시몬이 예수님에게 입을 한 번도 맞추지 아니했다고 하시고, 여인
은 예수님께서 시몬의 집에 들어오신 때부터 계속해서 입을 맞추었다고
칭찬하신다. 입 맞춤은 손님에 대한 존경과 사랑의 표현으로 뺨이나 손에
입을 맞추었는데(창 29:13; 33:4; 45:15; 출 18:7; 삼하 19:39) 시몬은 예수
님에 대한 존경도 없었고 사랑도 없었던 것에 비하면 여인은 예수님에
대한 존경과 사랑을 충분히 표현했다는 점에서 예수님의 칭찬을 받은 것이
다. 우리는 그리스도를 사랑하는 마음으로 말씀의 사역자들을 사랑하고
또 일반 성도들을 사랑해야 한다.

**눅 7:46. 너는 내 머리에 감람유도 붓지 아니하였으되 그는 향유를 내 발에
부었느니라.**
예수님은 시몬을 향하여 당시에 흔하게 사용되던 감람유도 예수님의 머리에
붓지 아니하였다(시 23:5; 141:5)고 책망을 하신 반면 여인은 값 비싼 향유를
예수님의 발에 부었다고 찬사를 아끼지 않으신다. 우리는 아무리 비싼 물질
도 예수님에게 드려야 할 것이다(막 10:29-30).

**눅 7:47. 이러므로 내가 네게 말하노니 그의 많은 죄가 사하여졌도다 이는
그의 사랑함이 많음이라 사함을 받은 일이 적은 자는 적게 사랑하느니라.**
예수님은 앞에서(44-47절) 여인의 많은 사랑을 나열하신 다음 바리새인
시몬에게 말씀하시기를 "이러므로 내가 네게 말하노니 그의 많은 죄가 사하
여졌다"고 하신다(딤전 1:14). 예수님은 여인의 사랑이 많은 것을 보니
여인의 많은 죄가 사해진 것이라고 말씀하신다. 예수님의 이 말씀은 여인이
예수님을 사랑하는 것이 하나의 공로가 되어 많은 죄가 사해졌다고 하신
것이 아니라[57) 여인이 예수님을 확실히 믿었기에 여인의 죄가 사해졌다고

---

57) 가톨릭 교회(Catholic Church)의 사랑의 공로설은 성경을 위반한다. 우리가 무슨 사랑이
있어서 죄를 사함 받겠는가. 우리가 그리스도를 믿을 때에 예수님께서 죄를 사해주신다. 그
결과 우리는 그리스도를 사랑하게 되는 것이다.

하신 것이다. 다시 말해 이 여인의 믿음이 컸기에 많은 사랑을 표출할 수 있었던 것이고 또 사랑이 많은 것은 믿음이 크다는 것을 증명하는 것이다. 죄는 믿음으로 사함 받는데(마 9:2) 여인은 바리새인 집에 찾아오기 전에도 큰 믿음을 가지고 있었다. 그런고로 그 여인은 이미 죄를 사함 받고 있었다. 이미 죄 사함의 확신이 있었던 그 여인은 예수님을 사랑하고 존경하는 지극한 마음으로 바리새인 시몬의 집에서 사랑을 나타냈다.

예수님은 여인의 많은 죄가 사하여졌다고 할 수 있는 이유를 또 말씀하신다. 곧 "그의 사랑함이 많음이라"고 하신다. 여기 "사랑함"이란 '믿음에서 나온 사랑'을 지칭하는 말이다(갈 5:6). 결코 믿음과 별개의 사랑을 말하는 것이 아니라 믿음이 있기에 사랑할 수 있었다는 뜻이다. 믿음이 있으면 사랑의 행위가 표출된다(마 25:34-40; 약 2:14-26). 여인은 믿음이 컸기에 예수님을 뜨겁게 사랑할 수 있었다. 예수님은 그 여인의 사랑의 행위에서 그 여인의 믿음을 보셨다. 믿음이 있다고 하면서 사랑을 표출하지 아니하면 그 믿음은 공허한 믿음이다.

예수님은 또 "사함을 받은 일이 적은 자는 적게 사랑하느니라"고 말씀하신다. 혹자는 예수님의 이 말씀은 시몬을 두고 하신 말씀이라고 말하나 일반적인 진리를 말씀하신 것으로 보인다. 누구든지 그리스도를 믿는 믿음이 없어 죄 사함의 확신이 없는 자는 예수님을 별로 사랑하지 않는다. 그러니까 믿음이 없으면 죄 사함 받지 못하고 죄 사함을 받지 못하면 예수님을 별로 사랑하지 않는다. 여인은 바리새인 시몬의 집에 오기 전에 벌써 죄 사함의 확신이 있었기에 예수님을 참으로 사랑했다. 우리는 예수님을 참으로 믿어야 한다. 그리고 죄 사함의 확신 속에서 살아야 한다. 그러면 예수님을 뜨겁게 사랑할 수 있다.

눅 7:48. 이에 여자에게 이르시되 네 죄 사함을 받았느니라 하시니. 바로 앞 절에서는 예수님께서 바리새인 시몬에게 여인의 사랑이 많았기에, 다시 말해 여인의 믿음이 컸기에 죄 사함을 받았다고 하셨는데(47절) 이제 본 절에서는 그 여자를 향하여 "네 죄 사함을 받았느니라"고 선언하신다 (5:20; 마 9:2; 막 2:5). '네 모든 죄를 말끔히 씻어주셨다'고 선언하신 것이다. 죄가 너무 커서 죄가 큰 여인이라고만 해도 통하던 죄인이 죄를 용서함 받았다고 선언 받은 것은 놀라운 혁명적인 사건이 아닐 수 없다. 아마도 예수님의 사죄 선언은 이 여인에게 하늘에서 나는 천둥소리보다 더 컸으리라. 예수님의 이 선언으로 말미암아 시몬의 집에 초대받았던 바리새인들은 더 이상 이 여인을 죄인으로 여기지 못했을 것이다.

본문의 "사함을 받았느니라"(ἀφέωνται)는 말은 현재완료 수동태 시제로 '이미 사함 받았고 지금도 사함 받은 상태에 있다'는 뜻이다. 여인은 바리새인 집에 가기 전에 그리스도를 믿는 순간 사죄를 받았는데 사죄 선언을 받는 순간에도 여전히 사죄를 받은 상태에 있었다. 오늘 우리가 어떤 죄를 지었다 하더라도 그리스도 앞에만 나가면 죄 사함을 받는다는 것을 알아야 할 것이다. 예수님은 그의 피로 우리 죄를 다 씻어주신다

눅 7:49. 함께 앉아 있는 자들이 속으로 말하되 이가 누구이기에 죄도 사하는 가 하더라.
바리새인 시몬의 집에 초대되어 "함께 앉아 있는 자들이 속으로 말하되 이가 누구이기에 죄도 사하는가"라고 반발했다(5:21; 마 9:3; 막 2:7). 그 사람들은 예수님이 "누구인지"를 몰랐다. 예수님이 죄를 사하시는 줄 몰랐다. 그들은 예수님이 하나님이신 줄 모른 것이다. 예수님은 죄를 사하시는 분이시다.

눅 7:50. 예수께서 여자에게 이르시되 네 믿음이 너를 구원하였으니 평안히 가라 하시니라.
예수님은 여자에게 다시 두 가기를 선언하신다(48절). 하나는 "네 믿음이 너를 구원하였다"고 선언하신다. 여기 "네 믿음"이란 말은 여자가 바리새인 시몬의 집에 들어오기 전부터 가지고 있었던 믿음을 지칭한다(8:48; 17:19;

18:42; 마 9:22; 막 5:34; 10:52). 여인의 믿음이 컸기에 예수님을 향한 많은 사랑을 표출했다. 예수님은 사랑을 표출한 믿음을 보시고 그 믿음이 "너를 구원하였다"고 하신다. 여기 "구원하였다"(σέσωκέν)는 말씀은 현재 완료형으로 '이미 구원했고 지금도 구원한 상태에 있다'는 뜻으로 "죄 사함을 받았다"(48절)는 말씀과 동일한 내용이다. 우리가 예수님을 믿으면 예수님은 우리를 구원해 주신다.

또 하나는 "평안히 가라"(πορεύου εἰς εἰρήνην)고 선언하신다. "평안히 가라"는 말은 '평안 속으로 들어가라'는 뜻이다. 영적인 평안 속으로 들어가라는 뜻이고 또 육적인 형통 속으로 들어가라는 뜻이다. 여인의 과거는 수치의 연속이었고 또 고민의 연속이었으나 이제는 마음에 한량없는 평안의 연속이 임한다는 뜻이다(요 14:27). 삿 18:6; 삼상 1:17; 삼하 15:9; 왕상 22:17 참조. 그리고 육신적으로도 과거에는 불행의 연속이었으나 이제부터 그리스도께서 주시는 형통 속으로 들어가라는 뜻이다. 사람이 구원을 받은 후에는 육신적으로도 불행한 일이 물러가고 형통함이 찾아온다. 그렇다고 어려운 일이 전혀 없다는 뜻은 아니고 다만 무슨 일을 만나든지 영적으로 유익이 된다(롬 8:28 참조). 우리가 그리스도 앞에 나아갈 때 우리는 마음에 큰 평안을 가지고 살며 또 평안을 가지고 전도하게 되며 육신도 평안함을 얻게 된다.

제 8 장
예수님께서 순회 전도하시다

Q.순회전도 하시다   8:1-56

예수님은 갈릴리 전도를 계속하시는 중에 제자 훈련에 중점을 두신다. 먼저 1) 누가는 예수님의 전도에 협조한 여인들을 소개하고(1-3절), 2) 예수님의 씨 뿌리는 비유를 기록하며(4-15절), 3) 등불은 등경위에 두어야 한다는 설교(16-18절), 4) 예수님의 어머니와 동생들이 누구인가라는 말씀(19-21절), 5) 예수님께서 풍랑을 잔잔하게 하신 일(22-25절), 6) 귀신들린 자를 고치신 일(26-39절), 7) 야이로의 딸을 일으키시고 혈루증 여인을 고치신 일(40-56절)을 기록한다.

1.예수님의 사역에 협조한 여인들   8:1-3

누가는 예수님께서 죄 많은 여인에게 사죄를 선언하신(7:36-50) 후 이제 이 부분(1-3절)에서는 예수님의 전도에 협조한 여인들을 나열한다. 12제자만 예수님을 따른 것이 아니라 여자들도 예수님을 따라 자기들의 소유로 예수님의 전도를 도왔다.

눅 8:1. 그 후에 예수께서 각 성과 마을에 두루 다니시며 하나님의 나라를 선포하시며 그 복음을 전하실 새 열두 제자가 함께 하였고.

누가는 죄 많은 여인이 바리새인 시몬의 집에 불청객으로 찾아가 예수님께 기름을 부은 사건(7:36-50)을 기록한 다음 "그 후에" 예수님께서 순회전도에 오르신 것을 기록한다. 누가는 "예수께서 각 성과 마을에 두루 다니시며 예수께서 각 성과 마을에 두루 다니실 새 열두 제자가 함께 하였다"고 기록한다. 여기 "예수께서 각 성과 마을에 두루 다니셨다"는 말씀은 '예수님 께서 갈릴리 지역의 각성과 마을에 두루 다니시면서 전도하셨다'는 뜻이다. 예수님은 두루 다니시면서 "하나님의 나라를 선포하시며 그 복음을 전하셨 다"(κηρύσσων καὶ εὐαγγελιζόμενος τὴν βασιλείαν τοῦ θεοῦ-preaching and shewing the glad tidings of the kingdom of God)고 말한다. 예수님은 갈릴리 사람들에게 하나님의 통치를 받아 이 세상에서 하나님의 영적인 왕국에서 살라고 설교하셨으며 또 하나님께서 왕이신 은혜의 나라가 온다고 설교하셨다. 이 세상에서는 하나님께서 통치하시는 영적인 왕국, 내세에서 는 온전히 이루어진 하나님의 왕국에 들어가야 한다고 선전하셨다. 이렇게 사람들에게 천국에 들어가라고 설교하실 때 "열두 제자가 함께 하였 다"(6:13-16). 예수님의 제자들은 예수님과 함께 다니면서 전도의 훈련을 쌓아야 했다.

눅 8:2. 또한 악귀를 쫓아내심과 병 고침을 받은 어떤 여자들 곧 일곱 귀신이 나간 자 막달라인이라 하는 마리아와.

누가는 앞 절(1절)에서는 예수님께서 전도하실 때 동행했던 12제자에 대해 말했고 본 절과 다음 절(3절)에서는 예수님의 전도에 협조한 여인들을 나열 한다. 여인들 중에는 막달라 마리아58)를 제일 먼저 언급한다. 누가는 "악귀 를 쫓아내심과 병 고침을 받은 어떤 여자들 곧 일곱 귀신이 나간 자 막달라인 이라 하는 마리아"를 말한다(마 27:55-56; 막 16:9). 즉 '악귀가 쫓아내심을 받은 자와 병 고침을 받은 어떤 여자들'중에 제일 먼저 '일곱 귀신이 나간 자 막달라인이라 하는 마리아'를 내세운다. 일곱 귀신이 들렸었다는 말은 극악한 귀신이 들렸었다는 것을 지칭한다. "막달라인"이란 말은 막달라59)

---

58) 막달라 마리아는 예수 그리스도를 따랐고 또 예수님께서 십자가에서 못 박히실 때 보았으며(마 27:55-56; 막 15:40; 요 19:25), 그리스도께서 십자가에서 죽으신 후 그의 시체가 어디 있었는지를 알고 있었고(마 27:61; 막 15:47; 눅 23:55), 예수님의 부활을 최초로 목격했다(막 16:9; 요 20:1-18).

출신이라는 뜻이다. 혹자들은 7:36-50에 나오는 죄 많은 여인이 막달라 마리아였을 것이라고 추측하나 전혀 다른 여인으로 보아야 한다. 죄가 많은 여인은 윤리적으로 문제가 있었던 여인이고 귀신들렸던 여인은 정신적으로 문제가 있었던 여인이었다. 막달라 마리아는 극악한 귀신이 들렸다가 주님 으로 말미암아 나갔기에 주님을 제일 앞장서서 따랐다.

눅 8:3. 헤롯의 청지기 구사의 아내 요안나와 수산나와 다른 여러 여자가 함께하여 자기들의 소유로 그들을 섬기더라.

누가는 두 번째로 "헤롯의 청지기 구사의 아내 요안나"를 언급한다. "헤롯의 청지기"란 말은 아마도 '갈릴리 지역을 다스리던 헤롯 안티파스의 재산 관리인'일 것이다. "요안나"는 헤롯 안티파스의 재산관리인 구사의 아내였 는데 어떻게 해서 예수님을 자유롭게 따를 수 있었는지 참으로 신기한 일이었다. 요안나는 예수님께 부활하셨을 때 천사로부터 "그가 여기 계시지 않고 살아나셨느니라"(눅 24:6, 10)는 말을 듣기도 했다. 이 여인에 대해서 언급한 것은 누가 뿐이다(본 절; 24:10).

그리고 누가는 세 번째로 "수산나"를 언급한다. 아마도 누가가 이 여인을 기록했을 때 수신자였던 데오빌로는 이 여인을 잘 알았던 것으로 보인다. 오늘 이 여인에 대한 정보가 더 있지 않아 더 이상 알 수가 없다. 누가가 말한 세 여인만 아니라 "다른 여러 여자가 함께 하여 자기들의 소유로 그들을 섬겼다"고 말한다. 참으로 귀한 일이었다. 많은 사람들이 그리스도를 배반할 때에 약한 여인들이 예수님의 복음 전도를 도왔다는 것은 귀한 일이 아닐 수 없다. 오늘도 이렇게 물질로 주님을 섬기는 여인들이 많다.

---

59) "막달라": 막달라 마리아의 출신지로 알려져 있는 성읍이다. 디베랴의 북쪽 5㎞ 지점의 비옥한 게네사렛 평야의 남단에 있는 엘 메지델(el-Mejdel)과 동일시된다. 토기 제조와 염색 공업으로 알려져 있었으며, 특히 생선의 가공이 성하여 요세푸스(Josephus)가 헬라 이름 Ταριχαῖαι(생선 절임), 타리카에아(Tarichaea)라는 이름으로 불렸을 정도였다. 막달라 마리아는 이 곳 출신이기 때문에 '막달라 마리아'라 부르고 있다(마 27:56, 61; 28:1; 막 15:40, 47, 16:1; 눅 8:2; 24:10; 요 19:25; 20:1, 18).

2.씨 뿌리는 비유를 말씀하시다 8:4-15

이 씨 뿌리는 비유(4-15절)는 마 13:1-23; 막 4:1-20과 병행한다. 먼저 예수님은 비유 자체를 말씀하시고(4-8절), 제자들의 요청에 따라 비유를 해석하셨다(9-15절).

눅 8:4. 각 동네 사람들이 예수께로 나아와 큰 무리를 이루니 예수께서 비유로 말씀하시되.

누가는 "각 동네 사람들이 예수께로 나아와 큰 무리를 이루니 예수께서 비유로 말씀하셨다"고 말한다(마 13:2; 막 4:1). 여기 "각 동네"란 말은 '갈릴리의 각 동네'를 지칭한다. 그런데 누가는 예수님께서 씨 뿌리는 비유를 어디서 말씀하셨는지에 대해 언급하지 않는다. 그러나 병행구절인 마태와 마가는 그 장소를 갈릴리 바닷가 배 위라고 말한다(마 13:1-2; 막 4:1). 예수님은 바닷가 배 위를 강단으로 사용하셨다.

여러 동네에서 사람들이 "예수께로 나아와 큰 무리를 이룬 것"(4:40, 42; 5:1, 3, 15, 19; 6:17-19; 7:11)은 예수님의 가르치심과 병 고치심 때문이었다. 혹자들은 예수님의 가르치심에 대해서는 관심이 없고 병 고치심이 중요한 사역이라고 말하나 예수님은 항상 먼저 가르치신 다음 병을 고치셨다. 예수님은 주위에 모인 사람들에게 "비유로 말씀하셨다." "비유로 말씀하셨다"는 말씀은 천국의 깊은 진리를 세상의 쉬운 이야기로 풀어주셨다는 뜻이다. 예수님은 많은 비유를 사용하여 천국의 비밀을 알려 주셨다(4:23; 5:10, 31, 34-39; 6:38-39, 41-45, 47-49; 7:24-25, 31-35).

눅 8:5. 씨를 뿌리는 자가 그 씨를 뿌리러 나가서 뿌릴새 더러는 길가에 떨어지매 밟히며 공중의 새들이 먹어버렸고.

예수님은 첫 번째로 "씨를 뿌리는 자가 그 씨를 뿌리러 나가서 뿌릴 새 더러는 길가에 떨어지매 밟히며 공중의 새들이 먹어버렸다"고 말씀하신다. 예수님은 본 절에서 씨를 뿌리는 자가 씨를 뿌리러 나가서 씨를 뿌릴 때

가장 안 좋은 밭에 씨를 뿌린 경우를 말씀하신다. 씨가 "길가에 떨어졌다"고 하신다. 사람들이 다녀서 굳어진 길가에 씨가 떨어진 고로 "새들이 먹어버렸다"고 하신다. 씨가 땅 속에 들어가지 못해서 새들의 눈에 띄게 되어 새들이 먹어버린 것이다.

눅 8:6. 더러는 바위 위에 떨어지매 났다가 습기가 없으므로 말랐고.
예수님은 길가에 씨가 떨어진 경우 다음 두 번째로 "더러는 바위 위에 떨어지매 났다가 습기가 없으므로 말랐다"고 하신다. 바위 위(마태복음에서는 흙이 얇은 돌밭이라고 한다)에 떨어진 씨는 싹이 나서 잠시 성장하다가 습기가 없으므로 말랐다고 하신다. 바위 위에 살짝 덮인 흙은 많은 습기를 가지고 있지 아니하므로 식물의 뿌리가 깊이 박히지 않아 습기를 많이 흡수할 수 없어 며칠이 지난 후 말라버린다.

눅 8:7. 더러는 가시떨기 속에 떨어지매 가시가 함께 자라서 기운을 막았고.
세 번째 경우로 "더러는 가시떨기 속에 떨어지매 가시가 함께 자라서 기운을 막았다"고 하신다. 가시떨기 속에 떨어진 씨는 발아(發芽)하기는 하나 가시가 함께 자라서 발아한 식물의 성장을 막았다고 하신다. 가시떨기 속에 떨어진 씨는 불행한 씨이다. 결국 가시떨기 때문에 성장하지 못한다.

눅 8:8. 더러는 좋은 땅에 떨어지매 나서 백 배의 결실을 하였느니라 이 말씀을 하시고 외치시되 들을 귀 있는 자는 들을지어다.
네 번째의 경우로 예수님은 "더러는 좋은 땅에 떨어지매 나서 백 배의 결실을 하였다"고 하신다. "좋은 땅"에 떨어진 씨는 발아하고 성장하며 또 100배의 결실을 했다는 것이다. 마태는 100배 60배 30배의 결실을 한다고 말한다. 누가는 간략하게 말하기 위해 60배 30배를 생략한다.
　　예수님은 네 종류의 밭에 떨어진 씨를 말씀하신 다음 "이 말씀을 하시고 외치시되 들을 귀 있는 자는 들을지어다"라고 하신다. 예수님은 비유를 말씀하신 다음 외쳐 말씀하시기를 들을 귀 있는 자는 들으라고 하신다.
예수님께서 한번만 외치신 것이 아니라 계속해서 외치셨다. "외치셨
다"(ἐφώνει)는 말씀이 미완료과거 시제로 되어 있어 '계속해서 외치셨다'는
뜻이다. 진리는 계속해서 외쳐야 한다. 그리고 예수님은 바닷가 배위에서
바닷가에 모인 사람들에게 "들을 귀 있는 자는 들으라"고 하셨다(14:35;
마 13:9, 43; 계 2:7, 11, 17, 29; 3:6, 13, 22). 신령한 귀가 있는 사람은
들으라는 뜻이다.

눅 8:9. 제자들이 이 비유의 뜻을 물으니.
제자들은 예수님의 비유를 듣고 깨달을 수가 없어 "제자들이 이 비유의
뜻을 물었다"(마 13:10; 막 4:10). 제자들의 질문을 받으시고 예수님은 본
절부터 15절까지 비유의 뜻을 해석하신다. 우리도 모르면 물어야 한다.

**눅 8:10. 이르시되 하나님 나라의 비밀을 아는 것이 너희에게는 허락되었으
나 다른 사람에게는 비유로 하나니 이는 그들로 보아도 보지 못하고 들어도
깨닫지 못하게 하려 함이라.**
제자들의 질문을 받으신 예수님은 "하나님 나라의 비밀을 아는 것이 너희에
게는 허락되었으나 다른 사람에게는 비유로 한다"고 하신다. 예수님은 "하
나님 나라의 비밀을 아는 것이 너희에게는 허락되었다"고 하신다. 여기
"비밀"이란 '천국에 숨겨 있다가 이제는 나타내진 진리'를 뜻한다(엡 3:3-6).
계속해서 숨겨 있는 것은 비밀이 아니고 숨겨 있다가 나타난 것을 비밀이라
고 한다. 천국의 비밀을 아는 것이 예수님 앞에 모여든 제자들과 택함 받은
자들에게는 허락되었지만, 다른 불신자들에게는 비유로 하신다고 하신다.
다시 말해 다른 사람들에게는 계속해서 숨겨 있도록 비유로 말씀하신다고
하신다.
다른 사람들에게 비유로 하는 이유는 "이는 그들로 보아도 보지 못하고
들어도 깨닫지 못하게 하려 하기" 위해서라고 하신다(사 6:9; 막 4:12).

이 구절은 사 6:9-10을 단축하여 인용한 말씀인데 불신자들에게는 하나님의 진리가 깨달아지지 않도록 하기 위해서 비유로 말씀하신다는 것이다. 그러니까 비유로 말씀하시는 두 가지 목적이 있다고 하신다. 제자들과 택함 받은 사람들에게는 깨달아지도록 하기 위해서 비유로 말씀하시고, 불신자들에게는 깨닫지 못하도록 비유로 말씀하신다는 것이다. 완악한 사람들은 비유를 아무리 보아도 그 뜻을 알지 못하고 또 아무리 들어보아도 깨닫지 못하게 되어 있다. 마음이 부서지기 전에는 도무지 알 수 없고 깨달을 수 없다. 하나님은 완악하게 처신하는 사람들에게는 천국의 비밀(진리)을 숨기신다. 오늘 우리는 우리의 눈을 열어 천국의 비밀을 보게 해주십사고 외쳐야 한다(시 119:18). 그러면 하나님은 반드시 깨닫게 해주신다.

눅 8:11. 이 비유는 이러하니라 씨는 하나님의 말씀이요.
예수님은 그 비유의 뜻을 풀어달라고 한 제자들에게 "이 비유는 이러하니라"고 하신다(마 13:18; 막 4:14). 예수님은 이제 씨 뿌리는 비유를 설명하기 시작하신다. 먼저 "씨는 하나님의 말씀이라"고 하신다. 농부들이 뿌리는 씨의 비유에서 "씨"는 '하나님의 말씀'을 비유한 것이라고 하신다. 그리고 "씨를 뿌리는 자"(5절)는 '예수 그리스도'이시다. 그리고 "땅"(5-8절)은 '사람들의 마음 바탕'(12절)을 비유한다. 마음이 어떠냐에 따라 하나님의 말씀이 없어지기도 하고 혹은 잘 성장하기도 한다. 누구를 핑계할 것이 없다.

눅 8:12. 길가에 있다는 것은 말씀을 들은 자니 이에 마귀가 가서 그들이 믿어 구원을 얻지 못하게 하려고 말씀을 그 마음에서 빼앗는 것이요.
예수님은 길가에 떨어진 씨의 비유(5절)를 본 절에서 해설하신다. 예수님은 길가에 떨어진 씨로 비유되고 있는 사람들에 대해서 이렇게 말씀하신다. 그들은 "말씀을 듣기"는 했지만 "마귀가 가서 그들이 믿어 구원을 얻지 못하게 하려고 말씀을 그 마음에서 빼앗는 것"이라고 하신다. 그들은 자기들이 들은 하나님의 말씀을 귀중히 여기지도 않고, 또 그 말씀을 지킨다는 것이 어쩐지 부담으로 느껴지며, 말씀에 대한 모종의 적개심도 있기에 마귀가 즉시 출동하여 그들이 말씀을 믿어 구원을 받지 못하게 하려고 그 말씀을 마음으로부터 도로 빼앗아가 버린다. "사람이 하나님의 말씀을 진정으로 깨닫지 못하는 원인은, 그것이 마음에 들어와 주관하기를 원하지 않는 태도, 곧 그것에게 대한 불순종의 태도를 가지기 때문이다"(박윤선). "인간의 학설, 철학, 고집 등으로 굳어진 마음에는 복음의 씨앗이 뿌리를 내리지 못한다"(이상근). 예수님의 어머니 마리아는 예수님께서 탄생하신 후 목자들이 한 말(목자들의 말은 천사들의 말이다)을 마음에 간직하였고 예수님께서 12세 때 성전에서 하신 말씀을 마음에 간직하였는데(2:19, 51) 여기 본절에 기록된 사람들은 복음의 말씀을 간직하는 법이 없고 하찮게 여겨 마구 내버리는 사람들이다.

눅 8:13. 바위 위에 있다는 것은 말씀을 들을 때에 기쁨으로 받으나 뿌리가 없어 잠깐 믿다가 시련을 당할 때에 배반하는 자요.
예수님은 바위 위에 떨어진 씨의 비유(6절)를 본 절에서 해설하신다. 예수님은 바위 위에 떨어진 씨로 비유된 사람들에 대해서 이렇게 말씀하신다. 그들은 말씀을 들을 때에 기쁨으로 받기는 하나 잠시 믿다가 시련을 만날 때에 배반한다고 하신다. 그들의 특징은 처음에 복음을 기쁨으로 받는다. 그러나 식물의 씨가 나서 뿌리를 뻗어야 하는데 얇은 흙 밑에 있는 바위 때문에 뿌리를 내릴 수 없어 식물이 햇볕에 타서 죽는 것처럼 잠시 믿는듯하다가 시련을 만나면 곧 배반하고 만다. 누구든지 복음을 받으면 그 복음 때문에 시련이 오기 마련인데 시련에 약한 사람들은 도무지 견디지 못하고 쉽게 쓰러지고 만다. 감수성이 아주 빠른 사람들은 무슨 일에나 금방 반응한다. 그들은 복음을 듣고 누구보다도 빠르게 반응하여 기쁨으로 믿는 듯이 행동한다. 그러나 조그마한 시험이 와도(마태는 "환란이나 박해"로 표현한다) 믿음을 떠나게 된다. 이런 사람들은 사람들의 눈총만 이상해도 금방 시험을 받고 다른 사람들을 원망하며 신앙생활을 중단한다. 교역자는 이런 종류의 사람들을 만날 때 얼른 직분을 주어서는 안 된다.

눅 8:14. 가시떨기에 떨어졌다는 것은 말씀을 들은 자이나 지내는 중 이생의 염려와 재물과 향락에 기운이 막혀 온전히 결실치 못하는 자요.

예수님은 가시떨기 속에 떨어진 씨의 비유(7절)를 본 절에서 해설하신다. 예수님은 가시떨기에 떨어진 씨로 비유된 사람들에 대해서 이렇게 말씀하신다. 그들은 복음의 말씀을 듣고 믿음이 성장하기는 하나 "지내는 중 이생의 염려와 재물과 향락에 기운이 막혀 온전히 결실치 못한다"고 하신다. 그들은 세상 염려 때문에, 그리고 재물에 대한 욕심 때문에, 또 향락을 따르다가 믿음이 도무지 성장하지 못하고 믿음의 열매를 맺지 못한다. 어떤 사람은 한 생애동안 계속해서 염려하며 산다. 틈만 나면 염려한다. 그래서 신앙이 성장하지 못한다. 우리가 걱정할 것이 무엇 있는가(12:4-12, 22-34; 마 6:25-34; 10:19-20, 28-31). 그리스도께서 모든 것을 해결하시니 그리스도께 맡기고 그리스도를 따라야 할 것이다. 어떤 사람들은 꽤 먹을 것이 있고 입을 것이 있고 쓸 것이 있어도 항상 재물에 대해 욕심을 품고 재물만 좇아간다(12:13-21; 18:18-24). 그들은 오직 재물만 좇다가 지옥 불에 들어간다. 또 어떤 사람들은 향락만 따른다. 윌럼 헨드릭슨(Hendriksen)은 향락을 두 종류로 나눈다. 첫째, 그 자체가 부정한 것들: 술 취함, 마약 복용, 도박, 음란. 둘째, 사람이 그 자체에 빠져들 때 향락이 되는 것들: 놀이, 스포츠, 오락 등. 오늘날 많은 사람들은 죽도록 즐기는 일에 몸을 던지고 있다. 특별히 음란과 스포츠가 세상을 뒤 덮고 있다. 향락에 빠지면 결국은 신앙은 맥을 잃어버리게 된다.

눅 8:15. (그러나) 좋은 땅에 있다는 것은 착하고 좋은 마음으로 말씀을 듣고 지키어 인내로 결실하는 자니라.

예수님은 좋은 땅에 떨어진 씨의 비유(8절)를 해설하신다. 예수님은 좋은

땅에 떨어진 씨로 비유된 사람들에 대해서 이렇게 설명하신다. 예수님은
그런 사람들은 착한 마음, 좋은 마음으로 말씀을 듣고 지켜서 많은 결실을
산출해내는 사람들이라고 하신다. 여기 "착하고 좋은 마음"(ἐν καρδίᾳ καλῇ
καὶ ἀγαθῇ)이란 앞 절들(12-14절)에서 말한 약점들(완고한 마음, 감수성만
예민한 마음, 염려하고 재물만 추구하고 향락만을 추구하는 마음)을 가지고
있지 않은 마음을 지칭한다고 할 수 있다. 결코 이 말은 사람이 타고 날
때부터 착하고 좋은 마음이 있다는 말도 아니고 또 하나님의 은혜를 받지
않고도 착해진 마음으로 바뀔 수 있다는 뜻은 아니다. 이 말은 '편견이
없이 배우려는 의지가 있는 마음'을 뜻한다(Ryle). 렌스키(Lenski)는 "착하
다"는 말은 '말씀에 대하여 개방적인 마음'이라 하고 "좋다"는 말은 '말씀에
대해서 호의적인 마음'을 뜻한다고 했다. 또 어떤 학자는 이 두 낱말("착하고
좋은")을 동의어로 보았다. 그럴법한 해석이다. 베뢰아 사람들은 성경이
하나님의 말씀인지 알려고 노력한 점에서 착하고 좋은 마음을 가졌다고
할 수 있다(행 17:11). 착하고 좋은 마음의 소유자는 복음의 말씀을 들을
때 그 말씀을 "지키어 인내로 결실한다." 여기 "지키어"라는 말은 '꼭 잡는
다'는 뜻으로 복음의 말씀을 그냥 흘려보내지 않고 마음속에 보관하는 것을
뜻한다(살전 5:21; 히 3:6; 10:23). 우리가 말씀을 마음속에 간직하면 결국
그 말씀이 열매를 맺는다. 결코 우리의 힘으로 열매를 맺는 것이 아니다.
그러나 우리에게 인내가 필요한 것은 사실이다.

　　우리는 내 마음이 완고하지는 않은지, 그리고 시련이 닥칠 때 그냥 넘어
가는 것은 아닌지, 그리고 세속 물결이 들어와 신앙을 떠나는 것은 아닌지
살피고 말씀에 대하여 개방된 마음, 편견 없는 마음을 가지고 말씀을 받아
지키어 100배 60배 30배의 열매를 맺어야 할 것이다. 문제는 내 마음이다.

　　3.세상의 등불이 되라　8:16-18
　　누가는 예수님의 씨 뿌리는 비유(8:4-8, 11-15)를 기록한 다음 예수님께
서 제자들에게 말씀하신바 등불이 되라는 말을 기록한다. 이 부분은 막

4:21-25과 병행한다. 마태복음에는 5:15; 10:26; 13:12에 기록되어 있다. 예수님은 앞부분에서는 좋은 마음 밭이 되어 말씀을 받아 많은 열매를 맺어야 한다고 하셨고, 이 부분에서 복음의 빛을 유감없이 비추어야 한다고 말씀하신다.

눅 8:16. 누구든지 등불을 켜서 그릇으로 덮거나 평상 아래에 두지 아니하고 등경 위에 두나니 이는 들어가는 자들로 그 빛을 보게 하려 함이라.
예수님은 과거 유대인의 집에서 흔히 볼 수 있는 비유를 들어 말씀하신다. "누구든지 등불을 켜서 그릇으로 덮거나 평상(bed)[60] 아래에 두지 아니하고 등경 위에 둔다"고 말씀하신다(11:33; 마 5:15; 막 4:21). '등불을 켜서 그릇으로 덮는 사람도 없고 또 평상 아래에 두는 사람도 없이 누구든지 등불을 놓아두는 등경[61]위에 둔다'고 하신다. 등불을 켜서 등경 위에 두는 이유는 집안으로 "들어가는 자들로 하여금 그 빛을 보게 하기" 위해서라고 하신다. 성도는 빛을 발(發)해야 한다. 발해도 아주 숨김없이 발해야 한다. 만약 성도가 복음의 빛을 발하지 않으면 아무 쓸모가 없게 된다. 마 5:14-16; 빌 2:15 참조.

눅 8:17. 숨은 것이 장차 드러나지 아니 할 것이 없고 감추인 것이 장차 알려지고 나타나지 않을 것이 없느니라.
예수님은 숨은 것이나 감추어 있는 것은 장차 알려지고 또 나타나게 된다고 하신다(12:2; 전 11:9; 12:14; 마 10:26; 12:36; 16:27; 막 4:22; 롬 2:6, 16; 고전 4:5; 골 3:3-4; 계 2:23; 20:12-13). 예수님은 앞 절에서 말씀하신바와 같이 제자들과 성도들은 숨김없이 빛을 발해야 한다고 말씀하신다.

---

60) "평상"이란 '침대의 일종'으로 동양 사람들은 일반적으로 불필요한 것들을 그 평상 아래에 두는 습관이 있었다.
61) "등경"이란 '등을 올려놓는 기구'로서 방 중앙에 있는 기둥에 부착된 쪽 선반이거나 혹은 벽에서 방 안쪽으로 돌출되어 나온 단순한 돌이거나 혹은 이와 동일한 용도를 위해 눈에 띄게 놓여져 사용되는 금속 토막일 수도 있다.

눅 8:18. 그러므로 너희가 어떻게 들을까 스스로 삼가라 누구든지 있는 자는 받겠고 없는 자는 그 있는 줄로 아는 것까지도 빼앗기리라 하시니라.

예수님은 "그러므로," 즉 '모든 것이 드러날 것이므로'(앞 절) "너희가 어떻게 들을까 스스로 삼가라"고 하신다. 제자들은 항상 어떻게 듣는가에 유의해야 한다는 말씀이다. 다시 말해 제자들은 복음을 주의 깊게 그리고 분별 있게 들어야 한다고 하신다. 우리 듣는 자들의 태도는 대단히 중요하다.

예수님은 주의 깊게 그리고 분별 있게 복음을 듣는 사람은 더 받는다고 하신다(19:26; 마 13:12; 25:29). 그리고 주의 깊게 듣지 않고 분별력 있게 듣지 않는 자는 "있는 줄로 아는 것까지도 빼앗기리라"고 하신다. 윌럼 헨드릭슨(Hendriksen)은 "영적인 문제에 있어 정지란 있을 수 없다. 사람은 얻든지 잃든지 두 가지 중 하나다. 그는 전진하든지 퇴보하든지 두 가지 중 어느 한편에 속한다. 누가 소유하든지 그에게 주어질 것이다"라고 말한다. 우리는 겸손하게 그리고 진실 되게 복음을 경청해야 한다(마 25:24-30 참조).

4.누가 예수님의 모친과 형제들인가 8:19-21

이 부분 말씀은 마태복음(마 12:46-50)과 마가복음(막 3:31-35)에도 기록되어 있다. 그러나 마태와 마가는 이 부분의 말씀을 씨 뿌리는 자의 비유보다 앞서 기록하고 있다. 예수님은 복음을 들을 뿐 아니라 복음에 일치되게 사는 자들만이 주님의 모친과 형제들이라고 말씀하신다.

눅 8:19. 예수의 어머니와 그 동생들이 왔으나 무리로 인하여 가까이 하지 못하니.

예수님의 어머니와 그 동생들은 예수님이 미쳤다는 소문을 듣고 찾아왔다(마 12:46; 막 3:21-22). 가족들은 아직 예수님이 구주이신 줄을 알지 못했다. 그들은 예수님에 대한 소문이 너무 좋지 않아 가족관계 때문에 찾아왔다. 여기 예수님의 어머니와 동생들만 언급되는 것을 볼 때 그 당시 요셉은 별세했던 것으로 보인다. 가족들이 찾아왔으나 많은 사람들이 있었기에 예수님께 가까이 하지 못했다(8:4 참조).

눅 8:20. 어떤 이가 알리되 당신의 어머니와 동생들이 당신을 보려고 밖에 서있나이다.

어떤 사람이 예수님께 "당신의 어머니와 동생들이 당신을 보려고 밖에 서있나이다"라고 알려드렸다. 여기 "어떤 사람"이란 말은 막 3:32에 의하면 최초로 예수님의 어머니와 동생들로부터 메시지를 전달받은 사람이었고 바로 그 사람이 예수님을 둘러앉은 사람들에게 예수님의 어머니와 동생들의 메시지를 전달하였고 그 사람들이 예수님에게 전한 것으로 되어 있다.

눅 8:21. 예수께서 대답하여 이르시되 내 어머니와 내 동생들은 곧 하나님의 말씀을 듣고 행하는 이 사람들이라 하시니라.

예수님은 밖에서 들어온 메시지를 받으시고 금방 나가서서 모친과 동생들을 만나시지 않고 그냥 계신 장소에서 계시면서 "내 어머니와 내 동생들은 곧 하나님의 말씀을 듣고 행하는 이 사람들이라 하신다." 여기 "내 어머니와 동생들"(μήτηρ μου καὶ ἀδελφοί μου)이란 말에 관사가 없는 것을 보아 육신의 어머니와 동생들을 지칭하지 않고 '신령한 어머니와 신령한 동생들'을 지칭하는 것으로 보아야 한다.62) 그러나 예수님께서 육신의 어머니와 동생들을 부정하지는 않으셨다. 십자가에 달리셨을 때 육신의 어머니의 노후를 위해 염려하신 것을 보면(요 19:25-27) 어머니를 무시한 것은 아니었고 신령한 가족을 중시하신 것으로 본다.

예수님은 예수님을 따라 나선 제자들이 신령한 가족이라고 하신다. 즉 "하나님의 말씀을 듣고 행하는 이 사람들"이 어머니이고 동생들이라고 하신

---

62) Plummer, *St. Luke*, p.224.

다. 즉 하나님의 말씀을 듣고 순종하는 사람들이 가족이라고 하신다. 우리는 그리스도와 연합되었으므로 그리스도의 가족이 되었지만 그러나 그리스도의 말씀을 듣고 순종해서 그리스도의 가족 역할을 해야 한다.

5.갈릴리 풍랑을 잔잔하게 하시다   8:22-25

마가복음 4:35에 의하면 예수님께서 풍랑을 잔잔하게 하신 이 부분의 이적(22-25절)은 씨 뿌리는 비유를 비롯한 여러 비유를 말씀하시던 날 오후에 된 일이라고 한다. 그런데 누가는 이 이적이 벌어진 시간에 대해서 별로 언급하지 않고 어느 "하루"에 된 일로 말씀한다(22절). 이 부분은 마 8:23-27; 막 4:35-41과 병행한다. 예수님은 이 이적을 통하여 자연을 주장하시는 분임이 드러났다.

눅 8:22. 하루는 제자들과 함께 배에 오르사 그들에게 이르시되 호수 저편으로 건너가자 하시매 이에 떠나.

누가는 예수님께서 풍랑을 잔잔하게 하신 이적이 어느 시점에 일어났는가를 언급하지 않고 그냥 어느 "하루"에 일어났다고 말한다.[63] 그러나 막 4:35에 의하면 씨 뿌리는 비유를 말씀하신 날 오후에 예수님은 "제자들과 함께 배에 오르셨다"(마 8:23; 막 4:35). 제자들을 훈련하시기 위해서 배에 오르신 것이다. 예수님께서 배에 오르신 것은 평상인들과 같이 뱃놀이를 위해 오르신 것도 아니고 고기를 잡기 위해서 오르신 것도 아니었다. 그날 오전에 제자들을 위해서 정규과목을 마치시고 오후에는 실습과목을 위해 배에 오르신 것이다.

예수님은 배에 오르서서 제자들에게 "호수 저편으로 건너가자 하셨다." 갈릴리 동편의 거라사 지방을 향해서 떠나자는 말씀이었다. 그러니까 그날 오후 배에 오르신 것은 예수님께서 바다 위에서 제자들로 하여금 예수님이

---

[63] 누가는 시간 같은 것에는 관심이 없었고 예수님의 위대하심을 밝히는 일에만 관심이 있었다.

어떤 분이심을 보여주실 뿐 아니라 거라사 지방의 귀신들린 자로부터 군대귀신을 내쫓으셔서 새 생명을 허락하실 예정으로 "호수 저편으로 건너가자"고 하셨다. 제자들을 호수 안으로 초대하신 것은 예수님이었다. 예수님은 때로 우리를 풍랑 이는 광야로 초대하신다. 예수님의 명령을 받고 제자들은 "떠났다." 우리는 항상 그리스도의 명령에 순종해야 한다. 순종해야 다음에 다가오는 복을 받는다.

눅 8:23. 행선할 때에 예수께서 잠이 드셨더니 마침 광풍이 호수로 내리치매 배에 물이 가득하게 되어 위태한지라.

배가 갈릴리 호숫가를 떠나 건너편 거라사 지방을 향해 가기 시작하자 예수님께서 잠이 드셨다. 예수님은 100% 하나님이시고 또 100% 사람이신 고로 피곤하셨던 것은 이상한 일이 아니었다. 예수님은 피곤하셔서 잠이 드실 때 모든 것을 하늘에 계신 하나님께 맡기고 계셨다. 마가는 "예수께서는 고물에서 베개를 베고 주무셨다"고 말한다(막 4:38). 마가는 주무신 장소까지 전한다.

그런데 때마침 광풍이 호수로 내리치고 있었고 그 결과 배에 물이 가득하게 되어 위태하게 되었다. 갈릴리 호수는 해발 200m나 낮고 둘러 있는 산맥은 높으며 또 그 산들에는 깊은 골들이 있어 산에서 내리치는 광풍의 힘은 무서웠다. 그런데 혹자는 이런 광풍은 돌발적으로 불어오기 때문에 예비할 길도 없었기에 예수님께서 당하신 것처럼 주장하나 예수님께서 모르시는 것이 어디 있는가. 예수님은 제자들을 훈련하시기 위해서 바로 이런 때를 택하신 것이다. 우리는 우리에게 닥치는 어려움의 원인을 잘 살펴야 한다. 때로는 죄 값으로 어려움이 오고 때로는 큰 죄를 지은 일도 없는데 어려움이 오기도 한다. 죄를 크게 지은 일이 없는데 어려움이 닥치면 우리는 그 어려움을 통과하는 중에 큰 깨달음을 받게 된다. 그 깨달음이란 항상 단순한 깨달음으로 그리스도를 더욱 알게 되는 복과 더욱 의지하게 되는 복이다. 우리는 다른 이들이 어려움을 당할 때 얼른 죄 때문에 그런 어려움이 왔다고 해서는 안 된다.

눅 8:24a. 제자들이 나아와 깨워 이르되 주여 주여 우리가 죽겠나이다 한 대.

배에 물이 가득하게 되어 위태하게 되었을 때 "제자들이 나아와 깨웠다." 그들은 예수님 가까이 와서 "주여 주여 우리가 죽겠나이다"라고 말한다. 그들은 과거에 갈릴리 호수에서 이런 종류의 풍랑을 여러 번 경험해서 익숙했겠으나 이번 것은 대단한 광풍이었던 것으로 보인다. 마태는 "주여 구원하소서 우리가 죽겠나이다"라고 말한다(마 8:25). 자기들 스스로의 항해술로는 도무지 어찌할 수 없음을 고백했다. 그런데 마가는 제자들이 좀 원망 섞인 말을 한 것을 전한다. 막 4:38에 "우리가 죽게 된 것을 돌보지 아니하시나이까"라고 원망한다. 제자들은 강력한 청원을 했다. 참으로 긴박한 순간이었다. 예수님께서 우리를 훈련하시기 위하여 주시는 어려움은 우리의 힘에 겨워야 한다. 우리의 힘으로는 감당할 수 없어야 한다. 그래야 훈련이 된다.

눅 8:24b. 예수께서 잠을 깨사 바람과 물결을 꾸짖으시니 이에 그쳐 잔잔하여지더라.

예수님은 제자들의 외침을 들으시고 "잠을 깨사 바람과 물결을 꾸짖으셨다."[64] 여기 "꾸짖으셨다"(ἐπετίμησεν)는 말은 부정(단순)과거 시제로 '한

---

64) 마가는 "예수께서 깨어 바람을 꾸짖으시며 바다더러 이르시되 잠잠하라 고요하라 하시니 바람이 그치고 아주 잔잔하여지더라"고 말한다(막 4:39). 여기 "꾸짖으셨다"는 말은 부정(단순) 과거 시제로 '단 한번 꾸짖으신 것'을 지칭하는 말이다. 그리고 "잠잠하라"는 말은 현재명령형으로 '계속해서 잠잠하라'는 뜻이다. 예수님은 단 한번 바람을 향하여 꾸짖으시며 잠잠하라고 하셨는데 바람이 그쳐서 계속해서 잠잠하게 되었다. 예수님은 무생물을 향해서도 꾸짖으시는 분이시다. 예수님은 귀신을 향하여 꾸짖기도 하시고(1:25), 사람의 열병을 향하여 꾸짖기도 하시며(눅 4:39), 바람을 향하여 꾸짖기도 하신다. 예수님은 모든 경우에 예수님 자신이 우주의 창조주이시며 통치주이심을 보여주신다. 예수님은 오늘도 우리의 개인의 심령과 가정과 교회와 나라와 민족을 얼마든지 잠잠하게 하실 수 있으시다. 예수님께서 한번 개입하시므로 가능하다(김수홍의 *마가복음 주해*에서).

번 꾸짖으신 것'을 지칭한다. 예수님은 잠에서 깨시자마자 바람을 꾸짖으셨다. 예수님은 베드로의 장모의 열병을 꾸짖으시기도 하셨다(4:39). 사람은 인격체를 향해서만 꾸짖으실 수 있으나 예수님은 자연계를 향해서도 초자연적으로 꾸짖으신다. 예수님은 우주 전체를 주장하시는 분이시다.

예수님께서 바람과 물결을 꾸짖으셨을 때 바람과 호수의 물결이 그쳐 잔잔하여졌다. 바람은 순식간에 잠잠할 수 있으나 물결은 흔들리던 여력으로 점진적으로 잠잠해지는 법인데 예수님의 능력의 말씀에 순종하여 즉시 잔잔하여졌다. 예수님께서 개입하시면 가정의 문제도 그리고 교회의 문제도 국가의 문제도 순식간에 해결될 수 있다는 것을 보여주는 사례이다.

눅 8:25. 제자들에게 이르시되 너희 믿음이 어디 있느냐 하시니 그들이 두려워하고 놀랍게 여겨 서로 말하되 그가 누구이기에 바람과 물을 명하매 순종하는가 하더라.

예수님은 먼저 바람과 물결을 잔잔하게 해놓으신 후 제자들을 향하여 "너희 믿음이 어디 있느냐"고 하신다. 마태에 의하면 예수님은 잠에서 깨시자마자 풍랑을 잔잔하게 하신 것이 아니라 제자들을 먼저 꾸짖으신 후에 바람과 물결을 잔잔하게 하셨다(마 8:25-26). 믿음이 있었더라면 무서워하지도 않았을 것이고 또 하나님께 기도하여 바람과 물결도 잔잔하게 만들 수도 있었다는 뜻이다. 결국 믿음이 없어 두려워하였고 또 하나님께 기도하지 않았다. 오늘 우리에게도 믿음이 없는 것이 문제다.

예수님의 꾸짖으심을 듣고 제자들은 "두려워하고 놀랍게 여겨 서로 말하되 그가 누구이기에 바람과 물을 명하매 순종하는가"라고 서로 이야기했다. 그러니까 제자들은 바람과 물결을 보고 두려워했을 뿐 아니라 예수님께서 바람과 물결을 잔잔하게 만드신 후에는 그리스도 앞에서 그리스도를 두려워했다. 제자들은 아직도 예수님을 정확하게 몰랐다. 그들은 예수님께서 바람과 물을 명할 때 그것들이 예수님께 순종할 줄을 몰랐다. 그들은 예수님께서 자연을 지배하시는 분인 줄 알지 못했는데 이번에 알게 되었다.

사람은 놀라운 사건을 통하여 예수님의 위대하심을 점점 알아간다. 놀라운 지식이다.

6.거라사의 광인(狂人)을 고치시다   8:26-39

예수님께서 바다를 잔잔하게 하신 후 거라사에 도착하셔서 귀신들린 자로부터 귀신을 쫓아주신다. 예수님은 가버나움 회당에서 귀신들린 자로부터 귀신을 쫓아내주셨는데(4:31-37) 거라사 지방에서는 군대귀신 들린 자로부터 많은 귀신을 순식간에 쫓아내 주셔서 데가볼리 지역의 전도자로 삼으셨다. 이 부분은 마 8:28-34; 막 5:1-20과 병행한다.

눅 8:26. 그들이 갈릴리 맞은편 거라사인의 땅에 이르러.

예수님께서 씨 뿌리는 비유를 가지고 교육하시던 그 오후에 두 번째(첫 번째 실습교과목은 바다위의 훈련이었다)로 제자들에게 보여주실 것이 있으셔서 제자들과 함께 갈릴리 맞은 편 거라사65)인의 땅에 이르셨다(마 8:28; 막 5:1). 거라사인의 땅은 가버나움의 반대편에 있었고 무덤들이 있는 땅이다.

눅 8:27. 예수께서 육지에 내리시매 그 도시 사람으로서 귀신들린 자 하나가 예수를 만나니 그 사람은 오래 옷을 입지 아니하며 집에 거하지도 아니하고 무덤 사이에 거하는 자라.

예수님은 거라사인의 땅에 도착하셔서 육지에 내리셨는데 "그 도시 사람으

---

65) "거라사"라는 지방명 내지는 성읍명은 성경에 보이지 않고 '거라사인의 지방'(막 5:1), 또 누가복음 8:26, 37은 '거라사인의 땅'이라고 하였다. 이 말은 예수께서 귀신 쫓은 이야기 (8:26-39; 막 5:1-20)에서 보일 뿐이다(마 8:28-34에서는 '가다라 지방'이라고 표현한다). '거라사인,' '게르게사인,' '가라다인'은 혼용되고 있으며, 사본에 따라서도 구구 각각이다. 4세기이후의 사본은 마가복음에는 '거라사인,' 누가복음에는 '게르게사인,' 마태복음에는 '가라다인'으로 되어 있다. 복음서 기사에 의하면, 이 사건의 무대는 갈릴리 바다 동안의 비탈진 곳이라고 되어 있다. 돼지 떼의 존재는 이방인의 지방이었다는 것을 말해주고 있다. 이 지방은 호수의 동남쪽에 있던 데가볼리 부근, 혹은 거기 속에 있던 곳이었음을 나타내고 있다.

로서 귀신들린 자 하나가 예수를 만났다." 마태는 말하기를 "귀신 들린 자 둘이 무덤 사이에서 나와 예수를 만났다"고 말한다(마 8:28). 누가가 두 사람 중에 하나만을 기록한 것은 더 심한 사람만 기록했기 때문이다. 누가의 관심은 예수님의 위대함을 증거하는 것이었다.

그런데 그 사람은 첫째, "오래 옷을 입지 않고" 살아왔다. 오늘도 옷을 입지 않고 누드(全裸)로 살아가는 사람들이 너무 많다. 그들은 자신들이 귀신의 영향 아래에 살고 있는 줄도 모른다. 둘째, "집에 거하지도 아니하고 무덤 사이에 거했다." 여기 "무덤"은 위에서부터 밑으로 판 것이 아니라 석회질의 반석을 옆으로 파서 만든 굴 같은 모양이다. 귀신들린 자는 가출하여 무덤 사이에서 살고 있었다. 그러니까 그는 옷을 입지 않고 무덤 사이에서 지내고 있었다.

눅 8:28. 예수를 보고 부르짖으며 그 앞에 엎드려 큰 소리로 불러 이르되 지극히 높으신 하나님의 아들 예수여 당신이 나와 무슨 상관이 있나이까 당신께 구하노니 나를 괴롭게 하지 마옵소서 하니.

군대 귀신들린 사람은 예수님과 제자들을 대적하기 위하여 호숫가의 배가 있는 곳으로 접근했으나 예수님의 존전에 엄청난 두려움을 느껴 "예수를 보고 부르짖으며 그 앞에 엎드려 큰 소리로 불러 이르되 지극히 높으신 하나님의 아들 예수여"라고 말한다. 그는 예수님을 보고 부르짖으면서 그 앞에 엎드려 큰 소리로 예수님을 불렀다. 그의 특유한 부름은 "지극히 높으신 하나님의 아들 예수여"라는 칭호였다. 귀신들린 자들은 예수님을 부를 때 '지극히 높으신 하나님의 아들 예수여'라고 부르는 것이 특징이었다. 귀신들린 자는 그 지식에 있어서는 제자들을 능가하고 있었다. 제자들은 아직도 귀신들이 가지고 있었던 지식이 없었다. 귀신은 예수님께서 지극히 높으신 하나님의 아들인줄 알았다. 그러나 이들이 이런 지식은 가지고 있었지만 예수님을 구주로 믿지는 않았다. 그들은 예수님이 어떤 분인 줄 알기는 알았으나 참으로 고백하거나 신앙하지는 않았다. 오늘도 이런 지식을 가지고 있는 신학자 신학생 교인들이 있다. 그러나 그들에게 예수님을 구주로 믿는 믿음이 없는 사람들이 있다.

귀신은 예수님을 부른 다음 "당신이 나(단수)와 무슨 상관이 있나이까" 라고 말한다. 다시 말해 '나를 가만히 두라'는 요청이었다(삿 11:12; 왕상 17:18; 대하 35:21). 서로 관련이 없는 입장이니 '나를 상관하지 말라'는 것이었다. 그러니까 귀신은 예수님이 누구인줄은 알았으나 예수님을 믿지도 않았고 그 앞에서 그리스도를 고백하지도 않으면서 피차 상관 말고 지내자는 것이었다.

귀신들린 사람은 예수님께 자기를 가만히 두라고 말한 다음 "당신께 구하노니 나를 괴롭게 하지 마옵소서"라고 탄원한다. 귀신은 예수님께서 자기를 괴롭게 하시는 분인 줄 알았다. 그래서 나를 괴롭게 하지 말라고 요청한다.

눅 8:29. 이는 예수께서 이미 더러운 귀신을 명하사 이 사람에게서 나오라 하셨음이라 (귀신이 가끔 그 사람을 붙잡으므로 그를 쇠사슬과 고랑에 매어 지켰으되 그 맨 것을 끊고 귀신에게 몰려 광야로 나갔더라).

본 절 상반 절은 "이는"(γὰρ)이란 이유를 나타내는 접속사로 시작하여 본 절 상반 절이 앞 절의 귀신이 말한 "지극히 높으신 하나님의 아들 예수여 당신이 나와 무슨 상관이 있나이까 당신께 구하노니 나를 괴롭게 하지 마옵소서"라고 요청한 이유를 설명하고 있다. 귀신이 애절하게 예수님께 요청한 이유는 "예수께서 이미 더러운 귀신을 명하사 이 사람에게서 나오라 하셨기" 때문이었다. 예수님은 귀신들린 자를 보시자마자 벌써 귀신에게 명령을 내려 "이 사람에게서 나오라"고 명령하셨기에 귀신이 예수님에게 제발 "나를 괴롭게 하지 마옵소서"라고 부탁했다(11:24 참조). 귀신들은 사람 안에 있는 것을 원했고 사람으로부터 나오는 것을 괴롭당하는 것으로 알았다. 그리고 자기가 원하지 않는 끝없이 깊은 곳으로 가는 것을 괴롭힘 당하는 것으로 알았다. 귀신들은 그 사실을 잘 알고 있었는데 사람들은 지옥에 가는 것을 전혀 두려워하지 않는 사람들이 많이 있다. 무지해서 그렇다.

누가는 귀신에게 괴롭힘 당하는 사람의 비참한 형편을 더 설명한다. 27절에 이어 누가는 "귀신이 가끔 그 사람을 붙잡으므로 그를 쇠사슬과 고랑에 매어 지켰으되 그 맨 것을 끊고 귀신에게 몰려 광야로 나갔다"고 말한다. '귀신이 가끔 그 사람을 붙잡을 때는 너무 사나워서 동네 사람들은 그 사람을 쇠사슬과 고랑에 매어 지켰는데도 귀신들린 자가 워낙 힘이 세어 그 쇠사슬과 고랑을 끊고 귀신에 이끌려 광야로 나갔다'고 한다. 그 사람은 완전히 귀신의 주장과 인도대로 살고 있었다. 오늘도 귀신의 주장대로 귀신의 인도대로 사는 사람들이 얼마나 많은가. 우리는 귀신의 영향 아래에서 살고 있는 사람들(술, 마약, 도박, 음란에 빠진 사람들)을 해방할 책임을 지고 있다. 우리가 예수님을 전파할 때 가능하다.

눅 8:30. 예수께서 네 이름이 무엇이냐 물으신즉 이르되 군대라 하니 이는 많은 귀신이 들렸음이라.

예수님은 그 귀신들린 사람에게 "네 이름이 무엇이냐 물으신다." 이렇게 물으신 이유는 귀신들린 사람 자신이 얼마나 비참한 인간인가를 알게 하기 위해서였다. 사람은 자기의 비참을 알아야 한다. 자기의 비참함을 아는 것은 은혜를 받는 일에 크게 도움 된다. 귀신은 자기의 이름이 "군대"라고 대답한다. 여기 "군대"(Λεγιών)란 말은 '군단'이란 뜻이다. 한 군단은 로마에서 6,000명이었다. 귀신들린 사람 안에 있던 귀신들의 숫자가 틀림없이 6,000이 된다는 뜻이 아니라 많다는 것을 보여준 말이다. 막달라 마리아는 일곱 귀신이 들렸었는데 거라사 사람에게는 수많은 귀신이 들려 있었으니 그는 형언할 길 없는 흑암에 살아야 했었다.

눅 8:31. 무저갱으로 들어가라 하지 마시기를 간구하더니.

귀신은 앞에서 "나를 괴롭게 하지 마옵소서"(28절)라고 예수님에게 요청했

었는데 여기서 또 "무저갱으로 들어가라 하지 마시기를 간구했다." "무저
갱"(계 20:3)이란 말은 '사탄이 갇히게 될 지옥'을 뜻한다. 그들은 무저갱(끝
없이 깊은 옥)에 갇히는 것이 얼마나 비참한가 하는 것을 잘 알고 있었다.
그런고로 그곳으로 들어가라고 명령하시지 말아달라고 구했다. 사탄은 때가
되기 전에 예수님께서 무저갱으로 들어가라고 하면 어쩌나 하고 두려워서
그런 명령은 제발 하시지 말라고 간절히 요청한다.

**눅 8:32. 마침 그 곳에 많은 돼지 떼가 산에서 먹고 있는지라 귀신들이
그 돼지에게로 들어가게 허락하심을 간구하니 이에 허락하시니.**
귀신들은 "그 곳에 많은 돼지 떼가 산에서 먹고 있는" 것을 보고 예수님께
자기들로 하여금 "그 돼지에게로 들어가게 허락하심을 간구했다." 예수님은
귀신들의 간구를 들어주셨다. 마가는 그 돼지 떼의 숫자가 거의 2,000마리나
되었다고 말한다. 귀신들은 예수님의 허락이 없이는 돼지 떼 속으로 들어갈
수 없음을 알았다. 예수님은 모든 것을 주장하시는 분이시다.

**눅 8:33. 귀신들이 그 사람에게서 나와 돼지에게로 들어가니 그 떼가 비탈로
내리달아 호수에 들어가 몰사하거늘.**
예수님께서 허락하시자 "귀신들이 그 사람에게서 나와 돼지에게로 들어갔
다." 그래서 돼지들은 "호수에 들어가 몰사했다." 수많은 돼지 떼는 순식간
에 바다에 들어가 죽고 말았다. 이 문제를 두고 혹자는 예수님께서 돼지의
생명을 아끼지 않았다하여 예수님을 안 믿게 되었다고 말한다. 이 문제를
두고 많은 토론이 학자들 간에 있었다. 예수님께서 돼지를 희생시키신 일은
첫째, 예수님은 한 사람의 생명이 온 천하보다(돼지 2000마리 보다) 더
귀하다는 것을 보여주시기 위해서였을 것이다. 한 영혼이 천하보다 귀하다
는 것을 보여주시기 위해서 예수님께서 돼지들을 죽이신 것으로 보인다.
둘째, 예수님께서 돼지의 주인이라는 것을 보여주시기 위해서였을 것이다.
예수님은 온 우주의 창조주이시며 통치주이시고 또 지금도 온 우주의 주인이

라는 것을 보여주고 계신다. 예수님은 훗날 오고 오는 사람들로 하여금 예수님께서 모든 것을 주장하시는 분인 줄 믿기를 원하신다. 셋째, "예수께서는 하나님의 주권에 따라 그러한 손실을 허락함으로써 실제로 그 소유자들을 돕고 계셨다"(윌럼 헨드릭슨). 예수님께서 그렇게 돼지를 희생시킨 일로 훗날 그 소유자들은 많은 것을 깨닫고 도움을 받았을 것이다.

눅 8:34. 치던 자들이 그 이루어진 일을 보고 도망하여 성내와 마을에 알리니.

귀신들이 그 사람에게서 나와 돼지에게로 들어간 후 돼지를 "치던 자들이 그 이루어진 일을 보고 도망하여 성내와 마을에 알렸다." 돼지를 치던 자들이 갑자기 2,000마리 되는 돼지들이 비탈로 내리달아 호수 속으로 들어가 몰사하는 것을 보고 급히 도시와 마을 사람들에게 알렸다. 돼지를 치던 일꾼들은 귀신들이 돼지로부터 빠져나오는 것을 볼 수는 없었어도 돼지들이 갑자기 일제히 비탈로 내리달아 물속으로 빠지는 것을 본 후 그냥 가만히 있을 수 없었다. 돼지 주인들에게 알릴 필요가 있어 뛰어서 도시와 마을 사람들에게 가서 알렸다. 그들은 돼지 주인에게만 아니라 다른 사람들에게도 알리기를 원했다. 그들은 돼지가 호수 속으로 들어가 몰사한 원인이 자기들에게 있는 것이 아니고 예수에게 있다는 것을 알리기 원했던 것이다. 결코 책임은 자기들이 아니라 예수에게 있다는 것을 알리기를 원했다. 그들에게는 돼지의 손실은 굉장한 사건이었다. 그들은 한 사람의 영혼이 바로 서게 된 것 보다는 2,000마리아 되는 돼지 값이 너무 중요했다. 그래서 그들은 있는 힘을 다하여 뛰어다니며 동네방네 전하고 다녔다.

눅 8:35. 사람들이 그 이루어진 일을 보러 나와서 예수께 이르러 귀신 나간 사람이 옷을 입고 정신이 온전하여 예수의 발치에 앉아 있는 것을 보고 두려워하거늘.

돼지를 치던 사람들이 전해준 뉴스를 듣고 "사람들이 그 이루어진 일을

보러 나와서 예수께 이르렀다." 도시와 마을 사람들은 이상한 뉴스를 듣고
돼지 치던 사람들이 전해준 것이 사실인지 알아보려고 나와서 예수께 이르러
확인했다.

그런데 그들이 예수님께 와서 "귀신 나간 사람이 옷을 입고 정신이
온전하여 예수의 발치에 앉아 있는 것을 보고 두려워하였다." 그들이 돼지
치던 자들이 전하여 준대로 귀신 나간 사람이 옷을 입고 정신이 온전하여
예수님의 발치에 앉아 있는 것을 보고 굉장히 두려워하게 되었다. 아마도
거의 혼비백산에 가까운 정도였을 것이다. 돼지들은 간데없이 없어졌고
귀신들려 고생하던 동네의 문제아는 깨끗이 나았으니 이게 웬일인가. 그들
은 그리스도를 바라보며 두려워할 수밖에 없었다. 그리스도께서 또 무슨
일을 일으킬지 모른다는 생각에서 계속해서 두려워했다.

눅 8:36. 귀신들렸던 자가 어떻게 구원 받았는지를 본 자들이 그들에게 이르매.

귀신들렸던 자가 어떻게 해서 귀신들로부터 구원 받았는지를 목격한 자들이
도시와 마을로부터 이제 막 도착해서 아직 목격하지 못한 자들에게 말해
주었다. 자기들이 그 돼지들을 죽인 것도 아니고 예수라는 사람이 그 귀신들
렸던 자를 치유했다는 사실을 말해주었다. 사실 이런 큰 이적을 경험한
사람들은 예수님을 믿었어야 했고 또 아직 목격하지 못했던 사람들에게
예수님의 위대하심을 말해주었어야 했는데 그냥 예수님이 무서운 사람임을
말했던 것 같다. 그랬기에 다음과 같은 반응이 나왔다.

눅 8:37. 거라사인의 땅 근방 모든 백성이 크게 두려워하여 예수께 떠나가시기를 구하더라 예수께서 배에 올라 돌아가실 새.

목격자들의 진술을 전해들은 "거라사인의 땅 근방 모든 백성이 크게 두려워
하여 예수께 떠나가시기를 구했다"(행 16:39). 거라사인의 땅 근방 모든
백성(마 8:34)이 크게 두려워 한 이유는 첫째, 예수님의 초자연적인 능력을

생각해서였고, 둘째, 돼지들이 죽는 것 같은 무시무시한 그 어떤 일이 발생할지 모른다는 생각에서였을 것이다. 그들은 더 이상 예수를 용납할 수 없다는 생각에서 그 지방을 떠나달라고 한 것이다. 참으로 그들은 구원받을 좋은 기회를 놓치고 말았다. 그러나 그들에게 구원의 기회는 아주 막힌 것은 아니었다. 귀신들렸던 사람이 거라사인의 땅 근방을 위한 전도자가 되었기에 그들은 예수님을 영접할 기회가 아직도 남아 있었다.

예수님은 그 사람들의 요청을 받아드려 "배에 올라 돌아가셨다." 곧 '배에 올라 가버나움으로 돌아가셨다.' 가버나움에서 또 사역들(40-56절)이 기다리고 있었다. 예수님은 자신을 필요로 하지 않는 자들에게서 떠나시는 분이시다. 우리는 그리스도로 하여금 우리의 심령과 우리의 가정과 교회와 사회에서 떠나시기를 요청해서는 안 된다. 그러나 오늘날 우리가 언어로써 그런 요청은 하지 않아도 실제적으로 예수님께서 더 상주하시기 힘든 환경을 만들어 놓고 있다. 사람들은 너무 바쁘다고 예수님의 말씀을 읽지 않고 듣지 않는다. 그리고 사람들은 예수님께서 주신 많은 복을 받고 그 복에 심취하여 예수님 자신에게는 관심이 없다. 사람들은 너무 세상에 취해 있다. 음란에 취해 있고 육신의 환락에 취해 있다.

눅 8:38. 귀신 나간 사람이 함께 있기를 구하였으나 예수께서 그를 보내시며 이르시되.

거라사인의 땅 근방 사람들은 예수님에게 그 지역에서 떠나시기를 구하였으나 귀신 나간 사람만은 예수님에게 함께 있기를 구했다(막 5:18). 함께 있기를 구한 이유는 예수님의 은혜로 귀신들로부터 구원받은 감격을 떨쳐버릴 수가 없었기 때문이었다. 그에게는 예수님이 너무 인자하시고 사랑이 풍성한 분이었다. 그리고 또 하나는 거라사인의 땅 근방 사람들이 자신을 너무 학대한 것을 생각하고 그 지역으로 돌아가기를 원하지 않았다.

귀신 나간 사람이 예수님께 함께 있기를 소원했으나 예수님은 "그를 보내시며" 다음 절과 같이 말씀하셨다. 예수님께서 그의 요구를 들어주시지 않고 보내신 이유는 그를 집으로 보내서서 데가볼리('10 도시'라는 뜻)의 전도자로 삼으시기 위함이었을 것이다. 예수님의 계획으로 그 한 사람만 가지고도 데가볼리 지역의 복음화가 가능했던 것으로 여기셨다.

눅 8:39. 집으로 돌아가 하나님이 네게 어떻게 큰일을 행하셨는지를 말하라 하시니 그가 가서 예수께서 자기에게 어떻게 큰일을 행하셨는지를 온 성내에 전파하니라.

예수님은 귀신 나간 사람을 집으로 돌려보내시면서 사명을 주신다. "하나님이 네게 어떻게 큰일을 행하셨는지를 말하라"는 것이었다. 예수님은 그에게 '내가 네게 어떻게 큰일을 행했는지를 말하라'고 말씀하지 않으시고 "하나님이 네게...행하셨는지를 말하라"고 하신다. 예수님이 하신 것은 바로 하나님이 하신 것이란 뜻이다. 다른 말로 해서 예수님은 바로 하나님이시오 또 주님(막 5:19)이시라는 뜻이다.

귀신들렸다가 귀신이 빠져나간 사람은 예수님의 명령에 순종하였다. 즉 "그가 가서 예수께서 자기에게 어떻게 큰일을 행하셨는지를 온 성내에 전파하였다." 즉 '그는 집으로 돌아가서 예수님이 행하신 큰 구원을 온 성내에 전파했다.' 예수님은 자기에게 그 도시와 마을을 떠나라고 요청한 그 사람들에게 예수님의 행적을 전하라고 하신다. 예수님은 자신을 거부한 사람들에게 선교사를 파송하시는 사랑을 베푸신다. 그 사람은 자기가 사는 온 성내에만 아니라 데가볼리에 예수님의 위대하심과 행적을 전파했다. 그는 집으로 찾아가 집안을 위로한 것만 아니라 10도시 사람들에게 예수님을 전하여 너무 큰일을 감당했다. 귀신들렸다가 나은 사람이 예수님의 은혜로 갑자기 딴 사람이 된 것을 보고 사람들은 적지 아니 놀랬을 것이고 또 그가 예수님의 위대하심을 전파했을 때 그 힘은 대단했을 것이다. 더욱이 그가 예수님을 전파할 때 성령님이 크게 역사하여 그의 복음 사역은 큰 성황을 이루었을 것이다.

7.야이로의 딸과 혈루증 여인을 고치시다   8:40-56

거라사인의 땅 사람들이 예수님에게 그 지역에서 떠나라고 요청한 것과
는 달리 가버나움에서는 예수님을 열렬히 환영하고 있었다. 우선 야이로는
그의 딸이 죽어 갔기에 예수님을 기다리고 있었다. 예수님은 야이로의 요청
을 받고 그 집으로 가시던 중 갑자기 12해를 혈루증으로 앓던 여인이 다가와
예수님의 옷에 손을 대어 치유를 받았다. 이 부분 기사는 마 9:18-26; 막
5:21-43과 병행한다. 세 복음의 기사 간에 약간의 차이가 있으나 그 근본
내용은 동일하다. 마태의 것이 가장 간결하다.

눅 8:40. 예수께서 돌아오시매 무리가 환영하니 이는 다 기다렸음이러라.
예수님께서 거라사인의 땅에서 큰 이적을 행하셨으나 그 도시 사람들과
마을 사람들이 예수님에게 떠나달라고 말한 것과는 다르게 예수님께서 가버
나움으로 "돌아오시매 무리가 환영했다"(9:11; 행 18:27; 21:17; 28:30).
"환영했다"는 말은 '기쁨으로 받아드렸다,' '기쁨으로 영접했다'는 뜻이다.
기쁨으로 열렬히 예수님을 환영하는 것이 얼마나 중요한지 모른다. 기쁨으
로 환영한 이유는 "다 기다렸기" 때문이었다. 야이로의 딸이 죽어가고 있었
기에 예수님을 모두 기다리고 있었다.

**눅 8:41 이에 회당장인 야이로라 하는 사람이 와서 예수의 발아래에 엎드려
자기 집에 오시기를 간구하니.**
많은 사람이 예수님을 기다렸지만 특히 "회당장인 야이로라 하는 사람이 와서
예수의 발아래에 엎드려 자기 집에 오시기를 간구했다"(마 9:18; 막 5:22). 회당
장66) 야이로는 지위가 높고 평판이 좋은 사람이었는데 예수님의 발아래에 엎드린

---

66) "회당"은 또한 재판이나, 자녀를 위한 교육(학교) 등의 장소로서의 지역공동체의 중심이
기도 했다. 바벨론 포로 이전에 있어서의, 예배의 중심은 예루살렘 성전이었는데, 그런 중에서도
이 지방 회당의 역할은 컸다(렘 36:6, 10, 12-15). 그리고 회당의 중요성이 특히 커진 것은,
성전을 잃고 포로가 된 때부터였다. 물론, 성전 예배로 행해지고 있던 희생 제사를 회당이
대행할 수는 없었지만, 주로 율법교육의 터로서, 신앙의 전통을 지키는 일을 했다. 그리고

것이다. 그는 이전에 예수님에 대한 소문도 들었을 것이고 또 혹시 직접 예수님께서 복음 전하시는 것을 목격했을 수도 있었다. 그러나 이번에는 예수님에게 나아와서 겸손하게 머리를 숙였다. 그리고 "자기 집에 오시기를 간구했다." 아이로가 예수님을 자기 집에 오시도록 간구한 이유는 다음 절에 나온다.

눅 8:42a. 이는 자기에게 열두 살 된 외딸이 있어 죽어감이러라.
회당장 야이로가 예수의 발아래에 엎드려 자기 집에 오시기를 간구했던(앞절) 이유가 본 절에 나온다. 그것은 "자기에게 열두 살 된 외딸이 있어 죽어갔기" 때문이었다. 12세가 된 외동딸, 하나밖에 없는 딸이 죽어간다는 것은 부모에게는 애간장이 녹는 일이었다. 누가만이 야이로의 딸이 "외딸"이라고 표현하여 독자들로 하여금 주목하게 만든다(7:12; 9:38 참조). 이렇게 간청하니 예수님은 그 집에 가셨다. 예수님은 간청하는 곳에 가신다(마 9:19; 막 5:24). 예수님은 지금도 예수님을 간청하는 집에 가신다.

눅 8:42b. (그러나) 예수께서 가실 때에 무리가 밀려들더라.
본 절 하반 절의 문장 초두에는 "그러나"(δέ)라는 접속사가 있어 본 문장은 본 절의 상반 절과 관련이 있음을 말하고 있다. 즉 야이로가 예수님을 급히 오시라는 암시를 드렸는데 "그러나" 가실 때에 사람들이 마구 밀어대서 예수님께서 빨리 가실 수 없었다는 것을 암시하고 있다. 무리가 밀려들어 빨리 갈 수 없어 결국은 도중에 12년을 혈루증으로 앓던 여인이 예수님의 뒤로 와서 예수님의 옷 가에 손을 대는 일이 발생했다. 예수님께서 이렇게 길이 막히셨지만 일은 더욱 잘 되었다. 첫째, 혈루증 여인을 고치셨다. 이것

신약시대에 이르기까지에, 유대인 사회가 있는 곳에는 어떤 장소에나 회당은 건설되어 있었다(행 13:5; 14:1; 17:10). 그 각각의 회당은 백성의 장로들에 의해 관리되고(눅 7:3-5), 또 회당장이 여러 가지 일을 지도했다(막 5:22; 눅 13:14; 행 13:15). 그러나 동시에 적당한 사람이면 누구든 집회에서 말하는 것이 허용되어 있어서, 예수께서도 설교하셨고, 바울과 바나바도 설교했다(4:16; 마 4:23; 행 13:15). 유대인은 안식일마다 회당에 모이고, 다시 주(週)의 제2일과 제5일에도, 율법의 낭독을 위해 모였다(행 15:21). 야이로는 회당의 회당장이었다.

은 큰 수확이었다. 둘째, 야이로의 딸이 죽었기에 예수님께서 다시 살리셨다. 혹시 예수님께서 길이 막히지 않으셨더라면 야이로의 딸이 죽지 않았을 때 도착하셨을 수도 있어 살아있는 딸을 고치셨을 것이다. 예수님께서 아직 살아있는 소녀를 고치시기 보다는 죽은 소녀를 살리시는 것이 더 큰 이적이 아닌가. 결국 우리도 잠시 길이 막힌다고 해서 나쁠 것은 없다. 주안에서는 모든 것이 합력하여 선이 되는 법이다(롬 8:28).

눅 8:43-44. 이에 열두 해를 혈루증으로 앓는 중에 아무에게도 고침을 받지 못하던 여자가 예수의 뒤로 와서 그 옷 가에 손을 대니 혈루증이 즉시 그쳤더라.

누가는 이 부분(43-44절)에서 열두 해를 혈루증으로 앓던 여인의 비참했던 과거와 또 현재 믿음으로 예수님의 옷 가에 손을 대어 고침 받은 사실을 말한다(마 9:20). 혈루증으로 앓던 여인은 "열두 해"를 고생했다. 적지 않은 세월이다. 이 세월은 야이로의 딸의 나이(12세)만큼이나 긴 세월이었다.

　　"혈루증"이란 병은 부정한 병으로 규정되었고 또 환자를 만지는 자도 부정했으며 성전에도 들어가지 못했고(레 15:25-30) 사람들의 모임에도 참석하지 못했다. 여인은 12년 동안이나 앓는 중에 "아무에게도 고침을 받지 못했다." 다시 말해 아무 의사에게도 고침 받지 못했다. 그 여인은 자기의 병을 고치기 위해 자기의 재산을 탕진했다(막 5:26). 여인은 병을 고치지도 못했을 뿐 아니라 재산도 탕진한 형편이었는데 건강 상태마저 더 심하게 악화 되었다(막 5:26).

　　비참했던 여인은 완전히 절망 중에 예수님에 대한 소문을 듣고 "예수의 뒤로 와서 그 옷 가에 손을 대니 혈루증이 즉시 그쳤다." 그 여자가 "예수의 뒤로 왔던" 것은 숨어서 예수님의 옷에 손을 대기 위함이었다. 그 여자가 예수님의 뒤로 왔던 것은 그 여인의 겸손을 보여주기도 한다. 그 여인은 예수님의 옷 가67)에만 손을 대어도 나으리라는 확신을 가지고 있었다(마 9:21). 혹자는 이 여인의 생각이 미신적인 것이라고 하나 큰 믿음을 보여준

행위였다. 이 여인은 예수님의 옷 가장자리가 병을 치유할 것이라고 믿은 것이 아니라 겉옷 가장자리 네 곳 중 한 쪽, 곧 바람에 펄럭이는 퍼런 술만 만져도 예수님께서 치유하실 것이라고 믿은 것이니 분명히 큰 믿음을 가지고 있었다. 그래서 예수님도 이 여자의 믿음을 인정하셨다(48절). 참으로 신기했던 것은 이 여자가 예수님의 겉옷 가를 만지자 병이 순식간에 나은 것이었다. "혈루증이 즉시 그쳤더라." 서서히 점진적으로 그친 것이 아니었다. 회복기간도 필요 없이 순식간에 깨끗해졌다. 우리의 영혼도 그리스도에게 나아가자마자 순식간에 깨끗해진다(요 15:3; 엡 5:26).

눅 8:45. 예수께서 이르시되 내게 손을 댄 자가 누구냐 하시니 다 아니라할 때에 베드로가 이르되 주여 무리가 밀려들어 미나이다.

여인의 혈루증이 즉시 흐르기를 멈춘 후 예수님은 주위에 있던 많은 사람들에게 "내게 손을 댄 자가 누구냐"고 물으신다. 예수님은 내 겉옷 가를 만진 자가 누구냐 하고 물으시지 않고 "내게" 손을 댄 자가 누구냐고 물으신다. 여인은 믿음으로 겉옷 가를 만졌으니 예수님 자신에게 손을 댄 것이었다. 예수님의 질문에 대해 "다 아니라"고 말했다. 이 사람 저 사람 모두 손을 댄 일이 없다고 말했다. 그런데 사람들이 모두 손을 댄 일이 없다고 말할 때 베드로는 예수님께서 그렇게 느끼신 이유를 댄다. "베드로가 이르되 주여 무리가 밀려들어 미나이다"라고 말씀드린다. 여기 "밀려들어 미나이다"(συνέχουσίν...ἀποθλίβουσιν)란 말은 '에워싸서 민다'는 뜻으로 어떤 한 사람이 예수님에게 손을 댄 것이 아니라 많은 사람들이 예수님을 에워싸서 밀고 있어서 아마도 누군가가 손을 댔을 것이라는 뜻이다. 베드로는 예수님

---

67) 예수님의 "옷 가"란 말은 민 15:37-39에("여호와께서 모세에게 말씀하여 이르시되 이스라엘 자손에게 명령하여 대대로 그들의 옷단 귀에 술을 만들고 청색 끈을 그 귀의 술에 더하라 이 술은 너희가 보고 여호와의 모든 계명을 기억하여 준행하고 너희를 방종하게 하는 자신의 마음과 눈의 욕심을 따라 음행하지 않게 하기 위함이라")에 보면 '겉옷 귀에 달린 술'을 지칭한다. 유대인의 겉옷은 네모 반듯했다. 그 가운데 구멍을 뚫어 목을 내어 놓았다. 그리고 그 옷의 네 귀에 술을 드리웠고 청색 끈을 그 귀에 달았다. 이 술은 율법을 기억하게 해주었다. 여인이 이 술을 살짝 만졌는데도 예수님은 능력이 나간 줄을 아셨다.

의 깊은 뜻을 헤아리지 못하고 경솔하게 대답했다.

　예수님께서 주위에서 에워싸서 밀고 있는 사람들에게 이런 질문을 하신 것은 몰라서 질문하신 것도 아니고 또 누가 그렇게 손을 댔는지 알아보시기 위해서 물으신 것이 아니라 나은 것을 여러 사람 앞에서 간증하고 그리스도에게 감사할 기회를 주시기 위함이었다. 나병에서 놓임 받은 10사람이 예수님의 은혜로 다 깨끗함을 받았는데 단지 한 사람 사마리아 사람만 감사하러 왔을 때 예수님은 "그 아홉은 어디 있느냐"고 물으셨다. 나았으면 반드시 감사해야 한다는 뜻이다(눅 17:17). 우리도 은혜를 받았으면 반드시 그리스도를 드러내면서 살아야 하는 것이다.

눅 8:46. 예수께서 이르시되 내게 손을 댄 자가 있도다 이는 내게서 능력이 나간 줄 앎이로다 하신대.

예수님은 베드로의 말씀을 들으시고(앞 절) 예수님은 사람들이 에워싸서 미는 중에 누가 실수로 예수님에게 손을 댄 것이 아니라 믿음으로 손을 댄 것을 아시고 "내게 손을 댄 자가 있다"고 하신다. 여기 "댔다"(ἥψατό)는 말은 부정(단순)과거 수동태로 '확실하게 스스로 댔다'는 뜻이다(부정과거는 동사 자체를 강조하는 역할을 하기도 한다). 예수님은 분명히 믿음을 가지고 예수님에게 손을 댄 자가 있다는 것을 아시고 그에게 간증의 기회를 주시려는 의도로 손을 댄 자가 있다고 단정하신다. 그리고 예수님은 손을 댄 여인에게 깨끗하게 된 것을 선언하셔서 여인에게 기쁨을 주실 뿐 아니라 그 여자로 하여금 공중 생활에서 자유롭게 활동하게 하시려는 의도에서 물으신 것이다. 일단 나았으면 성전 출입도 자유롭게 할 수 있는 것이고 회당 출입도 자유롭게 해야 하는 것인데 예수님은 그것을 위해 그 여자를 찾으신 것이다.

　예수님은 누군가가 예수님에게 손을 분명히 댔다고 말씀하신다. 예수님께서 분명하게 아시게 된 이유는 "내게서 능력이 나간 줄 알기" 때문이라고 하신다(6:19; 막 5:30). 여기 "앎이로다"(ἔγνων)라는 말은 부정(단순)과거 시제로 '확실하게 안다'는 뜻이다. '예수님으로부터 능력이 나간 것을 확실히 아시기 때문에' 어떤 사람이 예수님의 겉옷 가를 만졌다고 하신다. 혈루증을 앓던 여인이 믿음으로 예수님의 겉옷 가를 만질 때 예수님에게서 능력이 나간 것을 아셨다. 능력이 나간 것을 아시게 되었으니 누군가가 믿음으로 예수님의 겉옷을 만졌다고 하신다. 예수님에게 숨길 수 있는 것이 있을까. 예수님은 다 아신다.

눅 8:47. 여자가 스스로 숨기지 못할 줄 알고 떨며 나아와 엎드리어 그 손 댄 이유와 곧 나은 것을 모든 사람 앞에서 말하니.
예수님의 질문에 더 이상 숨기지 못할 것을 알게 된 여인은 "스스로 숨기지 못할 줄 알고 떨며 나아왔다." 이 여인은 예수님의 말씀, "내게 손을 댄 자가 있도다 이는 내게서 능력이 나간 줄 안다"(앞 절)는 말씀을 듣고 더 이상 양심을 속일 수는 없었다. 예수님께 무엇을 숨길 수 있겠는가. 그것은 여인에게 불가능한 일이었다. 여인은 더 이상 숨길 수 없는 줄 알고 떨며 예수님께 나아와 엎드렸다. 사실 그 여자는 예수님과 약간 거리를 두고 있었다. 도망가고 싶은 생각에 거리를 둔 것이다("나아와"라는 말이 증명한다). 그 여인은 혈루증을 앓는 자기 자신이 예수님의 겉옷에 손을 댄 것이 발각되었으니 큰 일 났다고 생각하여 떨었다. 그 여인은 바들바들 떨었다. 그리고 예수님 앞에 엎드렸다. 경배하기 위해서 엎드린 것이 아니라 죽을 죄를 지었다는 것을 말씀드리기 위해 사죄하는 심정으로 엎드렸다.

그런 다음 여인은 "그 손 댄 이유와 곧 나은 것을 모든 사람 앞에서 말했다." 손을 댄 이유 곧 혈루증으로부터 낫고 싶은 생각에서 손을 댔다는 것을 말씀 드렸고 또 자기의 혈루증이 즉시 나은 것을 모든 사람 앞에서 고백했다. 손을 댔더니 나았다는 것을 숨김없이 말했다. 우리는 숨김없이 우리가 받은 은혜에 대해 말해야 한다.

눅 8:48. 예수께서 이르시되 딸아 네 믿음이 너를 구원하였으니 평안히 가라 하시더라.

여인이 예수님과 사람들 앞에서 간증한 다음 예수님은 이 여인에게 두 가지를 선언하신다. 첫째, "딸아 네 믿음이 너를 구원하였다"는 말씀과 둘째, "평안히 가라"는 말씀을 하신다. 딸이 예수님을 믿었기에 구원을 받았다는 것이다(7:50; 17:10; 18:42 참조). 다시 말해 혈루증으로부터 구원을 받았다는 뜻이다. 사람은 예수님을 믿음으로 영육의 구원을 받는다. 치유하시는 분은 예수님이지만 그러나 사람이 예수님을 믿어야 예수님께서 역사하셔서 구원하신다. 그리고 "평안히 가라"는 말씀은 '평안하게 살라'는 뜻이고 '평안한 마음을 가지고 예수님을 선전하라'는 뜻이다. 이유는 우리가 한 생애동안 해야 할 일은 예수님을 선전하는 것뿐이니 평안히 가라는 말은 평안한 마음을 가지고 전도하라는 뜻이라고 할 수 있다. 우리는 예수님을 믿어 영육의 구원을 받고 평안히 살며 전도해야 해야 할 것이다.

눅 8:49. 아직 말씀하실 때에 회당장의 집에서 사람이 와서 말하되 당신의 딸이 죽었나이다 선생을 더 괴롭게 하지 마소서 하거늘.

예수님께서 여자에게 말씀하시는(앞 절) 동안 "회당장의 집에서 사람이 와서 말하기를 당신의 딸이 죽었나이다 선생을 더 괴롭게 하지 마소서"라고 말해준다(막 5:35). 회당장의 집에서 온 한 사람(막 5:35에 의하면 여럿이 왔었다)은 회당장의 부인한테서 들은 대로 딸이 죽었다고 했다. 이제 딸이 죽은 이상 예수님으로 하여금 집으로 오시게 할 필요가 없다고 말한다. 아이가 죽기 전에 예수님께서 오셨으면 아이가 살아날 수 있었지만 이제는 죽었으니 예수님께서 오셔야 아무 소용이 없으니 예수님을 괴롭힐 필요가 없다는 것이었다. 회당장의 부인과 심부름꾼은 최소한의 예의를 갖추어 예수님을 괴롭히지 말라고 회당장에게 부탁한다.

눅 8:50. 예수께서 들으시고 이르시되 두려워하지 말고 믿기만 하라 그리하면 딸이 구원을 얻으리라 하시고.

회당장의 집에서 심부름으로 온 사람이 회당장에게 보고하는 말을 들으신 예수님은 "두려워하지 말고 믿기만 하라 그리하면 딸이 구원을 얻으리라"고 하신다. 딸이 죽었다는 보고를 받고 두려워할 회당장에게 예수님은 두려워 말고 믿기만 하라고 명령하신다. 오늘 우리에게도 예수님은 "두려워말고 믿기만 하라"고 하신다. 우리는 모든 일에 두려워말고 믿기만 하면 되는 줄 알아야 한다. 두려워말고 믿기만 하면 "딸이 구원을 얻으리라"고 하신다. '딸이 살아나리라'는 뜻이다. 두려움과 믿음은 상반되는 요소이다. 두려워하는 마음에 믿음은 없다. 두려움을 내쫓아야 한다. 두려움을 내쫓기 위해서는 그리스도의 지혜와 능력과 사랑을 확고하게 믿어야 한다. 전적으로 그리스도를 의지하면 두려움은 사라진다. 오늘도 우리는 믿기만 하면 영육의 구원을 받는다(시 22:4; 사 26:3-4; 43:2).

눅 8:51. 그 집에 이르러 베드로와 요한과 야고보와 아이의 부모 외에는 함께 들어가기를 허락하지 아니하시니라.

예수님은 야이로의 집에 도착하셔서 "베드로와 요한과 야고보와 아이의 부모 외에는 함께 들어가기를 허락하지 아니하셨다." 예수님께서 세 제자만을 데리시고 야이로의 집에 들어가신 것은 세 제자를 특수훈련 하여 후대에 이 이적을 전하도록하기 위해서였을 것이다. 달리는 설명할 수가 없을 것 같다. 예수님은 변화산에 올라가실 때에도 세 제자를 데리고 올라가셨고(9:28) 또 겟세마네 동산에 들어가셔서 기도하실 때에도 역시 세 제자와 함께 하셨다(막 14:33). 12제자들 중에도 또 특수하게 훈련을 받는다는 것, 그것은 참 복이 아닐 수 없다. 오늘도 많은 전도자가 있지만 그 중에도 특별 훈련을 받는 전도자들이 있지 않은가. 남보다 더 많은 고난을 받고 혹은 특수한 병에 걸려 고생하고 사경을 헤매던 사람들이 훗날 더 크게 쓰임을 받지 않는가.

눅 8:52. 모든 사람이 아이를 위하여 울며 통곡하매 예수께서 이르시되 울지 말라 죽은 것이 아니라 잔다 하시니.

예수님과 세 제자가 함께 야이로의 집에 들어갈 때 "모든 사람이 아이를 위하여 울며 통곡하고 있었다"(마 9:23 참조). 유대인들은 상을 당한 유족들만 울고 통곡하는 것이 아니라 대신 울어주고 대신 통곡해주는 애곡꾼들(렘 9:17-18)을 고용하기에 집안은 온통 떠들썩했다. 게다가 자주자주 피리 소리까지 들렸으니 초상집은 온통 난장판이었다. 게다가 야이로는 회당장이었으니 많은 사람들이 와서 울어주었을 것이다. 혹자는 이 때 야이로의 딸이 죽은 지 얼마 되지 않았기에 애곡꾼들을 아직 불러오지 않았을 것이라고 하나 불러오지 않아도 자발적으로 와서 울어주는 사람들이 이미 와서 울고 통곡했을 가능성은 있다(Bruce, Lightfoot, Hendriksen).

통곡 소리를 들으신 예수님은 "울지 말라 죽은 것이 아니라 잔다"고 하신다(요 11:11, 13; 행 7:60; 살전 4:13). 이런 때에 예수님은 사람들을 향하여 "울지 말라"고 하신 것은 아이가 "죽은 것이 아니라 자고" 있었기 때문이었다. 예수님은 야이로의 딸이 자고 있는 것으로 아셨다. 예수님께서 이런 말씀을 하시면 반드시 비웃음을 당하실 것을 아시면서도 참 진리를 알려주시기 위해서 아이가 "죽은 것이 아니라 잔다"고 하신다. 예수님께서 이렇게 말씀하신 이유는 사람이 죽은 것은 자는 것과 같기 때문이었다. 그러니까 예수님에게는 죽음이라는 것이 없으셨다. 예수님께서 가시는 곳마다 죽은 자가 살아났으니 예수님에게는 죽음이라는 것이 없으셨다. 지구상에 그 동안 살다가 죽은 사람들은 모두 죽은 것이 아니라 자고 있는 것이다. 앞으로 모두 부활할 것이다. 불신자도 부활하고 신자들도 부활하여 지옥과 천국으로 갈 것이다.

눅 8:53. 그들이 그 죽은 것을 아는 고로 비웃더라.

예수님께서 그 아이가 "죽은 것이 아니라 잔다"(앞 절)고 하신 말씀을 들은 사람들은 야이로의 딸이 "죽은 것을 아는 고로 비웃었다." 야이로의 딸은 분명히 죽었었다. 다음 55절에 보면 예수님의 명령에 따라 아이의 혼이 돌아왔다고 했으니 딸의 영육이 분리되었던 것은 확실한 것이었다. 사람들은 당시에 의학적인 상식은 없었지만 분명히 아이가 숨을 쉬지 않는 것을 보고 죽은 것을 확인하고 있었다. 그들은 그들의 상식을 따라 예수님을 비웃었다. 오늘도 사람들의 상식을 따라 하나님의 진리를 비웃는 사람들이 많이 있다. 많은 기독교 진리는 지금 세상 사람들에 의해서 비웃음을 당하고 있다.

눅 8:54-55a. 예수께서 아이의 손을 잡고 불러 이르시되 아이야 일어나라 하시니 그 영이 돌아와 아이가 곧 일어나거늘.

사람들의 비웃음을 들으신 예수님은 비웃는 사람들을 그 아이의 시체가 있는 방으로부터 다 내어 보내시고(마 9:25; 막 5:40) 아이의 방으로 들어가셨다. 그리고 아이의 부활을 보여주시기 위해서 "아이의 손을 잡고 불러 이르시되 아이야 일어나라"고 하신다(7:14; 요 11:43). 예수님은 아이의 손을 잡으셨다. 율법에 의하면 시체에 손을 대는 것은 부정한 행위로 금지되었는데 예수님은 아이의 손을 잡으셨다. 예수님은 나병환자에게도 손을 대셨다(5:13). 예수님은 아이를 사랑하신다는 뜻으로 손을 대셨다. 예수님은 아이의 손을 잡지 않으시고 말씀만으로도 얼마든지 혼이 돌아오게 하실 수 있었으나 사랑을 보여주시기 위하여 아이의 손을 잡고 불러 이르시기를 "아이야 일어나라"고 하셨다. 마가는 예수님께서 아람어로 "달리다굼"("내가 네게 말하노니 일어나라")이라고 하셨다고 전한다(막 5:41). 헨드릭슨 (Hendriksen)이 말한 대로 그 아이의 어머니가 아침마다 아이를 향하여 하는 말처럼 아람어로 "아이야 일어나라"고 하셨다. 그런데 누가는 이 아람 어를 번역해서 전한다(수신자 데오빌로 각하를 위해서 번역했을 것이다).

예수님의 명령 한마디에 아이의 영이 돌아와서 곧 일어났다. 아이의 영이 돌아온 후 회복기간도 필요 없이 그 아이는 금방 일어났다. 이중(二重) 이적이다. 혼이 돌아온 것도 이적이고 또 앓고 있었던 아이에게 회복 기간이 필요했을 것인데 금방 일어나서 먹을 것을 먹을 수 있었던 것도 이적이다(55절 하반절).

눅 8:55b. 예수께서 먹을 것을 주라 명하시니.

예수님은 죽었다가 살아난 아이를 위하여 "먹을 것을 주라"고 명령하신다. 부모는 아이가 살아난 것을 생각하고 거의 의식을 잃을 정도로 좋아하느라 정신이 없었다. 그리고 죽었다가 살아났기에 어느 정도의 시간이 지난 후에야 먹을 것을 주어야 할 줄로 생각했을 것이다. 그러나 예수님은 그 아이에게 먹을 것이 필요한 줄 아셨다. 살아난 후에는 회복기간이 필요 없고 곧 식사를 해야 하는 것으로 아시고 먹을 것을 주라고 하셨다. 예수님은 사람에게 세심한 배려를 하신다. 예수님은 지금도 세심한 배려를 하신다.

눅 8:56. 그 부모가 놀라는지라 예수께서 경고하사 이 일을 아무에게도 말하지 말라 하시니라.
아이가 살아난 것을 보고 "그 부모가 놀랐다." 이런 경우 놀라지 않을 부모가 없을 것이다. 친척들도 놀랐을 것이다. 우리는 그리스도의 이적 앞에 놀란다. 이런 일은 일상이 아니고 이적인 고로 놀랄 수밖에 없다.

그런데 이런 놀라운 이적을 행하신 예수님은 "경고하사 이 일을 아무에게도 말하지 말라"고 부탁하신다(마 8:4; 9:30; 막 5:43). 부탁하신 이유는 첫째, 이런 이적이 중요한 것이 아니라는 뜻에서였다. 중요한 것은 예수님의 십자가의 복음이었다. 둘째, 이런 이적 때문에 사람들이 예수님 주위에 몰리면 예수님께서 복음을 전하시는 일에 지장을 받으실 것이기에 아무에게도 말하지 말라고 부탁하셨다(5:14 참조). 그런데 본 장 39절에 보면 예수님은 거라사인의 땅 사람에게 귀신들을 내쫓으신 것을 데가볼리에 널리 전파하라고 하셨다. 한쪽은 전파하라고 하시고(39절) 한쪽은 금하셨으니(본 절) 상충되는 것으로 볼 수도 있으나 예수님은 이스라엘로부터 먼 지역에 있는 데가볼리 지역 사람들에게는 아무리 알려도 예수님 주위에 사람들이 몰릴 가능성이 희박한 것으로 보셨기 때문에 이적을 행하신 예수님을 전파하라고 권하신 것으로 볼 수 있다.

제 9 장

갈릴리 전도의 말기에 진행된 여러 가지 일

R.갈릴리 전도를 마감하는 사역들   9:1-50

누가는 예수님께서 갈릴리 전도의 말기를 당하서서 12사도를 파송하신 후 여러 가지 일(헤롯의 두려움, 5,000명을 먹이신 일, 베드로의 신앙고백을 받으시고 수난을 예고하신 일, 변모하신 일, 겸손과 관용의 교훈을 말씀하심)을 진행하신 일과 또 예수님께서 갈릴리를 떠나신 일까지를 기록한다.

1.열두 제자를 파송하시다   9:1-6

예수님은 그 동안 제자들을 택하시고 훈련하신 후 이제 이 부분에서는 제자들을 파송하신다. 예수님은 제자들에게 자신의 사역을 맡기시고 이제는 십자가를 지시려는 것이었다. 마 10:1, 7, 9-11, 14-15; 막 6:7-13 참조.

눅 9:1. 예수께서 열두 제자를 불러 모으사 모든 귀신을 제어하며 병을 고치는 능력과 권위를 주시고.

예수님은 열두 제자를 불러 모으신다. 예수님께서 12 사람을 사도로 정하신 것은 산상보훈 설교를 하시기 조금 전이었다(눅 6:12-13, 17, 20 참조). 이제 예수님은 그들을 불러 모으사 파송하시기 위해 "모든 귀신을 제어하며 병을 고치는 능력과 권위를 주셨다"(마 10:1; 막 3:13; 6:7). 누가는 본 절에서 예수님께서 제자들로 하여금 사역하기를 원하시는 것을 두 가지로 나눈다. 하나는 "모든 귀신(마가는 "더러운 귀신"이란 말을 사용한다)을 제어하는 것"과 또 하나는 "병을 고치는 것"으로 분류한다. 예수님은 제자

들의 이 두 가지 사역을 위해 "능력과 권위를 주셨다." 그러니까 귀신을
제어하도록 능력과 권위를 주셨고 또 병을 고치도록 하기 위해서 능력과
권위를 주셨다. "능력"이란 '하나님의 능력' 자체를 지칭하고 "권위"란 합법
적인 권리, 지위(사도로서의 지위)를 지칭한다. 예수님은 사도들을 파송하셔
서 사역을 하시도록 하시면서 거저 보내지 않으시고 능력과 권위를 주어
보내셨다. 가룟 유다도 이 중에 들어 있었다. 회개하지 않은 자도 복음의
사역자 속에 들어 있다는 것을 아는 것은 중요하다. 지금도 그런 부류의
사역자들이 있다는 것을 뜻하기도 한다. 그들은 하나님을 알지 못하는 자들
이고 예수님을 알지 못하는 자들이다. 그들은 악을 행하는 사람들이다(마
7:20-27). 예수님은 마 9:36-38에 의하면 목자 없는 양 같은 이스라엘의
무리를 보시고 불쌍히 여기서서 그들을 보내셨다.

눅 9:2. 하나님의 나라를 전파하며 앓는 자를 고치게 하려고 내보내시며.
누가는 앞 절에 말한 것보다 본 절에서 하나 더 보탠다. 앞 절에서는 누가는
예수님께서 사도들에게 육신을 고치는 능력과 권위를 주신 것을 말했는데
본 절에서는 하나님의 나라를 전파하는 사명을 더 보탠다(10:1, 9; 마
10:7-8; 막 6:12). "하나님의 나라"란 말에 대해서는 4:43을 참조하라. 사도
들은 무엇보다 하나님의 나라를 전파해야 했다. 하나님의 나라를 전파한다
는 것은 "인간 마음속에 완전하고 무상으로 구원에 이르는 하나님의 통치를
힘 있게 선포하는 것을 의미한다"(윌럼 헨드릭슨). 사도들은 도처에 나가
사람들의 마음속에 하나님의 통치가 임하도록 그리스도의 복음을 전했다.
사도들이 그리스도의 복음을 전하면 사람들의 마음속에 하나님의 통치가
임하셨다. 그리고 사도들은 동시에 앞으로 하나님의 나라가 이루어지리라고
외쳤다.

그리고 예수님은 사도들로 하여금 "앓는 자를 고치게 하려고 내보내시면
서" 다음과 같은 교훈을 주신다. 여기 "앓는 자를 고치게 하려고 내보내셨다"
는 말씀은 1절에 있는 내용과 같다. 그러니까 사도들의 사명은 1-2절을

통하여 보면 하나님의 나라를 전파하는 일과 병을 고치는 일이었다. 사도들은 사람들의 영혼에 은혜를 끼쳐야 했고 육신의 병을 고쳐주어야 했다.

눅 9:3. 이르시되 여행을 위하여 아무 것도 가지지 말라 지팡이나 배낭이나 양식이나 돈이나 두 벌 옷을 가지지 말며.

예수님은 사도들이 할 일을 지시하신(1-2절) 다음에는 본 절에서는 전적으로 하나님만 의지하고 전도여행을 하라는 뜻으로 "여행을 위하여 아무 것도 가지지 말라"고 명하신다(10:4; 22:35; 마 10:9; 막 6:8). 꼭 가져야 할 것을 제외하고는 일체 다른 것들을 가지지 말라고 명령하신다. 마 10:9-10참조. 그리고 예수님은 가지지 말아야 할 품목을 열거하신다. 즉 "지팡이나 배낭이나 양식이나 돈이나 두 벌 옷을 가지지 말라"고 하신다. 그런데 마가복음에는 예수님께서 지팡이를 허용하신 것으로 말씀하고 있다(막 6:8-9). 그러니까 마태나 누가는 예수님께서 지팡이를 허용하시지 않은 것으로 기록했고 마가는 예수님께서 전도자가 지팡이를 가지고 갈 수 있는 것으로 기록했다. 이 두 차이를 어떻게 해결해야 하느냐를 두고 많은 해석이 시도되었다. 그러나 지금까지 분명하게 해결하지 못하고 있다.[68] 예수님의 말씀의 요점은 첫째, 전도 여행을 떠나면서 물질(양식, 돈, 두 벌 옷)을 염려하지

<hr>

[68] 마태나 누가와 달리 마가는 예수님께서 전도여행에 지팡이를 허용하신 것으로 기록했는데 그렇다면 이 차이를 어떻게 해야 하는가를 두고 많은 해석이 시도되었다. 너무 타당해 보이지 않는 해석인 듯이 보이는 것은 생략하고 몇 가지만 기록해보면 첫째, 누가는 예수님께서 전도자들로 하여금 지팡이를 가지고 성전에 오르지 못하도록 금하셨다는 해석. 그렇다면 예수님께서 아예 제자들을 향하여 성전에 오르지 말라는 문장을 사용하셨을 것이다. 분명이 예수님은 전도여행에 지팡이가 필요하냐 아니냐를 말씀하고 계신 것이지 성전에 오르는 문제를 다루고 계시지는 않았다. 둘째, 두 복음서 기자들 용도가 다른 지팡이를 기록하고 있다는 해석. 마가는 예수님께서 전도자들이 길을 걸을 때 사용하는 지팡이를 가지고 가라고 말씀하셨다고 말하고, 마태와 누가는 예수님께서 맹수나 위험으로부터 전도자 자신을 보호하는 막대기를 가지고 가지 말라고 하셨다고 기록했다는 것이다. 그러나 이런 해석도 역시 무리가 있다. 모두 전도자가 여행할 때 필요한 물건으로서의 지팡이를 뜻하고 있다는 점에서 충분한 해석이 되지 못한다. 셋째, 마가는 예수님께서 제자들에게 소지 하도록 허용하신 것을 기록한 반면, 누가는 제자들이 이미 가지고 있는 것 외에 더 갖지 말라고 하신 것을 기록했다고 하는 해석. 그렇다면 예수님은 제자들이 이미 돈이나 양식을 가지고 있다는 것을 염두에 둔 해석이니 받기가 어렵다. 그런고로 결국 완전한 해석은 아직 없는 것 같다.

말라는 말씀이고, 또 물질을 넣어가지고 다니는 것들(주머니, 배낭)에 대해
서도 신경 쓸 것이 없다고 하신 것이다.

　아무튼 예수님은 하나님께서 사역자들의 전도여행이나 선교여행에 필요
한 것을 다 공급하신다는 뜻으로 모든 것을 염려할 필요가 없다고 하신
말씀이니 얼마나 홀가분 말씀인가. 우리는 공연히 이것저것 신경 쓰고 염려
할 것이 없다. 오늘 우리는 이 말씀을 문자 그대로 볼 필요는 없을 것이다.
예를 들어 두 벌 옷(여기서는 속옷을 뜻한다)을 가지고 가지 말라는 말씀은
필요 이상으로 가지고 다니지 말라는 말씀으로 받아야 할 것이다. 추위를
타기 때문에 속옷을 두벌 혹은 세벌을 입어야 할 사람은 그 만큼 입어야
할 것이다. 우리는 전도 여행을 할 때 전적으로 하나님만 의지하고 다녀야
한다. 오늘 해외 선교사들 중에 간혹 어떤 분들은 이곳저곳 다니며 선교
비를 과도하게 모으기 때문에 말을 듣는 사람들이 있다고 한다. 그런 선교사
들은 선교에는 별관심이 없고 생활에만 관심이 있기 때문에 선교에 큰
열매가 없다고 한다. 하나님만 의지한다는 것, 그것은 우리의 심령에도
약이 되고 선교에도 큰 진전을 가져다준다.

눅 9:4. 어느 집에 들어가든지 거기서 머물다가 거기서 떠나라.
예수님은 앞 절(3절)에서 아무 것도 염려하지 말고 전도여행을 하라고 하셨
는데 예수님은 전도자들이 여행하는 중에 들어가서 유하는 집에서 다 공급해
주시겠다고 하신다. 예수님은 "어느 집에 들어가든지 거기서 머물다가 거기
서 떠나라"고 하신다(마 10:11; 막 6:10). 어느 집에 들어가든지 그 집에서
(10:7) 먹고 마시며 잠자고 필요한 것을 공급 받다가 떠나라고 하신다.
대접에 불만을 품고 이리저리 옮겨 다니지 말고 한 곳에서 지내면서 그
근방 사람들에게 복음을 전하다가 하나님께서 떠나라는 신호를 받고 떠나야
한다. 그러면 어떤 집에 가서 머물러야 할지에 대해서는 어떻게 결정할
것이냐 하는 것은 마 10:11에 기록되어 있다. 다시 말해 합당한 자를 찾아내
야 한다. 전도자들을 환대하는 자가 있다면 바로 그 집에 유하면서 그 지방

사람들을 위해 전도해야 한다.

눅 9:5. 누구든지 너희를 영접하지 아니하거든 그 성에서 떠날 때에 너희 발에서 먼지를 떨어 버려 그들에게 증거를 삼으라 하시니.

앞 절에서는 예수님께서 전도자들을 환영하는 집에 들어가서 유하라고 하셨는데 이제 본 절에서는 "누구든지 너희를 영접하지 아니하거든 그 성에서 떠나라"고 하신다(마 10:14; 행 13:51). 전도자를 환영하지 않는 것은 곧바로 예수님을 환영하지 않는 것과 같다. 그런고로 그 성에서 떠나라고 하신다.

그리고 예수님은 전도자들이 "떠날 때에 너희 발에서 먼지를 떨어 버려 그들에게 증거를 삼으라"고 하신다(마 10:14). 전도자를 영접하지 않는 집이나 마을이나 성을 떠날 때에 전도자들의 발에 묻은 먼지를 떨어버리는 행위는 원래 유대인들이 이방인의 땅을 통과한 후 취하는 행위였으나 불신자들이 전도자들을 환영하지 않을 때에도 똑 같은 태도를 취하라고 하신다. 발에서 먼지를 떨어버리는 것은 그 불신자의 부정을 더럽게 여겨 발에 묻은 먼지까지도 떨어버리는 것이었고 또 복음을 받아드리기를 거부하는 사람들이나 도시에 임하는 하나님의 진노에 대한 공적인 선언이었다. 바울과 바나바는 비시디아 안디옥에서 전도할 때 유대인들이 자신들을 박해하니 이 명령을 글자대로 실행했다(행 13:5-51). 전도자들을 거부하는 일은 무서운 일이다.

눅 9:6. 제자들이 나가 각 마을에 두루 다니며 곳곳에 복음을 전하며 병을 고치더라.

예수님으로부터 파송 받은 제자들은 나가서 "각 마을에 두루 다니며 곳곳에 복음을 전하며 병을 고쳤다"(막 6:12). 사도들은 "각 마을에"(τὰς κώμας), 즉 갈릴리 지역의 각 마을에 두루 다니면서 곳곳에 복음을 전하며 병을 고쳤다. 그들은 예수님께서 명령하신대로 두 가지 일을 했다(1-2절). 본 절의 "복음을 전한 것"은 하나님 나라를 전파하라는 대로(2절) 전한 것이고 또 본 절의 "병을 고친 것"은 "귀신을 제어하라...앓는 자를 고치라"(1-2절)는 명령대로 한 것이다. 사도들은 사람들의 영혼을 위하여 복음을 전했고 육신의 병을 고쳐주었다. 우리도 역시 예수님의 말씀대로 해야 한다.

　　2.예수님의 소문을 듣고 헤롯이 당황하다　9:7-9
　예수님으로부터 파송을 받은 사도들이 복음을 성공적으로 전하였고 또 예수님의 소문이 더하여 헤롯에게 들려져 헤롯은 적지 아니 당황했다. 이 부분은 마 14:1-2; 막 6:14-15과 병행한다.

눅 9:7-8. 분봉왕 헤롯이 이 모든 일을 듣고 심히 당황하여 하니 이는 어떤 사람은 요한이 죽은 자 가운데서 살아났다고도 하며 어떤 사람은 엘리야가 나타났다고도 하며 어떤 사람은 옛 선지자 한 사람이 다시 살아났다고도 함이라.
예수님께서 파송하신 사도들이 성공적으로 복음을 전할 뿐 아니라 예수님께서 능력 있게 여러 가지 이적을 행하심으로 "분봉왕 헤롯이 이 모든 일을 듣고 심히 당황했다"(마 14:1; 막 6:14). 여기 "심히 당황했다"(διηπόρει)는 말은 미완료과거 시제로 '계속해서 어쩔 줄 모르고 쩔쩔 맸다'는 뜻으로 분봉왕(왕) 헤롯 안티파스(3:1)[69]는 과거에 세례 요한을 죽인 일 때문에 괴로워하다가 예수님의 놀라운 이적의 소문을 듣고 혹시 세례 요한이 환생해서 그렇게 활동하는 것이 아닌가하고 심히 당황하게 되었다.
　헤롯 안티파스가 당황한 이유는 세 가지 소문 때문이었다. 첫째, "요한이 죽은 자 가운데서 살아났다"는 설이 강하게 퍼져 있었기 때문이었다. 만약에 세례 요한이 살아났다면 반드시 복수할는지도 모른다는 생각이 들었을 것이다. 둘째, "엘리야가 나타났다고"하는 설도 퍼져 있었기 때문이었다(사 40:3; 눅 1:76; 7:27). 다시 말해 엘리야가 환생했을는지도 모른다는 설이

---

69) 분봉왕 헤롯은 BC 4년부터 AD 39년까지 갈릴리와 베레아의 분봉왕이었다.

파다해서 헤롯이 당황하게 되었다. 셋째, "옛 선지자 한 사람이 다시 살아났다고" 말하는 사람들도 있었기 때문이었다(마 10:14 참조). 좀 막연한 설이기는 하지만 그래도 그런 소문이 퍼져서 헤롯을 괴롭히고 있었다. 이 세 가지 소문은 당시에 가장 유력하게 퍼졌던 소문으로 보인다.

눅 9:9. 헤롯이 이르되 요한은 내가 목을 베었거늘 이제 이런 일이 들리니 이 사람이 누군가 하며 그를 보고자 하더라.

헤롯을 당황하게 한 세 가지 소문 중에서 헤롯을 제일 당황하게 했던 소문이 바로 세례 요한이 다시 살아났다는 소문이었다. 그래서 헤롯이 말하기를 "요한은 내가 목을 베었거늘 이제 이런 일이 들리니 이 사람이 누군가 하며 그를 보고자" 했다(23:8). 헤롯은 자기가 과거에 세례 요한의 목을 베어 죽인 것을 계속해서 기억하고 있었다. 그는 세례 요한의 목을 벤 사실 때문에 괴로워하고 있었는데 이제 예수님의 소문이 들려와서 혹시 세례 요한이 환생해 온 것이 아닌가하고 확인하고자 했다. 죄를 지은 사람은 항상 불안할 수밖에 없다. 본문의 "보고자 하더라"(ἐζήτει)는 말은 미완료 과거시제로 '보기(ἰδεῖν)를 계속해서 시도했다'는 뜻이다. 양심의 가책이 그를 그렇게 만들었다. 헤롯은 자기에게 들려왔던 두 번째 소문과 세 번째 소문에 대해서는 더 이상 괘념하지 않았고 유독 예수가 세례 요한이 환생한 인물이 아닌가하고 생각하게 되었다. 헤롯은 예수님을 한번 보기를 원했지만 소원을 이루지 못하다가 예수님의 수난 주간에 이르러서야 보게 되었다(23:6-15).

　　3.오병이어로 5,000명 이상을 먹이시다　9:10-17

　예수님께서 파송하신 사도들이 돌아와 성공적으로 전도한 것을 보고한 다음 예수님은 그들을 데리시고 벳새다로 물러가 쉬게 하려 하셨으나 사람들이 알고 따라와서 쉬게도 못하고 5,000명 이상이나 되는 사람들에게 식사를 제공하셨다. 5병 2어의 이적은 사복음서에 기록된 유일의 이적이다. 이 부분은 마 14:13-21; 막 6:30-44; 요 6:1-14과 병행한다.

눅 9:10a. 사도들이 돌아와 자기들이 행한 모든 것을 예수께 여쭈니.

파송 받은 사도들이 몇 개월 간 전도하고 "돌아와 자기들이 행한 모든 것을 예수께 여쭈었다"(막 6:30). 사도들은 이제 예수님을 대리하여 사역할 수 있었다. 그들은 귀신을 제어하며 병을 고치는 능력과 권위(1절)를 받아가지고 나갔으니 예수님을 대리해서 전도했다. 그들은 돌아와서 전도 사역의 "모든 것"을 예수님께 여쭈었다. 그들의 전도 사역은 성공적이었다. "귀신을 제어하며 병을 고치는 능력과 권위(1절)를 받아가지고 나갔으니" 성공적이었다. 오늘 우리도 모든 행한 것을 예수님께 여쭐 수 있어야 한다.

눅 9:10b. 데리시고 따로 벳새다라는 고을로 떠나 가셨으나.

예수님은 전도 활동을 마치고 돌아온 사도들을 "데리시고 따로 벳새다라는 고을로 떠나 가셨다"(마 14:13). 막 6:31("너희는 따로 한적한 곳에 가서 잠깐 쉬어라")에 의하면 예수님은 전도 여행에서 돌아온 사도들로 하여금 휴식을 취하게 하기 위해서 벳새다[70]로 가셨다. 오늘도 전도자들과 선교사들은 가끔 휴식이 필요하다. 전도사역에 심히 무리했던 어느 전도자는 일찍 별세하면서 "쉬는 것도 일인 줄 몰랐다"고 말했다는 것이다.

눅 9:11a. 무리가 알고 따라왔거늘.

예수님과 제자들이 벳새다로 가시는 동안 "무리가 알고 따라왔다." 무리들

---

70) "벳새다"는 갈릴리 바다 동북안의 성읍이다(막 6:45; 눅9:10). 시몬 베드로와 안드레, 그리고 빌립의 고향이다(요 1:44; 12:21). 예수께서는 여기서 소경의 눈을 뜨게 해 주셨다(막 8:22). 그러나 이 성읍 사람들의 불신앙을 크게 슬퍼하셨다(마 11:21; 눅 10:13). 갈릴리 바다 북단, 요단 강 하구의 동북쪽 1㎞, 비옥한 충적평야(沖積平野) 엘 바디하(el-Batiha)의 북단에 있는 에 델(et-Tell)과 동일시된다. 신약 시대에는 헤롯 빌립 Ⅱ세의 분봉영이었으며(눅 3:1 참조), 그가 이를 확장하고 황제 아구스도의 왕녀 율리아(Julia)의 이름을 따라 '벳새다 율리아스'(Bethsaida-Julias)라 이름하였다. 여기에 근접해 있는 길벳 엘 아라즈(Khirbet el-'Araj)를 벳새다와 동일시하는 학자도 있다. 5,000명의 무리가 빵을 먹은 곳은(마 14:13-23) 이 남쪽의 엘 바디하 평야가 동쪽으로 뻗어 있는 구릉의 중복이라고 한다.

은 가버나움 쪽에 있는 사람들이었는데 12사도가 예수님을 모시고 배를 타고 갈릴리 바다의 동편을 향하여 가는 것을 보고 예수님의 제자들인 줄 알게 되어 "모든 고을로부터 도보로 그 곳에 달려와 그들보다 먼저 갔다"(막 6:32-34). 사람들은 아마도 요단강 상류 쪽의 얕은 곳의 물을 건너 먼저 벳새다에 도착했을 것이다.

혹자는 가버나움 사람들이 예수님의 일행보다 먼저 벳새다에 도착했다는 마가복음의 내용을 뒤집으려고 한다. 이유는 마 14:13-14; 눅 9:11; 요 6:3, 5의 말씀 때문이라고 한다. 마 14:13에 보면 "무리가 듣고 여러 고을로부터 좇아간지라"고 말한다. 그러니까 마태의 문장은 사람들이 예수님의 일행을 좇아간 것이니 가버나움 사람들이 먼저 벳새다에 도착했다는 마가복음의 말씀에 문제가 있다는 것이다. 그리고 눅 9:11에도 "무리가 알고 따라왔다"고 말한다. 역시 무리가 알고 따라온 것으로 말하니 가버나움 사람들이 먼저 갔다는 말에 문제가 있다고 말한다. 그리고 요 6:5에 "예수께서 눈을 들어 큰 무리가 자기에게로 오는 것을 보셨다"고 했으니 예수님 일행이 먼저 도착해서 늦게 오는 가버나움 사람들이 예수님에게로 오는 것을 보셨으니 마가복음의 기사에 문제가 있다는 주장이다. 그러나 가버나움 사람들이 예수님의 일행을 따라서 가버나움을 출발했지만 먼저 벳새다에 도착했다고 볼 수는 없을까. 마가는 베드로의 통역자로서 베드로가 말해준 대로 썼다고 보아야 하지 않을까. 가버나움 사람들이 먼저 도착한 사람들과 늦게 도착한 사람들이 있었는데 예수님은 늦게 도착하는 사람들이 오는 것을 보신 것이 아닌가. 우리는 막 6:33의 "모든 고을로부터 도보로 그 곳에 달려와 그들(예수님의 일행)보다 먼저 갔다"는 말을 무시할 수는 없을 것 같다. 분명히 표현된 것을 부인하기는 어렵지 않은가.

눅 9:11b. 예수께서 그들을 영접하사 하나님 나라의 일을 이야기하시며 병 고칠 자들은 고치시더라.

예수님과 12사도는 쉴 시간을 빼앗기셨지만 벳새다에 따라온 사람들을 불쌍히 여기셨다(막 6:34). 우리는 내 휴식이나 내 일보다는 무리를 사랑하는 쪽으로 움직여야 한다.

누가는 "예수께서 그들을 영접하사 하나님 나라의 일을 이야기하시며 병 고칠 자들은 고치셨다"고 말한다. 예수님은 먼저 "그들을 영접하셨다." 예수님은 그들을 싫어하거나 꺼려하시지 않았다. 아주 환영하셨다. 예수님은 사랑이 무한하셨다.

그리고 예수님은 항상 그렇듯 먼저 "하나님 나라의 일을 이야기하셨다"(4:43 참조). 즉 예수님은 무리에게 복음을 전파하여 영적인 하나님의 나라에서 살게 하셨다. 다시 말해 예수님은 그들에게 복음을 전하여 현재 하나님의 통치를 받고 살아가게 해주셨다. 하나님의 통치를 받고 사는 것이 하나님의 나라에 사는 것이다. 현재 하나님의 통치를 받고 살면 훗날 예수님의 재림으로 말미암아 이루어지는 온전한 하나님의 나라에 들어가서 살게 되는 것이다.

예수님께서 하나님의 나라에서 사는 문제를 말씀하신 후 예수님은 "병 고칠 자들은 고쳐주셨다." 예수님은 병을 고치실 때 항상 그렇듯 귀신들린 자에게서 귀신을 쫓아주셨고 또 다른 많은 병들을 고쳐주셨다. 예수님은 하나님의 나라를 전파하시는 일과 병 고치시는 일을 분명히 구분하셔서 일하셨다.

눅 9:12. 날이 저물어 가매 열두 사도가 나아와 여짜오되 무리를 보내어 두루 마을과 촌으로 가서 유하며 먹을 것을 얻게 하소서 우리가 있는 여기는 빈 들이니이다.

예수님께서 무리에게 하나님의 나라를 전파하시며 또 병을 고치시느라 많은 시간이 지나갔다. 그래서 "날이 저물어 갔다"(마 14:15; 막 6:35; 요 6:1, 5). 이제는 식사도 염려해야 하고 또 유숙하는 것을 염려해야 할 시간이 되었다. 예수님의 제자들은 예수님에게 나아와 "무리를 보내어 두루 마을과 촌으로 가서 유하며 먹을 것을 얻게 하소서"라고 말씀드린다. 제자들은

자기들의 권위보다는 예수님의 권위로 '무리를 보내어 여러 마을과 촌으로
가서 유숙하며 먹을 것을 구하게 하시라'고 말씀드린다. 그렇게 할 수밖에
없는 이유는 "우리가 있는 여기는 빈들이기" 때문이라고 말씀드린다(마
14:15; 막 6:35). 이곳은 빈들인 고로 먹을 것을 살 수 있는 곳이 아니라는
것이다. 그러면서 제자들은 때도 저물었다고 보고한다(마 14:15; 막 6:35).
제자들은 예수님을 설득하기 위하여 이곳이 빈들이라고 말씀드리고 또 때도
저물었다고 말씀드린다. 사실은 예수님께서 그런 지식이 없으셨을까. 다
알고 계셨다. 예수님께서 모르시는 것이 어디 있는가.

눅 9:13a. 예수께서 이르시되 너희가 먹을 것을 주라 하시니.
제자들의 재촉을 받으신 예수님은 아무 염려를 하지 않으시고 제자들에게
아주 엉뚱한 말씀을 하신다. "너희가 먹을 것을 주라"고 하신다. 예수님의
이 명령에 제자들은 처음에 어리둥절했을 것이다.

그렇다면 "너희가 먹을 것을 주라"는 명령은 무슨 의미였을까. 첫째,
여기 "너희가"(ὑμεῖς)라는 말이 강조된 것을 보면 제자들에게 이 많은 사람
들의 문제를 해결해야 하는 책임이 있음을 말씀하신 것이다. 결코 책임을
회피해서는 안 된다는 것을 보여주셨다. 둘째, 제자들이 주님으로 말미암아
해결할 수 있다는 것을 말씀하신 것이다. 다시 말해 제자들은 예수 그리스도
로 말미암아 모든 문제를 해결하여 무리들에게 공급하라는 뜻이다. 셋째,
제자들이 무리의 영적인 빈곤을 해결하라고 말씀하신 것으로 보아야 한다.
이유는 예수님은 이 이적을 가지고 육신의 떡 보다는 예수님께서 생명의
떡임을 강조하셨다(요 6장). 그런고로 예수님께서 제자들에게 "너희가 먹을
것을 주라" 하신 이 명령은 육신적인 빵보다는 영적인 양식을 주라는 뜻으로
보아야 한다. 물론 본 절에는 제자들이 예수님으로부터 떡을 받아 무리에게
주라는 뜻도 포함되어 있는 것은 사실이다. 그러나 보다 더 중요한 것은
영적인 양식을 주라는 뜻으로 보아야 한다. 오늘도 예수님은 전도자들에게
"너희가 먹을 것을 주라"고 하신다. 다시 말해 성도들에게나 불신자들에게

영적인 양식을 주라고 하신다. 전도자들은 항상 성경을 연구하고 기도하여 영의 양식을 풍성히 주어야 한다.

눅 9:13b-14a. 여짜오되 우리에게 떡 다섯 개와 물고기 두 마리 밖에 없으니 이 모든 사람을 위하여 먹을 것을 사지 아니하고서는 할 수 없사옵나이다 하니 이는 남자가 한 오천 명 됨이러라.

예수님의 명령을 받고 제자들은 말하기를 "우리에게 떡 다섯 개와 물고기 두 마리 밖에 없으니 이 모든 사람을 위하여 먹을 것을 사지 아니하고서는 할 수 없사옵니다"라고 말씀드린다. 제자들은 먼저 자기들에게 있는 것 전체를 말씀드린다. "떡 다섯 개와 물고기 두 마리밖에 없다"고 말씀드린다. 참으로 빈곤한 양식이다. 한 사람에게도 부족한 양식이다. 그래서 "이 모든 사람을 위해서 먹을 것을 사지 아니하고는 할 수 없다"고 말씀드린다. 요한복음에 보면 빌립이 음식 값으로 들어가야 할 식대를 200데나리온으로도 부족하다고 말씀드렸다(한 데나리온은 노동자 한 사람이 하루를 일하면 받을 수 있는 돈이다). 이런 돈도 현재 없고 또 떡을 사려면 멀리 가야 하니 모든 면에서 전혀 불가능하다는 것이다. 제자들은 그저 불가능만 말씀드린다. 우리는 우리의 불가능을 솔직하게 말씀해야 한다.

　제자들이 떡을 사지 않고는 이 많은 사람들에게 떡을 공급할 수 없다고 한 이유는 "남자가 한 오천 명 되기" 때문이라고 한다(마 14:21 참조). 남자만 5,000명쯤 되니 아이와 여자를 합하면 그 숫자는 더 늘어날 것이니 떡을 사야 한다는 것이었다. 벳새다 광야에는 아이도 있었다. 떡을 바쳤던 사람도 아이였으니 말이다. 그러니까 돈도 없고 사람도 많으니 문제였다. 이렇게 문제가 발생했을 때 예수님이 더욱 돋보이게 된다.

눅 9:14b-15. 제자들에게 이르시되 떼를 지어 한 오십 명씩 앉히라 하시니 제자들이 이렇게 하여 다 앉힌 후.

제자들의 절망적인 보고를 들으시고 예수님은 해결책을 내신다. 예수님은 제자들에게 말씀하시기를 "떼를 지어 한 오십 명씩 앉히라"고 하신다. 식사할 수 있는 대열, 식사할 수 있는 좌석을 마련하라는 예수님의 명령이시다. 따로따로 개별적으로 앉으면 식사분배가 힘이 드니 대략 50명씩 떼를 지어 (그룹을 만들어) 앉히라는 말씀이다. 예수님께서 이적을 행하실 때 사람이 해야 할 일은 이적을 받을 준비이다. 준비조차 되어 있지 않으면 예수님은 이적을 행하시지 않는다. 모든 경우를 살펴보면 사람 편에서 해야 할 일은 이적을 받을 준비였다. 이 때 무리들은 모두 잔디 위에 앉았다(막 6:39). 이적을 받을 준비를 완료한 것이다. 우리는 예수님으로부터 은혜를 받으려면 간구해야 하며 또 마음을 준비해야 한다. 제자들은 예수님께서 명령하신 대로 대략 50명씩 앉혔다. 이제 준비를 완료한 것이다. 오늘 우리는 은혜받을 준비가 되어 있는가.

눅 9:16. 예수께서 떡 다섯 개와 물고기 두 마리를 가지사 하늘을 우러러 축사하시고 떼어 제자들에게 주어 무리 앞에 놓게 하시니.

제자들이 군중들로 하여금 예수님께서 명령하신 대로 대략 50명씩 앉힌 후 예수님은 "떡 다섯 개와 물고기 두 마리를 가지사 하늘을 우러러 축사하셨다." 떡 다섯 개와 물고기 두 마리, 곧 한 아이의 식사로도 넉넉하지 않은 분량을 가지시고 예수님은 하나님을 향하여 우러러 축사하셨다. 예수님은 기도하실 때 눈을 하늘로 향하시고 기도하셨다(요 11:41; 17:1). 여기 "축사하셨다"(εὐλόγησεν)는 말은 부정(단순)과거 시제로 '참으로 감사하셨다,' '진정으로 찬양하셨다'는 뜻이다. 아무리 적은 것을 가지고도 우리는 진정으로 하나님께 감사해야 한다. 감사하는 자에게 하나님은 충분히 주신다.

예수님께서 하나님께 감사하신 다음 "떼어 제자들에게 주어 무리 앞에 놓게 하셨다." 여기 "떼어...주어"라는 두 동사의 시제가 서로 다른 것을 유의해야 한다. "떼어"(κατέκλασεν)라는 말은 부정(단순)과거 시제로 '떼기 시작했다'는 뜻이고(부정과거 시제는 '시작했다'는 뜻이 있다), "주어"(ἐδίδου)라는 말은 미완료과거 시제로 '계속해서 주었다'는 뜻이다. 예수님은 떡만 떼어 주신 것이 아니라 물고기도 똑 같은 순서를 밟아 군중들에게 주게 하셨다(막 6:41 참조). 예수님의 손에 있던 떡과 물고기는 감사기도 하신 후 그리고 떡을 떼시기 전 어느 순간에 불어났다. 예수님은 친히 자신의 의지로써 이적을 행하실 수 있으셔서 떡을 불리셨고 생선을 불리셨다.

눅 9:17. 먹고 다 배불렀더라 그 남은 조각을 열두 바구니를 거두니라. 예수님께서 떡과 생선을 5,000배 이상으로 늘리셔서 제자들에게 주셨고 제자들은 사환으로 수고하여 군중들에게 주었다. 군중들은 "먹고 다 배불렀다." 실컷 먹은 것이다. 예수님은 후히 주셨다(약 1:5 참조). 그리고 예수님은 남은 것을 버리지 말고 거두라고 하셔서 제자들은 먹고 "남은 조각을 열두 바구니를 거두었다." 남은 조각은 떡 조각, 물고기 조각이었다. 남은 것을 거두어보니 12 바구니였다. 예수님은 이적을 행하실 때 무제한으로 행하실 수 있는 분이다.

여기 "바구니"가 어느 정도 크냐하는 것이다. "바구니"는 광주리(4,000명에게 떡과 생선을 주어서 먹고 남은 것을 담았던 그릇-마 16:10)보다는 작다고 한다. 광주리는 바울 사도가 다메섹 성에서 빠져 나올 때 원수들 때문에 성문으로 나오지 못하자 그의 제자들이 밤에 바울을 광주리에 태워 다메섹의 들창문을 통하여 내려 보낼 때 사용했던 그릇이었다. 광주리보다는 좀 적다해도 12바구니에 차게 거두었으니 많이 남았다. 예수님은 남게 주신다. 남게 주신 이유는 예수님께서 행하시는 이적은 위대하다는 것을 더욱 제자들의 머리에 각인시키기 위해서였다.

4.베드로가 신앙을 고백하다 9:18-20

바로 앞 절(17절)과 본 절 사이에는 막 6:45-8:26(마 14:22-16:12; 요 6:14-71)에 기록된 많은 분량의 말씀이 생략되었다(생략부분에는 예수님께

서 바다 위를 걸으신 일, 수로보니게 여인의 딸을 고치신 일, 귀먹은 자를
고치신 일, 4,000명을 먹이신 일, 벳새다의 맹인을 고치신 일 등이 있다).[71]
누가가 왜 그렇게 큰 생략을 시도했는가라는 문제는 전적으로 누가의 기록의
목적에 따라서 했다고 말해야 한다. 누가는 이렇게 큰 생략(great omission)
을 한 반면 또 마가가 취급하지 않은 베레아 전도에 대한 큰 삽입(great
insertion, 9:51-18:14)을 하고 있다.

누가는 본 절부터 시작하여 19:27까지 예수님의 은둔사역 및 베레아
사역을 기록하고 있다(은둔사역은 AD 29년 4월에서 10월까지 진행하셨으
며, 베레아 사역은 AD 29년 12월에서 AD 30년 4월까지 진행하셨다고
말한다-윌럼 헨드릭슨). 예수님의 은둔 사역에 대해서 누가는 18-50절에서
다루고 있다. 예수님은 이 은둔사역 기간에 제자들의 훈련에 전념하신다
(9:18-27, 43-50). 예수님은 이 기간에 자신의 십자가에 대한 것을 가르치신
다(9:22, 43b-44).

이 부분(18-20절)으로부터 21-22절, 23-27절까지는 베드로의 위대한
신앙고백과 또 예수님께서 수난하실 것을 첫 번째로 예고하신다. 베드로의
신앙고백(18-20절)은 세 복음서 기자가 다 같이 전하고 있다(마 16:13-16;
막 8:27-29).

**눅 9:18. 예수께서 따로 기도하실 때에 제자들이 주와 함께 있더니 물어
이르시되 무리가 나를 누구라고 하느냐.**

누가는 "예수께서 따로 기도하셨다"고 말한다(마 16:13; 막 8:27). 누가는
예수님께서 기도하신 장소와 때를 말하지 않고 있다. 마태(16:13)와 마가

---

71) 누가복음은 마가복음 6:45-8:26까지 크게 생략한 다음 다시 막 8:27부터 병행하는 부분들
을 가지고 있다. 1) 베드로의 신앙 고백(9:18-20; 막 8:27-30). 2) 예수님의 수난과 부활에 대한
첫 번째 예고(9:21-27; 막 8:31-9:1). 3) 예수님께서 변형되신 일(9:28-36; 막 9:2-13). 4) 간질병
걸린 아이를 고쳐주신 일(9:37-43a; 막 9:14-29). 5) 예수님의 십자가 고난과 부활에 대한 두
번째 예고(9:43b-45; 막 9:30-32). 6) 누가 크냐를 말씀하심(9:46-48; 막 9:33-37). 7)요한 사도의
물음에 대한 예수님의 답변(9:49-50; 막 9:38-41).

(8:27)에 의하면 예수님은 가이사랴 빌립보[72] 부근에서 기도하셨다고 전한다. 예수님께서 기도하실 때 "제자들이 주와 함께 있었다." 예수님은 기도를 마치시고 제자들에게 "무리가 나를 누구라고 하느냐"고 물으신다. 예수님이 누구인가를 아는 것은 대단히 중요한 것이었다. 예수님은 반드시 이 질문을 하셔야 했다. 예수님은 제자들이 예수님의 질문에 답변한(다음 절) 다음 또 다른 중요한 질문을 하실 예정이었다(20절).

눅 9:19. 대답하여 이르되 세례 요한이라 하고 더러는 엘리야라, 더러는 옛 선지자 중의 한 사람이 살아났다 하나이다.

예수님의 질문을 받고 제자들은 대답하기를 "세례 요한이라 하고 더러는 엘리야라, 더러는 옛 선지자 중의 한 사람이 살아났다"고 하는 말을 들었다고 대답한다(마 14:2). 이런 답변은 분봉왕 헤롯이 예수님에 대해서 사람들로부터 들었던 답변과 비슷한 답변이었다(7-8절). 당시 사람들 중에 많은 사람들은 예수님이 세례 요한의 환생으로, 더러는 엘리야의 환생으로, 또 더러는 옛 선지자 중의 한 사람이 환생한 것으로 알았다(8절; 마 16:14 참조). 당시 사람들에게 가장 큰 영향을 끼친 사람이 바로 세례 요한이었고 또 엘리야였다. 그래서 제자들은 세간의 소문을 예수님께 들려드렸다.

눅 9:20. 예수께서 이르시되 너희는 나를 누구라 하느냐 베드로가 대답하여 이르되 하나님의 그리스도시니이다 하니.

세상 사람들의 예수관을 들으신 예수님은 이제 제자들의 예수관을 물으신

---

72) 예수의 신성에 대한 베드로의 유명한 신앙고백에 관련하여 기록된 곳(마 16:13-20; 막 8:27). 헤르몬 산의 서남기슭, 갈릴리호수의 북 40km, 요단강의 수원 가까이에 있던 성읍으로, 구약시대의 바알갓(수 11:17)이다. 헤롯 빌립 2세에 의해, 제 1세기 초에 시역(市域)의 건설 확장이 행해지고, 당시의 로마 황제 가이사 티베리우스(디베료)의 명예 위해 가이사랴라 이름했는데, 지중해 연안의 가이사랴와 구별하기 위해 가이사랴 빌립보로 칭했다(마 16:13; 막 8:27). 예수는 제자들과 함께 이 성읍을 방문하시고 이곳에 가는 도중에, 제자들에게 자기에 대한 신앙고백을 요구하셨다(막 8:27-30). 베드로는 여기서 예수께 "주는 그리스도시요 살아계신 하나님의 아들이시니이다"라는 고백을 했다.

다. 예수님은 "너희는 나를 누구라 하느냐"고 물으신다. 헬라어 원문에 "너희는"(ὑμεῖς)이란 말이 강조되어 있다. 제자들이 예수님을 누구로 아느냐 하는 것은 아주 중요하다는 뜻이다. 이 질문이야 말로 그 어떤 물음보다 중요하다. 이 질문에 대하여 정확하게 답하지 못하면 큰일이다. 오늘날도 마찬가지로 예수님의 이 질문에 대하여 올바로 답하지 않으면 구원을 받지 못한다. 그런데 베드로는 예수님은 "하나님의 그리스도시라"고 대답한다(마 16:16; 요 6:69). "하나님의 그리스도"(Christ of God)란 말은 '하나님께서 보내신 그리스도'란 뜻이다. 베드로는 모든 제자들을 대변하여 대답을 한 것이다. 베드로는 때로 모든 제자들을 대변하였다(마 15:15-16; 19:27-28; 26:35, 40-41; 막 1:36; 눅 8:45; 9:32-33; 12:41; 18:28; 요 6:67-69; 행 1:15; 2:14, 37-38; 5:29). 마가는 "주는 그리스도시니이다"라고 기록했고 마태는 "주는 그리스도시요 살아계신 하나님의 아들이시니이다"라고 기록했다. 세상 사람들은 예수님을 세계 4대 성인 중의 한 사람이라고 말해도 우리는 예수님을 하나님이 보내신 메시아로 믿고 고백해야 한다.

　　5.예수님께서 수난을 예고하시다(1)　9:21-22
　　베드로가 예수님이 누구이신가를 정확하게 알고 고백한 다음 예수님은 자신의 수난을 처음으로 예고하신다. 예수님이 누구이신가를 아는 사람들에게 예수님은 그의 수난을 알려주신다.

눅 9:21. 경고하사 이 말을 아무에게도 이르지 말라 명하시고.
예수님은 제자들(베드로는 제자들을 대표하여 신앙고백을 했다)의 신앙고백을 들으신 후 제자들에게 예수님 자신이 그리스도이신 것을 아직은 아무에게도 알리지 말라고 경고하신다(마 16:20). 다시 말해 예수님이 메시아이심을 아직 알려서는 안 된다고 하신다. 백성 중 많은 사람들은 예수님을 정치적인 메시아로 알고 있었기에(요 6:15) 예수님을 메시아로 알리면 당장 사람들은 자기들을 로마로부터 구원해 달라고 소란을 일으킬 것이다. 그것은 예수님께서 원하시지 않는 일이었다. 그리고 또 다른 한편 제자들의 신앙이 아직 약해서 예수님은 그들을 더 훈련시킬 필요가 있었다. 그리고 예수님은 십자가를 지시고 부활하시는 것이 더 시급한 일이었다. 그 후에 성령이 오시면 자연적으로 예수님이 누구인지 만인에게 공표될 것이었다. 그 이전에는 예수님은 사람들에게 자기가 그리스도이신 것을 공표하기를 원하지 않으셨다. 그저 제자들만 아는 것으로 충분했다.

눅 9:22. 이르시되 인자가 많은 고난을 받고 장로들과 대제사장들과 서기관들에게 버린바 되어 죽임을 당하고 제 삼일에 살아나야 하리라 하시고. 예수님은 제자들이 예수님을 세상에 알리지 말라고 경고하시고는 "인자가 많은 고난을 받고 장로들과 대제사장들과 서기관들에게 버린바 되어 죽임을 당하고 제 삼일에 살아나야 하리라"고 하신다(마 16:21; 17:22). 예수님은 자신의 칭호를 "인자"[73]라고 하신다(5:24 주해 참조). "인자"란 말은 글자대로의 뜻은 '사람의 아들'이란 뜻이지만 모든 문맥에서 고난을 받으시는 그리스도를 지칭할 때 사용된 명칭이다(막 2:10, 28; 눅 12:8). 예수님은 자신이 많은 고난을 받으리라고 예언하신다. 예수님은 유대 최고회의로부터 고난을 받으리라고 하신다. 즉 "장로들과 대제사장들과 서기관들에게 버린바 되리라"고 하신다. 여기 "장로들과 대제사장들과 서기관들"은 모두 산헤드린 공의회의 구성원들이다. 예수님은 유대민족의 최고 의결기관으로부터 버림당하실 것이라는 것이다. 그러니까 예수님은 유대민족으로부터 버림을 당하시리라는 예언이다. 이 예언은 예수님께서 고난을 당하실 예언 중에 첫 번째 예언이다(두 번째 예언은 9:43b-45에 있다. 그리고 세 번째 예고는 18:31-34에 있다). 예수님은 인자, 곧 메시아는 죽어야 한다는 것을 말씀하신다. 예수님은 결코 자기가 정치적인 메시아는 아니라는 것을 드러

---

73) "인자"라는 칭호는 공관복음에 69회(마태 30회, 마가 14회, 누가 25회), 요한복음에 12회 사용되어 있어, 복음서에는 모두 81회가 사용되어 있다. 이밖에는 사도행전에 1회(7:56), 히브리서 1회(2:6), 계시록에 2회 보이고 있다(1:13; 14:14).

내신다. 그리고 예수님은 인자로서 반드시 죽어야만 한다고 하신다. 메시아가 죽지 않는다는 것은 있을 수 없는 일이라고 하신다. 메시아가 죽는 것은 하나님의 뜻이고(요 3:16; 롬 8:32) 또 율법의 요구였다(창 2:17; 롬 5:12-21; 고후 5:21).

예수님은 자신이 유대민족의 최고 의결기관으로부터 버림을 당하신 후 "제 삼일에 살아나야 하리라"고 예언하신다. 예수님께서 다시 살아나시리라는 예언은 구약에도 예언되어 있다(사 53:10). 예수님은 다시 살아나셔서 우리의 부활의 근거가 되시고 또 우리를 의롭게 만들어주셨다(눅 24:26-27 참조).

6.자신을 부인하고 십자가를 지고 따르라   9:23-27

예수님은 자신의 수난과 부활을 예고하신 다음 제자들을 포함하여 모든 세대를 향하여 누구든지 예수님을 좇으려면 자기를 부인하고 십자가를 지고 따르라고 부탁하신다.

눅 9:23. 또 무리에게 이르시되 아무든지 나를 따라오려거든 자기를 부인하고 날마다 제 십자가를 지고 나를 따를 것이니라.

예수님은 자신의 수난과 부활을 예고하신 다음 "또 무리에게 이르신다." 마가복음 8:34에 의하면 예수님께서 무리와 제자들을 불러 모으시고 이르셨다. 중요한 것을 말씀하시기 위해서 불러 모으신 것이다. 예수님은 "아무든지 나를 따라오려거든 자기를 부인하고 날마다 제 십자가를 지고 나를 따를 것이니라"고 하신다(14:27; 마 10:38; 16:24; 막 8:34). 제자들만 아니라 "누구든지"에게 부탁하시는 말씀이다. 누구든지 예수님을 따르려면 첫째, "자기를 부인해야 한다"고 하신다. 여기 "자기"라는 것은 '옛 자아,' '이기심'을 지칭하는 말이다. 우리의 이기심은 그리스도를 따르지 못하게 한다. 그런고로 우리는 자기(이기심)를 부인하고 예수님을 따라야 한다.

둘째, 그리스도를 따르는 길에 생겨지는 모든 "십자가"를 지고 따라야 한다. 여기서 말하는 십자가는 어려운 문제, 힘든 일을 지칭하는 말이 아니다. 죄 때문에 생겨지는 어려움은 십자가가 아니다. 우리 각자의 십자가는 죄의 결과로 생긴 고난을 말하는 것이 아니라 예수님을 따르기 위해서 걸머져야 하는 고난을 의미한다. 그리고 다른 이들을 위해 봉사하는 중에 생긴 모든 어려움을 뜻하는 말이다. 우리 각자는 제 십자가가 있다. 그것은 각자가 져야 한다. 누가 대신 져 줄 수는 없다. 그런데 우리가 알아야 할 것은 자기를 부인하는 일이나 십자가를 지는 일은 내 힘으로 하는 일이 아니라 예수님으로부터 힘을 얻어 할 수 있는 것들이다. 우리는 힘을 얻어 자기를 부인해야 하고 힘을 얻어 십자가를 져야 한다. 그런데 예수님은 우리가 십자가를 지고 예수님을 따르는 일은 어느 한 때만 아니라 "날마다" 져야 한다고 말씀하신다. 여기 "날마다"란 말은 '매일 매시'를 뜻한다. 그리스도를 섬기기 위하여 나갈 때 매일 매시 생기는 어려움을 지고 따라야 한다.

눅 9:24. 누구든지 제 목숨을 구원하고자 하면 잃을 것이요 누구든지 나를 위하여 제 목숨을 잃으면 구원하리라.

예수님은 앞 절(23절)을 말씀하신 후 본 절과도 관련을 지으시고 또 다음 절(25절)과도 관련을 지으시며 그리고 26절과도 밀접한 관련을 지으신다. 각 절의 초두에 이유접속사 "왜냐하면"(γὰρ)이란 말이 있다. 그러니까 각 절은 예수님께서 말씀하신 "자기를 부인하고 자기 십자가를 지고 나를 좇을 것이니라"(23절)고 말씀하신 것에 대한 이유를 드러내고 있다.

   "(왜냐하면) 누구든지 제 목숨을 구원하고자 하면 잃을 것이요 누구든지 나를 위하여 제 목숨을 잃으면 구원하리라"는 것이다. 우리 모두가 자기를 부인하고 자기 십자가를 지고 예수님을 좇아야 할(23절) 이유는 "누구든지 제 목숨을 구원하고자 하면 잃을 것이요 누구든지 나를 위하여 제 목숨을 잃으면 구원하기" 때문이다. 누구든지 자기의 목숨(육신생명)을 구원하고자 자기를 부인하지 않고 또 자기의 십자가를 지지 않으면 결국은 제 목숨(영혼,

평안, 기쁨)도 잃게 될 것이고, 누구든지 예수님을 위하여(예수님과 복음을 위하여, 막 8:35) 제 목숨(육신생명)을 잃으면, 즉 자기를 부인하고 자기의 십자가를 지고 예수님을 따르면 영혼(평안, 기쁨, 확신 등)을 구원할 것이라는 뜻이다. 다시 말해 육신의 평안을 위해 예수님을 따르는 길을 포기하면 결국은 영혼과 평안, 기쁨도 잃을 것이고, 반대로 예수님과 복음 전파를 위해 자기를 부인하고 자기 십자가를 지고 헌신하면 결국 영혼, 평안, 기쁨, 확신 등을 얻을 것이라는 뜻이다.

눅 9:25. 사람이 만일 온 천하를 얻고도 자기를 잃든지 빼앗기든지 하면 무엇이 유익하리요.

우리 모두가 자기를 부인하고 자기 십자가를 지고 예수님을 좇아야 할(23절) 이유는 "사람이 만일 온 천하를 얻고도 자기를 잃든지 빼앗기든지 하면 아무 유익이 없기" 때문이다(마 16:26; 막 8:36). 사람이 만일 온 천하(세상의 보화, 세상의 모든 좋은 것들, 세상의 영광, 향락, 학위, 재미 따위)를 얻느라고 자기를 부인하지 않고 자기 십자가를 지지도 않고 예수님을 따르지 않아서 결국 자기의 영혼과 평안과 기쁨과 확신을 잃든지 빼앗기든지 하면 무슨 유익이 있겠는가라는 뜻이다. 한 마디로 말해 비참한 것이고 허무이다.

눅 9:26. 누구든지 나와 내 말을 부끄러워하면 인자도 자기와 아버지와 거룩한 천사들의 영광으로 올 때에 그 사람을 부끄러워하리라.

누구든지 예수님을 부끄러워하고 멸시하며 또 예수님의 말씀을 가볍게 여기고 멸시하면 훗날 예수님 재림하실 때 인자, 즉 메시아께서 자기의 영광과 아버지의 영광과 거룩한 천사들의 영광으로 올 때에 예수님을 부끄러워했던 그 사람을 거절하시겠다는 뜻이다(13:27; 마 10:33; 막 8:38; 딤후 2:12). 예수님은 그의 재림 시에 예수님과 예수님의 말씀을 거부했던 사람들을 거절하시고 지옥에 넣으시겠다는 뜻이다. 그러나 자신을 부인하고 자신의 십자가를 지고 예수님을 따른 사람들은 예수님의 영광에 참여할 것이다.

우리는 예수님께서 3중의 영광으로 오시는 때가 있는 것을 알고 우리의
이기심을 부인하고 우리의 십자가를 지고 예수님을 믿고 따라야 할 것이다.

눅 9:27. 내가 참으로 너희에게 이르노니 여기 서 있는 사람 중에 죽기 전에 하나님의 나라를 볼 자들도 있느니라.

예수님은 앞 절(26절)에서 "인자도 자기와 아버지와 거룩한 천사들의 영광
으로 올 때"를 말씀하셨는데 본 절에 와서는 "내가 참으로 너희에게 이르노
니 여기 서 있는 사람 중에 죽기 전에 하나님의 나라를 볼 자들도 있을
것이라"(마 16:28; 막 9:1)고 하신다.[74] 앞 절에서는 재림하실 때에 어떤
일이 벌어질 것을 말씀했고 본 절에서는 하나님의 나라가 임할 것을 말씀하
셨는데 그러나 본 절에서 말씀하신 하나님의 나라가 임하는 것은 재림을
말씀하실 수는 없다는 것이 확실하다. 이유는 "여기 서 있는 사람 중에
죽기 전에 하나님의 나라"가 임한다고 하셨기 때문이다. 거기 서 있었던

---

74) 마가는 예수님의 말씀을 전하는 중 "여기 서 있는 사람 중에는 죽기 전에 하나님의
나라가 권능으로 임하는 것을 볼 자들도 있다"고 전한다(9:27; 마 16:28). 죽기 전에, 다시 말해
늙어서 죽든, 아니면 늙기 전에 순교하든 어쨌든 죽기 전에 하나님의 나라가 권능으로 임하는
것을 볼 자들이 있을 것이라는 말씀이다. 그렇다면 "하나님의 나라가 권능으로 임하는 것"(22:18;
마 24:30; 25:31)은 그리스도의 재림을 지칭하지는 않는다. 이유는 그들은 재림 전에 다 죽어야
하기 때문이다. 그렇다면 예수님의 재림 이전에 하나님의 나라가 권능 있게 임하는 사건은,
1) 세 제자가 본 변화산의 예수님의 변형 사건이라는 해석, 2) 예수님의 부활이라는 해석,
3) 오순절에 있었던 성령님의 강림이라는 해석, 4) 오순절 성령강림 이후 복음의 폭발적 확산을
지칭한다는 해석들이 있다.
   그 중에 예수님의 변형사건은 앞으로 하나님의 나라가 권능으로 임하는 것을 미리 보여주는
하나의 예표라고 볼 수 있다. 변형 사건은 너무 중요한 사건이기는 하지만(벧후 1:16-18) 아무래
도 짧은 시간에 이루어지고 사라졌기에 하나님의 통치가 계속해서 임했다고 말하기는 어려울
것으로 보이고 하나의 예표라고 보는 것이 더 나을 것이다. 그런고로 본 절이 말하는 하나님
나라, 곧 하나님의 통치가 권능으로 임했던 사건은 역사적으로 예수님의 부활로부터 시작하여
성령님의 강림으로 임한 하나님의 계속적인 통치를 지칭하는 것으로 보는 것이 좋을 것이다.
예수님의 부활로부터 성령 강림 이후의 복음의 놀라운 폭발적인 확장은 하나의 연결된 사건으로
제자들이 죽기 전에 보았던 하나님의 통치이다. 오순절 성령강림 이후 복음을 통한 하나님의
통치는 놀랍게 퍼져나갔고 예루살렘과 유다와 사마리아와 땅 끝으로 퍼져나갔다. 제자들 중에
야고보는 많은 사건을 보지는 못했다. 이유는 그가 일찍이 순교했기 때문이었다(행 12:2). 그러나
다른 제자들은 성령님의 놀라운 역사로 복음이 놀랍게 확장되어 가는 것을 볼 수 있었다(김수홍
의 마가복음주해에서).

사람들은 100년 안에 다 죽었을 것이다. 그런고로 예수님께서 본 절에서 예언하신 것은 예수님의 재림을 가리키는 것은 분명히 아니다.

예수님은 본 절의 내용을 말씀하시기 위하여 "내가 참으로 너희에게 말하노니"라고 하신다. 본 절에 나오는 말씀이 아주 중대한고로 귀담아 들어야 한다는 뜻으로 이런 언사를 사용하신다. "여기 서 있는 사람 중에," 즉 '여기 서 있는 제자들을 포함한 무리 중에' "죽기 전에 하나님의 나라를 볼 자들이 있을 것이라"고 하신다. 플러머(Plummer)는 그 나름대로 7가지의 가능한 해석을 나열했다. 1) 예수님의 변모, 2) 예수님의 부활, 3) 예수님의 승천, 4) 성령강림, 5) 기독교 전파, 6) 복음의 내적 발전, 7) 예루살렘 멸망과 예수님의 재림. 그는 "여기 서 있는 사람 중에"란 말은 일반 사람들과는 달리 '어떤 특권을 가지고 있는 사람들'이라고 주장한다. 그러면서 이 말은 예수님의 변모와 예루살렘 멸망을 제외하고는 모두 제외시키는 말이라고 말했다. 플러머는 이 둘 중에 후자(예루살렘 멸망)의 견해를 선호한다고 한다. 플러머가 예수님의 변모를 택하지 않은 이유는 변모 때에는 겨우 3 제자만 보았고 다른 사람들은 못 보았기 때문이라고 한다.[75] 그러나 예루살렘 멸망 때 하나님의 위엄은 있었지만 하나님의 나라가 나타났다고 말할 수 없을 것이다.

학자들 중에 많은 학자들은 변화산의 예수님의 영광을 세 제자가 본 것이라고 주장한다(Chrysostom, Hilary, Theophylact, Bengel, Farrar, Maldon, Euthym, Ryle, 이상근, 이순한). 그러나 이 학설에도 역시 약점이 있다. 예수님께서 "여기 서 있는 사람 중에 죽기 전에"라고 하셨는데 예수님께서 말씀하신지 6일(막 9:2) 8일 쯤(28절)후에 예수님의 변모의 모습을 볼 것을 두고 그런 표현을 사용하시지는 않았을 것으로 보인다. 그런고로 예수님의 본 절의 예언은 예수님께서 말씀하신 때로부터 너무 가까운 며칠 후에 이루어진 변모를 지칭하는 것도 아니고 예수님의 재림 같은 사건을

75) Plummer, *St. Luke*, pp. 249-250.

지칭한다고 말할 수도 없다.

따라서 예수님의 예언은 예수님의 부활(Calving, Beza, Grotius, Lange)과 또 예수님의 승천 후 10일쯤 지나서 성령님이 오신 것(Godet)과 그 후 하나님 나라가 확장할 것을 지칭하는 것으로 보아야 할 것이다. 성령님이 오신 후 하나님의 나라는 급속도로 확장되어 예루살렘 교회도 급격히 불어났고 사마리아와 이방, 그리고 수리아 안디옥을 중심하여 이방 각 곳에 하나님의 나라가 확장되어 갔다. 예수님께서 말씀하시던 시점에 살아있던 많은 사람들은 아직도 살아있었다. 가룟 유다가 죽었을 뿐이고 수리아 안디옥 교회가 번성하기 전 야고보 사도가 순교했을 뿐이다.

7. 예수님께서 변모하시다   9:28-36

예수님은 그가 앞으로 수난하실 것을 1차로 예언하신(21-27절) 후 변화산에 올라가서서 변모하신다. 이 부분은 마 17:1-8; 막 9:2-8과 병행한다. 그리고 벧후 1:16-18에 기록되어 있다. 변화산의 변모는 예수님께서 앞으로 영광중에 재림하실 것을 미리 보여주는 사건이고, 또 베드로, 야고보, 요한을 비롯한 제자들의 믿음을 든든히 세워주는 역할을 했다.

눅 9:28. 이 말씀을 하신 후 팔 일쯤 되어 예수께서 베드로와 요한과 야고보를 데리고 기도하시러 산에 올라가사.

누가는 예수님께서 "이 말씀을 하신 후 팔 일쯤 되어" 변화산에 올라가 변화 되셨다고 전한다(마 17:1; 막 9:2). 여기 "이 말씀을 하신 후"란 말은 "여기 서 있는 사람 중에 죽기 전에 하나님의 나라를 볼 자들도 있다"(27절)고 말씀하신 후를 지칭한다. 예수님께서 이렇게 그가 말씀하신 "하나님 나라"(27절-부활로부터 시작하여 성령강림 후 복음이 세계적으로 전파된 것)와 예수님의 변모를 연결시키신 이유는 예수님의 복음은 앞으로 놀랍게 전파되리라는 것을 미리 보여주시기 위함이었다. 다시 말해 예수님은 변화산에서 그의 변모를 보여주신 것은 앞으로 그런 위엄과 능력으로 예수님의 복음이 전파되리라는 것을 보여주신데 뜻이 있었다.

그런데 누가는 "팔 일쯤 되어"라고 기록했고, 마태와 마가는 "엿새 후에"라고 기록했다. 이 차이는 누가는 예수님께서 그런 말씀을 하신 날과 또 변모하신 날을 포함하여 기록한 것이고 마태와 마가는 앞뒤의 날들을 빼고 그 중간만 기록한 것으로 보인다. 누가의 기록 방법은 우리나라의 계산법과 같다고 할 수 있다.

마태, 마가, 누가는 예수님께서 변화산에 오르실 때 세 제자만(베드로, 야고보, 요한) 데리고 오르신 이유는 세 제자들을 특별히 훈련시키시려는 의도에서였다(8:51주해 참조). 특별히 기도의 훈련을 시키기 위해서였다고 볼 수 있다(본 절에만 나온다).

예수님께서 변모하신 산이 어느 산이라고 분명하게 말하기는 쉽지 않다. 마태와 마가는 "높은 산"이라고 말한다. 그렇다면 유대나라에서 어느 산이 "높은 산"이냐 하는 것이다. 혹자는 다볼산, 헬몬산, 북부 갈릴리의 에벨 에르막(Jebel Jermak)을 꼽는다. 예수님은 제자들 앞에서 변형되신 후 가버나움으로 내려가신 것으로 보이는데(마 17:24; 막 9:28, 33) 에벨 에르막은 가버나움에서 비교적 가까운 산이다. 그러나 이 산에 오르셨다고 말하면 너무 단정하는 것이 될 것이다.

눅 9:29. 기도하실 때에 용모가 변화되고 그 옷이 희어져 광채가 나더라. "예수님께서 기도하실 때에" 두 가지 변화가 일어났다. 하나는 "용모가 변화되었다"(ἐγένετο τὸ εἶδος τοῦ προσώπου αὐτοῦ ἕτερον). '그의 얼굴의 모양이 딴 것이 되었다'는 뜻이다. 여기 '딴 것'(ἕτερον)이란 말은 '본질적으로 달라진 것'을 가리킨다. 마태는 "그 얼굴이 해 같이 빛났다"고 말한다(마 17:2). 아마도 너무 눈이 부셔서 뵐 수 없는 정도였던 것으로 보인다.

또 하나의 변화는 "그 옷이 희어져 광채가 났다"고 말한다. 마태는 "옷이 빛과 같이 희어졌다"고 말하고, 마가는 "그 옷이 광채가 나며 세상에서 빨래하는 자가 그렇게 희게 할 수 없을 만큼 매우 희어졌다"고 말한다(막

9:3). 세상에서는 그 유례를 찾아볼 수 없는 흰색으로 변했던 것으로 보인다. 이 두 변화는 예수님이 왕이시라는 것을 보여주는 광경이었다.

눅 9:30. 문득 두 사람이 예수와 함께 말하니 이는 모세와 엘리야라.
예수님께서 변모하신 중에 "문득 두 사람이 예수와 함께 말했다." 이 두 사람은 모두 구약의 인물이었다. 하나는 율법을 받아 전해준 모세였고 또 하나는 선지자의 대표 엘리야였다. 엘리야는 죽지 않고 승천한 선지자였다 (왕하 2:11). 이 두 사람이 말한 것은 자기들이 예언한바 예수님의 십자가 죽음에 관한 것이었다. 본문의 "함께 말하니"(συνελάλουν)란 말은 미완료과 거 시제로 '계속해서 함께 말하고 있었다'는 뜻으로 두 사람이 오랜 동안 예수님께서 예루살렘에서 별세하실 것을 말하고 있었다. 구약의 요점은 예수님이시고 또 예수님의 십자가 고난이다.

눅 9:31. 영광중에 나타나서 장차 예수께서 예루살렘에서 별세하실 것을 말할 새.
두 사람은 "영광중에 나타나서," 곧 '하늘의 영광스러움으로 둘러싸여서' "장차 예수께서 예루살렘에서 별세하실 것을 말했다." 두 사람은 '앞으로 예수님께서 예루살렘에서 대속의 죽음을 죽으실 것을 말했다.' 두 사람이 나타나서 말한 장소는 변화산이었는데 그들은 예수님께서 대속의 죽음을 죽으실 장소가 예루살렘이라고 말했다. 그들은 예루살렘이 기독교의 시발점 이 된다는 것을 암시했다.

본문의 "별세"(ἔξοδον)란 '길을 떠남,' '탈출'을 뜻하는 말인데 예수님께 서 대속의 죽음을 죽으실 것을 뜻하는 말이다. 베드로 사도는 자기의 죽음을 예견하는 말(벧후 1:15)을 할 때에도 똑 같은 낱말(ἔξοδον)을 사용했다. 두 사람(모세, 엘리야)은 예수님께서 별세하실 것을 말씀하면서 분명히 예수 님의 부활 승천까지를 말씀했을 것이다(Bengel, Farrar, Plummer, Bruce, Lenski, Hendriksen). 예수님의 죽음은 부활과 영화를 포함하는 말로 알아야 한다. 세 복음서의 기자들은 예수님의 대속의 죽음과 부활을 동시에 말하고 있다(마 16:21; 막 8:31; 눅 9:22 참조).

눅 9:32. 베드로와 및 함께 있는 자들이 깊이 졸다가 온전히 깨어나 예수의 영광과 및 함께 선 두 사람을 보더니.

구약의 두 사람이 예수님의 죽음과 부활에 대해서 말하고 있을 때(앞 절) "베드로와 및 함께 있는 자들," 즉 '베드로와 야고보와 요한'이 "깊이 졸다가 온전히 깨어나 예수의 영광과 및 함께 선 두 사람을 보았다"(단 8:18; 10:9). 세 사람은 모두 "깊이 졸았다"(βεβαρημένοι). "깊이 졸았다"(βεβαρημένοι) 는 말은 현재완료 시제로 '깊은 잠에 빠져서 그대로 잠든 상태로 있었다'는 뜻이다.

세 사람은 계속해서 잠만 잔 것은 아니고 "온전히 깨어나 예수의 영광과 및 함께 선 두 사람을 보았다." "온전히 깨어났다"(διαγρηγορήσαντες)는 말은 부정(단순)과거 분사로 '아주 깨어났다'는 뜻이다. 그 세 사람은 아주 깨어나서 예수님께서 변모하신 형상과 함께 선 두 사람, 모세와 엘리야를 보았다. 신약의 세 사도가 구약의 두 인물을 어떻게 알아보았는지에 대해서 본문은 전혀 언급하고 있지 않다. 어떻게 알아보았는지 본문에서 언급하고 있지 않으니 우리는 모른다. 아무튼 구약의 율법의 대표 모세와 선지자의 대표 엘리야가 예수님께서 무슨 일을 하실 지에 대해 말하기 위해 변화산에 나타났다는 것은 구약은 예언이고 신약은 성취라는 것을 말해주고 있다.

눅 9:33. 두 사람이 떠날 때에 베드로가 예수께 여짜오되 주여 우리가 여기 있는 것이 좋사오니 우리가 초막 셋을 짓되 하나는 주를 위하여, 하나는 모세를 위하여, 하나는 엘리야를 위하여 하사이다 하되 자기가 하는 말을 자기도 알지 못하더라.

세 사도가 잠에서 아주 완전히 깬 후 모세와 엘리야가 예수님을 떠나고 있었다. 구약의 두 사람은 자기들이 해야 할 말을 다 마친 후에 더 이상 지체하지 않고 떠나기 시작할 때 베드로는 예수님께 두 가지 말씀을 했다. 하나는 "주여 우리가 여기 있는 것이 좋다"고 말했다. 그는 중대한 말씀을 드리기 위하여 예수님을 향하여 "주여!"라고 부른다. 그리고 베드로는 '우리 세 사람이 여기 있는 것이 참으로 좋다'고 말씀드린다. 베드로는 주님의 변모의 모습을 보며 또 구약의 모세와 엘리야가 함께 있는 그곳이 좋다고 말씀드린다. 베드로의 이 말은 우리가 앞으로 천국에 가면 얼마나 좋을 것이라는 것을 미리 보여준 것이다. 우리가 천국에 가면 구약 성도도 만나게 되고 신약 성도도 보게 되며 또 주님의 영광도 보게 되니 너무나도 좋은 것을 느낄 것이다. 베드로는 자기가 현재 느끼고 있는 환희를 연장시키고 싶었다. 그러나 베드로는 산 아래로 내려가서 할 일이 많이 있건만 산 위에서 예수님과 그리고 모세와 엘리야와 함께 있기를 소원했다는 점은 참 바람직스럽지 못한 발언이었다. 산 아래에는 돌보아야 할 사람들이 얼마나 많은가.

그리고 또 하나는 "우리가 초막 셋을 짓되 하나는 주를 위하여, 하나는 모세를 위하여, 하나는 엘리야를 위하여 합시다"라고 예수님께 제안한다. 자기가 그렇게 하겠다는 뜻이다. 그는 자기나 야고보와 요한의 초막에 대해서는 배려하지 않는다. 그냥 천막 없이 그곳에서 지낼 생각을 한 것 같다. 베드로는 주님과 모세 그리고 엘리야의 초막만 배려했다. 사실은 베드로는 그런 배려를 할 필요가 없었다. 나뭇가지로 집을 짓는다고 해서 무슨 피신처가 되겠는가. 베드로는 자기 십자가를 지고 그리스도를 따라야 하는데 좋은 곳만을 생각하면 안 될 것이었다(22-23절).

아무튼 베드로는 잠잠히 침묵했더라면 더 좋았을 것이다. 그는 잠을 자다가 깨어 무슨 말을 해야 할는지 몰라서 몇 마디 말을 한 것 같다. 그래서 누가는 "자기(베드로)가 하는 말을 자기도 알지 못했다"고 말한다. 베드로는 무엇을 말해야 좋을지 모르고 말했다. 어리석게 그리고 쓸데없이 말한 것이다. 그래서 예수님은 베드로의 제안에 대해 한 마디도 대꾸하지 않으시고 그냥 산 아래로 내려가셨다. 산 아래에 있는 비참한 사람들을 보았을 때 예수님께서 대꾸하시지 않은 이유를 알았을 것이다.

눅 9:34. 이 말 할 즈음에 구름이 와서 그들을 덮는지라 구름 속으로 들어갈 때에 그들이 무서워하더니.

베드로가 앞 절(33절)에 있는 말을 할 때에 "구름이 와서 그들을 덮었다." 여기 "구름"은 비를 실은 구름이 아니라 하나님의 임재를 상징하는 구름이었다(출 13:21; 16:10; 40:35; 왕상 8:1-11; 느 9:19; 시 78:14; 계 14:14-16). 더욱이 하나님의 음성이 들리는 것(다음 절)을 보면 틀림없이 하나님의 임재를 상징하는 구름이었다(마태는 "빛나는 구름"이라고 말한다-17:5). 이제 하나님은 세 제자에게 다른 계시를 주시기를 원하여 "그들을 구름"으로 덮으셨다. 그러면 여기 "그들을 덮었다"고 할 때 "그들"이 누구냐 하는 것이다. 구름 속으로 들어간 "그들"이 누구냐를 두고 여러 해석이 가해졌다. 1) 구름 속으로 들어가서 구름에 쌓인 사람들은 세 제자들이었다(Michael D. Goulder). 2) 모세와 엘리야만 들어갔다(Grejdanus, Williams). 3) 예수님과 구약의 두 사람 그리고 세 제자들이 구름 속으로 들어갔다 (Schurmann, Lenski, 이순한). 4) 예수님과 모세와 엘리야가 구름 속으로 들어갔고, 세 제자는 구름 속으로 들어가지 않았다(Godet, Knox, Hendriksen, Marshall, Leon Morris). 위의 네 학설 중에서 마지막 네 번째의 학설이 가장 타당한 것으로 보인다. 리온 모리스(Leon Morris)는 세 제자가 구름 속으로부터 나는 소리를 들었으니 세 제자는 구름 속으로 들어가지 않은 것으로 보인다고 했다.[76] 다음 절에 기록되어 있는 "구름 속에서"(ἐκ τῆς νεφέλης, out of cloud)라는 말은 '구름 안에서'라는 뜻이 아니고 '구름으로부터'라는 뜻인 고로 구름 밖에 있던 제자들이 구름으로부터 들려오는 소리를 들었다는 뜻이라고 보아야 할 것이다. 그런고로 예수님과 모세 그리고 엘리야가 구름 속으로 들어간 것이다.

그리고 누가는 "구름 속으로 들어갈 때에 그들이 무서워했다"고 말한다. 예수님과 모세, 그리고 엘리야가 구름 속으로 들어갈 때에 "그들," 곧 '베드

---

76) Leon Morris, *The Gospel According to St. Luke*, p. 173.

로 야고보 요한'(구름 밖에 있었던 세 제자)이 무서워했다. 이유는 예수님께서 구름 속으로 들어가서 자신들이 예수님과 분리되는 줄 알고 무서워한 것이었다. 그들은 잠시 나마 예수님께서 구름 속에 휩싸여 어디로 가시는 것이 아닌가하고 두려워했다.

눅 9:35. 구름 속에서 소리가 나서 이르되 이는 나의 아들 곧 택함을 받은 자니 너희는 그의 말을 들으라 하고.

예수님과 모세, 그리고 엘리야가 구름 속으로 들어갔을 때 "구름 속에서 소리가 났다". '구름으로부터 소리가 밖으로 나왔다'는 뜻이다. 다시 말해 '구름으로부터 소리가 구름 밖에 있었던 세 제자에게 들려왔다'는 뜻이다.

소리의 내용은 "이(This)는 나의 아들 곧 택함을 받은 자니 너희는 그의 말을 들으라"는 소리였다. 이와 같은 소리는 예수님께서 세례를 받으실 때도 들려왔고(눅 3:22), 또 수난 주간에도 들려왔다(요 12:28).

누가는 "이(This)는 나의 아들 곧 택함을 받은 자"라고 기록했는데 마태는 "이는 내 사랑하는 아들이요 내 기뻐하는 자"라고 기록했고(마 17:5), 마가는 "이는 내 사랑하는 아들이라"고 기록했다(막 9:7). 하나님은 예수님을 "나의 아들"이라고 하신다(마 3:17). 이 말은 시 2:7의 말씀을 반영하신 말씀이다.

누가는 마태나 마가와는 달리 "이는 나의 아들"이란 말에 "택함을 받은 자"라는 말을 더 첨가하고 있다(사 42:1 참조). 렌스키(Lenski)는 "택함을 받은 자"란 말은 "사랑하는 자"(마태와 마가의 언어)라는 말에 대한 해석이라고 하였다. 그러니까 마태나 마가의 "사랑하는 자"라는 말을 누가는 "택함을 받은 자"라는 말로 표현한 것이다. 택함을 받은 자(ἐκλελεγμένος)란 말이 완료형으로 표현된 것에 대해서 렌스키(Lenski)는 "예수님이 세상을 구원하는 위대한 사업을 행하기 위하여 하나님의 아버지의 선택된 자이고 그것을 지금까지도 완전히 행하고 있다는 것을 시사한다"고 하였다. 리온 모리스(Leon Morris)는 "하나님은 하나님의 사역을 위하여 예수님을 택하여 지명하셨다. 이 말씀은 예수님께서 모세나 엘리야와 다른 분임을 확실하게 말하는 말이며 또 강조하는 말이다. 그런고로 사람들은 예수님께 순종해야 한다"고 했다.[77]

"그의 말을 들으라"(행 3:22)는 말씀은 '예수님의 말씀을 듣고 순종하라'는 뜻이다. 캘빈은 이 말씀에 대하여 주해하기를 '우리는 그의 직관 밑에 위치하고 있어서 구원의 교리를 배우기 위하여 오직 그의 명령만을 받아야 하며 또 그 분만을 의지하고 그 분의 말씀만을 들어야 한다. 한마디로 말해서 그 분만을 의지하며 또 그 분의 말씀만을 들어야 한다는 말이다'라고 말했다. 모세는 일찍이 예수님의 말씀을 들으라고 말했다. 모세는 "네 하나님 여호와께서 너희 가운데 네 형제 중에서 너를 위하여 나와 같은 선지자 하나를 일으키시리니 너희는 그의 말을 들을지니라"라고 했다(신 18:15).

눅 9:36. 소리가 그치매 오직 예수만 보이더라 제자들이 잠잠하여 그 본 것을 무엇이든지 그 때에는 아무에게도 이르지 아니하니라.

구름 속에서 나던 소리가 그친 후 "오직 예수만 보였다." 본 절과 병행구절인 마 17-18은 "예수께서 나아와 그들에게 손을 대시며 이르시되 일어나라 두려워 말라 하시니 제자들이 눈을 들고 보매 오직 예수 외에는 아무도 보이지 아니하더라"고 말한다. 모세나 엘리야는 더 이상 보이지 않았다. 여기 예수님만 보인 것을 두고 캘빈은 "제자들이 그리스도만 남아계신 것을 보았다. 이것은 그리스도만이 영광을 지속하시고 율법과 선지자의 영광은 일시적임을 보여준다. 이 사실은 예언자나 모세를 주님과 동일시하는 미신을 타파한다는 뜻이다. 우리의 마음에 다른 이는 사라지고 그리스도만 남으셔야 한다"고 하였다. 세례 요한은 그리스도만 부각시키기 위하여 "그는 흥하여야 하겠고 나는 쇠하여야 하리라"고 했다(요 3:30). 오늘 목회 현장에서도 담임목사와 부흥사는 사라져야 하고 예수님만 성도들의 가슴에 남아

---

77) Ibid.

있어야 한다. 만약 사람이 남아 있다면 하나님은 사람을 치우신다. 다시 말해 사람을 아무 것도 아닌 것으로 버리신다. 캘빈은 그 진리를 알고 자기의 묘에 비석을 세우지 말라고 했다.

누가는 "제자들이 잠잠하여 그 본 것을 무엇이든지 그 때에는 아무에게 도 이르지 아니했다"고 말한다(마 17:9; 막 9:9 참조). 제자들이 변화산 위에서 본 것을 무엇이든지 그 때에는 아무 것도 말하지 아니했는데 마태 (17:9)나 마가(막 9:9)에 의하면 예수님께서 말하지 말라고 경고하셨기에 그들이 함구하고 있었다. 예수님께서 이적을 행하신 후 제자들에게 말하지 말라고 경고하셨던 것처럼 예수님께서 변화산에서 변모하신 후 제자들에게 자신이 십자가를 지시기 전에는 말하지 말라고 경고하셨다. 예수님은 십자 가를 지시기 전에는 영광을 받기를 거부하셨다. 그러나 훗날에는 베드로가 변화산 위에서 본 것을 말했다(벧후 1:17-18).

8.귀신 들린 아이를 고치시다 9:37-43a

변화 산상에서 변모하셨던 예수님은 베드로의 요청을 뿌리치고 산 아래 로 내려오신다. 산 아래는 불신이 있었고 불신으로 인한 무력함이 있었으며 동시에 9제자들과 사람들 사이에 아귀다툼만 있었고 귀신들린 자의 아버지 의 호소가 있었다. 누가는 이 기록을 아주 단축하여 다루었고 마가가 가장 세밀하게 다루었다. 누가가 이렇게 아주 단축하여 다룬 이유는 분명 그의 기록의 목적에 따른 것이다.

눅 9:37. 이튿날 산에서 내려오시니 큰 무리가 맞을 새.
예수님과 3제자(베드로 야고보 요한)는 "이튿날 산에서 내려오셨다"(마 17:14; 막 9:14, 17). 예수님께서 변모하신 날 밤은 제자들과 함께 산에서 지내셨다. 그리고 이튿날 아침 산에서 내려오셨는데 "큰 무리가 맞았다." 산 아래의 군중은 예수님을 기다리고 있다가 예수님을 보자 심히 놀라며 예수님에게 달려 나아가 맞이했다(막 9:15). 산 아래에는 산위에 올라가지 않은 9제자가 있었는데 그들은 서기관들과 변론하고 있었다. 예수님은 산에서 내려오시면서 "너희가 무엇을 그들과 변론하느냐"고 물으셨다.

눅 9:38-39. 무리 중의 한 사람이 소리 질러 이르되 선생님 청컨대 내 아들을 돌보아 주옵소서 이는 내 외아들이니이다 귀신이 그를 잡아 갑자기 부르짖게 하고 경련을 일으켜 거품을 흘리게 하며 몹시 상하게 하고야 겨우 떠나가나이다.

무리 중의 한 사람이 소리를 질러 예수님을 "선생님"이라고 부르고(마태는 "주여!"라고 불렀다고 전한다) "청컨대 내 아들을 돌보아 주옵소서"라고 부르짖는다. 그리고 그는 "이는 내 외아들이니이다"라고 아뢴다. 예수님의 긍휼을 얻어내기에 충분히 불쌍한 처지였다(7:12; 8:42 참조). 우리는 그리스도에게 우리의 비참한 처지를 말해야 한다. 그리고 그는 평상시에 귀신이 그의 외아들을 괴롭힌 사실을 낱낱이 고한다. "귀신이 그를 잡아 갑자기 부르짖게 했다"고 말한다. 귀신은 사람으로 하여금 소리를 지르게 하는 것이 특징이다. 그리고 그는 귀신이 "경련을 일으켜 거품을 흘리게 했다"고 말한다. 그리고 그는 귀신이 "몹시 상하게 하고야 겨우 떠나간다"고 했다. 그러니까 귀신이 사람을 붙잡으면 처음에는 소리를 지르게 하고 경련을 일으켜 거품을 흘리게 하며 상하게 한 후에야 떠나가는 것이 특징이라는 것이다. 그 아이의 아버지는 예수님에게 평소에 귀신이 하던 짓을 고해서 긍휼을 베푸시라고 말씀드린다. 오늘도 귀신은 사람을 말할 수 없이 괴롭힌다. 이 귀신은 우리 사회의 각계각층에 영향을 끼치고 있다.

눅 9:40. 당신의 제자들에게 내쫓아 주기를 구하였으나 그들이 능히 못하더이다.

그 아이의 아버지는 예수님께만 매달린다. "당신의 제자들에게 내쫓아 주기를 구하였으나 그들이 능히 못한다"고 말씀드린다. 그 아이의 아버지는 이 자리에 오기 전에 예수님의 제자들도 귀신을 내 쫓는다는 소문을 듣고

왔다(눅 9:1, 6-7, 10). 그러나 제자들은 악한 종류의 귀신(막 9:29)을 쫓아낼
만한 믿음을 소유하지 못했고(막 9:23) 또 기도가 부족하여(막 9:29) 귀신을
쫓아내지 못했다.

**눅 9:41a. 예수께서 대답하여 이르시되 믿음이 없고 패역한 세대여 내가
얼마나 너희와 함께 있으며 너희에게 참으리요.**
예수님은 귀신 들린 아이의 아버지의 말 "그들이 능히 못하더이다"(앞 절)라
는 말씀에 깊이 탄식하시며 "오! 믿음이 없고 패역한 세대여"라고 하신다.
예수님께서 하신 이 말씀은 누구를 지목한 말씀인가. 아이의 아버지는 아닐
것이다. 이유는 그래도 그 아버지는 믿음이 약간 있었기에 이곳까지 아이를
데려온 것이 아닌가(막 9:24). 예수님의 말씀이 9제자들만을 지목하여 하신
말씀인가. 전반 절과 후반 절의 문맥을 보면 그렇게 보인다. 그러나 "세대"란
단어는 몇 사람을 지목한 말씀이 아니라 당시의 전(全) 세대를 지목했다고
보아야 할 것이다. 당시 바리새인들이 주축이 된 세대를 지목하여 예수님은
"오! 믿음이 없고 패역한 세대여"라고 탄식하신 것으로 보아야 할 것이다.
참으로 당시 바리새인들과 서기관들 그리고 유대인 전체는 몇 사람을 제외하
고 믿음이 없었다. 따라서 무기력한 세대였다. 이들이 이렇게 믿음이 없었던
이유는 그들이 "패역했기" 때문이었다. 여기 "패역했다"(διεστραμμένη)는
말은 현재완료 분사 시제로 '과거에 구부러졌는데 그 구부러짐이 계속되어
왔다,' '과거에 썩었는데 그 썩음이 계속되어 왔다'는 뜻이다. 당시 세대는
사탄의 역사로 길을 잘 못 들어 믿음을 잃었다는 뜻이다.
　그러나 예수님은 특별히 9제자를 두고 이렇게 탄식하셨다. 9제자들이
믿음이 없어 귀신들린 아이로부터 귀신을 쫓아내주지 못했다. 그들은 아직
도 패역했기에 다시 말해 아직도 심령이 썩은 데가 있기에 믿음이 없었다.
그래서 그 아이에게서 귀신을 쫓아내지 못했다. 오늘도 역시 패역한 세대이
다. 사탄에 의해서 진로가 구부러져서 믿음이 없는 세대이다. 우리는 우리의
심령을 곧게 펴야 할 것이다. 그리고 하나님의 말씀에 귀를 기울이고 믿음을

얻어야 한다(롬 10:17).

예수님은 9제자들을 지목하여 탄식하신 다음 "내가 얼마나 너희와 함께 있으며 너희에게 참으리요"라고 말씀하신다. 예수님께서 십자가에서 죽으실 날이 얼마 남지 않았는데 얼마나 더 참아야 할 것인가하고 말씀하시며 또 얼마나 이 제자들의 불신앙을 참아 주어야 하느냐고 하신다. 사람들은 참는데도 한계가 있다고 말하는데 예수님은 그래도 참아주셨다.

눅 9:41b. 네 아들을 이리로 데리고 오라 하시니.

예수님은 제자들의 불신앙을 탄식하신 다음 그 아버지에게 "네 아들을 이리로 데리고 오라"고 하신다. 예수님께서 고쳐주시겠다고 하신다. 오늘 우리가 우리의 비참한 현실을 예수님께 말씀드리면 예수님은 우리에게 예수님 앞으로 데리고 오라고 하신다. 우리는 모든 문제를 예수님께 진솔하게 말씀해야 한다.

눅 9:42. 올 때에 귀신이 거꾸러뜨리고 심한 경련을 일으키게 하는지라 예수께서 더러운 귀신을 꾸짖으시고 아이를 낫게 하사 그 아버지에게 도로 주시니.

그 아버지가 아이를 데리고 "올 때에 귀신이 거꾸러뜨리고 심한 경련을 일으키게 했다." 귀신의 마지막 발악이었다. 귀신이 그 아이를 거꾸러뜨리고 심한 경련을 일으키게 했다. 39절에 기록된 귀신의 발악은 평소의 것이고 본 절 상반 절의 발악은 귀신이 예수님 앞에 다가온 때의 발악이었다. 그 아이는 귀신이 넘어뜨렸을 때 별수 없이 넘어졌을 것이고 또 심한 경련을 일으키게 했으니 아이의 사지가 뒤틀리고 입에서 거품을 흘렸을 것이다.

그 아이가 예수님께 인도되었을 때 "예수께서 더러운 귀신을 꾸짖으시고 아이를 낫게 하사 그 아버지에게 도로 주셨다." 여기 "꾸짖으셨다"(ἐπε-τίμησεν)는 말은 부정(단순)과거 시제로 '한번 꾸짖었다,' '한번 비난했다'는 뜻으로 예수님께서 한번 꾸짖어서 귀신을 쫓아내셨다는 뜻이다. 예수님은 과거에도 귀신들을 꾸짖으셨고(4:35, 41) 열병을 꾸짖으셨으며(4:39) 바람과 물결을 꾸짖으셨다(8:24). 예수님은 귀신을 향하여 나가라고 꾸짖으셔서 "아이를 낫게 하사 그 아버지에게 도로 주셨다. 예수님은 모든 것을 고치셔서 도로 주시는 분이시다. 예수님은 오늘도 우리의 문제들을 해결하셔서 우리에게 도로 주신다.

눅 9:43a. 사람들이 다 하나님의 위엄에 놀라니라.
예수님께서 아이로부터 귀신을 쫓아내셔서 그 아이를 아버지에게 돌려 주셨을 때 사람들이 다 "하나님의 위엄" 즉 '하나님의 위대하심,' '하나님의 위대한 능력'에 놀라고 말았다. 우리는 보통 때에도 그리스도의 위대하심과 능력에 놀라야 한다.

9.예수님께서 수난을 예고하시다(2)   9:43b-45

예수님께서 산상에서 변화되시고 또 산 아래에서 아이를 고치신 다음 제 2차로 수난을 예고하신다. 예수님께서 이처럼 큰 이적을 행하신 다음 수난을 예고하신 것은 예수님께서 약하셔서 십자가에서 죽으시는 것이 아니라 우리를 대속하시는 뜻에서 죽으신다는 것을 보여주시기 위함이었다.

눅 9:43b-44. 그들이 다 그 행하시는 모든 일을 놀랍게 여길 새 예수께서 제자들에게 이르시되 이 말을 너희 귀에 담아 두라 인자가 장차 사람들의 손에 넘겨지리라 하시되.
제자들 모두가 예수님께서 행하시는 모든 일(예수님께서 산상에서 변모되신 일과 산 아래에서 귀신들린 아이를 고쳐주신 이적)을 놀랍게 여길 때 예수님께서 제자들에게 말씀하시기를 예수님께서 지금 하시는 말씀을 귀에 담아두라고 하신다. 즉 "인자가 장차 사람들의 손에 넘겨지리라"는 말씀을 귀에 담아두라고 하신다(마 17:22). 여기 "인자"란 말은 '고난을 받으신 메시아'를 지칭하는 말이다. "인자"란 말은 문자대로만 보면 '사람의 아들'이란 뜻이지만 문맥에 의하면 '고난을 받으신 메시아'라는 뜻이다. 예수님은 메시아로서 사람들의 손에 넘겨져 고난을 받으실 터인데 제자들은 예수님께서 고난 받으실 일을 마음에 새겨두고 또 귀에 담아서 잊지 않았다가 실제로 예수님께서 십자가 고난을 받으실 때 그들은 예수님께서 약해서 사람들에게 넘겨지는 것도 아니고 또 약하셔서 십자가에 달리시는 것이 아니라 하나님의 뜻을 이루시기 위함일 줄 알아야 한다는 것이다.

눅 9:45. 그들이 이 말씀을 알지 못하니 이는 그들로 깨닫지 못하게 숨긴 바 되었음이라 또 그들은 이 말씀을 묻기도 두려워하더라.
예수님의 제자들은 예수님께서 하신 "이 말씀을 알지 못했다"(2:50; 18:34; 막 9:32). 여기 "알지 못했다"(ἠγνόουν)는 말은 미완료과거 시제로 '계속해서 알지 못했다'는 뜻이다. 예수님께서 엄청난 분이신데 왜 고난에 넘겨지신다는 것인지 제자들은 모두지 알 수가 없었다. 제자들이 예수님께서 당하실 고난을 알지 못한 이유, 곧 깨닫지 못한 이유는 "그들로 깨닫지 못하게 숨긴바 되었기" 때문이었다(it was hid from them, that they perceived not). 이 문장의 수동태는 하나님께서 숨기신 것을 암시하고 있다(24:16 참조). 그러면 무엇이 제자들로 하여금 깨닫지 못하도록 숨기고 있는 것일까. 궁극적으로는 하나님께서 숨기고 계신다고 해도 제자들 측에도 그 어떤 이유가 있는 것은 사실이었다. 그러면 그 이유가 무엇인가. 그들은 예수님께서 지상에서 지상왕국을 세우시리라는 기대가 있었다. 그들은 예수님께서 왕이 되셔서 통치하시리라는 기대심리가 있어서 그들은 예수님께서 사람들에게 넘겨져서 고난을 받으신다는 것을 도무지 깨달을 수 없었다. 46-47절에 보면 그들이 누가 크냐고 다툰 것을 보면 예수님의 지상왕국 건설을 많이 기대하고 있었다는 것을 알 수 있다. 그런고로 그들은 예수님의 수난 예언의 의미를 도무지 깨달을 수가 없었다. 그러니까 그들이 예수님의 수난 예언을 알 수 없었던 이유는 제자들의 마음속에 있었던 지상에서의 메시아 왕국 기대심리 때문이었다고 보아야 할 것이며 궁극적으로는 하나님께서 아직 그들에게는 깨닫는 심령을 주시지 않았기 때문이라고 할 수 있다. 그들은 훗날 오순절 성령 강림절까지 기다려야 깨달을 수 있었다.

그리고 그들은 "인자가 장차 사람들의 손에 넘겨지리라"고 하신 말씀이 무슨 뜻인지 "묻기도 두려워하였다." 그들은 예수님의 말씀의 뜻이 무엇인지 묻기도 두려워했고 또 왜 넘겨지셔야 하는지도 묻지 못했다. 두려운 나머지 예수님께 감히 묻지도 못했다. 얼마 전 예수님께서 고난을 당하실 것이라고 제 1차로 말씀하셨을 때 베드로가 예수님을 책망했다가(rebuke) 호되게 책망을 들은 일이 있어서(마 16:21-23) 이번에도 또 책망 들을 가능성이 있어 묻기도 두려워한 것으로 보인다.

제자들이 예수님께서 하신 말씀의 뜻을 묻기도 두려워한 다른 한 가지 가능한 이유는 예수님 같은 위대한 분이 사람들의 손에 넘겨지신다는 것은 도무지 있을 수도 없고 또 사리에 맞지도 않는 것이니 공연히 물었다가 실제로 예수님의 예언이 현실화되지나 않을까하는 생각에서 묻기도 두려워한 것으로도 볼 수 있다(그러나 이런 이유는 좀 가능성이 희박한 이유라고 할 수 있다).

10.겸손하고 관용하라   9:46-50

예수님은 "이 말을 너희 귀에 담아 두라 인자가 장차 사람들의 손에 넘겨지리라"고 말씀하여 죽음을 예고하셨는데도 제자들은 깨닫지 못하고 서로 누가 크냐고 변론했다. 제자들의 한심한 작태를 목격하시고 예수님은 겸손을 강조하신다(46-48절). 그리고 요한 사도가 질문한 것에 대해 예수님께서 관용하라는 교훈을 주신다(49-50). 이 두 교훈은 예수님께서 갈릴리 전도를 마감하시면서 주신 두 교훈이었다. 이 두 교훈을 끝으로 예수님은 베레아 지방으로 가시면서 전도하신다.

눅 9:46. 제자 중에서 누가 크냐 하는 변론이 일어나니.
예수님께서 수난을 예고하신(44절) 후 "제자 중에서 누가 크냐 하는 변론이 일어났다"(마 18:1; 막 9:34). 제자들은 가버나움의 집으로 가던 중 누가 크냐 하는 다툼이 일어났다(막 9:33). 제자들이 일단 집에 도착한 후 예수님은 "너희가 길에서 서로 토론한 것이 무엇이냐"고 물으셨다. 제자들은 아무 대답도 하지 않았다(막 9:34). 제자들은 예수님께서 이제 얼마 안 있으면 지상왕국을 세우실 것을 생각하고 그 왕국에서 누가 높은 자리를 차지할 것인지 서로 변론(reasoning-토론)한 것으로 보인다. 베드로, 야고보, 요한이 예수님과 함께 변화산 상에 올라갔다가 내려온 것이 이런 변론을 불러왔을 것이다. 세 제자가 특별 취급을 받았으니 다른 제자들의 시기심을 샀을 것이다. 지금도 누가 크냐 하는 다툼은 여전하다. 누구든지 이런 경지를 넘지 못하면 크게 쓰임을 받지 못한다. 제자들은 오순절 성령을 체험하고 나서는 이런 유치한 경지를 넘어서서 그리스도만을 높였다.

눅 9:47. 예수께서 그 마음에 변론하는 것을 아시고 어린 아이 하나를 데려다가 자기 곁에 세우시고.
예수님은 가버나움 집에 도착하신 후 제자들 마음에 누가 크냐 하는 다툼을 아셨다. "그(제자들) 마음에 변론하는 것을 아셨다." 예수님은 제자들이 마음속에 서로 누가 크냐 하는 다툼이 있는 것을 아셨다(7:39 참조). 예수님은 제자들의 마음을 항상 훤히 아셨다.

예수님은 제자들을 교훈하시기 위하여 "어린 아이 하나를 데려다가 자기 곁에 세우셨다." 실물 교훈을 위하여 어린 아이 하나를 데려다가 세우신 것이다. 아이의 특징은 여러 가지로 말할 수 있지만 겸손이 제일 큰 특징으로 부각될 것이다. 그것이 또 본문의 문맥에 맞는다. 누가 크냐 하는 다툼에 철퇴를 가하시려는 뜻으로 어린 아이를 데려오셨으니 어린 아이의 겸손의 특징을 말씀하려는 것이었다. 우리는 겸손, 겸손, 겸손해야 한다.

눅 9:48. 그들에게 이르시되 누구든지 내 이름으로 이런 어린 아이를 영접하면 곧 나를 영접함이요 또 누구든지 나를 영접하면 곧 나를 보내신 이를

영접함이라 너희 모든 사람 중에 가장 작은 그가 큰 자니라.

예수님은 어린 아이 하나를 옆에 세우시고 이제부터 교훈하신다. 첫째,
"누구든지 내 이름으로 이런 어린 아이를 영접하면 곧 나를 영접하는 것"이
라고 하신다(마 10:40; 18:5; 막 9:37; 요 12:44; 13:20). 즉 '누구든지
어린 아이가 예수님을 믿는다는 이유 때문에 그 아이를 영접하면 곧 예수님
을 영접하는 것이라'고 하신다. 비록 어린 아이가 작은 자라 할지라도 오직
한 가지 그 아이에게 있는 예수님의 이름 때문에 그 아이를 환영한다면
바로 그것이 예수님을 영접하는 것과 같다는 것이다. 플러머(Plummer)는
"존경받는 제자는 어린 아이가 좋아서가 아니라 그 어린 아이가 예수님께
속해 있기 때문에 환영하는 사람이다"고 말했다. 우리는 교회에서나 어디에
서나 아무리 보잘 것 없는 사람이라도 그가 예수님을 확실히 믿는 사람이라
면 참으로 낮은 마음을 가지고 환영하고 사랑해야 한다. 아이를 영접할
때는 마음이 말할 수 없이 낮아져야 한다. 우리는 그 어린 아이와 같이
보잘 것 없는 사람에게 붙어있는 한 가지 예수님의 이름 때문에 우리는
참으로 낮은 마음으로 그를 영접해야 한다(49절; 21:8; 24:47; 행 4:17-18;
5:28, 40; 15:14 참조). 예수님을 믿는 사람이라면 그 누구든지 예수님과
연합된 사람이다(행 9:5). 그런고로 그를 영접하는 사람은 곧 예수님을 영접
하는 것이다.

둘째, "누구든지 나를 영접하면 곧 나를 보내신 이를 영접함이라"고
하신다. 어린 아이가 예수님을 믿는다고 해서 그 아이를 영접하면 그것이
예수님을 영접하는 것이라고 하셨는데 우리가 예수님을 영접하면 결국 하나
님을 영접하는 결과를 가지는 것이라고 하신다. 예수님과 하나님은 똑 같으
신 분이시다.

셋째, "너희 모든 사람 중에 가장 작은 그가 큰 자니라"고 하신다(마
23:11-12). 세상에서 가장 작은 아이 같은 사람을 낮은 마음을 가지고 영접
하면 바로 그 사람이 큰 자라고 하신다. 낮은 마음을 가질수록 큰 자이다.
우리가 세상에서 많은 작은 그리스도인을 참으로 영접하면 우리는 큰 자가

된다(마 20:24-28; 막 10:41-45; 빌 2:5-11; 벧전 5:5).

눅 9:49. 요한이 여짜오되 주여 어떤 사람이 주의 이름으로 귀신을 내쫓는 것을 우리가 보고 우리와 함께 따르지 아니하므로 금하였나이다.

요한 사도의 질문 때문에 예수님은 또 한 가지 깊은 진리를 말씀하신다. 요한은 전도하는 중에 어떤 사람이 주님의 이름을 의지하여 귀신을 내쫓는 것을 보고 자신의 일행을 따르지 않았기 때문에 금했다고 말씀드린다(막 9:38). 사실은 계속해서 주님을 믿고 주님의 이름을 의지하고 귀신을 내쫓으라고 권장했어야 했는데 자기편이 되지 않는다는 이유로 금했다고 한다. 여호수아도 한 때 어떤 사람들(엘닷과 메닷)이 영을 받아 예언하는 것을 보고 편협한 마음으로 모세에게 금하도록 말씀해 달라고 했던 때가 있었다 (민 11:26-29).

눅 9:50. 예수께서 이르시되 금하지 말라 너희를 반대하지 않는 자는 너희를 위하는 자니라 하시니라.

예수님께서 요한에게 "금하지 말라 너희를 반대하지 않는 자는 너희를 위하는 자니라"고 말씀하신다(11:23; 마 12:30). 주님의 이름으로 귀신을 내쫓는 것을 금하지 말라고 하신다. 이유는 너희를 반대하지 않는 자는 누구든지 너희를 위하는 자이기 때문이라고 하신다. 지금도 어느 교파, 어느 단체든지 우리의 복음 전도를 반대하지 않는다면 우리를 위하는 자들로 알아야 한다. 그들이 우리의 복음 전도를 방해하지 않고 계속해서 주님을 믿고 또 주님의 이름을 의지하고 귀신을 쫓아낸다면 역시 우리와 똑 같이 하나님의 나라를 확장하는 사람들이니 결국 우리가 하는 일과 동일한 것으로 우리를 위하는 교파요 우리를 위하는 단체로 알아야 할 것이다.

V.십자가로 향해 가는 길(베레아)에서 전도하시다   9:51-19:27

갈릴리 전도를 마치시고 승천하실 기약이 차서 예루살렘을 향하여 올라가기로 굳게 결심하시고 사마리아를 통행하려고 하셨으나 사마리아 인들이 길을 막아 예수님은 베레아를 통과하여 예루살렘으로 가시기로 하신다.

베레아 전도는 누가복음에서는 큰 부분을 차지하고 있다. 누가복음에서는 베레아 전도가 11장에 걸쳐 설명되고 있다(9:51-19:27). 이에 비해 마태는 베레아 전도의 내용을 불과 2장밖에 할애하지 않았다(19장-20장). 베레아 전도는 누가 독특한 자료에 속한 것으로 소위 "큰 삽입"(9:51-18:14)이라고 불린다. 누가복음은 9:17과 18절 사이에 막 6:46-8:25의 내용이 삭제되었다. "큰 삽입"(9:51-18:14) 이전의 부분에서(4장-9장) 누가는 마가복음과 병행하다가 갑자기 마가복음과의 병행이 중단되고 누가 독특한 내용을 크게 (9:51-18:14) 삽입했다. 누가는 그의 복음을 시간적으로나 장소적으로가 아니라 사상적으로 배열한 것으로 보인다.

A.사마리아인들의 적대행위를 피하시다   9:51-56

예수님은 하나님 나라로 가실 기약이 차서 십자가에서 죽으시기 위하여 예루살렘으로 가시기로 굳게 결심하신다. 그래서 그는 사자들을 앞서 보내서서 숙박문제를 준비시켰으나 사마리아 사람들이 받아주지 않아 다른 길을 택하여 올라가신다. 아무도 그리스도의 십자가행을 막지는 못했다.

눅 9:51. 예수께서 승천하실 기약이 차가매 예루살렘을 향하여 올라가기로 굳게 결심하시고.

예수님은 그의 수난과 부활을 통하여 "승천하실 기약이 차가는" 것을 아셨다 (9:22, 22:22; 막 16:19; 행 1:2). 예수님은 예루살렘을 향하여 올라가서 십자가에 죽기로 굳게 결심하신다. 그는 자기 앞에 어떤 어려움이 있다고 해도 아버지께서 맡기신 사명을 완수하기로 굳게 결심하셨다. 그런 후에 그는 하나님 아버지께서 계신 곳으로 갈 줄을 아셨다. 승천하시기까지의 모든 어려움을 피하시지 않고 다 당하기로 하신 것이다.

눅 9:52-53. 사자들을 앞서 보내시매 그들이 가서 예수를 위하여 준비하려고 사마리아인의 한 마을에 들어갔더니 예수께서 예루살렘을 향하여 가시기 때문에 그들이 받아들이지 아니하는지라.

예루살렘을 향하여 올라가기로 굳게 결심하신(앞 절) 예수님은 "사자들을 앞서 보내셨다." 야고보와 요한을 보내신 것이다(54절). "그들이 가서 예수를 위하여 준비하려고 사마리아인의 한 마을에 들어갔더니 예수께서 예루살렘을 향하여 가시기 때문에 그들이 받아들이지 아니했다"(요 4:4, 9). '그들이 가서 예수님의 숙식문제(일행은 예수님을 포함하여 제자들 모두를 합해서 최소 13명이 되었다)를 준비하기 위해서 사마리아의 한 마을에 들어갔었는데 예수님께서 예루살렘을 향하여 가시기 때문에 사마리아의 마을 사람들이 예수님 일행을 거절하고 말았다. 예수님과 제자들이 유대인들인데다가 더욱이 예루살렘을 향하여 가시기 때문에 사마리아의 한 마을에 들어오지 못하게 한 것은 당연한 것이었다. 그것은 유대인들과 사마리아 사람들 사이에 역사적으로 서로 불화하며 반목하며 살았기 때문이었다(왕하 17:24-41; 스 4:1-3 참조).

눅 9:54. 제자 야고보와 요한이 이를 보고 이르되 주여 우리가 불을 명하여 하늘로부터 내려 저들을 멸하라 하기를 원하시나이까.

제자 야고보와 요한이 사마리아의 한 마을 사람들이 예수님과 일행을 거절하는 것을 보고 말하기를 "주여 우리가 불을 명하여 하늘로 부터 내려 저들을 멸하라 하기를 원하시나이까"라고 여쭌다. 두 사람은 "보아너게"(막 3:17)라는 그들의 별명이 말하듯 그 성품이 우레의 아들들과 같았다. 성품이 아주 과격하였다. 그들은 예수님께 사마리아의 한 마을을 불로 망하게 하시기를 원하시느냐고 여쭈어 보았다. 마치 옛날 엘리야가 아하시야 왕이 보낸 50부장과 그 부하들을 두 번이나 불로 태워 죽인 것 같이(왕하 1:5-14) 지금도 사마리아의 한 마을의 사람들을 불을 명하여 하늘로부터 내려서 멸하시기를 원하시는지를 여쭈어 본 것이다.

이들이 이렇게 예수님의 소원을 알아본 것은 예수님께 충성한다는 뜻에 서였다. 사마리아 사람들이 감히 예수님을 거부한다는 것은 그들에게는 도무지 있을 수 없는 일이었고 참을 수 없는 일이었다. 그들은 사마리아 사람쯤이야 하찮은 존재로 생각했었다. 감히 어떻게 예수님과 제자들을 학대할 수 있느냐는 것이었다. 그들은 분개했다. 그리고 그들은 하나님께 대한 신앙이 있음을 입증하고 싶어 예수님께 소원을 여쭈어 보았다. 예수님 만 허락하신다면 자기들에게도 옛날 엘리야가 행했던 이적을 얼마든지 할 수 있을 듯한 느낌을 가지고 있었다. 자기들이라고 해서 못할 것이 없다고 확신하기에 이르렀다.

그러나 이 두 제자는 예수님의 생각과 너무 거리가 있었다. 예수님은 불로 사람을 멸하러 오신 것이 아니라 세상을 구원하러 오신 것이다(요 3:16-17). 예수님은 "인자가 온 것은 잃어버린 자를 찾아 구원하러" 오셨다고 말씀한다(눅 19:10). 우리는 우리와 적대적인 관계에 있는 국가나 단체의 멸망을 구할 것이 아니라 구원하려고 해야 할 것이다.

눅 9:55. 예수께서 돌아보시며 꾸짖으시고.

예수님은 야고보와 요한을 돌아보시며 꾸짖으셨다. 그런 생각을 하면 안 된다고 꾸짖으셨다. 예수님은 이 땅에 사람을 구원하러 오셨고 또 제자들도 복음을 전파하여 많은 사람을 구원하도록 사명을 맡은 사람들이었다.

본 절의 문장 다음 그리고 다음 절(56절)의 문장 앞에 "너희가 어떤 영에 속해 있는지 모르는구나. 왜냐하면 인자는 사람의 생명을 멸하러 온 것이 아니요 구원하러 왔다"(and said, Ye know not what manner of spirit ye are of. For the Son of man is not come to destroy men's lives, but to save [them])는 말씀이 삽입된 사본이 있다. 그러나 유력한 사본들에는 그런 말이 없다. 이런 삽입은 후대 사람들이 문맥을 살펴서 넣은 것으로 보인다.

눅 9:56. 함께 다른 마을로 가시니라.

예수님은 야고보와 요한을 꾸짖으신 다음 함께 "다른 마을," 곧 '갈릴리와 사마리아 변방에 위치한 유대인 마을'로 가셨다(윌럼 헨드릭슨). 괴롭히고 박해하는 사람들과 정면으로 맞서지 않으시고 다른 길을 택하신 것이다. 예수님은 말씀하기를 "이 동네에서 너희를 박해하거든 저 동네로 피하라"고 하신다(마 10:23).

B.제자들이 걸어야 할 길을 제시하시다 9:57-62

십자가를 향해 가시는 중 어떤 사람들이 그리스도를 만나 따르기를 소원했으나 그들은 모두 헌신이 부족한 사람들이었다. 그리스도를 따르는 자들은 남다른 헌신이 있어야 한다고 하신다. 처음 두 사람의 경우 마 8:19-22과 병행한다. 셋째는 본서 독특한 것이다. 이 부분(57-62절)과 앞부분(51-56절)의 관계는 시간적으로 고찰하기 보다는 사상적으로 고찰되어야 한다. 누가는 그의 복음을 주제별로 정리해 놓았다(1:3).

눅 9:57. 길 가실 때에 어떤 사람이 여짜오되 어디로 가시든지 나는 따르리이다.

마태는 이 첫 번 사람을 서기관이라고 말한다(마 8:19). 예수님께서 길을 가실 때에 서기관이 다가와서 예수님께서 "어디로 가시든지 나는 따르겠다"고 말한다. 사마리아의 어느 마을 사람들은 예수님과 제자들을 아주 냉대했는데(51-56절), 서기관은 아주 열광적으로 따르겠다고 말한다. 여기 서기관은 마태복음에 의하면 예수님께서 갈릴리로부터 거라사인의 땅으로 가시기 전에 예수님께 나아와서 그의 결의를 말씀한 것이다. 서기관들은 일반적으로 예수님께 적의를 품고 있었다(5:21, 30; 6:7; 9:22; 11:53-54; 15:2; 19:47; 20:1-2, 19; 22:2, 66-71; 23:10). 그러나 이 서기관은 예수님을 따르되 예수님께서 어디로 가시든지 좇겠다고 말씀드린다. 이 사람은 예수님께서 이적을 행하시는 것을 보고 매료되었던 것 같고 예수님과 한번

놀라운 교제를 해보려는 욕심에서 그런 각오를 한 것 같다. 예수님을 따르는
데 있어서 겪어야 할 자기 부정이나 십자가 같은 것을 생각하지 못했다.
우리는 그 어떤 화려한 환상을 가지고 따라서는 안 될 것이다.

눅 9:58. **예수께서 이르시되 여우도 굴이 있고 공중의 새도 집이 있으되
인자는 머리 둘 곳이 없도다 하시고.**

서기관이 예수님께서 어디로 가시든지 따르겠다고 각오를 밝힌 데 대해
예수님은 "여우도 굴이 있고 공중의 새도 집이 있으되 인자는 머리 둘
곳이 없도다"고 하신다. 예수님은 자연으로부터 두 가지의 비유를 들으신다.
첫째는 "여우도 굴이 있다"는 말씀을 하신다. 그리고 둘째는 "공중의 새도
집이 있다"는 말씀을 하신다. 동물들도 굴이 있고 집이 있다고 하시면서
"인자는 머리 둘 곳이 없다"고 하신다. "인자," 곧 '고난을 받으시는 메시아'
는 "머리 둘 곳이 없다"고 하신다. 다시 말해 한 곳에서 정착해서 영주하시는
것이 아니라 하나님의 나라를 전파해야 함으로 일정한 거처 없이 옮겨
다니셨고 또 여기저기서 사람들이 그리스도를 배척함으로 예수님은 이곳저
곳으로 피해 다니셨다. 그리스도를 따르는 자들은 생활의 불안정을 각오해
야 한다고 하신 것이다. "저 멀리 뵈는 나의 시온성, 오오 거룩한 곳 아버지
집 내 사모하는 집에 가고자 한 밤을 새웠네, 저 망망한 바다위에 이 몸이
상할지라도 오늘은 이곳 내일은 저곳 주 복음 전하리"(복음성가 중에서).

눅 9:59. **또 다른 사람에게 나를 따르라 하시니 그가 이르되 나로 먼저
가서 내 아버지를 장사하게 허락하옵소서.**

첫 번째의 사람(서기관)이 예수님을 따르겠다고 지원한 것과는 달리 이
두 번째의 사람은 예수님으로부터 "나를 따르라"는 명령을 받았다(마 8:21).
그런데 이 사람은 마 8:21에 의하면 제자라고 했는데 아마도 넓은 의미의
제자(예수님을 믿는 사람)였을 것이다. 이 사람은 "나로 먼저 가서 내 아버지
를 장사하게 허락하옵소서"라고 조건을 달면서 허락해 주십사고 요청한다.

이 사람이 요청한바 나로 먼저 가서 내 아버지를 장사하게 허락해 달라는 이 요청은 당장 별세하신 아버지의 장례를 치르게 해달라는 요청이라기보다는 아버지의 별세가 얼마 남지 않았으니 돌아가신 후 장례를 지낼 때까지만 예수님을 따르는 일을 유보해 달라는 청탁을 한 것이다. 만약 자기 아버지가 돌아가셨다면 당시에 예수님 주변에 있지도 않고 지금 한창 장례를 지내고 있었을 것이다. 그러니까 자기 아버지가 거의 별세하실 때가 얼마 남지 않았으니 그 때까지만 예수님 따르는 일을 유보해 주십사는 요청이었을 것이고 그 후에는 마음 놓고 따르겠다는 뜻일 것이다. 오늘도 예수님을 따르는 일에 여러 가지 조건을 달고 훗날 따르겠다고 하는 사람들이 많이 있다. 돈을 많이 벌어 놓은 후에, 혹은 학위를 딴 후에, 혹은 결혼을 한 후에, 혹은 자식 교육 다 시킨 후에, 혹은 성공한 후에 예수님을 따르겠다고 하는 사람들이 많이 있다. 사실 예수님을 따르라고 부탁을 받았다는 것은 엄청난 복이 아닐 수 없다. 예수님을 따르는 일은 천국이고 영생이며 평안이고 기쁨이 아닌가. 그런고로 예수님을 얼른 따라야 한다.

눅 9:60. 이르시되 죽은 자들로 자기의 죽은 자들을 장사하게 하고 너는 가서 하나님의 나라를 전파하라 하시고.

예수님을 따르되 잠시 유보의 요청을 한 사람에게 예수님은 "죽은 자들로 자기의 죽은 자들을 장사하게 하라"고 말씀하신다. '영적으로 죽은 사람들로 하여금 육신적으로 죽은 자들을 장사하도록 주선하라'는 말씀이다. 다시 말해 불신자들에게 장례를 치르는 일을 맡기라는 뜻이다. 불신자들에게 세상에 속한 일을 맡기라는 뜻이다. 그러나 이 말씀은 장례지내는 일 같은 중요한 일을 아주 무시하라는 말씀이 아니라 그런 일보다는 주님을 전파하는 일이 더 중요하다는 것을 보여주시는 말씀으로 받아야 한다. 그리스도를 따르는 사람들은 세상 일 보다 그리스도를 더욱 중요하게 여겨야 한다. 물론 그리스도인들도 가정 일을 해야 한다. 성경은 성도들이 집안 일을 하라고 권장했다(잠 31:27; 딛 2:5).

예수님은 이 사람에게 "너는 가서 하나님의 나라를 전파하라"고 하신다. 먼저 복음을 전하라고 하신다. 이 사람은 예수님을 믿은 사람이고 따르는 사람이니 예수님은 그를 향하여 주님을 따르라는 명령을 내리시지 않으시고 하나님의 나라를 전파하라고 하신다. 믿으면 얼른 전파해야 한다. 세상 일보다 하나님의 나라를 전파하는 일을 더욱 앞세워야 한다. 마 10:37에 예수님은 "아버지나 어머니를 나보다 더 사랑하는 자는 내게 합당하지 아니하고 아들이나 딸을 나보다 더 사랑하는 자도 내게 합당하지 아니하다"고 하신다. 예수님의 일을 더 중요시하고 앞세울 때 자신도 복되며 또 부모에게도 복되고 자식에게도 복된다. 우리는 세상의 불신자들에게 맡길 일을 맡기고 주님을 따르는 일에 더 헌신하는 사람들이 되어야 한다. 그러나 집안일을 아주 무시하는 자세를 취해서는 안 된다.

눅 9:61. 또 다른 사람이 이르되 주여 내가 주를 따르겠나이다마는 나로 먼저 내 가족을 작별하게 허락하소서.
세 번째 사람은 주님을 따를 결심이 확고했지만 한 가지 "나로 먼저 내 가족을 작별하게 허락하소서"라는 조건을 붙었다(왕상 19:20 참조). 표면상으로 보면 이 사람의 요구는 합리적이었다. 예수님을 따르려면 일단 자신의 가족과 작별하는 것이 바람직하지 않은가. 그러나 다음 절(62절)에 보면 예수님께서는 가족과 작별하기 위하여 집에 가는 일을 거절하셨다. 가족과 작별하는 일을 하지 말고 그냥 따르라는 것이었다. 구약 시대에 엘리야는 그의 제자 엘리사의 요청을 들어주어 가족과 작별하는 일을 허락했다(왕상 19:19-21). 그러나 예수님은 허락하시지 않으신다. 이유는 가족을 작별하는 일은 참으로 어려운 일이기 때문이었다. 일단 가족을 작별하기 위하여 가족과 친척을 만났을 때 가족들이 이 사람을 그냥 놓아주겠는가. 대한민국은 개병(皆兵)제를 채택하여 건강한 남자라면 누구든지 군대에 가야 하는데 가족을 작별하기가 얼마나 어려운가. 그러나 군대에 가지 않으면 감옥에 가니 작별하고 군에 들어간다. 그러나 예수님을 따르겠다고 작별인사를 하러 집에 간다면 가족들이 놓아주겠는가. 결국 인정에 끌려 예수님을 따르는 일을 포기하게 될 것이다. 그런 사실을 아신 예수님은 허락하시지 않으신다. 예수님을 따르는 일은 그만큼 시급하고 절박하다. 예수님을 따르는 일은 생명이고 평안이며 모든 복을 의미한다. 우리는 인정사정을 넘어야한다.

눅 9:62. 예수께서 이르시되 손에 쟁기를 잡고 뒤를 돌아보는 자는 하나님의 나라에 합당하지 아니하니라 하시니라.

"나로 먼저 내 가족을 작별하게 허락하소서"(앞 절)라는 요청을 한 사람에게 예수님은 "손에 쟁기를 잡고 뒤를 돌아보는 자는 하나님의 나라에 합당하지 아니하니라"고 하신다. '손에 쟁기를 잡고 뒤를 돌아보면 밭이랑은 엉망이 된다. 하나님의 나라 일을 한다고 하면서도 세상의 인정을 돌아보면 하나님 나라의 일은 엉망으로 되니 하나님의 나라에 합당하지 아니하다'는 것이다. 인정도 중요하다. 그러나 하나님의 일은 더욱 중요하다. 뒤를 돌아보지 않아야 한다. 윌럼 헨드릭슨은 본 절을 주해하면서 "이 사람의 마음은 분산되어 있었다. 그는 이스라엘 자손의 행위를 따르는 것을 중단하고(왕상 18:21) 그 대신 바울의 발걸음을 따라가야 한다(빌 3:13-14). 그러면 그는 하나님의 은혜와 권능을 힘입어 '주인의 쓰심에 합당한'(딤후 2:21) 자로서 하나님 나라에 '합당하게' 될 것이다"라고 기록하고 있다.[78] 주님을 따르기 위하여 "먼저 내 가족을 작별하게 허락하는 것"도 합리적이지만 가족의 정에 이끌려 주님을 따르지 않는 것은 생명을 잃는 것이다. 주님을 따르는 것이 더 중요함을 알아야 한다.

---

78) 윌럼 헨드릭슨, 누가복음 (중), p. 284.

제 10 장

70인 파송, 선한 사마리아 인 비유 및
마르다 자매 봉사 이야기

C.70인 전도 대를 파송하시다   10:1-24

　누가는 별 큰 헌신하는 마음이 없이 예수님을 따르려던 세 사람의 이야기를 하다가 이제 이 부분(10:1-24)에 와서는 예수님께서 아주 헌신적이고 순종적인 70인 전도인을 파송하시는 이야기를 기록한다. 예수님은 먼저 70인을 임명하시고 그들에게 임무를 주신다(1-12절). 그런 다음 예수님은 제자들이 전하는 메시지를 수많은 사람들이 거절할 것이라고 예고해주시고 또 그들의 메시지를 거절한 고라신과 벳새다와 가버나움 같은 지역들 위에는 화가 임할 것이라고 하신다(13-16절). 70인이 기뻐 돌아와 귀신들이 항복하던 일을 전했을 때 예수님은 전도인들이 가장 기뻐할 것은 전도인들의 이름이 하늘에 기록된 것으로 기뻐하라고 말씀하신다(17-20절). 그리고 많은 선지자와 임금들이 갖지 못했던 특권을 제자들에게 주신 하나님께 예수님은 감사를 드리신다(21-24절).

　　1.칠십인 전도자를 파송하시면서 교훈을 주시다   10:1-16

　70인 전도단은 12사도와는 완전히 다른 전도대로 순전히 복음만을 전하도록 하시기 위한 것이었다.

눅 10:1. 그 후에 주께서 따로 칠십 인을 세우사 친히 가시려는 각 동네와 각 지역으로 둘씩 앞서 보내시며.

문장 초두의 "그 후에"란 말은 '예수님께서 승천하실 기약이 차서 예루살렘을 향하여 올라가기로 굳게 결심하신 후에'란 뜻으로 보인다. 일단 예루살렘을 향하여 올라가기로 굳게 결심하신 후에 "주께서 따로 칠십 인을 세우셨다." 누가는 예수님을 "주"라고 자주 사용하셨는데 예수님의 권위와 소유권을 지칭하는 말이다. 예수님은 우리의 "주"님이시다. 주님은 십자가에 죽으시기 전 "따로 70인을 세우셨다." "따로 70인을 세우셨다"는 말은 '12사도와는 달리 70인을 세우셨다'는 뜻이다.[79] 여기 "세우셨다"(ajnevdeixen)는 말은 '임명하고 널리 공포했다,' '공개적으로 제시했다'는 뜻이다.

그리고 예수님은 공개적으로 임명하신 70인을 "친히 가시려는 각 동네와 각 지역으로 둘씩 앞서 보내셨다"(마 10:1; 막 6:7). 예수님은 12사도를 파송하셨을 때와 같이 "둘씩" 보내셨다. 둘씩 보내신 것은 그 후 하나의 관례가 되었다(행 13:2; 15:27, 39, 40; 17:14; 19:22). 예수님께서 전도대를 둘씩 보내신 이유는 먼저 전도자 자신들끼리 격려하고 돕기 위함이었고(전 4:9 참조) 또 복음을 듣는 자들에게 믿음직함을 주기 위함이었으며(신 19:15; 마 18:16; 눅 7:19; 요 8:17; 고후 13:1; 딤전 5:19) 예수님께서 뒤 따라가시면서 복음을 증거하실 때 사람들로 하여금 잘 받아드리도록 하기 위함이었다. 복음을 증거할 사람들은 많아야 한다. 12사도만으로도 되는 것이 아니며 또 70인만으로 되는 것도 아니다. 더 많은 사람들이 필요한 고로 추수할 일꾼들을 보내주시라는 기도를 할 필요가 있다고 하신다(다음 절).

눅 10:2. 이르시되 추수할 것은 많되 일꾼이 적으니 그러므로 추수하는 주인에게 청하여 추수할 일꾼들을 보내 주소서 하라.
예수님은 70인을 보내시면서 말씀하시기를 "추수할 것은 많되 일꾼이 적으니 그러므로 추수하는 주인에게 청하여 추수할 일꾼들을 보내 주시라"고

---

79) 그런데 70인이라고 주장하는 학자들이 있는 반면 72인을 주장하는 학자들이 있다. 어느 숫자가 맞는 숫자인가. 어느 숫자가 옳은 숫자인지 오랜 동안 논쟁이 되어 왔다. 그다지 중요하지 않은 것이고 또 알 수도 없으니 그냥 지나가는 것이 나을 것이다.

기도해야 한다고 하신다(요 4:35). 예수님은 사도들을 부르셨을 때도 이런 기도를 하라고 부탁하셨다(마 9:37-38).

우리는 "추수할 것은 많다"는 것을 알아야 한다. 구원받아야 할 사람들이 세상 여기저기에 흩어져 있는 것을 알아야 한다. 여기 한 가지 조심해야 할 것은 여기서 예수님은 씨를 뿌리고 경작하는 문제에 대해서는 말씀하시지 않으시고 추수하는 일만을 말씀하셨다는 것이다. 12사도나 70인이 뿌린 것도 아니고 경작한 것도 아닌데 추수하는 일만 잘하면 된다고 하신다. 복음을 전하면 추수하여지기 때문이다. 복음을 전하면 사람들이 구원에 이른다. 오늘 우리는 추수하는 추수 꾼의 즐거움에 참여하게 되었다. 이 말씀은 결코 "바울은 뿌렸고 아볼로는 물을 주었다"는 말씀과 상충되는 말씀이 아니다(고전 3:6). 고린도전서의 이 말씀은 사역자들의 사역이 다양함을 말씀하는 것뿐이고 바울도 뿌리면서 추수하는 것이고 아볼로도 물을 주면서 추수하는 것이다. 누구든지 복음을 전하면 회개하는 사람이 생기고 믿는 자가 생긴다.

예수님은 구원받아야 할 사람들이 많은 반면 "일꾼이 적다"고 하셨다. 언제든지 전도자(목사, 선교사)가 적다는 것을 알고 우리는 "추수하는 주인에게 청하여 한다"(살후 3:1). 즉 '추수하는 주인 되시는 하나님께 추수꾼들을 많이 보내주시라고 기도해야 한다. 결코 아무나 전도자(목사, 선교사)를 인위적으로 모집하거나 억지로 시켜서는 안 된다. 전도자를 보내주시도록 하나님께 청원해야 한다.

눅 10:3. 갈지어다 내가 너희를 보냄이 어린 양을 이리 가운데로 보냄과 같도다.

예수님은 70인 전도대원을 임명해 놓으시고 "갈지어다"라고 명령하신다. 그러면서 예수님은 전도자의 앞날에 무슨 일이 벌어질지를 말씀하신다. 즉 "내가 너희를 보냄이 어린 양을 이리 가운데로 보냄과 같다"고 하신다(마 10:16). 예수님은 70인 전도대원을 둘씩 보내시면서 평안한 곳으로 보내시는 것이 아니라 어린 양을 이리 가운데로 보내는 형편과 같다고 하신다.
이런 말씀은 12사도를 파송하실 때에도 하셨다(마 10:16). 그러니까 만고의
전도대원들은 어린 양(혹은 그냥 "양")으로서 이리 가운데로 보내진 사람들
이다. 어디든지 이리가 득실거린다. 그러나 예수님께서 보내시는 것이니까
큰 문제는 없다. 예수님께서 다 지켜주시고 보호하신다. 자기들만 가는
줄 알면 오해이다.

**눅 10:4. 전대나 배낭이나 신발을 가지지 말며 길에서 아무에게도 문안하지
말며.**
사도들을 파송하실 때에는 다섯 가지(지팡이, 주머니, 양식, 돈, 두벌 옷)를
금하셨는데(9:3 참조) 70인 전도대원을 파송하실 때에는 세 가지 즉 "전대나
배낭이나 신발을 가지지 말라"고 하신다(9:3; 마 10:9-10; 막 6:8). 신발은
지금 신고 있는 신 이외의 여분(餘分)의 신발이 필요 없다는 뜻이다. 전적으
로 하나님만 의뢰하라는 뜻이다. 그러면 하나님께서 다 채워주신다.

　　예수님은 또 "길에서 아무에게도 문안하지 말라"고 하신다(왕하 4:29).
추수할 것이 너무 많아서 복음을 증거하기에 시간이 없으니 길에서 복음을
증거하는 일 외에는 아무에게나 인사하지 말라고 하신다. 인사하는 일이야
말로 사람들이 해야 하는 기본적인 것인데 인사까지도 금해야 할 만큼
바쁘다고 하신다. 우리 전도자는 이런 일 저런 일로 시간을 써서는 안 된다.
오늘 전도자들은 너무 세속적인 일에 신경을 쓰고 시간을 쓰는 것은 아닌지
자문자답해야 할 것이다.

**눅 10:5-6. 어느 집에 들어가든지 먼저 말하되 이 집이 평안할지어다 하라
만일 평안을 받을 사람이 거기 있으면 너희의 평안이 그에게 머물 것이요
그렇지 않으면 너희에게로 돌아오리라.**
전도대원들은 "어느 집에 들어가든지 먼저 말하되 이 집이 평안할지어다"라
고 소원해야 한다고 하신다(마 10:12). 전도자가 제일 먼저 해야 할 일은

그 집에 평안을 선언해야 한다는 말씀이시다(삼상 25:6; 시 122:7-8; 눅 24:36; 요 20:19).

전도자가 빈 평안은 무효가 되는 법이 없다. "평안을 받을 사람이 거기 (그 집에) 있으면 평안이 그에게 머물 것이요 그렇지 않으면 너희에게로 돌아오리라"고 하신다. 어느 집에 들어간 전도자가 그 집을 위해 평안을 빌었을 때 전도자의 선포를 받을 사람이 그 집안에 있으면(마 10:13) 전도자가 빈 평안이 그 집에 임할 것이고 혹시 그렇지 않아 평안을 받을만한 사람이 그 집안에 없으면 전도자의 빈 평안이 전도자에게 돌아올 것이라는 뜻이다. 문제는 어떤 사람에게 평안이 임하지 않느냐 하는 것이다. 그 집이 전도자를 진심으로 환영하지 않고 복음을 기뻐하지 않는다면 전도자가 빈 평안이 그 집에 임하지 않고 평안을 빈 전도자에 임하게 된다는 것이다(시 35:13 참조). 전도자를 환영하고 복음을 환영한다는 것은 놀라운 복을 받을 일이다. 그러나 전도자를 환영하지 않고 복음을 받아드리지 않는 것은 큰 불행이 아닐 수 없다.

전도자는 어느 집에 들어가서 먼저 그 집에 평안이 임하도록 기도하는데 그 집이 평안을 받을만하면 전도자가 기도한 것이 그 집에 임하여 평안하게 되고, 만약 그 집이 평안을 받을만하지 못하면 그 기도의 응답은 기도 자에게 돌아온다. 기도자에게 돌아온다는 말은 기도자에게 하나님의 평안이 임한다는 뜻이다. 전도자의 기도는 무효화되지 않는다. 전도자의 기도의 응답은 그 집에 임하든지 아니면 전도자 자신에게 응답된다.

눅 10:7. 그 집에 유하며 주는 것을 먹고 마시라 일꾼이 그 삯을 받는 것이 마땅하니라 이 집에서 저 집으로 옮기지 말라.
예수님은 70인 전도대원들에게 또 다른 주의사항을 주신다. 즉 "그 집에 유하며 주는 것을 먹고 마시라 일꾼이 그 삯을 받는 것이 마땅하니라 이 집에서 저 집으로 옮기지 말라"고 하신다(마 10:11; 고전 10:27). 즉 '그 집에 머물면서(그 집을 전도본부로 삼아 머물면서, 9:4; 마 10:10-11) 그 집에서 제공하는 것을 먹고 마시라'고 하신다. 먹고 마셔야 할 이유는 '일꾼이 그 삯을 받는 것이 마땅하기' 때문이다(신 25:4; 고전 9:8-12; 딤전 5:18). 먹고 마시는 것 때문에 양심의 가책을 받을 필요가 없다. 전도자가 그 집에 유하는 것 자체가 그 집에 큰 복이고 또 특히 복음을 전해주니 그 집에 복이 임하는 것이다.

그리고 주의할 것은 예수님은 대접의 호불호(好不好)를 따라서 집을 옮기지 말라고 하신다. 다른 동네로 옮겨야 할 시기가 되면 다른 동네로 가야하지만 그 동네에서 복음을 전하는 중에 음식이 맞지 않는다고 혹은 잠자리가 마음에 들지 않는다고 동네 안에서 옮겨서는 안 된다. 전도자는 그런 시간도 없고 또 옮겨다니면 덕도 되지 않는다.

눅 10:8-9. 어느 동네에 들어가든지 너희를 영접하거든 너희 앞에 차려놓는 것을 먹고 거기 있는 병자들을 고치고 또 말하기를 하나님의 나라가 너희에게 가까이 왔다 하라.

예수님은 둘씩 둘씩 파송되는 전도대원들에게 "어느 동네에 들어가든지 너희를 영접하거든 너희 앞에 차려놓는 것을 먹으라"고 하신다. '어느 동네에 들어가든지 전도자들을 영접하는 경우 그 집에서 차려주는 음식은 어떤 음식이든지 먹으라'고 하신다. 이 명령은 7절에서 예수님께서 말씀하시는 내용과 다른 명령이다. 7절에서는 가난한 자의 집에 들어가서 음식 먹는 일을 부담스럽게 여기지 말고 먹고 마시라는 뜻이고 본 절에서는 무슨 음식이든지 구별말로 먹으라는 명령이다. 고전 10:27에 "불신자 중 누가 너희를 청할 때 너희가 가고자 하거든 너희 앞에 차려 놓은 것은 무엇이든지 양심을 위하여 묻지 말고 먹으라"고 말씀한다. 이방 땅에 들어가서 음식을 먹을 경우 혹시 우상의 제물에 바쳤던 음식이라도 그 음식은 하나님께서 만드신 식물이니 다 먹으라는 것이다.

그리고 예수님은 전도자들에게 "병자들을 고치라"고 말씀하신다 (9:1-2). 예수님은 70인 전도자들에게도 병을 고치는 능력을 주셨기에 병자

들을 고치라고 하신다. 전도자들의 사역에 의해 귀신이 나간 심령에는 하나
님의 나라가 임한다. 그리고 질병이 하나님의 능력으로 고침 받은 그 심령에
도 역시 하나님의 나라가 임한다(마 12:28).

그리고 예수님은 전도대원들에게 병자들만 고치는 것이 아니라 "하나님
의 나라가 너희에게 가까이 왔다"고 하라고 강조하신다(11절; 마 3:2; 4:17;
10:7; 막 1:15). 예수님께서 친히 전하셨던 것처럼 전도자들도 역시 '하나님
의 나라가 전도자들을 환영하는 사람들에게 가까이 왔다'고 선포해야 하는
것이다(4:43 참조). 전도대원들은 하나님의 아들 예수님을 왕으로 모시는
사람들에게 하나님의 나라, 곧 하나님의 통치가 임하는 것이라고 선포해야
했다. 하나님의 나라가 임할 때, 곧 하나님께서 사람들을 통치하실 때 하나님
께서 사람들의 마음속에 하나님께서 임재하시고 은혜도 임하며 또 하나님의
평강이 임하고 하나님께서 주시는 기쁨이 오며 감사가 임하며 심령에 치유가
임하는 고로 예수님을 각자의 왕으로 모셔야 한다고 선포해야 한다. 누구든
지 그 심령 속에 그리스도를 왕으로 모실 때 하나님께서 개인의 마음과
육신을 다스려주신다. 그런 사람들은 하나님의 나라의 시민으로 하나님의
나라에서 사는 것이다. 성도들은 현재적으로 임한 하나님의 나라에서 살뿐
만 아니라 그리스도의 재림 후에 이루어질 온전한 하나님의 나라가 올
것을 선포해야 한다. 그리스도께서는 언제 오실지 알 수 없다. 예수님의
복음이 세상에 전파된 후 그리스도께서 재림하실 것이다(마 24:14). 그
때에 하나님의 나라가 온전히 이루어질 것이다. 우리는 그것을 전해야 한다.

**눅 10:10-11. 어느 동네에 들어가든지 너희를 영접하지 아니하거든 그 거리
로 나와서 말하되 너희 동네에서 우리 발에 묻은 먼지도 너희에게 떨어버리
노라 그러나 하나님의 나라가 가까이 온 줄을 알라 하라.**
예수님은 앞 부분(8-9절)에서 전도대원들을 환영하는 사람들에게 해야 할
일들을 말씀하셨는데 이제 이 부분(10-11)에서는 전도자들을 영접하지 아니
하는 사람들에게 무슨 일들을 해야 할지를 말씀하신다. 두 가지 할 일들을

일러주신다.

첫째, 예수님은 전도자들에게 "어느 동네에 들어가든지 너희를 영접하지 아니하거든 그 거리로 나와서 말하되 너희 동네에서 우리 발에 묻은 먼지도 너희에게 떨어버리노라"고 말하라고 하신다(9:5; 마 10:14; 행 13:51; 18:6). 어느 동네는 전도자들을 환영하지만(8절) 어느 동네는 전도대원들을 영접하지 아니할 수가 있는데 그런 곳에서는 전도자들은 그 동네 안으로 들어가지 말고 거리로 나와서 말하기를 "너희 동네에서 우리 발에 묻은 먼지도 너희에게 떨어버린다"고 말하고 실제로 발에 묻은 먼지를 떨어버리라고 하신다. 발에 묻은 먼지를 떨어버리는 행위는 복음을 거절한 곳에 하나님의 진노가 임할 것이라는 것을 선포하는 행위이다.

둘째, 예수님은 전도자들에게 전도자를 영접하지 아니한 동네에 "그러나 하나님의 나라가 가까이 온 줄을 알라"고 말해야 한다고 하신다. 아무리 전도자들을 거부하고 전도자들이 전해주는 복음을 거부하더라도 "하나님의 나라가 가까이 온 줄을 알라"고 말해야 한다고 하신다. 다시 말해 하나님 나라가 임한다는 것을 아무리 거부해도 여전히 하나님의 나라는 임한다고 말해야 한다는 것이다. 그러나 하나님 나라의 메시지를 거부했으니 하나님 나라에는 참여하지 못하는 것이다. 다시 말해 하나님의 나라, 즉 하나님의 통치를 받지 못하여 하나님의 임재를 경험하지 못하고 하나님의 은혜를 받지 못하고 하나님의 평강을 받지 못하며 하나님의 능력도 받지 못하고 기쁨도 감사도 받지 못하며 하나님의 치유도 받지 못하게 된다. 전도자를 거부한다는 것은 얼마나 큰 불행인지 알 수 없다.

눅 10:12. 내가 너희에게 말하노니 그 날에 소돔이 그 동네보다 견디기 쉬우리라.
예수님은 전도자들을 통한 하나님 나라의 메시지를 거부한 동네는 "그 날에 소돔이 그 동네보다 견디기 쉬우리라"고 하신다(마 10:15; 막 6:11). 소돔(창 19:1-28)이 받았던 심판보다 더 큰 심판, 더 혹독한 심판을 받게 될 것이라고 하신다. 심판의 심각성에도 여러 등급이 있어(12:47-48) 소돔이 받았던 심판보다 더 심각한 심판을 받을 것이라고 하신다. 하나님은 소돔 땅이 죄악이 극하였기에(창 13:13; 19:9-13; 사 3:9; 애 4:6; 벧후 2:6-7; 유 1:7) 천사들을 보내어 그 도시의 죄악을 돌이키려고 하셨으나 하나님의 권고를 듣지 않아 멸망해서 죄악과 심판의 도시의 표본이 되었다(신 29:23; 사 1:9; 3:9; 렘 50:40; 겔 16:46). 인류는 "그 날," 즉 '최후의 심판 날'이 이르기 전에 그리스도를 받아드려야 할 것이다. 그렇지 않으면 소돔을 부러워할 날을 맞이하게 된다.

눅 10:13. 화 있을진저 고라신아, 화 있을진저 벳새다야, 너희에게 행한 모든 권능을 두로와 시돈에서 행하였더라면 그들이 벌써 베옷을 입고 재에 앉아 회개하였으리라.

예수님은 본 절부터 15절까지 종말의 심판 때에 세 도시(고라신, 벳새다, 가버나움)에 화가 있을 것을 선언하신다(마 11:21-23). 그들이 화를 당할 이유는 예수님으로부터 큰 은혜를 받았음에도 불구하고 교만하여 회개하지 않았기 때문이다. 예수님께서 이렇게 말씀하시는 이유는 전도자들의 전도를 받지 않는 도시는 모두 심판 날에 화를 당할 것이라는 말씀을 하시기 위함이었다.

예수님은 "화 있을진저 고라신아, 화 있을진저 벳새다야"라고 화를 선언하신다. "화 있을진저"란 말은 '화가 있을지어다,' '화가 임할지어다'라는 뜻이다. "고라신"이란 곳은 현재의 텔훔(Tel Hum)이며 가버나움 서북쪽 4km 지점에 위치해 있다.[80] 그리고 "벳새다"는 갈릴리 바다 동북 안(岸)의 성읍이다(막 6:45; 눅9:10). 시몬 베드로와 안드레, 그리고 빌립의 고향이다(요 1:44; 12:21). 좀 더 자세한 것을 위해서는 9:10주해 참조하라.

---

80) "고라신"은 구약성경에는 없고 요세푸스(Josephus)도 기록하고 있지 않으나, 오늘날 '텔 훔'(Tell Hum)이라고 하는 가버나움의 북쪽 약 4㎞지점에 있는 길베트 게라세(Khirbet kerazeh)라는 것이 거의 인정되고 있다. 고라신은 가버나움 윗쪽 현무암의 구릉 위에 세워진 곳인데, 그 유적은 골짜기와 골짜기의 좌단에 걸쳐 남아 있다. 그 광대한 폐허는 그것이 적잖게 중요한 성읍이었다는 것을 보이고 있다.

고라신과 벳새다에게 화를 선언하신 이유는 "너희에게 행한 모든 권능을 두로와 시돈에서 행하였더라면 그들이 벌써 베옷을 입고 재에 앉아 회개하였을 것이기" 때문이다(겔 3:6). "두로"와 "시돈"은 모두 베니게의 항구 도시들이었다. 이 도시들은 부패한 도시들의 표본이었다(사 23장; 겔 26-28장). 이 두 도시의 상고들과 사람들은 물질에 미쳐 있었으며 교만하였다. 아모스는 두로가 이스라엘 사람들을 에돔에 팔아넘겼다고 말하며(암 1:9), 유다 자손과 예루살렘 자손을 헬라에 팔아넘겼다고 말한다(욜 3:6). 예수님은 만약 고라신과 벳새다에 베푸셨던 권능을 두로와 시돈에 베푸셨더라면 그들이 벌써 베옷을 입고 회개했으리라고 하신다. "베옷"은 애통을 상징하는 옷으로 "베옷을 입고 재에 앉아 회개했으리라"는 말씀은 '슬픔으로 회개하는 모습'을 지칭하는 표현이다(삼하 13:19; 왕상 21:27; 욥 16:15). 아주 악독하고 교만했던 두로와 시돈에 고라신과 벳새다에 베푸셨던 은혜를 베풀었더라면 일찍이 회개했으리라는 말씀은 그 만큼 큰 은혜를 받고도 회개하지 않는 고라신과 베새다의 죄가 엄청나다는 것을 보여주는 말씀이다. 고라신과 벳새다는 큰 권능의 이적들을 보았는데도 종래 회개하지 않았으니 별 수 없이 화를 당할 수밖에 없게 되었다고 하신다. 은혜를 받고 회개하지 않는다는 것은 큰 화를 받을 일이다.

눅 10:14. 심판 때에 두로와 시돈이 너희보다 견디기 쉬우리라.
예수님은 종말의 "심판 때에 두로와 시돈이 너희보다 견디기 쉬우리라"고 하신다(12절 주해 참조). 곧 종말의 심판 때에 그 악독하고 부패했던 두로와 시돈이 고라신과 벳새다보다 견디기 쉬우리라고 하신다. 고라신과 벳새다가 더 큰 심판을 받으리라는 말씀이다. 예수님으로부터 큰 은혜를 받고 회개하지 않은 고라신과 벳새다가 더 큰 심판을 받으리라는 것이다. 심판에도 등급이 있음을 보여준다.

눅 10:15. 가버나움아 네가 하늘에까지 높아지겠느냐 음부에까지 낮아지리라.

예수님은 고라신과 벳새다에게 화를 선언하셨는데(13-14절) 본 절에서는
가버나움이 지옥에까지 떨어지리라고 하신다(마 11:23). 예수님은 "가버나
움아 네가 하늘에까지 높아지겠느냐 음부에까지 낮아지리라"고 선언하신다
(창 11:4; 신 1:28; 사 14:13; 겔 51:53 참조). 즉 '가버나움 사람들아 너희들
이 하늘에까지 높아지기를 소원하느냐 반대로 지옥으로 떨어지리라'고 말씀
하신다(겔 26:20; 32:18 참조). 하늘과 지옥은 정반대의 곳을 지칭하는
말들이다.

    "가버나움"은 예수님의 갈릴리 전도의 본부였고(마 4:13; 9:1; 막 2:1)
또 가버나움에서 예수님은 많은 이적을 행하셨다(눅 4:23, 31-37; 7:1-10;
요 2:12). 그리고 예수님은 규례를 따라 회당에 참여하셨고 많은 설교를
하신 곳이기도 하다(요 6:24-65). 가버나움은 예수님과 이런 인연이 있음에
도 불구하고 대부분 회개하지 않았다. 그들은 예수님과의 그런 관계 때문에
하늘에까지 높아지는 줄 알았을 것이다. 그러나 아무리 외부적인 인연이
있더라도 회개하지 않으면 지옥으로 가는 수밖에 없다. 예수님은 아주 가혹
하리만큼 가바나움 사람들을 책망하신다(사 14:13, 15). 오늘 가버나움은
황량하게 폐허가 되고 말았다. 우리는 항상 낮아져서 회개해야 한다.

눅 10:16. **너희 말을 듣는 자는 곧 내 말을 듣는 것이요 너희를 저버리는
자는 곧 나를 저버리는 것이요 나를 저버리는 자는 나 보내신 이를 저버리는
것이라 하시니라.**

예수님은 70인 전도대원들에게 크게 고무되는 말씀을 하신다. 예수님은
"너희 말을 듣는 자는 곧 내 말을 듣는 것이라"고 하신다(마 10:40; 막
9:37; 요 13:20). '전도자의 복음을 듣는 자는 예수님의 말씀을 듣는 것이라'
고 하신다. 전도자의 복음 전도를 듣는 것과 예수님의 말씀을 듣는 것은
동등하다는 뜻이다. 그리고 예수님은 "너희를 저버리는 자는 곧 나를 저버리
는 것이요 나를 저버리는 자는 나 보내신 이를 저버리는 것이라"고 하신다
(요 5:23; 살전 4:8). '전도대원의 말을 듣지 않는 자는 곧 예수님을 거부하는

것과 같고 예수님을 저버리는 자는 곧 예수님을 보내신 하나님을 저버리는 것'이라고 하신다. 그러니까 12사도들을 버리는 것이나 70인 전도대원들을 버리는 것은 동일하다는 것을 알 수 있다. 이유는 12사도들의 입에서 나오는 복음이나 70인 전도대원들의 입에서 나오는 복음이나 똑 같은 복음이기 때문이다. 오늘 우리의 복음을 버리는 자는 예수님과 하나님을 저버리는 것이다. 전도자들은 그리스도를 대신한다는 것을 알고 참으로 조심하지 않으면 안 된다. 함부로 행동할 수가 없다.

2.70인 전도자가 돌아와서 보고하다 10:17-20

70명의 제자들이 파송을 받은 후 복음을 전하고 기쁜 소식을 가지고 돌아와 보고 했을 때 예수님께서도 기뻐해주셨다. 이런 보고는 12 사도들이 복음을 전했을 때는 없었던 보고인 고로 이 부분은 누가의 독특한 기사이다.

눅 10:17. 칠십 인이 기뻐 돌아와 이르되 주여 주의 이름이면 귀신들도 우리에게 항복하더이다.

누가는 70인 전도대원들이 둘씩 둘씩 전도한 장소나 돌아온 때에 대해서는 침묵한다. 돌아올 때 아마도 한꺼번에 돌아온 것은 아닐 것이다. 70인이 그리스도의 말씀을 전파하고 또 병자들을 고치고 귀신들을 쫓아낸 다음 그들은 기쁜 마음으로 돌아왔다(1절). 전도자들이 그리스도를 의지하고 복음을 전할 때 그리스도께서 역사하여 주시니 전도의 열매가 있게 마련이었다. 그래서 그들은 기쁨으로 돌아왔다. 그들은 돌아와서 주님께 말씀드리기를 "주여 주의 이름이면 귀신들도 우리에게 항복하더이다"라고 보고한다. 아마도 그들이 제일 기뻤던 것은 바로 주님의 이름을 선포했을 때 귀신들이 쫓겨나가는 것이었다(행 19:13-17 주해 참조).

눅 10:18. 예수께서 이르시되 사탄이 하늘로부터 번개 같이 떨어지는 것을 내가 보았노라.

제자들의 보고(報告), 즉 "주의 이름이면 귀신들도 전도자들에게 항복했다"는 보고를 받으시자 예수님은 본 절에서 "사탄이 하늘로부터 번개 같이 떨어지는 것을 내가 보았다"고 하신다(요 12:31; 16:11; 계 9:1; 12:8-9). 여기 "사탄이 하늘로부터 번개 같이 떨어지는 것을 예수님께서 보셨다"는 말씀이 무슨 뜻인가. 이에 대한 해석은 여러 가지이다. 1) 그리스도의 성육신을 지칭한다. 2) 그리스도께서 받으신 광야의 시험을 가리킨다. 3) 빛의 천사가 타락하여 사탄이 되었다는 것을 지칭한다. 4) 예수님께서 사탄의 타락에 대해 말씀하시면서 제자들에게 교만하지 말 것을 경고하신다는 뜻이라고 한다. 5) 이 구절은 사탄의 정체를 밝히고 있고 사탄이 교만했기 때문에 타락했다는 것을 뜻한다. 6) 예수님께서 십자가에서 이루실바 사탄에 대한 자신의 궁극적인 승리를 보고 계신 것이라고 한다(요 12:31-32). 7) 제자들이 귀신을 쫓아내는 기간에 예수님은 환상을 통해 사탄이 하늘로부터 번개같이 떨어지는 것을 보셨다는 뜻이다. 아무튼 이 난해구절을 해석할 때 분명한 것은 예수님께서 이렇게 말씀하시게 된 동기가 제자들의 전도 보고를 들으시고 말씀하셨다는 것을 감안해야 한다. 그런고로 1번, 2번은 문맥과 많이 동떨어진 해석으로 보이고, 3번, 4번, 5번, 6번도 역시 문맥과 별 상관없는 해석으로 볼 수 있다. 가장 타당한 해석은 7번으로 35팀의 제자들이 귀신을 내 쫓을 때 사탄의 진영은 크게 위축되었다는 뜻으로 보아야 할 것이다. 고데이(Godet)는 "너희들이 부하들을 추방하는 동안에 나는 그 상전의 추락을 보았다"고 말한다. 70인 전도대원들의 사역으로 시작된 사탄의 위축은 그 후 계속해서 전도자들이 귀신을 쫓아낼 때 결정적으로 세력이 감퇴되어 갈 것이었다. 사탄은 지금도 전도자들이 그리스도의 이름으로 귀신들을 내쫓을 때 패배를 당하고 있다. 예수님은 그 사실을 일순간에 보셨다. 우리는 이 세상에서 그리스도의 이름을 말하여 귀신들의 활동을 약화시켜야 한다.

눅 10:19. 내가 너희에게 뱀과 전갈을 밟으며 원수의 모든 능력을 제어할 권능을 주었으니 너희를 해칠 자가 결코 없으리라.

전도와 선교에 승리하고 돌아온 70인 제자들에게 예수님은 아주 고무적인 말씀을 하신다. 즉 "내가 너희에게 뱀과 전갈을 밟으며 원수의 모든 능력을 제어할 권능을 주었다"고 하신다(막 16:18; 행 28:5). "뱀과 전갈을 밟으며" 란 말은 문자적으로 실제로 밟는다는 뜻이라기보다는 제어한다는 뜻으로 해석하는 것이 더 바람직할 것이다. 그러나 바울 사도는 그레데 섬에서 뱀에게 물렸어도 아무 해를 받지 아니한 적이 있었다(행 28:3). 예수님은 제자들에게 뱀과 전갈을 제어하며 원수의 모든 능력을 제어할 권능을 주셨다 고 말씀한다. 예수님은 제자들에게 세상에서 가장 힘든 존재들을 통제하는 권능을 주셨다. 그런고로 70인 전도대원들은 전도 여행에서 귀신들을 쫓아 낼 수 있었다(17절). 물론 예수님은 전도자들에게 사람을 통제하는 능력도 주신다.

이렇게 예수님께서 모든 원수의 모든 능력을 제어할 권능을 주신고로 세상에서는 제자들을 "해할 자가 결코 없으리라"고 하신다. 심지어 박해자 들도 제자들을 궁극적으로 해하지 못한다고 하신다(요 10:27-28; 롬 8:28-39 참조). 전도자들은 세상에서 무적의 함대처럼 나아가야 한다. 전도 자들은 그리스도의 특별한 보호를 받으며 사역하는 것인 줄 알아야 한다.

눅 10:20. 그러나 귀신들이 너희에게 항복하는 것으로 기뻐하지 말고 너희 이름이 하늘에 기록된 것으로 기뻐하라 하시니라.
예수님은 제자들에게 모든 원수를 제어할 권능을 주셨기에 세상에서는 아무 것도 제자들을 해할 자가 결코 없지만 그러나 예수님은 제자들에게 "귀신들 이 너희에게 항복하는 것으로 기뻐하지 말고 너희 이름이 하늘에 기록된 것으로 기뻐하라"고 하신다. 귀신들이 그리스도의 이름 때문에 전도자들에 게 항복하는 것은 사실이지만 그러나 그것 때문에 기뻐할 것이 아니라 "너희 이름이 하늘에 기록된 것으로 기뻐하라"고 하신다(출 32:32; 시 69:28; 사 4:3; 단 12:1; 빌 4:3; 히 12:23; 계 13:8; 20:12; 21:27). 참으로 기뻐해야 할 것이 바로 전도자들의 이름이 하늘에 기록된 것으로 기뻐해야 한다. 다시 말해 하늘 시민이기 때문에 기뻐해야 하는 것이다. 전도자는 이 땅에서 사역의 열매 때문에 기뻐하지 말고 전도자가 하늘나라 시민인 것으로 기뻐해야 한다. 전도자가 많은 성도들에게 복음을 전하여 성도들의 숫자가 늘고 또 성전 건물 크기가 커지고 혹은 신학자의 저서의 숫자가 늘어나는 것 때문에 기뻐할 것이 아니라 전도자의 이름이 하늘나라에 기록되어 있는 것, 하늘 시민인 것을 기뻐해야 한다. 전도자가 맺은 사역의 열매에 매료되면 하나님께서 기뻐하시지 않는다.

3.예수님께서 성령으로 기뻐하시다   10:21-24

70인 전도대원들이 돌아와 기쁜 보고를 드리자 예수님은 기뻐하시고 감사하신다. 이 부분(21-24절)은 마 11:25-27과 병행한다. 문자적으로도 거의 동일하다. 그러나 마태와 다른 점은 마태가 예수님께서 세 도시를 책망하신 다음에 이 기사를 둔 반면 누가는 70인 전도대원들의 보고 다음으로 기록했다. 그리고 또 마태는 이 기사 다음에 그 위대한 초청의 말씀(마 11:28-30)을 둔 반면 누가는 그런 초청이 없이 선한 사마리아 사람 이야기를 기록한다.

눅 10:21. 그 때에 예수께서 성령으로 기뻐하시며 이르시되 천지의 주재이신 아버지여 이것을 지혜롭고 슬기 있는 자들에게는 숨기시고 어린 아이들에게는 나타내심을 감사하나이다 옳소이다 이렇게 된 것이 아버지의 뜻이니이다. 누가는 "그 때에 예수께서 성령으로 기뻐하셨다"고 말한다(마 11:25). 즉 '예수님께서 70인 전도대원들의 전도 보고를 들으신 그 때에 성령으로 기뻐하셨다'고 말한다. 예수님께서 "성령으로 기뻐하셨다"는 말씀은 '성령께서 예수님에게 기쁨을 주시고 감사를 주셨다'는 뜻이다. 성령님은 예수님에게 기쁨을 주시는 분이시다(4:18). 누가는 그의 복음을 성령의 복음으로 부각시키고 있다. 오늘 우리의 기쁨도 성령님이 주신 것이다.

예수님은 성령님께서 주시는 기쁨으로 기뻐하시면서 말씀하시기를 "천지의 주재이신 아버지여 이것을 지혜롭고 슬기 있는 자들에게는 숨기시고 어린 아이들에게는 나타내심을 감사하나이다"라고 하신다. 여기 "천지의 주재"란 말은 '하늘과 땅의 소유주,' '하늘과 땅의 주관자'란 뜻이다. 예수님은 천지의 소유주, 천지의 주관자이신 하나님을 "아버지"라고 부르신다. 예수님은 하나님을 우리 아버지라 하지 않으시고 그냥 '아버지'라고 부르신다. 22절에서는 "내 아버지"라고 하신다. 우리 성도는 하나님을 우리 공동의 아버지라고 부른다(마 6:9).

예수님께서 아버지께 감사하시는 내용은 "이것을 지혜롭고 슬기 있는 자들에게는 숨기시고 어린 아이들에게는 나타내심을 감사하신다"는 것이다. 여기 "이것"(these things)이란 말은 문맥을 살필 때 '주의 이름이면 귀신들도 전도대원들에게 항복하는 것'(17절), '아버지께서 모든 것을 예수님에게 주신 것,' 다시 말해 '하나님께서 예수님에게 천지의 소유권, 통치권을 주신 것'(22절), '70인 전도대원들에게 계시된 예수 그리스도'(23-24절)를 지칭한다. 한 마디로 '하나님께서 70인 전도대원들(성도들)에게 주신 예수 그리스도에 대한 계시'를 지칭한다.

예수님은 하나님께서 '예수님 자신'을 "지혜롭고 슬기있는 자들"에게는 숨기신다고 말씀하신다. 하나님은 스스로 지혜 있다고 하는 사람에게는 예수님을 깨닫게 하시지 않으신다(롬 11:25). 하나님은 스스로 지혜 있다고 하는 바리새인들과 서기관들, 그리고 제사장들과 유대인의 장로들에게 숨기신다. 뿐 아니라 그리스도의 복음을 거절하는 사람들에게도 숨기신다.

그리고 예수님께서 하나님께 감사하시는 이유는 "어린 아이들에게는 나타내시기" 때문이다. 여기 "어린 아이들"은 '자신들은 아무 것도 모르며 하나님의 처분만을 바라보는 겸손한 자들'을 지칭하는데 하나님은 겸손한 자와 함께 하셔서 예수님을 계시하신다(사 57:15). 본문에서는 구체적으로 70인 전도대원들을 가리킨다.

그런데 예수님은 "옳소이다 이렇게 된 것이 아버지의 뜻"이라고 하신다. 하나님께서 지혜롭고 슬기 있는 자들에게는 예수님 자신을 숨기시고 어린아이 같이 겸손하고 의지하는 사람들에게는 예수님 자신을 나타내시는 것은 아버지의 뜻이라고 말씀하신다(고전 1:21, 27; 고후 4:3-4 참조). 우리는 하나님의 뜻을 거역할 수 없다. 우리가 겸손하게 하나님을 신뢰해서 계시를 깨달아야 한다.

눅 10:22. 내 아버지께서 모든 것을 내게 주셨으니 아버지 외에는 아들이 누구인지 아는 자가 없고 아들과 또 아들의 소원대로 계시를 받는 자 외에는 아버지가 누군지 아는 자가 없나이다 하시고.
예수님은 앞 절에서 하나님께서 천지의 주재자로서 예수님을 숨길 자에게 숨기시고 나타내실 자에게 나타내신다는 것을 말씀하시고, 이제 본 절에서는 성부자(聖父子)간의 아주 긴밀한 관계를 말씀하신다. 즉 아버지께서만 아들을 아시고 또 아들만 아버지를 아신다고 하신다. 곁들여 예수님은 아들의 소원대로 계시를 받는 자만 하나님을 안다고 말씀하신다. 예수님의 소원대로 계시를 받는다는 것은 위대한 것이다. 성경 해석가들은 본 절에서 요한의 하늘이 보인다고 말한다. 다시 말해 본 절은 요한적인 글이라는 뜻이다.

예수님은 "내 아버지께서 모든 것을 내게 주셨다"고 말씀하신다(마 28:18; 요 3:35; 5:27; 17:2). 여기 "모든 것"(πάντα)이란 말은 '천지의 주재이신 아버지께서 가지고 계신 모든 것'을 지칭하는데 문맥에 의해 '천지의 주재 권'을 뜻한다. 다시 말해 그리스도를 숨길 자에게는 숨기시고 그와 반면에 그리스도를 나타낼 자에게는 나타내시는 주권을 뜻한다. 존 라일(John Ryle)은 휫트비의 말을 인용하여 "모든 것이란 말 속에는 하늘과 땅의 모든 권세(마 29:18)와 심판 권(요 5:27), 그리고 모든 육체에게 영생을 주실 수 있는 권세(요 17:2)가 포함된다"고 말한다. 중보자로서 필요하신 모든 것을 하나님께서 예수님에게 주셨다는 뜻이다.

그리고 예수님은 "아버지 외에는 아들이 누군지 아는 자가 없다"고 하신다(요 1:18; 6:44, 46). 즉 '모든 것을 아들에게 주신 아버지 외에는 아들이 모든 것을 가지신 줄을 아는 자가 없다'고 하신다. 아들에게 모든 것을 주신 아버지께서 아들이 모든 것을 가지신 줄을 아신다는 것이다. 아버지는 아들의 위대하심을 아신다.

그리고 예수님은 "아들과 또 아들의 소원대로 계시를 받는 자 외에는 아버지가 누구인지 아는 자가 없다"고 하신다. 즉 아들과 또 아들의 주권에 따라 계시를 받는 자 외에는 아버지의 위대하심(아버지께서 주재자 되시는 것)을 아는 자가 없다고 하신다. 아들은 아버지를 아시고 또 우리도 예수님의 소원에 의해 계시를 받으면 하나님 아버지를 알게 된다는 것이다. 성부와 성자는 피차 너무 잘 아신다. 그리고 계시를 받은 성도들도 아버지의 위대하심을 알게 된다.

눅 10:23. 제자들을 돌아보시며 조용히 이르시되 너희가 보는 것을 보는 눈은 복이 있도다.

예수님은 지금까지는 다른 사람들이 있는 곳에서 말씀하셨지만 이제는 70인 전도대원들을 돌아보시며 조용히 말씀하시기를 "너희가 보는 것을 보는 눈은 복이 있다"고 하신다(마 13:16). 즉 '너희가 보는 것, 곧 너희가 보고 있는, 모든 것을 가지신, 천지의 주재이신 아들을 보는 눈은 복이 있다'고 하신다. 모든 것을 가지시고 사람을 얼마든지 구원하실 수 있으신 아들을 보는 제자들의 눈은 지극히 복되다고 하신다.

눅 10:24. (왜냐하면) 내가 너희에게 말하노니 많은 선지자와 임금이 너희가 보는 바를 보고자 하였으되 보지 못하였으며 너희가 듣는 바를 듣고자 하였으되 듣지 못하였느니라.

본 절 초두에는 "왜냐하면"이라는 이유 접속사($\gamma\grave{\alpha}\rho$)가 있어 전절에서 말한 바 70인 전도대원들이 복이 있다고 말할 수 있는 이유를 예수님께서 말씀하신다. 즉 70인 전도대원들이야 말로 행복이 극하다고 할 수 있는 이유는 구약 시대의 많은 선지자들이나 임금(다윗이나 솔로몬, 또 히스기야와 여호사밧 그리고 요시아 같은 왕들)들은 70인 전도대원들이 보는 바, 아들 예수를 보고자 하였으되 보지 못하였고 또 제자들이 듣는 바, 아들 예수의 말을 듣고자 하였지만 듣지 못하였기 때문이다(벧전 1:10). 구약시대 사람들은 모두 '믿음을 따라 죽었으며 약속을 받지 못했다'(히 11:13 참조). 다시 말해 약속의 성취를 보지 못했다. 구약 시대의 그 많은 선지자와 왕들이 예수님을 보고자 하였으되 보지 못하고 예언만 했는데 그들이 멀리서 바라보던 예수님을 신약시대의 12사도들이나 70인 전도대원들이 보게 되었으니 그들은 지극히 복된 자들이라는 것이다. 그리고 오늘 우리는 예수님께서 지상에 오셔서 십자가에서 대속의 죽음을 죽으셨고 또 부활 승천하시고 성령을 보내어 주셔서 우리가 믿게 되었으니 얼마나 복된지 말할 수 없다.

D.선한 사마리아 사람의 비유   10:25-37

어떤 율법교사가 예수님에게 영생의 길을 물었을 때 예수님은 율법에 무엇이라고 기록되어 있느냐고 물으신다. 이에 대해 율법사는 율법에 있는 대로 대답한다. 예수님은 율법사를 향하여 율법의 말씀대로 행하라고 말씀하셨을 때 율법사는 내 이웃이 누구냐고 질문한다. 이 때 예수님은 선한 사마리아 사람의 비유를 들어 어려움에 처한 사람을 자기 이웃으로 여겨야 한다고 대답하신다.

27절의 내용은 마 22:37-39; 막 12:29-31의 내용과 같은 율법 요약이지만 그러나 서로 같은 사건 속에 있는 글은 아니다. 마태복음이나 마가복음에 기록된 율법 요약은 예수님께서 친히 말씀하신 요약이고 누가복음에 나온 율법 요약은 율법사가 요약한 내용이다.

눅 10:25. 어떤 율법교사가 일어나 예수를 시험하여 이르되 선생님 내가 무엇을 하여야 영생을 얻으리이까.

"어떤 율법교사가 일어나 예수를 시험했다." "어떤 율법교사," 즉 '어떤 한 사람의 율법 전문가요 유대인의 종교에 대한 것이라면 세부적인 사항까지

도 알고 있는 한 사람'이 "일어나 예수를 시험하였다." 그가 다른 곳에서
예수님에게 다가온 것이 아니라 그 자리에서 "일어나" 예수님을 시험한
것을 보면 아마도 예수님께서 많은 사람이 모인 장소에서 70인 전도대원들
(21-22절)이 하나님으로부터 복을 받은 일 때문에 하나님께 감사하시고
또 70인 전도자들이 예수님 자신을 직접 눈으로 보며 또 예수님의 말씀을
직접 귀로 듣는 것이 얼마나 복된 것인지를 말씀하시던 자리(23-24절)에
있었던 것으로 보인다. 율법교사가 많은 사람들이 모여 있는 장소에서 예수
님의 말씀을 듣고(21-22절) 또 특히 예수님께서 70인 전대대원들이 행복한
자들임을 말씀하시는 것(23-24절)을 듣고 율법교사는 율법교사의 입장에서
예수님께서 어떻게 대답하시는지를 시험하기를 원하여 "선생님 내가 무엇
을 하여야 영생을 얻으리이까"라고 질문한다(마 19:16; 22:35). 율법교사는
큰 적대감정을 가지고 질문한 것은 아니라 할지라도 영생에 대한 자기
나름대로의 생각을 가지고 있었던 것으로 보인다. 그는 예수님을 "시험하
기" 위해서 질문했고(본 절), 또 "자기를 옳게 보이려고" 다른 질문을 한
것을 보면(29절) 분명 자기 나름의 생각을 가지고 예수님을 떠보려고 질문한
것이다.

율법교사는 율법의 영향을 받아 "내가 무엇을 하여야 영생을 얻으리이
까"라고 질문한다. 영생을 얻기 위해서는 "무엇인가를 해야 영생을 얻을
줄" 알았다. 그는 무슨 행위가 있어야 영생을 얻을 것으로 늘 생각하고
있었다. 그는 피곤한 생각을 가지고 살아왔다. 그는 인간으로서 불가능한
생각을 가지고 살아왔다. "무엇을 해야 영생을 얻는다니" 말이다.

눅 10:26. 예수께서 이르시되 율법에 무엇이라 기록되었으며 네가 어떻게 읽느냐.

예수님은 율법교사의 질문을 받으시고 율법 교사로 하여금 스스로 답하게
만드신다. "율법에 무엇이라 기록되었으며 네가 어떻게 읽느냐"고 물으신
다. 다시 말해 율법은 어떻게 하여야 영생을 얻는다고 말하느냐, 그리고

너 자신은 그 율법을 어떻게 해석하느냐고 질문하신다. 예수님은 율법 전문 가에게 예수님 자신이 구약의 율법을 중요하게 생각하고 계시다는 것을 각인시키신다.

눅 10:27. 대답하여 이르되 네 마음을 다하며 목숨을 다하며 힘을 다하며 뜻을 다하여 주 너의 하나님을 사랑하고 또한 네 이웃을 네 자신 같이 사랑하라 하였나이다.

율법교사는 율법 교사답게 "네 마음을 다하며 목숨을 다하며 힘을 다하며 뜻을 다하여 주 너의 하나님을 사랑하고 또한 네 이웃을 네 자신 같이 사랑하라 하였나이다"라고 대답한다(신 6:5). 율법교사는 하나님을 사랑함 에 있어서는 네 가지를 "다해야" 한다고 말한다(신 6:5). 이 네 가지("마음," "목숨," "힘," "뜻")는 하나님께서 인간에게 주신 전부라고 할 수 있다. "마음"은 인격의 중심이고, "목숨"은 우리의 존재 자체를 말하고, "힘"은 '인격이 내놓을 수 있는 에너지'이며, "뜻"은 지성의 중심을 지칭한다. 우리 는 하나님께서 우리에게 주신 전부를 다하여 하나님을 사랑해야 한다. 우리 의 인격을 다하여 하나님을 사랑해야 한다.

그리고 이웃을 사랑함에 있어서는 "네 자신 같이," 즉 '자신을 사랑하는 만큼,' '자신을 사랑하는 정도만큼' 사랑해야 한다고 대답한다(레 19:18). 우리는 우리 자신들을 위한 사랑이 우리 자신에게만 머물러서는 안 되고 그 사랑을 이웃에게도 똑 같이 향해야 한다. 율법교사는 율법의 본질이 사랑임을 알고 있었고 또 사랑의 대상은 하나님과 사람임을 알고 있었다. 율법의 핵심은 사랑이다.

눅 10:28. 예수께서 이르시되 네 대답이 옳도다 이를 행하라 그러면 살리라 하시니.

예수님은 한 율법교사의 대답(앞 절)이 "옳다"고 말씀하신다. 그러시면서 "이를 행하라"고 권장하신다. 즉 '사랑을 계속해서 실천하라'는 뜻이다.

"행하라"(ποίει)는 단어는 현재명령형이니 '사랑을 계속해서 실천하라' 하신다. 그러면 "살리라"고 말씀하신다. 여기 "살리라"(ζήσῃ)는 말은 미래형으로 '영생을 얻을 것이라'는 뜻이다(레 18:5; 느 9:29; 겔 20:11, 13, 21; 롬 10:5). 율법을 100% 온전하게 실행하면 영생을 얻는다고 하신다. 바울도 율법을 행하는 자는 그 가운데서 살리라고 했다(갈 3:12). 그러나 누가 율법을 온전하게 행할 수 있을 것인가. 그런고로 율법교사는 이 시점에서 불가능을 고백했어야 했다. 그러나 그는 자신이 율법을 온전하게 실행할 수 없음을 고백하는 대신 다른 질문으로 자신을 피해간다(다음 절).

눅 10:29. 이 사람이 자기를 옳게 보이려고 예수께 여짜오되 그러면 내 이웃이 누구니이까.

율법교사는 예수님의 답변(앞 절)을 들은 다음 "자기를 옳게 보이려고" 예수님께 질문한다(16:15). 여기 "자기를 옳게 보이려고"란 말에 대해서는 여러 가지 해석이 붙여졌으나 그 중에도, 1) '일반 바리새인들처럼(16:15) 사람들 앞에서 옳게 보이려고'라는 뜻으로 보기도 하며(Ryle, Farrar, 이순한), 2) '앞의 질문(25절)을 정당화하기 위하여'란 뜻으로 보기도 한다 (Alford, Gilmour, Lenski, Marshall). 이 둘 중에서 둘째 해석이 더 문맥에 맞는 것 같다. 렌스키(Lenski)는 "율법교사의 새로운 질문을 첫 질문에 결합시킨 것은 그가 첫 질문을 던진 자기 자신을 정당화하기를 원했기 때문이다"고 말한다. 이 율법사는 자기가 던진 첫 질문을 더욱 정당화하기 위해 이 둘째 질문을 던졌다. "내 이웃이 누구니이까." 율법 교사는 "내가 무엇을 하여야 영생을 얻으리이까"라고 질문한 것이 옳다고 말하기 위해 그렇다면 내 이웃이 누구인가하고 질문해서 마치 이웃을 사랑해서 영생을 얻을 것처럼 보이도록 만들었다.

　　당시 유대인의 이웃 개념은 참으로 복잡했다. 유대인들은 레 19:18("네 이웃 사랑하기를 네 자신과 같이 사랑하라")의 계명을 해석할 때 '네 이웃을 사랑하고 원수를 미워하라'는 뜻으로 왜곡하는 사람들도 있었고, 또 '네 이웃 바리새인들을 사랑하라'고 아는 자들도 있었으며, 또 이방인들은 이웃이 아니라고 믿기도 했다. 이렇게 이웃 개념이 복잡하니 예수님에게 이웃이 누구냐를 질문하여 자기가 이웃을 참으로 사랑하여 영생에 들어가기를 시도하려는 것처럼 꾸민 것이다.

눅 10:30. 예수께서 대답하여 이르시되 어떤 사람이 예루살렘에서 여리고로 내려가다가 강도를 만나매 강도들이 그 옷을 벗기고 때려 거의 죽은 것을 버리고 갔더라.

율법교사의 두 번째 질문에 예수님은 내 이웃이 누구인가를 대답하시기보다는 내가 참 이웃이 되어주어야 한다고 대답하신다. 예수님은 본 절에서 우리의 이웃이 누구냐를 가르쳐주시는 것이 아니라 내가 강도만난 사람의 이웃이 되어 주어야 한다고 답하신다. 예수님은 어떤 사람이 해발 약 900m의 예루살렘에서 해발 약 300m의 여리고[81]로 내려가는 도중 강도를 만났는데 강도들이 그 사람의 옷을 벗기고 거의 죽은 것을 버리고 갔다고 말씀하신다. 옛날부터 예루살렘으로부터 여리고까지는 험한 길로 알려져 강도가 많이 출몰했다고 한다. 이 길은 예수님 당시뿐 아니라 오늘까지도 여행하기에 위험하다고 한다. 여행하던 사람은 한 사람이었지만 그 험한 지역에서 여러 강도들을 만났으니 거의 죽게 된 것은 당연한 것으로 받아드려졌다. 그의 옷이 벗겨졌다는 말은 그가 가지고 있던 모든 소지품도 다 빼앗겼음을 드러내는 말이다. 옛날이나 오늘이나 강도들은 항상 잔인하게 행동한다.

눅 10:31. 마침 한 제사장이 그 길로 내려가다가 그를 보고 피하여 지나가고.

강도들이 도망간(앞 절) 후 "마침 한 제사장이 그 길로 내려가다가 그를 보고 피하여 지나갔다"(시 38:11). 여기 "제사장"이란 사람은 레위인들

---

81) "여리고"는 '달의 성읍,' '방향의 성읍,' '종려의 성읍'이란 뜻을 가지고 있다. 요단 계곡의 남단에 있던 팔레스틴 최고(最古)의 성읍이다(민 22:1; 26:3). 요단 강 서쪽의 광활하고 비옥한 평원을 수호하는 열쇠라고 할 만한 위치이기 때문에 BC 7,000년에 이미 성읍이 건설되었다고 한다.

중에서 성별되어 제사장이 된 사람이다. 그런데 제사장이 예루살렘으로부터 여리고로 통하는 길로 내려가다가 강도 만난 자를 보고 피하여 지나가고 말았다. 유대인이었던 이 제사장은 강도 만난 동족을 돕지 않고 피하여 지나갔다(강도 만난 사람이 유대인이라는 것을 알 수 있는 것은 33절 이후의 선한 사마리아 사람의 선행이 강조되는 것을 보면 알 수 있다). 제사장은 예루살렘 성전에서 봉사하고 제사장들의 거류지가 있었던 여리고로 내려가고 있었을 것이다(렌스키). 방금 성전에서 사랑을 가르치고 내려가던 제사장은 실제로는 그 마음에 사랑이 없었다. 그 유대인 제사장은 지금 여리고로 내려가고 있었기 때문에 거의 죽어가던 그 강도 만난 사람을 만진다고 해도 예루살렘으로 다시 돌아가기까지는 아직 시간이 있어서 큰 문제가 없었을 터인데도 그만 피해서 지나가고 말았다. 그는 그 강도 만나 신음하던 사람을 피해야 할 아무 이유가 없었는데 피한 것이다. 모든 어려운 문제를 피해가는 현대인들과 별반 다를 것이 없는 사람이었다. 제사장은 이웃이 없는 사람이 되었다.

눅 10:32. 또 이와 같이 한 레위인도 그 곳에 이르러 그를 보고 피하여 지나가되.

두 번째로 한 레위인도 제사장과 똑 같았다. 레위인은 그 강도 만난 자가 누어있었던 곳에 이르러 그를 보고 피하여 지나가고 말았다. 제사장이나 레위인이나 피하여 지나간 점에서 다를 바 없다. 레위인은 혹시 강도들이 근방에 있을지도 모른다는 생각에 부랴부랴 그 길을 지나갔을 수도 있을 것이다. 그러나 제일 큰 문제는 그의 마음속에 강도 만난 사람을 돕고자 하는 사랑의 마음이 전혀 없었다는 것이 문제이다. 오늘날 우리들도 피하는 것에 숙달되지나 않았는지 자신을 살펴야 할 것이다. 오늘은 너무 바쁘다. 잠시라도 정신을 차리지 않으면 자신의 일이 엉망이 될 가능성이 있다. 그러나 우리는 그런 이유 때문에 어려운 일을 만난 사람을 피해서는 안 될 것이다.

눅 10:33. 어떤 사마리아 사람은 여행하는 중 거기 이르러 그를 보고 불쌍히 여겨.

예수님께서 앞(31-32절)서 말씀하신 제사장과 레위인과는 달리 "어떤 사마리아 사람은 여행하는 중 거기 이르러 그를 보고 불쌍히 여겼다"고 하신다(요 4:9). 여기 "사마리아 사람"은 유대인들로부터 개 취급을 받던 사람이었다(마 15:26-27). 사마리아 사람들이 개 취급을 받은 이유는 이스라엘 사람들이 앗수르에 포로되어 갈 때 모두가 포로되어 간 것이 아니고 남아 있던 이스라엘 사람들이 있었는데 그들이 그곳에 이주해온 이방인들과의 혼혈족이 되었기 때문이었다. 유대인들은 이방사람들 모두를 개로 여겼으니(마 15:26-27) 사마리아 사람들 역시 개로 취급했다. 그런데 개 취급을 받던 사마리아 사람이 여행하던 중 그 길을 통과하다가 "그를 보았다." 강도 만난 사람을 본 점에서는 제사장이나 레위인이나 사마리아 사람이나 똑같았다. 똑 같이 강도 만난 사람이 비참하게 쓸어져 있는 것을 목격했다.

그러나 사마리아 사람은 강도 만난 사람을 본 다음에 피하여 지나가지 아니하고 "불쌍히 여겼다." 여기 "불쌍히 여겨"($\dot{\epsilon}\sigma\pi\lambda\alpha\gamma\chi\nu\dot{\iota}\sigma\theta\eta$)란 말은 부정(단순)과거 시제로 '참으로 동정심을 가졌다,' '참으로 동정했다'는 뜻이다('참으로'라는 말을 넣어 해석하는 이유는 부정(단순)과거 시제는 동작을 강조하는 시제이기 때문이다). 사람은 먼저 마음으로부터 동정심을 가져야 한다. 마음으로부터 동정심을 가지면 그 다음에는 행동이 따르게 마련이다. "그는 빈사의 조난자를 구원하는 데 마음으로 했고 철저히 했고 끝까지 했고 희생적으로 했다. 같은 유대인이 저버린 그 피해자를 원수의 입장에 있던 사마리아인이 최선을 다해 구해준 것이다. 실로 원수를 사랑한 좋은 표본이었다"(이상근).

눅 10:34. 가까이 가서 기름과 포도주를 그 상처에 붓고 싸매고 자기 짐승에 태워 주막으로 데리고 가서 돌보아 주니라.

사마리아 사람은 강도 만난 사람을 피하지 아니하고 "가까이 갔다." 그는 돕기 위해 가까이 갔다. 우리는 곤경에 처한 사람에게 가까이 다가가야 한다. 그런 다음 사마리아 사람은 "기름과 포도주를 그 상처에 붓고 싸맸다." 사마리아 사람은 식용으로 "기름"을 휴대하고 있었으며 마시기 위하여 "포도주"를 가지고 다녔다. 그런데 그것들을 자신의 식품으로 쓰기보다는 죽어가는 사람의 상처들(wounds) 위에 발랐다. 알코올로 상처를 씻듯 알코올 성분이 있는 포도주로 상처들 위에 부어 살균 작용을 하게 했다. 그리고 약용으로 쓰는 기름을 그 위에 발라 주었다(약 5:14 참조). 그 다음 그는 "자기 짐승에 태워 주막으로 데리고 갔다." '자기가 타는 짐승 위에 그 사람을 태워 주막으로 데리고 갔다.' 그런 다음 사마리아 사람은 그를 주막에서 "돌보아 주었다." 식사도 돌보아 주고 밤에도 잠을 설쳐가며 자주자주 일어나서 환자를 돌보아 주었다. 사마리아 사람은 그를 일단 살려 놓고 여행을 계속하기로 했다.

눅 10:35. 그 이튿날 그가 주막 주인에게 데나리온 둘을 내어 주며 이르되 이 사람을 돌보아 주라 비용이 더 들면 내가 돌아올 때에 갚으리라 하였으니. 밤새도록 잠을 설친 사마리아 사람은 이튿날이 되어 여행을 떠나기에 앞서 "그가 주막 주인에게 데나리온 둘을 내어 주었다." "데나리온 둘"은 '노동자가 이틀 동안 일하고 받을 수 있는 돈'이었다(마 20:9). 그는 자기의 여행비용 중에서 우선 이 사람을 위해 주막 주인에게 상당히 큰 액수의 돈을 지불한 것이다. 그리고 여행을 떠나면서 말하기를 "이 사람을 돌보아 주라 비용이 더 들면 내가 돌아올 때에 갚으리라"고 했다. 강도만난 자의 식사와 치료를 부탁했다. 그리고 비용이 더 들면 자신이 돌아올 때에 들러서 갚으리라고 했다. 눈물겨운 동정이었다. 오늘 우리가 어려운 사람을 이 정도로 돕는가. 이 정도로 사랑하는가.

눅 10:36. 네 생각에는 이 세 사람 중에 누가 강도 만난 자의 이웃이 되겠느냐.

예수님은 세 사람(제사장, 레위인, 사마리아 사람) 중에 "누가 강도 만난 자의 이웃이 되겠느냐"고 물으신다. 율법교사는 "내 이웃이 누구니이까"라고 예수님께 여쭈었는데 예수님은 어떤 사람이 네 이웃이 되겠느냐고 물으시지 않고 누가 강도 만난 자의 이웃이 되겠느냐고 물으신다. 예수님은 우리들에게 우리가 도움을 받을만한 이웃이 누구냐고 물으시지 않고 우리가 도와야 할 이웃이 누구냐고 물으신다. 우리는 그 어느 민족 어느 국민이든지 어려움을 만난 자의 이웃이 되어야 한다. 우리는 바로 내 앞에 비참하게 버려진 사람의 이웃이 되어야 한다. 주님은 우리 주위에 어려운 사람을 준비해 주신다. 신 15:11에 보면 "땅에는 언제든지 가난한 자가 그치지 아니하겠으므로 내가 네게 명령하여 이르노니 너는 반드시 네 땅 안에 네 형제 중 곤란한 자와 궁핍한 자에게 네 손을 펼지니라"고 말씀하신다.

눅 10:37. 이르되 자비를 베푼 자니이다 예수께서 이르시되 가서 너도 이와 같이 하라 하시니라.

예수님의 질문(앞 절)에 율법교사는 "자비를 베푼 자니이다"라고 말씀드린다. 율법교사는 사마리아 사람이라고 대답하지 않고 자비를 베푼 사람이 강도 만난 자의 이웃이라고 정확하게 대답한다. 이 대답을 들으신 예수님은 율법교사에게 "가서 너도 이와 같이 하라"고 명령하신다. '가서 너도 사마리아 사람과 같이 고난당한 자의 이웃이 되라'고 하신다.

그렇다면 여기 율법교사가 처음에 예수님에게 질문한바 "내가 무엇을 하여야 영생을 얻으리이까"라는 질문의 답이 "가서 너도 이와 같이 하라"는 말씀이란 말인가. 영생을 얻기 위해서는 자비를 베풀어야 하는가. 영생을 얻기 위해서는 가난한 자, 비참한 자에게 자비를 베풀면 되는 것인가라는 의문을 맞이하게 될 것이다. 물론 그런 것은 아니다. 분명히 기독교의 진리는 말하기를 예수님을 구주로 믿어야 영생에 이른다고 말씀한다(요 3:16). 그러나 예수님께서 율법교사에게 "너도 이와 같이 하라"는 메시지를 주신 이유는 율법의 요구가 그렇다는 것이다. 그러나 세상에 아무도 율법을 온전히 지킬 사람은 없다. 하나님께 100%의 온전한 사랑과 사람에게 100%의 자비를 베풀 사람은 지구상에 없다. 율법의 이런 요구를 받은 율법교사나 또 오늘 우리가 분명히 가난한 자나 비참한 자에게 자비를 베풀어서 구원을 받지 못할 것을 고백하지 않으면 안 된다. 예수님은 우리가 율법을 지켜서 구원을 받지 못할 것을 아시고 은혜의 법칙을 다시 주셨다. 우리는 예수님을 구주로 믿어 구원에 이르러야 한다. 그리고 성령의 능력을 힘입어 율법의 요구를 이루어야 한다. 다시 말해 고난당한 사람들에게 자비를 베풀어야 한다.

마지막으로 잠시 말씀할 것은 이 부분(25-37절)의 말씀이 가난한 자, 환난 당한 자의 이웃이 되라는 진리만 말씀한 것이냐 아니면 자비를 베푼 사마리아 사람을 예수님으로 보고 여행자를 인간으로 보며 강도 만난 자를 아담의 타락으로 보는 등의 풍유적 해석을 시도하는 것을 옳은 것으로 보느냐 하는 것이다. 우리는 예수님께서 본문을 통하여 오직 한 가지 진리만을 말씀했다고 보아야 한다. 우리는 성경 본문에서 오직 한 가지 진리만을 찾아야 한다. 이것이 바른 해석법이다. 우리는 풍유적 해석을 경계해야 할 것이다.

E.마르다와 마리아의 행위가 보여주는 교훈 10:38-42

누가는 예수님께서 베다니에 가셔서 마르다의 초청에 응하신 기사를 기록한다. 이번의 유대 방문은 예수님의 예루살렘 마지막 방문은 아니다(요 11:1-2; 12:1이하). 누가는 예수님께서 유대를 언제 방문하셨는지 말하지 않는다. 누가는 자주 주제별로 구분하여 사건을 배열하는 중에 이 기사를 사마리아 사람의 비유 다음으로 놓은 것 같다. 율법을 온전히 지키기 위해서는(앞 절) 예수님의 말씀을 잘 들어야(38-42절) 할 수 있다는 것을 보여주는 것이 아닌가.

눅 10:38. 그들이 길 갈 때에 예수께서 한 마을에 들어가시매 마르다라 이름하는 한 여자가 자기 집으로 영접하더라.

예수님의 제자들이 길을 가고 있을 때에(9:51) "예수께서 한 마을에 들어가
셨다." 여기 "한 마을"이란 베다니를 지칭하는 말이다. 이유는 이 본문에
장소는 나와 있지 않으나 마르다와 마리아가 살고 있는 곳이니 베다니82)임
을 알 수 있다(요 11:1; 12:1-3). 예수님께서 베다니에 들르셨을 때 마르다가
동네 어느 곳에서 예수님을 만나 뵙고 자기 집으로 예수님을 영접했다.
마르다는 나사로를 오빠로 두고 있고 마리아를 동생으로 두고 있으면서
아마도 그 집의 여주인 역할을 했던 것으로 보인다.

**눅 10:39. 그에게 마리아라 하는 동생이 있어 주의 발치에 앉아 그의 말씀을
듣더니.**

누가는 본 절에서 마리아에 대하여 말한다. 마리아는 마르다의 동생이었다.
마리아는 "주의 발치에 앉아 그의 말씀을 들었다." 여기 "주의 발치에"(πρὸς
τοὺς πόδας τοῦ κυρίου)라는 말은 '주님의 발들을 향하여'라는 뜻이고(8:35;
행 22:3) 또 "앉아"(parakaqesqei'sa)란 말은 부정(단순)과거 분사 시제로
'옆으로 앉았다'는 뜻이니까 마리아는 주님의 두 발들을 향하여 옆으로(정면
으로 앉지 않았다) 앉았다는 뜻이다. 이는 마리아의 겸손을 보여주는 말이다.
마리아는 주님의 발 옆에 앉아 "그의 말씀을 들었다." "들었다"(h[kouen)는
말은 미완료과거 시제로 '계속해서 경청했다'는 뜻이다. 마리아는 주님의
말씀 듣기를 좋아하는 여성으로 계속해서 주님의 말씀을 듣고 있었다. 아름
다운 여인이었다. 낮은 마음을 가지고 주님의 말씀을 들을 때 말씀이 잘
들리고 또 은혜가 넘치기 마련이다.

---

82) "베다니"는 (Bethany) '번민하는 자의 집' 또는 '가난한 자의 집,' 탈무드에 의하면 '푸른
과일의 집'이라는 의미라고 한다. 베다니는 예루살렘 남쪽에 있나. 구약에노, 외션에노 인용은
없지만, 복음서에는 예수의 생애에 관련하여 몇 번 인용되어 그리스도인들에게는 널리 알려져
있는 지명이다. 예루살렘의 동쪽 「오리」쯤(요 11:8) 되는 감람산의 동남 기슭에 있던 작은
마을이다. 여기는 마르다, 마리아, 그리고 그의 오라비 나사로가 살던 마을(요 11:1; 12:1)인데,
예수는 예루살렘에서의 마지막 때에 종종 여기에 오셨다(마 21:17; 막 11:1, 11-12; 눅 19:29).

눅 10:40. 마르다는 준비하는 일이 많아 마음이 분주한지라 예수께 나아가 이르되 주여 내 동생이 나 혼자 일하게 두는 것을 생각하지 아니하시나이까 그를 명하사 나를 도와주라 하소서.

마리아(앞 절)와는 달리 "마르다는 준비하는 일이 많아 마음이 분주했다." 여기 "분주한지라"(περιεσπᾶτο)는 말은 미완료과거 시제로 '계속해서...에 열중하고 있었다,' '계속해서 눈을 사방으로 향해 있었다,' '계속해서 마음이 산란해지고 있었다'는 뜻으로 아주 정신을 차리지 못할 정도로 음식 준비에 분주했던 것을 묘사하는 말이다. 예수님과 열두 제자들을 위한 식사준비이니 참으로 바빴을 것이다. 혹자는 예수님 혼자만 계시고 제자들은 그 자리에 동석하지 않았다고 말한다. 그러나 문맥은 제자들이 동석해 있음을 암시하고 있다(38절 참조). 예수님과 제자들 12 사람 그리고 가족들 합해서 최소 15명의 사람들을 위한 식사준비이니 정신없었을 것은 당연했다. 그래서 마르다는 정신없는 시간을 보내고 있었다. 그래서 마르다는 화가 나서 예수님께 갑자기 나아가 말씀드리기를 "내 동생이 나 혼자 일하게 두는 것을 생각하지 아니하시나이까 그를 명하사 나를 도와주라 하소서"라고 부탁했다. 마르다는 예수님을 생각이 좀 없는 분으로 말한다. 마르다는 예수님에게 내 동생이 나 혼자 일하게 두는 것을 생각하지 아니하시냐고 책망 비슷하게 말했다. 그리고 마르다는 예수님에게 마리아에게 얼른 명령을 내려서 나를 도와주라고 명령을 내려주시라고 부탁한다. 말씀 경청에 게으르고 봉사에 전념하다가는 마음에 불평이 일어날 수가 있다. 봉사가 중요하지만 먼저 말씀을 듣고 해야 한다. 마리아가 바른 선택을 한 것이다.

눅 10:41-42. 주께서 대답하여 이르시되 마르다야 마르다야 네가 많은 일로 염려하고 근심하나 몇 가지만 하든지 혹은 한 가지만이라도 족하니라 마리아는 이 좋은 편을 택하였으니 빼앗기지 아니하리라 하시니라.

마르다의 부탁을 받으신(앞 절) 주님은 마르다에게 "마르다야 마르다야 네가 많은 일로 염려하고 근심하나 몇 가지만 하든지 혹은 한 가지만이라도

족하니라"고 충고하신다. 예수님은 마르다의 이름을 두 번이나 부르신다. 아주 중요한 내용을 말씀하시기 위해서 두 번 부르신 것이다. 사랑으로 권면하시기 위해서 두 번 부르시고 말씀하신다. 예수님은 마르다에게 많은 일로 염려하고 근심하지만 몇 가지만 하든지 혹은 한 가지만이라도 족하다고 가르쳐주신다. "많은 일로 염려하고 근심하는" 것이 좋은 것이 아니라고 하신다. 많은 일을 할 수는 있으나 그러나 염려하고 근심하면서 마음을 분주하게 만들고 그리스도에게 집중하지 못하는 것은 좋은 것은 아니라는 뜻이다. 우리는 우리의 마음이 염려로 가득차고 근심으로 차는 것은 좋은 것이 못되는 것을 알아야 할 것이다.

예수님은 마르다에게 어떻게 하는 것이 좋은 것인지 말씀하신다. 즉 "몇 가지만 하든지 혹은 한 가지만이라도 족하다"고 하신다. 그런데 여기 "몇 가지만 하든지 혹은 한 가지만이라도 족하니라"는 말씀은 어떤 사본들 (aB)에는 있으나 다른 사본들(ACKP)에는 "몇 가지만 하든지"라는 말이 빠져 있고 "한 가지만이라도 족하니라"(ἑνὸς δέ ἐστιν χρεία)는 문장만 있다. 그리고 번역본들(Vulgate, AV, Luther, RSV)에도 "한 가지만이라도 족하니라"는 문장만 있으며, 1611년 삼위일체 성경공회(Trinitarian Bible Society) 판 헬라어 성경이나, 1968년 연합성경공회(United Bible Societies) 판 헬라어 성경에도 "한 가지만이라도 족하니라"는 문장만 있다. 결국 학적인 권위는 "한 가지만이라도 족하니라"(시 27:4)는 문장을 선호하고 있다.[83]

"한 가지"가 무엇인지에 대해서는 바로 다음에 따라오는 문장이 밝혀주고 있다. "한 가지"란 말은 '마리아가 택한 말씀 경청'을 지칭한다. 옛날에는 "한 가지"란 말을 해석할 때 '반찬 중에 한 가지'라고 해석한 학자가 있었으

---

83) "한 가지만 족하니라"는 말씀에 대한 해석은 참으로 많이 있어왔다. 우리가 받을 수 없는 해석들이 많이 있다. 1) 마리아는 식사를 위하여 접시 한 개만 준비하였는데 예수님은 그것으로 족하다고 하셨다고 한다. 2) 마리아는 마르다가 가져온 음식 중에서 가장 맛이 있는 음식을 집었다고 해석하기도 한다. 혹은 가장 큰 부분을 택하였다는 해석을 시도하기도 한다. 이런 해석은 문맥에 전혀 맞지 않는 해석들이다.

나 문맥에 의하여 마리아가 택한 말씀 경청을 지칭한다. 예수님은 마르다가 아니라 마리아가 선택을 잘 했다고 칭찬하신다. 즉 "마리아는 이 좋은 편을 택하였으니 빼앗기지 아니하리라"고 말씀하신다. '마리아는 이 좋은 편, 곧 한 가지를 택하였으니 빼앗기지 아니하리라'고 하신다(시 88:28; 요 10:28; 롬 8:38-39). 지금 세상 사람들은 분주하게 살아가고 있다. 한 가지를 잘 하여 족한 삶을 살지 못하고 있다. 우리는 한 가지 즉 마리아처럼 말씀 경청 잘하고 예배를 잘 드리면 다른 것도 잘 감당할 수 있는 것을 알아야 한다.

제 11 장

기도에 대한 교훈, 바리새인 질책 및
외식하는 바리새인에 대한 경고

F.너희는 기도할 때에 이렇게 하라   11:1-4

누가는 주님께서 말씀 경청의 귀중함에 대하여 말씀하신 것(10:38-42)을 기록한 다음 기도하는 일이 귀중함에 대하여 말씀하신 것(11:1-13)을 기록한다. 마태는 산상보훈 속에 주님의 기도문을 넣었고(마 6:9-13) 누가는 예수님께서 말씀 경청의 귀중함에 대하여 말씀하신 것을 기록한 다음 이곳에 주님의 기도문(11:1-4)을 기록해놓았다.

눅 11:1. 예수께서 한 곳에서 기도하시고 마치시매 제자 중 하나가 여짜오되 주여 요한이 자기 제자들에게 기도를 가르친 것과 같이 우리에게도 가르쳐 주옵소서.

누가는 예수님께서 기도하신 장소와 시간에 대해서는 언급하지 않고 "한 곳에서 기도하시고 마치신" 사실만을 전한다. 여기 "한 곳"도 어느 곳인지 명확하지 않다. 누가는 예수님께서 기도하신 사실을 귀중히 여겨 기도문을 기록한 것뿐이다. 그런데 "제자 중 하나"가 12제자 중의 한 사람인지, 70인 전도대원 중의 한 사람인지 분명하지 않으나 어느 누군가가 예수님께서 한 곳에서 기도하신 사실에 너무 감동되어 주님께 기도를 가르쳐 달라고 소원했다.

그 제자는 "주여 요한이 자기 제자들에게 기도를 가르친 것과 같이 우리에게도 가르쳐 주옵소서"라고 부탁한다. 세례 요한이 자기 제자들에게 기도를 가르친 사실이 당시 널리 알려졌던 것으로 보인다. 그 제자는 이전에 분명 세례 요한의 제자는 아니었다. 이유는 요한이 "자기" 제자들에게 기도를 가르친 것과 같이 우리에게도 가르쳐 주옵소서라고 부탁한 것을 보면 알 수 있다. 만약 그가 세례 요한의 제자였다가 예수님의 제자가 되었다면 "자기 제자들"이라는 표현은 쓰지 않고 그저 "제자들"이라고만 표현했을 것이다. 한 사람이 이렇게 기도를 가르쳐 달라고 부탁했기에 예수님은 기도를 가르쳐주셨다. 알기를 소원하여 요청하는 일은 참으로 귀한 것이다.

눅 11:2a. 예수께서 이르시되 너희는 기도할 때에 이렇게 하라.
예수님은 "너희는 기도할 때에 이렇게 하라"고 말씀하신다. 여기 "이렇게 하라"는 말은 이런 형식을 따라서 기도하라는 말씀이 아니라 '이런 내용으로 기도하라'는 뜻이다. 형식이 중요한 것이 아니라 내용이 중요한 것이다. 성경에 보면 형식은 여러 가지임을 발견할 수가 있다. 예를 들면 열 명의 나병환자들이 예수님께 나병을 고쳐달라고 부탁했을 때 간단한 내용으로 아뢰었다. "예수 선생님이여, 우리를 불쌍히 여기소서"(17:13)라고만 요청했다. 그리고 베드로가 물에 빠져 허덕이면서 예수님께 "주여 나를 구원하소서"(마 14:30)라고 아뢰었다. 우리는 예수님께서 가르쳐주신 기도 내용을 많이 검토하여 그 내용을 따라 기도해야 할 것이다.

눅 11:2b. 아버지여 이름이 거룩히 여김을 받으시오며 나라가 임하옵시며.
예수님은 먼저 기도의 대상을 부르도록 말씀하신다. 즉 "아버지여!"라고 부르라고 하신다. 마태에는 "하늘에 계신 우리 아버지여"라고 기록되어 있다(마 6:9). 그러니까 마태나 누가나 기도의 대상을 먼저 불러야 한다는 것을 말씀한다. 그 대상을 어떻게 부르든지 대상을 부르고 기도해야 한다는 것이다. 우리는 "하나님"을 "아버지"로 부르면서 기도해야 한다. 우리는 한 분 아버지를 모시고 있는 자녀들임을 알고 서로 아끼는 마음이 되어야 한다.

그리고 기도 중에 첫 번 내용으로 "이름이 거룩히 여김을 받으시오며"라고 교훈하신다. 여기 "이름"이란 '하나님의 이름'으로서 '하나님 자신'을 지칭한다. "이름"은 항상 '본체 자체'를 지칭한다. 그러니까 "하나님의 이름이 거룩히 여김을 받으시오며"란 기도는 '하나님 자신이 거룩히 여김을 받으시오며'라는 기도이다. "거룩하다"는 말은 하나님께서 '피조물들과 구별되신 위대하신 분'이심을 지칭하는 말이다. 성도들은 하나님 자신이 하늘에서 천사들과 천상의 피조물들 사이에서 위대하심이 알려진 것처럼 이 땅에서도 하나님 자신의 위대하심이 들어나기를 기도해야 한다. 우리는 기도할 때 언제든지 하나님 자신이 이 땅에 살고 있는 우리들로부터 그리고 수많은 사람들로부터 위대하심이 드러나도록 기도해야 한다. 혹자들은 이 기도가 하나의 찬양이라고 주장하나[84] 기도라고 보는 것이 옳다. 이유는 "너희는 기도할 때에 이렇게 하라"고 말씀하셨기 때문이다. 우리는 간절한 마음으로 이 기도를 드려야 한다. 즉 우리는 하나님의 거룩하심(위대하심)이 우리를 통하여 더욱 드러나도록 기도해야 하며 또 하나님의 위대하심이 전파되도록 힘써 기도해야 할 것이다. 하나님의 위대하심은 더욱 이 땅에서 우리들을 통하여 드러나야 한다. 그것을 위하여 우리는 나 자신을 죽이고 모든 점에서 하나님의 위대하심을 드러내야 한다. 그것을 위해서는 우리의 기도가 절대적으로 필요하다. 기도 없이 하나님의 거룩하심(위대하심)과 영광이 드러나는 일이 있는가.

두 번째 기도 내용은 "나라가 임하옵시며"라는 기도이다. 이 기도는 '하나님의 통치가 이 땅에 더욱 확장되게 하옵시며'라는 기도이다. 우리는 하나님의 통치가 이 세상에 더욱 광범위하게 되도록 기도해야 하고 더욱 철저하게 임하도록 기도해야 한다. 하나님께서 통치해주실 때 이 땅의 모든 부조리도 물러가고 음란도 물러가며 모순도 물러가게 되며 질서가 회복되고

---

84) 만약 이 기도가 찬양이라고 하면 그저 찬양대원들과 혹은 성도들과 함께 하나님의 위대하심만을 찬양하면 될 것이나 기도형식 속에 들어 있는 기도이기에 우리는 간절히 이 기도를 드려야 할 것이다.

평화롭게 될 것이다. 우리는 하나님의 통치가 우리 개인과 가정과 교회와 사회에 나타나기를 기도하고 나아가 하나님의 재림 때 이루어질 하나님 나라를 바라보아야 할 것이다.

　누가는 마태의 세 번째 기도를 생략하고 있다. 즉 "뜻이 하늘에서 이룬 것 같이 땅에서도 이루어지이다"라는 기도를 생략한다. 누가가 이 기도를 생략한 이유는 아마도 이 기도의 내용이 두 번째 기도 속에 포함되어 있기 때문일 것이다. 하나님의 뜻이 땅에서 이루어지는 것이 바로 하나님의 나라가 땅에 임하는 것이다.

눅 11:3. 우리에게 날마다 일용할 양식을 주시옵고.

예수님께서 제자에게 가르쳐주신 세 번째 기도 내용은 "우리에게 날마다 일용할 양식을 주시옵고"라는 기도이다. 예수님은 제자들에게 "날마다 일용할 양식을 구하라"고 가르치신다. 여기 "날마다"(καθ᾽ ἡμέραν)란 말은 '매일의'(every day)란 뜻이고 "일용할 양식"(τὸν ἐπιούσιον)이란 말은 '우리의 존재(οὐσία)를 위하여 필요한 것'이란 뜻이다. "일용할 양식"이란 헬라어 낱말(to;n ejpiouvsion)에는 '일용할'이란 뜻은 없다. "일용할"이란 뜻은 "날마다"(καθ᾽ ἡμέραν)란 말에 내포되어 있는 것뿐이다. "일용할 양식"(τὸν ἐπιούσιον)이란 말은 '우리의 삶(존재)에 필요한 양식(필수품)'이란 뜻이다. 그러니까 "날마다"(καθ᾽ ἡμέραν)란 말과 "양식"(τὸν ἐπιούσιον)이란 말을 합치면 '날마다 필요한 필수품'이란 뜻이 된다. 우리는 우리의 삶에 필요한 것들을 날마다 구해야 한다. 우리는 물건을 쌓아 놓을 생각을 할 것이 아니라 날마다 구하면서 감사해야 할 것이다. 하나님의 나라(통치)가 이 땅에 임할 때 모든 것이 풍부해야 하나 그러나 죄악이 많은 세상이라 우리의 존재에 필요한 것들을 매일매일 구해야 한다.

눅 11:4. 우리가 우리에게 죄 지은 모든 사람을 용서하오니 우리 죄도 사하여 주시옵고 우리를 시험에 들게 하지 마옵소서 하라.

예수님은 네 번째 기도문으로 "우리가 우리에게 죄 지은 모든 사람을 용서하오니 우리 죄도 사하여 주시옵고"라는 기도를 드리라고 하신다. 예수님은 우리가 사죄를 위해 하나님께 기도할 때 "우리가 우리에게 죄 지은 모든 사람을 용서하오니"라는 말을 붙이도록 부탁하신다. "우리가 우리에게 죄 지은 모든 사람을 용서"한다고 해서 바로 그 사람이 하나님으로부터 용서를 받는 것은 아니다. 다만 우리가 그런 마음을 가지고 있어야 하나님으로부터 우리의 죄를 용서받을 수 있다는 것이다. 우리가 다른 사람들이 우리에게 잘못한 것을 용서해주지 않는다면 우리가 하나님으로부터 용서받기는 어렵다. 그래서 많은 성도들이 죄를 용서받지 못하고 불행스럽게 살아가고 있다.

우리가 하나님께 사죄를 구할 때 우리의 죄는 그리스도에게 전가되고 그리스도의 의는 우리에게 전가되어 우리는 깨끗한 사람이 된다. 오늘 우리가 우리 자신들에게 죄를 지은 사람들을 어떻게 대하고 있느냐 하는 것은 대단히 중요하다. 우리는 분명 죄를 다 씻어주는 마음이 되어 사죄를 구해야 한다.

예수님은 다섯 번째 기도로 "우리를 시험에 들게 하지 마옵소서"라고 기도하라고 하신다. 우리는 죄를 짓지 않기 위해서는 "시험에 들게 하지 마옵소서"라는 기도를 드려야 한다. 본문에 "들게"(εἰσενέγκῃς)라는 말은 '끌려들어간다'는 뜻이다. 우리는 시험 속으로 깊이 끌려들어가지 않도록 기도해야 한다. 시험 속으로 들어가는 것이 죄인데 시험이 올 때 그 속으로 들어가지 않도록 기도하면 죄를 짓지 않게 된다. 우리는 우리의 힘으로 들어가지 않으려고 하지만 우리에게는 그런 힘이 없다. 그런고로 하나님께 붙들리기 위해 기도해야 한다. 우리가 시험에 들지 않게 기도할 때 하나님은 우리의 이기심(욕심)을 통제하여 주시고 또 그 이기심을 이길 수 있는 힘을 주신다.

G.간절히 기도하라 11:5-13

예수님은 어떤 내용을 가지고 기도해야 할 것을 교훈하신 후 이 부분

(5-13절)에서는 간절하게 기도할 것을 교훈하신다. 예수님은 우리가 기도 생활을 할 때 간청하라고 부탁하신다. 예수님은 우리가 기도할 때 간청하라고 교훈하시면서 밤중에 찾아온 벗 이야기를 들어 교훈하신다. "벗"이란 꾸어 주기도 하고 혹은 꾸기도 하는 친한 사이지만 아무리 친한 벗 사이라 할지라도 통하지 않는 때가 있는데 그런 때에도 간청하면 해결된다고 가르쳐 주신다. 우리는 하나님께 간청의 기도를 해야 한다.

눅 11:5-6. 또 이르시되 너희 중에 누가 벗이 있는데 밤중에 그에게 가서 말하기를 벗이여 떡 세 덩이를 내게 꾸어 달라 내 벗이 여행 중에 내게 왔으나 내가 먹일 것이 없노라 하면.
사람이 밤중에 벗에게 가서 다급한 사정 곧 어떤 벗이 낮의 열기를 피하여 밤에 여행하다가 자기의 집에 왔는데 대접할 것이 없어 떡 세 덩이를 꾸어달라고 하소연해 보라고 하신다. 거절할 친구가 없을 것이라고 암시하신다. 그것이 바로 친구 사이이다.

눅 11:7. 그가 안에서 대답하여 이르되 나를 괴롭게 하지 말라 문이 이미 닫혔고 아이들이 나와 함께 침실에 누웠으니 일어나 네게 줄 수가 없노라 하겠느냐.
예수님은 집안에 있는 벗이 밤중에 떡 세 덩이를 꾸러 온 문밖의 친구를 문전 박대하지 않을 것이라고 하신다. 문밖에 서서 다급한 사정을 말한 벗의 하소연을 듣고 집안에 있는 벗이 "나를 괴롭게 하지 말라 문이 이미 닫혔고 아이들이 나와 함께 침실에 누웠으니 일어나 네게 줄 수가 없노라 하겠느냐"고 예수님은 말씀하신다. 집안에 있는 벗이 어떻게 감히 "나를 괴롭게 하지 말라"고 하겠느냐고 하신다. 어떻게 "문이 이미 닫혔다"고 말할 수 있느냐고 하신다. 어떻게 "아이들이 나와 함께 침실에 누웠으니 일어나 네게 줄 수가 없노라"고 할 수 있느냐고 하신다. 전혀 불가능한 말이 아니겠느냐고 하신다. 그런데도 세상 친구는 다른 친구의 요청을 거절하기도 한다고 예수님은 말씀하신다(다음 절). '나를 진짜 괴롭게 하지 말라. 문이 이미 닫혔으니 안 되겠다. 아이들이 함께 누워 있어 내가 일어나서 떡을 주면 한 방에서 잠자고 있는 아이들이 다 깰 터이니 네게 줄 수가 없다'고 단호하게 거절하는 말을 할 것이라고 예수님은 말씀하신다.

눅 11:8. 내가 너희에게 말하노니 비록 벗됨으로 인하여서는 일어나 주지 아니할지라도 그 간청함을 인하여 일어나 그 요구대로 주리라.
예수님은 "비록 벗됨으로 인하여서는 일어나 주지 아니할지라도 그 간청함을 인하여 일어나 그 요구대로 주리라"고 하신다(18:1). '벗 사이이기 때문에 일어나서 떡을 꾸어주지는 않을지라도 문밖에서 계속해서 조르기 때문에 할 수 없이 일어나서 요구하는 대로 줄 것이라'고 하신다. 친구관계는 한계가 있고 친구관계는 막히는 때가 있으며 친구관계로는 안 되는 것이 있어도 계속해서 요청하고 조르면 견딜 수 없어 일어나 줄 수밖에 없다고 하신다. 예수님은 우리를 향하여 사람관계에서 이런 식으로 치근대라는 것이 아니며 조르라는 말씀이 아니다. 치근대고 조르는 것을 사람은 싫어한다. 하나님께 적용하라는 뜻으로 예수님은 이런 말씀을 하신 것이다. 우리의 기도가 간절하지 않으면 응답을 받을 수가 없다. 우리는 하나님께 간청해야 한다(창 18:23-33; 마 15:22-28).

눅 11:9-10. 내가 또 너희에게 이르노니 구하라 그러면 너희에게 주실 것이요 찾으라 그러면 찾아낼 것이요 문을 두드리라 그러면 너희에게 열릴 것이니 구하는 이마다 받을 것이요 찾는 이는 찾아낼 것이요 두드리는 이에게는 열릴 것이니라.
예수님은 앞(5-8절)에서 하나님께 간절히 기도할 것을 교훈하시고 이 부분(9-13절)에서도 역시 간절히 기도할 것을 교훈하신다. 예수님은 이 교훈을 주시기 위하여 "내가 또 너희에게 이른다"(κἀγὼ ὑμῖν λέγω)고 하신다. 예수님은 "내"(ἐγὼ)를 강조하시고 "너희에게"(ὑμῖν)를 강조하셔서 말씀하신다.

즉 '너희의 주님인 내가 나 자신의 제자들인 너희에게 이 강한 적극적이고 확실한 선언을 한다'는 뜻이다.[85)

그러면 예수님께서 적극적으로 선언하시는 것이 무엇인가. 그것은 "구하라(αἰτεῖτε)...찾으라(ζητεῖτε)...문을 두드리라(κρούετε)"는 교훈이다(마 7:7; 21:22; 막 11:24; 요 15:7; 약 1:6; 요일 3:22). 세 개의 명령형은 모두 현재형이니 '계속해서 구하고...계속해서 찾고...계속해서 두드리라'는 뜻이다(눅 18:1, 7). 언제든지 필요할 때마다 구하고 찾고 두드리라는 뜻이다. 늘 재판관을 찾는 과부처럼(18:5) 우리는 계속해서 구하고 찾고 두드려야 한다.

그러면 "구하는 것"이나 "찾는 것," 그리고 "두드리는 것"이 단순히 동의어로 쓰인 것인가. 다시 말해 세 동사가 똑 같은 것을 지칭하는 것인가. 아니면 "구하는 것"보다는 "찾는 것"이 더 강하고 "찾는 것" 보다는 "두드리는 것"이 더 강한 것인가. 혹자들은 이 세 단어를 동의어로 보는가 하면, 또 다른 학자들은(Trench, Lenski, Godet, Hendriksen, 이상근, 이순한)[86) "구하는 것"보다는 "찾는 것"이 더 강하고 "찾는 것" 보다는 "두드리는 것"이 더 강한 의미를 가지고 있다고 말한다. 문맥(5-8절)을 보면 뜻이 점점 더 강해지는 것으로 되어 있다. 간청하는 사람(8절)은 밤중에 갑자기 벗이 찾아와서 떡 세 덩이를 꾸러 밤중에 자기의 벗을 찾아 떡 세 덩이를

---

85) Lenski, 누가복음 (하), 주석성경, 진연섭 역 (서울: 백합출판사, 1978), p. 13.

86) 트렌취(Trench)는 "세 명령의 반복은 단순한 반복 이상이다. 찾음은 구함 이상이고 문을 두드림은 찾음 이상이다"라고 말한다. 렌스키(Lenski)는 "세개의 명령은 동의어이다. 그러나 둘째 것이 첫째 것보다 더 강하고 셋째 것이 다른 둘보다 더 강한 것 같다"고 말한다(누가복음 -하, p. 13). 윌럼 헨드릭슨(William Hendriksen)은 "분명히 이 셋은 강도가 점점 더해지는 순서로 배열되어 있다. 구하는 것에는 겸손함, 그리고 필요에 대한 인식이 함축되어 있다. 이 동사("구하라")는 아랫 사람이 윗 사람에게 보내는 청원에 사용된다...찾는다는 것은 구하는 일에 행하는 것을 더한 것이다. 그것은 진지하게 청원하는 것을 의미하지만 그것만으로는 충분하지 않다. 욕구를 충족시키기 위해서는 적극적으로 노력해야 한다. 예컨대 우리는 성경에 대한 깊은 지식을 기원할 뿐 아니라 성경을 끊임없이 상고하고(요 5:39; 행 17:11), 서로 돌보며(히 10:25), 무엇보다도 하나님의 뜻대로 살고자 애써야 하는 것이다(마 7:21, 24-25; 참조 요 7:17)...두드리는 것은 구하는 것에 행하는 것과 참는 것을 더한 것이다. 사람은 문이 열릴 때까지 두드리고 또 두드리는 것이다"라고 말한다(누가복음 -중- pp. 343-344).

꾸어달라고 구했다(5-6절). 그 사람은 밤중이라 벗의 집 문을 찾는 노력을 했다(7-8절). 그런데도 떡을 얻지 못하자 문을 계속해서 두드렸다(8절). 그런고로 세 단어가 동의어로 사용되었다고 보기 보다는 점점 더 강한 뜻을 가진 단어로 보는 것이 바를 것이다.

그러나 "구하는 것"이나 "찾는 것," 그리고 "두드리는 것" 모두는 간청 (importunity)이라는 범주에 속한 단어들이다. 그러니까 간청하는 기도의 요소 속에는 구하는 방면도 있고 찾는 노력도 있고 두드리는 노력도 있다고 보아야 한다. 다시 말해 간청하는 기도 속에는 이 세 요소가 포함되어 있다고 보아야 할 것이다. 우리는 문이 열릴 때까지 구하고 찾고 두드려야 한다. 우리는 응답을 받을 때까지 간청해야 할 것이다.

간청하는 기도를 하면 하나님은 반드시 응답하신다고 예수님은 말씀하신다. "구하는 이마다 받을 것이요 찾는 이는 찾아낼 것이요 두드리는 이에게는 열릴 것이니라." 9절과 10 절에서 기도의 응답에 대한 약속이 6번 나온다("그러면 너희에게 주실 것이요," "그러면 찾아낼 것이요," "그러면 너희에게 열릴 것이니," "받을 것이요," "찾아낼 것이요," "열릴 것이니라"). 그러니까 기도응답은 틀림없이 맡아 놓은 것이다(시 91:15; 사 58:9; 요 15:7).

눅 11:11-12. 너희 중에 아버지 된 자로서 누가 아들이 생선을 달라 하는데 생선 대신에 뱀을 주며 알을 달라 하는데 전갈을 주겠느냐.

세상에 어떤 아버지가 아들이 생선을 달라고 할 때 생선 대신에 뱀을 주며 알 대신에 전갈87)을 주겠느냐고 예수님은 말씀하신다(마 7:9). 그런 아버지

---

87) "전갈"(Scorpion): 거미 형류(形類)이다. 전갈과에 속하는 종류의 총칭이다. 세계의 온대에서 열대에 걸쳐 700종이나 보인다고 한다. 팔레스티나에서만도 10종이나 되는 독종으로 (10:18; 신 8:15; 왕상 12:11; 겔 2:6; 계 9:5,10), 최대의 것은 체장 15-20cm나 되고, 특히 시내 반도에 많이 있다(신 8:15). 몸은 두흉부와 복부로 나뉘는데, 복부는 가늘고 길다. 등은 푸른빛을 띤 갈색, 배는 누렇고 배 끝에 독침이 있으며 발은 네 쌍인데, 그 위에 큰 한 쌍의 집게발을 가지고 있다. 그러나 이것은, 새우의 경우처럼 집게발 그것이 아니고, 역시 한 쌍의 발이므로, 전체로는 다섯 쌍의 발이다. 그런데 전갈은 새우류(Crustacea)가 아니라, 거미류(Arachni-dae)에 속하는

는 천하에 없다고 하신다. 요즈음 세상에는 그런 부모가 있기는 하나 그런 사람은 정신이상자인고로 정상적인 부모로 간주할 수가 없다. 하나님께서 부모들에게는 자식을 보호하고 자식에게 좋은 것을 주도록 사랑의 마음을 주셨다. 이런 사랑의 심정을 주신 하나님은 얼마나 큰 사랑을 가지고 성도들을 돌보실 것인가.

눅 11:13. 너희가 악할지라도 좋은 것을 자식에게 줄 줄 알거든 하물며 너희 하늘 아버지께서 구하는 자에게 성령을 주시지 않겠느냐 하시니라. 세상의 부모들이 악할지라도(시 51:1-5; 130:3; 사 1:6; 렘 17:9; 롬 3:10; 엡 2:1)[88] 좋은 것(생선, 알)을 자식들에게 준다고 하면 하물며 악하시지도 않고 선하신 하늘 아버지께서 좋은 것을 구하는 자에게 성령을 주시지 않겠느냐고 예수님은 말씀하신다. 마태는 "좋은 것"이라고 표현하고 있으나 누가는 더 구체적으로 "성령"이라고 표현한다. 성령이야 말로 하나님께서 인류를 향하여 베푸시는 최선의 선물이다. 우리가 간청해야 할 것은 바로 성령이다. 라일(John Ryle)은 "이 선물을 얻을 때 우리는 빛과 생명, 그리고 희망과 천국 등 모든 것을 얻음과 같다. 다시 말해 우리가 이 선물을 받음으로 말미암아 우리가 하나님 아버지의 무한하신 사랑과 성자의 구속적인 보혈 등, 그 복된 삼위 하나님과 충만한 교통을 가질 수 있다는 말이다. 이 선물을 받을 때 우리는 이 세상에서 은혜와 평강을 소유하며 또 장차 임할 세상에서는 영광과 존귀를 얻게 된다. 하지만 이 놀라운 선물이 기도를 통하여 예수 그리스도에 의해서 수여된다는 사실이다. '너희 천부께서 구하는 자에게 성령을 주시리라'"고 말한다.[89]

것으로 분류된다. 주간에는 돌 밑에 숨었다가, 야간에 나와, 꼬리 끝에 있는 굴절 가재의 유독 갈고리로서 곤충, 거미, 도마뱀 등을 자살(刺殺)하여 먹이로 한다. 인체를 찌르는 경우에는 통증을 느끼지만, 어린아이가 아닌 한 죽지는 않고, 기절하는 일은 있는 것으로 말해진다(계 9:3, 5, 10 참조). 이러한 사실에서 괴롭히는 적의 형용으로 되고(10:19; 겔 2:6), 또한 예리한 가시달린 채찍은 '전갈'이라고 불린다(왕상 12:11, 14; 대하 10:11, 14).

88) 이 말씀이야 말로 기도의 응답이 확실하다는 것을 못 박는 말씀이다. 사람이 악할지라도 자식에게 좋은 것을 준다면 하나님은 말할 것도 없이 주신다는 것이다.

H.말 못하게 하는 귀신을 쫓아내시다   11:14-23

누가는 예수님께서 가르쳐주신 기도의 교훈을 기록한(1-13절) 다음 예수님께서 귀신을 쫓아내신 결과로 생겨난 논쟁을 기록한다(14-23절). 예수님께서 귀신을 쫓아내신 다음 생겨진 세 부류의 반응(놀랍게 여긴 사람들, 예수님께서 귀신의 왕 바알세불을 힘입어 귀신을 쫓아냈다고 하는 사람들, 하늘로부터 오는 표적을 구한 사람들) 중에 이 부분에서는 두 번째 반응 즉 예수님께서 귀신의 왕 바알세불을 힘입어 귀신을 쫓아냈다고 주장하는 사람들에 대해서만 대답하신다. 세 번째 반응 즉 하늘로부터 오는 표적을 요청한 사람들에게는 29-32절에서 답하신다. 이 부분은 마 12:22-30: 막 3:22-27과 병행한다.

눅 11:14. 예수께서 한 말 못하는 귀신을 쫓아내시니 귀신이 나가매 말 못하는 사람이 말하는지라 무리들이 놀랍게 여겼으나.

누가는 "예수께서 한 말 못하는 귀신을 쫓아내셨을" 때 귀신이 나가자 즉시 "말 못하는 사람이 말하게" 되었다고 말한다(마 9:32; 12:22). 여기 "한 말 못하는 귀신"이란 말은 '말 못하게 만드는 귀신 하나'란 뜻이다. 귀신이 사람에게 들어가니 그 사람이 말을 못하게 되었다. 그는 선천적으로 말을 못했던 것이 아니라 귀신이 들어가서 말을 못하게 되었다. 그런데 예수님께서 그 귀신을 쫓아내주셨다. 예수님은 그 사람을 귀신으로부터 해방시켜주셨다(4:33-35). 예수님은 귀신으로부터 우리를 해방시키시는 분이시다(요 8:36).

귀신이 나가자 "말 못하는 사람이 말하게" 되었을 때 주위 사람들의 반응은 세 가지였다. 하나는 본문에 있는 대로 "무리들이 놀랍게 여겼다." 사람의 노력으로는 되지 않는 일을 예수님께서 하셨을 때 놀랍게 여기는 것은 당연한 일이었다.

---

89) John Ryle, *누가복음서 강해(1)*, 이용태역, p. 415.

눅 11:15. 그 중에 더러는 말하기를 그가 귀신의 왕 바알세불을 힘입어 귀신을 쫓아낸다 하고.

두 번째의 반응은 "그가 귀신의 왕 바알세불을 힘입어 귀신을 쫓아낸다"는 반응이었다(마 9:34; 12:24). 그런 반응을 보인 사람은 많은 무리들이 아니라 "더러," 즉 '몇몇 사람'이었다. 마태에 의하면 그들은 "바리새인들"이었고 (마 12:24) 마가에 의하면 "서기관들"이었다(막 3:22). 몇몇 바리새인들과 서기관들은 예수님을 향하여 항상 비판적이었다. 이유는 그들의 심령 속에 있는 죄가 컸기 때문이었다(42-52절). 죄를 자복하지 않은 사람들은 사물을 밝히 못 보고 밝히 판단하지 못한다. 항상 부정적이고 비판적이다.

그들은 예수님께서 귀신의 왕 바알세불90)을 힘입어 귀신을 쫓아낸다고 했다. 예루살렘 본부에서 내려온 서기관들이나 바리새인들은 본부의 결론을 따라 예수님께서 행하시는 모든 이적은 귀신의 왕을 힘입어 귀신을 쫓아낸다고 말했다. 그들은 예수님의 이적을 부인할 수 없었고 예수님의 이적을 비하하기 위하여 예수님께서 귀신의 왕, 즉 사탄의 힘을 입어 졸개 귀신을 쫓아냈다고 말했다. 그들이 예수님을 얼마나 미워했는지 알 수 있다. 예수님을 높여야 할 사람들이 예수님을 지극히 미워했다.

눅 11:16. 또 더러는 예수를 시험하여 하늘로부터 오는 표적을 구하니.

세 번째의 반응은 어떤 사람들("더러")이 예수님의 귀신을 쫓아내시는 이적 말고 다른 이적 즉 "하늘로부터 오는 표적을 구했다"(마 12:38; 16:1). 이렇게 하늘로부터 오는 표적을 구한 사람들은 서기관들과 바리새인들이었다(마 12:38). 그들은 예수님을 시험하기 위하여 하늘로부터 오는 표적을 구했다. 그들은 예수님을 궁지에 몰아넣으려는 생각에서 하늘로부터 오는 표적을 구한 것이다. 귀신을 쫓아내는 이적은 땅에서 할 수 있는

90) "바알세불"(Beelzebul): 신약에서는 귀신의 왕으로 되어 있으며, 사단의 별명으로도 되어 있다(11:15, 18, 19; 마 10:25; 12:24, 27; 막 3:22). 일반적으로 구약의 '바알세붐'에서 온 말이라고 하는데(왕하 1:2), 이 구약의 명칭에 근거하여 신약에서도 수리아역과 라틴역 불가타(Versio latina vulgata)는 '바알세붐'(Beelzebub)이라고 읽고 있다.

이적이라고 간주하고 엘리야 같은 선지자가 하늘로부터 불이 떨어지게 한 것처럼(왕상 18:1) 하늘로부터 무슨 큰 이적이 내려오도록 예수님께 요청했다. 서기관들과 바리새인들은 언제나 표적을 구했다(고전 1:22). 그들이 표적을 구한 데 대하여 그들의 잘 못을 지적하신 예수님의 대답은 11:29-32에 기록되어 있다.

눅 11:17-18. 예수께서 그들의 생각을 아시고 이르시되 스스로 분쟁하는 나라마다 황폐하여지며 스스로 분쟁하는 집은 무너지느니라 너희 말이 내가 바알세불을 힘입어 귀신을 쫓아낸다 하니 만일 사탄이 스스로 분쟁하면 그의 나라가 어떻게 서겠느냐.

예수님께서 귀신을 쫓아내신 데 대한 사람들의 세 가지 반응 중에 두 번째의 반응(15절)에 대하여 예수님께서 답하신다(17-22절). 예수님은 바리새인들(마 12:24)과 서기관들(막 3:22)의 생각을 아셨다(5:22; 6:8; 9:47; 요 2:25; 21:17). 예수님은 바리새인들과 서기관들이 예수님을 궁지에 몰아넣으려는 생각을 아시고 그들의 잘 못을 지적하신다. 첫째, "스스로 분쟁하는 나라마다 황폐하여지며 스스로 분쟁하는 집은 무너지는" 법인데 예수님께서 귀신을 쫓아내신 것이 귀신의 왕을 힘입어 쫓아내신 것이 아니라고 하신다. 예수님은 더 구체적으로 말씀하시기를 "만일 사탄이 스스로 분쟁하면 그의 나라가 어떻게 서겠느냐"고 하신다. 만일 예수님께서 귀신의 왕 바알세불을 힘입어 귀신을 쫓아냈다면 사탄이 분쟁하여 사탄의 나라가 황폐하여졌을 터인데 사탄의 나라가 무너지지 않은 것을 보니 예수님께서 사탄의 왕을 힘입어 귀신을 쫓아낸 것이 아닌 것이 분명하다고 하신다.

눅 11:19. 내가 바알세불을 힘입어 귀신을 쫓아내면 너희 아들들은 누구를 힘입어 쫓아내느냐 그러므로 그들이 너희 재판관이 되리라.

예수님은 "내가 바알세불을 힘입어 귀신을 쫓아내면 너희 아들들은 누구를 힘입어 쫓아내느냐"고 질문하신다. 만약에 예수님께서 바알세불을 힘입어 귀신을 쫓아낸다고 하면 "너희 아들들," 즉 '바리새인들의 추종자들'도 귀신의 왕을 힘입어 귀신을 쫓아내는 것이 되니 "그들이 너희 재판관이 되리라"고 하신다. 곧 바리새인의 추종자들이 바리새인들의 생각이 틀렸다고 항의할 것이라는 뜻이다. 다시 말해 추종자들이 바리새들에게 항의할 것이라는 뜻이다. 그러므로 예수님께서 귀신의 왕을 힘입어 귀신을 쫓아낸다고 하는 바리새인들이나 서기관들의 주장은 터무니없는 것이다.

눅 11:20. 그러나 내가 만일 하나님의 손을 힘입어 귀신을 쫓아낸다면 하나님의 나라가 이미 너희에게 임하였느니라.

셋째, 예수님은 결코 사탄의 힘을 빌려 귀신을 쫓아내지 않으시고 "하나님의 손을 힘입어 귀신을 쫓아낸다"고 주장하신다(출 8:19). 본문의 "하나님의 손"이란 '하나님의 능력'을 지칭한다(1:51 주해 참조). 예수님께서 하나님의 성령의 힘으로 귀신을 쫓아내시니 "하나님의 나라가 이미 너희에게 임하였다"고 주장하신다. 즉 '하나님의 통치(다스림)가 도달했다'고 하신다. 하나님의 능력을 힘입어 귀신을 쫓아낸 결과 하나님의 통치까지 임했으니 예수님은 사탄을 힘입어 귀신을 쫓아낸 것이 아니라고 하신다.

예수님은 바리새인들과 서기관들에게 예수님께서 하나님의 능력을 힘입어 귀신을 쫓아내어 하나님의 통치가 이 땅에 도달했으니 그 사실을 환영해야 하고 또 바리새인들과 서기관들도 하나님의 다스리심을 기대해야 한다고 암시하신다. 그들은 예수님을 시험하여 궁지에 넣으려고 할 것이 아니라 예수님의 축사(逐邪)활동을 통하여 임하신 하나님의 통치를 감사하고 환영하며 통치에 순종해야 할 것이었다.

눅 11:21-22. 강한 자가 무장을 하고 자기 집을 지킬 때에는 그 소유가 안전하되 더 강한 자가 와서 그를 굴복시킬 때에는 그가 믿던 무장을 빼앗고 그의 재물을 나누느니라.

넷째, 예수님은 귀신의 왕을 힘입어 귀신을 쫓아내시는 분이 아니라 오히려 사탄을 굴복시키는 분이라고 하신다. 예수님께서 사탄을 굴복시키기 전에는 "강한 자가 무장을 하고 자기 집을 지킨다"고 하신다(마 12:29; 막 3:27). "강한 자," 즉 '사탄'이 완전무장을 하고 "자기 집," 즉 '귀신들린 자의 영혼과 육체'를 지키고 있다고 하신다. 그래서 "그 소유가 안전하다"고 하신다. 사탄이 소유하고 있는 귀신들린 자의 영혼과 육체가 사탄의 소유로서 사탄의 손안에 있다는 뜻이다.

그렇게 사탄의 소유가 되어 아무도 빼앗지 못하다가 "더 강한 자가 와서 그를 굴복시킬 때에는 그가 믿던 무장을 빼앗고 그의 재물을 나눈다"고 하신다(사 53:12; 골 2:15). "더 강한 자"이신 예수님께서 오셔서 사탄을 굴복시킬 때에는 사탄이 믿고 있던 자기의 무장을 예수님께서 해제시키시고 "그의 재물을 나눈다"고 하신다. 사탄의 재물이었던 사람의 영혼과 육체를 전리품으로 나눈다는 뜻이다. 다시 말해 사람의 영혼과 육체를 사탄으로부터 빼앗아 오신다는 뜻이다. 그 사람은 온전히 예수님의 소유가 되어 인간들에게 은사로 주어진다. 귀신 들렸던 사람은 온전히 예수님에 의해 사람들에게 주어져서 사람들을 위해 쓰임을 받는다. 예수님은 군대 귀신들렸던 사람을 사탄으로부터 빼앗으셔서 데가볼리 지방의 전도자로 삼으셨다(눅 8:38-39). 예수님은 지금도 사탄으로부터 사람을 빼앗으셔서 사람 봉사에 사용하신다. 예수님은 더 강하신 분으로서 강한 자인 사탄으로부터 사람들의 영혼과 육체를 빼앗으신다.

눅 11:23. 나와 함께 아니하는 자는 나를 반대하는 자요 나와 함께 모으지 아니하는 자는 헤치는 자니라.

바리새인들과 서기관들은 예수님을 향하여 "그가 귀신의 왕 바알세불을 힘입어 귀신을 쫓아낸다"(15절)고 했으므로 예수님은 그들이 예수님을 반대하는 자라고 규정하신다. 즉 "나와 함께 아니하는 자는 나를 반대하는 자요 나와 함께 모으지 아니하는 자는 헤치는 자"라고 하신다. 세상에 중립은 없다고 하신다(마 12:30). 세상에는 예수님과 함께 하는 자와 예수님과

함께 아니하는 자뿐이라고 하신다. 비슷한 표현으로 세상에는 예수님과
함께 모으는 사람과 예수님과 함께 모으지 아니하는 자뿐이라고 하신다.
다시 말해 예수님에게 협력하는 사람과 협력하지 않는 사람뿐이라고 하신
다. 결코 중립은 있을 수가 없다. 우리는 항상 그리스도 편에 서야하고
사탄 편에 서서는 안 된다. 또 중립적인 위치에 서려고 시도해서도 안 된다.
중립은 없기 때문이다.

I. 그리스도를 모시지 않은 사람에게는 귀신이 다시 들어간다 11:24-26
대부분의 주석가들은 이 부분(24-26절)을 해석할 때 누구든지 중립적인
입장(귀신도 나갔고 예수님도 영접하지 않은 상태)을 고수할 수가 없고
예수님을 영접하지 않는 경우 사람이 과거보다 훨씬 더 악해지게 된다는
것을 예수님께서 교훈하시는 말씀이라고 해석하나(Calvin, Lange, Bruce
B. Barton, Leon Morris, 죤 놀랜드, Marshall, 이상근) 그러나 몇몇 학자들
(Ryle, Lenski, William Hendriksen, Walter L. Liefeld, Norval
Geldenhuys)은 바리새인들이나 서기관들, 그리고 그들의 추종자들이 과거
세례 요한의 영향 아래에 있을 때와 그리스도의 말씀을 처음 들었을 때에는
귀신이 잠시 떠나갔으나 그 후에 그들이 그리스도를 대적하는 중에 더
악해진 것을 예수님께서 설명하는 말씀이라고 주장한다. 후자의 학자들이
좀 더 구체적으로 적용한 것으로 말할 수 있을 것이다. 이 부분의 말씀은
거의 문자적으로 마 12:43-45와 병행한다.

눅 11:24-25. 더러운 귀신이 사람에게서 나갔을 때에 물 없는 곳으로 다니며
쉬기를 구하되 얻지 못하고 이에 이르되 내가 나온 내 집으로 돌아가리라
하고 가서 보니 그 집이 청소되고 수리되었거늘.
예수님은 이 부분(24-26절)에서 귀신이 사람에게서 나가서 돌아다니다가
그 사람이 예수님을 영접하지 않은 것을 확인한 다음 자기보다 더 악한
귀신들을 데리고 다시 그 사람 안으로 들어오게 되었다고 하신다. 예수님의

이 말씀은 그런 사실만을 말씀하는 것이 아니라 예수님을 영접해야 한다는 것을 언급하시는 것으로 보아야 할 것이다.

예수님은 귀신을 언급하실 때 "더러운"이란 단어를 사용하신다. 예수님은 깨끗한 귀신이 있다는 것을 암시하시는 것이 아니라 귀신이 더러운 존재라는 것을 부각시키기 위해서 "더러운"이라는 낱말을 사용하신다 (4:36; 6:18; 8:29; 9:42). 예수님은 더러운 귀신이 "사람에게서 나갔을 때에 물 없는 곳으로 다니며 쉬기를 구하되 얻지 못했다"고 하신다(마 12:43). "사람에게서 나갔다"는 말은 사람으로부터 축출 당했다는 뜻이 아니라 '한 동안 떠났다'는 뜻으로 보아야 한다. 만약 축출 당했다면 다시 들어오지 못할 것이나 귀신이 뒤에 다시 들어온 것을 보면 축출당한 것이 아니라 한 동안 떠난 것이다.

귀신은 "물 없는 곳으로 다니며 쉬기를 구하되 쉴 곳을 얻지 못했다." 여기 "물 없는 곳"이란 헬라어에서 문자적인 의미로는 '물 없는 지역'을 지칭하는데 유대인 사회에서 귀신들의 거주지로 인식되어 왔다. 이 문제에 대해 렌스키(Lenski)는 "예수는 그의 시대에 통용되었던 견해를 피력하고 있지 않다. 그는 사실을 진술하고 있다"고 말한다. 다시 말해 귀신들이 물 없는 지역을 다닌다는 말은 실제로 땅위의 사막지방을 다닌다는 말이 아니라 사람이 살지 않는 곳을 다닌다는 말이다. 그러니까 "물 없는 곳"이란 말은 '사람이 거하지 않는 곳'을 지칭한다. 마귀는 그곳에서 있을 곳을 찾지도 못하며 또 해롭게할 만한 대상도 찾지 못한다. 그래서 마귀는 예수님을 영접하지 않은 사람의 심령을 "내 집"이라고 일컫는다. 귀신들은 사람이 살지 않는 곳을 싫어한다. 그들은 사람이 살지 않는 곳을 다니며 "쉬기를 구했으나" 사람의 신체(심령) 밖에서는 쉬지 못한다. 그들이 쉴 곳은 더러운 사람의 심령 속이다. 그들은 더러운 사람의 심령 속에 들어와야 쉴 수가 있다. 이유는 더러운 귀신은 더러운 사람 속에서야 쉴 수 있기 때문이다. 더러움은 더러움과 통한다. 오늘도 귀신은 그리스도를 영접하지 않은 사람의 심령 속을 휴식처로 알고 그들 속으로 들어가기를 대단히 소원한다.

그러니까 귀신은 예수님을 영접하지 않은 사람의 심령 속을 쉼터로 보고 그 심령을 떠난 곳, 즉 심령 밖을 물 없는 사막으로 보는 것이다.

귀신은 있을 만한 적당한 곳을 찾지 못하자 혼잣말로 "내가 나온 내 집으로 돌아가리라"고 말한다. '내(귀신)가 한 동안 그들 속에 있다가 그들이 회개하는 것 같아서 빠져나온 바리새인들, 서기관들 그리고 그들의 추종자들 속으로 다시 돌아가리라'고 계획한다. 누구든지 회개할 때 철저히 회개하지 않고 주님을 철저히 따르지 않으면 훗날 더욱 비참한 가운데 빠지게 마련이다. 철저하게 회개하지 않은 사람들의 심령은 사탄이 활동하기에 좋은 운동장이 되는 것이다.

귀신이 혼자말로 말한 다음 실제로 바리새인들이나 서기관들, 그리고 그들의 추종자들의 상태를 살펴보니 "그 집이 청소되고 수리되어 있는 것"을 발견하게 되었다. 귀신은 사람의 상태를 계속해서 살펴본다. 그런데 "그 집이 청소되고 수리되었다"는 말은 새 주인을 맞이하기 위해서 단장되었다는 것을 지칭하는 표현이다. 마태는 그 집이 "비어 있었다"(12:44)고 표현한다. "비어 있었다"는 말은 귀신들도 없고 성령도 없다는 표현이다. 둘 중 하나가 있어야 할 터인데 아무 것도 없다는 뜻이다. 바리새인들과 서기관들과 유대인들은 예수님을 모시고 있지 않고 새 주인 곧 사탄을 맞이할 준비가 되어 있었다. 다시 말해 예전보다 영적인 상태가 더 좋지 않은 상태에 있었다. 그리스도를 대적하는 기세가 더 심해졌다는 뜻이다. 지금도 세상에는 사탄을 맞이하기에 좋은, 단장된 사람들이 얼마나 많은가. 그들은 결국 이단의 밥이나 사탄의 밥이 되기에 충분하다.

눅 11:26. 이에 가서 저보다 더 악한 귀신 일곱을 데리고 들어가서 거하니 그 사람의 나중 형편이 전보다 더 심하게 되느니라.

귀신은 자기가 나온 집으로 자기 혼자 들어가지 않고 "이에 가서 저보다 더 악한 귀신 일곱을 데리고 들어가서 거했다." 여기 "더 악한"이란 말은 귀신의 세계에도 더 악종 귀신이 있음을 지칭한다. 예수님도 더 악종 귀신이 있다고 하신다(막 9:29). 그리고 "일곱"이란 말은 꼭 일곱을 지칭할 수도 있고 때로는 아주 충분한 수이나 충만함 자체를 지칭하기도 한다(시 119:164; 잠 24:16; 마 18:21). 귀신은 자기 혼자가 아니라 다른 귀신 일곱을 데리고 바리새인들과 서기관들 그리고 그들의 추종자들 속에 들어가서 거했다. 그래서 그들은 처음보다 예수님을 더 악하게 대적했다(요 5:14; 히 6:4; 10:26; 벧후 2:20). 조금 회개하는 듯하다가 타락한 사람들은 처음보다 더 악하게 된다. 회개했다고 생각하는 사람들은 반드시 성령으로 충만해야 한다.

J.말씀을 듣고 지키는 자가 복이 있다   11:27-28

예수님의 말씀(14-26절)을 듣고 있던 어느 여인이 예수님의 말씀에 매료되어 저런 놀라운 말씀을 하시는 예수님을 낳으신 그 어머니는 복이 있는 자라고 외쳤을 때 예수님은 그 여자의 말을 부인하지 않으시면서 참으로 복이 있는 자가 누구인지를 말씀하신다. 누가는 여인을 귀중히 여기는 저자로서 예수님의 이 부분의 말씀을 기록한다.

눅 11:27. 이 말씀을 하실 때에 무리 중에서 한 여자가 음성을 높여 이르되 당신을 밴 태와 당신을 먹인 젖이 복이 있나이다 하니.

"이 말씀," 즉 '예수님 자신이 귀신의 왕을 힘입어 귀신을 쫓아내시는 것이 아니라 하나님의 손을 힘입어 귀신을 쫓아내시며 또 바리새인들과 서기관들, 그리고 그들을 추종하는 유대인들은 악종 귀신이 들렸다고 하시는 말씀'(14-26절)을 하실 때 그 말씀을 듣고 있던 한 여자가 예수님의 말씀에 매료되어 음성을 높여 말하기를 "당신을 밴 태와 당신을 먹인 젖이 복이 있나이다"라고 했다(1:28, 48). 그 여인은 '예수님을 밴 태와 예수님을 먹인 젖이 복이 있다'고 외쳤다. 그 여인은 예수님의 말씀을 듣고 있던 중 예수님의 말씀의 지혜로우심, 그 말씀의 힘에 온전히 감동되어 예수님을 낳으신 어머니 마리아가 복이 있다고 외친 것이다. 자연스러운 외침이었다. 세례 요한의 어머니 엘리사벳도 마리아를 보자 비슷하게 외친 적이 있었다. 눅 1:42에 "여자 중에 네가 복이 있으며 네 태중의 아이도 복이 있도다"라고 했다.

눅 11:28. 예수께서 이르시되 오히려 하나님의 말씀을 듣고 지키는 자가 복이 있느니라 하시니라.
예수님께서 여인의 외침을 들으시고 여인의 말을 부정하지 않으신다. 예수님의 어머니는 믿음이 있어 순종하는 여자였다(요 2:5; 19:25; 행 1:14 참조). 예수님의 어머니는 예수님을 낳았다는 점에서 그리고 순종했다는 점에서 복이 있는 여자였다. 그러나 누구든지 그런 복을 받을 수 있는 길이 있다고 예수님은 말씀하신다. 예수님은 "오히려 하나님의 말씀을 듣고 지키는 자가 복이 있다"고 하신다(8:21; 마 7:21; 약 1:25). 하나님의 말씀을 듣고 그 말씀을 지키는 자, 곧 순종하는 가가 복이 있다고 하신다(마 7:24; 12:50; 눅 6:47-48; 8:21). 천주교는 예수님의 육신의 모친 마리아를 지극히 높인다. 그러나 예수님은 다른 사람들도 얼마든지 복을 받을 수 있다고 말씀하신다. 복을 받는데 있어서는 다름이 없다고 하신다.

K.표적 구함을 책망하시다 11:29-32
예수님께서 귀신을 쫓아내신(14절) 후 나타난 사람들의 세 가지 반응(무리들이 놀란 일, 예수님께서 귀신의 왕 바알세불을 힘입어 귀신을 쫓아냈다는 반응, 하늘로부터 오는 표적을 구한 일, 14-16절) 중에 두 번째 반응에 대해서는 17-26절에 말씀하셨고, 이제 이 부분(29-32절)에서는 세 번째 반응에 대해서 말씀하신다. 사람들의 세 번째의 반응(하늘로부터 오는 표적을 구한 일)에 대해서 예수님은 요나의 표적만을 보이시겠다고 하신다. 요나가 물고기 뱃속에 들어갔다가 3일 만에 나온 것 같이 예수님께서 죽으셨다가 3일 만에 다시 살아나시는 이적을 보여주시겠다고 하신다. 이 부분은 마 12:38-42과 병행한다.

눅 11:29. 무리가 모였을 때에 예수께서 말씀하시되 이 세대는 악한 세대라 표적을 구하되 요나의 표적밖에는 보일 표적이 없나니.

누가는 "무리가 모였을 때에," 즉 '무리가 예수님을 더욱 압박하며 밀어닥치고 있을 때에' 예수님께서 "이 세대는 악한 세대라 표적을 구하되 요나의 표적밖에는 보일 표적이 없다"고 말씀하신다(마 12:38-39). "이 세대" 곧 '바리새인들과 서기관들, 그리고 그들의 추종자들'은 "악한 세대"라고 하신다. 예수님께서 그들을 "악한 세대"라고 하신 이유는 그들이 심히 악독한 귀신들이 들렸기 때문이었다(24-26절). 본문의 "악한"(πονηρά)이란 말은 '사악한,' '원한이 있는,' '불경건한'이란 뜻이다. 그런데 마태는 "음란한"이란 단어를 첨가한다. "음란한"이란 말은 이 세대가 하나님과 맺은 계약을 파기해 버렸다는 뜻이다. 그들은 귀신들이 들렸기에 심히 사악했고 하나님과의 계약을 파기해버리고 말았다. 그들은 너무 악하여 훗날 예수님을 십자가에 못 박는 일에 주저함이 없었다.

예수님은 악한 세대가 "표적을 구하되 요나의 표적밖에는 보일 표적이 없다"고 하신다. 그들은 "하늘로부터 오는 표적을 구했다"(16절). 지금까지 예수님께서 주신 표적(귀신 쫓아내신 표적 등)을 가지고는 예수님의 정체성을 알 수 없다는 것이었다. 악하고 음란한 사람들은 예수님의 표적을 아무리 보아도 예수님을 믿지 못한다. 믿지 못하는 이유는 마음이 악하기 때문이고 음란하기(하나님을 떠난 것 지칭) 때문이다. 그래서 그들은 하늘로부터 오는 표적을 구했다. 그들은 "하늘을 움직이게 하거나 구름을 빙빙 돌게 만들거나 해와 달과 별들로 하여금 기이한 짓을 하게 하거나 하늘에 초현실적인 색채를 가지고 환상을 그려낸다거나 천군들로 하여금 은하수에서 내려오게 하는 따위와 같이 하늘로부터 오는 어떤 표적을 요구했다"(Lenski). 물론 이들이 하늘로부터 오는 표적을 구한 것은 예수님을 믿고자 해서가 아니라 예수님께서 하늘로부터 오는 표적을 행할 수 없을 것을 예상하고 예수님을 조롱하기 위해서였다. 예수님은 최후적으로 "요나의 표적밖에는 보일 표적이 없다"고 하신다. 요나의 표적과 같은 표적을 앞으로 보여주시겠다는 말씀이다. 요나가 밤낮 3일을 물고기 뱃속에 있다가 나온 것 같이 예수님께서 십자가에서 죽으셨다가 3일 만에 부활하시는 표적을 보여주시겠다고 하신다(마 12:40). 부활의 표적이야말로 표적 중의 표적이다. 죽은 자가 부활하는 일이야 말로 하나님의 위대하심을 보여주는 표적이다. 그 이상의 표적은 있을 수가 없다. 그 이적을 보고도 믿지 않으면 소망이 없는 것이다.

눅 11:30. 요나가 니느웨 사람들에게 표적이 됨과 같이 인자도 이 세대에 그러하리라.
예수님은 "요나가 니느웨 사람들에게 표적이 되었다"고 말씀하신다(욘 1:17; 2:10). 요나가 삼일 동안 물고기 뱃속에 있다가 살아난 것이 니느웨 사람들에게 하나님의 표적이 되었다는 뜻이다(마 12:40). 그 이적은 하나님의 위대하신 능력을 보여주는 이적이었음에 틀림없다. 그것처럼 예수님도 "이 세대에 그러하리라"고 하신다. "이 세대," 즉 '바리새인들과 서기관들, 그리고 그들의 추종자들만 아니라 유대인들'에게 그렇게 보여주실 것이라고 하신다. 다시 말해 죽었다가 3일 만에 다시 살아나심으로 하나님의 위대하심을 보여주실 것이라고 하신다.

혹자들은 "요나가 니느웨 사람들에게 표적이 됨과 같이"란 말을 요나가 니느웨 사람들에게 설교를 하여 회개시킨 것을 지칭한다고 주장하나 병행절인 마 12:40이 분명히 요나가 물고기 뱃속에 있다가 3일 만에 다시 세상에 나온 것을 언급하는 것을 감안하면 그들의 주장이 설득력이 없다. 예수님께서 보여주실 표적이야 말로 하늘로부터 오는 이적보다 더 하나님의 능력을 보여주는 표적이다.

눅 11:31. 심판 때에 남방 여왕이 일어나 이 세대 사람을 정죄하리니 이는 그가 솔로몬의 지혜로운 말을 들으려고 땅 끝에서 왔음이거니와 솔로몬보다 더 큰 이가 여기 있으며.
예수님은 하늘로부터 오는 표적을 구한 바리새인들과 서기관들 그리고 그들

의 추종자들 즉 예수님을 거스른 이 세대 사람들을 남방 여왕이 종말의
심판 때에 일어나 정죄할 것이라고 말씀하신다. 참으로 겉보기에는 아주
작은 여인이었던 남방의 여인이 일어나서 유대인들을 정죄할 것이라는 말씀
이다. 참으로 유대인들이야 말로 부끄럽게 될 민족이었다.

예수님은 "심판 때에 남방 여왕이 일어나 이 세대 사람을 정죄할 것이라"
고 하신다(왕상 10:1). 여기 "심판 때"란 말은 종말의 심판 때를 지칭한다.
그 때에 남방 여왕[91]이 일어나 "이 세대 사람들," 즉 '많은 이적을 행하신
예수님, 죽은 지 3일 만에 다시 부활하실 예수님을 믿지 않은, 악하고 음란한
유대인들'을 정죄할 것이라고 하신다. 유대인들이 그 이방 여인을 정죄하지
못하고 오히려 이방 여인이 유대인들을 정죄할 것이라고 하신다. 남방 여왕
이 누구인지 정확하게 알 수는 없지만 그녀는 아무래도 구약 성경의 왕상
10:1-13의 스바 여왕과 무관하지 않을 것이다. 다른 사람과 연계시킬 수는
없는 일이다.

예수님은 스바 여왕이 유대인들을 정죄할 수 있는 자격이 부여되었다고
말씀하신다. 즉 "그(남방 여왕)가 솔로몬의 지혜로운 말을 들으려고 땅
끝에서 왔기" 때문이라고 하신다. 남방 여왕이 예수님의 모형인 솔로몬의
지혜로운 말을 들으려고 땅 끝(오늘날의 예멘으로 믿어진다)에서 왔다는
것이다. 스바 여왕이 당했던 "위험, 역경, 시간, 비용은 그녀가 듣기를 원했던
솔로몬의 지혜와 비교하면 그녀에게는 아무 것도 아니었다"(Lenski). 스바
여왕은 솔로몬의 지혜를 들으려고 모든 희생을 무릅 쓰고 먼 곳에서 왔다는
점에서 유대인들을 심판할 자격을 넉넉히 얻었다. 그런데 솔로몬보다 비교
도 할 수 없이 위대하신 예수님의 지혜를 유대인들이 배척하니 반드시
심판을 받게 될 것이라고 하신다. 즉 예수님은 "솔로몬보다 더 큰 이가

---

91) 남방 여왕이 누구인지 정확히 알 수는 없다. 혹자는 스바 여왕이라고 말한다(왕상
10:1-13). 또 혹자는 구약 성경에 나오는 시바 여왕이라 말하기 어렵다고 말한다(왕상 10:1).
그러나 남방 여왕을 구약 성경의 왕상 10:1-13과 무관한 사람이라고 말하기 어렵다(Lenski).
그녀는 오늘날의 아라비아 반도의 남서부에 있는, 오늘날의 예멘에서 왔을 것이다. 그녀의
여행은 2,000km에 달하는 것이었음이 분명하다(윌렘 헨드릭슨).

여기 있느니라"고 하신다. 솔로몬의 지혜는 예수님의 지혜의 모형으로서의 지혜였다. 솔로몬의 지혜는 예수님으로부터 받은 지혜였고 예수님은 지혜자 체이시다.

눅 11:32. 심판 때에 니느웨 사람들이 일어나 이 세대 사람을 정죄하리니 이는 그들이 요나의 전도를 듣고 회개하였음이거니와 요나보다 더 큰 이가 여기 있느니라.

예수님은 앞 절 이외에 또 하나의 예를 들으신다. 예수님은 종말의 심판 때에 "니느웨 사람들이 일어나 이 세대 사람을 정죄할 것이라"고 하신다. 예수님은 니느웨 사람들이 "이 세대 사람들," 즉 '유대인들'을 정죄할 것이라고 하셨는데 그 이유는 "그들이 요나의 전도를 듣고 회개했기" 때문이라고 하신다(욘 3:5-10). 니느웨 사람들은 예수님의 예표인 요나의 전도를 듣고 회개했기 때문에 유대인들을 정죄할만한 자격이 있다는 것이다. 유대인들이 이방의 니느웨 사람들을 정죄할만한 했는데 도리어 이방의 니느웨 사람들이 일어나 종말의 심판 때에 유대인들을 정죄하게 되었으니 유대인들이야 말로 참으로 부끄러운 민족이 되었다.

니느웨 사람들은 예수님의 예표였던 요나의 전도를 듣고도 회개했는데 실물 되신 예수님의 전도를 듣고도 회개하지 않았으니 니느웨 사람들이 넉넉히 유대인들을 심판하기에 충분하게 되었다(욘 3:5). 누구든지 그리스도의 이적과 말씀을 듣고도 회개하지 않으면 여러 사람들이 일어나 정죄하게 되어 있다.

혹시 니느웨 사람들이 진정으로 회개하지 않았으리라고 추측하는 것은 옳지 않다. 니느웨가 BC 612년에 망했으니 니느웨 사람들이 회개했다는 예수님의 말씀이 잘 못된 말이라고 주장해서는 안 된다. 니느웨가 망한 것은 요나가 니느웨 사람들에게 설교한 후 150년이 지난 후이다(윌럼 헨드릭슨). 요나가 회개를 외쳤던 때에 살았던 사람들은 다 회개했는데 그 후손은 다시 범죄하여 니느웨가 망했다고 보아야 할 것이다.

L.사람은 눈이 성해야 한다   11:33-36

예수님은 유대인들이 예수님께서 귀신 내쫓으신 일을 두고 귀신의 왕 바알세불을 힘입어 귀신을 쫓아냈다고 비방한 말에 대해서 예수님께서 반박하시고 또 유대인들이 표적을 구한 일에 대해 예수님은 앞으로 십자가에서 죽으시고 3일 만에 부활하실 표적만 보여주시겠다고 말씀하신(29-32절) 후 이제 이 부분(33-36절)에서는 사람은 영안이 밝아야 한다고 말씀하신다. 유대인들이 눈이 밝지 못하여 예수님을 못 알아보는 것이지 결코 예수님께서 이적을 보여주시지 않아 예수님을 못 믿는 것이 아니라고 하신다. 누구든지 눈이 성해야 한다.

눅 11:33. 누구든지 등불을 켜서 움 속에나 말 아래에 두지 아니하고 등경 위에 두나니 이는 들어가는 자로 그 빛을 보게 하려 함이라.

예수님은 "누구든지 등불을 켜서 움 속에나 말 아래에 두지 아니하고 등경 위에 둔다"고 하신다(8:16; 마 5:15; 막 4:21). 여기 "움"92)이란 말은 '비밀한 곳,' '은밀한 곳,' '은밀하게 숨겨두는 곳'(secret place)을 지칭하고, "말"93)이란 말은 '곡식의 분량을 측정하는 상용(商用)의 그릇'을 지칭한다. 사람들이 등불을 켜서 움 속에나 말 아래에 두지 않고 등경94) 위에 두는 이유는 "들어가는 자로 그 빛을 보게 하려 함이라"고 하신다. 곧 집이나 방으로 들어가는 사람들로 하여금 그 빛을 보고 잘 들어가게 하기 위한 것이다. 우리는 빛이신 예수님을 잘 받아드려 우리의 마음을 밝게 비추게 해야 한다. 바리새인들과 서기관들 그리고 그들의 추종자들은 예수님께서

---

92) "움"이란 '가옥의 지하에 마련된 저장고'를 뜻하는데, 주로 포도주의 저장에 썼다(대상 27:27-28 참조).

93) "말"이란 말(마 5:15; 막 4:21; 눅 11:33)은, 곡물을 넣는 용기로서의 [말]자체를 가리킨다. 용량 8.7리터를 가리킨다. 한국에서 사용되는 말의 약 반 크기가 되는 용기로서, 영국 흠정역이나 미국 표준개역(RSV)은 bushel(36 리터)을 쓰고 있는데, 그것은 단지 [말]의 뜻으로 쓰고 있는데 지나지 않는다. 이 "말"은 가정의 주부가 날마다의 빵을 만들기 위한 가루를 측량하는데 쓴 것이었다.

94) "등경"이란 '등불이 사방에 잘 비추도록 올려놓는 대'를 말한다.

비추고 계시지만 그들은 예수님을 거부하고 있었다. 예수님은 지금도 마땅히 비추셔야 할 곳에서 세상을 비추고 계시지만 예수님을 거부하는 사람들은 세상에 헤아릴 수 없이 많다.

눅 11:34. 네 몸의 등불은 눈이라 네 눈이 성하면 온 몸이 밝을 것이요 만일 나쁘면 네 몸도 어두우리라.

예수님은 사람 몸 중에서 등불에 해당하는 곳은 "눈"이라고 하신다. 그런데 예수님은 "네 눈이 성하면 온 몸이 밝을 것이요 만일 나쁘면 네 몸도 어두우리라"고 하신다(마 6:22). 즉 우리의 영적인 눈이 밝으면 온 몸이 밝을 것이고 만일 영안(靈眼)이 밝지 못하면 우리의 몸(기관)도 어두우리라고 하신다. 예수님을 아는 사람의 눈은 성하다. 다시 말해 성령으로 말미암아 밝아진 눈은 성하다. 성령으로 말미암아 눈이 성하면 자연적으로 온 몸(몸의 모든 기관)이 제대로 활동하게 되고, 만일 영적인 눈이 성하지 못하면 온 몸(전체 기관)도 어두운 중에 사는 수밖에 없다. 우리는 예수님을 모셔서 눈이 밝아져야 한다. 그럴 때 우리의 손은 바로 움직일 수 있으며 발도 바른 곳을 다니게 되고 그리고 머리도 바로 움직일 것이다. 그러나 예수님을 모시지 않은 사람의 눈은 어두워서 몸 전체가 어두운 가운데 살아간다.

눅 11:35. 그러므로 네 속에 있는 빛이 어둡지 아니한가 보라.

우리가 해야 할 일은 "속에 있는 빛이 어둡지 아니한가 보는 것이다." 다시 말해 우리의 심령 속에 있는 빛이 어둡지 아니 한가 확인해야 한다. 예수님이 우리 속에 계신지 확인해야 하고, 성령의 주장과 인도를 잘 받고 있는지 확인해야 한다. 내 자신 생각으로는 예수님을 모시고 있다고 생각하고 성령의 주장과 인도를 받고 있다고 생각했는데 의외로 예수님을 모시지 않고 있고 성령의 지배를 받고 있지 않을 수가 있으니 확인해야 한다. 우리가 참으로 믿음에 있는지 확인해야 한다(고후 13:5).

눅 11:36. 네 온 몸이 밝아 조금도 어두운 데가 없으면 등불의 빛이 너를 비출 때와 같이 온전히 밝으리라 하시니라.

예수님은 우리의 "온 몸이 밝아 조금도 어두운 데가 없으면 등불의 빛이 너(우리)를 비출 때와 같이 온전히 밝으리라"고 말씀하신다. 우리가 예수님을 모시고 있고 또 성령의 지배를 받고 있어 성령의 열매를 맺어 사랑, 희락, 화평과 오래 참음과 자비와 양선과 충성과 온유와 절제와 같은 열매를 맺으면서 산다면 등불이 우리를 훤히 비출 때와 같이 우리가 온전히 밝은 삶을 산다는 뜻이다. 우리는 어두운 삶을 사는지 자주 확인해야 한다. 다시 말해 죄악의 열매를 맺는지 확인해야 한다. 만일 죄를 짓는 삶을 살지 않는다면 마치 등불의 빛이 우리를 비출 때와 같이 우리는 밝은 삶을 사는 것이다. 다시 말해 우리가 예수님만 모시고 있다면 우리는 어두운 데가 없는 사람이다. 우리가 성령님의 주장과 인도를 받는다면 우리는 어두운 데가 없는 사람이다.

M.예수님께서 바리새인들을 책망하시다   11:37-44

예수님은 빛을 거부하는 바리새인들과 서기관들, 그리고 그들의 추종자들이 심판 받으리라고 말씀하신(33-36절) 후 이제 이 부분(37-44절)에서는 한 바리새인의 집에 초대를 받으셔서 바리새인을 책망하시고 화를 선언하신다. 누가는 예수님께서 바리새인의 집에 초대되신 것(37-41절)과 그들에게 세 가지 화를 선언하신 것을 기록한다(42-44절). 마 23장에는 바리새인들을 향한 예수님의 일곱 가지 화들이 기록되어 있다.

눅 11:37. 예수께서 말씀하실 때에 한 바리새인이 자기와 함께 점심 잡수시기를 청하므로 들어가 앉으셨더니.

예수님은 바리새인들(마 12:24)과 그리고 에루살렘으로부터 내려온 서기관들(막 3:22)과 대화하고 계실 때(14절, 29절) 거기에 있었던 "한 바리새인이 자기와 함께 점심 잡수시기를 청하므로 들어가 앉으셨다." 예수님은 바리새

인들을 좋아하시지 않고 또 그들과의 대화가 껄끄러웠다고 해서 바리새인의
점심 식사 초대에 응하지 않으실 이유는 없으셨다. 이 바리새인은 예수님의
말씀에 상당히 매료되어 예수님을 점심 식사에 초대한 것으로 보인다. 본문
의 "점심"이라는 단어는 이른 아침의 식사가 아니라 회당 기도회에서 돌아와
점심 전에 먹는 식사이다(Lenski). 예수님은 누가 초청하든지 초대에 응하셨
다. 우리는 누가 초대하여도 식사에 응할 수 있다. 이 바리새인은 예수님을
청할 때 여러 사람을 초청했다(39절, 46절, 53절).

**눅 11:38. 잡수시기 전에 손 씻지 아니하심을 이 바리새인이 보고 이상히
여기는지라.**

예수님을 식사에 초대한 바리새인이 예수님께서 "잡수시기 전에 손 씻지
아니하심을 이상히 여겼다"(막 7:3). 식사하기 전에 손을 씻어야 한다는
규칙은 구약 성경에 있는 규례가 아니라 구전으로 내려오는 하나의 유전이었
다(마 15:2; 막 7:3). 이 유전은 위생상의 이유로 지키는 것도 아니고 세균
번식을 예방하기 위하여 지킨 것도 아니었다. 이 유전을 지키지 않으면
의식상의 불결로 인하여 구원 받는 일에 큰 타격이 있는 것으로 여겼다.
유대인들은 랍비들이 만든 이 구전을 지켰으므로 예수님께서 손을 씻지
않으신 것을 이상하게 여겼다. 바리새인이 이상하게 여기고 있는 것을 예수
님께서 느끼셨다. 그래서 다음절들(39-41절)과 같이 말씀하신다.

**눅 11:39. 주께서 이르시되 너희 바리새인은 지금 잔과 대접의 겉은 깨끗이
하나 너희 속에는 탐욕과 악독이 가득하도다.**

예수님은 비록 몇 사람이 모인 장소이지만 바리새인 전체를 향하여 "너희
바리새인은 지금 잔과 대접의 겉은 깨끗이 하나 너희 속에는 탐욕과 악독이
가득하다"고 책망하신다(마 23:25-26; 딛 1:15). 예수님은 바리새인들이
사용하고 있는 그릇의 겉은 깨끗이 하지만 바리새인의 마음은 탐욕과 악독이
가득하다고 지적하신다. "탐욕"(ἁρπαγη)이란 '약탈,' '강탈,' '탈취,' '착취'

란 뜻이고, "악독"(πονηρία)이란 '악,' '마음의 악한 기질'을 뜻한다. 그러니까 바리새인들의 마음은 남의 것을 빼앗으려는 마음으로 가득 찼고 또한 남을 해치려는 마음으로 가득 찼다는 뜻이다. 바리새인들만 아니라 그리스도의 생명을 받지 않은 사람들의 마음은 남의 것을 좋아하는 마음으로 가득 차 있으며 남을 해하려는 마음으로 가득 차 있다고 할 수 있다. 해결책은 후히 주시는 하나님을 바라볼 때 탐욕의 마음을 품지 않게 되고 또 다른 지체들도 모두 그리스도와 연합된 사람들이라는 것을 알 때 해하려는 생각을 버리게 된다.

눅 11:40. 어리석은 자들아 밖을 만드신 이가 속도 만들지 아니하셨느냐.
예수님은 본 절에서 마음속의 탐욕과 악독을 버려야 할 이유를 말씀하신다. 우리가 탐욕과 악독을 버려야 할 이유는 "밖을 만드신 이가 속도 만들었기" 때문이라고 하신다. 다시 말해 하나님은 우리의 전인(全人), 즉 영육(겉과 속)을 만드셨기 때문에 우리의 속에 있는 모든 탐욕과 악독을 버려야 한다고 하신다. 예수님은 바리새인들을 책망하실 때 "어리석은 자들아"(12:20)라고 부르시면서 책망하신다. 겉만 치장하고 속을 깨끗이 하지 않는 바리새인들은 어리석은 자들이라는 것이다. 오늘도 역시 겉치장만 하고 겉 성형수술만 하고 집단장이나 하는 사람들은 참으로 어리석은 자들이다.

눅 11:41. 그러나 그 안에 있는 것으로 구제하라 그리하면 모든 것이 너희에게 깨끗하리라.
예수님은 본 절에서 속이 깨끗해지는 방법을 제시하신다. 속이 깨끗해지는 방법 곧 탐욕과 악독을 버리고 속이 깨끗해지는 방법은 "그 안에 있는 것으로 구제하는 것"(τὰ ἐνόντα δότε ἐλεημοσύνην)이라고 하신다(12:33; 사 58:7; 단 4:27). 이 문장을 영국 흠정역(KJV)은 "너희가 가진 것으로 구제하라"(Give alms of such things as ye have)로 번역했고, 신 미국표준성경(NASB)은 "안에 있는 것을 구제금으로 주어라"(Give that which is

within as charity)로 번역했으며, 신 국제번역판(NIV)은 "접시 안에 있는 것을 가난한 자에게 주어라"(Give what is inside the dish to the poor)로 번역했다.95)

그렇다면 이 말씀의 뜻은 무엇인가. 이 말씀의 뜻을 알기 위하여 우리는 성경 여러 곳에 기록된 말씀들(하나님께서 참으로 무엇을 원하시는가를 밝히는 말씀들)을 참조하는 것이 좋을 것이다. 구약의 사 1:10-17; 58:4-8; 암 5:21-24; 미 6:6-8이나 신약의 마 23:23은 하나님께서 참으로 믿는 자들을 향하여 소원하시는 것이 무엇임을 말씀하고 있다. 이 구절들은 모두 우리가 속에 있는 탐욕을 버리고(39절) 깨끗해져서 구제한다면 안도 깨끗하고 밖도 깨끗하여 모든 것이 깨끗이 될 것이라고 말씀한다. 본 절 역시 우리의 심령의 탐욕을 버리고 그것으로 남들을 구제한다면 우리의 영육이 깨끗해진다는 것을 말해주고 있다. 존 라일(John Ryle)은 "먼저 속사람을 드리고 그 후에 예물과 겉 사람의 봉사를 드려야 하나님께서 받으실 것이다. 먼저 자신을 주께 드려라. 그리하면 그가 너희의 예물을 기뻐하시리라. 너희의 인격이 먼저 받으심이 되어야 너희의 행위가 기쁘시게 받아 질 수 있음을 알라. 깨끗한 자에게는 모든 것이 깨끗하리라"고 해석한다. 누구든지 안을 깨끗이 하고 구제해야 안도 겉도 깨끗해진다는 것을 알아야 한다(시 51:17; 롬 12:1; 고후 8:5 참조).

눅 11:42. 화 있을진저 너희 바리새인이여 너희가 박하와 운향과 모든 채소의 십일조는 드리되 공의와 하나님께 대한 사랑은 버리는도다 그러나 이것도

---

95) 이 말씀에 대한 해석을 두고 많은 주석이 가해졌다. 혹자는 "가서 너희가 가지고 있는 것으로 구제하라. 그리하면 너희가 거룩한 백성이 되리라"고 해석한다. 또 혹자는 "그릇 속에 있는 물건을 가지고 구제하라"고 해석한다. 또 혹자는 "모든 사람이 자기의 능력에 따라 구제하라"는 뜻으로 해석한다. 또 혹자는 "너희가 가지고 있는 모든 것, 곧 너희의 모든 소유를 가지고 구제하라"는 뜻으로 해석한다. 혹자는 "남는 것, 혹은 여분의 것을 가지고 저들을 구제하라"는 뜻으로 해석한다. "너희의 힘을 다하여 구제하라"고 해석하기도 한다. "너희에게 남은 마지막 처방책은 구제니라"고 해석한다. 그러나 이런 모든 해석들은 만족스럽지 못한 해석들이다. 이유는 구제 자체가 사람의 영혼을 깨끗하게 하지 못하기 때문이다.

행하고 저것도 버리지 말아야 할지니라.

예수님은 첫 번째 화를 선언하신다(마 23:23). 화가 있기를 선언하신 이유는 "박하와 운향과 모든 채소의 십일조는 드리되 공의와 하나님께 대한 사랑을 버리기" 때문이라고 하신다. 박하와 운향과 각종 채소의 십일조는 열심히 드렸지만 인간관계를 옳게 하지 않았고 또 하나님을 사랑하지 않았기 때문에 화를 선언하셨다. 예수님은 바리새인들이 "박하와 운향과 모든 채소의 십일조는 드렸다"고 말씀하신다(레 27:30-33; 신 14:22-29). "박하"(mint)란 식물은 '방향식물의 하나'로 바리새교인이 그 종교적 열심을 나타내기 위해 이 식물의 십일조를 드렸다(마 23:23; 눅 11:42).96) 그리고 "운향"이란 식물도 역시 '바리새인이 십일조를 드리는 것을 자랑스럽게 여기고 있던 식물'이다(눅 11:42).97) 바리새인들은 이 두 식물만 아니라 모든 채소의 십일조를 드릴만큼 십일조 생활에 열심을 다 했다. 예수님은 십일조를 드리는 일을 반대하지 않으셨다("이것도 행하고 저것도 버리지 말아야 할지니라").

그러나 예수님은 더 중요한 것으로서 바리새인들이 "공의" 곧 '사람에 대하여 옳게 행하는 것'을 버렸고 또 "하나님께 대한 사랑" 곧 '하나님을 믿고 하나님께서 보내신 그리스도를 사랑하는 사랑'을 버린 것에 대해 책망하시고 화를 선언하셨다. 하나님을 사랑하는 것은 사람이 지켜야 하는 첫째 되는 계명(1-4계명)이고 공의는 사람에게 실천해야 하는 계명들(5-10계명)의 요약이다. 우리는 하나님을 사랑해야 하고 사람을 사랑해야 한다

예수님은 결론적으로 "그러나 이것도 행하고 저것도 버리지 말아야 할지니라"고 하신다. 예수님은 십일조 드리는 것을 반대하지 않으시면서

---

96) "박하"란 식물은 '꿀 풀과에 속하는 숙근성 다년초'로, 줄기와 잎에서 향료를 채취한다. 팔레스틴의 도처에 자생하고, 줄기 높이가 1m나 자라며, 유월절의 쓴 나물의 하나로 사용되었다. 고대 이스라엘 사람, 그리스인, 로마인은 이 방향 때문에 감기약으로써, 또는 식물의 조미료로써 썼다.

97) "운향"이란 식물은 팔레스틴 지방에서 재배되고, 요단 골짜기 및 유다남방의 사막에도 야생했다. 다년생 초본으로 줄기 높이는 1-1.5m에 달하고, 잎은 중복(重複)한 우상복엽(羽狀複葉), 꽃은 녹황색으로, 6, 7월경 나무 가지 끝에 자루모양의 꽃을 차례로 피우는 식물이다.

428 누가복음 주해

사람에 대한 의무로서의 공의나 하나님(예수님)께 대한 의무로서의 사랑을
절대로 버려서는 안 된다고 강조하신다. 우리는 신앙생활에서 균형을 잃어
서는 안 된다.

**눅 11:43. 화 있을진저 너희 바리새인이여 너희가 회당의 높은 자리와 시장
에서 문안 받는 것을 기뻐하는도다.**

예수님께서 바리새인들에게 선언하신 두 번째 화이다(마 23:6-7; 막
12:38-39). 예수님께서 화를 선언하신 이유는 "회당의 높은 자리와 시장에
서 문안 받는 것을 기뻐했기" 때문이었다. "회당의 높은 자리"98)를 기뻐한
것은 교권적인 교만을 드러낸 것이고, "시장에서 문안 받는 것"은 세속적인
영광을 구한 것을 뜻한다. 그들은 양편에서 높임을 받기를 소원했다. 오늘날
우리는 집에서나 거리에서나 직장에서나 교회에서 남보다 높임 받기를 소원
해서는 안 된다. 낮은 마음을 품어야 할 것이다. 벧전 5:6은 "하나님의
능하신 손아래에서 겸손하라 때가 되면 너희를 높이시리라"고 말씀한다(약
4:10 참조).

**눅 11:44. 화 있을진저 너희여 너희는 평토장한 무덤 같아서 그 위를 밟는
사람이 알지 못하느니라.**

예수님께서 바리새인들에게 선언하신 세 번째 화이다(마 23:27-28). 예수님
께서 바리새인들에게 화(저주)를 선언하신 이유는 바리새인들이 "평토장한
무덤 같아서 그 위를 밟는 사람이 알지 못하기" 때문이라고 하신다(시 5:9).
"평토장99)한 무덤 같다"는 말씀은 '보이지 않는 무덤 같다'는 뜻이다.100)

---

98) "회당의 높은 자리"는 "회중과 마주 대하고 있어 사람 눈에 잘 띄는 곳이었다. 따라서
회당의 높은 자리에 앉아 있는 사람은 다른 사람에 비해서 갑절의 편의를 누렸다: (a) 기도를
인도하는 사람이나 성경을 낭독하는 사람의 가장 가까운 자리에 있다는 것이었다. (b) 모든
사람을 볼 수 있다는 것이었다. (c) 그러한 자리로 안내되는 것은 존경의 표시로 여겨졌다"(윌럼
헨드릭슨).
99) "평토장"이란 말은 '봉분을 만들지 않고 평평하게 매장하는 것'을 지칭한다.
100) 우리나라의 무덤은 평토장을 하지 않고 거의 다 땅위로 불쑥 나오게 봉분을 했기

실제로는 무덤은 무덤인데 평평하게 만들어 놓아서 그 위를 밟는 사람이 그것이 무덤인지 알지 못하는 수가 많이 있다. 율법에 의하면 사람이 무덤을 밟으면 7일간 부정하게 취급되었는데(민 19:16) 바리새인들의 부패는 잘 보이지 않아서 얼른 알아볼 수가 없었다. 그들의 외식은 얼핏 알아볼 수가 없어 사람들은 그들의 외식에 물들어 외식자들이 되었다. 참으로 위험한 사람들이었다. 무덤 속에는 각종 뼈들과 더러운 것들이 있듯이 바리새인들의 심령 속에는 각종 외식과 죄들이 있었는데 눈에 잘 띄지 않아 많은 사람들은 그들이 거룩한 줄 알고 그들과 접촉하다가 해를 입었다. 그래서 그들은 예수님으로부터 화를 선언 받았다. 거룩하게 보이는 사람들이 다 거룩한 사람들은 아니다. 평토장한 무덤들(더러우면서도 더럽지 않은 듯이 보이는 무덤들)이 우리 교회들 안에 많이 있다.

N.예수님께서 율법교사들을 책망하시다 11:45-54
바리새인들에게 화를 선언하신(42-44절) 예수님은 이제 율법 교사들에게 화를 선언하신다. 율법 교사들이 가만히 있었으면 화를 선언 받지 않았을지도 모르는데 그들이 화를 자초했다. 바리새인들이 세 가지 화를 선언 받았듯이 율법 교사들도 역시 세 종류의 화를 선언 받았다. 바리새인들은 외식해서 화를 선언 받았으나 율법 교사들은 대인관계를 잘 못해서 화를 선언 받았다.

눅 11:45. 한 율법교사가 예수께 대답하여 이르되 선생님 이렇게 말씀하시니 우리까지 모욕하심이니이다.
율법교사는 예수님께서 바리새인들을 향하여 통렬하게 책망하는 것을 듣다가 자기들도 대부분 바리새인들이었으니 더 이상 참을 수 없다고 생각하여 예수님께 말씀하실 때 끼어든 것이다. 한 율법교사가 "예수께 대답하여

때문에 무덤이 잘 보인다.

이르되 선생님 이렇게 말씀하시니 우리까지 모욕하시는 것입니다"라고 말했다. 그 율법교사는 자존심이 강했던 교사였던 것으로 보인다. 그는 예수님의 책망이 큰 모욕으로 느껴졌다. 우리는 예수님의 책망을 그대로 받을 수 있어야 한다. 그들은 사람관계에서 잘 못한 것 때문에 예수님으로부터 화를 선언 받았다(46-52절).

눅 11:46. 이르시되 화 있을진저 또 너희 율법교사여 지기 어려운 짐을 사람에게 지우고 너희는 한 손가락도 이 짐에 대지 않는도다.

율법 교사들에게 선언한 첫 번째 화이다. 그들이 예수님으로부터 화를 선언받은 이유는 "지기 어려운 짐을 사람에게 지우고 너희는 한 손가락도 이 짐에 대지 않았기" 때문이었다(마 23:4). 그들은 "지기 어려운 짐," 곧 '율법 이외에 실행하기 어려운 많은 구전들'을 만들어 사람들에게 실행하라고 하고 자기들은 그 구전을 지키지 않았다는 것이다. 율법 교사들은 율법이외에 수많은 구전을 만들어 사람들에게 지키라고 했다. 우리 성경에 나와 있는 것들만 보아도 그들의 구전이 많았음을 알 수 있다. 예를 들면 안식일에 지켜야 하는 39가지의 규정들이 있고, 그리고 안식일에는 사람의 병을 고칠 수 없다는 규정(6:6-11), 식사 때에 손을 씻어야 식사할 수 있다는 규정 등 많은 규정을 만들어 사람들로 하여금 지키게 했다(요 5:9-10, 16, 18; 9:14, 16). 그러면서 그들 자신들은 이 규정들을 하나도 지키지 않아도 되게끔 만들어 놓았다(마 23:3). 오늘 우리는 성도들로 하여금 무거운 멍에를 지우게 해서는 안 된다. 그들로 하여금 예수님만 바라보도록 만들어야 한다. 그리고 힘을 얻어 모든 말씀을 지킬 수 있도록 해주어야 한다.

눅 11:47-48. 화 있을진저 너희는 선지자들의 무덤을 만드는도다 그들을 죽인 자도 너희 조상들이로다 이와 같이 그들은 죽이고 너희는 무덤을 만드니 너희가 너희 조상의 행한 일에 증인이 되어 옳게 여기는도다.

본 절의 화는 예수님께서 율법 교사들에게 선언하신 두 번째 화이다. 그들이

화를 선언 받은 이유는 "선지자들의 무덤을 만들기" 때문이었다. 율법 교사
들의 조상들은 선지자들을 죽였고(마 23:29-31) 그 후손인 현재의 율법
교사들은 무덤을 쌓고(장식하고) 있었기 때문에 저주를 받는다는 것이다.
율법 교사들이 무덤을 만드는 행위는 두 가지를 보여주는 행위라고 하신다.
하나는 조상들이 선지자들을 죽인 행위에 증인 노릇하는 것이고 또 다른
하나는 조상들이 선지자들을 죽인 것을 옳게 여기는 행위라고 하신다. 그러
니까 현재의 율법 교사들은 자기들의 조상들이 선지자들을 죽인 행위가
사실이라는 것을 증거하고 있고 또 조상들이 선지자들을 죽인 것을 옳다고
여기고 있다는 것이다. 율법 교사들은 선지자들의 무덤을 만들고 장식해서
백성들로부터 잘 한다는 칭찬을 받기를 원했는데 예수님은 그들의 심령
속에 있는 것을 꿰뚫어 보셨다. 오늘 우리의 행위도 예수님께서 어떻게
판단하시느냐가 중요하다.

눅 11:49. 이러므로 하나님의 지혜가 일렀으되 내가 선지자와 사도들을
그들에게 보내리니 그 중에서 더러는 죽이며 또 박해하리라 하였느니라.
문장 초두의 "이러므로"(διὰ τοῦτο)란 말은 본 절(49절)부터 51절까지의
부분 전체를 앞 절(48절)과 연결해 주는 접속사이다. 환언하면 "이러므로"란
접속사는 앞 절(48절)과 49-51절을 연결해주는 접속사로 쓰였는데 그 뜻은
율법 교사들의 조상들이 선지자들을 죽였고 또 현재의 율법 교사들이 선지자
들의 무덤을 만들어 그들의 조상들이 한 일에 동조하였음으로 죽은 선지자들
의 피 값을 담당해야 한다는 것이다. 플러머(Plummer)는 "이러므로"란
말이 여기에 쓰여 있는 것에 관하여 "너희 조상의 살인행위에 너희가 연루되
었기 때문에 예수님께서 화를 선언하시기 위해 여기에 썼다"고 말한다.
　그리고 "하나님의 지혜"가 무엇이냐를 두고 많은 해석이 시도되었으
나101) '하나님께서 그의 지혜로 말씀하셨다'('God in His wisdom said')는

───

101) "하나님의 지혜"가 무엇이냐를 두고 많은 해석이 시도되었다. 본 절의 "하나님의 지혜가
일렀으되"라는 말씀이 마 23:34에서는 예수님께서 친히 하신 말씀으로 되어 있다. 즉 마 23:34에

뜻일 것이다(7:35; Plummer, Lenski, Hendriksen). 하나님께서 그의 지혜로 말씀하시기를 "내(하나님)가 선지자와 사도들을 그들에게 보내리니 그 중에서 더러는 죽이며 또 박해하리라"고 하셨다(마 23:34). 예수님 이전의 선지자들이 죽임을 당하고 혹은 예수님 당시의 사도들이 박해를 받는 것은 우연한 일이 아니고 하나님께서 벌써 그의 지혜로 말씀하신대로 된 것이라는 뜻이다. 그리고 예수님의 죽음도 우연한 죽음이 아니라 벌써 하나님께서 그의 지혜로 예언하신대로 된 것이다. 하나님은 모든 것을 그 지혜 안에서 이미 드러내셨다.

눅 11:50-51. 창세 이후로 흘린 모든 선지자의 피를 이 세대가 담당하되 곧 아벨의 피로부터 제단과 성전 사이에서 죽임을 당한 사가랴의 피까지 하리라 내가 너희에게 이르노니 과연 이 세대가 담당하리라.
예수님은 앞 절(49절)에서 하나님의 예언대로 하나님의 종들이 박해를 받고 혹은 죽임을 당하리라고 하셨는데 이제 이 부분(50-51절)에서는 "창세 이후로 흘린 모든 선지자의 피를 이 세대가 담당하리라"고 그 결과를 말씀하신다. 창세 이후로 흘린 모든 선지자의 피를 "이 세대," 즉 '유대인들'이 담당한다는 말씀이다. 윌럼 헨드릭슨(William Hendriksen)은 "해가 감에 따라 죄에 대한 책임이 늘어난다. 전 세대의 교훈을 받아드리지 못한 새로운 세대들마다 그 악을 더하므로 벌의 가혹함이 있다. 이것은 예컨대 잠 29:1;

보면 "그러므로 내(예수님)가 너희에게 선지자들과 지혜 있는 자들과 서기관들을 보내매 너희가 그 중에서 더러는 죽이거나 십자가에 못 박고 그 중에서 더러는 너희 회당에서 채찍질하고 이 동네에서 저 동네로 따라다니며 박해하리라"로 되어 있다. 그런고로 1) 본 절(49절)이 예수님께서 이전에 하신 말씀을 지금 인용하고 계시다는 학설은 설득력이 없다. 하나님께서 말씀하신 것으로 보아야 한다. 2) "하나님의 지혜"라는 책이 있었는데 분실되었다고 주장하는 설도 설득력이 없다. 그리고 3) 마 23:34에 의거하여 본 절의 "하나님의 지혜"가 '예수님 자신'을 지칭한다고 주장하는 학자가 있다. 학자가 이렇게 주장하는 이유는 눅 11:49("하나님의 지혜")와 마 23:34 ("내")이 병행 절이기 때문이라고 한다. 그러나 Plummer와 Lenski, 그리고 William Hendriksen은 "하나님의 지혜"와 '예수님'을 동일시하지 않는다. 이유는 성경에서 예수님을 하나님의 지혜로 명명한 경우가 없기 때문이라고 한다. 플러머(Plummer)는 "예수님께서 자신을 '하나님의 지혜'라고 일컬으신 일이 없으시다"고 말한다. 4) 구약 여러 곳에 나타난 하나님의 권고(일례, 잠 8:22-31)라는 학설이 가장 설득력이 있는 것으로 보인다(Plummer, Lenski).

렘 7:16; 겔 14:14; 눅 13:34를 보면 분명히 나타난다. 특히 단 5:22을 보라"고 했다.[102) 렌스키(Lenski)는 "범죄가 다시 행해지면 각 범죄는 처음의 범죄를 포함한다. 마지막 행위들은 같은 형태의 전의 모든 행위를 시인한다. 그래서 마지막 행위들은 모든 것을 위해서 유죄를 포함한다. 이리하여 유대인들의 마지막 세대에게 '창세 이후로 흘린 모든 선지자의 피'가 돌아간다"고 말한다.[103)

그리고 예수님은 구체적으로 "아벨의 피로부터 제단과 성전 사이에서 죽임을 당한 사가랴의 피까지" 담당하리라고 하신다(마 23:35 참조). 예수님 당시의 유대인들은 형 가인이 그 동생 아벨을 죽여 흘린 피로부터 시작해서 (창 4:8) 제단과 성전 사이에서 죽임을 당한 사가랴(대하 24:20-21)의 피 값까지 당하리라고 하신다. 가인과 사가랴는 구약 히브리어 성경에 나오는 모든 순교자를 포괄한다. 이유는 히브리어 성경의 배열이 오늘날 우리가 보는 히브리어 성경의 배열과 달라서 창세기로부터 시작해서 역대하 성경이 마지막 성경으로 배열되었기 때문이다. 예수님 당시의 유대인들은 구약 성경에 열거된 모든 순교자의 죄 값을 담당해야 한다는 말씀이다. 형 가인은 그 동생 "의인"(마 23:35) 아벨을 죽였으니 그 벌이 대단하지 않은가. 그리고 요아스 왕 시대의 사가랴의 부친 여호야다는 은혜를 베푼 사람이었음에도 요아스는 여호야다의 아들 충성된 증인 사가랴를 죽이라는 명령을 내렸다. 배은망덕의 극한(極限)이었다. 더욱이 사가랴를 죽일 때 성전 안뜰에서 죽였다. 그런고로 죄 값을 유대인들이 담당해야 했다.

그리고 또 예수님은 다시 힘주어 "내가 너희에게 이르노니 과연 이 세대가 담당하리라"고 하신다. 피 값을 담당하는 일은 피할 수 없었다. 예수님으로부터 이 말씀을 들은 유대인들은 대부분 살아서 40년 후에 예루살렘 멸망 때 친히 함께 망하고 말았다. 유대인들은 구약 선지자들이 예언하고 대망하던 참 선지자를 십자가에서 죽였으니 바로 그 선지자(신 18:15)의

---

102) 윌렴 헨드릭슨(William Hendriksen), 누가복음 (중), p. 385.
103) 렌스키(Lenski), 누가복음 (하), p. 46.

피 값을 담당해야 했다.

눅 11:52. 화 있을진저 너희 율법교사여 너희가 지식의 열쇠를 가져가서 너희도 들어가지 않고 또 들어가고자 하는 자도 막았느니라 하시니라.
예수님은 율법 교사들에게 세 번째로 화를 선언하신다. 그들이 화를 받아야 하는 이유는 "지식의 열쇠를 가져가서 너희(자신들)도 들어가지 않고 또 들어가고자 하는 자도 막았기" 때문이었다(마 23:13). 율법 교사들이 가져간 "지식의 열쇠"란 말이 무엇을 지칭하는가. 같은 내용을 말씀하는 마 23:13에 의하면 "너희는 천국 문을 사람들 앞에서 닫고 너희도 들어가지 않고 들어가려 하는 자도 들어가지 못하게 하는도다"라고 말한다. 마태복음에 비추어 볼 때 본 절의 "지식의 열쇠"란 말은 "천국 문"을 지칭하는 말이다. 그러니까 "지식의 열쇠"(the key of knowledge)란 '천국으로 들어가게 하는 천국의 문,' '천국으로 통하는 문'이란 말과 같은 뜻이다. 서기관들은 성경을 잘못 해석하여 자기들 자신들도 예수님이 메시아인 줄 몰랐고 또 사람들에게 예수님을 메시아로 소개하지 못했다. 그들은 그들 자신들도 천국 밖에서 망했고 동족인 유대인들도 천국으로 들어가지 못하게 만들었다. 성경을 잘못 풀어서 가르친다는 것은 얼마나 큰 죄악인지. 자신들도 망하고 다른 사람들도 망하게 만드는 것이다. 서기관들은 수많은 규정을 만들어 사람들로 하여금 지키게 했다. 마치 그것을 지킴으로 구원에 이를 것처럼 그런 것들을 많이 강조하고 주장했다. 예수님께서 서기관들에게 화를 선언하신 것은 당연한 일이었다. 오늘 성경을 해석하고 또 성경을 가르치는 사람들 중에도 다원주의 입장에 선 사람들은 크게 통회하고 다시 시작해야 한다. 그리고 또 그리스도의 십자가와 부활을 가르치지 아니하고 윤리만 강조하는 사람들도 많이 기도하여 그리스도를 알고 가르쳐야 할 것이다.

눅 11:53-54. 거기서 나오실 때에 서기관과 바리새인들이 거세게 달려들어 여러 가지 일을 따져 묻고 그 입에서 나오는 말을 책잡고자 하여 노리고

있더라.

예수님께서 바리새인의 집(37절)에서 나오실 때에 심한 책망을 받은 "서기 관과 바리새인들이 거세게 달려들어 여러 가지 일을 따져 물었다." 두 부류 의 사람들은 "거세게 달려들었다." 여기 "거세게 달려들었다"(δεινῶς ἐνέ-χειν)는 말은 '맹렬하게 붙잡았다'는 뜻이다. 그들은 예수님의 신체에 손을 대어 꽉 잡았던 것으로 보인다. 그리고 그들은 "여러 가지 일을 따져 물었다." 그들은 여러 가지로 화를 선언 받았으니 그 하나하나에 대해서 '왜 그렇게 저주했느냐'고 물었을 것이다. 그들은 자기들이 받은 저주뿐 아니라 예수님 을 책잡기 위해 여러 가지로 꼬치꼬치 캐물었다.

그리고 그들은 예수님의 입에서 나오는 모든 말을 "책잡고자 하여 노리 고 있었다"(막 12:13). "노리고 있었다"(ἐνεδρεύοντες)는 말은 '숨어서 기다 리다,' '무엇을 목적하고 매복하다'란 뜻이다. 그들은 예수님의 입에서 무슨 말이 나오는가를 책잡고자 하여 숨어서 기다리고 있었다. 그들은 예수님의 말씀을 듣고 회개하는 대신 더욱 화와 분으로 충만해 있었고 복수심으로 가득 차 있었다. 오늘도 복음을 듣고 분노로 차는 사람들이 많다.

제 12 장

제자들을 향한 예수님의 여러 가지 교훈들

O.박해를 두려워 말라   12:1-12

바리새인들과 율법 교사들에게 화를 선언하신 예수님은 그들의 반격을 예감하시고 제자들에게 그들의 박해를 두려워하지 말라고 권고하신다. 두려워하지 않아야 하는 이유는 아버지께서 보호해 주시기 때문이라고 하신다.

1.바리새주의가 폭로되다   12:1-3

앞 장에서 바리새인들과 율법 교사들에게 화를 선언하신 예수님은 이제 제자들에게 바리새인들의 외식을 주의하라고 경고하신다.

눅 12:1. 그 동안에 무리 수만 명이 모여 서로 밟힐 만큼 되었더니 예수께서 먼저 제자들에게 말씀하여 이르시되 바리새인들의 누룩 곧 외식을 주의하라.

예수님은 바리새인의 집에서 점심 식사를 하시고(11:37) 난 후 밖으로 나오셨는데 (11:53) "무리 수만 명이 모여 서로 밟힐 만큼 되었다." 이렇게 많은 무리(11:29의 무리)가 "서로 밟힐 만큼 된" 이유는 그리스도의 말씀을 듣기 위함이었다. 그들은 서로 간에 간격이 없이 섰다. 확성기가 없었던 당시에 그들은 별수 없이 서로 가까이 서는 수밖에 없었다.

그런데 예수님은 다른 교훈보다도 "먼저" 바리새인에 대해서 제자들에게 주의를 주셨다. 외식은 사람을 망치는 것이니 먼저 제자들에게 바리새인들의 외식을 조심하라고 말씀하신다(마 16:6, 12; 막 8:15). 바리새인들의 "외식"은 무서울 정도였다. 보통 사람들은 그들이 외식하고 있는 것을 눈치 채지 못했다. 이유는 그들은 평토장한 무덤 같은 사람들이기 때문이었다(11:44). 그들 속에는 탐욕과 악독이 가득했지만(11:39) 겉으로는 참으로 거룩한 종교인들 같이 보였기 때문에 사람들이 눈치 채지 못했다. 그런고로 그들을 주의해야 했다. 다시 말해 그들의 행위를 본받지 말아야 했다(마 23:3). 가룟 유다는 외식하다가 망했다. 외식은 사람을 망하게 하는 독약이다.

예수님은 바리새인들의 "외식"을 "누룩"이라고 말씀하신다. 외식을 누룩이라고 하신 이유는 누룩이 부풀어 오르는 것처럼(출 12:15; 고전 5:6) 외식도 다른 사람들에게 무서울 정도로 퍼지기 때문이다. 바리새인들의 거짓 교훈은 무서울 정도로 빨리 퍼져 나갔다. 미꾸라지 한 마리가 못(pond) 전체를 흐려놓는 것과 같았다.

눅 12:2. 감추인 것이 드러나지 않을 것이 없고 숨긴 것이 알려지지 않을 것이 없나니.
예수님은 "감추인 것이 드러나지 않을 것이 없다"고 하신다(8:17; 마 10:26; 막 4:22). 바리새인들의 외식은 반드시 드러난다는 말씀이다. 여기 "감추인 것"(συγκεκαλυμμένον)이란 말은 현재완료 수동태로 '과거에도 감추어져 있었는데 지금도 감추어져 있다,' '과거에도 숨겨져 있었는데 지금도 숨겨져 있다'는 뜻이다. 예수님은 사람이 아무리 철저히 숨겨보아야 틀림없이 드러난다고 하신다. 세상에는 완전 범죄가 있을 수가 없다. 하나님께서 드러내신다. 다윗이 그의 간통 사실을 숨기기 위해 밧세바의 남편을 전장에서 죽게 했으나 하나님은 나단 선지자를 통하여 만천하에 드러내셨다. 예수님은 바로 상반 절과 비슷한 말로 또 연결하신다. "숨긴 것이 알려지지 않을 것이 없다"고 하신다. 비록 깊숙이 숨겨 놓은 것이라 할지라도 반드시 세상에 알려진다는 뜻이다. 외식이라는 것이 반드시 드러나고 알려진다는 것을 말씀하시기 위하여 이렇게 이중으로 말씀하셨다. 신자들의 죄는 세상에서 반드시 드러나고(벧전 4:17) 불신자들의 죄도 종말의 심판대 앞에서 반드시 드러난다(롬 2:16; 고전 3:13; 4:5). 죄를 숨기는 것은 어리석은 일이다.

눅 12:3. 이러므로 너희가 어두운 데서 말한 모든 것이 광명한 데서 들리고 너희가 골방에서 귀에 대고 말한 것이 지붕 위에서 전파되리라.

"이러므로," 즉 '2절과 같은 원리가 있으므로' 예수님은 "너희가 어두운 데서 말한 모든 것이 광명한 데서 들리고 너희가 골방에서 귀에 대고 말한 것이 지붕 위에서 전파되리라"고 하신다. 아무리 어두운 데서 말한 것이라 할지라도 밝은 데서 들리고 또 골방에서 두 사람 사이에 귀에 대고 말한 것이 있다고 할지라도 지붕위에서 전파될 것이다. 외식하려는 것은 참으로 어리석은 것이다. 우리는 최후의 심판 날이 오기 전 그리스도 앞에 나아와 스스로 죄를 자복해야 할 것이다. 그래서 모든 죄를 용서받아야 한다(요일 1:9). 죄를 숨기려고 하다가는 은혜도 받지 못하고 또 훗날에 가서는 반드시 드러나니 모든 숨기려는 노력은 무용하다.

　2.박해를 두려워 말라　12:4-7

　예수님께서 바리새인들과 서기관들(scribes), 그리고 율법 교사들(lawyers)에게 저주를 선언하셨으니(11:37-52) 그들이 예수님의 제자들을 공격할 것은 분명한 사실이었다. 그러나 예수님은 제자들에게 그들의 박해를 두려워말라고 교훈하신다. 그들은 외식주의자들(정직하지 못한 자들)이니 힘이 없고 약한 자들이다(1-3절).

눅 12:4. 내가 내 친구 너희에게 말하노니 몸을 죽이고 그 후에는 능히 더 못하는 자들을 두려워하지 말라.

예수님은 제자들에게 바리새인들을 두려워하지 말라고 하시면서 "내가 내 친구 너희에게 말하노니"라고 장엄하게 말씀하신다. 그러니까 바리새인들(서기관들이나 율법 교사들도 거의 바리새인들이었다)을 두려워하지 않아

야 하는 것을 장엄하게 부탁하신다. 이렇게 장엄하게 예수님은 8절에서
또 말씀하신다. 8절에 보면 제자들을 박해할 바리새인들 앞에서 예수님을
시인하는 것은 아주 중대한 사안이라고 하신다. 예수님은 중대한 일을 부탁
하시면서 "내가 내 친구 너희에게 말하노니"라고 무게 있게 부탁하신다.
우리도 역시 세상의 박해를 두려워하지 말아야 하고 또 예수님을 시인하라는
말씀을 엄숙하게 들어야 한다.

그런데 예수님은 이런 장엄한 부탁을 하시는 자리에서 제자들을
"내 친구"라고 부르신다. 이 용어는 공관복음서 중에서 유일하게 이곳에
만 사용하셨다. 예수님은 제자들에게 중요한 것을 부탁하시면서 "내
친구"라고 하신다. 예수님은 제 4복음서에서는 이 용어를 자주 사용하셨
다(요 15:14-15). 예수님은 사랑의 계명을 받아 서로 사랑하는 제자들을
친구라 하시고(요 15:13-14), 또 모든 계시를 주신 제자들을 친구라고
하신다(요 15:15). 예수님의 계명을 받아 그 계명을 실천한다는 것은
대단히 중요한 일이었고 또 예수님의 숨은 계시를 받는다는 것은 중요한
일이었다.

예수님의 부탁은 "몸을 죽이고 그 후에는 능히 더 못하는 자들을 두려워
하지 말라"는 것이다(사 51:7-8, 12-13; 렘 1:8; 마 10:28). "몸," 즉 '육신'은
죽이지만 "그 후에는 능히 더 못하는," 곧 '영혼도 죽이지 못하고 또 지옥에
도 넣지 못 하는'(다음 절) 자들을 두려워하지 말라고 하신다. 바리새인들의
박해에는 어떤 한계가 있다고 하신다. 아무리 박해해보아야 몸밖에 죽이지
못하는 것이고 사람의 영혼을 죽이지도 못하고 따라서 지옥으로 보내지는
못한다는 것이다. 세상의 독재자들도 국민들의 몸은 죽일 수가 있으나 그
이상의 일은 하지 못한다(마 10:28).

**눅 12:5. 마땅히 두려워할 자를 내가 너희에게 보이리니 곧 죽인 후에 또한
지옥에 던져 넣는 권세 있는 그를 두려워하라 내가 참으로 너희에게 이르노
니 그를 두려워하라.**

예수님은 제자들에게 바리새인들을 두려워하지 말라(앞 절)고 격려하시고
는 이제 본 절에서는 "마땅히 두려워할 자를 내가 너희에게 보이시겠다"고
하신다. 여기 "마땅히 두려워할 자"가 누구냐를 두고 혹자는 사탄이라고
말하나 사탄은 우리를 지옥에 넣지 못하는 고로 '하나님'이라고 해석해야
한다. 거의 대부분의 주석가들은 우리가 마땅히 두려워할 자가 하나님이라
고 해석한다. 예수님은 "죽인 후에 또한 지옥에 던져 넣는 권세 있는 그를
두려워하라 내가 참으로 너희에게 이르노니 그를 두려워하라"고 말씀하신
다. '몸을 죽인 후에 또한 영혼을 지옥104)에 던져 넣는 권세 있는 하나님을
두려워하라'고 하신다. 그런 다음 예수님은 다시 한 번 하나님을 "두려워하
라"고 말씀하신다. 하나님을 두려워하는 것이 중요하니까 두 번이나 겹쳐서
말씀하신 것이다.

**눅 12:6. 참새 다섯 마리가 두 앗사리온에 팔리는 것이 아니냐 그러나 하나님
앞에는 그 하나도 잊어버리시는 바 되지 아니하는도다.**
본 절과 다음 절(7절)은 사람의 박해를 두려워하지 않아야 할(4절) 이유를
말씀하신다. 본 절은 하나님께서 우리를 영원히 잊지 않으시고 돌보시기
때문에, 그리고 다음 절은 하나님께서 우리를 세밀하게 돌보시기 때문에
우리는 사람의 박해를 두려워할 필요가 없다고 하신다.
　　예수님은 "참새 다섯 마리가 두 앗사리온에 팔리는 것이 아니냐"고
하신다(마 10:29 참조). 참새 한 마리가 아니고 다섯 마리가 겨우 두 앗사리
온에 팔리는, 값어치가 없는 미물인데도 하나님은 그 한 마리도 잊어버리지
않으시고 돌보신다고 하신다. 여기 "앗사리온"이란 화폐는 '로마 화폐 1

---

104) "지옥"(Hell)이란 회개하지 않은 죄인이 심판 후에 가는 곳, 형벌의 장소(12:5; 마 5:22,
29-30; 10:28; 18:9; 23:15, 33; 막 9:43, 45, 47; 약 3:6). [지옥]으로 역된 헬라어 [게엔나]는,
히브리어 [게 힌놈](힌놈의 골짜기, 느 11:30)에서 나온 아람어 [게힌남]의 음사로서, 여기서
몰렉(바알신의 속칭)에게 희생제물로서 아이를 불태워 드린 무서운 죄가 범해진데서(왕상 13:2;
왕하 23:16; 대하 28:3; 33:6), [힌놈의 골짜기]는 죄와 공포의 대표적인 곳으로 인식되었고,
그 이름은 영원한 형벌이 행해지는 곳을 가리키는 데 사용되었다.

드라크마의 10분의 1에 해당하며 가장 작은 단위의 동전'이다. 이런 보잘 것 없는 생명도 하나님께서 잊지 않으시고 돌보시는데 그리스도의 제자들이 두려워해서 되겠는가라는 논리이다. 성도는 참으로 사람의 박해를 두려워해서는 안 된다.

눅 12:7. 너희에게는 심지어 머리털까지도 다 세신 바 되었나니 두려워하지 말라 너희는 많은 참새보다 더 귀하니라.

예수님은 "너희에게는 심지어 머리털까지도 다 세신 바 되었나니 두려워하지 말라"고 하신다. 하나님은 심지어 예수님의 제자들의 머리털까지도 다 세고 계시니(21:18; 삼상 14:45; 왕상 1:52; 행 27:34 참조) 두려워하지 말라는 것이다. 머리털까지 세시는 하나님께서 무엇인들 돌보지 않으시랴. 하나님은 우리를 돌보시되 철저하게, 세밀하게 돌보신다. 하나님은 하찮은 생물까지 사랑하시는데 하물며 그리스도의 제자들과 성도들을 사랑하지 않으시랴.

예수님은 그의 사랑이 많으신 것을 보여주시기 위해서 "너희는 많은 참새보다 더 귀하니라"고 하신다. 한 마리 참새를 돌보시는 하나님은 많은 참새(참새의 무리, 참새 떼, 여러 마리의 참새)를 돌보실 것이고 많은 참새보다 더 귀한 성도의 생명을 돌보시지 않으시랴. 결국 우리는 하나님의 사랑에 대한 참된 지식이 없어 겁을 내는 것이다.

3.주님을 시인하는 자가 복을 받는다   12:8-12

예수님은 제자들에게 바리새인들을 두려워하지 말라고 말씀하시고 (4-7절) 이제 이 부분(8-12절)에서는 어떤 환경에서도 주님을 시인하라고 하신다. 주님을 시인하는 자를 주님께서 시인하실 것이고(마 10:32-33; 12:32 참조), 성령도 성도가 할 말을 가르쳐 주실 것이라고 하신다(마 10:19-20 참조).

눅 12:8. 내가 또한 너희에게 말하노니 누구든지 사람 앞에서 나를 시인하면 인자도 하나님의 사자들 앞에서 그를 시인할 것이요.

예수님은 "내가 또한 너희에게 말하노니"라고 말씀하신다. 예수님께서 하셔야 하는 말씀이 너무 중요한고로 이런 언사를 사용하신다(4절 참조). 예수님은 "누구든지 사람 앞에서 나를 시인하면 인자도 하나님의 사자들 앞에서 그를 시인할 것이라"고 하신다(마 10:32; 막 8:38; 딤후 2:12; 요일 2:23). '예수님의 제자들뿐 아니라 누구든지 바리새인들 앞에서 그리고 박해자들 앞에서 예수님을 고백하고 증거하면 인자[105] 즉 예수님도 하나님의 사자들 앞에서 그를 인정하시리라'고 하신다. 우리는 세상에서 사는 중에 참 증인의 삶을 살아야 한다.

눅 12:9. 사람 앞에서 나를 부인하는 자는 하나님의 사자들 앞에서 부인을 당하리라.

예수님은 또 중요한 말씀을 하신다. "사람 앞에서 나를 부인하는 자는 하나님의 사자들 앞에서 부인을 당하리라"고 하신다. 박해자들 앞에서 예수님을 부인하는 사람들은 최후의 심판 대 앞에서 하나님의 사자들 앞에서 거부를 당하리라는 것이다. 그리스도를 부인하는 사람들은 결국 구원에 참여하지 못 한다는 뜻이다.

눅 12:10. 누구든지 말로 인자를 거역하면 사하심을 받으려니와 성령을 모독하는 자는 사하심을 받지 못하리라.

예수님은 "누구든지 말로 인자를 거역하면 사하심을 받는다"고 하신다(마 12:31-32; 막 3:28; 요일 5:16). '아무 사람이든지 성령의 인도를 받지 않은 상태에서 인자되신 예수님을 거역하는 말을 하는 경우 사하심을 받는다'고 하신다. 다시 말해 성령의 지배를 받지 않은 상태에서는 예수님을 진정으로

---

105) "인자"라는 명칭은 고난을 받으시는 그리스도를 지칭할 때 사용된 명칭이다(막 2:10, 28; 눅 12:8).

알 수 없고(고전 12:3) 예수님을 아직 진정으로 알지 못하는 때에 예수님을 거스르는 말을 하는 것은 사죄를 받을 수 있다는 것이다.

그러나 예수님은 "성령을 모독하는 자는 사하심을 받지 못하리라"고 확언하신다(마 12:31-32). 여기 "성령을 모독하는 자"란 말은 '성령께서 분명히 예수님을 알려주시는데도 불구하고 성령의 가르침을 무시하여 예수님을 주님으로 믿지 않는 자'란 뜻이다. 성령님은 진리의 영(요 16:26)으로서 사람들로 하여금 예수님을 깨닫게 해주시고 믿게 해주시는데 그 성령님의 감동을 받으면서도 예수님을 끝까지 믿지 않는 사람은 소망이 없다. 그런 사람은 "사하심을 받지 못한다." 즉 '죄 사함을 받지 못한다.' 누구든지 성령 훼방죄를 지어서는 안 된다. 모든 죄는 사함을 받을 수 있으나 성령께서 예수님을 깨닫게 해주시는데도 성령님의 가르침을 거부하여 예수님을 주님으로 고백하지 않는다면 영원히 사함을 받을 수 없다는 것은 당연한 결론이다. 예수님을 믿지 않는데 어찌 구원에 이를 수 있겠는가.

눅 12:11-12. 사람이 너희를 회당이나 위정자나 권세 있는 자 앞에 끌고 가거든 어떻게 무엇으로 대답하며 무엇으로 말할까 염려하지 말라 마땅히 할 말을 성령이 곧 그 때에 너희에게 가르치시리라 하시니라.
예수님은 성령님께서 진리를 알게 하시고 진리를 고백하게 하시지만 또 다른 한편 본 절에서 말하는 바와 같이 전도할 때 무엇을 전할 것인지 가르쳐 주신다고 하신다. 예수님은 박해자들이 제자들을 "회당이나 위정자나 권세 있는 자 앞에 끌고 가거든 어떻게 무엇으로 대답하며 무엇으로 말할까 염려하지 말라"고 하신다(21:14; 마 10:19; 막 13:11). 박해자들이 제자들을 유대인 회당으로 끌고 가고 혹은 위정자나 권세 있는 자 앞에 끌고 가도 무슨 말로 대답하며(=변증하며) 또 무슨 말을 할 것인가 하고 염려하지 말라고 하신다.

염려할 것 없는 이유는 "마땅히 할 말을 성령이 곧 그 때에 너희에게 가르치시리라"는 것이다. 성령님은 우리가 이미 알고 있는 진리를 생각나게 하시는 영이시다(요 14:26). 예수님의 말씀대로 실제적으로 베드로(행 4:8-12, 19-20), 스데반(행 6:10; 7:2-53), 바울(행 21:39-22:21; 23:1, 6; 24:10-21; 26:1-23)에게 성령께서 역사하셔서 기독교 진리를 성공적으로 변증했다. 혹자는 이런 성경구절을 보고 우리가 설교 준비를 할 필요가 없다고 주장하며 주일 아침까지 기다리는 수가 있으나 예수님께서 말씀하신 본 절의 말씀은 설교 준비를 할 필요가 없다는 뜻이 아니라 박해를 받는 때에 성령께서 역사하신다는 뜻으로 알아야 한다. 설교 준비는 오랜 기간 할수록 좋다.

P.탐심을 품지 말라 12:13-21

누가는 하나님께서 우리를 철저하게 돌보시니 전혀 두려워할 것이 없다고 가르치심에도(1-12절) 불구하고 아직도 재물이 없으면 어떻게 살 것인가 하고 염려하는 사람에게 예수님은 탐심을 물리치라고 가르치신 것을 기록한다(13-21절). 한 생애 동안 염려하다가 끝나는 사람들에게 탐심을 물리치라는 말씀은 또 하나의 복음이 아닐 수 없다.

눅 12:13. 무리 중에 한 사람이 이르되 선생님 내 형을 명하여 유산을 나와 나누게 하소서 하니.

형과 유산을 나누게 해달라고 예수님께 부탁한 것은 탐심(15절) 때문이었다. "무리 중에 한 사람"은 탐심이 너무 심한 나머지 예수님이 어떤 분이신 줄도 모르고 "선생님 내 형을 명하여 유산을 나와 나누게 하소서"라고 부탁한다. 그 사람은 예수님을 "선생님"이라고만 부른다. 우리는 예수님을 항상 주님으로 불러야 한다. 그 사람은 자기의 형을 다루기가 힘이 들어 예수님에게 재산분배를 부탁한 것으로 보인다. 상속분배에 대한 성경말씀은 신 21:15-17에 기록되어 있는데 그는 동생의 입장에서 형에게 압력을 넣을 수가 없어서 예수님에게 부탁한 것일 것이다. 오늘도 혹자들은 예수님이 어떤 분이신지를 잘 모르는 채 비본질적인 일로 예수님에게 부탁하는 수가 있다. 다시 말해 탐심을 채우기 위해서 기도하는 수가 있다. 우리는 탐심을 이루기 위해 기도하지 말아야 한다. 오히려 탐심을 없애달라고 기도해야 한다.

눅 12:14. 이르시되 이 사람아 누가 나를 너희의 재판장이나 물건 나누는 자로 세웠느냐 하시고.

예수님은 동생의 부탁을 받고 "이 사람아 누가 나를 너희의 재판장이나 물건 나누는 자로 세웠느냐"고 책망하신다(요 18:36). 어떤 사람이 예수님을 두 형제의 재판장으로 세운 일도 없고 물건 나누는 자로 세운 일도 없다고 하신다. 혹시 하나님께서 그렇게 하신 일도 없다고 하신다. 예수님은 그 동생의 부탁을 거절하신다. 이유는 탐심을 채우기 위해서 기도하는 것은 옳지 않기 때문이었다.

눅 12:15. 그들에게 이르시되 삼가 모든 탐심을 물리치라 사람의 생명이 그 소유의 넉넉한 데 있지 아니하니라 하시고.

예수님은 재산을 나누시는 분이 아니니 그런 일을 하지 않겠다고 말씀하실 뿐 아니라(앞 절) "그들," 즉 '형과 동생'에게, 그리고 둘러선 무리에게 말씀하시기를 "삼가 모든 탐심을 물리치라 사람의 생명이 그 소유의 넉넉한 데 있지 아니하니라"고 말씀해주신다. 예수님은 "삼가 모든 탐심을 물리치라"고 하신다(딤전 6:7). 무슨 탐심이든지 탐심을 물리치라고 하신다. "탐심"이란 '필요 이상의 것을 가지려는 욕망'을 지칭하는데 모든 탐심을 물리쳐야 하는 이유는 탐심을 채우려다가 죄를 지을 뿐 아니라 "사람의 생명이 그 소유의 넉넉한 데 있지 않기" 때문이라고 하신다. "사람의 생명이 그 소유의 넉넉한 데 있지 아니하다"는 말씀의 뜻은 문맥에 의하여 "평안히 쉬고 먹고 마시고 즐겁게 사는 것이 소유가 많은 데 있지 아니하다"는 뜻이다(19절). 다시 말해 사람의 생명(=평안과 쉼과 먹고 마심과 즐거워함)이 소유가 많다고 되는 것이 아니라는 것이다. 가진 것이 많다고 평안하게 살며 마음에 안식이 있으며 잘 먹고 마시며 또 즐겁게 살 수 있는 것은 아니다. 오히려 탐욕을 버리고 하나님으로 만족하는 것이 행복이다.

눅 12:16. 또 비유로 그들에게 말하여 이르시되 한 부자가 그 밭에 소출이 풍성하매.

사람의 생명 곧 평안히 사는 것, 마음에 안식을 누리며 사는 것, 잘 먹고 마시는 것, 즐겁게 사는 것이 소유가 많다고 되는 것은 아니라는 것을 가르치시기 위해 예수님은 비유로 말씀하신다. 예수님은 진리 자체를 말씀하실 때 사람들이 잘 깨닫게 하기 위해 더 쉬운 것을 가지고 진리 자체를 밝혀주신다. 예수님은 "한 부자" 이야기를 하셔서 탐심을 물리쳐야 할 것을 교훈하신다. 돈이 많고 재산이 많은 부자들에게 "그 밭에 소출이 풍성한" 경우를 들으신다. 예수님께서 아주 쉬운 비유를 말씀하실 때 세상 사람들은 잘 깨달을 수 있게 된다.

눅 12:17. 심중에 생각하여 이르되 내가 곡식 쌓아 둘 곳이 없으니 어찌할까 하고.

예수님은 본 절로부터 19절까지 부자가 마음속으로 혼자 생각하고 있을만한 상상을 드러내신다. 맨 먼저 부자는 "내가 곡식 쌓아 둘 곳이 없으니 어찌할까 하고" 고민한다고 말씀하신다. 세상에 가난한 사람들에게만 고민이 있는 것이 아니라 부자들에게도 고민이 있는데 그 고민은 가난한 자들의 고민과는 다른 차원의 고민이다. "곡식 쌓아 둘 곳이 없으니 어찌할까" 하는 고민이다.

눅 12:18. 또 이르되 내가 이렇게 하리라 내 곳간을 헐고 더 크게 짓고 내 모든 곡식과 물건을 거기 쌓아 두리라.

부자는 이제 해결책을 혼자 내놓는다. 부자는 "내가 이렇게 하리라 내 곳간을 헐고 더 크게 짓고 내 모든 곡식과 물건을 거기 쌓아 두리라"고 한다.

부자가 낸 해결책은 첫째, 곳간을 헐고 더 크게 짓는 것이었다. 그리고 둘째, 모든 곡식과 물건을 그 곳간에 쌓아놓자는 것이었다. 대부분의 부자들의 해결책은 이렇다.

눅 12:19. 또 내가 내 영혼에게 이르되 영혼아 여러 해 쓸 물건을 많이 쌓아 두었으니 평안히 쉬고 먹고 마시고 즐거워하자 하리라 하되.

그런 다음 그 부자는 자기의 영혼에게 말하기를 "영혼아 여러 해 쓸 물건을 많이 쌓아 두었으니 평안히 쉬고 먹고 마시고 즐거워하자 말하리라"고 하신다(전 11:9; 고전 15:32; 약 5:5). 부자는 여러 해 쓸 물건을 쌓아 두었으니 육신만 풍부하게 지내는 것이 아니라 영혼에게도 평안히 쉬고 먹고 마시고 즐거워하자고 말하려고 했다. 부자는 영혼이 물질만 많으면 잘 사는 줄 알았다. 물질이면 육신도 행복하고 영혼도 행복하리라고 생각한 것이다.

눅 12:20. 하나님은 이르시되 어리석은 자여 오늘 밤에 네 영혼을 도로 찾으리니 그러면 네 준비한 것이 누구의 것이 되겠느냐 하셨으니.

예수님은 이제 이 시점에서 하나님을 등장시키신다. 예수님은 하나님께서 말씀하시는 것을 말씀해주신다. 하나님께서 말씀하시기를 "어리석은 자여 오늘 밤에 네 영혼을 도로 찾으리니 그러면 네 준비한 것이 누구의 것이 되겠느냐"고 하셨다고 하신다(욥 20:22; 27:8; 시 52:7; 약 4:14). 하나님은 어리석은 부자에게 "어리석은 자여"라고 부르신다. 세상의 삶이 이렇게 물질로 다 되는 줄 알고 물질만 쌓아놓고 가난한 자들을 생각하지 않는 사람들은 모두 어리석은 자들이다. 하나님은 그런 어리석은 자들의 영혼을 얼마든지 그냥 끝내게 하실 수 있다고 하신다. 여기 "영혼을 도로 찾으리니"란 말은 그 영혼을 천국으로 부르신다는 뜻이 아니다. 하나님께서 그의 영혼을 도로 찾으신다는 말씀은 그의 생명을 지상에서 끝내게 하시겠다는 의미이다. 하나님께서 그의 육신 생명을 끝내게 하시면 "그러면 네 준비한 것이 누구의 것이 되겠느냐"고 하신다(시 39:6; 렘 17:11).

결국은 부자의 것이 되지 못한다. 다른 이들의 것이 되는 것이다. 천년만년 살 것같이 덤볐던 사람은 하루 밤에 죽음을 맞이해서 자기의 재산은 남들의 것이 된다.

눅 12:21. 자기를 위하여 재물을 쌓아 두고 하나님께 대하여 부요하지 못한 자가 이와 같으니라.

예수님은 이 부자만 비참한 것이 아니라 누구든지 "자기를 위하여 재물을 쌓아 두고 하나님께 대하여 부요하지 못한 자가 이와 같다"고 하신다(33절; 마 6:20; 딤전 6:18-19; 약 2:5). 자기를 위해서 재물을 쌓아두고 하나님께 대하여 부요하지 못한 사람들은 다 이 부자와 같이 비참하게 된다는 뜻이다. 탐심을 가지고 재물을 모으는 사람들, 하나님을 위하여 재물을 사용하지 않고, 가난한 자들을 구제하지 않는 사람들은 다 이렇게 세상에서 비참하게 끝날 수 있다는 것이다. 우리는 하나님을 위해서 재물을 써야 하고(마 6:20), 가난한 자를 구제해야 한다(눅 16:9).

Q.생활에 대한 염려를 하지 말라 12:22-34

예수님은 무리들에게 재물에 대한 탐심을 버리고 하나님께 대하여 부요할 것을 권고하신(13-21절) 다음 이제는 제자들에게 생활에 대하여 염려하지 말고 하나님의 나라를 구할 것을 권고하신다. 이 부분은 마 6:25-33과 병행한다.

눅 12:22. 또 제자들에게 이르시되 그러므로 내가 너희에게 이르노니 너희 목숨을 위하여 무엇을 먹을까 몸을 위하여 무엇을 입을까 염려하지 말라.

누가는 본 절 초두에 "또 제자들에게 이르시되"란 말을 쓴 다음 예수님의 말씀을 소개한다. 예수님은 그의 말씀을 시작하시면서 맨 먼저 "그러므로"(Διà τοῦτο)란 말을 사용하셔서 바로 앞부분(13-21절)에 대한 결론을 유도하신다. 사람의 삶이 소유가 넉넉한데 있지 아니한 고로 재물을 쌓을 생각을 하지 말고 "너희 목숨을 위하여 무엇을 먹을까 몸을 위하여 무엇을 입을까 염려하지 말라"고 하신다(마 6:25). 두 가지 염려를 금하신다. 하나는 무엇을 먹을까하는 염려, 또 하나는 무엇을 입을까하는 염려를 금하신다. 세상 사람들의 기본 염려를 금하고 계신 것이다. 염려를 할 필요가 없는 이유는 다음 절들에서 밝히신다.

눅 12:23. 목숨이 음식보다 중하고 몸이 의복보다 중하니라.
염려를 하지 않아야 하는 첫째 이유는 "목숨이 음식보다 중하고 몸이 의복보다 중하기" 때문이라고 하신다. 하나님께서 우리의 목숨을 주시고 돌보시며, 또 몸을 주시고 몸을 돌보시는데 그 보다 덜 중요한 것들(음식, 의복)을 돌보시지 않으실 것인가. 하나님께서 모든 것을 돌보신다는 것을 아는 사람들은 세상 사람들이 염려하며 한 생애를 살아가는 것을 보면서 안타깝게 생각한다. 우리는 하나님의 나라를 구하면 모든 것이 해결되는 줄로 믿어야 한다.

눅 12:24. 까마귀를 생각하라 심지도 아니하고 거두지도 아니하며 골방도 없고 창고도 없으되 하나님이 기르시나니 너희는 새보다 얼마나 더 귀하냐.
염려를 하지 않아야 하는 둘째 이유는 "까마귀를 생각해" 보면 알 수 있다고 하신다. 까마귀는 "심지도 아니하고 거두지도 아니하며 골방도 없고 창고도 없으되 하나님이 기르신다"고 하신다(욥 38:41; 시 147:9). 까마귀는 농사도 짓지 않고 농산물을 보관할 골방이나 창고도 없는데 하나님께서 길러 주신다고 말씀하신다. 예수님은 제자들을 향하여 까마귀를 생각하라고 권고하신 다음 "너희는 새보다 얼마나 더 귀하냐"고 말씀하신다. 우리가 훨씬 더 귀하다고 하신다. 까마귀를 먹여 살리시는 하나님은 그의 자녀들을 놀랍게 먹여주신다. 우리는 전혀 염려할 것이 없다.

눅 12:25-26. 또 너희 중에 누가 염려함으로 그 키를 한 자라도 더할 수

있느냐 그런즉 가장 작은 일도 하지 못하면서 어찌 다른 일들을 염려하느냐.
염려를 하지 않아야 하는 셋째 이유는 염려해서 되는 일이 없기 때문이라고
하신다. 구체적인 실례로 예수님은 "너희 중에 누가 염려함으로 그 키를
한 자라도 더할 수 있느냐'고 하신다. 여기 "키를 한 자라도 더할 수 있느냐"
는 말씀은 개역개정판 각주에는 "목숨을 한 시간이라도 연장할 수 있느
냐"106)라고 번역했다. 헬라어 "키"(ήλικία)라는 말은 "생명의 길이" "한
생애"를 의미하기도 하니까 본문은 "너희 중에 누가 염려함으로 생명의
길이를 한 자(18인치-해가 18인치의 거리를 지나는 시간을 뜻한다)나 더
할 수 있느냐'고 번역하는 것이 더 옳을 것이다. 다시 말해 '우리의 긴
생애에다가 한 시간의 길이를 연장할 수 있단 말인가'라는 뜻이다. 또 문맥을
보아도 "키"를 "생명의 길이"로 번역하는 것은 타당한 것으로 보이다. 26절
에 있는 말씀 즉 "가장 작은 일도 하지 못하면서"라는 말은 결코 "키를
한 자라도 더할 수 있느냐'라는 말씀과는 서로 어울리지 않는다. 키를 한
자(18인치 혹은 46cm)를 더한다는 것은 결코 "작은 일"이 아니다. 그것은
큰일이다. 그런고로 "그 키를 한 자라도 더할 수 있느냐"는 말씀은 "그
목숨을 한 시간이라도 연장할 수 있느냐'고 번역하는 것이 문맥에 맞는다.
우리는 이런 작은 일도 할 수 없는데 "어찌 다른 일들을 염려할" 수 있겠는
가? 예수님의 이 말씀을 들으면서 혹자들은 오늘날 생명의 길이를 한 시간
연장하는 것은 쉬운 일이 아니겠는가라고 말할 것이다. 그러나 과학의 힘을
가지고 생명을 한 시간 연장하는 것은 진정한 의미에서 생명 연장이라고
볼 수 없다. 그것은 진정한 의미에서 사는 것이 아니다. 생명은 전적으로
하나님께서 주장하신다.

눅 12:27. 백합화를 생각하여 보아라 실도 만들지 않고 짜지도 아니하느니라
그러나 내가 너희에게 말하노니 솔로몬의 모든 영광으로도 입은 것이 이

---

106) NASB(신 미국표준성경)에는 "그의 생명의 길이를 한 자라도 더 할 수 있는냐?"로
번역했고 NIV(신 국제번역판)에는 "그의 생명에 한 시간이라도 더 할 수 있느냐?"로 번역했다.

꽃 하나만큼 훌륭하지 못하였느니라.

염려를 하지 않아야 하는 넷째 이유는 "백합화를 생각하여 보면" 알 수 있다고 하신다(마 6:28-29 참조). 예수님은 백합화(아름다운 들꽃 전체를 지칭한다고 보는 것이 좋을 것이다)가 옷을 만들기 위해 "실도 만들지 않고 짜지도 아니한다"고 하신다. 예수님은 백합화가 친히 수고도 하지 않으며 사람들이 돌보아주지도 않는데 백합화의 아름다움은 솔로몬이 입었던 아름다운 옷보다 더 아름답다고 하신다.

우리가 백합화를 생각해보고 염려하지 않아야 한다는 말씀이 중요하기 때문에 예수님은 "그러나 내가 너희에게 말하노니"라는 중대 발언을 할 때 사용하시는 언사를 사용하신다. 예수님은 그 언사를 사용하시면서 "솔로몬의 모든 영광으로도 입은 것이 이 꽃 하나만큼 훌륭하지 못하였느니라"고 하신다. 다시 말해 '솔로몬이 영광스럽게 지내는 중에 입었던 고가(高價)의 옷, 화려한 옷이 백합화 하나만큼도 훌륭하지 못했다'고 하신다. 자연산 백합화나 들꽃이 솔로몬의 아름다운 옷보다 더 아름다운데 하나님께서 그런 것들을 기르시는데 우리가 무엇을 염려할 것이냐고 예수님께서 말씀하신다.

눅 12:28. 오늘 있다가 내일 아궁이에 던져지는 들풀도 하나님이 이렇게 입히시거든 하물며 너희일까 보냐 믿음이 적은 자들아.

예수님은 "오늘 있다가 내일 아궁이에 던져지는 들풀도 하나님이 이렇게 입히신다"고 하신다. '잠시만 살다가 사람들의 필요에 따라 아궁이에 던져지는 들풀(백합화 포함)도 하나님께서 아름답게 입히신다'고 하신다. 하나님은 우리가 보기에 별 것 아닌 것들, 즉 들판과 산에 나는 모든 식물들을 기르시고 입히시는데 "하물며 너희일까 보냐 믿음이 적은 자들아"라고 하신다. 여기 "너희"란 말은 강조된 말로 '하나님의 자녀들인 너희'란 뜻이다. 하루나 이틀만 살다가 아궁이에 던져지는 들풀도 하나님께서 입히시는데 예수님의 제자들이나 성도들이 입을 옷을 하나님께서 공급해주시지 않을 것이라고 생각하고 염려하느냐고 책망하신다. 예수님은 그렇게 염려하는 사람들을 향하여 "믿음이 적은 자들아"라고 부르신다. 예수님은 큰 풍랑이 일었을 때 물에 빠져죽을까 보아 두려워했던 제자들을 향하여 "믿음이 적은 자들아" 고 책망하셨고(마 8:26), 또 베드로가 물위를 걷다가 바다에 빠졌을 때 "믿음이 적은 자여"라고 책망하셨으며(마 14:31), 예수님의 위대하심을 깨 닫지 못한 제자들을 향하여 "믿음이 적은 자들아"고 책망하셨다. 오늘 우리 도 예수님을 믿지 못하고 염려하거나 두려워하면 "믿음이 적은 자들아"라고 책망하실 것이다. 우리는 도무지 염려하지 말아야 한다.

눅 12:29-30. 너희는 무엇을 먹을까 무엇을 마실까 하여 구하지 말며 근심하 지도 말라 이 모든 것은 세상 백성들이 구하는 것이라 너희 아버지께서는 이런 것이 너희에게 있어야 할 것을 아시느니라.
염려를 하지 않아야 하는 다섯째 이유는 아버지께서 우리의 필요를 다 알고 계시기 때문이라고 하신다. 예수님께서는 제자들이나 성도들은 세상 백성들과는 달라야 한다고 말씀하시기 위하여 "너희"(ὑμεῖς)이라는 강조의 낱말을 사용하신다. 다른 세상 사람들은 몰라도 너희만큼은 제발 "무엇을 먹을까 무엇을 마실까 하여 구하지 말며 근심하지도 말라"고 하신다. 먹을 것 염려, 마실 것 염려(팔레스틴에서는 물 얻기가 참으로 힘들었음), 세상의 모든 염려를 하지 말라고 하신다. 본문의 "구하지(seek) 말며"란 말은 '기도 하지 말며'란 뜻이 아니라 '세상 사람들이 세상 것을 구하러 다니듯 그렇게 구하지 말라'는 뜻이다. 예수님은 "이 모든 것은 세상 백성들이 구하는 것이라"고 하신다. 여기 "이 모든 것" 속에는 먹을 것과 마실 것 뿐 아니라 각종 세상 것이 다 포함되어 있다. 이 모든 것들 때문에 염려할 이유가 없는 이유는 "너희 아버지께서는 이런 것이 너희에게 있어야 할 것을 아시 기" 때문이라고 하신다. 하늘에 계신 우리 아버지는 세상의 모든 필수품들이 우리에게 있어야 할 것을 우리가 구하기 전에(마 6:8) 다 아시기 때문에 아무 것도 염려하지 않아야 한다고 하신다. 하나님의 지식은 참으로 놀랍다. 하나님은 우리가 필요한 것과 필요하지 않은 것을 정확하게 아신다. 필요한

것은 반드시 주신다. 성도가 일생을 사는 동안 필요한 것을 안 주신 일이
있는가?

**눅 12:31. 다만 너희는 그의 나라를 구하라 그리하면 이런 것들을 너희에게
더하시리라.**

예수님은 우리가 세상을 살아갈 염려를 할 필요가 없다고 말씀하신(22-30
절) 후 이제는 적극적으로 "그(하나님)의 나라를 구하라"고 하신다(마 6:33).
"그의 나라를 구하라"는 말씀은 '하나님의 통치를 구하라'는 말씀이다. 하나
님의 나라를 구하라는 말씀은 우리가 하나님의 백성이 되어 하나님의 통치를
적극적으로 구해야 한다는 뜻이다. 본문에 "구하라"는 말씀은 현재형으로
되어 있어 우리는 하나님의 통치를 끊임없이 구해야 한다. 우리가 성경을
읽으면서 하나님의 뜻을 알아서 계속해서 하나님의 뜻을 실천해야 한다.
우리가 하나님의 통치를 받으면 하나님은 그의 백성인 우리들에게 필요한
모든 것들을 주신다. 그래서 예수님은 "그리하면 이런 것들을 너희에게
더하시리라"고 하신다. 하나님의 뜻을 알기 위하여 노력하며 또 그 뜻을
실천하는 일에 최선을 다하면 하나님께서 우리가 세상에서 사는 동안에
필요한 것들을 계속해서 더해주신다.

**눅 12:32. 적은 무리여 무서워 말라 너희 아버지께서 그 나라를 너희에게
주시기를 기뻐하시느니라.**

예수님은 제자들(22절)을 향하여 "적은 무리여"라고 부르신다. 확실히 불신
유대인의 큰 무리를 생각하면 제자들은 참으로 적은 무리들이었다. 물론
이 말씀을 확대해석하면 오늘날 성도들도 역시 "적은 무리"들임에는 틀림없
다. 예수님은 그의 제자들에게 "무서워 말라 너희 아버지께서 그 나라를
너희에게 주시기를 기뻐하시느니라"고 하신다(마 11:25-26). 여기 "무서워
말라"는 말씀은 '세상 걱정(음식 걱정, 옷 걱정, 필수품 걱정)을 하지 말라'는
말씀이다(지금까지 문맥이 그렇게 흘러 왔다). 걱정할 필요가 없는 이유는

아버지께서 그 나라를 제자들에게 주시기를 기뻐하시기 때문이라고 하신다.107)

예수님은 앞 절(31절)에서는 "그의 나라를 구하라"고 하시고 본 절에서는 "아버지께서 그 나라를 너희에게 주시기를 기뻐하신다"고 말씀하신다. 그러니까 예수님은 우리를 향하여는 하나님의 통치와 돌보심을 구하라고 부탁하시고 또 한편 하나님은 하나님의 나라, 즉 하나님의 통치와 돌보심을 우리에게 주시기를 기뻐하신다고 하신다. 우리는 우리들이 해야 할 일을 열심히 하면 되지만 또 한편 우리는 하나님께서 하나님의 다스리심과 돌보심을 주시기를 기뻐하신다는 사실을 아는 것도 반드시 필요하다. 하나님은 영원히 우리를 다스리시고 돌보시고 사랑해주시기를 기뻐하신다. 본문에 "기뻐하시느니라"(εὐδόκησεν)는 말은 부정(단순)과거 시제로 '참으로 기뻐하신다,' '진정으로 기뻐하신다'는 뜻으로 하나님은 우리들을 돌보아 주시기를 진정으로 기뻐하신다. 그런고로 성도들은 세상 염려를 할 이유가 없다. 세상 염려를 완전히 버리고 살아야 한다.

눅 12:33. 너희 소유를 팔아 구제하여 낡아지지 아니하는 배낭을 만들라 곧 하늘에 둔 바 다함이 없는 보물이니 거기는 도둑도 가까이 하는 일이 없고 좀도 먹는 일이 없느니라.

예수님은 제자들에게 "너희 목숨을 위하여 무엇을 먹을까 몸을 위하여 무엇을 입을까 염려하지 말라"(22절; 마 19:21; 행 2:45; 4:34)고 하시고, 또 하나님의 통치를 구하면 모든 것을 더하신다고 말씀하신(31절) 후 이제는 한 걸음 더 나아가 제자들이 취할 태도에 대해 언급하신다. 즉 적극적으로 "너희 소유를 팔아 구제하여(11:41주해 참조) 낡아지지 아니하는 배낭을 만들라"고 하신다(16:9; 마 6:20; 딤전 6:19). 제자들이 가지고 있는 소유를

---

107) 혹자들은 본 절의 "그 나라"를 종말적인 나라로 한정하나 그것은 문맥에 어긋나는 해석이다. 현세에서 하나님께서 우리들에게 주시는 영적인 나라로 해석해야 옳다. 현세에서 하나님께서 주시는 영적인 나라에서 사는 성도는 반드시 종말의 주님의 나라에 들어가게 된다.

팔아서 가난한 자들을 구제하라고 하시는 말씀이다. 그러나 이 말씀은 제자들이 가지고 있는 모든 소유를 팔라는 말씀은 아니다. 만일 그렇게 한다면 "모든 신자들은 곧 그들 스스로가 구제를 필요로 할 것이다"(Lenski). 베드로는 성령의 감동으로 성도들의 사유재산을 인정한 일이 있었다(행 5:4). 주님의 이 말씀은 자기만을 위해서 재산을 축적하려는 사람(21-33절)과는 달리 제자들(성도들)은 남을 배려해야 한다는 것이다. 그렇게 해서 "낡아지지 아니하는 배낭을 만들라"고 하신다. 다시 말해 하늘에 보물을 쌓아두라는 것이다. "낡아지지 아니하는 배낭을 만들라"는 말은 '영원히 없어지지 아니하는 보물'을 하늘에 쌓아두라는 뜻이다. 예수님은 그 보물이야말로 "하늘에 둔 바 다함이 없는 보물"이라고 말씀하신다. 하늘에서 영원히 없어지지 않는 보물이란 뜻이다. 없어지지 않는 이유는 "거기는 도둑도 가까이 하는 일이 없고 좀도 먹는 일이 없기" 때문이다. 땅에 있는 재산은 이런 일 저런 일로 자꾸 없어지지만 우리가 구제하여 하늘에 쌓은 보물은 도둑도 가까이 할 수 없고 좀도 가까이 할 수 없다. 다시 말해 갑자기 도둑에 의하여 없어지지도 않고 좀 같은 것에 의해서 서서히 없어지지도 않는다. 오늘 우리는 구제만 아니라 전도헌금, 선교헌금, 그리고 하나님의 사업을 위한 헌금을 수시로 해서 하늘에 보물을 쌓아야 한다. 세상의 은행에 쌓기보다도 그리고 부동산에 투자하기 보다도 우리는 하늘에 쌓아서 의인들의 부활시에 갚음을 받아야 할 것이다(14:14 참조).

눅 12:34. (왜냐하면, γάρ) 너희 보물 있는 곳에는 너희 마음도 있으리라. 예수님은 본 절에서 우리의 보물을 하늘에 쌓아두어야 하는(33절) 이유를 말씀하신다. 우리가 구제를 하고 전도와 선교를 하느라 물질을 쓰고 하나님 나라 사업에 부하게 투자해야 하는 이유는 우리의 돈이 가는 곳에 우리의 마음도 가기 때문이라고 하신다. 만약 우리가 세상에다가 우리의 모든 것을 쌓는다면 우리의 마음도 역시 세상에 있을 것이다. 그래서 우리는 세속인이 될 것이다. 우리의 돈이 세상에 쌓이면 돈이 우리에게 손해를 줄 수도 있으나 하늘에 쌓으면 우리의 헌금이 우리의 큰 상급이 될 것이다.

R.예수님의 재림을 준비하라 12:35-48

예수님은 제자들에게 세상 재물에만 마음을 두는 것을 경계하셨고 (13-21절), 또 세상 염려를 하지 말 것을 권고하신(22-34절) 다음 이제는 그리스도의 재림을 준비하라고 말씀하신다(35-48절). 우리는 땅만 보고 살아서는 안 되고 하늘을 보고 살아야 한다. 예수님은 이 부분(35-48절)에서 두 가지 비유를 가지고 권고하신다. 하나는 종의 비유(35-40절)를 가지고 그리스도의 재림을 기다릴 것을 말씀하시고 또 하나는 청직이 비유(41-48절)를 가지고 주의 종들이 청지기 직무를 잘 감당하라고 권고 하신다.

눅 12:35-36. 허리에 띠를 띠고 등불을 켜고 서 있으라 너희는 마치 그 주인이 혼인집에서 돌아와 문을 두드리면 곧 열어 주려고 기다리는 사람과 같이 되라.

예수님은 제자들에게 "허리에 띠를 띠고 등불을 켜고 서 있으라"고 권고하신 다(17:8; 요 13:4; 엡 6:14; 벧전 1:13). 왕상 18:46 참조. 첫째, "허리에 띠를 띠라"고 하신다. 옷이 거추장스러우면 봉사하기가 힘이 드는 고로 옷을 잘 단속하기 위하여 허리에 띠를 띠라고 하신다. 오늘 우리도 허리에 띠를 띤 심정으로 마음을 추슬러야 한다. 그리고 둘째, "등불을 켜고 서 있으라"고 하신다(마 25:1). 밤을 대비해서 등불을 켜라고 하신다. 유대인의 혼인 잔치는 밤중에 진행되므로 손님이 돌아가는 시간은 대개 밤중이었다. 우리는 주야를 가리지 않고 봉사하는 심정으로 불을 밝혀야 한다.

예수님은 종들이 이렇게 종의 태도를 취해야 하는 목적은 "마치 그 주인이 혼인집에서 돌아와 문을 두드리면 곧 열어 주려고 기다리는 사람과 같이 되어야" 하기 때문이라고 하신다(마 25:1-13). 예수님께서 재림하실 때 금방 맞이하기 위해서는 종의 태도를 가지고 살아야 한다고 하신다. 우리는 예수님께서 문을 두드리면 곧 열어주려고 곧 기다리는 사람과 같이 되어야 한다. 다시 말해 항상 깨어 있어야 한다.

눅 12:37. 주인이 와서 깨어 있는 것을 보면 그 종들은 복이 있으리로다 내가 진실로 너희에게 이르노니 주인이 띠를 띠고 그 종들을 자리에 앉히고 나아와 수종들리라.

예수님은 예수님께서 재림하실 때 깨어있는 종들에게 복이 있다고 하신다 (마 24:46). 예수님은 종들에게 참으로 복이 있다는 것을 강조하시기 위해서 "내가 진실로 너희에게 이르노니"라는 장엄한 언사를 사용하신다. 참으로 복을 주시겠다는 말씀이다. 예수님은 종들에게 어떤 복이 있는지를 구체적으로 설명하신다. 즉 "주인이 띠를 띠고 그 종들을 자리에 앉히고 나아와 수종들리라"고 하신다. 1) 혹자들은 예수님의 장엄한 언사를 보면서 실제로 예수님께서 띠를 띠고 그 종들을 자리에 앉히고 나아와 수종 드실 것이라고 확언한다. 그러나 2) 어떤 주석가들은 예수님의 말씀을 상징적인 것으로 보고 예수님께서 재림하실 때 제자들이 예수님의 재림을 기다리는 것을 보시고 엄청난 영광과 존귀를 주실 것이라고 말한다. 아마도 성경에 나오는 과장 표현으로 보면 좋을 듯하다. 우리는 주님의 재림을 기다리다가 주님의 재림 때 엄청난 영광에 참여하게 될 것이다.

눅 12:38. 주인이 혹 이경에나 혹 삼경에 이르러서도 종들이 그같이 하고 있는 것을 보면 그 종들은 복이 있으리로다.

예수님은 본 절에서 종들이 밤 이경(밤 9시-12시까지의 시간)에나 혹 3경(밤 12시-새벽 3시까지의 시간)[108]에 이르기까지도 자지 않고 깨어 주인을 기다리면 큰 복이 있을 것이라고 하신다. 예수님은 이 말씀으로 예수님의 재림이 세상의 극심한 타락 시, 즉 한밤 중 같은 캄캄한 때에 오실 것을 암시하신다. 우리는 다른 이들이 윤리도덕을 잃고 예수님의 재림에 관한 것 같은 것은

---

108) 누가는 마태(14:25)나 마가(13:35)와 같이 밤을 사경으로 나누었다.

안중에도 없는 때라도 계속해서 성경을 보고 읽으며 기도하는 중에 계속해서
깨어있어야 할 것이다.

**눅 12:39. 너희도 아는 바니 집 주인이 만일 도둑이 어느 때에 이를 줄
알았더라면 그 집을 뚫지 못하게 하였으리라.**

예수님은 지금까지 주인과 종의 관계를 말씀하시다가 이제 갑자기 주인과
도둑의 관계를 가지고 깨어 있으라고 권고하신다. 예수님은 주인과 종의
관계를 말씀하시면서 "너희도 아는 바"라고 하신다. 제자들도 다 아는 격언
이라는 뜻이다. 예수님은 "만일 도둑이 어느 때에 이를 줄 알았더라면 그
집을 뚫지 못하게 하였으리라"고 하신다(마 24:43; 살전 5:2; 벧후 3:10;
계 3:3; 16:15). 도둑은 집을 뚫고 들어오는 시간을 절대로 알려주지 않는다.
그런고로 주인은 철저하게 대비해야 한다. 그처럼 예수님은 어느 시점에
재림하실지 알 수가 없다. 그저 우리 측에서 준비하는 수밖에 없다. 예수님
께서 재림하시는 것이 도둑이 집을 뚫고 들어오는 것과 흡사하다고 성경은
말씀한다(살전 5:2; 벧후 3:10; 계 3:3; 16:15).

**눅 12:40. 그러므로 너희도 준비하고 있으라 생각하지 않은 때에 인자가
오리라 하시니라.**

예수님께서 언제 오실지 우리가 알 수 없으므로 예수님은 "너희도 준비하고
있으라 생각하지 않은 때에 인자가 오리라"고 하신다(21: 34, 36; 마 24:44;
25:13; 막 13:33; 살전 5:6; 벧후 3:12). 예수님은 우리가 생각하지 않은
때에 오시니 준비하고 있으라고 하신다. 여기 "생각하지 않은 때에"라는
말씀은 세상이 타락할 대로 타락한 시기에 오실 것을 암시하신다. 아무도
생각하지 못한 때에 도둑이 갑자기 집을 뚫는 것처럼 예수님은 이 땅위에
오실 것이다. 우리는 이런 진리를 알기 때문에 계속해서 기도하면서 깨어
있어야 할 것이다.

눅 12:41. 베드로가 여짜오되 주께서 이 비유를 우리에게 하심이니이까 모든 사람에게 하심이니이까.

예수님은 종의 비유(35-40절)를 가지고 그리스도의 재림을 기다릴 것을 말씀하셨고 이제는 청직이 비유(41-48절)를 가지고 주의 종들이 청지기 직무를 잘 감당하라고 부탁하신다. 갑자기 베드로 사도는 "주께서 이 비유를 우리에게 하심이니이까 모든 사람에게 하시는 것입니까"라고 예수님께 질문한다. 즉 예수님께서 앞에 말씀하신 종의 비유를 우리 제자들에게 말씀하신 것입니까 아니면 예수님을 둘러선 모든 사람들에게 하시는 것입니까라고 질문한다. 베드로의 이 질문 때문에 예수님은 더욱 밝히 진리를 설명하신다. 예수님은 종의 비유를 종들에게 말씀하신다고 암시하신다(다음 절).

눅 12:42. 주께서 이르시되 지혜 있고 진실한 청지기가 되어 주인에게 그 집종들을 맡아 때를 따라 양식을 나누어 줄 자가 누구냐.

베드로는 앞 절에서 예수님께 비유를 누구에게 말씀하셨느냐고 여쭈었으나 예수님은 예수님의 비유의 대상이 누구냐를 말씀하시기 보다는 재림을 대망하는 사도들의 태도가 어떠해야 하느냐를 말씀하신다. 물론 대상은 이 말씀에 암시되어 있다. 대상은 "우리"(41절) 즉 '사도들'에게 말씀하셨다.

주님은 사도들에게 "지혜 있고 진실한 청지기가 되어 주인에게 그 집종들을 맡아 때를 따라 양식을 나누어 줄 자가 누구냐"고 물으신다(마 24:45; 25:21; 고전 4:2). 즉 '누가 지혜 있고 현명한 청지기[109]가 될 것이냐? 그래서 주인 집의 종들을 맡아 때를 따라 양식을 나누어 줄 청지기가 될 것이냐'고 질문하신다. 예수님께서 그렇게 질문하시는 것은 제자들로 하여금 그런 청지기가 되라는 부탁도 포함한 말씀이다. 제자들은 지혜 있고 진실한 청지기가 되어야 한다. "지혜 있다"는 말은 '사리를 잘 판단한다'는

109) "청지기"란 '관리인'을 뜻하며 히브리 원문은 [집의 위에 있는 재의 뜻 노예의 우두머리로, 주인의 가사 전반을 돌아보고 관리하는 자를 가리킨다(창 43:16,19; 44:1, 4). 청지기는, 오늘의 관리인으로서, 귀족의 집이나 부한 집 등에 쓰이고 있는 하인들의 장이기도 하다.

뜻으로 문맥에 의하여 '주인이 어느 때인가 반드시 오실 것이라는 생각을 가지고 때를 따라 양식을 나누어 주고 남녀 종들을 때리지 않고 잘 돌보는 것'을 지칭한다. 지혜는 성령으로부터 오는 고로 계속 기도하는데서 얻어진다. 청지기는 지혜가 있어야 할뿐 아니라 또 진실해야 한다(다음 절의 "그렇게 하는 것"이 진실이다). 조금의 거짓도 포함되어서는 안 된다. 사도들은 청지기가 되어 많은 종들 즉 일반 성도들에게 때를 따라 양식을 나누어 주어야 한다. 오늘날 전도자들은 성도들에게 생명의 양식을 나누어주기 위하여 성경에 능해야 하며 또한 생명의 양식이 효과적으로 전해지도록 많이 기도하지 않으면 안 될 것이다.

눅 12:43-44. 주인이 이를 때에 그 종이 그렇게 하는 것을 보면 그 종은 복이 있으리로다 내가 참으로 너희에게 이르노니 주인이 그 모든 소유를 그에게 맡기리라.

예수님께서 재림하실 때에 "그 종," 즉 '청지기'가 때를 따라 양식을 나누어 주는 것을 보시면 그 청지기는 복이 있으리라고 하신다. 예수님은 그 복이 엄청나게 큰 것을 부각시키기 위해서 "내가 참으로 너희에게 이르노니"라는 언사를 사용하신다(9:27; 21:3). 그 복은 다름 아니라 "주인이 그 모든 소유를 그에게 맡기리라"고 하신다(마 24:47). 예수님은 달란트를 가지고 충성한 종들에게 놀라운 복을 주신다고 말씀하시며(마 25:21, 23), 또 사도들의 경우 주님 재림하실 때 12보좌에 앉아 이스라엘 12지파를 심판하게 하실 것이라고 하신다(마 19:28).

눅 12:45-46. 만일 그 종이 마음에 생각하기를 주인이 더디 오리라 하여 남 녀 종들을 때리며 먹고 마시고 취하게 되면 생각하지 않은 날 알지 못하는 시간에 그 종의 주인이 이르러 엄히 때리고 신실하지 아니한 자의 받는 벌에 처하리니.

예수님은 앞부분(42-44절)과는 달리 이 부분(45-46절)에서는 지혜가 없고 진실하지 아니한 청지기가 받을 벌에 대해 말씀하신다. 지혜가 없고 진실하지 아니한 청지기는 마음의 생각부터 잘 못되었다. 그는 첫째, "주인이 더디 오리라"고 생각했다. 그는 예수님의 재림이 마냥 늦으리라고 생각한 것이다. 따라서 둘째, "남 녀 종들을 때리며 먹고 마시고 취했다." 주인의 집에 있는 다른 종들을 때리고 학대했고 또 자신을 위해서 먹고 마시는 일에 전념했다(마 24:48).

그런데 "생각하지 않은 날 알지 못하는 시간에 그 종의 주인이 이른다"는 것이다. 도둑이 생각하지 아니한 때에 와서 집을 뚫듯 예수님은 우리가 생각하지 아니한 날 알지 못하는 시간에 오신다고 하신다. 주인이 이르러 그 청지기를 "엄히 때리고 신실하지 아니한 자의 받는 벌에 처하게 되듯" 예수님께서 재림하셔서 그 청지기를 엄히 때리는 것만 아니라 신실하지 아니한 자가 받는 벌에 처하신다고 하신다. 이렇게 예수님의 심판 때에 벌을 받을 사람은 많이 있을 것이다. 그 그림자로서 현세에서도 벌을 받는 종들이 많이 있다. 우리는 지혜 있고 진실한 교회의 청지기가 되어야 한다.

눅 12:47-48a. 주인의 뜻을 알고도 준비하지 아니하고 그 뜻대로 행하지 아니한 종은 많이 맞을 것이요 알지 못하고 맞을 일을 행한 종은 적게 맞으리라.

예수님은 벌 받는 청지기가 두 종류라고 하신다. 결코 일률적으로 벌을 받는 것은 아니라고 하신다. 다시 말해 형벌에 등급이 있다고 하신다. 많이 맞을 종은 "주인의 뜻을 알고도 준비하지 아니하고 그 뜻대로 행하지 아니한 종"이라고 하신다(민 15:30; 신 25:2; 요 9:41; 15:22; 행 17:30; 약 4:17). 그리고 적게 맞을 종은 "(주인의 뜻을) 알지 못하고 맞을 일을 행한 종"이라고 하신다(레 15:17; 딤전 1:13). 그러니까 예수님의 뜻을 알고도 재림을 준비하지 아니하고 예수님의 뜻대로 행하지 아니한 종(히 10:26-27; 약 4:17; 벧후 2:21)이 받을 벌과 예수님의 뜻을 알지 못해서 맞을 일을 행한 종이 받을 벌에는 엄연한 차이가 있다고 하신다. 어차피 행하지 않았다고 해도 예수님의 뜻을 알고도 행하지 아니한 것과 예수님의 뜻을 알지 못해서 행하지 아니한 것에는 큰 차이가 있다고 하신다. 유식 죄와 무식 죄의 차이는 결과적으로 벌의 차이를 이룬다는 것이다. 예수님은 이 부분에서 청지기들을 향하여 무식 죄를 택하라고 권하시는 것은 아니고, 다만 무식 죄를 범하는 청지기가 있다는 것뿐이다. 그리고 무지하다고 해서 벌이 완전히 면제되는 것은 아니라는 것도 암시 하신다. 절대적 무식 죄는 세상에 없다(롬 1:20-21; 2:14-16).

눅 12:48b. 무릇 많이 받은 자에게는 많이 요구할 것이요 많이 맡은 자에게는 많이 달라 할 것이니라.

예수님은 하나님으로부터 은사를 많이 받은 자에게는 하나님께서 많은 것을 요구하신다고 하시며 또 책임을 무겁게 맡은 자에게는 하나님께서 많이 기대하신다고 말씀하신다. 명예를 위하여 목사가 되려고 할 것도 아니고 명예를 위해서 장로가 되려고 할 것이 아니다. 목사가 되고 장로가 되면 그만큼 책임이 큰데 감당하지 못하면 큰 벌을 받을 수 있는 것이다. 큰 은사와 큰 특권에는 그만한 책임이 따르는 법이다.

S.예수님 때문에 분쟁이 일어나다   12:49-53

예수님은 제자들을 향하여 재림을 준비하라고 말씀하신(35-48절) 다음 이제는 본 장의 초두로 돌아가 제자들이 세상과 충돌할 것을 말씀하신다(49-53절). 예수님은 신앙의 불을 받은 자들과 그리스도를 믿지 아니하는 자들 사이에는 분쟁이 있을 것을 말씀하시고 그 분쟁은 가정에까지 임할 것을 말씀하신다.

눅 12:49. 내가 불을 땅에 던지러 왔노니 이 불이 이미 붙었으면 내가 무엇을 원하리요.

예수님은 "내가 불을 땅에 던지러 왔다"(51절)고 말씀하시면서 "이 불이 이미 붙었으면 내가 무엇을 원하겠느냐"고 하신다. 여기 "불"이 무엇이냐를 두고 수많은 해석110)이 가해졌는데 '신자들 속에서 불타는 신앙의 불(열심)' 이라고 해석하는 것이 가장 바람직할 것으로 보인다. 브루스(Barton Bruce) 는 "이 불은 새 믿음의 불, 곧 신자들 속에서 불타는 열심인데 이것이 불신자들의 반감을 일으킨다"고 말한다.

그런데 혹자는 이 구절이 마태복음10:34("내가 세상에 화평을 주러 온 줄로 생각하지 말라 화평이 아니요 검을 주러 왔노라")와 병행구절로 보고 "불"(눅 12:49)을 '검'(마 10:34, 분쟁)이라고 해석한다. 그러나 본 절은 마 10:34와 병행구절이 아니고 눅 12:51절(내가 세상에 화평을 주려고 온 줄로 아느냐 내가 너희에게 이르노니 아니라 도리어 분쟁하게 하려 함이로라)이 마 10:34절와 병행구절이다. 그런고로 본 절의 "불"은 '검'(분쟁)이 아니라 '신자들의 심령 속에 붙는 신앙의 불'(열심)이라고 해석해야 할 것이다.

그리고 혹자는 "불을 백성의 죄에 대한 하나님의 심판"을 가리키는 것으로 해석하나 그렇다면 예수님께서 불을 붙이러 오셨다는 말은 하나님 백성의 죄에 대한 하나님의 심판을 수행하러 오셨다는 뜻이 된다. 그렇다면 이 해석은 하반 절의 문맥과 상충된다. 하반 절에서 예수님은 "이 불이 이미 붙었으면 내가 무엇을 원하리요"라고 하신다. "불"을 하나님 백성의 죄에 대한 하나님의 심판으로 본다면 하반 절의 뜻은 예수님께서 하나님의 백성들의 죄에 대한 하나님의 심판이 임하기를 간절히 소원하시는 것으로 되어 이상하게 된다. 예수님은 백성들의 죄에 대하여 하나님의 심판이 임하

110) "불"이 무엇이냐를 두고 많은 해석이 있다. 존 라일(John Ryle)이 조사한 바를 여기 싣는다. 1) 성령 혹은 오순절에 임했던 성령의 은사이다(크리소스톰, 오리겐, 제롬, 아다나시우스, 암브로시우스, 그레고리, 베데, 버나드, 콕세이우스, 코넬리우스 아 라피데, 알포드, 스티어). 2) 복음전파를 뜻한다(데오필랙트, 시릴, 부서, 켐니티우스). 3) 하나님의 말씀이라고 해석하는 학자들(불링거, 골터, 왔슨). 4) 사랑이라고 주장하는 학자들(잔세니우스, 스텔라, 벵겔, 유티미우스). 5) 복음전파 때에 수반되는 박해와 고통, 그리고 분쟁과 다툼을 지칭한다는 견해(터툴리안, 브렌티우스, 베자, 풀, 칼로비우스, 트랩, 말도나투스, 햄몬드, 라이트훗, 휫트비, 벌키트, 헨리, 피어스, 스코트, 반즈, 버곤, 라일). 존 라일은 위의 학설들 중에서 마지막 5번의 것을 선호한다고 말한다.

기를 원하지도 않으시고 또 불신자들의 적대행위가 있기를 소원하시지도 않는다. 물론 신자들의 신앙의 결과로 불신자들의 박해행위가 따르는 것은 어쩔 수 없는 일이다. 그런고로 "이 불이 이미 붙었으면 내가 무엇을 원하겠느냐"는 말씀의 뜻은 '이 신앙의 불이 세상 사람들에게 붙었다면 내가 무엇을 더 원하겠느냐'는 뜻이다. 여기 "붙다"(ἀνήφθη)란 말은 부정(단순)과거 수동태로 '이미 점화되었다'는 뜻으로 예수님은 신앙의 불이 이미 붙었기를 간절히 소원하신다. 그러나 아직은 온전히 불이 붙지 않은 것을 아시고 예수님은 제자들이나 성도들에게 신앙의 불(열심)이 붙여지기 위해서 십자가 고난을 받으실 각오를 하신다(다음 절). 예수님은 사람들의 심령 속에 믿음의 불을 붙이러 이 땅에 성육신하시고 또 많은 말씀을 하시며 이적을 베푸셨지만 아직도 미흡한 것을 아시고 십자가에서 택한 백성들의 죄를 대속하시기 위한 희생의 죽음을 죽으시겠다고 하신다. 물론 십자가 죽음으로 다 되는 것은 아니다. 그래서 결국은 신자들의 심령 속에 믿음의 불이 훨훨 타기 위하여 오순절에 성령으로 오셨다.

눅 12:50. 나는 받을 세례가 있으니 그것이 이루어지기까지 나의 답답함이 어떠하겠느냐.

예수님은 세상에 불을 붙이러 오셨는데 세상 사람들의 심령 속에 신앙의 불을 붙이기 위해서는 자신이 받아야 할 세례가 있다고 하신다(마 20:22; 막 10:38). 그 세례를 받으시기를 얼마나 열망하는지 알 수 없다고 하신다.

　　본문의 "받을 세례"란 말은 '앞으로 받으실 십자가 고난의 세례'를 뜻한다. 예수님은 야고보와 요한의 어머니가 찾아와 자기의 두 아들을 예수님 좌우편에 앉게 해달라고 요구했을 때 너희는 "내가 마시는 잔을 너희가 마실 수 있으며 내가 받는 세례를 너희가 받을 수 있느냐"(막 10:38)고 물으셨다. 예수님은 여기서 물세례나 성령 세례를 지칭하신 것이 아니라 십자가의 고난을 세례라고 하셨다.

　　예수님은 앞으로 당하실 십자가 고난을 앞두고 "그것이 이루어지기까지 나의 답답함이 어떠하겠느냐”고 하신다(행 18:5; 고후 5:14). 예수님께서 십자가의 대속의 고난을 간절히 열망하신다는 뜻이다. 본문의 “답답함”(συ-νέχομαι)이란 말은 ‘함께 가진다,’ ‘무엇에 시달리다’(고후 5:14; 빌 1:23)란 뜻으로 예수님께서 십자가를 지시려는 열정으로 가득 차 있음을 보여주는 말씀이다. 다시 말해 예수님은 대속 사역을 이루시려는 열정으로 불붙고 계심을 표현하신 말씀이다. 혹자는 예수님께서 답답하다고 말씀하신 것이 십자가 고통을 앞두시고 고민이 많으며 또 괴로움이 심한 것을 표현한 것으로 해석하고, 또 혹자는 예수님께서 십자가 고난을 회피해보려는 주님의 인성과 그가 이 땅에 오신 목적을 이루셔야 한다는 신성 사이에 일어나는 갈등(눅 22:42; 요 12:27)을 뜻하는 것으로 보나 문맥을 보아 예수님께서 우리의 심령 속에 신앙의 불을 던지시기 위해서 십자가 고난을 당하시기를 간절히 열망하고 계신 표현으로 보아야 할 것이다. 예수님은 마지막 성찬예식을 제정하시려는 때에 “내가 너희와 함께 유월절 먹기를 원하고 원하였노라”(눅 22:15)고 하신 것과 맥을 같이하고 있다고 볼 수 있다.

눅 12:51-52. 내가 세상에 화평을 주려고 온 줄로 아느냐 내가 너희에게 이르노니 아니라 도리어 분쟁하게 하려 함이로라 이후부터 한 집에 다섯 사람이 있어 분쟁하되 셋이 둘과, 둘이 셋과 하리니.
예수님은 궁극적으로 사람들에게 화평을 주시는 분이시지만 그러나 그리스도의 재림 전에는 신앙의 불을 가진 사람과 신앙의 불을 전혀 경험하지 못한 사람들 사이에 분쟁하게 된다고 하신다. 예수님은 “세상에 화평을 주려고 온 것”(49절; 마 10:34)이 아니라 “도리어 분쟁하게 하려고” 오셨다고 말씀하신다(미 7:6; 요 7:43; 9:16; 10:19). 사람들의 심령 속에 신앙의 불을 일으켜서 불신자들의 박해를 받게 하여 분쟁이 일어나게 하신다고 말씀하신다.

　　예수님은 “이후부터 한 집에 다섯 사람이 있어 분쟁하되 셋이 둘과, 둘이 셋과 할 것이라”고 하신다(마 10:35). “이후부터,” 즉 ‘신앙의 불이

세상 사람들에게 붙은 후부터는' 그리스도를 믿는 국가와 그리스도를 믿지
않는 국가, 그리스도를 믿는 민족과 그리스도를 믿지 않는 민족 사이 뿐
아니라 한 가정 안에까지 분쟁이 일어난다고 하신다.

예수님은 "한 집에 다섯 사람이 있어 분쟁하되 셋이 둘과, 둘이 셋과
할 것이라"고 하신다. 신앙(종교)문제 때문에 가정도 분쟁 터가 되리라고
하신다. 아무리 가족이라고 할지라도, 다시 말해 혈연으로 얽혀진 가족들
사이라 할지라도 믿는 가족과 믿지 않는 가족 사이에는 간격이 벌어질
것이라고 하신다. 피보다는 신앙의 불이 더 진한 것을 알 수 있다. 마
10:36-37 참조.

**눅 12:53. 아버지가 아들과, 아들이 아버지와, 어머니가 딸과, 딸이 어머니와,
시어머니가 며느리와, 며느리가 시어머니와 분쟁하리라 하시니라.**
예수님은 신앙의 불을 품은 가족과 신앙의 불이 없는 가족은 서로 분쟁한다
고 하신다. 마 10:37에서 예수님은 "아버지나 어머니를 나보다 더 사랑하는
자는 내게 합당하지 아니하고 아들이나 딸을 나보다 더 사랑하는 자도
내게 합당하지 아니하다"고 하신다. 우리는 가족보다 예수님을 더욱 사랑해
야 하는 고로 집안에 분쟁이 일어나게 된다. 그러나 이 말씀은 예수님을
더 사랑하기 때문에 생긴 분쟁이지 가족을 미워해서 생기는 분쟁은 아니다.
물론 우리 신자들이 예수님을 믿는 일 때문에 일부러 분쟁을 조장해서는
안 된다. 다만 그리스도를 가족보다 더욱 사랑하기 때문에 일어나는 분쟁은
피할 수가 없다.

T.이 시대를 분별하라   12:54-59
예수님은 제자들에게 세상에 불을 던져 불에 잡힌 자들과 잡히지 못한
사람 사이에 분쟁이 있을 것을 말씀하신(49-53절) 다음 이제는 무리들에게
(59절) 이 시대를 분별하라고 말씀하시고(54-56절), 회개를 촉구하신다
(57-59절).

눅 12:54-55. 또 무리에게 이르시되 너희가 구름이 서쪽에서 이는 것을 보면 곧 말하기를 소나기가 오리라 하나니 과연 그러하고 남풍이 부는 것을 보면 말하기를 심히 더우리라 하나니 과연 그러하니라.

누가는 예수님께서 "또 무리에게 이르신다"고 말한다(14-21절 참조). 제자들에게 진리를 말씀하시던(22-53절) 예수님은 이제는 "무리에게 이르신다." 예수님은 무리에게 말씀하시기를 "너희가 구름이 서쪽에서 이는 것을 보면 곧 말하기를 소나기가 오리라"고 말하는데 그 말은 옳은 말이라고 인정하신다(마 16:2 참조). 구름이 서쪽(지중해 쪽)으로부터 몰려오면 사람들이 소나기를 예상하는 것은 바른 것이라고 하신다(왕상 18:44 참조).

그리고 또 예수님은 "남풍이 부는 것을 보면 말하기를 심히 더우리라"고 말하는데 그 말도 옳은 말이라고 인정하신다. 다시 말해 남풍(시내 광야와 아라비아 사막 쪽으로부터 불어오는 바람)이 불어오는 것을 보면 심히 더우리라고 말하는 것은 옳은 말이라고 하신다(렘 4:11-12). 예수님은 팔레스틴에서 사람들이 기상에 대해서 말하는 것을 옳다고 인정하신다. 기상은 지역마다 다 다른데 사람들이 기상에 대해서 말하는 것은 다 옳은 것이라고 하신다.

눅 12:56. 외식하는 자여 너희가 천지의 기상은 분간할 줄을 알면서 어찌 이 시대는 분간하지 못하느냐.

예수님은 천지의 기상에 대해서는 분간할 줄 알면서 이 시대가 어떤 시대인지 알지 못하는 사람들을 "외식하는 자"라고 부르신다. 그들이 "외식하는 자"라고 불린 것은 속에는 탐욕과 악독이 가득해서 이 시대가 어떤 시대인지를 모르면서도 천지의 기상만 분별하기 때문이었다. 그들은 천지의 기상을 분별하는 것으로 세상만사를 알고 있는 줄로 행세했다. 예수님은 그들을 향하여 "너희가 천지의 기상은 분간할 줄을 알면서 어찌 이 시대는 분간하지 못하느냐"고 질타하신다. 예수님 당시의 외식하는 자들은 "이 시대"(τὸν καιρὸν τοῦτον)가 어떤 시대인 줄 알지 못했다. 바로 이 시대가 하나님께서 그리스도를 보내서서 사람들을 구원하는 시대인데도 그들은 그리스도를 대적하고 있고, 멸망을 향하여 달리고 있다는 것이다. 오늘도 이 시대가 물질만 쌓고 명예만 좋아하며 호의호식하는 데만 정신을 쏟는 시대인 줄 모르는 사람이 수두룩하다. 오늘 예수님은 우리들을 향하여 '너희가 이 시대의 물정 돌아가는 것에는 훤하지만 이 시대가 얼마나 음란하고 배은하는 시대인 줄은 알지 못하고 있다'고 하실 것이다.

눅 12:57. 또 어찌하여 옳은 것을 스스로 판단하지 아니하느냐.
예수님은 군중을 향하여 "또 어찌하여 옳은 것을 스스로 판단하지 아니하느냐"고 책망하신다. 그들은 "이 시대를 분간하지 못할"뿐 아니라(앞 절) "옳은 것을 스스로 판단하지 아니하고" 바리새인들이나 서기관들 그리고 율법 교사들에게 끌려 잘 못 판단하고 있다고 하신다. 그들은 당시에 무엇이 옳은 것인지 스스로 판단할 수 있어야 했다. 그들은 예수님이 옳은 것이고 또 예수님의 복음이 옳은 것인 줄 알았어야 했는데 당시의 종교지도자들의 외식을 따라가고 있었다. 오늘도 대중들은 잘 못된 지도자들을 따를 것이 아니라 무엇이 옳은 것인지 스스로 판단할 수 있어야 한다. 우리는 세상 지도자들을 따르지 말고 예수님을 따라가야 한다.

눅 12:58. 네가 너를 고발하는 자와 함께 법관에게 갈 때에 길에서 화해하기를 힘쓰라 그가 너를 재판장에게 끌어가고 재판장이 너를 옥졸에게 넘겨주어 옥졸이 옥에 가둘까 염려하라.
예수님은 더 큰 일이 생기기 전에 대비하라고 하신다. 옳은 것이 무엇인지 스스로 판단하여 빨리 대처하라고 하신다. 다시 말해 하나님과 화해하라는 말씀이다.
  예수님은 무리에게 "네가 너를 고발하는 자와 함께 법관에게 갈 때에 길에서 화해하기를 힘쓰라"고 권하신다(잠 25:8; 마 5:25-26). 만약 화해에 실패하면 고발하는 자가 고소당한 자를 재판장이신 하나님에게 끌어가고 하나님은 고소당한 자를 지옥에 넘겨 가둘 것이라고 하신다(시 32:6; 사 55:6 참조). 예수님은 무리들이 바로 이 시기가 하나님과 화해할 시기인 줄 알고 때를 놓치지 말고 회개해야 한다고 하신다. 공연히 고집피고 회개하지 않고 야단하다가는 지옥에 갈 것밖에 다른 것이 없다고 하신다.

눅 12:59. 네게 이르노니 한 푼이라도 남김이 없이 갚지 아니하고서는 결코 거기서 나오지 못하리라 하시니라.
예수님은 누구든지 회개하지 않으면 결국은 벌을 끝까지 받아야 한다고 하신다. 본문의 "한 푼"이란 말은 헬라원어에서 "렙돈"(λεπτὸν)[111])이란 말로 표현되어 있는데 이 낱말은 그리스의 화폐로서 가장 작은 단위이다. 마 5:26에는 로마 화폐의 고드란트라는 화폐를 사용하고 있는데 그 값어치는 약 2배가 된다. 은혜의 시대에서는 다만 진정한 회개로 다 해결되지만 일단 지옥에 들어가면 큰 벌을 받는다는 뜻이다.

---

111) "렙돈"은 그리스의 최소 동화(銅貨, 21:2; 막 12:42). 한글 개역판 눅 12:59에서는 "호리"로 번역되어 있고, 개역개정판에서는 "한 푼"으로 번역되어 있다. 중량 1.7g, 앗사리온의 8분의 1, 고드란트의 2분의 1에 해당된다(막12:42).

제 13 장
회개하라

예수님은 13장에서 주로 회개하라는 말씀으로 일관하신다. 1) 먼저 회개를 재촉하시기 위하여 세 가지를 가지고 경고하신다(1-9절). 그리고 2) 안식일에 허리 꼬부라진 여자를 고치시고(10-17절), 3) 겨자씨 비유와 누룩 비유를 말씀하시며(18-21절), 4) 좁은 문으로 들어가기를 힘쓰라고 말씀하시고(22-30절), 5) 예루살렘을 향하여 탄식하시는 말씀을 하신다(31-35절).

U. 회개를 재촉하시다   13:1-9
예수님은 세 가지 경고로 회개를 독촉하신다. 첫째는 전쟁에서 죽은 자의 문제를 가지고 말씀하시고(1-3절), 둘째는 실로암에서 탑이 무너져 죽은 사람들의 예를 가지고 말씀하시며(4-5절), 셋째는 무화과나무 비유로 회개를 촉구하신다(6-9절).

눅 13:1. 그 때 마침 두어 사람이 와서 빌라도가 어떤 갈릴리 사람들의 피를 그들의 제물에 섞은 일로 예수께 아뢰니.
누가는 예수님께서 회개하라고 재촉하실 때(12:54-59) "그 때 마침" 사건이 일어났다고 말한다. 그 사건은 예수님의 회개 독촉에 유익하게 쓰일 실화였다. 예수님께서 무리에게 회개하라고 말씀하시던 그 때 마침 몇 사람이 예수님께 찾아와서 최근에 일어난 사건을 보고했는데 본 문에 "두어 사람"(τινες)이란 꼭 두 사람을 말하는 것이 아니고 두 사람 이상의 사람들을 지칭하는 말이다.

몇 사람이 예수님에게 찾아와서 "빌라도가 어떤 갈릴리 사람들의 피를 그들의 제물에 섞은 일로 예수께 아뢰었다"고 말한다. 그들 몇 사람은 예수님에게 찾아와서 순례 차 예루살렘에 왔던 어떤 갈릴리 사람들이 성전에서 제사를 드리고 있을 때 빌라도의 명령에 의하여 빌라도의 군대가 갈릴리 사람들을 갑자기 죽여 갈릴리 사람들의 제물에 피범벅을 만들어 놓았다는 것이다. 우리는 누가가 말하는 것 이상 알 수가 없다. 이 사건이 언제 발생했는지 그리고 총독 빌라도가 왜 갈릴리 사람들을 죽였는지 알 수 없다. 아마도 빌라도가 갈릴리 사람들을 죽인 이유는 갈릴리 사람들이 로마의 통치에 항거했기 때문이었을 것으로 보인다. 그런데 이 사건을 예수님께 아뢰는 사람들은 이 갈릴리 사람들이 빌라도의 손을 통하여 하나님의 진노에 의해서 죽임을 당했을 것이라고 보고한 것으로 보인다. 빌라도가 잔인하다기 보다는 갈릴리 사람들에게 무슨 죄가 있어서 하나님으로부터 벌을 받아 죽었을 것이라고 생각하고 보고한 것 같다.

눅 13:2. 대답하여 이르시되 너희는 이 갈릴리 사람들이 이같이 해 받으므로 다른 모든 갈릴리 사람보다 죄가 더 있는 줄 아느냐.
예수님은 몇 사람들의 보고를 받으시고 그들의 생각을 교정시키신다. 즉 "너희는 이 갈릴리 사람들이 이같이 해 받으므로 다른 모든 갈릴리 사람보다 죄가 더 있는 줄 아느냐"고 말씀하신다. '너희 몇 사람은 이 갈릴리 사람들이 이같이 피를 흘림으로 다른 갈릴리 사람보다 죄가 더 있는 줄 아느냐'고 물으신다(욥 4:7; 8:4, 20; 11:6; 12:5; 22:5-10; 요 9:2). 제사를 드리다가 빌라도의 군대에 의해서 살해된 갈릴리 사람들이 다른 갈릴리 사람들보다 죄가 더 있어서 망한 것이 아니라는 것이다. 모두 다 죄가 있는 것이지 그 사람들만 죄가 더 있는 것은 아니라고 하신다. 제사 드리다가 죽은 사람들도 죄가 있어서 망한 것은 사실이라 할지라도 그 사람들만 죄가 있는 것이 아니라 누구든지 그리스도를 믿지 않으면 다 망한다고 하신다. 우리는 다 죄가 있는 사람들로서 예수님을 믿어야 살 수가 있다. 우리는 그리스도의 대속을 믿어야 한다.

눅 13:3. 너희에게 이르노니 아니라 너희도 만일 회개하지 아니하면 다 이와 같이 망하리라.

예수님은 그 보고자들에게 말씀하시기를 "아니라 너희도 만일 회개하지 아니하면 다 이와 같이 망하리라"고 하신다. 그 보고자들 뿐 아니라 누구든지 회개하지 아니하면, 곧 죄로부터 돌아서서 예수님에게로 회전하지 아니하면 다 이와 같이 망하리라고 하신다. 갈릴리 사람들은 제사는 드렸으나 그들은 회개하지 않아 망했다. 예수님은 누구든지 예수님을 믿지 아니하면 그 어느 때엔가 가서 망할 것을 예상하시고 "다" 망하리라고 하신다. 우리는 어떤 몇 사람만 망하는 것이 아니라 누구든지 예수님을 대속주로 믿지 아니하면 다 망한다는 사실을 알아야 한다. 갈릴리 사람들만 아니라 유대인들이 주후 70년에 예루살렘이 망할 때 함께 망했다.

눅 13:4. 또 실로암에서 망대가 무너져 치어 죽은 열여덟 사람이 예루살렘에 거한 다른 모든 사람보다 죄가 더 있는 줄 아느냐.

예수님은 또 하나의 예를 들으셔서 회개하지 않으면 다 망한다고 경고하신다. 예수님은 "또 실로암에서 망대가 무너져 치어 죽은 열여덟 사람이 예루살렘에 거한 다른 모든 사람보다 죄가 더 있는 줄 아느냐"고 말씀하신다. "실로암"은 '예루살렘 동남부에 있는 못'을 지칭하고, 실로암 "망대"는 '예루살렘 성의 동 남편 성 밖 담에 세워져 있는 탑'을 지칭하는데 이 탑이 어떻게 해서 무너졌는지 알 수는 없지만 탑이 무너지는 바람에 18 명이 죽었다는 뉴스는 예루살렘 근처에서 많이 퍼져 있던 것으로 사람들은 거기서 탑이 무너져 치어 죽은 사람들은 남보다 죄가 더 있어서 죽었다는 생각이었다. 망대가 무너져 죽은 사람들도 죄가 있어서 망한 것은 사실이지만 예루살렘에 거한 다른 모든 사람도 죄가 있어 예수님을 믿지 않으면 망한다는 것이 예수님의 교훈이다. 예수님은 사람들의 생각을 교정하고자 하신다.

그래서 예수님은 18사람이 "예루살렘에 거한 다른 모든 사람보다 죄가 더 있는 줄 아느냐"고 하신다. 예수님은 다음 절에서 "아니라"고 하신다.

눅 13:5. 너희에게 이르노니 아니라 너희도 만일 회개하지 아니하면 다 이와 같이 망하리라.

예수님은 예루살렘에 거한 사람이라면 누구든지 알고 있는 그 사건을 두고 말씀하시기를 "아니라 너희도 만일 회개하지 아니하면 다 이와 같이 망하리라"고 하신다. '죄가 더 있는 것이 아니라 만일 우리도 회개하지 않으면, 다시 말해 예수님께로 우리의 마음과 생활이 회전하지 않으면 다 이와 같이 망한다'고 하신다. 망대가 무너져 치어 죽은 사람들이나 갈릴리로부터 온 사람들이 제사 드리다가 죽은 사람들이나 모두 똑같이 죄가 더 있었던 것이 아니라고 예수님께서 가르쳐 주신다. 누구든지 다 죄가 있다는 것이고 그 죄를 회개하느냐 아니냐의 차이만 있을 뿐이다. 제사 드리다가 죽은 사람들이나 망대가 무너져 죽은 사람들이나 모두 아직 회개하지 않아서 망한 것이고 그들이 죄가 더 있어서 망한 것은 아니다. 오늘 우리도 예수님에게 마음을 돌리지 않으면 우리도 망할 수밖에 없다.

눅 13:6. 이에 비유로 말씀하시되 한 사람이 포도원에 무화과나무를 심은 것이 있더니 와서 그 열매를 구하였으나 얻지 못한지라.

예수님은 위에서 두 가지 실례를 들으신 후 이제 본 절부터 9절까지는 비유를 들어 회개를 재촉하신다. 예수님은 "한 사람이 포도원에 무화과나무를 심은 것이 있었다"고 하신다(사 5:2; 마 21:19). 그 사람은 포도원에 무화과를 심고 그곳을 떠나 있으면서 매년 와서 포도 열매를 구했는데 그 열매를 얻지 못했다고 하신다. 그래서 그 사람은 포도원지기에게 다음과 같이 말을 했다(다음 절).

눅 13:7. 포도원지기에게 이르되 내가 삼 년을 와서 이 무화과나무에서

열매를 구하되 얻지 못하니 찍어버리라 어찌 땅만 버리게 하겠느냐.

그 사람은 포도원지기에게 말하기를 "내가 삼 년을 와서 이 무화과나무에서 열매를 구하되 얻지 못했다"고 말한다. 여기 "3년"이란 기간을 두고 많은 해석이 가해졌다.[112] 그러나 3년이란 기간은 주님께서 기다릴 수 있는 최대한의 시간을 지칭한다. 결코 꼭 문자대로 3년을 지칭하는 것은 아니다. 주님은 기다리실 만큼 기다리신다. 그래서 주인은 포도원지기에게 "찍어버리라 어찌 땅만 버리게 하겠느냐'고 한다. 여기 "찍어버린다"는 말은 3절의 "망하리라"는 말과 5절의 "망하리라"는 말과 똑같은 뜻이다. "찍어버려야" 하는 이유는 "땅만 버리기" 때문이었다. 다시 말해 다른 포도들의 성장에 지장을 주기 때문이다.

눅 13:8. 대답하여 이르되 주인이여 금년에도 그대로 두소서 내가 두루 파고 거름을 주리니.

포도원 지기는 주인에게 "주인이여 금년에도 그대로 두소서 내가 두루 파고 거름을 주겠다"고 애원한다. 1년만 연장해 달라는 것이다. 그리고 포도원 지기는 주인에게 무화과나무 주위를 두루 파고 거름을 주겠다고 애원한다. "두루 파고 거름을 주는" 행위는 깊이 회개하는 것을 상징한다. 우리는 무화과나무 주위를 두루 파고 거름을 주듯 우리는 깊이 회개해야 열매를 맺을 수 있다. 호세아 10:10에 "너희 묵은 땅을 기경하라"고 말씀한다.

눅 13:9. 이후에 만일 열매가 열면 좋거니와 그렇지 않으면 찍어버리소서 하였다 하시니라.

포도원지기의 말은 계속된다. 1년 동안에 나무 주위를 두루 파고 거름을

---

112) "삼년"이라는 기간을 두고 여러 해석이 가해졌다. 1) 주님의 3년의 공생애 기간. 2) 아브라함, 모세, 마리아. 3) 모세, 사사, 선지자. 4) 사사, 왕, 제사장. 5) 율법, 선지자, 그리스도. 6) 문자적으로 3년을 지칭함(무화과는 심은 후 3년이 되면 열매를 맺고 그 때 맺지 못하면 영영 열매를 맺을 수 없다는 것이다. 7) 완전성을 나타내는 셈족 언어 표현이다. 마지막 설이 가장 바른 것으로 보인다.

준 이후에 "만일 열매가 열면 좋거니와 그렇지 않으면 찍어버리소서"라고
말한다. 예수님은 문맥 속에서 이 무화과나무가 열매를 맺혔다는 말씀은
하지 않으셨지만 두루 파고 거름을 주어 열매를 맺지 않는 나무는 없는
법이다. 틀림없이 많은 무화과를 맺었을 것이다. 오늘 우리는 열매를 맺기
위하여 1년간 연장 받은 삶을 살고 있다. 두루 파고 거름을 주어야 한다.
깊이 죄를 자복하고 기도하여 열매를 맺어야 할 것이다.

V.안식일에 귀신 들린 여자를 고치시다 13:10-17

누가는 예수님께서 회개를 재촉하신 말씀을 하신(1-9절) 다음 이제 안식
일에 귀신들린 여자를 고치신 이적을 기록한다(10-17절). 누가는 예수님께
서 언제 고치셨는지 그리고 어디서 고치셨는지에 대해서는 침묵하나 아마도
예수님의 사역의 말기에 접어들어 어느 안식일에 고치셨을 것이고, 아마도
베레아의 어느 곳에서 고치셨을 것이다. 예수님은 안식일에 병을 고치셔서
안식일의 참 뜻을 가르쳐주신다.

눅 13:10. 예수께서 안식일에 한 회당에서 가르치실 때에.
예수님께서 어느 안식일에 한 회당에서 가르치실 때에 귀신들려 18년 동안
이나 고생하던 여자를 이적으로 고치셨다. 누가는 예수님께서 이적을 행하
신 날을 분명하게 기록하여 안식일에 병을 얼마든지 고치실 수 있다는
것을 부각시키고 있다. 안식일은 사람을 살리는 날, 사람을 영적으로 쉬게
하는 날이다.

**눅 13:11. 열여덟 해 동안이나 귀신 들려 앓으며 꼬부라져 조금도 펴지
못하는 한 여자가 있더라.**
예수님께서 한 회당에서 가르치실 때에 "열여덟 해 동안이나 귀신 들려
앓으며 꼬부라져 조금도 펴지 못하는 한 여자가 있었다." '짧지 않은 세월
18년 동안이나 귀신들려 앓으며 꼬부라져 조금도 펴지 못하는 한 여자'가

한 회당에 참석했다는 것은 참으로 복이 아닐 수 없었다. 모임에 참석하여
가르침을 받는 중에 있다는 것은 큰 복이다. 이 여자는 나이가 많아서 꼬부라
진 것도 아니고 골다공증 때문에 꼬부라진 것이 아니라 귀신 들렸기에
꼬부라져서 사람들의 얼굴도 제대로 못 보고 살았다. 그 여자는 예수님의
얼굴도 바로 못 보았을 것이다. 그 여자는 18년의 긴긴 세월 동안 불행하게
살아왔다.

**눅 13:12-13. 예수께서 보시고 불러 이르시되 여자여 네가 네 병에서 놓였다
하시고 안수하시니 여자가 곧 펴고 하나님께 영광을 돌리는지라.**
예수님은 이 여자를 특별히 "보셨다." 그리고 예수님은 그 여자를 불러
이르시기를 "여자여 네가 네 병에서 놓였다 하셨다"고 하신다. 즉 '네가
네 병으로부터 해방되었다'고 하신다. 예수님의 이 말씀에는 엄청난 능력이
동반했다. 언제나 그렇듯이 예수님의 말씀에는 바로 그 말씀대로 되게 하는
능력이 동반한다. 그 여자의 꼬부라진 것이 펴질 수 있는 힘이 동반 되었다.
아마도 갑자기 우지직하는 소리가 났을 것이다.

　예수님께서 "네가 네 병에서 놓였다"는 선언을 하시고 "안수하셨다"(막
16:18; 행 9:17). 안수하자 그 "여자가 곧 펴고 하나님께 영광을 돌렸다."
'즉시 펴고 하나님께 감사하고 찬양했다.' 사실은 안수하지 않으셔도 병은
벌써 고쳐진 것이다. 그러나 예수님은 그 여자의 몸에 손을 얹어 사랑을
보여주셨다. 그 여자는 금방 꼿꼿하게 몸을 펴게 되었다. 그 여자는 형언할
길 없이 기뻤다. 하나님께 감사했고 하나님께 찬양을 드렸다. 여기 "영광을
돌리니라"(ἐδόξαζεν)는 말은 미완료 과거 시제로 그 여자는 혼자 계속해서
감사했고 찬양을 돌렸다. 그러나 그 분위기는 회당 전체로 옮겨 붙지 못했다
(다음 절을 보라).

**눅 13:14. 회당장이 예수께서 안식일에 병 고치시는 것을 분 내어 무리에게
이르되 일할 날이 엿새가 있으니 그 동안에 와서 고침을 받을 것이요 안식일**

에는 하지 말 것이니라 하거늘.

그 회당의 회당장이 예수님께서 안식일에 여자의 병을 고치신 것을 보고 분 내어 회당에 참여한 무리에게 말하기를 "일할 날이 엿새가 있으니 그 동안에 와서 고침을 받을 것이요 안식일에는 하지 말 것이라"고 책망했다. 회당장은 그 나름대로 논리가 정연했다. 병 고침 받을 수 있는 날이 엿새가 있으니(출 20:9; 신 5:13) 엿새 동안에 와서 병 고침을 받을 것이지 안식일에는 병 고침 받지 말라고 책망했다(6:7; 14:3; 마 12:10; 막 3:2). 회당장은 예수님을 향해서도 안식일에는 사람을 고치지 말라고 간접적으로 책망했다. 예수님과 사람들에게 안식일을 준수하라고 경종을 울렸다. 그는 감히 예수님을 직접적으로 책망하지는 못하고 사람들에게 안식일에 병 고침 받을 생각을 말라고 말했다. 그는 비겁한 사람이었다.

눅 13:15-16. 주께서 대답하여 이르시되 외식하는 자들아 너희가 각각 안식일에 자기의 소나 나귀를 외양간에서 풀어내어 이끌고 가서 물을 먹이지 아니하느냐 그러면 열여덟 해 동안 사탄에게 매인 바 된 이 아브라함의 딸을 안식일에 이 매임에서 푸는 것이 합당하지 아니하냐.

회당장이 회당에 찾아온 사람들을 향해 안식일에는 병 고침을 받지 말라고 분 내어 말한 것을 들으신 예수님은 "외식하는 자들아 너희가 각각 안식일에 자기의 소나 나귀를 외양간에서 풀어내어 이끌고 가서 물을 먹이지 아니하느냐"고 말씀하신다(14:5). 예수님은 거기 있는 회당 장 뿐 아니라 회당 장에 동조하는 사람들을 향하여 먼저 "외식하는 자들아"라고 부르신다. 예수님께서 그들을 향하여 이렇게 부르신 이유는 그들이 안식일이라 할지라도 "자기의 소나 나귀를 외양간에서 풀어내어 이끌고 가서 물을 먹이기" 때문이라고 하신다. 안식일에 할 일 다 하면서(이런 일을 얼마든지 할 수 있다) 더 중요한 일, 즉 사람의 몸을 고치지 못하게 하는 것은 외식이라고 하신다. 짐승에게는 안식일에 물을 먹이면서 사람의 몸을 못 고치게 하는 것은 분명히 외식이다. 오늘도 외식하는 사람들이 참으로 많다. 할 짓을 다 하면서 더 중요한 일을 금하는 사람들이 많이 있다.

예수님은 외식하는 사람들에게 "열여덟 해 동안 사탄에게 매인 바 된 이 아브라함의 딸을 안식일에 이 매임에서 푸는 것이 합당하지 아니하냐"고 물으신다(19:9). 이야말로 아주 합당한 일이다. 안식일에 사람을 사탄의 매임에서 풀어야 하지 않겠는가. 그래야 사탄으로부터 놓인 그 영혼도 안식을 누릴 수 있지 않겠는가. 예수님의 논리 정연한 공격이시다.[113]

눅 13:17. 예수께서 이 말씀을 하시매 모든 반대하는 자들은 부끄러워하고 온 무리는 그가 하시는 모든 영광스러운 일을 기뻐하니라.
예수님께서 앞 절처럼 말씀하시니까 두 종류의 반응이 나왔다. 하나는 예수님의 병 고침을 반대하던 사람들은 "부끄러워하게 되었다." 그리고 또 하나의 반응은 온 무리가 예수님께서 행하신 이적을 보고 환영했다. 즉 "온 무리는 그가 하시는 모든 영광스러운 일을 기뻐했다." 종교 지도자들을 제외한 온 무리는 예수님께서 행하신 이적과 또 예수님께서 말씀하신 것들을 보고 기뻐했다. 우리는 예수님께서 행하신 모든 영광스러운 일을 기뻐하는 사람들이 되어야 할 것이다. 그의 창조사역, 그의 섭리, 그의 무한한 능력, 무한한 지혜, 지극한 사랑, 긍휼을 보고 찬양해야 할 것이다.

W.겨자씨 비유와 누룩 비유   13:18-21
누가는 예수님께서 회당에서 복음을 전하시던 중 회당에 참석했던, 18년 동안 귀신들려 앓으며 조금도 펴지 못하는 여인을 고치신 이적을 기록한 (10-17절) 다음 예수님께서 말씀하신 두 비유(겨자씨 비유와 누룩 비유)를 나란히 놓는다. 이 두 비유는 마 13:31-33에 함께 나타나나(마태는 이 두 비유를 예수님께서 해변에서 말씀하신 것으로 말한다-마 13:1), 마가에는 겨자씨 비유만 나타난다. 두 비유가 말하는 하나님 나라(보이지 않는 영적인 교회)의 성장은 현세에서 진행되는 것이다.

눅 13:18. 그러므로 예수께서 이르시되 하나님의 나라가 무엇과 같을까 내가 무엇으로 비교할까.

문장 초두에 나오는 "그러므로"(οὖν)란 말은 본 절이 앞부분과 관련이 있음을 보여주는 말이다. 예수님께서 앞부분(10-17절)을 회당에서 말씀하셨으니 이 부분(18-21절)의 비유도 역시 회당에서 말씀하셨을 것이다. 그리고 "그러므로"란 말은 이 부분의 비유가 앞부분의 결론이라는 것을 보여준다. 즉 현세에서 성장하고 있는 하나님의 나라는 참으로 보잘 것이 없으나 점점 성장한다는 것을 말씀하신 것이다. 18년 동안 사탄에게 매였던 한 여인이 이제 하나님의 백성이 되었기에 하나님의 나라가 사람 보기에는 보잘 것 없는 것 같으나 앞으로 점점 성장해 나간다고 말씀하신다.

예수님은 "하나님의 나라가 무엇과 같을까 내가 무엇으로 비교할까"하고 말씀하신다(마 13:31; 막 4:30). 하나님의 나라가 점점 커가는 것이 무엇과 같다고 할까. 무엇으로 비교할 수 있을까 하고 말씀하신다.

눅 13:19. 마치 사람이 자기 채소밭에 갖다 심은 겨자씨 한 알 같으니 자라 나무가 되어 공중의 새들이 그 가지에 깃들였느니라.

예수님은 하나님의 나라가 성장하는 것이 "마치 사람이 자기 채소밭에 갖다 심은 겨자씨 한 알 같다"고 하신다. 겨자씨는 심기 전에는 참으로 작은 씨이다. 마치 들깨 씨, 혹은 참깨 씨 정도의 크기이다. 겨자씨들을 손바닥에 놓고 숨만 조금 세게 쉬어도 날라 갈 정도의 크기이고 무게이다. 그러나 그것이 자라면 "공중의 새들이 그 가지에 깃들일" 만큼 큰다. 여기 공중의 새들이 그 가지에 깃 들일 만큼 된다는 말은 그 나무가 크게 자란다는 뜻일 뿐이다. 새들을 하나님 나라의 가족으로 해석해서는 안 된다. 그 새들은 다만 그 나뭇가지 안에 깃들였을 뿐이다. 겨자나무가 어느 정도로 크느냐

하는 것은 나무에 따라 다르지만 대략 3m, 어떤 겨자나무는 4.5m에 이르기
도 한다는 것이다. 그러니까 사람 키의 두 배 정도이다. 이렇게 자란 겨자나
무 가지에는 새들이 깃들여 쉬기도 한다. 하나님의 나라는 처음에는 작게
보였고 보잘것없이 보였지만 점점 자라 지금은 세계적으로 퍼져나가고 있
다. 복음이 퍼져나가고 있고 복음을 믿는 성도들이 점점 늘어가고 있다.
어느 개척 교회든지 전도자가 참 복음만 심는다면 그 교회는 점점 커가게
되어 있다.

눅 13:20. 또 이르시되 내가 하나님의 나라를 무엇으로 비교할까.
예수님은 겨자씨 비유를 말씀하신(18-19절) 다음 "내가 하나님의 나라를
무엇으로 비교할까"라고 하신다. 또 하나의 비유가 필요하다는 뜻이다. 두
비유가 똑 같이 하나님의 나라의 성장을 보여주는 비유이면서도 약간 다른
내용을 말씀하시기를 원하신다. 겨자씨 비유가 말하는 내용과 약간 다른
성질의 것을 말씀하시기를 원하신 것이다. 겨자씨 비유는 그 나라의 성장이
볼 수 있다는 것인 반면 누룩 비유는 "남몰래 그러나 은혜롭게 복된 결과를
산출하는 그리스도의 은혜의 통치의 선한 능력을 묘사한다"(Lenski). 그리
스도의 복음은 은혜로운 능력을 가지고 침투한다.

**눅 13:21. 마치 여자가 가루 서 말 속에 갖다 넣어 전부 부풀게 한 누룩과
같으니라 하셨더라.**
예수님은 결국 누룩 비유를 들으신다. 예수님은 하나님 나라의 성장이 "마치
여자가 가루 서 말 속에 갖다 넣어 전부 부풀게 한 누룩과 같다"고 하신다.
'가루 서 말 속에 가져다가 넣어서 전부 부풀게 한 누룩과 같이' 하나님의
나라는 우리가 모르는 중에 크게 성장한다는 뜻이다. 그렇다면 이 비유는
겨자씨 비유와 어떻게 다른가. 겨자씨 비유는 외적으로 보기에 크게 성장하
는 것을 보여주는 반면 누룩 비유는 우리가 모르는 중에 가루를 부풀게 하
는 특징을 보여주고 있다고 할 수 있다. "누룩은 눈으로 보기에는 감추어

져 있는 힘처럼 몰래 보이지 않게 작용한다. 그리스도와 그의 복음은 신비스럽게, 차츰 몰래 퍼져나가면서 역사한다. 우리는 복음이 어떻게 황제까지도 그리스도인이 될 때까지 고대 로마 세계에 퍼져 갔는가에 관한 역사의 기록을 가지고 있다"(Lenski). 오늘 우리는 복음을 전파하여 복음의 신비한 능력을 보아야 할 것이다. 순수한 복음 전파는 반드시 성공한다.

본문의 가루 서 말에 대한 주해를 하면서 혹자는 노아의 세 아들, 또 혹자는 당시의 세계의 세 부분 희랍인, 유대인, 사마리아인, 또 혹자는 영, 혼, 몸으로 보기도 하나 보통 빵을 굽는데 필요한 적당량으로 보는 것이 바를 것이다.

X. 좁은 문으로 들어가기를 힘쓰라   13:22-30

누가는 예수님께서 귀신들려 18년 동안 앓으며 꼬부라져 조금도 펴지 못하는 여인을 고치신 사건(10-17절)과 그에 따른 말씀(18-21절)을 기록한 다음 어느 사람이 구원을 받는 자가 적으냐고 질문한데 대해 예수님께서 좁은 문으로 들어가기를 힘쓰라고 가르치신 내용을 기록한다(22-30절). 본문의 내용은 1) 좁은 문으로 들어가기를 힘쓰라(22-24절), 2) 천국 문이 닫힌 후 문밖에서 애걸하는 사람들(25-27절), 3) 지옥으로 쫓겨난 자의 애곡(28-30절)으로 구분된다.

그런데 이 부분에 있는 세 부분(22-24절, 25-27절, 28-30절)을 마태는 따로 분리하여 기록하고 있다. 즉 마태는 마 7:13-14(눅 13:22-24과 병행); 마 7:21-23(눅 13:25-27과 병행); 마 8:11-12; 19:30(눅 13:28-30과 병행)에 나누어 기록하고 있다. 마태가 여러 곳에 나누어 기록한 것을 누가가 한 군데로 모은 이유는 사상적으로 통하기 때문이었을 것이다. 그러니까 예수님은 이런 내용을 한번만 말씀하신 것이 아니라 여러 번 말씀하신 것으로 보인다. 누가는 훌륭한 사상 배열가였다(1:3).

눅 13:22. 예수께서 각 성 각 마을로 다니사 가르치시며 예루살렘으로 여행

하시더니.

예수님은 여행을 떠나신(9:51) 후 "각 성 각 마을로 다니사 가르치시며 예루살렘으로 여행하셨다"(마 9:35; 막 6:6). 예수님은 예루살렘을 향하여 떠나신 후 각 도시와 각 마을을 들르시면서 복음을 전하시느라 시간을 잡으셨다. 즉 베레아 전도에 꽤 긴 시간을 잡으신 것이다(17:11 참조-아직 이때에도 갈릴리 변경 베레아에 계셨다).

눅 13:23a. 어떤 사람이 여짜오되 주여 구원을 받는 자가 적으니이까.

어떤 사람이 나타나 여쭙기를 "주여, 구원을 받는 자가 적으니이까"라고 물었다. 이 사람은 예수님의 가르침을 사람들을 통해서 듣거나 아니면 자신이 직접 듣는 중에 예수님의 가르침은 엄격하여 좀처럼 구원을 받는 자가 많을 것 같지 않고 구원을 받는 자의 수가 적을 듯이 보여 이렇게 질문 했을 것이다. 예수님은 유대인들이 다 구원을 받는 것이 아니라 믿는 사람만 구원을 받는다고 가르치셨고 믿음으로 행하는 사람만이 구원에 참여한다고 가르치셨기에 이 사람이 염려스러워 구원 받는 숫자가 적으냐고 여쭌 것이다.

눅 13:23b-24. 그들에게 이르시되 좁은 문으로 들어가기를 힘쓰라 내가 너희에게 이르노니 들어가기를 구하여도 못하는 자가 많으리라.

예수님은 질문을 받으시고 그들에게 말씀하시기를 구원을 받는 자가 적다고 대답하시지 않고 구원을 받기를 힘쓰라는 말로 대답하신다. 즉 "좁은 문으로 들어가기를 힘쓰라"($\alpha\gamma\omega\nu\iota\zeta\epsilon\sigma\theta\epsilon$ $\epsilon\iota\sigma\epsilon\lambda\theta\epsilon\iota\nu$ $\delta\iota\alpha$ $\tau\eta\varsigma$ $\sigma\tau\epsilon\nu\eta\varsigma$ $\theta\upsilon\rho\alpha\varsigma$)고 하신 다(마 7:13). 여기 "좁은 문"이란 말은 "들어가기를 구하여도 못하는 자가 많으리라"는 말씀에 비추어보면 적은 사람만이 들어가는 문이고 또 예수님의 인정을 받은 사람만이 들어간다(27절)는 말씀에 비추어보면 '적은 숫자의 사람만이 들어가는 문'임을 알 수 있다. 천국문은 결코 넓은 문이 아니라 좁은 문이라는 것을 알 수 있다. 다시 말해 적은 숫자의 사람들만이 구원에 동참한다.

"좁은 문으로 들어가기를 힘쓰라"는 말씀은 인간적인 노력을 하라는 말씀이 아니라 하나님께서 주신 믿음을 가지고 또 하나님께서 주시는 은혜로운 힘을 가지고 그리스도를 따라가라는 말씀이다. 다시 말해 하나님께서 최초에 주신 그리스도와의 연합, 중생, 회심, 믿음, 칭의, 수양, 성화(이상은 순간적으로 받는 구원을 뜻한다)의 은혜를 받은 후 계속해서 성화에 힘쓰라는 말씀이다(빌 2:12-13 참조).

예수님은 "좁은 문으로 들어가기를 힘쓰라"고 말씀하신 다음 힘써야 할 이유를 말씀하신다. 그것은 "내가 너희에게 이르노니 들어가기를 구하여도 못하는 자가 많기" 때문이라고 하신다(요 7:34; 8:21; 13:33; 롬 9:31 참조). 예수님은 심각한 진리를 말씀하시기 위하여 여기 또 "내가 너희에게 이르노니"라는 언사를 사용하신다. 예수님께서 말씀하신 내용이 중대하다고 말할 수 있는 이유는 다름이 아니고 질문한 사람뿐만 아니라 "들어가기를 구하여도 못하는 자가 많기" 때문이다. 천국에 들어가기를 구하여도 못 들어가는 사람이 한 두 사람이 아니라는 것이다. 못 들어가는 사람들은 양쪽(천국과 세상)에 마음을 두고 생활하기 때문이다. 한편으로 천국에 가고 싶기도 하여 천국에 관심을 두기도 하였지만(24b-26절) 또 다른 한편 세상에서 살 때에 예수님의 복음에 합당하게 살지 않고 악을 행하며 살았기에(27절) 결국은 천국에 들어가지 못한다는 것이다. 오늘도 역시 천국에 들어가기를 구하여도 못하는 자가 많을 것이다.

눅 13:25. 집 주인이 일어나 문을 한 번 닫은 후에 너희가 밖에 서서 문을 두드리며 주여 열어 주소서 하면 그가 대답하여 이르되 나는 너희가 어디에서 온 자인지 알지 못하노라 하리니.

예수님은 누구든지 구원의 길이 막힌 다음에는 아무리 힘써도 소용이 없다고 하신다. "집 주인이 일어나 문을 한 번 닫은 후에"는 아무리 힘써도 문이 열리지 않는다고 하신다(시 32:6; 사 55:6; 마 25:10). 즉 "너희가 밖에

서서 문을 두드리며 주여 열어 주소서"(6:46)해도 문이 열리지 않는다고
하신다. 문 밖에 서서 아무리 문을 두드려도 문은 열리지 않고 또 소리를
지르면서 "주여! 열어 주소서"하고 애걸해 보아도 문은 열리지 않는다고
하신다. 구원의 기회가 지나간 후에는 누구든지 아무리 힘써도 되지 않는다.

구원을 못 받은 자가 문밖에서 아무리 힘써도 집 주인은 대답하기를
"나는 너희가 어디에서 알지 못한다"고 하신다(마 7:23; 25:12). 이 말씀은
예수님께서 그들이 어디에서 살다가 왔는지 모르신다는 말씀은 아니다.
예수님은 지구상을 다녀간 사람들의 행위록(계 20:12)을 가지고 속속들이
다 아신다. 이 말씀은 예수님께서 '나는 그들의 삶을 인정할 수 없다,' '나는
그들과 서로 사랑하는 사이가 아니다,' '나는 그들을 천국에 들여보낼 수
없다'는 뜻이다. 회개만이 우리의 살 길이다.

**눅 13:26. 그 때에 너희가 말하되 우리는 주 앞에서 먹고 마셨으며 주는
또한 우리를 길거리에서 가르치셨나이다 하나.**
예수님은 구원의 기회가 닫혀버린 사람들이 천국 문 밖에서 애걸할 것이라고
하신다. "그 때에 너희가 말하되 우리는 주 앞에서 먹고 마셨으며 주는
또한 우리를 길거리에서 가르치셨나이다"라고 사정해 볼 것이라고 하신다.
문밖의 사람들은 특별히 두 가지를 말할 것이다. 하나는 "우리는 주 앞에서
먹고 마신 일"이 있다고 할 것이다. 즉 '함께 한 자리에서 먹고 마신 일이
있다'고 말해보아야 아무 소용이 없다는 뜻이다. 회개가 중요한 것이지
성찬예식에 참여했던 경험이 중요한 것은 아니다. 그리고 또 하나는 "주는
또한 우리를 길거리에서 가르치셨나이다"라는 말을 할 것이다. 다시 말해
'우리는 주님의 설교를 들은 적도 있고 성경의 가르침도 받았다'고 말해야
소용이 없다. 그 말씀대로 믿고 사는 것이 중요한 것이지 그 말씀을 떠나
계속해서 악을 행하며 산다면(다음 절) 지옥으로 가는 수밖에 없다. 오늘도
교회에 나와서 설교를 듣고 혹은 노상 전도의 말씀을 들었다는 것이 모두
은총의 기회가 되는 것은 아니다. 설교를 들었던 사람들 중에도 지옥으로

가는 사람들이 얼마나 많을 것인지 알 수 없다.

눅 13:27. 저가 너희에게 말하여 이르되 나는 너희가 어디에서 왔는지 알지 못하노라 행악하는 모든 자들아 나를 떠나가라 하리라.
주님은 "나는 너희가 어디에서 왔는지 알지 못하노라"(25b; 마 7:23; 25:41)는 말씀을 반복하신다. 반복은 중요하기 때문에 하는 것이다. 25b주해 참조. 예수님은 알지 못하겠다고 말씀하시고는 "행악하는 모든 자들아 나를 떠나가라 하리라"고 냉혹한 명령을 하신다(시 6:8; 마 25:41). 예수님은 지금 이런 명령을 우리에게 하시지 않는다. 그러나 주님께서 우리에게 주신 기회에 우리가 회개하지 않고 그 말씀대로 살지 않으면 언젠가 냉혹한 명령을 하실 날이 다가올 것이다. "나를 떠나가라 하리라." 무서운 선언이다.

눅 13:28-29. 너희가 아브라함과 이삭과 야곱과 모든 선지자는 하나님 나라에 있고 오직 너희는 밖에 쫓겨난 것을 볼 때에 거기서 슬피 울며 이를 갈리라 사람들이 동서남북으로부터 와서 하나님의 나라 잔치에 참여하리니.
예수님은 아브라함의 후손이라고 자처하는 사람들에게 세상에서 행악하고 사는 한 구원이 없다고 말씀하신다(마 8:11-12). 예수님은 구원에서 제외된 사람들이 "거기(지옥)에서 슬피 울며 이를 갈리라"고 하신다(마 8:12; 13:42, 50; 22:13; 24:51; 25:30). 지옥에서 슬퍼서 울며 이를 가는 이유는, 첫째, "아브라함과 이삭과 야곱과 모든 선지자는 하나님 나라에 있기" 때문이다(마 8:11). 여기 "하나님 나라에 있다"는 말씀은 천국에 가 있다는 말씀이다. 그들은 믿음의 열조와 또 모든 선지자가 하나님의 나라에 가 있는 것을 보고 슬피 울지 않을 수 없을 것이다. 그리고 그곳에서 고통이 심하여 이를 갈 것이다. 그리고 둘째, "오직 너희(자기들)는 밖에 쫓겨난 것을 보는 때"가 있기 때문이다. 다시 말해 지옥으로 쫓겨난 것을 보는 때가 있다는 것이다. 셋째, "사람들이 동서남북으로부터 와서 하나님의 나라 잔치에 참여하는 것"을 보기 때문이다. 그들은 자기들이 무시했던 이방인들이 예수님을 믿고 구원받아 하나님 나라의 잔치에 참여하는 것을 보고 참을 수 없는 슬픔을 느끼고 또 지옥에서 고통이 심하여 이를 갈 것이라고 하신다. 혹자들은 세상의 목숨이 끝나면 다 끝난 것이라고 하는데 지옥에서도 여전히 감각이 있어 슬피 울며 또 이를 간다. 그것은 영원한 저주이다.

눅 13:30. 보라 나중 된 자로서 먼저 될 자도 있고 먼저 된 자로서 나중 될 자도 있느니라 하시더라.

예수님은 좁은 문으로 들어가기를 힘쓰라고 말씀하시는 이 부분의 결론에서 "보라 나중 된 자로서 먼저 될 자도 있고 먼저 된 자로서 나중 될 자도 있느니라"고 하신다(마 19:30; 20:16; 막 10:31). 예수님은 아브라함의 자손들은 다만 아브라함의 자손이기 때문에 구원을 받으리라고 기대했던 사람들이 구원에서 제외되고 오히려 유대인들이 멸시했던 이방인들이 하나님의 나라에 참여하게 될 것을 이렇게 말씀하신다. 예수님은 유대인들에게 경고하시기 위해서 "나중 된 자로서 먼저 될 자도 있고 먼저 된 자로서 나중 될 자가" 있으리라는 말씀을 여러 번 하신다(마 19:30; 20:16). 유대인들이 예수님을 먼저 접했으나 배척해서 예수님의 복음은 이방으로 넘어갔다.

이 진리는 민족적으로만 그렇게 되는 것이 아니라 개인적으로도 그렇게 된다. 늦게 믿기 시작한 사람이 겸손하게 예수님을 믿어 더 복을 받는 사례는 많이 있다. 요는 겸손히 그리스도를 따르는 것이 중요하다. 우리 민족은 겸손하게 처신하며 그리스도를 높여야 할 것이다. 우리 교회가 서양교회보다 나중에 은혜를 받기 시작했으나 겸손하게 처신하며 그리스도를 높인다면 서양 교회를 능가할 것이다. 그리고 우리 교회보다 동남아 교회들이 늦게 예수님의 복음을 접했으나 우리가 교만하면 우리 교회가 나중 될 가능성은 얼마든지 있다. 하나님, 우리에게 겸손을 주옵소서!

  Y. 예루살렘을 향하여 탄식하시다 13:31-35
  예수님께서 베레아 지방에서 좁은 문으로 들어가기를 힘쓰라는 훌륭한 권고를 하셨는데도(24-30절) 예수님을 제거하려는 헤롯의 위협을 받으시고 (31-33절) 예루살렘을 향하여 탄식하신다(34-35절). 마 23:37-39 참조.

눅 13:31. **곧 그 때에 어떤 바리새인들이 나아와서 이르되 나가서 여기를 떠나소서 헤롯이 당신을 죽이고자 하나이다.**

예수님은 베레아 지방에서 좁은 문으로 들어가기를 힘쓰라고 가르치고 계실 때 "곧 그 때에 어떤 바리새인들이 나아와서 이르되 나가서 여기를 떠나소서 헤롯이 당신을 죽이고자 하나이다"라고 말했다. 여기 "곧 그 때에"란 말은 이 부분(31-35절)의 말씀이 앞부분(24-30절)과 무관하지 않고 연결되어 있음을 보여준다. 예수님은 헤롯 안디바스[114]가 통치하는 베레아 지방에서 사람들에게 구원의 도리를 가르치고 계실 때 어떤 바리새인들이 나아와서 "나가서 여기를 떠나소서 헤롯이 당신을 죽이고자 하나이다"라고 말한다. 바리새인들이 예수님에게 이 지역에서 떠나라고 말한 이유는 헤롯이 예수님을 죽이고자 했기 때문이다.

그런데 혹자는 헤롯이 예수님을 죽이고자 계획한 일도 없었고 또 그런 말을 한 적도 없었는데 바리새인들이 공연히 꾸며서 예수님에게 거짓말을 했다고 주장하나 다음 절의 예수님의 반응을 보아 헤롯이 무슨 연관이라도 되었던 것은 사실로 보아야 할 것이다. 예수님은 전지하신 분이기에 바리새인들의 거짓말에 속지 않으신다. 그러니까 바리새인들의 흑심도 있었지만 헤롯도 예수님을 죽이려고 했든지 아니면 최소한 예수님을 꺼렸던 것은 사실인 것으로 받아들여야 한다. 헤롯 안디바스는 세례 요한을 죽였는데 예수님께서는 오히려 세례 요한을 큰 선지자로 인정하시니 헤롯은 예수님을 제거하고 싶었을 것이다. 정치가는 일반적으로 자기의 약점이 들춰지지 않기 위해서는 못된 짓도 서슴지 않는다. 그러다가 더 큰 죄를 짓는다.

---

114) 헤롯 안디바스는 BC 4년부터 AD 39년 까지 갈릴리와 베레아 지방을 통치하던 분봉왕이었다(3:1).

눅 13:32. 이르시되 너희는 가서 저 여우에게 이르되 오늘과 내일은 내가 귀신을 쫓아내며 병을 고치다가 제 삼일에는 완전하여지리라 하라.

예수님은 헤롯 안디바스가 예수님을 해하려고 한다는 바리새인들의 보고(앞 절)를 들으시고 "이르시되 너희는 가서 저 여우에게 이르되 오늘과 내일은 내가 귀신을 쫓아내며 병을 고치다가 제 삼일에는 완전하여지리라"고 전하라고 하신다. 예수님은 "너희는 가라"고 하신다. 즉 '너희는 헤롯에게 가라' 는 말씀이다. 가서 예수님의 말씀을 전하라고 하신다. 그런데 혹자는 예수님 께서 본 절의 말씀을 헤롯에게 전하라고 하신 것이 아니라 바리새인들을 향하여 하신 것으로 해석한다. 이런 해석은 하나의 심리적 해석으로 문맥을 살피지 않은 해석이다. 예수님은 실제로 바리새인들을 향하여 헤롯에게 가서 예수님의 말씀을 그대로 전하라고 하신 것으로 보아야 한다.

예수님은 헤롯이라는 인물을 "여우"라고 평하신다. 헤롯 안디바스가 '교활하고 음흉하다'는 뜻이다. 예수님께서 사람을 잘 못 평하실 리(理)가 없다. 그는 실제로 교활한 정치가였다. 예수라는 사람이 헤롯 자신을 나쁘게 생각하고 선전할 터이니 자신의 통치영역에서 예수라는 사람을 쫓아내기 위하여 다른 사람들(바리새인들)을 동원하여 예수를 쫓아내기를 소원했고 자신은 전면에 나서지 않는 점이 교활하지 않은가. 그는 교활하고 간사한 정치가였다.

예수님은 헤롯에게 준 메시지에서 "오늘과 내일은 내가 귀신을 쫓아내며 병을 고치다가 제 삼일에는 완전하여지리라"고 하신다(히 2:10 참조). 여기 "오늘과 내일...제 3일"이란 말을 해석하면서 학자들은 많은 해석[115]을 내놓 았다. 그러나 3일간이라는 기간은 아주 짧은 기간을 지칭하는 것으로 보아야

---

[115] "오늘과 내일과...제 3일"이란 말에 대하여 여러 해석이 있다. 1) 문자적인 해석으로 오늘과 내일 일하신 후 제 3일에는 헤롯의 통치구역을 떠나겠다는 뜻이라고 한다. 2) 예수님의 3년간의 공생애 기간을 가리킨다는 해석. 3) 오늘은 예수님이 계신 곳에 계시다가 내일은 그곳을 떠나 예루살렘까지 가시고 제 3일은 예루살렘에서 십자가에 죽으시고 부활하여 성역을 완성하실 것이라는 해석. 위의 해석보다는 4) 3일간은 단순히 짧은 기간으로 보는 해석이 가장 바를 것으로 보인다(John Ryle, 호 6:2 참조).

한다. 예수님은 비교적 짧은 기간에 귀신 쫓으시고 병을 고치시다가 그
다음에는 마지막으로 십자가에 죽으셔서 그의 사명을 이루시겠다고 하신다.
예수님은 귀신을 쫓아내시는 일과 병 고치시는 일을 구별하신다. 혹자들은
병은 모두 귀신의 영향으로 돌리나 잘 못된 주장이다. 귀신에 의한 불행과
병을 앓는 것은 별개의 것이다. 그리고 본문의 "완전하여지리라"(τελε-
ιοῦμαι)는 말은 현재 수동형으로 '완전하여진다,' '완전히 이루다'라는 뜻으
로 '예수님께서 죽으심으로 그의 사명을 이루시겠다'는 뜻이다. 바리새인들
은 예수님에게 빨리 헤롯의 관할구역을 떠나라고 했지만 예수님은 비교적
짧은 기간에 하실 일을 하시겠다고 말씀하신다. 예수님은 결코 헤롯의 위협
때문에 하나님의 계획을 망가뜨리지 않으신다. 우리는 사명을 위해 살고
사명을 완수하다가 죽어야 한다.

**눅 13:33. 그러나 오늘과 내일과 모레는 내가 갈 길을 가야 하리니 선지자가
예루살렘 밖에서는 죽는 법이 없느니라.**
문장 초두에 나오는 "그러나"(πλήν)는 '그럼에도 불구하고'란 뜻으로 사용
되었다. 예수님은 앞 절(32절)에서 앞으로 남은 기간이 아주 짧은 것을
말씀하셨지만 '그럼에도 불구하고' 예수님은 본 절에서 하실 일을 다 하시고
예루살렘에서 죽겠다고 하신다.
　　예수님은 "오늘과 내일과 모레는 내가 갈 길을 가야 하리라"고 하신다.
비록 짧은 기간밖에 안 남았지만 예수님은 "갈 길을 가야 하겠다"고 하신다.
그 동안 하시던 일을 다 마치시겠다고 하신다. 예수님은 '갈 길이 있다.
누가 방해한다고 하더라도 그 길을 가야 한다'고 하신다. 오늘 우리에게도
갈 길이 있다. 그 길을 우리도 가야 한다. 그러나 우리는 지혜가 없고 힘이
없으니 예수님의 힘을 입어 사명을 마쳐야 한다.
　　그리고 예수님은 헤롯의 관할 구역인 갈릴리나 베레아에서 죽지 않으시
고 예루살렘에서 죽으시겠다고 하신다. 즉 "선지자가 예루살렘 밖에서는
죽는 법이 없다"고 하신다. 예수님은 자신이 바리새인들이나 사두개인들이

나 서기관들, 곧 산헤드린 공의회의 결의에 의하여 예루살렘에서 죽으실 것을 말씀하신다. 예루살렘은 사람을 살리는 종교 도시가 아니라 사람을 죽이는 도시가 될 것이라는 말씀이다. 예수님께서 죽기로 되어 있는 예루살렘에 도착하실 때까지는 다른 곳에서는 죽지 않으실 것을 암시하는 말씀이다. 아무리 헤롯이 예수님을 죽이려 해도 예수님은 갈릴리나 베레아에서 죽지 않으시고 하나님께서 만세전에 정하신대로 예루살렘에서 죽으실 것이라고 하신다.

눅 13:34. 예루살렘아 예루살렘아 선지자들을 죽이고 네게 파송된 자들을 돌로 치는 자여 암탉이 제 새끼를 날개 아래에 모음 같이 내가 너희의 자녀를 모으려 한 일이 몇 번이냐 그러나 너희가 원하지 아니하였도다. 예수님은 앞 절("예루살렘 밖에서는 죽는 법이 없느니라")을 받아 "예루살렘아 예루살렘아"라고 두 번 부르시면서 탄식하신다. 두 번 부르신 것은 그만큼 탄식이 강하시다는 뜻이다. 정말로 탄식하신다는 뜻이다. 예수님은 예루살렘이 살인의 도시라고 말씀하신다. 즉 "선지자들을 죽이고 네게 파송된 자들을 돌로 치는 자여"라고 하신다(마 23:37). 세상에서 가장 선한 선지자들, 다시 말해 하나님으로부터 파송된 자들을 죽이고 돌로 치는 도시라고 하신다.

예수님은 "암탉이 제 새끼를 날개 아래에 모음 같이 내가 너희의 자녀를 모으려 한 일이 몇 번이냐'고 말씀하신다. 예수님은 마치 "암탉이 제 새끼를 날개 아래에 모음 같이" 예루살렘의 자녀들을 모으려 하신 일이 여러 번 있었다고 말씀하신다. "모은다"는 말씀은 사랑하고 돌보기 위해서 품에 모으는 것을 지칭한다. 예수님은 예루살렘에 올라가셔서 여러 차례 말씀도 전하시고 이적도 행하시며 예루살렘 성전도 청결하게 하셨다(요 2:13-22; 5:14; 7:14-24, 28-36, 37-52; 10:22-39). 그러나 그 때 종교지도자들이 예수님을 거부했고 그들은 백성들로 하여금 예수님을 싫어하도록 만들었다. 그래서 예수님은 예루살렘 전체가 예수님을 원하지 않은 것으로 표현하신

다. 예수님은 "너희"라는 단어를 두 번이나 사용하신다. 종교지도자들은
백성들을 잘 못 지도하여 백성들도 예수님에게 거부감을 가지게 했다.

**눅 13:35. 보라 너희 집이 황폐하여 버린 바 되리라 내가 너희에게 이르노니
너희가 주의 이름으로 오시는 이를 찬송하리로다 할 때까지는 나를 보지
못하리라 하시니라.**
예수님은 예수님의 사랑과 보호를 거부한(앞 절) 예루살렘이 "황폐하여
버린바 되리라"고 하신다(레 26:31-32; 시 69:25; 사 1:7; 단 9:27; 미
3:12). 본문의 "너희 집"은 예루살렘 도시 전체(앞 절의 "예루살렘아 예루살
렘아")를 지칭하고 예루살렘 도시만 아니라 거기에 살고 있는 사람(앞 절의
"너희")을 지칭한다. 이 도시와 도시민들이 망하는 것은 주후 70년에 로마의
디도 장군에 의해서 실현되었다.

　　예수님은 상반 절에서 도시전체와 도시 사람들이 황폐하여 아주 망할
것이라고 말씀하신 후 "너희가 주의 이름으로 오시는 이를 찬송하리로다
할 때까지는 나를 보지 못하리라"고 하신다(19:38; 시 118:26; 마 21:9;
막 11:10; 요 12:13). 이 말씀에 대한 해석은 아주 다양하다.116) 이 말씀의
성취 시기는 예수님 재림 때일 것이다. 예수님께서 구름을 타고 재림하실
때 각인의 눈이 그를 볼 것이며(계 1:7), "찬송하리로다 주의 이름으로
오시는 왕이여 하늘에는 평화요 가장 높은 곳에는 영광이로다"라는 찬송을
부를 것이다(19:38). 우리는 지금도 주님을 찬송하지만 재림하실 때 그리스

116) 유대인들이 언제 "주의 이름으로 오시는 이를 찬송하리로다"라고 찬송할 것인가를
두고 여러 견해가 있다. 1) 혹자는 우리 주님께서 자신의 승리의 예루살렘 입성 때에 모든
성민들이 찬송할 것을 예언하셨다고 한다. 그러나 이때의 찬송은 금방 예수님을 십자가에
못 박으라는 외침으로 바뀐 점에서 예수님의 예언의 말씀에 걸맞지 않은 것으로 보인다. 2)
다른 학자들은 주님께서 다가올 예루살렘의 멸망을 가리켰다고 주장한다. 이 예언이 성취될
때에 유대인들이 그가 참으로 메시아였음을 고백했다는 것이다(피어스 감독, 유세비우스).
3) 또 어떤 학자들은 주님의 말씀이 아직 성취되지 않았으며 그것이 마지막 때 곧 대 환난
이후 유대인들이 "자기들이 찌른 자를 바라보며" 믿게 될 주님의 영광스러운 재림의 때일
것이라고 주장한다(Godet, Farrar, Ellicott, Ryle). 이 세 가지 학설 중에서 마지막 세 번째의
학설이 가장 타당하다.

도를 보고 놀라운 찬송을 부를 것이다. 예수님은 그 때까지는 "나를 보지 못하리라"고 예언하신다. 지금 우리는 예수님을 보고 믿는 것이 아니라 그의 말씀을 보고 믿는 것이다(벧전 1:8 참조).

제 14 장

환자치유, 겸손권면, 큰 잔치비유 및 자기부인 권면

Z. 안식일에 수종병 든 환자를 고치시다   14:1-6

누가는 예수님께서 예루살렘이 망할 것을 예언하신(13:31-35) 후 예수님께서 환자를 치유하시고(14:1-6), 겸손할 것을 권면하시며(7-11절), 되갚을 수 없는 사람들을 초청하라고 말씀하시고(12-14절), 큰 잔치 비유를 말씀하시며(15-24절), 제자가 될 자의 조건에 대해 교훈하신 것(25-35절)을 기록한다.

눅 14:1. 안식일에 예수께서 한 바리새인 지도자의 집에 떡 잡수시러 들어가시니 그들이 엿보고 있더라.

누가는 예수님께서 안식일에 수종병 든 환자를 고치신 사건(1-6절)이 있었던 장소나 시간에 대해서는 전혀 언급하지 않고 단지 "안식일에"에 된 일이라는 것만 언급한다. 누가는 "예수께서 한 바리새인 지도자의 집에 떡 잡수시러 들어가시니 그들이 엿보고 있더라"고 말한다. 예수님은 비록 바리새인이 식사에 초청해도 사양하시지 않고 들어가셨다(7:36; 11:37). 그런데 이 바리새인은 "바리새인의 지도자"였다. 예수님을 초대한 바리새인은 바리새인 사회에서 지도급에 있었던 사람이었다. 그가 유명한 랍비이거나 혹은 산헤드린 공의회의 회원이었을 것이다.

그런데 이 바리새인은 예수님만 초청한 것이 아니라 본 절이 말하는 대로 예수님을 엿볼 사람들("그들")을 초청해 놓고 있었다(Lenski). 바리새인인 지도급에 있는 사람은 아마도 예수님을 책잡아보고자 해서 예수님을 초청한 것으로 보인다. 여기 "그들"이란 말은 3 절의 말씀대로 "율법 교사들과 바리새인들"이었다. 그들은 예수님의 일거수일투족을 감시했다.

눅 14:2. 주의 앞에 수종병 든 한 사람이 있는지라.

그런데 안식일에 그 식사자리에 있었던 사람들 중에는 수종병(몸이 붓는 병이었음)117) 든 환자도 있었다. 유대인들은 안식일에 잘 차려서 사람들을 초대하여 함께 식사하는 풍습이 있었는데 수종병(민 5:21 참조) 든 사람은 초대받지 않고 스스로 그 자리에 들어온 것으로 보인다(4절 참조). 그러나 혹시 수종병 든 사람이 주인의 초대로 들어왔을 수도 있다. 이 환자는 그 집 식구는 아니었다. 4절에 보면 예수님께서 그 사람을 데려다가 고쳐 보냈다는 말씀을 보면 그 집 식구가 아니었다.

눅 14:3. 예수께서 대답하여 율법교사들과 바리새인들에게 이르시되 안식일에 병 고쳐 주는 것이 합당하냐 아니하냐.

예수님은 율법 교사들과 바리새인들로부터 무슨 질문을 받지도 않으시고 "대답하셨다"고 했는데 예수님께서 벌써 그들의 심중을 읽으신 것이다. 그들은 벌써 속으로 '안식일에 병을 고치면 안 될 것인데'라고 생각하고 있었던 것이다. 그래서 예수님은 그들의 생각을 아시고 대답하신다.

예수님은 "율법 교사들과 바리새인들에게 이르시되 안식일에 병 고쳐 주는 것이 합당하냐 아니하냐"고 물으신다(마 12:10). "안식일에 병 고쳐 주는 것이 합당하냐 아니하냐"고 물으신 것은 아주 당연하다고 말씀하시기

---

117) "수종병": 한의학에 있어서의 창증(脹症)의 하나. 창증은 숨이 가쁘고 입맛은 당기나 대소변이 고르지 않은데다가 뱃속에 개스가 축적되어 횡격막을 압박하여 호흡곤란을 초래하고, 동시에 복부대정맥을 압박하여 대순환을 저해하고, 산소결핍에 빠지게 하는 것으로 알려져 있다. 이것은 14:2의 헬라어 형용사 '휘드로-피코스'의 역어로 되어 있는 말인데, 미 표준개역(RSV)도 '수종'(dropsy), 신 미표준역(NASB)도 '수종'(dropsy)으로 번역하고 있다. '수종'은 '수증'(水症)이라고도 하고, 체강 내(體腔內), 또는 조직 내에 이상한 분량(分量)의 조직액이나 임파액(淋巴液)이 많이 고여 몸이 붓는 병이다. 원인은 심장병, 신장병, 간장병, 갑상선 기능 항진증(亢進症)등으로 생겨난다. 예수께서는 바리새인의 한 두령의 집에서 이 병으로 고생하는 환자를 고쳐주셨다. 예루살렘에는 이런 병의 환자가 많았다고 한다.

위해 질문한 것이었다. 예수님은 6:6-11에서도 병을 고치시기 전에 질문하셨다("내가 너희에게 묻노니 안식일에 선을 행하는 것과 악을 행하는 것, 생명을 구하는 것과 죽이는 것, 어느 것이 옳으냐"). 당시나 오늘날이나 아주 당연한 것이 논쟁거리가 된다. 사람들의 무지 때문이다.

눅 14:4. 그들이 잠잠하거늘 예수께서 그 사람을 데려다가 고쳐 보내시고.
율법 교사들과 바리새인들은 예수님께 아무 말도 하지 않고 "잠잠하고" 있었다. 이렇게 이들이 아무 말도 못하고 있는 것을 보면 그들이 수종병 든 사람을 초대해 놓고 예수님을 책잡으려는 것은 아니었던 것으로 보인다. 만약에 그들이 이 수종병 든 사람을 일부러 초대했더라면 예수님께서 질문하셨을 때 무슨 말이라도 했을 것이다. 그 수종병 든 사람은 자기가 스스로 들어온 것으로 보인다.

그들이 아무 대답도 하지 않고 잠잠할 때 예수님은 "그 사람을 데려다가 고쳐 보내셨다." 예수님은 아주 쉽게 그 사람을 고쳐 보내셨다. 그 사람은 그곳에 참여했다가 큰 은혜를 받았다. 누구든지 예수님 앞으로 나아오면 큰 은혜를 받는다.

눅 14:5. 또 그들에게 이르시되 너희 중에 누가 그 아들이나 소가 우물에 빠졌으면 안식일에라도 곧 끌어내지 않겠느냐 하시니.
예수님은 그 수종병 든 사람을 고쳐 보내신 후 율법 교사들과 바리새인들에게 말씀하시기를 "너희 중에 누가 그 아들이나 소가 우물에 빠졌으면 안식일에라도 곧 끌어내지 않겠느냐"고 하신다(13:15; 출 23:5; 신 22:4). 그런데 여기 "아들이나 소"라고 되어 있는 사본이 있고(ABW), 또 "나귀나 소"로 되어 있는 사본도 있다(aKL). 바티칸사본(B)이 시내산 사본(a)보다 더 권위가 있긴 하나 뜻으로 보아 "나귀나 소"라고 기록된 사본(aKL)이 더 바를 것으로 보인다. 이유는 다른 곳에서도 예수님께서 짐승만(소나 나귀) 말씀하셨기 때문이다(13:15). 사람을 언급하지 않고 짐승만 언급해도 그것들이 우물에 빠진 경우 끌어올리는 것은 당연한 것이다.

눅 14:6. 그들이 이에 대하여 대답하지 못하니라.

예수님의 질문에 대하여 그들은 아무 대답도 하지 못했다. 예수님께서 수종
병 든 환자를 고치시기 전에도 예수님께서 "안식일에 병 고쳐 주는 것이
합당하냐 아니하냐"(3절)고 질문하셨을 때에도 그들은 잠잠했고(4절), 병자
를 고치신 후 예수님께서 "너희 중에 누가 그 아들이나 소가 우물에 빠졌으면
안식일에라도 곧 끌어내지 않겠느냐"(5절)고 질문했을 때에도 그들은 "대답
하지 못했다"(본 절). 그들은 예수님의 옳은 질문을 받고 무엇이라 대답하겠
는가. 그들은 자기들이 잘 못 생각했다는 말을 해야 했는데 또 그렇게 시인하
기는 원하지 않은 것 같다. 사람은 자기가 잘 못하고 있을 때 누구의 질문에
대답하기를 원하지 않는다.

A'.참된 겸손   14:7-14

식사 전에 수종병 든 환자를 고치신(1-6절) 후 예수님은 안식일 식사에
초대받은 사람들이 높은 자리에 올라앉는 것을 보시고 아예 처음부터 낮은
자리를 택하라고 권하신다. 사람이 시종일관 겸손하면 탈이 없고 은혜도
받는다.

**눅 14:7. 청함을 받은 사람들이 높은 자리 택함을 보시고 그들에게 비유로
말씀하여 이르시되.**

안식일 식사에 초대를 받은 사람들 중에 여러 사람들이 "높은 자리 택함을
보시고 그들에게 비유로 말씀하신다." 비유로 말씀하신 이유는 잘 깨닫게
하기 위해서였다. "높은 자리"란 우리나라의 경우 제일 좋은 소파(sofa)
위나 혹은 주인이 제일 좋은 자리라고 지정한 자리이다. 그런데 유대나라의
경우 높은 자리는 우리나라와는 다르다. 유대인의 좌석은 U자(字) 모양
식탁배치로 되어 있는데 트인 면으로 심부름꾼들이 드나들면서 식사봉사를

했고 3면에 손님들이 앉았는데 각 면에는 보통 3명씩 앉았다고 한다. 그런데 그 중앙이 제일 높은 자리이고 그 좌편이 둘째 자리이고, 중앙의 우편이 셋째 자리였다. 그리고 1번 의자의 좌측에 있는 2번의 3인용 의자에는 중앙 좌석이 4번째로 높은 자리, 중앙 좌석의 좌편 자리가 5번째로 높은 자리, 중앙 석에서 우편 좌석이 6번째 높은 자리, 3번 의자도 그런 식으로 높은 정도가 결정된다고 한다(윌럼 헨드릭슨).

예수님께서 손님들이 도착하여 좌석에 앉는 것을 보셨는데 서로 높은 좌석 쟁탈전이 벌어졌다. 눈뜨고 보기에는 안 좋은 현상이 벌어진 것이다. 예수님은 그 사람들의 행태를 보시면서 겸손이 너무 결여된 것을 목격하셨다. 그래서 예수님은 8-11절까지의 말씀을 하시는 수밖에 없었다.

눅 14:8-9. 네가 누구에게나 혼인 잔치에 청함을 받았을 때에 높은 자리에 앉지 말라 그렇지 않으면 너보다 더 높은 사람이 청함을 받은 경우에 너와 그를 청한 자가 와서 너더러 이 사람에게 자리를 내주라 하리니 그 때에 네가 부끄러워 끝자리로 가게 되리라.

예수님은 이 부분(8-9절)에서 혼인 잔치에 청함을 받았을 경우 높은 자리에 앉지 말라고 하신다. 이유는 높은 자리에 앉았다가 더 높은 사람이 혼인집으로 들어오는 경우 주인이나 좌석을 배치하는 사람이 와서 더 높은 사람에게 자리를 내주라고 하면 그 때에는 두 번째 좌석이나 세 번 째 좌석도 못 차지하고 맨 끝자리 좌석으로 쫓겨 가게 되니 부끄럽게 된다는 것이다. 우리는 혼인집에 초대받은 경우만 아니라 일상생활에서 겸손의 덕을 쌓아야 할 것이다. 우리는 남을 나보다 나은 사람으로 여겨야 한다(빌 2:3).

눅 14:10. 청함을 받았을 때에 차라리 가서 끝자리에 앉으라 그러면 너를 청한 자가 와서 너더러 벗이여 올라앉으라 하리니 그 때에야 함께 앉은 모든 사람 앞에서 영광이 있으리라.

예수님은 앞 부분(8-9절)에서는 높은 자리에 앉지 말라고 권하시고 이제

이 부분에서는 "청함을 받았을 때에 차라리 가서 끝자리에 앉으라"고 하신다
(잠 25:6-7). 끝자리에 앉으면 우리를 청한 주인이나 지배인이 와서 우리를
보고 올라앉으라고 할 것이라고 하신다. 그런 때가 돌아오면 "함께 앉은
모든 사람 앞에서 영광이 있으리라"고 하신다(잠 25:6-7 참조). 말석을
차지하는 것을 생활신조로 해야 하지만 사람들은 그것을 실천하기 심이
어렵다고 말한다. 그런고로 우리는 매일 최소 한번 정도 하나님 앞에 겸손을
주시라고 기도하면 크게 유익할 것이다. 하나님 앞에 기도할 때에 하나님은
우리에게 아주 낮은 마음을 주신다.

**눅 14:11. 무릇 자기를 높이는 자는 낮아지고 자기를 낮추는 자는 높아
지리라.**

우리는 우리 자신을 높일 때 낮아지고(18:14; 삼상 25:3-38; 왕상 21:7-23;
왕하 9:3-37; 욥 22:29; 시 18:27; 잠 29:23; 단 4:30-33; 마 23:12; 약
4:6; 벧전 5:5) 또 우리 자신을 낮출 때 높아진다(삼상 1:12-20; 눅 1:26-56;
눅 18:9-14). 겸손한 사람은 현세에서도 높아지고 천국에서도 높아진다(마
18:4). 마 23:12; 눅 18:14 참조.

**눅 14:12. 또 자기를 청한 자에게 이르시되 네가 점심이나 저녁이나 베풀거
든 벗이나 형제나 친척이나 부한 이웃을 청하지 말라 두렵건대 그 사람들이
너를 도로 청하여 네게 갚음이 될까 하노라.**

예수님은 앞부분에서 청함을 받은 사람들이 겸손할 것을 부탁하셨는데(7-11
절) 이제 이 부분(12-14절)에서는 청하는 사람들에게 되갚을 수 없는 사람들
을 초청하라고 말씀하신다. 끼리끼리만 청하면 안 된다는 권면이다. 그렇게
되면 사회의 어두운데서 사는 사람들은 영원히 그늘에서 살게 될 것이다.

예수님은 "점심이나 저녁이나 베풀거든 벗이나 형제나 친척이나 부한
이웃을 청하지 말라"고 명령하신다. 벗이나 형제나 친척이나 부한 이웃을
청하지 말라고 하신다. 그렇게 되면 청함을 받았던 "그 사람들이 너를 도로

청하여 네게 갚음이 될" 것이기 때문이라고 하신다. 우리는 세상에서 갚음을 받으려고 하지 말아야 한다(마 6:5, 16).

눅 14:13-14. 잔치를 베풀거든 차라리 가난한 자들과 몸 불편한 자들과 저는 자들과 맹인들을 청하라 그리하면 그들이 갚을 것이 없으므로 네게 복이 되리니 이는 의인들의 부활 시에 네가 갚음을 받겠음이라 하시더라. 잔치를 배설하면 차라리 "가난한 자들과 몸 불편한 자들과 저는 자들과 맹인들을 청하라"고 하신다(느 8:10, 12). 본문의 네 종류의 사람들도 역시 되갚을 수 없는 사람들이다. 우리는 그런 사람을 청해야 그들이 갚을 것이 없으므로 우리에게 복이 된다. 이유는 "의인들의 부활 시에 네(우리)가 갚음을 받겠기" 때문이라고 하신다. 예수님 재림 때 곧 의인들이 부활할 때 세상에서 되갚을 수 없는 사람들을 청한 사람들은 하나님께서 그리스도를 통하여 갚아주신다(마 25:34-40). 세상에서 갚음 받기를 원하는 사람들은 세상에서 갚음을 받는다. 우리는 부활 시에 하나님으로부터 갚아주시기를 기대해야 할 것이다. 우리가 갚음을 받는 이유가 무엇인가. 그것은 그들을 대접한 것이 바로 예수님을 대접한 것이기 때문이다.

B'. 큰 잔치에 초대된 사람들   14:15-24
안식일에 예수님께서 바리새인의 집에 초청받아(1절) 식사하실 때 함께 음식을 먹던 어떤 사람(주석가들은 이 사람이 바리새인이라고 추측한다)이 예수님께서 사람들에게 식사를 초청할 때 아예 되갚을 수 없는 사람들을 초청하면 의인들의 부활 시에 갚음을 받을 것이라고 말씀하신 것(12-14절)을 듣고 자기는 하나님의 나라 잔치에 반드시 초청받아 참여하게 될 것이라고 생각하고 "무릇 하나님의 나라에서 떡을 먹는 자는 복되다"(15절)고 말했다. 이 말씀을 들으신 예수님은 큰 잔치 비유(15-24절)를 들어 사람들이 하나님의 말씀 잔치 초청을 받아도 유대인들은 오지 않고 이방인들이 온다고 말씀하신다. 마 22:1-14 참조.

눅 14:15. 함께 먹는 사람 중의 하나가 이 말을 듣고 이르되 무릇 하나님의 나라에서 떡을 먹는 자는 복되도다 하니.

"함께 먹는 사람 중의 하나," 즉 '바리새인 집에서 함께 식사하던 한 사람'(1-14절)이 예수님께서 하신 "이 말을 듣고," 곧 '14절에서 예수님께서 하신 말씀'(되갚을 수 없는 사람들을 초청해서 대접하는 사람은 의인들의 부활 시에 갚음을 받는다고 하신 말씀)을 듣고 말하기를 "무릇 하나님의 나라에서 떡을 먹는 자는 복되도다"라고 말한다(시 23:5; 사 25:6; 마 8:11-12; 22:1이하; 26:29; 막 14:25; 계 3:20; 19:9). 이렇게 말한 사람은 유대인이고 게다가 바리새인이었을 것이라고 주석가들은 추측한다. 이유는 자기는 종교 생활을 하니까 틀림없이 부활의 날에 하나님의 나라에서 떡을 먹을 수 있을 것이라고 확신했기 때문이라는 것이다.

눅 14:16. 이르시되 어떤 사람이 큰 잔치를 베풀고 많은 사람을 청하였더니.

예수님은 바리새인의 말을 들으시고 교훈하시기 위해서 하나의 비유를 사용하신다. 즉 "어떤 사람이 큰 잔치를 베풀고 많은 사람을 청하였다"고 하신다 (마 22:2). 여기 "큰 잔치"란 말을 두고 혹자는 마 22:2에 의하여 '혼인 잔치'라고 말하나 이 부분의 비유와 마 22:1-14의 비유가 같은 점보다는 상이한 점이 더 많아 같은 비유로 보기 어렵다고 주석가들은 대체로 말한다. "큰 잔치"는 하나님 나라의 굉장한 영광을 잘 보여주고 있다. "많은 사람을 청하였다"는 말씀은 될 수 있는 한 많은 사람을 구원하시려는 하나님의 사랑을 보여주는 말씀이다. 본문의 "청하였다"는 말은 초청 대상자들을 택해서 일차 알린 것을 지칭한다. 그리고 실제로 오라고 한 것은 종을 보내어 다시 통지한다(다음 절). 그러니까 시간적으로 2중 초청을 한 셈이다. 1차로 큰 잔치를 베풀 것이니 오라고 예비적인 초청을 했고 2차로는 큰 잔치를 베풀어놓고 종을 보내어 불렀다.

눅 14:17. 잔치할 시각에 그 청하였던 자들에게 종을 보내어 이르되 오소서

모든 것이 준비되었나이다 하매.

천국의 잔치가 열릴 때 잔치를 베푼 주인은 자신의 "종을 보내어 그 청하였던 자들에게 이르되 오소서 모든 것이 준비되었나이다"라고 광고했다(잠 9:2, 5). 여기 "모든 것이 준비되었나이다"라는 말은 예수님께서 십자가에서 대속의 죽음을 죽으시고 부활하셨으니 이제 구원은 완성되었다는 광고이다. 이제는 유대인들에게 종들을 보내어 모든 준비는 끝났다고 외쳤다.

눅 14:18. 다 일치하게 사양하여 한 사람은 이르되 나는 밭을 샀으매 아무래도 나가 보아야 하겠으니 청컨대 나를 양해하도록 하라 하고.

이제 먼저 청함을 받은 유대인들이 "다 일치하게 사양하는" 모습이 본 절부터 시작하여 20절까지 묘사된다. "한 사람은 이르되 나는 밭을 샀으매 아무래도 나가 보아야 하겠으니 청컨대 나를 양해하도록 하라"고 말한다. 밭을 산 사람이 초청에 응할 수 없다고 말한다. 밭을 산 사람은 밭을 사기 전에 밭을 미리 보았을 것인데 그 밭을 또 보겠다고 말한다. 사실은 초청에 응하고 난 다음에 밭을 볼 수도 있었는데 꼭 초청이 있을 때 보겠다고 하면서 사양한다. 공연한 핑계이다.

눅 14:19. 또 한 사람은 이르되 나는 소 다섯 겨리를 샀으매 시험하러 가니 청컨대 나를 양해하도록 하라 하고.

다음 사람은 "나는 소 다섯 겨리를 샀으매 시험하러 가니 청컨대 나를 양해하도록 하라"고 말한다. 사실은 소들을 사기 전에 벌써 그 소들이 어떤지 소들이 튼튼한지 건강한지 다 시험했을 터인데 딱 이 때를 맞추어 가겠다고 한다. 잔치에 참석했다가 끝나고 가도 얼마든지 소들을 다시 한 번 시험할 수 있지 않을까. 모두 핑계이다.

눅 14:20. 또 한 사람은 이르되 나는 장가들었으니 그러므로 가지 못하겠노라 하는지라.

세 번째 사람은 "나는 장가들었으니 그러므로 가지 못하겠노라"고 핑계를 말한다. 신 24:5에 보면 "사람이 새로이 아내를 맞이하였으면 그를 군대로 내보내지 말 것이요 아무 직무도 그에게 맡기지 말 것이며 그는 일 년 동안 한가하게 집에 있으면서 그가 맞이한 아내를 즐겁게 할지니라"는 말씀은 1년 동안 군대에 내보내지 말라는 말씀이다. 이 말씀은 결코 잔치 참석을 면제해 주라는 말씀은 아니다. 장가 든 사람은 단순히 핑계를 댄 것이다. 장가들었으면 부인과 함께 올 수도 있었을 터인데 이런 핑계를 대고 있다.

위의 세 경우는 핑계를 댄 사람들이 아주 무례한 핑계를 댄 것이다. "천국의 초대에 불응하게 하는 방해물은 언제나 육신의 것이다"(박윤선). 유대인들은 예수님의 복음 잔치에 다 무례하게도 사양하고 말았다. 오늘을 사는 우리는 육신적인 이유로 천국 잔치 초청에 거절하고 있지는 않은지.

눅 14:21. 종이 돌아와 주인에게 그대로 고하니 이에 집 주인이 노하여 그 종에게 이르되 빨리 시내의 거리와 골목으로 나가서 가난한 자들과 몸 불편한 자들과 맹인들과 저는 자들을 데려오라 하니라.

심부름 갔던 종이 돌아와 청함을 받았던 사람들이 모두 이런 핑계 저런 핑계를 대면서 사양한 사실을 주인에게 고했더니 "집 주인이 노했다." 여기 "집 주인이 노한 것"은 당연했다. "큰 잔치"를 열 것이니 모두 오라고 1차 통고했을 때는 온다고 했는데 정작 종을 보내어 이제 잔치가 준비되었으니 잔치에 오라고 2차로 통고하니 못 오겠다고 사양했으니 잔치 집 주인이 노한 것은 아주 당연했다. 하나님께서 구약시대부터 큰 잔치를 준비하고 이제 신약 시대가 되어 아들을 보내 십자가에서 대속의 죽음을 죽게 하고 또 부활하게 하사 잔치 준비를 마치고 유대인들을 초청했더니 다 일치하게 사양하여 예수님을 믿지 않았으니 하나님께서 노하시게 된 것은 아주 당연했다.

하나님은 노하신 다음 그 잔치 상을 그냥 버릴 수는 없어 "그 종에게 이르되 빨리 시내의 거리와 골목으로 나가서 가난한 자들과 몸 불편한 자들과 맹인들과 저는 자들을 데려오라 하신다.” 하나님은 이번에는 미리 초청장을 내시지 않고 그냥 곧바로 종에게 말씀하시기를 빨리 시내의 거리(시내의 넓은 길-13:26)와 골목(좁은 골목 길)으로 나가서 가난하게 사는 사람들과 몸이 불편한 사람들과 맹인들과 저는 사람들(13절)을 초청하라고 명령하신다. 하나님은 유대인들 중에서 세리들과 죄인들[118]을 초청하실 때는 일차 초청을 생략하시고 곧바로 초청하신다. 그 대상은 모두 가난한 사람들과 불구자들이었다. 영적으로 가난한 사람들, 곧 심령 속에 의로움이 없고 죄로 가득 찬 사람들과 불구자들을 데려 오라고 하신다. 하나님은 유대인들이 복음을 거부할 때 세리들과 죄인들을 초청하신다. 하나님은 영적으로 의가 없었고 죄로 충만했던 사람들을 초청하신다. 하나님은 우리 불의한자들을 그리스도 앞으로 초청해 주셨다. 이 웬 은혜인지 다 알 길이 없다.

눅 14:22. 종이 이르되 주인이여 명하신 대로 하였으되 아직도 자리가 있나이다.
종은 주인의 명령을 받들어 실천했는데도 “아직도 자리가 있다”고 보고한다. 이방인들을 데려왔는데도 자리가 있다는 것이다. 이방인들이라고 해서 다 그 잔치에 참석한 것은 아니라는 말씀이다. 그들 중에서도 이런 핑계 저런 핑계를 댄 사람들이 있었을 것이다. 우리는 지금 무슨 핑계를 대기에 급급한가.

눅 14:23. 주인이 종에게 이르되 길과 산울타리 가로 나가서 사람을 강권하여 데려다가 내 집을 채우라.
그러나 이번에는 자리가 남았어도 주인은 노하지 않고 또 다른 명령을

---

118) 어떤 주석가들은 이 부분의 사람들을 이방인이라고 말하기도 한다(존 라일). 그러나 21절의 “시내의 거리와 골목”에 사는 사람들은 유대인들 중에서 사두개인들, 바리새인들, 율법 교사들을 제외한 세리들과 죄인들, 그리고 불구자들을 지칭하고, 23절의 “길과 산울타리 가”에 살고 있는 사람들은 이방인들로 보는 것이 더 타당할 듯이 보인다.

내린다. 주인이 종에게 명령하기를 "길과 산울타리 가로 나가서 사람을 강권하여 데려다가 내 집을 채우라"고 한다. 여기 "길과 산울타리 가"는 '시외'를 지칭한다. 역시 이방인이 사는 곳들이다. 그런데 이번에는 마지막 기회로 알고 "사람을 강권하여 데려다가 내 집을 채우라"고 명령하신다. "사람을 강권하라"는 말은 하나님께서 인류를 구원하시고자 하는 간절한 의지를 보이시는 말씀이다. 그런데 하나님은 사람들을 설득하셔서 내 집, 곧 '하나님의 나라'를 채우기를 원하셨다. 144,000명(계 7:7)이 아니라 하나님께서 원하시는 충만 수(數)를 원하신다. 하나님은 아직도 그 수를 채우지 않으셨기에 역사를 그냥 돌리고 계신다.

눅 14:24. 내가 너희에게 말하노니 전에 청하였던 그 사람들은 하나도 내 잔치를 맛보지 못하리라 하였다 하시니라.

본문의 문장 초두에 이유 접속사(γὰρ)가 있어 앞 절에서 말한바 "길과 산울타리 가로 나가서 사람을 강권하여 데려다가 내 집을 채워야" 하는 이유를 말한다(마 21:43; 22:8; 행 13:46). 즉 "전에 청하였던 그 사람들은 하나도 내 잔치를 맛보지 못하기" 때문에 사람을 강권하여 데려와야 한다는 것이다. 만약에 전에 초청받았다가 일치하게 사양했던 사람들이 다시 초대를 받는다면 사람들을 강권하여 데려올 필요가 없었을 것이지만 예수님께서는 그 사람들은 더 이상 초청하지 않겠다고 하신다.

주인은 "내가 너희에게 말하노니"라고 중대한 사실을 말할 때 사용하는 언사를 사용하신다. 여기 "너희에게"라고 복수로 표현하신 것은 예수님께서 바리새인들에 하신 말씀임을 드러낸다. 예수님은 "전에 청하였던 그 사람들," 곧 '하나님의 초청에 일관되게 사양한 사람들'은 "하나도 내 잔치를 맛보지 못하리라"고 하신다. 유대인이나 이방인들 중에서 잔치 초청에 사양한 사람들은 한 사람도 예수님의 복음 잔치에 참석할 수 있는 사람들이 없을 것이라는 뜻이다. 그리스도의 말씀 잔치에 응한다는 것은 그 만큼 중요한 것이다. 우리의 영육간의 생명이 걸린 것이다.

C'.예수님의 제자가 되기 위해 해야 할 세 가지 일들 14:25-35

누가는 예수님의 복음의 초청을 받아드리지 않은 유대의 종교지도자들과 복음의 초청을 받아드린 세리들과 죄인들, 그리고 불구자들, 또 이방인들에 대해서 기록한(15-24절) 다음 이 부분(25-35절)에서는 예수님께서 예수님의 제자가 되기 위해서 해야 할 일 세 가지를 말씀하신 것을 기록한다. 주님의 제자가 되기 위해서는 첫째 예수님을 제일 사랑할 것(26절), 둘째, 자기 십자가를 질 것(27절), 셋째, 모든 것을 희생할 것(27-33절)을 말씀하신다. 만약 이 세 가지를 감당하지 못하면 맛 잃은 소금이라고 하신다.

눅 14:25. 수많은 무리가 함께 갈 새 예수께서 돌이키사 이르시되.
예수님은 바리새인 집(1절)에서 식사하시는 자리에서 여러 가지를 교훈하신 다음 이제는 "수많은 무리"와 함께 길을 가시면서 뒤를 돌이켜서 말씀하신다. 예수님께서 지금 가고 계신 길은 예루살렘을 향한 베레아 지방의 어느 길일 것이다. "수많은 무리"는 예루살렘으로 순례하는 사람들일 것이고 또 예수님을 따라가는 사람들이었을 것이다. 예수님은 수많은 무리와 함께 가시면서 뒤를 돌이켜 제자가 되는 방법을 말씀하신다. 그냥 따른다고 해서 다 제자가 되는 것은 아니다.

눅 14:26. 무릇 내게 오는 자가 자기 부모와 처자와 형제와 자매와 더욱이 자기 목숨까지 미워하지 아니하면 능히 내 제자가 되지 못하고.
예수님의 제자가 되는 첫 번째 비결은 예수님을 제일 사랑하는 것이라고 하신다. 예수님을 제일 사랑하기 위해서는 우리가 세상에서 제일 사랑하는 대상들을 미워하는 것이라고 하신다. 예수님은 "자기 부모와 처자와 형제와 자매와 더욱이 자기 목숨까지 미워하지 아니하면 능히 내 제자가 되지 못한다"고 하신다(신 33:9; 마 10:37; 계 12:11). "부모"를 두 번째로 사랑하고 예수님을 제일 사랑해야 하고, "처자"를 두 번째로 사랑하고 예수님을 제일 사랑해야 하며, "형제와 자매"를 두 번째로 사랑하고 예수님을 제일 사랑해야 하고, 심지어 "자기 목숨까지 미워하면서" 예수님을 제일 사랑해야 한다고 하신다. 본문의 "미워한다"는 말씀은 참으로 미워하라는 뜻이 아니라 예수님을 제일 사랑하기 위해서 다른 것들을 두 번째로 두라는 뜻이다. 우리가 예수님을 제일 사랑하고 가족이나 자기 자신의 육신 생명을 둘째로 사랑하면 우리는 가족을 참으로 사랑하는 자가 되고 또 자기의 육신 생명도 잘 되는 복을 받게 된다. 많은 사람들이 이 진리를 모르고 세상을 더 사랑하다가 예수님으로부터 미움을 받는다. 가족을 더 사랑해 보라. 예수님은 싫어하신다. 자기의 유익을 더 생각해 보라. 결국 예수님의 미움을 받아 자기의 유익을 위한다는 것이 모두 실패로 돌아간다.

눅 14:27. 누구든지 자기 십자가를 지고 나를 따르지 않는 자도 능히 내 제자가 되지 못하리라.

예수님의 제자가 되는 두 번째 비결은 "자기 십자가를 지고" 예수님을 따라야 한다는 것이다(9:23; 마 16:24; 막 8:34; 딤후 3:12). "자기 십자가"란 말은 '각자에게 태인 십자가'를 지칭하는 말로 그리스도를 따르는 자들에게 다가오는 어려움을 뜻한다. 윌렴 헨드릭슨(William Hendriksen)은 "예수를 따라 십자가를 진다는 것은 그를 위하여, 그리고 그의 사역 때문에 고생, 수치, 그리고 박해를 기꺼이 지는 것"이라고 말한다.[119] 그러니까 우리에게 생겨진 질병이나 사업의 도산 같은 것은 자기 십자가라고 말할 수 없다. 그런 어려움들은 죄를 회개하고 많이 기도하면 없어지는 것들이니 그리스도를 따를 때 생겨진 십자가라고 할 수 없다.

눅 14:28. 너희 중의 누가 망대를 세우고자 할진대 자기의 가진 것이 준공하기까지에 족할는지 먼저 앉아 그 비용을 계산하지 아니하겠느냐.

본 절부터 33절까지는 예수님의 제자가 되는 세 번째 비결을 말한다. 세

---

119) 윌렴 헨드릭슨, *마태복음* (중) (서울: 아가페 출판사, 1984), p. 117.

번째 비결은 "모든 소유를 버리는 것"이다(33절; 잠 24:27). 우리의 모든 소유를 희생하지 않으면 그리스도의 제자가 될 수 없다.

본 절부터 시작하여 32절까지는 "모든 소유를 버려야 한다"는 것을 설명하기 위해서 두 가지 예를 들으신다. 하나는 망대건축 비유이고(본절-30절), 또 하나는 전쟁비유(31-32절)이다.

예수님은 누구든지 망대를 세우고자 하면 "자기의 가진 것이 준공하기까지에 족할는지 먼저 앉아 그 비용을 계산하지 아니하겠느냐"고 하신다. 건축을 완료하기 위해서는 먼저 비용을 충분히 계산해서 건축을 완성할 수 있어야 한다고 하신다. 완공에 드는 비용을 계산해서 내가 가진 모든 돈을 투자해야 한다고 하신다. 우리는 자신의 것을 모두 희생하지 않으면 그리스도를 따를 수 없다.

눅 14:29-30. 그렇게 아니하여 그 기초만 쌓고 능히 이루지 못하면 보는 자가 다 비웃어 이르되 이 사람이 공사를 시작하고 능히 이루지 못하였다 하리라.

망대(포도원 망대 같은 것)를 건축할 때 만약 자신의 재산을 희생하지 않으면 그 기초만 쌓고 완성하지 못하게 되니 보는 사람들이 "다 비웃어 이르되 이 사람이 공사를 시작하고 능히 이루지 못하였다"고 할 것이라고 하신다. 우리의 모든 것을 희생해서 그리스도를 따르지 않으면 우리는 다른 이들의 보기에 시작만 하고 완성하지 못한 사람으로 비칠 것이다. 이런 신자들이 많이 있지 않은가. 시간도 희생하지 않고 노력도 희생하지 않고 물질도 희생하지 않고 자기의 명예도 희생하지 않고 그리스도를 따른다고 하면 그리스도의 제자가 될 수 없는 것이다. 우리는 시간도 쓰고 노력도 드리며 물질도 버리고 자기의 자존심도 버리며 명예도 버려 그리스도를 따라야 한다. 아니 그 이상을 희생하고 그리스도를 따라야 한다.

눅 14:31. 또 어떤 임금이 다른 임금과 싸우러 갈 때에 먼저 앉아 일만

**명으로써 저 이만 명을 거느리고 오는 자를 대적할 수 있을까 헤아리지
아니하겠느냐.**

예수님은 "모든 것을 버려야 한다"(33절)는 것을 설명하시기 위해서 전쟁비
유를 또 들으신다. "어떤 임금이 다른 임금과 싸우러 갈 때에 먼저 앉아
일만 명으로써 저 이만 명을 거느리고 오는 자를 대적할 수 있을까 헤아리지
아니하겠느냐"고 하신다. 사전에 치밀한 작전계획을 세워야 전쟁에 승리할
수 있다는 것이다. 마음에 어떤 준비 없이 그리스도의 제자가 된다고 나섰다
가 어려운 시련이 올 때 좌절하고 물러간다면 웃음거리가 되고 만다.

**눅 14:32. 만일 못할 터이면 그가 아직 멀리 있을 때에 사신을 보내어
화친을 청할지니라.**

만약에 전쟁에 승리하지 못할 것이 예상된다면 상대방 군대와 임금이 "아직
멀리 있을 때에 사신을 보내어 화친을 청해야" 한다고 하신다. "아직 멀리
있을 때에," 즉 '아직 전쟁을 시작하지 않았을 때에' 사신을 보내어 평화조약
을 맺어야할 것이라고 하신다. 아예 전쟁을 하지 않고 복종서약을 맺는
편이 옳다고 하신다. 그리스도의 제자가 되는 길은 쉽지 않아 단단한 각오를
해야 하고 모든 희생을 지불해야 한다.

**눅 14:33. 이와 같이 너희 중의 누구든지 자기의 모든 소유를 버리지 아니하
면 능히 내 제자가 되지 못하리라.**

위에 말씀한 두 비유와 같이 우리 중의 "누구든지 자기의 모든 소유를
버리지 아니하면" 능히 예수님의 제자가 되지 못한다. 모든 소유를 버려야
한다. 시간도, 물질도, 재능도, 명예도, 자존심도, 모든 것을 버려서 그리스도
를 따라야 한다. 베드로는 자기의 가진 것을 다 버리고 그리스도를 따랐다고
말했다. 여기에 대해 예수님은 100배의 보상을 약속하신다(막 10:30). 우리
가 그리스도를 따르기 위하여 모든 것을 버리지 않으면 그리스도의 제자가
되지 못하는 것을 알아야 한다.

눅 14:34-35. 소금이 좋은 것이나 소금도 만일 그 맛을 잃으면 무엇으로 짜게 하리요 땅에도, 거름에도 쓸 데 없어 내버리느니라 들을 귀가 있는 자는 들을지어다 하시니라.

예수님은 "소금이 좋다"고 말씀하신다. 이유는 소금이 맛을 내고 또 다른 것들을 썩지 않게 하기 때문이다. 예수님은 앞에 말씀하신 "모든 소유를 버리는 것," 다시 말해 '모든 것을 희생하는 것'을 소금에 비유하신다. 그만큼 희생정신은 소금처럼 좋은 것이다. 그리스도의 제자가 되는 길에 희생정신이야 말로 좋은 것이다.

예수님은 "소금도 만일 그 맛을 잃으면[120] 무엇으로 짜게 할 것이냐"고 말씀하신다(마 5:13; 막 9:50). 그리스도의 제자가 되려는 사람에게 희생정신이 빠져버리면 무엇을 가지고 희생정신을 대신할 것이냐고 하신다. 자기를 희생하는 희생정신이 빠지면 소금이 맛을 잃어 "땅에도, 거름에도 쓸 데 없어 내버려야" 하는 것처럼 그리스도에게나 또는 그리스도의 교회에 아무 유익을 주지 못한다고 하신다. 그리스도를 배반한 가룟 유다나 이단자들은 한번 타락한 후 다시 돌릴 수가 없다. 그런 사람은 그저 내버려야 할 사람일 뿐이다(마 5:13).

예수님은 소금 비유를 말씀하시고는 "들을 귀가 있는 자는 들을지어다" 라고 하신다. 이 비유야말로 중요한 비유라는 것이다. 이유는 버림을 당해야 하니 말이다. 들을 귀가 있다면 들어서 희생정신을 발휘하여 모든 것을 버려 그리스도를 따라야 한다. 우리는 그리스도를 따르기 위해서 그리고 그리스도의 제자가 되기 위해서 아무리 희생해도 부족하다. 우리는 우리의 것을 희생할 수 있는 그 무슨 대상이 있다는 것이 얼마나 좋은지 모른다. 가정을 위해서 희생하고 어떤 단체를 위해서 희생하며 나라와 민족을 위해서 희생하는 것도 고귀하지만 우리는 그리스도를 위해서 희생하게 되었으니 얼마나 행복한 사람들인지 모른다.

---

120) 헨드릭슨(Hendriksen)은 "늪과 개펄에서 얻은 소금이나 사해 근처의 암석에서 채취한 소금은 쉽사리 상한 맛이나 알카리성의 맛이 난다. 왜냐하면 그것에는 석고 등이 혼합되어 있기 때문이다. 그러한 소금은 문자 그대로 쓸모가 없다. 그것은 땅을 비옥하게도 못하고 거름더미 위에 버려도 아무런 도움이 되지 못한다"고 말한다. *누가복음 (중)*, p. 513.

제 15 장

탕자가 돌아올 때 하나님은 기뻐하신다

D'.타락했다가 돌아온 자들을 세 가지로 비유하시다   15:1-32

예수님은 타락했다가 돌아온 사람들을 하나님께서 기뻐하신다고 말씀하시면서 타락했다가 돌아온 사람들을 세 가지 비유로 말씀하신다. 첫째는 잃었던 양의 비유(1-7절)로, 둘째는 잃었던 은전의 비유(8-10절)로, 셋째는 잃었던 아들의 비유(11-32절)로 말씀하신다.

1.잃어버린 양으로 비유하시다   15:1-7

예수님은 양이 한번 길을 잃으면 집을 찾아오지 못하는 것을 감안하여 탕자를 양으로 비유하신다. 이 양은 스스로 집을 찾아오지 못하여 전적으로 주인이 찾아 나서는 수밖에 없다. 우리는 다 양(요 10:2; 21:26) 같아서 스스로 주님을 찾지 못하여 주님께서 우리를 찾아 오셨다. 이 부분의 비유는 마 18:12-14과 병행한다.

눅 15:1. 모든 세리와 죄인들이 말씀을 들으러 가까이 나아오니.

본 장의 세 비유는 바로 세리들과 죄인들과 관련된 비유이다. "모든 세리와 죄인들이 말씀을 들으러 가까이 나아오니"(마 9:10) 예수님께서 영접하시고 말씀을 전해주셨다(1-2절). 예수님은 이들이 예수님에게 가까이 나아오는 것을 기뻐하신다(7절, 10절, 32절). "세리"[121]란 세무행정에 종사하고, 또

---

121) "세리"는 로마 정부에서 거두어들이는 금액 이상으로, 가능한 한 지방에서 돈을 징수하여, 그 여분의 돈을 자기의 것으로 챙기는 일이 많았다. 따라서 그들의 태반은 민중으로부터 배척을 받았고(마 9:10-13), 또한 비난을 받았다(마 21:31).

세금을 징수하는 관리를 지칭한다. 복음서에 기록되어 있는 세리는, 주로 세금을 징수한 집금인(集金人)을 뜻하고, "죄인들"122)이란 하나님을 배반하고 반역한 자를 지칭하는데 성경에 있어서의 죄인이란, 반드시 법률상의 죄인을 가리키는 것이 아니라, 하나님 없이 혹은 하나님을 떠나서, 어긋난 생활을 하는 자를 뜻한다. 예수님께서 세리와 죄인들을 기쁨으로 영접하신 것은 세상 모든 사람들도 자신들이 세리와 죄인들과 다름없다는 것을 인정하고 고백하면 기쁨으로 영접하겠다는 것을 보여주신 것이다.

눅 15:2. 바리새인과 서기관들이 수군거려 이르되 이 사람이 죄인을 영접하고 음식을 같이 먹는다 하더라.

"바리새인과 서기관들"은 예수님께서 세리와 죄인들을 영접하시고 함께 음식을 잡수시는 것(행 11:3; 갈 2:12)을 보고 "수군거렸다"(5:30). 그러면서 그들은 예수님까지 멸시하여 "이 사람"이라고 불렀다. 유대의 종교 지도자들은 자신들도 죄인들이면서 다른 죄인들을 멸시했고 또 예수님조차 멸시하는 어리석음을 범했다. 우리는 다른 사람들을 멸시하지 말아야 할 것이다.

눅 15:3-4. 예수께서 그들에게 이 비유로 이르시되 너희 중에 어떤 사람이 양 백 마리가 있는데 그 중의 하나를 잃으면 아흔아홉 마리를 들에 두고 그 잃은 것을 찾아내기까지 찾아다니지 아니하겠느냐.

예수님은 바리새인들과 서기관들로 하여금 잘 깨닫도록 양 비유를 들으신다. 유대나라에는 양들이 많고 또 목자들이 많아 그들이 잘 알아들을 수 있기에 양 비유를 들으신 것이다.

---

122) 창 13:13에는 "소돔 사람은 악하여 여호와 앞에 큰 죄인이었더라"고 말하고 있는데, 그곳에는 하나님을 찾는 의인 10인도 없었다(창 18:32). 모두가 하나님을 떠나 죄악이 심히 중한 도시가 되어 있었다(창 18:20). 신약에서도 구약과 같은 의미로 예수님께서 말씀하신다. 탕자는 아버지를 떠남으로써 죄인이 되고(눅 15:18), 아버지께 돌아감으로써 죽었다가 다시 산자로 되었다(눅 15:23이하). 신약에서 바리새인은, 세리 등 뭇사람들로부터 지탄 받는 사람들을 죄인으로 보았는데, 이러한 사람들은 율법을 지키지 않는 자라 하여 그렇게 말하고 있었으나, 실은 율법을 지키지 않았기 때문이 아니고, 바리새인의 해석을 지키지 않았기 때문이었다.

예수님은 "너희 중에 어떤 사람이 양 백 마리가 있는데 그 중의 하나를
잃으면 아흔아홉 마리를 들에 두고 그 잃은 것을 찾아내기까지 찾아다니지
아니하겠느냐"고 질문하신다(마 18:12). 예수님은 비유를 들으실 때 "너희
중에 어떤 사람이 양 백 마리가 있는데 그 중의 하나를 잃었다"고 가정하면서
말씀하신다. 예수님은 그들의 가슴에 닿는 말씀을 하신다. 하나를 잃는
경우 99마리를 양치는 들판에 그냥 두고 하나를 찾기까지 찾지 않겠느냐고
물으신다. 하나님은 99마리를 무시하시는 것이 아니라 1마리를 사랑하셔서
찾으신다는 것이다. 99마리도 1마리처럼 귀한 양이고 1마리도 대단히 귀한
양이라는 뜻이다.

**눅 15:5-6. 또 찾아낸즉 즐거워 어깨에 메고 집에 와서 그 벗과 이웃을
불러 모으고 말하되 나와 함께 즐기자 나의 잃은 양을 찾아내었노라 하리라.**
목자는 양을 발견하는 즉시 즐거움이 엄습한다. 즉 "찾아낸즉 즐거워 어깨에
멘다." 발견하자마자 즐거움이 엄습하여 어깨에 멘다는 것이다. 중동 지방에
서는 잃은 양을 찾았을 때 그냥 끌고 오는 것이 아니라 그것을 어깨 위로
올려서 목 뒤에 얹고 네 발을 붙잡고 집으로 온다는 것이다. 물론 다른
99마리 양을 몰면서 함께 집으로 온다. 목자는 집에 와서 그 양을 99마리
속에 둔 다음 남자 벗들(τοὺς φίλους-이 낱말은 남성복수이다)과 남자 이웃
들(τοὺς γείτονας-이 낱말은 남성도 되고 여성도 된다)을 불러 함께 즐기기
위하여 잔치를 벌인다. 잃은 양을 찾았으니 즐거워하자는 뜻이다(벧전 2:10,
25). 잃은 양 한 마리를 발견했을 때 기쁨은 목자에게만 있는 것이 아니고
벗과 이웃에게 번지듯이 죄인 한 사람이 그리스도 앞에 돌아왔을 때 그리스
도의 기쁨은 천사들과 또 교회 공동체 전체에게 파급된다.

**눅 15:7. 내가 너희에게 이르노니 이와 같이 죄인 한 사람이 회개하면
하늘에서는 회개할 것 없는 의인 아흔아홉으로 말미암아 기뻐하는 것보다
더하리라.**

예수님은 이 비유의 결론을 말씀하신다. 예수님은 "내가 너희에게 이르노니"라는 중대 언사를 사용하시면서(요한의 "내가 진실로 진실로 너희에게 이르노니"에 해당하는 언사이다) 결론을 말씀하신다. 즉 "죄인 한 사람이 회개하면 하늘에서는 회개할 것 없는 의인 아흔아홉으로 말미암아 기뻐하는 것보다 더하다"고 하신다. 죄인 한 사람이 "회개하면," 곧 '죄인 한 사람이 주님의 수중으로 들어가면' 하나님께서 대단히 기뻐하신다는 것이다. 기뻐하시는 정도가 "하늘에서 회개할 것 없는 의인 99"[123]으로 말미암아 기뻐하는 것보다 더 하다고 하신다. 즉 하나님은 '하늘에 먼저 간 의인들(성도들)'로 말미암아서도 기뻐하시지만 죄인 한 사람이 하나님 앞으로 돌아오면 회개할 것 없는 의인 99으로 말미암아 기뻐하는 것 보다 더 기뻐하신다는 것이다. 여기 "회개할 것 없는 의인 99"(5:22)을 몇몇 학자들은 바리새인들과 서기관들이라고 주장하나 그렇게 주장하기 어려운 것으로 보인다. 첫째, 7절 초두의 "이와 같이"(οὕτως)란 말은 '1-6절에서 보여준 비유처럼'이란 뜻이니 한 마리의 양만 아니라 들판에 있었던 99마리 양을 지칭하고 있다고 보인다. 그렇다면 99마리 양들이 바리새인들이나 서기관들을 가리킨다고 보기는 어렵다. 2) "회개할 것 없는 의인 99"을 유대종교지도자이라고 하면 예수님은 아예 그들을 회개할 것 없는 사람들로 만들어버리니 회개의 길을 막는 것이 아닐까. 3) 7절에 "...보다"(η)란 말은 의인 99보다 죄인 한 사람이 회개할 때가 하나님에게 기쁨이 더 하다는 것을 뜻하는 접속사인데, 하나님은 유대 종교지도자들에게서도 기쁨을 느끼실까(하나님은 차이가 있긴 하지

123) 의인 99이 누구냐를 두고 많은 해석이 가해졌다. 1) 범죄 하지 않은 천사들을 가리킨다는 견해. 2) 세례 받을 때의 정절을 잃지 않고 있는 살아있는 성도들을 의미한다는 견해. 3) 스스로 옳다고 주장하는 바리새인들을 풍자하는 말이라는 견해(Plummer). 4) 바리새인들처럼 스스로 옳고 의롭다고 생각하여 회개할 필요가 없다고 생각하는 사람들을 가리킨다는 견해(John C. Ryle, William Hendriksen). 위의 3번째의 견해도 의연해 보이고, 또 4번째의 견해도 학적인 권위로 보아 그럴듯하게 보이나, 5) 벌써 회개하여 하나님의 나라에 들어간 자로 보는 것이 타당하다(Bengel, 이순한). 이유는 예수님께서 아무리 풍자적으로 말씀하셨다 할지라도 유대 종교지도자들을 향하여 "회개할 것이 없다"고 표현하셨을까. "회개할 것이 없다"고 말씀하셨다면 그들의 회개를 막아버리는 말씀이 아닐까. 그리고 하나님께서 바리새인들이나 율법 교사들 때문에 "기쁨"이 있으셨을까. 의인 99은 바리새인들이나 서기관들을 지칭했다고 보기는 어려울 것이다. 따라서 의인 99은 천국에 간 사람들을 가리키는 것으로 보는 것이 옳을 것이다.

만 유대종교지도자들에게서도 기쁨을 느끼셔야 했는데 실제로 그들에게서 기쁨을 느끼실까). 예수님은 그들에게 화를 선언하시지 않았는가(마 23:13-34). 이런 점을 감안할 때 의인 99을 유대 종교지도자들이라고 하는 주장은 설득력이 약해 보인다.

하나님은 한 사람이 하나님 앞으로 돌아오는 것을 너무 기뻐하신다는 것을 우리가 알고 우리는 매일 하나님 앞으로 돌아가야 할 것이고(또 우리는 매일 성화에 힘써야 한다) 또 많은 사람을 주 앞으로 인도해야 할 것이다.

2.잃어버린 드라크마로 비유하시다　15:8-10

예수님은 양의 비유를 말씀하시고 이제는 여자가 드라크마를 잃었다가 다시 찾은 비유를 말씀하신다. 드라크마라는 화폐는 그리스의 은화로 로마의 데나리온(Denarius) 은화와 동일 가(價)이다. 한글 개역개정판에서는 원어 드라크메 (drachme)를 음사하여 드라크마로 쓰고 있다. 중량으로는 3.8g인데 노동자가 하루 종일 일하고 받을 수 있는 품삯에 해당한다 (마 20:2).

눅 15:8. 어느 여자가 열 드라크마가 있는데 하나를 잃으면 등불을 켜고 집을 쓸며 찾아내기까지 부지런히 찾지 아니하겠느냐.

예수님은 어느 여자가 열 드라크마가 있는데 그 중에 하나(한 드라크마는 한 사람의 노동자가 하루 종일 일하면 받을 수 있는 품삯-마 20:2)를 잃으면 그 한 드라크마를 찾기 위하여, 1) 드라크마가 보일 정도의 불을 켜고(가난한 집에는 창이 없거나 아니면 창이 아주 작았다), 2) 빗자루를 가지고 집을 쓸며, 3) 찾아내기까지 끝까지 부지런히 찾을 것이라고 하신다. 한 사람의 잃어버린 영혼을 찾기에 모든 수단을 동원해야 할 것을 보여주는 말씀이다.

혹자는 본 절의 "여자"를 '성령'으로 본다. 이유는 본 장의 첫 비유에 나오는 양치는 목자는 예수님을 지칭하는 것이며, 마지막 비유의 탕자의 비유에 나오는 아버지는 성부 하나님을 비유하니 두 번째 비유는 틀림없이

3위 1체 중의 성령일 것이라고 한다. 그러나 이런 해석은 너무 꿰맞춘 해석이 아닌가. 또 혹자는 본 절의 "여자"를 교회라고 주장하나 그렇게 보아야 할 충분한 근거가 없다. 예수님께서 이런 비유를 말씀하신 목적은 바로 10절의 내용을 말씀하시려는 것으로 보아야 하지 않을까.

눅 15:9. 또 찾아낸즉 벗과 이웃을 불러 모으고 말하되 나와 함께 즐기자 잃은 드라크마를 찾아내었노라 하리라.

여인이 드라크마를 찾았을 때 드라크마의 값어치가 크지 않지만 잃었다가 찾은 기쁨을 나누기 위하여 여자 벗들(τὰς φίλας)과 여자 이웃들(τοὺς γεί-τονας-이 낱말은 남성도 되고 여성도 된다)을 불러 모으고 말하기를 "나와 함께 즐기자 잃은 드라크마를 찾아내었노라 하리라"고 말씀하신다. 본 절의 "벗"(τὰς φίλας)이란 말은 여성명사 복수로서 드라크마를 찾은 여자는 '여자 친구들'을 불러 모았다.

눅 15:10. 내가 너희에게 이르노니 이와 같이 죄인 한 사람이 회개하면 하나님의 사자들 앞에 기쁨이 되느니라.

예수님은 본 비유의 요점을 말씀하시기 위하여 "내가 너희에게 이르노니"라는 장엄한 뜻을 나타내는 언사를 사용하신다. 다음에 따라오는 결론이 중요하다는 뜻이다. 예수님은 "이와 같이 죄인 한 사람이 회개하면 하나님의 사자들 앞에 기쁨이 되느니라"고 하신다. 여기서도 역시 "한 사람이 회개한다"는 말씀은 '사람이 하나님의 수중으로 들어가는 것'을 지칭한다. "회개"란 죄를 끊어버리는 것을 포함하지만 그 주된 내용은 '예수님 앞으로 나아가는 것,' '예수님 앞으로 돌아가는 것'을 뜻한다. 그런고로 미국의 어느 교단은 "회개"라는 의미 속에서 죄를 끊어버리는 것을 제외시켜 버렸다. 그러나 본 장의 마지막 비유를 보면 탕자는 먼 나라에서 행하던 행실을 후회하며 끊어버리고 아버지께로 가지 않았는가. "회개"로부터 죄를 끊어버리는 면을 제외할 필요가 없다.

3.잃었던 아들로 비유하시다   15:11-32

양의 비유(1-7절)와 드라크마 비유(8-10절)가 하나님의 전적인 사랑을
말함에 비해 본 탕자의 비유(11-32절)는 인간편의 회개에 치중하고 있다.
이 탕자의 비유는 탕자의 타락과 회심, 그리고 아버지의 극진한 사랑을
묘사할 뿐 아니라(11-24절) 탕아가 아니었던 맛 아들의 불평을 묘사하고
있다(25-32절).

눅 15:11. 또 이르시되 어떤 사람에게 두 아들이 있는데.
예수님은 본 장에서 타락했다가 돌아온 사람들을 하나님께서 기뻐하신다는
것을 말씀하시기 위해서 "또 이르시되(εἶπεν δὲ) 어떤 사람에게 두 아들이
있었다"고 말씀하신다. 흔히 있는 일을 가지고 진리를 밝히신다. 우리의
설교도 흔히 있는 일을 가지고 하는 것이 좋다.

**눅 15:12. 그 둘째가 아버지에게 말하되 아버지여 재산 중에서 내게
돌아올 분깃을 내게 주소서 하는지라 아버지가 그 살림을 각각 나눠
주었더니.**
그 둘째가 타락의 길을 걷기 시작한다. 둘째는 아버지에게 "아버지여 재산
중에서 내게 돌아올 분깃을 내게 주소서"라고 말한다. 둘째 아들은 아버지
의 전 재산 중에서 자기에게 돌아올 3분의 1에 해당하는 재산을 미리
달라고 졸랐다. 신 21:17에 의하면 장자에게는 3분의 2를, 차자에게는
3분의 1을 주게 되어 있는데 둘째 아들은 부친이 세상을 떠나기 전에
먼저 달라고 조른 것이다. 이야말로 부친의 마음을 갈기갈기 찢어놓는
행위였다. 부친을 떠나 멀리멀리 가서 간섭받지 않고 자유롭게 살자는
것이었다. 오늘도 젊은이들 중에서는 간섭을 받지 않고 마음대로 살아보고
자 하는 사람들이 많이 있다.

부친은 마음이 찢어지면서도 "그 살림을 각각 나눠 주었다"(마 12:44).
3분의 1에 해당하는 재산을 주었다. 큰 아들에게도 나누어 주었지만 큰

아들은 자기에게 돌아올 재산을 현금으로 바꾸지도 않았고 소유하지도 않고 그냥 집에서 부친을 모시고 살았다. 탕자처럼 마음속의 죄악의 소욕을 억제하지 못하고 그 소욕을 따라가는 사람들은 결국은 비참한 앞날을 만난다. 방종은 사람을 망친다. 오늘도 사람들은 방종을 따라 살면서 사회를 향하여 그 방종을 들어달라고 주장한다.

눅 15:13. 그 후 며칠이 안 되어 둘째 아들이 재물을 다 모아 가지고 먼 나라에 가 거기서 허랑방탕하여 그 재산을 낭비하더니.

둘째 아들은 그 이튿날 집을 나가지는 않고 며칠이 지난 후 "재물을 다 모아 가지고 먼 나라에 가 거기서 허랑방탕하여 그 재산을 낭비했다." 자기에게 돌아온 3분의 1에 해당하는 재산을 다 모아가지고 방종의 삶을 살기 위하여 부친이 있는 집으로부터 멀리 멀리 떨어진 먼 나라로 갔다. 아버지의 간섭을 받지 않는 먼 나라에 가서 자리를 폈는데 유흥업소가 많은 곳에 자리를 폈다. 아마도 창녀들이 많이 활동하는 지역으로 갔을 것이다(30절).

그는 그곳에 가서 그 재산을 가지고 얼마동안 허랑방탕하여 재산을 낭비해버렸다. 여기 "허랑방탕"(ἀσώτως)이란 말은 부사로 '방종하게,' '방탕하게,' '품행이 나쁘게'라는 뜻으로 둘째 아들은 창기 집에도 드나들면서 되는대로 살았다. 그래서 결국은 재산을 다 낭비하게 되었다. 그는 훗날도 생각하지 않고 가지고 온 물질을 마구 써 버렸다.

눅 15:14. 다 없앤 후 그 나라에 크게 흉년이 들어 그가 비로소 궁핍한지라.

모아 가지고 갔던 재산을 다 없앤 후에 "그 나라에 크게 흉년이 들어 그가 비로소 궁핍하게 되었다." 재산을 다 없앤 후, 즉 죄를 지을 대로 지은 후 부친으로부터 멀리 떨어진 그 나라, 곧 창녀들과 함께 허랑방탕하던 그 나라에 큰 흉년이 들게 되었다. 그리하여 결국 둘째 아들은 "궁핍"을 경험하기 시작했다. 하나님은 이제 이 망나니 아들을 부르기 시작하신다. 누구든지 죄의 삶 끝에는 비참을 경험한다.

눅 15:15. 가서 그 나라 백성 중 한 사람에게 붙여 사니 그가 그를 들로 보내어 돼지를 치게 하였는데.

둘째 아들은 아직은 아버지에게로 돌아갈 생각을 하지 않는다. 더 고생해야 했다. 사람은 많이 고생해야 하나님을 찾는다. 둘째 아들은 도와줄 사람도 구할 수가 없었다. 그는 그가 살던 곳을 떠나 "그 나라 백성 중 한 사람에게 붙여 살았다." 그 백성 중 한 사람은 마침 양돈 업자였다. 그 업자는 둘째 아들을 "들로 보내어 돼지를 치게 했다." 재산이 많았던 집 둘째 아들이 이제는 별수 없이 들로 보내져서 유대인에게는 불결하게만 여겨졌던 돼지(레 11:7)를 치는 이방인 집의 돼지 치는 일꾼 신세가 되었다. 죄악의 끝은 비참했다.

눅 15:16. 그가 돼지 먹는 쥐엄 열매로 배를 채우고자 하되 주는 자가 없는지라.

그는 돈도 떨어졌고 흉년이 와서 변변한 직업도 찾을 수 없어 돼지를 치는 일꾼이 되었는데 양돈 업자의 집에서 식사도 주지 않아 "돼지 먹는 쥐엄 열매로 배를 채우고자 했다." 여기 "쥐엄 열매"란 돼지 사료인데124) 그는 돼지 먹는 사료로 배를 채우고자 했으나 그나마 그에게 돼지 사료도 주는 사람이 없었다. 비참이 극하였다. 하나님을 떠난 인간에게 닥쳐오는 것은 쥐엄 열매라는 사실을 우리는 알아야 할 것이다.

눅 15:17. 이에 스스로 돌이켜 이르되 내 아버지에게는 양식이 풍족한 품꾼이 얼마나 많은가 나는 여기서 주려 죽는구나.

이쯤 되었을 때 사람은 자기의 신세를 돌아보게 된다. 탕자는 "스스로 돌이키게" 되었다. "스스로 돌이켰다"(ϵἰς ἑαυτὸν ἐλθών)는 말은 '자신에게로

---

124) 쥐엄나무는 차풀과의 낙엽활엽 교목으로, 산골짜기나 개울가에 나는데, 높이 10-15m 정도에 이르고 열매의 크기가 25cm나 된다. 여름에 황록색 꽃이 피고, 가을에 꼬투리 열매가 익는다. 열매의 껍데기와 씨는 약재로 쓴다. 이것은 콩과의 상록수로, 팔레스틴 어디에서든 생육한다.

돌아왔다,' '제 정신이 돌아왔다'는 뜻이다. 그는 지금까지 제 정신이 아닌 상태에서 살다가 이제는 제 정신으로 돌아온 것이다. 그는 속으로 말하기를 "내 아버지에게는 양식이 풍족한 품꾼이 얼마나 많은가"라는 생각에 이르렀 다. 그는 자기 아버지 집에 있을 때는 품꾼을 우습게 알았는데 이제 이 지경이 되니 아버지의 집에서 일하는, 양식이 풍족한 품꾼을 생각하게 되었 다. 인간은 끝장에 이르면 자신을 돌아보게 된다. 탕자는 자기와 일꾼들을 비교하여 보면서 속으로 "나는 여기서 주려 죽는구나"라고 중얼거렸다. 하나님을 떠난 인간은 영 육간 주려 죽게 된다.

눅 15:18-19. 내가 일어나 아버지께 가서 이르기를 아버지 내가 하늘과 아버지께 죄를 지었사오니 지금부터는 아버지의 아들이라 일컬음을 감당하 지 못하겠나이다 나를 품꾼의 하나로 보소서 하리라 하고.

둘째 아들은 이제 "일어나 아버지께 갈" 생각을 한다. 그는 그 이상 타향에 서 견딜 수 없었다. 그래서 일어나서 아버지께 가야 하겠다는 생각을 한다. 그리고 아버지께 말씀드리기를 "아버지 내가 하늘과 아버지께 죄를 지었다"고 말할 결심을 한다. 사실 죄를 지었다는 말을 하기가 얼마나 어려운가. 그러나 죄를 지었다는 말을 해야겠다고 한다. 우리는 죄를 지었다는 말을 먼저 하나님께 그리고 사람에게 해야 한다. 사람에게 지은 모든 죄도 결국은 하나님께 지은 것이다(시 51:4). 우리는 하나님께 죄를 지었다고 말하는 것이 바로 살 길인 줄 알아야 한다. 그리고 둘째 아들은 "지금부터는 아버지의 아들이라 일컬음을 감당하지 못하겠나이다"라는 말을 하기로 결심한다. 참으로 낮아진 심정이 되었다. 그리고 탕자는 한 걸음 더 나아가 "나를 품꾼의 하나로 보소서 하리라"는 결심을 하기까 지 되었다. 이제는 자기가 아들이 아니고 품꾼의 하나로 여겨 달라고 호소하겠다는 것이었다. 우리는 죄 고백을 실행하기 전에 먼저 생각을 정리하는 단계를 가져야 한다. 오늘 우리도 둘째 아들 정도로 타락했다고 고백해야 한다.

눅 15:20. 이에 일어나서 아버지께로 돌아가니라 아직도 거리가 먼데 아버지가 그를 보고 측은히 여겨 달려가 목을 안고 입을 맞추니.

탕자는 그의 생각을 실천에 옮긴다. 탕자는 "이에 일어나서 아버지께로 돌아갔다." 그 때 이적이 벌어졌다. "아직도 거리가 먼데 아버지가 그를 보고 측은히 여겨 달려가 목을 안고 입을 맞추었다"(행 2:39; 엡 2:13, 17). 둘째 아들이 아버지께 온전히 가까이 돌아가지도 않았는데 밤낮 기다리던 아버지가 아들을 먼저 보고(아들은 아직도 아버지를 보지 못한 상태였는데 아버지가 먼저 보았다) 측은히 여겨 달려가서(아들은 아버지를 향하여 걸어가고 있었는데 아버지는 아들을 보자 달렸다) 목을 안고 입을 맞추었다. 아버지의 측은히 여김이 발동했다. 바로 하나님의 측은히 여김이 인류를 구원하시는 동기였다. 아들이 말하기로 결심했던 여러 가지 말씀을 한마디도 하지 않았는데 아버지는 네 가지 행동을 했다. 1) 측은히 여겼고, 2) 달려갔으며(아버지의 나이에 걸맞지 않게 달렸다), 3) 목을 안았고, 4) 입을 맞추었다. 아들이 용서를 빌기 전에 아버지는 벌써 행동으로 다 용서했다. 이것이 바로 하나님의 선수적 사랑이다. 오늘 우리가 하나님께 조금만 더 가까이 가도 하나님은 우리에게 달려오신다.

눅 15:21. 아들이 이르되 아버지 내가 하늘과 아버지께 죄를 지었사오니 지금부터는 아버지의 아들이라 일컬음을 감당하지 못하겠나이다 하나.

탕자는 아버지의 엄청난 사랑을 확인하고 이제는 그가 마음으로 결심했던 말을 한다. "아버지 내가 하늘과 아버지께 죄를 지었사오니 지금부터는 아버지의 아들이라 일컬음을 감당하지 못하겠나이다"라고 고백한다(시 51:4). 그는 그가 고백하고자 했던 대로 고백했다. 고백하지 않고는 견딜 수 없었다. 아버지의 뜨거운 사랑을 확인한 아들이 어찌 그의 고백을 철회할 수 있을까. 우리도 감당할 수 없는 사람들임을 고백해야 한다. 백부장은 예수님 앞에서의 자기의 처지를 생각할 때 "주여 내 집에 들어오심을 나는 감당하지 못하겠사오니 다만 말씀으로만 하옵소서"(마 8:8)라고 했고, 세례 요한은 예수님 앞에서 자신을 생각할 때 예수님의 신을 들기도 감당하지 못하겠다고 말했다. "나는 그의 신을 들기도 감당하지 못하겠노라 그는 성령과 불로 너희에게 세례를 주실 것이요"라고 했다(마 3:11b). 우리는 감당하지 못한다고 아뢰어야 한다. 그렇게 고백하는 것이 바른 고백이다. 인류는 그만큼 타락했다. 이렇게 고백할 때 하나님은 우리로 하여금 감당하는 사람들이 되게 하신다.

탕자는 한 가지도 더 말할 수 없었다. 즉 "나를 품꾼의 하나로 보소서"라고 말하려고 했는데 말하지 못했다. "그는 그것을 말하지 못했다. 아버지는 아들에게 그것을 말할 기회를 주지 않았다. 이 얼마나 놀라운 일인가"(Hendriksen).

눅 15:22-23. 아버지는 종들에게 이르되 제일 좋은 옷을 내어다가 입히고 손에 가락지를 끼우고 발에 신을 신기라 그리고 살진 송아지를 끌어다가 잡으라 우리가 먹고 즐기자.
아버지는 아들로부터 고백의 일부를 들은 후 아들의 고백을 더 이상 듣지 않아도 되는 양 즉시 종들에게 여러 가지를 명령한다. 1) "제일 좋은 옷을 내어다가 입히라"(막 12:38; 16:5; 계 6:11; 7:9)고 명한다. 2) "손에 가락지를 끼우라"고 한다. 3) "발에 신을 신기라"고 한다. 노예들은 신을 신지 못했는데 아들은 노예가 아니라 자유인이라는 뜻으로 신을 신겼다. 4) "살진 송아지를 끌어다가 잡으라"고 한다. 여기 "살진 송아지"(τòν μόσχον τòν σιτευτόν)란 말 앞에 관사가 있어 무슨 큰 행사에 쓰려고 예비해 놓았던 송아지였음을 알 수 있다. 그러나 아버지로서는 이 이상 더 기쁜 잔치가 없을 것이기에 바로 그 송아지를 잡으라고 했다. 아버지는 아들을 용서하는 것은 물론 그 이상으로 특별 대우한다. 이렇게 네 가지를 준비하라고 말한 다음 "우리가 먹고 즐기자"고 말한다.

눅 15:24. 이 내 아들은 죽었다가 다시 살아났으며 내가 잃었다가 다시

얻었노라 하니 그들이 즐거워하더라.

아버지는 종들에게 잔치를 푸짐하게 준비하는 이유를 설명한다. 그 이유는 "이 내 아들은 죽었다가 다시 살아났으며 내가 잃었다가 다시 얻었기" 때문이라고 한다(32절; 엡 2:1; 5:14; 계 3:1). 아버지는 같은 말을 두 번 반복한다. "죽었다가 다시 살아났다"는 말은 아들이 죽었다가 다시 살아났다는 말이고 "내가 잃었다가 다시 얻었다"는 말은 아버지의 입장에서 잃었다가 다시 얻었다는 뜻이다. 이 말은 물론 영적으로 해석되어야 한다. 육신적으로 죽었다가 다시 살아났다든지 혹은 잃었다가 다시 얻었다는 말은 성립되지 않는다. 모두 영적으로 죽었다가 다시 살아난 것이고 잃었다가 다시 얻은 것이다. "엡 2:1과 눅 19:10을 순서대로 보면 이해가 된다"(Hendriksen).

눅 15:25-26. 만아들은 밭에 있다가 돌아와 집에 가까이 왔을 때에 풍악과 춤추는 소리를 듣고 한 종을 불러 이 무슨 일인가 물은대.

아버지는 본 절부터 32절까지 맏아들에 대해서 언급한다. 아마도 양 비유(1-7절)나 드라크마 비유(8-10절)에서 잃어버리지 않았던 양들(99마리)이나 드라크마 동전들(9개)과 병행하는 것을 보이기 위해서였을 것이다. 그런데 혹자는 25-32절은 원래 탕자 비유에 속하지 않았던 것이라고 주장하기도 하나 그렇다면 양 비유나 드라크마 비유와 더불어 여기에 사용하지 못했을 것이다. 이유는 잃었던 것들과 잃지 않았던 것들이 짝을 이루어야 하는데 맏아들 이야기가 없다면 이상한 비유가 되었을 것이다. 또 혹자는 25-32절은 또 하나의 비유라고 말하기도 하나 그렇게 주장하면 탕자 비유는 짝이 없는 비유가 되었을 것이다. 이 부분의 맏아들의 불평은 아버지가 가졌던 기쁨과는 달리 온전히 불평으로 차 있어서 아버지의 기쁨을 한층 더 돋보이게 해주고 있고 또 죄인들이 돌아오는 것을 기뻐하지 않는 사람들이 있다는 것을 보여준다.

둘째 아들이 돌아와서 아버지의 환영을 받고 있을 때 "맏아들은 밭에 있었다." 그러다가 맏아들이 집에 가까이 왔을 때 "풍악과 춤추는 소리를 들게 되었다." 여기 "풍악"이란 '여러 악기를 연주하는 것'을 지칭한다. 맏아들은 아버지와 종들이 여러 악기를 연주하며 춤추는 소리를 듣게 된 것이다. 맏아들은 "한 종을 불러 이 무슨 일인가 물었다." 여기 "종"($\pi\alpha\hat{\iota}\delta\omega\nu$)이란 말은 22절의 "종"($\deltaο\acute{\nu}λο\nu\varsigma$)이란 말과는 다른 낱말로 '심부름 하는 어린 아이'를 가리킨다. 어린 종은 아마도 풍류와 춤추는 일에 가담하지 않았던 것으로 보인다. 맏아들은 어린 종을 살짝 불러 이게 웬일이냐고 물었을 것이다.

눅 15:27. 대답하되 당신의 동생이 돌아왔으매 당신의 아버지가 건강한 그를 다시 맞아들이게 됨으로 인하여 살진 송아지를 잡았나이다 하니. 종은 지금까지 진행된 상황을 그대로 보고한다. 즉 "당신의 동생이 돌아왔으매 당신의 아버지가 건강한 그를 다시 맞아들이게 됨으로 인하여 살진 송아지를 잡았나이다"라고 보고했다. 첫째, "당신의 동생이 돌아왔다는 것," 둘째, "당신의 아버지가 건강한 그를 다시 맞아들이게 됨으로 인하여 살진 송아지를 잡았다는 것"을 그대로 말했다. 기뻐 날뛰어야 할 첫째 아들은 갑자기 다음 절에서 보여주는 것처럼 대단한 노를 발하였다.

눅 15:28. 그가 노하여 들어가고자 하지 아니하거늘 아버지가 나와서 권한대. 맏아들은 노여움으로 충만하여 집안으로 들어가고자 아니했다. 기뻐해야 할 형이 반대로 노여움으로 충만했다. 이방인의 구원에 대해 유대인의 좋지 않은 감정을 보여준다. 오늘도 다른 사람들이 회개했다는 소식을 듣고 별로 기뻐하지 않는 무리가 있다. 다른 사람들이 잘 되었다는 소식을 듣고 시기와 질투심으로 무장하는 사람들이 있다. 인간의 부패를 보여주는 장면이다.

　　맏아들은 집안으로 "들어가고자 하지 아니했다." 집 밖에서 계속해서 불평만 하고 있었다. 결국 아버지가 "나와서 권했다." 들어가자고 권한 것이다. "권한대"($\pi\alpha\rhoεκ\acute{\alpha}λει$)란 말은 미완료과거 시제로 아버지가 계속해서 들어가자고 권한 것을 뜻한다. 아버지에게는 맏아들도 중요한 아들이었다.

눅 15:29-30. 아버지께 대답하여 이르되 내가 여러 해 아버지를 섬겨 명을 어김이 없거늘 내게는 염소 새끼라도 주어 나와 내 벗으로 즐기게 하신 일이 없더니 아버지의 살림을 창녀들과 함께 삼켜 버린 이 아들이 돌아오매 이를 위하여 살진 송아지를 잡으셨나이다.

맏아들이 아버지께 대답하여 불평한 것을 보면 첫째, "내가 여러 해 아버지를 섬겼다"는 것, 이런 좁은 속으로 여러 해 아버지를 섬겼다면 참으로 불행한 사람이었다. 둘째, "명을 어김이 없었다"는 것, 맏아들은 스스로 의롭다고 생각하며 살았다. 겨우 명령 위반이나 하지 않는 정도로 섬긴 것은 기쁨이 없는 신앙생활이다. 셋째, "내게는 염소 새끼라도 주어 나와 내 벗으로 즐기게 하신 일이 없었다"는 것, 어디 한번이라도 그런 일이 있었느냐고 따진 셈이다. 다른 사람들 하고 비교하는 삶은 불행한 삶이다. 넷째, "아버지의 살림을 창녀들과 함께 삼켜 버린 이 아들이 돌아오매 이를 위하여 살진 송아지를 잡으셨다"고 조목조목 말했다. 여기 맏아들은 자기 동생을 향하여 "이 아들이"(ὁ υἱός σου οὗτος)라고 멸시해서 말한다. '당신의 이 따위 아들'이란 뜻이다. 맏아들은 회개한 동생을 멸시하고 있었고 여전히 정죄하고 있었다. 맏아들은 아버지를 향하여 이게 말이나 되는 일이냐고 따진 것이다. 오늘도 이런 식으로 불평하는 성도들이 얼마나 많은가. 불행한 성도들이다.

눅 15:31-32. 아버지가 이르되 애 너는 항상 나와 함께 있으니 내 것이 다 네 것이로되 이 네 동생은 죽었다가 살아났으며 내가 잃었다가 얻었기로 우리가 즐거워하고 기뻐하는 것이 마땅하다 하니라.

맏아들의 불평에 대하여 아버지가 설득한 말을 보면, 첫째, "애"라고 불러준다. 아버지는 불평하는 맏아들에게 아주 친근감 있는 호칭으로 부르면서 말한다. 아버지는 항상 사랑으로 넘쳤다. 둘째, "너는 항상 나와 함께 있으니 내 것이 다 네 것이라"고 말한다. 아버지는 맏아들에게 너는 집을 나가지 않고 항상 나와 함께 있다는 것에 대해서 감사하고 있음을 암시한다. 그리고 아버지는 "내 것이 다 네 것이라"고 말하여 원하는 대로 다 쓸 수 있다고 말한다. 셋째, "이 네 동생은 죽었다가 살아났으며 내가 잃었다가 얻었기로 우리가 즐거워하고 기뻐하는 것이 마땅하다"고 설득한다(24절). 아버지는 둘째 아들을 지칭할 때 "이 네 동생"(ὁ ἀδελφός σου οὗτος)이라고 말한다. 아버지는 '이 내 아들'이라 하지 않고 형과의 관계를 더욱 가깝게 하기 위해서 '이 네 동생'이라고 말한다. 아버지는 두 아들이 형제로 잘 지내기를 소원하고 있다. 형제자매들은 가깝게 지내야 한다. 아버지는 둘째 아들이 돌아온 것은 동생 측으로 보면 죽었다가 살아난 것이고 아버지 측으로 보면 잃었다가 얻은 것이니 "우리"(아버지와 맏아들)가 즐거워하고 기뻐하는 것이 당연한 것이라고 설득한다. 아버지는 아주 당연한 것을 당연한 것이라고 설득하고 있다.

제 16 장

불의한 청지기 비유, 바리새인의 외식 책망, 부자와 나사로

E'.불의한 청지기 비유   16:1-13

예수님은 하나님께서 탕자가 회개하는 것을 기뻐하신다는 것을 전하고 (15:1-32) 이제는 돈을 바로 써야 한다는 것을 교훈하시기 위해서 불의한 청지기 비유를 말씀하신다(16:1-13). 이 비유는 비유 자체(1-8절)와 재물을 가지고 이웃을 대접하라는 내용(9-13절)으로 분류된다.

눅 16:1. 또한 제자들에게 이르시되 어떤 부자에게 청지기가 있는데 그가 주인의 소유를 낭비한다는 말이 그 주인에게 들린지라.

문장 초두의 "또한"이란 접속사는 앞 장에 계속하여 똑 같은 장소에서 말씀하시고 계심을 암시한다. 예수님의 교훈은 "제자들에게" 주어졌다. 예수님은 제자들에게 다시 교훈하시기 시작한다(12:22).

예수님은 "어떤 부자에게 청지기가 있었는데 그가 주인의 소유를 낭비한다는 말이 그 주인에게 들렸다"고 하신다. 예수님은 어떤 부자가 자기 집 청지기에 대해 듣게 되었는데 자기의 소유를 낭비한다는 말을 듣게 되었다고 하신다. 혹자들은 이 비유에 나오는 "부자"와 "청지기"가 각각 누구를 가리키느냐를 두고 여러 견해125)를 말했으나 이 비유의 참 뜻이 무엇인지를

---

125) 혹자들은 "부자"는 '하나님,' '로마 사람들'을 지칭한다 하고, "청지기"는 '세리들,' '진실한 회개자들,' '바리새인들,' '바울 사도,' '마귀,' '본디오 빌라도,' '가룟 유다'를 가리킨다고 말한다. 그러나 이 비유는 단지 자유로운 구제를 진지하게 촉구한다고 말하는 학자들이 있다(이레니우스, 어거스틴, 아다나시우스, 데오필랙트, 에라스무스, 캘빈, 루터). 옳은 견해이다. 루터는 "이 비유는 선행에 관한 설교이며 특히 탐욕을 경계하고 재산을 남용하지 말고 그것으로 가난하고 궁핍한 사람들을 도우라는 말씀이다"고 했다(John C. Ryle).

찾는 것이 더 중요하다고 보아야 한다. "청지기"란 '주인의 명령을 받들어 재산이나 종들을 관리하는 사람'을 말하며 자녀 교육까지 책임졌다. 본문의 청지기는 "주인의 소유를 낭비했는데" 그 소문이 주인에게까지 들렸다. 그래서 주인은 그 청지기를 해고시켰다(다음 절).

눅 16:2. 주인이 그를 불러 이르되 내가 네게 대하여 들은 이 말이 어찌 됨이냐 네가 보던 일을 셈하라 청지기 직무를 계속하지 못하리라 하니.
주인의 소유를 허비하는 청지기를 불러 주인은 "내가 네게 대하여 들은 이 말이 어찌 됨이냐"고 따진다. 주인은 '내 귀에 들어온 소문이 사실이냐 아니냐. 만일 사실이라면 얼마나 많이 허비했느냐'고 따진다. 사실인 것을 알아본 주인은 "네가 보던 일을 셈하라 청지기 직무를 계속하지 못하리라"고 말한다. '네가 보던 청지기 사무를 계속하지 못한다'고 통보한다.

눅 16:3. 청지기가 속으로 이르되 주인이 내 직분을 빼앗으니 내가 무엇을 할까 땅을 파자니 힘이 없고 빌어먹자니 부끄럽구나.
해고 통고를 받은 청지기는 속으로 말하기를 "주인이 내 직분을 빼앗으니 내가 무엇을 할까"하고 혼잣말을 한다. 청지기는 하나하나 따져보았다. "땅을 파자니 힘이 없고 빌어먹자니 부끄럽다"는 결론에 도달했다. 땅을 파서 농사를 지어먹자니 육체적인 힘이 없고 나가서 걸인 노릇을 하자니 부끄러워서 그 짓을 어떻게 하느냐는 결론에 도달한 것이다. "육체노동에는 육체가 감당 못하고 빌어먹는 데는 정신이 감당 못했다"(이상근). 그래서 그는 하나의 묘수를 알아냈다(다음 절).

눅 16:4. 내가 할 일을 알았도다 이렇게 하면 직분을 빼앗긴 후에 사람들이 나를 자기 집으로 영접하리라 하고.
주인으로부터 해고 통고를 받은 청지기는 속으로 이런 저런 말을 한(앞절) 다음 이제는 "내가 할 일을 알았다"고 혼잣말을 한다. "이렇게 하면 직분을 빼앗긴 후에 사람들이 나를 자기 집으로 영접할 것"이라고 확신하기에 이르렀다. 다시 말해 5-7절까지의 방식을 쓰면(선심을 쓰면, 사랑의 구제를 하면) 자신의 직분을 빼앗긴 후에 주인에게 빚을 졌던 사람들이 자신을 자기 집으로 영접하지 않겠느냐는 좋은 아이디어가 떠올랐다.

눅 16:5-7. 주인에게 빚진 자를 일일이 불러다가 먼저 온 자에게 이르되 네가 내 주인에게 얼마나 빚졌느냐 말하되 기름 백 말이니이다 이르되 여기 네 증서를 가지고 빨리 앉아 오십이라 쓰라 하고 또 다른 이에게 이르되 너는 얼마나 빚졌느냐 이르되 밀 백 석이니이다 이르되 여기 네 증서를 가지고 팔십이라 쓰라 하였는지라.

해고통고를 받은 청지기는 완전히 일을 못하는 날이 오기 전에 "주인에게 빚진 자를 일일이 불러왔다." 주인에게 빚진 자가 몇 명이 되었는지 장부에서 확인하는 대로 모두 불렀다. 많이 부를수록 좋으니 말이다. 선착순으로 물어보았다. 얼마나 빚을 졌느냐고 물었다. 기름(아마 감람유일 것임) 100말(대략 875 갤론)을 빚진 사람에게는 증서에 50말이라 쓰라고 했고, 밀 100석을 빚진 사람에게는 80석이라 쓰라고 했다. 그리고 찾아온 빚쟁이들을 순서대로 세워놓고 빚을 탕감하여 주었다.

눅 16:8. 주인이 이 옳지 않은 청지기가 일을 지혜 있게 하였으므로 칭찬하였으니 이 세대의 아들들이 자기 시대에 있어서는 빛의 아들들보다 더 지혜로움이니라.

주인은 청지기가 빚진 자들을 불러 빚을 탕감해준 사실을 듣고 "이 옳지 않은 청지기가 일을 지혜 있게 하였기"에 칭찬하였다고 예수님은 말씀하신다. "일을 지혜 있게 하였다"는 말씀은 '빚을 탕감하여 주고 자신의 앞날을 준비한 것'을 지칭한다. 예수님은 청지기가 불신자였는데 빚쟁이들을 불러 빚을 탕감하여 주고 자신의 앞날을 준비한 점에서는 신자들보다 더 지혜롭게 행동했다고 말씀하신다. 즉 "이 세대의 아들들이 자기 시대에 있어서는

빛의 아들들보다 더 지혜롭다"고 예수님은 말씀하신다(요 12:36; 엡 5:8;
살전 5:5). 즉 이 불신자의 아들들이 차라리 "자기 시대," 즉 '이 세상에
속한 일'에 있어서는 빛의 아들들, 곧 신자들보다 더 지혜롭게 행했다고
하신다. 더 지혜롭다는 말씀은 더 정직하다는 뜻이 아니라 자신의 앞날을
준비하는 점에 있어서는 더 주도면밀하게 준비한다는 뜻이다. 신자들도
궁핍한 사람들에게 선심(구제)을 써서 앞날을 준비하는 사람들이 되어야
한다. 앞날을 준비한다는 뜻은 갚을 것이 없는 사람들을 구제하여 하나님으
로부터 큰 사랑을 받아야 한다는 뜻이다.

**눅 16:9. 내가 너희에게 말하노니 불의의 재물로 친구를 사귀라 그리하면
그 재물이 없어질 때에 그들이 너희를 영주할 처소로 영접하리라.**
예수님은 이제 이 비유의 참 뜻을 말씀하시려고 "내가 너희에게 말하노
니"(ἐγὼ ὑμῖν λέγω)라는 장엄한 언사를 사용하신다. 즉 "불의의 재물로
친구를 사귀라 그리하면 그 재물이 없어질 때에 그들이 너희를 영주할
처소로 영접하리라"고 말씀하신다(11:41; 단 4:27; 마 6:19; 19:21; 딤전
6:17-19). 여기 "불의의 재물"이란 말씀은 '청지기가 불의하게, 옳지 않게
취급한 세상 재물'이란 뜻이다.126) 청지기는 주인의 재물을 자기 마음대로
불의하게 탕감해주었다. 이것이야 말로 불의한 일이다. 예수님의 말씀은
결코 재물 자체가 불의하다는 뜻이 아니다. 우리는 하나님의 재물을 마치
내 것인 것처럼 가난한 사람들을 위해 써야 하는 것이다. 우리는 재물로
어려운 사람들을 많이 구제해야 한다.
　　예수님은 "그리하면 그 재물이 없어질 때에 그들이 너희를 영주할 처소
로 영접하리라"고 말씀하신다. '하나님의 재물을 가지고 가난한 자들을
구제하면 그 재물이 없어질 때에 구제 받은 자들은 우리를 천국으로 영접할

---

126) "불의한 재물"이란 말이 무슨 뜻이냐를 두고 많은 해석이 가해졌다. '불의하게 얻은
재물,' '본질상 불의한 죄가 없이는 얻을 수 없는 재물,' '불확실하고 변하기 쉬운 재물,' '세상
재물은 모두 불의한 재물'이란 여러 견해가 있다. 그러나 이런 견해들은 문맥을 정확하게 살피지
못한 견해들이다.

것이라'는 뜻이다. 우리가 이 땅에서 가난한 자들을 도우면 가난한 자들은
천국에서 우리를 돕는다는 뜻인데 실제로 가난한 자들이 우리를 천국으로
영접하는 것이 아니라 우리가 믿음으로 가난한 자들을 구제한 것을 하나님께
서 아시고 우리를 구원받는 자의 대열에 끼게 하신다는 뜻이다. 우리는
믿음을 가지고 가난한 자들을 도와야 한다. 우리는 행위로 구원을 받는
것이 아니라 믿음으로 구원을 받는데 믿음을 가지고 이웃을 구제해야 한다.

**눅 16:10. 지극히 작은 것에 충성된 자는 큰 것에도 충성되고 지극히 작은
것에 불의한 자는 큰 것에도 불의하니라.**
예수님은 세상 재물을 가지고 친구를 사귀라고 말씀하신(앞 절) 다음 본
절에서는 "지극히 작은 것에 충성된 자는 큰 것에도 충성되고 지극히 작은
것에 불의한 자는 큰 것에도 불의하니라"고 말씀하신다(19:27; 마 25:21).
본문은 당시 유대나라에서 속담으로 사용되었던 말이었을 것이다. 여기
"지극히 작은 것"이란 말은 구체적으로 '세상 재물'을 지칭하고 "충성된
자"란 말은 '구제를 열심히 하는 자'를 지칭하며 또 "큰 것"이란 말은 '재물
이외의 영적인 분야의 일'을 지칭한다. 그리고 "불의한 자"란 말은 '충성되
지 않은 자'를 말하는데 '구제를 열심히 하지 않는 자'를 지칭한다.

**눅 16:11-12. 너희가 만일 불의한 재물에도 충성하지 아니하면 누가 참된
것으로 너희에게 맡기겠느냐 너희가 만일 남의 것에 충성하지 아니하면
누가 너희의 것을 너희에게 주겠느냐.**
예수님은 앞 절(10절)에서 원론적인 말씀을 하셨고 이제 11절과 12절에서는
좀 더 구체적으로 말씀하신다. 예수님은 "너희가 만일 불의한 재물에도
충성하지 아니하면 누가 참된 것으로 너희에게 맡기겠느냐"고 하신다. 즉
예수님은 '우리가 만일 불의한 재물(청지기가 불의하게, 옳지 않게 취급한
세상 재물)에도 충성하지 아니하여 사람을 구제하지 않고 사람을 사랑하지
않는다면 누가 참된 것, 즉 내세에서 영원히 누려야 할 영원한 복을 우리에게

맡기겠느냐'고 하신다. 그리고 예수님은 "너희가 만일 남의 것에 충성하지 아니하면 누가 너희의 것을 너희에게 주겠느냐"고 하신다. 11절 말씀을 반복한 말씀이다. 11절의 "불의한 재물"을 12절에서는 "남의 것"으로 표현 했고 11절의 "참된 것"을 12절에서는 '너희의 것'으로 표현하고 있다. 우리 가 현세에서 하나님의 재물을 가지고 남을 구제하지 않는다면 누가 우리들이 천국에서 받아야 할 영원한 복을 줄 것이냐고 하신다. 우리가 세상에서 가지고 있는 모든 것은 남의 것이다. 결코 내 것이 아니다. 모두 하나님의 것이다. 그런고로 그것을 가지고 고난에 빠진 자들을 구제하고 사랑해야 한다. 그러면 하나님은 우리에게 하나님 나라를 유업으로 주신다. 이 말씀은 우리가 구제하면 천국에 간다는 말씀이 아니다. 우리가 믿음이 있는 사람이 라면 구제와 사랑으로 나타내야 한다는 말씀이다(약 2:14-26).

눅 16:13. 집 하인이 두 주인을 섬길 수 없나니 혹 이를 미워하고 저를 사랑하거나 혹 이를 중히 여기고 저를 경히 여길 것임이니라 너희는 하나님 과 재물을 겸하여 섬길 수 없느니라.
전절까지 사용되었던 청지기란 말이 본 절에 와서는 "집하인"이란 말로 바뀌어 나온다. 예수님은 청지기가 "두 주인을 섬길 수 없다"고 하신다(마 6:24 참조). 즉 '하나님과 재물을 겸하여 섬길 수 없다'고 하신다. 이유는 "혹 이를 미워하고 저를 사랑하거나 혹 이를 중히 여기고 저를 경히 여길 것"이기 때문이라고 하신다. 즉 하나님을 미워하고 재물을 사랑하거나 혹 하나님을 중하게 여기고 재물을 가볍게 여길 것이기 때문이라는 것이다. 우리는 둘을 겸하여 섬길 수 없다. 우리는 하나님을 섬기면서 하나님을 위하여 재물을 사용해야 할 것이다. 재물에 관한한 세상에는 세 종류의 사람들이 있다. 하나는 하나님을 섬기면서 하나님을 위하여 재물을 쓰는 사람, 둘째는 하나님도 섬기고 재물도 하나님처럼 귀하게 섬기는 사람, 셋째는 하나님은 아예 안중에도 없고 재물만 섬기고 재물만 따라가는 사람들 이 있다.

F'.바리새인의 외식을 책망하시다 16:14-18

예수님께서 세상 재물을 가지고 가난한 사람들을 구제하라고 가르치시며 하나님과 재물을 겸하여 섬길 수 없다고 하시는 것을 듣고 바리새인들은 예수님의 말씀이 자기들의 신앙에 맞지 않는다고 비웃었다. 바리새인들은 돈을 좋아하고 탐욕하면서도 겉으로는 스스로 의로운 척 하며 살았다. 결국 예수님은 바리새인들의 위선적인 삶을 경계하신다. 그러면서 예수님은 바리새인들에게 예수님의 복음을 믿어 하나님 나라에 들어오라고 하신다.

눅 16:14. 바리새인들은 돈을 좋아하는 자 들이라 이 모든 것을 듣고 비웃거늘.

누가는 "바리새인들은 돈을 좋아하는 자 들이라"고 정의한다(마 23:14). 겉보기에는 거룩해 보이고 의롭게 보여도 돈을 아주 좋아하는 무리들이었다. 그래서 그들은 예수님께서 하나님과 재물을 겸하여 섬길 수 없다는 말을 들을 때 예수님의 말씀을 비웃었다. 그들 나름대로는 얼마든지 하나님도 섬기고 재물도 섬길 수 있다고 확신했다. 오늘도 돈을 사랑하는 사람들은 하나님과 재물을 겸하여 얼마든지 섬길 수 있다고 믿는다. 재물을 좋아하면서도 하나님을 잘 섬길 수 있다고 생각한다.

눅 16:15. 예수께서 이르시되 너희는 사람 앞에서 스스로 옳다 하는 자들이나 너희 마음을 하나님께서 아시나니 사람 중에 높임을 받는 그것은 하나님 앞에 미움을 받는 것이니라.

예수님은 바리새인들이 예수님의 말씀을 비웃은 사실을 아시고 말씀하시기를 "너희는 사람 앞에서 스스로 옳다 하는 자들이나 너희 마음을 하나님께서 아시나니 사람 중에 높임을 받는 그것은 하나님 앞에 미움을 받는 것이니라"고 말씀하신다(10:29). 바리새인들은 돈을 좋아할 뿐 아니라 다른 죄들도 많이 지어(마 23:13-34) 사실은 더럽기가 한량없었지만 그들은 구약 율법을 번쇄하게(까다롭게) 지켜 "사람 앞에서 스스로 옳다 하는 자들"이었다. 그들은 사람들 앞에서 옳게 보이려고 돈을 좋아하지 않는 것처럼 위장했고 게다가 율법을 요란스럽게 지켰다. 그래서 바리새인들 주변 사람들은 바리새인들이 얼마나 더러운 사람들인 줄 모르고 그들을 거룩한 사람으로 그리고 옳은 사람들로 높여주었다. 성전에 올라갔던 바리새인은 사람 앞에 스스로 의롭다고 했기에 결국은 하나님으로부터 의롭다 하심을 받지 못하고 그냥 성전을 내려가고 말았다(눅 18:11-14).

예수님은 그들을 향하여 "너희 마음을 하나님께서 아시나니 사람 중에 높임을 받는 그것은 하나님 앞에 미움을 받는 것이라"고 가르쳐 주신다(삼상 16:7; 시 7:9). 하나님은 그들이 자신을 숨기고 율법을 지켜서 사람들로부터 높임을 받는다 해도 소용없다고 하신다. 이유는 사람 중에 높임을 받는 것은 하나님으로부터 미움을 받기 때문이라고 하신다. 사람들의 눈을 속여서 사람들로부터 높임을 받고 사람들로부터 칭찬을 받으며 사람들로부터 추앙을 받는다고 해도 하나님으로부터는 미움을 받게 된다는 것이다. 오늘도 혹자들은 온갖 죄를 지으면서도 잘 믿는척하고 또 하나님 말씀대로 사는 척하여 사람들 사이에서 크게 추앙을 받고 높임을 받으나 그 모든 수고가 다 헛되게 된다. 이유는 하나님으로부터 미움을 받기 때문이다. 그런 사람들은 하나님으로부터 현세적인 심판을 받아 각종 어려움에 봉착한다. 부끄러운 일을 당하고 얼굴 뜨끈한 일을 많이 당하게 된다. 우리는 사람 앞에서 스스로 의롭다 하는 평판을 들으려고 할 것이 아니라 예수님을 참으로 믿어 하나님으로부터 옳다 하는 선언을 받아야 한다. 우리는 한번 의롭다 함을 받은 후로도 매일 그 음성을 들으면서 살아야 한다.

눅 16:16. 율법과 선지자는 요한의 때까지요 그 후부터는 하나님 나라의 복음이 전파되어 사람마다 그리로 침입하느니라.
예수님은 바리새인들에게 율법을 지켜 사람 앞에서 의롭다 하는 평판을 얻으려고 노력할 것이 아니라고 하신다. "율법과 선지자는 요한의 때"로 끝났다고 하신다(7:29; 마 4:17; 11:12-13). 율법을 지켜 의롭다 함을 받는 시대는 이제 끝났다고 하신다. 물론 구약 시대의 신앙 인물들도 믿음으로 의롭다 함을 받았다. 히브리서 11장에 보면 구약 시대의 인물들이 많이 나온다. 그들은 믿음으로 의롭다 함을 얻었다. 그러나 바리새인들은 율법으로 의롭다 함을 얻으려 했다. 율법 조문을 지켜서 의롭다 함을 얻으려고 그들은 장로들의 유전을 지켰다(마 15:2; 막 7:5; 골 2:8).

예수님은 이제는 장로들의 유전을 지켜 의롭다 함을 얻고 율법을 번쇄하게 지켜서 의롭다 함을 얻는 시대는 끝났고 새로운 시대가 왔다고 하신다. 이제는 예수님을 믿어서 의롭다 함을 받고 하나님의 나라의 시민이 되어야 한다고 말씀하신다. 즉 "그 후부터는 하나님 나라의 복음이 전파되어 사람마다 그리로 침입하느니라"고 하신다("Since that time the kingdom of God is preached, and every man presseth into it"). '세례 요한 이후로는 하나님 나라가 전파되기 때문에 사람마다 그리로 침입하고 있다'고 하신다. 세리들과 죄인들이 예수님을 믿어 하나님 나라의 시민이 되었고 누구든지 예수님을 믿기만 하면 예수님을 왕으로 모시게 되고 그 나라의 시민이 된다는 것이다. 예수님을 믿어야 의롭다 함을 받는 것이지 율법이나 장로들의 유전을 지켜서 되는 것은 아니다.

본문의 "침입하느니라"(βιάζεται)는 단어는 현재 수동태로 쓰이기도 하고 혹은 중간태로 쓰이기도 하는데 본 절의 경우는 중간태로 쓰였다. 그래서 '모든 사람이 하나님 나라로 스스로 쳐 들어간다'는 뜻이 된다(마 11:12 참조). 예수님은 바리새인들이나 유대종교지도자들도 세리나 죄인들처럼 예수님을 믿어 하나님 나라의 시민이 되어야 한다고 권고하신다. 오늘도 율법을 지켜 구원을 받으려는 사람들이 있는데 예수님을 믿어 천국시민이 되어야 한다.

눅 16:17. 그러나 율법의 한 획이 떨어짐보다 천지가 없어짐이 쉬우리라.
예수님은 바리새인들에게 예수님을 믿어 의롭다 함을 얻고 예수님의 통치를 받는 하나님 나라의 시민이 되라(앞 절)고 하신 다음 신약 시대에 들어와

율법을 안 지켜도 되는 것이 아니라 엄격하게 지켜야 한다고 말씀해 주신다. 즉 "그러나 율법의 한 획이 떨어짐보다 천지가 없어짐이 쉬우리라"고 하신다 (시 102:27; 사 40:8; 51:6; 마 5:17-18; 벧전 1:25). 율법의 한 획까지 다 성취하고 지켜야 한다고 하신다. 율법의 "한 획"이란 말은 히브리 문자의 '한 뿔,' '한 점'을 지칭하는데 한 뿔만 달라져도 문자가 달라지고 또 뜻이 달라진다는 뜻에서 율법의 가장 작은 조항을 뜻한다. 예수님은 신약 시대에도 율법의 한 뿔도 절대로 없어지지 않는다고 하신다. 율법의 효능은 여전하고 또 율법을 온전히 지켜야 한다고 하신다. 예수님께서 율법을 온전히 이루셨고 또 성도들은 예수님으로부터 힘을 얻어 율법을 온전히 이룰 수 있게 된다고 하신다(마 5:17-18). 예수님은 다음 절에 실례를 드신다.

눅 16:18. 무릇 자기 아내를 버리고 다른 데 장가드는 자도 간음함이요 무릇 버림당한 여자에게 장가드는 자도 간음함이니라.

예수님은 예수님을 믿는 신약 교인들이 율법을 안 지켜도 되는 것이 아니라 철저히 지켜야 한다고 말씀하신다. 바리새파 중 힐렐(Hillel)파는 율법을 지킨다고 하면서도 율법을 제대로 지키지 않았다. 예를 들어 부인에게 조그마한 문제(예를 들어 국을 너무 짜게 끓인 경우, 혹은 탄 음식을 남편에게 제공하는 경우 이혼이 가능하다고 했음)만 있어도 이혼할 수 있었는데 예수님은 "무릇 자기 아내를 버리고 다른 데 장가드는 자도 간음함이요 무릇 버림당한 여자에게 장가드는 자도 간음한 것"이라고 하신다(마 5:32; 19:9; 막 10:11; 고전 7:10-11). 그러니까 아내가 간음하지 않았는데도 버리고 다른 여자와 결혼하면 간음하는 것이며 또 버림당한 여자와 결혼해도 간음한 것이라고 규정하신다. 예수님께서 율법을 적용하신 것을 보면 참으로 엄격한 것을 알 수 있다. 우리는 주님으로부터 힘을 얻어 율법을 철저하게 이루는 사람들이 되어야 한다. 결코 무(無)율법자가 되어서는 안 된다.

G'.부자와 나사로 16:19-31

이 부분(19-31절)의 말씀이 실화인가 비유인가? 아브라함이란 이름이 나오고 또 나사로라는 이름이 나오는 것을 보면 실화로 보아야 한다. 혹자들은 본문에 나오는 부자는 헤롯 안디바스를, 나사로는 세례 요한을 뜻한다고 주장하나 그럴만한 증거를 발견하기가 어렵다. 그리고 또 혹자들은 부자는 유대민족을, 나사로는 우리 주 예수 그리스도를, 또 부자는 유대민족을, 가난한 자는 이방민족을 상징한다는 주장도 그럴만한 증거를 찾기가 어렵다.

이 부분의 말씀은 앞에 나온 두 부분(1-13절과 14-18절 말씀)의 말씀과 아주 긴밀한 관련성이 있음을 알 수 있다. 예수님은 "불의의 재물로 친구를 사귀라"(9절)고 하셨는데 불의의 재물로 친구를 사귀지 않다가 지옥에 갔다는 것을 교훈하시기 위해 본문의 말씀을 주셨고 또 "돈을 좋아하는"(14절) 바리새인들에게 돈을 좋아하다가는 지옥으로 간다는 것을 교훈하시기 위해서 본문의 말씀을 주셨다.

이 부분(19-31절)은 누가의 독특한 자료로, 부자와 거지 나사로의 이생(19-22절)과 내세의 형편(23-31절)을 보여주고 있다.

눅 16:19. 한 부자가 있어 자색 옷과 고운 베옷을 입고 날마다 호화롭게 즐기더라.

예수님은 먼저 "부자"의 삶을 말씀하신다. 예수님은 가난한 자의 이름은 나사로라고 밝히셨지만 부자(富者)의 이름은 밝히시지 않으셨다. 아마도 그가 하늘에 가지 못한 사람이니 이름까지 밝힐 필요가 없기 때문이었을 것이다.

부자는 "자색 옷과 고운 베옷을 입고" 살았다. "자색 옷"은 겉옷이었는데 이 부자는 조개에서 추출하는 비싼 자색물감으로 물들인 옷을 입고 살았다. "고운 베옷"은 속옷이었는데 곱게 짠 베옷이기에 아주 비싼 옷이었다. 그리고 그 부자는 "날마다 호화롭게 즐겼다." 다시 말해 호화판으로 잘 먹고 잘 살았다. 그는 자기만 알고 자기만 생각하는 사람이었다.

눅 16:20-21. 그런데 나사로라 이름 하는 한 거지가 헌데 투성이로 그의 대문 앞에 버려진 채 그 부자의 상에서 떨어지는 것으로 배불리려 하매 심지어 개들이 와서 그 헌데를 핥더라.

부자의 삶을 묘사하신(앞 절) 예수님은 이제 가난한 자가 얼마나 고생하며 살았는가를 말씀하신다. 예수님은 거지의 이름을 나사로(요 11:2이하 참조)라고 말씀하신다. 그가 세상에서는 거지로 살았지만 천국에 갔기 때문에 이름을 밝히신 것으로 보인다. 예수님은 "나사로라 이름 하는 한 거지"의 삶을 묘사하시는데 "헌데 투성이로 그의 대문 앞에 버려진 채 그 부자의 상에서 떨어지는 것으로 배불리려 했다"고 말씀하신다. 그의 몸은 헌데(피부가 헐어서 상한 자리) 투성이었는데 부자의 대문 앞에 버려진 채 살았다. 그는 걸어 다니지도 못하는 사람으로 부자의 대문 앞에서 떠나지 못했고(부자의 대문 앞이 바로 그의 거처였다) 음식은 부자의 상에서 떨어지는 부스러기였다. 부자는 자기 집 상에서 떨어지는 음식찌꺼기 이외에는 나사로에게 공급해주지 않았다. 부자의 상에서 떨어지는 부스러기는 나사로만 먹은 것이 아니라 개들도 함께 먹었다. 그런데 그의 고통은 생활고만 아니라 "개들이 와서 그 헌데를 핥았다." 아마도 부잣집 개, 그리고 동네 개들이 와서 그의 헌데를 핥았을 것이다. 그는 개들을 쫓을 능력도 없었다. 혹자는 "개들이 와서 그 헌데를 핥더라"는 말씀은 나사로의 비참함을 말하는 것이 아니라 헌데를 핥아주었으니 개들로부터 위로를 받은 것으로 해석하기도 하나 문맥을 떠난 해석으로 보인다. 그는 세상에서 고생한 사람이었다.

눅 16:22. 이에 그 거지가 죽어 천사들에게 받들려 아브라함의 품에 들어가고 부자도 죽어 장사되매.

거지 나사로의 지상 생명은 끝났다. 그 거지가 죽어 시체는 어떻게 버려졌는지 예수님은 더 이상 묘사하시지 않는다. 다만 그 영혼이 "천사들에게 받들려 아브라함의 품에 들어갔다"고 말씀하신다. "천사들에게 받들렸다"는 말은 '하나님의 심부름꾼들인 천사들(그리스도의 심부름꾼들)에 들려서 갔다'는 말이고 "아브라함의 품에 들어갔다"는 말은 '낙원으로 갔다'는 뜻이다 (마 8:11).

그리고 예수님은 "부자도 죽어 장사되었다"고 하신다. '부자는 죽어서 호화판 장례식을 거쳐 땅에 매장되었다'는 것이다. 부자를 위해서는 "천사들에게 받들려 아브라함의 품에 들어갔다"는 말이 없다. 아마도 지옥의 사자들에게 받들려 지옥으로 간 것은 너무 확실하다(다음 절).

눅 16:23-24. 그가 음부에서 고통 중에 눈을 들어 멀리 아브라함과 그의 품에 있는 나사로를 보고 불러 이르되 아버지 아브라함이여 나를 긍휼히 여기사 나사로를 보내어 그 손가락 끝에 물을 찍어 내 혀를 서늘하게 하소서 내가 이 불꽃 가운데서 괴로워하나이다.
이제부터 부자의 내세의 형편이 진술된다. 첫째, 부자는 "음부"로 갔다. 그는 갈 곳으로 간 것이다. 그의 지상의 삶이 그를 그리로 가게 했다. "음부"(Hades)란 '지옥'을 지칭하는 말이다. 지옥의 삶에 대해서 성경은 고통받는 곳(16:28), 어두운 곳(마 8:12), 불타는 곳(16:24; 마 13:50), 물을 구할 수 없는 곳(16:24), 구더기가 들끓는 더러운 곳(막 9:48), 슬피 우는 곳(마 24:51; 25:30), 따라서 너무 고통이 심하여 계속해서 이를 가는 곳(마 8:12; 13:42; 13:50; 22:13; 24:51; 25:30)이라고 말한다(10:15; 마 11:23; 16:18). 그는 그리스도를 믿는 믿음이 없었고 따라서 남들에게 자비를 베푼 일이 없었다. 둘째, "고통 중에" 살았다. 지옥은 고통 받는 곳이다. 지옥에서 받는 고통은 그 어떤 한 가지 고통을 말하는 것이 아니라 종합적으로 받는 고통을 말한다. 셋째, "눈을 들어 멀리 아브라함과 그의 품에 있는 나사로를 보게" 되었다. 그가 지옥에서 보니 멀리 두 사람을 볼 수 있었다. 하나는 아브라함이었고 또 하나는 나사로였다. 보는 것만으로도 고통이었다. 넷째, "불러 이르되 아버지 아브라함이여 나를 긍휼히 여기사 나사로를 보내어 그 손가락 끝에 물을 찍어 내 혀를 서늘하게 하소서 내가 이 불꽃 가운데서 괴로워하나이다"라고 절규한다(사 66:24; 슥 14:12; 막 9:44). 부자는 아브라함에게 "아버지"라고 부른다. 그는 유대인이었기에 아브라함을 아버지로 불렀다. 그는 세상에 살면서 육신적으로 아브라함의 자손이었기에 당연히 낙원으로 갈 줄로 기대하면서 살았다. 그의 기대는 완전히 빗나가 지옥으로 갔다. 부자는 아브라함에게 "나를 궁휼히 여기사 나사로를 보내어 그 손가락 끝에 물을 찍어 내 혀를 서늘하게 해 달라"고 애원한다. 그는 자기 때문에 누워 지내던 나사로를 또 가볍게 취급한다. 자기의 물심부름을 시켜달라는 것이었다.

눅 16:25-26. 아브라함이 이르되 얘 너는 살았을 때에 좋은 것을 받았고 나사로는 고난을 받았으니 이것을 기억하라 이제 그는 여기서 위로를 받고 너는 괴로움을 받느니라 그뿐 아니라 너희와 우리 사이에 큰 구렁텅이가 놓여 있어 여기서 너희에게 건너가고자 하되 갈 수 없고 거기서 우리에게 건너올 수도 없게 하였느니라.

아브라함은 부자가 나사로의 손가락 끝에 물을 찍어 자신의 혀를 서늘하게 해달라는 요청을 받고 부자에게 대답한다. 두 가지 이유를 들어 전혀 들어줄 수가 없다고 말한다. 첫째, "얘 너는 살았을 때에 좋은 것을 받았고 나사로는 고난을 받았으니 이것을 기억하라 이제 그는 여기서 위로를 받고 너는 괴로움을 받느니라"고 대답한다(6:24; 욥 21:13). 아브라함은 부자에게 "얘," 즉 '아들아'(Son)라고 부드럽게 대답한다. 그러나 아브라함이 말한 거부의 말은 단호했다. '너는 살았을 때에 부하게 살았고 나사로는 고난을 받았으니 나사로는 낙원에서 위로를 받고 너는 괴로움을 받는 것이 아주 당연하다'고 말한다. 아브라함이 부자에게 말한 것 중에서 빼놓은 말이 있는데 그것은 아브라함은 부자가 예수님을 안 믿었기에 그렇게 이기적으로 살았다는 말을 빼놓았고 또 나사로는 세상에서 살면서 예수님을 믿었다는 말을 하지 않은 것뿐이다. 두 사람을 비교할 때 단지 부하게 살았느냐 혹은 가난하게 살았느냐는 것만 말했다. 그리고 아브라함이 "이제 그는 여기서 위로를 받고 너는 괴로움을 받느니라"고 말할 때도 역시 빼놓은 말이 있다.

나사로는 세상에서 가난하게 살았지만 예수님을 믿었다는 말을 하지 않았고 부자는 예수님을 믿지 않았다는 이야기를 빼놓은 것뿐이다. 그저 현재 두 사람의 처지가 바뀌었다는 말만 했다. 아브라함은 두 사람의 처지가 이렇게 바뀐 것은 아주 당연하다고 말한다.

둘째, "너희와 우리 사이에 큰 구렁텅이가 놓여 있어 여기서 너희에게 건너가고자 하되 갈 수 없고 거기서 우리에게 건너올 수도 없게 하였느니라"고 말한다. 낙원과 지옥과는 건널 수 없는 장벽이 있어 왔다 갔다 할 수 없다고 한다. 한번 지옥으로 가면 그냥 지옥에 있어야 하는 것이고, 한번 낙원으로 간 사람은 그냥 낙원에서 지내는 것이지 서로 왕래할 수는 없다고 한다. 천국과 지옥 사이를 왕래할 수 없다는 것은 세상의 많은 책들은 말하지 않고 있다. 모두 이 방면에 대해서 함구하고 있다.

눅 16:27-28. 이르되 그러면 아버지여 구하노니 나사로를 내 아버지의 집에 보내소서 내 형제 다섯이 있으니 그들에게 증언하게 하여 그들로 이 고통 받는 곳에 오지 않게 하소서.

아브라함의 절망적인 대답을 들은 지옥에 있는 부자는 아브라함에게 다른 소원을 말한다. "그러면 아버지여 구하노니 나사로를 내 아버지의 집에 보내소서 내 형제 다섯이 있으니 그들에게 증언하게 하여 그들로 이 고통 받는 곳에 오지 않게 하소서"라고 부탁한다. 부자는 이제 색다른 부탁을 말한다. '낙원과 지옥 사이를 왕래할 수 없다면 나사로를 지상에 있는 자신의 아버지의 집에 보내서 자기의 다섯 형제로 하여금 지옥의 형편을 알게 하여 다섯 형제들로 하여금 이 고통 받는 곳에 오지 않게 해달라고 애원한다. 부자는 지옥에 가서야 지옥의 고통의 무서움을 알고 아브라함에게 나사로에게 심부름을 좀 시켜 달라고 애원하는 것이다. 참으로 늦게 철이 난 것이다. 세상의 대부분의 사람들은 늦게 깨닫고 늦게 준비한다.

눅 16:29. 아브라함이 이르되 그들에게 모세와 선지자들이 있으니 그들에게

들을지니라.

부자의 때늦은 부탁에 아브라함은 부자에게 말하기를 "그들에게 모세와 선지자들이 있으니 그들에게 들을지니라"고 말한다(사 8:20; 34:16; 요 5:39, 45; 행 15:21; 17:11). 세상에 "모세와 선지자들," 즉 '구약 성경'(16 절)이 있으니 구약 성경을 보고 그리스도를 믿어야 한다고 말한다. 다른 것이 더 필요하지 않다고 한다. 아브라함이 이 말을 하는 이유는 부자 자신도 세상에서 성경 말씀을 믿었더라면 지옥에 가지 않았을 것이라는 것이고 또 형제 다섯 명도 역시 성경말씀을 듣고 믿으면 낙원에 간다는 뜻이다. 아브라함도 역시 하나님을 믿고 천국에 간 것이 아닌가. 우리의 구원을 위해서 성경은 충분한 정보를 주고 충분한 지혜를 준다. 성경은 충족한 책이다. 죽었던 나사로가 살아서 갑자기 세상에 가서 부자의 형제 다섯 사람에게 나타난다고 해도 그 다섯 사람은 깜짝 놀라기만 할뿐 실제로 나사로의 이야기를 듣고 그리스도를 믿지 않을 것이다. 누구의 증언보다는 성경의 증언이 최고라는 뜻이다. 우리의 전도용 교과서는 성경뿐이다. 성경은 믿으라는 책이고 이기심을 버리고 바로 살라고 권하는 책이다.

눅 16:30. 이르되 그렇지 아니하니이다 아버지 아브라함이여 만일 죽은 자에게서 그들에게 가는 자가 있으면 회개하리이다.

부자는 아브라함의 이야기를 듣고 말하기를 그렇지 않을 것이라고 주장한다. 자기의 지식이 더 낫다고 주장한다. 그래서 그는 "아버지 아브라함이여 만일 죽은 자에게서 그들에게 가는 자가 있으면 회개하리이다"고 확신한다. 낙원에 있는 나사로가 세상에 있는 다섯 형제에게 가면 분명히 회개할 것이라고 말한다. 윌럼 헨드릭슨(William Hendriksen)은 "이 얼마나 그릇된 말인가. 죽은 자가 실제로 사람들에게 나타난 일이 있었다. 그 이름은 나사로였다(비록 이 비유의 이야기는 나사로는 아지만). 그 이야기는 요 11장에 있다. 그 결과로 모든 사람들이 회개했던가? 결코 그렇지 않았다. 그 결과로 예수의 대적들이 살아난 나사로를 죽이려 했으며(요 12:10) 예수를 없애려고 그 어느 때보다도 더 굳게 결심했다(요 11:47-50)"고 말한다.[127] 성경을 보고 믿지 않는 사람에게 별별스러운 이상한 일이 많이 일어나도 아무런 소용이 없다.

눅 16:31. 이르되 모세와 선지자들에게 듣지 아니하면 비록 죽은 자 가운데서 살아나는 자가 있을지라도 권함을 받지 아니하리라 하였다 하시니라. 아브라함은 29절에서 한 말을 다시 말해준다. 아브라함은 말하기를 "모세와 선지자들에게 듣지 아니하면 비록 죽은 자 가운데서 살아나는 자가 있을지라도 권함을 받지 아니하리라 하였다"고 예수님은 전해주신다(요 12:10-11). "모세와 선지자들," 즉 '구약 성경'에 귀를 기울이지 않고 구약 말씀에 순종하지 않으면 비록 다른 일이 많이 벌어져도 전혀 듣지 않는다는 것이다. 비록 죽은 자 가운데서 살아나서 세상 사람들에게 말해보아도 절대로 권함을 받지 않을 것이라는 뜻이다. 사람은 성경 말씀을 받아드리지 않고 그 말씀을 순종하지 않으면 다른 것으로는 전혀 불가능하다는 뜻이다. 성경이야 말로 우리의 구원에 절대적으로 충족한 책이다. 우리는 신구약 성경을 가지고 전도해야지 누가 천국에 다녀왔다든지 혹은 지옥에 갔다가 왔다고 해서 몰려 들것은 전혀 없다는 것을 알아야 한다. 신비에 속한 것을 좋아하는 사람들이 더 잘 믿을 것 같지만 실제로 그들이 더 잘 믿지 못하는 것을 볼 수 있다. 성경이 최고의 책이다.

---

127) 윌렴 헨드릭슨, *누가복음* (하), pp. 73-74.

제 17 장
성도의 생활과 예수님의 재림

H'.형제들을 죄 짓게 말 것과 형제의 죄를 용서할 것   17:1-4

예수님은 앞(16:19-31)에서 지옥이 고통스러운 곳이고 또 그곳에 한번 들어가면 절대로 탈출할 수 없다는 것을 말씀하신(16:23-24) 다음 이제 이 부분(1-4절)에 와서는 다른 형제들을 죄 짓지 않게 하라고 권면하시고 또 형제가 죄를 회개하면 용서해 주라고 말씀하신다.

눅 17:1. 예수께서 제자들에게 이르시되 실족하게 하는 것이 없을 수는 없으나 그렇게 하게 하는 자에게는 화로다.

예수님은 본 절과 다음 절(2절)에서 형제로 하여금 죄를 짓지 않도록 제자들이 조심해야 한다고 말씀하신다. 예수님 주위로 몰려드는 세리들이나 죄인들을 대할 때 그들을 가볍게 여기고 실족시킬 가능성은 얼마든지 있었다. 그래서 예수님은 제자들에게 세상에서 보잘 것 없는 형제들을 대할 때 그들로 하여금 실족하게 않도록 조심하라고 하신다.

예수님은 본 절에서 두 가지를 말씀하신다. 하나는 "실족하게 하는 것이 없을 수는 없다"고 하신다(마 18:6-7; 막 9:42; 고전 11:19; 딤전 4:1). "실족하게 하는 것"(ta; skavndala)이란 말은 '덫을 놓아 짐승을 잡는 것'을 뜻하는 것으로 다른 이를 실족시켜 멸망의 자리에 이르게 하는 것을 지칭한다. 세상을 살다보면 형제들로 하여금 죄를 짓게 하는 때가 없을 수 없다고 하신다. 사람의 본성이 부패했고 또 사회가 부패했기에 사람을 실족시키는 일이 있을 수 있다는 의미이다. 우리는 우리들 자신만큼은 남을 절대로

실족하게 하지 않을 자신이 있다고 여기는 수가 있다. 그러나 나 자신도
온전하지 못하여 다른 사람들을 실족시킬 수 있다는 것을 알아야 할 것이다.

그리고 또 하나는 "그렇게 하게 하는 자에게는 화"가 있다고 하신다.
남을 죄 짓게 하는 사람에게는 저주가 있을 것이란 뜻이다. 마 23:15에
"화 있을진저 외식하는 서기관들과 바리새인들이여 너희는 교인 한 사람을
얻기 위하여 바다와 육지를 두루 다니다가 생기면 너희보다 배나 더 지옥
자식이 되게 하는도다"라고 하신다. 우리는 다른 형제로 하여금 죄를 짓게
하면 화가 닥쳐올 것을 알아야 한다. 그래서 우리는 많이 선생이 되지 말아야
한다(약 3:1). 죄를 짓게 하는 경우 얼마나 어려움이 올 것인가를 예수님은
다음 절에서 말씀하신다. 무서운 일이다.

**눅 17:2. 그가 이 작은 자 중의 하나를 실족하게 할진대 차라리 연자맷돌이
그 목에 매여 바다에 던져지는 것이 나으리라.**
여기 "그가"라는 말은 '제자들'을 지칭하는 말이다. 제자 한 사람이 "이
작은 자 중의 하나를 실족하게 할진대" 즉 '처음 믿기 시작한 세리들이나
혹은 죄인들 중 하나로 하여금 죄 짓게 한다면' "차라리 연자 맷돌이 그
목에 매여 바다에 던져지는 것이 나으리라"고 말씀하신다. 여기 연자 맷
돌128)은 짐승이 돌리는 맷돌로 집에서 주부들이 돌리는 맷돌에 비하면
세배나 두껍다. 죄를 짓게 한 사람을 그 연자 맷돌 위짝 중간에 뚫린 구멍
속에 목을 넣게 하고 바다에 던진다면 그 사람은 그 큰 맷돌에 끌려 틀림없이
바다 깊은 곳으로 가라앉을 것이다. 그리고 곧 죽을 것이다. 무서운 벌이다.
오늘 전도자들은 연자 맷돌을 생각하면서 목회하는 것이 좋을 것이다. 필자
는 수영을 못하는 사람인고로 바다에 그냥 맨 몸으로 들어가도 빠져 죽을

---

128) 연자 맷돌(Great millstone): 문자적 의미는 '나귀로 끌게 하는 맷돌,' '마소를 부려서
곡식을 찧는 큰 맷돌,' '연자방아'라고도 말한다. 가정에서는 보통 주부가 작은 맷돌로 곡물을
갈거나 빻았다. 가정에서 주부가 사용하는 맷돌에 비하면 그 높이가 세 배는 된다. 마 18:6;
막 9:42의 "연자 맷돌"이라는 표현은 소자를 실족케 하는 죄가 얼마나 무섭고 큰 것인지를
보여 주고 있다.

사람인데 게다가 연자 맷돌을 목에 매달고 바다에 빠뜨리면 100% 가라앉아
허우적거리다가 죽을 것을 알고 자주 연자 맷돌을 생각하면서 목회했다.
교회의 지도자들은 교회의 성도들을 사랑하면서 목회를 해야 할 것이다.

**눅 17:3. 너희는 스스로 조심하라 만일 네 형제가 죄를 범하거든 경고하고
회개하거든 용서하라.**
예수님은 본 절 초두에 "너희는 스스로 조심하라"(προσέχετε ἑαυτοῖς)고
하신다. 그런데 이 문장이 앞(1-2절)의 말씀과 연관되는지, 혹은 3-4절과
연관되는지 혹은 양편(1-2절, 3-4절) 모두에게 연관되는지 확실히 알 수가
없다. 헬라어성경 UBS판이나 TBS판은 2절 마지막과 3절 앞에(그러니까
2절과 3절 중간에) 이 문장을 두었고 이 문장의 앞뒤에 모두 종지부(full
stop)를 찍어 놓았다. 그런고로 이 말씀이 어느 말씀과 연관되어 있는지
분간하기가 어렵다. 다시 말해 예수님께서 무엇을 "조심하라"고 하신 것인
지 분간하기가 어렵다는 것이다. 문맥으로 보아 이 문장은 앞부분(1-2절)과
연관되는 것으로 보인다. 이유는 제자들이 남을 죄짓지 않게 하는 일이
다른 사람들이 죄를 지었을 때 꾸짖는 일보다는 조심성이 더 필요하지
않을까 생각되기 때문이다. 그러나 3-4절도 1-2절과 밀접한 관련이 있을
것을 감안하면 "조심하라"는 말씀이 3-4절에도 관련되는 것이 아닌가 싶다.
우리는 다른 사람들이 죄를 지었을 때 그냥 지나가지 말고 경고해 주는
것에도 조심하는 것이 필요하고 또 회개하는 경우 빨리 용서해주는데도
조심이 필요하다고 보인다.

예수님은 본 절과 다음 절(4절)에서 두 가지를 말씀하신다. 하나는 형제
가 죄를 범하거든 "경고하라"는 것이고(레 19:17; 잠 17:10; 마 18:15,
21; 약 5:19) 또 하나는 회개하거든 무한정 "용서하라"는 것이다. "경고하
라"(레 19:17)는 말씀은 '책망하라' 혹은 '꾸짖어라'는 뜻이다. 다른 형제가
죄를 지었을 경우 우리는 그냥 지나가서는 안 된다. 무엇인가 경고해야
한다. 상대방이 큰 죄를 지었는데도 그냥 묵인하는 것은 사랑이 아니다.

그러나 만일 회개하는 경우 빨리 용서해야 한다. 혹시 회개하지 않아도 마음으로는 용서하고 있어야 하지만 반드시 회개하기를 기다려야 한다. 마음으로는 용서하고 형제같이 대해야 하나 회개하는 때를 기다려야 한다. 예수님은 한편 십자가에 달렸던 강도가 회개할 때 용서하셨다(23:41-42). 예수님께서 우리를 용서하신고로 우리도 회개하는 사람들을 용서해야 한다.

눅 17:4. 만일 하루에 일곱 번이라도 네게 죄를 짓고 일곱 번 네게 돌아와 내가 회개하노라 하거든 너는 용서하라 하시더라.
예수님은 무한정으로 용서하라고 하신다. 하루 안에 "일곱 번이라도 네게 죄를 짓고 일곱 번 네게 돌아와 내가 회개하노라 하거든 너는 용서하라"고 하신다(마 18:21-22). "일곱"이라는 수는 성경에서 만수(滿數)로 사용되었는데(11:26; 시 119:164; 마 8:2; 12:45; 18:22) 무한정으로 우리들에게 죄를 짓고 무한정으로 우리에게 돌아와 회개한다고 말하면 용서해 주라는 것이다. 용서해주는 것이 얼마나 힘이 들고 또 믿음이 필요한지 제자들은 다음 절에서 "우리에게 믿음을 더하소서"라고 예수님에게 요청한다.

    Γ'.믿음과 겸손   17:5-10
    제자들은 예수님께서 믿음이 약한 사람들을 실족시키지 말고(1-2절) 또 믿음이 약한 사람들이 죄를 지었을 때 경고하고 또 회개할 때 무한정으로 용서하라(3-4절)고 말씀하셨을 때 그렇게 하기는 도저히 불가능하다고 느껴 그렇게 행할 수 있는 믿음을 구한다. 예수님은 제자들의 요청을 받고 두 가지를 말씀하신다. 하나는 믿음이 겨자씨만한 정도만 있어도 실천 가능하고(6절) 또 겸손하게 되면 실천 가능하다고 말씀하신다(7-10절).

눅 17:5. 사도들이 주께 여짜오되 우리에게 믿음을 더하소서 하니.
제자들은 예수님께서 믿음이 약한 사람들을 실족시키지 말라 하시고(1-2절) 또 제자들에게 죄를 짓는 사람을 꾸짖으라고 하시며 또 회개하면 즉시

용서하라고 말씀하시는 것을 들어보니 도무지 실천할 수 없음을 직감하고
예수님에게 "우리에게 믿음을 더하소서"라고 요청(기도)한다. 오늘도 무엇
을 감당하기 위하여 "믿음을 더하소서"라고 기도하는 성도들은 벌써 무엇을
실천할 수 있는 믿음을 받았음을 알아야 한다. 겨자씨 한 알만한 믿음이
있으면 실천 가능하다고 예수님은 다음 절에서 말씀하신다.

**눅 17:6. 주께서 이르시되 너희에게 겨자씨 한 알만한 믿음이 있었더라면
이 뽕나무더러 뿌리가 뽑혀 바다에 심기어라 하였을 것이요 그것이 너희에게
순종하였으리라.**

예수님은 제자들의 요청(앞 절)을 받고 "너희에게 겨자씨 한 알만한 믿음이
있었더라면" 못할 것이 없다고 하신다(마 17:20; 21:21; 막 9:23; 11:23).
여기 "겨자씨"는 생명력이 있는 작은 씨이다. 씨 중에서 겨자씨보다 더
작은 씨는 없을 정도이다. 우리의 콧김에도 쉽게 날아가는 아주 작은 씨이다.
이렇게 작은 씨라 할지라도 생명력이 있어 그 씨가 땅에 심기면 싹이 나고
자라서 커다란 나무가 된다(마 17:20).

그런데 예수님은 제자들에게 겨자씨가 싹이 나고 자라기 전 아직 겨자씨
한 알만한 "믿음이 있었더라면 이 뽕나무더러 뿌리가 뽑혀 바다에 심기어라
하였을 것이요 그것이 너희에게 순종하였으리라"고 말씀하신다. 세상에서
가장 힘든 일 중의 하나가 바로 뽕나무 뿌리를 뽑는 것이라고 하는데 제자들
에게 겨자씨만한 믿음만 있으면 세상에서 못할 일이 없다고 하신다. 사람들
이 나에게 죄를 지었을 때 그 사람을 경고하는 일, 그 사람이 회개했을
때 무한정으로 용서하는 일도 얼마든지 가능하다고 하신다. 겨자씨만한
믿음이 없는 사람들에게는 그런 일들이 어렵지만 겨자씨만한 생명력이 있는
믿음만 있다면 그 믿음을 가지고 하나님께 기도하여 엄청난 일을 이룰
수 있는 것이다. 예수님은 마 17:20에서 "만일 너희에게 믿음이 겨자씨
한 알만큼만 있어도 이 산을 명하여 여기서 저기로 옮겨지라 하면 옮겨
질 것이요 또 너희가 못할 것이 없으리라"고 하신다. 우리는 무엇이라도

할 수 있는 믿음을 가졌지만 기도하지 않으니 무슨 일을 이루지 못한다.

눅 17:7. 너희 중 누구에게 밭을 갈거나 양을 치거나 하는 종이 있어 밭에서 돌아오면 그더러 곧 와 앉아서 먹으라 말할 자가 있느냐.

예수님은 제자들에게 본 절부터 10절까지 겸손할 것을 주무하신다. 겸손할 때 믿음을 유지할 수가 있기 때문이다. 겸손하지 않으면 믿음을 잃어서 예수님께서 하라고 하시는 일을 할 수 없게 된다. 오늘 우리도 겸손을 잃으면 믿음을 잃는 것을 경험한다.

예수님은 겸손할 것을 가르치시면서 "너희 중 누구에게 밭을 갈거나 양을 치거나 하는 종"에 관한 비유를 들으신다. 제자들이 모두 "종"(δοῦλος) 즉 '노예'를 가지고 있는 것이 아니라 "너희 중 누구"(Τις ἐξ ὑμῶν)가 노예를 가지고 있다고 하시면서 비유를 말씀하신다. 그러니까 또 어떤 다른 제자들은 노예 말고 보통 종을 가지고 있었을 것이다.

예수님은 그 노예가 "밭에서 돌아오면 그더러 곧 와 앉아서 먹으라 말할 자가 있느냐"고 반문하신다(12:37). 없다는 뜻으로 이 질문을 하신다. 당시에 흔한 일이었다. 노예는 더 일을 해야 한다는 것을 다음 절에 말씀하신다. 노예는 시종일관 노예여야 한다.

눅 17:8-9. 도리어 그더러 내 먹을 것을 준비하고 띠를 띠고 내가 먹고 마시는 동안에 수종들고 너는 그 후에 먹고 마시라 하지 않겠느냐 명한 대로 하였다고 종에게 감사하겠느냐.

예수님은 일터에서 돌아온 노예가 집안에서 무슨 대접을 받는 것이 아니라고 하신다. 역시 집안에서도 일을 해야 한다고 말씀하신다. 첫째로 "도리어 그더러 내 먹을 것을 준비하라" 하지 않겠느냐고 하신다. 그리고 둘째로, 그 노예에게 "띠를 띠고 내가 먹고 마시는 동안에 수종들고 너는 그 후에 먹고 마시라 하지 않겠느냐"고 말씀하신다. 당시 사회가 노예들에게 철저하게 종노릇만 강요했다는 것을 말씀하신다. 셋째로, "명한 대로 하였다고 종에게 감사하겠느냐"고 말씀하신다. 당시 사회는 노예의 수고에 감사하지 않는 사회였다고 말씀하신다. 노예는 노예노릇만 해야 했던 사회였다. 오늘 우리도 피조물로서 그리스도 앞에서 공로의식을 가져서는 안 된다. 우리가 잘 했기에 무엇을 얻으려는 생각을 버리고 우리는 우리가 해야 할 일을 하고 하나님은 우리에게 선물로 무엇을 주실 뿐이다.

눅 17:10. 이와 같이 너희도 명령 받은 것을 다 행한 후에 이르기를 우리는 무익한 종이라 우리의 하여야 할 일을 한 것뿐이라 할지니라.
예수님은 밭에서 일하며 양치기를 하는 노예의 비유를 들으신 다음 당시 노예들이 취했던 자세를 제자들에게 적용하신다. "이와 같이" 즉 '밭을 갈거나 양을 치거나 하는 종이 집안으로 들어와서도 대접을 받지 못하고 그저 시종일관 종노릇만 하는 것 같이' "너희도 명령 받은 것을 다 행한 후에 이르기를 우리는 무익한 종이라 우리의 하여야 할 일을 한 것뿐이라 하라"고 하신다. 예수님의 제자들도 역시 자신들을 파송한 주인으로부터 명령 받은 것을 다 수행한 후에 말하기를 "우리는 무익한 종이라 우리의 하여야 할 일을 한 것뿐이라"고 말해야 한다고 하신다. 명령 받은 것을 다 수행한 때라 할지라도 "우리는 무익한 종이라"는 의식을 가지라는 것이다(욥 22:3; 35:7; 시 16:2; 마 25:30; 롬 3:12; 11:35; 고전 9:16-17; 몬 1:11). 그 이유는 "우리의 하여야 할 일을 한 것뿐이기" 때문이다. 종이 해야 할 일을 한 것뿐이지 그 이상은 아니라고 하신다. 사명을 감당했으면서도 여전히 우리는 무익한 종이라고 알 때 그 믿음이 식어지지 않게 된다. 마음을 높이면 믿음이 식어진다. 오늘 우리는 자신을 너무 내세우는 세상에서 살고 있다. 자신을 알아 달라고 아우성치는 세대에 살고 있다. 우리는 그리스도 앞에서 무익한 종이라는 의식을 가지고 살아야 할 것이다.

J'.열 명의 나병환자를 고치시다 17:11-19

예수님은 생명력 있는 믿음을 가지고 형제로 하여금 실족하지 않도록 대하고 또 회개하는 형제를 용서하라고 가르치신(1-10절) 다음 사마리아와 갈릴리 사이를 지나시면서 나병환자 10명을 고치신다(11-19절).

그런데 이 부분(11-19절)에서 우리는 예수님께서 예루살렘으로 올라가신다는 표현을 보고 어리둥절할 수가 있다. 예수님은 이미 두 번 예루살렘으로 올라가신 것 아닌가(9:51; 13:22). 그렇다면 예수님은 예루살렘으로 한참 올라가셨다가 다시 내려 오셔서 또 올라가시고 또 내려오셨다가 올라가신 것인가 하고 의아해 알 것이다. 그러나 사실은 이런 표현들은 병행문체이다 (윌렴 헨드릭슨).129)

눅 17:11. 예수께서 예루살렘으로 가실 때에 사마리아와 갈릴리 사이로 지나가시다가.

누가가 예수님께서 "예루살렘으로 가실 때에"라고 말한 것은 이미 올라가셨던 예수님께서(9:51; 13:22) 내려 오셨다가 다시 올라가신 것을 뜻하는 것이 아니라 베레아 전도의 내용이 중요한고로 그 사건들을 기술하기 위하기 위하여 이렇게 중복 기록한 것으로 보아야 한다. 누가는 예수님께서 "사마리아와 갈릴리 사이로 지나가시다가" 발생한 사건을 기록하기 위하여 이미 떠나셨던 곳으로 다시 내려오신 것처럼 기록한 것이다. 예수님은 사마리아와 갈릴리 사이 즉 접경 지방을 따라 올라가고 계셨다는 뜻이다(9:51-52; 요 4:4). 이런 문체를 병행문체라고 일컫는다.

---

129) 누가가 사용한 병행 문체란 예를 들자면 창세기 2장은 창 1장에서 처음으로 언급한 창조기사로 다시 화제의 방향을 되돌려 그것을 부연 설명하는 식의 문체를 말한다. 왕상 7:16-20은 3-15절에 기록된 사건을 독자들에게 상기 시켜주고 있는 것과 같고, 다니엘서 7장의 네 개의 '짐승들'은 2장에서 묘사된 왕의 꿈에 나타난 형상의 부분들과 일치하고 있는 것과 같으며, 막 6:17-29가 14-16절의 내용을 반복하는 것과 같다(윌렴 헨드릭슨). 윌렴 헨드릭슨은 "우리는 누가가 자신의 출발점(9:51)을 결정한 것과 두 번씩(13:22; 17:11) 그곳으로 방향을 전환하였다는 사실이 아주 적당한 것이었음을 깨닫게 된다. 우리는 누가복음서 기자가 그리스도의 지상의 생애에서 있었던 발생한 사건들을 전달하거나 그분의 말씀을 보도할 때 정확한 시간과 장소에 관한 모든 관련 구절들(9:57; 10:25, 38; 11:1, 14, 29, 37; 12:22, 54; 13:20; 14:1, 25 등)을 제외했음을 알 수 있다...누가에게 있어서 주제의 연속성은 종종 연대적, 혹은 지리적 연속성보다도 더욱더 중요했던 것이다"고 말한다(누가복음 -중- p. 255-56).

눅 17:12. 한 마을에 들어가시니 나병환자 열 명이 예수를 만나 멀리 서서.
예수님은 사마리아와 갈릴리의 접경 지방의 "한 한 마을에 들어가셨다."
예수님께서 사마리아의 접경 지방을 통과하고 계셨기에 나병환자 중에
사마리아 사람이 섞여있었다(16절). 그들이 서로 함께 했던 이유는 병 때문
이었다. 그들은 민족이나 국경이 중요하지 않았다. 병 때문에 서로 친구가
된 것이다. "나병환자 10명이 예수를 만나 멀리 서서" 외쳤다. 그들은
율법의 교훈(레 13:45-46; 민 5:2-4; 12:14-15; 왕하 7:3)을 따라서 멀리
서서 외쳤다. 사람들에게 가까이 가지 못했던 이유는 나병의 전염을 막기
위함이었다. 나병환자는 옷을 찢고 머리를 밀고 손으로 입술을 가리고
자기가 부정하다고 외치며 정상인들에게 가까이 다가가지 못했다. 참으로
불행한 사람들이었다.

**눅 17:13. 소리를 높여 이르되 예수 선생님이여 우리를 불쌍히 여기소서
하거늘.**
나병환자 10명은 소리를 높여 외치기를 "예수 선생님이여 우리를 불쌍히
여기소서"라고 했다. 그들은 예수님을 "선생님"이라고만 알았다. 아직 그들
은 예수님이 구주인 줄은 몰랐다. 그러나 그들은 예수님에 대한 소문을
들어 예수님이 자기들의 나병을 고치실 수 있는 분으로 믿었다. 그들은
아직 예수님을 공식적으로 주님으로 고백하지는 않았지만 예수님께서 자기
들의 병을 고치실 수 있는 분으로 알았다. 그것은 성령님의 역사였다. 성령님
이 오순절에 임하기 전에 벌써 역사하고 계셨다. 그래서 그들은 "우리를
불쌍히 여기소서"(ejlevhson hJma''')라고 외친다. "불쌍히 여기소서"(ej-
levhson)란 말은 부정(단순)과거 명령형으로 '참으로 불쌍히 여기소서'라는
뜻이다. 여기서 누가가 부정(단순)과거로 쓴 것은 동사의 뜻을 강조하기
위함이었다. 그들은 예수님에게 자기들의 형편을 잘 아시고 불쌍히 여겨달
라고 부르짖는다. 우리 역시 오늘 우리가 나병환자보다 나을 것이 없는
부정한 사람들임을 알고 이 기도를 드려야 할 것이다.

눅 17:14. 보시고 이르시되 가서 제사장들에게 너희 몸을 보이라 하셨더니 그들이 가다가 깨끗함을 받은지라.

부르짖는 나병환자들의 몸을 보시고 예수님은 말씀하시기를 "가서 제사장들에게 너희 몸을 보이라 하셨다"(5:14; 레 13:2, 49; 14:2; 마 8:4). 예수님은 그들을 가까이 오라하여 기도해 주시지도 않고 또는 그들에게 안수하시지도 않고 '제사장들에게 가서 너희 몸을 보이라'고 하신다. 여기 "너희 몸을 보이라"는 말씀은 '예수님의 명령에 순종하여 제사장들에게 가는 도중에 나병이 치유될 터이니 가서 진찰을 받으라'는 명령이다. 예수님은 여러 가지 방법으로 병을 고치신다. 예수님은 나병환자들을 말씀으로 고치신다.

예수님의 명령을 받고 나병환자들은 "가다가 깨끗함을 받았다." 그들은 예수님의 명령을 받고 몸을 돌이키는 순간 병 치유를 받았다. 그런데 그들은 가는 도중에 병이 나은 것을 깨달았다. 예수님의 치유는 시간을 잡지 않는다. 즉시 낫는다. 나병환자들은 즉시 나은 것을 깨닫지 못하고 가는 도중에 나은 것을 깨달았다. 그들은 이제 깨끗함을 받았다. 그들은 새 세상을 만난 것이다. 이제는 정상인으로 살게 되었다. 그들은 이제 정상적인 가정생활, 정상적인 직업생활, 정상적인 사회생활을 하게 되었다. 그들에게 한 가지 남은 일은 그리스도 앞에 나아와서 감사하고 그리스도를 전하는 일만 남았다. 그런데 그 일을 한 사람만 하게 되었으니 안타까운 일이다.

눅 17:15. 그 중의 한 사람이 자기가 나은 것을 보고 큰 소리로 하나님께 영광을 돌리며 돌아와.

제사장들이 사역하고 있는 곳을 향해 나병환자들은 길을 가다가 깨끗이 나은 것을 확인했다. 그 10사람 "중의 한 사람이 자기가 나은 것을 보고 큰 소리로 하나님께 영광을 돌리며 돌아왔다." 10사람 다 돌아와야 했다. 돌아올 수 있는 거리였던 것을 예수님의 말씀에서 짐작할 수가 있다(17-18절). 사실 예수님께 와서 감사한 후 제사장들에게 갈 수도 있지 않았을까? 그러나 10사람 중의 오직 1 사람만 자기가 나은 것을 보고 돌이켜 큰 소리로 하나님께 감사하면서 돌아왔다. 우리는 하나님께 영광을 돌리며 살아야 한다. 그것이 우리의 목적이 되어야 한다.

눅 17:16. 예수의 발아래에 엎드리어 감사하니 그는 사마리아 사람이라.
하나님께 감사하면서 돌아온 사마리아 사람은 "예수의 발아래에 엎드리어 감사했다." 그는 예수님의 발아래에 엎드리어(왕하 5:15 참조) 감사가 넘치는 마음으로 겸손한 마음으로 진심어린 마음으로 감사했다. 그는 그 감사를 한 다음 예수님을 선전하면서 살았다. 그래서 다른 사람들로 하여금 예수님을 구주로 믿게 했으며 또 은혜를 받게 했다. 한 사람의 감사는 멀리 퍼져나간다. 본서의 저자 누가는 감사하러 돌아온 사람이 "사마리아인이라"[130]는 것을 부각시킨다. 믿음의 세계는 민족차별도 없고 국가 차별도 없다. 아무런 차별도 두지 않는다.

눅 17:17. 예수께서 대답하여 이르시되 열 사람이 다 깨끗함을 받지 아니하였느냐 그 아홉은 어디 있느냐.
예수님은 영광을 돌리러 돌아온 사마리아 사람이 예수님의 발아래 엎드려 감사하는 것을 보시고 말씀하시기를 "열 사람이 다 깨끗함을 받지 아니하였

---

130) 사마리아인: Samaritans. 기원 전 721년 앗수르왕 사르곤 2세(Sargon 2)에 의한 사마리아 점령 후, 각지에서 이민족을 이주시키고, 그들이 잔존 이스라엘과 혼혈하여 생겨난 사람에 대한 호칭이다(왕하 17:24-40). 그러나 이스라엘적인 요소가 우세하여, 이 혼합 종교 중에도 여호와(야웨)예배의 변형으로서의 특질을 가지고 있었다. 사마리아는 오므리 왕조(북 왕국이스라엘)의 시대부터, 이교적 영향이 강했고, 특히 그 아들 아합 왕 시대의 바알 예배 장려는 남부 유다와의 종교적 이질성을 더하게 했다. 특히 기원 전 721년 앗수르에 의해 북 왕국이 멸망된 후, 여기에 외국인이 식민 이주되어, 종교생활, 사회생활은 현저히 이교화 되고, 다시 기원 전 4세기말에는 마게도냐의 알렉산드로스 대왕에 의해 마게도냐인의 이주도 있어서, 포로 귀환 후의 신앙의 순수성을 주장하고, 수호하려는 예루살렘중심의 유대인과 세차게 대립하게 되었다. 유대인은 이교화 된 사마리아인을 멸시하고, 예루살렘성전에 들이지도 않았기 때문에, 사마리아인은 대항적으로 그리심 산에 성전을 세우고 사마리아역 성경(五書)을 편집했다. 이 반목은 후대까지 계속되어, 유대인은 유다와 갈릴리를 왕복할 때, 사마리아를 통과하는 것마저도 피하여, 일부러 요단강 동안(東岸)의 베레아(Peraea-요단 저편, 마 19:1기타)를 우회(迂回)할 정도였다. 그러나 예수님은 사마리아의 수가성 부인에게 전도하시고(요 4:1-26), '선한 사마리아인'의 비유까지 들어(눅 10:30-35) 이 반목을 극복하셨다.

느냐 그 아홉은 어디 있느냐'고 물으신다. 예수님은 열 사람이 다 나병으로
부터 깨끗함을 받은 사실을 알고 계셨다. 예수님은 한 사람도 빠뜨리지
않고 치유하셨다. "우리를 불쌍히 여기소서"라고 부르짖는 사람에게 예수님
은 빠짐없이 은혜를 베푸셨다. 지금도 그리스도 앞으로 나아와 은혜를 간구
하는 사람에게 빠짐없이 은혜를 베푸신다.

예수님은 감사하러 오지 않은 9사람 때문에 많이 섭섭해 하셨다. 예수님
은 "그 아홉은 어디 있느냐"고 정확하게 숫자까지도 대신다. 어디 있는지
모르서서 이렇게 말씀하신 것은 아니었다. 어디 있는지 그리고 지금 무슨
일을 하고 있는지 다 아셨지만 감사하고 영광을 돌리지 않는 사람은 마땅히
있어야 할 곳에 있지 않은 것이라고 말씀하신다. 그 아홉이 어디 있든지
그 아홉이 감사하는 자리에 있지 않으면 잘 못된 곳에 있는 것이다. 감사하는
삶이 아니면 무의미한 삶이다.

눅 17:18. 이 이방인 외에는 하나님께 영광을 돌리러 돌아온 자가 없느냐
하시고.

예수님은 "아홉은 어디 있느냐"고 하시고는 "이 이방인 외에는 하나님께
영광을 돌리러 돌아온 자가 없느냐"고 하신다. 누가는 "사마리아 사람"이라
고 했고 예수님은 "이방인"이라고 말씀하신다. 예수님은 민족을 말씀하지
않으시고 유대인 아닌 이방인이라고 하신다. 유대인을 능가하는 이방인이라
는 뜻이다. 예수님은 치유 받은 9사람의 유대인으로부터 큰 상처를 받으시고
또 배신을 느끼셨다. 누구라도 그리스도를 통하여 하나님의 은혜를 받고
하나님께 영광을 돌리지 않는다면 예수님에게 큰 상처를 드리는 것이며
예수님을 배반하는 것이다. 오늘 우리는 그리스도를 통하여 하나님의 엄청
난 사랑을 받았다. 우리는 그리스도의 십자가의 피로 말미암아 하나님의
엄청난 은혜를 받았으니 하나님 앞에 큰 감사를 드려야 한다.

눅 17:19. 그에게 이르시되 일어나 가라 네 믿음이 너를 구원하였느니라

하시더라.

예수님은 사마리아 사람에게 말씀하시기를 "일어나 가라 네 믿음이 너를 구원하였느니라"고 하신다(7:50; 8:48; 18:42; 마 9:22; 막 5:34; 10:52). 예수님은 사마리아 사람에게 "일어나라"고 하신다. 감사하는 자리에서 일어나라는 뜻이다. 그는 예수님에게로 오면서도 계속해서 하나님께 감사했다. 그리고 예수님의 발 앞에 엎드려 계속해서 감사했다. 이제는 일어나라고 하신다. 그리고 예수님은 "가라"고 하신다. 가기를 원하는 곳으로 가라고 하신다. 이제는 자유롭게 다닐 수 있는 사람이 되었으니 가라고 하신다. 제사장에게 가서 몸을 보이고 진찰을 받으러 갈수도 있고 혹은 집으로 갈수도 있었다.

예수님은 "네 믿음이 너를 구원하였다"고 하신다. 사마리아 사람이 감사하는 것까지를 포함하여 예수님은 "네 믿음"이라고 말씀하신다. 감사가 빠진 믿음은 온전한 믿음이 아니다. 예수님은 감사를 포함한 믿음이 "너를 구원하였다"고 하신다. 감사가 없는 9사람의 나병환자는 육신만 구원을 받았을 뿐이고 여기 사마리아 사람의 믿음은 감사까지 포함하였기에 참 믿음으로서 영혼의 구원을 받은 것으로 보아야 할 것이다. 혹자는 여기 사마리아 사람이 구원을 받은 것을 두고 영혼 구원이라고 확증하기는 어렵다고 했으나 9사람이 받은 구원을 육신의 구원이라고 할진대 사마리아 사람이 받은 구원은 영육의 구원이라고 말해야 할 것이다(알포드, 존 라일, 겔덴휘스, 발톤 브루스, 박윤선, 이순한). 사마리아 사람은 전인 구원을 받은 것이다(7:50; 8:48; 18:42). 마 9:22; 막 5:34; 10:52 참조. 우리는 그리스도를 통하여 하나님의 은혜를 받은 다음 감사하는 일을 빼놓아서는 안 된다.

K'.하나님 나라의 도래 17:20-37

누가는 사마리아 사람이 나병으로부터 구원받고 예수 그리스도 앞에 나아와 그 발 앞에 엎드려 감사한 것(15-19절)을 기록한 다음 사마리아 사람에게서 일어난 역사는 사람의 마음이 일으킨 역사가 아니라 하나님께서 일으키신 역사라는 것을 알고 이제 하나님의 통치 혹은 하나님의 나라에 관하여 말한다. 누가는 하나님의 나라에 관하여 말하면서 먼저 지금 현실에 임하는 하나님의 나라(20-21절)에 관해 말하고 다음으로 앞으로 임할 하나님의 나라에 관해 논증한다(22-37절).

1.지금 임하는 하나님 나라 17:20-21
하나님의 나라가 언제 임하느냐는 바리새인들의 질문에 대해 예수님은 벌써 하나님의 나라가 임했다고 하신다. 하나님의 나라가 너희 안에 임하였다고 가르치신다.

눅 17:20a. 바리새인들이 하나님의 나라가 어느 때에 임하나이까 묻거늘. 누가는 "바리새인들이 하나님의 나라가 어느 때에 임하나이까"라고 물었다고 말한다. 바리새인들은 하나님의 나라(ἡ βασιλεία τοῦ θεοῦ)가 어느 때에 임하는가에 대해서 아주 민감했다. 유대 나라가 로마에 의해서 강압통치를 받는 입장에서 옛날 다윗 왕과 같은 이상적인 메시아가 언제 나타나서 유대 나라를 로마로부터 독립시킬 것인지에 대해서 바리새인들은 대단히 알고 싶어했다. 그들은 하나님의 나라가 눈으로 볼 수 있게(관찰할 수 있게) 임하는 것으로 기대했다. 옛날 다윗 왕국이 눈에 보이게 임한 것처럼 지금도 그 언제인가 하나님의 나라가 눈에 보이게 임할 것을 기대했기 때문에 어느 때에 임할지를 물었다. 바리새인들은 당시 예수님을 우습게 여기고 있었지만 그들은 지푸라기라도 잡으로는 심정으로 예수님에게라도 하나님의 나라가 어느 때에 임할 것인지에 대해 묻는다. 그들은 너무 다급하여 예수님에게 이 질문을 한 것이다.

눅 17:20b-21. 예수께서 대답하여 이르시되 하나님의 나라는 볼 수 있게 임하는 것이 아니요 또 여기 있다 저기 있다고도 못하리니 하나님의 나라는 너희 안에 있느니라.

바리새인들이 하나님의 나라가 어느 때에 임하느냐고 질문했을 때 예수님은 두 가지를 말씀하신다. 하나는 "하나님의 나라는 볼 수 있게 임하는 것이 아니라"고 하신다. '하나님의 나라 곧 하나님의 통치는 우리의 눈으로 볼 수 있게 임하는 것이 아니라'고 하신다. 바리새인들은 하나님의 나라가 지상에 임할 때는 눈으로 볼 수 있게 임하는 것인 줄 기대했는데 예수님은 하나님의 통치는 우리의 육안으로 볼 수 있게 임하는 것이 아니라고 하신다.

또 하나는 "또 여기 있다 저기 있다고도 못하리니 하나님의 나라는 너희 안에 있느니라"고 하신다(23절). 20절 하반 절에서 하나님의 나라(ἡ βασιλεία τοῦ θεοῦ)'가 볼 수 있게 임하는 것이 아니라고 했는데 본 절(21절)에서도 하나님의 나라는 여기 있다든지 혹은 저기 있다든지 말하지 못한다고 하신다. 이유(γὰρ)는 하나님의 통치, 하나님의 왕권은 "너희 안에 있기"(ἐντὸς ὑμῶν ἐστιν) 때문이라고 하신다(롬 14:17). 예수님은 하나님의 나라(통치)가 이미 영적으로 임했다는 것을 누누이 말씀하신다. 1) "하나님의 나라는 너희 안에 있느니라"(ἰδοὺ γὰρ ἡ βασιλεία τοῦ θεοῦ ἐντὸς ὑμῶν ἐστιν)는 문장 앞에 "보라"(ἰδοὺ)라는 낱말이 있는 것을 보면 하나님의 나라가 실제로 예수님의 때에 영적으로 와 있음을 알리신다. 2) 하나님의 나라가 이미 "너희 안에 있다"(ἐντὸς ὑμῶν ἐστιν)는 문장의 "있다"(ἐστιν)는 동사가 현재 직설법 동사인 것을 보면 하나님의 나라가 영적으로 이미 와 있다는 것을 뜻한다.

그렇다면 "너희 안에 있다"(ἐντὸς ὑμῶν ἐστιν)는 말은 무슨 뜻인가. 이 말씀에 대한 해석은 크게 두 가지로 갈린다. 첫째, '너희 마음속에'라는 해석(KJV, KJVS, NKJV, NIV, ASV, Godet, Ellicott). 이 해석에 의하면 하나님의 나라는 사람의 마음속에 있다는 것이다. 이 해석을 뒷받침해 주는 성경 구절은 요 3:3("예수께서 대답하여 이르시되 진실로 진실로 네게 이르노니 사람이 거듭나지 아니하면 하나님의 나라를 볼 수 없느니라")과 롬 14:17("하나님의 나라는 먹는 것과 마시는 것이 아니요 오직 성령 안에 있는 의와 평강과 희락이라")이다. 그러나 이 해석의 결정적인 약점은 율법

주의자들이었던 바리새인들의 마음속에 하나님의 나라가 임했다는 것은 상상하기 어렵다. 그러나 만일 "너희 안에"(ἐντὸς ὑμῶν)라는 말을 바리새인들의 마음속이 아니고 예수님께서 말씀하실 때에 주위에 서 있었던 제자들의 마음속으로 보면 '너희 마음속에'라는 해석이 바른 것으로 보아야 할 것이다.

둘째, '너희들 가운데'라는 해석(RSV, NASB, NRSV, NLT, DBY, BBE, NIV margin(among you), Meyer, Bengel, Alford, W. G. Kummel, A. Sledd, K. H. Rengstorf, John Ryle, Zahn, Farrar, Plummer, Trench, Vincent, Bruce, Liefeld, 박윤선, 이상근). 즉 그리스도와 제자들의 복음 전도를 통해 하나님의 나라(통치)가 땅에 이루어지고 있다는 것이다. 이 견해를 뒷받침해 주는 성경구절은 11:20("내-예수-가 만일 하나님의 손을 힘입어 귀신을 쫓아낸다면 하나님의 나라가 이미 너희에게 임하였느니라")과 18:16-17, 또 요 1:26("요한-세례 요한-이 대답하되 나는 물로 세례를 베풀거니와 너희 가운데 너희가 알지 못하는 한 사람이 섰으니")이다. 이 둘째 해석이 바른 해석으로 보인다. 하나님의 나라는 지금도 복음전도를 통해 이루어진다.

2.앞으로 임하는 하나님 나라 17:22-37

예수님은 앞부분(20-21절)에서 바리새인들의 질문에 답하시면서 하나님의 나라가 벌써 현재적으로 임했다고 말씀하시고 이제는 제자들에게 미래에 주님께서 재림하실 일과 또 재림 후에 이루어질 하나님의 나라에 대해 말씀하신다. 예수님은 그의 재림 때에 있을 징조들을 주로 말씀하신다.

눅 17:22. 또 제자들에게 이르시되 때가 이르리니 너희가 인자의 날 하루를 보고자 하되 보지 못하리라(Εἶπεν δὲ πρὸς τοὺς μαθητάς, Ἐλεύσονται ἡμέραι ὅτε ἐπιθυμήσετε μίαν τῶν ἡμερῶν τοῦ υἱοῦ τοῦ ἀνθρώπου ἰδεῖν καὶ οὐκ ὄψεσθε).

누가는 예수님께서 바리새인들의 질문에 답하신(20-21절) 다음 본 절부터

25절까지 제자들에게(12:22; 16:1 참조) 말씀하신 것을 기록한다. 예수님은 본 절에서 제자들에게 "때가 이르리니 너희가 인자의 날 하루를 보고자 하되 보지 못하리라"고 말씀하신다(마 9:15; 요 17:12 참조). 예수님은 본 절에서 두 가지를 말씀하신다. 하나는 "때가 이른다"고 하신다. 여기 "때"(ἡμέραι)란 '날들'을 지칭한다. 즉 '신약 시대'가 이를 것이란 뜻이다(존 라일, 박윤선). 혹자는 여기 "때"('날들')가 예수님의 재림의 때를 지칭한다고 주장하나 문맥에 맞지 않는다. "때"('날들')가 무엇을 지칭하느냐 하는 것을 결정하는 데는 문맥을 살피는 수밖에 없다. "때"라는 말이 예수님의 사역부터 재림하실 때까지 오랜 동안의 신약 시대를 지칭한다. 이유는 뒤따라 나오는 말씀을 보면 알 수 있다.

　　또 하나는 "너희가 인자의 날 하루를 보고자 하되 보지 못하리라"고 하신다. 신약 시대가 되면 제자들이 인자의 날들(그리스도의 재림의 날, 롬 13:12; 고전 5:5; 빌 1:6, 10; 살전 1:8; 5:4)중의 하루를 보고자해도 보지 못하리라고 하신다. "인자의 날들 중의 하루"(one of the days of the Son of Man)란 말은 '예수님의 재림 이후의 무수한 날들 중의 하루'를 지칭하는 말로 예수님의 재림 이후의 영광과 권세의 시대 중의 하루를 뜻한다. 예수님은 신약시대가 되면 제자들은 예수님의 영광과 권세의 시대(재림 시대에 이루어지는 일들)의 단 하루를 경험하지 보지 못할 것이라고 하신다. "이 모든 날들(신약시대)에는 환난과 곤고가 있으니 사도들과 신자들은 핍박을 받으면서 전도하게 된다"(박윤선). 신약 시대에는 하나님의 통치가 예수님의 복음 전도로 임하고 있지만(20-21) 인자의 날 곧 영광과 권세의 시대는 아직 임하지 않는다. 지금은 신약시대이다. 인자의 재림이 아직 임하지 않았고, 다만 영적인 그리스도의 통치만 있을 뿐이다. 이 기회를 우리는 죽도록 충성하는 기간으로 알아야 한다(마 25:14-30). 우리는 조급하게 인자의 날 즉 영광의 날을 기대해서는 안 된다. 그리스도로부터 힘을 얻어 앞으로 올 영광과 권세를 바라보면서 하나님 나라 확장에 힘을 써야 할 것이다.

눅 17:23. 사람이 너희에게 말하되 보라 저기 있다 보라 여기 있다 하리라 그러나 너희는 가지도 말고 따르지도 말라.

예수님은 신약 시대에 "사람이 너희에게 말하되 보라 저기 있다 보라 여기 있다 하리라 그러나 너희는 가지도 말고 따르지도 말라"고 하신다(21:8; 마 24:23; 막 13:21). 마 24:23-24 참조. 신약 시대가 되면 즉 예수님께서 승천하신 후부터 예수님의 재림 때까지 많은 거짓 그리스도, 거짓 선지자들, 이단자들이 나타나서 성도들에게 말하기를 보라 그리스도가 저기 있다 보라 여기 있다고 할 터이지만 성도들은 그 말에 속지 말라고 하신다. 절대로 가지도 말고 따르지도 말라고 하신다. 우리는 신약 시대에 주님을 그리워하여 거짓 그리스도, 거짓 선지자들, 이단자들의 속임에 속기 쉬움으로 조심해야 한다. 우리는 거짓말쟁이들한테 유혹을 받지 말고 그리스도에게 죽도록 충성해야 할 것이다.

눅 17:24. 번개가 하늘 아래 이쪽에서 번쩍이어 하늘 아래 저쪽까지 비침같이 인자도 자기 날에 그러하리라.

예수님은 재림하실 때에는 번개같이 오시리라고 하신다. "번개가 하늘 아래 이쪽에서 번쩍이어 하늘 아래 저쪽까지 비침같이" 오시리라고 한다(마 24:27). 번개 치는 일은 점진적인 사건이 아니고 갑작스럽게 이루어지는 사건이다. 주님은 갑작스럽게 오실 것이고 누구든지 볼 수 있게 오실 것이고 누구든지 단번에 알아볼 수 있도록 오실 것이다. 아마 맹인도 알아볼 수 있게 오실 것이다.

"인자도 자기 날에 그러하리라"는 말씀은 '그리스도께서도 자기의 날(ἐν τῇ ἡμέρα αὐτοῦ-단수), 즉 재림하시는 바로 그 날에 번개같이 오실 것이라'는 뜻이다. 그러니까 이 말씀은 재림의 날 하루를 지칭하는 말이지 결코 재림 후의 영광스러운 여러 날을 뜻하는 말은 아니다. 성도들은 예수님의 재림의 날에 그리스도를 놓칠 염려는 없다. 누구나 볼 수 있게 임하시니 말이다. 아무리 둔한 사람도, 심지어 맹인도 예수님을 놓칠 염려는 없다.

우리는 그 날까지 그리스도의 말씀으로 위로받고 또 기도하는 삶을 살아야 할 것이다.

눅 17:25. 그러나 그가 먼저 많은 고난을 받으며 이 세대에게 버린바 되어야 할지니라.

누가는 예수님께서 그날(신약 시대)이 되기 전에 그리고 영광의 재림 전에 "그가 먼저 많은 고난을 받으며 이 세대에게 버린바 되어야 할 것이라"고 하신다(9:22; 막 8:31; 9:31; 10:33). 예수님은 영광스러운 재림을 말씀하시다가 화제를 돌려 먼저 고난을 받아야 한다고 하시고 또 이 세대에게 버림을 당해야 할 것이라고 하신다. 이는 예수님께서 앞으로 짊어지실 십자가를 바라보고 하신 말씀이다. 그는 우리를 위해 대속의 십자가를 지시기로 굳게 결심하시고 이렇게 말씀하신다. 예수님은 영광의 재림이 있기 전 초림에서는 고난을 받으신다. 예수님께서 이 세대에게 버린바 되셨기에 우리가 하나님으로부터 영접을 받게 되었다.

눅 17:26-27. 노아의 때에 된 것과 같이 인자의 때에도 그러하리라 노아가 방주에 들어가던 날까지 사람들이 먹고 마시고 장가들고 시집가더니 홍수가 나서 그들을 다 멸망시켰으며.

예수님은 신약 시대에 종들에게 충성할 기한을 주신다고 말씀하시고(22-23절) 또 인류 종말의 날에 영광스럽게 재림하실 것이라고 말씀하시며 또 그가 이 세대에게 버린바 되리라고(25절) 말씀 하신 다음 이제 본 절부터 30절까지는 예수님께서 재림하시기 전에 세상 사람들이 세상 생활에만 몰두하고 정신없이 살다가 망할 것이라고 예언하신다. 예수님은 두 가지 실례를 들어 설명하신다. 하나는 노아의 때의 사람들의 예를 말씀하시고 또 하나는 롯의 때의 사람들의 예를 들으신다.

예수님은 "노아의 때에 된 것과 같이 인자의 때에도 그러하리라"고 하신다(마 24:37). "노아의 때"(창 6:13-7:23)에 "노아가 방주에 들어가던 날까지" 사람들은 "먹고 마시고 장가들고 시집가는"($\mathring{\eta}\sigma\theta\iota\sigma\nu$, $\check{\epsilon}\pi\iota\nu\sigma\nu$, $\dot{\epsilon}\gamma\acute{a}$- $\mu\sigma\nu\nu$, $\dot{\epsilon}\gamma\alpha\mu\acute{\iota}\zeta\sigma\nu\tau\sigma$) 일에만 몰두했다. 네 개의 단어들이 모두 미완료과거로 표기되어 있다. 즉 '계속해서 먹고 있었고 마시고 있었으며 장가들고 있었고 시집가고 있었다'는 뜻이다. 먹고 마시고 장가들고 시집가는 일이 잘 못된 것은 아니다. 그러나 그것에만 몰두한다면 그것은 비극이다. 세상 생활에만 몰두하다가 "홍수가 나서 그들을 다 멸망시킬" 때까지 사람들은 노아의 외침을 듣지 못했고 노아가 배를 만드는 이유를 알지 못했다. 노아가 배를 만들고(창 5:32-7:5) 사람들에게 의(義)의 삶을 살라는 메시지를 오래 동안 주었건만 사람들은 꿈쩍하지 않았다. 노아 시대의 사람들은 세상 생활에만 전념하다가 갑자기 홍수를 만나 망했다. 그들은 모두 물속에 수장되는 수밖에 없었다. 예수님의 재림도 갑작스럽게 임할 것인데 사람들은 세상 생활에만 전념하다가 그냥 당하고 말 것이다. 인류의 대부분은 부득이 지옥으로 떨어질 수밖에 없다.

눅 17:28-30. 또 롯의 때와 같으리니 사람들이 먹고 마시고 사고팔고 심고 집을 짓더니 롯이 소돔에서 나가던 날에 하늘로부터 불과 유황이 비오듯하여 그들을 멸망시켰느니라 인자가 나타나는 날에도 이러하리라.

예수님은 "또 롯의 때와 같을 것"이라고 하신다(창 19:15-25). 사 13:19; 겔 16:46, 56; 암 4:11; 벧후 2:6; 유 1:7 참조. 롯의 때에 "사람들이 먹고 마시고 사고팔고 심고 집을 짓고" 살았다. 노아 시대나 마찬가지로 세상 생활에만 전념하면서 살았다. 우리는 먹고 마시고 사고 팔고 심고 집을 지으면서도 주님께 얼마든지 영광을 돌릴 수가 있다(고전 10:31). 그러나 그런 것에만 전념하면 그것이 화를 불러오고 저주를 불러온다. 롯의 때에 사람들이 세상에만 몰두하여 살다가 "롯이 소돔에서 나가던 날에 하늘로부 터 불과 유황이 비오듯하여 그들을 멸망시켰느니라"고 주님은 말씀하신다. 그들은 롯이 소돔 성 밖으로 나가던 날 하늘로부터 불과 유황이 비오듯하여 다 멸망시킬 때까지 그들은 그런 일이 있을 줄을 몰랐다. 소돔이 지진으로

멸망했다고 주장하는 현대주의자들의 말은 성경과 정면으로 배치되는 것을
알아야 한다.

예수님은 "인자가 나타나는 날에도 이러하리라"고 하신다(살후 1:7).
'인자 즉 메시아가 나타나는 날에도 사람들은 세상 생활에만 도취하여 살다
가 롯의 때의 사람들처럼 자기들이 망하는 줄도 모를 것이다. 장가가고
시집가고 돈 벌고 부동산 늘리고 큰 집 장만하고 좋은 차 장만하고 증권해서
돈을 버는 일로 정신 팔려 살다가 주님의 재림도 맞이하지 못하고 망할
사람들이 얼마나 많을 것인가.

**눅 17:31. 그 날에 만일 사람이 지붕 위에 있고 그의 세간이 그 집 안에
있으면 그것을 가지러 내려가지 말 것이요 밭에 있는 자도 그와 같이 뒤로
돌이키지 말 것이니라.**

예수님은 본 절부터 33절까지 예수님께서 재림하시는 날에 성도들이 어떤
태도를 취해야 옳은가를 말씀하신다. 예수님은 예수님께서 재림하시는 날에
"만일 사람이 지붕 위에 있고 그의 세간이 그 집 안에 있으면 그것을 가지러
내려가지 말 것이요 밭에 있는 자도 그와 같이 뒤로 돌이키지 말라"고
제자들에게(성도들에게) 주문하신다(마 24:17; 막 13:15). 지붕(동양의 평
평한 지붕)위에 있는 사람과 밭에 있는 사람들은 자기의 세간들 또는 세상
물건들을 가지러 가지 말라고 하신다. 예수님을 맞이하는 것이 중요한 것이
지 세상 물건이 중요한 것은 아니라는 말씀이다. 존 라일(John Ryle)은
"한 군데만을 바라보는 눈, 전심을 기울이는 마음, 세상을 버리는 정신만이
그날의 불꽃 가운데서 살아남을 수 있을 것이다"라고 말한다.[131]

**눅 17:32-33. 롯의 처를 생각하라 무릇 자기 목숨을 보전하고자 하는 자는
잃을 것이요 잃는 자는 살리리라.**

---

131) 존 라일(John Ryle), *누가복음서강해* (II), p. 107.

예수님은 그의 재림하시는 날 성도들이 세상 물건을 뒤돌아보지 않도록 "롯의 처를 생각하라"고 말씀하신다(창 19:26). 롯의 처는 소돔 성을 빠져나가라는 천사의 명령을 받고 소돔성문을 나서다가 자기 재산에 대한 욕심 때문에 뒤를 돌아보다가 소금 기둥이 되었다(창 19:26-"롯의 아내는 뒤를 돌아보았으므로 소금 기둥이 되었더라").

예수님은 롯의 처가 세상을 돌아보다가 소금 기둥이 된 사례를 생각하라고 말씀하신 다음 롯의 처만 아니라 누구든지 "자기 목숨을 보전하고자 하는 자는 잃을 것이요 잃는 자는 살리라"고 하신다(9:24; 마 10:39; 16:25; 막 8:35; 요 12:25). 여기 "자기 목숨"이란 자기의 재산, 자기의 물건, 자기 것 등을 지칭하는 말이다. 누구든지 자기가 자기를 구원하고자 하면 잃을 것이고 자기를 잃고 예수님을 따르는 자는 생명을 얻을 것이다(마 10:39; 16:25; 막 8:35; 요 12:25 등). 재림 때만 아니라 신약시대에도 마찬가지이다. 오늘 우리가 자신을 생각하기 전에 그리스도를 생각하고 믿고 따르면 다른 것들도 얻게 된다.

눅 17:34. 내가 너희에게 이르노니 그 밤에 둘이 한 자리에 누워 있으매 하나는 데려감을 얻고 하나는 버려둠을 당할 것이요.

예수님은 본 절과 다음 절(35절) 두 절에서 예수님의 재림의 날에는 사람들의 운명이 갈릴 것을 말씀하신다. 본 절은 남자들의 운명이 갈릴 것이라 하시고 다음 절은 여자들의 운명도 갈릴 것이라고 하신다. 본 절은 밤에 일어날 일을 말씀하고 다음 절은 낮에 일어날 일을 말씀하며, 본 절은 잘 때에 될 일을 말씀하고 다음 절은 일하는 낮에 될 일을 말씀한다.

예수님은 자신이 하시는 말씀이 중요한 말씀이기에 잘 경청하라는 뜻으로 "내가 너희에게 이르노니"(λέγω ὑμῖν)라고 말씀하신다. 예수님은 "그 밤에 둘이 한 자리에 누워 있으매 하나는 데려감을 얻고 하나는 버려둠을 당할 것이라"고 하신다(마 24:40-41; 살전 4:17). 예수님의 재림의 밤에 두 남자가 한 자리에 누워 있는데 한 남자는 천사들에 의하여 데려감을 얻어 천국으로 가고 다른 남자는 버림을 당해 지옥으로 갈 것이라고 하신다. 우리는 예수님의 재림의 때까지 불신자들과 함께 생활한다. 우리는 불신자들과 따로 거리를 두고 살 필요는 없다. 다만 불신자들이 사는 식대로 살지 말고 그리스도를 바라보고 불신자들에게 그리스도를 보여주면서 살면 된다.

눅 17:35. 두 여자가 함께 맷돌을 갈고 있으매 하나는 데려감을 얻고 하나는 버려둠을 당할 것이니라.

예수님을 믿는 여(女) 성도들도 불신 여자들과 함께 세상 생활을 함께 하다가 주님의 재림의 날에 운명이 갈린다는 말씀이다. 믿는 여자들은 데려감을 얻어 천국에 가고 또 불신 여자는 버려둠을 당하여 지옥으로 간다는 말씀이다. 여자들의 생활도 참으로 다양한데 그들이 어디서 무슨 일을 하든지 그리스도를 바라보고 믿으며 그리스도의 말씀을 읽고 묵상하며 또 기도하고 힘을 얻어 그리스도의 말씀대로 산다면 그리스도의 재림의 날에 다 들림을 받아 천국에 갈 것이다. 여자들이 세상에서는 남자들한테 밀리고 치이며 때로는 업신여김을 받을지라도 그리스도를 바라보며 믿고 따른다면 그리스도의 재림의 날에 천국으로 갈 것이다.

눅 17:36. (없 음). 헬라원어 UBS 판에는 본 절이 없고 TBS판에는 있다. 그런데 KJV는 TBS 판을 따라 번역해 놓았다. "Two men will be in the field: the one will be taken and the other left." 우리말로 번역하자면 "두 사람이 들판에 있는데 한 사람은 데려감을 당하고 한 사람은 남겨지게 될 것이다." 위의 34-35절의 내용과 같다. 다만 두 사람이 있는 장소가 들판일 뿐이다. 우리는 어디서 무슨 일을 하든지 장소가 문제가 아니라 예수님을 믿느냐 혹은 믿지 않느냐 하는 것이 문제임을 알 수 있다. 우리가 신자로서 일해서는 안 되는 곳만 빼고는 어디서든지 일할 수 있다는 것을 보여준다.

눅 17:37. 그들이 대답하여 이르되 주여 어디오니이까 이르시되 주검 있는 곳에는 독수리가 모이느니라 하시니라.

예수님께서 재림하실 때 운명이 바뀌는 심판이 있을 것이라고 하시니 제자들이 "대답하여 이르되 주여 어디오니이까"라고 여쭙는다. "어디오니이까"라고 여쭌 것은 그런 심판이 어디에서 이루어질 것이냐고 여쭌 것이다. 어떤 특별한 곳에서 그런 심판이 이루어질 것이냐고 여쭌 것이다. 그 질문을 받으시고 예수님은 "주검 있는 곳에는 독수리가 모인다"고 대답하신다(욥 39:30; 마 24:28). 즉 '시체가 있는 곳이면 그 어디든지 시체(썩은 고기)를 좋아하는 독수리들이 모이는 법이라'고 하신다. 다시 말해 어디서든지 죄가 있는 곳에는 예수님의 심판이 이루어진다고 하신다. 즉 영적으로 죽은 사람들(엡 2:1)이 있는 곳이면 어디서든지 그리스도의 심판이 있다는 말씀이다. 본 절에 대한 해석은 수도 헤아릴 수 없을 정도로 많다(죤 라일, *누가복음서 강해* -II- 정중은역, p. 109-110 참조). 그러나 문맥을 살피는 수밖에 없다. 그냥 문자를 따라서 해석한다면 무엇이 옳은지 알 수가 없을 것이다. 예수님의 재림 때 죄인들에 대한 하나님의 심판이 있을 것이라고 해석하는 것이 제일 바람직한 해석일 것이다.

제 18 장

베레아에서 주시는 마지막 교훈들

L'.끈질긴 과부처럼 끝까지 기도하라   18:1-8

누가는 앞(17:22-37)에서 예수님께서 재림하실 때 성도들이 어떤 태도를 취해야 하는지에 대해 교훈하신 것을 기록한 다음 이제 이 부분(1-8절)에서는 예수님께서 성도들로 하여금 끈질긴 과부처럼 끝까지 기도할 것을 권면하신 말씀을 기록한다. 재림에 대한 교훈을 말씀하신 뒤에 이렇게 기도의 교훈을 말씀하시는 것은 반드시 필요한 교훈이다. 예수님의 재림 전(前)의 상황은 세상에서 너무 힘든 일이 발생하는데 그 때 끈질긴 과부처럼 끝까지 기도하고 낙망하지 말아야 한다는 것이다. 예수님은 성도들이 끝까지 기도하여 그 원한을 이루어야 한다고 말씀하신다. 이 부분은 다른 복음에는 없는 누가만의 독특한 기사이다.

눅 18:1-2. 예수께서 그들에게 항상 기도하고 낙망하지 말아야 할 것을 비유로 말씀하여 이르시되 어떤 도시에 하나님을 두려워하지 않고 사람을 무시하는 한 재판장이 있는데.

예수님은 제자들에게 "항상 기도하고 낙망하지 말아야 할 것"을 교훈하시는 데 있어서 한 가지 비유를 들어서 말씀하신다. 사람은 항상 기도하고 낙망하지 말아야 하는데(11:5-8; 21:36; 롬 12:12; 엡 6:18; 골 4:2; 살전 5:17) 사람들 중에는 항상 기도하면서도 낙망하는 사람이 있을 수 있다는 것을 암시하신다. 그래서 예수님은 사람이 이 두 가지를 겸해야 한다고 하신다. 즉 우리는 항상 기도하고 낙망하지 않아야 한다. 어떻게 해야 항상 기도하고 낙망하지 않을 수 있을까를 교훈하시기 위해서 예수님은 안상무신(眼上無神)하고 안하무인(眼下無人)하는 재판장과 한 끈질긴 과부 이야기를 들으신다. 이 비유보다 더 좋은 비유는 없을 것 같다. 이유는 예수님께서 골라내셨으니 그 이상 더 좋은 비유가 없는 것으로 보아야 한다.

예수님은 "어떤 도시에 하나님을 두려워하지 않고 사람을 무시하는 한 재판장이 있었다"고 말씀하신다. 사람이 이쯤 되면 아무리 재판장이라 할지라도 다 된 재판장이라고 할 수 있다. 혹시 하나님을 믿지 않아도 인간됨이 조금은 있어야 하는데 사람까지 무시하는 재판장이 있었으니 예수님께서 비유로 사용하시기에 참으로 안성맞춤의 사람이었다. 아무리 악질적인 재판장도 사람의 끈질김에 감동할 수 있다는 것이다. 하물며 하나님이야 말할 것도 없이 사람의 끈질김에 감동하신다는 뜻으로 이 비유를 말씀하신다.

눅 18:3. 그 도시에 한 과부가 있어 자주 그에게 가서 내 원수에 대한 나의 원한을 풀어 주소서 하되.

예수님은 한 "도시에 한 과부가 있어 자주 그에게 가서 내 원수에 대한 나의 원한을 풀어 주소서"라는 말씀으로 비유의 말씀을 시작하신다. '세상에서 가장 약한 과부(출 22:22; 신 10:18; 24:17; 왕상 17:9, 12; 욥 29:13; 렘 22:3 등 참조)라도 계속해서 하나님을 두려워하지 않고 사람을 무시하는 한 재판장에게 가서 내 원수에 대한 원한을 풀어주소서' 하고 호소하면 들어준다는 이야기이다. 과부의 원수에 대한 원한은 대단하다. 남편도 없는 과부를 억울하게 한 원수에 대한 원한이야 마음속에서 얼마나 들끓었을까. 그 원한은 식을 줄을 몰랐다. 그래서 자주 재판장을 찾아갔다. 아무튼 해결될 때까지 끝까지 찾아갔다.

본문의 "자주...가서"(ἤρχετο)란 말은 미완료과거시제로 '계속해서 갔다'는 뜻이다. "자주"라는 말은 원문에 없지만 동사가 미완료과거이니까 "자주"라는 말을 넣어서 번역했다. "원한을 풀어주소서"(ἐκδίκησον)란 말은 부정(단순)과거 명령형으로 '진정 바르게 심판해 달라' 혹은 '원수를 갚아 달라'는 뜻이다. 과부는 자기에게 해를 끼친 사람을 달리는 어떻게 처리할 수 없어 도시의 재판장을 계속해서 찾아가서 원수를 심판해달라고 호소했다.

눅 18:4-5. **그가 얼마 동안 듣지 아니하다가 후에 속으로 생각하되 내가 하나님을 두려워하지 않고 사람을 무시하나 이 과부가 나를 번거롭게 하니 내가 그 원한을 풀어 주리라 그렇지 않으면 늘 와서 나를 괴롭게 하리라 하였느니라.**

하나님을 두려워하지 않고 사람을 무시하는 재판관이라 얼마동안 과부의 호소를 듣지 아니했다. 본문의 "듣지 아니하다가"(οὐκ ἤθελεν)란 말은 미완료과거 시제로 '계속해서 듣지 아니했다'는 뜻이다. 재판장은 얼마의 시간이 지나 속으로 생각했다. "내가 하나님을 두려워하지 않고 사람을 무시하나 이 과부가 나를 번거롭게 하니 내가 그 원한을 풀어 주리라 그렇지 않으면 늘 와서 나를 괴롭게 하리라"고 했다. 재판장은 먼저 자신이 어떤 사람임을 잠시 생각했다. 자기는 "하나님을 두려워하지 않고 사람을 무시하는" 사람인고로 이 과부를 끝까지 무시할 수도 있다고 생각했다.

그러나 "이 과부가 나를 번거롭게 하니 그 원한을 풀어 주리라 그렇지 않으면 늘 와서 나를 괴롭게 하리라"고 했다(11:8). "번거롭게 하니 그 원한을 풀어주겠다"는 생각을 했다. 다른 이유가 아니었다. 하나님을 두려워 한 것도 아니고 그 과부를 불쌍히 여겨서도 아니고 혹은 그 과부에게서 돈을 받을까 해서도 아니었다. 단지 원한을 풀어주지 않으면 "늘 와서 나를 괴롭게 하리라"는 생각에서 그 원한을 풀어주겠다고 생각했다. 본문의 "늘 와서"(eἰς τέλος ἐρχομένη)란 말은 '끝까지 와서'란 뜻이다. 자신을 번거롭게 하는 것, 자신을 괴롭게 하는 것, 과부의 이 행위에 재판장은 손을 들고 만다. 우리의 끈질긴 기도는 하나님으로 하여금 응답하시도록 만든다. 결혼문제, 불임문제, 자녀의 타락문제, 취업문제, 사업문제, 승진문제, 가정문제, 건강문제, 교회문제, 국가문제 등 수없는 문제가 있다 해도 우리가 하나님께 끈질기게 기도하면 하나님은 우리의 기도에 응답하신다.

눅 18:6. 주께서 또 이르시되 불의한 재판장이 말한 것을 들으라.
예수님은 제자들에게 비유를 말씀하신(2-5절) 다음 이제는 그 비유의 뜻을
잠시 생각할 여유를 주신다. "불의한 재판장이 말한 것을 들으라." 아주
못된 재판장이지만 과부가 계속해서 찾아가서 원한을 풀어달라고 끈질기게
애원하는 것을 더 견디지 못하고 과부의 원한을 풀어주기로 한 재판장이
독백하는 것을 들어보라고 예수님은 말씀하신다. 불의한 재판장이 말하는
것을 듣는 순간 제자들도 계속해서 하나님께 기도할 마음을 가지게 될
것이라는 말씀이다.

**눅 18:7. 하물며 하나님께서 그 밤낮 부르짖는 택하신 자들의 원한을 풀어
주지 아니하시겠느냐 그들에게 오래 참으시겠느냐.**
예수님은 제자들에게 불의한 재판장이 말한 것을 들으라고 말씀하시고는(앞
절) 바로 "하물며 하나님께서 그 밤낮 부르짖는 택하신 자들의 원한을 풀어
주지 아니하시겠느냐 그들에게 오래 참으시겠느냐"고 말씀하신다(계 6:10).
불의한 재판장도 들어주었다면 선하시고 사랑이 무궁하시며 은혜가 한이
없으신 하나님께서 어찌 "밤낮 부르짖는 택하신" 자들의 원한을 풀어주지
아니하시겠느냐고 하신다. 예수님은 제자들과 성도들을 묘사하여 "밤낮
부르짖는 자들"이라고 하신다. 우리는 쉬지 말고 밤낮으로 부르짖어야 한다.
그러나 이 말은 계속해서 기도만 한다는 뜻은 아니다. 기도를 끊지 말고
살아야 한다는 뜻이다. 시간을 정해놓고 기도하되 그 기도를 끊지 않고
기도해야 한다는 뜻이다. 그리고 예수님은 제자들과 성도들을 "택하신 자
들"이라고 묘사하신다. 만세 전에 택하신 자들이란 뜻이다(엡 1:4). 하나님
은 우리를 만세 전에 그리스도 안에서 자녀 신분 되게 택하셨다.
　　예수님은 하나님께서 밤낮 부르짖는 택하신 자들의 "원한을 풀어 주지
아니하시겠느냐"고 하신다. 여기 "원한을 풀어주지 아니하시겠느냐"(οὐ μὴ

ποιήσῃ τὴν ἐκδίκησιν)는 말은 '원수를 갚아주지 않겠느냐,' '복수해주지 않겠느냐'는 뜻으로 택하신 자들의 한(恨)을 풀어주지 않겠느냐는 뜻이다. 성도들에게는 풀기를 원하는 한(恨) 맺힌 소원이 있다. 복을 받아 하나님께 영광을 돌려야 되겠다는 소원이 있고, 하나님을 높이기를 원하는 소원이 있으며, 하나님께 전적으로 순종하고자 하는 소원이 있고, 성령으로 지배받고 인도받아 살려는 소원이 있으며 또 불신자들에게 그리스도를 전하고자 하는 소원이 있고, 또 그 외 수많은 소원이 있다. 우리는 이 수많은 한(恨)을 우리의 힘으로 이룰 수는 없고 하나님께 부르짖어 이루어야 한다.

우리가 끈질기게 부르짖으면 하나님은 "오래 참으시지 않는다"고 예수님은 말씀하신다. UBS(United Biblel Societies)판의 헬라어 원문의 "그들에게 오래 참으시겠느냐"(μακροθυμεῖ ἐπ' αὐτοῖς)의 "오래 참으시겠느냐"(μακροθυμεῖ)라는 단어는 3인칭 단수 현재 시제로 '하나님께서 성도들에게 오래 참으시겠느냐?'는 뜻이다. 그런데 TBS(Trinitarian Bible Societies)판의 헬라어원문은 "그들에게 오래 참으실지라도"(μακροθυμῶν ἐπ' αὐτοῖς)라고 양보절로 되어 있다(KJV-though he bear long with them). 곧 '오래 참으실지라도'라고 되어 있다. 그러나 뜻에는 큰 차이가 없다. 결국 오래 참으실지라도 원한을 풀어주신다는 뜻이다. 밤낮 부르짖는 성도들의 기도 소리, 택함 받은 성도들의 기도 소리를 들으신 하나님은 오래 참으시지 않고 응답하신다는 것이 본문의 뜻이다.

그런데 학자들 중에는 "그들에게 오래 참으시겠느냐"(μακροθυμεῖ ἐπ' αὐτοῖς)는 문장 중의 "그들"을 '성도들의 원수들'로 해석하고 또 "참으시겠느냐"(μακροθυμεῖ)는 말을 '분노를 오래 참으시겠느냐?'는 뜻으로 해석하기도 한다. 그러나 본문의 앞 뒤 문맥(다음 절)을 살필 때 성도들의 원한의 기도를 오래 참지 않으신다는 뜻으로 해석하는 것이 옳다. 하나님은 성도들의 한 맺힌 기도를 오래 참지 않고 어느 시기에 들어주신다.

눅 18:8. 내가 너희에게 이르노니 속히 그 원한을 풀어 주시리라 그러나

인자가 올 때에 세상에서 믿음을 보겠느냐 하시니라.

예수님은 또 중요한 말씀을 하시기 위하여 "내가 너희에게 이르노니"라는 언사를 사용하신다. 예수님의 중요한 언사는 본 절에서 두 가지이다. 하나는 "속히 그 원한을 풀어 주시리라"는 말씀이다(히 10:37; 벧후 3:8-9). 택하신 백성들이 부르짖으면 속히 그 원한(마음에 맺힌 소원들)을 풀어주신다는 것이다. 여기 "속히 그 원한을 풀어 주시리라"는 말씀이 그리스도의 재림을 지칭한다고 주장하는 학자들이 있다. 다시 말해 하나님께서 그리스도를 속히 보내서서 우리의 원수를 갚아주신다는 뜻으로 해석한다(존 라일, 월럼 헨드릭슨). 그러나 렌스키(Lenski)는 우리가 기도한 것을 하나님께서 속히 풀어주신다는 뜻으로 해석한다. 전자의 해석을 배제할 수는 없으나 후자의 해석이 타당한 것으로 보인다. 이유는 성도들의 기도가 그리스도의 재림에만 관련된 것은 아니기 때문이다. 1절에 성도들이 "항상 기도하는 것"이 재림 때 예수님께서 오셔서 우리의 억울함을 갚아주시는 것만을 뜻한다고 보이지는 않는다. 우리의 일상에 하나님의 영광을 위하여 애타게 간구하는 것이 얼마나 많은가. 그런고로 본문의 뜻이 예수님께서 재림하셔서 우리의 원수를 갚아주신다는 뜻으로만 해석해야 한다는 주장은 설득력이 약하다.

또 하나는 "그러나 인자가 올 때에 세상에서 믿음을 보겠느냐"는 말씀이다. 하나님께서 성도들의 원한을 속히 풀어주실 터인데 '그러나 예수님께서 재림하실 무렵쯤 해서 세상에서 믿음을 볼 수 있겠느냐'고 탄식하신다. 예수님께서 재림하실 때쯤 해서는 성도들에게서 과부처럼 끈질기게 부르짖는 믿음이 없을 것이라고 탄식하신다. 여기 "믿음"(τὴν πίστιν)이란 말은 헬라어 원어에서 '그 믿음'이라고 기록되어 있는 점을 유의해야 한다. 예수님께서 재림하실 때쯤 해서 사람들은 졸며 잘 것이라는 말씀이 응할 것이다(마 25:1-13). 우리는 끈질기게 부르짖는 그 믿음을 계속해서 가지고 기도 생활을 해야 할 것이다.

M'.바리새인의 기도와 세리의 기도 18:9-14

예수님은 앞부분(1-8절)에서 끈질기게 기도하라고 말씀하시고는 이제 이 부분(9-14절)에서는 기도자가 어떤 마음 자세를 가져야 할까를 말씀하신다. 이 부분도 누가의 독특한 기사이다.

눅 18:9. 또 자기를 의롭다고 믿고 다른 사람을 멸시하는 자들에게 이 비유로 말씀하시되.

예수님은 "자기를 의롭다고 믿고 다른 사람을 멸시하는 자들" 곧 '바리새인들 뿐 아니라 주님을 따라다닌다고 마음이 높아진 사람'(10:29; 16:15)을 위하여 "이 비유로 말씀하신다." 즉 '아래(10절 이하)의 비유로 말씀하신다.' "비유"란 진리를 가르치기 위해서 아주 쉬운 것을 들어 설명하는 것인데 예수님은 진리를 교훈하시기 위해서 수많은 비유를 들어 설명하신다.

눅 18:10. 두 사람이 기도하러 성전에 올라가니 하나는 바리새인이요 하나는 세리라.

예수님은 자기를 의롭다고 믿고 다른 사람을 멸시하는 여러 종류의 사람들에게 교훈하시기 위해서 사용하신 비유는 "두 사람이 기도하러 성전에 올라갔다"는 비유였는데 "하나는 바리새인이요 하나는 세리"라고 하신다. 예수님은 극명하게 반대되는 두 사람이 기도를 드린 비유를 말씀하신다. 바리새인은 모든 점에서 스스로 의롭다고 믿는 사람이었고 외부적으로는 흠잡을 데가 없는 사람이었고 그런가하면 세리는 정 반대의 품행을 가진 자로서 극악하고 방탕하고 불경한 사람이었다(3:12; 5:27-30; 7:29, 34; 15:1). 예수님은 이 비유를 들으셔서 스스로 의롭다고 믿는 사람들을 교훈하시려고 하신다.

눅 18:11-12. 바리새인은 서서 따로 기도하여 이르되 하나님이여 나는 다른 사람들 곧 토색, 불의, 간음을 하는 자들과 같지 아니하고 이 세리와도 같지 아니함을 감사하나이다 나는 이레에 두 번씩 금식하고 또 소득의

십일조를 드리나이다 하고.

예수님은 본 절과 다음 절(12절)에서 먼저 바리새인의 기도 태도를 말씀하신
다. 바리새인이 "서서" 기도한 것은 기도의 자세 중에 한 자세를 취하고
기도한 것을 지칭한다(삼상 1:26; 왕상 8:22; 대하 6:12; 시 135:2; 마 6:5;
막 11:25 참조). 그러나 그는 그가 기도하는 내용으로 보아 교만한 모습으로
서 있었을 것이다. 다시 말해 그는 보라는 듯이 자랑스러운 마음을 가지고
기도했다.

바리새인이 기도하는 중에 말하는 내용은 "하나님이여 나는 다른 사람들
곧 토색, 불의, 간음을 하는 자들과 같지 아니하고 이 세리와도 같지 아니함
을 감사하나이다. 나는 이레에 두 번씩 금식하고 또 소득의 십일조를 드리나
이다"라고 말했다(사 1:15; 58:2; 계 3:17). 그의 기도의 내용에는 참 기도는
없었고 다만 자랑만 늘어놓았다. 그는 먼저 "하나님이여"라고 기도의 대상
을 불렀다. 그런 다음 그는 먼저 자신이 다른 사람들 하고 다른 것을 나열했
다. 곧 토색(ἅρπαγες-강탈, 착취), 불의(ἅδικοι-옳지 않은 일, 사악한 일),
간음(μοιχοί-간통)을 하는 자들과 같지 아니함을 자랑했고 더욱이 성전의
어느 구석에서 기도하고 있는 세리와도 같지 아니한 것을 감사한다고 자랑을
늘어놓았다. 그런 다음 자신이 하나님 앞에 의무를 잘 수행한 사실을 늘어놓
았다. 즉 매주 두 번씩, 월요일과 목요일 두 번씩 금식 기도하고 있는 것을
말했고 또 소득의 십일조를 드리는 것을 늘어놓았다.[132] 그는 회개한다는
말은 한 마디 없었고 또 간구하는 말도 한 마디 없었다. 그는 공연히 성전에
올라와서 자랑만 늘어놓고 하나님으로부터 좋은 말씀도 듣지 못하고 내려갔
다. 그는 결국 기도하면서도 많은 죄를 짓고 돌아갔다.

---

132) 존 라일(John Ryle)은 길(Gill)로부터 랍비 저술가의 글 한 토막을 들고 있다. 유대
랍비는 말하기를 "사람이 매일 세 차례씩 감사의 말을 아뢰어야 한다는 것은 유대 랍비들의
전통이었다. 그것은 첫째 나를 이방인으로 태어나지 않게 하신 것과, 둘째 무식한 자로 만들지
않으신 것과, 셋째 여자로 태어나지 않게 하신 하나님을 찬송하는 것이었다." 존 라일, 누가복음
서 강해 -II- 정중은 역, p. 123.

눅 18:13. 세리는 멀리 서서 감히 눈을 들어 하늘을 쳐다보지도 못하고 다만 가슴을 치며 이르되 하나님이여 불쌍히 여기소서 나는 죄인이로소이다 하였느니라.

예수님은 바리새인이 기도를 어떻게 했는가를 말씀하신 다음 이제는 세리가 어떤 자세로 기도했는지를 말씀하신다. 세리는 바리새인이 서 있는 곳으로부터 "멀리 서서" 기도했다. 거룩하게 보이는 바리새인 가까이 설 수가 없었다. 참으로 겸손한 사람이었다. 그리고 세리는 "감히 눈을 들어 하늘을 쳐다보지도 못하고" 기도했다. 이것도 역시 겸손한 자세였다. 유대인들은 서서 하늘을 쳐다보고 기도했는데(123:1; 요 11:41) 세리는 감히 하늘을 쳐다보지도 못하고(스 9:6; 시 40:12) 기도했다. 그는 사람과 하나님 앞에서 겸손했다. 우리는 사람과 하나님 앞에서 겸손한 마음을 품어야 한다(빌 2:3). 세리는 "다만 가슴을 치며" 기도했다. 죄인이기에 가슴을 치면서 기도했다. 겸손의 자세를 보였다. 여기 "치며"(ἔτυπτεν)란 말은 미완료과거 시제로 '계속해서 친 것'을 뜻한다(23:48). 그는 너무 죄의식을 느껴 계속해서 가슴을 치면서 기도했다.

그리고 세리는 "하나님이여 불쌍히 여기소서 나는 죄인이로소이다"(Ὁ θεός, ἱλάσθητί μοι τῷ ἁμαρτωλῷ)라고 했다. 이것을 직역하면 '하나님이여, 나 죄인을 불쌍히 여기소서'라는 기도이다. "불쌍히 여기소서"라는 기도는 '죄로 인해 비참한 형편에 있는 자신을 불쌍히 여기소서'라는 뜻이다(히 2:17). 우리는 하나님을 향하여 '무엇을 좀 도와주소서'라는 정도의 기도를 할 것이 아니라 항상 동정을 구하는 기도를 해야 한다. 그리고 본문의 세리는 자기를 완전히 죄인으로 부각시키고 있다. 예수님은 이 말씀을 통하여 세리만 아니라 인류는 모두 죄인이라고 암시하신다. 우리는 한 사람 한 사람 모두 내 자신이 죄인임을 고백하면서 긍휼을 호소해야 한다(스 9:6; 시 25:11; 40:12; 단 9:8; 딤전 1:15). 세리는 자신을 향한 하나님의 노여움이 사라지고 은혜가 넘치도록 불쌍히 여겨주십사고 애타게 부르짖고 돌아갔다.

눅 18:14. 내가 너희에게 이르노니 이에 저 바리새인이 아니고 이 사람이 의롭다 하심을 받고 그의 집으로 내려갔느니라 무릇 자기를 높이는 자는 낮아지고 자기를 낮추는 자는 높아지리라 하시니라.

예수님은 바리새인과 세리가 함께 성전에 올라가서 기도했다는 비유를 들으신 다음 결론을 말씀한다. 예수님은 중요한 것을 말씀하시기 위하여 "내가 너희에게 이르노니"라고 말씀하신다. 그리고 중대한 것을 발표하신다. 즉 "이에 저 바리새인이 아니고 이 사람이 의롭다 하심을 받고 그의 집으로 내려갔느니라"고 하신다. 바리새인은 의롭다 하심을 받지 못하였고 세리가 의롭다 하심을 받고 집으로 내려갔다고 하신다. 바리새인은 스스로를 의롭다고 했는데 세리는 하나님으로부터 의롭다 하심을 받았다. 바리새인은 항상 스스로 자신이 의롭다고 믿고 살았다. 그래서 성전에 올라갈 때나 성전으로부터 집으로 내려갈 때나 언제나 자신은 의롭다고 믿고 살았다. 그러나 세리는 성전에 올라올 때와는 판이하게 신분이 변하고 말았다. 그는 하나님으로부터 의롭다 함을 받고 집으로 내려갔다. 윌럼 헨드릭슨은 "그 세리의 죄는 말끔히 씻김을 받았다(시 103:12). 그 세리의 허물들은 '동이 서에서 먼 것 같이'(시 103:12) 제거되었다. 그의 허물들은 깊은 바다에 던져졌다(미 7:19). 그는 참회함으로써 하나님의 자녀가 되었다"고 말한다.

바울 사도가 말하는 이신칭의(以信稱義)가 여기에서도 보인다. 바울 사도는 믿음으로 의롭다함을 얻는다고 했는데 본 절에서 예수님은 세리가 죄를 참회한 사실을 보고 하나님께서 의롭다하심을 선언하셨다고 말씀한다. 이 둘은 똑 같은 것이다. 세리가 죄를 참회한 것은 하나님을 믿었기 때문에 일어난 현상이다. 하나님을 믿는 믿음을 얻는 순간 세리는 자기를 볼 수 있었다. 다시 말해 자기가 죄인이라는 것을 알 수 있었다. 그러니까 죄인이라는 것을 아는 것은 거저 되는 것이 아니라 하나님을 믿는 믿음, 그리스도를 믿는 믿음을 얻는 순간 이루어지는 것이다. 또 반대로 자신이 심각한 죄인이라는 것을 아는 순간 믿음에 이른다는 것을 알 수 있다. 이처럼 믿음과 죄의식은 함께 다닌다. 자기가 의롭다고 믿고 남을 정죄하는 수많은 사람들은 믿음에 이르지 못하고 불행한 삶을 살게 된다.

예수님은 또 한 가지 중대한 말씀을 하신다. "무릇 자기를 높이는 자는 낮아지고 자기를 낮추는 자는 높아지리라"고 하신다(14:11; 욥 22:29; 마 23:12; 약 4:6; 벧전 5:5-6). 이 말씀은 바로 앞에서 말씀한 내용과 동일하다. 바리새인과 같이 자기를 높이는 자는 낮아지고, 세리와 같이 자기를 낮추는 자는 높아지리라는 말씀이다.

N'.어린이를 용납하라 18:15-17

겸손하라고 가르치신(9-14절) 예수님은 이 부분(15-17절)에서 겸손한 마음으로 예수님을 영접하라고 가르치신다. 누가는 9:51-18:14까지 누가 자신의 독특한 글을 보였으나 이제부터는 다른 공관복음서와 병행하는 글을 보인다. 이 부분은 마 19:13-15; 막 10:13-16과 병행한다.

눅 18:15. 사람들이 예수께서 만져주심을 바라고 자기 어린 아기를 데리고 오매 제자들이 보고 꾸짖거늘.

누가는 예수님께서 베레아 전도를 하시는 중 한 곳에서 "사람들이 예수께서 만져주심을 바라고 자기 어린 아기를 데리고 왔다"고 말한다(마 19:13; 막 10:13). 즉 어린 아이들에게 축복해 주시기를 바라고(창 48:14 참조) 예수님께 데리고 왔다는 것이다. 여기 누가가 사용한 "어린 아기"(ta; brevfh)라는 말은 '막 태어난 아이'라는 뜻으로(1:41, 44; 2:12, 16; 벧전 2:2) 마태나 마가가 사용한 "어린 아이"(παιδία-7살까지의 아이)와 다른 낱말을 사용했다.

이렇게 아이들의 부모들은 예수님의 복을 받게 하고자 아이들을 데리고 왔지만 제자들이 보고 "꾸짖었다." 제자들이 아기들의 부모를 꾸짖은 이유는 예수님을 번거롭게 하고 시간을 빼앗은 것을 막기 위함이었을 것이고 또 한편 아이들을 귀중히 여기는 마음이 부족하기 때문이었을 것이다. 옛날 동양인들은 아이들을 귀중하게 여기지 않았다.

눅 18:16. 예수께서 그 어린 아이들을 불러 가까이 하시고 이르시되 어린 아이들이 내게 오는 것을 용납하고 금하지 말라 하나님의 나라가 이런 자의 것이니라.

예수님은 제자들의 기대와는 달리 "그 어린 아이들을 불러 가까이 하시고" 말씀하신다. 예수님은 귀찮아하시는 법이 없었다. 아무리 많은 사람들이 다가와도 다 영접하셨다. 예수님은 지금도 우리가 아무리 복을 받기 위해 다가가도 귀찮아하시지 않고 다 영접해주신다. 예수님은 어린 아이들을 가까이 하시고 말씀하시기를 "어린 아이들이 내게 오는 것을 용납하고 금하지 말라"고 하신다. 어린 아이들이 예수님에게 가까이 오는 것을 널리 허락하고 금하지 말라고 교훈하신다. 이유는 "하나님의 나라가 이런 자의 것이기" 때문이라고 하신다(고전 14:20; 벧전 2:2). 여기 "하나님의 나라"란 말은 예수님 자신을 지칭하는 말로 예수님 자신은 어린 아이와 같이 겸손한 마음으로, 그리고 예수님을 신뢰하는 마음으로 예수님께 가까이 나아가는 사람들의 것이라고 하신다. 예수님은 결코 스스로 의롭다 하는 사람들(9절)의 소유가 될 수 없다는 것이다. 오늘 우리는 어린 아이와 같이 겸손한 마음, 예수님을 절대적으로 의지하는 마음으로 매일 그리스도 앞으로 나아가야 한다. 백부장은 예수님 앞에서 참으로 낮은 마음을 가지고 고백했다. 그는 말하기를 "주여, 수고하시지 마옵소서. 내 집에 들어오심을 나는 감당하지 못하겠나이다. 그러므로 내가 주께 나아가기도 감당하지 못할 줄을 알았나이다"라고 말했다(눅 7:6-7).

눅 18:17. 내가 진실로 너희에게 이르노니 누구든지 하나님의 나라를 어린 아이와 같이 받아들이지 않는 자는 결단코 거기 들어가지 못하리라 하시니라.

예수님은 또 중대한 발언을 하시려고 "내가 진실로 너희에게 이르노니"라고 하신다. 예수님의 중대한 발언이란 다름 아니라 "누구든지 하나님의 나라를 어린 아이와 같이 받아들이지 않는 자는 결단코 거기 들어가지 못하리라"는 말씀이다(막 10:15). 예수님 당시 베레아에 있었던 사람들 뿐 아니라 그 누구든지 예수님을 겸손한 마음으로 그리고 절대적으로 신뢰하는 마음으로 영접하지 아니하는 사람은 결단코 하나님의 나라에 들어가지 못하리라고 하신다(막 10:15). 여기서 눈에 띄는 것은 "하나님의 나라"(=예수님)와 "거기" 즉 '천국'을 동일시하고 있음을 주의해야 한다. 예수님은 하나님 나라의 주인이시다. 우리는 예수님과 천국을 분리할 수 없다.

O'.재물의 위험과 희생에 대한 보상 18:18-30

겸손한 마음으로 그리고 신뢰하는 마음으로 예수님을 영접할 것을 교훈하신(15-17절) 예수님은 이 부분(18-30절)에서 세상 재물을 사랑함이 얼마나 위험한지 그리고 세상을 버리고(=둘째로 놓고) 그리스도를 제일로 믿고 따르는 것이 얼마나 복된 일인지를 말씀하신다. 이 부분은 예수님께서 부자(富者) 관원과의 대화(18-23절)와 부자에게 경고하시는 말씀(24-30절)으로 양분된다. 이 부분은 마 19:6-30; 막 10:16:7-31과 병행한다.

눅 18:18. 어떤 관리가 물어 이르되 선한 선생님이여 내가 무엇을 하여야 영생을 얻으리이까.
여기 "어떤 관리"란 사람은 청년이었고(마 19:20) 부자였다(18:23; 마 19:22; 막 10:22). 이 "관리"는 산헤드린 공의회의 회원이었거나 아니면 지방 공회의 관원이었을 것이다. 그는 30세가 조금 넘은 청년이었고 또 돈 많은 부자였다. 그는 젊은 사람이었고 또 부자였는데도 보통 사람들과는 달리 예수님 앞에 어떻게 해야 영생을 얻을 것인지에 대해서 여쭈러 나왔다. 참으로 귀한 일이었다.

그는 예수님 앞에 나아와 "선한 선생님이여 내가 무엇을 하여야 영생을 얻으리이까"라고 여쭙는다(마 19:16; 막 10:17). 그는 예수님을 주님으로 부르지 못한 점에서 아직 예수님을 몰랐으나 그러나 예수님을 그냥 "선생님이여!"라고 부르는 경지를 넘어 "선한 선생님이여!"라고 불렀다. 그는 정중한 예의를 갖춘 점잖은 사람이었다. "내가 무엇을 하여야 영생을 얻으리이까"라는 말씀의 주해를 위하여 10:25주해를 참조하라. 젊은 관원은 겸손한 마음으로 그리고 의지하는 마음으로 예수님을 영접하는 것이 영생인 줄 알지 못했다(15-17절). 그는 돈은 많았고 또 관원이란 직책을 가지고 있었지만 불행한 사람이었다.

눅 18:19. 예수께서 이르시되 네가 어찌하여 나를 선하다 일컫느냐 하나님 한 분 외에는 선한 이가 없느니라.

예수님은 젊은 관원의 질문을 받으시고 말씀하시기를 "네가 어찌하여 나를 선하다 일컫느냐 하나님 한 분 외에는 선한 이가 없느니라"고 대답하신다. 예수님은 청년에게 '네가 나를 사람으로만 안다면 어찌하여 선하다'고 말하느냐고 하신다(Plummer). 예수님을 하나의 사람으로만 안다면 선하다고 할 수 없다는 뜻이다. 사람은 다 부패했고 죄 아래 있으니 사람을 선하다고 하는 말은 틀렸다는 뜻이다. 그래서 예수님은 그 청년에게 "하나님 한 분 외에는 선한 이가 없느니라"고 하신다. 예수님은 청년에게 예수님을 사람이라고만 안다면 하나님 한 분 외에는 선한 이가 없다고 하신다. 그러나 반대로 예수님을 하나님으로 안다면 예수님을 선하다고 해야 한다는 것이다. 예수님은 이 청년의 예수님 관(觀)을 완전히 바꾸어 놓으시기를 원하신다. 오늘 우리가 예수님이 전적으로 하나님인줄 모른다면 예수님을 아주 잘 못 알고 있는 것이다.

혹자는 예수님께서 "네가 어찌하여 나를 선하다 일컫느냐. 하나님 한 분 외에는 선한 이가 없느니라"고 말씀하신 것을 두고 이 청년이 유대인 랍비에게도 붙지 않는 칭호를 경솔하게 붙인 것을 경계하시려는 의도라고 말한다. 또 혹자는 예수님께서 이 청년의 아첨하는 태도를 고치기 위해서라고 말한다. 그러나 이 두 견해는 "하나님 한 분 외에는 선한 이가 없느니라"는 말씀과 잘 부합하지 않는 약점이 있다. 예수님께서 "네가 어찌하여 나를 선하다 일컫느냐"고 반문하신 것은 경솔하게 이 칭호를 붙인 것을 경계한다든지 아니면 아첨하는 태도를 고치기 위해서라기보다는 예수님을 하나님으로 몰라본 것을 책하기 위해서라고 보아야 할 것이다.

눅 18:20. 네가 계명을 아나니 간음하지 말라, 살인하지 말라, 도둑질하지 말라, 거짓 증언하지 말라, 네 부모를 공경하라 하였느니라.
예수님은 그 청년이 예수님을 하나님인 줄 몰라보았을지라도(18절) 그에게 진리를 가르치시기 위해서 계명을 지켰느냐고 물으신다. 예수님은 우선 그 청년이 유대 관원이니까 "네가 계명을 알고 있다"는 것을 인정하신다. 여기 "계명"이란 말은 율법 조항 하나하나를 지칭하는 말이다. 계명 전체를 언급할 때는 율법이라고 말한다.

예수님은 그 청년이 다섯 개의 계명(5-9계)을 알고 있다고 하신다(출 20:12, 16; 신 5:16, 20; 마 19:18-19). 롬 13:9; 약 9:11 참조. 예수님께서 말씀하신 5개의 계명은 십계명의 둘째 돌비에 새겨져 있는 것들이다. 예수님은 부자 청년에게 10번째 계명("탐내지 말라")은 묻지 않으셨다. 이유는 10번째 계명은 따로 22절에서 자세히 물으시기 위해서이다. 그리고 또 예수님은 이 청년에게 제 1-3계명을 지켰느냐고 질문하시지 않으신다. 묻지 않으신 이유는 역시 22절에 나온다. 즉 재물이 우상이 되어 재물을 더 섬기느라 하나님 관련 계명을 지키지 못했기에 묻지도 않으셨다. 청년에게는 재물이 제일 앞서 있었고 하나님은 뒷전에 밀려 있었다. 그 청년은 탐심을 그냥 가지고 살아왔다. 예수님은 이 청년의 구원을 위하여 한 단계 한 단계 질문하여 나가신다.

예수님은 십계명 돌판들의 두 번째 판에 있는 5계-9계까지 지켰느냐고 물으신다. 물론 예수님께서 산상보훈을 말씀하신 산 위에서 다시 해석하신 계명을 물으신 것이 아니라 구약에 있는 대로의 계명을 물으셨다. "간음하지 말라"는 계명에 대해 예수님께서 다시 해석하신 것을 보면 '여자를 보고 음욕을 품지 말라'는 말씀으로 깊이 해석하셨다(마 5:27-32). "살인하지 말라"는 계명은 '사람을 미워하지 말라'는 뜻이라고 하셨다(마 5:21-26).

"도둑질하지 말라," "거짓 증언하지 말라," "네 부모를 공경하라"(엡 6:2; 골 3:20)는 구약의 계명도 예수님은 재해석하셨는데 모두 산상보훈에 기록되어 있다. 예수님께서 만일 청년에게 예수님께서 깊이 해석하신대로 물으셨다면 그 청년은 "내가 지켰나이다"라고 대답할 수 없었다. 오늘 우리는 그리스도로부터 힘을 받아 그리스도께서 말씀하신 계명을 준수해야 할 것이다.

눅 18:21. 여짜오되 이것은 내가 어려서부터 다 지키었나이다.

이 청년은 예수님께 "이것은 내가 어려서부터 다 지키었다"고 말씀드린다 (마 19:20 참조). 이 청년은 어려서부터 계명을 알았기에 예수님께서 질문하신 다섯 가지 계명들을 다 지켰다고 대답한다. 완전하게 지키지는 못했다고 해도 크게 흠 잡힐만한 일은 없을 만큼 지켰다고 말한다. 이 사람은 예수님의 표준으로 계명들을 지키지는 못했을지라도(마 5장) 피상적으로라도 지켰다고 말씀드린다. 바울도 율법의 의로는 흠이 없는 자라고 말했다(빌 3:6). 청년 관원은 예수님께서 열 번째 계명을 빼고 물으신 것에 대해 다행이라고 생각했을 것이다.

눅 18:22. 예수께서 이 말을 들으시고 이르시되 네게 아직도 한 가지 부족한 것이 있으니 네게 있는 것을 다 팔아 가난한 자들에게 나눠 주라 그리하면 하늘에서 네게 보화가 있으리라 그리고 와서 나를 따르라 하시니.

드디어 예수님께서 그 청년에게 결정적으로 한 가지 부족한 것을 말씀하신다 (마 19:21 참조). 예수님은 "네게 아직도 한 가지 부족한 것이 있으니 네게 있는 것을 다 팔아 가난한 자들에게 나눠 주라"고 하신다(마 6:19-20; 19:21; 딤전 6:19). 예수님은 청년에게 문제되었던 것이 무엇인지를 잘 아셔서 "한 가지 부족한 것이 있다"고 지적하신다. 그것은 다름 아니라 "네게 있는 것을 다 팔아 가난한 자들에게 나눠 주라"는 것이었다. 예수님은 참으로 어려운 주문을 하신다. 예수님은 이 청년이 그 동안 전혀 지키지 못했던

10번 째 계명을 지키라고 하신다. 이 청년은 그 동안 10번째 계명도 지키지 못했고 또 재물이 우상이 되어 하나님도 제대로 섬기지 못했다. 그래서 예수님은 청년에게 제 1계명부터 3계명까지를 지켰느냐고 묻지도 않으셨다. 사람마다 적어도 한 가지 문제가 있다. 어떤 사람은 재물이고 또 어떤 사람은 간음이며 또 어떤 사람은 부모 공경이고 또 어떤 사람은 거짓말일 것이다. 사람마다 이 한 가지 때문에 예수님을 믿지 못하고 영생에 이르지 못한다. 사람의 육신도 한 가지 병으로 죽는다. 영적으로도 마찬가지이다. 오! 한 가지! 그것이 무엇인지 우리는 일찍이 알아야 한다. 예수님은 청년에게 있는 것을 다 팔아 가난한 자들에게 주면 "하늘에서 네게 보화가 있으리라" 고 하신다. 곧 영적인 놀라운 보화들, 영적인 복들을 얻을 것이라고 하신다.

　　예수님은 재물을 팔아 가난한 사람들에게 나누어 주고 "와서 나를 따르 라"고 하신다. 예수님을 따르지 못하게 가로 막는 것을 해결한 후 예수님을 따르라고 하신다. 예수님은 각자 자기를 부인하고 자기 십자가를 지고 나를 따르라고 하신다(마 16:24). 오늘 우리들에게도 예수님을 따르지 못하게 만드는 것들을 해결하고 예수님을 믿고 따라야 할 것이다.

눅 18:23. 그 사람이 큰 부자이므로 이 말씀을 듣고 심히 근심하더라. 예수님은 그 청년에게 진리를 말씀해 주셨건만 "그 사람이 큰 부자이므로 이 말씀을 듣고 심히 근심하더라"고 말한다. 여기 "근심하더라"(περίλυπος) 는 말은 '심히 근심스러운'이란 뜻으로 부자는 근심에 쌓인 채 집으로 갔다 (마 19:22; 막 10:22). 그리스도의 말씀을 듣고 지킬 수가 없어서 근심하던 관원은 그 후 어떻게 되었는지 성경에서는 더 이상의 언급이 없어 우리는 모른다.

눅 18:24. 예수께서 그를 보시고 이르시되 재물이 있는 자는 하나님의 나라 에 들어가기가 얼마나 어려운지. 부자 청년 관원과의 대화 끝에 예수님은 말씀하시기를 부자는 구원 받기가 심히 어렵다고 하시고(24-27절), 베드로와의 대화중에 금생의 복과 내세의 영생을 보장하신다(28-30절). 부자는 이제 예수님 앞을 떠나갔다. 예수님은 떠나가는 부자를 보시고 말씀하시기를 "재물이 있는 자는 하나님의 나라에 들어가기가 얼마나 어려운지" 모른다고 하신다(잠 11:28; 마 19:23; 막 10:23). '재물이 있는 자는 하나님의 나라의 주인이신 예수님을 믿기도 어렵고 하나님의 나라에 들어가기가 얼마나 어려운지 모른다고 하신다. 그 부자 청년이야 말로 그 모든 것을 팔아 가난한 자들에게 주고 난 다음 예수님을 따라야 하니 얼마나 어렵겠는가. 부자가 하나님의 나라에 들어가는 것은 참으로 어렵다.

눅 18:25. 낙타가 바늘귀로 들어가는 것이 부자가 하나님의 나라에 들어가는 것보다 쉬우니라 하시니.
예수님은 부자가 하나님의 나라에 들어가기가 얼마나 어려운지 그 어려운 정도를 비유를 들어 말씀하신다. "낙타가 바늘귀로 들어가는 것이 부자가 하나님의 나라에 들어가는 것보다 쉬우니라"고 하신다(마 19:24). 낙타가 바늘귀로 들어가는 것이 오히려 쉽다고 하신다. 우리 사회에서는 하늘에 별 따기만큼이나 어렵다는 표현이 있다. 우리의 힘으로 구원을 받는다는 것은 불가능하다.

눅 18:26. 듣는 자들이 이르되 그런즉 누가 구원을 얻을 수 있나이까.
마태와 마가에서는 제자들이 물었다고 되어 있으나 여기서는 듣는 자들이 물었다고 말씀한다. 아마도 듣는 자들이 대부분 제자들이었을 것이다(15절, 28절). "그런즉 누가 구원을 얻을 수 있나이까"라고 질문한다. 그렇게 어렵다면 도대체 누가 구원을 얻을 수 있겠습니까하고 질문한다. 당연한 질문이다.

눅 18:27. 이르시되 무릇 사람이 할 수 없는 것을 하나님은 하실 수 있느니라.

청중들(제자들이 대부분이었을 것임)의 질문을 받으시고 예수님은 "무릇 사람이 할 수 없는 것을 하나님은 하실 수 있느니라"고 하신다(1:37; 렘 32:17; 슥 8:6; 마 19:26). 사람은 엄청난 재물을 팔아 가난한 자들에게 줄 수 없어 예수님을 따를 수 없다고 할지라도 하나님은 그 사람에게 은혜를 주셔서 예수님을 따르게 하실 수 있다는 뜻이다. 사람은 모든 것에 불가능할 지라도 하나님은 항상 가능하시다. 성경에 나오는 부자들 예를 들어 삭개오 (19:9)나 아리마대 부자 요셉(마 27:57)은 부자들이었으나 하나님으로부터 은혜를 받아 구원에 이르렀다. 하나님은 사람들에게 은혜를 주셔서 예수님 을 믿게도 하시고 또 때로는 재물을 모두 없어지게 하셔서 사람들로 하여금 예수님을 따르도록 하신다. 살기등등한 사울도 그리스도의 은혜로 구원을 얻었으니 하나님에게는 불가능이 없으시다.

눅 18:28. 베드로가 여짜오되 보옵소서 우리가 우리의 것을 다 버리고 주를 따랐나이다.

예수님의 구원의 대강령을 들은 베드로(앞 절)는 제자들을 대표하여 말씀하 기를 "보옵소서 우리가 우리의 것을 다 버리고 주를 따랐다"고 한다(마 19:27). 베드로 뿐 아니라 제자들 모두가 모든 것을 버리고 주를 따랐으니 (5:2-11, 27-38; 마 9:9; 막 2:14) 구원을 얻겠는가 하고 확인한다. 제자들은 구원을 얻을 수 있을지 확실히 알기 위해 질문한 것이다. 우리도 알기 위해 질문할 수도 있다. 그러나 그리스도를 믿고 따르면 죄 사함을 받고 천국에 가는 것이니 따로 확인 질문을 하지 않아도 된다.

눅 18:29-30. 이르시되 내가 진실로 너희에게 이르노니 하나님의 나라를 위하여 집이나 아내나 형제나 부모나 자녀를 버린 자는 현세에 여러 배를 받고 내세에 영생을 받지 못할 자가 없느니라 하시니라.

베드로가 제자들의 대표로 확인 질문을 한 것(앞 절)을 예수님께서 받으시고 제자들 전체에게 해답을 주신다. 예수님은 먼저 "내가 진실로 너희에게 이르노니"라는 언사를 사용하신다. 이제부터 예수님께서 말씀하시는 것이 아주 중요하다는 것을 알리신다. 예수님은 "하나님의 나라를 위하여 집이나 아내나 형제나 부모나 자녀를 버린 자는 현세에 여러 배를 받는다"고 하신다 (신 33:9). 여기 "하나님의 나라"라는 말은 '예수님'을 지칭하는 말이다 (15-17절). 물론 '예수님'이란 말속에는 예수님께서 통치하시는 현재의 영역을 지칭하기도 하고 또는 종말에 이루어질 최후적인 하나님의 나라를 포함하는 말이다. 그러나 본문에서는 예수 그리스도를 지칭하는 말로 보아야 한다.

예수님은 본 절에서 하나님의 나라를 위하여 "집이나 아내나 형제나 부모나 자녀를 버린 자"는 여러 배를 받는다고 말씀하셨는데(욥 42:10 참조) 마태와 마가에 있는 "전토"를 생략했고 "아내"를 첨가했다. 하나를 생략하고 하나를 첨가한 것은 글의 뜻에 영향을 주지 않는다. 이유는 모든 것들이 이 세상에서 사람들이 아주 귀하게 여기는 것들이기 때문에 우리는 세상에서 귀중히 여기는 것들을 버리고 예수님을 제일 우선시해야 한다.

그러면 "버린다"는 말은 무슨 뜻인가. "버린다"는 말은 예수님을 우선시하고 다른 것들은 둘째 혹은 셋째로 놓아야 한다는 뜻이다. 본문을 보면 "집"만 물질적인 것이고 다른 4가지는 사람들인데 우리가 집을 가질 때 작은 집을 취하고 돈을 전도사업, 선교사업, 기독교 교육 사업을 위하여 헌금하라는 뜻일 수도 있고 혹은 집치장 같은 것을 간소하게 하고 나머지 돈을 헌금하라는 뜻일 수도 있다. 그렇게 하면 놀라운 복을 받는다. 그리고 4종류의 사람들에 대해서는 그들을 귀하게 여기기보다는 예수님을 더욱 귀히 여기고 다른 가족들(아내, 형제, 부모, 자녀)을 두 번째 혹은 세 번째로 두라는 뜻이다. 그렇게 하면 우리는 내 "아내"가, 내 "형제"가, 내 "부모"가, 내 "자녀"가 더 사랑스러운 가족들이 되고 더 값어치 있는 가족들이 되는 것이며 또 우리의 영적인 가족들이 많이 생긴다는 뜻이다. 우리는 그리스도 안에서 수많은 가족을 얻을 수 있다. 우리가 하나님의 나라를 위하여 모든 것을 버리면 현세에서도 큰 복을 받는다. 그런데 현세에서 가족들 때문에 골머리를 잃는 사람들이 있는데 그것은 태반 그들을 버리지 않아서 그렇게 된다. 우리는 가족을 버려야 한다. 가족을 버릴 때 가족을 얻게 되고 또 더 많은 가족을 얻게 된다(마 10:37-39).

그리고 예수님은 하나님의 나라를 위하여 버린 자는 "내세에 영생을 받지 못할 자가 없느니라"고 하신다. 버린 것이 공로가 되어 영생을 얻는다는 뜻이 아니라 버리고 예수님을 따랐기 때문에 영생을 얻는다는 뜻이다. 예수님을 따르면 엄청난 복을 받는다.

P'. 예수님께서 수난을 예고하시다(3)   18:31-34

하나님의 나라를 위해서 모든 것을 버린 사람들은 현세에서도 여러 배를 받고 또 내세에서는 영생을 얻는다고 말씀하신(28-30절) 예수님은 그런 일이 일어나게 하기 위해서 십자가 대속의 죽음을 죽으실 것이라고 예언하신다. 이 예언은 9:22, 44에 이어 세 번째 예언이다. 이 부분(31-34절)은 마 20:17-19; 막 10:32-34과 병행한다.

눅 18:31. 예수께서 열두 제자를 데리시고 이르시되 보라 우리가 예루살렘으로 올라가노니 선지자들을 통하여 기록된 모든 것이 인자에게 응하리라. 예수님께서 "열두 제자를 데리시고 이르신다." 중요한 말씀을 하신다는 뜻이다. 예수님은 가룟 유다까지 데리시고 말씀하신다. 가룟 유다는 예수님을 아직 배반할 때가 되지 않아 그냥 12제자단 안에 있었다. 예수님은 12제자들에게 이르시기를 "보라 우리가 예루살렘으로 올라가노니 선지자들을 통하여 기록된 모든 것이 인자에게 응하리라"고 하신다(시 22:1-31; 사 53:1-12; 마 16:21; 17:22; 20:17; 막 10:32). 예수님은 예루살렘에서 수난하신다고 말씀해주신다. 장소를 미리 말씀하신 이유는 실지로 그 장소에서 예언이 이루어질 때 제자들로 하여금 예언의 확실성을 믿게 하시려는 것이었다. 예수님은 예루살렘에서 환영을 받으실 것이라 하지 않으시고 선지자들을 통하여 예언된 그리스도의 고난이 예루살렘에서 이루어질 것이라고 하신다. 선지자들로 기록된 대로 된다고 예언하는 것이 마태의 입장이

다(마 1:22; 2:5, 15, 23; 4:14; 8:17 등 참조). 선지자들을 통하여 기록된
것들은 다음 절들(32-33절)에 기록되어 있다.

**눅 18:32-33. 인자가 이방인들에게 넘겨져 희롱을 당하고 능욕을 당하고
침 뱉음을 당하겠으며 그들은 채찍질하고 그를 죽일 것이나 그는 삼 일
만에 살아나리라 하시되.**
선지자들을 통하여 기록된 것들이 이 부분에 6가지로 기록되어 있다. 유대인
들에게 당하실 일들은 여기에 기록되지 않았다. "인자가 이방인들에게 넘겨
진" 후에 당하실 고난만 여기에 기록되어 있다. 여기 "인자"(5:24)란 말은
'고난당하실 그리스도'를 지칭하는 말이다. "인자"란 말은 '사람의 아들'이
란 뜻이지만 고난과 관련 있는 메시아 칭호이다.
　　예수님은 이방인들 즉 로마 총독 빌라도와 그의 군대에게 넘겨져 희롱
을 당하고 침 뱉음을 당하고 채찍질 당하며 이방인들은 예수님을 죽일
것이라고 하신다(23:1; 마 27:2; 요 18:28; 행 3:13). 그리고 예수님은
삼일 만에 살아나리라고 하신다. 6가지의 일이 선지자들을 통하여 기록되
었다고 하신다.

**눅 18:34. 제자들이 이것을 하나도 깨닫지 못하였으니 그 말씀이 감취었으므
로 그들이 그 이르신 바를 알지 못하였더라.**
누가는 예수님께서 말씀하신 것들(32-33절)을 제자들이 하나도 깨닫지 못했
다고 말한다(2:50; 9:45; 막 9:32; 요 10:6; 12:16). 제자들은 "인자가 이방인
들에게 넘겨져 희롱을 당하리라"는 말씀, "능욕을 당하리라"는 말씀, "침
뱉음을 당하리라"는 말씀, 이방인들이 예수님을 "채찍질하리라"는 말씀,
"그를 죽일 것이라"는 말씀, 그리고 "삼 일 만에 살아나리라"는 말씀 등을
깨닫지 못했다.
　　그런데 누가는 그 이유를 이렇게 말한다. "그 말씀이 감취었으므로
그들이 그 이르신 바를 알지 못하였더라"고 말한다. 예수님께서 말씀하신

6가지 말씀이 "감춰었기"에 깨닫지 못했다는 것이다. 제자들이 깨닫지 못한 것을 두고 학자들은 대체적으로 첫째, 예수님께서 예루살렘에 올라가서서 왕이 되실 것으로 제자들은 기대했는데 갑자기 수난에 대해서 예언하시니 어리둥절하여 깨닫지 못했다고 해석한다(마 16:22; 17:10; 요 20:25; 행 1:6 참조). 황당한 말을 들었을 때 깨닫기 어려운 것은 사실이다. 둘째, 제자들이 예수님의 말씀을 하나도 깨닫지 못한 더 큰 이유는 예수님의 말씀이 아직 성취되지 않았기 때문이었다. "인자가 이방인들에게 넘겨져 희롱을 당하고 능욕을 당하고 침 뱉음을 당하겠으며 그들은 채찍질하고 그를 죽일 것이나 그는 삼 일 만에 살아나리라"는 말씀 중에 어느 한 말씀도 성취되지 않았으니 그들이 깨닫지 못했다고 보아야 할 것이다. 예수님께서 십자가에 죽으셨다가 다시 살아났을 때 제자들은 예수님의 부활하심을 믿게 되었다(요 20:19-29).   셋째, 예수님의 제자들이 예수님의 말씀을 하나도 깨닫지 못한 가장 큰 이유는 성령님의 가르치심이 아직 없었기 때문이었다. 사람은 성령의 가르침이 있기 전에는 예수님에 대하여 전혀 깨닫지 못한다. 성령님께서 예수님의 정체와 예수님의 말씀을 깨닫게 해주셔야 깨닫는다. 제자들이 예수님의 말씀을 깨달은 것은 오순절 성령 강림 때였다. 그들은 성령님이 오시기 전에는 깨달을 수 없었다(고전 12:3). 예수님은 하나님의 것을 알려주신다(요 3:11). 성령님은 예수님이 하신 일의 의미를 알려주신다(요 8:28; 13:7; 16:14; 20:9). 예수님은 "그(성령님)가 내 영광을 나타내리니 내 것을 가지고 너희에게 알리시겠음이라"고 말씀하신다(요 16:14-15). 예수님은 아버지에게서 듣고 받으셔서 말씀하셨고 또 이루셨으며(요 16:15a), 성령님은 예수님께서 말씀하시고 또 행하신 것을 계시하신다. 다시 말해 성령님은 예수님께서 이루어놓으신 구원에 대한 진리를 제자들에게 깨닫게 해주신다. 오순절에 성령님이 오셔서 진리를 알려주시니 제자들은 그 진리를 듣고 수많은 사람들에게 진리를 가르쳐 주셨다. 사람이 성령의 가르침을 받지 아니하고는 진리를 깨달을 수가 없다.

Q'.예수님께서 여리고에서 사역하시다   18:35-19:27

기도에 대해 여러 가지로 교훈하신(18:1-34) 예수님은 드디어 여리고
에   도착하셔서   소경을   고치시고(35-43절),   삭개오를   구원하시며
(19:1-10), 그리스도께서 재림하시기 전에 하나님께 충성하라고 말씀하신
다(19:11-27).

1.여리고의 맹인을 고치시다   18:35-43

예수님께서 여리고에 도착하셔서 맹인을 고치셨는데 본서는 마태복음이
나 마가복음과는 두 가지 면에서 차이를 보인다. 첫째, 맹인을 고친 장소에
있어 마태와 마가는 여리고에서 나가실 때 맹인을 고치셨다 하고, 누가는
여리고에 가까이 오실 때 맹인을 치유하셨다 하고, 둘째, 맹인 숫자에 있어
마태는 2사람인 것을 밝히고 있고 마가와 누가는 맹인이 1사람이라고 말한
다. 장소의 차이는 여리고가 유대인이 거주하고 있었던 여리고와 로마의
통치하에 있었던 여리고가 있는 것을 감안하면 해결될 것으로 보인다(최근
의 고고학 발굴에 의하여 알려진 것으로 몇몇 학자가 주장하는 것임). 그리고
맹인 숫자가 둘이라고 한 마태는 두 사람을 다 말한 것이고, 1사람이라고
말한 마가나 누가는 둘 중에 한 사람만 언급한 것으로 보인다. 마가는 그
맹인의 이름이 바디매오라고 기록하고 있다. 이 기사는 마 20:29-34; 막
10:46-52과 병행한다.

눅 18:35a. 여리고에 가까이 가셨을 때에.

누가는 예수님 일행이 "여리고에 가까이 가셨을 때에" 맹인을 치유하셨다고
말한 반면 마태와 마가는 "여리고에서 떠나 갈 때에" 맹인을 치유하셨다고
말한다(마 20:29; 막 10:46). 마태와 마가는 예수님 일행이 유대인이 거주했
던 여리고(약간 북쪽에 위치해 있음)를 이미 통과한 것으로 말했고, 누가는
예수님 일행이 아직 통과하지 않은, 로마의 통치하에 있었던 여리고(약간
남쪽에 위치해 있음)에 가까이 가셨을 때에 맹인을 고치신 것으로 기록했다

고 보는 것이 좋을 것이다.133)

눅 18:35b-36. 한 맹인이 길가에 앉아 구걸하다가 무리가 지나감을 듣고 이 무슨 일이냐고 물은대.

누가는 "한 맹인"이 길가에 앉아 구걸하다가 치유 받았다고 말한다. 그러나 마태는 "두 사람"이 치유 받았다고 말한다(마 20:30). 그러니까 두 사람이 치유 받은 것은 확실하다. 그런데 마가나 누가는 그 두 사람 중에 한 사람의 치유에 대해서만 말한다. 두 사람 중에 한 사람에 대해서만 기록했다고 해서 잘 못된 것은 없다. 성령님께서 그렇게 기록하게 하신 것으로 보아야 한다.

맹인은 "길가에 앉아서 구걸하다가 무리가 지나감을 듣고 이 무슨 일이냐고 물었다." 구걸하던 맹인은 눈은 멀었으나 귀는 열려 있어서 무리가 지나가고 있음을 알았다. 때마침 유월절인고로 갈릴리 지방에서 수많은 사람들은 여리고를 통과하여 예루살렘으로 가고 있었다. 우리 몸에 붙어 있는 모든 기관들은 우리가 하나님으로부터 은혜를 받아 사는데 기여하도록 되어 있다. 입도, 귀도, 손도, 발도, 그 외의 모든 기관들이 우리의 생활에 쓸모 있도록 만들어졌으며 더욱이 하나님으로부터 은혜를 받아서 한 생애를

---

133) 예수님께서 여리고를 떠나실 때에 맹인을 고치셨다고 기록한 성경(마태, 마가)과 예수님께서 들어가실 때에 고치셨다는 성경(누가)의 서로 다른 기록을 두고 학자들은 여러 견해를 내 놓는다. 1) 소경 두 사람이 고침을 받았는데(마태) 한 사람은 예수님께서 여리고를 들어가실 때에 고침 받았고 또 한 사람은 예수님께서 여리고를 떠나실 때에 고침을 받았다는 견해. 2) 예수님께서 "가까이 가셨을 때에" 고치셨다고 기록한 누가의 기록은 예수님께서 여리고에 들어가실 때를 의미하는 것이 아니라 예수님께서 여리고 근처에 계실 때에 맹인을 고치신 것이라는 뜻이라고 한다. 3) 맹인은 예수님께서 여리고에 가까이 가셨을 때에 부르짖기 시작했는데 치유 받은 것은 예수님께서 여리고를 떠나실 때였다는 견해. 4) 예수님은 일단 여리고를 떠나셨는데(19:1) 삭개오 때문에 다시 여리고로 들어오셔서 거하셨기에 마태와 마가는 예수님께서 떠나실 때 매인을 고치셨다고 기록했고 누가는 예수님께서 다시 여리고로 들어오시는 길에 맹인을 고치셨다고 한다(Lenski). 5) 여리고는 신 여리고, 구 여리고가 있었는데 맹인은 이 두 사이에 앉아 있어서 마태와 마가는 예수님께서 "여리고를 떠날 때에" 고치셨다고 기록했고, 누가는 다른 여리고에 가까이 가셨을 때에 고치셨다고 기록한 것이라고 한다(맥나이트, 윌렴 헨드릭슨). 여러 학설 중에서 이 마지막 학설이 가장 타당한 것으로 보인다. 이유는 고고학 발굴이 그렇게 말하고 있다. 유대인이 거주했던 여리고(약간 북쪽에 위치해 있었음)와 로마의 통치하에 있었던(약간 남쪽에 있었던) 여리고가 있었다는 것이다.

살도록 만들어져 있다. 맹인의 귀는 그리스도를 향해 열려 있었다. 맹인의 귀는 바로 그리스도의 음성을 듣는 일에 사용되었다. 우리의 모든 기관들은 그리스도의 음성을 듣는 일에 쓰여야 하고 그리스도를 전하는 일에 사용되어야 한다.

맹인은 적시(適時)에 입을 가지고 "이 무슨 일이냐고 묻는다." 우리의 입은 그리스도에게 계속해서 진리에 관하여 질문해야 하고 또 그리스도를 증거해야 한다. 입 가지고 불평이나 불만을 토로한다면 참으로 불행한 일이다. 범사에 감사하고 하나님을 찬양해야 한다.

눅 18:37. 그들이 나사렛 예수께서 지나가신다 하니.

맹인이 소리 높여 외치는 소리는 꽤 멀리까지 들렸다. 맹인의 소리를 들은 사람들이 말하기를 "나사렛 예수께서 지나가신다"고 알려주었다. 당시 사람들이 보통 사용하는 칭호로 '나사렛 예수님께서 지나가신다'고 말했다. 이런 말을 들은 맹인은 다음 절에서 "나사렛 예수"라고 부르지 않고 "다윗의 자손 예수"라고 불렀다. 맹인은 예수님을 "다윗의 자손"(다윗의 자손이란 말은 메시아의 별칭이다)이라고 정확하게 부른 것이다.

눅 18:38. 맹인이 외쳐 이르되 다윗의 자손 예수여 나를 불쌍히 여기소서 하거늘.

맹인은 예수님께서 지나시는 때를 놓치지 않고 외쳐 말하기를 "다윗의 자손 예수여 나를 불쌍히 여기소서"라고 외친다. 여기 "다윗의 자손 예수여!"라는 칭호는 '메시아 예수여!'라는 칭호이다. 당시 사람들은 메시아라고 외치지 않고 다윗의 자손이라고 외쳤다(마 1:1; 9:27; 15:22; 20:31; 21:9; 21:15). 맹인은 예수님을 "다윗의 자손"이라고 부른 다음 "나를 불쌍히 여기소서"라고 외쳤다. 여기 "불쌍히 여기소서"라는 기도는 '비참한 나를 동정하여 주옵소서'라는 기도이다. 이렇게 "나를 불쌍히 여기소서"라고 기도해서 불쌍히 여김을 받지 않은 사람은 없었다. 옛날에 사람들을 불쌍히 여기시던 다윗의 자손 예수님은 오늘도 우리를 또한 불쌍히 여기신다. 이 맹인이 예수님에 대한 이런 지식을 소유하게 된 것은 성령님의 역사였다(고전 12:3). 그는 맹인이었기에 길가에 앉아서 계속해서 구걸하던 사람으로 비참한 삶을 살던 중에 일찍이 그리스도에 대한 소문을 들었을 때 성령님께서 역사하셔서 예수님이 메시아인 줄 알게 되었다. 몸이 성하고 돈이 많은 부자보다는 가난하고 병든 사람들이 차라리 나은 이유가 여기에 있다. 가난하고 병든 자들은 예수님을 "다윗의 자손 예수여!"라고 부를 수 있지 않은가. 성령님은 그들을 찾아가 예수님을 알려 주어 그 영혼을 구원하신다.

눅 18:39. 앞서 가는 자들이 그를 꾸짖어 잠잠하라 하되 그가 더욱 크게 소리질러 다윗의 자손이여 나를 불쌍히 여기소서 하는지라.

예수님의 일행 중 "앞서 가는 자들이 그를 꾸짖어 잠잠하라"고 말했다. 그들이 잠잠하라고 외친 것은 그렇게 하는 것이 예수님을 위하는 것인 줄 알았다. 사람들은 주님의 뜻을 알지 못하고 행동하는 수가 많다. 오늘도 마찬가지이다.

그 맹인은 "더욱 크게 소리질렀다." 그는 이번 기회를 놓치면 눈을 뜰 수 없으리라 생각하고 결사적이었다. 우리도 기도에 결사적이어야 한다. 응답 안 되어도 무관하다는 심리가 되어서는 안 된다. 그가 소리 지른 내용은 첫 번째 소리 지를 때의 내용과 똑 같았다. "다윗의 자손이여 나를 불쌍히 여기소서." 기도 내용이 똑 같다고 해서 중언부언한 것은 아니었다. 중언부언이란 생각 없이 반복하는 것을 뜻한다. 이 맹인은 부르짖음의 강도가 앞서 외친 것과 달랐다. 이제 예수님이 지나가시면 다시 이런 기회가 없을 것으로 알고 더욱 강하게 외쳤다. 우리는 기도할 때 반드시 응답을 받아야 한다는 생각으로 임해야 한다.

눅 18:40-41. 예수께서 머물러 서서 명하여 데려오라 하셨더니 그가 가까이

오매 물어 이르시되 네게 무엇을 하여 주기를 원하느냐 이르되 주여 보기를 원하나이다.

드디어 예수님께서 "머물러 서신다." 예수님을 멈추게 한 외침, 예수님을 멈추게 하는 기도, 그것은 위대한 기도이고 응답받을 기도이다. 목자는 양의 음성을 아신다(요 10:3). 우리는 예수님으로 하여금 우리에게 관심을 가지시게 해야 한다. 그러기 위하여 우리는 진정으로 외쳐야 한다. 예수님은 가시던 길을 멈추고 "명하여 데려오라 하셨더니 그가 가까이 갔다." 예수님은 사람을 명하여 맹인을 데려오라고 하신다. 예수님께서 돌보시는 시간이 된 것이다. 맹인은 기쁨으로 가까이 달려갔다. 마가에 의하면 맹인은 겉옷을 버리고 뛰어 일어나 갔다고 말한다(막 10:50).

가까이 다가온 맹인에게 예수님은 "물어 이르시되 네게 무엇을 하여 주기를 원하느냐"고 하신다. 예수님은 맹인의 소원을 물으신다. 우리가 기도할 때 우리는 분명한 소원을 말씀드려야 한다. 예수님은 우리의 소원을 다 아시지만 그래도 예수님은 우리에게 분명한 소원이 무엇이냐고 물으신다. 그 이유는 예수님은 우리의 소원을 이루신 후 영광을 받으셔야 하기 때문이다. 예수님은 38년 된 병자의 소원을 다 아시면서도 "네가 낫고자 하느냐"고 물으셨다(요 5:6).

맹인은 "주여 보기를 원하나이다"라고 분명히 아뢴다. 우리는 기도 가운데 막연한 말로 기도할 것이 아니라 분명하게 소원을 말씀 드려야 한다. 우리는 평소에 통성 기도에서 이웃 사람에게 들리지 않게 기도하더라도 마음속으로는 분명한 생각을 가지고 기도해야 한다.

눅 18:42. 예수께서 그에게 이르시되 보라 네 믿음이 너를 구원하였느니라 하시매.

맹인의 소원을 들으신 예수님은 "그에게 이르시되 보아라 네 믿음이 너를 구원하였느니라"고 하신다(17:19). 여기 "보아라"('Ἀνάβλεψον)는 말씀은 부정(단순)과거 명령형으로 '올려다보라' 혹은 '다시 보라' 혹은 '시력을 되찾아라'는 뜻이다. 예수님은 맹인에게 "보라"는 말씀 한마디로 그 시력을 회복시키셨다. 예수님의 명령에는 그 명령에 순종할 수 있는 강력한 힘이 있다.

예수님은 "네 믿음이 너를 구원하였느니라"고 말씀하신다. 예수님은 맹인의 믿음을 인정하신다. 맹인은 예수님께서 맹인 자신의 불행을 얼마든지 치유하실 수 있다는 믿음을 가지고 부르짖었던 것이다. 그래서 예수님은 맹인의 마음에 있는 믿음을 인정하신다. 예수님은 그 맹인이 예수님을 믿는 것을 보시고 맹인의 믿음이 그 맹인을 불행으로부터 구원하였다고 선언하신다. 이 때 맹인은 그 질병으로부터 구원받은 것뿐 아니라 그 영혼도 구원을 받았다고 보아야 할 것이다. 이유는 예수님은 육신의 질병만 고쳐주시는 분이 아니라 영혼도 구원하시는 분이기시 때문이다. 7:50; 8:48; 17:19 참조.

눅 18:43. 곧 보게 되어 하나님께 영광을 돌리며 예수를 따르니 백성이 다 이를 보고 하나님을 찬양하니라.
예수님의 명령 한마디에 고침을 받은 맹인은 "곧 보게 되어 하나님께 영광을 돌리며 예수를 따랐다"(5:26; 행 4:21; 11:18). 맹인은 곧 보게 된 후 다른 곳으로 가지 않았다. 하나님께 영광과 감사를 드리며 예수님을 따랐다. 그는 예수님을 따르면서 예수님의 인자하신 모습을 바라보았다. 그리고 한 없이 감사했다. 그리고 찬양했다. 그는 예루살렘으로 가시는 예수님의 일행 속에 함께 동참했다. 바디매오는 이제 눈을 떠 하나님을 찬양했고 예수님을 따르는 사람이 되었으며 그는 정상적으로 사회생활을 하는 사람이 되었다.

바디매오에게 일어난 일들을 목격한 백성들은 "다 이를 보고 하나님을 찬양했다." 바디매오가 하나님을 찬양하며 예수님을 따르자 다른 사람들도 함께 하나님을 찬양했다. 그들 중에 얼마간의 사람들은 조금 전 바디매오로 하여금 떠들지 말라고 외쳤던 사람들도 있었을 것인데 그들도 이제는 바디매

오와 함께 하나님을 찬양했다. 그때 바디매오의 찬양은 여러 사람에게 큰
영향을 주었다. 사회에서 구박을 받던 한 사람이 은혜를 받으니 그 사회의
분위기가 영 달라진 것이다. 우리도 은혜를 받아 하나님을 높여야 할 것이다.
오늘 이 결론은 누가만이 기록한 결론이다. 누가는 찬양을 좋아한 사람이었
다(5:26; 7:16; 13:17;; 17:15; 23:47).

제 19 장

예수님의 예루살렘 입성(入城)

2.삭개오를 구원하시다 19:1-10

여리고로 들어오실 때 맹인 바디매오를 고치신 예수님은 여리고를 떠나실 때 세리장 삭개오를 구원하신다. 삭개오는 예수님 보기를 사모하다가 예수님을 영접하였고 또 지난날에 지은 죄를 자백하여 삭개오의 집에 구원이 임했음을 선언받았다. 이 기사는 누가만이 기록한 독특한 것이다.

눅 19:1. 예수께서 여리고로 들어가 나가시더라.

누가는 예수님께서 여리고를 통과하여 여리고를 떠나실 때에 삭개오를 만나셨다고 말한다. 예수님께서 여리고로 들어가실 때에는 구걸하던 맹인 바디매오를 고치셨고 이제 여리고를 떠나실 때는 세리장이요 부자였던 삭개오를 구원하셨다. 맹인이나 부자나 예수님을 만나 똑같이 예수님을 따르는 사람들이 되었다.

눅 19:2. (보라) 삭개오라 이름하는 자가 있으니 세리장이요 또한 부자라.

누가는 헬라어 문장 초두에 "보라"(ἰδοὺ)라는 단어를 기록하고 있다. 삭개오가 회개했다는 것은 참으로 놀라운 일이라는 뜻으로 "보라"라는 낱말을 썼다. 예수님은 앞(18:25-27)에서 부자가 구원을 받는 것은 거의 불가능한 일이지만 하나님께서는 가능하시다는 것을 말씀하셨는데 예수님은 그 실례를 지금 보이신다.

누가는 여리고 시(市)에 "삭개오라 이름하는 자가 있었다"고 말한다.

"삭개오"(Ζακχαῖος)라는 이름은 '의로운 사람' 혹은 '정의'라는 뜻이다. 좋은 의미의 이름을 가지고 있던 삭개오는 "세리장이요 또한 부자였다." 세금을 거두어드리는 세무서장의 일을 보았기에 부자가 되었다는 뜻으로 이 두 단어를 붙여 놓은 것으로 보인다.

당시 팔레스틴에는 세 군데(여리고, 가이사랴, 가버나움 세무서)의 세무서가 있었다. 여리고의 세무서는 여리고의 특산물(Balsam 향유와 다른 상품들) 무역으로 인해 로마 정부는 많은 세금을 거두어드렸는데 여리고의 세무서는 이 일 때문에 아주 중요하게 각광을 받았다. 삭개오가 그 세무서장이었으니 그의 직위는 대단한 직위였다. 예수님은 당시 아주 악질로 취급받던 세무서장을 구원하시는 일에도 능하셨다. 예수님께서 구원 못하실 사람은 지구상에 한 사람도 없다는 것을 보여주셨다.

눅 19:3-4. 그가 예수께서 어떠한 사람인가 하여 보고자 하되 키가 작고 사람이 많아 할 수 없어 앞으로 달려가서 보기 위하여 돌무화과나무에 올라가니 이는 예수께서 그리로 지나가시게 됨이러라.

평소에 허전한 마음, 삭막한 마음, 강퍅한 마음을 가지고 집 안에 돈만 쌓아놓고 기쁨 없이 살아가던 삭개오는 "예수께서 어떠한 사람인가 하여 보고자 했다." 이 말씀이야 말로 참으로 중요한 말씀이다. 성령님께서 계속해서 삭개오의 마음을 두드리고 있었던 것이 분명하다. 예수님께서 지나가시는 날 예수님을 한번 꼭 보고자 한 것이다.

삭개오는 예수님이 어떠한 사람인가 하여 보고자 했는데 "키가 작고 사람이 많아 할 수 없어 앞으로 달려가서 보기 위하여 돌무화과나무에 올라갔다." 삭개오는 키가 작았다. 게다가 예수님을 보려고 모여든 사람이 너무 많았다. 자기의 키 높이를 가지고는 예수님을 뵙는다는 것은 불가능한 것을 알고 사람들이 모인 틈을 뚫고 앞으로 달려갔다. 그리고 예수님을 어떻든지 보기 위하여 돌무화과 나무에 올라갔다.[134] 자기의 체면 같은 것은 아랑곳하지 않았다. 바로 그곳에 있던 돌무화과 나무에 올라간 이유는

"예수께서 그리로 지나가시게 되었기" 때문이었다. 예수님께서 그 돌무화과 나무 옆을 지나가시기 때문에 그 돌무화과나무에 올라간 것이다. 오늘도 누구든지 예수님이 어떠한 사람인가하여 알아보고자 하는 사람이 있다면 결국은 예수님을 알게 되고 믿게 되어 구원에 이른다.

눅 19:5-6. 예수께서 그 곳에 이르사 쳐다보시고 이르시되 삭개오야 속히 내려오라 내가 오늘 네 집에 유하여야 하겠다 하시니 급히 내려와 즐거워하며 영접하거늘.

예수님은 돌무화과 나무가 있는 곳에 이르셨을 때 나무에 올라가 있는 삭개오를 "쳐다보시고 이르시되 삭개오야 속히 내려오라. 내가 오늘 네 집에 유하여야 하겠다"고 하셨다. 어른 신분에 돌무화과 나무에 올라간다는 것은 참으로 이상한 행동이었다. 예수님은 돌무화과 나무에 올라가 있는 삭개오를 쳐다보셨다. 그리고 말씀하시기를 "삭개오야 속히 내려오라"고 하신다. 예수님께서 삭개오의 이름을 어떻게 아셨는지는 확실히 알 수가 없다. 여리고 지방에서 하도 유명한 사람이니 동행하고 있는 사람들이 예수님께 말씀드렸기에 아셨는지 아니면 예수님의 초자연적인 지식으로 아셨는지 우리가 말하기 어렵다. 예수님은 삭개오의 심령을 아시고 "속히 내려오라 내가 오늘 네 집에 유하여야 하겠다"고 하신다. 예수님은 사람의 마음을 다 아신다(요 1:48; 2:25). 사개오의 그 허전한 마음을 아셨고 예수님을

---

134) 돌무화과나무: Sycamine tree, Mulberry tree. 뽕나무과에 속하는 낙엽교목의 총칭. 학명은 '피쿠스 시코모루스 Ficus sycomorus'로서, 나무는 뽕나무 비슷하고, 열매는 무화과와 비슷하다. 이것은 뽕나무과의 상록교목으로, 나무높이 10-13m, 가지의 퍼짐은 직경 40m나 되는 일도 있다. 가지는 낮은데서 퍼지고 있으므로, 삭게오는 쉽게 이 나무에 올라갈 수가 있었다(눅 19:4). 열매는 나무의 모든 부분, 신구(新舊) 모든 가지에 달리고, 때로는 줄기에까지도 주렁주렁 달린다. 애굽에는 이 나무가 많이 생육되었다(시 78:47). 그 재목은 가구, 문짝, 궤, 관 등의 제작에 널리 사용되었다. 그러나 이 나무는 서리에 약하기 때문에(시 78:47) 저지의 평원, 또는 요단평지에 번성했다(왕상 10:17; 대상 27:28; 대하 1:15,9:27). 맛은 무화과만 못하지만, 빈민의 식료로 되었다(암7:14). 줄기는 오동나무처럼 부드러운데, 내구력이 있다. 그 때문에 애굽인은 미이라의 상자를 만드는데 썼다. 3,000년 이전에 만들어진 미이라의 상자가 애굽의 분묘 중에서 완전한 상태로 발견된 것은 그 때문이다. 아모스는 무화과 돌무화과나무 재배자였다(암7:14).

보고자 하는 마음을 아셨다. 예수님께서 삭개오로 하여금 속히 내려오라고 하신 이유는 예수님께서 "오늘 네(삭개오) 집에 유하여야 하겠기" 때문이었다. 예수님은 삭개오가 자기 집으로 오시라고 초청도 안했는데 그 집에 가서 유하기를 소원하셨다. 이것이야 말로 죄인을 구원하러 오신 예수님의 행위에 아주 걸맞는 행위였다. 예수님은 그 주위에 있는 사람들의 시선을 의식하지 않으셨다. 그가 세무서장이라는 것을 의식하지 않으시고 그 집에 들어가 유하기를 소원하셨다. 예수님은 아무도 더럽다고 하지 않으신다. 회개만 하면 예수님은 기뻐하신다. 삭개오는 세무서장으로 더러운 사람의 대명사였는데 이제는 예수님을 집으로 모신 구원의 사람이 되었다. 그는 극과 극을 달리는 사람이었다.

예수님께서 삭개오를 향하여 내려오라고 하셨을 때 삭개오는 "급히 내려와 즐거워하며 영접했다." 삭개오는 예수님의 명령을 듣고 속히 내려왔다. 아마도 자기 일생 그렇게 빨리 나무에서 내려온 때는 없었으리라. 그는 꿈인지 생시인지 분간하지 못한 채 순식간에 그 나무를 내려 왔다. 그리고 즐거워하며 예수님을 영접했다. 자기는 죄인이며 또 사회에서 거의 버림받은 자였는데 예수님이 이렇게 자기를 알아주는 것을 생각하고 삭개오는 완전히 어찌할 줄 모르고 즐거워하며 영접하게 된 것이다. 예수님이 자기 같은 사람을 알아주신다는 생각에서 그는 새삼 존재감을 느꼈을 것이며 고맙기 한량없었을 것이다. 오늘 우리도 삭개오처럼 예수님을 즐거워하며 영접해야 한다. 우리 위하여 대속의 피를 흘리신 예수님을 즐거워하며 영접하고 찬양하는 것은 마땅한 일이다.

눅 19:7. 뭇 사람이 보고 수군거려 이르되 저가 죄인의 집에 유하러 들어갔도다 하더라.

예수님께서 삭개오의 집에 들어가신 것은 수많은 사람들에게 엄청난 반향을 일으켰다. 본문의 "뭇 사람"이란 '여리고 사람들과 또 바리새인들과 바리새인들에게 동조하는 사람들'을 지칭한다. 많은 사람들은 예수님께서 삭개오의 집에 들어가신 것을 "보고 수군거려 이르되 저가 죄인의 집에 유하러 들어갔도다"라고 했다(5:30; 마 9:11). 뭇 사람들은 무슨 큰일이나 난 것처럼 야단이었다. 세상에 이런 일이 또 있을 수가 있느냐고 야단이었다. 그들은 예수님이 어떤 분이며 또 무슨 일을 하시기 위해서 세상에 오셨는지를 알지 못하니 "수군거렸고 또 말하기를 예수님이 죄인의 집에 들어갔다"고 말했다. 그들은 예수님이 죄인을 구원하시러 오신 분인 줄 몰라서 예수님의 행동을 보고 수군거렸다. 그들은 삭개오를 여전히 죄인 취급하고 있었다. 한번 죄인으로 낙인을 찍으면 영원히 죄인으로 알았다. 예수님을 영접하는 순간 딴 사람이 되는 줄 알지 못했다(고후 5:17). 우리는 세상 사람들을 함부로 죄인 취급해서는 안 된다.

눅 19:8. 삭개오가 서서 주께 여짜오되 주여 보시옵소서 내 소유의 절반을 가난한 자들에게 주겠사오며 만일 누구의 것을 빼앗은 일이 있으면 네 갑절이나 갚겠나이다.

예수님께서 삭개오를 은혜롭게 대우한 것(앞 절)에 대해 삭개오는 너무 감복하여 "서서 주께" 말씀드린다. 여기 "서서"라는 말을 두고 혹자는 아마도 예수님께서 하루나 이틀을 삭개오 집에서 체류하셨다가 떠나시는 시간에 삭개오가 서서 주님께 말씀드렸다고도 하고 혹자는 주님께서 한 끼 식사를 하시고 떠나시는 마당에 삭개오가 서서 주님께 말씀드렸다고도 하며 또 혹자는 예수님께서 이제 막 삭개오의 집에 들어가셨을 때에 삭개오가 서서 주님께 말씀드렸다고도 한다. 아마도 삭개오가 예수님을 자기 집에 모시자마자 서서 공적으로 말씀드린 것으로 보는 것이 타당할 것이다. 이유는 삭개오의 그 동안의 행동을 보면 예수님을 자기 집에 모시자마자 서서 정중하게 두 가지를 말씀드린 것으로 보인다.

삭개오가 "보시옵소서"('Ἰδού)라고 말한 것은 중대한 발표를 하겠다는 뜻으로 말한 것이다. 그가 말하는 두 가지는 가벼운 말이 아니었다. 중대발표였다. 삭개오는 "내 소유의 절반을 가난한 자들에게 주겠사오며 만일 누구의 것을 빼앗은 일이 있으면 네 갑절이나 갚겠나이다"라고 말씀드린다(3:14). 하나는 "내 소유의 절반을 가난한 자들에게 주겠다"라는 내용이었다. 삭개오가 정정당당히 번 소유의 절반을 가난한 자들에게 주겠다는 말은 참으로 놀라운 발표였다. 그는 완전히 딴 사람이 되었다. 예수님께서 강압적으로 재산을 가난한 자들에게 주라고 하지도 않았는데 그는 예수님의 풍성하신 사랑에 온전히 감복하여 자발적으로 이런 결정을 하여 예수님께 공적으로 말씀드렸다.

또 하나는 "만일 누구의 것을 빼앗은 일이 있으면 네 갑절이나 갚겠다"는 발표였다(출 22:1; 삼상 12:3; 삼하 12:6). '만일 누구의 재산을 법을 빙자하여 강탈한 일이 있으면 4배나 갚겠다'는 말씀이다. 그는 남의 돈을 착복한 일이 있었는데 이제 자신이 불법적으로 착취했던 것은 무엇이든지 되돌려 주겠다고 말한다. 헬라어 원문을 보면 삭개오가 진짜 토색했던 사실을 암시하고 있다. 즉 "만일 누구의 것을 빼앗은 일이 있으면"(εἴ τινός τι ἐσυκο-φάντησα)이라는 문장은 "만일"(εἰ-if)이라는 말로 시작하여 실제적으로 누구의 것을 속여서 빼앗은 것을 시사하고 있다. 그리고 "빼앗은"(ἐσυκο-φάντησα)이라는 단어는 부정(단순)과거 능동태 직설법 1인칭 단수로 실제적으로 "속였다"는 뜻이다. 가정해서 말하는 문장이 아니다. 그러니까 삭개오는 순수 가정해서 하는 말이 아니라 자기가 과거에 속여서 남의 것을 빼앗은 것이 있음을 시사했다. 그러나 아무리 자기가 속여서 남의 것을 빼앗았다고 해도 4배나 갚는 것은 모세의 법을 훨씬 초과하는 배상이다(3:14 주해 참조). 율법은 "사람이 소나 양을 도적질하여 잡거나 팔면 그는 소 하나에 소 다섯으로 갚고 양 하나에 양 넷으로 갚으라"고 말한다(출 22:1). 그러나 "도적질한 것이 살아 그의 손에 있으면 소나 나귀나 양을 무론하고 갑절을 배상하라"고 말한다(출 22:4). 그러나 자기의 죄를 고백한 자에 대해서는 "그 지은 죄를 자복하고 그 죄 값을 온전히 갚되 5분지 1을 더하여 그가 죄를 얻었던 본주에게 돌려줄 것이요"라고 말한다(민 5:7). 이런 법에 비추어 보면 삭개오는 법이 요구하는 이상으로 배상한 것이 드러난다. 그는 예수님의 은혜로운 대우에 큰 감동을 받고 이렇게 결정하고 말씀드린 것이다. 그는 온전히 과거의 삭개오가 아니었다. 우리도 회개할 때 이렇게 철저하게 해야 할 것이다.

눅 19:9. 예수께서 이르시되 오늘 구원이 이 집에 이르렀으니 이 사람도 아브라함의 자손임이로다.

삭개오가 회개할 때(앞 절) 예수님께서 들으시고 "이르시되 오늘 구원이 이 집에 이르렀다"고 말씀하신다. 예수님은 삭개오에게서 두 가지를 보셨다. 하나는 예수님을 기쁨으로 영접한 것을 보셨고 또 하나는 재물을 가난한 자에게 주기로 한 것과 과거에 불법적으로 갈취한 것에 대해서 4배를 갚기로 한 것을 보시고 삭개오가 참으로 회개한 자임을 확인하셨다. 그래서 예수님은 오늘 구원이 이 집에 이르렀다고 선언하셨다. 오늘 당장 구원이 이 집에 이르렀다고 하신 것이다. 지금은 삭개오 혼자만 회개했다고 할지라도 앞으로 집 식구들이 다 예수님을 믿는 집이 될 것을 내다보신 것이다(행 16:31 주해 참조).

그리고 예수님은 "이 사람도 아브라함의 자손이라"고 하신다(11:16; 롬 4:11-12, 16; 갈 3:7). 예수님은 삭개오가 그 동안 육신적으로만 아브라함의 자손이라고 한 것은 의미가 없었고 이제 예수님을 참으로 영접했고 또 회개했으니 이 사람도 영적으로 아브라함의 자손이라고 선언하신다(롬 4:11-12; 갈 3:7, 9, 29). 예수님은 이제 이 이상 삭개오는 여리고 사람들에게서나 바리새인들에 의해 죄인이라는 칭호를 붙이지 못하도록 아예 아브라함의 자손이라고 선언하신다. 아브라함이 천국을 소유한 것처럼(16:22) 삭개오도 천국의 유업을 받을 사람이 되었다.

눅 19:10. 인자가 온 것은 잃어버린 자를 찾아 구원하려 함이니라.

예수님은 아브라함의 집에 구원이 이르렀음을 선포하시고(앞 절) 이제는 이 부분의 결론으로 모든 사람들에게 말씀하시기를 "인자가 온 것은 잃어버린 자를 찾아 구원하려 함이라"고 하신다(마 18:11). "인자" 즉 '메시아'(5:24 참조)가 이 세상에 육신을 입고 오신 목적은 "잃어버린 자" 곧 '죄인'(7절)을 찾아 구원하려는 것이라고 하신다. 본문의 "찾아"라는 말은 중요하다. 이 말은 삭개오가 예수님을 찾은 것이 아니라 예수님께서 삭개오를 찾으신 것을 보여준다. 오늘 우리가 예수님을 찾은 것이 아니라 예수님께서 한국에까지 오셨고 또 우리 개인을 찾아오셔서 우리를 구원해주셨다.

예수님께서 삭개오의 집에서 이 말씀을 하신 이유는 여리고 사람들과 바리새인들이 예수님께서 삭개오 같은 순전한 죄인의 집에 들어가신 것을 아주 이상하게 생각하고 있을 것이기에 예수님께서 세상에 오신 목적과 또 삭개오의 집에 들어가신 목적을 말씀하신 것이다.

3.므나 비유를 말씀하시다   19:11-27

마 25:14-30의 달란트 비유와 이 부분의 므나 비유(11-27절)가 흡사한 점이 있어 두 비유가 같은 비유인지(Olshausen, Meyer, Gilmour), 아니면 다른 비유인지(Alford, Farrar, Bruce, John Ryle, Plummer, Lenski, William Hendriksen, 박윤선, 이상근, 이순한) 많이 논의되어 왔다. 피차 흡사한 점은 있으나 차이점도 많아 서로 다른 비유로 보아야 한다. 1) 예수님께서 두 비유를 말씀하신 때가 다르다. 달란트 비유는 예수님께서 예루살렘에 계시면서 말씀하신 비유이고, 므나 비유는 여리고에서 삭개오를 구원하신 다음에 말씀하신 비유이다. 2) 달란트 비유에서는 종들에게 맡겨진 금액이 크고, 므나 비유에서는 종들에게 맡겨진 금액이 소액이다. 3) 달란트 비유에서는 종들이 받은 액수가 각각 다르나, 므나 비유에서는 종들이 받은 액수가 똑 같다. 4) 달란트 비유에서는 상급에 있어 두 사람에게 똑 같이 보상되었으나, 므나 비유에서는 므나를 남긴 차이를 따라 보상이 달랐다. 5) 달란트 비유에서는 귀인이 왕위를 받아가지고 오려고 먼 나라로 간다는 말이 없고, 므나 비유에서는 그 말씀이 있다. 6) 달란트 비유에서는 형벌이 엄하고, 므나 비유에서는 므나를 회수한 것으로 끝난다. 7) 므나 비유에서는 왕위를 받아가지고 올 귀인에게 반역한 사람들에 대한 형벌이 엄하다.

눅 19:11. 그들이 이 말씀을 듣고 있을 때에 비유를 더하여 말씀하시니 이는 자기가 예루살렘에 가까이 오셨고 그들은 하나님의 나라가 당장에 나타날 줄로 생각함이더라.

누가는 "그들이 이 말씀을 듣고 있을 때에" 즉 '예수님의 제자들과 동행자들, 그리고 여리고 사람들이 예수님께서 삭개오의 집에서 인자가 온 것은 잃어버린 자를 찾아 구원하려 함이라고 하는 말씀(10절)을 듣고 있을 때에' 비유를 더하여 말씀하셨다고 말한다.

예수님께서 므나 비유를 말씀하신 목적은 "자기가 예루살렘에 가까이 오셨고 그들은 하나님의 나라가 당장에 나타날 줄로 생각했기" 때문이었다(행 1:6). 다시 말해 그들은 예수님께서 당장에 하나님의 나라를 세우실 줄로 기대했으나(요 6:15) 실제로는 당장에 하나님의 나라를 세우시지 않고 일단 승천하셨다가 오랜 시간 후에 재림하실 터이니 그 동안 충성하라는 것을 말씀하시기 위해서 므나 비유를 말씀하셨다.

눅 19:12-13. 이르시되 어떤 귀인이 왕위를 받아가지고 오려고 먼 나라로 갈 때에 그 종 열을 불러 은화 열 므나를 주며 이르되 내가 돌아올 때까지 장사하라 하니라.

예수님께서 말씀하시려는 비유의 핵심은 아주 간단하다. '어떤 귀인이 왕위를 받아가지고 오려고 먼 나라로 갈 때 자기의 종 열을 불러 각각에게 은화를 하나씩 주면서 말하기를 자신이 돌아올 때까지 장사하라고 부탁한다'는 이야기이다(마 25:14; 막 13:34). 여기 "귀인"은 '예수님'을 비유하고 "왕위를 받아가지고 온다"는 말은 '예수님께서 승천하셨다가 만왕의 왕으로 재림하실 것'을 비유하고, "종 열을 불러 은화 열 므나를 주었다"는 말은 '예수님께서 사도들이나 성도들에게 복음 전도의 사명을 주셨다는 것'을 비유하며, "귀인이 돌아올 때까지 장사하라"는 말씀은 '예수님께서 재림하시기까지 각자 받은 복음 전도의 사명에 죽도록 충성할 것'을 비유한다.

그런데 문제는 여기서 종들에게 똑같이 나누어주신 므나가 무엇인가 하는 점이다. 여기 "므나"[135]는 '제자들이나 성도들 각자에게 맡기신 복음 전도의 사명'을 지칭한다. 제자들이나 성도들은 똑 같이 복음 전도의 사명을 맡았다. 혹자는 여기 종들이 똑 같이 므나 한 개씩을 받은 것을 두고 누구든지 똑같이 받은 성경이라고 하기도 하나 더 구체적으로 우리가 모두 각자가 받은 복음의 사명이라고 말하는 것이 나을 것이다. 우리는 각자 맡은 복음 전도의 사명에 죽도록 충성해야 한다. 그래서 큰 열매를 맺혀야 한다. 소털같이 많은 날이라고 말하면서 적당히 지내서는 안 된다. 우리는 맡은 바 사명에 하루하루 충실해야 한다. 예수님으로부터 지혜와 능력을 받아서 충성스럽게 감당해야 한다. 우리는 누구나 똑같이 받은 그리스도를 충성스럽게 다른 이들에게 보여주어야 하고 모든 수단을 동원하여 그리스도를 전해야 한다.

눅 19:14. 그런데 그 백성이 그를 미워하여 사자를 뒤로 보내어 이르되 우리는 이 사람이 우리의 왕 됨을 원하지 아니하나이다 하였더라.
그런데 어떤 귀인이 먼 나라로 가 있는 동안, 다시 말해 예수님께서 승천해 계시는 동안, 종들이 각자 맡은 복음 전파 사명에 충성해야 할 신약 시대에 엉뚱한 생각을 하는 사람들이 있다는 것이다. 예수님을 "미워하여 사자를 뒤로 보내어 이르되 우리는 이 사람이 우리의 왕 됨을 원하지 아니하나이다"라는 말을 할 것이라고 한다(요 1:11). 실제로 유대인들은 예수님께서 왕이 되셔서 재림하시는 것을 싫어했다.

혹자들은 이 비유의 배경이 아켈라오가 왕위를 받아가지고 돌아오려고 로마로 갔는데 그 후 유대인들은 50인을 보내어 그가 잔인하다는 이유로 왕이 되는 것을 반대했다는 것이 배경이라고 말하나 예수님이 잔인하시다는

---

135) "므나"는 헬라와 로마의 화폐로 한 므나는 대략 20데나리온이다. 마태복음에 나오는 달란트(약 6,000데나리온)와는 큰 차이가 있는 화폐이다.

것은 있을 수 없어 여기 비유의 배경이 아켈라오라고 할 수는 없을 것이다. 그런고로 어떤 귀인 비유의 배경은 아켈라오가 아니다.

그러나 예수님께서 비유로 말씀하신 이 비유 중에 "그 백성이 그를 미워하여 사자를 뒤로 보내어 이르되 우리는 이 사람이 우리의 왕 됨을 원하지 아니하나이다"라는 말씀은 실제로 이루어졌다. 유대인들은 예수님께서 십자가에서 죽으시기 전 예수님을 십자가에 못을 박도록 많이 빌라도에게 압력을 가하였고 "우리에게는 가이사 외에는 왕이 없다"고 외쳤다. 또 예수님께서 승천하신 후에도 유대인들은 예수님의 제자들을 심히 박해했다. 예수님의 재림을 앞두고 지금 세상 사람들은 왕(예수님) 없이 살기를 원하고 있다.

눅 19:15. 귀인이 왕위를 받아가지고 돌아와서 은화를 준 종들이 각각 어떻게 장사하였는지를 알고자 하여 그들을 부르니.

예수님은 본 절부터 27절까지 귀인이 왕위를 받아가지고 돌아온 이후에 종들이 각각 어떻게 복음 전파 사명을 감당하였는가를 알고자 하여 종들을 불러 하나하나 살핀다고 하신다. 예수님이 왕이 되어 재림하시는 것을 방해하는 세력은 성공하지 못하고 예수님은 반드시 한 날 재림하실 것이다. 예수님은 돌아오셔서 각자가 어떻게 충성하였는지를 알아보실 것이다. 우리는 그 때 반드시 칭찬과 상급을 받아야 한다.

눅 19:16. 그 첫째가 나아와 이르되 주인이여 당신의 한 므나로 열 므나를 남겼나이다.

달란트 비유에서도 그렇듯이 많이 남긴 자가 첫 번으로 나아와서 자기가 어떻게 충성했는가를 보고한다. 첫째는 나아와서 "주인이여 당신의 한 므나로 열 므나를 남겼나이다"라고 말씀한다. 그 종은 자기 것을 가지고 일을 했다고 말하지 않고 "당신의 한 므나"로 열 므나를 남겼다고 말한다. 우리는 여기 "당신의"라는 말에 유의해야 한다. 우리에게는 우리의 것이 없다.

모두 주님의 것이다. 하나님께서 주신 복음 전파 사명, 그리고 하나님께서 주시는 지혜를 가지고, 그리고 하나님께서 주시는 능력을 가지고 일하는 것이다.

한 므나로 열 므나를 만들었다는 것은 대단한 충성을 보여준다. 우리 역시 그리스도로부터 지혜와 능력을 구하여 사명에 충성해야 할 것이다. 결코 한 므나도 남기지 못하는 불행한 종이 되어서는 안 된다. 세상에 살면서 한 사람에게도 그리스도의 복음을 전하지 않는 것은 있을 수 없는 일이다.

눅 19:17. 주인이 이르되 잘하였다 착한 종이여 네가 지극히 작은 것에 충성하였으니 열 고을 권세를 차지하라 하고.

열 므나를 남긴 종에게 주인이 말하기를 "잘하였다 착한 종이여 네가 지극히 작은 것에 충성하였으니 열 고을 권세를 차지하라"고 한다(16:10; 마 25:21). 예수님은 칭찬을 하시고 또 상급을 주실 것이다. 그런데 예수님은 종에게 "네가 지극히 작은 것에 충성하였다"고 하신다(마 25:21 참조). 종이 받아야 하는 상급에 비하면 작은 사명에 충성하였다는 것이다. 우리의 복음 전파 사명이란 받을 칭찬과 상급에 비하면 아주 작은 것이다.

눅 19:18-19. 그 둘째가 와서 이르되 주인이여 당신의 한 므나로 다섯 므나를 만들었나이다 주인이 그에게도 이르되 너도 다섯 고을을 차지하라 하고.

둘째도 와서 말하기를 "주인이여 당신의 한 므나로 다섯 므나를 만들었나이다"라고 말한다. 예수님은 그에게도 말씀하시기를 "너도 다섯 고을을 차지하라"고 말씀하신다. 여기 다섯 므나를 남긴 종에게는 그 충성의 정도에 비례하여 다섯 고을을 차지하라고 하신다. 우리가 천국에 가는 것은 전적으로 은혜로 가지만 천국에서 차지하는 상급은 행위로 되는 것을 알 수 있다. "각각 자기의 일하는 대로 자기의 상을 받으리라." 우리는 상급을 생각하면서 일해야 한다.

눅 19:20-21. 또 한 사람이 와서 이르되 주인이여 보소서 당신의 한 므나가 여기 있나이다 내가 수건으로 싸 두었었나이다 이는 당신이 엄한 사람인 것을 내가 무서워함이라 당신은 두지 않은 것을 취하고 심지 않은 것을 거두나이다.

두 번 째 종이 말씀한 다음 또 한 사람(세 번째 사람)이 와서 말하기를 "주인이여 보소서"(Κύριε, ἰδού)라고 말한다. 자기로서는 중대한 발표를 하기 위해 '주인이여! 보소서!'라고 말한다. 그는 말하기를 "당신의 한 므나가 여기 있나이다 내가 수건으로 싸 두었었나이다"라고 보고한다. 주님께서 주신 복음 전파 사명에 전혀 충성하지 아니하고 하루하루 그냥 먹고 마시며 산 것이다. 수건은 땀을 닦으라고 주신 것인데 사명을 잘 싸 두는데 사용했다. 그러면서 그 종은 주님께서 주신 므나를 쌓아둔 이유를 진술한다. 즉 "이는 당신이 엄한 사람인 것을 내가 무서워함이라 당신은 두지 않은 것을 취하고 심지 않은 것을 거두나이다"라고 보고한다(마 25:24). 그렇게 사명을 감당하지 아니하고 그냥 아무 것도 하지 아니한 이유는 주님께서 엄한 사람이기 때문이라고 변명한다. 여기 "엄한"(αὐστηρὸς)이란 말은 '엄격한,' '가혹한,' '가혹하게 거두어드리는,' '착취적인'이란 뜻으로 주님은 두지 않고서도 취하기도 하시고 또는 심지 않고도 거두시는 것을 지칭하는 말이다. 그러니까 므나를 수건에 싸두었던 종은 자신이 노력하지 않아도 주님은 얼마든지 므나를 불릴 수 있다고 생각한 것이다. 그 종은 잘 못된 신관을 가지고 있었다. 그 종은 하나님이 기적을 산출하는 기계라고 생각했다. 그 종은 주님께서 충성하라고 말씀하신 것을 아주 묵살해버리고 자기 나름대로의 잘 못된 신관을 자기의 행위에 적용시켰다. 오늘도 복음 전파 사명을 감당하지 않고 또 주님께서 맡기신 사명을 감당하지 않는 사람들이 얼마나 많은가.

눅 19:22-23. 주인이 이르되 악한 종아 내가 네 말로 너를 심판하노니 너는 내가 두지 않은 것을 취하고 심지 않은 것을 거두는 엄한 사람인 줄로 알았느냐 그러면 어찌하여 내 돈을 은행에 맡기지 아니하였느냐 그리하였으면 내가 와서 그 이자와 함께 그 돈을 찾았으리라 하고.

주인은 므나를 남기지 않은 종을 향하여 "악한 종아 내가 네 말로 너를 심판하노니 너는 내가 두지 않은 것을 취하고 심지 않은 것을 거두는 엄한 사람인 줄로 알았느냐"고 말한다(삼하 1:16; 욥 15:6; 마 12:37). 주인이 "악한 종"이라고 말한 이유는 장사하라(13절)고 명령한 주인의 명령을 따르지 않았기 때문이다. 예수님의 명령에 순종하지 않는 것이 악(惡)이다. 그러니까 명령에 순종하는 것이 선(善)임을 알 수 있다. 주인은 악한 종의 말을 가지고 악한 종을 판단하신다. 오늘도 악한 사람들은 자기들이 내뱉은 말로 정죄를 받고 있는데 그런 사람들이 아주 많다.

주인은 "그러면 어찌하여 내 돈을 은행에 맡기지 아니하였느냐 그리하였으면 내가 와서 그 이자와 함께 그 돈을 찾았으리라"고 말한다(마 25:26). "그러면"(καὶ), 즉 '네 말대로라면,' '네 말이 옳다면,' '네 말이 100% 옳다고 가정한다면' "내 돈을 은행에 맡기지 아니하였느냐"고 묻는다. 주인을 가혹한 사람이라고 생각 했다면 그 돈을 은행에 맡겼으면 좋지 않았겠느냐? 그러면 가혹한 주인이 와서 본전과 이자를 함께 받을 수 있지 않았겠느냐고 말한 것이다. 종은 자기의 말에 걸려 꼼짝없이 당한다. 세상의 수많은 불순종자들은 자기들의 말로 입이 막히고 정죄를 받는다.

눅 19:24. 곁에 섰는 자들에게 이르되 그 한 므나를 빼앗아 열 므나 있는 자에게 주라 하니.

주인은 종을 정죄한 다음 "곁에 섰는 자들에게 이르되 그 한 므나를 빼앗아 열 므나 있는 자에게 주라"고 명령한다. 이 진리는 현실에서도 많이 성취되고 있는 것을 볼 수 있다. 신령한 진리를 깨달은 사람은 더 많이 깨닫고 더 복을 받는데, 불순종하는 종들은 이미 깨달았던 것도 힘없이 잃어버리는 것을 많이 볼 수 있다. 그래서 그들은 비참하게 되는 것을 볼 수 있다.

본 절에서 우리는 달란트 비유와는 달리 므나를 불리지 않은 불순종하는 종들에게 임하는 벌이 약하다고 느낄 수 있을 것이다. 달란트 비유에서는 불순종하는 종들에게 임하는 벌이 아주 컸다(마 25:30). 그러나 여기 므나 비유에서는 그가 받은 므나를 빼앗기는 정도라는 것을 알 수 있는데 이 비유는 종말에 진행될 큰 벌까지 말하고 있지 않다. 그들이 받을 벌은 므나를 빼앗기는데서 끝나지만 그 말씀 안에서 종말의 벌도 상상할 수 있다.

눅 19:25. 그들이 이르되 주여 그에게 이미 열 므나가 있나이다.
주인의 곁에 있던 사람들이 말하기를 "그에게 이미 열 므나가 있다"고 알려준다. 그들은 주인의 처신이 잘 못되었다고 보고한다. 겨우 한 므나를 가지고 있는데 그것마저 빼앗는다는 것은 있을 수 없는 것이요 또 10므나 있는 자에게 주라고 명령한 것은 도저히 공평하지 않은 것 같아 "그에게 이미 열므나가 있다"고 보고한다. 본 절의 의미는 주님의 복음 전도 사명과 또 복음 전도 사명에 협력하는 사람들은 점점 더 큰 은혜를 받는다는 것을 말하는 내용이다.

눅 19:26. 주인이 이르되 내가 너희에게 말하노니 무릇 있는 자는 받겠고 없는 자는 그 있는 것도 빼앗기리라.
심부름꾼들의 보고를 받고 주인은 중대한 선언을 한다는 뜻으로 "내가 너희에게 말하노니"라고 말한다. 그 선언이란 바로 "무릇 있는 자는 받겠고 없는 자는 그 있는 것도 빼앗기리라"는 영원한 진리이다(8:18; 9:23-24; 17:33; 마 13:12; 25:29; 막 4:25). 신령한 은혜와 물질적인 복이 있는 자는 더 받겠고 없는 자는 그 있는 것도 빼앗기리라는 것이다. 이 진리는 지금 세상에서도 많이 성취되고 있다. 그리스도의 말씀에 불순종하는 사람들은 점점 더 불행해지는 것을 알 수 있다.

눅 19:27. 그리고 내가 왕 됨을 원하지 아니하던 저 원수들을 이리로 끌어다

가 내 앞에서 죽이라 하였느니라.

본 절의 비유는 예수님께서 재림하신 후 예수님이 왕 되시는 것을 방해한 유대인들과 또 역사상 기독교인들을 박해한 사람들은 큰 벌을 받는다는 내용이다. 예수님이 왕 되시는 것을 원하지 않던 사람들이 있었다(14절). 많은 유대인들의 종교가들과 그들에게 유혹되어 예수님을 십자가에 못 박으라고 외쳤던 사람들은 예수님 재림 때에 큰 벌을 받을 것이다. 그 때에 대제사장으로 역할을 했던 안나스와 가야바, 그리고 그의 문중들도 함께 끌려나와 지옥 형벌을 받을 것이다. 복음에 반대했던 수많은 사람들은 비참하게 될 것이다. "내가 왕 됨을 원하지 아니하던 저 원수들을 이리로 끌어다가 내 앞에서 죽이라." 무서운 말이다. 여기서 한 가지 유의해야 할 것은 예수님께서 십자가 위에서 기도하시기를 "아버지여 저희를 사하여 주옵소서 자기의 하는 것을 알지 못함이니이다"(눅 23:34)라고 기도 하신 내용은 예수님을 십자가에 못 박는데 동조한 사람들 중에서 회개한 자들에게 이루어졌다는 점이다(행 2:37-42).

VI.예루살렘에서 전도하시다   19:28-21:38

예수님은 베레아 전도(18:35-19:27)를 끝내시고 이제 예루살렘에 들어가신다. 예수님은 예루살렘에서 마지막 한 주간을 지내신다. 예수님께서 마지막 한 주간을 보내신 이 기간의 기록이 예수님의 전 생애 기간을 기록한 분량의 4분의 1에 해당한다. 그만큼 이 기간은 예수님에게 있어서는 중요하다. 누가는 예수님께서 예루살렘에 들어가신 사실을 기록하고(19:28-48), 유대교권자와의 논쟁을 기록하며(20:1-47), 예수님께서 종말을 예고하신 것을 기록한다(21:1-38).

A.예루살렘에 들어가시다   19:28-48

누가는 예수님께서 예루살렘에 들어가신 것을 기록하고(28-40절), 예루살렘을 위해 애통하신 사실을 기록하며(41-44절), 성전을 숙청하신 사실을 기록한다(45-48절).

1.나귀를 타고 입성(入城)하시다 19:28-40

예수님께서 나귀를 타시고 예루살렘에 들어가신 이 부분(28-40절)의 기사는 마 21:1-11; 막 11:1-11; 요 12:12-19과 병행한다. 예수님 일행은 금요일 해가 지기 조금 전 베다니에 도착하신다(요 19:28). 그리고 금요일 해질 때부터 토요일 해질 때까지 안식일 휴식을 취하셨으며, 토요일 저녁에는 문둥이 시몬의 집에서 만찬에 참석하셨고(막 14:3-9), 다음 날 주일에 예루살렘에 들어가셨다. 예수님께서 예루살렘에 가셨던 일은 본 기사를 포함하여 기록으로 남은 것은 8번이다.[136]

눅 19:28. 예수께서 이 말씀을 하시고 예루살렘을 향하여 앞서서 가시더라.
예수님은 "이 말씀을 하시고" 곧 '제자들과 동행자들, 그리고 여리고 사람들에게 하나님의 나라가 당장에 오는 것은 아니라는 것을 알려주시려고 귀인 비유를 말씀하시고' "예루살렘을 향하여 앞서서 가셨다"(막 10:32). 그는 죽음의 길을 가면서 제자들 앞서서 올라가신다. 마가는 이렇게 기록한다. "예루살렘으로 올라가는 길에 예수께서 그들 앞에 서서 가시는데 그들이 놀라고 따르는 자들은 두려워하더라"고 말한다(막 10:32). 그가 앞서서 가신 이유는 대속의 죽음을 죽으시는 것이 하나님의 뜻이었기 때문이었다.

눅 19:29. 감람원이라 불리는 산 쪽에 있는 벳바게와 베다니에 가까이 가셨을 때에 제자 중 둘을 보내시며.
예수님은 예루살렘에 단숨에 들어가시지 않고 나귀를 타고 들어가시기 위하여 나귀를 준비하려고 "감람원이라 불리는 산 쪽에 있는 벳바게와 베다니에

---

136) 예수님께서 예루살렘에 들어가셨던 기사들: 1) 아기 때(2:22), 2) 12세 때(2:42), 3) 시험받으실 때(4:9), 4) 공생애 1차년의 유월절 때(요 2:23), 5) 부림절 때(요 5:1), 6) 제 2차년 유월절 때(요 6:4), 7) 장막절 때(요 7:10), 8) 마지막 수난 주간을 맞이하여 입성하셨다(19:28).

가까이 가셨을 때에 제자 중 둘을 보내셨다"(마 21:1; 막 11:1). 즉 '감람
원137)이라고 불리는 산 쪽에 있는 벳바게138)라는 동리와 베다니139)라는
동리에 가까이 가셨을 때 나귀를 준비하도록 제자 중 두 사람을 보내셨다.'

**눅 19:30. 이르시되 너희는 맞은편 마을로 가라 그리로 들어가면 아직 아무
도 타 보지 않은 나귀 새끼가 매여 있는 것을 보리니 풀어 끌고 오라.**
예수님은 두 사람을 보내시면서 "너희는 맞은편 마을로 가라"고 하신다.
여기 "맞은편 마을"은 아마도 '벳바게'를 가리킬 것이다(Barton Bruce,
Hendriksen). 예수님은 그들을 벳바게로 보내시면서 "그리로 들어가면 아직
아무도 타 보지 않은 나귀 새끼가 매여 있는 것을 보리니 풀어 끌고 오라"고
하신다. 예수님은 거기에 가면 "아직 아무도 타 보지 않은 나귀 새끼가
매여 있는" 것을 아셨다. 예수님께서 그런 사실을 아셨던 것은 나귀 새끼의
주인과 미리 연락했기 때문이라고 보기보다는 그의 전지하심 때문으로 보는
것이 옳을 것이다(22:10 참조). 예수님은 전지하신 분이시다.

그리고 예수님은 "아직 아무도 타 보지 않은 나귀 새끼"를 타시고 예루살
렘에 들어가기를 소원하셨다. 사람을 태워 본 적이 없는 나귀 새끼를 원하셨

---

137) 감람원: "감람원"은 올리브 과수원을 말한다(출 23:11; 수 24:13; 삿 15:5; 삼상 8:14;
왕하 5:26; 느 5:11; 9:25). 감람원은 안식년 규정대로, 제 7년에는 갈지 않고 묵혀 두어서 백성의
가난한 자로 먹게 하도록 했다(출 23:11). 삼손은 꼬리를 매어 햇불을 켜댄 여우 300마리를
블레셋인의 감람원에 몰아넣어 불사르게 했다(삿 15:4-5). 사무엘은 왕의 특권을 말하는데 이것
을 인용하고(삼상 8:14), 엘리사의 종 게하시는 나아만에게서 은을 받아 감람원을 사서 하나님의
영광을 더럽힘으로써 문둥병으로 처벌되었다(왕하 5:26). 느헤미야는 전집 잡은 감람원을 형제
에게 돌려주도록 권하여, 유다 내부의 문제를 해결했다(느 5:11). 이스라엘 백성들은 그들의
통회 기도에 이것을 인용하고 있다(느 9:25).
138) 벳바게: 베다니와 예루살렘 사이에 있는 동리이다. 벳바게의 정확한 위치에 대해서는
정확히 아는 바가 없다. 전설에 의하면 베다니 북서쪽에 위치해 있었다고 한다.
139) 베다니: "가난한 자의 집"이라는 뜻이 있다. 예루살렘의 동쪽 오리쯤 되는 감람산의
동남 기슭에 있던 작은 마을이다. 이곳은 마르다, 마리아, 그리고 그의 오라비 나사로가 살던
마을인데(요 11:1; 12:1), 예수는 예루살렘에서의 마지막 때에 종종 이곳에 오셨다(19:29; 마
21:17; 막 11:1, 11-12). 이곳에는 또 문둥병 환자 시몬의 집이 있었으며(마 26:6; 막14:3), 예수님의
승천 장소도 여기서 가까웠다(24:50). 동리 주변에는 올리브, 종려, 살구 등의 과수가 무성하여
아름답다.

다. 예수님은 처녀 마리아의 몸을 빌려 잉태되시지 않았는가(1:34; 마 1:25).
그리고 예수님은 아무도 장사지낸 일이 없는 무덤을 사용하시지 않았는가
(23:53). 예수님에게 제물로 바치는 것은 순결한 것이어야 한다는 뜻에서
아무 사람도 타보지 않은 나귀 새끼를 끌고 오라고 하신다(민 19:2; 신
21:3; 삼상 6:7).

　예수님께서 나귀 새끼를 끌고 오라고 하신 것은 스가랴의 예언을 이루시
기 위함이었다(슥 9:9-"시온의 딸아 크게 기뻐할지어다. 예루살렘의 딸아
즐거이 부를지어다 보라 네 왕이 네게 임하시나니 그는 공의로우시며 구원을
베푸시며 겸손하여서 나귀를 타시나니 나귀의 작은 것 곧 나귀새끼니라").
예수님은 겸손하신 분으로 나귀 새끼를 타시고 예루살렘으로 들어 가셨고
또 평화의 왕이라는 것을 사람들에게 보여주시기 위하여 나귀 새끼를 타시고
들어가셨다.

**눅 19:31-32. 만일 누가 너희에게 어찌하여 푸느냐 묻거든 말하기를 주가
쓰시겠다 하라 하시매 보내심을 받은 자들이 가서 그 말씀하신 대로
만난지라.**
예수님은 "만일 누가 너희에게 어찌하여 푸느냐 묻는" 경우 "주가 쓰시겠다"
고 말하라고 일러주신다. 세상의 것들은 모두 주님의 것이니 주님이 쓰실
것이라고 말하라고 일러주셨다. 우리의 것들도 다 주님의 것이다. 주님이
쓰실 수 있는 것이니 주님이 원하시는 때에 내어드려야 한다.

　그런데 예수님은 누가 제자들에게 나귀 새끼를 어찌하여 푸느냐고 물을
것을 미리 아셨다. 예수님은 전지하시기에 누가 물을 것을 미리 아셨다.
혹자는 예수님께서 나귀 새끼 주인들과 잘 아는 사이이고 또 그 주인들과
미리 연락을 해놓으셨기에 누가 물을 것을 아셨다고 주장하나 만약 주인이
물을 것을 미리 아셨다면 주인이 물을 것이라고 말씀하셨을 것이다. 그러나
예수님은 "누가" 너희에게 물을 것이라고 하셨다. 예수님께서 모르시는
것이 없으셨기에 누가 물을 것을 아셨다고 보는 것이 옳을 것이다. 예수님은

미리 모든 것을 아시고 제자들에게 답변할 말씀을 주셨다(마 17:27; 막 10:33-34; 요 1:48; 2:4, 25).

보냄을 받은 자들이 가서 보니 "그 말씀하신 대로 만났다." 모든 일은 예수님께서 말씀하신대로 진행된다. 한 가지도 예외가 없다. 오늘 우리도 예수님의 일을 할 때 당황할 필요가 없다. 예수님께서 우리에게 미리 지도하여 주시니 말이다.

눅 19:33-34. 나귀 새끼를 풀 때에 그 임자들이 이르되 어찌하여 나귀 새끼를 푸느냐 대답하되 주께서 쓰시겠다 하고.

두 제자가 예수님의 명령에 따라 그 장소에 도착하여 "나귀 새끼를 풀 때에 그 임자들이 이르되 어찌하여 나귀 새끼를 푸느냐"고 질문한다. 두 제자가 "나귀 새끼를 풀 때에" 예수님께서 말씀하신 대로 "그 임자들이 이르되 어찌하여 나귀 새끼를 푸느냐'고 질문했다. 예수님의 말씀은 정확하게 응했다. 예수님은 모든 것을 미리 아시고 지시하신다. 지금도 예수님은 모든 것을 미리 아시고 지도하여 주신다.

그런데 여기 나귀 새끼의 주인이 하나가 아니라 둘 이상("그 임자들")이라고 묘사되었다. 그렇다면 나귀 새끼의 주인이 공동주인이란 뜻인가. 아니면 나귀 새끼의 주인 옆에 서 있던 사람들까지 포함해서 말한 것인가. 아마도 후자의 의견이 더 맞는 것으로 보아야 할 것이다. 두 제자들은 누가 나귀 새끼의 주인인지 확인하지 않고 나귀 새끼를 풀 때에 거기에 몇 사람들이 있었다는 인상을 받은 것으로 보인다.

두 제자가 나귀 새끼를 풀 때에 임자들이 어찌하여 나귀 새끼를 푸느냐고 물었을 때 두 제자는 "주께서 쓰시겠다"고 대답했다. 그랬을 때 주인은 허락했다. 이것은 세상만사를 주님이 주장하신다는 것을 보여주는 사례이다. 오늘도 예수님께서 하시려는 것을 막을 자가 없다. 오늘 교회는 모든 것을 주장하시는 예수님의 지시대로 움직여야 한다. 우리가 그리스도의 명령대로만 움직인다면 모든 것은 잘 진행되어 갈 것으로 알아야 한다.

우리가 필요한 것이 있으면 그리스도께 기도하면 그리스도께서 인도해 주신다. 교회는 염려 없이 하나님 나라 확장에 힘을 써야 할 것이다.

눅 19:35-36. 그것을 예수께로 끌고 와서 자기들의 겉옷을 나귀 새끼 위에 걸쳐 놓고 예수를 태우니 가실 때에 그들이 자기의 겉옷을 길에 펴더라. 두 제자가 나귀 새끼를 예수님께로 끌고 온 후 두 제자들 뿐 아니라 다른 제자들은 자기들의 겉옷을 나귀 새끼 위에 걸쳐 놓았다(마 21:7; 막 11:7; 요 12:14). 옷을 펴는 것은 왕을 존경한다는 표시이다(왕하 9:13). 그들은 예수님께서 행하신 능한 일과 또 말씀하신 대로 모든 것이 진행되는 것을 보고 예수님을 지극히 존경하게 되어 겉옷을 걸쳐 놓았을 것이다. 예수님을 관찰하는 사람으로 예수님을 존경하지 않을 사람이 어디 있겠는가. 그들이 겉옷을 나귀 새끼 위에 걸쳐놓은 다음 예수님으로 하여금 나귀 새끼 위에 타시도록 했다.

그리고 일단 예수님께서 나귀 새끼를 타시고 출발하신 다음 "그들이 자기의 겉옷을 길에 폈다"(마 21:8). '예수님의 제자들이 겉옷을 나귀 새끼 위에 걸쳐놓은 것처럼 베다니로부터 따라온 사람들은 예수님께서 가시는 길 위에 겉옷을 펴 드렸다.' 역시 왕에 대한 존경의 표시였다. 왕에 대한 존경과 사랑은 당연한 것이었다.

눅 19:37. 이미 감람 산 내리막길에 가까이 오시매 제자의 온 무리가 자기들이 본 바 모든 능한 일로 인하여 기뻐하며 큰 소리로 하나님을 찬양하여. 예수님은 베다니에서 출발하여 예루살렘으로 가시는 중에 감람산 모퉁이를 지나 "감람 산 내리막길에 가까이 오셨다." 이 지점에서 "제자의 온 무리가 자기들이 본 바 모든 능한 일로 인하여 기뻐하며 큰 소리로 하나님을 찬양했다." 여기 "제자의 온 무리"란 베다니에서부터 따라온 사람들과 또 유월절을 지키려고 예루살렘에 먼저 와 있던 군중 중에 예수님을 마중 나왔던 군중(요 12:1, 12-13a, 18-종려나무 가지를 들고 환영 나온 사람들)을 지칭한다.

그들은 "자기들이 본 바 모든 능한 일로 인하여 기뻐했다." 그들이 본바 "모든 능한 일"이란 누가복음에 언급된 이적들(4:23, 31-41; 5:1-26; 6:6-11; 7:1-17; 8:22-56; 11:14; 13:10-17; 14:1-6)과 또 누가 복음 이외에 다른 복음서에 기록된 이적들, 그리고 예수님께서 최근에 행하신 이적들(바디매오의 시력을 고치신 일, 죽은 지 4일이 지난 나사로를 살리신 일 등) 때문에 그들은 마음으로 크게 기뻐했다. 이렇게 엄청난 이적을 행하신 분이라면 틀림없이 유대나라를 로마로부터 해방시키고 유대나라를 독립국가로 만드실 수 있으리라고 생각하고 큰 소망 중에 기뻐했다.

그리고 그들은 입을 벌려 "큰 소리로 하나님을 찬양했다." 여러 사람들이 모여 그들은 목청껏 하나님을 높였다. 예수님을 보내신 하나님께 감사하여 하나님을 지극히 높여 구약의 할렐시(시 113편-118편)를 부르면서 하나님을 찬양했다. 그들은 마음으로 기뻐했고 입으로 찬양했다.

눅 19:38. 이르되 찬송하리로다 주의 이름으로 오시는 왕이여 하늘에는 평화요 가장 높은 곳에는 영광이로다 하니.

그들(예수님을 따라온 군중과 먼저 예루살렘에 왔다가 마중 나온 군중들)은 "찬송하리로다 주의 이름으로 오시는 왕이여 하늘에는 평화요 가장 높은 곳에는 영광이로다"라고 했다(13:35; 시 118:26). "찬송하리로다"(εὐλογη-μένος)란 말은 현재완료 분사 수동태로 '찬양을 이미 받아왔고 또 계속해서 찬양을 받고 있다' 혹은 '찬송을 이미 받아왔고 계속해서 찬송을 받고 있다'는 뜻이다. 예수님께서 승리의 입성을 하실 때 불렀던 이 찬송은 이곳에만 아니라 마 21:9; 막 11:9; 요 12:13에도 기록되어 있다. 이 찬송은 유월절 때 불렀던 대 할렐시(Hallel, 시 113편-118편) 중의 하나이다.140)

군중들은 예수님을 "주의 이름으로 오시는 왕이여"라고 외쳤다. '하나님의 이름으로 오시는 왕이여'라는 뜻이다. 다시 말해 '하나님께서 보내서

---

140) 대 할렐시(시 113편-118편)는 예루살렘을 향하는 순례자들이 먼 곳에서 성전이 보이기 시작하면 부르던 찬미이다. 특별히 시 118편은 메시아 시로 유명하다.

서 이 땅에 오시는 왕이여'라는 뜻이다. 그들은 하나님께서 보내신 왕을 맞이하면서 "하늘에는 평화요 가장 높은 곳에는 영광이로다"라고 외쳤다 (2:14; 엡 2:14). 예수님께서 이 땅에 오셔서 왕의 역할을 감당하셔서 유대나라를 로마로부터 독립시켜 유대나라를 평화롭게 만들고 또 유대나라를 하나님과도 평화롭게 만드실 것이라고 외쳤다. 또 하나님께서 예수님을 왕으로 보내서서 유대나라를 독립시키는 것은 가장 높은 곳(하늘-하나님)에도 영광이 될 것이라고 외쳤다. 예수님은 평화를 만드시는 분이고 영광을 만드시는 분이다.

눅 19:39. 무리 중 어떤 바리새인들이 말하되 선생이여 당신의 제자들을 책망하소서 하거늘.
예루살렘으로부터 환영 나온 군중이나 갈릴리와 베다니로부터 따라온 군중들은 예수님을 보내신 하나님께 크게 찬양을 돌렸으나 "무리 중에 어떤 바리새인들이 말하되 선생이여 당신의 제자들을 책망하소서"라고 예수님께 요청한다. 바리새인들은 예수님께서 영광을 받는 것이 아주 싫어서 그 떠드는 군중 속에서 때를 잃지 않고 당신의 제자들, 즉 당신을 찬양하는 제자들을 책망하라고 주문한다. 오늘도 예수님께서 영광을 받는 것을 싫어하는 마귀가 있고 또 교회가 부흥하는 것을 싫어하는 사람들이 많다.

눅 19:40. 대답하여 이르시되 내가 너희에게 말하노니 만일 이 사람들이 침묵하면 돌들이 소리 지르리라 하시니라.
예수님은 바리새인들의 요청을 받으시고(앞 절) 대답하시기를 "내가 너희에게 말하노니 만일 이 사람들이 침묵하면 돌들이 소리 지르리라" 하신다. "내가 너희에게 말하노니"라는 언사는 중대한 것을 발표하시기 위한 언사이다. 예수님은 하나님을 찬양하는 사람들이 잠잠하면 돌들이 대신 소리를 지를 것이라고 하신다(합 2:11 참조). 사람들이 잠잠하면 자연계라도 예수님을 찬양하기 위하여 소리를 질러야 마땅한 일이라고 하신다. 예수님께서 광야에서 떡을 만들어 먹이신 후 사람들이 예수님을 왕 삼으려 할 때 예수님은 산으로 피하셨으나(요 6:15) 지금은 예수님을 메시아로 환영하고 있는 군중들의 환영을 제지하지 않으셨다. 예수님께서 그들을 제지하지 않으셨기에 예루살렘에서 종교지도자들이 빠른 시일 내에 예수님을 십자가에 못을 박게 되었다. 군중들이 잠잠했더라면 예수님께서 유월절에 십자가에서 대속의 죽음을 죽지 못했을 것이다.

2.예루살렘을 바라보고 우시다 19:41-44

예수님은 그를 환영하는 군중과 함께 예루살렘 도시와 또 예루살렘 성전, 그리고 예루살렘의 건물들이 한 눈에 보이는 곳에 오시자 도시를 보시며 우셨다. 외양과는 달리 장래에 이 도시와 성전과 건물들이 어떻게 될 것을 아시기에 우신 것이다.

눅 19:41. 가까이 오사 성을 보시고 우시며.

예수님은 성 가까이 오셔서 성을 보시며 "우셨다"(요 11:35). "우셨다"(ἔκλαυσεν)는 말은 '큰 소리로 통곡하셨다'는 뜻으로 예수님은 앞으로 유대인들과 예루살렘 성이 망할 것을 내다보시면서 울음을 터뜨리신 것이다. 이 낱말(ἔκλαυσεν)은 예수님께서 나사로 무덤 앞에서(요 11:35) "우셨다"(ἐδάκρυσεν-"눈물을 흘리다")는 낱말보다 더 강한 표현이다. 예수님은 훗날 AD 70년의 비참 상을 생각하고 심히 우셨다. 예수님은 공생애 기간에 세 번 우셨는데 나사로의 무덤 앞에서 우셨고(요 11:35), 예루살렘을 보시면서 예루살렘의 종교가들과 거민들이 회개하지 않고 그냥 그대로 지내다가 패망할 것을 내다보고 우셨으며(41절), 그리고 겟세마네 동산에서(히 5:7) 우셨다. 나사로의 무덤 앞에서 우신 것은 인정적인 울음이었고, 예루살렘을 보시면서 우신 것은 유대민족의 앞날을 생각하시면서 애국적인 눈물을 흘리신 것이었고, 겟세마네 동산에서 우신 것은 인성의 고난으로 인해 우신 것이다.

눅 19:42. 이르시되 너도 오늘 평화에 관한 일을 알았더라면 좋을 뻔하였거니와 지금 네 눈에 숨겨졌도다.

예수님은 우시기만 하신 것이 아니라 예루살렘을 보시며 말씀하시기를 "너도 오늘 평화에 관한 일을 알았더라면 좋을 뻔하였거니와 지금 네 눈에 숨겨졌도다"라고 하신다. 여기 "평화에 관한 일(들)"(the things [which belong] unto thy peace!)이란 '평화에로 이르는 일들,' '평화를 만드는 일들'이란 뜻인데 방법으로는 '예수님을 영접하는 일과 죄를 자복하는 일'을 지칭할 것이다. 예수님은 예루살렘의 종교가들과 유대인들이 죄를 자복하여 평화롭게 살았더라면 좋았을 것인데 어떻게 해야 평화롭게 사는 것인지 그것이 "지금 네 눈에 숨겨졌다"고 하신다. 평화에 이르는 길, 번영의 길을 깨닫지 못했다는 뜻이다. 오늘 우리는 평화에 이르는 길이 무엇인지 알아야 한다. 그리스도를 영접하고 따르는 일, 그리고 죄를 자복하는 일을 알아야 한다. 이것을 알기를 노력하지 않으면 하나님께서 숨기신다.

눅 19:43-44. 날이 이를지라 네 원수들이 토둔을 쌓고 너를 둘러 사면으로 가두고 또 너와 및 그 가운데 있는 네 자식들을 땅에 메어치며 돌 하나도 돌 위에 남기지 아니하리니 이는 네가 보살핌 받는 날을 알지 못함으로 인함이라 하시니라.

예수님은 "날이 이를지라"고 하신다. 즉 예루살렘과 예루살렘 거민들이 주후 70년에 망할 날이 이를 것이란 말씀이다(21:20). 그 때가 되면 "네 원수들이 토둔을 쌓고 너를 둘러 사면으로 가두고 또 너와 및 그 가운데 있는 네 자식들을 땅에 메어치며 돌 하나도 돌 위에 남기지 아니하리라"고 하신다(21:20; 사 29:3-4; 렘 6:3, 6). 네 가지 사건들이 벌어질 것을 예언하신다. 첫째, "네 원수들이 토둔을 쌓을 것"이라 한다. 여기 "토둔"(a trench)이란 '흙으로 만든 성'을 지칭하는데 이 예언은 문자대로 이루어졌다. 둘째, "너를 둘러 사면으로 가둘 것"이라고 하신다. 실제로 훗날 로마 군인들이 흙으로 성을 만들어 예루살렘 거민들을 사면으로 가두어 유대인들은 양식을 구하지 못하여 굶어죽었다고 한다. 셋째, "너와 및 그 가운데 있는 네 자식들을 땅에 메어칠 것"이라고 예언하신다(왕상 9:7-8; 미 3:12). 예루살렘이 함락되자 로마 군인들이 성 안으로 들어가서 아이들을 땅에 메어쳤다고 한다. 넷째, "돌 하나도 돌 위에 남기지 아니할 것"이라고 예언하신다(21:6; 마 24:2; 막 13:2). 완전히 파괴될 것이라는 예언이다(렘 26:18; 미 3:12; 학 2:15 참조). 역시 글자대로 이루어져서 돌 하나도 돌 위에 남기지 않았다. 오늘날 통곡의 벽 쪽에 얼마간의 돌만 첩첩히 놓였을 뿐이다. 죄는 반드시 멸망을 가져온다.

예수님의 예언이 이루어질 수밖에 없었던 이유는 "네가 보살핌 받는 날을 알지 못하기" 때문이라고 하신다(1:68, 78; 단 9:24; 벧전 2:12). 여기 "보살핌 받는 날"이란 '방문하시는 날'이란 뜻으로 예수님께서 지금 유대민족을 구원하시려고 방문하고 계신 때를 말한다. 예수님께서 오셔서 유대민족을 구원하려고 하시는데 유대의 종교가들과 거민들은 전혀 예수님의 말씀에 귀를 기울이지 않았다. 우리는 그리스도의 권고를 철저히 받아야 한다. 그리스도의 권고를 헛되이 받으면 비참한 최후를 맞이할 수밖에 없다.

3.성전을 청결하게 하시다 19:45-46

성전에 가까이 오시는 동안 우신(41-44절) 예수님은 이제 성전에 들어가셔서 성전을 청결하게 하신다. 예수님은 3년 전 사역을 시작하실 때 예루살렘 성전을 청결하게 하신 일이 있었다(요 2:13-22). 그런데도 성전은 여전히 불결해 있었다. 그래서 예수님은 다시 청결케 하신다. 예수님께서 성전을 청결하게 하신 것은 오늘날에도 큰 의미를 보여준다. 오늘도 교회(성도의 공동체)는 청결해야 한다는 것을 보여주고 개인적으로도 거룩해야 한다는 것을 보여준다. 예수님은 월요일에 성전을 청결하게 하셨다(막 11:11-12, 15). 이 부분 말씀은 마 21:12-17; 막 11:15-19과 병행한다.

눅 19:45. 성전에 들어가사 장사하는 자들을 내쫓으시며.

예수님은 성전(이방인의 뜰, 성전 바깥뜰)에 들어가셔서 "장사하는 자들을 내쫓으셨다"(마 21:12; 막 11:11, 15; 요 2:14-15). 소, 양, 비둘기 등을 매매하는 사람들을 내 쫓으셨다. 또 돈을 바꾸어주는 자들의 상도 둘러 엎으셨다. 이유는 성전에서 장사를 했기 때문이었다. 멀리서 유월절을 지키러 오는 사람들을 위하여 성전 뜰에서 짐승을 팔았는데 완전히 장사를 하고 있었다. 높은 가격을 받고 팔았으며 장사꾼들은 대제사장들에게 높은 대가를 지불했다. 장사꾼들은 제사장 계급과 온전히 짜고 돈을 벌고 있었다. 장터로 변한 바깥뜰은 짐승들로 가득 찼고 냄새로 충만했으며 짐승소리로 떠들썩했다. 이것이 어찌 예배하는 장소라고 할 수 있을까. 예수님의 눈에서는 불이 나고 말았다. 마구 쫓아내셨고 돈을 바꾸어주는 상을 사정없이 뒤 엎으셨다. 오늘도 예수님은 교회 공동체를 청결하게 하신다.

눅 19:46. 그들에게 이르시되 기록된바 내 집은 기도하는 집이 되리라 하였거늘 너희는 강도의 소굴을 만들었도다 하시니라.
예수님께서 이방인의 뜰(성전 뜰)에서 장사하는 사람들을 쫓아내시면서 그들에게 말씀하시기를 구약 성경에 "내 집은 기도하는 집이 되리라"고 기록되어 있다고 말씀하신다(사 56:7; 렘 7:11). 예수님은 구약 성경에 기록된 말씀을 따라 성전을 청결하게 하셨다. 교회 개혁은 성경을 근거해서 해야 한다. 예수님은 성도들이 성전을 기도하는 집으로 사용했어야 하는데 "너희는 강도의 소굴을 만들었다"고 책망하신다(렘 7:11). 장사꾼들이 성전의 목적을 완전히 180도 바꾸었다는 말씀이다. 예루살렘으로부터 멀리서 사는 사람들이 제사를 드리러 올 때 돈을 가져와 짐승을 사서 드렸는데 성전의 장사꾼들은 짐승을 터무니없이 비싸게 팔아서 돈을 챙겼고 또 그 돈 중의 일부를 제사장 그룹에 주어 재물을 챙기게 했으니 강도행위를 한 것이다. 그래서 예수님은 성전을 "강도의 소굴을 만들었다"고 하신다. 오늘도 교회에서 정치를 하면 예수님은 교회를 정치꾼들의 소굴이라고 하시지 않겠는가. 교회를 하나의 직장으로 알고 밥이나 먹으려 한다면 교회를 세속 직장이라고 하시지 않겠는가.

4.날마다 성전에서 가르치시다 19:47-48

예수님께서 예루살렘에 들어가셔서 성전을 청결하게 하신 후 날마다 성전에서 하나님의 말씀을 가르치신다. 예수님은 성전이 기도하는 집일 뿐 아니라 성경말씀을 가르치는 집도 된다는 것을 보여주신다. 예수님의 가르치심은 20장 이하에 계속된다. 이 가르치심 때문에 예수님은 교권자들의 도전을 받으신다.

눅 19:47. 예수께서 날마다 성전에서 가르치시니 대제사장들과 서기관들과 백성의 지도자들이 그를 죽이려고 꾀하되.

예수님은 날마다 성전에서 "가르치셨다." 여기 "가르치셨다"(ἦν διδάσκων)는 말씀은 미완료과거 시제로 '계속해서 가르치고 계셨다'는 뜻이다. 20장 이하를 보면 예수님은 여러 날 가르치셨다(수요일에만 쉬신 듯하다). 예수님께서 날마다 가르치고 계실 때 "대제사장들과 서기관들과 백성의 지도자들이 그를 죽이려고 꾀했다"(막 11:18; 요 7:19; 8:37). 대제사장들과 서기관들과 백성의 지도자들(장로들)이 예수님을 죽이려고 한 것은 예수님의 성전 청결로 인하여 자기들의 자존심이 상했기 때문이었다. 그들은 언제인가 예수님을 죽이려고 계획하고 있었다. 사람들은 보통 무엇이 옳고 그른 것을 판단해서 행동하지 않고 자기들의 자존심이 상했느냐 아니냐를 따라 행동하는 수가 있다.

눅 19:48. 백성이 다 그에게 귀를 기울여 들으므로 어찌할 방도를 찾지 못하였더라.

예수님께서 성전에서 하나님의 말씀을 가르치실 때 유월절을 지키러 각지에서 온 백성들이 예수님의 가르침에 귀를 기울여 들었기에 종교지도자들은 예수님을 당장 죽일 수도 없었고 잡을 수도 없었다. 예수님의 가르침은 얼마간 더 계속될 수 있었다. 앞 절(47절)과 본 절은 다음 장(20장)의 서론이다.

B.유대 교권자들과 논쟁하시다   20:1-21:4

유대 교권자들은 예수님을 당장에 잡아 죽이고 싶었으나 유월절에 각지에서 모여든 백성들이 예수님의 교훈에 귀를 기울이고 있어서 어찌할 방침을 찾지 못하고 말(언어)로써 예수님을 궁지에 몰아넣으려 하였고 예수님도 반격하셨다. 1) 그들은 예수님의 권위의 출처가 어디인가를 물었고(1-8절), 2) 예수님은 악한 농부 비유를 말씀으며(9-19절), 3) 교권자들은 납세를 해야 하는가를 물었고(20-26절), 4) 한 여인이 7형제와 살았다면 부활 때에 누구의 아내가 될 것인가라는 질문으로 예수님을 괴롭혔고(27-40절), 5) 예수님은 자신이 다윗의 자손일 수 없다고 말씀하셨으며(41-44절), 6) 백성들에게 서기관들을 경계할 것을 주문하셨고(45-47절), 7) 두 렙돈 넣은 과부가 가장 많이 넣었다는 것을 말씀하신다(21:1-4).

제 20 장

메시아를 죽이려는 음모가 더해가다

1.예수의 권위의 출처가 어디인가 질문함 20:1-8

예수님께서 성전을 숙청하는 것을 보고 교권자들은 예수님에게 누가 준 권위로 이런 일을 하는지 묻는다. 이 부분(1-8절)은 마 21:23-27; 막 11:27-33과 병행한다.

눅 20:1-2. 하루는 예수께서 성전에서 백성을 가르치시며 복음을 전하실 새 대제사장들과 서기관들이 장로들과 함께 가까이 와서 말하여 이르되 당신이 무슨 권위로 이런 일을 하는지 이 권위를 준 이가 누구인지 우리에게 말하라.

"하루는" 즉 '수난 주간의 화요일에'(막 11:1, 12, 19, 27)[141) 예수님께서 성전에서 백성들에게 하나님의 말씀을 가르치고 계셨는데 "대제사장들과 서기관들이 장로들(11:47에 의하면 "백성의 지도자들")과 함께 가까이 와서" 묻는다(마 21:23). "당신이 무슨 권위로 이런 일을 하는지 이 권위를 준 이가 누구인지 우리에게 말하라"고 한다(행 4:7; 7:27). '당신이 이런 일(성전을 청결하게 하신 일과 백성들을 가르치시는 일)을 하는 것은 하나님이 주신 권위로 하는지 아니면 어떤 개인이나 단체가 준 권위로 하는지 이런 권위 즉 성전을 청결하게 하고 백성들을 가르치는 권위를 준 이가 누구인지 우리 교권자들에게 말하라'고 다그친다. 교권자들이 질문

---

141) 예수님은 수난 주간 주일 저녁에 성전에 들어가셨고 또 월요일에도 성전에 들어가셔서 성전을 청결하게 하셨다(막 11:15; 눅 19:45-46 참조). 그리고 화요일에도 역시 성전에 들어가셔서 백성들을 가르치셨다.

한 두 가지는 결국 한 가지였다. 다시 말해 "당신이 무슨 권위로 이런 일을 하는지"와 "이 권위를 준 이가 누구인지"라는 질문은 한 가지이다. 그래서 예수님은 다음 절 이하에서 하나로 묶어서 대답하신다.

눅 20:3-4. 대답하여 이르시되 나도 한 말을 너희에게 물으리니 내게 말하라 요한의 세례가 하늘로부터냐 사람으로부터냐.

예수님은 교권자들의 질문을 받으시고 그들에게 대답하시는 대신 그들에게 질문하신다. 즉 "요한의 세례가 하늘로부터냐 사람으로부터냐"고 물으신다. 곧 요한의 사역이 하나님으로부터 온 것이냐 혹은 사람의 지혜와 권능으로부터 임한 것이냐는 질문이다. 예수님의 권위의 출처와 요한의 사역의 출처는 똑 같이 하나님으로부터 온 것임으로 요한의 권위의 출처를 정확하게 아는 것은 곧바로 예수님의 권위의 출처를 정확하게 아는 것과 같다는 말씀이다. 예수님은 교권자들의 계략을 잘 아시는 고로 직접 대답하실 필요가 없었다. 그들의 질문에 그들 스스로 대답하게 하신 것이다. 예수님의 무한한 지혜를 누가 다 감당할 것인가.

눅 20:5-7 그들이 서로 의논하여 이르되 만일 하늘로부터라 하면 어찌하여 그를 믿지 아니하였느냐 할 것이요 만일 사람으로부터라 하면 백성이 요한을 선지자로 인정하니 그들이 다 우리를 돌로 칠 것이라 하고 대답하되 어디로부터인지 알지 못하노라 하니.

유대 교권자들은 예수님의 질문을 받고 예수님 앞을 피해서 잠시 서로 토론한다. "만일 하늘로부터라 하면 어찌 될 것인가?" "어찌하여 그를 믿지 아니하였느냐"고 예수님의 반격을 당할 것이라는 결론에 이르렀다. 다시 말해 '어찌하여 세례 요한이 내게 대하여 말하는 것을 믿지 아니하였느냐'고 반격할 것이라고 했다.

그렇다면 "만일 사람으로부터라 하면 어찌 될 것인가?" 그들의 결론은 바로 요한의 사역은 사람으로부터라는 것이었다. 그러나 "백성이 요한을 선지자로 인정하니 그들이 다 우리를 돌로 칠 것이라"고 예상했다(7:29; 마 14:5; 21:26). 그래서 그들은 자신들의 얼굴을 드러내지 않기로 했다. 다시 말해 진실을 밝히지 않기로 했다. 그들은 예수님의 반격도 두려웠고 또 백성들의 돌도 두려웠다. 당시의 소위 종교가들은 이것도 아니고 저것도 아니었다. 자기들이 빠져 나갈 구멍만 찾았다. 유대교권자들이 예수님에게 내놓은 결론은 "어디로부터인지 알지 못하노라"이다. 종교가 썩으면 세속 정치가 된다.

눅 20:8. 예수께서 이르시되 나도 무슨 권세로 이런 일을 하는지 너희에게 이르지 아니하리라 하시니라.
유대교권자들의 대답을 들으신(5-7절) 예수님은 "나도 무슨 권세로 이런 일을 하는지 너희에게 이르지 아니하리라"고 하신다. 예수님은 자신이 무슨 권세로 사역을 하시는지 잘 아셨으나 교권자들의 말이 그러니 나도 너희에게 말하지 않겠다고 하신다. 진실하지 않은 사람에게 예수님은 진리를 가르쳐 주시지 않으신다. 오늘도 여전히 진실하지 않은 사람들은 진리에 이르지 못한다.

2.사악한 농부들 비유 20:9-19
예수님께서 성전에서 날마다 백성들을 가르치실 때 대제사장들과 서기관들과 백성의 지도자들(장로들)이 그를 죽이려고 꾀했으나(19:47) 유월절에 예루살렘에 모인 백성들이 예수님의 가르침을 좋아했기에 예수님을 죽이지 못해(19:48) 할 수 없이 예수님을 말(언어)로써 예수님을 궁지에 몰아넣으려고 예수님에게 권위를 준 자가 누구인지를 물었다가 교권자들은 역시 실패하고 말았다(1-8절). 이 때 예수님은 사악한 농부 비유를 들어 유대교권자들이 예수님을 죽일 것이라고 말씀하신다(9-19절). 예수님께서는 여기 사악한 농부들이 유대 교권자들이라고 하신다(19절). 마 21:33-46; 막 12:1-12과 병행한다. 이 비유는 사 5:1-7의 포도원 노래를 배경으로 한다.

눅 20:9. 그가 또 이 비유로 백성에게 말씀하시기 시작하시니라 한 사람이 포도원을 만들어 농부들에게 세로 주고 타국에 가서 오래 있다가.

누가는 "그(예수)가 또 이 비유로 백성에게 말씀하시기 시작하시니라"고 말한다. 예수님께서 교권자들로 하여금 꼼짝 못하게 하신(1-8절) 다음 또 사악한 농부 비유로 백성에게 말씀하시기 시작하셨다는 것이다. 예수님은 "한 사람이 포도원을 만들어 농부들에게 세로 주고 타국에 가서 오래 있다 가" 돌아온 비유를 들으신다(마 21:33; 막 12:1). 비유 중의 "한 사람"은 '하나님'을, "포도원"은 '이스라엘'을, "농부들"은 '교권자들'을, "오래 있다 가"란 말은 '농부들이 소출을 내서 바칠만한 여유의 기간'을 비유한다. 예수님께서 이 비유를 말씀하시는 목적은 결국 사악한 농부로 비유된 이스라엘 교권자들이 예수님을 죽일 것이라는 것을 예언하시기 위함이었고 또 백성들로 하여금 교권자들을 조심하라는 뜻으로 말씀하셨다. 예수님은 이스라엘 교권자들이 자신을 죽일 것을 아시면서도 그냥 예루살렘에서 백성들을 가르치셨다. 이유는 십자가에서 대속의 죽음을 죽으시기 위함이었다

눅 20:10. 때가 이르매 포도원 소출 얼마를 바치게 하려고 한 종을 농부들에게 보내니 농부들이 종을 몹시 때리고 거저 보내었거늘.

예수님은 농부들이 포도원 소출 얼마를 바칠만한 "때가 이르매 포도원 소출 얼마를 바치게 하려고 한 종을 농부들에게 보내니 농부들이 종을 몹시 때리고 거저 보내었다"고 말씀하신다. 여기 "때가 이르렀다"는 말은 '농부들 이 포도원 소출 얼마를 바칠만한 때가 이르렀다'는 뜻이다. 포도원 주인이 "포도원 소출 얼마를 바치게 하려고 한 종을 농부들에게 보낸" 것은 아주 당연한 일이었다. 포도원 주인(하나님)이 교권자들로 하여금 영적인 열매 얼마를 바치도록 종들, 즉 선지자들을 보내신 것은 아주 당연한 일이었다. 그런데 농부들(교권자들)은 열매를 바치기는커녕 "종을 몹시 때리고 거저 보냈다"(6:23; 11:49-51; 13:31-35; 마 23:29-37; 행 7:52). 교권자들은

많은 선지자들을 때린 다음 거저 보냈다.

눅 20:11-12. 다시 다른 종을 보내니 그도 몹시 때리고 능욕하고 거저 보내었거늘 다시 세 번째 종을 보내니 이 종도 상하게 하고 내쫓은지라.
포도원 주인(하나님)은 다시 다른 종 즉 다른 선지자를 보냈다. 그런데 농부들(교권자들)은 그 종도 몹시 때리고 능욕하고 거저 보냈다. 하나님께서 이스라엘의 교권자들에게 둘째 번 종을 보내셨을 때 그들은 첫 번 종을 맞이했을 때보다 더 심하게 학대해서 보냈다. 점점 더 악하게 대접했다.

포도원 농부들(이스라엘의 교권자들)이 포도원주인(하나님)께서 보내신 둘째 종을 때리고 능욕하고 거저 보낸 후에 포도원 주인은 "세 번째 종을 보냈다." 그런데 농부들(교권자들)은 세 번째 종을 상하게 하고 내쫓고 말았다. 마가에 의하면 농부들이 세 번 째 종을 아예 죽였다고 말한다(막 12:5). 이스라엘 사람들과 교권자들은 회개할 줄 모르고 여전하게 행동했다. 하나님은 여전히 사랑으로 대하셨으나 이스라엘의 교권자들은 계속해서 악을 반복하고 있었다.

눅 20:13. 포도원 주인이 이르되 어찌할까 내 사랑하는 아들을 보내리니 그들이 혹 그는 존대하리라 하였더니.
포도원 주인(하나님)은 말씀하기를 "어찌할까 내 사랑하는 아들을 보내리니 그들이 혹 그는 존대하리라"고 했다(요 3:16; 롬 8:32). 하나님은 내 사랑하는 아들 예수를 보내려고 하는데 포도원 농부들이 혹시 아들을 존대하리라고 기대하면서 보내셨다. 하나님의 사랑은 지극하셔서 아들까지 보내신 것이다.

눅 20:14-15a. 농부들이 그를 보고 서로 의논하여 이르되 이는 상속자니 죽이고 그 유산을 우리의 것으로 만들자 하고 포도원 밖에 내쫓아 죽였느니라.

예수님은 포도원 농부들(교권자들)이 아들을 보고 서로 의논하면서 말하기를 "이는 상속자니 죽이고 그 유산을 우리의 것으로 만들자"고 의논하는 것을 아셨다. 예수님은 포도원 농부들이 아들이 포도원(이스라엘 국가)의 상속자이니 죽이고 그 유산(이스라엘 국가)을 우리의 것으로 만들자고 했다 (막 15:12-13; 요 1:11; 12:37-41; 행 2:23; 4:10). 예수님은 교권자들이 예수님에게 돌아갈 것이 자기들의 것이 되도록 아들을 해칠 계획을 세웠다는 것을 아셨다. 농부들(교권자들)은 아들(예수)을 포도원 밖(예루살렘 성 밖)에 내쫓아 죽였다(요 19:17; 히 13:12). 이렇게 교권자들이 예수님을 죽여 포도원 밖(예루살렘 성 밖)에 내쫓아 죽일 것을 미리 아시고 말씀하신다. 예수님은 죽기로 하고 그냥 예루살렘에 남아 계신다.

눅 20:15b-16a. 그런즉 포도원 주인이 이 사람들을 어떻게 하겠느냐 와서 그 농부들을 진멸하고 포도원을 다른 사람들에게 주리라 하시니.
예수님은 포도원 농부들(교권자들과 유대인들)이 아들을 포도원 밖 곧 예루살렘 성문 밖에서 죽인 고로 포도원 주인(즉 하나님)은 유대인들과 교권자들을 어떻게 처치하시겠느냐고 질문하신다. 즉 하나님께서 이스라엘의 교권자들과 백성들을 심판하시지 않겠느냐고 하신다.

예수님은 비유의 말씀을 더 계속하신다. 즉 "와서 그 농부들을 진멸하고 포도원을 다른 사람들에게 주리라"고 하신다. 하나님께서 오셔서 두 가지로 심판하신다고 하신다. 첫째, 그 교권자들과 유대인들을 진멸하신다고 하신다. 이는 주후 70년에 로마의 군대에 의해서 예루살렘이 진멸될 것을 지칭하는 말씀이다. 둘째, 포도원(이스라엘)을 다른 사람들(이방인들)에게 주시리라고 하신다. 결국 이스라엘 사람들은 예수님을 배척하여 구원에 이르지 못했고 이방인들은 예수님을 영접하여 영적인 이스라엘이 되었다.

눅 20:16b. 사람들이 듣고 이르되 그렇게 되지 말아지이다 하거늘.
예수님의 비유를 듣고 있던 "사람들이 듣고 이르되 그렇게 되지 말아지이다"

라고 말한다. 즉 포도원(이스라엘)이 다른 사람들에게 주어지는 일이 없기를 바란다는 뜻이다. "그렇게 되지 말아지이다"라는 말은 교권자들이 말한 것이 아니라 일반 백성들 즉 예수님의 비유를 듣고 있던 일반 백성들이 이스라엘 국가가 이방인들에게 넘어가지 않기를 간절히 기대하는 말이었다. 그들은 예수님의 비유의 뜻을 안 것 같다. 이 때 교권자들이 침묵하고 있었던 이유는 아마도 예수를 죽이면 이 비유도 이루어지지 않을 수 있다는 생각에 서였던 것으로 보인다. 일반 백성들은 이스라엘이 다른 사람들에게 주어지지 않기를 간절히 기대했지만 결국 넘어가고 말았다. 예수님과 복음은 이방으로 넘어갔고 이방이 영적 이스라엘이 되어 많은 복을 받게 되었다.

눅 20:17. 그들을 보시며 이르시되 그러면 기록된바 건축자들의 버린 돌이 모퉁이의 머릿돌이 되었느니라 함이 어찜이냐.

예수님께서 "포도원을 다른 사람들에게 주리라"는 비유를 말씀하셨을 때 (16절 상반 절) 그런 일이 일어나지 않기를 간절히 기대하는 사람들을 보시며 예수님은 이르시기를 "그러면 기록된바 건축자들의 버린 돌이 모퉁이의 머릿돌이 되었느니라 함이 어찜이냐"고 반문하신다(시 118:22; 마 21:42). 예수님의 말씀이 안 이루어질 수가 없고 반드시 이루어지게 되는 이유는 구약 성경의 예언(시 118:22-"건축자들의 버린 돌이 모퉁이의 머릿돌[142]이 되었느니라")이 있으니 어떻게 이루어지지 않겠느냐고 반문하신다. 예언은 반드시 이루어진다. 여기 "건축자들"이란 말은 '이스라엘의 교권자들과 유대백성들'을 지칭하고 "돌"은 '그리스도'를 가리키며 "모퉁이의 머릿돌이 되었다"는 말은 '이방의 중요한 머릿돌이 되었다'는 뜻이다. 여기 "머릿돌" 이란 건물의 기초돌을 지칭하는데 상부 구조물을 지지해주고 있고 그 건물의

---

142) 건축물에 있어서 모퉁이의 머릿돌은 "건물의 기초부분이며 따라서 상부 구조물을 지지할 뿐만 아니고 그 건물의 형태도 결정짓는다. 왜냐하면 그것은 모퉁이에 놓여져서 두 개의 중심벽의 연결부를 결정해 줌으로써 이 벽들과 가로 벽들의 놓임 새를 전체적으로 결정해 주기 때문이다. 다른 모든 돌은 이 모퉁이 돌에 맞추어 조정되어야 한다"(윌럼 헨드릭슨, 누가복음 -하- p. 214.)

형태도 결정해주는 돌이다. 그 돌은 모퉁이에 놓여서 두 개의 중심 벽의 연결부 역할을 하고 다른 모든 돌들은 이 기초돌에 맞추어 조정된다. 그리스도야 말로 이방의 모든 것의 모든 것이고 또 모든 것을 주장하시며 모든 복을 주시는 분이시다. 그는 지금 하나님 우편에서 교회와 우주를 통치하고 계신다.

눅 20:18. 무릇 이 돌 위에 떨어지는 자는 깨어지겠고 이 돌이 사람 위에 떨어지면 그를 가루로 만들어 흩으리라 하시니라.
예수님은 포도원 농부비유를 말씀하신(9-17절) 다음 이제 본 절에서는 그리스도를 배척한 사람들에 대한 심판을 언급하신다. 예수님은 예수님을 배척한 사람들을 두 부류로 나누신다. 하나는 "이 돌(예수) 위에 떨어지는 자"와 "이 돌(예수)이 위에 떨어질 자"로 나누신다(단 2:34-35; 마 21:44). 그리고 벌도 두 가지로 나누신다. 전자는 "깨어질" 것이라고 하셨고, 후자는 "가루로 만들어 흩으리라"고 하신다. 깨어지는 것은 가루가 되는 것과는 큰 차이가 있다.

심판받을 사람이 다르고 심판 자체가 다른 고로 본 절에 대한 해석은 몇 가지로 갈린다. 1) 초림 때의 심판이나 재림 때의 심판을 구분하지 않고 예수님을 거역하는 사람들이 받을 심판을 지칭한다는 견해(월럼 헨드릭슨, 이순한). 그러니까 상반 절과 하반 절을 동의어절로 보는 견해이다. 2) 상반절은 예수 그리스도를 메시아로 믿지 않고 거부한 일반 유대인들에 대한 심판 예언이고, 하반 절은 적극적으로 예수님을 배척하고 결국 죽이기까지 한 유대 종교지도자들에 대한 예언이라고 하는 견해(옥스퍼드 원어성경대전. Bruce). 이 견해는 이방인들에 대한 심판을 언급하지 않는 것이 특징이다. 3) 혹자는 상반 절은 유대 교회가 실족하여 "깨어질" 것을 지칭하고(유대 교회는 훗날 회복될 것이라고 한다), 하반 절은 종말에 이방 교회들이 하나님의 심판에 이를 것을 지칭한다고 말하며 이방인 교회들은 결코 회복되지 못할 것이고 그들의 멸망은 철저할 것이며 돌이킬 수 없을 것이라고 하는

견해. 4) 본 절의 상반 절은 사 8:14에서 인용되었으며 예수님께서 초림
하셨을 때 믿지 않던 사람들이 심판 받을 것을 예언했으며, 하반 절은 단
2:44로부터 인용하였고 예수님의 재림 때 사람들이 심판 받을 것을 예언한
것이라는 견해(어거스틴, 크리소스톰, 데오필랙트, 유디미우스, 게르하르트,
존 라일, A. B. Bruce, 박윤선, 이상근). 위의 네 가지 학설 중 어느 하나라도
거부하기가 어렵다. 그러나 심판 받을 사람들이 다르고 또 심판의 정도가
다른 것으로 보아 마지막 견해가 가장 타당할 것으로 보인다.

**눅 20:19. 서기관들과 대제사장들이 예수의 이 비유는 자기들을 가리켜
말씀하심인 줄 알고 즉시 잡고자 하되 백성을 두려워하더라.**
"서기관들과 대제사장들"이 예수님의 포도원 비유(9-18절)를 듣다가 예수
님의 "이 비유는 자기들을 가리켜 말씀하심인 줄 알고 즉시 잡고자" 했는데
백성을 두려워하여 잡지 못했다(19:47; 20:1 참조). 그들은 예수님께서 말씀
하신 악한 농부들이 바로 자기들을 지칭함인 줄 알았고 예수님께서 하나님의
아들이란 사실도 알아서 예수를 잡고자 했으나 백성들이 두려워 예수님께
손을 대지 못했다. 종교 지도자들이 약해지면 백성을 두려워한다.

3.하나님의 것과 가이사의 것 20:20-26
서기관들과 대제사장들은 예수님을 죽이려 했지만 백성들을 두려워하여
당장 시행하지 못하고 기회를 엿보다가 예수를 총독의 다스림과 권세 아래에
넘기려고 정탐들을 보내어 예수님을 시험한다. 정탐들이 와서 예수님께
로마에 세금을 바쳐야 하는지 바치지 않아도 되는지 시험하여 예수님을
로마 정부에 넘기려 한다.

**눅 20:20. 이에 그들이 엿보다가 예수를 총독의 다스림과 권세 아래에
넘기려 하여 정탐들을 보내어 그들로 스스로 의인인 체하며 예수의 말을
책잡게 하니.**

예수님의 포도원 농부 비유가 서기관과 대제사장 자신들을 두고 말씀한 비유라고 생각한 그들은 예수님을 어떻게 처치할까 하고 "엿보았다." "엿보았다"(παρατηρήσαντες)는 말은 부정(단순)과거 분사 시제로 '계속해서 옆에서 주의해 보았다'는 뜻으로 그들이 예수를 어떻게 처치할까하고 주의해서 본 것을 지칭한다. 그들은 옆에서 예수를 엿보다가 결국은 "예수를 총독의 다스림과 권세 아래에 넘기려 했다." 종교지도자들은 백성들을 두려워하여 자기들 힘으로는 예수를 죽일 수 없음을 깨닫고 총독의 다스림과 권세(총독은 백성을 두려워하지 않고 예수를 죽일 수 있는 권세가 있으니) 아래에 넘기려 했다. 그들은 예수를 총독의 다스림과 권세 아래에 넘기는 방법으로 "정탐들을 보내어 그들로 스스로 의인인 체하며 예수의 말을 책잡게 했다"(마 22:15). 그들은 자기들이 직접 예수를 책잡기는 힘에 겨운 줄을 알아 정탐들을 택하여 예수에게 보냈다. 그리고 그 정탐들로 하여금 스스로 의인인체 하게 해서 예수의 말을 트집 잡게 했다. 정탐들은 다음 절(21절)에 보면 스스로 의인인체 했다. 그리고 정탐들이 예수님의 말씀을 책잡은 것은 22절에 기록되어 있다.

눅 20:21. 그들이 물어 이르되 선생님이여 우리가 아노니 당신은 바로 말씀하시고 가르치시며 사람을 외모로 취하지 아니하시고 오직 진리로써 하나님의 도를 가르치시나이다.

여러 정탐들은 예수님에게 찾아가 말하기를 "선생님이여 우리가 아노니 당신은 바로 말씀하시고 가르치시며 사람을 외모로 취하지 아니하시고 오직 진리로써 하나님의 도를 가르치시나이다"라고 예수님을 치켜세웠다(마 22:16; 막 12:14). 그들은 예수님을 "선생님"으로 불렀다. 예수님의 제자들만 아니라 다른 사람들도 예수님을 선생님으로 불렀다(막 4:38; 5:35; 9:17, 38; 10:17, 20, 35; 요 3:2). 사실은 선생님이라고 부를 마음은 없었으나 할 수 없이 그런 칭호를 붙여 말을 계속했다. 그들은 예수님 앞에서 예수님을 아주 좋게 말했다. 그들이 예수님에 대해서 말한 것은 다 사실이었다. 정탐들은 예수님이야 말로 바로 말씀하시는 분이시며 바로 가르치시는 분이시고 또 사람을 외모로 취하시지 않는 분이라고 말했다. 사람을 외모로 취하시지 않는 분이란 말은 사람을 대하실 때 학력이나 재력이나 권세의 유무로 사람을 편벽되게 대하시지 않는다는 뜻이다. 사람들은 사람을 외모로 판단하나 예수님은 사람의 중심 즉 마음을 보신다. 그리고 정탐들은 오직 진리로써 하나님의 도를 가르치시는 분이라고 했다. 오직 "진리로써"란 말은 '참 되게'란 뜻으로 예수님께서 하나님의 도(사람들이 취해야 할 생활방식)를 참되게 가르치신 것을 지칭한다. 바리새인들과 헤롯 당원들로부터 파송된(마 22:15-16) 정탐들이 이렇게 말한 것을 보면 바리새인들이 예수님을 정확하게 파악하고 있었던 것을 엿볼 수 있다. 이렇게 진정으로 말하면서도 다음 절에 보여준 것처럼 예수님 앞에 놀라운 함정을 놓은 것을 볼 수 있다.

눅 20:22. 우리가 가이사에게 세를 바치는 것이 옳으니이까 옳지 않으니이까 하니.

정탐들의 이 질문("우리가 가이사에게 세를 바치는 것이 옳으니이까 옳지 않으니이까"라는 질문)은 예수님을 함정에 몰아넣기에 충분한 질문이었다. 만약에 예수님께서 이 질문을 받으시고 '가이사(이 때의 가이사는 디베료였다-3:1 참조)에게 세(인두세-개인세)를 바치는 것이 옳다'고 답하시면 바리새인들이나 유대인들한테 대단한 미움을 받을 수밖에 없었다. 이유는 유대인들은 로마 정권에게 세금을 바치기를 지극히 싫어하고 있었기 때문이었다.

그러나 예수님께서 정탐들의 질문을 받으시고 '세금을 바치는 것이 옳지 않다'고 답하시면 로마 정부에 반항하는 것이어서 총독의 권세 아래에 들어가 생명을 잃으실 수밖에 없었다. 파견된 정탐들은 마태에 의하면 바리새인들과 헤롯 당원들로부터 보냄을 받은 자들이니 만일 예수님께서 세금을 바치는 것이 옳지 않다고 답하신다면 헤롯 당원들이 총독에게 보고하여 예수님은 체포되어 생명을 잃을 수밖에 없으셨다. 예수님은 "옳으니이까"라는 질문에도 걸리시게 되어 있었고 "옳지 않으니이까"라는 질문에도 걸리시게 되어 있었다. 예수님은 이 두 가지 질문에 답하시지 않고 예수님의 지혜를 따라 답하신다.

눅 20:23-24. 예수께서 그 간계를 아시고 이르시되 데나리온 하나를 내게 보이라 누구의 형상과 글이 여기 있느냐 대답하되 가이사의 것이니이다.
예수님은 정탐들의 질문을 받으시고 "그 간계를 아시고 말씀하시기를 데나리온 하나를 내게 보이라 누구의 형상과 글이 여기 있느냐'고 물으신다. 예수님은 정탐들의 "간계"를 아셨다. 여기 "간계"(πανουργίαν)란 말은 '못된 짓,' '부정,' '속임수,' '사기', '계략'이란 뜻으로 예수님은 정탐들의 간교한 속임수를 아셨다. 그들은 예수님께서 무슨 말씀을 하시든지 걸리도록 꾸몄다. 예수님은 그들의 간교한 속임수를 아시고 말씀하시기를 데나리온(7:41 참조) 하나를 내게 보여 달라고 하신다. 그 데나리온 화폐 한 면에는 황제의 화상과 이름이 있는 것을 아시고 정탐들에게 대답하시기 위하여 하나를 보이라고 하신 것이다. 예수님은 데나리온 하나를 받아들으시고 물으시기를 "누구의 형상과 글이 여기 있느냐'고 하신다. 정탐들은 "가이사의 것이니이다"라고 대답한다. 황제의 초상과 이름이 있으니 그대로 대답했다.

눅 20:25. 이르시되 그런즉 가이사의 것은 가이사에게, 하나님의 것은 하나님께 바치라 하시니.
예수님은 정탐들의 대답을 들으신 다음 "그런즉 가이사의 것은 가이사에게, 하나님의 것은 하나님께 바치라"고 하신다(마 22:21 참조). 즉 '가이사의 화상과 이름이 있으니 이 돈이 가이사의 것이구나. 이 돈이 분명히 가이사의 것이 확실하니 가이사의 것은 가이사에게 바쳐라. 또 더 나아가 하나님의 것은 하나님께 바쳐야 하느니라'고 하셨다. 세상에 대한 의무를 다하고 하나님께 대한 의무도 다해야 한다는 말씀이다. 사도들도 세상 국가에 대한 의무를 다하라고 말씀한다(롬 13:1-7; 벧전 2:13-17). 그러면서 사람은 하나님께 드려야 할 의무를 충실하게 감당해야 한다고 하신다. 우리는 지혜를 얻어 어디까지가 세상 정부의 것이고 어디까지가 하나님의 것인지를 분별할 줄 알아야 한다. 하나님을 위한다는 이유로 세상 국가에 대한 의무를 저버려서는 안 될 것이고 국가에 대한 의무를 감당한다는 이유로 하나님께 대한 의무(예배, 감사, 영광, 봉사, 헌금 등)를 소홀히 해서는 안 될 것이다. 하나님은 만유의 통치자이시며(단 4:34-35) 세상 왕들을 다 주장하신다(요 19:11). 세상 국가의 법률이나 제도가 하나님의 명령에 어긋나지 않는다면 국가에게 바쳐야 할 의무를 감당해야 할 것이다.

눅 20:26. 그들이 백성 앞에서 그의 말을 능히 책잡지 못하고 그의 대답을 놀랍게 여겨 침묵하니라.
예수님의 대답을 들은 정탐들(바리새인들과 헤롯 당원들 중 일부)은 백성 앞에서 예수님께서 그런 대답을 하시리라고 하는 것은 꿈에도 기대하지 못했다. 그래서 그들은 예수님의 대답에 대해 능히 책잡지 못하고 예수님의 대답을 놀랍게 여겨 침묵하게 되었다. 로마 황제는 황제가 받아야 할 것만 받아야 한다. 결코 하나님께 돌려야할 경배를 받아서는 안 된다. 백성들은 하나님께 돌려야 할 영광을 황제에게 돌려서는 안 되었다.

예수님의 답변에서 나타난 예수님의 지혜를 누가 감당하랴. 아무도 예수님의 지혜로우신 말씀에 더하거나 덜하거나 할 수 없다. 우리는 그리스도의 지혜를 받아 살아야 한다. 우리는 우리가 받은 사명을 감당하기 위하여 끊임없이 그리스도로부터 지혜를 얻어서 감당해야 할 것이다. 우리의 지혜로는 도저히 감당하지 못한다.

4.부활에 관한 논쟁 20:27-40
바리새인들이 세를 바치는 문제로 예수님을 로마 정부에 넘기려 하다가 실패하자(19-26절) 이제는 사두개인들이 나타나 예수님을 교리적으로 시험한다. 사실은 바리새인들이 예수님을 교리적으로 시험했어야 했는데 정치적인 문제를 들고 와서 예수님을 시험했고 사두개인들은 사실은 정치적인 문제로 예수님을 시험해야 했는데 교리 문제를 가지고 나온다. 참으로 이상한 아이러니(irony)이다. 이 부분(27-40절)은 마 22:23-33; 막 12:18-27과 병행한다.

눅 20:27. 부활이 없다고 주장하는 사두개인 중 어떤 이들이 와서.

부활이 없다고 주장하는 사두개인들[143] 중에 어떤 사람들이 예수님 앞에 나아와서 자기네 단체에서 극력 부정하는 부활 문제를 가지고 예수님을 시험했다. 그들은 부활도 없고 천사도 없고 영도 없다고 주장했다(마 22:23; 막 12:18; 행 23:6, 8). 그와 반면에 바리새인들은 이 세 가지가 다 있다고 주장했다(행 23:8). 사두개 종파는 유대의 3대(바리새파, 에세네파와 함께) 종파 중의 하나였다. 이 종파는 모세 5경을 믿었고 신앙 면에 있어서는 자유주의 입장이었다. 사두개파는 제사장 계급이었고 산헤드린 공의회 회원

143) 사두개인(Sadducees): 유대의 종교 및 정치의 최고 지도자인 대제사장을 지지한 당파 사람들. 기원 전 2세기로부터 예루살렘 멸망(주후 70년)에 이르는 기간에 세력을 가졌던 당파로, 귀족계급에 속했고, 대제사장 및 예루살렘의 유력자들로 이룩되어 있었다. 바리새인과 대립했는데, 바리새인이 종교적인데 반하여 그들은 아주 정치적 색채가 강했다. 수는 비교적 소수였으나, 교양도 있었고, 특히 제사장 계급을 독점하여 세력을 폈다. "사두개인"은 다윗, 솔로몬 시대에 예루살렘 성전의 지도적 제사장 "사독"의 이름에 유래하는 것으로 여겨진다. 사두개인은 현세적으로는 그리스 문화에 대하여 개방적이고 세속적이었다. 그 때문에 마카비 전쟁시대의 종교적, 민족적 혁신의 시기에는 냉대되었는데, 하스몬 왕조 (그 초기의 지도자들은 마카비로서 알려진다)가 세속화됨에 따라 세력을 펴고, 이에 비판적이었던 바리새인과 대립하게 되었다. 이 경향은 뒤의 헤롯 왕조의 친 로마 정책과도 영합(迎合)하여, 성전을 중심으로, 종교적으로는 제사장 계급으로서 강화되었다. 공회의 의원도 많았다. 따라서 민중으로부터는 떠나 인기가 없었다. 그 신앙 사상은 일면 보수적임과 함께 한편 극히 합리적이었고 현세적이었다. 그들은 바리새인이 부가하고 존중한 유전(遺傳)을 인정치 않고, 성문화된 모세의 율법만을 인정했다. 그 결과로, 부활도, 천사도, 영도, 일체의 존재를 인정치 않았다(20:27; 막 12:18; 행 23:8). 또한 미래에 있어서의 보응도 부정하고, 영혼은 육체와 함께 죽음을 말하고, 의지의 자유를 주장하여, 하나님의 섭리를 믿는 일은 거의 없었던 것으로 여겨진다. 이러한 입장에서 그들은 예수님을 반대했다. 이러한 그들을 세례 요한은 [독사의 자식들]이라고 말했다(마 3:7). 그들은 예수에게 와서, 때로는 하늘로서 오는 표적을 보이기를 청하고(마 16:1-4) 부활에 대해 어려운 질문을 물어 예수님을 시험하려고도 했다(마 22:23-33).

으로 세력을 가지고 있었다.

사두개인들 중에서 몇 사람이 예수님께 나아와 첫째, 모세가 전해준 "형제를 위한 상속 결혼 법"(levriate marriage)을 말했고(다음 절), 둘째, 현실에서 어떤 형이 아내를 두고 자식이 없이 죽었는데 그 형이 죽은 다음 6명의 남동생들이 차례로 그 여자를 아내로 택하여 살았으나 아들이 없이 죽었고 또 여자도 죽었다면 훗날 부활 때에는 그 여자가 7곱 남자 중 누구의 아내가 될 것이냐고 예수님께 질문했다(29-33절). 있을 수 없는 문제를 가지고 예수님을 시험했다. 참으로 대답하기 난감한 문제였다.

눅 20:28. 물어 이르되 선생님이여 모세가 우리에게 써 주기를 만일 어떤 사람의 형이 아내를 두고 자식이 없이 죽으면 그 동생이 그 아내를 취하여 형을 위하여 상속자를 세울지니라 하였나이다.

사도개인들은 예수님을 "선생님이여"라고 부르고 질문한다. 격식을 갖춘 말이다(21절 참조). 그리고 그들은 모세의 율법에 있는 말씀을 예수님께 제시한다. 즉 "만일 어떤 사람의 형이 아내를 두고 자식이 없이 죽으면 그 동생이 그 아내를 취하여 형을 위하여 상속자를 세울지니라 하였나이다" 라고 말한다(신 25:5-6). 다시 말해 어떤 사람의 형이 아내를 두고 자식이 없이 죽는 경우 그 동생이 형수를 취하여 아이를 낳아 형을 위하여 상속자 (seed)를 세워주라고 모세가 말했다고 말한다. 이 계명에 불복할 경우 동생 은 수치를 당했다(시 25:7-10).

눅 20:29-33. 그런데 칠 형제가 있었는데 맏이가 아내를 취하였다가 자식이 없이 죽고 그 둘째와 셋째가 그를 취하고 일곱이 다 그와 같이 자식이 없이 죽고 그 후에 여자도 죽었나이다 일곱이 다 그를 아내로 취하였으니 부활 때에 그 중에 누구의 아내가 되리이까.

사두개인들은 모세가 써 준 '형제의 상속을 위한 결혼'(levirate marriage) 법을 예수님께 말씀드린(앞 절) 다음 현실적으로 거의 있을 수 없는 일이지만 아무튼 어떤 형이 아내를 두고 자식이 없이 죽었는데 그 형이 죽은 후 6명의 남동생들이 차례로 그 여자를 아내로 택하여 살았으나 아들이 없이 죽었고 또 7곱 남자와 결혼하고 살았던 여자도 죽었는데 훗날 부활 때에는 그 여자가 7곱 남자 중 누구의 아내가 될 것이냐고 예수님께 질문했다. 참으로 예수님을 곤경에 빠트릴만한 문제였다.

눅 20:34-36. 예수께서 이르시되 이 세상의 자녀들은 장가도 가고 시집도 가되 저 세상과 및 죽은 자 가운데서 부활함을 얻기에 합당히 여김을 받은 자들은 장가가고 시집가는 일이 없으며 그들은 다시 죽을 수도 없나니 이는 천사와 동등이요 부활의 자녀로서 하나님의 자녀임이라.
사두개인들로부터 난해한 질문을 받으신(29-33절) 예수님의 대답은 첫째, 이 세상의 자녀들과 내세의 자녀들은 온전히 다르다고 답하신다. 즉 "이 세상의 자녀들은 장가도 가고 시집도 간다"고 하신다. '이 세상의 자녀들은 아이들 생식을 위해서 결혼을 한다'고 하신다. 사람들이 자꾸 죽으니까 자녀 생식을 위해서 결혼을 한다는 것이다.

그러나 "저 세상과 및 죽은 자 가운데서 부활함을 얻기에 합당히 여김을 받은 자들은 장가가고 시집가는 일이 없다"고 답하신다(고전 15:42, 49, 52; 요일 3:2). '저 세상' 즉 '부활함을 얻은 세상'에서는 사람들이 장가가고 시집가는 일이 없다고 하신다. 본문의 "저 세상"이란 결코 '다른 세상'(즉 지옥)을 지칭하는 것이 아니라 '죽은 자가 부활함을 얻은 세상'이란 뜻이다. 그리고 "부활함을 얻기에 합당히 여김을 받은 자들"이란 말은 '자기 공로가 아니라 오직 하나님의 은혜로 새 하늘과 새 땅의 영광에 참여할 만하다고 인정된 자들'을 지칭한다. 그런 사람들은 새 하늘과 새 땅에서 장가가고 시집가는 일이 없다고 하신다. 이유는 부활한 사람들이 자녀 생식이 필요 없음으로 결혼하지 않는다는 것이다.

둘째, "그들은 다시 죽을 수도 없나니 이는 천사와 동등이요 부활의 자녀로서 하나님의 자녀임이라"고 하신다(롬 8:23). '부활한 사람들은 다시

죽을 수도 없다'고 하신다. 부활한 사람들은 내세에서 죄도 없고 병도 없으며
노환도 없어 죽지 않고 영원히 산다. 그들은 천사가 죽지 않는 것처럼 죽지
않는다. 이 말씀은 성도가 천사가 된다는 말이 아니다. 천사와 사람은 엄연히
달리 창조되었다. 천사와 동등이란 말은 죽지 않는 점에서 그렇다는 뜻이다.
부활의 자녀들은 모두 영화로운 몸으로 부활한 사람들(부활은 성도의 특권
을 지칭한다-영원히 죽지 않는 특권)로서 하나님의 자녀들(자녀라는 말은
성도의 신분을 뜻한다)임으로(요 1:13; 요일 3:2) 이 세상에서처럼 장가가고
시집가지 않는다. 내세의 삶은 현세의 연장이 아니다. 전혀 다른 차원이다.

**눅 20:37. 죽은 자가 살아난다는 것은 모세도 가시나무 떨기에 관한 글에서
주를 아브라함의 하나님이요 이삭의 하나님이요 야곱의 하나님이시라 칭하
였나니.**

예수님은 "죽은 자가 살아난다는 것," 즉 '죽은 자가 부활한다는 진리'를
모세가 기록한 출 3:2-6의 "가시나무 떨기에 관한 글에서" 증명하신다.
모세가 광야의 호렙산에 도착하여 가시나무 떨기에서 불이 타고 있을 때
가까이 가서 그 불이 떨기나무를 완전히 소멸하지 않는 이유를 알아보려
했을 때 여호와의 사자가 모세에게 이르시기를 "이리로 가까이 오지 말라
네가 선 곳은 거룩한 땅이니 네 발에서 신을 벗으라"고 하셨고(출 3:5)
또 출 3:6에서 "또 이르시되 나는 네 조상의 하나님이니 아브라함의 하나님,
이삭의 하나님, 야곱의 하나님이니라"고 하시는 소리를 들었는데 이렇게
그 조상들의 영혼들이 살아 있으니 반드시 육체도 언제인가 부활할 것이라고
하신다. 사두개인들은 자기들이 귀하게 여기는 모세 5경을 가지고 있으면서
도 부활의 진리를 알지 못했는데 예수님은 가시나무 떨기에 관한 글에서
아브라함, 이삭, 야곱의 육체가 언제인가 부활할 것을 증명하셨다. 구약
성경 중에 다른 성경도 역시 사람의 부활을 증거하고 있다(시 16:9-11;
단 12:2). 구약 성경에서도 부활을 얼마든지 증명할 수 있다.

눅 20:38. 하나님은 죽은 자의 하나님이 아니요 살아 있는 자의 하나님이시라 하나님에게는 모든 사람이 살았느니라 하시니.

예수님은 앞 절의 결론을 본 절에서 내신다. 즉 "하나님은 죽은 자의 하나님이 아니요 살아 있는 자의 하나님이시라"고 하신다. "하나님은 죽은 자의 하나님" 즉 '하나님은 죽은 시체들의 하나님'이 아니라 "살아 있는 자의 하나님" 곧 '앞으로 부활할 사람들의 하나님'이시라는 뜻이다. 죽은 사람들은 반드시 부활할 것이라는 뜻이다. 하나님을 믿다가 죽은 사람들, 즉 아브라함이나 이삭이나 야곱과 같이 하나님을 믿고 죽은 사람들은 영혼만 복되게 살아있는 것이 아니라 그 들의 시체도 부활할 것이라는 뜻이다. 하나님은 인간 전체를 사랑하신다. 영혼만 아니라 육체도 사랑하신다. 한쪽은 살려두시고 다른 한쪽은 부활하지 않은 채 버려두시지 않는다. 반드시 살리신다.

그리고 예수님은 "하나님에게는 모든 사람이 살았느니라"(πάντες γὰρ αὐτῷ ζῶσιν-"for all live to Him")고 선언하신다(롬 6:10-11). 이 문장 안에 이유접속사(γὰρ-"왜냐하면")가 있는 고로 다시 번역하면 '왜냐하면 모든 사람이 하나님에게 살아 있기 때문이다'이다. 여기 "살았느니라"(ζῶσιν)는 말은 과거가 아니라 현재 동사이기에 '살아있다'는 뜻이다. 이 문장은 바로 앞의 문장 즉 "하나님은...살아 있는 자의 하나님이시라"라는 말씀에 대한 이유를 말하는 문장이다. 하나님은 부활할 사람들의 하나님(앞 문장)이신데 '그 이유는 하나님에게는 모든 사람이 살아있기' 때문이라는 것이다. "하나님에게는 모든 사람이 살았느니라"는 말씀은 '하나님에게 관계있는 모든 사람들,' '하나님을 믿는 모든 사람들,' '하나님과 생생한 관계를 가지는 모든 사람들,' '하나님과 관계를 가지는 모든 사람들'은 부활한다는 뜻이다. 하나님과 관계를 가지는 모든 사람들은 영적으로만 살아있다는 뜻이 아니라 앞으로 육신적으로 부활할 것이라는 뜻이다. 이유는 계속되는 문맥은 사람의 부활을 말하고 있기 때문이다. 하나님을 진정으로 믿는 사람치고 부활하지 않을 사람들이 있겠는가. 하나님과의 생생한 관계를 가지는 모든 사람들은 부활한다.

눅 20:39. 서기관 중 어떤 이들이 말하되 선생님 말씀 잘 하셨나이다 하니.
"서기관 중 어떤 이들" 즉 '바리새인들'이 말하기를 "선생님 말씀 잘 하셨나이다"라고 한다. 사두개인들과는 달리 부활이 있다고 믿었던 바리새인들(행 23:7-9)은 예수님께서 부활을 증명해주시니 예수님을 "선생님"이라고 부르면서 말씀을 아주 잘 하셨다고 반긴다. 예수님처럼 성경을 잘 해석하시는 분이 없으시다. 우리는 그리스도에게 성경의 뜻을 여쭈어야 한다(24:32).

눅 20:40. 그들은 아무 것도 감히 더 물을 수 없음이더라.
사두개인들은 아무 것도 감히 더 물을 수 없었다. 예수님의 성경해석을 듣고 그들은 다른 것을 물어서 예수님을 구렁텅이에 빠트릴 수가 없었다. 아마도 그들은 다른 질문을 가지고 있었을 것이지만 이제는 혼비백산해서 더 물을 수가 없었다.

5.그리스도는 다윗의 자손이 아니다 20:41-44
하나님을 믿는 사람들은 누구든지 부활할 것이라고 가르쳐 주신(27-38절) 예수님은 이제 그 당시에 널리 퍼져 있던바 예수님 자신이 다윗의 자손이라고 하는 잘 못된 견해를 시정시키기를 원하신다. 그는 이제 십자가 죽음을 얼마 남겨놓지 아니하시고 그냥 지나치실 수는 없으셨다. 이 부분(41-44절)은 마 22:41-46; 막 12:35-37과 병행한다.

눅 20:41. 예수께서 그들에게 이르시되 사람들이 어찌하여 그리스도를 다윗의 자손이라 하느냐.
예수님은 "그들" 즉 '39절의 서기관들'("선생님 말씀 잘 하셨나이다"라고 말한 사람들)에게 이르시기를 "사람들이 어찌하여 그리스도를 다윗의 자손이라 하느냐"라고 하신다(마 22:42; 막 12:35). 당시에 꽤 많은 사람들은 예수님을 가리켜 "다윗의 자손"이라고 고백했다(18:38; 마 1:1; 9:27; 12:23; 15:22; 21:9). 마태에 의하면 여기 예수님께서 말씀하신 대상이 바리새인들이라고 말한다(마 11:41). 그러니까 예수님께서 이 말씀을 하신 대상은 바리새인의 서기관들이었다.

예수님은 사람들이 예수님을 다윗의 자손이라고 부르는 것을 금하지 않으셨으나 그러나 예수님을 다윗의 자손이라고 한 것은 육신적인 방면에서만 그런 것이고 신성(神性)에 있어서는 예수님은 다윗의 주님이시라고 한다.

눅 20:42-43. **시편에 다윗이 친히 말하였으되 주께서 내 주께 이르시되 내가 네 원수를 네 발의 발등상으로 삼을 때까지 내 우편에 앉았으라 하셨도다 하였느니라.**

예수님은 "시편에 다윗이 친히 말한" 것을 인용하신다. 즉 "주께서 내 주께 이르시되 내가 네 원수를 네 발의 발등상으로 삼을 때까지 내 우편에 앉았으라"고 하셨다고 하신다(시 110:1; 행 2:34). 즉 '하나님께서 다윗의 주님(다윗은 예수님을 주님이라 했다)께 이르시되 하나님이 네(예수님) 원수를 네(예수님) 발의 발등상으로 삼을 때까지 하나님 내 우편에 앉았으라'고 하셨다고 한다.

예수님께서 "시편에"라고 말씀하신 것은 '시 110편에'란 뜻이다. 이 시편은 유대인들 사이에 메시아를 예언하는 시로 널리 알려져 있었다. 예수님은 이 시편 110편을 인용하여 다윗과 예수님(메시아)과의 관계를 설명하신다. 다윗은 이 시편에서 예수님을 자신의 주님이라고 고백하고 있다. 예수님은 BC 1천년의 다윗에게 주님이시었다. 예수님은 우리의 영원한 주님이시다. 하나님은 예수님의 원수를 예수님의 발등상으로 삼을 때까지 하나님 우편에 앉아 있으라고 하셨다. 하나님께서 예수님의 원수를 예수님의 발등상으로 삼을 때는 세상 끝 날에 그리스도가 원수를 정복하여 짓밟을 때를 지칭한다. 예수님은 그 때까지 하나님 우편에 앉아계시다가(히 10:13) 재림하셔서 세상을 심판하실 것이다.

눅 20:44. 그런즉 다윗이 그리스도를 주라 칭하였으니 어찌 그의 자손이

되겠느냐 하시니라.

예수님은 "그런즉 다윗이 그리스도를 주라 칭하였으니 어찌 그의 자손이 되겠느냐 하신다." 예수님은 다윗이 쓴 시 110편을 인용하시면서 다윗이 그리스도를 주님이라 칭하였으니 어찌 다윗의 자손이 되겠느냐고 바리새인들에게 말씀하신다. 이 말씀은 예수님이 다윗의 자손이 아니라고 말씀하시는 것이 아니라 육신적으로는 다윗의 자손일지라도 그리스도가 순전히 다윗의 후손은 아니라는 뜻이다(롬 1:3-4). 나아가 예수님은 다윗의 주님으로 다윗의 하나님이시라는 뜻이다. 그리스도는 영원부터 영원까지 다윗의 하나님이시며 우리의 하나님이시다.

6.서기관들을 조심하라   20:45-47

예수님은 바리새인들과 서기관들이 헤롯 당원들과 합세해서 정탐들을 보내 가이사에게 인두세를 바쳐야 하느냐고 질문한 것을 물리치셨고(20-26절) 또 부활이 없다고 주장하던 사두개인들 중의 어떤 사람들이 와서 부활문제로 시험한 것을 물리치셨으며(27-40절), 또 당시에 널리 퍼져 있던 예수님을 다윗의 자손이라고 알고 있던 것을 시정하신(41-44절) 다음 이제는 서기관들에 대해 경계하신다(45-47절). 예수님은 벌써 11:39-52에서 서기관들에 대해 경계하셨으나 여기서 다시 경계하신다. 이 부분(45-47절)은 막 12:38-40과 병행한다. 마 23:1-36에는 서기관들에 대한 경계가 많이 기록되어 있다.

눅 20:45. 모든 백성이 들을 때에 예수께서 그 제자들에게 이르시되.

예수님은 "모든 백성이 들을 때에 그 제자들에게" 교육하셨다(마 23:1; 막 12:38). 서기관들의 영향력이 컸기 때문에 예수님은 그 영향을 받는 모든 백성들이 들을 때에 옆에 있던 제자들에게 서기관들을 조심하라고 하신다. 예수님은 지금까지 본 장(20장)에서 서기관들의 잘 못된 교리를 공격하셨는데 이제는 서기관들의 잘 못된 행동을 조심하라고 명령하신다.

예수님께서는 서기관들에게 직접적으로 말씀하시는 것 같지는 않다. 서기관들을 삼인칭으로 놓고 말씀하시는 것을 볼 때 서기관이 떠난 후에 공격하신 것 같이 보인다.

눅 20:46-47a. 긴 옷을 입고 다니는 것을 원하며 시장에서 문안 받는 것과 회당의 높은 자리와 잔치의 윗자리를 좋아하는 서기관들을 삼가라 그들은 과부의 가산을 삼키며 외식으로 길게 기도하니.

예수님은 첫째, 서기관들은 "긴 옷을 입고 다니는 것을 원한다"고 하신다(마 23:5). 그들은 "공무를 수행하려는 왕들이나 제사장들처럼 긴 옷으로 성장하고 다니기를 좋아했다"(윌럼 헨드릭슨). 서기관들은 잘 난체하는 사람들이었다. 그들은 허영심이 강한 사람들이었다. 둘째, 서기관들은 "시장에서 문안 받는 것"을 좋아했다(11:43). 그들은 많은 사람들로부터 존경받기를 좋아했다(마 23:7-10). 그들은 사람들로부터 '랍비,' '주,' '선생님'이라는 칭호를 듣기를 좋아했다. 셋째, 서기관들은 "회당의 높은 자리"를 좋아했다(11:43a 참조). 회당 앞쪽의 높은 자리는 성경을 읽는 사람이 서서 성경을 낭독하고 또 기도하는 사람이 서서 기도하는 자리였는데 서기관들은 그곳에 앉아서 자기들이 성경을 낭독하는 사람이나 기도하는 사람들 가까이 있다는 자긍심을 가지기를 좋아했고 회중을 마주 보고 회중을 살필 수 있다는 자긍심을 가지기를 좋아했다. 그들은 회당에 참석하는 모든 사람들의 존경을 한 몸에 받는 것을 원했다. 넷째, 서기관들은 "잔치의 윗자리를 좋아했다." 예수님은 "네가 누구에게나 혼인 잔치에 청함을 받았을 때에 높은 자리에 앉지 말라"고 경고하셨다(눅 14:8). 높은 자리에 앉기를 좋아하면 낮아질 가능성이 있다고 하셨다. 예수님은 백성들이 듣는 곳에서 제자들에게 서기관들을 삼가라고 경고하셨는데 그 이유는 백성들이나 제자들도 동일한 잘 못을 범하지 않도록 하기 위함이었다. 다섯째, 서기관들은 "과부의 가산을 삼키는" 사람들이었다(마 23:14). 서기관들은 종교심이 강한 부자 과부의 가산을 종교적인 방법으로 탈취해서 가졌다. 이런 일은 그 당시만 아니라 기독교 역사에서 반복되었다. 지금도 흔히 일어나는 일이다. 여섯째, 서기관들은 "외식으로 길게 기도했다." 그들은 신앙심 깊은 과부의 재산을 삼킨 다음 그 죄를 숨기기 위하여 길게 기도했다. 길게 기도하는 것을 과부들이 보고 서기관들을 신임하게 되었다. 예수님께서 서기관들의 악행을 말씀하신 것은 그들의 생활 태도를 본받지 않게 하시려는 것이었다.

눅 20:47b. 그들이 더욱 엄중한 심판을 받으리라 하시니라.

예수님은 서기관들의 여섯 가지 태도를 본받지 말라고 경고하신(46-47a) 다음 그들이 "더욱 엄중한 심판을 받으리라"고 하신다. 그들은 성경을 연구하고 가르치는 사람들로서 진리를 알만한 사람들이었는데도 죄를 범했기에 더욱 엄중한 심판을 받을 것이라고 하신다. 몰랐기에 죄를 짓는 것과 알고도 죄를 범한 것 사이에는 큰 차이가 있다. 알고도 죄를 짓는 경우 벌을 더욱 크게 받는다. 이들이 잘 못되었기에 바리새인들도 잘 못되었고 일반 백성들도 죄악에 빠져들었다. 그들은 백성들과 함께 AD 70년에 로마 군대에 의하여 망하고 말았다.

제 21 장

과부의 헌금과 인자의 종말에 관한 예언

7.과부의 헌금   21:1-4

누가는 예수님께서 서기관들의 죄를 책망하신 것을 기록한(20:45-47) 다음

가난한 과부가 헌금하는 것을 보시고 칭찬하신 것을 기록한다(21:1-4). 부자 과부들은 서기관들에게 재산을 빼앗겼는데 가난한 과부는 서기관들에게 그런 피해를 당하지 않았고 하나님께 생활비 전부를 넣는 복을 받았다. 이 부분(21:1-4)은 막 12:41-44과 병행한다.

눅 21:1. 예수께서 눈을 들어 부자들이 헌금함에 헌금 넣는 것을 보시고.

누가는 예수님께서 "눈을 들어 부자들이 헌금함에 헌금 넣는 것을 보셨다"고 기록한다(막 12:41). "눈을 들어...보셨다"는 말씀은 '아주 집중해서 보셨다'는 뜻이다. 예수님의 보심은 틀림없는 보심이다. 전혀 틀림이 없이 보셨다. 정확하게 보셨다. "헌금함"(γαζοφυλάκιον)은 '연보궤' 혹은 '하나님의 상자'를 지칭한다. 이 헌금함은 성전 구내의 여인의 뜰에 있었는데(왕하 12:9; 요 8:20) 예수님은 여인의 뜰 어느 곳에 앉으셔서 사람들이 헌금하는 것을 주의 깊게 바라보고 계셨다. 예수님은 먼저 부자들이 헌금함에 헌금을 많이 넣는 것을 유심히 보셨다(막 12:41). 헌금을 많이 넣는 일은 좋은 일이었다. 예수님은 지금도 성도들이 헌금하고 있는 것을 다 아신다.

눅 21:2. 또 어떤 가난한 과부가 두 렙돈 넣는 것을 보시고.

부자들이 헌금 넣는 것을 관찰하신(1절) 예수님은 아마도 제일 마지막에 헌금하는 어떤 과부가 두 렙돈 넣는 것을 관찰하셨다. 두 렙돈(λεπτὰ δύο)은 한 고드란트였는데(막 12:42) 이 돈은 참으로 보잘것없는 작은 액수였다. 128렙돈이 한 데나리온에 해당한다. 한 데나리온은 노동자가 하루 종일 일을 하면 받을 수 있는 돈이었으니 한 렙돈은 128분의 1 데나리온에 해당하고, 두 렙돈은 64분의 1 데나리온에 해당한다.

눅 21:3-4. 이르시되 내가 참으로 너희에게 말하노니 이 가난한 과부가 모든 사람보다 많이 넣었도다 저들은 그 풍족한 중에서 헌금을 넣었거니와 이 과부는 그 가난한 중에서 자기가 가지고 있는 생활비 전부를 넣었느니라 하시니라.

예수님은 부자들이 헌금하는 것도 관찰하시고 또 가난한 과부가 헌금하는 것도 관찰하신 다음 "내가 참으로 너희에게 말하노니 이 가난한 과부가 모든 사람보다 많이 넣었도다"고 하신다(고후 8:12). 예수님은 과부가 모든 사람보다 많이 넣었다는 것을 말씀하시기 위해서 "내가 참으로 너희에게 말하노니"라는 언사를 사용하신다(9:27; 12:44 참조). 중대 발표를 하시겠다는 뜻이었다. 예수님의 평가는 사람들의 평가와 전혀 달랐다. "이 가난한 과부가 모든 사람들보다 많이 넣었다"고 하신다. 그 이유는 "저들은 그 풍족한 중에서 헌금을 넣었거니와 이 과부는 그 가난한 중에서 자기가 가지고 있는 생활비 전부를 넣었기" 때문이라고 하신다. 부자들은 그들이 가지고 있는 풍족한 중에서 얼마를 헌금했고 과부는 그 가난한 중에서 자기가 가지고 있는 생활비 전부를 넣었기 때문에 가장 많이 넣었다고 평하신다. 사람들이 아무리 많이 헌금을 한다고 해도 자기의 생활비는 떼어 놓고 헌금하는 법인데 이 과부는 당장에 생활할 생활비 전부를 넣었으니 100분 율로 따져서 이 과부가 가장 많이 넣었다고 말씀하신다. 예수님은 이 과부의 마음을 보셨다. 우리는 우리의 마음 100%를 바쳐야 한다.

예수님은 지금도 누가 헌금을 많이 하는지 다 아신다. 전부를 드리는 사람이 가장 많이 드리는 자이다. 예수님은 이렇게 생활비 전부를 헌금하는 과부를 보시고 어리석다고 하시지 않고 오히려 칭찬하셨다. 예수님은 이 과부의 생활비를 금방 채워주셨을 것이다.

C.종말에 될 일들을 예언하시다 21:5-38

예수님은 여인의 뜰에서 여러 사람들이 헌금하는 것을 보시고 누가 헌금을 많이 했다고 말할 수 있는지 그 표준을 말씀하신(1-4절) 다음 예루살렘에서의 마지막 강화로 종말의 예언을 말씀하신다. 1) 먼저 성전이 파괴될 것을 말씀하시고(5-6절), 2) 종말의 여러 징조에 대해 말씀하시며(7-19절), 3) 예루살렘이 멸망할 것을 예언하시고(20-24절), 4) 그리스도께서 재림하실 것을 말씀하시며(25-28절), 5) 종말을 어떻게 맞이할까에 대해 말씀하시고(29-36절), 6) 예루살렘 전도에 대하여 결론을 지으신다(37-38절).

1.앞으로 성전이 파괴될 것이다 21:5-6

예수님은 제자들이 예루살렘 성전을 가리켜 그 아름다운 돌과 헌물로 꾸민 것을 말씀드렸을 때 성전이 파괴될 것이라고 하신다. 마태에 의하면 예수님께서 예루살렘 성전이 파괴되는 이유로 예루살렘의 교권의 타락과 백성들의 죄악 때문이라고 말씀하신다(마 23장).

눅 21:5. 어떤 사람들이 성전을 가리켜 그 아름다운 돌과 헌물로 꾸민 것을 말하매 예수께서 이르시되.

여기 "어떤 사람들"은 마태 24:1; 막 13:1에 의하면 '예수님의 제자들'이었다. 제자들은 예수님께서 성전에서 나가실 때에 질문했다(마 24:1; 막 13:1). 예수님의 제자들은 성전을 가리키며 성전의 아름다운 돌과 헌물로 꾸민 것을 말했다.[144] 아름다운 돌의 대부분은 요세푸스에 의하면 가로 25규빗

---

144) 예루살렘 성전(Temple): 하나님을 예배하기 위해 세운 건축물. 성경에 있어서의 성전은 거의 예루살렘 성전에 대해 언급되어 있다. 예루살렘에는 세 성전이 있었다. 제1은 솔로몬의

(1125cm), 세로 8규빗(360cm), 높이 12규빗(495cm) 정도라고 한다. 한 규빗은 45cm 정도이다. 그리고 헌물에 대하여 요세푸스는 "경건한 자들이나 그 건물에 대한 존경심을 나타내고자 하는 관리들이 바친 것이 대부분이라"고 말한다.

눅 21:6. 너희 보는 이것들이 날이 이르면 돌 하나도 돌 위에 남지 않고 다 무너뜨려지리라.

예수님은 제자들과는 달리 예루살렘의 교권자들과 백성들이 짓는 죄악을 보시고(마 23장) "너희 보는 이것들이 날이 이르면 돌 하나도 돌 위에 남지 않고 다 무너뜨려지리라"고 하신다(19:44). 제자들은 예루살렘 성전의 겉을 보았고 예수님은 성전 안의 종교인들의 죄를 보셨다. 예수님의 이 예언은 날이 이르렀을 때 곧 주후 70년이 되었을 때 로마의 디도 장군이 이끄는 군대에 의하여 돌 하나도 돌 위에 남지 않고 다 무너졌다. 제자들이 보고 감탄했던 성전은 대 헤롯이 기공할 때부터 82년이 걸려 주후 63년경에 완성되었는데 불과 7-8년 지나 멸망하고 말았다. 불신앙의 사람들이 건축했던 성전은 맥없이 무너지고 만 것이다.

　　2.재난이 시작될 것을 예언하시다　21:7-19

　　예수님은 예루살렘 성전이 파괴될 것을 예언하신(5-6절) 다음 다시 제자

성전(Solomon's Temple)으로서, 이른바 '제1 성전' (First Temple)으로 통한다. 제2는 스룹바벨의 성전(Zerubbable's Temple)으로서, 이른바 '제2성전'(Second Temple)으로 불린다. 제3은 헤롯의 성전(Herod's Temple)으로서, 이것은 헤롯이 제2성전을 증수(增修)한 성전이다. 이들은 모두 같은 장소에 세워졌다. 성전의 기본적인 개념은, '하나님의 주거(거처)'라는 것인데, 하나님은 장소적 제약을 넘은 영적 존재로 생각되기에 이르러, 성전은 하나님의 지상적 임재의 상징으로 되었다. 그러나 예루살렘 성전은 이스라엘 백성에 있어서, 모든 시대를 통하여 그 국민생활, 종교생활의 중심이었다. 그들은 세계 각지에 이산(離散)되는 운명에 처하면서도, 계속 그 심령은 강하게 성전에 연결되어 있었다. 경건한 이스라엘 사람은 사면초가로 에워싸인 상태에 있어서도, 다니엘처럼 '그 방의 예루살렘을 향하여 열린 창에서 전에 행하던 대로 하루 세 번씩 무릎을 꿇고 기도하며 하나님께 감사하였다'(단6:10). 성전은 '여호와삼마'(여호와께서 거기 계시다. 겔 48:35)라는 하나님의 언약적 은총이 구현되는 장소이고, 하늘과 땅이 접하는 곳, 즉 야곱이 말하는 '하늘의 문'이었다(창 28:17).

들의 질문을 받으시고 종말에 앞서 징조들이 있을 것이라고 알려 주신다. 징조는 미혹자가 나타날 것과 난리가 있을 것을 말씀하시고(7-9절), 천재가 나타나고 박해가 있을 것을 말씀하신다(10-19절).

눅 21:7. 그들이 물어 이르되 선생님이여 그러면 어느 때에 이런 일이 있겠사오며 이런 일이 일어나려 할 때에 무슨 징조가 있사오리이까.

예수님께서 예루살렘 성전의 멸망을 예고하셨을 때(6절) 4사람의 제자들(베드로, 야고보, 요한, 안드레-막 13:3)은 감람산에서(막 13:3) 예수님께 두 가지를 여쭈었다. 그들은 "선생님이여 그러면 어느 때에 이런 일이 있겠사오며 이런 일이 일어나려 할 때에 무슨 징조가 있사오리이까"라고 여쭈었다. 제자들은 종말의 때에 대해서만 물은 것이 아니라 종말이 올 무렵 무슨 징조가 있을 것이냐고 예수님께 여쭙는다. 사실 제자들은 예루살렘 성전이 함락될 때와 예루살렘 성전이 함락되기 이전에 나타날 징조를 여쭈었어야 했는데 예루살렘 성전이 워낙 튼튼하게 지어져 있으니 종말에나 가야 무너질 줄로 생각하고 제자들은 인류 종말의 때에 대해 여쭈었고 또 종말이 되기 전에 무슨 징조들이 일어날 것인가 하고 여쭈었다. 예수님은 앞에서(6절) 예루살렘 성전이 함락될 것을 말씀하셨는데 제자들은 그 일이 종말에 될 일로 알고 물은 것이다. 그러니까 제자들은 예수님께 잘 못 질문했다. 그러나 제자들의 질문이 아주 잘 못된 것은 아니었다. 이유는 예루살렘 성전 파괴는 종말에 일어날 멸망의 예표였고 그림자였기 때문이다. 예수님은 제자들의 두 가지 질문 중에 앞의 것은 여기서 대답하지 않으시고(앞의 것은 이미 17:22-23에서 대답하셨다) 뒤의 질문에 대해서만 대답하신다. 즉 예수님은 징조에 대해서만 말씀해주신다.

눅 21:8. 이르시되 미혹을 받지 않도록 주의하라 많은 사람이 내 이름으로 와서 이르되 내가 그라 하며 때가 가까이 왔다 하겠으나 그들을 따르지 말라.

예루살렘 성전이 완전 파괴되리라는 예수님의 예언을 들은 제자들(6절)은 예루살렘 성전 파괴는 인류의 종말에 가서 이루질 것이라고 믿고 인류의 끝이 되기 전에 무슨 징조가 있을 것인지를 여쭈었다. 예수님은 제자들의 질문을 받으시고(7절) 본 절부터 28절까지 금방 이루어질(주후 70년에 이루어질) 예루살렘 성전 파괴에 대한 것을 예언하시고 예수님의 승천 이후 인류의 끝 이전 신약 시대에 나타날 성도에 대한 박해에 대하여 예언하시며 마지막으로는 예수님의 재림으로 이루어질 종말에 대하여 예언하신다. 제자들은 예루살렘 성전 멸망이 세상 끝에 이루어질 것으로 생각하고 질문을 했으나 예수님은 세 구분하여(성전 파괴 때에 대한 예언, 신약 시대에 일어날 성도 박해에 대한 예언, 인류의 끝에 대한 예언) 예언하신다. 8-19절은 예루살렘 성전파괴와 신약 시대에 일어날 징조들과 성도 박해에 대한 예언을 말씀하고, 20-28절은 예루살렘 성전파괴가 예수님의 재림으로 이루어질 인류 종말의 예표이므로 복합적으로 예언하신다. 예수님은 제자들의 잘못된 질문을 받으시고 그냥 인류의 끝에 대해서만 예언하시지 않고 세 구분해서 예언하신다.

예수님은 제자들의 질문을 받으시고 먼저 "미혹을 받지 않도록 주의하라"(βλέπετε μὴ πλανηθῆτε)고 하신다(마 24:4; 막 13:5; 엡 5:6; 살후 2:3). "미혹을 받다"(πλανηθῆτε)란 말은 부정(단순)과거 가정법 수동태로 '잘못 이끌리다,' '잘못 인도되다'란 뜻이고, "주의하라"(βλέπετε)는 말은 현재 명령형으로 '보라,' '삼가라,' '주의 깊게 숙고하라'는 뜻이다. 그러니까 예수님은 바로 다음에 나오는 미혹하는 자들의 말들을 아주 주의 깊게 관찰하라고 하신다. 그렇지 않으면 잘못 인도될 수 있다고 하신다.

예수님은 첫째 징조로 "많은 사람이 내 이름으로 와서 이르되 내가 그라 하며 때가 가까이 왔다 하겠으나 그들을 따르지 말라"고 하신다. 많은 사람이 "내 이름으로" 올 것이라고 하신다(마 24:5; 막 13:6 참조). 많은 사람들이 '예수님의 이름을 사칭하고' 온다는 뜻으로 주후 70년 예루살렘 함락 이전에도 여러 차례 있었고(행 5:36-37; 8:9; 21:38 등) 신약 시대에도 끊임없이 있어왔다. 지금 신약시대에 많은 예수, 많은 그리스도들이 세계 도처에 있다. 앞으로도 계속해서 있을 것이다. 예수님은 거짓 그리스도들이 이 땅에서 일어나서 두 가지를 말할 것이라고 하신다. 하나는 "내가 그이다" 라고 말할 것이라고 하신다. '내가 그리스도다,' '내가 메시아다'라고 말한다 는 뜻이다. 그리고 또 다른 하나는 "때가 가까이 왔다"고 말할 것이라고 하신다. 그들은 언제 나타나든지, 다시 말해 에루살렘 성 함락 이전에 나타나든지, 신약 시대에 나타나든지, 그리스도 재림 이전에 나타나든지 항상 "때가 가까이 왔다"는 말을 할 것이다. 그들은 도적들이다.

예수님은 거짓 그리스도를 "따르지 말라"고 하신다. 사실 그리스도를 올바로 따르면 거짓 그리스도를 얼른 알아볼 수 있어서 따르지 않게 된다. 그리스도를 바로 따르지 않으니 거짓 그리스도들의 유혹에 넘어가서 시간상, 재산상 많은 손해를 보게 된다.

눅 21:9. 난리와 소요의 소문을 들을 때에 두려워하지 말라 이 일이 먼저 있어야 하되 끝은 곧 되지 아니하리라.

예수님은 둘째 징조로 "난리와 소요의 소문을 들을 때에 두려워하지 말라"고 하신다. 여기 "난리"(πολέμους)란 '전쟁'을 지칭하고 "소요"(ἀκαταστασί-ας)란 '작은 소동,' '무질서'등을 지칭한다. 예수님의 제자들은 인류의 끝에 무슨 징조가 있을 것인지를 질문했으나(7절) 예수님은 예루살렘 함락 이전에도 이런 난리와 소요가 있으리라고 하셨고, 지금 신약시대에도 계속해서 전쟁과 소요가 있을 것을 말씀하시며, 또 주님 재림 이전에도 역시 이런 것들이 있을 것이라고 말씀하신다. 그런데 예수님은 이런 일들이 발생할 때 "두려워말라"고 하신다. 이유는 "이 일이 먼저 있어야 하되 끝은 곧 되지 아니하기" 때문이라고 하신다. 우리는 전쟁의 소문 혹은 소요의 소문을 들을 때 두려워말아야 한다. 이런 일들이 있다고 해서 끝은 곧 되지 않기 때문이다. 오늘도 세상에는 너무 많은 전쟁, 너무 많은 소요사태 등이 일어나고 있다. 우리는 그리스도를 바라보며 평안 중에 살아야 한다.

눅 21:10. 또 이르시되 민족이 민족을, 나라가 나라를 대적하여 일어나겠고.
예수님은 "또 이르신다." 앞에 말씀하신 것 외에 '또 엄숙하게 이르신다'는
뜻이다. 예수님은 전절의 말씀을 더 구체적으로 이르시기를 "민족이 민족을,
나라가 나라를 대적하여 일어날" 것이라고 하신다(마 24:7). 민족과 민족
간의 전쟁, 나라와 나라 사이의 전쟁이 있을 것이라고 하신다. 예루살렘
함락 이전이나 후에나 언제나 전쟁이 일어날 것이라고 하신다. UN이 있어서
전쟁을 억제하고 있으나 인류의 죄가 있는 이상 전쟁은 쉬지 않을 것이다.
그리고 이 전쟁으로 인하여 우리는 예수님을 더욱 바라보게 된다. 군사력을
의지하여 전쟁을 억제하려는 생각은 결국 헛될 것이다.

**눅 21:11. 곳곳에 큰 지진과 기근과 전염병이 있겠고 또 무서운 일과 하늘로
부터 큰 징조들이 있으리라.**
예수님은 본 절에서 세 번째 징조를 말씀하신다. "곳곳에 큰 지진과 기근과
전염병이 있겠다"고 하신다. 예루살렘 함락 전에는 특별히 기근과 전염병이
심했다고 한다. 그리고 신약 시대와 예수님 재림 전에 큰 지진과 기근과
전염병이 있을 것이다. 세 가지는 모두 하나님의 형벌이다(민 16:32; 삼하
24:13). 앞으로 큰 지진들은 줄을 이어 발생할 것이다. 진도 8.0 이상의
지진들도 많이 나타날 것이다.

　　그리고 또 자연계의 징조로 "무서운 일과 하늘로부터 큰 징조들이 있으
리라"고 하신다. 여기 "무서운 일"은 '자연적인 소동, 재난, 기근, 온역
등 모든 것들'을 포함한다. 그리고 "하늘로부터 오는 큰 징조들"은 '천체의
이변들'을 지칭한다. 천체의 이변이 앞으로 계속해서 나타날 것이다. 그러나
이런 무서운 일들과 천체의 이변 모두가 그리스도의 재림의 징조를 위해
임하는 것은 아니다. 신약 시대에 일어나는 일들도 많이 있다. 무서운 일들과
천체의 이변들은 예수님의 재림 징조와 반드시 연결시켜서 말할 필요는
없다. 징조는 예루살렘 함락 이전에도 일어났고 신약 시대에도 일어날 것이
며 재림 전에도 일어날 것이기 때문이다.

눅 21:12. 이 모든 일 전에 내 이름으로 말미암아 너희에게 손을 대어 박해하며 회당과 옥에 넘겨주며 임금들과 집권자들 앞에 끌어가려니와.

예수님은 본 절에서 네 번째 징조를 말씀하신다. 앞(10-11절)에서 예언하신 일들이 발생하기 이전에 예수님은 박해자들이 "내 이름으로 말미암아 너희에게 손을 대어 박해하며 회당과 옥에 넘겨주며 임금들과 집권자들 앞에 끌어갈" 것이라고 하신다(막 13:9; 행 4:3; 5:18; 12:4; 16:24; 25:23; 벧후 2:13; 계 2:10). '제자들이 예수님을 믿기 때문에 박해자들이 제자들에게 손을 대어 박해할 것'이라고 하신다. 구체적으로 "회당과 옥에 넘겨주며 임금들과 집권자들 앞에 끌어갈" 것이라고 하신다. 매질하도록 회당에 넘겨주며 또 옥에 가두며 임금들과 집권자들에게 끌어가서 박해할 것이라고 하신다(행 4:3; 5:17-41; 6:11-13; 9:1; 12:2; 16:19-39; 22:19; 25:23). 예수님의 제자들은 그런 박해를 받을 때에 실망할 것은 아니었다. 본 절은 주로 사도들에게 주신 예언으로 보인다.

눅 21:13. 이 일이 도리어 너희에게 증거가 되리라.

예수님은 "이 일," 즉 '박해행위'가 도리어 제자들에게 "증거의 기회"가 되리라고 하신다(빌 1:28; 살후 1:5). 박해를 받은 제자들은 그들의 입으로 예수님을 증언했고(행 4:5-12, 19-20; 9:15-16; 22:1-21; 23:1, 6, 11; 24:1-21; 26:1-29; 27:21-26; 28:23-28), 행위로 예수님을 증언했으며(고후 6:1-10; 11:22-32) 또 찬미로 증언했다(행 16:25). 오늘도 성도가 박해를 당하면 그리스도를 더욱 증언하는 것은 사실이다.

눅 21:14. 그러므로 너희는 변명할 것을 미리 궁리하지 않도록 명심하라.

제자들은 임금들과 집권자들 앞에 끌려가는 경우(12절) 증거의 기회를 얻게 마련인고로(13절) 예수님은 제자들에게 "너희는 변명할 것을 미리 궁리하지 않도록 명심하라"고 하신다. 예수님은 제자들에게 너희는 어떤 말을 할까하고 "미리 궁리하지 않도록 명심하라"고 하신다(12:11; 마 10:19; 막 13:11). 여기 "미리 궁리한다"(προμελετᾶν)는 말은 '미리 연구한다'는 뜻이다. 예수님께서 제자들로 하여금 임금들과 집권자들 앞에서 무슨 말을 할까 미리 연구하지 말라고 하시는 이유는 미리 연구하면 성령님이 주시기를 원하시는 말씀이 아닐 수가 있기 때문이다. 그런고로 박해를 받는 사람들은 마음에 평안함을 가지고 있어야 하며 임금들과 집권자들에게 성령님께서 주시는 말씀을 해야 한다. 그런데 오늘 어떤 전도자들은 예수님의 이 말씀을 자신의 설교준비에 적용하는 사람들이 있다. 그들은 전혀 설교 준비를 하지 않고 성령님의 역사만 기다리다가 설교를 망쳐서 교회를 사임하는 일까지 있다. 예수님께서 본 절에서 말씀하신 것은 제자들이 박해를 받을 때에 무슨 말을 할까하고 미리 궁리하지 말라는 것이고 평안할 때에 설교 준비를 하지 말고 기다리라는 말씀은 아니다.

눅 21:15. 내가 너희의 모든 대적이 능히 대항하거나 변박할 수 없는 구변과 지혜를 너희에게 주리라.

본 절 초두에는 이유접속사 "왜냐하면"(γὰρ)이란 말이 있어 무슨 말을 할까하고 미리 연구하지 않아야 하는(14절) 이유를 본 절이 제공한다. 연구하지 않아야 할 이유는 예수님께서 "너희의 모든 대적이 능히 대항하거나 변박할 수 없는 구변과 지혜를 너희에게 주시기" 때문이라고 하신다 (출 4:11-12; 행 6:10). 제자들의 모든 대적 즉 임금들, 집권자들이 능히 대항하거나 변박할 수 없는 "구변" 즉 '말 잘하는 능력'과 "지혜" 즉 '무슨 말을 해야 할지를 알게 하는 지혜'를 주시기 때문이라 하신다. 본 절에는 예수님께서 주신다고 하셨는데 마 10:20과 막 13:11에서는 성령님께서 주신다고 말씀한다. 그러니까 예수님께서 주시는 것이나 성령님께서 주시는 것은 똑같은 것이다. 예수님께서 승천하셔서 성령을 통하여 주시는 것이기 때문이다. 사도행전은 이 예언이 현저하게 이루어진 것을 보여주고 있다.

눅 21:16. 심지어 부모와 형제와 친척과 벗이 너희를 넘겨주어 너희 중의 몇을 죽이게 하겠고.

예수님은 제자들에게 극한 박해가 있을 것이라고 예언하신다. "부모와 형제와 친척과 벗이 너희를 넘겨주어 너희 중의 몇을 죽이게 할" 것이라고 하신다(미 7:6; 마 10:21-22; 막 13:12; 행 7:50; 12:2). 믿지 않는 부모와 형제와 친척과 벗들이 예수님을 믿는 제자들을 죽는 곳으로 넘겨주어 제자들 중에서 몇을 죽이게 할 것이라고 하신다. 신앙이 다른 사람들이 그리스도인들을 심히 박해하는 일이 오늘 세상에 넘쳐나고 있다(겔 38:21; 말 4:6 참조).

눅 21:17-18. 또 너희가 내 이름으로 말미암아 모든 사람에게 미움을 받을 것이나 너희 머리털 하나도 상하지 아니하리라.

예수님은 제자들이 예수님을 믿는다는 이유 때문에 "모든 사람에게 미움을 받을 것이라"고 하신다(6:22; 마 10:22; 요 15:19; 17:14; 행 28:22; 벧전 4:14). 여기 "모든 사람"이란 '계급, 신분, 인종, 국적, 성별 등을 초월한 모든 사람들'을 지칭한다. 제자들과 성도들은 세상 사람들로부터 사랑을 받을 생각을 포기하고 박해를 받을 각오를 해야 한다. "세상 사람들은 항상 살아 있는 성자보다 죽은 성자를 더 좋아한다"(존 라일). 성자가 살아 있을 때는 별로 좋아하지 않고 미워할 수 있다.

사도들과 성도들이 세상 사람들로부터 미움을 받을 것이 예언되어 있지만 예수님은 "너희 머리털 하나도 상하지 아니하리라"고 하신다(삼상 14:15; 삼하 14:11; 왕상 1:52; 마 10:30; 행 27:34). 생명에는 아무런 손상이 없을 것이라고 하신다. 절대 안전을 보장하신다. 하나님의 뜻이 아니면 절대로 우리가 죽음에 이르지 않는다. 16절의 말씀과 본 절의 말씀은 서로 모순되는 말씀이 아니다(마 10:29-30 참조). 성도들은 하나님의 허락이 없이는 절대로 죽지 않을 것이므로 확신을 가지고 생활해야 하며 전도해야 한다.

눅 21:19. 너희의 인내로 너희 영혼을 얻으리라(ἐν τῇ ὑπομονῇ ὑμῶν κτήσασθε τὰς ψυχὰς ὑμῶν).

본문의 "얻으리라"(κτήσασθε)는 말은 미래형으로 '소유할 것이다,' '얻을 것이다'라는 뜻으로 "너희 영혼을 얻으리라"(κτήσασθε τὰς ψυχὰς ὑμῶν)는 말씀은 '너희 영혼을 보존하리라'는 뜻이다. 성도가 박해자들로부터 박해를 받을 때 인내(참음)가 필요하다는 뜻이다. 성도가 박해를 받을 때 하나님의 절대적인 보호와 또 성도 측의 인내가 있어야 한다. 병행구절(마 24:13; 막 13:13)에 보면 "끝까지 견디는 자는 구원을 얻으리라"고 말씀한다. 성도는 반드시 인내를 갖추어야 한다(롬 5:3; 살후 7:4; 히 10:36; 약 1:4; 5:11). 그러나 성도의 인내는 성도가 참는 것이 아니라 그리스도의 힘으로 참는 것이다. 그런고로 성도의 인내는 성도의 인내가 아니라 하나님의 인내이다. "성도들의 인내는 그들이 궁극적인 승리를 거두도록 주님이 사용하시는 도구이다"(윌럼 헨드릭슨).

　　3.예루살렘이 멸망할 것을 예언하시다　21:20-24

제자들의 질문("어느 때에 이런 일이 있겠사오며 이런 일이 일어나려 할 때에 무슨 징조가 있사오리이까"라는 질문)을 받으시고(7절) 예수님은 본 절부터 24절까지 예루살렘 성전 파괴에 대해 예언하시고, 예루살렘 성전파괴가 예수님의 재림으로 이루어질 인류 종말의 예표라는 것을 암시하신다.

마태(24:15-22)나 마가(13:14-20)가 기록한 예수님의 예언에 비해 누가가 기록한 예수님의 예언(20-24절)은 두 가지로 차이가 난다. 하나는, 누가는 다니엘의 예언인 멸망의 가증한 것에 대한 언급을 생략했고, 또 하나는 예루살렘의 멸망상을 좀 더 박진감 있게 기록하고 있다. 그래서 누가의 기록은 마태와 마가의 기록에 대한 주석으로 보일 정도이다.

예루살렘의 멸망이 인류 종말의 예표이긴 하지만 그 두 사건이 완전히 동일한 것은 아니다. 예루살렘이 멸망한 다음 많은 세월이 흐른 후에 인류의

끝이 온다. 예루살렘이 멸망하여 이방인의 지배하게 들어가고 이방인의
때가 찰 때까지 그냥 이방인의 손안에 있게 된다.

**눅 21:20. 너희가 예루살렘이 군대들에게 에워싸이는 것을 보거든 그 멸망이
가까운 줄을 알라.**

예수님은 제자들의 질문을 받으시고(7절) 드디어 예루살렘이 멸망하기 전에
일어날 일을 말씀하신다. 즉 "너희가 예루살렘이 군대들에게 에워싸이는
것을 보거든 그 멸망이 가까운 줄을 알라"고 하신다.[145] 예루살렘이 로마
군대들에게 에워싸이기 시작하는 것을 보면 앞으로 예루살렘의 멸망이 가까
운 줄을 알라는 말씀이다(마 24:15; 막 13:14). 그러니까 예루살렘이 완전히
포위되면 예루살렘 사람들에게는 전혀 소망이 없게 된다는 것을 암시하신
다. 예루살렘이 에워싸이기 시작할 때에 제자들은 그 멸망이 가까운 줄을
알고 피난해야 한다는 것이다.

**눅 21:21. 그 때에 유대에 있는 자들은 산으로 도망갈 것이며 성내에 있는
자들은 나갈 것이며 촌에 있는 자들은 그리로 들어가지 말지어다.**

예수님은 주후 70년에 예루살렘이 완전히 포위되기 전에 믿는 자들이 취해
야 할 세 가지 행동지침을 주신다. 하나는 "그 때에 유대에 있는 자들은
산으로 도망갈 것"이라고 하신다. '포위되기 시작할 때에 예루살렘 밖 유대
에 있는 자들은 산으로 도망하라'고 하신다. 여기 "산"이란 말은 복수명사로
'여러 산들'을 지칭하는 것으로 혹자는 '예루살렘의 북동쪽에 있는 산들'이
라 하고 또 혹자는 리바누스 산이라고도 하며 또 어떤 주석가들은 유세비우

---

145) 역사에 의하면 로마의 장군 디도가 예루살렘을 포위하기 3년 전에 세스티우스 갈루스가
지휘하는 로마 군대가 예루살렘을 갑자기 공격하였으나 쉽게 점령할 수 있었음에도 불구하고
아주 뜻밖에 뚜렷한 이유도 없이 철수했었던 것 같다. 이 공격의 결과로 예루살렘의 거민들의
대다수가 놀란 나머지 로마 군대가 후퇴하자마자 그 성을 빠져 나갔다고 한다. 그 후에야
베스파시안과 디도의 지휘 아래 벌어졌던 최후의 대접전 때 대부분의 그리스도인들은 그 폐허를
완전히 떠났다고 한다(죤 라일).

스의 기록146)을 받아 이때에 도망할 산을 '베레아 지방의 펠라'(Perean Pella)라고 주장하기도 한다. 그러나 펠라라고 믿을만한 확실한 근거는 없다. 그러나 교회사 학자인 유세비우스의 기록을 신임해 두는 것이 의문을 품는 것보다는 더 나을 것으로 보인다.

또 하나는 "성내에 있는 자들은 나갈 것"이라고 하신다. '예루살렘 성안에 있는 자들은 생명을 얻기 위해 성 밖으로 나가라는 명령이다. 그리고 셋째는 "촌에 있는 자들은 그리로 들어가지 말라"고 하신다. '시골에 있는 신자들은 예루살렘 성 안으로 들어가지 말라'는 명령이다. 예수님은 참으로 세밀하게 명령하신다. 예수님은 오늘도 우리에게 살 길을 알려주신다.

눅 21:22. 이 날들은 기록된 모든 것을 이루는 징벌의 날이니라.
예수님은 바로 앞 절에서는 피난해야 할 것을 말씀하시고 이제 본 절로부터 24절까지는 예루살렘 거민에게 징벌이 임할 것을 예언하신다. 예수님은 하루에 예루살렘이 망하는 것이 아니라 시간을 두고 멸망할 것을 암시하신다. 즉 "이 날들," 즉 '이 여러 날들'(대략 3년으로 보면 좋을 것이다)은 유대민족이 가나안에 들어온 이후 저지른 모든 죄에 대해 선지자들에 의해 징벌이 임할 것이라고 예언된 모든 예언들이 이루어지는 징벌의 날들이라는 것이다. 선지들이 예언한 것들은 구약에 아주 풍부하고(레 26:31-33; 신 28:49-57; 왕상 9:6-9; 시 79:1-13; 사 29:2-4; 렘 18:9-11; 단 9:26-27; 미 3:12; 호 10:14; 슥 11:1, 6; 말 3:1-2), 신약에도 많다(11:50-51; 마 23:35-36; 19:44; 20:17). 히 12:29 참조. 지은 죄에 대하여 고백이 없는 한 징벌이 반드시 따른다.

눅 21:23. 그 날에는 아이 밴 자들과 젖먹이는 자들에게 화가 있으리니

---

146) 유세비우스는 "한편 예루살렘 교회 사람들은 하나님의 명령을 받았다. 그것은 전쟁 전 그 명령을 가치 있게 생각하는 성읍 사람들에게 계시에 의해 주어졌던 것으로, 성읍을 떠나서 펠라라 불리우는 베레아 성읍들 중 하나에 거주하라는 것이었다"라고 말한다(교회사, *HIST.* III. v. 3).

이는 땅에 큰 환난과 이 백성에게 진노가 있겠음이로다.

예수님은 예루살렘 멸망의 날에 두 부류의 사람들에게 화가 있을 것이라고 예언하신다(마 24:19). 하나는 "아이 밴 자들"에게 화가 있을 것이라고 하신다. 이유는 임신한 자들이 피난하기가 어렵기 때문이다. 그리고 또 다른 한 부류는 "젖먹이는 자들에게 화가 있을" 것이라고 하신다. 그들도 피난하기가 힘들기 때문이다. 움직이기가 어려운 환자도 마찬가지일 것이다. 그들에게 화가 있을 이유는 "이는 땅에 큰 환난과 이 백성에게 진노가 있겠기" 때문이라고 하신다. 예루살렘 성에 큰 환난이 있겠고 또 예루살렘 백성에게 진노가 있을 것이기 때문이라고 하신다.

눅 21:24. 그들이 칼날에 죽임을 당하며 모든 이방에 사로잡혀 가겠고 예루살렘은 이방인의 때가 차기까지 이방인들에게 밟히리라.

예수님은 주후 70년 예루살렘 성이 함락될 때 예루살렘이 당할 화를 세 가지로 예언하신다. 첫째, "그들이 칼날에 죽임을 당할" 것이라고 하신다. '예루살렘 사람들이 로마 군대의 칼날에 죽임을 당할 것이라'는 예언이다. 역사가 요세푸스에 의하면 예루살렘이 로마 군에 의해 망할 때 110만 명이 칼날에 죽임을 당했다고 한다. 그리고 피가 강같이 흘렀다고 한다. 둘째, "모든 이방에 사로잡혀 가겠다"고 하신다. 그들 중에서 죽임을 당할 사람들을 제외하고 나머지는 모두 이방 땅에 사로 잡혀가리라고 하신다. 이 예언은 실제로 이루어져 유대인들 9만 7천명이 이방으로 사로 잡혀갔다(Jos. B.J. vi 9:3). 셋째, "예루살렘은 이방인의 때가 차기까지 이방인들에게 밟히리라"고 하신다(단 9:27; 12:7; 롬 11:25). '예루살렘은 이방인의 충만 수가 기독교로 들어오기까지(롬 11:25-26) 이방인들에게 밟힐 것이라'는 뜻이다.[147] 다시 말해 이방인이 기독교를 다 받아드리면 다음으로 유대인이 복음으로 돌아오게 되어 있는데 유대인이 기독교로 돌아오면 예루살렘은

---

147) 혹자는 "이방인의 때가 차기까지"란 말을 '그리스도의 재림이 있을 때까지'라고 주장한다(Grejdanus, Lenski, Hendriksen). 참고할 가치가 있는 것으로 보인다.

기독교인들에게 돌아오는 것이니 그 때까지는 예루살렘이 다른 종교인들에 의해 밟힌다는 뜻이다. 이 예언의 말씀에 따라 예루살렘은 로마인들, 헬라인들, 사라센, 터키 사람들, 지금 회교도들에 의해서 지배를 받고 있다.

4.예수님의 재림을 예언하시다   21:25-28
예루살렘 멸망을 예언하신(20-24절) 예수님은 예수님의 재림 전에 있을 대 환난을 예언하시며 또 영광중에 재림하실 것이라고 예언하신다 (25-28절).

눅 21:25. 일월성신에는 징조가 있겠고 땅에서는 민족들이 바다와 파도의 성난 소리로 인하여 혼란한 중에 곤고하리라.
예수님은 본 절에서 예수님께서 재림하실 때 두 가지 사건이 일어날 것이라고 예언하신다(마 24:29; 막 13:24; 벧후 3:10, 12). 하나는 "일월성신에는 징조가 있을" 것이라고 하신다. 그리스도의 재림에 관련하여 해와 달과 별들에는 큰 기적적인 일들이 있을 것이다. 병행구절인 마 24:29; 막 13:24 에는 "그 날 환난 후에 즉시 해가 어두워지며 달이 빛을 내지 아니하며 별들이 하늘에서 떨어지며 하늘의 권능들이 흔들리리라"고 말씀하신다(사 13:10; 겔 32:7; 욜 2:10b, 31; 3:15). 해가 갑자기 어두워지고 달도 그 빛을 내지 않을 것이다. 또 하나는 지구위에서 사람들이 극도의 곤고(困苦)와 혼란함을 경험하게 될 것이라고 하신다. 즉 "땅에서는 민족들이 바다와 파도의 성난 소리로 인하여 혼란한 중에 곤고하리라"고 하신다. 해와 달이 지구에 강하게 영향력을 미치기 때문에 바다가 영향을 받아 파도가 일어나고 파도의 성난 소리로 인하여 땅에서는 사람들이 혼란한 중에 곤고하게 될 것이다. 모세가 시내산에서 십계명을 받을 때에도 자연이 흔들렸다. 더욱이 예수님께서 재림하실 때 천지가 흔들리리라는 것은 쉽게 이해가 간다.

눅 21:26. 사람들이 세상에 임할 일을 생각하고 무서워하므로 기절하리니

이는 하늘의 권능들이 흔들리겠음이라.

예수님은 본 절에서도 역시 앞 절과 마찬가지로 하늘의 일월성신의 큰 변동으로 인하여 지구상의 사람들이 무서워하여 기절할 것이라고 말씀하신다. 예수님은 "사람들이 세상에 임할 일을 생각하고 무서워하므로 기절할" 것이라고 하신다. 즉 '사람들이 지구상에 임할 일을 예상하고 너무 무서워서 혼절할 것이라'고 하신다. 예수님 재림 전 지구상의 사람들은 일월성신의 변동으로 인하여 땅과 바다에도 놀라운 무서움이 임하여 너무 무서워서 아주 죽은 사람이나 마찬가지 상태로 변할 것이다. 이렇게 사람들이 죽은 사람이나 마찬가지로 혼절하게 되는 이유는 "하늘의 권능들이 흔들리겠기" 때문이다(마 24:29). 여기 "하늘의 권능"이 무엇이냐를 두고 학자들의 견해는 갈리지만 이 말씀은 25절에 기록된 대로 "일월성신"을 지칭한다. 혹자는 "하늘의 권능"을 '천사들'이라고 해석하고 또 혹은 '마귀'라고 해석하기도 하나 문맥을 거스르는 해석으로 보인다.

본문의 "하늘의 권능들이 흔들릴 것"이란 말을 해석할 때 혹자들은 세상정권과 세상 제도가 변동될 것을 지칭한다고 해석하는 수가 있으나 문자대로 보는 것이 옳을 것이다. 이유는 정권의 변동이나 제도의 변동 때문에 사람들이 무서워서 기절한다고 보기는 어렵기 때문이다. 그러니까 실제로 무서운 일들이 일어나는 것으로 보는 것이 바를 것이다.

눅 21:27. 그 때에 사람들이 인자가 구름을 타고 능력과 큰 영광으로 오는 것을 보리라.

예수님은 "그 때에" 즉 '하늘의 권능들이 흔들리고 바다와 파도의 우는 소리가 들려 사람들이 너무 무서워서 기절할 때에'(25-26절) "사람들이 인자가 구름을 타고 능력과 큰 영광으로 오는 것을 보리라"고 예언하신다(마 24:30; 막13:26; 계 1:7; 14:14). 여기 예수님께서 "제자들이...보리라"고 하지 않으셨으니 사도들이 살아있는 중에 예수님의 재림을 목격하지는 않을 것이란 것을 보여준다. 예수님은 천지에 엄청난 일들이 진행되는 때에 사람들은 인자(=메시아)가 "구름을 타고 능력과 큰 영광으로 오는 것을 볼 것"이라고 하신다. 예수님께서 "구름을 타고"오실 것에 대해서는 구약에 벌써 예언되어 있다. 단 7:13-14은 "내가 또 밤 환상 중에 보니 인자 같은 이가 하늘 구름을 타고 와서 옛적부터 항상 계신 이에게 나아가 그 앞으로 인도되매..."라고 예언한다. 그리고 신약의 다른 곳에서도 예수님은 구름을 타고 오시리라고 예언되었다(마 26:64; 막 14:62; 계 1:7). 구름타고 승천하신 예수님은 구름타고 오실 것이다(행 1:9-12).

예수님은 재림하실 때 "능력과 큰 영광으로 오시리라"고 한다. 예수님께서 재림하실 때 "능력"으로 오신다는 말씀은 재림하실 때 '능력'이 나타날 것을 뜻한다(25-26절; 계 14:14-16; 20:11). 그리고 예수님께서 재림하실 때 "큰 영광으로 오신다"는 말씀은 그가 재림하실 때 '능력, 지혜, 자비, 사랑, 거룩함 등을 가지고 나타나실 것'을 뜻하는 말이다. 예수님은 재림하실 때 능력을 가지고 또 영광을 가지고 나타나서서 사탄을 무찌르시고 모든 악을 물리치시고 영원한 통치자로 오실 것이다.

눅 21:28. 이런 일이 되기를 시작하거든 일어나 머리를 들라 너희 속량이 가까웠느니라 하시더라.

예수님은 성도들에게 "이런 일이 되기를 시작하거든" 즉 '25-26절에 기록된 예수님의 재림 징조가 나타나거든' "일어나 머리를 들라"고 하신다. 하늘과 땅에 엄청나게 무서운 일들이 나타날 때 세상 사람들은 거의 기절할지경이지만 성도들은 일어나 머리를 들어 재림의 주님을 바라보라고 하신다. 여기 "일어나"(ἀνακύψατε)란 말은 부정(단순)과거 명령형으로 '쳐다보라,' '명랑하게 쳐다보라'는 뜻이고 "머리를 들라"(ἐπάρατε τὰς κεφαλὰς)란 말은 '머리를 올려라,' '머리를 높이라'는 뜻으로 기쁨으로 눈을 들어 쳐다보고 머리를 올리라는 뜻이다. 세상 사람들은 기절할 즈음에 성도들은 일어나 머리를 들어 주님의 재림을 기다린다는 것은 얼마나 즐겁고 다행한 일인지 모른다. 유대인들은 대망하던 메시아를 기다리다가 실제 메시아가 초림하셨을 때 거부하고 말았는데 우리는 재림하시는 주님을 거부하지 말고 일어나 머리를 들어 주님을 기다려야 한다. 우리는 예수님의 재림의 날을 알지 못한다. 그러나 재림이 있을 것을 알리는 징조를 주셨으니 그런 징조들을 만나면 우리는 이제 우리의 고통은 끝난다는 것을 알고 재림하시는 주님을 만나야 할 것이다.

성도들이 일어나 머리를 들어야 하는 이유는 성도들의 "속량이 가까웠기" 때문이다(롬 8:19, 23). "속량이 가깝다"는 말씀은 '영육의 구원이 가깝다'는 뜻이다. 지금 우리는 그리스도의 속죄로 말미암아 영의 구속을 받았는데 예수님께서 재림하실 때는 육체도 부활할 것이니 영육의 구원이 완성되는 것이다. "속량"(ἡ ἀπολύτρωσις)이란 말은 '잃어버린 것에 대한 배상,' '속죄'란 뜻으로 완전한 구속을 뜻한다(롬 8:23; 엡 1:14; 4:30). 예수님께서 재림하실 때 우리의 몸도 무덤 안에서 부활하여 나올 것이다.

5.무화과나무와 모든 나무의 비유를 말씀하시다.   21:29-33

주님은 주님의 재림을 알리는 징조를 말씀하신(25-28절) 다음 이 부분(29-33절)에서는 때의 징조를 분명히 알라고 당부하신다. 마 24:32-35; 막 13:28-31과 병행한다.

눅 21:29-30. 이에 비유로 이르시되 무화과나무와 모든 나무를 보라 싹이 나면 너희가 보고 여름이 가까운 줄을 자연히 아나니.

예수님은 다시 비유[148]를 사용하신다. 예수님은 무화과나무와 모든 나무를 보라고 하신다(마 24:32; 막 13:28). 무화과나무 한 종류만 아니라 모든 나무를 보라고 하신다. 똑 같은 현상이 타나난다고 하신다. "싹이 나면 너희가 보고 여름이 가까운 줄을 자연히 안다"고 말씀하신다. 나뭇가

---

148) "비유"(Parable)란 일상경험에 기초하여 잘 알려져 있는 것을 통하여, 전혀 알려져 있지 않은 것(영적진리)을 설명하는 방법의 하나이다. 예컨대 [씨](種子)와 [하나님 나라]라는 두개의 전혀 다른 영역에 있는 것을 비교하여, 한쪽의 잘 알려진 것을 통하여 전혀 알려져 있지 않은 다른 것을 설명하는 일이다.

지에 싹이 나면 여름이 가까운 줄을 자연스럽게 안다고 하시면서 진리를
말씀하신다.

**눅 21:31. 이와 같이 너희가 이런 일이 일어나는 것을 보거든 하나님의
나라가 가까이 온 줄을 알라.**

예수님은 무화과나무와 모든 나무에 싹이 나면 여름이 가까워진 줄 아는
것같이 "너희가 이런 일이 일어나는 것을 보거든 하나님의 나라가 가까이
온 줄을 알라"고 하신다. 예수님은 믿는 자들에게 "이런 일들" 즉 '25-26절
의 일들'이 일어나는 것을 보면 "하나님의 나라가 가까이 온 줄을 알라"고
하신다. 곧 '그리스도의 재림으로 말미암아 하나님의 나라가 가까이 온
줄 알라'고 하신다. 예수님의 제자들은 하나님의 나라가 당장에 나타날
줄로 알았으나 예수님은 무서운 재림의 징조가 있는 다음에야 예수님의
재림이 있고 동시에 하나님의 나라가 임할 것이라고 하신다.

**눅 21:32. 내가 진실로 너희에게 말하노니 이 세대가 지나가기 전에 모든
일이 다 이루어지리라.**

예수님은 심각한 진리를 말씀하시기 위하여 "내가 진실로 너희에게 말하노
니"라고 말씀하신다. 그리고 실제로 깊은 진리를 말씀하신다. 즉 "이 세대가
지나가기 전에 모든 일이 다 이루어지리라"고 하신다. 여기 "이 세대"가
무엇을 지칭하느냐를 두고 많은 해석이 시도되었다. 1) 주님이 말씀하시던
때에 살고 있던 당 세대의 사람들을 지칭한다는 해석. 2) 하늘과 땅(다음
구절에서처럼)과 창조의 전체적 체계를 의미한다는 견해. 3) 모든 인류를
의미한다는 견해. 4) 예수님의 재림에 따른 징조들의 시작을 보는 세대와
동일한 세대는 또한 그 징조들의 끝과 예수님이 친히 나타남을 보는 것을
의미한다는 견해. 5) "이 세대"는 '충성된 자, 신자들, 그리고 그리스도의
제자들과 함께 한 자들'을 의미한다고 주장하는 견해. 6) "이 세대"는 '유대
민족'을 의미한다는 견해(메데, 풀라시우스, 라바넬루스, 아레티우스, 불링

거, 존 라일, 헨드릭슨). 본문의 "세대"(ἡ γενεὰ)란 말은 '민족,' '자손,' '소산,' '인류의 세대,' '수명,' '일생' 등의 뜻이 있다. 따라서 "이 세대"(ἡ γενεὰ αὕτη)란 말은 '이 민족' 즉 '유대민족'을 지칭한다(11:50-51; 마 11:16; 12:39; 23:36; 행 2:40; 빌 2:15). 그러니까 예수님은 이 민족, 즉 유대백성들은 흩어졌지만 그들이 멸망되지 않고 모든 일이 이루기 전에 그들은 다시 모이게 될 것(롬 11:25-26)을 내다보시고 유대민족이 지나가기 전에 모든 일(재림 징조들)이 다 이루어지리라고 하신다.

눅 21:33. 천지는 없어지겠으나 내 말은 없어지지 아니하리라.
예수님은 자신이 하신 말씀이 결코 없어지지 않을 것이라는 것을 아주 강하게 말씀하신다. 천지가 없어질지언정 예수님의 "말은 없어지지 아니하리라"고 하신다(마 24:35). 예수님은 그의 말씀으로 천지를 만드셨는데 자신이 만드신 천지는 없어질지라도 예수님께서 하신 말씀은 결코 없어지지 않는다고 하신다(시 102:26; 사 40:8; 51:6; 히 1:11-12; 벧후 3:7). 예수님께서 말씀하신 예수님의 재림과 관련된 모든 말씀은 반드시 이루어진다.

　　6.깨어 있어라　21:34-36
　　예수님은 자신의 재림 때 있을 징조들을 예언하시고(25-28절) 또 예수님이 말씀하신 징조를 분명히 알라고 말씀하신(29-33절) 후 믿는 자들에게 깨어 있으라고 권고하신다(34-36절). 모든 징조들을 말씀하신 후 깨어있으라고 권고하시는 것은 자연스런 순서이다. 깨어있지 않으면 아무 것도 분별할 수 없으니 말이다.

눅 21:34. 너희는 스스로 조심하라 그렇지 않으면 방탕함과 술 취함과 생활의 염려로 마음이 둔하여지고 뜻밖에 그 날이 덫과 같이 너희에게 임하리라.
예수님은 "너희는 스스로 조심하라"고 말씀하신다. 이 말씀은 문맥에 의하여 "깨어있으라"는 말씀이다(36절). 예수님은 "그렇지 않으면 방탕함과 술 취함과 생활의 염려로 마음이 둔하여지고 뜻밖에 그 날이 덫과 같이 너희에게 임하리라"고 하신다(롬 13:13; 살전 5:6; 벧전 4:7). 즉 '깨어있지 않으면 방탕함과 술 취함과 생활의 염려로 마음이 둔하여져서 뜻밖에 그 날이 덫과 같이 너희에게 임하게 되리라'고 하신다. 여기 "방탕함"이란 '무절제한 삶,' '즐거움에 대한 탐닉,' '즐거움을 목적한 삶'을 뜻한다. 그리고 "술 취함"이란 말은 '술을 많이 마셔서 술의 지배를 받는 것'을 지칭한다. 술 취하면 개인의 인격이 파괴되고 가정이 파괴되며 국가에 큰 손실을 끼친다. 더욱이 술 취하는 것은 성령의 지배와는 정면으로 배치되는 것으로 신앙생활에 결정적인 장애요인이 된다. 그래서 우리나라 교회는 금주(禁酒)를 명하고 있다. 그리고 사람들은 "생활의 염려"를 많이 하여 마음이 둔하여진다. 생활에 대한 염려가 생겼을 때 얼른 기도로 해결하지 않고 자신의 지략으로 해결해 나가려하니 마음은 점점 더 둔해진다.

사람들은 흥청망청한 삶을 살고 또 술 취하여 살며 걱정하면서 생활하다가 마음이 둔해져서 뜻밖에 예수님의 재림의 날이 덫과 같이 임하여 결국은 재림하시는 주님을 맞이할 수 없게 될 것이다. 어느 민족이든지 땅 위의 삶의 특징을 말하라고 하면 이 세 가지라고 해도 심한 말은 아니다. 죽도록 즐기지 않으면 견디지 못하고 술을 매일 마시지 않으면 하루를 그냥 지나가지 못하고 또 생활의 염려로 매일매일 불면증에 시달린다고 해도 심한 말은 아닐 것이다. 우리 성도는 이 세 가지를 완전히 탈피해야 할 것이다. 매일 기도하는 중에 마음이 깨어있어야 할 것이다.

눅 21:35. 이 날은 온 지구상에 거하는 모든 사람에게 임하리라.

예수님은 "이 날" 즉 '주님의 재림의 날'(이 날은 동시에 심판 날이기도 하다)은 "온 지구상에 거하는 모든 사람에게 임하리라"고 하신다(살전 5:2; 벤후 3:10; 계 3:3; 16:15). 땅위에 사는 사람치고 한 사람도 예외 없이 주님의 재림의 날을 맞이할 것이다. 그런고로 마음이 둔한 채 주님의 재림의 날을 갑작스럽게 맞이하지 않도록 깨어 기도하는 삶을 살아야 한다.

눅 21:36. 이러므로 너희는 장차 올 이 모든 일을 능히 피하고 인자 앞에 서도록 항상 기도하며 깨어 있으라 하시니라.

예수님은 "이러므로" 즉 '주님의 재림의 날이 온 지구상에 거하는 모든 사람에게 임할 것이므로' 두 가지("이 모든 일을 능히 피하는 것," "인자 앞에 서는 것")를 위해서 "항상 기도하며 깨어 있으라"고 하신다(18:1; 마 24:42; 25:13; 막 13:33). 항상 기도하는 삶을 살면 마음이 절대로 둔하여지지 아니하고 깨어있기 마련이다. 항상 기도하는 삶을 살면 지금이 어느 때인지 알게 되고 또 세상에서 일어나는 일들의 의미를 깨닫게 되고 주님의 손길을 의식하게 된다. 한마디로 말해 주님께서 모든 것을 주관하고 계심을 알게 된다.

주님은 믿는 자들에게 무엇을 위해서 항상 기도하며 깨어 있으라고 하셨는가. 첫째, "이 모든 일을 능히 피하기" 위해서라고 하신다. 주님의 재림의 날에 닥칠 환난과 두려움을 능히 피하기 위하여 항상 기도하고 깨어 있어야 한다고 말씀하신다. 둘째, "인자 앞에 서기" 위해서라고 하신다 (엡 6:13). 인자 앞에 선다는 말은 두려움 없이 예수님 앞에 서기 위해서라는 뜻이다. 두려움 없이 구원에 이르도록 하라는 말씀이다. 혹자는 "인자 앞에 서는 것"을 '심판대 앞에 서는 것'이라고 해석하나 전체적인 문맥에 어울리지 않는다. 인자 앞에 서는 것은 구원받는 것을 지칭한다.

7.예수님께서 날마다 성전에서 가르치시다 21:37-38

누가는 예수님께서 마지막 수난 주간 십자가에 못 박히시기 전에 어디에서 무엇을 하셨는가를 밝힌다. 누가는 예수님께서 날마다 낮에는 성전에서 가르치셨다고 전해준다. 19:47-48과 통한다.

눅 21:37. 예수께서 낮에는 성전에서 가르치시고 밤에는 나가 감람원이라 하는 산에서 쉬시니.

예수님은 낮에는 성전에서 가르치셨고(요 8:1-2) 밤에는 나가서 감람원이라 하는 산에서 쉬셨다(22:39). "예수께서 낮에는 성전에서 가르치시고"란 말씀은 '예수님께서 예루살렘에 들어오신 주일, 월요일, 그리고 화요일에 예루살렘 성전에서 가르치신 것(22:53 참조)을 요약한 말씀이다. 수요일에는 쉬셨고 목요일에는 다락방에서 최후의 만찬을 잡수셨다.

밤에 감람원이라고 불리는 산에서 쉬셨는데 마태에 의하면 베다니에서 쉬신 것으로 말한다(마 21:17). 예수님께서 산에서 노숙하셨는지 아니면 베다니의 어느 집에서 쉬셨는지 확실히 알기는 어렵다.

눅 21:38. 모든 백성이 그 말씀을 들으려고 이른 아침에 성전에 나아가더라.
누가는 예수님께서 주일, 월요일, 화요일 낮에 성전에서 가르치실 때 "모든 백성이 그 말씀을 들으려고 이른 아침에 성전에 나아갔다"고 말한다. 여기 "모든 백성"이란 '예루살렘 사람들과 또 유월절을 지키러 각지에서 일찍이 온 사람들'을 지칭한다. 그 많은 사람들이 예수님의 말씀을 들으려고 이른 아침부터 성전으로 들어왔다. 이렇게 많은 사람들이 성전으로 들어왔기에 당시의 지도자들이 예수님을 해치지 못했다. 예수님은 며칠 있으면 십자가에서 죽으셔야 했는데 그럼에도 불구하고 맡은 바 사명에 충성을 다하셨다. 사명에 충성함이 중요하다.

VII.그리스도의 수난과 부활   22:1-24:53
이제 누가가 성령으로 기록한 복음서의 마지막에 이르렀다. 누가는 그리스도의 수난과 부활을 기록한다. 그리스도는 택한 자들의 죄를 대속하기 위하여 죽으셨고 또 택한 자들의 부활을 위하여 살아나셨다. 그리스도는 우리의 죄를 대속하시기 위해서 죽으셨고(22:1-23:56) 또 우리의 영원한 생명을 보장하시기 위해서 부활하셨다(24:1-53).

제 22 장

메시아가 체포당하시기 전후의 사건들

A.십자가 지시기 전의 준비   22:1-38

누가는 예수님께서 십자가에서 죽으시기 위하여 준비하신 것을 기록한다. 예수님께서 십자가에서 죽으시기 위하여 1) 가룟 유다의 반역이 필요했고(1-6절), 2) 유월절 성찬예식을 준비해야 했으며(7-13절), 3) 최후의 만찬을 잡수셔야 했고(14-23절), 4) 마지막 이별의 교훈을 하셔야 했다(24-38절).

1.유다가 반역하다   22:1-6

누가는 먼저 유대의 종교 지도자들이 예수님을 죽이기 위해 궁리한 것을 기록하고(1-2절), 유다가 배신한 것을 기록한다(3-6절). 사탄은 이 양편의 모사가 되었다. 마 26:1-5, 14-16; 막 14:1-2, 10-11; 요 11:45-53 참조.

눅 22:1-2. 유월절이라 하는 무교절이 다가오매 대제사장들과 서기관들이 예수를 무슨 방도로 죽일까 궁리하니 이는 그들이 백성을 두려워함이더라.

유대의 종교지도자들은 "유월절이라 하는 무교절이 다가올" 때 예수님을 죽이려고 궁리했다(마 26:2; 막 14:1). 여기 "유월절이라 하는 무교절"이란 말은 '유월절이라고 불리는 무교절'이란 뜻으로 실제로는 무교절이었는데 사람들이 유월절이라고 불렀다는 뜻이다. 누가는 이방인들을 위하여 복음을 전하기 위해서 이렇게 절기에 대해 설명하고 있다. 유월절은 당시 니산월 14일 저녁에 지켰고 무교절은 니산월 15일부터 21일까지 누룩 없는 떡을 먹으며 지켰기에 무교절이라 불렀다(출 12:15-20). 그러니까 당시 유대인들은 14일 저녁에 지키는 유월절도 유월절이라 했고 15일부터 21일까지(7일) 지키는 무교절도 유월절이라고 불렀다. 도합 8일을 유월절이라고 부른 것이다.

본문의 "유월절이라 하는 무교절이 다가오매"란 말은 마태와 마가에 의하면 '유월절 이틀' 전을 일컫는 말이다. 유월절이 이틀 앞으로 다가왔을 때 "대제사장들과 서기관들이 예수를 무슨 방도로 죽일까 궁리했다"(시 2:2; 요 11:47; 행 4:27). 그들은 오래 전부터 예수님을 해하려고 노력했다 (6:7; 7:29-30; 11:53-54; 19:47). 그러나 이제 그들은 더욱 초조해졌다 (20:1-8, 20-40). 음모자들은 마 26:57에 의하면 가야바의 궁전에서 모였다 (가야바는 음모의 한가운데 서 있었다).

대제사장들과 서기관들(마 26:3에 의하면 장로들도 포함되어 있었다)이 예수님을 쉽게 죽이지 못하고 궁리하게 된 이유는 "그들이 백성을 두려워했기" 때문이었다. 함부로 죽였다가는 백성들이 소요를 일으킬까보아 빨리 죽이지 못하고 어떻게 죽일까 그 방법을 연구하게 된 것이다.

예수님께서 유월절에 죽으셔야 했기에 유대인 종교지도자들이 이때에 서두르게 되었다. 고전 6:7에 보면 바울은 예수님을 유월절 양이라고 했다. 애굽에서 수많은 유월절 양이 죽었기 때문에 이스라엘 민족이 살아남을 수 있었던 것처럼 예수님은 택한 백성들을 대신해서 유월절 양처럼 죽으셔야 했기에 유월절에 죽으셔야 했다. 유대의 종교지도자들이 유월절에 예수님을 죽이려고 했던 이유는 하나님의 섭리도 있었지만 인간적으로 말해 종교지도자들은 이 유월절기가 지나면 예수님께서 예루살렘을 떠나 다른 곳으로 갈까 보아 서둘렀다.

눅 22:3-4. 열둘 중의 하나인 가룟인이라 부르는 유다에게 사탄이 들어가니

이에 유다가 대제사장들과 성전 경비대장들에게 가서 예수를 넘겨 줄 방도를 의논하매.

유다의 종교 지도자들이 예수를 무슨 방도로 죽일까 궁리만 하고 얼른 실행하지 못하는 사이에(앞 절) 사탄은 유다에게 들어가서 활동을 북돋았다. 누가가 "열둘 중의 하나인 가룟인이라 부르는 유다"라고 표현한 것은 유다가 12 사도 중의 하나였음에도 불구하고 그런 어처구니없는 일을 저질렀다는 것을 강조하기 위함이다. 누가는 "유다에게 사탄이 들어갔다"고 말한다(마 26:14; 막 14:10; 요 13:2, 27). 사탄이 들어간 유다는 종교 지도자들이 조용히 예수님을 죽이려고 하는 모의를 도왔다. 유다는 사탄으로부터 힘을 얻어 "대제사장들과 성전 경비대장들에게 가서 예수를 넘겨 줄 방도를 의논했다." 예수를 죽이려는 음모는 지도자들(대제사장들, 서기관들, 장로들)이 모여서 했는데 가룟 유다는 대제사장들과 성전 경비대장들(성전에서 봉사하는 레위인들을 지휘하는 군관들이었다-느 7:2; 렘 20:1; 행 4:1; 5:24)에게 가서 예수님을 조용히 넘겨줄 방법을 의논했다. 성전 경비대장들에게 갔던 이유는 그들이 성전 치안을 맡고 있었기 때문이다. 사탄이 유다에게 들어간 이유는 유다를 이용하기가 가장 쉬웠기 때문이었다. 그는 불평이 많은 사람이었다(요 12:4-6). 사탄은 불평과 불만이 많은 사람을 주로 이용하고 죄를 서슴없이 잘 짓는 사람들을 이용한다.

사탄이 하는 일을 두고 칼빈(Calvin)은 "하나님으로부터 버림받은 자의 마음속에 들어가서 그의 모든 감각을 사로잡고 하나님을 두려워하는 마음을 빼앗으며 이성의 빛을 어둡게 하고 부끄러운 모든 느낌을 파괴한다"고 말한다. 우리는 사탄이 우리의 인격 속에 들어오지 못하도록 철저하게 그리스도를 의지해야 한다.

눅 22:5-6. 그들이 기뻐하여 돈을 주기로 언약하는지라 유다가 허락하고 예수를 무리가 없을 때에 넘겨 줄 기회를 찾더라.

대제사장들과 성전 경비대장들은 가룟 유다가 예수님을 그들에게 넘겨줄 방법을 의논하러 와서 의논할 때 자기들을 돕는 것을 보고 심히 기뻐하여 "돈을 주기로 언약했다"(슥 11:12). 그들은 얼마의 값을 정해서 돈을 주기로 약속했다. 마 26:15에 의하면 그 값은 은 삼십이었다. 유다가 돈을 받기로 허락하고 유다는 실제로 돈을 받았다. 그리고 유다는 "예수를 무리가 없을 때에 넘겨 줄 기회를 찾았다." 그는 시간마다 주위를 둘러보며 무리가 없을 때 예수님을 넘겨줄 기회를 찾았다. 그들과 군호도 짜 놓고 기다렸다. 돈을 좋아하는 사람은 언제인가 사탄으로부터 쓰임을 받는다.

2.유월절 먹을 것을 준비하다   22:7-13

누가는 가룟 유다가 예수님을 반역한 사실을 기록하고(1-6절) 이제는 무교절 날을 맞이하여 예수님께서 제자들을 시켜 유월절을 준비하신 것을 기록한다(7-13절).

눅 22:7-8. 유월절 양을 잡을 무교절 날이 이른지라 예수께서 베드로와 요한을 보내시며 이르시되 가서 우리를 위하여 유월절을 준비하여 우리로 먹게 하라.

누가는 "유월절 양을 잡을 무교절 날이 이른" 사실을 기록한다(마 26:17; 막 14:12). 다시 말해 수난 주간 니산월 14일(목요일)이 된 것을 기록한다. 유월절을 준비하는 사람들은 14일 오후에 양을 잡고 저녁에 먹는다(출 12:6; 레 23:5-6 참조).

예수님은 베드로와 요한을 보내시며 말씀하시기를 "우리를 위하여 유월절을 준비하여 우리로 먹게 하라"고 하신다. 베드로와 요한은 유월절을 먹을 장소 준비와 음식준비에 쓰임을 받았다. 두 제자의 이름을 밝히는 것은 누가뿐이다. 마태는 두 사람이라는 숫자도 밝히지 않고 마가는 두 사람이라는 숫자를 밝히고 있다. 우리가 예수님으로부터 쓰임 받는다는 것은 참으로 복된 일이다. 우리가 교회에서 쓰임 받는 것은 그리스도로부터 쓰임 받는 것이다.

눅 22:9. 여짜오되 어디서 준비하기를 원하시나이까.
두 제자 베드로와 요한은 예수님께 "어디서 준비하기를 원하시나이까"라고
여쭙는다. 예수님께서 다음 절에서 답하신 것을 보면 제자들이 묻지 않았더
라면 준비하는데 힘이 들 뻔했다. 우리는 무슨 일을 하든지 예수님께 여쭈어
지시를 받아야 한다.

**눅 22:10. 이르시되 보라 너희가 성내로 들어가면 물 한 동이를 가지고
가는 사람을 만나리니 그가 들어가는 집으로 따라 들어가서.**
예수님은 구체적으로 지시하신다. 첫째, "너희가 성내로 들어가라"고 하신
다. 예수님은 제자들에게 이 명령을 하실 때 베다니에 계셨던 것으로 보인다.
이유는 예루살렘 성내로 들어가라고 하셨기 때문이다. 둘째, "물 한 동이를
가지고 가는 사람을 만나리라"고 일러주신다. 예수님께서 두 제자에게 "물
한 동이를 가지고 가는 사람을 만나리라"고 말씀하신 것을 두고 해석은
두 가지로 갈린다. 첫째 해석, 예수님께서 물 한 동이를 가지고 가는 사람이
나 혹은 유월절 잔치를 베풀 집 주인을 미리 아셨거나 혹은 미리 그 사람과
짜놓으시고 두 제자에게 그 사람을 만나라고 말씀하신 것이 아니라 전지하신
예수님의 초자연적 지혜로 제자들로 하여금 원하시는 사람들을 만나게 해주
시겠다고 하신 것이라고 한다. 예수님은 전지하시니 그런 일도 얼마든지
가능하다. 둘째 해석, 같은 사건을 말하는 마태복음 26:18에 보면 예수님은
"성 안 아무에게 가서 이르되 선생님 말씀이 내 때가 가까이 왔으니 내
제자들과 함께 유월절을 네 집에서 지키겠다 하시더라 하라"고 하신다.
여기 "성안 아무에게"란 말씀은 '예루살렘 성안의 아무개 집에서'란 뜻이다.
"아무"(τὸν δεῖνα)란 단어는 '어떤 사람(such a one, a certain one),' '어떤
것'이란 뜻으로 사람 자체는 알고 있으나 이름을 알리지 않을 때 사용하는
낱말이다. 우리말로 하자면 '아무개' 혹은 '거시기'에 해당하는 말이다. 게다
가 "아무"란 낱말 앞에 헬라 원어에 보면 정관사("τὸν"-"그")가 있어 예수님
은 성안의 '집 주인 그 아무개'를 생각하고 계셨음을 알 수 가 있다. 예수님의

생각 속에 예수님께서 아시는 그 집주인이 있었으니 물 한 동이를 가지고
가는 사람도 아시는 분일 가능성은 얼마든지 있다. 위의 두 해석 중에서
첫째 해석도 가능하지만 둘 째 해석이 더 바람직한 해석으로 보인다. 예수님
은 제자들을 보내시면서 사람을 아주 쉽게 찾도록 해주셨다. 그 이유는
물 한 동이를 가지고 가는 "사람"(ἄνθρωπος-a man)은 남자였기 때문이다.
당시에 물 긷는 것은 대부분 여자들의 몫이었는데 헬라어 원문에 보면
이 사람은 남자였다. 제자들은 물 긷는 남자를 아주 쉽게 발견할 수 있었다.
예수님은 어려운 명령을 주시지 않으신다.

셋째, "그가 들어가는 집으로 따라 들어가라"고 하신다. 아주 실행하기
쉬운 명령이었다. 예수님의 명령은 일반적으로 말해 실행하기 쉬운 명령이
다. 그 남자가 들어가는 집으로 따라 들어가면 '그 집주인 아무개'가 있을
것이라고 하신다. 예수님의 명령은 어려운 명령이 아니고 아주 쉬운 명령이
었다. 예수님께서 미리 다 준비해놓으신 일을 우리가 순종하는 것뿐이다.

**눅 22:11. 그 집 주인에게 이르되 선생님이 네게 하는 말씀이 내가 내
제자들과 함께 유월절을 먹을 객실이 어디 있느냐 하시더라 하라.**
예수님은 베드로와 요한 두 제자에게 예루살렘에서 물 한 동이를 가지고
가는 남자를 만나 따라 들어가서(앞 절) 그 객실을 가지고 있는 집 주인에게
선생님(예수님)이 당신에게 "내가 내 제자들과 함께 유월절을 먹을 객실이
어디 있느냐?"고 물으라고 하셨다. 예수님은 본 절에서 두 제자가 해야
할 일이 아주 간단한 것임을 말씀하신다. 그 집 주인에게 예수님과 제자들이
유월절을 먹을 객실이 어디 있느냐고 질문하는 것뿐이었다. 예수님은 오늘
우리에게도 어려운 것을 명령하시지 않는다.

**눅 22:12. 그리하면 그가 자리를 마련한 큰 다락방을 보이리니 거기서 준비
하라 하시니.**
두 제자가 주인한테 질문만 하면 주인이 "자리를 마련한 큰 다락방을 보이리

라"고 예수님은 말씀하신다. 주인은 아마도 예수님의 제자이었거나 아니면 예수님의 일에 적극적으로 협조하는 사람이었을 가능성이 있다. 아니면 당시 예루살렘 사람들은 낯선 사람들의 유월절 잔치 준비를 솔선해서 해주는 관습에 따라 정성을 다해 유월절을 준비해 준 사람이었을 수도 있다. 아무튼 예수님의 일에는 많은 협조자가 있었다.

    본문의 "자리를 마련한"(furnished)이란 말은 '성찬예식을 하기에 알맞도록 (방바닥, 식탁 등이 준비된) 자리를 베풀었다'는 뜻이고 "큰 다락방"(ά-νάγαιον μέγα)이란 말은 '큰 이층의 방' 혹은 '큰 테라스'를 뜻한다. 예수님은 제자들에게 주인이 모든 시설을 갖춘 큰 객실을 보여줄 것이니 "거기서 (유월절을) 준비하라"고 하신다. 제자들은 어린 양, 무교병, 쓴 나물, 포도주 등을 사서 그 방에 차려 놓으면 되었다. 예수님께서 시키시는 일은 아주 쉬운 일이었다. 오늘 우리도 쉬운 일을 하도록 명령 받는다.

눅 22:13. 그들이 나가 그 하신 말씀대로 만나 유월절을 준비하니라.
누가는 두 제자가 예수님의 명령을 받고 베다니로부터 예루살렘으로 나가 "그 하신 말씀대로 만나 유월절을 준비했다"고 말한다. 제자들은 예수님께서 말씀하신대로 유월절을 착착 준비했다. 어느 것 하나도 모순이 없었다. 제자들은 예수님께서 하신 말씀대로 진행할 수 있었다. 그러면 어떻게 예수님께서 이렇게 정확하게 지시하실 수 있었던가. 그 집 주인과 사전에 연락을 하셔서 제자들에게 지시하신 것인가. 아니면 그의 전지하신 지식을 따라 명령하신 것인가. 누가는 예수님의 전지하신 지식에 의하여 제자들에게 지시하신 것으로 말하고 있다. 누가는 예수님께서 전지하신 지식으로 제자들에게 지시하셨기에 "그들이 나가 그 하신 말씀대로 만나 유월절을 준비했다"(본 절)고 말하는 것이 아닌가. 만약 사전에 예수님과 집주인 사이에 무슨 교감이 있었다면 본 절을 누가가 기록하지 않았을 것이다. 본 절은 집 주인과 예수님 사이에는 아무런 교감이 없었던 것을 보이고 있다. 예수님께서 모르시는 것이 천지 사이에 있을까?

3.유월절에 성찬예식을 제정하시다   22:14-23

유월절을 제자들로 하여금 준비하게 하신(7-13절) 예수님은 이 부분(14-23절)에서 성찬예식을 제정하신다. 이 부분(14-23절)은 마 26:20-29; 막 14:17-25과 병행한다. 예수님은 이곳에서 예수님의 살과 피를 우리가 기념해야 하는 것으로 말씀하신다(개혁주의의 학설은 성령 임재설이다). 예수님은 결코 천주교의 화체설이나 루터의 공재설이나 혹은 쯔윙글리의 상징설에 찬동을 보내시지 않으신다.

눅 22:14-15. 때가 이르매 예수께서 사도들과 함께 앉으사 이르시되 내가 고난을 받기 전에 너희와 함께 이 유월절 먹기를 원하고 원하였노라. 누가는 본 절부터 16절까지 마태나 마가에는 없는 누가만의 글을 기록한다. 누가는 이 부분에서 "때가 이르렀다"고 말한다. '유월절을 먹을 때가 이르렀다'는 뜻이다. 예수님은 유월절을 먹을 때가 이르러 사도들과 함께 "앉으셨다"(마 26:20; 막 14:17). 유월절을 최초로 애굽에서 먹을 때는 서서 먹었다(출 12:11). 유월절을 먹고 애굽을 떠나야 했기에 서서 먹었으나 가나안에 들어간 후에는 유대인들의 식사법을 따라서 앉아(여기 앉는다는 말은 왼손으로 턱을 괴고 비스듬히 눕는 자세를 말한다) 먹었다.

그리고 예수님은 말씀하시기를 "내가 고난을 받기 전에 너희와 함께 이 유월절 먹기를 원하고 원하였노라"고 하신다. 예수님은 "내가 고난을 받기 전에"라는 언사를 사용하심으로 그가 십자가 고난을 받으실 것을 제자들에게 예고하신다. 예수님의 십자가 고난은 우연한 것이 아니라 예수님의 소원에 의한 것이었다. 그리고 예수님은 "이 유월절"이란 말씀으로 이번 유월절은 다른 때의 유월절과 다르다는 것을 암시하신다. '이번 유월절'이야말로 제자들과 함께 세상에서 잡수시는 마지막 유월절이 될 것이며 이번 유월절에는 하나님의 구속사역의 대업을 이루실 것을 드러내신다.

예수님은 고난을 받으시기 전에 제자들과 함께 유월절을 먹기를 원하고 또 원하셨다. "원하고 원하였노라"라는 말씀은 히브리식 표현으로(마

13:14; 요 3:29) '참으로 원하였다'는 뜻이다. 예수님의 이 말씀은 혹시 잘 못했으면 유월절을 못 잡수셨을 가능성도 있었음을 내비치신 말씀이다. 그것은 대제사장들의 음모 때문이었다. 예수님께서 이처럼 유월절을 잡수시기를 원하신 이유는 1) 유월절 성만찬을 제정하시기를 원하셨기 때문이고, 2) 제자들에게 새로운 교훈을 주시기를 원하셨기 때문이었다.

눅 22:16. 내가 너희에게 이르노니 이 유월절이 하나님의 나라에서 이루기까지 다시 먹지 아니하리라 하시고.
예수님은 "내가 너희에게 이르노니"라는 언사를 사용하신다. 이 언사는 앞으로 중대한 것을 말씀하시겠다는 언사이다. 예수님은 "이 유월절이 하나님의 나라에서 이루기까지 다시 먹지 아니하리라"고 중대한 선언을 하신다 (14:15; 행 10:41; 계 19:9). 예수님은 "이 유월절이 하나님의 나라에서 이루어진다"고 하신다. 이 땅위에서는 유월절이 예표적이고 상징적이었지만 예수님께서 재림하신 후 신천신지에서는 더 이상 예표적이고 상징적인 유월절은 지키지 않고 완성된 잔치를 하신다는 뜻이다. 다시 말해 그 때에는 완전한 구원이 이루어져서 주님과 성도간의 무르익은 교제가 이루어진다는 것이다.

예수님은 이 유월절이 "하나님의 나라" 곧 '신천신지'에서 완전하게 "이루기까지 다시 더 먹지 아니하리라"고 하신다. 다시 말해 이 땅위에서는 이번의 유월절이 마지막이라고 말씀하신다. 그는 이 유월절을 잡수신 후 십자가에서 죽으심으로 더 이상 땅에서의 유월절 식사는 하지 아니하셨다.

눅 22:17. 이에 잔을 받으사 감사기도 하시고 이르시되 이것을 갖다가 너희끼리 나누라.
본 절부터 20절까지에는 "잔"이란 말이 두 번 나오고(본 절과 20절) 또 본문의 내용이 유월절 식사 순서와 약간 차이가 있다. 그러나 aABCKLT 사본들은 우리 성경처럼 되어 있어 문제가 없는 것으로 보인다. 다른 복음서

(마태, 마가)에는 떡이 앞서고 있는데 비해 본서의 것은 "잔"이 앞서고 있어 문제가 되나 본 절의 "잔"은 '개회기도 후에 나오는 잔'이라고 생각된다(윌렴 헨드릭슨). 본 절은 아직 성만찬 제정에 대해 말하는 것이 아니라 가장이 먼저 개회기도를 드리고 자신이 잔을 들어 먼저 마시고 다른 사람들에게 돌린 첫째 잔으로 보아야 할 것이다.149) 예수님은 자신이 개회기도하시고 잔을 마신 후 말씀하시기를 "이것을 갖다가 너희끼리 나누라"고 하신다. 한 잔으로부터 모든 제자가 마시라는 말씀은 제자들 전체가 일체라는 것을 강조하는 말씀이다.

눅 22:18. 내가 너희에게 이르노니 내가 이제부터 하나님의 나라가 임할 때까지 포도나무에서 난 것을 다시 마시지 아니하리라 하시고.

예수님이 개회 기도하시고 "이 잔을 갖다가 너희끼리 나누라"고 말씀하신 (앞 절) 후 본 절에 와서 16절에서 하신 말씀을 다시 반복하신다. 즉 "이 유월절이 하나님의 나라에서 이루기까지 다시 먹지 아니하리라"는 말씀을 다시 하신다(마 26:29; 막 14:25). 예수님은 16절에서 하신 말씀이 너무 중요하여 "내가 너희에게 이르노니"라는 언사를 사용하신다. 중요한 말씀은 다름 아니라 세상에서는 이제 더 이상 유월절 식사를 함께 하시지 않는다는 것, 그리고 또 예수님과 제자들과의 교제가 영원히 끝나는 것이 아니라

---

149) 렌스키(Lenski)가 말한 유월절 식사 순서를 보면 1) 첫 포도주 잔에 가장이 축복함, 2) 애굽에서의 고난을 기념하는 쓴 나물을 먹음, 3) 누룩 없는 빵, 소위 "카소렛"(chasoret)이라는 양념(여러 가지 과일과 식초로 가미한 즙), 불로 구운 어린양 고기, 그리고 다른 희생의 고기(이것을 '카기가'라고 함), 4) 가장이 축복하며 쓴 나물을 집어 "카소렛"에 찍고 그것을 먹으면 다른 식구들도 그대로 따른다. 5) 물과 포도주를 섞은 둘째 잔을 나눌 때 아들이 유월절 만찬을 집행하는 이유를 질문하면 가장이 그에 대하여 설명해준다. 6) 이어서 '할렐'(Hallel)시의 첫 부분인 시편 113편, 114편을 노래하고 이어서 찬양의 기도와 함께 둘째 잔을 마신다. 7) 가장이 손을 씻고 두개의 빵을 들어, 그 중 하나를 쪼개어 쪼개지 않은 다른 빵 위에 그것을 놓고 축복하고, 쪼갠 빵 조각을 쓴 나물로 싸서 그것을 "카소렛"에 찍고 그것과 "카기가" 한조각과 어린양 고기 한 조각을 먹는다. 8) 온 식구가 다 함께 먹음, 9) 가장이 양고기 조각을 먹을 때에 이 식사의 마지막에 도달하며 그 뒤에는 아무도 먹지 않는다. 그리고 그 뒤에 셋째 잔을 나눈다. 10) '할렐'시의 둘째 부분 곧 시편 115-118편을 노래하고 넷째 잔을 나누는데 때로는 다섯 째 잔을 나누기도 한다. 이어서 마지막 부분인 '할렐'시 120-137편을 노래한다. 이 순서는 랍비들이 전해준 것을 근거로 한 것이라고 했다.

하나님 나라에서 계속된다는 말씀이다. 하나님의 나라가 임할 때까지만 포도나무에서 난 것을 마시지 않겠다고 하신다. 그 이후 곧 하나님의 나라가 임한 후에는 온전한 유월절 식사가 있을 것이라고 하신다. 다시 말해 예수님과 제자들 간의 온전한 친교가 하나님의 나라에서 있게 될 것이라고 하신다.

눅 22:19. 또 떡을 가져 감사기도 하시고 떼어 그들에게 주시며 이르시되 이것은 너희를 위하여 주는 내 몸이라 너희가 이를 행하여 나를 기념하라 하시고.

예수님은 유월절 식사를 마치신 후 성찬 예식을 제정하신다. 예수님은 먼저 "또 떡을 가져 감사기도 하신다." 그리고 누룩을 넣지 않고 만든 떡을 "떼어 그들에게 주시며 이르시되 이것은 너희를 위하여 주는 내 몸이라 너희가 이를 행하여 나를 기념하라"고 하신다. 예수님은 손으로 떡을 떼어 제자들에게 주시며 "이것은 너희를 위하여 주는 내 몸이라"고 하신다(마 26:26; 막 14:22). 즉 '이것(떡)은 제자들에게 주시는 예수님의 몸을 나타내는 것이라'는 뜻이다. "떡은...내 몸이라"는 말씀은 '떡은...내 몸을 상징하는 것이다' 혹은 '떡은...내 몸을 나타내는 것이다'라는 뜻이다. 존 라일(John Ryle)은 "시리아어나 히브리어에는 '나타내다' 혹은 '상징하다'라는 말이 없다. 창 40:12; 단 7:24; 요 15:1-5; 계 1:20을 보라"고 주장한다.[150] 그런고로 "내 몸이라"는 표현은 '내 몸을 상징하는 것이다'라는 뜻이다.

예수님은 "너희가 이를 행하여 나를 기념하라"고 명하신다(고전 11:24). 예수님은 제자들에게 앞으로 성찬예식을 행하여 예수님께서 십자가에서 고난당하신 사실을 기억하라고 하신다. 그런데 마태나 마가에는 "기념하라"는 말씀이 없어 천주교에서는 화체설을 주장하나 예수님께서 화체설을 세우지 않으셨다. 즉 예수님은 자신의 손에 들려진 떡이 자신의 몸이라고 하시지는 않으셨다. 그렇게 되면 예수님은 자신의 몸과 또 손에 들려진 몸, 즉

150) 존 라일, *누가복음서 강해*, 존 라일 강해 시리즈 4, p. 253.

두 개의 몸을 말씀하신 셈이니 예수님께서 그런 논리를 주장하지 않으신다. 떡은 예수님의 살을 나타낸다(상징한다). 우리는 이 땅에서 그리스도께서 몸을 찢으시고 피를 흘리신 사실을 기억해야 한다.151)

눅 22:20. 저녁 먹은 후에 잔도 이와 같이 하여 이르시되 이 잔은 내 피로 세우는 새 언약이니 곧 너희를 위하여 붓는 것이라.

예수님은 저녁을 잡수신 후 즉 유월절 저녁을 잡수신 후에 "잔도 이와 같이 하셨다"고 말씀한다. "잔도 이와 같이 하셨다"는 말씀은 '잔을 가지사 감사기도 하시고 그들에게 주셨다'는 뜻이다(마 26:27; 막 14:23).

예수님은 잔을 제자들에게 주시면서 말씀하시기를 "이 잔은 내 피로 세우는 새 언약"이라고 하신다.152) 즉 '이 잔은 내 피로 세우는 새 언약을 나타내는 것이다' 혹은 '이 잔은 내 피로 세우는 새 언약을 상징하는 것이다'라는 말씀이다. 다시 말해 '예수님의 손에 들려진 포도주 잔은 예수님의 피로 세우는 새 언약을 상징하는 것이라'는 뜻이다.

그런데 본 절과 병행하는 마태복음 26:28("이것은 죄 사함을 얻게 하려고 많은 사람을 위하여 흘리는바 나의 피 곧 언약의 피니라")이나 마가복음 14:24("이르시되 이것은 많은 사람을 위하여 흘리는 나의 피 곧 언약의 피니라")에는 "언약"이란 낱말 앞에 "새"(καινή)라는 글자가 붙어있지 않다. 누가복음의 "언약"이란 낱말 앞에는 "새"(καινή)자가 붙어있고, 마태복음 (26:28)이나 마가복음(14:24)의 "언약"이란 낱말 앞에는 "새"(καινή)자가

151) 역사적으로 성찬예식 논쟁은 너무도 치열했다고 할 수 있다. 1) 천주교의 화체설: 사제가 기도할 때 떡과 포도즙이 예수님의 살과 피로 변한다는 학설, 2) 루터의 공재설: 예수님께서 떡과 포도즙에 함께 계시다는 설. 3) 쯔윙글리의 상징설: 떡과 포도즙은 순수하게 상징이라는 설. 4) 칼빈과 개혁교회의 성령에 의한 임재설: 그리스도께서 몸으로는 임재하실 수 없으시나 성령으로 임재 하신다는 설.

152) 본 절과 고전 11:25에는 "새"라는 글자가 "언약"이란 낱말 앞에 붙어있다. 하나님은 선지자를 통하여 "새 언약"(렘 31:31), "영원한 언약"(겔 16:60)을 예언하셨다. 그리스도의 피로 말미암는 새 언약(22:20)은 이스라엘 백성에 한하지 않고 세계 만민에게 주어졌으며 이 새 언약의 피는 유대인과 이방인을 구별하지 않고 믿는 자들의 죄를 영원히 사하는 능력을 가지고 있다(마 26:28). 아직도 죄 사함을 받지 못하는 사람이 있다고 하면 그 자신에게 책임이 있다(히 9:22). 새 언약의 피가 영원히 흐르고 있지 않은가(김수흥의 마가복음주해로부터).

붙어있지 않은 것 때문에 큰 차이가 있는 것은 아니다. 예수님께서 세우신 언약이라고 하면 무엇이든지 새 언약이기 때문이다.

예수님은 구약시대부터 하나님께서 언약하신대로 피를 흘려주셨다. 그러나 예수님은 전혀 새로운 언약을 세워주셨다. 구약 시대의 짐승의 피는 매년 흘려야 했고 자주 흘려야 했으나 예수님은 질적으로 다른 피를 흘리셔서 한번 흘리시므로 영원한 속죄를 이루셨다. 그런 점에서 예수님께서 세우신 언약은 "새 언약"이다.

예수님은 "내 피"는 "너희를 위하여 붓는 것이라"고 하신다. 곧 '너희를 위하여 흘리는 것이라'는 뜻이다. 주님은 우리를 위하여 피를 흘려주셨다. 우리는 그 피를 믿어야 하고 그 피를 의지해야 한다. "내 너를 위하여 몸 버려 피 흘려 네 죄를 속하여 살 길을 주었다. 너 위해 몸을 주건만 날 무엇 주느냐. 너 위해 몸을 주건만 날 무엇 주느냐." 찬송가 185장 1절.

눅 22:21. 그러나 보라 나를 파는 자의 손이 나와 함께 상 위에 있도다(πλὴν ἰδοὺ ἡ χεὶρ τοῦ παραδιδόντος με μετ' ἐμοῦ ἐπὶ τῆς τραπέζης). 예수님은 성찬예식을 제정하신(19-20절) 후 본 절 초두에 "그러나"라고 말씀하신다. 예수님은 앞에서 "너희를 위하여 피를 흘리는 것이라"(20절)고 하셨는데 본 절에서 어처구니없게도 "나를 파는 자"가 있다는 것을 극적으로 대비시키기 위해 "그러나"라는 표현을 사용하신다. 그리고 예수님은 "보라"라는 말씀을 사용하신다. 이 말씀을 사용하신 이유는 중요한 말씀을 하시기 위해서이다.

누가는 예수님께서 "나를 파는 자의 손이 나와 함께 상 위에 있도다"라고 말씀하신 것을 기록한다(시 41:9; 마 26:21, 23; 막 14:18; 요 13:21, 26). 마태는 "나와 함께 그릇에 손을 넣는 그가 나를 팔리라"고 기록하고(26:23), 마가는 "나와 함께 먹는 자가 나를 팔리라"고 기록한다(14:18). 누가는 예수님께서 성찬 제정 직후에 본 절을 말씀하신 것으로 기록했고, 마태와 마가는 예수님께서 성찬 제정 직전에 이 말씀을 하신 것으로 기록했다.

그리고 마태와 마가는 누가의 기록보다 유다의 행위를 좀 더 구체적으로("손을 넣는 그가," "함께 먹는 자가") 좁혀 기록한다.

누가의 본 절 기록으로 보면 가룟 유다가 주님의 성찬에 참여한 후에 예수님으로부터 회개하도록 주의를 받은 것으로 보인다. 그러나 마태나 마가는 유다가 주님의 성찬에 참여하기 전에 예수님으로부터 회개하라는 지적을 받은 것으로 기록한다(마 26:21-25; 막 14:18-21). 그러니까 성찬을 먹기 전에 유다가 회개권고를 받았느냐 아니면 성찬을 먹은 후에 받았느냐는 것이다. 성찬 전에 받았다고 하는 견해(Lenski[153], Hendriksen)와 성찬에 참여한 후에 받았다는 견해(Bruce B. Barton, 이상근, 위즈덤 종합강해, Thomas R. Schreiner, John Ryle[154])로 갈린다. 똑 같은 사건의 내용을 기록했는데도 마태와 마가는 유다가 예수님의 성만찬 제정 이전에 예수님으로부터 회개권고를 받았다 하고, 누가는 유다가 성만찬에 참여한 후에 예수님으로부터 회개 권고를 받았다고 기록했다. 이런 차이가 나는 것을 두고 혹자는 차이가 난다는 사실을 말했을 뿐 그 이유에 대해서는 말하지 않는다. 말하기 어려운 것은 사실이나 누가의 저작 의도로 보아 중요한 것은 연대순이 아니라 내용이라는 것을 보여주고 있는 듯하다. 다시 말해 누가는 예수님께서 유월절 잔치 중(14-18절)에 암시하신 예수님의 고난에 대해 중단 없이 말하기 위해 성만찬 제정(19-20절)을 이어서 기록한 것으로 보인다. 그러니까 누가는 예수님의 고난을 암시하는 유월절 잔치와 또 예수님의 고난을 드러내는 성찬 예식을 이어서 말한 것으로 보인다. 그런 다음 누가는 예수님

153) 렌스키(Lenski)는 "마태복음 26:21-25; 마가복음 14:18-21; 요한복음 13:18-30은 예수가 성만찬을 제정하기 전에 이 배반자를 폭로시켰다는 것을 분명히 한다. 요한은 유다가 즉시 떠났다고 진술한다. 누가는 만찬 후에 배반자에 관하여 말하고 다른 복음서 기자들에서 발견되는 바와 같이 그의 폭로 기사로부터 취해진 진술들을 사용한다. 그러나 이것이 그가 하는 모든 것이다. 그는 이 폭로를 해설하지 않는다. 관찰되어야 할 다른 초점은 누가가 21절이 만찬 제정 직후에 말해졌다는 것을 의미할 수 없다는 것이다. 그러므로 유다도 만찬을 받았다는 견해는 주장될 수 없다"고 주장한다(누가복음 -하- p. 377).
154) 존 라일(John Ryle)은 "이 말씀은 가룟 유다가 주님의 만찬을 받은 사람들 중에 있었다는 사실을 분명히 해주고 있다. 이밖에 달리 생각할 도리가 없다. 그렇다면 카톨릭의 견해에 따라 유다는 실질적으로 그리스도의 몸을 먹고 그리스도의 피를 마신 셈이 된다. 그럼에도 불구하고 그는 멸망의 자식이었던 것이다"라고 말한다(누가복음서 강해 II, p. 254-55).

께서 유다의 회개를 재촉하는 말씀을 기록한 것으로 보인다. 그러나 마태나 마가는 연대순(시간 순)으로 사건을 기록했다.

눅 22:22. 인자는 이미 작정된 대로 가거니와 그를 파는 그 사람에게는 화가 있으리로다 하시니.

예수님은 "나를 파는 자의 손이 나와 함께 상 위에 있다"고 말씀하셨는데(앞절) 유다가 예수님을 유대의 종교 지도자들에게 팔기 때문에 십자가에서 죽는 것이 아니라 "인자[155]는 이미 작정된 대로 가신다"고 한다(마 26:24; 행 2:23; 4:28). 하나님께서 이미 작정하신대로(사 53장) 십자가에서 죽으신 다고 하신다. 모든 것은 하나님의 작정대로 진행된다. 그러나 그렇다고 가룟 유다에게 책임이 없는 것이 아니라 예수님은 "그(예수님)를 파는 그 사람에게는 화가 있으리라"고 하신다. 예수님을 파는 유다에게는 화가 있을 것이라고 선언하신다. 마태는 "인자를 파는 그 사람에게는 화가 있으리로다. 그 사람은 차라리 태어나지 아니하였더라면 제게 좋을 뻔하였느니라"고 하신다(26:24). 그는 영원한 파멸에 넘겨지게 될 것이라고 하신다(마 25:46). 하나님은 인간의 죄를 통하여 엄청난 계획을 이루셨다. 그러나 죄를 지은 인간은 자신의 행동에 대한 책임을 면할 수는 없다.

눅 22:23. 그들이 서로 묻되 우리 중에서 이 일을 행할 자가 누구일까 하더라.

예수님을 팔 사람이 있을 것이라고 예수님께서 말씀하시니(21-22절) 제자들이 "서로 묻되 우리 중에서 이 일을 행할 자가 누구일까"라고 했다(마 26:22; 요 13:22, 25). 그들은 예수님께도 질문했다. 마태에 의하면 "그들이 몹시 근심하여 각각 여짜오되 주여 나는 아니지요"라고 했다(26:22). 그들은 먼저 예수님께 질문한 다음 서로서로 물었을 것이다. '우리 중에서 예수님을

---

155) "인자"의 뜻을 위해 5:24주해 참조하라.

팔자가 누구일까'하고 서로 물었다(요 13:23-30). 유다는 알고 있으면서도 자기가 팔 사람이라고 말하지 않는다. 그는 이미 대제사장들과 성전경비대 장들로부터 돈을 받고서도(3-6절) 침묵하고 있다.

4.고별하시면서 몇 가지를 교훈하시다   22:24-38

예수님은 유월절 잔치를 잡수시고 또 성찬 예식을 가지시고 또 유다의 반역을 예고하신(14-23절) 후 몇 가지 교훈을 주신다. 1) 섬기는 자가 되어야 할 것을 말씀하시고(24-30절), 2) 베드로가 부인할 것을 예고하시며(31-34절), 3) 칼을 사라고 하신다(35-38절).

a.섬기는 자가 되라   22:24-30

예수님께서 십자가에 죽으실 것을 앞두고 유월절 잔치를 잡수시고 또 성찬 예식을 제정하시는(14-23절) 목요일 저녁 어느 때 쯤 해서 제자들에게 섬기는 자가 되라는 교훈을 말씀하신다. 그러나 어느 시간에 이런 교훈을 말씀하셨는지에 대해 누가는 정확하게 시간을 말하지 않는다. 제자들은 종종 누가 크냐고 다투었기에(9:46-48; 마 18:1-5; 막 9:34-37) 목요일 저녁에도 누가 크냐고 다투었을 것이다. 아마도 유월절 잔치 상을 마련한 자리에서 좌석문제로 서로 다툰 것이 아닌가 보인다. 예수님은 그들을 대속하시기 위해 죽으실 찰라 제자들은 누가 크냐하고 서로 다투었다. 이에 예수님은 제자들에게 섬기는 자가 되어야 한다고 말씀하신다.

눅 22:24. 또 그들 사이에 그 중 누가 크냐 하는 다툼이 난지라.
누가는 "또 그들 사이에 그 중 누가 크냐하는 다툼이 났다"고 기록한다(9:46; 막 9:34). 과거에도 다툼이 났었다는 것을 암시한다. 본문의 "다툼"(φιλονει-κία)이란 말은 '다투기를 좋아하는' 혹은 '논쟁적인'이라는 뜻이다. 예수님의 제자들은 걸핏하면 다투었는데 이번에도 또 다툼이 일어났다. 제자들은 훗날 성령 강림절 이후에는 다투지 않았다. 우리 역시 성령 받아 다른 사람을 나보다 낮게 여기는 사람들이 되어야 할 것이다(빌 2:3).

눅 22:25. 예수께서 이르시되 이방인의 임금들은 그들을 주관하며 그 집권자들은 은인이라 칭함을 받으나.

예수님은 다툼이라는 것이 이방인의 임금들에게 있는 일이고 또 이방인의 집권층들에게 있는 것이라고 말씀하신다(마 20:25; 막 10:42). 본문의 "주관하며"(κυριεύουσιν)라는 말은 3인칭 복수 현재 직설법으로 '군주가 되다,' '지배자가 되다'라는 뜻으로 임금들은 사람들의 주장자, 폭군이 된다는 뜻이다. 또 권력을 가진 집권자들은 사람들로부터 "은인이라 칭함을 받는다"고 말씀하신다. "은인이라 칭함을 받는다"(εὐεργέται καλοῦνται)는 말씀은 '선행을 한 사람이라고 칭함을 받는다'는 뜻으로 실제로 선행을 하지 않았어도 사람들에 의해서 선행을 하는 사람으로 부름받기를 좋아한다는 뜻이다. 예수님께서 이렇게 세속 정치가들을 여기에 말씀하시는 이유는 교회는 세속 정치가들과는 달라야 한다는 것을 부각시키기 위해서였다.

눅 22:26-27. 너희는 그렇지 않을지니 너희 중에 큰 자는 젊은 자와 같고 다스리는 자는 섬기는 자와 같을지니라 앉아서 먹는 자가 크냐 섬기는 자가 크냐 앉아서 먹는 자가 아니냐 그러나 나는 섬기는 자로 너희 중에 있노라.

예수님은 "너희는 그렇지 않을지니"라고 하신다(마 20:26; 벧전 5:3). 즉 '너희는 세속 정치가들처럼 되어서는 안 된다'고 하신다. 예수님은 구체적으로 "너희 중에 큰 자는 젊은 자와 같고 다스리는 자는 섬기는 자와 같아야 한다"고 하신다(9:48). 하나님의 나라 교회에서는 큰 자는 "젊은 자와 같아야 한다"고 하신다. "젊은 자"란 '지배를 받고 섬기는 자'를 지칭하는 말이다. 교회의 지도자는 '섬기는 자'가 되어야 한다. 그리고 다스리는 자는 섬기는 자가 되어야 한다.

　　예수님은 "앉아서 먹는 자가 크냐 섬기는 자가 크냐 앉아서 먹는 자가 아니냐"고 하신다(12:37). 세속적으로 말하면 앉아서 섬김을 받는 자가 크다고 하신다. 집안의 식탁에서도 앉아서 받아먹는 자가 크고 봉사하는 자가 작다고 인식되어 왔다. 그러나 예수님은 "그러나 나는 섬기는 자로 너희 중에 있다"고 하신다(요 13:13-14; 빌 2:7). 예수님은 제자들의 발을 닦으셨다(요 13:4-10). 그리고 예수님은 십자가에서 자신의 몸을 드리셨다 (마 20:28; 막 10:45).

눅 22:28. 너희는 나의 모든 시험 중에 항상 나와 함께 한 자들인즉.
예수님은 제자들에게 겸손의 덕을 강조하셨는데(24-27절) 본 절부터 30절 까지는 예수님과 계속해서 함께 했던 제자들에게 상급을 주시겠다고 하신 다. 예수님은 제자들에게 "너희는 나의 모든 시험 중에 항상 나와 함께 한 자들"이라고 하신다. 수많은 사람들이 예수님의 곁을 떠나는 중에도(요 6:66) 그들은 예수님 곁에 남아 오늘까지 왔다(요 6:67-69; 11:16 참조).

여기 "나의 모든 시험 중에"(히 4:15)란 말은 '나의 지상사역의 모든 과정 중에'라는 뜻이다. 예수님의 지상 사역의 모든 과정은 시련이었고 또 고난이었다. 예수님의 지상 사역의 모든 시련과 고난 중에 제자들이 항상 예수님과 함께 했다는 것이다(삼하 15:18 참조). 이것이 중요한 것이다. 우리 역시 계속해서 주님과 함께 하는 삶을 살아야 한다.

눅 22:29-30. 내 아버지께서 나라를 내게 맡기신 것 같이 나도 너희에게 맡겨 너희로 내 나라에 있어 내 상에서 먹고 마시며 또는 보좌에 앉아 이스라엘 열두 지파를 다스리게 하려 하노라.
예수님은 자신 곁에 남아 있는 제자들에게 세 가지의 상급을 약속하신다. 첫째, "내 아버지께서 나라를 내게 맡기신 것 같이 나도 너희에게 맡기겠다" 고 하신다(12:32; 마 24:47; 고후 1:7; 딤후 2:12). '성부 하나님께서 나라, 곧 우주 통치 및 교회 통치를 예수님에게 맡기신 것 같이 예수님도 사도들에 게 예수님의 왕적인 통치에 참여하게 하시겠다'고 하신다. 예수님은 훗날 예수님 재림 후 제자들에게 예수님의 왕적인 통치 행위에 제자들을 참여시키 실 것이다(계 3:21; 20:4). 제자들은 신천 신지의 영주들이 될 것이다. 둘째,

"너희로 내 나라에 있어 내 상에서 먹고 마시게 하겠다"고 하신다(14:15; 마 8:11; 계 19:9). 예수님 재림 후 신천 신지에서 예수님과 함께 기쁨을 경험하게 하시겠다는 뜻이다. 이 말씀은 사도들에게 일차적으로 해당하는 말씀이지만 우리들에게도 해당하는 말이다. 우리가 지금도 기쁨의 삶을 살지만 신천 신지에 이르러서는 말로 형언할 길 없는 기쁨을 맛보게 될 것이다. 셋째, "또는 보좌에 앉아 이스라엘 열두 지파를 다스리게 하려 하노라"고 하신다(시 49:14; 마 19:28; 고전 6:2; 계 3:21). 예수님은 전에도 이렇게 약속하신 일이 있으셨다. 마 19:28에 "예수께서 이르시되 내가 진실로 너희에게 이르노니 세상이 새롭게 되어 인자가 자기 영광의 보좌에 앉을 때에 나를 따르는 너희도 열두 보좌에 앉아 이스라엘 열두 지파를 심판하리라"고 하셨다. 세상이 바뀌어 신천신지가 되는 때 예수님께서 그의 영광의 보좌에 앉으실 때 제자들도 보좌에 앉아 이스라엘 열 두 지파를 심판하도록 하시겠다고 하신다.

예수님께서 말씀하신 "이스라엘 열 두 지파"(마 19:28; 행 26:7; 약 1:1)는 누구를 지칭하느냐 하는 것이다. 1) 혹자는 유대의 12지파가 세상 어디엔가 있을 것이라고 주장한다. 바벨론에 포로되어 갔다가 10지파는 돌아오지 않았으나 그들은 다른 민족과 섞이지 않고 지금도 세상 어디엔가 있을 것이라고 한다(John Ryle). 이 견해는 문자적이라는 장점은 있으나 주님의 나라가 임했을 때에도 유대인과 이방인이 구별되어야 한다는 점에서 받기가 어렵다. 2) 혹자는 유대인들의 12지파 중에서 선택된 모든 사람들을 나타내거나 유대인과 이방인들 중에서 선택된 사람 모두를 지칭할 것이나 어느 경우에서든지 중생한 자들을 가리킴에는 틀림없을 것이라고 주장한다(윌럼 헨드릭슨). 둘째 해석이 바른 해석일 것이다. 사도들은 새 이스라엘을 다스릴 것이다.

그리고 "보좌에 앉아...다스리게 한다"는 뜻은 무엇인가. 1) 혹자는 그리스도께서 재림하실 때 열 두 사도(가룟 유다를 빼고 맛디아가 사도가 되어)가 다스리게 될 것이라는 의미라고 하는 해석. 2) 혹자는 사도들을 통하여 전파된 복음의 교훈이 이스라엘뿐 만 아니라 모든 교회들을 다스리게 될 것이라고 하는 해석. 3) 혹자는 이스라엘은 불신 가운데 있었으나 사도들은 복음을 믿었으므로 심판 때에 사도들이 일어나 유대인들을 정죄할 것이라는 의미라고 주장하는 해석. 4) 혹자는 예수님의 가장 가까운 제자들에게 주신 약속일 것이라고 주장함. 그들은 하나님 나라에서 특별히 권세 있는 자리에 앉게 될 것이라고 한다. 5) 혹자는 "다스린다"는 말은 유대인들이 그들의 땅으로 회복되고 그리스도가 다시 오신 후에 이스라엘을 다스리는 데서 사도들이 두드러진 위치를 차지하게 될 것을 의미한다고 한다. 6) 제자들이 교회를 감독하게 될 것이라는 해석. 이 모든 해석 중에서 마지막 여섯 번째의 해석이 가장 바른 해석일 것이다.

b.베드로가 부인할 것이다　22:31-34

누가는　　예수님께서 섬기는 자가 되라고 말씀하신 것을 기록한(24-30절) 다음 베드로가 예수님을 부인할 것을 예언한 말씀을 기록한다. 예수님의 이 예언은 4복음서에 다 기록되어 있다(31-34절; 마 26:30-35; 막 14:26-31; 요 13:36-38). 특히 누가는 베드로가 부인할 사실만 기록한 것이 아니라 베드로가 회복할 것과 또 베드로가 사도들의 지도자가 될 것에 대해서도 기록했다.

눅 22:31-32. 시몬아, 시몬아, 보라 사탄이 너희를 밀 까부르듯 하려고 요구하였으나 그러나 내가 너를 위하여 네 믿음이 떨어지지 않기를 기도하였노니 너는 돌이킨 후에 네 형제를 굳게 하라.

예수님은 시몬의 이름을 두 번("시몬아," "시몬아") 부르신다. 사도들 전체에 해당하는 중대한 것을 말씀하시기 위해서다(10:41; 행 9:4). 예수님은 사도들 전체에게 "보라"(ἰδοὺ)는 말씀을 사용하시며 경고하신다. 예수님은 "사탄이 너희를 밀 까부르듯 하려고 요구하였다"고 말씀하신다 (암 9:9; 벧전 5:8). '사단이 너희들의 믿음이 떨어지도록 너희를 밀을

까부르듯 까불러 흔들기 위하여 사도들을 자기에게 내달라고 요청하였다'
고 하신다. 사단은 종종 우리의 믿음이 떨어지도록 밀 까부르듯 하려고
우리를 그의 손에 넣기를 요구한다. "결코 주를 모른다 하지 않겠다는
것이 베드로의 본의였는데(33절), 본의를 어겨 세 번이나 주를 모른다
할 때 그는 자신(自身)을 잃고 까부는 자의 손길에서 날뛰는 밀알이었다"
(이상근). 그러나 예수님은 사도들이나 우리들을 사단의 손에 들어가도록
하시지는 않는다.

예수님은 "그러나 내가 너를 위하여 네 믿음이 떨어지지 않기를 기도하
였다"고 하신다(요 17:9, 11, 15). 즉 '사단은 사도들의 믿음이 떨어지도록
까부르지만 예수님은 사도들과 베드로를 위하여 믿음이 떨어지지 않기를
기도하였다'고 하신다(요 17:6-19). 예수님은 사도들 전체의 믿음이 떨어지
지 않도록 기도하셨고 또 베드로의 믿음이 떨어지지 않도록 기도하셨다.
그러나 본 절에서 예수님은 베드로를 위해서만 기도하신 것을 말씀하신다.
그 이유는 확실히 알 수는 없지만 아마도 베드로가 누가 크냐 하는 다툼에서
제일 앞장을 섰기 때문이 아닌가 생각된다.

예수님은 베드로로 하여금 다른 사도들의 믿음을 굳세게(건강하게)
하는 일에 책임자로 세우신다. 예수님은 베드로를 향하여 "너는 돌이킨
후에 네 형제를 굳게 하라"고 명령하신다(시 51:13; 요 21:15, 16, 17).
여기 "돌이킨다"는 말씀은 '베드로가 예수님을 등지고 떨어져 나간 후에
다시 예수님을 향하여 돌이키는 것'을 지칭한다. 예수님은 베드로를 향하
여 예수님을 부인하는 실수를 범한 데서부터 돌이킨 후에 다른 사도들의
믿음을 굳세게 해주라고 하신다. 예수님께서 부활하신 후 사도로서는 베드
로에게 제일 먼저 나타나셨다(24:34). 제일 먼저 예수님의 부활에 대해
보고를 받은 베드로는 다른 사도들에게 그리스도께서 부활하신 것을 전했
다. 그리스도의 부활 소식을 듣는 순간 믿음이 튼튼해지는 것이며 또
다른 사도들에게 그리스도의 부활을 전해줄 때 다른 사도들의 믿음도
튼튼해졌을 것이다.

눅 22:33. 그가 말하되 주여 내가 주와 함께 옥에도, 죽는 데에도 가기를 각오하였나이다.

예수님께서 베드로에게 믿음의 흔들림이 있을 것을 경고하셨을 때(31-32절) 베드로는 말하기를 "주여 내가 주와 함께 옥에도, 죽는 데에도 가기를 각오하였나이다"라고 장담했다. 베드로는 사람으로서 가기가 가장 어려운 두 곳에도 주와 함께 가겠다고 힘차게 각오를 말한다. 옥에도 함께 가고 죽는데도 함께 가겠다고 말한다. 그러나 주님은 베드로의 각오를 달갑게 받지 않으신다. 베드로의 각오는 곧 허물어지고 약해질 것을 아시고 예수님은 그렇게 해보라고 하시지 않으신다. 오늘 우리의 각오도 금방 약해지고 무너진다. 우리는 각오를 한 다음 그 각오가 주안에서 이루어지기를 소원하여 주님께 얼른 맡겨야 한다. 내가 내 힘으로 우리의 각오를 이루려고 해서는 실패한다. 우리는 무한히 약한 자들임을 고백하며 빨리 주님께 의지해야 한다. 그러지 않으면 우리는 백번 실패한다. 베드로의 중심은 선했으나 그는 약함을 견디지 못하고 결국 주님을 세 번이나 부인하고 말았다.

눅 22:34. 이르시되 베드로야 내가 네게 말하노니 오늘 닭 울기 전에 네가 세 번 나를 모른다고 부인하리라 하시니라.

베드로의 단단한 각오를 들으신(앞 절) 예수님은 베드로에게 말씀하시기를 "베드로야 내가 네게 말하노니 오늘 닭 울기 전에 네가 세 번 나를 모른다고 부인하리라"고 말씀하신다(마 26:34; 막 14:30; 요 13:38). 예수님은 베드로가 예수님을 부인할 것을 아시면서도 "베드로"의 이름을 애정 깊게 불러주신다. 그러시면서 "내가 네게 말하노니"라고 중대한 것을 발표하실 때 사용하시는 언사를 사용하신다(21:3).

이제 중대한 것을 말씀하시겠다고 하신다. 예수님은 먼저 베드로가 부인할 시간을 말씀하신다. 오늘밤 닭 울기 전에 부인할 것이라고 알려주신다. 그리고 세 번 모른다고 할 것이라고 횟수를 말씀하신다. 베드로의 단단한 각오는 여지없이 깨지고 말았다. 우리는 우리의 각오로 신앙생활을 하는 것은 아니다. 그리스도의 은혜로 신앙의 길을 간다. 베드로가 부인할 일을 앞두고 예수님께서 닭 우는 소리가 나기 전에 부인할 것이라고 하신 이유는 아마도 베드로의 평생을 두고 닭 우는 소리를 들을 때마다 베드로로 하여금 자신의 연약함을 알도록 하시기 위함이었을 것이다. 우리는 우리의 연약함을 항상 기억하는 것이 좋다. 다윗은 항상 자기가 모친의 태중에서부터 죄인이라는 것을 알았고(시 51:5), 바울은 자기가 죄인의 괴수임을 기억하고 살았다(딤전 1:15).

c.칼을 사라   22:35-38

예수님은 베드로가 예수님을 부인할 것을 예고하신(31-34절) 다음 이 부분(35-38절)에서 십자가에 죽으실 것을 예상하시고 제자들의 미래를 위해 대비하라고 말씀하신다. 예수님은 제자들에게 지금까지의 전도 생활에 부족한 것이 있더냐고 질문하시고 이제부터는 다른 상황을 만날 것을 대비하라고 하신다.

눅 22:35. 그들에게 이르시되 내가 너희를 전대와 배낭과 신발도 없이 보내었을 때에 부족한 것이 있더냐 이르되 없었나이다.
예수님은 다락방을 떠나 겟세마네를 향해 가시면서 "그들에게 이르신다." 가룟 유다가 빠진 11제자에게 말씀하신다. 가룟 유다는 지금 제자단에서 빠져 예수님을 넘기려고 대제사장들과 성전경비대장들에게 갔다(39절; 요 13:30 참조). 예수님은 11제자에게 "내가 너희를 전대와 배낭과 신발도 없이 보내었을 때에 부족한 것이 있더냐"고 물으신다(9:3; 10:4; 마 10:9). 예수님은 일찍이 12제자들에게(9:3), 그리고 70인 전도대원들에게(10:4) 오늘 본문에 기록된 물품들을 가지고 가지 말라고 명하신바가 있었다. 그런데 예수님은 제자들이 예수님의 명령을 받들어 그런 물건들을 가지고 가지 않았는데 그 때 부족한 것이 있더냐고 질문하신다. 예수님의 질문을 받고 제자들은 "없었다"고 대답한다. '부족한 것이 없었다'는 것이다. 제자들의 첫 번 전도 여행 때 예수님은 그의 사랑과 능력을 발휘하셔서 제자들에게 많은 도움자를 붙여주셔서 부족함이 없었다. 오늘도 그리스도를 전하는 사람들을 그리스도께서는 버리시지 않으신다.

눅 22:36. 이르시되 이제는 전대 있는 자는 가질 것이요 배낭도 그리하고 검 없는 자는 겉옷을 팔아 살지어다.

예수님은 제자들의 "부족함이 없었나이다"(35b)라는 대답을 들으시고 말씀하시기를 "이제는 전대 있는 자는 가질 것이요 배낭도 그리하고 검 없는 자는 겉옷을 팔아 사라"고 말씀하신다. 예수님은 "이제는" 상황이 달라졌으니 전대를 갖추고 주머니와 검을 갖추라고 하신다. 전도를 위해서는 만반의 준비를 해야 한다고 하신다. 그 동안에는 예수님의 제자들이 여기저기서 환대를 받으면서 전도할 수 있었다. 그러나 이제 예수님께서 불법자의 동류로 여김을 받으실 뿐 아니라 오순절에 성령이 임하신 후에는 제자들이 세계 각국에 흩어져 선교를 해야 하는데 선교하는 일에 필요한 것들을 준비해야 한다. 박해의 시절이 닥쳐와서 피선교지 사람들이 돕지 않아도 스스로 모든 것을 해결할 수 있어야 한다. 필요한 것들은 여기에 기록되어 있는 세 가지만은 아니다. 훨씬 더 많다. 그 모든 것을 준비하고 다녀야 한다. 그리고 여기 "검"은 공격용 검이나 방어용 칼을 지칭하는 말이라기보다는 이제 새로운 전도의 환경을 만나 '영적인 무장'을 해야 할 것을 명령한 것으로 보인다.156) 옥스포드 원어 성경대전은 "예수께서는 조금 있으면 군병들에게 잡히시고 십자가에 죽으실 것이었다. 이 때 제자들은 마치 전쟁에서 패전한 군사와 같은 깊은 절망과 좌절감에 빠지게 될 것이다. 예수님은 이러한 상황은 물론 당신이 승천하신 후 세상에 없을 때에도 제자들이

---

156) "검을 사라"는 예수님의 말씀에 대해 많은 의견이 개진되었다. 1) 생활에 필요한 칼(도살용 칼, 고기 베는 칼)을 사라고 하신 것으로 보는 견해. 2) '영적인 검'을 의미한다고 주장하는 견해. 3) 새로운 환경에 걸맞은 '영적 무장을 하라'는 뜻으로 보는 견해. 마지막 설이 제일 타당한 학설로 보인다.

실망하지 않고 복음을 위해 마치 무장을 하고 전쟁에 임하는 군사처럼 철저한 준비를 하며 담대한 마음을 갖기를 원하셨다"고 말한다.

눅 22:37. 내가 너희에게 말하노니 기록된바 그는 불법자의 동류로 여김을 받았다 한 말이 내게 이루어져야 하리니 내게 관한 일이 이루어져 감이니라. 예수님은 중대한 것을 말씀하시기 위하여 "내가 너희에게 말하노니"라는 언사를 사용하신다. 예수님은 자신의 대속의 죽음을 말씀하시려고 이런 언사를 사용하신다. 예수님은 "기록된바 그는 불법자의 동류로 여김을 받았다 한 말이 내게 이루어져야 하리니 내게 관한 일이 이루어져가고 있다"고 하신다(사 53:12; 막 15:28). '구약 이사야 53:12에 기록된바 예수님은 불법 자, 법 없는 자의 동류로 여김을 받았다는 말씀이 있는데 지금 그 예언이 성취되어 가고 있다'고 하신다. 예수님의 고난은 구약에 기록된 것이 하나하나 성취되고 있는 것이다.

눅 22:38. 그들이 여짜오되 주여 보소서 여기 검 둘이 있나이다 대답하시되 족하다 하시니라. 예수님께서 법 없는 자들의 동류로 여김을 받아야 한다고 말씀하셨을 때(앞 절) 제자들은 예수님을 지켜드리기 위하여 칼이 필요하다고 하신 것으로 알고 "주여 보소서 여기 검 둘이 있나이다"라고 보고했다. 그런 보고를 받으신 예수님은 대답하시기를 "족하다"고 말씀하신다. 예수님을 위해서 아무런 칼도 필요하지 않은데도 제자들은 예수님의 말씀(36절)을 오해하고 "검 둘이 있나이다"라고 보고하여 예수님은 너무 기가 막혀 더 말씀하시기를 원하지 않는다는 뜻으로 "족하다"고 하신다. 예수님께서 자신을 방어해달라고 칼이 필요하다고 말씀하시도 않고 다만 제자들의 앞날의 선교를 위해서 영적인 무장을 하라는 뜻으로 말씀하셨을 뿐인데 제자들은 예수님께서 위험을 방어해달라는 줄로 착각하고 칼 둘이 있다고 보고한 것이다. 제자들은 깨닫는데 참으로 어두웠다.

B.그리스도께서 수난하시다   22:39-23:56

예수님은 다락방에서 떠나 겟세마네 동산으로 가시는 중 선교에 필요한 것들을 준비할 것과 또 영적인 무장을 해야 할 것을 말씀하시고는(35-38절) 이제 겟세마네 동산에 도착하셔서 기도하신다(39-46절). 그리고 가룟 유다와 로마군에 의하여 잡히시고(47-53절), 베드로로부터 부인을 당하시며 (54-62절), 사람들로부터 희롱을 당하시고(63-65절), 재판을 받으신다 (66-23:25). 그리고 십자가를 지시고 골고다에 올라가 십자가에서 운명하시며(23:26-49), 드디어 동산의 무덤에 묻히신다(23:50-56).

1.그리스도께서 잡히시다   22:39-65

예수님은 겟세마네 동산에서 기도하시다가(39-46절) 원수들에 의해 잡히시고(47-53절), 베드로로부터 세 번 부인당하시며(54-62절), 사람들로부터 희롱을 당하신다(63-65절).

a.감람산에서 기도하시다   22:39-46

예수님은 십자가 대속의 죽음을 앞두시고 겟세마네 동산에서 고민하시고 기도하신다. 그의 고민은 억조창생(億兆蒼生)의 죄를 걸머지신 죄의 무게 때문에 느낀 고민이었고 그의 기도는 십자가를 감당하기 위한 기도였다. 이 부분(39-46절)은 마 36-46; 막 14:32-42과 병행한다. 요한복음에는 이 부분이 빠져있다.

눅 22:39. 예수께서 나가사 습관을 따라 감람산에 가시매 제자들도 따라 갔더니.

예수님은 감람산에서 당하실 위험을 아시면서도 다락방을 나가셔서(마 26:36; 막 14:32; 요 18:1) "습관을 따라 감람산에 가셨다"(21:37). 그는 종려 주일(종려 주일에 입성하셨으니) 저녁부터 계속해서 하시던 습관대로 (1:9; 2:42; 21:37) 감람산[57]에 가신다. 감람산이 위험의 장소라는 사실을 아셨지만 그곳으로 가서야 가룟 유다가 로마 군인들을 데리고 예수님을 찾아올 수 있기 때문이었다. 그는 택한 백성들의 죄를 지시고 죽기로 각오하셨다. 그가 감람산으로 가실 때 "제자들도 따라갔다." 그들은 아직도 그렇게 힘든 환경이 닥칠 줄은 모르고 다른 날과 마찬가지로 예수님을 따라갔다.

눅 22:40. 그 곳에 이르러 그들에게 이르시되 유혹에 빠지지 않게 기도하라 하시고.

예수님은 "그 곳" 즉 '감람산'(마태와 마가는 '겟세마네'라 하고 요한은 '동산'이라고 말한다)에 이르러 11제자에게 이르시기를 "유혹에 빠지지 않게 기도하라"(Προσεύχεσθε μὴ εἰσελθεῖν εἰς πειρασμόν)고 하신다(46절; 마 6:13; 26:41; 막 14:38). "유혹에 빠지지 않게"란 말은 '유혹에 빠지지 않기 위하여,' '시험에 빠지지 않기 위하여'란 뜻이다. 예수님은 제자들에게 예수님을 멀리하고 부인하며 저주하지 않기 위하여 기도하도록 부탁하신다. 사람이 닥치는 가장 위험한 시험은 예수님을 멀리하고 부인하며 저주하는 것이다. 우리는 그리스도를 불신앙하지 않도록 쉬지 않고 기도해야 한다(마 6:13 참조).

눅 22:41-42. 그들을 떠나 돌 던질 만큼 가서 무릎을 꿇고 기도하여 이르시되 아버지여 만일 아버지의 뜻이거든 이 잔을 내게서 옮기시옵소서 그러나 내 원대로 마시옵고 아버지의 원대로 되기를 원하나이다 하시니.

누가는 예수님이 "그들을 떠나 돌 던질 만큼 가서 무릎을 꿇고 기도하셨다"고 말한다(마 26:39; 막 14:35). 예수님은 11제자들과 함께 겟세마네 동산에 도착하셔서 8제자들에게 "내가 저기 가서 기도할 동안에 너희는 여기 앉아 있으라"(마 26:36; 막 14:32) 하시고 베드로와 야고보 요한 세 제자를 데리시고 가실 때 심히 고민하고 슬퍼하셨으며 "너희는 여기 머물며 나와 함께

---

157) 누가는 겟세마네라는 예수님의 기도처의 이름은 밝히지 않는다(마 26:36). 예수님께서 기도하신 겟세마네는 감람산의 서쪽 산기슭(산 아래쪽)이다.

깨어 있으라 하시고 조금 나아가사 얼굴을 땅에 대시고 엎드려 기도하셨다” (마 26:37-39; 막 14:33-35). 마태와 마가는 예수님께서 8제자를 한 군데 두시고 “조금 나아가사”라고 표현한 반면 누가는 “돌 던질 만큼 가서”라고 표현한다. 똑 같은 표현인데 사람이 돌을 한번 던지면 그 돌이 갈 수 있는 거리는 먼 거리는 아니다. 이 정도의 거리에서 예수님께서 기도하셨으니 제자들은 예수님의 기도 내용을 듣고 훗날 복음서에 기록할 수 있었다. 예수님의 기도 내용은 우리에게 큰 교훈을 준다. 첫째, 어려운 일이 생길 때 기도해야 한다는 것, 둘째, 우리의 원대로 기도할 것이 아니라 하나님의 원대로 기도해야 한다는 것을 알려주셨다.

예수님은 “무릎을 꿇고 기도하셨다.” 간절한 기도를 드리는 자세이다(왕상 8:54; 대하 6:13; 스 9:5; 행 20:36; 엡 3:15). 마태와 마가에는 땅에 엎드려 기도하셨다고 말한다(마 26:39; 막 14:35). 그러니까 예수님은 무릎을 꿇고 땅에 엎드려 기도하신 것이다. 유대인의 기도의 자세는 여럿이었다 (18:11 참조). 우리의 기도는 간절해야 한다. 간절하지 않은 기도는 기도가 아니다.

예수님은 “아버지여 만일 아버지의 뜻이거든 이 잔을 내게서 옮기시옵소서 그러나 내 원대로 마시옵고 아버지의 원대로 되기를 원하나이다”라고 기도하신다. 예수님은 먼저 “아버지여”라고 기도의 대상을 부르신다. 예수님의 아버지는 바로 우리들의 아버지이시다. 우리는 아버지의 양자들이다. 예수님과 함께 모든 것을 누릴 수 있는 양자들이다.

예수님은 “만일 아버지의 뜻이거든 이 잔을 내게서 옮기시옵소서”라고 기도하신다. 예수님은 ‘아버지께서 작정하신 뜻이라면, 다시 말해 아버지께서 정해 놓으신 뜻이라면 이 잔(시 11:6; 73:10; 75:8; 사 51:17; 렘 25:15; 마 20:23), 즉 예수님께 닥칠 육신의 고난과 영적인 고난-아버지께로부터 잠시라도 버림을 당해야 하는 말할 수 없는 고난-을 내게서 옮겨주시옵소서’ 라고 간절히 기도하신다. 예수님은 마리아의 몸에서 인성을 취하신고로 100% 인간이셨기에 십자가의 고통을 참으로 피하고 싶으셨다. 또 그보다도 하나님으로부터 6시간 동안(십자가에 달려계시는 기간) 버림을 당하여 "엘리 엘리 라마사박다니"("나의 하나님, 나의 하나님 어찌하여 나를 버리셨나이까")를 외쳐야 하는 고통을 생각하고 십자가를 피하고 싶으셨다. 그래서 그는 자신이 십자가를 피해도 되는 것인지 아버지의 뜻을 여쭈어 보셨다. 오늘 우리 역시 무슨 어려움이 예상되면 피할 수 있는 것인지 아버지의 뜻을 여쭈어 보아야 한다.

그러면서 예수님은 "그러나 내 원대로 마시옵고 아버지의 원대로 되기를 원하나이다"라고 기도한다(요 5:30; 6:38). 예수님은 인간적으로 십자가를 피하고 싶으셨으나 그러나 그는 아버지께 자신의 소원대로 하지 마시고 아버지의 소원대로 되기를 원하신다고 기도하신다. 우리의 범사의 기도 생활에도 역시 내 소원대로 마시고 아버지의 뜻대로 되기를 간절히 기도해야 한다.

눅 22:43. 천사가 하늘로부터 예수께 나타나 힘을 더하더라.
본 절과 다음 절(44절)의 내용이 예수님의 신성교리에 손상을 준다는 인상을 준다고 하여 성경에서 삭제해버린 사본들(ABTW)이 있다. 그런가하면 삭제하지 않고 이 두 절을 포함하고 있는 사본들(aDKLX)도 있다. 그러나 이 부분들도 다른 말씀들과 똑같이 영감된 것이고 또 실제로 누가가 기록했다는 수많은 증거들이 있다.

예수님은 잠시나마 '천사들보다 못하게 하심을 입은 자'가 되셨다(히 2:9; 존 라일). 예수님은 천사를 만드신 조물주이신데 천사의 도움을 받지 않으실 분이지만 십자가를 지시는 시기에 천사의 수종을 받아 하나님으로부터 힘을 얻도록 하나님께서 작정하셨다. 예수님께서 100%의 인성을 취하셨기에 "천사가 하늘로부터 예수께 나타나 힘을 더했다"(마 4:11). 천사는 예수님께 하나님 아버지의 힘을 더해드렸다.

눅 22:44. 예수께서 힘쓰고 애써 더욱 간절히 기도하시니 땀이 땅에 떨어지

는 핏방울 같이 되더라.

누가는 예수님께서 "힘쓰고 애써 더욱 간절히 기도하셨다"고 말한다(요 12:27; 히 5:7). "힘쓰고 애써"(being in a agony)란 말은 '심각한 고통 중에 있었다' 혹은 '심각한 고민 중에 있었다'는 뜻으로 예수님께서 기도하시는 중에 보였던 힘씀 혹은 고민을 지칭하는 말이다. 예수님께서 이처럼 고민스러워하셨던 이유는 그는 죄가 없으신 신분으로 수많은 사람들의 죄를 대신 지시고 죽으시기에 고민이 되었고 고통스러웠다. 자기 한 사람의 죄 때문에 죽는 강도들은 그렇게까지 고통스러워하지 않는다. 그리고 순교하는 순교자들도 예수님처럼 고통하지 않는데 예수님은 택함 받은 전체 사람들의 죄를 한 몸에 지고 죽으시기에 그처럼 고통스러우셨다.

그리고 누가는 예수님께서 "더욱 간절히 기도하셨다"고 말한다. '더욱 절실하게, 진지하게 기도하셨다'는 뜻이다. 예수님은 애써 간절하게 기도하시는 중에 "땀이 땅에 떨어지는 핏방울 같이 되었다." '땀에 피가 섞여 흘렀다'는 뜻이다. 너무 힘쓰고 애써 기도하시는 중에 "피부 아래의 모세관이 파열될 정도로 팽창할 수 있었을 것이다. 파열된 결과로 나오는 피가 땀샘 근처에서 발생하면 피와 땀이 함께 스며 나오게 되며 이런 일은 몸의 여러 부분에서 일어날 수 있는 것이다. 진한 피 방울은 땀방울을 불그레한 색깔로 물들이고서 땅에 뚝뚝 떨어졌을 것이다"(윌렴 헨드릭슨). 예수님은 우리를 위하여 겟세마네 동산에서 엄청난 고뇌를 겪으셨다. 예수님은 우리를 지극히 사랑하신다.

눅 22:45-46. 기도 후에 일어나 제자들에게 가서 슬픔으로 인하여 잠든 것을 보시고 이르시되 어찌하여 자느냐 시험에 들지 않게 일어나 기도하라 하시니라.

예수님은 힘쓰고 애써 간절히 기도하신 다음 "일어나 제자들에게 가서 슬픔으로 인하여 잠든 것을 보시고 이르시되 어찌하여 자느냐 시험에 들지 않게 일어나 기도하라"고 하신다. 예수님은 3제자들에게 가서서 슬픔 때문에 잠든 것을 보셨다. 제자들은 예수님께서 힘쓰고 애써 간절히 기도하시는 소리를 듣고 염려와 슬픔에 잠긴 채 잠들어 있었다. 지나친 기쁨과 슬픔은 사람으로 하여금 소진하게 하고 잠들게 한다. 누구 한 사람 깨어있는 사람이 없었다. 모두 잠들어 있었다.

그래서 예수님은 "어찌하여 자느냐"고 말씀하신다. 마태는 예수님께서 기도하시는 중에 제자들을 세 번 찾아오셔서 잠든 것을 보시고 염려하신 것을 기록하고 있다(마 26:40-45). 예수님은 잠든 제자들을 깨우셔서 "시험에 들지 않게 일어나 기도하라"고 하신다(40절). 시험에 들지 않기 위해서는, 다시 말해 그리스도를 멀리하고 부인하며 저주하지 않기 위해서는 기도하라는 말씀이다. 오늘도 믿음이 떨어지지 않기 위해서는 하나님께 기도하는 것밖에 다른 방법은 없다.

b.배반당하시고 반응하시다   22:47-53

누가는 아주 간략하게 예수님께서 반역자 가룟 유다의 손을 통하여 잡히시는 것을 기록한다. 이 부분(47-53절)은 마 26:47-56; 막 14:43-52과 병행한다. 요 18:3-11은 약간 다른 풍치에서 이때의 일을 기록한다.

눅 22:47-48. 말씀하실 때에 한 무리가 오는데 열둘 중의 하나인 유다라 하는 자가 그들을 앞장서 와서 예수께 입을 맞추려고 가까이 하는지라 예수께서 이르시되 유다야 네가 입맞춤으로 인자를 파느냐 하시니.
예수님께서 제자들에게 시험에 들지 않도록 기도하라고 말씀하시는 중에(앞절) 한 무리가 왔는데 "열둘 중의 하나인 유다라 하는 자가 그들을 인도하고 있었다"(마 26:47; 막 14:43; 요 18:3). '열 둘 중의 한 사람이라고 하는 명예로운 이름을 가진 유다가 한심하게도 예수님의 적(敵)의 무리의 인도자로 제일 앞장서서 왔다.' 유다는 그 무리(대제사장들, 성전경비대장들, 장로들)를 인도하여(52절) 와서는 예수님께 입을 맞추려고 예수님을 가까이 하고 있었다.

그런데 예수님께서 유다에게 말씀하시기를 "유다야 네가 입맞춤으로 인자를 파느냐"고 하신다. 즉 '유다야 네가 입 맞추는 것을 신호로 하여(마 26:48-49; 막 14:44) 인자(메시아)를 팔아넘기는구나'라고 하신다. 유다는 예수님을 판돈을 손에 가지고 있었다(마 26:15). 그러나 유다는 예수님을 확실히 종교지도자들에게 넘기기 전에는 자기 돈이라고 말할 수 없었다. 그래서 유다는 참으로 더럽고 추하게도 예수님을 잡아 넘기는 작업을 하고 있었다. 그는 가증하게도 로마 군인들로 하여금 확실하게 예수님을 잡아가 도록 예수님께 접근하여 입을 맞추었다. 입맞춤은 사랑의 행위인데 사랑하는 척하면서 그 입맞춤을 신호로 하여 예수님을 잡아가도록 가증된 행동을 했다. 오늘도 사람을 사랑하는 척하면서 사람을 해하는 사람들이 얼마나 많은지 우리는 무서운 세상을 살아가고 있다.

눅 22:49-50. 그의 주위 사람들이 그 된 일을 보고 여짜오되 주여 우리가 칼로 치리이까 하고 그 중의 한 사람이 대제사장의 종을 쳐 그 오른쪽 귀를 떨어뜨린지라.

예수님의 주위에 있었던 제자들이 졸다가 완전히 잠이 깨어 지금까지 진행된 일을 보고 여쭙기를 "주여 우리가 칼로 치리이까"라고 여쭙는다. 즉 '주여, 우리가 칼로 쳐도 되겠습니까?'라고 여쭌 것이다. 예수님께서 제자들에게 칼을 준비하라고 하셨으니(36-38절) 이제 칼을 써도 되겠다고 생각하고 칼로 쳐도 되겠는가하고 여쭌 것이다. 예수님은 제자들에게 칼을 준비하여 사람을 쳐도 된다고 가르치시지 않았는데도 제자들은 예수님의 말씀을 오해한 채 시간이 흘렀다.

누가는 "그 중의 한 사람이 대제사장의 종을 쳐 그 오른쪽 귀를 떨어뜨렸다"고 말한다(마 26:51; 막 14:47; 요 18:10). 누가는 두 사람의 이름을 기록하지 않고 무명으로 남겨놓았다. 다시 말해 누가는 "그 중의 한 사람"의 이름 즉 '베드로'의 이름을 기록하지 않았고 또 "대제사장의 종" 즉 '말고'의 이름을 기록하지 않았다(요 18:10). 이유는 누가나 마태 또는 마가가 복음서

를 기록할 때 베드로의 이름을 기록하거나 말고의 이름을 기록하는 경우
신변이 위험할 수 있기 때문이었다. 그러나 요한 사도는 주후 95년에 그의
복음서를 기록했기 때문에 두 사람의 이름을 기록해도 아무 신변상의 위험이
없기 때문에 이름을 기록한 것으로 보인다(요 18:10). 베드로는 예수님의
답변도 듣기 전에 말고의 귀를 베어버렸다. 예수님의 말씀을 오해하면 이런
엉뚱한 일을 저지르게 된다.

**눅 22:51. 예수께서 일러 이르시되 이것까지 참으라 하시고 그 귀를 만져
낫게 하시더라.**
예수님은 자신이 잡히시는 중에도 말씀하시기를 "이것까지 참으라 하시고
그 귀를 만져 낫게 하셨다." 그런데 "이것까지 참으라"는 말씀이 무엇을
뜻하는가에 대해서는 여러 견해가 있다. 1) 예수님은 자신을 체포하러 온
사람들에게 "이것까지 참으라," 즉 '내(예수)가 말고의 귀를 만져서 치료하
는 것을 허락하라'고 말씀하셨다는 해석(불링거, 바라디우스, 다드리지, 클
라크, 알포드, 존 라일, 렌스키). 2) 예수님은 자신을 체포하러 온 사람들에게
'제자들을 참아주라. 그들이 조용히 가버리는 것을 용납하라. 그들이 가버리
도록 내버려두라'고 하셨다는 견해(휫트비, 스코트, 매튜 헨리). 3) '베드로
야, 검을 내려놓고 하나님의 계획이 이루어지도록 허용하라'는 뜻이라는
견해. 다시 말해 예수님께서 십자가에서 대속의 죽음을 죽도록 원수들의
체포 계획이 이루어지도록 허락하라는 말씀이라고 한다(캘빈, 브렌티우스,
게르하르트, 벵겔, 올스하우센, 버건, Godet, Vincent, Bruce B. Barton,
Hendriksen, 박윤선, 이상근). 위의 세 견해 중에 어느 견해가 옳은지 밝히기
는 힘드나 마지막 견해가 마태나 요한에 의해 지지를 받고 있는 견해로
보인다(마 26:52-54; 요 18:11). 요 18:11에 "예수께서 베드로더러 이르시되
칼을 칼집에 꽂으라 아버지께서 주신 잔을 내가 마시지 아니하겠느냐"고
말씀하시고 또 마 26:52-54에 "예수께서 이르시되 네 칼을 도로 칼집에
꽂으라 칼을 가지는 자는 다 칼로 망하느니라 너는 내가 내 아버지께 구하여

지금 열두 군단 더 되는 천사를 보내시게 할 수 없는 줄로 아느냐 내가 만일 그렇게 하면 이런 일이 있으리라 한 성경이 어떻게 이루어지겠느냐'고 하신다. 예수님께서 이처럼 평온하게 베드로에게 말씀하실 수 있으셨던 것은 그가 동산에서 피땀 흘리는 기도를 하신 결과였다. 기도하는 성도는 항상 평온함을 유지한다.

예수님은 말고의 "귀를 만져 낫게 하셨다." 예수님은 하나님의 계획에 순응하시기 위해서 말고의 귀를 고치셨다. 예수님은 자신이 체포되어 가시는 와중에도 이렇게 원수를 돌보셨다. 예수님은 치유하시는 분이시며 또 동정하시는 분이시다. 말고는 평생 예수님을 잊지 못하고 살았을 것이다. "고침을 받은 자가 믿음이 없었고 고침을 받은 일에 감사도 없었으며 예수님은 말고로부터 고쳐주십사고 요청받지도 않으시고 고치신 기적의 뚜렷한 보기이다"(존 라일). 예수님은 원수들의 사악함과 전혀 반대가 되심을 보여 주셨다.

눅 22:52. 예수께서 그 잡으러 온 대제사장들과 성전의 경비대장들과 장로들에게 이르시되 너희가 강도를 잡는 것 같이 검과 몽치를 가지고 나왔느냐. 예수님은 베드로에게 칼을 쓰지 말라 하시며 하나님의 뜻이 이루어지도록 하라고 하신(앞 절) 다음 예수님을 "잡으러 온 대제사장들과 성전의 경비대장들과 장로들에게 이르시되 너희가 강도를 잡는 것 같이 검과 몽치를 가지고 나왔느냐"고 말씀하신다(마 26:55; 막 14:48). 대제사장들과 성전 경비대장들과 장로들이 겟세마네 동산에까지 예수님을 "잡으러 온" 것은 첫째, 가룟 유다가 자기들로부터 돈을 받았으니(마 26:15) 유다가 약속한 대로 실행하는지 의심이 있어서 왔을 수도 있다. 둘째, 자기들이 파송한 폭도들과 로마 군인들이 실제로 예수님을 성공적으로 체포하는지 보려고 궁금해서 거기까지 왔을 것이다. 지도자들은 예수님만 잡아서 처치하면 일이 순조롭게 풀릴 것으로 생각했다.

예수님은 유대의 종교지도자들(19:47; 22:2, 4)에게 강도 취급을 받으셨다. 예수님은 "너희가 강도를 잡는 것 같이 검과 몽치를 가지고 나왔느냐"고 하신다. 그들이 검(칼들)과 몽치(짤막하고 단단한 몽둥이들)를 가지고 나온 것은 예수님을 강도 잡듯 잡기 위해서였다. 이 때 이들은 로마 군병들을 데리고 왔다(요 18:3, 12). 군병들로 하여금 잡게 하려고 군병들을 데리고 온 것이다. 동족을 잡는데(예수님은 종교지도자들과 동족이었다) 외국 군인들을 이용하고 있었다. 그들은 예수님만 잡으면 큰 성공으로 알았다. 종교지도자들은 제일 앞장서지는 못하고 거리를 약간 두고 뒤쪽에 따라왔을 것이다. 그들은 비겁하기 짝이 없는 사람들이었다. 예수님에게 무슨 죄가 있다면 낮에 잡을 일이지 이렇게 늦은 밤을 택한 것은 예수님에게는 죄가 없고 자기들 자신이 더럽고 추한 사람들이라는 것을 보여주었다.

예수님은 몇 시간 후 바라바(강도) 대신 십자가에 달리셨고 강도들 사이에서 죽으셨다. 그는 우리 대신 강도 취급받으셨고 대속의 죽음을 죽으시며 피를 흘리셨다. 그는 우리 위하여 죄로 삼음이 되셨다(고후 5:21).

눅 22:53. 내가 날마다 너희와 함께 성전에 있을 때에 내게 손을 대지 아니하였도다 그러나 이제는 너희 때요 어둠의 권세로다 하시더라.
예수님은 자신을 잡으러 온 종교지도자들에게 앞 절에 말씀하신 것 이외에 또 한 말씀을 더 하신다. "내가 날마다 너희와 함께 성전에 있을 때에 내게 손을 대지 아니하였도다"라고 하신다. 예수님께서 수난 주간 종려 주일부터 월요일, 화요일, 목요일까지(수요일에는 쉬신 것으로 본다) 날마다 종교지도자들과 함께 성전에 있을 때에는 예수님께 손을 대어 잡지 아니하였다는 말씀이다. 여러 날 동안 손을 대지 아니하였다는 뜻이다. 그들이 그렇게 예수님께 손을 대어 잡지 않은 이유는 하반 절 말씀에 비추어 보아 예수님께서 역사하고 계시던 때는 낮이었기 때문이었다(요 9:4).

빛(요 1:9; 8:12) 되신 예수님께서 역사하시는 때는 낮이었다는데 이제 때가 달라진 것을 말씀하시기 위해서 예수님은 "그러나 이제는 너희 때요 어둠의 권세로다"라고 하신다(요 12:27). 여기 "그러나"(ἀλλ')라는 말씀은 세상이 달라진 것을 뜻하는 '그러나'이다. 예수님께서 역사하시던 때와 이제 완전히 달라진 세상이 왔음을 알리는 '그러나'이다. 예수님은 "이제는 너희 때요 어두움의 권세로다"라고 하신다. 즉 '지금은 너희(유대 종교지도자들-이들은 마귀의 자식들이었다, 요 8:44)가 주장하는 때가 되었고 어두움의 권세("너희," "마귀")가 주장하는 때가 되었다'고 하신다. 예수님은 "이제는 너희 때요 어둠의 권세로다"라는 말씀을 하시면서 하나님께서 잠시 그렇게 섭리하셨으니 자신을 잡아가기를 허락하신다.

c.베드로가 세 번 부인하다   22:54-62

누가는 유대종교지도자들이 겟세마네 동산에서 예수님을 잡은 후 대제사장 집에서 심문할 때에 베드로가 세 번 부인한 사건을 기록한다. 4복음서 기자들은 이 사건을 모두 기록하고 있는데(마 26:57-58, 69-75; 막 14:53-54, 66-72; 요 18:15-17, 25-27), 누가는 다른 기자들과 두 가지 점에서 다르게 다루었다. 첫째는 베드로가 예수님을 저주한 일이나 또 맹세하면서 부인한 것을 기록하지 않았고, 둘째는 그가 통곡하기 전에 예수님께서 돌아보신 일을 기록하고 있다.

눅 22:54. 예수를 잡아끌고 대제사장의 집으로 들어갈 새 베드로가 멀찍이 따라가니라.

예수님을 잡은 사람들이 예수님을 끌고 대제사장 가야바(마 26:57-58, 전직 대제사장 안나스도 사위 가야바와 한 집에서 거주한 것으로 보인다-요 18:13, 15, 24)의 집으로 들어가는 중 "베드로가 멀찍이 따라갔다"(마 26:58; 요 18:15). 다른 제자들은 다 도망했으나 두 제자 즉 베드로와 "그 다른 제자"(요 18:16)는 예수님을 따라갔다. 베드로가 예수님을 따르지 않을 수 없었던 것은 그가 예수님을 옥에도 죽는데도 따르겠다고 장담했기 때문이었을 것이고(33절), 또 예수님의 결국이 어떻게 될 것인지를 알기 위하여 따라갔을 것이며(마 26:58), 예수님에 대한 사랑 때문에 위험을 무릅쓰고 "멀찍이 따라갔다." 누가는 베드로가 이 시점부터 타락하기 시작한 것을 기록한다. 가까이 따랐어야 할 제자가 멀찍이 따른 것은 타락의 시작이다. 베드로가 대제사장의 집 뜰에 들어갈 수 있었던 것은 대제사장과 아는 "그 다른 제자"(요한)가 문 있는 곳으로 나가서 문 지키는 여자에게 말하여 베드로를 데리고 집 문을 통하여 안으로 데리고 들어갔기 때문이다 (요 18:16).

눅 22:55. 사람들이 뜰 가운데 불을 피우고 함께 앉았는지라 베드로도 그 가운데 앉았더니.

"사람들" 즉 '대제사장 집의 종들과 성전 경비대원들'이 "뜰 가운데 불(숯불-요 18:18)을 피우고 앉아 있었는데 베드로도 그 가운데 앉았다"(마 26:69; 막 14:66; 요 18:17-18). 요한 사도의 기록에 의하면 그 때가 추운고로(요 18:18) 숯불을 피우고 쬐고 있었다. 이 때 베드로는 자기가 예수님과 아무런 관계없는 사람인 것처럼 불빛을 향하여(다음 절) 불을 쬐고 있었다. 이 때의 베드로처럼 마음이 복잡했던 사람은 없었으리라.

눅 22:56. 한 여종이 베드로의 불빛을 향하여 앉은 것을 보고 주목하여 이르되 이 사람도 그와 함께 있었느니라 하니.

베드로가 "불빛을 향하여 앉은 것을 보고 한 여종이 베드로의 불빛을 향하여 앉은 것을 보고 주목하였다." 대제사장 집의 문지기 여종이 베드로가 불빛을 향하여 앉은 것을 보고 불빛 때문에 얼굴을 분명히 알아볼 수 있었다. 그래서 베드로를 주목하여 보았다. 베드로의 평생에 여자의 눈초리가 이때처럼 무서운 때는 없었으리라. 그 여종은 베드로를 보자 한시도 지체하지 않고 말하기를 "이 사람도 그와 함께 있었느니라"고 한다. '집 문을 통하여 들어온 사람 요한 말고 이 사람도 예수님과 함께 있었다'는 뜻이었다. 여종은 요한이 베드로를 데리고 들어가게 해달라고 부탁할 때 예수님의 제자인 것을 눈치 챘을 것이며 또 베드로의 옷차림으로 보아 갈릴리 사람으로 알아보고 그렇게 말했을 것이다. 4복음서 기자들은 베드로에게 최초로 입을 열어 말을 한 사람이 여종이었다고 말한다. 그 여자는 대제사장 집의 종이었고(막 14:66), 그 집의 문지기였다(요 18:16). 베드로는 여종의 말이 맑은 하늘에 벼락 치는 소리로 들렸을 것이다. 그는 아마 기겁하는 수준이었을 것이다.

눅 22:57. 베드로가 부인하여 이르되 이 여자여 내가 그를 알지 못하노라 하더라.

여종의 말 즉 "이 사람도 그와 함께 있었느니라"는 말을 듣자 "베드로가 부인하여 이르되 이 여자여 내가 그를 알지 못하노라"고 말했다. 마태와 마가는 여종이 한마디 했을 때 베드로는 "네가 무슨 말을 하는지 알지 못하겠노라"고 했다고 기록한다(마 26:70). 베드로는 갑자기 공포에 질려 새빨간 거짓말을 하고 말았다. 그러나 그로서는 이때에 다른 말을 할 수도 없었다. 참말을 했다가는 잡혀서 죽을지도 모른다는 생각이 들었기 때문이다. 기독교인의 새빨간 거짓말의 유통기한은 아주 짧은 법이다. 양심의 가책 때문에 견딜 수 없기 때문이다. 베드로는 세 번 거짓말을 한 다음에 가야바의 집을 나가 심히 통곡하고 말았다. 우리는 그리스도를 의지하고 참말을 해야 한다.

눅 22:58. 조금 후에 다른 사람이 보고 이르되 너도 그 도당이라 하거늘 베드로가 이르되 이 사람아 나는 아니로라 하더라.

베드로가 거짓말을 한 다음 오래 지나지도 않아 "다른 사람이 보고 이르되 너도 그 도당이라"는 말을 건넸다(마 26:71; 막 14:69; 요 18:25). 베드로는 조금 전의 여종을 피하여 집 밖으로 나가려고 했지만 그것도 여의치 않아 그 집 안의 어느 곳에 있는데 '다른 사람(남자)이 베드로를 보고 너도 그 도당이라'고 말을 했다. 마가는 바로 앞서 말했던 여종이 다시 말한 것으로 표현했고(막 14:69), 마태는 다른 여종이 말을 했다고 기록하고 있다(마 26:71). 그러니까 두 번째로 베드로에게 말을 건 사람은 마태에 의하면 다른 여종이었고 마가에 의하면 첫 번째 여종과 똑 같은 여종이었으며 누가에 의하면 어떤 남자였다. 이렇게 베드로의 두 번째 부인을 이끈 사람은 세 사람이었던 것으로 보인다. 베드로에게 말을 건 사람은 세 사람이었으나 복음서 기자들은 각자 그 중의 한 사람이 베드로에게 말을 건넨 것으로 말하고 있다. 그런데 베드로는 "이 사람아 나는 아니다"라고 대답한다. 베드로는 첫 번째 거짓말에 이어 또 다시 거짓말을 했다. 참으로 그 심령은 지옥으로 변했다. 마태가 전하는 바에 의하면 베드로는 맹세까지 하면서 부인했다. 그러나 누가는 베드로가 맹세했다는 말을 전하지 않는다.

눅 22:59. 한 시간쯤 있다가 또 한 사람이 장담하여 이르되 이는 갈릴리 사람이니 참으로 그와 함께 있었느니라.

누가는 베드로가 예수님을 두 번째 부인한 다음에 "한 시간쯤 있다가 또 한 사람이 장담하여 이르되 이는 갈릴리 사람이니 참으로 그와 함께 있었느니라"고 말한 것을 기록한다(마 26:73; 막 14:70; 요 18:26). 이렇게 "한 시간쯤"이나 시간이 가는 동안 예수님은 안나스의 법정으로부터 사위 가야바의 법정으로 옮겼을 것이다(한 저택 안에서 장인과 사위가 함께 살았던 것으로 보인다). 한 시간쯤 지났을 때 한 사람이 장담하면서 말하기를 '이 사람은 갈릴리 사람이니 참으로 예수와 함께 있었던 것이 분명하다'고 말한다. 마태와 마가는 베드로의 세 번째 부인을 이끌어낸 사람들은 베드로의 "곁에 섰던 사람들"이라고 말하고(마 26:73; 막 14:7) 누가는 "또 한 사람"이라고 말하고(본 절) 요한은 "베드로에게 귀를 잘린 사람의 친척"(요 18:26) 말고였다고 말한다. 이 사람들이 베드로에게 말을 했는데 복음서 기자들은 각각 그 중의 한 경우를 잡아 복음서에 기록했다. 이 세 번째로 베드로의 부인을 이끌어 낸 사람들은 베드로가 갈릴리 사람이라고 지적했다. 이유는 베드로의 말소리가 갈릴리 지방의 말 소리였기 때문이었다. 베드로는 이 때 결정적으로 예수님을 부인하고 말았다(다음 절).

눅 22:60. 베드로가 이르되 이 사람아 나는 네가 하는 말을 알지 못하노라고 아직 말하고 있을 때에 닭이 곧 울더라.

베드로가 질문을 받고 "이 사람아 나는 네가 하는 말을 알지 못하노라"고 대답한다. 세 번째의 거짓말은 이제 좀 익숙하게 되지 않았을까. 그의 양심은 자신도 모르게 마비되어 가고 있었다. "나는 네가 하는 말을 알지 못하노라." 복음서 기자들은 베드로가 세 번째 부인하고 있는 중에 "닭이 곧 울더라"고 말한다. 마가는 베드로가 세 번 째 부인했을 때 닭이 두 번 울었다고 말한다 (막 14:72). 밤중이니 닭이 우는 것은 사실이지만 하나님은 베드로의 회개를 위하여 닭으로 하여금 울게 하셨다. 하나님은 자연을 사용하셔서 그의 뜻을 알리신다. 하나님은 나귀 입을 여셔서 그의 뜻을 전달하기도 하셨다(민 22:28 참조).

눅 22:61-62. 주께서 돌이켜 베드로를 보시니 베드로가 주의 말씀 곧 오늘 닭 울기 전에 네가 세 번 나를 부인하리라 하심이 생각나서 밖에 나가서 심히 통곡하니라.

베드로가 세 번 예수님을 부인한 다음에 예수님께서 "돌이켜 베드로를 보셨다." 예수님은 여전히 베드로를 사랑하신다는 뜻으로, 그리고 죄를 짓고 얼마나 고통스러워할까 해서, 그리고 이제 회개하라는 뜻으로 베드로를 보셨다. 예수님은 지금도 하나님 우편에서 우리 모두를 주야로 보고 계신다.

베드로는 예수님의 계속적인 관심과 사랑의 눈초리에 몇 가지 반응을 보인다. 첫째, 베드로도 예수님을 친히 보았다. 본문에는 베드로가 예수님을 보았다는 말씀은 없으나 베드로가 예수님을 보지 않았더라면 예수님께서 베드로를 보신 줄을 알 수 없었을 것이고 또 이런 저런 반응을 보이지 않았을 것이다. 윌럼 헨드릭슨은 "비록 예수님께서 베드로를 보신다 해도 베드로가 예수님을 바라보지 않았더라면 예수님의 시선은 헛되었을 것이다"라고 말한다. 우리는 주님을 계속해서 보아야 한다. 성경말씀을 통하여 예수님을 보아야 하고 또 기도하는 중에 예수님을 보아야 한다.

둘째, 예수님께서 베드로를 보실 때 베드로가 예수님의 눈과 마주쳐서 "주의 말씀 곧 오늘 닭 울기 전에 네가 세 번 나를 부인하리라 하심이 생각났다"(마 26:34, 75; 막 14:72; 요 13:38). 베드로의 눈이 예수님의 눈과 마주쳤을 때 베드로는 예수님의 예언이 정확하게 들어맞은 것을 신기하게 생각했다. 그는 예수님의 말씀의 정확함에 감복하고 말았다. 누구든지 예수님의 말씀에 부딪힐 때 회개에 이른다. 오늘 우리는 성령님께서 우리로 하여금 예수님의 말씀을 생각나게 하시는 것을 알고 예수님의 말씀을 깨달을 때마다 회개해야 한다(요 14:16).

셋째, 베드로는 "밖으로 나갔다." 안나스와 가야바의 집에서는 회개할 수가 없었다(장인과 사위 두 가장은 한 저택의 이쪽저쪽에서 살았다). 그는 빨리 그 장소를 벗어났다. 회개할 수 없는 환경을 빨리 벗어나는 것은 중요하다.

넷째, "심히 통곡했다." 베드로는 자기가 그리스도를 부인하지 않겠다고 장담한 것이 헛되게 된 것을 생각하고 심히 통곡했다. 그는 많이 울었고 철저히 통회했다. 베드로의 회개에는 닭울음소리도 한몫 했다. 전설에 의하면 베드로는 새벽에 닭울음소리를 들을 때마다 당시의 일을 기억하면서 눈물을 흘렸다고 한다. 우리는 우리가 믿음으로 의를 얻었지만 윤리적으로는 부족한 사람들이라는 것을 기억하며 살아야 한다. 바울 사도는 자신이 죄인의 괴수라고 알고 살았다(딤전 1:15).

d.희롱당하시고 매 맞으시다 22:63-65

예수님은 대제사장 안나스(요 18:13-23)와 가야바(22:54, 63-65; 마 26:57-68; 막 53-65; 요 18:24)의 법정에서 재판을 받으신(누가는 예수님께서 대제사장들 앞에서 재판 받으신 것을 기록하지 않았다) 다음, 아침 일찍이 산헤드린 공의회(정식 재판을 위하여 열리기를 기다렸다)가 회집되기 전 예수님을 지키던 성전수비대 사람들에게 넘겨져 온갖 희롱을 당하시고 모욕을 당하셨다. 예수님은 잠시 쉬지도 못하셨다.

눅 22:63. 지키는 사람들이 예수를 희롱하고 때리며.

예수님은 대제사장들 앞에서 재판을 받으신 후 "지키는 사람들" 즉 '성전 하속들'(마 26:67-78; 막 14:65)에게 넘겨져 지킴을 받으셨는데 그들은 예수님을 "희롱하고 때렸다"(마 26:67-68; 막 14:65). 여기 "희롱하다"(ἐνέπαιζον)란 말은 미완료과거 능동태 시제로 '계속해서 조롱하다,' '계속해서 조소하다'란 뜻으로 그들은 예수님을 지키고 있는 동안 내내 계속해서 예수님을 조롱했다. 그리고 "때리며"(δέροντες)란 말은 현재 능동태 분사로 '계속해서 때리고 있다,' '계속해서 치고 있다'는 뜻으로 그들은 예수님을 지키고 있던 시간 내내 예수님을 때리고 있었다. 팔이 아프니까 교대로 때렸을 것이다.

그들은 예수님을 희롱하고 때리는 일이 얼마나 큰 죄인지 몰랐다. 그들은 이제 예수님은 체포된 사람이고 아주 끝난 사람으로 알고 예수님을 아주 가볍게 취급했다. 예수님은 대속의 죽음을 죽으시기 위하여 갖은 희롱을 당하시고 매를 맞으셨다. "그리스도의 고난"(The Passion of Christ)이라고 하는 영화가 상영되었을 때(2000년-2001년 경) 어떤 사람들은 예수님이 너무 많이 맞으셔서 피로 범벅이 되신 것을 더 볼 수 없어서 화장실에 일부러 다녀오는 사람들이 많이 있었고 또 어떤 사람들은 그 자리에 앉아 있으면서 몸을 떨기도 했다. 성전 경비원들은 산헤드린공회원들의 허락을 받아 무자비하게 예수님을 희롱하고 때린 것이다. 사람이 그리스도를 믿지 않으면 무자비한 동물이 된다(렘 17:9).

눅 22:64-65. 그의 눈을 가리고 물어 이르되 선지자 노릇 하라 너를 친 자가 누구냐 하고 이 외에도 많은 말로 욕하더라.

그들 성전 수비대원들 중에 한 사람이 예수님의 "눈을 가렸다." 그리고 누군가가 "예수님의 얼굴을 쳤다"(KJV에는 예수님의 얼굴을 쳤다는 말이 있다). 그러면서 그들은 장난을 했다. "선지자 노릇 하라 너를 친 자가 누구냐"고 물었다. 본문의 "물어"(ἐπηρώτων)란 말은 미완료과거 능동태 시제로 '계속해서 물었다,' '계속해서 질문했다'는 뜻이다. 그들은 예수님에게 계속해서 '선지자처럼 알아맞혀보아라. 누가 너를 쳤는지'라고 끈질기게 물었다. 그들은 예수님께서 선지자라는 것을 믿지 않고 장난을 하고 있었다. 성전을 경비하는 하인들은 지금까지 한 일 외에도 더 많은 말로 예수님께 욕을 계속해서 퍼부었다. 십자가의 길은 능욕의 길이었다.

2.그리스도께서 재판받으시다   22:66-23:25
누가는 수난 주간 금요일 새벽을 맞이하여(아침 일찍) 예수님께서 여러 번 재판을 받으신 것을 기록한다. 첫째, 공회의 심문을 받으신 것(22:66-71), 둘째, 빌라도의 법정에서 재판을 받으신 것(23:1-5), 셋째, 헤롯 앞에서 심문 받으신 것(23:6-12), 그리고 빌라도에게 사형판결을 받으신 것(23:13-25)을 기록한다.

a.공회 앞에서 심문받으시다   22:66-71
누가는 날이 거의 밝은 후 산헤드린 공회가 모였다고 말한다. 누가는 산헤드린 공회가 밤에 모여(마 26:59-66; 막 14:55-64) 예수님을 심문한 것을 기록하지 않고 다만 암시만 하고 지나간다(22:54). 그리고 누가는 예수님께서 성전 경비대의 경비병들로부터 희롱 받고 매 맞으신 것(63-65절)을 기록한 다음 예수님께서 공회 앞에서 재판을 받으신 것을 기록한다(66-71절).

눅 22:66. 날이 새매 백성의 장로들 곧 대제사장들과 서기관들이 모여서 예수를 그 공회로 끌어들여.
수난 주간 금요일 아침 날이 새었을 때(마 27:1; 막 15:1) "백성의 장로들 곧 대제사장들과 서기관들이 모여서 예수를 그 공회로 끌어들였다"(행 4:26; 행 22:5 참조). "대제사장들과 서기관들과 백성의 장로들"은 산헤드린 공회의 회원들이었다. 공회는 중요한 안건을 처리했고 그 결정은 절대적이었다.

공회가 "모여서" 즉 '회집해서'(공회는 밤에 모일 수 없었으므로 이들은 날이 새기를 기다려 모였다) 예수님을 그 공회158)로 끌어들였는데 날이 새었을 때의 공회가 정식 공회였다. 지난밤에 모였던 공회(안나스나 가야바 집에서 모였던 것은 심문하기 위한 예비적인 모임이었다)는 예비적인 것이었기에 그들은 날이 새어 다시 공회를 소집했다. 그들이 이렇게 날이 새었을 때 공회를 소집한 것은 지난밤에 심문한 것을 합법화하기 위해서였다. 그들은 이 공회에서 지난밤에 예수님을 심문한 것을 합법화하여 빌라도에게 넘기려고 했다.

눅 22:67a. 이르되 네가 그리스도이거든 우리에게 말하라.
산헤드린 공회는 예수님에게 "네가 그리스도이거든 우리에게 말하라"고 말한다(마 26:63; 막 14:61). 공회원들이 그리스도에게 '당신이 그리스도이거든 우리에게 말하라'고 한 것은 진짜 예수님을 믿고자 해서 말해보라고 한 것이 아니라 유도심문해서 예수님을 잡기 위해 증거를 확보하려는 것이었다. 오늘도 예수님을 믿으려는 마음으로 성경을 읽을 때는 성경은 그 자체를 열고 예수님을 알게 해주지만, 예수님을 믿을 마음이 없이 성경을 비평하기 위해서 성경을 읽고 본다면 성경은 그런 사람들에게 성경 자체를 닫아 버린다.

눅 22:67b-69. 대답하시되 내가 말할지라도 너희가 믿지 아니할 것이요 내가 물어도 너희가 대답하지 아니할 것이니라 그러나 이제부터는 인자가 하나님의 권능의 우편에 앉아 있으리라 하시니.
예수님은 공회의 질문을 받고(67a) 대답하시기를 "내가 말할지라도 너희가

---

158) "공회": Council, Congregation, Sanhedrin, 유대인의 통치단체.
　'모임'(회)을 의미하는 헬라어 '수네드리온 sunedrion'을, 유대인들이 히브리어화(化)하여 '산헤드린이라 불렀는데 산헤드린은 유대 최고 법원이다. 특히 최고 법정으로서의 기능을 명시(明示)하는 명칭으로서 이것이 "대법정"(大法廷)으로 불린 일도 있다. 기원 전 3세기말에 생겨나 로마에 의한 예루살렘 멸망(70년)까지 계속되었다.

믿지 아니할 것이요 내가 물어도 너희가 대답하지 아니할 것이니라"고 하신다. 즉 '내가 그리스도라고 말해보아도 너희가 나를 믿지 아니할 것이요 내가 물어도 곧 내가 그리스도인 것을 믿느냐고 너희에게 물어도 너희가 믿는다는 말로 대답하지 아니할 것이라'고 하신다. 예수님이 이렇게 하시나 저렇게 하시나 공회원들의 반응은 모두 부정적이 될 것이라고 하신다 (20:3-7 참조). 하나님의 선택을 받지 아니한 사람들 그리고 마음이 높은 사람들은 이러나저러나 믿지 않는다는 뜻이다. 예수님은 그들과 옥신각신하지 않겠다고 하신다. 그러시면서 예수님은 전혀 딴 각도에서 자신이 어떤 분임을 말씀하신다. 즉 "이제부터는 인자가 하나님의 권능의 우편에 앉아 있으리라"고 하신다(마 26:64; 막 14:62; 히 1:3; 8:1). '훗날에 가서가 아니라 이제 고난 받은 후부터(마 26:64; 막 14:62 참조)는 내(인자=메시아)가 하나님의 보좌 우편에 앉아 있겠다'고 하신다(시 110:1; 단 7:13-14). 다시 말해 예수님 자신이 하나님의 보좌 우편에 앉아서 우주를 통치하며 원수를 정복하신 후 재림하시겠다고 하신다. 예수님은 지금 이 산헤드린 공회에서 공회원들의 질문을 받으시며 고난을 당하시지만 그는 하나님 보좌 우편에 앉아 있는 자신을 생각하셨다. 그는 먼 미래를 꿰뚫고 계신다. 그는 십자가 고난, 부활, 승천, 하나님 보좌 우편의 재위, 재림, 심판 등을 한눈에 보신다. 예수님은 역사를 한눈으로 바라보신다.

눅 22:70. 다 이르되 그러면 네가 하나님의 아들이냐 대답하시되 너희들이 내가 그라고 말하고 있느니라.
공회원들은 예수님의 말씀 즉 "인자가 하나님의 권능의 우편에 앉아 있으리라"(69절)는 말씀을 듣고 "다" 말하기를 "그러면 네가 하나님의 아들이냐"고 묻는다. 이들은 예수님을 고발할 증거를 얻으려고 '그렇다면 당신이 하나님의 아들이냐'고 물은 것이다. 결코 그들은 예수님을 믿으려고 그렇게 물은 것은 아니었다.
　공회원들의 질문에 대해 예수님은 "너희들이 내가 그라고 말하고 있다"

고 대답하신다(마 26:64; 막 14:62). 다시 말해 "너희가 옳게 말했다. 내가 그 사람이다"라는 의미이다(ὁ δὲ πρὸς αὐτοὺς ἔφη, Ὑμεῖς λέγετε ὅτι ἐγώ εἰμι). 즉 '너희들의 말은 틀림없는 말이다. 내가 하나님의 아들이다'고 하신다. 예수님은 이 시점에 와서 더 이상 숨기시지 않고 분명하게 자신이 하나님의 아들, 인류의 구주라고 말씀하신다.

눅 22:71. 그들이 이르되 어찌 더 증거를 요구하리요 우리가 친히 그 입에서 들었노라 하더라.

공회원들은 예수님의 입에서 자신이 "하나님의 아들"(앞 절)이라고 하신 한 말씀 이상 더 증거를 요구할 필요가 없다고 말한다. 그들은 예수를 빌라도에게 고발할 큰 증거를 얻었으니 더 증거를 요구할 필요가 없다는 판단이었다. 그들은 예수님을 믿으려는 생각으로 그런 말을 한 것이 아니라 고발하기 위하여 그렇게 말했다. 그들은 "우리가 친히 그 입에서 들었다"고 안도의 숨을 쉬었다. '우리가 다른 사람들을 통해서 간접적으로 들은 것이 아니라 친히 그 입으로 말하는 것을 들었으니' 다른 증거를 더 바랄 것이 없고 이것(69절)으로 충분하다고 말했다. 그들은 사막에서 진주를 주운 기분이었다. 그들은 이제 골칫거리를 처치할 증거를 얻었으니 홀가분하다는 기분이었다. 마태와 마가에는 이 때 대제사장은 그의 옷을 찢으며(마 26:65; 막 14:63) 말하기를 "그가 신성 모독 하는 말을 하였으니 어찌 더 증인을 요구하리요 보라 너희가 지금 이 신성 모독 하는 말을 들었도다"라고 말했다고 전한다(마 26:65; 막 14:62).

제 23 장

예수님의 수난과 죽음 및 장례

b.빌라도 앞에서 심문받으시다　23:1-5

예수님은 날이 밝았을 때 열린 공회에서 심문을 받으신(22:66-71) 다음 무리들(대제사장 포함)에 의해서 끌려 빌라도 법정으로 옮겨져 재판을 받으신다. 무리들은 유대인 공회에서는 예수님에게 사형을 언도할 수 없으므로 빌라도 법정으로 예수님을 옮긴 것이다. 빌라도는 이 재판의 결과 무리들의 요청에 의해 예수님에게 사형을 언도했기에 훗날 사도 신경에는 예수님은 "본디오 빌라도에게 고난을 받으사 십자가에 못 박혀 죽으시고"라는 문구가 새겨져 지금까지 2,000년간 기독교인들의 입에 오르내리게 되었다. 이 부분 (1-5절)은 마 27:2, 11-14; 막 15:1b-5과 병행한다. 요 18:28-38도 이 사실을 자세히 전하고 있다.

눅 23:1. 무리가 다 일어나 예수를 빌라도에게 끌고 가서.

누가는 "무리" 즉 '대제사장들과 공회의 회원들'이 "다 일어나 예수님을 빌라도에게 끌고 갔다"고 말한다(마 27:2; 막 15:1; 요 18:28). 빌라도에게 끌고 간 이유는 유대인이 사형을 선고하면 로마법을 어기는 것이 되기 때문이었다(요 18:31 참조).

빌라도159)라고 하는 사람은 사마리아와 유다 지방을 통치하는 제 5대

---

159) 빌라도(Pilate): '창을 가짐'이라는 뜻이다. 본디오 빌라도는 유대·사마리아·이두매를 다스린 제 5대 로마 총독이었다(AD 26- 36 혹은 27- 37). 그의 가문은 분명치 않으나 세습이거나 혹은 공훈에 의해 기사(騎士)에 끼인 것 같다. 빌라도는 AD 29년 유월절에는 소동이 일어날 것을 짐작하고 예루살렘에 올라갔다. 이때 많은 사람들이 예루살렘으로 모였는데, 총독도 예루살렘으로 올라가는 것이 또한 당시의 습관이었다. 그럴 때 헤롯의 궁전에서 묵는 것이 상례였다.

총독이었으며 수리아 총독의 관할 아래에 있었다. 빌라도는 사악한 사람이었고(13:1) 또 교만한 사람이었으며(요 19:10) 미신적인 사람이었다(마 27:10). 그는 자기의 이해관계에 따라 재판을 진행했다.

눅 23:2. 고발하여 이르되 우리가 이 사람을 보매 우리 백성을 미혹하고 가이사에게 세금 바치는 것을 금하며 자칭 왕 그리스도라 하더이다 하니. 무리 즉 산헤드린 공의회의 회원들은 예수님을 빌라도에게 "고발하였다." 고소한 내용은 세 가지 죄목이었다. 즉 "우리가 이 사람을 보매 우리 백성을 미혹하고 가이사에게 세금 바치는 것을 금하며 자칭 왕 그리스도라 하더이다"라고 고소했다. 공회원들은 "우리가 이 사람을 보매"라고 말한다. 사실은 구약 성경에 비추어 예수님을 살펴보았더라면 예수님이야 말로 구약이 예언한 메시아라고 믿었을 터인데 자기들의 표준으로 보니 예수님을 사형에 해당한 분으로 여겼다.

그들은 예수님을 고소하기를 첫째, "우리 백성을 미혹하는" 분이라고 고소했다(행 17:7). 여기 "미혹하고"란 말은 '유혹하고'란 뜻으로 공회원들은 예수님이 백성들을 바르게 가르치지 않고 백성들을 혼란스럽게 만드는

빌라도가 갈릴리 사람들을 습격하여 그들의 피를 희생의 피에 섞은 것은 아마 이 때일 것이다(13:1-2). 아마 갈릴리 사람이 먼저 폭동을 일으켰을 것이다. 이와 같은 사건들로부터 빌라도의 성격을 엿볼 수 있다. 그것은 빌라도가 주 예수의 재판에 입회했을 때도 나타났다. 빌라도는 만일 자기의 이해관계와 일치하면 기꺼이 이 세상적인 정의를 행하려 했으며 범죄 행위도 피하려 했다. 그러나 자기에게 큰 희생이나 손해가 될 경우에는 올바른 행위를 하지 않았다. 그가 늘 자기 자신에게 물은 질문은 "나의 의무는 무엇인가?"가 아니고, "나의 이해관계는 무엇인가?"였다. 빌라도의 마지막 과실은 그의 실각의 원인이 되었다. 즉, 이것이 그의 통치에 느닷없는 종지부를 찍게 했다. 사마리아의 어떤 사기꾼이 백성을 현혹시켜 그리심 산 꼭대기에 올라가면 모세가 성막의 황금 기구(器具)를 숨긴 곳을 가르쳐 주겠다고 약속했다(모세는 그리심 산에 올라간 일이 없으며, 요단강을 건넌 일도 없다). 그리하여 많은 군중이 산기슭에 모였다. 불행하게도 그들은 무기를 휴대하고 있었다. 그것을 두려워한 빌라도는 그들을 습격하여 그들을 살해하고 어떤 한 마을은 완전히 망했다. 사마리아인은 이 억울한 사실을 비테리우스에게 호소했다. 비테리우스는 빌라도를 면직시키고(36-37년) 심문을 받게 로마로 보냈다. 그가 로마에 도착하기 전에 디베료는 죽고 그는 얼마동안 옥고를 겪은 듯하다. 그는 신문을 받지 않은 것 같다. 그의 최후도 똑똑지 않다. 유세비우스는 빌라도가 여러 가지 고생을 당한 후 칼리쿨라(Caligula, 12년-41년, 로마의 3대 황제, 재위 37년-41년) 황제의 사형 집행을 받기 전에 자살했다고 한다.

분이라고 고소했다. 이런 고소 건은 사실은 막연한 고소내용이었다. 그들의 본심은 예수님을 신성모독죄로 고소하고 싶었지만 빌라도는 이방 사람으로서 종교적인 고소 건을 잘 이해하지도 못할 것이고 또 공회원들의 고소 건을 받지도 않을 가능성이 있었다. 그래서 공회원들은 정치적인 내용을 가지고 예수님을 고발했다. 사실은 예수님은 백성들을 유혹하지도 않았고 혼란시키지도 않았다. 둘째, "가이사에게 세금 바치는 것을 금하는" 분으로 고소했다(마 22:21; 막 12:17). 이 두 번째 고소 내용은 전혀 거짓말이었다. 그들은 예수님을 잡으려고 이런 내용으로 고소한 것뿐이다. 예수님은 백성들로 하여금 세금도 바치고 하나님께 대한 의무도 감당해야 한다고 바르게 가르치셨다(20:21-26). 셋째, "자칭 왕 그리스도라"고 주장하는 분으로 고소했다(요 19:12). 이 세 번째의 고소 내용도 순전히 거짓말이다. 예수님은 친히 자신을 세상 왕이라고 하신 일이 없으셨다. 사람들이 억지로 그를 왕으로 삼으려 했을 때 오히려 산으로 피하신 일이 있으셨다(요 6:15). 산헤드린 공의회 회원들은 유대백성들의 시선이 예수님에게 쏠리는 것을 시기하여 예수님을 사형시키려고 여러 가지 궁색한 고소 제목을 내세운 것뿐이었다. 사람의 마음속에 있는 시기심은 여러 가지 장난을 하게 만든다. 그들은 사탄의 사주를 받았기에 거짓말을 많이 했다(요 8:44).

눅 23:3. 빌라도가 예수께 물어 이르되 네가 유대인의 왕이냐 대답하여 이르시되 네 말이 옳도다.

빌라도는 공회원들이 고소한 세 가지 죄목을 받은 다음 그 중에 한 가지에만 관심을 집중하였다. 빌라도는 예수님께 "네가 유대인의 왕이냐"(Σὺ εἶ ὁ βασιλεὺς τῶν Ἰουδαίων)고 묻는다(마 27:11; 딤전 6:13). 다른 두 제목은 사형언도를 내릴만한 고소내용이 되지 못했고 또 그것들은 이 죄목 속에 포함되어 있었다. 빌라도는 예수님을 향하여 "네가"("네가"라는 대명사는 안 써도 되었는데 강조하기 위해서 기록했고 또 "네가"라는 말을 제일 앞세워 뜻을 강조하고 있다)라는 대명사를 써서 '네가 무슨 왕이냐'고 물었다. 빌라도는 예수님을 얕보고 이렇게 말한 것이 틀림없다. 빌라도의 질문에 대해 "네 말이 옳도다"라고 대답하신다. 누가는 예수님의 답변을 아주 간략하게 전한다. 그러나 요 18:33-38에 보면 좀 자세하게 기술하고 있다. 즉 정치적인 왕이 아니라 영적인 왕이라고 대답하신다. 요 18:37에 보면 예수님은 자신이 사람을 영적으로 다스리는 왕이라고 대답하신다. 사람을 영적으로 다스려 사탄으로부터 보호하시고 죄로부터 보호하시며 세상의 시험으로부터 보호하시고 질병으로부터 보호하시며 또한 사람을 돌보시고 또 필요한 것을 공급하시고 안식을 주시는 왕이라고 하신다. 예수님께서 빌라도에게 자신의 왕 직(職)은 영적으로 다스리는 것이라고 알아듣게 대답하셨기에 빌라도는 예수님의 의중을 잘 알아 다음 절처럼 대제사장들과 무리에게 말한다.

눅 23:4. 빌라도가 대제사장들과 무리에게 이르되 내가 보니 이 사람에게 죄가 없도다 하니.
빌라도가 관정 안에서 예수님으로부터 말씀을 들은(요 18:33-38) 후 "대제사장들과 무리에게 이르되 내가 보니 이 사람에게 죄가 없다"고 주장한다(벧전 2:22). 빌라도는 관정으로부터 밖으로 나와서 대제사장들과 무리에게 예수는 유대인들이 생각하는 것과 같은 죄가 없다고 변호했다. 예수님에게 죄가 없다고 변호한 빌라도는 예수님을 즉시 석방해야 했다. 그때 석방했더라면 사도신경에 '본디오 빌라도에게 고난을 받으사 십자가에 못 박혀죽으시고'란 말이 기록되지 않았을 것이고 또 기독교인들이 매주 외우지 않았을 것이다. 그러나 빌라도는 대중영합주의(Populism)의 사람이었다. 우리는 진리를 따라 움직여야 한다.

눅 23:5. 무리가 더욱 강하게 말하되 그가 온 유대에서 가르치고 갈릴리에서부터 시작하여 여기까지 와서 백성을 소동하게 하나이다.
빌라도가 예수님의 말씀을 듣고(3절; 요 18:33-38) 예수님에게 죄가 없다고

했을 때(앞 절) 무리들은 분위기를 짐작하고 "더욱 강하게 말했다." 그들은
처음에 고발 내용을 가지고 와서 고발할 때(2절)보다 더욱 강력하게 말했다.
그들이 말한 내용은 "그가 온 유대에서 가르치고 갈릴리에서부터 시작하여
여기까지 와서 백성을 소동하게 한다"는 것이었다. 즉 예수가 온 유대(7:17)
즉 팔레스틴 전체와 갈릴리와 예루살렘에서 잘 못 가르쳐서 백성을 소동하게
한다는 내용이었다. 그들은 처음에 고소내용을 말한 중(2절)에 첫 번째
것을 내세웠다. 다시 말해 예수가 백성을 유혹했다는 죄를 내세운 것이다.
그런데 빌라도는 그들의 말을 듣다가 예수님이 갈릴리에서 가르치셨다는
말을 듣고 마침 예루살렘에 와서 체류하고 있는 갈릴리의 분봉 왕 헤롯에게
예수님을 보낼 생각을 했다. 빌라도는 어쨌든 이 골치 아픈 일로부터 빠져나
가려는 생각에 몰두했다. 그래서 빌라도는 다음(6-7절)과 같이 예수님을
헤롯에게 보내게 된다.

c.헤롯 앞에서 심문받으시다   23:6-12

빌라도는 자기 앞에 들어온 고소사건에 대하여 재판하는 것을 피하기
위해 당시 예루살렘에 잠시 체류 중인 헤롯에게 예수님을 보내어 심문받게
한다. 그러나 헤롯은 진지하게 그 문제를 취급하지 않고 마치 장난감 가지고
놀듯 취급하여 예수님은 한 마디도 대답하지 않으신다. 헤롯은 재판을 안
한 것이나 다름없이 되었다. 헤롯이 재판한 것은 다른 복음서 기자들은
침묵하고 누가만 기록했다.

**눅 23:6-7. 빌라도가 듣고 묻되 그가 갈릴리 사람이냐 물어 헤롯의 관할에
속한 줄을 알고 헤롯에게 보내니 그 때에 헤롯이 예루살렘에 있더라.**
빌라도는 대제사장들과 무리가 예수님이 갈릴리에서 가르치셨다(5절)는
말을 듣고 "그가 갈릴리 사람이냐 물어 헤롯의 관할에 속한 줄을 알고
헤롯에게 보냈다"(3:1). 빌라도는 먼저 예수가 갈릴리 사람이냐고 물었고
긍정적인 대답을 얻었다. 그리고 갈릴리라면 갈릴리의 분봉 왕 헤롯의 관할

인 줄을 알고 로마법에 의해 마땅히 헤롯이 이 재판 사건을 다루어야 하는 고로 헤롯에게 보냈다. 헤롯에게 쉽게 보낼 수 있었던 것은 "그 때에 헤롯이 예루살렘에 있었기" 때문이었다. 아마도 유월절 제사 때문에 예루살렘에 왔을 것이다. 그는 백성의 인기를 얻기 위해 유대인의 최고 명절인 유월절에 예루살렘에 온 것이다.

눅 23:8. 헤롯이 예수를 보고 매우 기뻐하니 이는 그의 소문을 들었으므로 보고자 한 지 오래였고 또한 무엇이나 이적 행하심을 볼까 바랐던 연고러라. 헤롯은 빌라도로부터 예수님을 인계받고 "매우 기뻐했다." 여기 "매우 기뻐 했다"(ἐχάρη λίαν)는 말은 '심히 참으로 기뻐했다'는 뜻이다. "매우"(λίαν)란 말만 있어도 충분한데 게다가 "기뻐했다"(ἐχάρη)는 말이 부정(단순)과거 인고로 그 뜻이 '진정으로 기뻐했다,' '참으로 기뻐했다'는 뜻이기에 두 단어가 합쳐 '아주 대단히 기뻐했다'는 뜻이다. 헤롯은 예수님을 믿을 생각 으로 기뻐한 것이 아니라 자기의 호기심과 궁금증을 만족시킬 좋은 기회를 얻은 것으로 알고 정신없이 기뻐한 것이다.

　　헤롯이 이렇게 기뻐한 이유는 두 가지이다. 하나는 "그의 소문을 들었으 므로 보고자 한 지 오래였기" 때문이었다(9:9). 헤롯이 그렇게 오랫동안 예수님을 보고자 했던 것은 그가 죽인 세례 요한이 환생한 것이 아닌가 하는 의구심 때문이었다(9:9; 마 14:1-2). 또 하나는 "또한 무엇이나 이적 행하심을 볼까 바랐던 연고였다"(마 14:1; 막 6:14). 이것은 헤롯에게 어린 아이 같은 호기심이 있었던 증거였다. 헤롯 안디바는 속없는 사람이었다. 동생(헤롯 빌립)의 아내 헤로디아를 취하였고 또 의붓딸 즉 헤로디아의 딸이 춤을 추어 자신을 기쁘게 해주었을 때 무엇이든지 달라는 대로 준다고 했다가 세례 요한의 머리를 달라는 요구를 뿌리치지 못하고 세례 요한을 죽인 무모한 사람이었다. 그런 사람이 예수님의 재판을 맡았다니 역사의 아이러니를 느끼게 한다.

눅 23:9. 여러 말로 물으나 아무 말도 대답하지 아니하시니.

헤롯 안디바가 예수님에게 여러 말로 물었다. 아마 기적을 행해 보라는 말도 했을 것이다. 그러나 예수님은 사람의 속을 꿰뚫어보시는 분으로서 진실하지 않은 헤롯의 질문에 대답하실 이유가 없었다. 한 마디도 대답하시지 않으셨다(마 27:12-14; 막 14:60-61; 15:4-5; 요 19:9-10 참조). 예수님은 지금도 질실하지 않은 마음으로 질문하는 사람들의 질문에 답을 주시지 않으신다. 우리는 진지하게 예수님께 여쭈어야 한다. 그러면 예수님은 영음으로 반드시 대답하신다.

눅 23:10. 대제사장들과 서기관들이 서서 힘써 고발하더라.

대제사장들과 서기관들은 헤롯 앞에까지 찾아와서 헤롯 앞에 서서 힘써 고발했다. 그들은 아마도 2절이 밝히는 대로 세 가지 죄목을 다 말했을 것이다. 그것들을 말하는데 있어 큰 소리로 강하게 말을 했을 것이다.

눅 23:11. 헤롯이 그 군인들과 함께 예수를 업신여기며 희롱하고 빛난 옷을 입혀 빌라도에게 도로 보내니.

헤롯은 예수님께서 기적도 행하시지 않고 또 아무 말씀도 하시지 않아 화가 났을 것이다. 자기의 호위병들 앞에서 자기의 자존심이 상해서 그는 그 군인들과 함께 "예수를 업신여기며 희롱하고 빛난 옷을 입혀 빌라도에게 도로 보냈다"(사 53:3). 헤롯은 첫째, "예수를 업신여겼다." 헤롯은 예수님을 만나기 전에는 굉장한 인물인줄 알았는데 만나고 보니 기적도 행하지 않고 말도 하지 않는 것을 보고 별 것 아닌 사람으로 알고 예수님을 없인 여겼다. 그리고 둘째, "희롱했다." 예수님은 조금 전에 대제사장들의 부하들에게 희롱을 당하셨는데(22:63-65절) 헤롯 앞에서도 역시 조롱을 당하셨다. 그는 우리를 구속하시기 위하여 인격적인 모독을 받으셨다. 그리고 셋째, "빛난 옷을 입혀 빌라도에게 도로 보냈다." 헤롯과 그의 호위병들은 예수님이 왕이라고 주장한 것을 우습게 여기는 뜻으로 왕이 입는 빛난 옷을 입혔을 것이다. 헤롯은 예수님으로부터 아무 것도 얻지 못하고 빌라도에게 도로 보냈다.

눅 23:12. 헤롯과 빌라도가 전에는 원수였으나 당일에 서로 친구가 되니라. 누가는 "헤롯과 빌라도가 전에는 원수였다"고 말한다. 헤롯 안디바는 갈릴리의 분봉 왕이었고 빌라도는 유대의 총독이었던 정치인이었던 고로 정치적으로 얽힌 사연이 많아 서로 원수가 되었다. 성경 해석가들은 13:1("빌라도가 어떤 갈릴리 사람들의 피를 그들의 제물에 섞었다")의 사건이 두 사람을 서로 원수 되게 했을 것이라고 말한다. 빌라도는 무자비하게도 몇몇 헤롯의 관할에 있는 갈릴리 사람들을 죽이라고 명령해서 두 사람이 서로 사이가 안 좋은 관계가 되었을 것이다. 아무튼 다른 일로 해서 서로 안 좋은 관계가 형성되었을 수도 있다. 그러나 두 사람이 단 하루 만에 서로 친구가 되는 일이 벌어졌다(행 4:27). 빌라도는 예수를 재판하도록 헤롯에게 보내서 헤롯을 예우했고 또 헤롯은 예수를 만나본 후 예수를 빌라도에게 다시 보내서 예의를 갖추었다. 두 사람은 예수를 가지고 서로 잠시 동안 재미를 본 것이다. 이런 식으로 서로 친구가 되는 것은 저주의 시작이다.

d.사형선고를 받으시다   23:13-25

누가는 빌라도의 재판(1-7절)과 헤롯의 재판(8-12절)을 기록한 다음 예수님께서 빌라도에게 사형선고를 받으신 것을 기록한다(13-25절). 빌라도는 예수님을 때려서 석방시키려 했지만 유대인들의 함성 앞에서 통하지 않았다. 이 부분은 마 27:15-26; 막 15:6-15; 요 18:29-40과 병행한다.

눅 23:13-14. 빌라도가 대제사장들과 관리들과 백성을 불러 모으고 이르되 너희가 이 사람이 백성을 미혹하는 자라 하여 내게 끌고 왔도다 보라 내가 너희 앞에서 심문하였으되 너희가 고발하는 일에 대하여 이 사람에게서 죄를 찾지 못하였고.

빌라도는 대제사장들과 관리들과 백성을 불러 모으고(마 27:23; 막 15:14; 요 18:38; 19:4) 말하기를 "너희가 이 사람이 백성을 미혹하는 자라 하여 내게 끌고 왔는데" 그러나 실제로 너희들의 목전에서 조사해 보았지만 너희가 고발하는 대로의 죄가 없다고 분명하게 말한다. 빌라도는 여기서 유대인들이 고소한 내용 중(2절) 첫째 번 것만 말한다. 즉 "백성을 미혹하는 자"라는 죄명만 문제 삼는다(1-2절). 그리고 두 번째 죄명과 세 번째 죄명은 버렸다. 이유는 두 번째 죄명(세금 바치는 것을 금하는 사람)은 문제도 되지 않았고 세 번째 죄목은 이미 3절-4절과 요 18:33-38이 보여준 것처럼 빌라도는 예수님이 영적으로 백성들을 다스리는 왕이라는 것을 알았기에 다시 문제를 삼지 않았고 이제는 예수가 백성을 미혹하는 자라는 죄목만 가지고 조사해 보았는데 그런 사실도 없다고 주장한다(4절). 그리고 빌라도는 자기가 조사한 것만 말하는 것이 아니라 헤롯이 처리한 것도 첨부한다(다음 절). 예수님의 무죄성에 대하여 버곤은 "얼마나 다양하고 많은 사람들이 그 거룩하신 자의 무죄성을 증거하고 있는지, 즉 빌라도, 헤롯, 빌라도의 아내, 가룟 유다, 십자가상의 강도, 십자가 처형을 감독했던 백부장등의 증거에 유의해야 한다"고 말한다(존 라일로부터).

눅 23:15-16. 헤롯이 또한 그렇게 하여 그를 우리에게 도로 보내었도다 보라 그가 행한 일에는 죽일 일이 없느니라 그러므로 때려서 놓겠노라. 빌라도는 "헤롯이 또한 그렇게 하였다"는 말은 '헤롯도 빌라도처럼 유대인들이 예수님에게 붙인 고소 사건의 죄목을 조사했다'는 뜻이다. 누가가 워낙 간단히 썼기에 본문에 잘 나타나지는 않지만 빌라도는 헤롯이 예수님에게 무슨 불의가 있는지 조사했다는 것을 말한다. 빌라도는 헤롯이 조사한 다음 "그를 우리에게 도로 보냈다"고 말한다. 헤롯이 아무 것도 발견하지 못하고 예수님을 도로 빌라도에게 보냈다는 뜻이다. 그런고로 빌라도는 "보라 그가 행한 일에는 죽일 일이 없느니라"고 선언한다. 빌라도는 예수님의 무죄를 선언하면서 결론적으로 "그러므로 때려서 놓겠노라"고 선언한다

(마 27:26; 요 19:1). 빌라도는 예수님에게 죄가 없다는 것이 확실하면 그냥 무죄 석방을 했어야 했는데 때려서 놓겠다고 제안한다. 빌라도는 대중에게 야합하는 정치인이었다.

눅 23:17. (없 음). KJV에는 "For of necessity he must release one unto them at the feast"라는 문장이 있다. 번역하면 "왜냐하면 그가 명절에 그들에게 한 사람을 놓아주어야 했다"이다(마 27:15; 막 15:6; 요 18:39). 17절을 포함시킨 사본들(aWX)이 있어서 KJV에 이런 문장이 있는 것으로 본다. KJV가 17절을 포함한 이유는 다음 절(18절)을 이어가기 위해 마 27:15; 막 15:6을 참조하여 넣은 것으로 보인다.

눅 23:18-19. 무리가 일제히 소리 질러 이르되 이 사람을 없이하고 바라바를 우리에게 놓아 주소서 하니 이 바라바는 성중에서 일어난 민란과 살인으로 말미암아 옥에 갇힌 자러라.
빌라도의 석방 선언을 들은 "무리" 즉 '공회원들과 백성들'(13절)은 "일제히 소리 질러 이르되 이 사람을 없이하고 바라바를 우리에게 놓아 주소서"라고 아우성이었다(행 3:14). 그들 중에는 한 사람도 반대자가 없이 예수를 없이하고 바라바를 우리를 위해 놓아달라고 떠들었다. 마태에 의하면 이런 요구는 대제사장들과 장로들이 무리를 충동시켜 무리들이 한 것으로 되어 있다(마 27:20). 그들은 우리에게 생명을 주는 분을 버리고 생명을 빼앗는 사람을 석방하자고 요구했다. 잘못돼도 너무 잘 못된 요구였다. 오늘도 잘 못된 요구를 하는 사람들이 너무 많이 있다. 심령이 어두워서 그렇다.

그리고 누가는 무리가 놓아달라고 주장하는 사람 바라바에 대해 설명한다. 즉 누가는 "이 바라바160)는 성중에서 일어난 민란과 살인으로 말미암아

---

160) 바라바(Barabbas): 대제사장들의 사주에 의해 유월절의 특사 관례에 따라 빌라도가 석방한 유명한 죄수이다. 그는 예루살렘의 큰 범죄자였는데 강도, 폭동, 그리고 살인죄의 혐의로 투옥되었던 자이다(23:18,19; 마 27:15-17, 20-21, 26; 막 15:7,11,15; 요 18:40).

옥에 갇힌 자였다"고 말한다. '예루살렘 성중에서 폭동을 일으킨 자였고
또 살인죄를 지었기에 옥살이를 하는 자였다.' 바라바는 참으로 흉악한
자였다. 그럼에도 대제사장들과 장로들은 예수님을 죽일 작정으로 끝까지
바라바를 놓아달라고 떼를 쓴다. 오늘도 이렇게 떼를 쓰는 사람들은 점점
늘어가고 있다.

**눅 23:20-21. 빌라도는 예수를 놓고자 하여 다시 그들에게 말하되 그들은
소리 질러 이르되 그를 십자가에 못 박게 하소서 십자가에 못 박게 하소서
하는지라.**

빌라도는 예수님을 석방하고자 또 다시 그들에게 말해 본다. 빌라도는 이제
힘없이 예수님의 석방 노력에 임하고 있다. 그는 더 이상 힘을 쓰지 못한다.
백성들이 하도 극성이기 때문이었다. "그들은 소리 질러 이르되 그를 십자가
에 못 박게 하소서 십자가에 못 박게 하소서"라고 말한다. 여기 "소리 질
러"(ἐπεφώνουν)란 말은 미완료과거 시제로 '계속해서 소리를 질렀다'는
뜻이다. 빌라도의 힘없는 말에 비하면 무리의 소리 지름은 힘이 있었고
계속적이었다. 떼를 쓰면 그것이 법이 되는 세상이니 그들의 소리가 이길
수밖에 없었다. 그들은 계속해서 예수를 십자가에 못 박게 해달라는 말을
하고 있었다. 군중들의 소리는 마치 큰 확성기를 틀어놓은 듯 빌라도의
법정 근방을 흔들고 있었다.

**눅 23:22. 빌라도가 세 번째 말하되 이 사람이 무슨 악한 일을 하였느냐
나는 그에게서 죽일 죄를 찾지 못하였나니 때려서 놓으리라 하니.**

빌라도는 세 번째 말하기를 "이 사람이 무슨 악한 일을 하였느냐. 나는
그에게서 죽일 죄를 찾지 못하였나니 때려서 놓으리라"고 말한다. 빌라도는
세 번째(첫 번째는 15절에, 두 번째는 20절에 있다) 석방 노력을 했다.161)

---

161) 본 절의 빌라도의 노력이 몇 번째냐를 두고 윌렘 헨드릭슨은 첫 번째 석방노력을
4절에서 찾고 또 두 번째 노력을 15절에서 찾으며 세 번째 노력을 20절에서 찾으며 네 번

빌라도는 '예수가 무슨 악한 일을 하였느냐'고 묻는다. 자기 생각에는 공회원들이 고소한 세 가지 내용(2절)을 아무리 살펴보아도 예수님에게 무슨 잘 못한 점이 없음을 알았다. 빌라도 자신의 생각으로는 예수님에게서 사형에 해당할만한 죄를 찾지 못했다고 말한다. 그런고로 백성들이 만족할만한 정도로 징계를 해서 놓겠다고 말한다. 사실은 이것도 빌라도의 나약한 마음의 발로이다. 아무 잘 못이 없으면 석방했어야 했다. 우리는 인기에 영합할 것이 아니나 진리대로 행해야 한다.

빌라도가 이렇게 계속해서 예수님을 석방하려고 했던 이유는 아마도 그에게 양심이 있었기 때문이었을 것이며 또 예수님에게 그 무슨 성스러운 점이 있어서 그랬을 것이고 또 예수님을 잘 못 다루었다가는 자기의 신변에 어려움이 돌아올지도 모른다는 생각에서였을 것이다.

눅 23:23. 그들이 큰 소리로 재촉하여 십자가에 못 박기를 구하니 그들의 소리가 이긴지라.

누가는 무리가 "큰 소리로 재촉하여 십자가에 못 박기를 구했다"고 말한다. 여기 "재촉하여"(ἐπέκειντο)란 말은 미완료과거 시제로 '계속해서 재촉했다,' '계속해서 졸랐다'는 뜻으로 무리가 큰 소리로 졸라서 십자가에 못 박기를 구했다는 뜻이다. 그리고 "이긴지라"(κατίσχυον)는 말은 미완료과거 시제로 '계속해서 승리했다,' '계속해서 압도했다'는 뜻으로 무리의 소리가 압도하고 있었다는 뜻이다. 억지의 소리를 지르는 일이나 떼를 쓰는 일도 한 때 승리한다는 것을 보여주는 좋은 사례이다. 십자가에 못을 박는 형벌162)은 로마가 노예들이나 속국인들을 처벌하는 벌로서 로마인들의 경

째 노력을 본 절(22절)에서 찾는다. 그렇다면 본 절의 것은 네 번째의 노력이다. 그러나 성경이 본 절의 노력을 세 번째라고 말씀하는 이유에 대해 윌렴 헨드릭슨은 예수님께서 헤롯에게 다녀오신 이후에 빌라도가 예수님을 석방하려는 노력을 계산한 것이라고 말한다. 그러니까 예수님께서 헤롯에게 다녀오신 이후에 빌라도가 노력한 것은 본 절의 노력이 세 번째이다. 의미 있는 주장이라고 볼 수 있다.

162) 십자가(Cross): 고대서방세계에 있어서의 사형집행의 형구(刑具). 십자가는 고통과 죽음을 가져다주는 형구에 지나지 않았는데, 예수 그리스도의 속죄사에 의해 십자가는 사랑과

우 칼로 목 베어 죽었다. 사람이 이긴 듯하나 결국은 하나님께서 이기셨다.
다시 말해 하나님의 뜻이 성취되었다.

눅 23:24-25. 이에 빌라도가 그들의 구하는 대로 하기를 언도하고 그들이
요구하는 자 곧 민란과 살인으로 말미암아 옥에 갇힌 자를 놓아 주고 예수는
넘겨 주어 그들의 뜻대로 하게 하니라.

빌라도는 진리대로 일을 처리하지 못하고 정의를 온전히 구현하지 못했다.
첫째, 빌라도는 "그들의 구하는 대로 하기를 언도했다"(마 27:26; 막 15:15;
요 19:16). 즉 그들이 구하는 대로 사형을 언도했다. 빌라도는 드디어 하나님
앞에 큰 죄를 지었고 또 사도신경에 그가 행한 일이 기록되어 주님이 재림하
시기 전까지 모든 성도들이 예배를 드리는 주일마다 그가 행한 일을 고백하
게 되었다. 그는 결국 역사상에 큰 죄인으로 각인 되었다. 둘째, "그들이
요구하는 자 곧 민란과 살인으로 말미암아 옥에 갇힌 자를 놓아 주었다."
폭도들이 요구하는 사람 곧 예루살렘 성중에서 폭동을 꾸미고 그 폭동
중에 사람을 죽인 바라바를 석방시켰다. 빌라도는 공회원들과 또 공회원들
의 사주를 받아 외쳤던 군중들의 요구를 그대로 받아드려 살인자를 석방시키
고 말았다. 참으로 애석한 일이었다. 셋째, "예수를 넘겨 주어 그들의 뜻대로
하게 했다." '예수님을 폭도들에게 넘겨주어 그들의 뜻대로 사형장으로
끌고 가게 했다.' 총독 직을 지키기 위하여 백성들의 요구를 들어주었던

용서의 구현(具現), 또는 자기 희생의 표상으로 되고 크리스천에 있어서 심원한 의미를 가지는
것으로 되었다. 사형집행의 형구로서 최초로 쓰인 것은, 죄인을 결박하는 단순한 기둥(crux
simplex)으로, 앗수르인, 페르샤(바사)인, 페니키아(카르타고)인, 애굽인의 습관이었고, 페르
샤인 및 페니키아인에 의해 그리스인, 로마인에게 전해졌다. 이 형태는 차츰 복잡해져 예수
당시의 십자가에는 세 가지 형(型)이 있있는데, X자형, T자형, 십사형이었다. 예수께서 처형된
것은, 로마의 처형기구로서, 십자형이었다. 그것은 목재(木材)로 만들어지고, 운반도 혼자서는
무거운 것이었다. 죄인이 못 박히고 난후 지상에 세워지는 경우와, 또는 세운 후 죄인이 못
박히는 경우도 있었다. 그 머리 위에는 죄인의 이름이라든가 죄 패가 붙어졌다(마 27:37). 로마시
대에는 로마시민권을 가진 자에게는 이 형은 행해지지 않았다. 예수 당시의 십자가형은 노예에
대한 형으로서, 치욕과 혐오(嫌惡)를 뜻했다(요 19:31; 고전 1:29; 갈 3:13; 빌 2:8). 그러나 예수
그리스도께서 십자가에 못 박히심으로써 그 치욕과 혐오는 사도들을 비롯한 신자들에 의해
영예로 바뀌었다(갈 6:14).

빌라도는 하나님 앞에 큰 죄인이 되고 말았다. 우리가 항상 진리 편에 선다는 것은 얼마나 중요한지 모른다.

3.그리스도께서 십자가를 지시다   23:26-49

빌라도의 언도로 폭도들의 손에 넘겨지신 예수님은 드디어 십자가를 지시고 죽으시러 골고다 언덕으로 향하신다. 예수님께서 십자가에서 피를 흘리심은 구약이 예언한 바요 신약이 증언하는 바이다. 신약의 4복음서 기자들은 모두 그리스도의 십자가 죽음 사건을 면밀하게 전한다(마 27:32-44; 막 15:21-32; 요 19:17-27 참조). 이 부분은 먼저 1) 골고다까지 가신 일(26-32절), 2) 십자가 형틀에 달리심(33-38절), 3) 십자가 형틀의 좌우편 강도들 관련 말씀(39-43절), 4) 운명하신 일(44-49절)로 나누어진다. 누가의 독특한 기사는 첫 번째와 세 번째이다.

a.골고다까지 가시다   23:26-32

빌라도로부터 예수를 인수 받은 폭도들은 예수님을 이끌고 골고다로 향한다. 그러나 예수님이 더 이상 기운이 없으셔서 십자가 형틀을 지고 가실 수 없어 시몬이라는 사람에게 대신 지우고 간다. 그리고 그 뒤에는 예루살렘의 딸들이 울며 따라갔다.

눅 23:26. 그들이 예수를 끌고 갈 때에 시몬이라는 구레네 사람이 시골에서 오는 것을 붙들어 그에게 십자가를 지워 예수를 따르게 하더라.
다른 두 복음서(마 27:27-31; 막 15:16-20)에는 앞 절과 본 절 사이에 로마 군인들이 예수님을 희롱한 사건을 기록하나 누가는 생략한다. 누가의 생략 은 자료 부족 때문이 아니고 이방인 상대로 복음을 기록하는 입장에서 성령님의 감동으로 로마 군인들의 희롱을 생략한 것 같다. 누가는 다른 두 복음서(마태와 마가)와 달리 때로는 생략하고 때로는 첨가했는데 그것은 전적으로 성령님의 감동에 의해서였다(벧후 1:21).

　누가는 "그들이 예수를 끌고 갈 때에 시몬이라는 구레네 사람이 시골에서 오는 것을 붙들어 그에게 십자가를 지워 예수를 따르게 했다"고 기록한다 (마 27:32; 막 15:21; 요 19:17 참조). 누가는 예수를 맡은 "그들" 즉 '군병들' 이 "예수를 끌고 갔다"고 말한다. 예수를 끌고 간 뒤에 "시몬이라는 구레네 사람이 시골에서 오는 것을 붙들었다"고 말한다. 그러니까 군병들은 예수님 이 더 이상 그 무거운 십자가 형틀을 지고 갈 수 없음을 깨달았다. 예수님이 지난밤(목요일 밤)에 다락방 강화로부터 시작하여 밤새도록 너무 심한 일에 시달리고 매를 맞아서 기운이 없으셨다.163) 요 19:17에 "그들이 예수를 맡으매 예수께서 자기의 십자가를 지시고 해골 (히브리말로 골고다)이라 하는 곳에 나가시니"라고 말한다. 예수님은 십자가 형틀을 지시고 어느 정도까지 전진하신 것으로 보인다. 그러나 더 전진할 수 없는 예수님을 보고 군인들은 건장한 청년 한 사람을 붙잡아 예수님의 십자가 형틀을 대신 지게 했다. 그 사람이 바로 "시몬이라는 구레네 사람"이었다. 그의 이름이 시몬이었는데 그가 구레네(애굽 서부의 리비아 영토에 있는 도시이다)164) 태생인 것은 확실하다. 그런데 그가 구레네 출신 유대인으로 예루살렘에 거주하는 중 구레네를 다녀오는 중이었는지 혹은 그가 당시 구레네에서 예루살렘으로 오고 있었는지는 확실히 알 수가 없다. 당시 예루살렘에는 구레네인의 회당이 있었으므로(행 2:10; 6:9; 11:20; 13:1) 시몬도 그 회당에

---

163) 예수님께서 목요일 밤부터 금요일 아침까지 하신 일은 너무 많았다. 그가 지치시기에 충분했다. 목요일 밤의 다락방강화, 유다의 배반, 겟세마네 동산에서의 기도, 제자들의 배신, 안나스와 가야바의 법정에서 심문받으심, 성전 경비병들의 조롱과 그들로부터 매 맞으심, 베드로로부터 부인당하신 일, 산헤드린 공의회의 불법 재판, 빌라도 총독의 불법 재판, 군병들의 심한 조롱 등 심한 모욕을 당하셨으니 심히 지치셨다.

164) 구레네(Cyrenian): 구레네는 북아프리카의 애굽 서쪽에 있고, 대 유사(大流砂, Syrtis Major)의 동쪽에 있는 반도 구레나이가(Cyrenaica) 국의 수도였다. 희랍 식민지 중에서 가장 큰 것의 하나인데, 전설에 의하면 밧두스(Battus)에게 영솔되어 데라(Thera) 섬에서 이주 해온 사람들에 의해 BC 631년에 창설된 것이라고 한다. 해안으로부터 16㎞, 해발 548m의 제벨 악단(Jebel Akhdan)산정에 있었으나, 오늘날에는 폐허가 되어 아라비아어의 아인 샤하드 그렌나 (Ain Shahat-Grenna)는 구레네의 잔영이나마 유지하고 있다. 지금 남아 있는 소부분의 성벽으로 미루어 보아 주위는 6.4㎞의 성벽으로 둘려 있었던 것 같다. 극장, 아볼로 신전, 기타 건축물이 발굴되었다. 구레네에는 유대인이 많이 식민하고 있었다(Jos. Ant. xiv. 7:2).

속했을 수도 있다. 시몬은 유월절을 맞이하여 금요일 아침 예루살렘 성전을 향하여 오던 중 마침 예루살렘에서 십자가 형틀을 지시고 나가시는 예수님을 만났고 또 로마 군인들을 만나 강제로 십자가 형틀을 진 것 같다.

군병들은 시몬으로 하여금 예수님의 십자가 형틀을 지게하고 "예수를 따르게 했다." 그는 강제로 십자가를 지고 예수님을 따랐어도 해골이라는 곳에 도착하여 예수님의 인품을 보고 예수님을 믿어 그의 가정이 복을 받은 것으로 보인다. 그는 알렉산더와 루포의 아버지(막 15:21)로 그 아들 루포가 롬 16:13의 루포와 동일한 인물로 보이며 로마에서 유명한 그리스도 인이 되었다. 그리고 시몬의 아내는 바울 사도에게 친숙한 사람이 된 것으로 보인다(롬 16:13).

눅 23:27. 또 백성과 및 그를 위하여 가슴을 치며 슬피 우는 여자의 큰 무리가 따라오는지라.

예수님의 뒤에는 예수님에게 동정적인 두 무리들이 따라오고 있었다. 한 무리는 "백성"들이었다. 예루살렘 백성들이 다 예수님을 대적한 것은 아니 었다. 예루살렘 백성들 중에는 예수님을 대적하는 사람들도 있었고(23절) 또 한편으로는 그를 동정하는 백성들이 있었다. 그들은 예수님을 뒤따라 조용히 골고다로 가고 있었다. 유대인이 대부분 그리스도를 대적하는 분위 기 속에서 이렇게 동정하는 무리가 있다는 것은 기독교인들에게도 적지 않는 위로가 된다. 그리고 또 한 무리는 "그를 위하여 가슴을 치며 슬피 우는 여자의 큰 무리"였다. 여기 기록되어 있는 여자의 큰 무리는 갈릴리에 서 예수님을 따르던 무리(8:1-3)는 아니었고 예루살렘 여자들이었다(다음 절). 그들 두 무리가 예수님을 따르고 있었다는 것은 예수님에게 큰 기쁨이 되셨을 것이다.

눅 23:28. 예수께서 돌이켜 그들을 향하여 이르시되 예루살렘의 딸들아 나를 위하여 울지 말고 너희와 너희 자녀를 위하여 울라.

예수님께서 십자가 형틀을 시몬에게 넘겨주신 다음 예수님께서 몸을 돌이
켜 두 무리(예루살렘 백성들과 여자들)를 향하여 말씀하시기를 "예루살렘
의 딸들아 나를 위하여 울지 말고 너희와 너희 자녀를 위하여 울라"고
부탁하신다. 예수님은 예루살렘의 딸들에게만 "나를 위하여 울지 말고 너희
와 너희 자녀를 위하여 울라"고 부탁하신 것은 아니고 두 무리(예루살렘
백성과 예루살렘의 여성들)를 향하여, 그리고 온 유대 백성들을 향하여
회개를 독촉하신 것이다. 그런데 예수님은 당대의 사람들만 위해서 부탁하
신 것이 아니라 "너희와 너희 자녀를 위하여 울라"고 명령하신다. 예수님은
사실 예수님을 위하여 울 필요는 없다고 하신다. 예수님은 조금 있으면
지옥 고통을 당하시겠지만 얼마 후 하나님 우편에 앉아 계셔서 온 우주를
통치하시고 원수들을 제압하시며 앞으로 재림하실 터이니 예수님을 위하여
슬퍼할 필요는 없다고 하시며 아직 회개하지 않은 사람들 자신들과 또
자녀들의 회개를 위하여 울라고 하신다. 예수님은 예루살렘의 멸망을 예견
하시면서 우셨다(19:41-44). 울어야 하는 이유는 다음 절들(29-31절)에
기록되어 있다.

**눅 23:29. 보라 날이 이르면 사람이 말하기를 잉태하지 못하는 이와 해산하
지 못한 배와 먹이지 못한 젖이 복이 있다 하리라.**
예수님은 "보라"라고 말씀하시면서 심각한 것을 예고하신다. 즉 "날이 이르
면 사람이 말하기를 잉태하지 못하는 이와 해산하지 못한 배와 먹이지
못한 젖이 복이 있다"고 말할 것이라고 하신다(21:23; 마 24:19). "날이
이르면" 즉 '주후 70년 예루살렘의 멸망의 때가 이르면' 일반 사람들도
말하기를 세 종류의 사람들, 즉 1) 잉태하지 못하는 이와, 2) 해산하지
못한 배와, 3) 먹이지 못한 젖이 복이 있다고 할 것이라고 하신다. 주후
70년에 로마의 디도 장군이 이끄는 군대에 의해서 예루살렘이 망하게 될
때 아이 없는 여자들이 차라리 아이 있는 여자들보다 복이 있을 것이라는
뜻이다. 아이가 없으면 환난 시기에 홀가분하고 피난하기에도 좋고 또 환난

을 잘 견딜 수 있기 때문에 아이를 낳지 못한 여자들의 신세가 더 낫다는 말이 나온다는 뜻이다(신 28:53-57 참조). 그만큼 앞으로의 예루살렘 멸망 시에 멸망의 참상이 심할 것이라고 하신다.

눅 23:30. 그 때에 사람이 산들을 대하여 우리 위에 무너지라 하며 작은 산들을 대하여 우리를 덮으라 하리라.

예수님은 예루살렘 멸망 때를 맞이하여 예루살렘 사람들이 "산들을 대하여 우리 위에 무너지라 하며 작은 산들을 대하여 우리를 덮으라"고 말할 것이라고 하신다(사 2:19; 호 10:8; 계 6:16; 9:6). 사람들이 로마 군인들의 칼날에 죽는 것보다는 차라리 산들에 눌리고 깔려 죽기를 소원하게 될 것이라고 하신다(호 10:8; 계 6:16-17 참조). 오늘 우리는 이런 고통이 닥치기 전에 철저히 회개해야 한다.

눅 23:31. 푸른 나무에도 이같이 하거든 마른 나무에는 어떻게 되리요 하시니라.

예수님은 예루살렘 사람들과 유대인들로 하여금 회개하도록 하기 위해서 "푸른 나무에도 이같이 하거든 마른 나무에는 어떻게 되리요"라고 하신다(잠 11:31; 렘 25:29; 겔 20:47; 21:3-4; 벧전 4:17). '물이 오른 푸른 나무(푸른 나무를 물오른 나무라고 할 수 있는 이유는 다음에 나오는 마른 나무라는 표현 때문이다)에 해당되시는 예수님에게도 이렇게 잔인하게 대한다면 마른 나무에 해당하는 불신 유대인들에게는 앞으로 어떤 잔인함이 돌아오는지 모른다'고 하신다. 예수님 자신과 회개하지 않은 유대인들 사이에는 건널 수 없는 다리가 있다. 예수님에게 로마 군인들의 잔인함이 닥쳤다면 아직 거듭나지 않은 사람들에는 어떤 잔인함이 닥칠 것인가를 상상할 수가 없다. 로마 군인들은 앞으로 주후 70년에 유대인들을 잔인하게 다룰 것이다. 그런 고로 유대인들은 자신들을 위해서 울어야 한다. 오늘 우리도 우리 자신을 위해서 울어야 한다.

눅 23:32. 또 다른 두 행악자도 사형을 받게 되어 예수와 함께 끌려 가니라.
누가는 예수님만 아니라 "또 다른 두 행악자도 사형을 받게 되어 예수와 함께 끌려 간다"고 말한다(사 53:12; 마 27:38). 누가는 예수님이 그 두 행악자와 똑같은 취급을 받고 십자가에 죽으신다는 것을 알리기 위하여 두 행악자도 사형을 받게 되어 예수님과 함께 끌려간다고 말한다. 이사야 선지자는 메시아가 "범죄자 중 하나로 헤아림을 받았음이라"고 예언했는데 (사 53:12) 그 예언이 이렇게 이루어진 것이다.

b.십자가에 달리시다   23:33-38

빌라도로부터 예수님을 인수 받은 로마 군인들이 구레네 사람 시몬에게 십자가를 지게 하여 해골이라 하는 곳에 이르러 군인들은 예수님을 십자가 형틀에 못을 박는다. 이 부분(33-38절)은 마 27:33-44; 막 15:22-32과 병행한다.

눅 23:33. 해골이라 하는 곳에 이르러 거기서 예수를 십자가에 못 박고 두 행악자도 그렇게 하니 하나는 우편에, 하나는 좌편에 있더라.
로마 군인들에 이끌려 예수님께서 "해골이라고 하는 곳에 이르러 거기서 예수를 십자가에 못 박았다." 여기 "해골이라고 하는 곳"(τὸν τόπον τὸν καλούμενον Κρανίον)이란 말은 거의 확실하게 '사람의 해골처럼 생긴 지형'을 지칭한다. 다른 복음서들은 모두 히브리말 "골고다"라고 표현하나(마 27:33; 막 15:22; 요 19:17) 누가는 '해골의 곳'이라고 표현한다. 이방 사람들에게 복음을 전하는 누가는 히브리말로 된 "골고다"라는 말을 쓸 필요가 없고 해석한 말을 사용했다. "해골이라 하는 곳"이란 말은 그 생김새기 사람의 해골모양, 두개골의 꼭대기처럼 생겼기에 생긴 이름일 것으로 보인다(Bengel, Godet, Plummer, Lenski).

군병들은 거기서("해골이라 하는 곳") "예수를 십자가에 못 박았다"(마 27:33; 막 15:22; 요 19:17-18). 누가는 군병들이 예수님을 십자가에 못 박은 사건을 아주 간략히 기술한다(마 27:35; 요 19:18). 그러나 예수님께서 당하신 고난은 형언할 길 없이 심했다. 그 고통을 알 사람은 살아있는 사람 중에는 없다. 지옥에 간 사람들이나 약간 알 수 있는 정도이다. 예수님은 지옥에 간 사람도 다 알 수 없는 고통을 당하셨다. 지옥에 간 사람은 자기 한 사람의 죄 값 때문에 고통을 당하는 것이지만 예수님은 모든 택함 받은 사람들의 죄를 혼자 지시고 고통을 당하셨으니 그 고통은 형언할 길이 없이 컸다.

누가는 예수님만 아니라 다른 두 행악자도 함께 못 박혔다고 말한다. 즉 "두 행악자도 그렇게 하니 하나는 우편에, 하나는 좌편에 있다"고 말한다. '두 행악자도 예수님처럼 십자가에 못 박으니 하나는 우편에, 하나는 좌편에 못을 박았다'고 말한다. 예수님은 두 행악자의 한 가운데 못 박히셨다. 예수님은 두 행악자와 똑 같이 취급되셨다. 다시 말해 예수님은 행악자로 취급되셨다. 우리 대신 대속의 죽음을 죽으시기 위하여 행악자로 취급되신 것이다.

눅 23:34a. 이에 예수께서 이르시되 아버지 저들을 사하여 주옵소서 자기들이 하는 것을 알지 못함이니이다 하시더라.

누가는 예수님께서 십자가에 달려 계시는 동안 하나님께 기도하신 내용을 기술한다. 누가는 예수님은 "아버지 저들을 사하여 주옵소서 자기들이 하는 것을 알지 못함이니이다"라고 기도하신다. 누가가 기록한 예수님의 이 기도는 예수님께서 십자가상에서 말씀하신 7마디 말씀 중에 제일 첫 마디의 말씀이다.165) 예수님은 기도의 대상으로 "아버지"를 부르신다. 그런 다음 '예수님을 십자가에 못 박는 일에 관여한 사람들의 죄를 사해 주옵소서'라고

---

165) 가상칠언: 1) 23:34-"아버지 저들을 사하여 주옵소서 자기들이 하는 것을 알지 못함이니이다." 2) 23:43-"내가 진실로 네게 이르노니 오늘 네가 나와 함께 낙원에 있으리라." 3) 요 19:26-"여자여 보소서 아들이니이다." 4) 마 27:46; 막 15:34-"엘리 엘리 라마 사박다니 하시니 이는 곧 나의 하나님, 나의 하나님, 어찌하여 나를 버리셨나이까." 5) 요 19:28-"내가 목마르다." 6) 요 19:30-"다 이루었다." 7) 23:46-"아버지 내 영혼을 아버지 손에 부탁하나이다." 가상칠언 중에 누가가 기록한 것은 세 개이다.

기도하신다(마 5:44; 행 7:60; 고전 4:12). 이유는 "자기들이 하는 것을 알지 못하기" 때문이라고 하신다(행 3:17). 저들은 자기들이 죽이는 분이 누구인지도 몰랐고 또 자기들의 벌이 얼마나 큰지도 몰랐다. 베드로도 훗날 오순절 성령 강림 후 설교에서 "형제들아 너희가 알지 못하여서 그리하였으며 너희 관리들도 그리한 줄 아노라"고 말한다(행 3:17). 바울도 역시 저들이 알지 못하여서 예수님을 십자가에 못 박았다고 말한다(고전 2:8). 예수님의 이 기도는 사 53:12의 메시아가 "범죄자를 위하여 기도하였도다"는 예언의 성취이다.

예수님께서 말씀하신 "저들"이 누구인지에 대해서는 견해가 갈린다. 혹자는 예수님을 십자가에 못 박은 군병들이라 하고, 혹자는 그 배후에 있는 교권자들과 유대인들이라고 한다. 또 혹자는 다른 사람들을 다 포함하는 것은 옳아도 교권자들(대제사장들과 서기관들 안나스와 가야바)만은 "저들"의 범주에서 빼야 한다고 말하고 교권자들은 벌을 받아 어두움에 넘겨져 대부분이 죄 가운데서 망했으리라고 주장한다. 그러나 예수님의 기도에 교권자들까지 포함하신 것으로 보는 것이 옳지 않을까. 이유는 예수님의 기도에 "자기들이 하는 것을 알지 못함이니이다"라고 말씀했기 때문이다. 교권자들이 당시 예수님을 십자가에 못 박는 일을 하고 있었는데 저들이 하는 일이 얼마나 큰 죄인 줄 몰랐고 또 얼마나 큰 벌을 받을 줄을 알지 못했기 때문이다. 예수님의 이 기도는 그 후 스데반에 의해 계승되었고 많은 순교자들도 이 기도의 모범을 따랐다.

예수님의 기도는 응답되었다. 베드로가 오순절 성령 강림 후에 복음을 전할 때 "너희가 법 없는 자들의 손을 빌어 못 박아 죽였다"고 말했는데(행 2:23) 그날 베드로의 설교로 3,000명이나 회개했고(행 2:41) 또 얼마 후에 많은 사람들이 회개했다(행 4:4). 예수님의 기도가 응답되었다는 말은 예수님을 십자가에 못 박는 일에 협조한 사람들이 훗날 예수님을 믿어 구원받은 데서 증명된다. 그러나 예수님을 끝까지 믿지 않은 사람들은 구원에 이를 수 없는 것은 당연한 일이다. 주후 70년에 예루살렘이 멸망할 때

110만 명이 망하는 중에 교권자들이 수없이 많이 있었을 것인데 그들은 자기들이 지은 죄를 끝까지 회개하지 않았기 때문이었다.

눅 23:34b. 그들이 그의 옷을 나눠 제비 뽑을 새.

예수님을 십자가에 못 박아 놓고 여러 사람들이 자기 나름대로 여러 행동을 했다. "그들" 즉 '군인들'이 예수님의 "옷을 나눠 제비를 뽑았다"(마 27:35; 막 15:24; 요 19:23). 요 19:23-24에 "군인들이 예수를 십자가에 못 박고 그의 옷을 취하여 네 깃에 나눠 각각 한 깃씩 얻고 속옷도 취하니 이 속옷은 호지 아니하고 위에서부터 통으로 짠 것이라. 군인들이 서로 말하되 이것을 찢지 말고 누가 얻나 제비 뽑자"고 말한다. 군인들은 먼저 예수님의 겉옷을 나누어 한 깃씩 얻는다. 곧 "네 깃에 나눠 각각 한 깃씩 얻었다." 여기 "옷"(τὰ ἱμάτια)은 '겉옷'을 말하는데 유대인들의 겉옷은 네 깃으로 되어 있었다. 예수님의 겉옷도 역시 네 깃으로 되어 있었다. 머리를 쌌던 수건, 몸을 두루 감고 있던 천(소매 없는 겉옷), 허리띠, 신발(샌들) 등이었다. 아마도 당시 예수님을 십자가에 못 박은 군인은 네 명인 듯이 보이는데(백부장은 따로 있고) 그들은 예수님의 곁에 지니셨던 것들을 하나씩 가졌다. 그런 다음 군인들은 속옷에 대해서는 찢지 말고 제비를 뽑아 한 사람의 군인이 가졌다. 사형수의 옷은 사형집행자들의 소유로 되는 법이었다. 이들은 예수님의 사형장에서 옷 조각이나 가지고 집으로 갔을 뿐 정작 예수님을 믿는 믿음은 가지고 가지 못했다. 불쌍한 사람들이었다.

눅 23:35a. 백성은 서서 구경하는데.

골고다까지 따라온 백성들은 예루살렘 사람들과 또 유월절을 지키러 온 각지의 사람들일 것이다. 그들 대부분은 빌라도 법정 앞에서 예수님을 십자가에 못 박으라고 아우성치던 사람들일 것이다. 이들은 교권주의자들에게 매수된 사람들이었다. 그들은 예수님을 바라보며 예수님을 조롱했다(시 22:17; 슥 12:10). 일반 백성들도 다른 무리들처럼 예수님을 향하여 다른 무리들과 마찬가지로 '저가 남을 구원하였으니 자기도 구원할지어다'라고 말했을 것이다. 그러나 개중에는 예수님께서 십자가에 못 박히신 사실을 안타깝게 생각하는 사람들도 있었을 것으로 보인다(48절).

눅 23:35b. 관리들은 비웃어 이르되 저가 남을 구원하였으니 만일 하나님이 택하신 자 그리스도이면 자신도 구원할지어다 하고.
관리들(대제사장들, 서기관들, 장로들)이 비웃는 내용은 "저가 남을 구원하였으니 만일 하나님이 택하신 자 그리스도이면 자신도 구원할지어다"라는 것이었다(마 27:39; 막 15:29). 관리들은 예수님께서 남을 구원하신 줄 알고 있었다. 예수님께서 수없이 많은 사람들을 고쳐주셨고 또 살려주신 것을 알고 있었다. 그러니 만일 하나님이 택하신 자 그리스도라고 하면 자신도 구원하라고 간접적으로 말한다. 십자가 위에서 고생하지 말고 이적을 발휘하여 자신을 구원해보라는 것이었다. 이들은 예수님께 직접 이 요구를 하지 않고 간접적으로만 한다(윌럼 헨드릭슨). 그러나 이들은 예수님께서 십자가를 지시고 피를 흘리셔서 무수한 사람들을 지금 이 시간 이후에 구원하실 줄을 몰랐다. 관리들은 진리를 모르니 헛소리를 했다. 세상의 종교인들도 진리를 모르는 사람들이 무수하게 많다.

눅 23:36-37. 군인들도 희롱하면서 나아와 신 포도주를 주며 이르되 네가 만일 유대인의 왕이면 네가 너를 구원하라 하더라.
예수님의 겉옷을 나누어 가지고 또 속옷을 제비뽑아 가진(34b) "군인들도 희롱하면서 나아와 신 포도주를 주며 이르되 네가 만일 유대인의 왕이면 네가 너를 구원하라"고 말한다. 군인들의 이 조롱 기사는 누가만 전하고 있다. 군인들은 두 가지 일을 했다. 하나는 예수님을 조롱했다. 조롱한 내용은 문장 끝에 기록되어 있는데 "네가 만일 유대인의 왕이면 네가 너를 구원하라"는 말이다. 군인들은 빌라도 법정에서 예수님께서 "내가 유대인의 왕이라"는 말을 들었던 것 같다. 그리고 그들은 빌라도가 쓴 예수님의 죄

패를 보고 예수님이 유대인의 왕이라고 주장했다는 사실을 알았다(38절). 그들은 예수님을 조롱하느라 유대인의 왕이라고 했지만 예수님은 실제로 만왕의 왕이시다.

그리고 또 하나는 예수님께 나아와 "신 포도주를 주었다." 신 포도주는 군인들을 위해 마련된 값싼 포도주였다. 사형수의 고통을 덜어주기 위해 사형집행 군인이 예수님께 신포도주를 주었다. 그러나 예수님은 포도주를 거부하셨다(마 27:34; 막 15:23). 모든 고통을 맑은 정신으로 받고자 하심이었다. 우리의 죽음을 대신하신 대속의 고통이니 아주 맑은 정신으로 받으시기 원하셨다. 예수님에게 포도주를 준 행위는 시 69:21의 성취이다.

혹자는 바로 이 사건이 예수님께서 골고다에 도착하셨을 때 예수님께 드린 쓸개 탄 포도주가 아니라고 주장한다. 다시 말해 마 27:34; 막 15:23이 말하는 사건이 아니라고 강변한다. 그러나 누가의 이 기록은 마 27:34; 막 15:23의 기사와 동일한 기사이다(Alford, Leski, Morris). 렌스키(Lenski)는 "그것은 정오에 어둠이 내려 덮기 전에 일어났다. 그것은 마 27:46-49; 막 15:34-36; 요 19:28-30과 아무 상관이 없는 사건이다. 이것들(마 27:46-49; 막 15:34-36; 요 19:28-30)은 어둠 후에 일어났다. 예수가 죽기 직전에 일어났다"고 말한다.

눅 23:38. 그의 위에 이는 유대인의 왕이라 쓴 패가 있더라.

예수님의 위에 붙인 죄 패에는 "유대인의 왕이라"고 썼다(마 27:37; 막 15:26; 요 19:19). 죄 패의 내용이 4복음서마다 약간 차이가 있는데 마태는 "이는 유대인의 왕 예수"라 하고, 마가는 "유대인의 왕이라" 하며, 요한은 "나사렛 예수 유대인의 왕"이라 기록했다. 약간씩 다르나 "유대인의 왕"이란 점에서 공통된다. 요한은 가장 긴 죄 패를 기록하고 있는데 요한의 죄 패가 완전문인 것으로 보이고 다른 죄 패들은 간략한 형식이다. 예수님은 유대인의 왕이시었는데 사람들이 예수님을 조롱하는 뜻으로 죄 패를 썼다.

c.좌우편 강도가 예수님에게 대한 태도 23:39-43

누가는 예수님께서 십자가에 못 박히신 것과 또 여러 부류의 사람들이 예수님을 조롱한 것을 기록한(26-38절) 다음 이제 이 부분(39-43절)에서는 좌우편에 달린 강도가 예수님을 대하는 태도를 기록한다. 한 사람은 예수님을 비방했고 한 사람은 예수님을 믿어 그날로 낙원으로 갔다고 말한다.

눅 23:39. 달린 행악자 중 하나는 비방하여 이르되 네가 그리스도가 아니냐 너와 우리를 구원하라 하되.

십자가에 달린 행악자 중 하나는 예수님을 "비방했다." 여기 "비방했다"(ἐβλασφήμει)는 동사는 미완료과거 시제로 '계속해서 중상했다,' '욕하기를 계속했다'는 뜻으로 그는 계속해서 예수님을 향해 '욕을 했다.' 예수님을 향해 비방한 사람들은 참으로 많았다. 관리들도 비방했고 군중들도 비방했으며 로마 군인들도 비방했고 십자가에 달린 강도까지 비방했다. 오늘도 그리스도와 교회를 비방하는 사람들은 너무나 많다.

강도가 예수님을 비방한 내용은 "네가 그리스도가 아니냐. 너와 우리를 구원하라"는 것이었다(마 27:44; 막 15:32). 즉 '당신이 그리스도가 아니냐. 우리 세 사람(예수 자신, 그리고 좌우편 강도 두 사람)을 구원해 보라'고 했다. 그는 이 말을 한번만 한 것이 아니라 계속했다. 그 강도가 예수님을 "그리스도"라고 말한 것은 어디에서 들었는지는 확실치 않으나 아마도 골고다에 도착하여 사람들에게서 들었을 가능성이 제일 많다. 산헤드린 공의회 회원들이 예수님을 조롱하고 군중들이 예수님을 조롱하며 군인들이 예수님을 조롱하는 소리를 듣고 강도도 역시 예수님을 조롱하게 되었을 것으로 보인다.

눅 23:40. 하나는 그 사람을 꾸짖어 이르되 네가 동일한 정죄를 받고서도 하나님을 두려워하지 아니하느냐.

다른 한쪽 편의 강도는 예수님을 사이에 두고 그 반대쪽에 있는 다른 사람을

"꾸짖었다." 그가 처음부터 이렇게 다른 강도를 꾸짖은 것은 아니었다. 그도 역시 처음에는 함께 예수님을 조롱했다(마 27:44; 막 15:32). 그가 회개하게 된 이유는 예수님의 첫마디(34절-"아버지 저들을 사하여 주옵소서 자기들이 하는 것을 알지 못함이니이다")를 듣는 중에 성령께서 역사하셨기 때문이었다. 성령님은 거의 언제나 그리스도의 말씀을 사용하여 사람을 중생시키신다(요 15:3; 엡 5:26).[166]

회개한 강도가 다른 강도를 꾸짖은 내용은 "네가 동일한 정죄를 받고서도 하나님을 두려워하지 아니하느냐"는 것이었다. 회개한 사람은 다른 강도에게 '네가 나와 동일하게 사형이라는 정죄를 받았는데도 아직까지 하나님을 두려워하지 아니하고 예수님을 비방하느냐'는 것이었다. 이제 이만큼 정죄를 받아 십자가에 못 박혔다면 정신을 차릴 일이지 아직까지도 그 입을 벌려 예수님을 비방하니 하나님이 두렵지도 않느냐고 꾸짖었다. 우리가 회개한 사람들이라고 하면 아직 회개하지 않고 그리스도를 비방하는 사람들을 향하여 꾸짖을 수 있어야 한다.

그런데 누가는 한 강도가 회개한 것을 말하고 있는데 반해 마태와 마가는 한 강도가 회개한 사건을 침묵하고 있는 이유에 대해 학자들의 의견은 갈린다. 첫째, 계속해서 예수님을 비방한 강도의 목소리가 너무 커서 두 강도가 예수님을 비방한 것처럼 들렸다는 견해. 둘째, 처음에는 두 사람이 다 예수님을 비방했으나 두 사람 중에 한 사람이 회개한 것이라고 말한다. 두 번째의 견해가 바른 것으로 여겨진다(아다나시우스, 오리겐, 힐레리, 크리소스톰, 데오필랙트, 유디미우스, 존 라일, 윌럼 헨드릭슨, Barton

---

166) 회개한 강도가 회개한 이유를 놓고 여러 가지 추측이 가해졌다. 첫째, 그가 주님의 설교를 들은 적이 있어 회개했을 것이라고 한다(수아레츠). 둘째, 그가 주님이 빌라도에게 대답하신 말씀을 듣고 감화를 받아 주님의 왕국을 믿게 되었다(유디미우스). 셋째, 그가 주님의 머리 위에 붙어 있는 죄 패를 보고 감동을 받았을 것이라고 말한다(스티어). 넷째, 그가 주님께서 원수들을 위해 기도하시는 것을 듣고 회개했을 것이라고 한다(데오필랙트). 첫째, 둘째 추측은 가능성이 없는 추측으로 보인다. 이유는 그가 처음에는 주님을 비방했기 때문이다. 셋째와 넷째 추측은 가능한 추측인데 특히 그가 예수님께서 원수들을 위해 기도하실 때 성령님께서 역사하셨기 때문이라고 보는 것이 가장 타당한 견해라고 보인다.

Bruce, 박윤선).

눅 23:41. 우리는 우리가 행한 일에 상당한 보응을 받는 것이니 이에 당연하거니와 이 사람이 행한 것은 옳지 않은 것이 없느니라 하고.

회개한 사람은 본 절에서 두 가지를 말한다. 하나는 죄를 지으면 반드시 값을 치러야 한다는 것, 또 하나는 예수님은 옳으신 분이라는 것을 말한다. 회개한 사람은 "우리는 우리가 행한 일에 상당한 보응을 받는 것이니 이에 당연하다"고 말한다. 두 사람이 행한 일은 마땅히 보응을 받을만한 것이라고 말한다. 다시 말해 십자가 형을 받을만하다고 말한다. 그에 반해 "이 사람(예수님)이 행한 것은 옳지 않은 것이 없느니라"고 말한다. 예수님이 그 동안 말씀하신 것과 또 행하신 이적들은 모두 옳은 것이라고 말한다. 그의 예수관(觀)은 정확했다. 사람이 회개하면 예수님이야 말로 거룩하시고 위대하신 분이라고 고백하게 된다.

눅 23:42. 이르되 예수여 당신의 나라에 임하실 때에 나를 기억하소서 하니.

회개한 강도는 다른 강도를 꾸짖고 또 자신의 죄를 자인했으며 자기가 죄의 보응을 받는 것은 당연하다고 말했고 예수님의 거룩하심에 대해 말한(40-41절) 다음 이제 예수님을 향하여 "예수여 당신의 나라에 임하실 때에 나를 기억하소서"('Ιησοῦ, μνήσθητί μου ὅταν ἔλθῃς εἰς τὴν βασιλείαν σου)라고 호소한다. 이 사람은 그의 소원을 몇 차례고 반복했다. "이르되"(ἔλεγεν)라는 말은 미완료 과거 시제로 '계속해서 말했다'는 뜻이다. 회개자는 예수님에게 '당신의 나라로 들어가실 때 나를 기억하소서'라고 계속해서 부탁했다.

여기 "당신의 나라로 들어가신다"(ἔλθῃς εἰς τὴν βασιλείαν σου)는 말씀이 "당신의 나라에 임하신다"(ἔλθῃς εν τὴν βασιλείαν σου)라고 되어 있는 사본들도 있고 또 지지자들도 있다. 그러나 예수님께서 다음 구절에서 답하신 것을 보면 "당신의 나라로 들어가신다"(ἔλθῃς εἰς τὴν βασιλείαν σου-when thou comest into thy Kingdom)는 말씀이 옳은 것으로 보아야 할 것이다. 그 회개자는 예수님이 죽으셔서 당장에라도 아버지의 나라로 들어가실 때에 자기를 기억해 주시라는 기도를 드렸다. 누구든지 "예수"(= '구세주,' 눅 1:31; 2:21)의 이름을 부르는 자는 구원을 얻으리라는 말씀대로 그 사람은 당장에 구원을 얻었다.

눅 23:43. 예수께서 이르시되 내가 진실로 네게 이르노니 오늘 네가 나와 함께 낙원에 있으리라 하시니라.
회개한 사람이 계속해서 자신의 영혼을 기억해 주시라는 부탁을 들으신 예수님은 "내가 진실로 네게 이르노니 오늘 네가 나와 함께 낙원에 있으리라"('Αμήν σοι λέγω, σήμερον μετ' ἐμοῦ ἔσῃ ἐν τῷ παραδείσῳ)고 하신다. 예수님은 진심으로 그에게 말씀하시기를 '오늘 당장 네가 나와 함께 낙원 즉 천국에 있으리라'고 하신다. 그의 영혼이 천국에 있으리라는 말씀이다.

예수님의 이 말씀은 사람이 죽은 후에 연옥에 있으리라는 말씀이 아니고 사람의 영혼이 예수님과 함께 즉시 낙원에 있으리라는 말씀이다. 그 사람의 육체는 조금 후에 로마 군병들에 의해 꺾이고 난도질당했지만 그의 영혼은 주님과 함께 낙원에 갔다.

그는 세례도 받지 않고 낙원에 간 사람이 되었다. 그렇다고 세례를 받지 않아야 된다는 뜻은 아니다. 다만 사람이 반드시 세례를 받아야 낙원에 가는 것은 아니라는 것을 보여준 것이다. 사람이 천국에 가는 것은 성령으로 거듭나면 되는 것이라는 것을 알 수 있다. 누구든지 예수님을 분명히 믿는 사람에게 예수님은 오늘도 "내가 진실로 네게 이르노니 오늘 네가 나와 함께 낙원에 있으리라"고 하신다.

d.숨을 거두시다 23:44-49
십자가에 못 박히신(26-43절) 예수님은 수난 주간 금요일 오후 3시쯤에 숨을 거두신다. 이 부분(44-49절)은 마 27:45-56; 막 15:33-41과 병행한다.

요한복음 19:30에는 예수님의 운명에 대해 간략하게 기술한다. 누가는 예수님의 마지막 기도(46절)를 기록한 점에서 독특하다.

눅 23:44. 때가 제 육시쯤 되어 해가 빛을 잃고 온 땅에 어둠이 임하여 제 구시까지 계속하며.

예수님은 유대나라 시간으로 제 3시(막 15:25) 즉 우리 시간으로 오전 9시에 십자가에 못 박히시고 "때가 제 육시쯤 되어 해가 빛을 잃고 온 땅에 어둠이 임하여 제 9시까지 계속했다"(마 27:45; 막 15:33). 즉 '때가 우리 시간으로 낮 12시쯤 되어 해가 빛을 잃고 온 땅에 어둠이 임하여 우리 시간으로 오후 3시까지 계속했다.' 예수님께서 십자가에 못 박히신 지 3시간이 지나 낮 12시쯤 해가 빛을 잃고 온 땅에 어둠이 임하여 오후 3시까지 3시간 동안 어두웠던 이유는 하나님께서 빛으로 오신 예수님에게 빛을 제거하시고 저주를 퍼부으신 것을 가리킨다. 다시 말해 예수님께서 저주받으셨다는 것을 뜻한다(사 5:30; 60:2; 욜 2:30-31; 암 5:18, 20; 습 1:14-18; 마 24:29-30; 행 2:20; 벧후 2:17; 계 6:12-17). 예수님은 우리 대신 십자가에서 지옥의 저주를 받으셨다. 우리는 예수님께서 십자가에서 우리 대신 지옥 고통을 당하신 것을 믿어야 한다. 예수님이 당하신 모든 고통은 대속적이었다.

눅 23:45. 성소의 휘장이 한가운데가 찢어지더라.

골고다 언덕에 어둠이 임했을 때(앞 절) 예루살렘 "성소의 휘장이 한가운데가 찢어졌다"(마 27:51; 막 15:38). 이 성소의 휘장은 예루살렘 성전의 성소와 지성소 사이를 가로막았던 휘장이었는데(출 26:31-33) 그 휘장이 위로부터 아래까지 찢어졌다(마 27:51). 사람이 찢었으면 아래로부터 위로 올라가며 찢었을 것인데 하나님께서 찢으셨으니 위로부터 아래로 찢으셨다. 이렇게 하나님께서 성소와 지성소를 가로 막은 휘장을 찢으신 이유는 예수님께서 십자가에서 대속의 피를 흘리신 때부터는 지성소로 들어가는 길, 즉 천국에 들어가는 길이 누구에게나 활짝 열리게 되었다는 것을 의미한다(히 9:3; 10:19-20). 우리는 예수님의 죽음으로 은혜의 보좌 앞에 담대히 나아가게 되었다(히 4:16). 이 휘장이 찢어진 것은 예수님께서 운명하신 후에 된 일이다(마 27:50-51; 막 15:37-38). 우리는 매일 하나님의 보좌 앞에 나아가게 되었으니 얼마나 놀라운 복인지 형언할 길이 없다.

눅 23:46. 예수께서 큰 소리로 불러 이르시되 아버지 내 영혼을 아버지 손에 부탁하나이다 하고 이 말씀을 하신 후 숨지시니라.

누가는 "예수께서 큰 소리로 불러 이르시되 아버지 내 영혼을 아버지 손에 부탁하나이다 하고 이 말씀을 하신 후 숨지셨다"고 말한다(시 31:5; 벧전 2:23). 그런데 마태(27:50)나 마가(15:37)는 "예수께서 다시 크게 소리 지르신" 것만 기록하고 영혼을 아버지 손에 부탁하신 것에 대해서는 침묵하고 "영혼이 떠나셨다"는 말씀을 기록한다. 복음서 기자들은 일관되게 예수님께서 죽으실 때 "크게 소리를 지르신" 것을 특기했는데 그것은 예수님께서 힘이 없으셔서 죽으신 것이 아니고 자발적으로 죽음을 택하신 것을 말씀하기 위함이었다. 그는 스스로 죽음을 택하신 분이시다(요 10:17-18).

누가가 기록한 본 절의 말씀은 예수님께서 십자가상에서 말씀하신 일곱 마디 말씀 중 마지막에 하신 말씀이다. 누가는 세 번째, 네 번째, 다섯 번째, 여섯 번째 말씀에 대해서는 기록하지 않았다. 누가는 첫 번째, 두 번째, 일곱 번째 말씀만 기록했다.

예수님은 "아버지"를 부르시면서 "내 영혼을 아버지 손에 부탁하나이다"라고 말씀하셨는데 이는 '내 영을 아버지 손에 맡긴다'는 뜻이다(시 31:5). 예수님은 아버지 하나님을 철저히 의탁하고 사신 것을 뜻한다. 그는 공생애 중에도 철두철미 아버지 하나님을 의지하셨고 또 운명하실 때에도 아버지를 의지하셨음을 나타낸다. 우리도 역시 이 기도를 하나님께 드려야 한다. 죽기 전에 최소한 한번은 이 기도를 드리고 평안히 죽어야 한다.

예수님은 마지막 말씀을 하신 후 "숨지셨다"(마 27:50; 막 15:37; 요

19:30). 여기 "숨지시니라"(ἐξέπνευσεν)는 말은 부정(단순)과거 시제로 '마지막 숨을 쉬다,' '죽다'는 뜻으로 예수님이 운명하신 것을 지칭한다. 예수님은 그의 사명을 다하신 후 그의 마지막 숨을 쉬셨다. 그는 평안한 가운데 아버지 나라로 가셨다.

눅 23:47. 백부장이 그 된 일을 보고 하나님께 영광을 돌려 이르되 이 사람은 정녕 의인이었도다 하고.

십자가형을 집행하기 위하여 군인들을 이끌고 골고다 언덕으로 와서 처음부터 끝까지 십자가형을 집행한 백부장이 "그 된 일을 보고 하나님께 영광을 돌렸다"(마 27:54; 막 15:39). 즉 '백부장이 예수님께서 십자가에 달려계시는 동안 진행된 일들을 보고 하나님께 영광을 돌렸다.' 예수님께서 수많은 비방을 받으시고도 비방으로 대하시지 않고 그들을 용서하시는 기도를 드리신 일이든지 아무튼 계속하신 모든 말씀을 듣고 또 해가 빛을 잃고 어둠이 찾아온 일들을 보면서 백부장은 하나님께 영광을 돌렸다(2:20; 5:25; 7:16; 13:13; 17:15; 18:43 참조).

백부장은 마음으로도 하나님께 영광을 돌렸지만 그는 친히 "이 사람은 정녕 의인이었도다"(ὁ ἄνθρωπος οὗτος δίκαιος ἦν)라고 말하면서 하나님께 영광을 돌렸다. 백부장은 골고다에서 일하면서 예수님이 정말로 의로운 분이심을 알았고 또 하나님의 아들이심을 깨달았다. 마태(27:54)와 마가(15:39)는 "이 사람은 진실로 하나님의 아들이었도다"라고 표현한다. 헨드릭슨(William Hendriksen)은 "백부장은 예수께서 하나님의 아들이시며 의인이라는 선언을 동시에 했다는 것은 의심할 여지가 없다"고 주장한다.[167] 브루스(Barton Bruce)는 "이방인 군인은 예수님 사후에 그를 하나님의 아들로 선언한 최초의 사람이 되었다. 이것은 하나님이 모든 민족에게서 사람들을 이끌어 내실 미래의 복음 전파와 교회의 선교적 노력을 예고한다"

---

167) 헨드릭슨(Hendriksen), *누가복음* (하), p. 414.

고 말한다.168)

눅 23:48. 이를 구경하러 모인 무리도 그 된 일을 보고 다 가슴을 치며 돌아가고.

골고다에는 예수님께서 십자가에 달리시는 것을 구경하기 위하여 모인 무리도 있었을 것이며 혹은 적극적으로 예수님을 비방하기 위하여 모인 사람들도 있었을 것인데(35절 참조) "구경하러 모인 무리들은 그 된 일을 보고 다 가슴을 치며 돌아갔다." 구경하러 모인 무리들도 속으로는 예수님에게 무슨 죄가 있어서 이렇게 십자가에 달리는 것 아닌가하고 의심하는 자도 있었을 터인데 6시간 동안 진행되는 모든 일들을 지켜보고 자기들의 생각이 잘못 되었음을 깨닫고 가슴을 치며 돌아가게 되었다. 그들은 예수님의 위대하심에 압도되었을 것이고 두려운 생각마저 가지고 돌아갔을 것이다. 본문의 가슴을 "치며"(ὑπέστρεφον)라는 말은 분사 시제로 '계속해서 친다,' '계속해서 두드린다'는 뜻으로 돌아가면서 후회하면서 그리고 슬픔을 표하는 뜻으로 가슴을 치면서 예루살렘으로 돌아갔다. 이들 중에 많은 사람들이 훗날 오순절 날 베드로의 설교를 듣고 "어찌할꼬"라고 하면서 회개한 사람들도 있을 것이다. 죄의식을 느끼고 가슴을 치는 일은 훗날 좋은 결과를 낳는다.

눅 23:49. 예수를 아는 자들과 갈릴리로부터 따라온 여자들도 다 멀리 서서 이 일을 보니라.

누가는 가슴을 치며 집으로 돌아간 사람들과는(앞 절) 달리 본 절에 두 부류의 사람들을 소개한다. 첫째는 "예수를 아는 자들"이다. "예수를 아는 자들" 속에는 '예수님의 제자들'이 있었을 것이다. 즉 '요한 사도를 포함한(요 19:25-26) 다른 친구들'이 있었을 것이다(아리마대 요셉과 니고데모 등). 이들은 용기 있는 사람들이었다.

168) 발톤 브루스(Barton Bruce), 누가복음, p. 869.

둘째는 "갈릴리로부터 따라온 여자들"이다. "갈릴리로부터 따라온 여자들"은 '예수님의 어머니 마리아, 야고보 사도와 요한 사도의 어머니(마리아의 동생 살로메), 막달라 마리아, 야고보와 요셉의 어머니 마리아, 저희와 함께 한 다른 여자들(24:10)'이 있었다(마 27:56; 막 15:40; 요 19:25-26). 8:2-3참조. 이들은 멀리 서서 예수님의 십자가 죽음을 지켜보고 있었다(시 38:11; 마 27:55; 막 15:40; 요 19:25 참조). 이 여자들은 예수님을 향한 사랑이 있었고 연민이 있었던 사람들이었다.

4.무덤에 장사되다   23:50-56

누가는 예수님께서 숨을 포기하신 것을 기록한(44-49절) 다음 예수님께서 어떻게 무덤에 장사되었는지를 기록한다. 이 부분(50-56절)은 마 27:57-66; 막 15:42-47; 요 19:38-42과 병행한다. 각 저자들은 서로 약간의 차이를 보이고 있다. 특히 요한 사도의 기록은 독특함을 드러내고 있다.

눅 23:50. 공회 의원으로 선하고 의로운 요셉이라 하는 사람이 있으니. 누가는 예수님을 장사한 사람은 "공회 의원으로 선하고 의로운 요셉이라 하는 사람"이라고 소개한다(마 27:57; 막 15:42; 요 19:38). "공회 의원"이란 유대 최고회의 산헤드린 공의회169) 회원을 지칭한다. 누가는 요셉이 "선하고 의로웠다"고 소개한다. 여기 "선하다"는 말은 '진실하고 온건하며 남을 배려하는 사람'이라는 것을 지칭하는 말이다. 그리고 그가 "의로웠다"는 것은 '특히 그가 불의와 타협하지 않고 불의를 보고 참지 못하는 성격의 사람임'을 뜻한다. 그가 의로웠기에 공의회가 예수님에게 사형을 구형했을 때 그 결의에 찬성하지 않았다(다음 절). 우리는 모든 사람들을 대하여 선해야 하고 또 특히 인간관계에 있어 의로워야 한다.

---

169) 산헤드린(Council, Congregation, Sanhedrin): 유대인의 통치단체. 22:66 주해 참조.

눅 23:51. (그들의 결의와 행사에 찬성하지 아니한 자라) 그는 유대인의 동네 아리마대 사람이요 하나님의 나라를 기다리는 자라.

누가는 요셉이 의로운 사람으로(앞 절) "그들의 결의와 행사에 찬성하지 아니한 자라"라고 소개한다. 즉 '산헤드린 공의회의 결정과 그들이 예수님에게 사형을 구형하는 일에 찬성하지 않았다'고 말한다. 모든 회원들이 예수님의 사형을 주장하는데 혼자 반대한다는 것은 참으로 어려운 일인데 그일을 감행했다. 요셉은 그 회의에 참석해서 반대했는지 아니면 반대하는 뜻으로 회의에 참석하지 않았는지 확실히 알 수는 없다.

누가는 요셉의 출신지를 소개한다. 요셉은 "유대인의 동네 아리마대 사람"이었다고 한다. "아리마대"는 예루살렘 북서쪽 32km(20마일) 거리에 있다. 이 성읍은 사무엘이 출생한 성읍으로 옛 이름은 라마다임소빔이었다 (삼상 1:1).

그는 "하나님의 나라를 기다리고" 살았던 예수님의 은밀한 제자였다 (2:25, 38; 막 15:43; 요 19:38). 요셉은 하나님의 나라(통치)를 기다리는 사람이었다. 요셉은 아마도 예수님으로부터 하나님의 통치를 기대한 것으로 보인다. 예수님이야 말로 하나님의 통치를 이 땅에 실현하는 분이 아닐까 하고 생각했던 것 같다. 그가 하나님의 나라를 기다리고 살았던 것을 보면 그는 바리새인이었다. 예수님의 초림을 맞이한 시므온과 안나도 하나님의 나라를 기다리는 사람들이었다.

요셉은 물질적으로나 사회적인 명성에 있어서 부족함이 없는 사람이었는데 하나님의 나라를 기다리고 산 것을 보면 그는 하나님께서 예수님을 위해서 준비한 사람임에 틀림없다. 그는 보통 사람을 넘어 저명한 인사로서 산헤드린 공회로부터 배신자라는 소리, 혹은 대역죄를 지은 사람이라고 하는 말을 감수한 사람이었다. 오늘도 옳은 사람, 용기의 사람이 필요하다.

눅 23:52. 그가 빌라도에게 가서 예수의 시체를 달라 하여.

요셉은 공의회가 예수님을 죽이려고 결의할 때 찬성하지 않았고 사형을 구형하는 일에도 찬성하지 않았는데 이제 예수님께서 십자가에 달려 죽으신 후 그는 "빌라도에게 가서 예수의 시체를 달라 했다." 참으로 용기 있는 사람이었다(막 15:43). 그가 예수님을 장사한다면 산헤드린 공의회의 미움을 크게 살 것은 확실한 일이고(요 9:22; 12:42 참조) 또 빌라도로부터 심히 미움을 받을 것이 분명한 일이었는데 이렇게 빌라도에게 가서 예수님의 시체를 달라했으니 큰 용기의 사람이었다. 그가 하나님의 나라를 기다리는 사람이었기에 하나님으로부터 계속해서 용기를 얻었을 것이다. 오늘 우리는 하나님께 기도하여 용기를 얻어 용기 있게 행동해야 할 것이다. 요셉이 예수님의 시체를 달라 한 것은 예수님이 분명히 죽었다는 것을 암시하는 말이다. 예수님의 가현설을 주장하던 사람들은 엉뚱한 사람들이었다.

눅 23:53. 이를 내려 세마포로 싸고 아직 사람을 장사한 일이 없는 바위에 판 무덤에 넣어 두니.

요셉은 "이를 내려 세마포로 쌌다"(마 27:59; 막 15:46). 즉 '십자가에 달려 있는 예수님의 시체를 내려 세마포로 쌌다.' 예수님의 시체를 내릴 때 혼자 내리지는 않았을 것이고 아마도 니고데모와 함께 내렸을 것이며 또 요셉이 부자였으니 종들이 도왔을 것으로 보인다. 요셉은 예수님의 시체를 유대의 장례법(요 11:34-44; 19:40; 행 9:37 참조)을 따라 세마포로 쌌다. 세마포로 시체를 쌀 때 "니고데모가 가지고 온 몰약과 침향 섞은 것을 세마포 안에 뿌렸을 것이다"(요 19:39, 윌럼 헨드릭슨). 다음으로 요셉은 "아직 사람을 장사한 일이 없는 바위에 판 무덤에 넣어 두었다." "아직 사람을 장사한 일이 없는 바위에 판 무덤"이란 말은 '바위를 판 새 무덤'이라는 뜻인데 요셉이 예수님의 시체를 둔 무덤은 바위 옆을 파서 만든 무덤이었다(마 27:60). 요셉은 자기의 무덤을 예수님에게 제공했다. 그는 용기 있는 사람일뿐 아니라 남을 배려하는 봉사의 사람이었다.

눅 23:54. 이 날은 준비일이요 안식일이 거의 되었더라.

누가가 "이 날은 준비일이요 안식일이 거의 되었더라"(마 27:62)고 말한 것은 예수님의 장사를 급하게 치렀다는 것을 암시하는 말이다. '장사지낸 날이 준비일 즉 안식일을 준비하는 날이었으니 금요일이었고 또 안식일이 거의 된 때였으니 금요일 해질 때쯤 되었다'는 뜻이다. 안식일에는 아무 것도 할 수 없으니 안식일이 되기 전에 급하게 예수님의 장사를 지내기 위해서 무덤을 따로 팔 시간적인 여유가 없어 요셉의 무덤에 장사했다(앞 절). 요셉이 자기나 자기 가족을 위해서 파 놓은 무덤이 있었기에 거기에 예수님을 장사할 수 있었다.

눅 23:55-56. 갈릴리에서 예수와 함께 온 여자들이 뒤를 따라 그 무덤과 그의 시체를 어떻게 두었는지를 보고 돌아가 향품과 향유를 준비하더라 계명을 따라 안식일에 쉬더라.
요셉이 예수님의 시신을 장사할 때(53-54절) 갈릴리에서 예수님과 함께 예루살렘과 또 해골이라 하는 곳(33절)까지 따라 온 여자들(49절; 8:2)이 시신을 운반하는 요셉을 따라가서 "그 무덤과 그의 시체를 어떻게 두었는지를 보고 돌아가 향품과 향유를 준비했다"(막 15:47). 갈릴리에서 예수님을 따라온 여인들은 끝까지 예수님께 충성했다. 그들이 한 일은 세 가지였다. 첫째, 예수님의 "무덤과 그의 시체를 어떻게 두었는지를 보았다." 무덤의 위치와 무덤 자체를 관찰했고 또 예수님의 시체를 무덤 안에 어떻게 두었는지를 관찰했다. 이렇게 관찰한 이유는 다음에 다시 와서 향품을 예수님의 몸에 바르기 위함이었다(24:1). 둘째, "돌아가 향품과 향유를 준비했다"(막 16:1). 여인들은 안식일이 시작되는 금요일 해지기 전에 준비했어야 했는데 안식일이 너무 가까워 향품과 향유를 살 수가 없어 안식일이 끝난 토요일 해가 진 후 다시 시장이 열렸을 때 향품과 향유를 샀다. 향품은 무덤 안에 뿌리기 위해 준비했고, 향유는 예수님의 시체에 바르기 위해 준비했다. 사실은 예수님의 시신을 장사하는 그 시간에 무덤에 향품을 뿌려야 했고 또 예수님의 시신에 향유를 발라야 했는데 시간이 없어서 하지 못했다.

이 여인들은 예수님을 향하여 주밀하게 준비했다. 셋째, 그들은 "계명을 따라 안식일에 쉬었다"(출 20:10). 그들은 경건한 사람들로서 안식일에는 무덤을 방문하지 아니하고 하나님께 예배하고 쉬었다. 이 안식일의 예배는 예수님의 부활 후 주일 예배로 바뀌었다. 그들은 오순절 성령 강림 때부터 주일에 예배하고 쉬었다.

제 24 장

예수님의 부활과 최후의 분부 및 승천

C.그리스도께서 부활하시다   24:1-49

누가는 23:44-49에서 예수님께서 숨지신 것을 기록하고, 또 23:50-56
에서 아리마대 요셉이 예수님의 시신을 장례한 사실을 기록한 다음 이제
이 부분(24:1-49절)에서 예수님께서 살아나신 사실을 기록한다. 누가가
그의 복음서 마지막에 예수님의 부활의 사실을 기록했고 마태도 역시
그의 복음서의 마지막에 예수님의 부활의 사실을 기록했으며 마가도 역시
마지막에 그리스도의 부활의 사실을 기록했고 요한도 그의 복음서의 마지
막(두 장)에 기록했다. 그러나 4사람의 부활에 대한 기록은 많은 차이점을
보이고 있다.

누가는 이 부분(1-49절)을 기록하면서 1) 예수님의 빈 무덤(1-12절),
2) 엠마오 도상의 두 제자에게 나타나심(13-35절), 3) 예루살렘의 제자들에
게 나타나심(36-43절), 4) 예수님의 마지막 분부(44-49절)를 기록한다.

1.예수님께서 묻히신 무덤은 빈 무덤이 되었다   24:1-12

예수님이 묻히신 무덤은 빈 무덤이 되었다. 그래서 그 무덤을 찾아간
여자들은 당황하게 되었다. 그러나 두 천사가 나타나 예수님께서 부활하신
사실을 말하고 특별히 예수님께서 갈릴리에서 말씀하신 내용을 들려준다.
여자들의 보고를 받은 사도들은 아직도 예수님의 부활의 사실을 믿지 못하고
있을 때 베드로가 무덤을 찾아가 빈 무덤을 확인하고 다시 돌아간다.

눅 **24:1.** 안식 후 첫날 새벽에 이 여자들이 그 준비한 향품을 가지고 무덤에 가서.

갈릴리에서 예수와 함께 온 여자들(23:55)이 계명을 따라 안식일에 쉰 (23:56b) 다음 "안식 후 첫날 새벽에 그 준비한 향품을 가지고 무덤으로 갔다"(23:56; 마 28:1; 막 16:1; 요 20:2). 그 여자들은 "안식 후 첫날 새 벽"170) 즉 '주일 새벽'에 향품(토요일 저녁 안식일이 끝났을 때 사 두었던 향품-막 16:1)을 가지고 무덤으로 간 것이다. 그들이 무덤을 쉽게 찾을 수 있었던 이유는 금요일 해지기 전 아리마대 요셉이 예수님의 시신을 장례할 때 무덤이 어떻게 생겼고 또 시체를 어떻게 두었는지를 살펴 놓았기 에 쉽게 찾을 수 있었다. 이들은 열심의 사람들이었고 사랑의 사람들이었다. 갈릴리에서 온 여자들로서 아직까지 갈릴리로 돌아가지 않았을 뿐 아니라 아침 일찍이 무덤을 찾은 것은 그리스도에 대한 사랑이 대단했음을 보여주는 것이며 또 열심이 특심했음을 보여준다.

눅 **24:2-3.** 돌이 무덤에서 굴려 옮겨진 것을 보고 들어가니 주 예수의 시체가 보이지 아니하더라.

무덤에 도착한 여자들은 "돌이 무덤에서 굴려 옮겨진 것을 보았다"(마 28:2; 막 16:4; 요 20:1). 이 돌은 큰 돌이었다(마 27:60). 아리마대 요셉과 니고데모와 또 혹시 아리마대 요셉의 종들이 동원되었을 것으로 보이는데 그들이 예수님의 시신을 장사하고 큰 돌을 무덤 문에 놓아두었었다. 여인들 은 무덤으로 가면서 누가 우리를 위하여 무덤 문에서 돌을 굴려 줄 것인가 하고 염려했었다(막 16:3). 그런데 하나님께서 천사들을 동원하여 그 돌을 치워주셨다(마 28:2). 하나님은 예수님이 무덤에서 나오실 수 있도록 천사 들을 동원하여 장애물을 제거해 주셨다. 하나님은 우리의 장애물을 제거해

---

170) 사복음서는 모두 여자들이 무덤을 찾은 시간을 알린다. 마태는 "안식 후 첫 날이 되려는 새벽"이라 말하고(마 28:1), 마가는 "안식 후 첫날 매우 일찍이 해 돋을 때에"라고 말하며(막 16:2), 요한은 "안식 후 첫날 일찍이 아직 어두울 때에"라고 말한다(요 20:1). 여자들이 집을 나선 때는 아직 어두운 때였지만 무덤에 도착한 때는 해가 돋은 때였다.

주신다.

여자들은 돌이 무덤에서 옮겨진 것을 보고 "들어갔는데" 여자들이 그 무덤 속에 들어간 것은 예수님을 사모하는 마음이 지극했음을 보여주는 것이며 또 용기가 컸음을 보여준다. 여자들이 들어갔을 때 "주 예수의 시체가 보이지 아니했다"(23절; 막 16:5). 예수님의 육체가 보이지 않은 것은 예수님의 육체가 부활한 것을 보여주는 것이었다. 예수님은 벌써 부활하셔서 그 무덤 문을 나오셨다. 기독교는 지금도 빈 무덤을 보이고 있다. 다른 종교의 교주의 무덤은 지금도 세상에 존재하고 또 무덤을 화려하게 꾸미지만 예수님의 무덤은 세상에 존재하지 않는다.

누가가 사용하고 있는 "주 예수"란 칭호는 예수님이 죽음을 정복하신 주관자라는 것을 보여주는 말이다. 이 낱말은 막 16:19에 다시 한 번 더 나올 뿐 복음서에는 다시 나오지 않는다. "주 예수"란 칭호는 사도행전과 서신들 속에는 아주 흔하게 나온다.

눅 24:4. 이로 인하여 근심할 때에 문득 찬란한 옷을 입은 두 사람이 곁에 섰는지라.

누가는 여자들이 예수님의 시신이 보이지 않아 근심하게 되었을 때 "문득 찬란한 옷을 입은 두 사람이 곁에 섰다"고 말한다(요 20:12; 행 1:10). 하나님은 여자들에게 예수님이 어떻게 되었는지를 설명하시기 위해서 찬란한 옷을 입은 두 사람을 곁에 서게 하셨다. 하나님은 무덤에 찾아온 여자들이 근심하지 않도록 배려하셨다. 하나님은 오늘도 우리의 근심거리를 해결해 주신다.

본문의 "찬란한 옷을 입은 두 사람"은 '두 천사'를 지칭하는데(행 1:18) 복음서마다 표현이 약간 다르다. 마태는 "한 천사"라 하고, 마가는 "한 청년"이라 하며, 요한은 "흰옷 입은 두 천사"라고 말한다. 이런 차이를 두고 크게 의심할 필요가 없다. 이유는 복음서 기자마다 관찰한 방면이 다르기 때문이다. 천사를 자주 언급하는 것은 누가의 특징이다. 누가는

세례 요한의 어머니에게 나타났던 천사, 마리아에게 나타났던 천사, 예수님
이 탄생하셨을 때 목자들에게 나타났던 천사 등을 언급한다.

눅 24:5-6a. 여자들이 두려워 얼굴을 땅에 대니 두 사람이 이르되 어찌하여
살아 있는 자를 죽은 자 가운데서 찾느냐 여기 계시지 않고 살아나셨느니라.
무덤에 들어간 여자들이 예수님은 보이지 않고 찬란한 옷을 입은 두 사람이
곁에 서게 되었을 때 "두려워 얼굴을 땅에 댔다." 여자들이 초자연적 사건을
만나 두려워하고(24:37; 행 10:4; 24:25) 얼굴을 땅에 댄 것은 자연스런
일이었다(1:12, 29).

　　두 천사가 나타난 것은 여자들을 무섭게 만들려는 의도에서가 아니고
부활의 소식을 전하려는 것이었다. 두 천사는 여자들에게 "어찌하여 살아
있는 자를 죽은 자 가운데서 찾느냐"고 부드럽게 책망한다. '이미 부활한
주님을 어찌하여 죽은 사람이 누워있는 무덤 속에서 찾느냐'고 말한다.
오늘도 천사들은 인류에게 "어찌하여 살아 있는 자를 죽은 자 가운데서
찾느냐"고 책망한다. 예수님은 부활하셨기에 천사들은 "무덤에 계시지 않고
살아나셨느니라"고 강하게 말한다. 이 말처럼 확신에 찬 말, 강한 말이
세상에 또 있을까.

눅 24:6b-7. 갈릴리에 계실 때에 너희에게 어떻게 말씀하셨는지를 기억하라
이르시기를 인자가 죄인의 손에 넘겨져 십자가에 못 박히고 제 삼일에
다시 살아나야 하리라 하셨느니라 한 대.
5절-6절 상반 절의 말씀은 천사들이 예수님의 부활을 증언한 것이고 이
부분(6b-7절)은 천사들이 여자들에게 예수님의 말씀을 기억시키면서 예수
님의 부활을 믿게 하는 말씀이다. 천사들 중에 한 천사는 "갈릴리에 계실
때에 너희에게 어떻게 말씀하셨는지를 기억하라"고 말한다(9:22; 마 16:21;
17:23; 막 8:31; 9:31). 천사들은 예수님께서 갈릴리에서 사역하실 때 예수님
께서 하신 말씀을 다 기억하고 있었다. 여자들이나 사도들은 모두 예수님의

말씀을 잊고 있었다. 천사는 예수님께서 하신 말씀을 다시 들려준다. 즉 예수님은 갈릴리에서 "인자(예수)가 죄인의 손에 넘겨져 십자가에 못 박히고 제 삼일에 다시 살아나야 하리라"는 말씀을 하셨다(9:22; 18:31-33; 마 16:21; 17:22-23; 20:17-19; 막 8:31; 9:31; 10:33-34). 오늘 성령님은 우리에게 예수님의 말씀을 기억나게 해주신다(요 14:26; 요일 2:27).

눅 24:8. 그들이 예수의 말씀을 기억하고.

여자들은 천사의 책망을 받고 예수님의 말씀을 기억하게 되었고 또 예수님의 부활의 사실을 믿게 되었다(요 2:22 참조). 오늘 우리도 성령의 지배와 인도를 받고 산다면(이것이 성령 충만의 생활이다) 예수님께서 말씀하신 모든 말씀을 기억할 수 있게 된다. 우리는 성령의 충만을 위해서 계속해서 기도해야 한다.

눅 24:9. 무덤에서 돌아가 이 모든 것을 열한 사도와 모든 다른 이에게 알리니.

여자들은 예수님의 말씀을 기억하고 예수님의 부활의 사실을 믿게 되어 힘을 얻고 "무덤에서 돌아가 이 모든 것을 열한 사도와 모든 다른 이에게 알리게 되었다"(마 28:7-8; 막 16:7, 10). 여자들은 일단 무덤을 떠나 돌이 무덤으로부터 옮겨진 사실, 무덤이 빈 사실, 천사들이 나타났던 사실, 천사들이 예수님의 말씀을 기억시켜 준 사실들을 "열한 사도와 모든 다른 이에게 알렸다." 마 28:8에 "그 여자들이 무서움과 큰 기쁨으로 빨리 무덤을 떠나 제자들에게 알리려고 달음질했다"고 말한다. 막 16:8에는 "여자들이 몹시 놀라 떨며 나와 무덤에서 도망하고 무서워하여 아무에게 아무 말도 하지 못하더라"고 표현했는데 처음에는 너무 충격이 커서 아무에게 아무 말도 못했는데 시간이 지난 다음에는 말할 수 있었다. 이 여자들은 예수님의 부활을 최초로 알리는 전령들이 되었다. 우리 역시 그리스도의 부활을 세상 사람들에게 알려야 한다.

본문의 "모든 다른 이"란 말은 주님의 11사도 외에 또 예루살렘에서
생긴 무리가 있었음을 보여주고 있다. 예수님께서 승천하시던 날 다락방에
모여 기도하던 사람들의 숫자가 120명이나 되었으니 사도 외에 다른 사람들
이 많이 생겼음을 알 수 있다.

**눅 24:10. (이 여자들은 막달라 마리아와 요안나와 야고보의 모친 마리아라
또 그들과 함께 한 다른 여자들도 이것을 사도들에게 알리니라).**
예수님의 무덤에 찾아왔던 "이 여자들은 막달라 마리아와 요안나와 야고보
의 모친 마리아였다." "막달라 마리아"는 4복음서에 모두 나타나는데(마
28:1; 막 16:1; 요 20:1) 일곱 귀신이 들렸던 여자로 예수님에 의해 귀신이
나간 여자였다(8:2). "요안나"는 본서에만 나타나고 "헤롯의 청지기 구사의
아내 요안나"이다(8:2-3). "살로매"는 마가복음에만 나타난다(막 15:40).
"야고보의 모친 마리아"는 '야고보의 어머니'를 지칭한다(막 15:40; 16:1).
그리고 "그들과 함께 한 다른 여자들"은 아마도 자기들의 재물로 주님을
섬겼던 자들을 지칭하는 것으로 보인다(눅 8:2-3). 이 여자들은 주님께서
부활하신 사실을 사도들에게 고했다. 여자들도 은혜를 받으면 남자들에게
얼마든지 복음을 전할 수 있음을 보여준다.

눅 24:11. 사도들은 그들의 말이 허탄한 듯이 들려 믿지 아니하나.
사도들은 여자들이 전해주는 예수님의 부활의 소식을 "허탄한 듯이 들려
믿지 아니했다"(25절; 막 16:11). 여기 "허탄한"(λῆρος)이란 말은 명사로서
'헛된 이야기'(idle talk) 혹은 '속이 빈 이야기'(an empty tale)란 뜻으로
사도들은 여자들이 전해주는 말이 내용이 없는 이야기처럼 들려 믿지 않았다
는 뜻이다. 그리고 "믿지 아니하나"(ἠπίστουν)란 말은 미완료과거 시제로
'계속해서(여러 시간 동안) 믿지 않았다'는 뜻이다. 사도들이 아직 여자들이
전해주는 말을 헛된 이야기로 듣고 믿지 않은 이유는 천사들의 말을 아직
듣지 않았기 때문이었고 예수님께서 갈릴리에서 하신 말씀을 기억하지 못했

기 때문이었다. 우리는 예수님께서 하신 말씀을 기억할 때에 부활의 사실이 믿어진다. 오늘 우리는 성령님께서 증언하시는 말씀을 들어야 한다.

눅 24:12. 베드로는 일어나 무덤에 달려가서 구부려 들여다보니 세마포만 보이는지라 그 된 일을 놀랍게 여기며 집으로 돌아가니라.

사도들 중에 대부분은 여자들이 전해주는 말을 속빈 이야기로 들었으나 그 중에도 "베드로는 일어나 무덤에 달려가서 구부려 들여다보았다"(요 20:3, 6). 누가는 베드로가 이렇게 일어나 무덤으로 혼자 달려간 것으로 말했는데 요 20:3-10에 의하면 요한 사도도 함께 간 것으로 되어 있다. 베드로는 무덤에 달려가서 들여다보고 "세마포만" 놓여있는 것을 보았고(요 20:6) 수건은 딴 곳에 개켜 있는 것을 보았다(요 20:7). 분명히 어떤 사람들이 예수님을 도적해 간 것은 아니었고 예수님께서 그 자리를 정돈하셨을 것이라는 인상을 받았다. 베드로는 "그 된 일을 놀랍게 여기며 집으로 돌아갔다."

　　　2.부활하셔서 엠마오 도상에 나타나시다　24:13-35

누가는 예수님이 누우셨던 무덤이 빈 무덤이 된 것을 말했고 무덤을 찾아간 몇 명의 여자들에게 천사들이 나타나 예수님의 부활을 증언하여 여자들이 믿게 된 사실을 전한 다음 이 부분(13-35절)에서는 예수님께서 엠마오 도상에 나타나신 것을 극적으로 전한다.

눅 24:13-14. 그 날에 그들 중 둘이 예루살렘에서 이십오 리 되는 엠마오라 하는 마을로 가면서 이 모든 된 일을 서로 이야기하더라.

"그 날에" 즉 '예수님께서 부활하신 날에' "그들 중 둘이 예루살렘에서 이십오 리(里)되는 엠마오라 하는 마을로 가면서 이 모든 된 일을 서로 이야기했다"(막 16:12). 여기 "그들 중 둘"이란 말은 9절에 있는 '다른 모든 이들 중에서 두 사람'을 지칭하는 말이다(열한 사도를 제외한 사람들임). 두 사람이 예루살렘에서 이십오 리 되는 엠마오[171)라 하는 마을로 길을 가면서 예수님의 십자가 죽음과 또 예수님께서 부활하셨다는 소식에 대해서 서로 이야기하며 갔다. 이들은 그날 다른 이야기는 거의 하지 않았을 것이다(17절 참조).

눅 24:15-16. 그들이 서로 이야기하며 문의할 때에 예수께서 가까이 이르러 그들과 동행하시나 그들의 눈이 가리어져서 그인 줄 알아보지 못하거늘. 엠마오로 가던 두 제자(11사도가 아니라 넓은 의미의 제자)가 "서로 이야기하며 문의할" 때에 예수님께서 가까이 이르러 그들과 동행하셨다(36절;

---

171) 엠마오(Emmaus): 예수 그리스도께서 부활하신 날 저녁때 두 제자-그 중 한 사람은 글로바라고 하는 자-가 부활하신 주님을 만난 마을이다(24:13-32). 이 이름은 성경에 24:13에 한 번 밖에 나오지 않는다. 현재 어딘지 확실히 모른다. 성경에는 "예루살렘에서 이십 오리 되는 엠마오라 하는 촌"이라고만 기록되었을 뿐이다. 모든 외증(外證)과 전승에 의하면 예루살렘의 서쪽 촌인데, 예루살렘에서 약 7-23km 거리에 있는 곳으로 다음 네 곳이 신약의 엠마오로서 고찰된다.

(1)쿨로니예(Kulonieh, Qoloniya)는 욥바 가도에 있는데, 예루살렘의 서쪽 약 7km지점에 있다. 요세푸스(Josephus)는 '유대 전기'(War Ⅵ. vi. 6)에 "베시파시아누스는 AD 75년에 노공병(老攻兵) 800명을 예루살렘으로부터 30스타디아(5.5km) 되는 엠마오라는 곳에 식민(植民)시켰다"라고 기록하고 있다. 이것은 성경에 기록되어 있는 25리의 절반이다. 이 마을은 아마 여호수아 18:26의 모사일 것이다.

(2)엘 쿠베이베(el Qubeibeh)는 예루살렘의 서북쪽 11km 지점에 있는데, 로마 공로로부터 약간 북쪽으로 치우쳐 있다. 신약의 엠마오와 관련되어 있다는 전승은 퍽 옛날 것이고, 1099년 십자군은 이 부근에 카스텔룸 엠마우스(Castellum Emmaus)라는 옛날 로마의 요새를, 1878년 프란시스코회는 글로바 교회를 세웠을 때, 십자군 혹은 비잔틴시대에 속하는 회당의 유구(遺構)를 각각 발견하였다. 오늘날의 엘 쿠베이베는 푸른 구릉 위에 있는 아름다운 동리인데, 글로바 교회가 눈에 띄인다.

(3)아부 고스(Abu Ghosh-19세기의 도적 이름을 따서 명명)는 예루살렘의 서쪽 약 14km지점에 있는 기럇엘에납(Kiryat el Enab)이라고 불려 구약의 기럇여아림과 동일시되고 있다. 베네딕트(Benedictus)회의 수도원이 십자군 시대의 회당 유구(遺構)에 서 있다. 그 유구는 로마의 제10군단의 각문(刻文)이 있는 요새 자리에 서 있었다.

(4)암와스(Amwas, AD 3세기 이후는 니코폴리스, Nicopolis)는 예루살렘의 서북쪽 23km, 욥바 가도를 끼고 세벨라의 아얄론 골짜기에 있다. 엠마오라는 명칭을 보존하고 따뜻한 우물이라는 유래도 있고, 전승도 가장 오래되어 4세기에 거슬러 올라간다. 히에로니무스(Hieronymus)는 유세비오스(Eusebius)에 따라 이를 지지하고 있다. 마카비의 유다가 수리아의 고르기아를 격파한 엠마오와 동일시된다(마카비 1서 3:40, 57, 4:1-15). 십자군은 이곳을 신약의 엠마오라고 하였다. 여기는 비잔틴 십자군 시대의 회당 유구(遺構)가 있다. 이곳을 엠마오와 동일시할 수 없는 이유는 예루살렘에서 60스타디아 이상 떨어진 곳에 있다는 것이다. 예루살렘에서160스타디아(약 30km)로 하는 유력한 사본도 있다고 하는데, 최량의 사본은 전통적인 60스타디아라고 한다.

마 18:20). 여기 "문의했다"(συζητεῖν)는 말은 '토론했다'(debated, held discourse with)는 뜻이다. 그들은 요즈음에 예루살렘에서 진행된 사건들을 가지고 서로 이야기하며 서로 토론하며 길을 갈 때에 예수님께서 가까이 접근하셔서 동행하셨는데 그들의 눈이 가리어져서 예수님이신 줄 알아보지 못했다. 본문의 "그들의 눈이 가리어져서 그인 줄 알아보지 못했다"(요 20:14; 21:4)는 말씀은 30-31절에 보면 예수님께서 그들의 눈을 밝혀주시지 않았다는 것을 뜻하는 말씀이고 또 막 16:12에 보면 "예수님께서 다른 모양으로 그들에게 나타나셨기" 때문이다(요 20:14). 그러나 이 두 가지 요인 중에는 단연 예수님께서 그들의 눈을 열어주시지 않고 그들의 눈을 막으셨기 때문이었다. 그리스도께서 우리의 눈을 여시기 전에는 우리는 신령한 것을 볼 수 없다. 우리는 우리의 신령한 눈이 열리기를 항상 기도해야 한다(24:45; 시 119:18).

눅 24:17a. 예수께서 이르시되 너희가 길 가면서 서로 주고받고 하는 이야기가 무엇이냐 하시니.
예수님은 엠마오로 가는 두 제자에게 부활의 진리를 가르쳐주시기 위하여 말씀을 건네신다. 즉 "너희가 길 가면서 서로 주고받고 하는 이야기가 무엇이냐"고 물으신다. 예수님은 그들의 대화의 내용을 모르셔서 물으신 것은 아니고 그들과 어떤 말씀을 하셔서 그들로 하여금 부활의 진리를 가르쳐주시기 위해서 물으신 것이다. 주님의 접근방법은 성경에 여러 가지로 나타나 있다(6:3, 9; 8:30; 9:18; 18:40-41; 20:3-4, 41). 전도자들은 전도를 받을 사람들에게 말을 건넬 때 접촉점을 찾아 접촉해야 한다. 싸움으로 들어갈 만한 화두(話頭)를 꺼낼 것이 아니라 그리스도를 전하기에 아주 좋은 화두를 꺼내야 한다.

눅 24:17b-18. 두 사람이 슬픈 빛을 띠고 머물러 서더라 그 한 사람인 글로바라 하는 자가 대답하여 이르되 당신이 예루살렘에 체류하면서도 요즘

거기서 된 일을 혼자만 알지 못하느냐.

예수님의 갑작스런 질문을 받은 두 사람은 "슬픈 빛을 띠고 머물러 섰다." 가던 길을 멈추고 선 것은 갑자기 대화에 어떤 낯선 사람이 끼어들었기 때문이고 슬픈 빛을 띤 것은 자기들의 최근 심경 때문이었다. 그들이 슬픈 빛을 띠고 가던 길을 멈추고 선 이유는 근일 예루살렘에서 된 일 때문이었다. 두 사람의 마음은 편치 못했다. 자기들이 크게 기대했던 예수님께서 십자가에서 죽으신 일과 또 예수님이 부활했다는 미확인된 소문 때문에 얼굴에 슬픈 빛을 띠고 가던 길을 멈추었다.

그래서 머물러 선 두 사람 중에 "한 사람인 글로바라 하는 자가 대답하여 이르되 당신이 예루살렘에 체류하면서도 요즘 거기서 된 일을 혼자만 알지 못하느냐"고 질문한다(요 19:25). 두 제자 중에 한 사람인 글로바[172]라고 하는 사람이 예수님의 질문에 대답하여 말하기를 당신이 예루살렘에 머물면서도 요즘 거기서 된 일을 혼자만 알지 못하니 어찌 된 일이냐고 물었다. 다들 아는데 당신만 마치 낯선 이방인처럼 아무 것도 모르고 있으니 말이 되느냐고 말한 것이다.

눅 24:19a. 이르시되 무슨 일이냐.

예수님은 두 사람 중의 한 사람 글로바의 대답을 듣고 얼른 대답을 주시지 않고 다시 아무 것도 모르시는 분처럼 다시 질문하시기를 "무슨 일이냐"고 질문하신다. 예수님의 질문은 모르셔서 하신 질문이 아니고 무엇을 더 가르쳐주시기 위해서 하는 질문이었다.

눅 24:19b-21a. 이르되 나사렛 예수의 일이니 그는 하나님과 모든 백성 앞에서 말과 일에 능하신 선지자이거늘 우리 대제사장들과 관리들이 사형 판결에 넘겨 주어 십자가에 못 박았느니라 우리는 이 사람이 이스라엘을

---

172) 글로바가 누구냐를 두고 많은 전설이 있어 왔다. 그 전설을 여기에 기록하며 추측하는 것은 또 추측일 뿐 유익이 없을 것으로 보인다.

속량할 자라고 바랐노라.

누가는 본 절부터 21절 상반 절까지 두 사람이 예수님에 대하여 평소 가지고 있던 생각을 고백하는 것을 기록한다. 글로바는 예수님께 다른 이야기는 전혀 하지 않고 "나사렛 예수의 일"에 대해서만 말씀드리려 한다. 글로바는 예수님이 첫째, "하나님과 모든 백성 앞에서 말과 일에 능하신 선지자였다" 고 고백한다(7:16; 마 21:11; 요 3:2; 4:19; 6:14; 행 2:20; 7:22). 글로바는 예수님이 하나님 앞에서 그리고 백성들 앞에서 아무 부끄러움이 없는, 말에 능하신 선지자였고 또 기적에 능하신 선지자였다고 고백한다. 두 제자의 그리스도에 대한 지식은 아주 낮았다. 그저 예수님을 선지자라고 고백한 정도였다(7:16; 신 18:15, 18; 요 4:19, 44; 9:17; 행 3:22; 7:37). 둘째, "우리는 이 사람이 이스라엘을 속량할 자라고 바랐노라"고 말한다(1:68; 2:28; 행 1:6). 즉 '우리는 예수님이 이스라엘 민족을 원수로부터 구원해 내실 분으로 기대했었노라'고 한다. 두 사람이 예수님을 이스라엘의 속량자 라고 고백했던 말속에는 예수님께서 십자가에서 피를 흘려 구원하신다는 지식은 없었다.

이렇게 이들은 예수님을 기대하고 있었다. 선지자요 구속자로 기대하고 있었는데 그만 "우리 대제사장들과 관리들이 사형 판결에 넘겨주어 십자가 에 못 박았다"고 한탄한다(23:1; 행 13:27-28). 유대 교권자들이 예수님을 빌라도에게 사형판결을 받도록 넘겨주어 십자가에 못 박아 죽였다는 것이 다. 예수님을 죽인 진짜 책임은 교권자들에게 있다고 말한다. 또 다들 그렇게 알고 있다고 말한다. 문제는 종교가들이었다.

눅 24:21b. 이뿐 아니라 이 일이 일어난 지가 사흘째요.

두 사람은 예수님께 앞 부분(19b-21a)에서 3일 전(금요일 아침) 예수님께서 십자가에서 죽으신 사건을 말씀드렸고 이제 본 절 하반 절(21b)부터 24절까 지는 예수님께서 죽으신 지 3일째가 되는 날에 천사들이 예수님께서 부활하 셨다는 말을 해서 예루살렘이 떠들썩했다는 것을 말씀드린다. 두 사람은 먼저 본 절 하반 절부터 23절까지는 여자들이 무덤에 찾아갔다가 예수님이 부활하셨다고 하는 천사들의 말을 듣고 와서 보고를 함으로써 예루살렘이 떠들썩하다고 말하고 다음으로 베드로와 요한이 무덤에 찾아갔다가 여자들이 보고한 내용과 똑 같은 현상을 보고 와서 보고한 내용 때문에 예루살렘이 떠들썩했다는 것을 전한다.

글로바를 포함한 두 사람은 "이뿐 아니라 이 일이 일어난 지가 사흘째"가 되었다고 말한다. 즉 '예수님께서 십자가에서 죽음을 당하신 것뿐 아니라 십자가 죽음이 있은 지 3일째가 되었다'고 말한다. 두 사람은 예루살렘이 3일전부터 오늘까지 계속해서 떠들썩하다고 말씀드린다.

눅 24:22-23. 또한 우리 중에 어떤 여자들이 우리로 놀라게 하였으니 이는 그들이 새벽에 무덤에 갔다가 그의 시체는 보지 못하고 와서 그가 살아나셨다 하는 천사들의 나타남을 보았다 함이라.

두 사람은 먼저 "우리 중에 어떤 여자들이 우리로 놀라게 하였다"고 말씀드린다(9-10절; 마 28:8; 막 16:10; 요 20:18). 그 여자들은 새벽에 무덤에 갔다가 예수님의 시체를 보지 못했고 천사들이 나타나 예수님이 부활하셨다고 말하는 것을 듣고 예루살렘에 돌아와서 11제자와 우리에게 전했기에 예루살렘이 발칵 뒤집어졌다고 말씀드린다. 이 소식이야 말로 예수님을 따르던 11제자들과 자기들에게는 엄청나게 큰 소식이라 금방 퍼지게 되었다고 한다.

눅 24:24. 또 우리와 함께 한 자 중에 두어 사람이 무덤에 가 과연 여자들이 말한 바와 같음을 보았으나 예수는 보지 못하였느니라 하거늘.

두 사람은 예루살렘이 발칵 뒤집힌 이유가 여자들의 보고(22-23절)에만 있는 것이 아니라 베드로와 요한 두 사람도 여자들의 말을 듣고 무덤에 갔다가 여자들이 전해준 것과 똑 같은 것을 보았다고 전해준 것을 들었기 때문이라고 말한다.

누가는 "우리와 함께 한 자 중에 두어 사람"이라고 표현한다. 이 중에 한 사람은 베드로 사도였고(12절) 또 다른 사람은 요한 사도였다(요 20:2). 이 두 사람도 무덤에 가서 과연 여자들이 말한 것과 똑 같음을 확인했으나 예수님을 못 보았다고 제자들과 성도들에게 보고했기에 예루살렘이 떠들썩하다는 것이다. 베드로가 예수님을 본 것(34절)은 두 사람이 예루살렘을 떠난 다음이었다. 두 사람이 여기까지 말하는 것을 들으시던 예수님은 이제부터 제자들의 믿음이 약한 것을 책망하시면서 진리를 드러내신다.

눅 24:25-26. 이르시되 미련하고 선지자들이 말한 모든 것을 마음에 더디 믿는 자들이여 그리스도가 이런 고난을 받고 자기의 영광에 들어가야 할 것이 아니냐 하시고.

두 사람이 예수님께 보고한 내용을 들으시고 예수님은 두 사람의 믿음이 약한 것을 책망하신다. "이르시되 미련하고 선지자들이 말한 모든 것을 마음에 더디 믿는 자들이여"라고 하신다. 예수님은 두 사람에게 "미련하다"(ἀνόητοι)라고 하신다. "미련하다"(ἀνόητοι)는 말은 '지각이 없는,' '분별이 없는,' '지식이 없는,' '현명하지 않은'이란 뜻으로 이 본문에서는 호격으로 사용되었다. 예수님은 이 두 사람에게 "오 미련한 자들이여!"라고 책망하신다. 이들은 구약 성경을 분별없이 본 사람들이었다. 구약성경을 전체적으로 조직적으로 보고 메시아를 바로 믿었어야 했는데 메시아가 그저 원수나 갚아주고 이스라엘을 구원하는 분으로만 알았다. 메시아가 십자가에서 죽어 이스라엘을 구원하시는 분인 줄은 몰랐다(사 53장이 말씀하는 메시아를 알지 못했다). 오늘도 우리의 교회들은 메시아를 전할 때 그저 세상 복을 주시는 분으로만 전하면 큰 잘 못이다.

그리고 예수님은 두 사람에게 미련했기에 "선지자들이 말한 모든 것을 마음에 더디 믿는 자들이여"라고 하신다. 여기 "선지자들"이란 말씀은 구약 성경 전체를 지칭하는 말이다(27절, 44절). 두 사람이 현명했더라면 구약 성경이 말씀한 것을 속히 믿었을 것인데 미련했기에 구약 성경을 잘 못 알아서 아직까지도 믿지 못하고 믿음이 약한 상태에 있다는 책망을 들었다.

예수님은 두 사람에게 "그리스도가 이런 고난을 받고 자기의 영광에 들어가야 할 것이 아니냐"고 말씀하신다(46절; 행 17:3; 벧전 1:11). 본 절의 헬라어 원문을 보면 "마땅히 했어야 했다"(ἔδει)는 단어가 있다. 이 단어는 그리스도의 고난을 말하는 문장에도, 그리고 그리스도의 영광을 말하는 문장에도 관련이 있는 낱말이다. 그러니까 본 절은 "그리스도가 반드시 이런 고난을 받아야 했고 자기의 영광에 반드시 들어가야 했을 것이 아니냐'라는 문장이다. 예수님의 십자가 고난은 당연한 것이고 그의 부활도 당연한 것이라는 결론이다. 두 사람은 구약 성경을 공부할 때 분별력이 없어서 엉뚱한 방면으로 빠져버린 것이다. 우리는 성경을 바로 공부해야 하며 또 기도하면서 공부해야 한다. 성경 공부를 바로 하지 못하면 우리 역시 예수님으로부터 책망을 들을 수밖에 없다.

눅 24:27. 이에 모세와 모든 선지자의 글로 시작하여 모든 성경에 쓴바 자기에 관한 것을 자세히 설명하시니라.

예수님은 두 제자와 함께 엠마오로 가시면서 대략 30분간(25리이니 30분쯤 걸렸을 것이다) "모세와 모든 선지자의 글로 시작하여 모든 성경에 쓴바 자기에 관한 것을 자세히 설명하셨다". 예수님은 두 제자가 구약 성경을 잘 못 공부한 것을 교정하시면서 구약 전체 즉 "모세와 모든 선지자의 글로 시작하여 모든 성경에 쓴바 자기에 관한 것"을 철저하게 해설해주셨다(45절; 창 3:15; 22:18; 26:4; 49:10; 민 21:9; 신 18:15; 시 16:9-10; 22:1-21; 132:11; 사 7:14; 9:6; 40:10-11; 50:6; 53:1-12; 렘 23:5; 33:15-15; 겔 34:23; 37:25; 단 9:24; 미 7:20; 말 3:1; 4:2). 예수님은 모세와 모든 선지자의 글로부터 시작하여 시편 등 모든 성경에 그리스도에 관하여 기록한 글을 짧은 시간에 확실하게 설명해주셨다. 우리도 성경을 공부할 때 한 곳만 배울 것이 아니라 구약 성경 전체를 배워야 하고 또 신약 성경 전체를 연구해야 한다.

눅 24:28. 그들의 가는 마을에 가까이 가매 예수는 더 가려 하는 것 같이 하시니(Καὶ ἤγγισαν εἰς τὴν κώμην οὗ ἐπορεύοντο, καὶ αὐτὸς προσεποιήσατο πορρώτερον πορεύεσθαι).

두 제자가 가고자 했던 엠마오라고 하는 마을에 가까이 갔을 때 예수님은 "더 가려 하는 것 같이 하셨다"(창 32:26 참조; 42:7; 막 6:48). 두 사람은 자기들의 목적지에 도착했을 때 거기서 발걸음을 멈추려 했으나 예수님은 더 가려고 하셨다. 아마도 예루살렘의 제자들에게 가려고 하셨을 것이다(36절 참조). 존 라일은 "주님은 제자들의 감정을 알아내기 위한 가장 자연스러운 방법으로서 마치 더 멀리 가시려는 것처럼 계속 걸으셨다"고 해설했다. 바른 해설이다. 그런데 본문을 주해하면서 혹자는 예수님께서 더 가시려는 척 했다고 말하고 또 혹자는 예수님께서 두 사람을 속이려고 하셨다고 말한다. 잘못된 해석이다.

눅 24:29. 그들이 강권하여 이르되 우리와 함께 유하사이다 때가 저물어가고 날이 이미 기울었나이다 하니 이에 그들과 함께 유하러 들어가시니라.

길을 더 가시려는 예수님에게 "그들이 강권하여 이르되 우리와 함께 유하사이다 때가 저물어가고 날이 이미 기울었나이다"라고 했다(창 19:3; 행 16:15). 두 제자는 예수님에게 우리와 함께 유하자고 간절하게 권했다. 그 이유는 "때가 저물어가고 날이 이미 기울었기" 때문이라고 했다. "때가 저물어간다"는 말이나 "날이 이미 기울었다"는 말은 똑같은 말이다. 그들은 자신들의 의사를 관철하기 위해서 이렇게 동의어를 나열하여 강하게 말씀했다. 그들이 이렇게 간절하게 함께 유하기를 권한 이유는 밤길이 위험하다는 이유도 있었지만 내심 그들은 예수님에게 무엇인가 끌렸기 때문이었다(32절 참조). 이런 간절한 권함을 받으시고 예수님은 "그들과 함께 유하러 들어가셨다." 예수님은 우리의 간절한 권함이 도덕적으로 점과 흠이 없다면 들어주신다. 오늘도 우리가 주님께 우리의 범사에 함께 하시기를 소원하면 함께 해주신다.

눅 24:30-31. 그들과 함께 음식 잡수실 때에 떡을 가지사 축사하시고 떼어 그들에게 주시니 그들의 눈이 밝아져 그인 줄 알아보더니 예수는 그들에게 보이지 아니하시는지라.

예수님께서 "그들과 함께 음식 잡수실 때에" 즉 '저녁 식사를 하실 때에' 두 가지 일을 하셨다. 첫째, 예수님께서 그 집의 손님으로서 "떡을 가지사 축사하셨다"(마 14:19). 저녁 식사 빵을 가지고 하나님께 감사 기도를 드리셨다. 둘째, 빵을 "떼어 그들에게 주셨다." 두 제자는 예수님을 귀빈으로 알고 주인으로 모셨기에 예수님께서 빵을 떼어 계속해서 그들에게 주셨다. 본문의 "떼어"(κλάσας)라는 말은 부정(단순)과거 분사로 '계속해서 떼었다'는 뜻이고, "주시니"(ἐπεδίδου)라는 말은 미완료과거 시제로 '계속해서 분배했다,' '계속해서 주었다'라는 뜻으로 예수님께서 그들의 필요에 따라 빵을 떼어 계속해서 제자들에게 주신 것을 지칭한다. 천주교의 학자들 중에 혹자들은 본 절에 나타난바 예수님께서 떡을 떼신 것을 두고 성만찬 예식을 행하셨다고 주장하기도 하나 포도주 없이 성찬 예식을 가지실 이유가 없으며 또 예수님께서 수난 주간 목요일 저녁 이후로는 포도나무에서 난 것을 다시 마시지 않으시리라고 하셨으니 본 절의 것을 성만찬이라고 주장하는 것은 잘 못된 것으로 보아야 할 것이다.

예수님께서 떡을 떼어 제자들에게 주신 결과 "그들의 눈이 밝아져 그인 줄 알아보았다." 여기 "밝아져"(διηνοίχθησαν)란 말은 부정과거 수동태로 '단숨에 밝아졌다,' '단숨에 열려졌다'는 뜻이다. 빵을 떼어 제자들에게 주신 것은 그들의 요구에 따라 계속해서 주셨고 눈이 밝아진 것은 순식간에 밝아져 그들은 예수님을 얼른 알아보았다. 두 제자들은 예수님의 은혜로 눈이 밝아졌다. 우리의 눈이 밝아질 때 믿음 생활이 시작된다.

제자들의 눈이 밝아져서 예수님을 알아보았을 때 예수님은 "그들에게 보이지 아니하셨다." 예수님의 몸은 부활체로서 갑자기 보이지 않게 되셨다. 부활체는 시공을 초월하는 몸인 고로 예수님은 갑자기 제자들의 눈에 보이지 않는 몸이 되셨다. 제자들은 부활하신 예수님을 뵙고 너무 놀랐을 것이고 너무 좋았을 것이며 새로운 세계를 경험했을 것이다. 예수님은 그 자리에서 떠나 예루살렘을 향해 떠나신 것으로 보인다.

눅 24:32. 그들이 서로 말하되 길에서 우리에게 말씀하시고 우리에게 성경을 풀어 주실 때에 우리 속에서 마음이 뜨겁지 아니하더냐 하고.

두 제자가 부활하신 예수님을 뵙고 거의 황홀지경이 되었을 때 그들은 "서로 말하되 길에서 우리에게 말씀하시고 우리에게 성경을 풀어 주실 때에 우리 속에서 마음이 뜨겁지 아니하더냐"고 했다. 그들은 정신을 가다듬고 제일 먼저 서로 말하기를 엠마오로 오는 길에서 우리에게 말씀하시고(25-26절), 또 우리에게 성경을 풀어주실 때(27절) 우리 속에서 마음이 불타지 아니하더냐고 말한다. 두 사람이 똑 같이 마음이 뜨거운 경험을 했다. 예수님께서 자신들을 책망하실 때나 또 예수님께서 성경을 해설해주실 때 마음에 큰 감동이 있었다는 말이다(시 39:3; 렘 20:9 참조). 본문의 "뜨겁지"(καιομένη)란 말은 현재분사 수동태로 '불붙게 하다,' '불타게 하다'란 뜻으로 마음이 계속해서 불 붙었던 것을 지칭한다. 마음이 뜨거운 경험을 하는 것은 성령님의 역사로 말미암는다.

눅 24:33-34. 곧 그 때로 일어나 예루살렘에 돌아가 보니 열한 제자 및 그들과 함께 한 자들이 모여 있어 말하기를 주께서 과연 살아나시고 시몬에게 보이셨다 하는지라.

두 제자는 예루살렘으로부터 엠마오로 올 때 예수님께서 말씀하시는 것을 듣고 또 예수님께서 성경을 풀어주실 때 마음이 뜨거웠던 경험을 그냥 자기들만 간직할 수 없었다. 게다가 예수님께서 떡을 떼어 자기들에게 주실 때에 눈이 열려 예수님을 보게 된 경험을 그냥 묻어 둘 수 없어 "곧 그 때로 일어나 예루살렘에 돌아갔다." 그들은 그날 밤 그 집에서 잘 수가 없었다. 말하고 싶어서 견딜 수 없었다. 여자들의 말과 같이 예수님께서 부활하신 것이 확실하니 어찌 말하지 않을 수 있을까. 그들은 11제자들에게 말하기 위하여 예루살렘에 돌아갔다. 예루살렘으로 돌아가는 길도 역시 25리(10km)가 되어 위험한 밤길이었지만 이제 무서움도 없어졌다.

그랬더니 "열한 제자 및 그들과 함께 한 자들이 모여 있어 말하기를 주께서 과연 살아나시고 시몬에게 보이셨다"고 말하고 있었다(고전 15:5). 열한 제자[173]와 그들과 함께 한 자들[174]이 모여서 말하기를 "주께서 과연 살아나시고 시몬에게 보이셨다"고 말했다. 11제자와 또 그들과 함께 한 자들의 말은 두 가지였다. 하나는 주님께서 부활하셨다는 것이었다. 지상 최고의 복음이었다. 그리고 또 하나는 예수님께서 "시몬에게 보이셨다"는 말이었다. 시몬 베드로가 언제 주님을 만났는지는 확실하지 않다. 부활하신 주일날 오전까지만 해도 베드로는 아직 주님을 만나지 못했었는데 저녁 이전 어느 시점에 주님을 만난 것으로 보인다. 바울 사도는 주님이 베드로를 만나셨다고 기록한다(고전 15:5).

눅 24:35. 두 사람도 길에서 된 일과 예수께서 떡을 떼심으로 자기들에게 알려지신 것을 말하더라.

두 사람은 벅찬 가슴으로 두 가지 사실을 11제자와 그들과 함께 한 제자들에게 말했다. 하나는 "길에서 된 일"을 말했다. 길을 가던 중에 예수님이 갑자기 끼어들어 처음에는 좀 껄끄러울 것 같았으나 예수님의 책망을 듣고(25-26절 참조) 또 예수님께서 성경을 풀어주실 때 마음이 뜨거웠던 사실을 말했다(27절 참조). 그런데 그보다도 둘째, "예수께서 떡을 떼심으로 자기들에게 알려지신 것을 말했다." 엠마오 집에 도착하여 예수님께서 저녁 빵을 가지고 하나님께 사례하시고 떼어 자기들에게 주실 때 자기들의 눈이

---

173) 11제자란 말은 11명이 다 그 자리에 있기 때문에 생긴 말이 아니라 가룟 유다가 빠진 제자들을 통틀어 일컫는 말이다. 사실 예수님께서 부활하신 첫 주일 저녁에는 도마가 그 현장에 없었기에 11제자란 말은 틀린 말이다. 그러나 11제자라고 불렀다.

174) "그들과 함께 한 자들"이란 말은 11제자들을 가리키는 말이 아니라 예수님을 따르는 제자들을 지칭하는 말이다. 이들은 예수님께서 승천하신 후 모여서 기도할 때 함께 기도하여 성령을 받은 사람들이다. 이들은 120명 중에 들어 있는 사람들이다.

열려 예수님을 본 것을 말했다. 두 제자는 너무 황홀한 중에 이 말을 했다. 그들은 견딜 수 없는 기쁨을 가지고 예수님께서 부활하신 사실을 말했고 부활하신 주님께서 자기들에게 나타나신 사실을 마치 정신이 돈 사람들처럼 말을 했다.

3.부활하신 후 예루살렘에 나타나시다 24:36-43

엠마오에서 부활하신 예수님을 만난 두 제자가 사도들에게 자기들이 부활하신 주님을 만난 것을 말하고 있을 때 예수님께서 그들 가운데 나타나셔서 평강을 선언하시고 또 부활의 몸을 보여주신다. 이 부분은 막 16:14-18; 요 21:19-23과 병행한다.

눅 24:36. 이 말을 할 때에 예수께서 친히 그 가운데 서서 이르시되 너희에게 평강이 있을지어다 하시니.

엠마오에서 부활하신 주님을 만난 두 제자가 "이 말을 할 때에" 즉 '자기들이 길에서 경험한 사실과 또 주님께서 떡을 떼실 때에 자기들에게 알려지신 사실을 말하고 있을 때에' "예수께서 친히 그 가운데 서서 이르시되 너희에게 평강이 있을지어다"라고 선언하신다(막 16:14; 요 20:19; 고전 15:5). 예수님께서 선언하신 평안은 오늘 우리가 말하는 '잘 들 있었느냐?'라는 말과는 다른 차원의 말이다. 예수님께서 평강을 선언하시면 그 자신이 십자가에서 대속의 죽음을 죽으셨기 때문에 우리에게 반드시 평강이 오게 된다. 이에 대해 존 라일(John Ryle)은 "'평화'는 사가랴의 예언적인 찬송의 마지막 단어이며, 또 그리스도가 탄생하실 때 천사들이 선포한 기쁨의 좋은 소식의 일부가 '땅 위에는 평화'였던 사실에 유의해야 한다. 70명의 제자들에게 방문하는 집집마다 '평화'를 선포하라고 명령하셨고 주님이 십자가에 못 박히시기 전날 밤 제자들에게 남기셨던 것도 '평강'이었다. 주님이 부활하신 후 제자들 가운데 다시 나타나셔서 처음으로 하신 말씀도 '평안'이었다"라고 말한다(1:79; 2:14; 10:5; 요 14:27).[175]

눅 24:37. 그들이 놀라고 무서워하여 그 보는 것을 영으로 생각하는지라.

예수님께서 친히 그들 가운데 서서 너희에게 평강이 있을지어다라고 말씀하실 때 그들은 놀랐고 또 무서워하였다. 그들은 그들이 보고 있는 것이 영이 아닌가 생각했다(막 6:49). 어떻게 예수님께서 이렇게 갑자기 방안으로 들어오실 수 있었는지를 생각하며 그들은 모두 자기들에게 평안을 선언하시는 분을 육체가 없는 순전한 영이 아닌가 생각하게 되었다. 엠마오로부터 돌아온 두 제자는 엠마오에서는 분명히 부활하신 예수님을 보았는데 어떻게 해서 예루살렘에서는 예수님이 잠긴 방문을 열지도 않고 들어올 수가 있을까 생각하니 놀랐고 무섭기까지 했다. 영을 보고 무서워하지 않을 사람이 있겠는가.

눅 24:38. 예수께서 이르시되 어찌하여 두려워하며 어찌하여 마음에 의심이 일어나느냐.

예수님은 제자들과 또 그들과 함께 한 자들에게 말씀하시기를 "어찌하여 두려워하며 어찌하여 마음에 의심이 일어나느냐"고 책망하신다. '어찌하여 나를 영으로 생각하여 두려워하며 또 어찌하여 내가 바로 부활한 예수가 아닐지 모른다는 생각을 하면서 의심이 일어나느냐고 책망하신다(막 16:14 참조). 예수님은 제자들의 마음속에 일어나는 의심을 다 알고 세셨다.

눅 24:39-40. 또 나를 만져 보라 영은 살과 뼈가 없으되 너희 보는 바와 같이 나는 있느니라 이 말씀을 하시고 손과 발을 보이시나.

예수님은 마음에 의심을 품은 제자들에게 두 가지를 확인시키려 하신다. 첫째, "나를 만져 보라 영은 살과 뼈가 없으되 너희 보는 바와 같이 나는 있느니라"고 하신다(요 20:20, 27). 예수님은 제자들에게 자신이 지금 육체를 가지고 있으니 만져 보라고 하시고 또 예수님은 살과 뼈를 가지고 있으니

---

175) 존 라일(John Ryle), 누가복음서강해 (II) p. 365.

확인해 보라고 하신다. 육체는 만져지는 것 아닌가. 둘째, 예수님은 제자들에게 자신의 "손과 발을 보이신다." 예수님은 제자들의 시선을 십자가 상혼에 집중시키신다. 그러니까 예수님은 자신의 몸이 육체임을 알리려 하셨고 또 십자가에서 대속의 죽음을 죽으셨던 예수라는 것을 확인시키려 하셨다 (요 20:25, 27).

눅 24:41. 그들이 너무 기쁘므로 아직도 믿지 못하고 놀랍게 여길 때에 이르시되 여기 무슨 먹을 것이 있느냐 하시니.

예수님은 제자들에게 두 가지 노력, 즉 자신은 육체가 있는 몸이라는 것, 또 자신은 십자가에 못 박혔던 주님이라는 것을 확인시켜 주어(39-40절) 그들에게 예수님은 부활의 주님이라는 믿음이 생겼을 때 그들은 "너무 기쁘므로 아직도 믿지 못하고 놀랍게 여기게 되었다"(창 45:26). 사람은 이상하게도 너무 기쁘면 꿈인가 생시인가하고 믿지 못하게 되고 놀랍게 여기게 된다. 제자들은 예수님의 부활체를 맞이하여 너무 좋고 너무 기뻐서 사실이라고 믿기가 오히려 이상해졌다. 아니 사실이 아닌 것처럼 느껴졌다. 예수님은 좌우를 왔다 갔다 하는 제자들로 하여금 자신이 부활하셨음을 확신하게 하기 위해 "여기 무슨 먹을 것이 있느냐"고 하신다(요 21:5). 예수님은 여러 가지 방법을 동원하여 제자들의 믿음을 증진시키신다.

눅 24:42-43. 이에 구운 생선 한 토막을 드리니 받으사 그 앞에서 잡수시더라.

"여기 무슨 먹을 것이 있느냐"고 하시는 예수님의 요청을 받고 제자들이 "구운 생선 한 토막을 드렸을 때" 예수님은 "받으사 그 앞에서 잡수셨다"(행 10:41). 자신이 살과 뼈가 있는 육체라는 것을 확인시켜 주시기 위해 제자들 앞에서 그 생선을 잡수셨다. 제자들을 위한 예수님의 배려와 사랑은 대단하셨다. 지금도 예수님은 우리의 믿음을 위해 많은 노력을 기울이신다. 때로는 징벌하시고 때로는 격려하시며 때로는 말씀을 깨닫게 하시고 때로는 기도에 힘을 주신다. 그는 우리를 한없이 사랑하신다.

4.최후의 분부를 말씀하시다 24:44-49

누가는 예수님께서 부활하신 주일 저녁 제자들과 또 그들과 함께 한 자들, 또 엠마오로부터 돌아온 자들에게 나타나셔서 자신의 부활을 확인시킨 일을 기록한(36-43절) 다음 이 부분(44-49절)에서는 예수님께서 최후적으로 분부하신 일을 기록한다. 그런데 이 부분(44-49절)이 앞부분(36-43절)과 연결된 부분으로 보는 학자들도 있으나 대부분의 학자들은 앞부분(36-43절)을 말씀하신 후 승천하시기 전 그 어느 때에 말씀하셨을 것이라고 주장한다(겔덴휘스, 윌리엄 헨드릭슨. Barton Bruce). 이 부분은 마 28:18-20; 막 16:15-18과 병행한다.

눅 24:44-45. 또 이르시되 내가 너희와 함께 있을 때에 너희에게 말한바 곧 모세의 율법과 선지자의 글과 시편에 나를 가리켜 기록된 모든 것이 이루어져야 하리라 한 말이 이것이라 하시고 이에 그들의 마음을 열어 성경을 깨닫게 하시고.
예수님은 제자들에게 자신의 부활을 확인시키신(36-43절) 후 며칠이 지난 다음 최후의 분부(44-49절)를 말씀하셨을 것이다. 발튼 브루스(Barton Bruce)는 "24:43과 24:44 사이에는 수일이 지났을 것이다. 예수님은 그의 제자들과 함께 갈릴리로 여행하셨다가 하늘로 올라가시기 전에 예루살렘으로 다시 돌아오셨기 때문이다"(마 28:16; 요 21장)라고 말한다.[176] 윌렴 헨드릭슨은 "여기서부터 시작되는 예수님의 말씀은 반드시 부활 주일 저녁에 하신 것은 아니다. 후에 또 나타나셔서 이 말씀들을 하셨을 것이다"[177]라고 말한다.

---

176) Barton Bruce, *누가복음*, LAB 주석시리즈, p. 904.
177) 윌렴 헨드릭슨, *누가복음* (하), p. 466.

　　예수님은 부활하시고 난 후 승천하시기 전 어느 날 무리가 있는 자리에서 "내가 너희와 함께 있을 때에 너희에게 말한바 곧 모세의 율법과 선지자의 글과 시편에 나를 가리켜 기록된 모든 것이 이루어져야 하리라 한 말이 이것이라"고 하셨다(6절; 9:22; 18:31; 마 16:21; 17:22; 20:18; 막 8:31). 즉 '내가 너희와 함께 사역할 때에 너희에게 말한 일이 있는데 모세의 율법과 선지자의 글과 시편에 나를 가리켜 기록된 모든 말씀이 이루어져야 하리라고 한 말이 바로 나의 십자가 죽음과 부활이었느니라'고 하신다. 헬라어 원문에 보면 본문의 초두에 "그 말들이 이것이라"(Οὗτοι οἱ λόγοι)로 시작하여 뜻이 강조되어 있다. 즉 예수님께서 사역 중에 한 말씀이 바로 십자가 죽음과 부활에 관한 말씀이었다는 뜻이다. 예수님은 공생애 중에 제자들에게 구약 성경(모세의 율법, 선지자의 글, 시편)에 예수님을 가리켜 기록된 모든 것이 이루어져야 하리라는 말씀을 여러 번 하셨고(9:22, 44; 18:31-33) 또 지금도 그 말씀을 반복하고 계신데 그 내용은 바로 십자가 죽음과 부활에 대한 것이라고 하신다. 구약은 3부로 나누기도 하며 또 2부로 나누기도 하는데 통상 2부로 나눈다(16:16, 29, 31; 24:27; 마 5:17; 행 28:23).

　　예수님은 자신의 공생애 사역 중에 구약 성경을 인용하여 자신의 죽음과 부활에 대하여 예언하신 것을 말씀하신 일이 있고 이제 또 반복하신 후 아직도 깨닫지 못하는 무리로 하여금 깨닫도록 "그들의 마음을 열어 성경을 깨닫게 하셨다"(행 16:14). 예수님은 엠마오로 가던 두 제자들의 눈을 열어 예수님을 보게 하셨던 것처럼(31절) 이제도 제자들의 마음을 열어 성경을 깨닫게 해주셨다. 누구든지 예수님께서 열어주시지 않으면 분별력이 없어 미련한 자가 되는 수밖에 없다(25절). 예수님은 이들의 마음을 열어 아마도 예수님의 대속의 고난을 깨닫게 하기 위하여 시편 22편과 이사야 53장을 설명하여 주셨을 것이고 부활을 깨닫도록 하기 위해 시 16:9-11과 사 53:10-11을 설명하여 주셨을 것이다. 오늘 우리는 마음의 분별력을 위해 성령의 충만을 구해야 한다. 성령님은 진리를 알게 하시는 영이신 고로(요 14:17) 성령 충만을 구해야 한다.

눅 24:46. 또 이르시되 이같이 그리스도가 고난을 받고 제 삼일에 죽은 자 가운데서 살아날 것과.

예수님은 44-45절을 말씀하신 후 "또 이르신다." 다시 말해 본 절부터 48절까지 '또 중요한 진리를 말씀하신다.' 예수님은 문장 초두에 "이같이 기록되었으니"(Οὕτως γέγραπται)라고 하신다. 우리말 번역에는 "이같이"란 말은 본 절에 있고 "기록되었으되"라는 말은 다음 절 끝에 있다. "이같이 기록되었으니"란 말은 본 절과 다음 절도 역시 구약 성경에 기록되어 있다는 뜻이다. 예수님은 구약 성경을 가지고 제자들을 교육하셨다. 오늘 전도자들도 신구약 성경을 가지고 교육해야 한다. 심리학이나 인류학 같은 것은 하나의 참고 서적으로 사용해야지 설교시간이나 성경공부 시간에 주교재로 사용해서는 안 될 것이다.

구약 성경에 기록된 내용은 "그리스도가 고난을 받고 제 삼일에 죽은 자 가운데서 살아날 것"이란 말씀이다(26절; 시 22:1-21; 사 50:6; 53:1-12; 행 17:3). '그리스도 곧 메시아가 고난을 받고 제 3일에 죽은 자 가운데서 살아날 것'이 구약 성경에 기록되어 있다고 하신다. 그리스도의 십자가 대속의 죽음(시 22장; 69장; 사 53장)과 부활하실 일(시 118장; 사 53장)이 구약성경에 기록되어 있다.

눅 24:47. 또 그의 이름으로 죄 사함을 받게 하는 회개가 예루살렘에서 시작하여 모든 족속에게 전파될 것이 기록되었으니(καὶ κηρυχθῆναι ἐπὶ τῷ ὀνόματι αὐτοῦ μετάνοιαν εἰς ἄφεσιν ἁμαρτιῶν εἰς πάντα τὰ ἔθνη. ἀρξάμενοι ἀπὸ Ἰερουσαλὴμ).

예수님은 구약 성경에 "그의 이름으로 죄 사함을 받게 하는 회개가 예루살렘에서 시작하여 모든 족속에게 전파될 것이 기록되었다"고 하신다. 여기 "그의 이름으로"란 말은 '그리스도의 피를 통하여,' '그리스도의 공로를 통하여,' '그리스도에 의하여'란 뜻으로 "죄 사함을 받게 하는 회개"(단 9:24; 행 13:38, 46; 요일 2:12)는 반드시 그리스도의 공로를 통하여 이루어진다는 뜻이다. "죄 사함을 받게 하는 회개"(μετάνοιαν εἰς ἄφεσιν ἁμαρτιῶν)란 말(1:77; 3:3 주해 참조)은 '죄 사함으로 들어가는 회개,' '죄 사람을 목적한 회개'란 뜻으로 죄 사함을 받기 위해서는 반드시 예수님 앞으로 나아와야 한다는 뜻이다. 예수님 앞으로 나아오는 것이 회개이다.

예수님은 사죄를 가져오는 회개의 복음이 "예루살렘에서 시작하여 모든 족속에게 전파될 것이" 구약에 기록되어 있다고 하신다(창 12:3; 22:18; 왕상 8:41-43; 시 22:27; 72:8-11; 87:1-7; 사 2:3; 45:14, 22-25; 49:6, 22-23; 54:1-3; 60:1-3; 65:1; 렘 31:34; 호 2:23; 미 4:2; 말 1:11). 실제로 신약성경에 보면 예루살렘으로부터 모든 민족으로 전파되었다. 행 1:8에 예수님은 "오직 성령이 너희에게 임하시면 너희가 권능을 받고 예루살렘과 온 유대와 사마리아와 땅 끝까지 이르러 내 증인이 되리라"고 하신다(행 26:22-23주해 참조). 예수님은 예루살렘을 도외시 하지 않으셨다. 그 도시로 부터 시작하여 모든 민족으로 퍼져나가야 한다고 하신다. 이런 깊은 진리들 이 구약 성경에 기록되어 있는 것을 생각하면 구약 성경을 많이 연구해야 할 것을 알 수 있다.

눅 24:48. 너희는 이 모든 일의 증인이라(ὑμεῖς μάρτυρες τούτων).
예수님은 제자들이나 또 그들과 함께 있던 넓은 의미의 제자들을 향하여 "너희는 이 모든 일의 증인이라"고 하신다(요 15:27; 행 1:8, 22; 2:32; 3:15). 그들은 예수님께서 구약 성경을 인용하여 십자가 죽음과 부활의 사실에 대해서 가르쳐주시는 것을 받았고 또 실제로 예수님께서 죽으신 일과 부활하신 일을 경험한 자들이니 그리스도의 증인이 되었다. 예수님은 그들에게 "증인"이 되라고 하시지 않고 이미 증인이 되었다고 하신다. 그들 은 이제 증인 역할을 잘 해야 할 입장에 놓이게 되었다. 그들은 죽음을 각오하고 그리스도의 십자가 죽음과 부활을 증거해야 했다.

눅 24:49. 볼지어다 내가 내 아버지께서 약속하신 것을 너희에게 보내리니

너희는 위로부터 능력으로 입혀질 때까지 이 성에 머물라 하시니라.
예수님은 "볼지어다"(ἰδοὺ)라는 말씀을 하셔서 다음에 말씀하고자 하는 것을 강조하신다. 예수님은 "내가 내 아버지께서 약속하신 것을 너희에게 보낸다"고 하신다(사 44:3; 욜 2:28; 요 14:16, 26; 15:26; 16:7; 행 1:4; 2:1). "내 아버지께서 약속하신 것"은 문맥에 의하여 '성령'을 지칭한다. 하나님은 성령을 주시겠다고 구약 시대에 약속하셨고(욜 2:28), 예수님도 다락방 강화에서 많이 말씀하셨으며(요 14:16, 26; 15:26; 16:7-8), 또 부활하신 후에도 보장하신다(요 20:22). 예수님은 성령을 미래에 보내신다고 하시지 않고 현재 보내신다고 하신다(ἀποστέλλω). 금방 보내신다는 말씀이다.

예수님은 성령을 보내신다고 약속하신 후 제자들로 하여금 예루살렘에 머물면서 성령님의 능력을 힘입으라고 명령하신다. 즉 "너희는 위로부터 능력으로 입혀질 때까지 이 성에 머물라"고 부탁하신다. 여기 "능력으로 입혀질 때까지"란 표현은 '능력을 받을 때까지'란 뜻이다. 능력을 받는 것을 능력으로 옷 입는 것으로 비유하신다. 그러니까 받는 것이나 입는 것이나 똑같은 표현이다(욥 8:22; 시 21:5; 롬 13:14; 고전 15:53-54; 엡 4:24). 성령의 능력으로 옷을 입지 않으면 벗은 것이나 다름없다는 것을 암시하신다. 우리는 성령의 능력으로 옷 입고 전도해야 한다.

예수님은 예루살렘 성을 도외시 하지 않으신다. 예루살렘은 예수님을 십자가에 못 박았지만 그러나 예수님은 예루살렘 성을 복음 전도의 시발점으로 삼으시려고 제자들로 하여금 "이 성에 머물렀다가" 성령을 받으라고 하신다. 그리스도의 사랑은 무한하시다. 이 말씀대로 예수님께서 부활하신 후 50일째 되는 날, 곧 승천하신 후 10일째 되는 날에 성령님을 보내주셨다. 그 때 사도들과 성도들은 성령의 큰 능력을 입었다(행 2:1-4).

D.그리스도께서 승천하시다 24:50-53
예수님은 최후의 분부(44-49절)를 말씀하신 다음 승천하신다. 이 부분

(50-53절)은 막 16:19; 행 1:9-11과 병행한다. 마가는 예수님의 승천에 대해서 언급은 했으나 장소에 대한 언급을 하지 않고 본서는 예수님의 승천 장소를 언급한다.

눅 24:50. 예수께서 그들을 데리고 베다니 앞까지 나가사 손을 들어 그들에게 축복하시더니.

예수님께서 제자들, 곧 11사도(행 1:12-13)를 데리고 "베다니 앞까지 나가사 손을 들어 그들에게 축복하셨다." "베다니 앞까지 나가사"(행 1:12)란 말은 '감람산 동편 기슭에 있는 베다니 근처까지 나가셨다'는 뜻이다. 예수님은 베다니 앞에서 승천하시기 전 제자들에게 이스라엘의 회복 문제는 전적으로 아버지께 맡기라고 부탁하시고 제자들이 복음 전도에 승리할 수 있도록 그들에게 성령의 능력을 입혀주시겠다고 다시 약속하신(행 1:6-7) 후 "손을 들어 그들에게 축복하시면서" 승천하셨다. 예수님께서 그들에게 축복하신 것은 복음 전도에 하나님께서 은혜를 주시고 평화를 주시며 또 능력을 주신다는 뜻이다. 예수님께서 그들에게 축복하실 때 아마도 베다니 마을의 3남매(나사로, 마르다, 마리아)도 함께 있었을 것이다.

눅 24:51. 축복하실 때에 그들을 떠나 (하늘로 올려지시니).

예수님은 축복하실 때 그들을 떠나셨다. 떠나실 때 제일 필요했던 것은 축복이었다. 예수님은 지금도 계속해서 성도들에게 복을 베푸신다. 예수님은 축복하시면서 하늘로 올라 가셨다(왕하 2:11; 막 16:19; 요 20:17; 행 1:9; 엡 4:8). 그는 가심을 본 그대로 다시 오실 것이다(행 1:11). 예수님께서 하늘로 올려지실 때 구름이 예수님을 가렸다(행 1:9). 예수님은 하늘로 올려지신 후 하나님 우편에 앉아 우주를 통치하신다(롬 8:34; 엡 1:20; 골 3:1; 히 1:3; 8:1; 10:12; 12:2; 벧전 3:22).

눅 24:52. 그들이 (그에게 경배하고) 큰 기쁨으로 예루살렘에 돌아가.

제자들은 하늘로 올려지시는 "그에게 경배했다"(마 28:9, 17). 이 말의 앞뒤에 괄호가 있는 이유는 어떤 사본(D)에 이 말씀이 없기 때문이다. 그러나 이 말씀이 있는 사본들(aABCK)이 더 유력하다. 제자들은 예수님께서 부활하신 후 40일간 자주 나타나 보이실 때 예수님의 부활을 더욱 확인했고 또 예수님이 하나님의 아들 그리스도이심을 확신하게 되어 예수님을 더욱 알아보고 그에게 경배했다. 그들은 예수님께서 십자가에 죽으실 때는 얼마나 실망했고 슬펐었는가. 그러나 이제는 "큰 기쁨으로" 즉 '큰 기쁨을 가지고' 예루살렘에 돌아갔다. 그들에게는 이제 더 이상의 슬픔은 없어졌고 큰 기쁨으로 살 수 있게 되었다. 그들은 오순절에 성령의 충만을 얻은 다음에는 더욱 큰 기쁨을 얻게 되었다. 그들은 다른 곳으로 가지 아니하고 예수님의 명령대로 예루살렘에 돌아가 성령의 능력을 받아야 할 것이었다.

눅 24:53. 늘 성전에서 하나님을 찬송하니라.
예루살렘으로 돌아간 제자들은 다른 성도들과 함께 "늘 성전에서 하나님을 찬송했다"(행 2:46; 5:42). 그들은 하루만 아니라 계속해서 하나님을 찬송했다. 그들의 심령에 기쁨이 있었기에(52절) 그리고 성령을 기다리기에 하나님을 찬송했다. 누가는 성전에서 여러 사람들(엘리사벳, 마리아, 사가랴, 천사들, 시므온)의 찬송 장면(1:5-23)을 말하면서 그의 복음서를 시작했고, 복음서를 마감하면서 제자들이 성전에서 찬송하는 장면을 보이면서 마감한다. 누가는 성전을 귀중히 여겼고 또 찬송을 귀중히 여긴다. 계속해서 찬송한다는 것은 성도의 특징 중의 하나이다(롬 11:36; 고전 10:31; 고후 3:18). 우리의 찬송은 그리스도의 재림 때까지 계속되어야 할 것이다.

- 누가복음 주해 끝 -

누가복음 주해

2011년 4월 1일   1판 1쇄 발행 (도서출판 목양)
2024년 4월 15일   2판 1쇄 발행

지은이 | 김수홍
발행인 | 박순자
펴낸곳 | 도서출판 언약
주   소 | 수원시 영통구 중부대로 271번길 27-9, 102동 1303호
전   화 | 031-212-9727
E-mail | kidoeuisaram@naver.com
등록번호 | 제374-2014-000006호

  정가 33,000원

ISBN : 979-11-89277-0-0 (94230)(세트)
ISBN : 979-11-89277-3-1 (94230)